藝 文 叢 刊

寶章待訪録 外五種

〔宋〕米 芾

浙江人民美術出版社

圖書在版編目(CIP)數據

藝文叢刊. 第四輯 / (宋) 米芾等著 ; 況正兵等點校. -- 杭州 : 浙江人民美術出版社, 2018.1(2023.9重印)
(藝文叢刊)
ISBN 978-7-5340-6222-3

Ⅰ. ①藝… Ⅱ. ①米… ②況… Ⅲ. ①古籍－中國－叢刊 Ⅳ. ①Z121.7

中國版本圖書館CIP數據核字(2017)第243082號

點校説明

米芾（一〇五一—一一〇八），字元章，四十一歲前名黻，後改芾，號鹿門居士、襄陽漫士、海岳外史等。祖籍太原，徙襄陽，世稱米襄陽。中年後，定居潤州（今江蘇鎮江）。官至禮部員外郎，人稱米南宫。著有《山林集》，已佚。後人輯有《寶晋山林集拾遺》八卷、《寶晋英光集》八卷《補遺》一卷等。《宋史》卷四四三有傳。

米氏在書畫、收藏鑒賞以及詩文創作等方面皆有造詣。例如，在書法方面，其書落筆沉穩自如，行書、草書縱横開闔，迅疾跌宕，與蘇軾、黄庭堅及蔡襄並稱四家；在繪畫方面，其擅長枯木竹石，尤工水墨山水，將書法中的點畫用筆融入繪畫，并用大筆觸的水墨表現雲雨微茫的山林景色，獨創「米點山水」技法；在詩文方面，其所作得到包括蘇軾、黄庭堅等同時代文豪的稱許。

本書收録了米氏論藝著作六種，分别爲《寶章待訪録》《書史》《畫史》《海岳題跋》《海岳名言》及《硯史》。其中，《寶章待訪録》以《寶晋山林集拾遺》爲底本，校以

《百川學海》本、《文淵閣四庫全書》本;《書史》以《寶晋山林集拾遺》爲底本,校以《津逮秘書》本、《文淵閣四庫全書》本;《畫史》以《寶晋山林集拾遺》爲底本,校以《百川學海》本、《文淵閣四庫全書》本,并參考了古原宏伸的《畫史集注》;《海岳題跋》以《津逮秘書》本爲底本,予以點校;《硯史》以《寶晋山林集拾遺》爲底本,校以《百川學海》本、《文淵閣四庫全書》本。以上校勘工作,皆徑吸收入文中,不出校勘記。另外,書後别附米氏傳記資料及翁方綱所編年譜,以便於讀者進一步了解與研讀。

因點校者水平有限,加之時間倉促,書中訛誤在所難免,懇望讀者批評教正。

點校者於安陽師範學院

目録

硯史

附録

寶章待訪録

寶章待訪録

漢河間獻王購書必録古簡。梁武元、隋唐文帝金題玉躞，錦質繡章，破紙斷麻，取而華國。天寶以後，或進書得官，亦知上篤好。本朝太宗混一，僞邦國書皆聚。然士民之間，尚或藏者。既非寶鑒，皆以世傳。聞見浸多，懼久廢忘，因作《寶章待訪録》，以俟訪圖書使焉。元祐丙寅八月九日。

目睹

○晋右軍王羲之書《雪晴帖》。

右真跡，在承務郎吴郡蘇激處，集賢校理舜欽子也。帖尾有古跋「君倩」字及褚氏字印。

○陳僧智永真草書《歸田賦》。

右真跡，在襄陽魏泰處。故南昌人裝，題曰虞世南。白麻紙，有古跋曰：「開成五年,白馬寺臨一過,潭記。」某官潭,泰遊湖外,攜行賞跋累日。

○唐率更令歐陽詢書《衛靈公天寒鑿池帖》。

右真跡,麻紙,在魏泰處。

○唐彭王傅徐浩書《張九齡司徒告》。

右真跡,用一尺高絹書,多渴筆。詞云:「正大廈者,柱石之力;匡帝業者,輔相之功。生則保其雄名,没猶稱其盛德。」今在其孫曲江人嶺南縣令張仲容處。某官於桂林,借留半月,仍以紙覆裹,欲爲重背,仲容惜其印縫古紙,不許。九齡神道碑亦浩書。

○唐中書令褚遂良《枯木賦》。

右唐粉蠟紙搨書也。在承議郎合肥魏倫處,收以爲真跡,魏氏刻石。某官杭過潤,借觀於甘露寺。

○唐太師顔真卿書《送辛子序》。

右真跡,楮紙書,在寶文閣學士謝景温處。前後爲好事者以筆描二大印,其文亂,仍書「鉉」字,其中幸不合縫,鑒非鉉筆,甚累墨寶。某佐寶文於潭,屢經賞閲。

○陳僧智永《千文》。

右唐粉蠟紙搨書，有古跋云「契闊艱難，不敢失墜」，信好事也。在前國子監直講楊褒處，得於外舅王安國。某元豐五年過金陵見之。内二真字雙鉤填者，然人猶未信爲搨焉。

○陳僧智永《千文》。

右楮紙書，唐人臨寫，在宣德郎陳玕處，恭公侄。作梵夾册。雖非真跡，秀潤圓活逼真，今已罕得。某嘗三閲。

○智永《千文》半卷。

右黄麻紙，唐人臨書，在刑部尚書丹陽蘇頌處。

○王右軍《蘭亭燕集序》。

右唐粉蠟紙雙鉤摹本，在蘇激處。精神筆力，毫髮畢備，下真跡一等。此係馮承素輩搨賜大臣者。舜欽父集賢校理耆，購於蜀僧元靄。某與激友善，每過公必一出，遂親爲背飾。

○唐太師顔真卿《乞米帖》。

右真跡,楮紙,在朝請郎蘇澥處,度支郎中舜元子也。得於關中安氏。士人多有臨搨本。此卷古玉軸,縫有舜元字印,范仲淹而下題跋。某嘗十餘閲。

〇唐率府長史張旭四帖。

右真跡,在杭州陸氏,大姓也。舊有五:第一《秋深》,第二《前發》,第三《汝官》,第四《昨日》,第五《承須》。今所存四帖,《汝官》後有一古印,文訛,不可辨。《昨日》《承須》,襞紙也。陸氏子素從奉議郎關景仁學,因借檁三大帖,余丱見石本於鎮戎軍。及冠,官桂林,朝奉大夫關杞爲使者,語及,始知石在關氏。二十五,官潭,杞通判邠州,以石本見寄。三十五,官杭,而景仁爲錢塘令,陸氏子登進士第者來謁,與關謝而閲之。既見真跡,獨失《秋深》一帖,詰之,良久顰蹙而言:「嘉祐中,太守沈文通借觀,拆留不還,自此不復借出,因亦不復借閲。」遣工檁得之,即歸詰遘弟邀,時爲郡從事,乃言在其侄延嗣處,後復得閲,今歸余家。

〇王右軍《來戲帖》。

右麻紙,六朝人所臨寫,旁注小真字數枚,復以雌黄覆之。在蘇州故相丁謂孫景處,後以一萬質於鄆州梁子志處,故相梁適孫也。又有唐雙鈎檁帖,亦在丁景處。

某皆有題跋。

○韓擇木八分。

右真跡，楮紙，在丁景處。第二行書官位，以大字改爲中字。

○唐太師顔魯公書名兩字。

右真跡，書嶺南刺史綾告，在朝奉郎臨江許彦先處。

○唐辨才弟子草書《千文》。

右黄麻書，在龍圖閣直學士吴郡滕元發處。滕以爲智永書，某閲其前空兩才字，全不書，固以疑之；後復空永字，遂定爲辨才弟子所書，故特闕其祖師二名耳。

○唐虞世南《枕卧帖》。

右雙鈎唐模本，在朝奉大夫錢塘關杞處。上有褚氏圖書古印。關嘗謂某曰：昔越州一寺修佛殿，於梁棟内龕藏一函，古槧數十本，所可記者，王右軍《十七帖》，世南《枕卧帖》《十闕九帖》，褚遂良《奉書寧帖》，上皆有褚氏圖書字印，致功精絶，毫髪乾濃畢備。關與僧善，購得《枕卧》《十闕九》《書寧》三帖。

○唐秘書少監虞世南《積時帖》。

右古雙鈎摹本，在承議郎洛陽李熙處，翰林學士維之孫。亦縫有褚氏印。某借橅石。

○唐僧高閑草書《千文》。

右楮紙，真跡，在承議郎李熙處。

○唐禮部尚書沈傳師書道林詩。

右在潭州道林寺四絶堂，以杉板薄，略布粉，不蓋紋，故歲久不脱。裴休書杜甫詩，只存一甫字。某嘗爲《杜板行》，以紀其事。沈牌，某官潭，借留書齋半歲，搨得之石本爲橅石。僧希白務於勁快，多改落筆端直，無復縹眇縈回飛動之勢。

○唐太子率更令歐陽詢書《荀氏漢書節》。

右楮册小楷，在潭州南楚門胡氏淳處。

○唐歐陽詢書「道林之寺」牌。

右在潭州道林之寺。筆力險勁，勾勒而成，有刻板本。又江南廬山，多裴休題寺塔諸額，雖乏筆力，皆種種可愛。

○羲之《千文》。

右楮紙書字，筆力圓熟。在宣州觀察支使王仲詵處，故相珪之侄。謬題「賀知章書」四字於「韻」字下，非也。

○顏魯公頓首夫人。

右真跡，楮紙，破爛過半，在駙馬都尉王晉卿家。

○孫過庭草書《千文》。

右真跡，黄麻紙書。縫有梁秀收閱字印。「王氏圖書」四字，隨圈四轉，其異制也。在如上。

○懷素詩一首。

右真跡，絹書，在王晉卿第。

○張長史虎兒等三帖。

右楮紙，真跡，同上。

○晉武帝、王渾、王戎、王衍、郗愔、陸玩、桓温、陸雲、謝安、謝萬等十四帖。

右真跡，在駙馬都尉李公炤第。武帝、王戎書字有篆籀氣象，奇古，墨色如漆，紙皆磨破，上有開元二字小印，太平公主胡書印。美哉，不可得而加矣，世之奇書也。

王涯永存珍秘印、殷浩之印、梁秀收閲古書記字印。内郗愔一帖，即閣本法帖所録者。昔使王著取溥家書，與閣下書雜模，模此卷中獨取愔兩行，餘在所棄，哀哉。謝安《慰問帖》字清古，在二王之上，宜乎批子敬帖尾也。

〇晋謝奕、謝安、桓温三帖。

右真跡，麻紙書，在李公炤家。上有鍾紹京書印、竇蒙審定字印印。謝安一帖，爲後人恐墨淡，復用深墨填過，使人惋怛。與前卷并有絹帖書爵號，自爲名筆。

〇黄素《黄庭經》。

右同上，字札古，無褚、薛體，殆六朝人所作。縫有鍾紹京印，後有陶穀漢時跋云：「此《换鵝經》也。」甲戌九月十一日，百計取得此書，詳觀，誠無唐盛時，是銛鋒筆行書，雖恐非右軍，誠爾。界行有鍾紹京書印二字小印，卷末真寫胎仙二字，用陳氏圖書印印之。又有錢氏忠孝之家印紙。跋云：「山陰道士劉君以群鵝獻右軍，乞書《黄庭經》，此是也。逸少真書，此經與《樂毅論》《太史箴》《告誓文》《累表》也。《蘭亭》《洛神賦》皆行書。其他并草書也。草十行敵行書一字，行書十行敵真書一字耳。」又續題云：「此乃明州刺史李振，景福中罷任，過浚郊，遺光禄朱卿。朱卿名友文，即梁祖之子，後封博王，王薨，予獲於舊邸，時貞明庚辰秋也。晋都梁苑，因重背之。中書舍人陶穀記。是日降麻，以京兆安彦威兼副都統。」米某跋云：「印小字，乃唐越公鍾紹京印也。」此書在李太師第，固是甲觀。

○顔魯公《郭定襄争坐位第一帖》。

右楮紙，真跡，用先豐縣先天廣德中牒起草，秃筆，字字意相連屬飛動，詭形異狀，得於意外也。世之顔行第一書也。縫有顔氏守一圖書字印。在宣教郎安師文處，長安大姓也，爲解鹽池勾當官，攜入京，欲背，予得見之。安自云，《季明文》《鹿脯帖》在其家。

○晋王右軍《稚恭進鎮帖》。

右麻紙書跡，後有太常卿蕭祐題跋，在前著作郎王仲脩處。

○晋王羲之《官奴帖》。

右雙鈎，麻紙本，亦在王仲脩處。

○唐張右史季明《賀八清鑒》等帖。

右楮紙，真跡，筆法勁古，不類他書，世間季明第一書也。在承議郎蘇液處，世多刻石。

○懷素《千文》。

右絹書,真跡,在蘇液處,沈遘刻板本是也。

○懷素書任華《草書歌》。

右真跡,兩幅,絹書,字法清逸,歌辭奇偉,在駙馬都尉王晋卿第。尚方有三幅,乃其後幅,適完。嘗請出第觀,復歸尚方。

○李邕《多熱要葛粉帖》。

右白麻紙,真跡,上有唐氏雜跡字印、陳氏圖書字印、勾德元圖書記字印。紫微舍人石揚休物,今在其孫前宿州支使夷庚處。前一帖與光八郎謝惠鹿帖真跡,余過甬上,於夷庚處購得之。

○懷素草書《祝融高座帖》。

右絹書,兩行,此字入神。石紫微嘗刻石,有六行,今不見前四行。問夷庚,云在王洙參政家。此亦爲其子弟購去矣。

○陳賢草書帖。

右六七紙，字奇逸難辨，如日本書。上亦有唐氏雜跡字印。在駙馬都尉李公炤家。

○顔真卿《祭叔濠州使君文》。

右真跡，楮紙書，改抹多，在長安。安氏子師文攜至京。

○顔真卿《疏拙帖》。

右麻紙書，真字，清勁秀發。亦與李大夫，時顔責硤州别駕。此顔第一帖也。

○懷素三帖。

右絹帖，云貧道胸中如刀刺。第二帖見顔公，第三帖律公發，懷素不與，世之第一帖也。亦見於師文。

○懷素《自序》。

右在湖北運判承議郎蘇泌處。前一帖破碎不存，其父舜欽補之。

○庾翼帖，全幅，上有竇蒙審定印。

○張芝、王廙二帖，非真。

○虞世南《汝南公主墓志》。

○歐陽詢碧箋《四帖》草聖。

○顔真卿《與李大夫奏事》《張滶》二帖。

○懷素草書三幅、楊凝式書三幅。

○皇象《急就》,唐橅,奇絶。

右在故相張公齊賢孫名直清字汝欽處,今爲楚州山陽主簿。

○王右軍《桓温破羌帖》,有開元印,唐懷充跋。

右筆法入神,奇絶。帖與王仲脩學士家《稚恭帖》同是神物,有開元印,懷充跋。在蘇澄道淵之子之純處,今爲歙州判官。

○王獻之《送梨帖》,有黎氏印,連柳公權跋。王右軍《言敘帖》兩行,有貞觀半印,徐僧權字。

右在左藏庫副使劉季孫處。據柳公權跋,於唐太宗書前雜出獻之書,乃將其父書却黏於獻之帖後,云又一帖。柳誤以父爲子矣,況不知書者乎。

○李邕四帖,内一幅碧箋,有唐氏雜跡印,勾德元圖書記印、陳氏圖書印,與石夷庚所藏《多熱帖》同。

右在章子厚家。

〇王右軍《筆陣圖》，前有自寫真，紙緊薄如金葉，索索有聲。

右同上，章公自云借於趙竦，今爲蔡河撥發。

〇王右軍《紙妙筆精帖》，有貞觀印。王大令《日寒帖》，有唐氏雜跡印。

右故相王曾家物，在其孫景融處，後爲前龍圖待制沈括存中取之。古跋右軍作羊欣，大令作薄紹之，仍將大曆歲跋刮去數字，填爲薛邕記之。而故相薛居正題曰「和傅遺余」，此蓋和凝，爲薛氏故物，歸居正耳。唐太宗雅不喜子敬書，故時人以他名名之以應募，所謂紹之書。曰乃於耳字不刮去，及不次獻之頓首，字猶在一分許可識。大曆所跋，既不能辨，復爲不鑒之人所收，遂使至寶永失其真。吁，可痛也。

的聞

〇唐僧懷素《自序》。

右在朝奉郎蘇液處，杭州沈氏嘗刻板本。泌、激皆舜欽子。蘇氏自參知政事易簡之子者，耆子舜欽，欽之子激，四世好事，有精鑒，亦張彥遠之比已。上三事，并激云見之。

〇洪元慎集右軍越州兩碑。

右真跡,在越州僧正子文處。嘗通許借,未果。

〇褚遂良書《黄庭經》。

右聞緑綾所書,丁謂孫倩處。質在無錫民家,士多因邑官借出。

〇王右軍書家譜。

右在山陰縣王氏家,越州教授王涣之以書抵某,具言有此書。

〇虞世南書經。

右同上,在越州上虞。

〇晋中令王獻之《己復此節帖》。

右在朝請大夫、新昌石元之家,闕景仁屢見之,嘗橅石。某見兩本,字札精妙。

〇虞世南書《汝南公主銘》起草。

右在通直郎、洛陽王護處。見橅本。給事中舉元子云,真跡在洛陽好事家,有古跋。

○歐陽詢四帖

右同上。

○顏魯公書《韻海》。

右聞大書朱字魯公書，小字他人作。蘇騊云，在其父刑部尚書處。

○柳公權書《柳尊師墓志》。

右真跡，在錢塘唐坰處。

○張長史《千文》三帖。

右同上，模石乃李師中也，洛陽人。

○歐陽詢《鄱陽帖》。

右同上，模石在靈隱寺。

○褚遂良臨王右軍二帖。

右同上，并坰自云，未肯輕出。

○《老子西昇經》，褚遂良書，閻立本畫。

右在觀文殿學士洛陽馮京處。

○晋王惲真草帖，晋張翼帖，宋阮研帖，宋蕭思話表，文帝批答。

右在駙馬都尉李瑋處。某并見石本。後見李，云在高橋楊氏。未獲見。

○顔真卿《寒食帖》。

右綾紙書，在中書舍人錢勰處，世多石本。

○王右軍《玉潤帖》。

右蘇州教授閭丘籲云，在承議郎建安王寔處。有古跋。令裝書人背，久不還。及剪却半跋，皆唐名公也。付理不可得，匠人願陪四十千，即知其竊，真得金已多。

○《蘭亭》橅本。

右正議大夫章惇跋蘇激所收《蘭亭》云：「此與吾家所收同。」

○褚遂良《奉書寧帖》。

右見關杞，某見石本。

○晋葛玄飛白天台字。

右見石本，真跡聞在台州。

○唐東宫長史陸柬之書《十八學士贊》。

右西京留臺王瓘云：「在舍弟珪處。」

○唐高閑書令狐楚詩。

右真跡，在户部尚書康季常家。某見石本，在湖州。

○歐陽詢二帖。

右在朝議大夫晁端彦處。某本與蘇州進士周沔。

○懷素書蕭常侍日下三帖。

右同上。

○宋羊欣、宋翼二帖，并褚令模《蘭亭》。

右見中書舍人蘇軾云：「在故相王隨之孫景昌處。」模石在湖州墨妙亭，屢見石本。今在沈存中括家。

○柳公權《紫絲鞿》《蘭亭詩》二帖。

右待制王廣淵模石。跋云：「龍圖大諫李公帥府暇日出書，請模石。」李師中也，洛陽人。

○張長史全本《千文》。

右見臨淮令曾孝藴云，在京師謝氏，亦寶文公遠族也。

○顔魯公帖 一軸五幅。

右見湖州巡檢供奉官石裔駙馬之孫云，在其兄處。

○王子敬帖。

右宣義王碩云，其父所收，未得將出。

書史

書史

金匱石室，汗簡殺青，悉是傳録。河間古簡，爲法書祖。張彦遠志在多聞，上列沮蒼，按史發論，世咸不傳，徒欺後人，有識所罪。至於後愚妄作，組織神鬼，止可發笑。余但以平生目歷，區别無疑，集曰《書史》，所以指南識者，不點俗目。

劉原父收周鼎篆一器，百字，刻跡焕然，所謂金石刻文，與孔氏上古書相表裏，字法有鳥跡自然之狀。宗室仲忽、李公麟收購亦多。余皆嘗賞閲，如楚鍾刻字，則端逸遠高；秦篆咸可冠方今法書之首。秦漢石刻，塗壁都市，前人已詳。余閲書白首，無魏遺墨，故斷自西晋。

晋賢十四帖，檢校太師李瑋於侍中王貽永家購得，第一帖張華真楷，鍾法；次王濬；次王戎；次陸機；次郗鑒；次陸玩表，晋元帝批答；次謝安；次王衍；次右軍；次謝萬兩帖；次王珣；次臣詹，晋武帝批答；次謝方回；次郗愔；次謝尚。内謝安帖有開元印，縫兩小璽，建中翰林印。安及萬帖有王涯永存珍秘印，大卷前有梁秀收閲古書印，後有殷浩印，殷浩以丹，梁秀以赭，是唐末賞鑒之家，其間有太平公主胡書印。

王溥自五代相家，侍中，國壻，丞相子也。太宗皇帝文德化成，靖無他好，留意翰墨，潤色太平。淳化中，嘗借王氏所收書，集入《閣帖》十卷，内郤愔兩行《二十四日帖》，乃此卷中者，仍於謝安帖尾御書親跋三字以還王氏，其帖在李瑋家。余同王涣之飲於李氏園池，閲書畫竟日，末出此帖，棗木大軸，古青藻花錦作褾，破爛，無竹模，晋帖，上反安冠簪樣古玉軸。余尋裂擲棗軸池中，拆玉軸，王涣之加糊，共裝焉。一坐大笑，要余題跋，乃題曰：「李氏法書第一，亦天下法書第一也。」

又晋謝奕、桓温、謝安三帖爲一卷，上有竇蒙審定印。謝安帖後以濃墨模搨，遂全暈過。後歸副車王詵家，分爲三帖，云失謝安帖，以墨重暈。唐人意寶此帖，而反害之也。後人可以爲戒。李瑋云亦購於王氏。

又黄素《黄庭經》一卷，是六朝人書。絹完，并無唐人氣格。縫有書印字，是曾入鍾紹京家。黄素縝密，上下是烏絲織成欄，其間用朱墨界行。卷末跋「台僊」二字，有陳氏圖書字印及錢氏忠孝之家印。陶穀跋云：「山陰道士劉君，以群鵝獻右軍，乞書《黄庭經》，此是也。此書乃明州刺史李振景福中罷官過浚郊，遺光禄朱卿。卿名友文，即梁祖之子，後封博王。王薨，余獲於舊邸，時貞明庚辰秋也。晋都梁苑。因重背之。中書舍人陶穀記。是日降制，以京兆尹安彦威兼副都統。」余跋云：「書印字，唐越國公鍾紹京印也。《晋史》載『爲寫《道德經》，當舉群鵝相贈』。因李白詩《送賀監》云：『鏡湖流水春始波，狂客歸舟逸興多。山陰道士如相見，應寫黄庭换白鵝。』世人遂以《黄庭經》爲『换鵝經』，甚可笑也此名。因開元後世傳《黄庭經》多惡札，皆是僞作。唐人以《畫贊》猶非真，則《黄庭》内多鍾法者，猶是好事者爲之耳。」

又有唐摹右軍帖，雙鈎，蠟紙摹。末後一帖，是「奉橘三百顆，霜未降，未可多得」。韋應物詩云：「書後欲題三百顆，洞庭更待滿林霜。」蓋用此事。開皇十八年三月二十七日，參軍學士諸葛穎、咨議參軍開府學士柳顧言、釋智果跋其尾。

晋右將軍、會稽内史王羲之行書帖真跡，天下法書第一，右軍行書第一也。帖辭云：「羲之死罪。伏想朝廷清和，稚恭遂進鎮，東西齊舉，想尅定有期也。羲之死罪。」長慶某年月日，太常少卿蕭祐鑒定。在王珪禹玉家，後有禹玉跋，以門下省印印之。時貴多跋。後爲章惇子厚借去不歸。其子仲脩，專遣介請，未至。是竹絲乾筆所書，鋒勢鬱勃揮霍，濃淡如雲煙，變怪多態。「清」字破損，余親臨得之。

王羲之《玉潤帖》，是唐人冷金紙上雙鈎摹。帖云：「官奴小女玉潤，病來十餘日，了不令民知。昨來忽發痼疾，至今轉篤；又苦頭癰。頭癰已潰，尚未足憂，痼疾少有差者，憂之燋心，良不可言。頃者艱疾未之有，良由民爲家長，不能克己勤修，訓化上下，多犯科誡，以至於此。民惟歸誠待罪而已。此非復常言常辭，想官奴辭已具，不復多白。上負道德，下愧先生，夫復何言！」此帖連在《稚恭帖》後，字大小一如《蘭亭》，想其真跡神妙。

右軍《快雪時晴帖》云：「羲之頓首。快雪時晴，佳。想安善。未果，爲結力不次。王羲之頓首。山陰張侯。」是真字，數字帶行，今世無右軍真字，此當謂真字帖。末有「君倩」二字，疑是梁秀。縫有褚氏字印，是褚令所印。蘇氏有三本，在諸房，一余易得之，一劉涇巨濟易得，無褚印。

晉太宰中書令王獻之字子敬《十二月帖》，黄麻紙，辭云「十二月割至否？中秋不復，不得想，未復還慟，理爲即甚省，如何？然勝人何慶等，慶等大軍」，下一印曰

「鐸書」，是唐相王鐸印；後有「君倩」字；前有絹小帖，是褚遂良題，曰「大令十二月帖」。此帖運筆如火筯畫灰，連屬無端末，如不經意，所謂一筆書，天下子敬第一帖也。元與《快雪帖》相連。蘇太簡家物，上有國老才翁子美題跋，云：「㓜僧守一所藏，先令以命服得之。」子美子激，字志東，與余分藏，以書畫寶玩易之。

王羲之《筆精帖》，内兩字集在諸家碑上，縫有貞觀半印。王獻之《日寒帖》，有唐氏雜跡印，後有兩行謝安批，所謂批後爲答也。唐太宗不敬獻之，《慰問帖》故於帖上刮去「不次獻之白」字，謂之羊欣以應募，而以前帖爲薄紹之書。跋尾書官姓名，云大曆某年月日，下刮去古姓名。五代人題曰薛邕記之。後題一行曰：「某年和傅遺余。」押字是薛丞相居正，此是和凝丞相疑爲薛氏故物，以遺薛也。其後歸王文惠家。文惠孫居高郵，并收得褚遂良黄絹上臨《蘭亭》一本。乏貲之官，許余以五十千質之。余時遷葬丹徒，約王君，友婿宗室時監羅務令𡸁亦欲往，别約至彼交帖。王君後余五日至，余方襄大事，未暇見之。事竟見之，云：「適沈存中借去。」吾拊髀驚曰：「此書不復歸矣。」余遂過沈，問焉。沈曰：「且勿驚破得之，當易公王維雪圖，其父嘗許見與也。」余因不復言。後數日，王君攜褚書見過，大歎曰：「沈使其壻以二十星資其行，請以二十千留褚書。」余因不復取。後十年，王君卒，其子居高郵，欲成姻事，因賀鑄持至儀真，求以二十千售之，後蘇頌丞相家與沈之子博毅同會，問所在，曰：「分與其弟矣。」翌日，蘇舜元子云屢見之。

王獻之《送梨帖》云：「今送梨三百顆，晚雪，殊不能佳。」上有黎幹黎氏印，所謂南方君子者。跋尾半幅，云：「因太宗書卷首見此兩行十字，遂連此卷末。若珠還合浦，劍入延平。太和三年三月十日，司封員外郎柳公權記。」後細題一行，曰：「又一帖，十二字連之。」余辨乃右軍書，云「思言叙卒何期，但有長歎念告」，公權誤以爲子敬也。縫有貞觀半印，世南、孝先字跋，孝先是本朝王曾丞相字。劉季孫以一千置得。余約以歐陽詢真跡二帖、王維雪圖六幅、正透犀帶一條、硯山一枚、玉座珊瑚一枝以易，劉見許。王詵借余硯山去，不即還。劉爲澤守，行兩日，王始見還。約再見易，而劉死矣。其子以二十千賣與王防。唐太宗書竊類子敬，公權能於太宗書卷辨出，而復誤連右軍帖爲子敬。公權知書者，乃如此。其跋馮氏《西昇經》唐經生書也，乃謂之褚書者，非也。蓋能書者，未必能鑒。余既跋定之，蘇子瞻於是跋詩曰：「家雞野鶩同登俎，春蚓秋蛇總入奩。君家兩行十二字，氣壓鄴侯三萬籤。」蓋以《晋史》太宗贊貶子敬也。然唐太宗力學右軍不能至，復學虞行書欲上攀右軍，故大罵子敬耳。子敬天真超逸，豈父可比也。

王羲之《來戲帖》，黄麻紙，字法清潤，是少年所書。滿一幅，其間數字難辨。六朝寫經褊字注之，後人復以雌黄塗蓋，歲久膠落，字見五分。在丁晋公孫受繪像恩澤者房下，云晋公故物也。欲以二十千見歸余，即以其直取。君以與余來往議此帖書黏於後，質於其鄰大姓賈氏，得二十千，蓋意其可贖也。今十五年矣，猶在賈氏。曾經人用薄紙搨書，墨即透數行，仍汙静地，深可歎息。其家又有韓擇木八分一卷，唐人薄紙摹，五帖一幅。

王羲之《桓公破羌帖》，有開元印、唐懷充跋，筆法入神，在蘇之純家。之純卒，其家定直，久許見歸，而余使西京未還，宗室仲爰力取之，且要約曰：「米歸有其直，見歸即還。」余遂典衣以增其直取回，仲爰已使庸工裝背，剪損古跋尾參差矣。痛惜痛惜。

王右軍《筆陣圖》，前有自寫真，紙緊，薄如金葉，索索有聲。趙竦得之于一道人，章惇借去不歸。王右軍書家譜，在山陰縣王氏。右軍《東方朔畫贊》糜破處，歐陽詢補之,在丁諷學士家,歸宗室令時,劉涇以僧繇畫梁武帝像易去。《樂毅論》,智永跋云:「梁世摹出,天下珍之。其間書誤兩字,遂以雌黄治定,然後用筆。」今世無此改誤兩字本流傳。余於杭州天竺僧處得一本,上有改誤兩字,又不闕唐諱,是梁本也。

晋庾翼稚恭真跡,在張丞相齊賢孫直清汝欽家,古黄麻紙全幅,無端末,筆勢細弱,字相連屬,古雅。論兵事,有數翼字,上有竇蒙審定印。後連張芝、王廙草帖,是唐人僞作,薰紙上深下淡,筆勢俗甚,語言無倫,遂使至寶雜於瓦礫,可歎。余屢言與汝欽,不肯拆也。

濮州李丞相家多書畫,其孫直祕閣李孝廣,收右軍黄麻紙十餘帖,一樣連成卷,字老而逸,暮年書也。略記其數帖辭,一云「白石枕,殊佳物,深感卿至」,一云「卿事時了甚快,群凶日夕」,一云「此使鄴下一日爲戰場,極令人惆悵,豈復有慶年之樂耶?思卿一面無緣,可歎可歎」,一云「九日以當力見」,一云「重熙八日,過信安」,一云「祠物當治護,信到便遣來,忽忽善錯也」,一云「謝書云云,今送」,一云「鵲等不佳,令人弊見此輩。吾衰老,不復堪此」,餘不記也。後有先君名印,下一印曰「尊德樂道」，今印見在余家。先君嘗官濮，與李柬之少師以碁友善，意其弈勝之，余時未生。此帖一卷，世未見其比，故是右軍名札也。又有歐陽詢故事十餘帖，老筆相連；其子通書評書一卷；張顛絹帖一卷，七八帖，乃少時書，並在李孝廣處。

中貴高樓楊氏收數帖，蕭思話表一，思話字有鍾法，此乃無，而武帝批答四字，君臣筆氣一同，紙古，後破前完，此是唐人所爲，然亦佳作，今人不能爲也；又王珉書真草，是真跡，有鍾、張法；張翼當是作宋翼，魏人，非真；又阮研草帖，奇古，非僞；又一帖，如竹片書，亦好事者爲之，並無古印跋可考。

陳僧智永真草書《歸田賦》，在襄陽魏泰處。後有一跋，題云「開成某年白馬寺臨一過，潭記」，白麻紙書。世人收智永書，未有若此真也。虞世南出於此書，魏誤題曰虞世南書耳。

唐彭王傅徐浩書《贈張九齡司徒告》。浩，九齡之甥。在其孫曲江仲容處。用一尺絹書，多渴筆，有鋒芒。辭云：「正大厦者，柱石之力；匡帝業者，輔相之功。生則保其雄名，歿猶稱其盛德。飾終未允於人望，加贈特至於國章。故荆州大都督張九齡，維嶽降神，濟川作相。開元之際，寅亮成功。讜言定於社稷，先覺合於蓍蔡。

永懷賢相,可謂大臣。束帛所加,樵蘇必禁。荆州之贈,相府未崇。爰從八命之秩,更重三台之位。可特贈司徒。」嘗借留余家半月。

唐中書令褚遂良《枯木賦》,是粉蠟紙搨書,後有「未能」二字,余辨是雙鈎。唐人不肯欺人,若無此雙鈎二字,則皆以爲真矣。在承議郎壽春魏綸處,余於潤州見之。

智永《千文》,唐粉蠟紙搨書,内一幅麻紙,是真跡;末後一幅,上有雙鈎「摹」字,與《歸田賦》同意也,料是將真跡一卷,各以一幅真跡在中,搨爲數十軸。若末無鈎填二字,固難辨也。是賈安公物,作潤筆送王荆公,其弟安國得之,今在葉濤處,安國婿也。有古跋云:「契闊艱難,不敢失墜。」學歐陽詢行體。

唐越國公鍾紹京書《千文》,筆勢圓勁,在丞相恭公孫陳玗處,今爲宗室令穰所購。諸貴人皆題作智永,余驗出唐諱闕筆,及以遍學寺碑對之,更無少異。大年於是盡剪去諸人跋,余始跋之。

吕夏卿子通直君有歐陽詢草書《千文》,蔡襄跋爲智永。通直出示余,欲跋,答以必改評乃跋。君欣然。遂於古紙上跋正。通直君,失其名字。

唐人臨智永《千文》半卷,在丞相蘇頌家。

蘇耆家《蘭亭》三本。一是參政蘇易簡題贊，曰：「有若像夫子，尚興闕里門。虎賁類蔡邕，猶傍文舉尊。昭陵自一閉，真跡不復存。今余獲此本，可以比璵璠。」第二本在蘇舜元房，上有易簡子耆天聖歲跋。范文正、王堯臣參政跋云：「才翁東齋書，嘗盡覽焉。」蘇洎，才翁子也，與余友善，以王維雪景六幅、李王翎毛一幅、徐熙梨花大折枝易得之。毫髮備盡。「少長」字，世傳衆本皆不及。「長」字其中二筆相近，末後捺筆鉤回，筆鋒直至起筆處。「懷」字內折筆、抹筆，皆轉側，褊而見鋒。「暫」字內「斤」字「足」字轉筆，賊毫隨之，於斫筆處，賊毫直出其中。世之摹本，未嘗有也。此定是馮承素、湯普徹、韓道政、趙模、諸葛正之流搨賜王公者。碾花真玉軸，紫錦裝背。在蘇氏舜元房。題爲褚遂良摹。余跋曰：「《樂毅論》正書第一，此乃行書第一也。觀其改誤字，多率意爲之，咸有褚體，餘皆盡妙。此書下真跡一等，非深知書者，未易道也。贊曰：熠熠客星，豈晋所得。養器泉石，留腴翰墨。戲著標談，書存焉式。鬱鬱昭陵，玉碗已出。戎温無類，誰寶真物。水月非虛，移模奪質。繡繅金鐍，瓊機錦綍。猗歟元章，守之勿失。」第三本唐粉蠟紙摹，在舜欽房。第二本所論數字精妙處，此本咸不及，然固在第一本上也。是其族人沂摹。蓋第二本毫髮不差。世當有十餘本。一絹本，在蔣長源處。一紙本，在其子之文處，是舜欽本。一本在滕中處，是歸余家本也。一本在之友處。

泗州南山杜氏，父爲尚書郎，家世杜陵人，收唐刻板本《蘭亭》，與吾家所收不差。有鋒勢，筆活。余得之，以其本刻板，回視定本及近世妄刻之本，異也。此書不亡於後世者，賴存此本。遇好事者見求，即與一本，不可再得。世謂之三米《蘭亭》。宗室叔盎收《蘭亭》，遂不及吾家本，在舜欽本上，因重背，易其後背紙，遂乏精彩。然在都門，最爲佳本。王鞏見求余家印本，曰：「此湯普徹所摹，與贈王詵家摹本一同。今甚思之，欲得此以自解爾。」錢塘關景仁收唐石本《蘭亭》，佳於定本，不及余家板本也。

唐太師顔真卿《不審》《乞米》二帖，在蘇澥處。背縫有吏部尚書銓印，與安師文家《争坐位帖》《責峽州別駕帖》縫印一同。《争坐位帖》是唐畿縣獄狀硾熟紙。韓退之以用生紙録文爲不敏也。生紙當是草書所用，内小字是於行間添注，不盡，又於行下空紙邊横寫，與刻本不同。此帖在顔最爲傑思。想其忠義憤發，頓挫鬱屈，意不在字，天真罄露，在於此書。石刻粗存梗概爾。余少時臨一本，不復記所在。

後二十年，寶文謝景温尹京云：「大豪郭氏分，内一房欲此帖，至折八百千，衆乃許。」取視之，縫有「元章戲筆」字印，中間筆氣甚有如余書者。面喻之，乃云：「家世收久，不以公言爲然。」

《峽州别駕帖》，白麻紙，真字。云「疏拙柢罪，聖慈含弘。猶佐列藩，不遠伊邇」是也。字類《糾宗碑》，清甚。又《祭濠州使君文》《鹿肉帖》，并是魯公真跡。

山陽簿張君，齊賢丞相之後，收魯公二帖，云「奏事官至」，又曰「爲憲之功」。後帖「張淑郎官求辟」，類《乞米帖》，及與李太保者。

《朱巨川告》，顔書，其孫灌園屢持入秀州崇德邑中，不用爲蔭。余以金梭易之。又一告，類徐浩書，在邑人王衷處，亦《巨川告》也。劉涇得余顔《告》背紙，上有五分墨，至今裝爲秘玩。然如徐《告》，粗有徐法爾。王詵與余厚善，愛之篤。一日，見語曰：「固願得之」。遂以韓馬易去。馬尋於劉涇處换一石也。此書至今在王詵處。

《送劉太沖序》，碧箋書，王欽臣故物，後有王參政名印。王云：「因與唐坰兩出書，各誤收卷去。坰以將『才不偶命，而德其無鄰』字剪去。」碧箋宜墨，神彩艷發，龍蛇生動，睹之驚人。不裝背，揭去背紙，以厚紙散卷之。略一出，即卷去。其子云：

「與智永《千文》、柳公權書《柳尊師志》、歐陽《鄱陽帖》，并同葬矣。」亦可歎息也。或謂密爲王詵購去。

蘇之才收碧箋文殊一幅，魯公妙跡。又有《與夫人帖》一幅，當是其嫂。今在王詵家。

魯公《寒食帖》，綾紙書，在錢勰處。世多石刻。

魯公一軸五帖，見石裔言，在其兄處，副車之孫也。

懷素絹帖，第一帖「胸中刺痛」，第二帖「恨不識顔尚書」，第三帖「律公好事」，是懷素老筆，并在安師文處。元祐戊辰歲，安公攜至，留吾家月餘，臨學乃還。後有吕汲公大防已下題。今歸章公惇。

懷素《千文》絹本真跡，在蘇液家。沈遘家刻板本，是後歸章惇家。

懷素詩一首，絹上真跡，王鞏易與王詵家。

懷素絹帖一軸，雜論故事，後人分剪爲二十餘處，王詵累年遂求足元數。又一云史陵者，絹帖，以六朝古賢一幀易與王詵。

懷素書《任華歌》真跡兩幅，絹書，字法清逸，歌辭奇偉。在王詵家。詵云：「尚方有其後三幅。」

懷素草書「祝融高坐對寒峰」，綠絹帖，兩行。此字最佳。石紫微常刻石，有六行，今不見前四行。問夷庚，云：「與王欽臣家雜色纈絹背《以詩代懷帖》同軸。」今聞王之子，爲宗室所購。是懷素天下第一好書也。

懷素《自敘》真跡，在蘇泌家。前一幅破碎不存，其父集賢校理舜欽自寫補之。

懷素草書楮紙三幅，在故相洛陽張公孫直清家。

馮京家收懷素絹上詩一首，張伯高少時絹上草書兩幅。張書今歸薛紹彭。

薛紹彭有懷素一軸，絹書；肅宗行書綾紙《千文》，購于錢景湛處。又王仲至處褚書麻紙一幅，楊凝式小字黃麻紙一幅。余皆見之。歐陽詢《孝經》一卷，薛臨寄錢公，未見真跡。

唐率府長史張旭字伯高真跡四帖，在杭州陸氏大姓家。舊有五帖，第一《秋深》，第二《前發》，第三《汝官》，第四《昨日》，第五《承須》。今所存四帖，《汝官》後有古印文，訛不可辨。《昨日》《承顔》二帖，小襞紙也。陸氏子素，從關景仁學，關因借摹三大帖。余曾見石本于關中宋氏，及官桂林，關杞爲使者，語及，始知石在關氏。又五年官潭，關杞通判邵州，以石本見寄。又三年，官杭，而關景仁爲錢塘令，因陸氏子登第者來謁，與關同往謝而閲之。獨失《秋深》第一帖，詰之，顰蹙而言，嘉祐中爲太守沈遘借閲拆留，余遣工摹餘帖。即歸，詰遘弟遾，時爲郡從事，乃云在其姪延嗣處，余往見，遂得閲，後購得之。

張伯高《虎兒》等三帖，楮紙，非真跡，在王詵家，蘇氏物也。黄魯直贈小兒詩云：「我有元暉古印章，印刓不忍與諸郎。虎兒筆力能扛鼎，教字元暉繼阿章。」取此爲故事也。

張伯高《賀八清鑑帖》，楮紙，真跡，字法勁古，不類他書，世間伯高第一書也。蘇液家世多石刻，後歸章惇家。伯高全本《千文》，曾孝藴云在京師謝氏處，謝氏，景温寶文遠族也。

伯高五帖，黄經紙，少時書，辭云「往往興來，五指包管」等是也，在楊傑家。傑父學草，故收得，逐語斷處即剪作一軸，黄油拳經紙，與王仲至《千文》一同，並無古印跋。伯高名犯廟諱字，余於皎然詩集中得之。

蘇之純藏張顛草書，又蘇泌房所藏詞云「國士何日得至南中」，皆非伯高真跡，亦無古印跋。

唐坰處黄楮紙伯高《千文》兩幅，與刁約家兩幅一同，是暮年真跡。每辨六七字。刁氏者後有李主、徐鉉跋，爲人僞刻「建業文房之印」印之，連合縫印破字，每見令人歎息。

唐辨才弟子草書《千文》，黄麻紙書，在龍圖閣直學士吴郡滕元發處。滕以爲智永書。余閲其前空「才」字全不書，固已疑之；後復空「永」字，遂定爲辨才弟子所書，故特闕其祖師二名耳。

唐虞世南《枕卧帖》，雙鈎，唐摹，在關杞處。上有褚氏圖書古印。關嘗謂余曰：「昔越州一寺修佛殿，於梁栱内藏一函，古摹帖數十本，所可記者王右軍《十七帖》，世南《枕卧帖》《十闕九帖》，褚遂良《奉書寧帖》，上皆有褚氏圖書印，毫髮乾濃畢備。」關與僧善，購得《枕卧》《十闕九》《奉書寧》三帖。

虞書《積時帖》，古雙鈎摹，在洛陽李熙處，維之孫也。縫亦有褚氏印。余嘗借摹。

世南《理頭眩藥方》，雙鈎摹本，在鮑傳師家。後爲俗人添入「羲之」兩字，傳入晉州法帖，以爲羲之書，聾瞽可笑。

虞世南書經，在虞僧寺。

世南《汝南公主銘起草》，洛陽王護處見摹本，云真跡在洛陽好事家，有古跋。後十年見真跡，在故相張公孫直清處。其後止「貞觀十年十一月丁亥朔十六日」，旁小字注云「赫赫高門，在裴丞相家」，是其銘。然此幅文但至半而止，行下有空白紙，猶空十一字，此蓋卒日，猶未言葬也。闕文尚多，安得便言「赫赫高門」？不當後幅却與前幅不相連屬也。其前褾紅綾色如新，有名幾玄題其褾云：「故祭酒崔十八丈綽，常與寇章、賀拔惎皆以鑒賞相尋，每稱伏膺虞書，多歷年所，自會昌以來，時覯斯帖，因致其真隸有加。頃年崔丈每以予兄弟下第東歸，必云：『此去獲見《汝南帖》，亦何減於昇第耶！』所惜者，闕其銘文耳。咸通二年春於存神室，輟獻子凝。良足嗇愛也。」幾玄不知何人也。虞帖爲時所重如此，今好事家絶不曾見真跡摹本。《枕卧》《積時》《蚛牙》《頭風》四摹帖，一關中刻石帖，今法帖所載耳。世最少者，子敬、虞帖，今好事家一字亦無耳。

唐僧高閑草書《千文》，楮紙上真跡，在李熙處。

唐禮部尚書沈傳師書道林寺詩，在潭州道林寺四絶堂。以杉板略薄布粉，不蓋紋，故歲久墨不脱。至裴度書杜甫詩，粉多，只存一「甫」字在松板節。余嘗爲《杜板行》以紀其事。沈板，余官潭留書齋半歲臨學。後爲摹石，僧希白摹，務欲勁快，多改落筆，端直無縹緲縈回飛動之勢。

唐太宗率更令歐陽詢書《荀氏漢書節》，楮册小楷，在潭州南楚門外胡世淳處。歐陽詢書「道林之寺」牌，在潭州道林寺，筆力勁險，勾勒而成。有刻板本。又江南廬山多裴休題寺塔諸額，雖乏筆力，皆真率可愛。

唐末人學歐尤多，四明僧無作，學真字八九分，行字肥弱，用筆寬。又有七八家不逮此僧。唐賊張廷範亦學歐陽詢，多有此賊跋。一雙鈎摹歐帖上，有此賊印云「清河張廷範」印及題曰「便是至寶也，惜之惜之，永爲所寶之寶」，皆學歐行。余跋曰：「唐弘文館學士歐陽詢書，唐人所摹。後一行印文曰『清河張廷範』私記。廷範唐賊也，時衰代替，賊之所好，涉于衣冠，此攘奪所生也。今太平君子，或富貴則崇貨利，乃賊所尤先。故不剪除，既著其賊，又爲太平君子之勸。其書札印記，翩翩自喜之心，忘其爲賊之著也，嗟乎！」國初孫妃弟驃騎孫思皓學歐，本朝無人過也。

歐陽詢黄麻紙草書《孝經》，是馬季良龍圖孫大夫直温所收，今歸薛紹彭家。

宗室令穰收歐陽詢三軸，第一軸《蘇彦語箴》；次幅故事兩段，有開元縫印、翰林之印、李林甫等臣跋及知書樓官名氏；末後唐賊蔣玄暉題、宣徽兩院使印。余以智永三行帖、陸柬之《頭陁寺碑》一幅，易得《語箴》。第二軸草帖五紙，第三軸行書故事，皆有開元姚宋印跋。草帖乃暮年書，精彩動人。行書，少時書也。

歐陽詢草書「也」字，末筆倒麼，不見其所出。余家得貞觀御府右軍三帖，末後一帖「也」字乃歐法所出。世之真跡與石刻帖，並無此「也」字耳。

歐陽詢碧牋草聖四幅，在故相齊賢孫張公直清處。

孫過庭草書《書譜》，甚有右軍法，作字落脚差近前而直，此乃過庭法。凡世稱右軍書，有此等字，皆孫筆也。凡唐草得二王法，無出其右。又有《千文》一本，是少年書，不逮《書譜》。並在王鞏家，今歸王詵家。

陳賢草書帖六七紙，字亦奇逸難辨，如日本書。上亦有唐氏雜跡字印。在李瑋家。又多似歐陽詢草。

洪元慎集右軍越州寺碑真跡，在越州僧正子文處。嘗通書許借，未果。余託提刑喬執中攜告往質看，亦不肯出。欲沿幹至越，會家難不果。去今要度牒易。

陸柬之《十八學士贊》，西京留臺王瓘云：「在舍弟珪處。」《老子西昇經》，裴度、柳公權跋爲褚公書。與閻立本畫圖同在馮當世家。吾見之，皆非也。是唐初書，畫與柳跋是真跡，二君亦不能鑒耳。

唐高閑書令狐楚詩，在尚書李常家。

柳公權《紫絲靸》《蘭亭詩》二帖，待制王廣淵摹石，跋云：「龍圖大諫李公帥府，暇日出書，因請摹石。」乃李柬之少師也，洛陽人。今在富鄭公子宿州使君家。

唐摹皇象《急就章》，有隸法。在故相張齊賢孫直清處。

唐李邕四帖，内一帖碧牋，右唐氏雜印、勾德元圖書記、陳氏圖書印，與石夷庚所藏《多熱帖》同。自丁喬大夫歸章惇家，丁晋公故物也。

《多熱要葛粉帖》，白麻紙，上有唐氏雜跡印、陳氏圖書印、勾德元圖書印。乃紫微舍人石揚休物，今在其孫前宿州支使夷庚處。前一帖與《光八郎謝惠鹿帖》真跡，余過甬上，於夷庚處易得之。《光八郎帖》今歸王詵。

呂公孺處李邕三帖，第一《改少傅帖》，深黄麻紙，淡墨淳古，如子敬；第二《縉雲帖》，淡黄麻紙；第三碧牋《勝和帖》，以尚書户部印印縫。古印有陳氏圖書、勾德元圖書記、唐氏雜跡印。丙子歲，第一歸薛紹彭，第二歸高公繪，第三余以六朝畫古賢、韓馬、銀博山、金華洞天石古鼎，復忘記數種物，易得于其孫端問。余嘗以碧牋臨三帖，與真無異，吕復攜去裝褫矣。陳氏台僊、勾德元、唐氏三人者，大是一賞鑒人，世之名書上無不有其書印。德元當是中正，本朝人，通史學。

馮京家收唐摹《黄庭經》，有鍾法。後有褚遂良字，亦是唐一種僞好物。

李錞收唐人歐行書《兵箴》，劉冲之丞相家物。

劉涇書來漣漪曰：「收唐絹本《蘭亭》，無奇獲，且漫眼耳。」殊非自剽制語也。余答以詩曰：「劉郎無物可縈心，沉迷蠹縑與斷簡。求新不獲狂時發，自謂下取且漫眼。猗嗟斯人今實尠，我欲從之官有限。何時大叫劉子前，跽閲墨皇三復返。」君貽余詩嘗曰「祕笈墨皇曾敬識」，林希送余詩「壺嶺共傾銀霅水，墨皇猶展玉樓風」，壺嶺謂硯山也。

劉涇倅莫，王貽永侍中孫爲守，得摹帖一卷，乃冑曹參軍李懷琳僞作《七賢帖》，後人所撰也。内《搏赤猿帖》云：「僕不想欻爾夢搏赤猿，其力甚於貔虎，良久反覆。

余乃觀天背地覩穹靈，亦當不爽。但僕之不達，安得不憂？吉乎報我，凶乎詳告。三日，阮籍白谿君。」此帖比今刻石字多，乃懷琳所撰語也。而《法書要録》所載《七賢帖》，太宗知其僞，愛之，以「貞觀」字印之入御府。又有《李氏衛帖》，云：「衛稽首和南，近奉勅寫《急就章》，遂不得與師書耳。但衛不能拔賞，隨世所學，規摹鍾繇，遂多歷年所。二十著詩論草隸通解，不敢上呈。衛有弟子王逸少，甚能學衛，真書咄咄逼人，筆勢洞精，字體遒媚，師可詣晋尚書館書耳。仰憑至鑒，大不可言，弟子李氏衛和南。」此帖比今《閣帖》字亦多，亦其所撰也。次無名帖，次郄超帖，亦摹在《閣帖》中。次陸機、衛恒帖，衛亦摹入《閣帖》也。後余以畫易于劉涇，分前四帖與李錞，皆貞觀間一種僞好物。

楊凝式，字景度，書天真爛熳，縱逸類顔魯公《争坐位帖》。祕閣校理蘇澥家有三帖：第一白麻紙，曰「景度上大僊」，第二、第三小字，與薛紹彭家所藏正書相似。余三次易得後，以第一易與王詵，第二易與劉涇，余家今收楮紙，上詩云：「春來冰未泮，冬至雪初晴。爲報方袍客，豐年瑞已成。」王以畫易于趙叔盎，紛披老筆。王安石少嘗學之，人不知也。元豐六年，余始識荆公於鍾山，語及此，公大賞歎，曰無人知之。其後與余書簡，皆此等字。

張直清家楊凝式數帖，真行，甚好。

劉瑗收碧牋王帖，上有勾德元圖書記、保合太和印及題顯德歲。嘗愛吾家顧愷之《浄名天女》，欲以畫易。吾答以若有子敬帖，便可易。伯玉答曰「此猶披沙揀金」，此語甚妙。余白首收晋帖，止得謝安一帖，開元、建中御府物，曾入王涯家；右軍二帖，貞觀御府印；子敬一帖，有褚遂良題、印，又有丞相王鐸家印記。及有顧愷之、戴逵畫浄名天女觀音，遂以所居命爲寶晋齋。

朱長文收錦織成諸佛，闊四赤，長五六赤，上有織成牌子，題「晋永和年造」，與余家一古書囊織成山水神僊錦一同，雲鳳、山禽、猿鹿如畫也。

余收子敬《范新婦》唐摹帖，獲于蘇激家，後有倩仲跋。余題詩曰：「貞觀款書丈二紙，不許兒奇專父美。何爲寥寥寶是似，遭亂真歸火兼水。千年誰人能繼趾，不自名家殊未智。嗟爾方來眼須洗，玉躞金題半歸米。」又和云：「雲物龍蛇森動紙，父子王家真濟美。張翼小兒寧近似，滄溟浩對蹄跨水。騰蛇無足鼯多趾，以假易真信用智。龜瀞雖多手屢洗，卷不生毛誰似米。」又和云：「真裂紋勻真古紙，跋印多時俗眼美。誠懸尚復誤疑似，有渭方能辨涇水。真僞頭面拳趹趾，久假中分辨愚智。寶軸時開心一洗，百氏何人傳至米。」黄庭堅和題于後云：「王令遺墨方尺紙，尾題倩仲寶子美。百家藏本略相似，如日行天見諸水。拙者竊鈎輒斬趾，田恒取齊并聖智。錦囊昏花百過洗，湖海濯纓人姓米。」蔣之奇一韻和三首，吕升卿和二首，林希和三首，劉涇和兩首，余章和一首，余後二首又再和者，共成一軸，林子虚借去未還。

劉涇收許渾烏絲欄手寫詩一百篇，字法極不俗。第一篇「湘潭雲盡暮煙出，巴蜀雪銷春水來」，盡是面覩西南世界一段物色，自有識者知之。剪前一幅，易與杜介；一幅在王詵處。

劉涇在宿州，平生初收白麻紙臨顔書《太冲序》，乃其祕笈第一物。至潤，收封敖行《李文饒太尉告》、許渾詩，次得智永板本《千文》，其後得余家《十七帖》、日本書及日本告、吴融、司空圖贈晉光歌、張顛、晉光、亞栖等書，韓馬戴牛。又楊傑處得貞觀御府内史《官奴帖》，余以《十七帖》以下諸物易歸余家。余先於唐坰處易得右軍《尚書帖》，云得于僧清道，亦有貞觀印，印文遂復合，仍帶元截紙痕一條，故一物也。林希見余家此軸，嗟歎云：「祕府所有，殆不過是。希嘗見閣下一卷，貞觀字印，相去五寸許，不相連，若真印，印則四枚，理無平匀，若僞雕，必只一鈕，用皆齊一也。余聞之愠甚，懶展閱。愠極，試取視之，左右上下無一相當者，疾呼輿過林語所以，公擊節曰：「公此書愈妙也。」此公精思如此。方是時，劉涇不信世有晉帖。後十五年，始得「子鸞」字帖。云是右軍，余云恐是陳子鸞，未經余目。後薛紹彭書來，亦云六朝書。又得梁武像見報，余時使漣漪，答君詩云：「劉郎收畫早甚卑，折枝花草首徐熙。十年之後始聞道，取吾韓戴爲神奇。邇來白首進道奥，學者信有髓與皮。始知十篋但遮壁，牛馬祇可裹敝帷。峨峨太平老寺主，白紗冒首無冠蕤。武士後列肅大劍，宫女旁侍鬟脩眉。神清眸子知寡欲，齒露脣反法定饑。世人覩服似摩詰，不識六朝居士衣。僧繇勿輒亂唐突，梁時筆法了可知。道子見之必再拜，曹盧何物望藩籬。本當第一品天下，却緣顧筆在漣漪。」劉君既收右軍《子鸞帖》，作贊見寄，其略曰：「執黑帝矩，作黑風雨。大一尺許，星五十五。」奇文也。時君罷虢州，未別除，余戲答曰「清明去郡則得郡，安用作業解洗業」以戲之。

薛紹彭以書畫情好相同，嘗寄書云：「書畫間久不見薛米。」余答以詩云：「世言米薛或薛米，猶言弟兄與兄弟。四海論年我不卑，品定多知定如是。」劉涇過薛，見書大叫「書來」云云，余答以詩云：「唐滿書奩晋不收，却緣自不信雙眸。發狂爲報養龍子，不怕人稱米薛劉。」劉君舊不收晋帖，云無真，只收唐帖，故有是句。

余臨大令法帖一卷，在常州士人家，不知何人取作廢帖裝背，以與沈括。一日，林希會章惇、張詢及余於甘露寺浄名齋，各出書畫，至此帖，余大驚曰：「此芾書也。」沈勃然曰：「某家所收久矣，豈是君書！」芾笑曰：「豈有變主不得認物耶！」

余居蘇，與葛藻近居，每見余學臨帖，即收去，遂裝黏作二十餘帖，效《名畫記》載印記，作一軸裝背。一日出示，不覺大笑。葛與江都陳臾友善，遂贈之，君以爲真，余借，不肯出。今在黄材家。

余臨張直清家虞永興《汝南公主墓誌》，浙中好事者以爲真，刻石。右軍帖尤多。

裝書，褾前須用素紙一張，捲到書時，紙厚已如一軸子，看到跋尾則不損。古書所用軸頭，以木性輕者。紙多有益於書，油拳麻紙硬堅損書。第一池紙，匀硾之，易軟少毛。澄心其製也。今人以歙爲澄心，可笑。一卷即兩分理，軟不耐卷，易生毛。古澄心以水洗浸一夕，明日鋪于車上曬乾，漿硾已去，紙復元性，乃今池紙也，特擣得細無筋耳。古澄心有一品薄者，最宜背書。台藤背書滑無毛，天下第一，餘莫及。

唐人背右軍帖，皆硾熟軟紙如綿，乃不損古紙。又入水蕩滌而曬，古紙加有性不糜。蓋紙是水化之物，如重抄一過也。余每得古書，輒以好紙二張，一置書上，一置書下，自傍濾細皂角汁和水，霈然澆水入紙底，於蓋紙上用活手軟按拂，垢膩皆隨水出，内外如是。續以清水澆五七遍，紙墨不動，塵垢皆去。復去蓋紙，以乾好紙滲之兩三張，背紙已脱，乃合於半潤好紙上，揭去背紙，加糊背焉。不用絹壓，四邊只用紙，免摺背重，弸損古紙。勿倒襯帖背，古紙隨隱便破，只用薄紙，與帖齊頭相挂，見其古損斷尤佳，不用貼補。古人勒成行道，使字在筒瓦中，乃所以惜字。今俗人見古厚紙，必揭令薄方背。若古紙去其半，損字精神，一如摹書。又以絹帖勒成行道，一時平直，良久舒展爲堅，所隱字上却破。京師背匠壞物不少，王詵家書畫屢被揭損。余諭之，今不復揭。又好用絹背，雖熟猶新硬，古紙墨一時蘇磨，落在背絹上。王所藏《書譜》《桓謝帖》，俱爲絹磨損。近好事家例多絹背，磨損面上皆成絹文。余尋又以右軍與王述書，易得唐文皇手詔，以棗花黄綾背詔，面上一齊隱起花紋。余家書帖多用此重背，以台州黄巖藤紙硾熟，揭一半，背滑浄軟熟，卷舒更不生毛。余家書帖多用此紙，一一手背、手裝方入笈。古背佳者，洗過自揭不開，乾紙印了，面向上，以一重新乾紙四邊著糊黏卓上，帖上更不用糊，令新紙虛掤壓之，紙乾，下自乾，慎不可以帖面金漆卓，揭起必印墨。余背李邕《光八郎帖》，光王琚也。揭起，黏一分墨在金漆卓上，一月餘惜不洗卓。此帖今易與王詵，上有唐氏雜跡、陳氏圖書印，得于石夷庚，昌言故物也。後石攜第三《厲少府到京帖》，王因與以五十星，洗鑼不肯易。今居陳州有右軍古鳳池紫石硯，蘇子瞻以四十千置往矣。古硯心凹，所謂硯瓦如銅瓦，筆至水即圓，古書筆圓，有助于器也。今世傳古畫晉賢圖，猶存其製。余收晉硯一，智永硯一，心如臼，天章寺僧所獻也。

右軍唐摹四帖：一帖有「裹鮓」字，薛道祖所收，命爲《裹鮓帖》，兩幅，是冷金、硬黄。一幅是楮薄紙摹，右軍暮年更妙帖也。其一幅云「欲與彦仁集界上，平自可，且何所諮人，乃王道平平」，其「平」字音「便」，又見晉人語氣。上有弘文印，印在帖心面上，不印縫，四邊亦有小開元字印，御府帖也。

宋子房收得唐開元摹右軍帖，末有李林甫等臣跋，今歸王詵，翰林印皆在也。内《異熱》一帖歸薛紹彭。

王詵收勑二道，是賜浙西節度旌節與顔魯公。前中書、門下如今制，後郭子儀書名，立人無下一畫，字長，題月日，到「真卿」二字，名如今落日押字，左手下角，孔目官名。又知唐勑制皆真名，不花押。今時以片紙黏於前頭連勑，落日書押字如常式文牒，似不敬也。三公，第一等人，各書名，雖大紙吏文亦足收也。許彦先有《南州刺史告》，「真卿」二字，吏部尚書時字，甚淳勁。

蘇耆《書畫紀述》，與鳳師賞閲數日。内史與王述書，乃云「此郡之弊，不謂頓至於此，諸逋滯非復一條，獨坐不知何以爲治，自非常才所濟。吾無故捨逸而就勞，歎恨無所復及爾。交人事請託，亦未見。北都冀得小差，須日當何理」。此帖刻在江南十八家帖中，本朝以碑本刻入十卷中，較之不差毫髮。

又二帖云《增慨》《安西》是也。上有「筆精墨妙」印，蘇耆題二字。余得於王詵，以文皇手詔易之。文皇詔，宋素臣尚書家物，余跋贊云：「龍彩鳳英，天開日升。亟戡多難，力致太平。雲章每發，目動神驚。」

晁端彦收懷素《與皇少卿簡》大紙一軸，筆勢簡古，老筆也。是書障索潤筆簡。

吕昌道大夫家有懷素兩帖，少年所書也，今歸錢勰家。又王欽臣侍郎有懷素

「以詩代懷寄浩公」，碧綠地，雜色纈，上草書「老筆特妙」。

呂穆仲侍郎收李陽冰白麻篆一卷，筆細與縉雲石刻相似。文勛有一軸黄麻篆，陽冰少時書。

蘇台文收張從申墨跡一卷，是唐坰物。余未見。

夢英諸家篆，皆非古失實，一時人又從而贈詩，使人愧笑。

唐玄度諸體書，粗有古意，李瑋家一樣有兩册。

世傳秦傳國璽多種，唐同時傳二本，題曰：其一徐浩本，其一越州刺史王密本。徐螭鈕，王雀鈕，何所審定？相國寺中有刻作板本賣。又一本，潤僧收，與印本又不同，蓋以藍田水蒼玉爲之，取水德而魚蟲、鶴蠵、蛟龍多水族物，大略是取此義，以扶水德，然帝王自有真符爾。

關景輝家刻石，子敬帖「節過觸事」云云，甚奇妙。云真跡在越州石元之大夫家，今在其子縣尉處。

畫摹多似，人物馬牛尤易似。書臨難似，第不見真耳，對之則慚惶殺人。

蘇州邵元伯中允之子，收蘇沂所摹張顛《賀八清鑑帖》，與真更無少異。又摹懷素《自敘》，嘗歸余家，今歸吾友李錞，一如真跡。

程師孟語余，四十千置得古摹《蘭亭》一本，白玉軸。欲出示，竟不曾取。今在子宏處，王安上曾見之。

唐人摹右軍《丙舍帖》，暮年書。在吕文靖丞相家淑問處。《法書要録》載是臨鍾繇帖。薛紹彭模得兩本，一以見贈。

柳公權書《陰符經》，有會昌月日姓名。爲馬玘借去未還，今知其子永稽能保惜，在合肥，江南文房物也。

王仲修收唐湖州刺史楊漢公書，有鍾法，與襄州羅讓能書碑同。余家亦收一幅，後題「會昌年臨寫鍾表」。今易歸薛紹彭家。

唐司議郎陸柬之書《頭陀寺碑》，前少兩幅，獲于吴郡。世未有此書。内空「山」字後筆，以氏族志撿之，父名山才，遂以爲定。及王詵處收錢氏陸臨《蘭亭》，遂皆空「山」字。王仲孜收《蘭亭詩》一卷，詞云「悠悠大象運」，殆是一種分開物。余以《頭陀碑》一幅及智永帖，换宗室令穰歐書《語箴》一幅，與薛紹彭分收。

智永臨右軍五幅，獲于吴郡。末云「玄度忽腫，至可憂慮。疾候自恐難耶」，史稱玄度服巨勝實，莫知所終，此可鑒也。因託薛紹彭書考妣會稽公襄陽、丹陽二太夫人告，贅爲潤筆。薛以書畫還往，出處必同，每以鑒定相高，得失評較。余在漣漪，寄君詩云：「老來書興獨未忘，頗得薛老同徜徉。天下有識誰鑒定，龍宮無術療膏肓。淮風吹戟稀訟牒，典客閉閤閒壺漿。吟樹對山風景聚，墨池濯研黿魚藏。珠臺寶氣每貫月，月觀桂實時飄香。銀潢燭天限織女，煙海括地生靈光。攜兒乃是翰墨侶，挾竹不使輿衛將。象管鈿軸映瑞錦，玉麟棐几鋪雲肪。依依煙華動勃鬱，矯矯龍蛇起混茫。持此以爲風月伴，四時之樂渠未央。部刺不糾翰墨病，聖恩養在林泉鄉。風沙漲天烏帽客，胡不東來從此荒。」薛書來云購得錢氏王帖，余答以李公炤家二王以前帖，宜傾囊購取，寄詩云：「歐怪褚妍不自持，猶能半蹈古人規。公權醜怪惡札祖，從兹古法蕩無遺。張顛與柳頗同罪，鼓吹俗子起亂離。懷素獦獠小解事，僅趨平淡如盲醫。可憐智永硯空臼，去本一步呈千嗤。法帖所載可見。已矣此生爲此困，有口能談手不隨。誰云心存乃筆到，天工自是祕精微。二王之前有高古，有志欲購忘高貲。殷勤分治薛紹彭，散金購取重跋題。」薛和云：「聖草神蹤手自持，心潛模範識前規。惜哉法書垂世久，妙帖堂堂或見遺。寶章大軸首尾具，破古欺世完使離。當時鑒目獨子著，有如痼病工難醫。至今所收上卷五，流傳未免識者嗤。世間無論有晋魏，幾人解得真唐隋。文皇鑒定號得士，河南精識能窮微。即今未必無褚獠，寧馨動欲千金貲。古囊織縹可復得，白玉爲蹝黄金題。」蓋謂李弟索重價難購也。

薛書來云新收錢氏子敬帖，「獻之」字上刮去二字，以爲「孤子」。余以爲「操之」字，俗人恐以爲操之，故刮去。因寄詩爲《梁唐不收慰問帖》云：「蕭李駼子弟，不收慰問帖。妙跡固通神，水火土更劫。所存慰問者，班班在箱笈。使惡乃神護，不然無寸札。自此輒畫相，後人眼徒狹。」君和云：「聖賢尺櫝間，弔問相酬答。下筆或無意，興合自妍捷。名跡後人貴，品第分真雜。前世無大度，危亂相乘躡。白髮如蓮帽，騶馬似瓜貼。觸事爲不祥，凶語棄玉躞。料簡純吉書，乃有十七帖。當時博搜訪，所得固已狹。于此半千歲，歷世同灰劫。真聖掃忌諱，盡入淳化篋。巍巍覆載量，細事見廣業。唐人工臨寫，野馬成百疊。硬黄脱真跡，勾填本摹榻。今惟典刑在，後世皆可法。」

薛書來論晋帖誤用字，余因作詩云：「何必識難字，辛苦笑揚雄。自古寫字人，用字或不通。要之皆一戲，不當問拙工。意足我自足，放筆一戲空。」

余嘗硾越竹，光滑如金版，在油拳上。短截作軸，入笈番覆，一日數十張，學書作詩寄薛紹彭、劉涇云：「越筠萬杵如金板，安用杭油與池璽。高壓巴郡烏絲欄，平欺澤國清華練。老無他物適心目，天使殘年同筆硯。圖書滿室翰墨香，劉薛何時眼中見。」薛和云：「書便瑩滑如碑版，古來精紙惟聞璽。杵成剡竹光淩亂，何用區區書素練。細分濃淡可評墨，副以谿喦難乏硯。世間此語誰復知，千里同風未相見。」其論筆硯間物云：「研滴須琉璃，鎮紙須金虎。格筆須白玉，研磨須墨古。越竹滑如苔，更須加萬杵。自對翰墨卿，一書當千户。」

無錫唐氏有雙鈎右軍《十七帖》，甚精彩。錢塘僧了性收一卷，楮紙一同。唐坰家有一卷，是錢氏物，紙白。唐氏又收碧綾《黄庭經》，云是褚遂良書，非也。上有江南李重光「清輝」二字小印。云是丁晋公家族人所質。錢氏所收《浩博帖》云：「臣節分嚴，外無典掌之所，故不簿上，而諸位咸有。」法書臨搨甚多。常州使君景湛房下，往往爲人購去，薛紹彭收肅宗《千文》是也。上皆有「希聖」字印、「忠孝之家」圓錢印、「錢氏書堂」印。錢勰房下有史孝山《出師頌》，題作蕭子雲，亦奇古。又有寫白樂天詩一首，是唐人書，亦秀潤。《天氣殊未佳》，顔魯公帖，緑棗花綾，是唐人勾填，圈深墨淺。夫金玉爲器，毁之則再作。何代無工字札？使其身在，再寫則未必復工。蓋天真自然，不可預想，想字形大小，不爲篤論。「人人若同此中妙，懷素自言初不知」，却是造妙語。既再作，不可復得，揭而藏諸，何陋之有！

古帖多前後無空紙，乃是剪去官印，以應募也。今人收貞觀印縫帖，若是黏著字者，更不復再入開元御府。蓋貞觀書，武后時朝廷無紀綱，駙馬貴戚丏請得之。開元購時，剪印不去者，不敢以出也。開元經安氏之亂，内府散蕩，乃敢不去開元印跋，再入御府也。其次貴公家或是賂入，須除滅前人印記。所以前後紙慳也。今書更無一軸有貞觀、開元同用印者，但有建中與開元、大中、弘文印同用者，皆此意也。唐自是習成祕閣，風氣相高。至梁，客將太常卿張廷範，唐賊，猶收書至多，賊侵衣冠士，崇殖貨，所謂奪倫，是何氣象。姑蘇衣冠萬家，每歲荒及迫節，往往使老婦駔攜書畫出售，余昔居蘇，書畫遂加多。

管軍苗履長子，忘其名，癸未歲都下法雲寺邂逅，去長安一大姓村居家，其石匣中所藏玉軸晋魏古帖數十軸，目嘗見之，余每入夢想。

洛陽有書畫友，每約不借出，各各相過賞閲，是宋子房言。其人屢與王詵尋購得書，余嘗目爲太尉書魁。平生欲調姑蘇一官，以購書畫，不可得。今老矣，目加昏，鑒不能精也。

胡奕脩家有徐浩書經，未見。

真紙色淡而匀净，無雜漬，斜紋皺裂在前，若一軸前破後加新，甚衆。

薰紙煙色，上深下淺；染紙濕色，紙紋棲塵；麫紙作蜃，紋軟。

畫可摹，書可臨而不可摹，惟印不可僞作，作者必異。王詵刻勾德元圖書記，亂印書畫。余辨出「元」字脚，遂伏其僞。木印、銅印自不同，皆可辨。

印文須細，圈須與文等。我太祖「祕閣圖書之印」不滿二寸，圈、文皆細。上閣圖書字印亦然。仁宗後印經院賜經，用「上閣圖書」，字大印粗文。若施於書畫，占紙素字畫，多有損於書帖。近三館祕閣之印，文雖細，圈乃粗，如半指，亦印損書畫也。王詵見余家印記與唐印相似，始盡换了作細圈，仍皆求余作篆。如填篆，自有法，近世填皆無法。如三省銀印，其篆文皆反戾，故用來無一宰相不被罪，雖没猶貶，中書仍屢絶，省公卿名完則朝廷安也。御史臺印左戾，史字倒屈入，用來少有中丞得免者。宣撫使印從亡自置，鮮有復命者。人家私印，大主吉凶也。

貞觀、開元皆小印，便於印縫。弘文之印一寸半許。開元有二印：一印小者，印書縫；大者圈刓角一寸以上，古篆。於《鶺鴒頌》上見之，他處未嘗有。

王詵每余到都下，邀過其第，即大出書帖，索余臨學。因櫃中翻索書畫，見余所臨王子敬《鵝群帖》，染古色麻紙，滿目皺紋，錦囊玉軸，裝剪他書上，跋連於其後。又以臨虞帖裝染，使公卿跋。余適見，大笑，王就手奪去，諒其他尚多，未出示。又余少時使一蘇州背匠之子吕彦直，今在三館爲胥，王詵嘗留門下，使雙鈎書帖。又嘗見摹《黄庭經》一卷，上用所刻勾德元圖書記，乃余驗破者。

本朝太宗挺生，五代文物已盡之間，天縱好古之性，真造八法，草入三昧，行書無對，飛白入神，一時公卿以上之所好，遂悉學鍾、王。至李宗諤主文既久，士子始皆學其書，肥褊樸拙。是時不謄録，以投其好，用取科第。自此惟趣時貴書矣。宋宣獻公授作參政，傾朝學之，號曰朝體。韓忠獻公琦好顔書，士俗皆學顔書。及蔡襄貴，士庶又皆學之。王文公安石作相，士俗亦皆學其體。自此古法不講。能隸書者武勝留後劉瑗，能草書者承議郎滕中、宗室仲忽，能行書者宣德郎鮑慎由，能篆書者宣德郎趙霆，已上是學古人書者，餘未見。

余年十歲，寫碑刻學周越、蘇子美札，自作一家。人謂有李筆法，聞而惡之，遂學沈傳師，愛其不俗。自後數改獻之字，亦取其落落不群之意耳。春和便思弄筆札，手龜不作，乃可自滌研。若不自滌者，書皆不成。紙不剪者，亦如之。學書來，約寫過麻牋十，布在人間。老來寫益多，持出少年書者輒換下也。每以新字易舊札，往往不肯。蓋人不識老筆乏姿媚，乃天成入道。老來作書有骨格，不專秀麗，渾然天成，人尠能識，往往多以不逮少小。

下麻紙勝上楮，留久一也，布理密膩二也，落墨便滲三也。

東南多茗草，陸羽以顧渚作餅。今遂只建人工，江西作之竟不如建，顧渚遂不復能作。揚貢茶，時所重。今易爲銀，土人亦不復植。其茶坡，吕氏請爲葬地矣。沿革如是。地今歲種芥，來歲種菘，以菘作虀，甜辛無物比，又少發風。惟酒後一杯多醒也。

荆州六合牋，名最古，今人亦無能製者。向長沙作，皆不就。其業養一方人，殆亦命如建茶也。

畫史

序

杜甫詩謂薛少保「惜哉功名迕，但見書畫傳」。甫老儒，汲汲於功名，豈不知固有時命？殆是平生寂寥所慕。嗟乎，五王之功業，尋爲女子笑。而少保之筆精墨妙，摹印亦廣。石泐則重刻，絹破則重補，又假以行者，何可數也。然則才子鑒士，寶鈿瑞錦，繅襲數十，以爲珍玩。回視五王之煒煒，皆糠粃埃壒，奚足道哉！雖孺子知其不逮少保遠甚明白。余故題所得蘇氏薛稷二鶴云：「遼海未稀顧螻蟻，仰霄孤唳留清耳。從容雅步在庭除，浩蕩閒心存萬里。乘軒未失入佳談，寫真不妄傳詩史。好事心靈自不凡，臭穢功名皆一戲。武功中令應天人，束髮寮陽侍帝晨。連城照乘不保寶，黃圖孔誥悉珍真。百齡生我欲公起，九原蕭蕭松蕻蕻。得公遺物非不多，賞物懷賢心不已。」其後以帖易與蔣長源，字仲永，吾書畫友也。余平生嗜此老矣，此外無足爲者。嘗作詩云：「棐几延毛子，明牕館墨卿。功名皆一戲，未覺負平生。」九原不可作，漫呼杜老曰：「杜二，酹汝一巵酒，愧汝在不能從我遊也。」故敘平生所覯，以示子孫。題曰畫史，識者爲予增廣耳目也。

畫史

晉畫

顧凱之維摩天女飛仙，在余家。

《女史箴》横卷，在劉有方家，已上筆彩生動，髭髮秀潤。《太宗實録》載購得顧筆一卷，今士人家收得唐摹顧筆《列女圖》，至刻板作扇，皆是三寸餘人物，與劉氏《女史箴》一同

吾家維摩天女，長二尺，《名畫記》所謂小身維摩也。

戴逵觀音，在余家。天男相無髭，皆貼金。

六朝畫

蘇氏《古賢像》，十人一卷，衣紋自非晉筆。

蔣長源，字仲永，收《宣王姜后免冠諫圖》，宣王白帽，此六朝冠也。

《王戎象》，元在余家，易李邕帖，與吕端問。已上皆假顧凱之筆。元以懷素帖易于王詵字晋卿家。

《梁武帝翻經象》，在宗室仲忽處，亦假顧筆。

《天帝釋象》，在蘇泌家，皆張僧繇筆也。張筆天女、宫女面短而艷；顧乃深靚，爲天人相。武帝作居士服，反脣露齒。宫女四人擎花，後四武士持戈劍，髪如神也。

余家收《英布象》，類六朝時石刻。

唐畫 五代、國朝附

唐初畫《高鳳并梁鴻故事》横卷，在蔡堪字道勝家。

《唐太宗步輦圖》，有李德裕題跋。人後脚羌，是閻令畫真筆。今在宗室仲爰君發家。

《道德經》一卷，出相間不知何人畫。絹本。字大小不匀，真褚遂良書。在范相堯夫家。與馮京當世家《西昇經》不同，雖有裴度、柳公權跋，非閻令畫、褚筆，唐人自不鑒爾。

蘇氏《種瓜圖》，絶畫故事，蜀人多作此等畫，工甚。非閻立本筆。日本畫皆著色而細，銷銀作月色布地，今人收得，便謂之李將軍思訓，皆非也。江南李主多有之，以内合同印、集賢院印印之。蓋收遠物，或是珍貢。

王維畫《小輞川》摹本，筆細。在長安李氏。人物好，此定是真，若比世俗所謂王維全不類。或傳宜興楊氏本上摹得。

張修字誠之少卿家有《辟支佛》，下畫王維，仙桃巾，黄服，合掌頂禮，乃是自寫真。與世所傳關中十大弟子真法相似，是真筆。世俗以蜀中畫騾綱圖、劍門關圖爲王維，甚衆。又多以江南人所畫《雪圖》，命爲王維。但見筆清秀者，即命之。如蘇之純家所收《魏武讀碑圖》，亦命之維。李冠卿家小卷，亦命之維。與《讀碑圖》一同，今在余家。長安李氏《雪圖》，與孫載道字積中家《雪圖》一同，命之爲王維也。其他貴侯家不可勝數，諒非如是之衆也。

文彦博太師《小輞川》拆下唐跋，自連真，還李氏。一日同出，坐客皆言太師者真。唐張彦遠《名畫記》云類道子；又云「雲峰石色，絶跡天機，筆思縱横，參於造化」。孫氏圖僅有之，餘未見此趣。

蘇軾子瞻家收吴道子畫佛及侍者志公十餘人，破碎甚。而當面一手，精彩動人，點不加墨，淺深暈成，故最如活。

王防字元規家《二天王》，皆是吴之入神畫。行筆磊落，揮霍如蓴菜條，圜潤折算，方圓凹凸，裝色如新，與子瞻者一同。

李公麟字伯時家《天王》雖佳，細弱無氣格，乃其弟子輩作。貴侯家所收，率皆此類也。

宗室令穰字大年處《天蓬》，亦真吴筆。

周穜，字仁熟，家《大悲》亦真。今人得佛，則命爲吴，未見真者。唐人以吴集大成而爲格式，故多似，尤難鑒定。余白首止見四軸真筆也。

世俗見馬，即命爲曹、韓、韋；見牛，即命爲韓滉、戴嵩，甚可笑。唐名手衆，未易定。惟薛道祖紹彭家《九馬圖》，合杜甫詩，是真曹筆。餘唐人，大抵不相遠也。又金陵有唐人韓滉畫牛，今人皆命爲戴，蓋差瘦也。

馬佳本，所見高公繪字君素二馬，一齕草，一嘶。

王詵家二馬相咬，是一本，後人分開賣。蘇激字志東家三匹，王元規家一匹，皆筆法相似。宗室令穰家五匹,劉涇字巨濟家三匹,皆相似,唐人妙手也。劉所收白子母牛,王仲修字敏甫家黑牛,令穰家黑牛,皆命爲戴,甚相似。貴侯家多不同,皆命爲戴,不可勝數。

張退傅丞相孫德淑處,收仁宗畫黑猿,上有小御寶,旁一印胡蘆,王素字,畫奇甚。

唐畫《張志和顔魯公樵青圖》,在朱長文字伯原家。無名人畫,甚佳。今人以無名命爲有名,不可勝數。故諺云:「牛即戴嵩,馬即韓幹,鶴即杜荀,象即章得也。」

山水:李成只見二本,一松石,一山水四軸。松石皆出盛文肅家,今在余齋。山水在蘇州寶月大師處,秀潤不凡。松勁挺,枝葉鬱然有陰,荆楚小木,無冗筆,不作龍虵鬼神之狀。今世貴侯所收大圖,猶如顔、柳書藥牌,形貌似爾,無自然,皆凡俗。林木怒張,松幹枯瘦多節,小木如柴,無生意。成身爲光禄丞,第進士,子祐爲諫議大夫,孫宥爲待制,贈成金紫光禄大夫。使其是凡工,衣食所仰,亦不如是之多。皆俗手假名,余欲爲無李論。

巨然師董源,今世多有本。嵐氣清潤,布景得天真多。巨然少年時多作礬頭,老來平淡趣高。

劉道士亦江南人。與巨然同師，巨然畫則僧在主位，劉畫則道士在主位，以此爲别。

董源平淡天真多，唐無此品。在畢宏上，近世神品，格高無與比也。峰巒出没，雲霧顯晦，不裝巧趣，皆得天真。嵐色鬱蒼，枝幹勁挺，咸有生意。溪橋、漁浦、洲渚掩映，一片江南也。

關仝人物俗。石木出於畢宏，有枝無幹。

張友正家收古柏一株，枝枝如龍蛇糺結，甚異。石亦皴澀不凡。題爲韋侯。平生收畫，後多歸王。

大抵牛馬、人物一模便似，山水摹皆不成。山水，心匠自得處高也。

滕昌祐、邊鸞、徐熙、徐崇嗣花，皆如生。黄筌惟蓮差勝，雖富艷皆俗。

李王山水，唐希雅、黄筌之倫翎毛小筆，人收甚衆，好事家必五七本，不足深論。

李煒公炤自言收李成八幅，此特以氣與好事相尚爾。

宗室仲忽，字周臣，收孫可玄《笠澤垂釣圖》，亦不俗，然世無可玄筆。又收唐

《道德經》一卷，人物三寸許，皆如吴畫。

潤州節推莊鼎，字節之，青州人。收麻紙《爾雅圖》，畫衣冠人物，與蘇氏一同。

王球夔玉收《西域圖》，謂之閻令畫，褚遂良書。與馮京家同假名耳。

蔣長源字永仲家周昉《三楊圖》，馮京當世家横卷，皆入神。

蘇州丁氏《五星圖》，宗室叔盎字伯充家《金星》一小幀，並真跡也。

宗少文一筆畫，唐人摹絹本，在劉季孫家，故蘇太簡物。薛稷鶴，在蘇之孟家。

《北史》人物，衣冠乘馬，甚古。亦在蘇之孟家，題云曹將軍也。

徐熙大小折枝，吾家亦有，士人家往往見之。翎毛之倫非雅玩，故不録。桃一大枝，謂之滿堂春色，在余家。

李公麟家展子虔《朔方行》，小人物甚佳；韓馬破裂，四足如涉水中，皆南唐文房物。

宗室仲爰，字君發，收唐畫《陶淵明歸去來》。其作廬山，有趣，不俗。

楊崇，字之損，收唐畫《村田踏歌樂》上題廣政年，入御府。人物亦佳。

凡收畫，必先收唐希雅，徐熙等雪圖，巨然或范寬山水圖，齊整相對者，裝堂遮壁。乃於其上旋旋挂名筆絹素，大小可相當成對者。又漸漸挂無對者。蓋古畫大小不齊，鋪挂不端正。若晋筆，須第二重挂。唐筆爲襯，乃可挂也。許道寧不可用，模人畫，太俗也。

余家顧《净名天女》，長二尺五，應《名畫記》所述之數，唐鏤牙軸紫錦裝褾，李公麟見之，賞愛不已，親琢白玉牌，鼎銘古篆虎頭金粟字，皆碾雲鶴以結緣也。

戴逵《觀音》，亦在余家。家山乃逵故宅，其女捨宅爲寺。寺僧傳得其相儀，天男端静，舉世所覩觀音作天女相者，皆不及也。《名畫記》云：「自漢始有佛，至逵始大備也。」

古畫若得之不脱，不須背褾。若不佳，换褾。一次背，一次壞，屢更矣，深可惜。蓋人物精神髮彩，花之穠艷蜂蝶，只在約略濃淡之間，一經背多或失之也。

蔡駰子駿家收《老子度關》，山水、林石、車從、關令尹喜，皆奇古。老子乃作端正塑像，戴翠色蓮華冠，手持碧玉如意。此蓋唐爲之祖，故不敢畫其真容。漢畫老子于蜀郡石室，有聖人氣象，想去古近，當是也。

仲爰收巨然半幅横軸，一風雨景，一皖公山天柱峰圖，清潤秀拔，林路縈回，真佳製也。

余家董源《霧景》，橫披全幅，山骨隱顯，林梢出没，意趣高古。

余家所收李成至李冠卿大扇，愛之不已，以爲天下之冠。既購得之，背於真州。昭宣使宋用臣自舒州召還見之，太息云：「慈聖光獻太后於上温清小次，盡購李成畫，貼成屏風。以上所好，至輒玩之。因吴丞相沖卿夫人入朝，太皇使引辨真僞，成之孫女也。内以四幀爲真，拆奉上，别購補之。敕用臣背於内東門。正與此類。」因語泫然，囑吾愛惜，余亦甚珍之。及得盛文肅家《松石》，片幅如紙，幹挺可爲隆棟，枝茂凄然生陰，作節處不用墨圈，下一大點，以通身淡筆空過，乃如天成。對面皴石，圓潤突起。至坡峰落筆，與石脚及水中一石相平。下用淡墨作水相準，乃是一磧直入水中，不若世俗所效，直斜落筆，下更無地又無水，勢如飛空中，使妄評之人以李成無脚，蓋未見真耳。劉涇自以李成真筆多，於是出示之，乃良久曰：「此必成師也。」

唐希雅作林竹，韻清楚，但不合多作禽鳥，又作棘林間戰筆小竹，非善，是效其主李重光耳。

錦峰白蓮居士，又稱鍾峰隱居，又稱鍾峰隱者，皆李重光畫自題號，意是鍾山隱居耳。每自畫必題曰「鍾隱筆」，上著内殿圖書之印及押用内合同、集賢院黑印。有此印者，是典于文房物也。

内合同乃其璽，唐室皆用内合同爲御印。至梁高祖始用御前之印也。錢氏以内院仿之，封函曰制姓名，内曰制公某人，可某官。官上用此印，日月用國印。

今人絶不畫故事，則爲之人，又不考古，衣冠皆使人發笑。古人皆云：「某圖是故事也。」蜀人有晋唐餘風，國初已前多作之。人物不過一指，雖乏氣格，亦秀整。林木皆用重色，清潤可喜。今絶不復見矣。

范寬師荆浩，浩自稱洪谷子。王詵嘗以二畫見送，題勾龍爽畫。因重背入水，于左邊石上有「洪谷子荆浩筆」字，在合緑色抹石之下，非後人作也，然全不似寬。後數年，丹徒僧房有一軸山水，與浩一同，而筆乾不圜。於瀑水邊題「華原范寬」，乃是少年所作。却以常法較之，山頂好作密林，自此趨枯老；水際作突兀大石，自此趨勁硬，信荆之弟子也。於是以一畫易之，收以示鑒者。

荆浩畫，畢仲愈將叔處有一軸，段緘家有横披，然未見卓然驚人者。寬固青于藍。又云李成師荆浩，未見一筆相似；師關仝，則葉樹相似。

關仝真跡見二十本。范寬見三十本。其徒甚多，滕昌祐、邊鸞各見十本；丘文播花木見三十本；祝夢松雪竹見五本；巨然、劉道士各見十本。餘董源見五本；李成真見兩本，僞見三百本；徐熙、崇嗣花果見三十本；黄筌、居寀、居寶見百本；李重光見二十本；僞吴生見三百本。

關中小孟，人謂之今吴生。以壁畫筆上絹素，一一如刀劃。道子界墨訖則去，弟子裝之色。蓋本筆再添而成，唯恐失真，故齊如劃。小孟遂只見壁畫，不見其真。至於點睛，皆用濃墨，愈光愈失神彩，不活。又畫人面，耳邊地闊，口鼻眼相近。武宗元亦然。以吴生畫，其手多異，然本非用意，各執一物，理自不同。宗元乃爲過海天王，二十餘身，各各高呈似其手，各作一樣。一披之，猶一群打令鬼神，不覺大笑，俗以爲工也。

李公麟病右手三年，余始畫。以李嘗師吴生，終不能去其氣。余乃取顧高古，不使一筆入吴生。又李筆神彩不高，余爲目睛面文骨木，自是天性，非師而能。以俟識者，唯作古忠賢象也。

東丹王胡瓌畫蕃馬，見七八本，雖好，非齋室清玩。

余昔購丁氏蜀人李昇山水一幀，細秀而潤，上危峰，下橋涉，中瀑泉。松有三十餘株，小字題松身，曰「蜀人李昇」。以易劉涇古帖。劉刮去字，題曰李思訓，易與趙叔盎。今人好僞不好真，使人歎息。

沈括存中家收周昉五星，與丁氏一同。以其浄處破碎，遂隨筆剪却四邊，貼於碧絹上，成橫軸，使人太息。

王鞏，字定國，收李成雪景六幅，清潤。今歸林希字子中家。又收唐竹圖，著色亦好，一橫竹比他竹太麄也。

余家收唐人麻紙畫揚子雲，腰下懸一兕觥，細轉絛索。

蔣永仲收古銅兕觥，其形勢骨髗凹凸全備，轉旋絛索亦如余家畫，遂以帖易去，以證謂之子雲觥。

潤州甘露寺張僧繇四菩薩，長四尺，一板長八尺許。又陸探微神，面黃，口角露二向上齒，金甲，手持幡。下一白獅子，神彩驚人。殿梁天監中蓋拱，明間有二吴道子行脚僧，吾移置行脚僧於浄名齋，以避風雨。已上并會昌中廢寺，於本道合毀寺處，移來於此寺。其殿中置明皇銅像，因得不廢。元符末，一旦爲火所焚，六朝遺物掃地，江左更無一晋筆藏。是六朝所書。卷末晋王總持，煬帝小字也。平江南，鳩集置寺，題跋具存。李衛公祠，手植檜皆焚蕩。寺後重重金碧參差，多景樓面山背海，爲天下甲觀，五城十二樓不過也。所存惟衛公鐵塔、米老庵二間，余作詩悼之，曰：「色政重重構，春歸户户嵐。槎浮龍委骨，畫失獸遺耽。神護衛公塔，天留米老庵。柏梁終厭勝，會副越人談。」

榮咨道，字詢之，收《雪獵圖》，命爲王維，不類張氏《辟支佛》所畫合掌象。林本類蜀人筆，雪山精好，是唐物，維則未也。

李冠卿少卿收雙幅大折枝，一千葉桃，一海棠，一梨花。一大枝上，一枝向背，五百餘花皆背；一枝向面，五百餘花皆面。命爲徐熙。余細閲，於一花頭下金書「臣崇嗣上進」。公歎曰：「平生所好，終被弟看破，破除平生念矣！」今歸李莘老野夫家。又收兩幅，樓臺甚古，上有三十餘宫人，唐裝，約略行筆，鬟彩生動。又收六幅大龍，旁畫龍王。不知何人筆，精彩動人。云五郡祈輒雨。

易元吉，徐熙後一人而已。善畫草木葉心，翎毛如唐。徐後無人繼，世但以獐猿稱，可歎。或云畫孝嚴殿壁畫，院人妬其能，只令畫獐猿，竟爲人鴆！

趙昌、王友之流，如無才而善佞士，初甚可惡，終須憐而收録，裝堂嫁女亦不棄。

王端學關仝，人物益入俗。

元靄傳寫真，有神彩。

孫知微作星辰，多奇異，不類人間所傳，信異人也。然是逸格，造次而成，平淡而生動，雖清拔筆，皆不圜，學者莫及。然自有瓌古圓勁之氣。畫龍有神彩，不俗也。楊朏學吴生，點睛髭髮有意。衣紋差圓，尚爲孫知微逸格所破。

武岳學吴，有古意。子洞清、洞元作佛象羅漢，善戰掣筆，作髭髮尤工。天人畫壁，髮彩生動。然絹素畫以粉點眼，久皆先落，使人惜之。南嶽後殿壁，天下奇筆也。

江南劉常花，氣格清秀，有生意。固在趙昌、王友上。

傳古龍如蜈蚣，董羽龍如魚。

趙叔盎家舊有《出蟄圖》，江南畫。魚蝦相隨。山石、林木、人物如董源。龍不俗，佳作也。是《龍吞珠圖》。

曹仁熙水，今古無及。四幅圖内，中心一筆長丈餘，自此分去。高郵有水壁院。長沙富氏收《水鳥蘆花》六幅圖，乃唐人手，妄題作韋偃，押字後人題也。古人圖畫，無非勸戒。今人撰《明皇幸興慶圖》，無非奢麗。《吴王避暑圖》，重樓平閣，動人侈心。

余嘗與李伯時言分布次第，作《子敬書練帬圖》，圖成，乃歸權要，竟不復得。余又嘗作支、許、王、謝於山水間行，自挂齋室。又以山水古今相師，少有出塵格者，因信筆作之，多煙雲掩映。樹石不取細，意似便已。知音求者，只作三尺横挂、三尺軸。惟寶晋齋中挂雙幅成對，長不過三尺，褾出不及椅所映，人行過，肩汗不著。更不作大圖，無一筆李成、關仝俗氣。

禮部侍郎燕穆之，司封郎宋迪復古，直龍圖閣劉明復，皆師李成。復古比二公特細秀，作松枝而無向背，荆楚細秀甚。

大夫蔣長源作著色山水，頂似荆浩，松身似李成，葉取真松爲之，如靈鼠尾，大有生意。石不甚工，作凌霄花纏松，亦佳作。

嗣濮王宗漢作蘆雁，有佳思。余題詩曰：「偃蹇汀眠雁，蕭梢風觸蘆。京塵方滿眼，速爲喚花奴。」又曰：「野趣分苕水，風光剪鑑湖。塵中不作惡，爲有鄴公圖。」

王詵學李成皴法，以金緑爲之，似古今觀音寶陁山狀。作小景，亦墨作平遠，皆李成法也。

宗室令穰大年作小軸清麗雪景，類世所收王維。汀渚水鳥，有江湖意。

蘇軾子瞻作墨竹，從地一直起至頂。余問：「何不逐節分？」曰：「竹生時，何嘗逐節生？」運思清拔，出於文同與可。自謂與文拈一瓣香，以墨深爲面，淡爲背，自與可始也。作成林竹，甚精。子瞻作枯木，枝幹虬屈無端，石皴硬亦怪怪奇奇無端，如其胸中盤鬱也。吾自湖南從事過黄州，初見公，酒酣曰：「君貼此紙壁上。」觀音紙也。即起作兩枝竹，一枯樹，一怪石，見惠，後晋卿借去不還。

朝議大夫王之才妻南昌縣君，李尚書公擇之妹。能臨松竹木石畫。見本即爲之，難卒辨。文與可每作竹貺人。一朝士張潛迂疎修謹，文作紆竹以贈之，如是不一。又作横絹丈餘著色偃竹，以貺子瞻。南昌過黄借得，以仿臨之。後數年，會余真州，求詩，非自陳不能辨也。余曰：「偃蹇宜如季，揮毫已逼翁。衛書無曲妙，琰惠有遺工。乍覩虬如物，初披颯有風。顧藏唯謹鑰，化去或難窮。」

章友直，字伯益，善畫。龜虵以篆筆畫，亦有意。又能以篆筆畫棋盤，筆筆相似。其女并能之。

杭僧真慧畫山水、佛像，近世出品。惟翎毛墨竹，有江南氣象。寫一大牛，大數尺，形似虎。

艾宣、張涇、寶覺大師，翎毛蘆雁不俗。寶覺畫一鶴，王安石純甫見，以謂薛稷筆，取去。

印湘見畫即摹，無不亂真。

杭士林生作江湖景，蘆雁、水禽，氣格清絶，南唐無此畫。可並徐熙，在艾宣、張涇、寶覺之右，人罕得之。

大抵畫，今時人眼生者即以古人向上名差配之，似者即以正名差配之。好事者與賞鑒之家，爲二等。賞鑒家謂其篤好，遍閲記録，又復心得，或自能畫，故所收皆精品。近世人或有貲力，元非酷好，意作標韻，至假耳目於人，此謂之好事者。置錦囊玉軸，以爲珍秘，開之或笑倒。余輒撫案大叫曰：「慙惶殺人！」王詵每見余作此語，亦常常道。後學與曹貫道，貫道亦嘗道之，每見一可笑，必曰「米元章道慙惶殺人」。至書啟問語事，每用之。大抵近世人所收，多可贈此語也。余老矣，每求新賞與賞鑑之家，博易書畫最多，不一一記，上多有印記可辨，無非奇筆。萬金之玩，自付識者擊節，不爲好事道。

鍾離景伯，字公序，收燕公畫一幅，題曰：「禮部侍郎燕穆之畫，付女五娘。」氣格如此。

王琪，字君玉，收王維畫《堯民鼓腹圖》。

劉涇巨濟收唐人畫脱殼筍，如生。

錢藻，字醇老，收張璪松一株，下有流水澗，松上有八分詩一首，斷句云：「近溪幽濕處，全藉墨煙濃。」又有璪答詩，在大夫孫載家。

古書畫皆圜，蓋有助于器。晉唐皆鳳池研，中心如瓦凹，故曰瓦研。如以一花頭瓦安三足爾。墨稱螺製，必如蛤粉。此又明用凹研也。一援筆，因凹勢，鋒已圓，書畫安得不圜。本朝研始心平如砥，一援筆則褊，故字亦褊。唐詢，字彦猷，始作鐓心凸研，云宜墨色。每援筆即三角，字安得圜哉。余稍追復其樣，士人間有用者，然稍平革鐓背，未至於瓦。惟至交一兩人頓悟者用之矣，亦世俗不能發藥也。

坦然明白易辨者，顧、陸、吴、周昉人物，滕、邊、徐、唐、祝花竹翎毛；荆、李、關、董、范、巨然、劉道士山水也。戴牛，曹、韓馬，韋馬亦復難辨。蓋相似衆也。今人畫亦不足深論，趙昌、王友、鐔甕輩，得之可遮壁，無不爲少；程坦、崔白、侯封、馬賁、張自芳之流，皆能汙壁。茶坊酒店，可與周越、仲翼草書同挂，不入吾曹議論。得無名古筆，差排猶足爲尚友。

端州有陳高祖之後，收陳世諸佛帝真白畫，唐使下御史姓韋作記。頂幅巾，不冠。後主作醉舞狀。

蘇泌家有巨然山水，平淡奇絶。

蘇洎字及之家，有徐熙四花，其家故物。

蘇汶，字達復，有《江南瞑禽圖》，徐熙一酸榴。余家有丁晋公所收甜榴。滕中孚元直有徐熙對花果子四軸。

石揚休有吾家唐畫韋侯故事六横幅。山水、人物、車馬備具，後人題作張萱，易李邕帖衆物之一也，并徐熙牡丹、海棠兩幅也。

余家收古畫最多，因好古帖，每自一軸加至十幅以易帖。大抵一古帖，不論貲用，及他犀玉瑠璃寶玩，無慮十軸名畫。其上四角皆有余家印記，見即可辨。

余家晉唐古帖千軸，蓋散一百軸矣。今惟絶精只有十軸在。有奇書亦續續去矣。晉畫必可保，蓋緣數晉物，命所居爲寶晉齋，身到則挂之，當世不復有矣。書畫不可論價，士人難以貨取，所以通書畫博易，自是雅致。今人收一物與性命俱，大可笑。人生適目之事，看久即厭，時易新玩，兩適其欲，乃是達者。

余家最上品書畫，用姓名字印、審定真跡字印、神品字印、平生真賞印、米芾秘篋印、寶晉書印、米姓翰墨印、鑒定法書之印、米姓秘玩之印。玉印六枚，辛卯米芾、米芾之印、米芾氏印、米芾印、米芾元章印、米芾氏。已上六枚白字。有此印者，皆絶品。玉印唯著於書帖，其他用米姓清玩之印者，皆次品也，無下品者。其他字印有百枚，雖參用於上品印也。自畫古賢，唯用玉印。

馮永功，字世勣，有日本著色山水，南唐亦命爲李思訓。

蘇澥浩然處，見壽州人摹《明皇幸蜀道圖》，人物甚小，云是李思訓本，與宗室仲忽本不同。

黄筌畫不足收，易摹；徐熙畫不可摹。印湘相模蘇子美黄筌《鵪鴿圖》，只蘇州有三十本，更無少異。今院中作屏風畫，用箋格。稍舊退出，更無辨處。王晉卿昔易六幅黄箋《風牡丹圖》，與余後易白戴牛小幅于才翁子鴻字遠復，上有太宗御書「戴嵩牛」三字。其後浙中所在屏風，皆是此牡丹圖，更無辨，蓋帖屏風易破故也。後牛易懷素絹帖，及陸機、衛恒等摹晉帖，與數種同歸劉涇。又嘗王晉卿以韓馬《照夜白》題曰「王侍中家物」，以兩度牒置易顏書《朱巨川告》于余。劉以硯山一石易馬去。及得白牛，始自喜，以爲有韓馬戴牛，然但少杜荀鶴、章得象耳。劉既作歌云：「元章好古過人，書畫驚世起。余作歌云：天下愛奇人没量，奇不諛人奇解相。奇人奇物方合璧，乞與世間人物樣。六朝唐盛始兼得，訪古知名已蕭爽。人亡物喪付衰夢，注想後來逢好尚。元章心自鑒秋月，一路仍行九霄上。家時菜色無斗粟，書畫奇奇世人望。譬如大海沈百寶，爾輩乘風得之浪。二王褚陸已天作，老顧如來更天匠。其餘緹襲凡幾重，但見光明爛垂象。珍犀瑞錦扶蘭茝，龍躍鸞鶩訶魍魎。金仙詎敢觸以手，雪子玉人聊置掌。余家僻素最沈著，退舍還師覺難旁。世人往往力能幹，未免目蝦終惚恍。緘機僞謬各臣妾，未覩堂堂筆中王。袖間澀縮氣如綫，浄几明窗謾瞻仰。從來所有萬錢價，不即臭帑當火葬。傾心妙絶豈求勝，妄意臨摹須殺謗。端居自號書一品，好事如封繪三藏。諸郎青出即護持，未肯充飢謬爲駔。《書史》載薛道祖詩云『寧罄動破千萬資』是也。余衰二物擬高閣，子可專之世無兩。書來詩往但悠悠，塵土欺人正惆悵。」余答云：「劉郎收畫早甚卑，折枝花草首徐熙。十年之後始聞道，取吾韓戴爲神奇。邇來白首進道奥，學者信有髓與皮。始知十襲但遮壁，牛馬便可裹弊帷。峨峨太平老寺主，白紗帽首無冠蕤。武士後列肅大劍，宫女旁侍鬢脩眉。神清眸子知寡欲，齒露脣反法定飢。世人見服似摩詰，不知六朝居士衣。後人勿把亂唐突，梁時筆法了可知。道子見之必再拜，曹劉何物望藩籬。本當第一品天下，却緣顧筆在漣漪。」時初報余得梁武帝象。此象今在仲忽處。

文勛，字安國，收得王維八畫、孟浩然真跡，神妙。

魏泰，字道輔，有徐熙澄心堂紙畫一飛鶉，如生；智永真草《歸田賦》，奇物也。

范大珪有富公家《折枝梨花》，古筆，非江南蜀畫。

蘇舜欽子美家有畢宏一幅山水，奇古。題數行，云「筆勢凶險」是也。

王敏甫收李重光四時紙上横卷花一軸，每時則自寫論物更謝之意文一篇，畫一幅，字亦少時作，花清麗可愛。

匀細。

江南周文矩士女,面一如昉,衣紋作戰筆,此蓋布文也。惟以此爲别,昉筆秀潤

遂題爲真。

沈括存中收唐人模吴道子壁畫兩大軸,或一手一面,或半身,是學者記其難處,

一才子騎馬,一童隨,清秀如王維畫孟浩然。成作人物不過如是,他圖畫人醜怪賭

蘇洎及之處收古茴香一枝,耆字國老題。爲閻令畫。寶月所收李成四幅,路上

博,村野如伶人者,皆許道寧專作成時畫。

一見,求摹不許。其子居金陵,與王荆公連袂。陳元輿帥金陵,余託訪之,云久爲一

李公麟云,海州劉先生收王獻之畫符及神一卷,咒小字,五斗米道也。李伯時只

貴人取去,竟不知誰何。

蔣永仲收韋偃松一幅,千枝萬葉,非經歲不成,鱗文一一如真。筆秀細圓潤。

梅澤有張璪《澗底松》,葛氏物。余託購,乃自取之。

古畫自唐初皆生絹,至吴生、周昉、韓幹,後來皆以熱湯湯半熟入粉,搥如銀板,

故作人物精彩入筆。今人收唐畫,必以絹辨,見文麄便云不是唐,非也。張僧繇畫、

閻令畫，世所存者皆生絹。南唐畫皆麄絹，徐熙絹或如布。

裝背畫不須用絹補破處，用之，絹新時似好展卷，久爲硬絹，抵之却於不破處破，大可惜。古書人惜其字，故行間勒作痕，其字在筒瓦中不破。今人得之，却以絹或絹背帖所勒行，一時平直，良久於字上裂，大可惜也。紙上書畫，不可以絹背，雖熟絹新，終硬，文縷磨書畫面上成絹紋。蓋取爲骨，久之紙毛，是絹所磨也。用背紙書畫，日月損磨墨色在絹上。王晋卿舊亦以絹背書，初未信。久之取桓温書看，墨色見磨在紙上，而絹紋透紙，始恨之。乃以歙薄一張蓋而收之。其後不用絹也。

絹素百片，必好畫。文裂各有辨：長幅横卷，裂文横也；横卷直裂，裂文直，各隨軸勢裂也。直斷不當一縷，歲久卷自兩頭蘇開，斷不相合，不作毛揩則蘇也，不可僞作。其僞者，快刀直過，當縷兩頭，依舊生作毛起，揩又堅紉也。濕染色，棲縷間。乾薰者，烟臭，上深下淺。古紙素有一般古香也。

劉子禮以五百千買錢樞密家畫五百軸，不開看直交過，錢氏喜。既交畫，只一軸盧鴻自畫《草堂圖》已直百千矣，其他常筆固多也。小八分詩句，帶筆如行草，奇甚。今無此體。

宗室君發以七百千置閻立本《太宗步輦圖》，以熟絹通身背。畫經梅便兩邊脱，磨得畫面蘇落。

文彦博以古畫背作匣，意在寶惜。然貼絹背著綳，損愈疾。今人屏風俗畫，一二年即斷裂，恰恰蘇落也。匣是收壁畫製，書畫以時卷舒，近人手頻自不壞，歲久不開者，隨軸乾斷裂脆黏，補不成也。

王球字夔玉，有兩漢而下至隋古帝王象，云形狀有怪甚者，恨未見之。此可訪爲秘閣物也。

檀香辟濕氣，畫必用檀軸。有益開匣，有香而無糊氣，又辟蠹也。若玉軸，古以檀爲身，檀身重，今却取兩片，刳中空合枘軸，鑿乃輕，輕不損畫。常卷，必用桐杉佳也。軸重損絹，軸不宜用金銀，既俗且招盜。若桓靈寶，不然水晶作軸，挂幅必兩頭墜，性重。蜀青圓錢雙鸞錦，最俗，不可背古畫，只背今人。裝堂亦俗也。

蘇木爲軸，以石灰湯轉色，歲久愈佳，又性輕。角軸引蟲，又開軸多有濕臭氣。檀犀同匣，共發古香，紙素既古，自有古香也。

范寬山水橤橤如恒岱，遠山多正面，折落有勢。晚年用墨太多，土石不分。本朝自無人出其右。溪出深虚，水若有聲。其作雪山，全師世所謂王摩詰。

王士元山水，作漁村浦嶼雪景，類江南畫。王鞏定國收四幅，後與王晋卿，命爲王右丞矣。趙叔盎伯充處有摹本。

余以范寬圖易一僧夢休《雪竹》一幅，巨石倒影下，落葉數片，浮水上，旁一枯木亦倒影。後易韋「馬」于蔣長源，凡去十一種物方得。蔣後易與王詵。今蔡勝道有六幅，長丈餘，奇甚。大屋梁方可挂，森森如坐竹下。

濮州李文定丞相家畫三等，上等書名用名印；中等書字用字印；下等亦用字印，押字而已。又收鍾、王跡甚多，未得見。

江東漕李孝廣字世美處有鍾、王跡，嘗於金陵重背，拆下背紙，乃硾熟唐人門刺。其孫奉世語余如此，近官太常，遂得見。

王冀公家書畫，用太原欽若圖書，品少精者。余嘗於蔣氏得此鍍金大印，劉巨濟借未還。

大年收得南唐集賢院御書印，乃墨用于文房書畫者。

大年收古絹本横卷經，書畫皆精，過于當時《西昇經》。馮京當世託王定國背

《西昇經》，其古絹紙背，四五分透，別裝作一卷。

道士牛戬，筆墨麄豪縱放，亦不俗。格固在艾宣、惠崇、寶覺、張經之上也。

李甲，華亭逸人。作逸筆翎毛，有意外趣，木不佳。

范大珪，字君錫，富鄭公壻。同行相國寺，以七百金，常賣處買得雪圖，破碎甚古，如世所謂王維者。劉伯玉相值，笑問買何物，因衆中展示，伯玉曰：「此誰筆？」余曰：「王維。」伯玉曰：「然。」適行一遭，不見，豈有所歸乎？余假范人持之，良久，并范不見。翌日去取，云已送西京背。同行梅子平大怒，曰：「吾證也，可理於官，豈有此理！」余笑曰：「吾故人也，因以贈之。」今二十年矣，范卒已十年，不知所在。

趙叔盎收張璪《松石》一軸，李公炤家物，已破糜，不可重背。

葉助，字天祐，收蜀范瓊畫《梁武帝寫志公圖》一幅，武帝白冠，衣褐。晋尚白，宋、齊、梁、陳習見不同，各以所尚色，皆白帽帝首。叔季文物如此，豈非餘分閏位乎？顧愷之畫維摩，猶白首，周木德，冕皆尚青。仲尼曰：「吾殷人也，生於宋，故服章甫之冠。此殷制。」殷水德，故尚玄，玄端章甫，皆黑色也。封二王後，各行其正朔，服其文物也。漢火德，尚赤，用赤幘。舜土德，尚黄，故服黄冠。圖宜觸類而長之，乃不凡。

王通元經書，晋宋齊梁陳，三有餘意也。

江南陳常，以飛白筆作樹石，有清逸意。人物不工，折枝花亦以逸筆一抹爲枝，以色亂點花，欲奪造化，本朝妙工也。鄒極大夫有之。

池州匠作《秋浦》《九華峰》，有清趣，師董源。

高公繪，字君素，又有張璪《澗底松山上苗》山水一軸。唐韓幹圖于闐所進黄馬一軸，馬翹舉雄傑，余感今無此馬，故賦云：「方唐牧之至盛，有天骨之超俊，勒四十萬之數，而隨方以分色焉。此馬居其中，以爲鎮。目星角而電發，蹄拗踣以風迅。鬐龍顛以孤起，耳鳳聳而雙峻。翠華建而出步，閶闔下而輕噴。低駑群而不嘶，横秋風以獨韻。若夫躍溪舒急，冒絮征叛，直突則建德項縶，横馳則世充領斷。皆絶材以比德，敢伺蹶以致吝。豈肯浪逐苜蓿之坡，蓋當下視八坊之駿。高標雄跨而獅子攘獰，逸氣下衰而照夜矜穩。於是風靡格頹，色妙才駘。入仗不動，終日如坯。乃得玉爲銜飾，繡作鞍韂，棗抹粟拳，肉脹筋埋。其報德也，蓋不如偷盧噬盜，策蹇勝柴，鑄黄蝸而吐水，畫白澤以除災。但覺毻垂就節，鼠伏防猜。怒雖甚厲，馴號斯諧。誓俛首以畢世，未伏櫪以興懷。嗟乎，所謂英風頓盡，冗仗高排。若不市駿骨，致龍媒，如此馬者，一旦天子巡朔方，升喬嶽，掃四夷之塵，較岐陽之獵。則飛黄腰褭，躡雲追電，何所從而遽來！」又有唐蜀中畫雪山，世以爲王維也。劍門關圖雪景，五代筆也。又有唐畫山水雙短幅、徐熙海棠雙幅二軸、江南裝堂畫，富艷有生意。趙叔盎亦有一軸。

王晉卿收江南畫《小雪山》二軸，易余歲餘小木，一筆纏起作枝葉，如草書，不俗。後易書與蘇之友。李伯時云其父所收，失去。知在晉卿家，不知歸余，恨不得易。云王維筆，非也。

余收易元吉逸色筆，作蘆，如真。上一鸜鴿，活動。晉卿借去不歸。

徐熙《風牡丹圖》，葉幾千餘片，花只三朵，一在正面，一在右，一在衆枝亂葉之背。石竅圓潤，上有一猫兒，余惡畫猫，數欲剪去。後易研與唐林夫。蔣長源以二十千置黄筌畫狸猫顫葧荷，甚工。

薛紹彭道祖有花下一金盆，盆旁鵓鴣，謂之《金盆鵓鴣》。豈是名畫？可笑。

又收《吴王斫鱠圖》，江南衣文，金冠，右衽紅衫，大榻上背擦兩手。吴王衣不當右衽。

濟州破朱浮墓，有石壁，上刻車服人物，平生隨品所乘。曰「府君作令時」。車是曲轅，駕一馬，車輪略離地上。一蓋坐一人，三梁冠，面與馬尾平對，自執綏。馬有幂遮其尾。一人御。又曰「作京兆尹時」。四馬，轅小曲，車差高，蓋下坐儀衛多。有曰鮮明隊，又某隊，隊十人，騎馬作一隊，内一隊背持鐃，多不能紀也，從者皆冠。

唐人軟裹，蓋禮樂闕則士習賤服，以不違俗爲美。余初惑之，當俟君子留意。耆舊言，士子國初皆頂鹿皮冠，弁遺制也。更無頭巾，掠子必帶篦，所以裹帽，則必用篦子約髮。客至，即言容梳裹，乃去皮冠，梳髮角加後，以入幞頭巾子中，篦約髮，乃出。客去復如是。其後方有絲絹作掠子，掠起髮，頂帽出入，不敢使尊者見。既歸，於門背取下掠子，篦約髮訖，乃敢入。恐尊者令免帽見之，爲大不謹也。又其後方見用紫羅爲無頂頭巾，謂之額子，猶不敢習庶人頭巾。其後舉人始以紫紗羅爲長頂頭巾，垂至背，以别庶人黔首。今則士人皆戴庶人花頂頭巾，稍作幅巾，逍遥巾，額子則爲不敬。衣用裹肚勒帛則爲是，近又以半臂軍服被甲上，不帶者謂之背子，以爲重禮,無則爲無禮。不知今之士服大帶拖紳,乃爲禮;不帶、左衽皆夷服。此必有君子制之矣。漢制,從者巾與殷毋追同,今頭巾若不作花頂而四帶,兩小者在髮,兩差大者垂,則此制也。禮豈有他,君子制之耳。余爲漣水,古徐州境。每民去巾,下必有鹿楮皮冠,此古俗所著,良足美也。又唐初畫舉人,必鹿皮冠,縫掖大袖,黄衣短至膝,長白裳也。蕭翼御史至越,見辨才云:「著黄衣大袖,如山東舉子。」用證未軟裹。曰襴也。李白像,鹿皮冠,大袖黄袍服,亦其制也。

又有《麟鳳圖》,半篆半隸,以九字九行爲率,云:「惟永建元年秋十月,饗時山陽太守河内孫君見碑不合禮,掾重造,記初瑞象麟鳳。」其銘辭曰:「漢威德中興,即政二年,辛酉之節,首歷四十,青龍起云云三月季春,爰易立碑石,順禮典文,九九度數,萬世常存。」又一云:「天有奇鳥,名曰鳳皇。時下有德,民富國昌。黄龍嘉禾,皆不隱藏。漢德巍巍,永布宣揚。天有奇獸,名曰麒麟。時下有德,安國富民。忠臣竭節,義以修身。聞慾來善,明明我君。」不知九字九行之數合何典,必有識者。麟鳳狀,一角直上高如足翹,如惡馬。鳳冠高,尾長,甚可怪也。余題曰:「非篆非科璞已彫,形容振振與蕭蕭。曾因忠厚方周德,坐想訏謨覽舜韶。漢德已衰還應孽,魯邦既弱不爲妖。虚齋自是驚人玩，不勝雄狐逐怒鵰。」

嘉祐中，一貴人使江南，攜韓馬一匹行。及回，渡采石磯，風大作三日，不可過，欲過又大作。於是禱於中元水府廟，典祀也。是夕夢神告，留馬當相濟。翌日，詣廟獻之，風止乃渡。至今典於廟中。因知天才，神不能化，天生是物，自然而生，自乘秀氣而成才也。天不能資，神不能化，所以玉樓成，必李賀記也。

蘇耆少子風神如畫，目點如漆，面如凝脂，天男相畫不及。有器度，好學。一旦，相國寺遇其兄，問安否，曰已不幸。吾曰：「豈神奪之乎？」君大驚，曰：「一旦夢嫁其妻而議婚，心惡之。又一旦，夢神迎婚禮。因得疾，醫曰不可治，翌日卒。公非神人也，何從知之？」

有吴中一士大夫好畫，而裝背以舊古爲辨，仍必以《名畫記》差古人名。嘗得一七元，題云梁元帝畫也。又得一伏羲畫卦象，題云史皇畫也。問所自，答云得於其孫。了不知軒轅孫，史皇孫也。若是史皇孫，必於戾園得之。其他畫稱是。嘗見余家顧愷之維摩，更不論筆法，便云：「若如此近世畫甚易得。」顧侍史曰：「明日教胡常賣尋兩本。」後數日，果有兩凡俗本，即題曰「顧愷之維摩」「陸探微維摩」。題顧愷之者，無文殊，只一身，是曾見瓦棺象者也。其一有文殊、睡獅子，故曰陸探微。曾見甘露陸探微，有張目師子故也。此收章得象、杜荀鶴之流。其兄有鑒别，曰：「舍弟極損，終與一日燒了。」會其先化，不然梁元帝又夢秦始皇也。士流當以此爲戒。其物不必多，以百軸之費置一軸好畫不爲費，以五鐶價置一百軸繆畫，何用？黄卷五經，赤軸三史，猶有俟於抄録，若如是佛畫，止可渡江投水府也。

漣漪藍氏收晋畫《渾天圖》，直五尺，素畫，不作圜勢，别作一小圈，畫北斗紫極，亦易於點閱。又列位多異於常圖。余常作《天説》，以究天地日月旁側之形、盈虧之質。作成《晝夜圖》六十本，因得究潮候大小。又爲晝夜六十圖，所引六經，以黜古今百家星曆之妄説。又著《潮説》，以證盧肇、皮日休之緣飾釋氏假佛之詭論，將上之御府，藏之名山。

餘杭刻印《五聲音六律十二宫旋相爲君圖》，極精微。夫五音之聲出於五行，自然之理。管仲深明其要，著其形似，太平之具也。作樂之道，必自此始。沈隱侯只知四聲，求其宫聲不得，乃分平聲爲二，以欺後學，於千年無人辨正。愚陋之人從而祖述，作爲字母，謹守前説。陸德明亦復吴音，傳其祖説。故以東、冬爲異，中、鍾爲别，以象爲獎，以上爲賞。因其吴音，以聾後學，莫之爲正。余於是以五方立五行，求五音，乃得一聲於孟仲季位。因金寄土，了然明白，字字調聲，五音皆具，削去平、上、去、入之號，表以宫商角徵羽之名，有聲無形互相假借。千歲之後，疑互判清。太初漏露，神姦鬼祕，無所逃形。著云：「大宋五音正韻，用以制律作樂，能召太和致太平，藏之名山百世，以俟與我同志者，不徒爲蒙陋生設也。」

鑒閲佛像故事圖，有以勸戒爲上。其次山水有無窮之趣，尤是烟雲霧景爲佳。其次竹木水石。其次花草。至於士女、翎毛，貴游戲閲，不入清玩。

李文定孫奉世子孝端，字師端，收薛稷二鶴，唐李昇著色畫二軸、三幅，山水舟舫小，人物精細。兩幅畫林石岸，茅亭溪水，數道士閑適人物差大，反不工於小者，石岸天成，都無筆蹤。其三幅峰巒秀拔，山頂蒙茸作遠林，巖巒洞穴，松林層際，木身圓挺，都無筆蹤。其二，度非歲月不可了一畫，人間未見其如此之細且工。雖太密，茂林中不虚，而種種木葉，古未有倫，今固無有，與余得於丁氏者無以異也。

雒陽張狀元師得家，多名畫。其姪孫南都倅駪字茂宗處，見唐畫《嵇康廣陵散》，松石遠岸，奇古。所書故事，空民字世未見同品畫，真佳作也。黄筌六幅著色山水；有江南徐崇嗣桃六幅，折枝；江南周文矩士女；徐熙《鯿魚蟹》，皆有丁晉公親題印。餘畫皆張狀元及景儉字印。李成淡墨，如夢霧中，石如雲動，多巧少真意。范寬勢雖雄傑，然深暗如暮夜晦暝，土石不分，物象之幽雅，品固在李成上。

關仝麄山，工關河之勢，峰巒少秀氣。

董源峰頂不工，絶澗危徑，幽壑荒迴，率多真意。

巨然明潤鬱葱，最有爽氣，礬頭太多。

荆浩善爲雲中山頂，四面峻厚。

王球夔玉家古帝王像，後一年，余於畢相孫仲荀處，見白麻紙不裝像，云楊褒嘗摹去，乃夔玉所購，上有之美印記。

趙叔盎云，綫褊條闊指半，絲細如綿者，作畫帶不生毛。以刀刺褾中開絲，縷間套挂褾後，卷即縛之。又不在畫心，省損畫，無摺帶隱痕。尋常畫多中損者，縛破故也。書多腰損，亦然。略略縛之，烏用力。

宗室仲儀收古《廬山圖》一半，幾是六朝筆。位置、寺基與唐及今不同。石不皴，林木格高，挽舟人色，舟製非近古今。所惜不全也。

畢仲欽家有荆浩《山水》一軸。

畢仲游家有六軸闕仝畫。

王欽臣長子有六幅闕仝，古本特奇；董源四幅，真意可愛。

刁約家有董源《霧景》四軸。

林虞家有王維六幅《雪圖》，董源八幅，李成《雪圖》。

余家收紙本曹不興畫《如意輪》一軸。

嘉祐中，三人收畫：楊褒、邵必、石揚休。皆酷好，竭力收。後余閱三家畫，石氏差優，楊以四世五公字印號之，無一軸佳者。邵印多巧篆字其旁，大略標位高，略似江南畫，即題曰徐熙；蜀畫星神，便題曰閻立本、王維、韓滉，皆可絶倒。其孫攜韓滉《散牧圖》至，乃雙幅，上驢二十餘枚，不及崔白輩。絹素染深黄，絲文總緊，索價四百貫，面上左以粉作牌子，題曰「韓晋公《散牧圖》，不疑家寶」。其上一印，「鎮江軍節度使印」，是油單印者，其大四寸許，文麄；下一印，只略有，唐印，最小，又文細。諸人共笑其僞，久之無人信，遂以五十千質與江氏而去。因嗟之曰：「華堂之上，清晨一群驢子廝咬，是何氣象？」

潁州公庫顧凱之《維摩百補》，是唐杜牧之摹寄潁守本者。置在齋龕，不攜去。精彩照人，前後士大夫家所傳，無一毫似。蓋京西工拙，其屏風上山水林木奇古，坡岸皴如董源，乃知人稱江南，蓋自顧以來皆一樣，隋唐及南唐至巨然不移。至今池州謝氏亦作此體。余得隋畫《金陵圖》於畢相孫，亦同此體。余因題其顧畫幅上，云：「米芾審定，是杜牧之本。」仍以撥發司印印之。蓋證勾諶刻石，妄指爲人易去也。余與潁簽善，託尋善工摹，須切記似。凡三寄蠟本，無一筆似者。或可上之御府，乞國工摹，賜世間，爲千年之傳，如唐文皇《蘭亭》，豈非一代盛美？

真絹色淡，雖百破而色明白，精神彩色如新。惟佛像多經香烟，薰損本色。染絹作濕香色，棲塵紋間，最易辨。仍蓋色上作一重，古破不直裂，須連兩三經，不可僞作。

薛紹彭家《三天女》，謂之顧凱之，實唐初畫。

邵必家《維摩文殊》六朝畫。《西山十二真君》亦其次，題爲閻立本。

余相國寺中八金得紙桃兩枝，緑葉，蟲透背，一葉著桃上，一桃突兀，高出紙素，徐熙真筆也。

錢世京家《謝靈運盤足坐像》，亦奇古。

高公繪家《古花》二枝，百破碎，無名，在徐。黄上。自余家往。

江州張氏收《李重光道裝象》，神骨俱全，云是顧宏中筆。

沈括收畢宏畫兩幅一軸，上以大青和墨，大筆直抹不皴，作柱天高半峰，滿八分。一幅至向下作斜鑿，開曲欄，約峻崕，一瀑落下，兩大石塞路頭。一幅作一圓平生，半腰雲遮，下磧石數塊，一童抱琴，由曲欄轉山去，一古木臥奇石，奇古。沈謫秀日見之。及居潤，問之，云已易與人，竟不再出。至今常在夢寐。

海岳名言

海岳名言

歷觀前賢論書，徵引迂遠，比況奇巧，如「龍跳天門，虎臥鳳閣」，是何等語？或遣辭求工，去法逾遠，無益學者。故我所論，要在入人，不爲溢辭。

我書小字行書，有如大字。唯家藏真跡跋尾，間或有之，不以與求書者。心既貯之，隨意落筆，皆得自然，備其古雅。壯歲未能立家，人謂我書爲「集古字」，蓋取諸長處，總而成之。既老，始自成家，人見之，不知以何爲祖也。

江南吴峴，登州王子韶，大隸題榜，古意盎然。我兒友仁，大隸題榜與之等。又幼兒友知，代吾名書碑及手大字，更無辨。門下許侍郎尤愛其小楷，云：「每小簡，可使令嗣書。」謂友知也。

老杜作《薛稷慧普寺詩》云：「鬱鬱三大字，蛟龍岌相纏。」今有石本，得視之，乃是横勒倒收筆鋒，筆筆如蒸餅。「普」字如人握兩拳，伸臂而立，醜怪難狀。由是論之，古無真大字，明矣。

葛洪「天台之觀」飛白，爲大字之冠，古今第一。歐陽詢「道林之寺」，寒儉無精神。柳公權「國清寺」大小不相稱，費盡筋骨。裴休率意寫牌，乃有真趣，不陷醜怪。真字甚易，唯有體勢難，謂不如畫算，勾，其勢活也。

字之八面，唯尚真楷見之，大小各自有分。智永有八面，已少鍾法。丁道護、歐、虞筆始匀，古法亡矣。柳公權師歐，不及遠甚，而爲醜怪惡札之祖。自柳世始有俗書。

唐官告在世，爲褚、陸、徐嶠之體，殊有不俗者。開元已以來，緣明皇字體肥俗，始有徐浩，以合時君所好。經生字亦自此肥。開元以前古氣，無復有矣。

唐人以徐浩比僧虔，甚失當。浩大小一倫，猶吏楷也。僧虔、蕭子雲傳鍾法，與子敬無異，大小各有分，不一倫。徐浩爲顔真卿辟客，書韻自張顛血脈來，教顔「大字促令小，小字展令大」，非古也。

石刻不可學，但自書使人刻之，已非己書也，故必須真跡觀之，乃得趣。如顔真卿每使家僮刻字，故會主人意，修改披撇，致大失真。唯吉州廬山題名，題訖而去，後人刻之，故皆得其真，無做作凡俗之差，乃知顔出於褚也。又真跡皆無蠶頭燕尾之筆。《與郭知運争坐位帖》有篆籀氣，顏傑思也。柳與歐爲醜怪惡札祖，其弟公綽乃不俗於兄。筋骨之説出於柳，世人但以怒張爲筋骨，不知不怒張，自有筋骨焉。

凡大字要如小字，小字要如大字。褚遂良小字如大字，其後經生祖述，間有造妙者。大字如小字，未之見也。

世人多寫大字時用力捉筆，字愈無筋骨神氣，作圓筆頭如蒸餅，大可鄙笑。要須如小字，鋒勢備全，都無刻意做作乃佳。自古及今，余不敏，實得之。榜字固已滿世，自有識者知之。

石曼卿作佛號，都無回轉折之勢。「小字展令大，大字促令小」，是顛教顏真卿謬論。蓋字自有大小相稱，且如寫「太一之殿」，作四窠分，豈可將「一」字肥滿一窠，以對「殿」字乎？蓋自有相稱，大小不展促也。余嘗書「天慶之觀」，「天」「之」字皆四筆，「慶」「觀」字多畫，在下各隨其相稱寫之，挂起氣勢自帶過，皆如大小一般，雖真有飛動之勢也。

書至隸興，大篆古法大壞矣。篆籀各隨字形大小，故知百物之狀，活動圓備，各各自足。隸乃始有展促之勢，而三代法亡矣。

歐、虞、褚、柳、顔皆一筆書也。安排費工，豈能垂世？李邕脱子敬體，乏纖濃。徐浩晚年力過，更無氣骨，皆不如作郎官時《婺州碑》也。《董孝子》《不空》皆晚年惡札，全無妍媚，此自有識者知之。沈傳師變格，自有超世真趣，徐不及也。御史蕭誠書《太原題名》，唐人無出其右。爲司馬係《南嶽真君觀碑》，極有鍾、王趣，餘皆不及矣。

智永臨《集千文》，秀潤圓勁，八面具備。有真跡，自「顛沛」字起，在唐林夫處，他人所收不及也。

字要骨格，肉須裹筋，筋須藏肉，帖乃秀潤生。布置穩不俗，險不怪，老不枯，潤不肥。變態貴形不貴苦，苦生怒，怒生怪；貴形不貴作，作入畫，畫入俗，皆字病也。「少成若天性，習慣若自然。」茲古語也。我夢古衣冠人授以摺紙書，書法自此差進，寫與他人都不曉。蔡元長見而驚曰：「法何太遽大異耶！」此公亦具眼人。章子厚以真自名，獨稱我行草，欲我書如排算子，然真字須有體勢乃佳爾。

顔魯公行字可教，真便入俗品。

友仁等古人書，不知此學我書多。小兒作草書，大段有意思。

智永硯成臼，乃能到右軍。若穿透，始到鍾、索也。可不勉之。

一日不書，便覺思澀，想古人未嘗片時廢書也。因思蘇之才《恒公致洛帖》，字明意殊有工，爲天下法書第一。

半山莊臺上多文公書，今不知存否。文公與楊凝式書，人尠知之。余語其故，公大賞其見鑒。

金陵幕山樓隸榜，乃關蔚宗二十一年前書。想六朝宫殿榜皆如是。

薛稷書「慧普寺」，老杜以爲「蛟龍岌相纏」，今見其本，乃如奈重兒握蒸餅勢，信老杜不能書也。

學書須得趣，他好俱忘，乃入妙。别爲一好縈之，便不工也。

海岳以書學博士召對，上問本朝以書名世者凡數人，海岳各以其人對。曰：「蔡京不得筆，蔡卞得筆而乏逸韻，蔡襄勒字，沈遼排字，黄庭堅描字，蘇軾畫字。」上復問：「卿書如何？」對曰：「臣書刷字。」

海岳题跋

海岳題跋

跋殷令名帖

右唐殷令名書《頭陀寺碑》，齊王蕑棲所撰，録於《文選》。令名之子仲容，官禮部郎。據《法書要録》云，仲容奕世工書，精妙曠古。令名嘗書濟度寺額，後代程式。父，開山也，武德中爲尚書，故闕「山」字，而李氏諱不及淳、日、照、基、誦者，正是真觀、永徽間。跋尾書「惟則」者，集賢待制史惟則；小印「滉」字，即唐相晋國忠獻韓公所寶書也。元祐戊辰，集賢林舍人招爲苕、霅之遊，九月二日道吴門，以王維畫古帝王，易得龍圖閣待制俞獻可字昌言之孫。翌日，與□□葛藻字季忱檢閲審定。五日，吴江艤舟垂虹亭題。

跋顔平原帖

顔真卿學褚遂良既成，自以挑踢名家，作用太多。無平淡天成之趣。此帖尤多褚法，石刻醴泉尉時及《麻姑山記》，皆褚法也。此特貴其真跡爾，非《争坐帖》比。大抵顔、柳挑踢，爲後醜怪惡札之祖，從此古法蕩無遺矣。安氏《鹿肉乾脯帖》、蘇氏《馬病帖》，渾厚淳古，無挑踢，是刑部尚書時合作，意氣得紙札精，謂之合作。此筆氣鬱結，不條暢，逆旅所書。李大夫者，名光顔，唐功臣也。

跋煙巒晚景卷

昔兒嘗赴吴江宰，同寮語曰：「陳叔達善作煙巒雲巖之。」吾子友仁亦能奪其善。昨晚出局伯過新家，出近景煙雲之狀，友仁得其意耳。襄陽老人漫題。

跋自畫雲山圖

紹興乙卯初夏十九日，自溧陽來遊苕川，忽見此卷於李振叔家，實余兒戲得意作也。世人知余喜畫，競欲得之，尠有曉余所以爲畫者，非具頂門上慧眼者，不足以識，不可以古今畫家者流畫求之。老境於世海中，一髪毛事，泊然無著染，每静室僧趺，忘懷萬慮，與碧虚寥廓同其流蕩。焚生事，折腰爲米，大非得已。振叔此卷，慎勿以與人也。

跋晉太保謝安石帖後

右晉太傅南郡公謝安字安石書六十五字，四角「開元」小璽，御府書也；「永存珍秘」印，入唐相王涯家；「翰林之印」，建中御府所用。更兵火水土之劫者八百年，歷代得以保之，必有神護。元祐中，見晉十三帖於太師李瑋家，太宗皇帝借其藏書模《閣帖》，但取郗愔兩行，余王戎、陸雲、晉武帝、王衍，及此謝帖、謝萬帖，共十二帖，皆不取摹版。余特愛此帖，欲博以奇玩，議十年不成。元符中，歸翰長蔡公。建中靖國二月十日，以余篤好，見歸。余年辛卯，今太歲辛巳，大小運丙申丙辰，於辛卯月辛丑日，余生辛丑丙申時獲之，此非天耶？

跋歐率更史事帖後

右唐弘文館學士兼太子率更令、渤海縣開國男歐陽詢字信長書《度尚帖》，余元豐官長沙獲於魏泰；《庾亮帖》，壬戌歲過山陽，獲於鍾離景伯。各著半古印，適合縫，文曰「清河圖籍之印」，乃昔一書也。究延年之化，豈不有神；參孔壁之遺，孰云致誤。元祐庚午冬至，蕭閒外舍裝。贊曰：「渤海光怪，字亦險絶。真到内史，行自爲法。莊若對越，俊若跳擲。後學莫窺，遂起尫劣。」

跋快雪時晴帖

右軍此帖見張彦遠《法書要録》，本朝參知政事蘇公太簡家故物。唐賜魏丞相徵，故有鄭公之後印；又傳於褚遂良，故有褚印。蘇才翁子美有跋，及國老押署。一日，駙馬都尉王晉卿借觀，求之不與，已乃翦去國老署及子美跋，著於摹本，乃見還。因詳録，得之之自。

砚史

硯史

人好萬殊，而以甚同爲公，甚不同爲惑。喻之而移，非真得之，更而得之，則必信其守。夫博弈猶賢乎已？則吾是文，必不見嗤于賞鑒之士。

用品

器以用爲功，玉不爲鼎，陶不爲柱。文錦之美，方暑則不先於表出之綌。楮葉雖工，而無補於宋人之用。夫如是，則石理發墨爲上，色次之，形製工拙又其次。文藻緣飾，雖天然，失硯之用。

玉硯

玉出光爲硯，着墨不滲，甚發墨。有光，其云磨墨處不出光者，非也。余自製成蒼玉硯。

唐州方城縣葛仙公巖石

石理:向日視之,如玉瑩,如鑑光,而着墨如澄泥不滑。稍磨之,墨已下而不熱生泡。生泡者,膠也。古墨無泡,膠力盡也。若石滑,磨久墨下遲,則兩剛生熱,故膠生泡也。此石既不熱,良久墨發生光,如漆如油,有艷不滲也。歲久不乏,常如新成,有君子一德之操。色紫可愛,聲平而有韻。亦有澹青白色,如月如星而無暈。此石近出,始見十餘枚矣。

温州華嚴尼寺巖石

石理:向日視之,如方城石,磨墨不熱,無泡,發墨生光,如漆如油,有艷不滲。色赤而多有白沙點,爲硯則避磨墨處。比方城差慢,難崭而易磨。亦有白點,點處有玉性,扣之聲平無韻。校理:石揚休所購王羲之硯者,乃此石;今人所收古硯,間有此石,形合晋畫,約見四五枚矣。

端州巖石

巖有四:下巖、上巖、半邊巖、後礫巖。余嘗至端,故得其説詳。下巖第一。穿洞深入，不論四時，皆爲水浸。治平中，貢硯，取水月餘，方及石。石細，扣之清越，鸜鵒眼，圓碧暈多，明瑩。石嫩甚者，如泥無聲，不着墨。清越者温潤，著墨快，不熱無泡，然良久微滲，若油發艷，亦有不乏者。然方城温巖十磨，此石三十磨方相及。下巖既深，工人所費多，硯直不補，故力無能取，近年無復有。聞有仁廟已前，賜史院官硯多是。其後來歲貢，惟上巖石。上巖在山上，石性乾，紫色深，理麄，性硬，眼黄，差不圓，而青色淡。其巖深處，間有潤者，而眼終不如下巖也。有着墨者、拒墨者。其着墨者，初用半月前甚快，蓋細砂石所發出理也；半月後則退，生光撻墨，又須以柔石發之，已而復然。拒墨者，雖新成便拒墨，此等石，扣之聲皆堅響而老。半邊巖者，在山半，石理同上巖，色多青紫，近黑，多瑕而眼長如卵。有瞎眼者，中是白點；死眼者，黑點而暈細；翳眼者，或青或黑，横亂其眼，又多青不成眼，圓點横長青間道如松木紋。其極麤者費筆，而稍細者多乏。後礫石，上人刻爲盆、印合、壓紙、兒戲之物，多夾砂無眼，少瑕，間有極細軟者，發墨不乏，扣之無聲。土人不貴，而用實有在半邊、上巖之上者，不可常得。又徧詢石工，云子石未嘗有，其在巖中，實於大石版上鑿，豈有中包一子者。余嘗謂若溪流中多有卵石，容差褊可嶄面磨墨，所謂石子，世因訛爲子石，至有斲樣相似而爲之者，於理必不於大石中心復生卵子也。世之好奇者，又以歙州羅紋石作子石，硯文本直，兩頭取鋭則紋脱短，至左右頰，自然成漩紋，便謂之是真子石，可笑！緑石帶黄色，亦爲硯，多以爲器，材甚美，而得墨快，少光彩。已上硯，平生約見五七百枚，十千已上無估。

歙硯婺源石

歙州有硯圖，石峒最多種。而赤紫石多瑕，土人以綫脉隔爲三種病，今人以細羅紋無星爲上。少時見一硯於士人趙光弼家，其樣上狹四寸許，下闊六寸許，如二十幅紙厚，色緑如公裳，而點如紫金，斑斑匀布，無羅紋，點中無竅，自後不復覩如此等者。又士人周昌諤處，見一小圓硯，青羅紋，一星紫金如鸜眼錢。此二硯最奇，大抵發墨不乏，獨以色如常之石，而以奇怪爲品高。亦有赤紫色石，無文理，少瑕，光澤如棗木，土人以爲香爐之類，亦斲爲硯，與墨鬭而不相入，經日便滑，不可研矣。又嘗一士人家，見一金絲羅紋硯，其紋半金半黑，光彩與常異。此外龘羅紋、刷絲羅紋爲次第，約見千餘枚矣。但以色與瓦磚等，品故不能高。今但曾官歙者，必收百餘枚。土人以爲生，終日成一硯，少有病，不直數十金；幸完仍好，直五七千已上無估。

通遠軍滉石硯

石理：澁可礪刃，緑色如朝衣，深者亦可愛，又則水波紋，間有黑小點，土人謂之湔墨點。有緊甚奇妙而硬者，與墨鬬而慢甚者，滲墨無光。其中者甚佳，在洮河緑石上，自朝廷開熙河，始爲中國有。亦有赤紫石，色斑，爲硯，發墨過於緑者，而不匀净。又有黑者，戎人以礪刃，而鐵色光肥，亦可作硯，而堅不發墨。

西都會聖宫硯

會聖宫石，在溪澗中，色紫，理如虢石，差硬，發墨不乏，扣之無聲。

青州青石

色類歙，理皆不及，發墨不乏，有瓦礫之象。

成州栗亭石

色青，有銅點，大如指，理慢，發墨不乏，亦有瓦礫之象。

潭州谷山硯

色淡青，有紋如亂絲，理慢，扣之無聲，得墨快，發墨有光。

成州栗玉硯

理堅，色如栗，不甚著墨，爲器甚佳。

歸州緑石硯

理有風濤之象，紋頭緊慢不等，治難平，得墨快，滲墨無光彩，色緑可愛，如賁色，澮如水蒼玉。

夔州黟石硯

色黑，理乾，間有墨點，如墨玉光，發墨不乏。

廬州青石硯

大略與潭州谷山同。

蘇州褐黄石硯

理麤，發墨不滲，類夔石。土人刻成硯，以草一束燒過，爲慢灰火煨之，色遂變紫，用之與不煨者一同，亦不燥，乃知天性非水火所移。

建溪黯澹石

理如牛角，扣之聲堅清，磨久不得墨，縱得，色變如灰，作器甚佳。

陶　硯

相州土人自製陶硯，在銅雀上，以熟絹二重淘泥澄之，取極細者，燔爲硯。有色緑如春波者，或以黑白埴爲水紋，其理細滑，着墨不費筆，但微滲。

吕　硯

澤州有吕道人陶硯，以别色泥於其首純作吕字，内外透。後人效之，有縫不透也。其理堅重與凡石等，以歷青火油之堅響滲入三分許，磨墨不乏，其理與方城石等。

淄州硯

淄石理滑,易乏,在建石之次。

高麗硯

理密堅有聲,發墨,色青間白,有金星,隨横文密成列,用久乏。

青州蘊玉石紅絲石青石

理密,聲堅清,色青黑,白點如彈,不着墨,墨無光,好事者但置爲一器可。紅絲石作器深佳,大抵色白而紋紅者慢,發墨,亦漬墨,不可洗,必磨治之,紋理斑石赤者,不漬墨,發墨有光,而紋大不入看。慢者經暍則色損,凍則裂,乾則不可磨墨,浸經日方可用,一用又可滌,非品之善。青石有麤文如羅,近歙,亦着墨不發。

虢州石

理細如泥,色紫可愛,發墨不滲,久之石漸損回硬,墨磨之則有泥香。

信州水晶硯

於他硯磨墨汁傾入用。

蔡州白硯

理滑，可爲器，爲朱硯。花蘂石亦作小朱硯。

性　品

大抵四方硯發墨久不乏者，石必差軟，扣之聲低而有韻，歲久漸凹。不發墨者，石堅，扣之堅響，稍用則如鏡走墨。余所品謂目擊、自收、經用者，聞雖多，不録以傳疑。古硯無不佳，豈不嘗落非好事者手用之，則尋棄擲之矣。惟久在人間，賢庸并善，是以不乏傳也。

樣　品

晋硯，見於晋顧愷之畫者，有於天生疊石上刊人面者；有十蹄圓銅硯中如鏊者，余嘗以紫石作之；有上圓下方，於圓純上刊兩竅置筆者；有如鳳字兩足者，獨此甚多,所謂鳳凰池也。蓋以上并晋製,見于晋人圖畫。世俗呼爲風字,蓋不原兩足之製,謂之鳳足。至今端州石工,以兩眼相對於足傍者,謂之鳳足。鳳之義,取五色英文,燦然成章也。今人有收得右軍硯,其製與晋圖畫同,頭狹四寸許,下闊六寸許,頂兩純皆綽慢,下不勒成痕,外如内之製,足狹長,色紫,類温巖,中凹成臼。又有收得智永硯,頭微圓,又類箕象,中亦成臼矣。又有人收古銅硯,一龜銜一硯如蓮葉,兩足,龜腹圓,墨水不可出,以筆頭就之則出。又參政蘇文簡家,收唐畫《唐太宗長孫后納諫圖》,宫人於瑪瑙盤中托一圓頭鳳池硯,似晋製,頭純直微凸,如書鳳字,左右純斜刊,下不勒痕摺,向頂亦然,不滯墨,其外隨内勢簡易。其後至隋唐,工稍巧,頭圓,身微瘦,下闊而足或圓爲柱,已不逮古。至本朝,變成穹高腰瘦,刃闊如鉞斧之狀。仁廟已前硯,多作此製,後差少。資政殿學士蒲傳正收真宗所用硯,與仁廟賜駙馬都尉李公炤鳳池硯,形製一同,至今尚方多此製。國初已來,公卿家往往有之。仁宗已前賜史院官硯,皆端溪石,純薄,上狹下闊,峻直不出足,中坦夷,猶有鳳池之像。或有四邊刊花,中爲魚爲龜者,凡此形製多端,下巖奇品也。嘉祐末,硯樣已如大指麤,心甚凸,意求渾厚,而氣象益不古。純斗故勒深,滯墨難滌;心凸,故點筆不圓，常如三角簇。蓋古硯皆心凹，後稍正平，未有凸者。始自侍讀學士唐彦猷，作紅絲辟雍硯，心高凸，至作馬蹄樣，亦心凸，至磨墨溜向身出，觀墨色則凸高增浮泛之勢，援毫則非便也。其晋銅硯，雖如鏊，然頂殊平，以便援毫。今杭州龍華寺收梁傳大夫甆硯一枚，甚大，磁褐色，心如鏊，環水如辟雍之製，下作浪花擢環近足處，而磨墨處無磁油，然殊著墨。古墨稱螺，亦恐不若近世堅，不然殆不可磨也。又丹陽人多於古塚得銅硯，三足蹄，有蓋，不鏤花，中陷一片陶，今人往往作硯於其中，翻以爲匣也。唐墓中間有得如蓮葉，中凹兩足，如鳳池之製，甚薄，足或如棗也。今歙人最多作形製，而土人尤重端樣，以平直斗樣爲貴，得美石無瑕，必先作此樣，滯墨，甚可惜也。大抵石美無瑕，方可施工，璞而厚者，土人多識其藏疾，不復巧製，人或因其渾厚而美之。余嘗惡歙樣俗者，凡刊改十餘硯，纔半指許，便有病見，頓令人減愛。其端人不斲成，祇持璞賣者，亦多如是。陳文惠丞相家，收一蜀王衍時皇太子陶硯，連蓋，蓋上有鳳坐一臺，餘雕雜花草，涅之以金泥紅漆，有字曰「鳳凰臺」，此製方直，上狹，笋在硯上，中甚平也。唐之製，見《文房四譜》；今之製，見《歙州硯圖》，故不重出。此人力所爲也。吾收一青翠疊石，堅響，三層，傍一嵌磨墨，上出一峰，高尺餘，頂復平嵌巖如亂雲四垂以覆硯，以水澤頂，則隨葉垂珠滴硯心，上有銘識，事見唐莊南傑賦，乃歷代所寶也。又收一正紫石，四疊，下有坐有足，巧於瘿盂，足上起一枝，細狹，枝上盤兩疊，長七寸餘，闊四寸餘，如靈芝，首鋭下闊，天然鳳池之象。中微凹，點水磨墨，可書十幅紙。石理在方城之右。此非人力所成，信天下之瓌寶也。

附录

附録一　傳記資料選輯

嗚呼，是惟元章米公之墓。公少名黻，後更爲芾。常自號襄陽漫士，蓋襄陽人云。中年樂南徐山川風土之美，因家焉。歷官州縣，入朝爲書學博士、太常博士，至尚書禮部員外郎，出守淮陽軍，卒。生於皇祐之辛卯，卒於大觀之庚寅。將没，預告郡吏以期日，即具棺椁，置便坐，時坐卧其間，閱案牘，書文檄，洋洋自若也。至期，留偈句，自謂來從衆香國，其歸亦然。舁歸，葬丹徒五州山之原，遵治命也。公風神散朗，姿度瑰瑋，音吐鴻暢，談辨風生，東西晋人也。其爲文詞與立言命物，皆自我作，故不蹈襲前人一言，元次山、樊紹述之流也。其書奇逸飛動，法本二王，虞、褚而下不論也。爲吏所至有名跡，簡静愛人，人皆歡樂之。其政事了無俗吏，常檢、陽亢宗、元紫芝之流也。東坡蘇公謂其文清雄絶俗，謂其字超妙入神，世不以爲過。公樂善喜推下後進，紹聖丙子，余初識公南徐，貽詩謂余李太白後身，非所擬也。如葉少藴、關止叔方以英俊居下僚，公一面知其爲國器，見當路有氣力者輒言之不置，忘其身之窮也。公既没，余他日過南徐，便覺招隱鶴林爽氣都盡，顧嘗哀其所遺詩帖帙而藏之，爲之贊云：珠璣玉石，璀璨兀硉，卮言之出，風雲蕩潏。變化融液，惟心之畫，是千載人，不可無一。（宋程俱《北山小集》卷一六）

襄陽漫士米黻，字元章。嘗自述云：「黻」即「芾」也，即作「芾」。世居太原，後徙於吴。宣仁聖烈皇后在藩，其母出入邸中，後以舊恩，遂補校書郎。自蔡河撥發爲太常博士，出知常州，復入爲書畫學博士，賜對便殿，擢禮部員外郎，以言罷知淮陽軍。芾人物蕭散，被服效唐人，所與遊皆一時名士。嘗曰：「伯時病右手後，余始作畫。以李常師吴生，終不能去其氣，余乃取顧高古，不使一筆入吴生。又李筆神采不高，余爲晴目面文骨木，自是天性，非師而能，惟作古忠賢像也。」又嘗與伯時論分佈次第，作《子敬書練裙圖》，復作支、許、王、謝於山水間縱步，自挂齋室。又以山水古今相師，少有出塵格，因信筆爲之，多以煙雲掩映樹木，不取工細。有求者，只作横挂三尺，惟寶晋齋中挂雙幅成對，長不過三尺，褾出乃不爲椅所蔽，人行過肩汗不著。更不作大圖，無一筆關仝、李成俗氣。然公字札流傳四方，獨於丹青誠爲罕

見。予止在利倅李驥元駿家見二畫。其一紙上横松梢，淡墨畫成，鍼芒千萬，攢錯
如鐵，今古畫松，未見此制。題其後云：「與大觀學士步月湖上，各分韻賦詩，芾獨賦
無聲之詩。」蓋與李大觀諸人夜遊潁昌西湖之上也。其一乃梅、松、蘭、菊相因於一
紙之上，交柯互葉而不相亂，以爲繁則近簡，以爲簡則不疏，太高太奇，實曠代之奇
作也。乃知好名之士，其欲自立於世者如此。大觀乃元駿之族父，後歸元駿。（宋
鄧椿《畫繼》卷三《軒冕才賢》）

米黻，字元章，自言「黻」即「芾」也，故又作「芾」，太原人。其父嘗家襄陽，未幾
遷丹徒，故國史書曰「吴人」。其先以武幹顯，母閻氏與宣仁后有藩邸之舊，以恩入
仕。芾生而穎秀，六歲，日讀律詩百首，過目即成誦。刻意文詞，不剽襲前人語，經
奇蹈險，要必己出，以崖絶魁磊爲工。作字遒勁，晚更沉著，雜有晉唐風流。其畫山
水人物自成一家，尺縑寸紙，人以爲玩。尤工臨摹，至能亂真。精於鑒裁，一經品
題，價增數倍。所與遊皆一時名士。元豐初，以詩編贄見王公安石，安石摘句書之
便面。蘇公軾尤愛重之，集中有「睡起聞元章到東園」絶句，自嶺南歸至白沙，絶筆

也。其往還尺牘有云：「嶺海八年，念吾元章邁往凌雲之氣，清雄絶俗之文，超邁入神之字，何時見之以洗瘴毒，今真見之。兒子於何處得《寶月觀賦》，琅然誦之，老夫臥聽未半，蹶然而起，恨二十年相從元章不盡。」其推重之如此。補秘書省校書郎，爲浛光尉，知雍丘縣，漣水軍使，發運司勾當公事。入爲太常博士，出知常州，不赴，奉祠，除知無爲軍。逾年，召入爲書畫學博士，擢爲禮部員外郎，以言者罷，知淮陽軍，彌年，瘍生其首。卒，年五十七，葬黄鶴山，詔賻其家百縑，仍官其子。芾平居超然，若不事事，至官則率職不苟，時亦越法，有所縱舍。家故饒財，既仕，悉以分族人。所至，喜登覽山川，擇其勝處，立宇製名，來者莫能廢。過潤，愛其江山，遂定居焉。作寶晉齋，聚法書名畫其中，北固既火，結庵城東，號海岳，日吟哦其間，爲京口佳絶之觀。其風神蕭散，趣尚高潔，雅不欲與人同。故冠服效唐人，所居輒置水其旁，數頮以自潔。其眉宇軒然，進趨襜如，音吐鴻暢，望之皆知其爲米元章也。（宋佚名《京口耆舊傳》卷二）

崇寧三年甲子六月制詔：「今四方承平，百揆時敘，小大之政畢舉，增光繼志，曠古絶無，獨書畫之學未有高世絶人之風，殆勸勵之不至也。其議投試簡拔之法，著爲律令，建官養徒，庶幾異時彬彬者有紀焉。」於是六藝之學以次開設矣。是時元章名能書，適官太常，一旦奉詔，以《黄庭》小楷作《千文》以獻，繼進所藏法書名畫，賜白金緡錢甚腆。方民間競以前代筆跡來上，萃於秘府，號《宣和御覽》，幾百帙，特詔丞相太史楚園公跋尾，公亦被旨預觀。搢紳以爲榮遇。已而出知常州，不赴，改勾管洞霄宫，未幾，就除知無爲軍。踰年，復召爲書畫學博士，便殿賜對，因上其子友仁所作《楚江清曉圖》。既退，賜御書、畫扇各二，遂擢爲禮部員外郎。復以言者罷知淮安軍，彌年瘍生其首，上書謝事，不許，以某年月日卒於官廨，享年五十有七。遺命送終皆有治，命賻其家以百縑，不受，官其子，皆特恩也。公諱芾，字元章，世居太原，後徙襄陽，自其高、曾以上多以武幹官顯，父光輔始親儒嗜學。公生秀穎，六歲日讀律詩百首，一再過目輒背誦。稍長，博記洽聞，於書務通大略，不喜從科舉學。議論斷以己意，其説踔厲，世儒不能屈也。［略］以大觀三年六月某日葬丹徒長山下。余元豐初謁荆國王文公於金陵，公以詩文贄見，公於人材少所許可，摘取佳句書之便面，余由是始識公，故爲之銘曰：米胄楚出自羋分，仍世勇爵史載芬。既極而遷稟不群，生憐野鳺憎家鶩。掉棄講决習典墳，劇談四座寂不喧。冠巾説制傍朝掀，浣衣濯帶肌廖皸。手版拄頰送飛雲，邈晋千載風流存。鍾王已往楷法紛，後生不復窺完渾。臨池幾年墨練裙，句法甫白相弟昆。造雄設險驚刓昏，文成揮帚千兔髠。蛟蚓眷紙尾角騫，尺牘藏去珍瑶琨。一官骯髒諸侯門，熟視試一引手援。南宫坐曹席未温，世間巧語空織文。澒淮出守朱兩轓，三仕三已無戚欣。視身蚊蚋何足論，思坐海岳窮朝曛。暮年消中病文園，逾月止酒不茹葷。卻乘泠風反衆薰，西山嶒崚星可捫。其陰大江鬱東奔，噴沙發石漂無垠。氣象歷落宜置君，欲酌中采芳蓀。生芻舍奠宿草根，尚書局促駒伏轅。追摘往實詔九原，吾文坐荒失鋤芸。爲歌銘詩下招魂，巫咸上天誰複聞。薄暮雷電歸叫閽，駛雨忽作九河翻。（宋蔡肇《米元章墓志銘》，録自《光緒丹徒縣志》卷八《陵墓》）

附録二　翁方綱編米海岳年譜

米黻，字元章，後改寫芾，襄陽人。定居潤州，是以一作吴人。其先在宋初有勳，臣信，黻五世祖也。父佐，字光輔，官武衛將軍，贈中散大夫、會稽公。母閻氏，贈丹陽縣大君。黻以母侍宣仁后藩邸，恩補秘書省校書郎，浛光尉□□，入淮南幕，改宣德郎，知雍邱縣□監中岳廟，授漣水軍使發運司，句當公事，□河撥發□，入爲奉常博士，知常州，不赴。管句洞霄宫，知無爲軍，復召爲書畫院博士，擢禮部員外郎，知淮陽軍。其大略如此。諸家所記，惟方信孺爲稍詳，然已不能悉按年分記矣。其有年月可考者著於左。

宋仁宗皇祐三年辛卯歲辛丑月生。

嘉祐元年丙申，六歲，日讀律詩百首，一再過目輒背誦。

二年丁酉，自敘云：「余初學顔書，七八歲作字，至大一幅，寫簡不成。」按：此語亦見於《群玉堂米帖》。

五年庚子，手帖云：「余年十歲，寫碑刻，學周越、蘇子美札，自作一家，人謂有李邕筆法，聞而惡之。」

六年辛丑，十一歲。

神宗熙寧四年辛亥，廿一歲。

七年甲寅五月晦，與潘景純同遊桂林伏波巖，有手題字。按：桂林伏波巖，即龍隱巖也。崖上米題云：「米黻、潘景純同遊，熙寧七年五月晦。」此崖間有米老畫像，子友仁書，贊下有方信孺記云：「予來桂林，得僧紹言詩序及伏波巖與潘景純同遊□□□□尉□□。秩滿，寓居西山資慶寺，頗與紹言遊，故有此作。其它游跡則闕如也。序中云『書於桂林易堂』，今亦失所在，豈尉舊治耶？公作《畫史》自此始。然蔡天啟志公墓，書浛光不及臨桂，豈所謂□□者，臨桂在其中耶？抑先臨桂後浛光，天啟所書，偶略之耶？」按：方信孺字孚若，號詩境甫，興化軍人。此記於米平生出處，略具其概。然熙寧八年十月，米題浯溪石云：「米黻南官五年，求便養，得長沙掾。」至元豐二年三月尚在長沙，則熙寧八年以後五、六年皆官長沙掾也。其云「南官五年」，由熙寧八年以前計也，則自熙寧四年辛亥以後皆官於南也。而方孚若此記，不言其爲長沙掾，則所謂南官五年者，猶未能詳核耳。

八年乙卯，浯溪石題云：「米黻南官五年，求便養，得長沙掾。熙寧八年十月望，經浯溪。」

元豐二年己未，《送吴丈賓州使君》詩云：「元豐己未官長沙。」

三年庚申，《題長沙麓山寺碑》云：「元豐庚申元日，同廣惠道人來，襄陽米黻。」按：此米題，在李北海書岳麓寺碑之側，今砌入壁内，知者罕矣。曾敏行《獨醒雜志》：「米元章自言年三十爲長沙掾，盡焚毁所作詩文。」

四年辛酉，三十一歲，《題廬山東林碑》云：「十月十六日，楚國米黻。」按：東林寺此碑久亡，今是金貞元間重刻，在東林寺門内，東面米題、蔣之奇題皆正書。

五年壬戌，過山陽，過金陵。

六年癸亥，《蕭閑堂記》云：「僕元豐六年赴希道金陵從事之辟，會公謫，不赴，始識荆公於鍾山。」

七年甲子，按温革叔皮跋米帖云：「米元章元豐中謁東坡於黄岡，承其餘論，始專學晋人，其書大進。」考坡公自元豐三年二月到黄州，至七年四月以前皆在黄也。

哲宗元祐元年丙寅，「蘂洲，米黻元章題。時仲公詡積中同遊，元祐丙寅季春初八日題。」八月九日撰《寶章待訪録》。

二年丁卯，過甬上，六月，南都舟中。

三年戊辰，《蘭亭》題云：「元祐戊辰二月，獲於才翁之子洎，字及之，米黻記。」九月遊吴興，有《顔魯公碑陰記》。《跋殷令名帖》云：「元祐戊辰集賢林舍人，招爲苕霅之遊，九月道吴門，五日，艤舟垂虹亭。」按：米老《蜀素詩卷》有《吴江垂虹亭》詩、《入境寄集賢林舍人》詩，《重九會郡樓》詩有「謝守風流古所傳」之句，又有《和林公峴山之作》。是時林蓋爲湖州守也。按：《淳化閣帖題跋》云：「行年四十，元祐三年，維揚倦遊閣題。」然元祐三年，元章年三十八，所言行年四十者，撮指之語耳。

四年己巳，「維揚後齋」，爲亳州蔣使君寫。

六年辛未，四十一歲，上元後一日，同周立之、劉瑞邁、章縱矩遊浮玉。《題焦山瘞鶴銘後》云：仲宣、法芝、米芾，元祐辛未孟夏觀山樵書。按：《王子敬帖跋》云：「崇寧元年五月十五日易跋手裝，時以芾字行，適一紀。」據此云一紀自崇寧元年計之，是其名寫「芾」在元祐六年辛未也。又按：張米庵《真跡日録》載：「米手柬三帖皆寫『黻』。」張跋云：「右米公三帖，公傳世真墨，早年作『黻』，至立歲外始改『芾』，此爲元祐初書無疑。」米庵此跋，所考尚未詳者，米於元祐六年辛未始書爲「芾」，是時年四十一，何云「立歲」乎？且即以米庵云「元祐初年猶書爲『黻』」，則元祐元年丙寅，米公已年三十六矣，豈得謂立歲外改「芾」哉？此條恐致貽誤，故辨之。

米海岳書畫，凡有元祐六年辛未以前書作「芾」者皆贋跡也。「黻」在前，「芾」在後，悉可據此定之。宋時著録米跡，莫如相臺岳倦翁，所收米公手柬，至六十四幅，而於「黻」「芾」前後，中間錯互不辨，則尚未之詳考耳。

又按米書「芾」字中間先作一横，然後自上以直畫貫下。此「芾」字，下從「市」，分勿切，「市」即「芾」字，與朝市之「市」先上點而後横畫者迴別，凡米跡，此字誤作一點一横，艸頭下加市井之市者，皆僞作也。又按：米公名，先寫「黻」後寫「芾」，蓋以二字皆分勿切，故其印篆作，所謂两已相前也。朱竹垞《詠辛卯米芾四字印》詩云：「十稃匯開見八八，两已相背無邪。」十稃八八，米也；两已相背，也。然而核諸六年，實不如此。《春秋·桓二年·左傳》「火龍黼黻」，此是章服之「黻」，米字元章，則黻即此字。此《傳》又云「袞冕黻珽」，此是蔽膝黻韍紱，皆與芾通，則「芾」及蔽膝之「黻」，非章服之「黻」，兩已相背，則與章服之黻，非一字也。是則當日改寫「芾」時，未之深考耳。

七年壬申九月，蘇子瞻自揚州召還，元章方知雍邱，具飯餉之。既至，則對設長案，各以精筆佳墨紙三百列其上，而置饌其旁。子瞻見之，大笑就坐，每酒一行，即伸紙共作字，以二小史磨墨，幾不能供。薄暮，酒行既終，紙亦盡，乃更相易攜去，自以爲平日書莫及也。

八年癸酉，子友仁書跋云「元祐之末，先臣芾權潤州州學教授，紹聖間任樞密院事，林希以待制爲潤守，極好古」云云。

紹聖元年甲戌正月五日，作《明道觀壁記》，稱「元祐甲戌」。周益公題跋云：元祐九年末改紹聖，時元章知雍邱縣，上呂汲公書。暮春，與周仁熟試賜茶，十月東歸，道過露筋祠，刻石爲贊。

二年乙亥八月十八日，《觀潮於浙江亭》詩，自注時年四十五。

四年丁丑，《漣水軍唐王侍御廟記》云：「紹聖丁丑，丹陽米芾竊席是邦，夏旱，四月晦，齋戒請雨，翌日雨降。」

元符元年戊寅，《跋晋帖》云：元符之元，漣漪瑞墨堂題《浄名齋記》，嘉瑞堂書。

三年庚辰，《十紙説》：越陶竹萬杵，在油拳上，緊薄可愛。年五十，始作此紙。

徽宗建中靖國元年辛巳，五十一歲。温叔皮《跋米帖》云：《京口耆舊》云「建中靖國改元，坡歸自嶺外，與客遊金山，有請坡題名者，坡云：『有元章在。』米云：『某嘗北面端明，某不敢。』坡撫其背，云：『今則青出於藍矣。』元章徐曰：『端明，真知我者也。』自爾益自負矣。」是年七月廿八日東坡卒，元章有挽詩。是年購得《褚臨蘭亭》。

二月十日，得謝安《八月五日帖》，跋云：「余年辛卯，今太歲辛巳，大小運，丙申、丙辰，於辛卯月辛丑日丙申時獲之，此非天邪？米芾記。」注：「余生辛丑月。」《山谷詩集注》：米元章爲發運司屬官，在江淮間，詩中有「滄江書畫船」之句，即在是年。

崇寧元年壬午六月九日，大江濟川亭，艤寶晋齋，艎對紫金，浮玉群山，迎快風銷暑，重裝《褚臨蘭亭》（即元祐戊辰獲於才翁之子洎者）。《跋王文惠本蘭亭》云：「《褚臨蘭亭》，丞相王文惠公故物，辛巳歲購於公孫瓛，壬午八月廿六日寶晋齋舫手裝。」

是年，書《陳群墓志銘》系銜云：「奉議郎充江淮荆浙等路制置發運司管勾文字武騎尉賜緋魚袋米芾書。」

二年癸未，《跋晋唐帖》云：「癸未玉堂竹齋太常博士米芾記。」《跋王略帖》云：「癸未歲太常玉堂手裝。」《與人手柬》云「能書第二兒，二十歲化去，刳吾心肝至今，皓首之由也。癸未去國至今，二兒二女，老年何堪」云云。按：此帖不著歲月，所云「能書第二兒化去」，蓋友知也。

《蕪湖縣學記》：「無爲守米芾書。」按碑云「崇寧元年仲秋，詔議修學，越十月，知蕪湖縣林修所建，適如詔旨」云云。此記撰書在十年也，或以此記在崇寧元年，誤也。

三年甲申六月，制詔：「今四方承平，百揆時敘，小大之政畢舉，獨書畫之學未有高世絶人之風，殆勸勵之不至也。其議投試簡拔之法，著爲律令。」是時元章名能書，適官太常，遂除書畫兩學博士，奉詔作《黄庭》小楷，旋加褒美。

四年乙酉，《無爲軍仰高臺記》，元章在無爲州書「墨池」二字、「寶藏」二字勒石，字皆徑二尺許。

五年丙戌，盱眙第一山題云：「張大亨、米芾丙戌歲。」《獲硯帖》云：「僕今日獲天下大奇硯，石佳發墨，眼大如錢，今歲有此奇獲，真丙辛天地合也。」友仁跋云：此晚年字。岳珂跋云：「寶晋生以辛卯，術家以天地合言，則丙戌歲在大觀之元，如寶晋因得右軍《王略帖》，作太師行，固嘗以丙辛合論得帖之月日矣。」硯山易居在何年，不復可考，而此獲硯帖，子友仁指爲暮年字，考其歲月，蓋仙去前一歲也。方綱按：崇寧五年丙戌七月，改元大觀，故岳倦翁跋以爲大觀之元者，蓋謂初改大觀之時，非謂大觀元年也。正即謂崇寧五年爾。

大觀元年丁亥五月丙戌朔，作章吉老墓表。□月，卒於淮陽軍廨。方信孺記云：「癢生於首，謝事不許，卒於官。」《志林》云：「米元章晚年學禪有得，知淮陽軍，未卒先一月，作親朋別書，焚其所好書畫奇物，造香楠木棺，飲食、坐臥、書判其中。前七日，不茹葷，更衣沐浴，焚香清坐而已。及期，遍請郡僚，舉拂示衆曰：『衆香國中來，衆香國中去。』擲拂合掌而逝。」按：大觀元年丁亥，米公卒，時年五十七。《宋史》本傳云：「出知淮陽軍卒，年四十九。」其誤明矣。又厲鶚《宋詩紀事》云「大觀二年罷知淮陽軍」，亦誤也。又宋程俱《北山小集·題米元章墓》文謂「米公卒於大觀四年庚寅」，此亦不及張丑《清河畫舫》言之爲詳。張丑云「米公卒於大觀元年丁亥」，又引蔡肇所撰《米公墓志》謂「葬於三年六月」，此與方信孺記云「大觀三年葬於丹徒□山下」正合也。且黄長睿《東觀餘論序》云「元章今已物故」，此序作於大觀二年戊子六月，則米卒於大觀元年爲定説矣。

米芾《寶晋英光集》，今存者僅八卷，岳珂序其集稱：《山林集》舊有百卷。陳振孫《書録解題》云：《寶晋集》十四卷。米所著述《書史》、《畫史》、《寶章待訪録》、《海岳題跋》，其餘詩跋，或見於《英光堂帖》、《群玉堂帖》及後人所編輯耳。

米公自言與二子友仁、友知同校刻泗州南山杜氏所藏《蘭亭》，不著歲月。今此帖無考。

岳倦翁云：「米嘗刻《寶真齋》於無爲州。」按此帖今佚。

《江南通志》：米芾知山陽辨，據《宋史》本傳，擢禮部員外郎，出知淮陽軍，未嘗知山陽也。當芾之時，山陽尚爲縣，未升軍，考芾前此歷官，嘗知雍邱縣，無知山陽縣事，蓋山陽是淮陽之訛。

明禾郡范明泰編《米襄陽外紀》，内云：「皇祐二年正月十七日，詔米芾以《黄庭》小楷作小字《千文》。」按米公生於皇祐三年，此條誤也。

又如《戲鴻堂帖》卷内《快雪時晴帖》後米跋云：「紹聖丁酉海岳樓題。」按：紹聖無丁酉，此亦誤。又《海岳題跋》内有紹興乙卯一條，按：此是米元暉跋，誤入。

米公二子，友仁原名尹仁，友知原名尹知，其手柬云「廿歲能書之子」者，蓋友知也。自癸未以前計二十餘年，未知友知生於某年，而米帖家書付寅孫即寅哥，是友仁小名，又小字虎兒，故山谷詩：「虎兒筆力能扛鼎，教字元暉繼阿章。」蓋生於寅歲，故以寅爲小名。由此考之，友仁當生於熙寧七年甲寅也。

《鐵圍山叢談》：「崇寧後尚方所藏米元章諸書，率以千計，余以宣和癸卯得見其目。」

紹興中嘗以米書刻石，名《紹興米帖》。

南渡後相台岳珂以所藏米書鐫石曰《英光堂帖》。

米自號鬻熊後人、火正後人，蓋以米即芈也。又有「楚國米黻」印，又自號溪堂，又曰鹿門居士、襄陽漫仕、淮陽外史。

藝 文 叢 刊

第 四 輯

藝　文　叢　刊

昆蟲草木略

〔宋〕鄭　樵

浙江人民美術出版社

圖書在版編目(CIP)數據

藝文叢刊. 第四輯 / (宋) 米芾等著 ; 況正兵等點校. -- 杭州 : 浙江人民美術出版社, 2018.1(2023.9重印)
(藝文叢刊)
ISBN 978-7-5340-6222-3

Ⅰ. ①藝… Ⅱ. ①米… ②況… Ⅲ. ①古籍－中國－叢刊 Ⅳ. ①Z121.7

中國版本圖書館CIP數據核字(2017)第243082號

點校説明

鄭樵，字漁仲，號夾漈，宋興化軍莆田（今屬福建）人，生於宋徽宗崇寧三年（一一〇四），卒於宋高宗紹興三十二年（一一六二），年五十九。鄭樵興趣廣泛，博覽群書，是宋代著名的史學家、文獻學家。他不應科舉，山林三十年，唯事讀書著述，紹興廿八年始受薦召對，特補右迪功郎，生平詳見《宋史》《福建興化縣志》。有《通志》《夾漈遺稿》《爾雅注》等著述傳世。

鄭樵治學，主張會通，所撰《通志》凡二百卷，分紀、譜、略、世家、列傳、載記等六類。其中略有二十篇，合五十二卷，合稱《通志二十略》，簡稱《通志略》，頗有獨到之處，是全書精華所在。《昆蟲草木略》，即《通志二十略》之一。

鄭樵「少好讀書，無涉世意，又好泉石，有慕陶弘景心，結廬夾漈山中，與田夫野老往來，與夜鶴曉猿雜處，不問飛潛動植，皆欲究其性情」，他不滿當時「學者皆操窮理盡性之説，而以虚無爲宗，至於實學則置而不問」的風氣，認爲《詩經》《爾雅》有關鳥獸草木的注解多有疏略，「大抵儒生家多不識田野之物，農圃人又不識《詩》《書》之旨，二者無由參合，遂使鳥獸草木之學不傳」（《昆蟲草木略序》）。他在《通志總序》中説明了《昆蟲草木略》的著作緣起：「語言之理易推，名物之狀難識。農圃之人識田野之物而不達《詩》《書》之旨，儒生達《詩》《書》之旨而不識田野之物。五方之名本殊，萬物之形不一。必廣覽動植，洞見幽潛，通鳥獸之情狀，察草木之精神，然後參之載籍，明其品彙。故作《昆蟲草木略》。」

《昆蟲草木略》收録動植物四八〇餘種，將植物分爲草類、蔬類、稻粱類、木類、果類五大類，動物分爲蟲魚類、禽類、獸類三大類，體例獨創，近世學者以爲鄭氏《昆蟲草木略》使傳統的鳥獸草木之學不再依附於《詩經》《爾雅》注疏和本草學，成爲專門獨立之學。然而細考《昆蟲草木略》内文，以沿襲撮抄《爾雅》《本草》爲主，偶有己見，發明不多，不少條目過於疏簡，至於所引《詩經》《爾雅》注疏時有缺略，以致文意不暢，有失精密。這點四庫館臣已經指明：「《草木昆蟲略》則并《詩經》《爾雅》

之注疏亦未能詳核。蓋宋人以義理相高，於考證之學罕能留意，樵恃其該洽，睥睨一世，諒無人起而難之，故高視闊步，不復詳核，遂不能一一精密，致後人多所彈譏。」鄭樵布衣治學，晚年急於獻書，《通志》成書比較倉促，這些不足之處或許難免。「今作《昆蟲草木略》，爲之會同，庶幾衰晚少備遺忘，豈敢論實學也。」也非自謙之詞。

《昆蟲草木略》本係《通志二十略》之一，原無單行。日本天明乙巳年（即乾隆五十年，一七八五）刊行了小野蘭山的校訂本。是本分乾、坤兩册，衆芳軒藏版，題署「宋鄭夾漈著，日本蘭山先生挍」，「天明乙巳年秋九月刻成」。

小野蘭山（一七二九—一八一〇），名職博，字以文，號蘭山，日本京都人，是江户時期的本草學家，曾爲德川幕府的太醫，並在醫學館授課。他遊歷日本各地，收集草藥，設藥園以研究植物。著述有《本草綱目紀聞》《本草綱目約説》《本草綱目啟蒙》《大和本草批正》等。

小野氏以眉批校語的形式，對《昆蟲草木略》中訛、脱、錯、衍等問題進行了細緻的校訂。他是位植物學家，對於《昆蟲草木略》内容上的疏失也予以辨證，使許多滞礙難讀之處豁然開朗。

此次點校整理，即據小野蘭山校本爲底本，同時參考了王重民《通志二十略》點校本（中華書局一九九五年）有關《昆蟲草木略》的校勘記。此外，李時珍《本草綱目》對於鄭樵《昆蟲草木略》時有駁正，今亦以校勘記形式收録，供讀者閱讀參考。原書每種動植物未分細目，不便檢閱，今以黑體標明。書稿承熊璐璐、魏素素兩位同學校閱，匡正實多，在此一併致謝！點校失當不足之處，望讀者批評指正爲幸！

點校者於浙大西溪校區

目録

序

學者皆操窮理盡性之說，而以虛無爲宗，至於實學，則置而不問。當仲尼之時，已有此患，故曰：「小子何莫學夫《詩》。《詩》可以興，可以觀，可以群，可以怨，邇之事父，遠之事君，多識於鳥獸草木之名。」其曰「小子」者，無所識之辭也。其曰「何莫」者，苦口之辭也，故又曰「人而不爲《周南》《召南》，其猶正牆面而立」，此苦口之甚也。一部《論語》，言他書不過一再，惟《詩》則言之又言，凡十二度言焉。門弟子有能學《詩》者則深喜之，子貢、子夏在孔門未爲高弟，至於論《詩》則與之，至子夏又發「起予」之嘆者，深嘉之也。夫《樂》之本在《詩》，《詩》之本在聲，竊觀仲尼初亦不達聲，至哀公十一年自衛反魯，質正於太師氏而後知之，故曰：「吾自衛反魯，然後《樂》正，《雅》《頌》各得其所。」此言《詩》爲《樂》之本，而《雅》《頌》爲聲之宗也。其曰：「師摯之始，《關雎》之亂，洋洋乎盈耳哉！」此言其聲之盛也。又曰：「《關雎》樂而不淫，哀而不傷。」此言其聲之和也。人之情，聞歌則感，樂者聞歌則感而爲淫，哀者聞歌則感而爲傷。惟《關雎》之聲和而平，樂者聞之而樂，其樂不至於淫；哀者聞之而哀，其哀不至於傷。此《關雎》所以爲美也。緣漢人立學官，講《詩》專以義理相傳，是致衛宏序《詩》，以樂爲樂得淑女之樂，淫爲不淫其色之淫，哀爲哀窈窕之哀，傷爲無傷善之傷。如此說《關雎》，則「洋洋盈耳」之旨安在乎？

臣之序《詩》，於《風》《雅》《頌》曰「風土之音曰《風》，朝廷之音曰《雅》，宗廟之音曰《頌》」，而不曰「《風》者教也，《雅》者正也，言王政之所由廢興也，《頌》者美盛德之形容也」。於二《南》則曰「《周》爲河洛，《召》爲岐雍，河洛之南瀕江，岐雍之南瀕漢，江、漢之間，二南之地，《詩》之所起在於此，屈宋以來，騷人墨客多生江、漢，故仲尼以二南之地爲作《詩》之始」，而不曰「《南》言化自北而南」。於《王·黍離》《豳·七月》則曰「《王》爲王城，東周之地，《豳》爲豳豐，西周之地，《七月》者西周之風，《黍離》者東周之風」，而不曰「《黍離》降國風」。臣之序《詩》，專爲聲歌，欲以明仲尼之正樂；臣之釋《詩》，深究鳥獸草木之名，欲以明仲尼教小子之意。然兩漢之言《詩》者，惟儒生論義不論聲，而聲歌之妙猶傳於瞽史，經董卓、赤眉之亂，禮樂淪亡殆盡，魏人得漢雅樂郎，僅能歌《文王》《鹿鳴》《騶虞》《伐檀》四篇而已。太和之末，又亡其三，惟有《鹿鳴》，至晉又亡。自《鹿鳴》亡後，聲《詩》之道絶矣。

夫《詩》之本在聲，而聲之本在興，鳥獸草木乃發興之本，漢儒之言《詩》者既不論聲，又不知興，故鳥獸草木之學廢矣。若曰「關關雎鳩，在河之洲」，不識雎鳩，則安知河洲之趣與關關之聲乎？凡鴈鶩之類，其喙褊者則其聲關關，雞雉之類，其喙鋭者則其聲鷕鷕，此天籟也。雎鳩之喙似鳧鴈，故其聲如是，又得水邊之趣也。《小雅》曰「呦呦鹿鳴，食野之苹」，不識鹿，則安知食苹之趣與呦呦之聲乎？凡牛羊之屬，有角無齒者則其聲呦呦，駝馬之屬，有齒無角者則其聲蕭蕭，此亦天籟也。鹿之喙似牛羊，故其聲如是，又得蔞蒿之趣也。使不識鳥獸之情狀，則安知詩人「關關」「呦呦」之興乎？若曰「有敦瓜苦，蒸在栗薪」者，謂瓜苦引蔓於籬落間而有敦然之繫焉。若曰「桑之未落，其葉沃若」者，謂桑葉最茂，雖未落之時而有沃若之澤。使不識草木之精神，則安知詩人「敦然」「沃若」之興乎？

陸璣者，江左之騷人也，深爲此患，爲《毛詩》作《鳥獸草木蟲魚疏》，然璣本無此學，但加採訪，其所傳者多是支離。自陸璣之後，未有似此明《詩》者，惟《爾雅》一種爲名物之宗，然孫炎、郭璞所得既希，張揖、孫憲〔一〕所記徒廣。大抵儒生家多不識田野之物，農圃人又不識《詩》《書》之旨，二者無由參合，遂使鳥獸草木之學不傳。惟《本草》一家，人命所系，凡學之者務在識真，不比他書，只求説也。《神農本經》有三百六十，以應周天之數。陶弘景，隱者也，得此一家之學，故益以三百六十，以應周天之數而兩之。臣少好讀書，無涉世意，又好泉石，有慕弘景心，結茅夾漈山中，與田夫野老往來，與夜鶴曉猿雜處，不問飛潛動植，皆欲究其情性，於是取陶隱居之書，復益以三百六十，以應周天之數而三之。已得鳥獸草木之真，然後傳《詩》，已得《詩》人之興，然後釋《爾雅》。今作《昆蟲草木略》，爲之會同，庶幾衰晚少備遺忘，豈敢論實學也。夫物之難明者，爲其名之難明也，名之難明者，謂五方之名既已不同，而古今之言亦自差别，是以此書尤詳其名焉。

校勘記

〔一〕孫憲，疑即曹憲。今傳《廣雅》，魏張揖撰，隋曹憲音釋，夾漈語即本此。

昆蟲草木略第一

草類

芝　芝曰茵，其類有五色，加以紫，是爲六芝。青曰龍芝，赤曰丹芝，黄曰金芝，白曰玉芝，黑曰玄芝，紫曰木芝。瑞草也，生則有雲氣及禽獸之異。

蓍　蓍如蒿，華如菊，生上蔡白龜祠旁，一叢之幹二三十或四五十，高五六赤。褚先生云：「蓍滿百莖者，其下有神龜守之，其上有青雲以覆之。傳曰：『天下和平，王道得蓍，莖長丈，叢滿百。』」

蘭　蘭即蕙，蕙即薰，薰即零陵香。〔一〕《楚辭》云「滋蘭九畹，植蕙百畝」，互言也。古方謂之薰草，故《名醫别録》出《薰草》條。近方謂之零陵香，故《開寶本草》出《零陵香》條。《神農本經》謂之蘭茝，昔修《本草》以二條貫於蘭後，明一物也。臣謹按：蘭，舊名煎澤草，婦人和油澤頭，故以名焉。《南越志》云：「零陵香，一名燕草，又名薰草，即香草，生零陵山谷，今湖嶺諸州皆有。」又《别録》云：「薰草，一名蕙草。」明薰蕙之爲蘭也。以其質香，故可以爲膏澤，可以塗宫室。近世一種草如茅葉而嫩，其根謂之土續斷，其花馥郁，故得蘭名，誤爲人所賦詠。

芎藭　芎藭曰胡藭，曰香果，關中者曰京藭，蜀道者曰川芎。其葉曰蘼蕪，亦曰蘄茝，故《爾雅》：「蘄茝，蘼蕪。」亦曰茳蘺。以其芬香，故多蒔於園庭。苗似芹、胡荽、蛇牀輩，故《淮南子》云：「亂人者若芎藭之與藁本，蛇牀之與蘼蕪也。」

蛇牀　蛇牀曰蛇粟，曰蛇米，曰虺牀，曰思益，曰繩毒，曰棗棘，曰牆蘼，曰盱，曰馬牀。《爾雅》所謂「盱，虺牀」也。花白，子如黍粒，葉似芎藭而細，亦香，故有「牆蘼」之名焉。

茜　茜亦作蒨，可以染緋，故曰地血，亦曰茹藘，曰茅蒐，齊人謂之茜，徐人謂之牛蔓，《詩》所謂「茹藘在阪」，《爾雅》所謂「茹藘，茅蒐」。莖葉麤澀而根紅，故許慎謂人血所生。《周禮》：「庶氏掌除蟲毒，以嘉草攻之。」陳藏器以蘘荷與茜爲嘉草。

杜若　杜若曰杜蘅，曰杜蓮，曰白蓮，曰白芩，曰若芝，曰楚衡。根葉如山薑，花如荳蔻，騷人多取喻焉，故《楚詞》云：「山中人兮芳杜若。」《九歌》云：「採芳洲兮杜若。」又《離騷》云：「雜杜蘅與芳芷。」唐貞觀中，勑下度支求杜若，省郎以謝元暉詩云「芳洲採杜若」，乃責坊州貢之，當時以爲嗤笑。

決明　決明曰英羌，曰蔆，關西曰薢茩，故《爾雅》云：「薢茩，英羌。」共有三種。其一則山決明也，相似而不可食。其二曰馬蹄決明，實似馬蹄，尤良。

天名精　天名精曰麥句薑，曰蝦蟇藍，曰豕首，曰天門精，曰彘顱，曰蟾蜍蘭，曰覲，曰葝蘱，曰豨首，曰天蔓精，曰鹿活草，曰劉燼草。《爾雅》云：「葝蘱，豕首。」俗曰豨薟，又云火杴，又云地菘。《異苑》云：「宋元嘉中，青州劉燼射中一麞，既剖五藏，以此草塞之，蹶然而起，去之則仆，如此者三。」是以知其治折傷，故其草得劉燼之名。

菟絲　菟絲曰菟蘆，曰菟縷，曰唐蒙，曰玉女，曰赤網，曰菟纍，曰女蘿。《爾雅》曰：「唐蒙，女蘿。女蘿，菟絲。」又曰：「蒙，玉女。」《詩》曰：「蔦與女蘿，施于松上。」《草經》曰：「蔓延草木之上，色黄而細曰赤網，色淺而大曰菟纍。」《淮南子注》云：「菟絲生茯苓上。」故世言下有茯苓，上有菟絲。又言菟絲初生之根，其形似兔，掘取，割其血，和丹服之，立變化。今皆不然，茯苓生山谷，菟絲生人間，清濁異處，何由同居。

薊　薊曰虎薊，曰刺薊，曰山牛蒡。《爾雅》：「蘩，狗毒。」蘩即薊也。〔二〕又有一種小薊曰猫薊，曰青刺薊，北方曰千針草，以其莖葉多刺故也。華如紅藍華而青紫色，多生於燕地，故曰薊門。

垣衣　垣衣曰昔邪，曰烏韭，曰垣嬴，曰天韭，曰鼠韭。有數種：生於屋上曰屋游。生於屋陰曰垣衣。在石上謂之烏韭。在地上謂之地衣。在井中謂之井中苔。在牆上抽起茸茸然者謂之土馬騣。生於水中謂之陟釐，水中苔也，生海中者可食。又有生於石上連緣作暈者，謂之石花，石花生於海中石上，謂之紫萸，即紫菜也。松上之衣曰艾納〔三〕，以和香燒則煙氣直上。

海藻　海藻類紫萸而麤惡，曰落首，曰藫，曰石衣，曰海蘿。《爾雅》云：「藫，石衣。」郭氏云：「石髪也。」又云：「薚，海藻。」郭氏云：「如亂髪。」其説無别，致誤後人引據。且藫與薚，藻與藻，皆無異義，何得爲二物？海藻形如弊衣，石髪形如亂髪，自是二物，凡此之類，易得渾殽。又有石帆之於水松，亦能相亂。故陶弘景云：「石帆如栢，療石淋。水松如松，療溪毒。」《吴都賦》所謂「石帆水松」是也。又有海帶似帶，昆布似布。《爾雅》云：「綸似綸，組似組，東海有之。」綸即鹿角菜，組即海中苔。

藻 藻生乎水中，萍生乎水上，萍之名類亦多，易相紊也。《爾雅》云：「萍，蓱，其大者蘋。」又云：「苹，藾蕭。」足以惑人。蓱者，水中浮蓱也，江東謂之薸是也。蘋，水菜也，葉似車前，《詩》所謂「于以采蘋」是也。苹，蔞蒿也，即藾蕭，《詩》所謂「呦呦鹿鳴，食野之苹」是也。〔四〕按萍亦曰水花，亦曰水白。

肉蓯蓉 肉蓯蓉曰肉松容。舊曰馬精化爲蓯蓉，人血化爲茹藘，故蓯蓉生於沙中，在西方多馬處，然亦有生於大木間及土壍上者。

地膚 地膚曰地葵，曰地麥，曰益明，曰落帚子，曰鴨舌，即獨掃也，亦曰地掃。《爾雅》云：「荓，馬帚。」即此也。今人亦用爲箒。

蒺藜 蒺藜曰旁通，曰屈人，曰止行，曰豺羽，曰升推，曰即藜，曰茨，故《爾雅》謂「茨，蒺藜」，《詩》謂「牆有茨」也。其實有芒刺，行軍之家以鐵象之，而布地焉。又有白蒺蔾者，同名而異實。

防風　防風曰銅芸，曰茴草，曰百枝，曰屏風，曰蕳根，曰百蜚。葉如青蒿，嫩苗可茹。

石龍芻　石龍芻曰龍須，曰草續斷，曰龍朱，曰龍華，曰懸莞，曰草毒，曰方賓。《爾雅》所謂「薜，鼠莞」也。生被崖垂下，故得龍須之名，可以爲席。〔五〕

絡石　絡石曰石鮻，曰石蹉，曰略石，曰明石，曰領石，曰懸石。如薜荔而小，絡石以生。

千歲藟　千歲藟曰藟蕪。陸璣云：「一名巨苽，連蔓而生，幽州人謂之推纍。」此草藤生，大者盤礴，故有「千歲藟」之名。唐姜撫言，服常春藤，使白髮還鬒，明皇使取以賜中朝老臣。又言，終南山有旱藕，食之延年，狀類葛粉，帝作湯餅以賜大臣。右驍騎將軍甘守誠能名藥石，曰：「常春藤者，千歲藟也。旱藕者，牡蒙也。」

黄連　黄連曰王連，曰支連。

沙參　沙參，葉如枸杞，根如葵，曰苦心，曰志取，曰虎須，曰白參，曰識美，曰文希，亦曰知母，而得五參之名。

丹參　丹參，葉如薄荷，花如蘇，曰郄蟬草，曰赤參，曰木羊乳，曰山芩，《本草》作參。曰奔馬，俗謂之逐馬，言驅風之駃也。

赤箭　赤箭曰離母，曰鬼督郵，曰合離，曰獨搖，曰定風。有風不動，無風自搖。

蘠蘼　蘠蘼曰滿冬，曰地門冬，曰筳門冬，在東嶽名淫羊藿。《抱朴子》作淫羊食。在中嶽名天門冬，在西嶽名管松，在北嶽名無不愈，在南嶽名百部，在京陸山阜名顛棘，今曰天門冬。《爾雅》：「蘠蘼，虋冬。」葉如絲縷。

禹葭　禹葭曰禹餘糧，曰烏韭，曰虋冬〔六〕，曰忍冬，曰忍陵，曰不死藥，曰僕壘，曰隨脂，秦名羊韭，齊名愛韭，楚名馬韭，越名羊蓍，今曰麥門冬。其葉如韭，所以多得韭名。

山薊　山薊曰朮。《爾雅》：「朮，山薊。」蒼朮也。枹薊曰楊。《爾雅》：「楊，枹薊。」有兩種，赤朮、白朮也。生平地曰薊，生山中曰朮，亦曰山連，亦曰山精，亦曰天蘇，亦曰山芥，亦曰乞力伽。《日華子》作吃力伽。

萎蕤　萎蕤曰熒，曰地節，曰玉竹，曰馬薰，曰黃芝，曰女萎〔七〕。

黃精　黃精曰重樓，曰菟竹，曰雞格，曰救窮，曰鹿竹，曰龍銜，曰萎蕤，曰狗格，《本草》作苟格。曰垂珠，曰馬箭，曰白及。陶弘景謂似鈎吻，非也，似蘘荷。

苄　苄曰芑，地黃也。

蘱　蘱曰屋茨，曰起實，交州曰簳珠，薏苡也。

芣苢　芣苢曰當道，曰蝦蟇衣，曰牛遺，曰勝舄，曰馬舄，車前也。

昌陽　昌陽曰堯韭，菖蒲也。

蕀蒬　蕀蒬曰葽繞，曰細草葉，曰小草，遠志也。

蕍　蕍曰蕮，曰藚，曰芒芋，曰鵠瀉，曰及瀉，澤瀉也。《詩》云：「言采其藚。」《爾雅》云：「蕍，蕮。」

薯蕷　薯蕷曰山蕷，曰脩脆，曰藷蕷，曰兒草，秦楚名玉延，鄭越名土藷，齊名山芋。

菊花　菊花曰日精，曰節華，曰女節，曰女華，曰女莖，曰更生，曰周盈，曰傳延年，曰陰成，曰治蘠。其白花者，潁川曰回峰菊〔八〕，汝南曰茶苦蒿，河內曰地薇蒿，上黨曰羊歡草。

甘草　甘草曰蕗草，曰蜜甘，曰美草，或曰大苦即此也。凡草屬惟甘草爲國老，大黄爲將軍，不言君臣佐使也。

茺蔚　茺蔚曰益母，曰益明，曰大札，曰貞蔚，曰萑，曰負擔，曰夏枯，曰鬱臭草，曰苦低草，曰蓷。葉似荏，方莖白華，《詩》所謂「中谷有蓷」也。

人參　人參曰人銜，曰鬼蓋，曰神草，曰人微，曰土精，曰血參。如人形者則神，故多得人名。朝鮮之人贊云：「三椏五葉，背陽向陰，欲來求我，椵樹相尋。」

石斛　石斛曰林蘭，曰禁生，曰杜蘭，曰石蓫。生于陰崖，莖如釵股。其生于櫟者，木斛。石斛之莖如金釵，故謂之金釵。

牛膝　牛膝之節如牛膝，故謂之牛膝。

卷栢　卷栢曰萬歲，曰豹足，曰求股，曰交時。葉如栢，狀如雞足，生於陰崖。

細辛　細辛曰小辛，曰細草。而世以杜蘅亂其真。

獨活　獨活曰羌青，曰護羌使者，曰胡王使者，曰獨摇草。得風不摇，無風自動，雖與羌活異條，而亦曰羌活。

升麻　升麻曰周麻，曰落新婦。

茈胡　茈胡曰地薰，曰山菜，曰茹草葉，曰芸蒿。辛香可食。生於銀夏者，芬馨之氣射於雲間，多白鶴青鶴翱翔其上。

防葵　防葵曰梨蓋，曰旁慈，曰爵離，曰農果，曰利茹，曰方蓋，而狼毒能亂其真。

菴蕳　菴蕳，狀如蒿艾，駏驉食之仙。〔九〕

白蒿　白蒿，即茵陳蒿，白兔食之仙。

菥蓂　菥蓂曰蕵菥，曰大蕺，曰馬辛。《爾雅》曰：「姚莖，涂薺。」又曰：「菥蓂，大薺。」以似薺而大也。

龍膽　龍膽曰陵游。莖如小竹，根似牛膝。

王不留行　王不留行曰禁宮花，曰翦金花。葉似槐，實作房。

茵陳蒿　茵陳蒿，南人所用者似香薷，北人所用者似菁蒿，即白蒿也。南北所用俱有山茵陳之名，同名異實。又有石香葇，亦名山茵陳，而香薷亦名茵陳，四種足相紊也。

漏蘆　漏蘆曰野蘭，而飛廉曰漏蘆，亦能相紊。

飛廉　飛廉曰漏蘆，曰天薺，曰伏豬，曰飛輕，曰伏兔，曰飛雉，曰木禾。似苦芺而葉下附，莖有皮起，似箭羽刻缺。

牆蘼　牆蘼曰營實，曰牆牀，《本草》作牆麻。曰牛棘，曰牛勒，曰薔蘼，曰山棘。

薇銜　薇銜曰承膏，曰承肌，曰無心，曰無顛，曰鹿銜，曰吴風草。葉似茺蔚，叢生有毛。

五味子　五味子曰菋，曰荎藸。故《爾雅》云：「菋，荎藸。」引蔓，實如珠而赤。

旋花　旋花曰鼓子花，曰筋根花，曰金沸，曰美草，曰肫腸草。蔓生，花不作瓣，故謂之旋也。此草一名金沸，而旋覆花亦名金沸，旋花正謂之葍旋，旋覆正謂之旋復，易相紊也。然方家所用者，葍旋用根，旋復用花。

白兔藿　白兔藿曰白葛。蔓生，葉圓如蓴。

鬼督郵　鬼督郵曰獨摇草。莖如箭簳，葉如繖蓋，花生葉心，根横而不生須。徐長卿、赤箭俱有鬼督郵之名，而實異。

藍　藍有三種。蓼藍如蓼，染緑。大藍如芥，染碧。槐藍如槐，染青。三藍皆可作澱，色成勝母，故曰：「青出於藍而青於藍。」

景天　景天曰戒火，曰火母，曰救火，曰據火，曰慎火，今人皆謂之慎火。草植弱而葉嫩，種之階庭，能辟火。

續斷　續斷曰龍豆，曰屬折，曰接骨，曰南草，曰槐，曰大薊，曰馬薊。《蜀本圖經》云：「莖方，葉似苧，花似益母，根如大薊。」此北續斷也。范汪云：「即馬薊也，與小薊相似，葉如蒡翁菜，兩邊有刺，花紫。」會稽者正爾，此南續斷也。〔一〇〕

雲實　雲實曰員實，曰雲英，曰天豆，曰馬豆，曰臭草，曰羊石子。葉如苜蓿，花黄白，莢如大豆，實若大麻，能殺精物，燒之致鬼。

黄耆　黄耆有白水耆、赤水耆、木耆三種。其莖葉曰戴糝，曰戴椹，曰芰草，曰蜀脂，曰百本，曰王孫。

徐長卿　徐長卿曰別仙蹤，曰鬼督郵，苗如小麥子，似蘿藦。

薜　薜曰山蘄，曰白蘄，曰乾歸，曰文無。《爾雅》謂：「薜，山蘄。」又謂：「薜，白蘄。」即當歸也。葉似芎藭，有兩種，大葉者謂之馬尾當歸，細葉者謂之蠶頭當歸，此方家之別也。

鋋　鋋曰何離，曰解倉，曰犁食，曰餘容，曰白朮，即芍藥也。以有何離之名，所以贈別用焉。古今〔一一〕言木芍藥是牡丹。崔豹《古今注》云：「芍藥有二種，有草芍藥，有木芍藥，木者花大而色深，俗呼爲牡丹，非也。」安期生《服鍊法》云：「芍藥有二種，有金芍藥，有木芍藥，金者色白多脂，木者色紫多脉。」此則驗其根也。然牡丹亦有木芍藥之名，其花可愛如芍藥，宿枝如木，故得木芍藥之名。芍藥著於三代之際，《風》《雅》之所流詠也。牡丹初無名，故依芍藥以爲名，亦如木芙蓉之依芙蓉以爲名也。牡丹晚出，唐始有聞，貴游趨競，遂使芍藥爲落譜衰宗。

藁本　藁本曰鬼卿，曰地新，曰微莖。

葛　葛曰雞齊根，曰鹿藿，曰黄斤，而藟亦謂之鹿藿。

知母　知母曰蚔母，曰連母，曰野蓼，曰地參，曰水參，曰水浚，曰貨母，曰蝭母，曰女雷，曰女理，曰兒草，曰鹿列，曰韭逢，曰兒踵草，曰東根，曰水須，曰莐藩，曰蕁，曰昌支。《爾雅》曰：「薚，莐藩。」

貝母　貝母曰空草，曰藥實，曰苦花，曰苦菜，曰商草，曰勤母，曰莔。《爾雅》曰：「莔，貝母。」《詩》云：「言采其蝱。」

栝樓　栝樓曰地樓，曰果蠃，曰天瓜，曰澤姑，曰白藥。其實曰黃瓜。《詩》云：「果蠃之實。」《爾雅》云：「果蠃之實，栝樓。」

玄參　玄參曰重臺，曰玄臺，曰鹿腸，曰正馬，曰咸，曰端，曰逐馬，曰馥草。

苦參　苦參曰水槐，曰苦蘵，曰地槐，曰菟槐。曰驕槐，曰白莖，曰虎麻，曰岑莖，曰禄白，曰陵郎。

石龍芮　石龍芮曰魯果能，曰地椹，曰石能，曰彭根，曰天豆。沈括云：「有兩種，水中生者葉光而末圓，陸生者葉毛而末鋭。」

石韋　石韋曰石韀，曰石皮。生於石崖。其生瓦上者曰瓦韋。皆感陰濕而生，每莖抽一葉，背有毛而斑點，其狀如皮，故得韋名。

狗脊　狗脊曰百枝，曰强膂，曰扶蓋，曰扶筋。葉類蕨，根類菝葜、萆薢。萆薢曰赤節。菝葜曰金剛根，謂其根堅；曰王瓜草，謂其苗葉與王瓜相近。

通草　通草曰附支，曰丁翁，曰王翁。《萬年方書》亦謂之木通。《爾雅》曰：「離南，活莌。」以活莌亦謂之離南〔二二〕，今人謂之通草。其瓤白可愛，婦人取以爲首飾。其實曰燕覆子〔二三〕，曰烏覆，曰桴棪子，曰拏子。

瞿麥　瞿麥曰巨句麥，曰大菊，曰大蘭，曰茈萎，曰杜母草，曰燕麥，曰蘥麥，曰雀麥，曰石竹。故《爾雅》云：「大菊，蘧麥。」其葉細嫩，花如錢可愛，唐人多像此爲衣服之飾，所謂「石竹繡羅衣」。

敗醬　敗醬曰鹿腸，曰鹿首，曰馬草，曰澤敗，曰鹿醬。葉似豨薟，根似柴胡，作敗醬氣，故以得名。

澤芬　澤芬曰白芷，曰白茝，曰虈，曰莞，曰苻蘺，楚人謂之葯。其葉謂之蒚麻。與蘭同德，俱生下濕，故蘭茝之香爲騷人所諷詠。

杜蘅　杜蘅曰杜，曰土鹵。能香人衣體，南人以亂細辛。其葉似馬蹄，故亦名馬蹄香。《爾雅》云：「杜，土鹵。」

白薇 白薇曰白幕，曰薇草，曰春草，曰骨美。

葈耳 葈耳曰苓耳，曰羊負來，曰喝起草，曰白胡荽，江東曰常葈，幽州曰爵耳。《爾雅》：「菤耳，苓耳。」舊説即蒼耳也。其實似鼠耳而有澀刺，易黏人衣。中原本無此草，因羊自蜀來，其實帶毛而至，故有「羊負來」之名。然《詩》云「采采卷耳」，以其可茹也，即今卷菜，葉如連錢者是也。若蒼耳，但堪入藥，不可食。

茅 茅之根曰蘭根，曰茹根，曰地筋，曰兼杜。茅之類甚多，惟白茅擅名。其苗初出地者曰茅鍼。《爾雅》云：「菼，委葉。」《詩》云：「以薅荼蓼。」皆謂茅鍼也。茅之花曰茅秀，《爾雅》「藨，蒡荼」是也。茅之葉如菅，故亦名地菅。《詩》云：「白華菅兮。」〔一四〕又云：「露彼菅茅。」

强瞿 强瞿曰重邁，曰中庭，曰重箱，曰摩羅，曰中逢花，即百合也，俗呼强瞿。根如葫蒜，根美食，花美觀。舊云蚯蚓化成。有二種，白花者良；其紅花者，一〔一五〕名山丹，一名連珠，俗呼川强瞿。莖上抽花，葉間結子。

酸漿 酸漿曰寒漿，曰醋漿，江東曰苦葴，俗謂之三葉酸漿。沈括云：「即苦耽也。」其實如撮口袋，中有珠子，熟則紅，關中謂之洛神珠，亦曰王母珠，亦曰皮弁草，以其實又似弁也。又有一種小者，名苦蘵。

牡蒙 牡蒙曰衆戎，曰童腸，曰馬行，即紫參也。唐明皇令方士姜撫採終南山之旱藕，作湯餅賜大臣者，即此草根也。〔一六〕

淫羊藿 淫羊藿曰剛前，曰黄連祖，曰千兩金，曰乾雞筋，曰放杖草，曰棄杖草，關中曰三枝九葉草。舊云，西川北部有淫羊食此草，一日百交，今通謂之仙靈脾。

蠡實 蠡實曰荔實，曰劇草，曰三堅，曰豕首，曰馬薤，即馬藺子也。北人呼爲馬楝子，江東呼爲旱蒲，多植於階庭。《説文》云：「荔似蒲而小，根可作刷。」《月令》云：「荔挺生。」

款冬 款冬曰橐吾，曰顆東，曰虎須，曰菟奚，曰氐冬。藥家用。花如枇杷。舊云，花冬月在冰下生，緣此花傍莖近根生，故在冰下。《爾雅》以顆東爲顆凍，注又以款冬作款凍。

牡丹 牡丹曰鹿韭，曰鼠姑宿枝。其花甚麗，而種類亦多，諸花皆用其名，惟牡丹獨言花，故謂之花王，文人爲之作譜記，此不復區別。然今人貴牡丹而賤芍藥，獨不言牡丹本無名，依芍藥得名，故其初曰木芍藥，古亦無聞，至唐始著。

澤蘭　澤蘭曰虎蘭，曰龍棗，曰虎蒲，曰水香，曰都梁香。如蘭而莖方，葉不潤，生於水中，故曰水香。《荆州記》：「都梁縣有山，山下有水清淺，其中生蘭草，因以爲名。」

馬蘭　馬蘭生澤傍，如澤蘭，氣臭，《楚辭》所喻惡草即此也。

王孫　王孫曰黄孫，曰黄昏，曰海孫，曰蔓延。又楚曰王孫，齊曰長孫，方家謂之牡蒙。

百部　百部曰婆婦草，能去諸蟲，可以殺蠅蠓。其葉如薯蕷〔一七〕，根似天門冬，故天門冬亦有百部之名，二物足以相紊。

王瓜　王瓜曰土瓜，曰藤姑，曰鉤甎，曰菲芴，均房間曰老鴉瓜，又曰菟瓜。其根可生食，類瓜，故得瓜名。《月令》「王瓜生」，即此也，而鄭玄以爲菝葜，誤矣。《爾雅》言：「鉤，藤姑。」郭云：「鉤甎，一名王瓜。」是矣。又言菲芴，又言黄菟瓜，皆謂此也。

薺苨 薺苨之根，能亂人參而解藥毒，以其與毒藥共處，而毒皆自然歇。

艾 《爾雅》曰：「艾，冰臺。」〔一八〕

菟葵 菟葵曰天葵。又曰：「莃，菟葵。」《雷公炮炙》所用紫背天葵是矣。葉如錢而厚嫩，背微紫，生於崖石。凡丹石之類，得此而後能神，所以《雷公》一書汲汲於天葵，恨世人不識之。臣近得之於天台僧。

鱧腸 鱧腸曰蓮子草，曰旱蓮子，曰金陵草。生園圃，葉似柳，莖似馬齒莧。其連翹亦曰旱蓮，植於庭院，其花可愛，非鱧腸也。

蒟醬 蒟醬曰浮留。劉淵林《蜀都賦》注云：「蒟醬緣木而生，其子如桑椹，熟時正青，以蜜藏而食之辛香。生巴蜀、嶺南，司馬相如使蜀而求之也。」其狀似蓽撥，故有土蓽撥之號。今嶺南人但取其葉及藤，合檳榔食之，謂之蔞，而不用其實。

蘿摩 蘿摩曰芄蘭，曰苦丸，幽州人曰雀瓢，東人曰白環。藤可作菜，茹能補精益氣，故諺云：「去家千里，莫食蘿摩枸杞。」

翦草 翦草之根曰白藥。

櫰香 櫰香即茴香。

鬱金 鬱金即薑黄。《周禮·鬱人》："和鬱鬯。"注云："煮鬱金以和鬯酒。"又云："鬱爲草若蘭。"今之鬱金作焊潘臭。其若蘭之香，乃鬱金香，生大秦國，花如紅藍花，四五月採之，即香。陳藏器謂，《説文》云，鬱，芳草也，十葉爲貫，捋以煮之，用爲鬯，爲百草之英，合而釀酒，以降神也。然大秦國去長安四萬里，至漢始通，不應三代時得此草也。或云，鬱金與薑黄自别，亦芬馨，恨未識耳。〔一九〕

紅藍 紅藍，亦曰黄藍，

華澄茄 華澄茄，亦曰毘陵茄子。

蓬莪茂 蓬莪茂，似薑黄而不黄。

廉薑 廉薑，似山薑而根大，一名葰。

胡黄連 胡黄連，似黄連而心黑，一名割孤露澤。

大黄 大黄曰黄良。

常山 常山曰互草。

桔梗 桔梗曰利如，曰房圖，曰白藥，曰梗草，曰薺苨。以其能亂薺苨，故亦有其名。葉曰隱忍。

甘遂 甘遂曰甘藁，曰陵藁，曰陵澤，曰重澤，曰主田〔二〇〕。

葶藶 葶藶曰丁藶，曰蕇蒿，曰狗薺，曰大室，曰大適。《爾雅》：「蕇，亭歷。」

大戟 大戟曰邛鉅，曰女木〔二一〕，曰蕎，曰𦯐。《爾雅》：「𦯐，顛棘。」其苗曰澤漆，曰漆莖。

旋覆花 旋覆花曰金沸草，曰戴椹，曰盛椹，曰盜庚。《爾雅》：「復，盜庚。似菊。」俗呼金錢花。

鉤吻 鉤吻曰除辛，曰毒根。折之青煙出者名固活，即野葛也。

藜蘆 藜蘆曰葱苒，曰葱葵，曰山葱，曰葱葵，曰豐蘆，曰蕙葵。

赭魁 赭魁，俗呼禹餘糧，葉如薯蕷，根如何首烏，儉歲人採之以療饑。陳藏器謂，禹會諸侯，棄糧於地，化爲此草。

芨 芨，《爾雅》云「堇草」，即烏頭也。其類即別，而説者紛紜。初種之母曰烏頭，如芋魁是也。其形似烏鳥之首，故以爲名。兩歧如烏開口者曰烏喙，亦取其似也。烏頭傍生者爲附子，附子傍生者爲側子。烏頭不生附子者爲天雄，極長大，故《草經》云長三寸以上也。蜀人種之，最忌生此。《草經》云：「春採爲烏頭，冬採爲附子。」《廣雅》又云：「一歲爲側子，二歲爲烏喙，三歲爲附子，四歲爲烏頭，五歲爲天雄。」今皆不然，但一歲下種而有此五物，皆以冬至前布種，至八月採出。於蜀中而綿州彰明縣猶多附子，爲百藥之長，一名奚毒，世以烏頭、天雄、附子爲三建者，以此三物舊皆出建平故也。又宜都佷山者，謂之西建，殊佳。錢塘間者，謂之東建，不及。故曰：「西冰猶勝東白。」烏頭曰奚毒，曰即子，曰莨，曰堇，曰千秋，曰毒公，曰果負，曰耿子。取其汁日煎爲膏曰射罔，射生者以傳矢，慘毒。

羊躑躅 羊躑躅曰玉支。

茵芋 茵芋曰莞草，曰卑共。

射干 射干曰烏扇，曰烏蒲，曰烏翣，曰烏吹，曰草薑，曰鳳翼。射亦作夜。射干有三物。佛書云：「射干貂獄乃是惡獸，似青黄狗，食人。」《荀子》云：「西方有木名射干，莖長四寸，生於高山之上，而臨百仞之淵。」其花白，莖長，似射人執竿，故阮公詩云：「射干臨層城。」此則草類，狀如鹿葱，葉稍大，邪張作扇如翅狀，故有烏扇、烏翣鳳翼之名。

貫衆 貫衆曰貫節，曰貫渠，曰百頭，曰虎卷，曰扁苻，曰伯萍，曰藥藻，曰濼，曰草鴟頭。《爾雅》云：「濼，貫衆。」

半夏 半夏曰守田，曰地文，曰水玉，曰示姑。

莨菪 莨菪曰横塘，曰行塘。其實作小罌子，謂之天仙子。

青葙 青葙曰草蒿，曰萋蒿，曰草藁。花似後庭花，實如莨菪子，俗呼牛尾蒿。其主療與決明子同，故亦有草決明之名。〔一二〕

牙子 牙子曰狼牙，曰狼子，曰犬牙，今皆謂之狼牙子，以其根之萌若獸牙也。葉似蛇苺而大。

白斂 白斂曰菟核，曰白草，曰白根。曰崑崙藤。生葉如小桑，根如雞卵。

白芨 白芨曰甘根，曰連及。葉如初生栟櫚，根如菱米。

蛇含　蛇含曰蛇銜，曰威蛇，曰小龍牙。

草蒿　草蒿曰方潰，曰菣，江東曰犼蒿，即青蒿也。《爾雅》云：「蒿，菣。」

雚菌　雚菌曰雚蘆，生於蘆葦中，云鸛矢所化，故曰鸛菌。

連翹　連翹曰異翹，曰蘭華，曰折根，曰軹，曰三廉，曰連苕，曰連草。《爾雅》云：「連，異翹。」即旱蓮也。葉似當歸，華似菡萏。

白頭翁　白頭翁曰野丈人，曰胡王使者，曰奈何草。狀似白薇，葉生莖端，上有白毛，近根處有白茸，正似垂白之翁。

蕳茹　蕳茹曰屈据，曰離婁。葉似大戟，根如蘿蔔，黄色，初斷時汁出，凝黑如漆，故云漆頭。

羊桃　羊桃，《詩》曰萇楚，《爾雅》曰銚弋，亦曰鬼桃，曰羊腸，曰御弋。葉花似桃，子如棗核，劒南人名細子根。

羊蹄　羊蹄曰東方宿，曰連蟲陸，曰牛蘈，曰菲。《詩》曰：「言采其蓫。」《爾雅》曰：「菲，蒠菜。」又曰：「藚，牛蘈。」今人呼爲秃菜，蓫、秃音訛耳。〔一三〕

鹿藿 鹿藿，《爾雅》曰：「蔨，鹿藿，其實莥。」田野呼爲鹿豆。

藎草 藎草曰菉蓐，曰王芻，曰鵖脚莎。《爾雅》曰：「菉，王芻。」又曰：「竹，萹蓄。」《詩》云：「緑竹猗猗。」即此是也。今人謂之萹竹。葉似竹而細薄，荆襄人煮以染黄，極鮮麗，故《草經》云：「可染黄，作金色。」

夏枯草 夏枯草曰夕句，曰乃東，曰燕面。

蚤休 蚤休曰蚩休，曰螫休，曰重樓金線，曰重臺，曰草甘遂，今人謂之紫河車。服食家所用，而莖葉亦可愛，多植庭院間。

虎杖 虎杖曰枯杖，曰苦杖，曰大蟲杖，曰酸杖，曰斑杖，曰蒤。故《爾雅》曰：「蒤，虎杖。」莖葉斑，亦似馬蓼而無毛。

鼠尾草 鼠尾草曰葝，曰陵翹，曰烏草，曰水青。可以染皂。《爾雅》：「葝，鼠尾。」

苧 苧，野生者曰蘚。《爾雅》云：「蘚，山麻。」

菰 菰曰蓬，今人謂之茭。《爾雅》曰：「齧，彫蓬。薦，黍蓬。」彫蓬者，米茭也，其米謂之彫胡，可作飯，故曰䕯。黍蓬者，野茭也，不能結實，惟堪薦藉，故曰薦。

葋　葋，菰根也，亦名須，故《爾雅》曰：「須，葋蕵。」又名蕵焉。

劉寄奴　劉寄奴曰金寄奴，即烏藤菜，故江東人云烏藤菜。劉寄奴因宋武帝而得名。帝微時，伐狄新州，遇大蛇，射之。明日往，見群兒擣藥，問之，乃曰：「我王爲劉寄奴所射，今擣此藥傅之。」帝呵之，群兒忽不見，遂收其藥還，以傅金瘡，無不愈者。帝姓劉，小名寄奴。江南人姓劉者或呼爲「金」，是以又有金寄奴之名。

牽牛子　牽牛子曰草金鈴，曰盆甑草。陶弘景云，以療水腫有功，田野人牽牛以易之，故得名。

豬膏苺　豬膏苺曰虎膏，曰狗膏，亦曰豨薟，能亂天名精。

葎　葎曰來苺草，曰葛葎蔓。葉似萆麻，子似大麻。

獨行根　獨行根曰雲南根，曰兜零根，山南人謂之土青木香。其實曰馬兜零。

狼毒　狼毒曰續毒。藥家以此與麻黄、橘皮、吴茱萸、半夏、枳實爲六陳。

鬼臼　鬼臼曰雀犀，曰馬目毒公，曰九臼，曰天臼，曰解毒。葉如荷葉，形似鳥掌，

年長一莖，莖枯則根爲一臼。服食家用之，以九臼相連者爲佳，亦名八角盤，以其葉然也。〔二四〕

蘆 蘆，《爾雅》曰：「葭，蘆。」又曰：「蒹，薕。」又曰：「菼，薍。」蘆之大者曰葭，小者曰荻，蒹即荻也，可爲簾箔，故曰薕。其小而實者曰葦，菼即葦也。其萌曰虇。虇，蘆筍也。其榮曰艻。艻，蘆花也。故曰：「葦醜，艻。」亦謂之葭，故曰：「葭，華。」

萹蓄 萹蓄，即萹竹也。《衛風》云：「綠竹猗猗。」綠藎草，竹萹蓄。

酢漿草 酢漿草曰醋母草，曰鳩酸草，曰小酸茅，南人曰孫施。去銅鍮垢。〔二五〕

商陸 商陸曰薚蒻，曰募根，曰夜呼，曰馬尾，曰莧陸，曰章陸，曰章柳根，曰蓫，曰蓄。《詩》云：「言采其蓄。」《爾雅》云：「蓄，蓫。」又云：「薚蒻，馬尾。」皆此也。或言《爾雅》「拜，商藋」，亦爲此耳。根如人形者有神，道家以爲脯，謂之鹿脯。有赤白二種，白者服食所須，赤者《爾雅》謂之「蔓茅」。

灰藋 灰藋曰金瑣天。葉心有粉，如鹽而不鹹。灰藋與藜亦是同類，但藜大可爲杖也。

瓦松 瓦松曰昨葉何草。

骨碎補 骨碎補曰石菴䕡，曰骨碎布，曰石毛薑，江南曰胡孫薑。根著木石上，有毛，葉如菴䕡，俗呼猴薑。唐明皇以其主折傷補骨碎有奇功，故賜名。

雀麥 雀麥曰蘥，曰燕麥，曰杜姥草。似麥而小，故得其名。

天南星 天南星曰鬼蒟蒻，而有毒。

蒟 蒟，其實曰蒟蒻，生於葉下，與天南星、斑杖相似，其根生時可爲糊黏，熟之可食。

續隨子 續隨子曰拒冬，曰千金子，曰聯步，曰千兩金，曰菩薩豆。人家多種於園亭，其花似大戟，秋種冬長，春秀夏實。

穀精草 穀精草，生於穀田中，亦曰戴星草，欲人早耕也。

列當 列當曰栗當，曰草蓯蓉。生巖石上，根如藕，能亂蓯蓉。

威靈仙 威靈仙曰能消，惡聞水聲，能治萎弱。唐貞元中，周君巢爲之作傳。

何首烏 何首烏曰野苗，曰交藤，曰夜合，曰地精，曰陳知白，曰桃柳藤。有赤白二種，赤者雄，白者雌，雌雄異本而能相交。何首烏者，順州南河人，初名田兒。生而闟弱，年五十八無妻子。臥田野中，見田中之藤，兩本異生而能相交，久乃解，解而復合，如此數四。田兒異之，斸根而服，七日而思人道，十年而生數男，頭白變黑，遂以名此草。其人年百三十，子庭服之，年百六十。唐元和間事也。

預知子　預知子曰仙沼子，曰聖知子，曰聖先子，曰盍合子。實如皂莢子。傳云，取二枚綴衣領上，遇蠱毒，初則聞其有聲，故有預知之名。蜀人貴重之。

仙茅　仙茅曰獨茅根，曰茅瓜子，曰婆羅門參。傳云，十斤石乳，不及一斤仙茅。

萱草　萱草曰合歡草，曰無憂草，言能令人樂而忘憂。花曰宜男，婦人喜佩之。《風土記》云：「孕婦佩其花則生男。」〔二六〕

金星草　金星草，生於陰崖，或瓦木上，葉背有金星相對，爐火家所用也。

薇　薇，生水傍，葉如萍，《爾雅》云：「薇，垂水。」《三秦記》：「夷齊食之，三年顏色不變，武王戒之，不食而死〔二七〕。」然《詩》云「采薇」者，金櫻芽也。

無風獨摇草　無風獨摇草，頭如彈子，尾若鳥尾，兩片開合，見人自動。

石蘂 石蘂，生太山石上，如花蘂。王隱《晉書》云，庾衮入林慮山，餌石蘂，得長年。

孝文韭 孝文韭，人多食之能行。後魏孝文帝好食此，故得名。

陳家白 陳家白曰吉利菜。葉如錢，根如防己。又有婆羅門白、甘家白，三白相似。

孟娘菜 孟娘菜曰孟母菜，曰厄菜。葉似升麻，方莖。

越王餘筭 越王餘筭，生南海水中，如竹筭子，長赤許。《異苑》云：「越王行海，作籌有餘，棄於水中而生。」

風延母 風延母，細葉蔓生，纓繞草木。《南都賦》云「風衍蔓延於衡皐」是也。

猈菜 猈菜，《字林》云：「味辛，南人食之，去冷氣。」

優殿 優殿，《南方草木狀》曰：「合浦人種之，用醬汁而食，芳香。」

宜男草 宜男草，《廣州記》云：「小男女佩之臂上，辟惡止驚。」生廣南，朝生暮落花，生糞穢處，頭如筆，紫色，朝生暮謝。小兒呼爲狗溺臺，又名鬼筆，菌類也，非槿。

蕕草　蕕草曰軒于。《爾雅》云：「蕕，蔓于。」臭草也，生水中。江東人呼爲茜證。俗云，蕕，水草也。

藁蒿　藁蒿，先於百草而生。《爾雅》云：「莪，蘿。」注云：「藁蒿也。」《小雅》云：「菁菁者莪。」陸璣云：「莪，蒿也。一名蘿蒿。」

麗春草　麗春草，河南曰龍芊草，河北曰叢蘭艾，生上黨者曰定參草，亦曰仙女蒿。此草主黄疸之疾，唐天寶中始有聞焉。

蔬類

白瓜　白瓜曰水芝，曰地芝，即白冬瓜也。

葵　葵之類多。《爾雅》曰：「菺，戎葵。」即蜀葵，一名菺。又曰：「莪，蚍衃。」注云：「荊葵也。」一名莪，一名蚍衃。又曰：「蔠葵，蘩露。」注云：「落葵也。」一名承露，一名藤葵，一名胡煙脂。蔓生，繞籬落，葉圓而厚，子如豆，生青熟黑，挼之則色紫，女人以漬粉傅顔爲假色。又有龍葵，一名苦葵，葉圓似排風而無毛。

羅勒　羅勒，俗呼西王母菜，北人呼爲蘭香，爲石勒諱也。

胡荽　胡荽曰胡菜〔二八〕，并州人呼爲香荽，亦爲石勒諱也。

苦菜　苦菜曰荼，曰選，曰游冬。《爾雅》云：「荼，苦菜。」《詩·國風》云：「誰謂荼苦，其甘如薺。」《月令》云：「苦菜秀。」

萊服　萊服，一名雹葖，一名温菘，一名紫花菘，吴名楚菘，嶺南名秦菘，河朔名蘆菔。《爾雅》曰：「葖，蘆菔。」俗呼蘿蔔。鎮州者一根可重十六斤。

薤　薤，與韭同類，雖辛而不葷五藏，所以學道之人服之。有赤白二種，白者補而美，赤者主金創不結子。一名鴻薈，《爾雅》云：「䪥，鴻薈。」

韭　韭之性温，故謂之草鍾乳。《易稽覽圖》云：「政道得則陰物變爲陽。」鄭玄注謂「若葱變爲韭」是也。可知葱冷而韭温。然葷臭非養性所宜，多食亦昏神。

蘇　蘇，《爾雅》曰：「蘇，桂荏。」此紫蘇也，葉實俱良。

水蘇　水蘇曰雞蘇，曰勞祖，曰芥葅，曰芥苴，曰臭蘇，曰青白蘇。今人皆呼雞蘇，亦呼水蘇，不可食。

荏 荏曰蕉，似蘇而高大。葉不可食，惟子可壓油，及雜米作糜，甚肥美。

蕨 蕨，一名虌，莾牙也。四皓食之而壽，夷齊食之而夭。《搜神記》曰：「郗鑒鎮丹徒，二月出獵，有甲士折一枝食之，覺心中淡淡成病，後吐一小蛇，垂之屋前，漸乾成蕨。」明此物不可生食。《爾雅》云：「蕨，虌。」又有一種大蕨，亦可食，謂之綦蕨，《爾雅》云：「綦，月爾。」

芸薹 芸薹，亦作雲薹。《爾雅》云：「薹，夫須。」

蘩蔞 蘩蔞曰菽。《爾雅》云：「菽，蕵蘡。」生於園圃，蔓細弱，田野人食之，可作牙藥。〔二九〕

雞腸 雞腸，似蓼而小，不辛，《本草》以合於蘩蔞共條，故蘇恭誤謂即蘩蔞也。

堇 堇曰齧，曰苦堇。《爾雅》云：「齧，苦堇。」今人亦謂之堇菜。野出，味雖苦而甘，黄花者殺人。唐武后寘諸食中，以毒賀蘭氏暴死者，蓋此種也。

葴 葴曰藏。《爾雅》云：「藏，黄蒢。」葉似蒟醬，蔓生田野陰濕處。關中曰葅菜，以其生可爲葅也。

馬藍　馬藍，田野人以爲菜茹。《爾雅》云：「葴，馬藍。」

苦苣　苦苣，野生者曰褊苣，人家常食者曰白苣。

薺　薺之菜甚小，自生園圃，其實曰蒫。《爾雅》云：「蒫，薺實。」《詩》云：「其甘如薺。」謂此菜之美也。或以薺爲薺苨。

芹　芹，亦作靳。《爾雅》曰：「芹，楚葵。」《詩》曰：「言采其芹。」一名水英，一名楚葵。

馬芹　馬芹，《爾雅》曰：「茭，牛蘄。」俗謂胡芹。其根葉不可食，惟子香美，可調飲食，所謂「野人快炙背而美芹子」是也。

莪　莪，莪蒿也。一名蘿，故又謂之蘿蒿。《爾雅》云：「莪，蘿。」《詩》云：「菁菁者莪。」《本草》謂藁蒿。

荇　荇曰接余，《爾雅》云：「莕，接余。其葉，苻。」《詩》云：「參差荇菜。」今謂之水荇。蔓鋪水上，故杜詩：「水荇牽風翠帶長。」

蕪菁　蕪菁，亦作蔓菁，塞北名九英。此菜多生邊塞，一名須，一名蕵蕪，一名葑菘，見《爾雅》。春食苗，夏食心，秋食莖，冬食根。菜之最益人者，惟此爾，多種可以備飢歲。昔諸葛孔明所止，輒令兵士種蔓菁，云取其才出甲〔三〇〕可生啖，一也；葉舒可煮食，二也；久居則隨以滋長，三也；棄不令惜，四也；回則易尋而採之，五也；冬有根可斸而食，六也。比諸蔬屬，其利博乎。今三蜀、江陵人猶呼此爲諸葛菜。大概似菘而有頭，南人取而種之，初年相類，至二三歲則變爲菘矣。惟河朔最多。《詩·谷風》云：「采葑采菲。」此即葑也。

蓼　蓼，有三種。按陶弘景云，一種紫蓼，一種青蓼，一種香蓼。其葉有圓有尖，以圓者爲勝。入藥用蓼實。有一種馬蓼，亦可入藥，其最大者謂之葒草，亦謂之蘢葒。《爾雅》云：「紅，蘢古，其大者蘬。」

蘘荷　蘘荷，有白赤二種。陶弘景云，今人赤者爲蘘荷，白者爲覆葅。食用赤者，藥用白者。其性好陰，在木下者尤美，故潘岳《閑居賦》云「蘘荷依陰，時藿向陽」也。《搜神記》云：「蔣士先得疾下血，言中蠱，家人密以蘘荷置其席下，忽大笑曰，蠱我者張小也，乃收小。」故以此爲治蠱之最。《周禮》：「庶氏，掌除蠱毒，以嘉草攻之。」宗懍謂嘉草即此也。

蓴　蓴，滑而美，所以張翰思蓴羹而歸也。二月至八月採者名絲蓴，味甘而體軟。霜降以後名瑰蓴，味苦而體澀。

葫　葫，大蒜也。蒜，小蒜也。小蒜，一名薍子。

馬齒莧　馬齒莧，一名馬莧，可煮丹砂結汞。又名五行草，以其葉青、梗赤、花黃、根白、子黑也。其葉間有水銀，可燒取。

蕹菜　蕹菜，主解野葛毒。南人先食蕹菜，後食野葛，自然無苦。又取汁滴野葛苗，當時菸死。張司空云，魏武帝噉野葛至一赤，應是先食此也。

菠薐菜　菠薐菜，本出頗陵國，張騫帶來，語訛爲菠。

茭首　茭首，茭草之首，有一種可食，一名茭白，一名菰首，一名須。《爾雅》云：「須，葑蓯。」

稻粱類

稷 稷，苗穗似蘆，而米可食，爲五穀之長。五穀不可偏祭，故祀其長以配社。今人謂之穄，關西謂之穈，冀州謂之𪎭。粢，粱也。《爾雅》云〔三一〕以粢爲稷，誤也。

胡麻 胡麻曰巨勝，曰狗蝨，曰方莖，曰鴻藏，曰方金，曰藤茲，葉曰青蘘，今之油麻也，亦曰脂麻。本出大宛，張騫傳來，故名胡麻。沈括《靈苑方》中論之矣。今豎家認黄麻子作胡麻，用其子極苦，能殺人毒鼠，此豈可服食哉！陶弘景云，八穀之中，惟此爲良。而純黑者名巨勝，是爲大勝，此斷穀長生充飢之藥，故云：「胡麻好種無人種，正是歸時君不歸。」

麻子 麻子者，大麻子也。脂麻爲胡麻，此爲漢麻。脂麻爲細麻，此爲大麻，亦謂之枲。然有牝牡，其牡者生花曰麻蕡，亦曰麻勃，吐出茸茸然。蘇恭謂，《爾雅》云「蕡，枲實」，似麻蕡即麻子，不知《爾雅》之誤。

粱 粱之類多。《爾雅》：「芑，白苗。」白粱也。又曰：「虋，赤苗。」赤粱也。又有青粱，有黃粱。《氾勝之書》云，粱是秫粟，今俗謂之粱，古祭祀所用粢盛是也。可作饔食，及釀酒亦如糯米。或云，粱亦有粳者，其謂蘖米，亦曰黃子。

黍　黍，《本草》：「丹黍。」《爾雅》云：「秬，黑黍。〔三二〕秠，一稃二米。」秠是黑黍之有二米者。黍之糯者謂之秫，一名黃糯。

童粱　童粱曰稂，曰守田，曰皇。《爾雅》云：「稂，童粱。」又曰：「皇，守田。」今人謂之鬼稻，一穗未有數粒，易落在田中，明年復生，故有守田之名，亦能亂稼。

稻　稻，有粳糯二種，古人謂糯爲稻。五穀之類，皆有粳糯。粟之糯曰粱，曰粢。黍之糯曰秫，曰衆，《爾雅》云「衆，秫」是也。顔師古《刊謬正俗》曰：「《本草》所謂稻米者，今之糯米也。」又《說文》云：「沛國謂稻爲糯。」

彫胡　彫胡，菰蔣米也。《爾雅》云：「齧彫蓬。」

罌子粟　罌子粟曰象穀，曰米囊，曰御米。

豆井　豆之類多。《爾雅》云：「蔨，鹿藿。其實，莥。」今之鹿豆也。苗似豌豆，蔓生，亦可爲菜。根黃而香。《本草》：「大豆之蘖謂之黃卷，亦謂之卷蘖，小豆之花謂之腐婢。」

校勘記

〔一〕李時珍：「鄭樵修《本草》，言蘭即蕙，蕙即零陵香，亦是臆見，殊欠分明，但蘭草、蕙草乃一類二種耳。」

〔二〕李時珍：「薊，猶髻也，其花如髻也。曰虎，曰貓，因其苗狀狰獰也。曰馬者，大也。牛蒡，因其根似牛蒡根也。雞項，因其莖似雞之項也。千針、紅花，皆其花狀也。鄭樵《通志》謂《爾雅》之蘗曰狗毒者即此，未知是否。」

〔三〕艾納，原作艾納香。小野蘭山：「松衣，艾納也，非艾納香。」案，艾納、艾納香《本草綱目》辨之甚詳，據改。

〔四〕李時珍：「《詩》云『呦呦鹿鳴，食野之苹』，苹即陸生皤蒿，俗呼艾蒿是矣。鹿食九種解毒之草，白蒿其一也。《詩》云『于以采蘩，于沼于沚』，《左傳》云『蘋蘩蘊藻之菜，可以薦于鬼神，羞于王公』，並指水生白蒿而言，則《本草》白蒿之爲蔞蒿無疑矣。鄭樵《通志》謂苹爲蔞蒿，非矣，鹿乃山獸，蔞乃水蒿。」

〔五〕李時珍：「龍常草，《爾雅》云鼠莞也，鄭樵解爲龍芻。郭璞云纖細似龍須可爲席，蜀中出者好，恐即此龍常也，蓋是龍須之小者爾，其功用故亦相近云。」

〔六〕虋冬，原作虋火冬。小野蘭山：「虋火，當作虋。」據小野氏及《本草綱目》改。

〔七〕女萎，原作玉女萎。小野蘭山：「『玉字恐衍。」據小野氏及《本草綱目》改。

〔八〕回峰菊，原脱菊字。小野蘭山：「峰、汝之間脱菊字。」據小野氏及《本草綱目》改。

〔九〕小野蘭山：「白蒿，皤蒿也。茵蔯蒿，亦名白蒿。」

〔一〇〕李時珍：「鄭樵《通志》謂范汪所説者乃南續斷，不知何據，蓋以别川續斷耳。」

〔一一〕小野蘭山：「今恐人字之誤。」

〔一二〕小野蘭山：「離南，當作通。」

〔一三〕小野蘭山：「蘱、曰之間脱子字。」據補。

〔一四〕白華菅兮，原作白茅菅兮。小野蘭山：「茅，當作華。」據小野氏及《詩經》改。

〔一五〕小野蘭山：「一字恐衍。」

〔一六〕小野蘭山：「牡蒙有二，旱藕之牡蒙即王孫，非此草也。」

〔一七〕李時珍：「百部亦有細葉如茴香者，其莖青肥嫩時亦可煮食，其根長者近尺，新時亦肥實，但乾則虛瘦，無脂潤爾。生時擘開，去心曝之。鄭樵《通志》言葉如蓍蘋者，謬矣。」

〔一八〕王樹民：「艾冰臺，艾字脱，據《爾雅·釋草》補。按，此處文似有脱誤。」小野本艾與菟葵誤合爲一條，今依王校單列艾爲一條。

〔一九〕李時珍：「酒和鬱鬯，昔人言是大秦國所產鬱金花香，惟鄭樵《通志》言即是此鬱金，其大秦三代時未通中國，安得有此草？」

〔二〇〕田字後原衍曰字，小野蘭山：「曰字恐衍。」諸本誤將甘遂、葶藶混爲一條，以爲甘遂曰葶藶，不覺曰字衍。小野本分列兩條，今從之。

〔二一〕小野蘭山：「木，或作本。女本，即巴棘之一名。」

〔二二〕李時珍：「青蒿，亦名草蒿，其功相似而名亦相同，何哉？其子明目與決明子同功，故有草決明之名。其花葉似雞冠，嫩苗似莧，故謂之雞冠莧，鄭樵《通志》言俗名牛尾蒿者誤。」

〔二三〕李時珍：「羊蹄，似根名。牛舌，以葉形名。禿菜，以治禿瘡名也。《詩·小雅》云『言采其蓫』，陸璣注云：『蓫即蓄字，今之羊蹄也。幽州人謂之蓫，根似長蘆菔而莖赤，亦可瀹爲茹，滑美。』鄭樵《通志》指蓫爲《爾雅》之菲及蕢者，誤矣。」

〔二四〕李時珍：「鄭樵《通志》云：『鬼臼葉如小荷，形如烏掌，年長一莖，莖枯則根爲一臼，亦名八角盤，以其葉似之也。』據此則似是今人所謂獨脚蓮者也。」

〔二五〕李時珍：「酢漿草，三葉，酸也，其味如醋，與燈籠草之酸漿名同物異。唐慎微《本草》以此草之方，收入彼下，誤矣。閩人鄭樵《通志》言福人謂之孫施，則蘇頌《圖經》赤孫施生福州，葉如浮萍者，即此也。孫施，亦酸箕之訛耳。」

〔二六〕李時珍：「嵇康《養生論》、《神農經》言中藥養性，故合歡蠲忿，萱草忘憂。亦謂食之也。鄭樵《通志》乃言萱草一名合歡者，誤矣，合歡見木部。」案：合歡見卷二木類。

〔二七〕不食而死，原作乃食物而死。小野蘭山：「乃、食之間脱不字。」王樹民：「汪本原作『乃餓而死』，元本、明本、于本、殿本皆作『乃食而死』。按《大觀本草》引《三秦記》作『不食而死』，是『乃』字爲『不』字之訛，而『乃食』於文義不合，汪本遂校改作『乃餓而死』。」據王校改。

〔二八〕胡菜，原作胡菓。小野蘭山：「菓，當作菜。」據小野氏及《本草綱目》改。

〔二九〕李時珍：「鄭樵《通志》謂雞腸似蓼而小，其味小辛，非繁縷者，得之。」

〔三〇〕甲，原作則。小野蘭山：「則，當作甲。」據改。

〔三一〕小野蘭山：「云字衍。」

〔三二〕柜、黍之間原脱黑字。小野蘭山：「柜、黍之間脱黑字。」據小野氏及《爾雅》補。

昆蟲草木略第二

木類

伏苓　伏苓曰茯菟，其抱根者曰茯神。《典術》云：「松脂入地，千年爲茯苓。」今詳茯苓乃松脂所化，而云千年，未必耳。《龜策傳》云：「茯苓在菟絲之下。」今詳茯苓生山林，而菟絲生人間叢薄，自清濁異趣，非同類相感者。

琥珀　琥珀，《漢書》云：「出罽賓國。」舊云：「松脂入地千年化成。」又云：「茯苓千年爲琥珀。」又云：「松脂内溢入地而爲茯苓，外溢入地而爲琥珀。」今之所得，其中則有蚊蟲蜂蟺之類如生，此皆是未入地所著者。又云：「楓脂千年爲琥珀。」大體中土不生，來從外國。皆云，初得之如桃膠，便可啖，須臾則堅凝。今人有煮鰕雞子〔一〕及青魚枕僞爲之者。

瑿　瑿曰瑿珀。舊云：「琥珀千年爲瑿。」然不生中國，不可知也。

栢 栢，《爾雅》曰：「栢，椈。」生於乾陵者，其木之文理多作菩薩及雲氣、人物、鳥獸之形。

桂 桂，《本草》有桂、菌桂、牡桂三條，云：「菌桂無骨，正圓如竹。牡桂一名梫，一名木桂。」古云丹桂者，謂其皮赤耳，其花實似吴茱萸，藥中之靈物。而薑桂之滋，爲食味所重。《吕氏春秋》云：「桂枝之下無雜木。」《雷公》云：「桂枝爲丁，入木中，其木即死。」江南李後主患清暑閣前草生，徐鍇令以桂屑布階縫中，宿草盡枯。《爾雅》云：「梫，木桂。」

杜仲 杜仲曰思仙，曰思仲，曰木綿。其葉似辛夷，嫩時可食。江南人謂之綿芽。

荆 荆，又有蔓荆、牡荆之别。荆可以作箠者，今人謂之黄荆。蔓荆亦曰小荆，其實入藥用。牡荆亦用實。《登真隱訣注》云：「北方無識者。」又云：「梁天監三年，將合神仙飲，奉敕論牡荆曰：『荆花白，多子，子麤大，歷歷疎生，不過三兩。莖多不能圓，或褊，或異，或多似竹節。葉與餘荆不殊，蜂多採牡荆。牡荆汁冷而甘，餘荆被燒則煙火氣苦。牡荆體慢質[二]實，煙火不入其中，主治心風第一。』于時遠近尋覓不得，猶用荆葉，則牡荆殆絶矣。」

寄生　寄生，生于木上，有兩種，一種大者葉如石榴，一種小者葉如麻黄，其實皆相似。云是鳥糞感木而生，入藥，以桑上者良。一名宛童，一名寄屑，一名寓木。《爾雅》云：「寓木，宛童。」《詩》云：「蔦與女蘿，施于松上。」大者曰蔦，小者曰女蘿，生松上者曰松蘿。

五加　五加曰犲漆，曰犲節。葉作五叉。蘄州呼爲木骨。入藥用根皮。道家呼爲金鹽母，與地榆皆可煮石，故曰：「何以得長久？何不食石蓄金鹽母。何以得長壽？何不食石用玉豉。」玉豉者，即地榆也。又曰：「寧得一把五加，不用金玉滿車。寧得一斤地榆，安用明月寶珠。」

薰陸香　薰陸香即乳香。《南方草木狀》云：「薰陸出大秦國，其木生於海邊沙上，盛夏木膠流出沙中，夷人取之，賣與賈客。」沈括云：「乳香即薰陸，如乳頭者爲乳香，塌地者爲塌香。」

雞舌香　雞舌香即丁香。陳藏器以雞舌香爲丁香母。今按沈括考究諸義，直是丁香無疑。《齊民要術》云：「雞舌香，世以其似丁子故，一名丁子香。」應劭爲漢侍中，年老口臭，帝賜雞舌香含之。後來三省故事，郎官日含雞舌香，欲其奏事對答芬芳。《日華子》曰：「丁香治口氣。」正以此也。

辛夷　辛夷曰辛矧，曰侯桃，曰房木，北人曰木筆，南人曰迎春〔三〕，人家園庭亦多種植。《離騷》云：「辛夷車兮結桂旗。」

木蘭　木蘭曰林蘭，曰杜蘭。皮似桂而香，世言魯班刻木蘭舟，在七里洲中，至今尚存。凡詩詠所言木蘭舟即此也。

榆　榆曰零榆，曰白枌，曰白榆。其類有十數種，榆即大榆也。生莢如錢，古人採其初生者作糜羹，食之令人多睡，故嵇康謂榆令人瞑也。今無〔四〕復食者，惟用作醬，取陳者良。其皮至粘滑，可膠瓦石，北人用膠磑觜，儉歲農人食之以當糧。有一種刺榆，有鍼刺如柘，其葉如榆，瀹而爲蔬，則滑美勝於白榆。《爾雅》云：「樞，荎。」《唐風》云：「山有樞。」即刺榆也。

槐 槐有二種。《爾雅》云：「櫰槐，大葉而黑。」謂大葉而黑者，櫰也。又云：「守宮槐，葉晝聶宵炕。」謂晝聶合而夜炕布者，守宮槐也。又云：「槐小葉曰榎。〔五〕大而皵，楸。小而皵，榎。」然楸，梓類也，檟，桐類也，不可謂之槐。

楮 楮，亦謂之穀，其實入藥，其皮造紙，濟世之用也。桑穀共生者，即此也。

枸杞 枸杞曰杞根，曰地骨，曰枸忌，曰地輔，曰羊乳，曰却暑，曰仙人杖，曰西王母杖〔六〕，曰枸檵，曰苦杞，曰托盧，曰天精，曰却老，曰地仙苗。《爾雅》云：「杞，枸檵。」世言有兩種，無刺者曰枸杞，有刺者曰枸棘。又云，蓬萊南丘村者，高一二丈，其根盤結甚固，其村之人多壽考。南地生者，名枸棘，有刺，延蔓如草萊。沈括云：「陝西極邊生者，高丈餘，大可作柱，葉長數寸，無刺，根皮似厚朴，甘美異他處。」大體出河西諸郡，其次江淮間堙上者，實如櫻桃，暴乾爲餅，膏潤有味。

降真香 降真香曰紫藤香。主天行時氣，家舍怪異，和諸香燒，煙直上天，召鶴盤旋於其上。

厚朴 厚朴曰厚皮，曰赤朴，曰烈朴，曰重皮。其植曰榛，其子曰逐折。

豬苓　豬苓曰豭屎，曰豕橐，曰地烏桃。

竹　竹之類不一。《爾雅》云：「桃枝，四寸有節。」今桃枝竹也。唐人有桃竹杖詩，以其宜爲杖也。又云：「粼，堅中。」此竹類而中實者，今人謂之木竹也。又云：「簢。篜中。」此竹類而中虚薄者。又云：「仲，無笐。」今之篔簹竹也。又云：「篠，箭。」今箭竹小而希節者。然竹之良者，惟有篁竹。謝靈運所游之澗，今在雁蕩，其自死筍則謂箭萌。」此箭筍。凡筍類惟箭筍爲美，故會稽竹箭有聞焉。又云：「篙，之仙人杖。

枳　枳生江北，橘生江南。《考工記》曰：「橘逾淮而北爲枳。」言橘過淮則亦化爲枳矣，故江北有枳無橘，江南枳橘皆有。

藙　藙曰吴茱萸，或謂之樧。《續齊諧記》云：「汝南桓景隨費長房學，長房謂曰：『九月九日汝家有災，可急令家人縫絳囊盛茱萸以繫臂上，登高飲菊花酒，此禍可消。』景如其言，舉家登高山，夕還，見雞犬牛羊一時暴死。長房聞之曰：『此代之矣。』世人此日登高飲酒，帶茱萸囊，由此爾。」又《風土記》曰：「九日，折其房插頭，辟惡氣。」今人多臨井植之，云飲其水則無瘟疫。

山茱萸　山茱萸，其實似萇楚之實，一名蜀棗，一名雞足，一名魃實。

秦皮　秦皮曰石檀，曰岔桂。其用在皮，故曰秦皮，亦曰岑皮。其木似檀，俗呼爲白樳木。取其皮漬水，染筆而書之，作青色，故墨家用之。

梔子　梔子曰木丹，曰越桃。其花六出，西域謂之薝蔔花。

合歡　合歡曰合昏，曰青裳，曰夜合。其木似梧桐，枝弱葉繁，互相交結，每一風來，輒自〔七〕相解，了不相牽綴。植之庭階，使人不忿。其葉至暮而合，故曰合昏。今人皆謂之夜合花。嵇康云：「合歡蠲忿，萱草忘憂。」

秦椒　秦椒曰檓，田野人呼爲樛子。《爾雅》云：「檓，大椒。」

衛矛　衛矛曰鬼箭。莖有三羽，狀如箭翎，俗謂之枸骨。

紫葳　紫葳曰陵苕，曰茇華，曰女葳，曰陵時，曰陵霄。藤生，依緣大木。今人謂之凌霄花，有黃白二種。《爾雅》云：「苕，陵苕。黃華，蔈。白華，茇。」白華者少，故《詩》云：「苕之華，云其黃矣。」

蕪荑　蕪荑曰無姑，曰蕨蓎，曰姑榆。《爾雅》云：「莁荑，蔱蘠。」榆類也，實似榆莢，臭如犼，可作醬。

欓子　欓子曰食茱萸，曰越。《博雅》云：「欓越與吴茱萸俱有藙名。」《内則》云：「三牲用藙。」是欓子也。《爾雅》云：「椒椴，醜莍。」

茶　茶曰檟，曰蔎，曰荈。其芽曰茗。《爾雅》曰：「檟，苦荼。」《本草》云：「茗，苦搽，其品最有優劣。」薛能詩云：「鹽損添宜戒，薑宜著更誇。」茶而入薑鹽，則下品也，想薛能未知滿甌香雪之興，故云。

五木耳　五木耳曰檽。蘇恭云：「楮、槐、榆、柳、桑之耳也。」其桑耳曰桑菌，曰木麥，曰桑臣，曰桑黄。

棘　棘與棗皆有刺，故棘文列刺，棗文複刺。〔八〕《切韻》云：「棘，小棗也，不生江南。」其刺曰棘鍼，曰棘刺。其實曰菥蓂，曰馬朐，曰刺原。《爾雅》云：「終，牛棘。」注云，馬棘也，刺麤而長。

菴摩勒　菴摩勒，即餘甘也，梵名之異耳。

盧會　盧會曰訥會，曰奴會，俗呼爲象膽。木中脂也。

石南　石南曰鬼目。

巴豆　巴豆曰巴椒。

椒　椒曰蓎藙，曰陸撥，曰南椒。生於漢中者曰漢椒，蜀中者曰蜀椒，巴中曰巴椒。

莽草　莽草曰春草，曰芒草，曰葞。《爾雅》云：「莽，數節。」以其似竹而中實促節。《離騷》云：「朝搴阰之木蘭兮，夕覽洲之宿莽。」

郁李　郁李曰爵李，曰車下李，曰棣。《爾雅》云：「常棣，棣。」〔九〕《詩》云：「常棣之華，鄂不韡韡。」

鼠李　鼠李曰牛李，曰鼠梓，曰椑，曰山李，曰椇，曰苦楸，即烏巢子也。《爾雅》云：「椇，鼠梓。」《詩》：「北山有椇。」

杉　杉曰柀，曰煔。松類也，而材爲良。《爾雅》云：「柀，煔。」

蔓椒　蔓椒曰豕椒，曰豬椒，曰彘椒，曰狗椒，以其作狗彘之氣。又曰地椒，言生於地上。

鈎樟 鈎樟曰棆，亦樟之類也。《爾雅》云：「棆，無疵。」又名無疵。

豫章 豫章，其木甚大，南都之郡，因此得名。今人謂之樟木。

雷丸 雷丸曰雷矢，曰雷實。

欅 欅，榆類也，而枚烈。其實亦如榆筴似錢之狀。

楊 楊之類亦多。白楊曰高飛，曰獨摇，人多種於墟墓間，故曰「白楊多悲風，蕭蕭愁殺人。」水楊曰楊柳，《詩》云：「楊柳依依。」又云蒲柳，《爾雅》云：「楊，蒲柳。」其條可爲箭簳，故《左傳》云：「董澤之蒲。」崔豹云：「水楊即蒲楊，任矢用。」或言萑苻亦水楊也。栘楊曰栘，曰扶栘，其木大數十圍，無風葉動，華反復合，所謂「唐棣之華，偏其反而。」崔豹云：「栘楊，圓葉弱蔕，微風大摇。」故又曰：「一名高飛，一名獨摇。」與白楊之名相近，故郭璞云：「栘似白楊。」

柳 柳之類亦多。柳曰天棘，南人呼爲楊柳。楊與柳實兩種，《説文》：「楊，蒲柳也。柳，小楊也。」斬其枝，横倒曲直插之，皆生。其花謂之絮，隨風如飛雪，落地如鋪氈，故騷人之所取興也。杞柳亦曰澤柳，可爲桮棬者。《爾雅》曰：「旄，澤柳。」

桐 桐之類亦多，陶隱居云有四種。青桐，葉皮青，似梧而無子。梧桐，色白，葉似青桐，有子，其子亦可食。白桐，與岡桐無異，惟有花子耳。花二月舒，黃紫色，《禮》云「桐始華」者也。一名椅桐，人家多植之。岡桐無子，今此云花，便應是白桐也。白桐、岡桐俱堪作琴瑟。據此説則白桐者，梧桐也，其材可作琴瑟，諸桐惟此最大，可爲棺槨。《左傳》云：「桐棺三寸。」《爾雅》云〔一〇〕，所謂「櫬，梧」，又謂「榮，桐木」者，此也。《詩》云：「椅桐梓漆，爰伐琴瑟。」注疏家不能别椅是岡桐，桐是梧桐，梓似楸，别是一物，《爾雅》謂之「椅，梓」，誤矣。又有一種赬桐，夏月繁花，其紅如火。又有紫桐，花如百合。又有刺桐，其花側敷如掌，枝幹有刺，花色深紅。又有一種，實如罌子粟〔一一〕，可作油，陳藏器所謂罌子桐也。

欒荆 欒荆曰頑荆，莖葉似石南。

紫荆 紫荆，人多種庭院間，即田氏之荆也。

南藤 南藤曰丁公藤。《南史》：解叔謙，鴈門人，母有疾，夜於庭中稽顙以祈，聞空中曰：「得丁公藤即愈。」訪醫及《本草》皆無，乃至宜都山中，見一翁伐木，云丁公藤，療風，乃拜泣求得之，及漬酒法。受畢失翁所在，母疾遂愈。

黃藥　黃藥，即藥實根也。宋武帝患手瘡經年，有沙門與一黃藥，傅即愈。又秦州出者，謂之紅藥子，葉似蕎麥，枝梗赤色。

梓　梓，與楸相似。《爾雅》云〔一二〕以爲一物，誤矣。〔一三〕按《雜五行書》曰：「舍西種楸梓各五根，令子孫孝順。」所以人家多種於園亭。陸璣謂：「楸之疏理白色而生子者爲梓。」《齊民要術》云：「白色有角者爲梓，無子爲楸。」是皆不辨楸梓也。梓與楸自異，生子不生角。

蒴藋　蒴藋曰陸英。葉似火杴，莖有節，節間分枝，弱植，高丈許。芹爲水英，接骨爲木英，蒴藋爲陸英，謂之三英。

枳椇　枳椇曰木蜜，蜀人謂之枸。《小雅》「南山有枸」是也。陸璣云：「似白楊。其子大如指，長數寸，噉之如飴，故曰木蜜。」

烏臼　烏臼曰椶，曰桕柳，〔一四〕田人謂之柳葉杴。臭而可染皂。子可壓油。《爾雅》云：「楥，柜柳。」

訶梨勒　訶梨勒，如橄欖，其未熟之子隨風飄墮者，名隨風子。

樗　樗，似椿，北人呼爲山椿，江東人呼爲虎目，葉脱處有痕如樗蒲子，又如眼目，故有其名。其材易大而不中器用。又有一種山樗，極似此，《詩·唐風》所謂「山有栲」是也。故《爾雅》云：「栲，山樗。」注謂栲以樗，色小白，生山中，亦類漆。俗云櫄樗栲漆，相似如一。櫄即椿也。

櫟　櫟曰橡，亦曰槲。其實作梂，曰皂斗，曰橡斗。然有二種，南土多槲，北土多櫟。《爾雅·釋木》云：「櫟，其實梂。」《詩·秦風》云：「山有苞櫟。」並此也。其《釋木》云：「栩，杼。」與《唐風》云：「集于苞栩。」並是柞木，而陸璣誤謂是此耳。橡實之類極多，大體皆栗屬也，可食。有似栗而圓者，大小有三四種。《周禮·籩人》所謂「榛實」是也。二三實作一梂，正似栗而小者，大小有三四種。《爾雅》所謂「栵，栭」是也。注云，子如細栗。江東人亦呼爲栭栗，今俗謂之爲茅栗，猴栗、柯栗皆其類也。或曰，槲之實似櫟而小不可食。

楊櫨　楊櫨曰空疏，良材也。

南燭　南燭曰烏草，曰猴藥，曰男續，曰後草，曰維那木，曰黑飯草，以其可染黑飯也。道家謂之青精飯。亦曰牛筋，言食其飯則健如牛筋也。吴越名猴菽，又名染菽，亦名文燭。經冬不凋，春夏採枝莖，秋冬採根。此木類而叢生，高三五尺，亦似草，故號爲南燭。《草木圖經》云：「人家多植於庭院間，俗謂之南天燭。其實如梧桐子，勺圓黑色，九月熟，兒童食之，極美。」今茅山道士採其嫩葉染飯，謂之烏飯，甚甘香，可以寄遠。杜詩云：「豈無青精飯，使我顔色好。」謂食此能變白駐顔，故《仙經》云：「子服草木之王，氣與神通。子食青燭之津，命不復殞。」並謂此也。

鹽麩子　鹽麩子曰叛奴鹽，蜀人曰酸桶，吴人曰烏鹽。其實秋熟爲穗，著粒如小豆，其上有鹽如雪，可以調羹。戎人亦用此，謂之木鹽，故有叛奴鹽之名。

無患子　無患子曰噤婁，曰桓，其子勺圓如漆，今人貫爲數珠。《古今注》云，程雅問木曰：「無患，何也？」答曰：「昔有神巫曰淫瓱，能符劾百鬼，得鬼則以此木爲棒棒殺之。世人相傳以爲器用厭鬼，故曰無患。」

檉　檉曰河柳，曰雨師，曰春柳。木中脂曰檉乳。《本草》謂之赤檉木，以其材赤故也。大概杉松之類，而意態似柳，故謂之檉柳。《爾雅》曰：「檉，河柳。」其材可卷爲盤合。又曰：「樓，落。」郭云，可以爲栝器素。此赤檉也。又有一種名赤楊，又名水松，與此相似，而植之水邊，其葉經秋盡紅，人多植於門巷。杜詩「頳檉曉夜希」即此也。

益智子　益智子，葉似蘘荷，實如李核，去皮用之，其中人如梔子縮紗之類，可蜜煮爲粽食。昔盧循爲廣州刺史，遺劉裕益智粽，裕答以續命湯，是此也。按蘇軾記云：「海南産益智花，實皆長穗，而分爲三節，其實熟否以候歲之豐凶。其下節以候蚤禾，其上中亦然，大豐則實，凶歲皆不實，蓋罕有三節並熟者。其爲藥也，止治水而無益〔一五〕於智。其得此名，豈以知歲邪？」

木槿　木槿曰舜，曰椵，曰櫬，曰日及〔一六〕，齊魯名王蒸。其植如李，五月始花，故《月令》云：「仲夏之月，木槿榮。」此木類也。《爾雅》云〔一七〕入草例者，樊光云，其華朝生暮落，與草同氣，故在草中。今人謂之朝生暮落，人多植庭院間。唐人詩云

「世事方看木槿榮」，言可愛易凋也。亦可作籬，故謂之槿籬。

棕櫚　棕櫚曰栟櫚，曰葥，曰王蔧。注云，葉〔一八〕可爲帚蔧。〔一九〕然有兩種，一種有須，可作繩，耐水；一種小而無須，葉可爲帚。葩未吐時，割去須而取之，曰棕魚，瀹而食之，甚美。南方又有虎散桄榔、冬葉蒲葵、椰子檳榔、多羅等，與棕櫚同類。

芫花　芫花曰去水，曰毒魚，曰杜芫，曰敗華，曰兒草，曰黄大戟。其根曰蜀桑根。苗高三二尺，葉似白前及柳葉，根皮似桑根。正二月花紫碧色，頗似紫荆而作穗。絳州出者花黄，謂之黄芫花〔二〇〕。《爾雅》云：「杬，魚毒。」《本草》亦云：「可用毒魚，其皮可浸汁藏梅。」

五倍子　五倍子曰文蛤，曰百蟲倉。

靈壽木　靈壽木，《漢書》：「孔光年老，賜靈壽杖。」顔注曰：「木似竹有節，長不過八九尺，圍可三四寸，自然有合杖之制，不須削治也。」

柞木　柞木曰棫，曰栩，曰杼。《爾雅》云：「栩，杼。」《詩》：「析其柞薪。」又曰：「柞棫斯拔。」陸璣云：「柞棫，櫟也。」《三蒼》云：「棫，即柞也。」其葉繁茂，其木堅韌，有刺。今人以爲梳，亦可以爲車軸。

果類

棗　棗之類多。《爾雅》曰：「棗，壺棗。」郭曰：「棗大而銳上者爲壺。」又曰：「邊，要棗。」郭云：「細腰者，今謂鹿盧棗。」又曰：「櫅，白棗。」郭云：「即今棗子白熟。」又曰：「樲，酸棗。」今藥家所用酸棗仁，孟子所謂「養其樲棘」是也。又曰：「楊徹，齊棗。」未詳。又曰：「遵，羊棗。」郭云：「實小而圓，紫黑色，俗呼爲羊矢棗。」孟子所謂『曾皙嗜羊棗』是也。」又曰：「洗，大棗。」郭云：「今河東猗氏縣出大棗，如雞卵。」《本草》云：「一名良棗，一名美棗，一名乾棗。」謂大棗也。《爾雅》又曰：「煮，填棗。」未詳。又曰：「蹶泄，苦棗。」其子味苦。「皙，無實棗。」不著子者。「還味，棯棗。」郭云：「還味，短味。」

橘柚　橘柚之類多。《爾雅》曰：「櫠，椵。」即大柚也，其大如杆，皮瓤極厚。又曰：「柚，條。」今謂之柚，似橘而大，皮瓤稍厚，然皆不可口。或言櫠即枳，蓋江北無橘，所以《爾雅》只載枳柚。江南所産，有柑，有橘，有橙，人所常食，三者之間，而有數品。又有枸櫞，生於南方，土人謂之香櫞，如瓜，以瓤厚者爲美。

梅　梅之類多。《爾雅》曰：「梅，柟。」又曰：「時，英梅。」梅類而實小，謂之雀梅。

梨　梨之類多。《爾雅》曰：「檖，蘿。」山梨也。又曰：「梨，山樆。」野出之梨小而酢者。又曰：「杜，甘棠。」《詩》所謂「蔽芾甘棠」也，謂之棠梨，其花謂之海棠花，其實謂之海紅子。〔二一〕又曰：「杜，赤棠。白者，棠。」此別棠梨赤白之異也。

木瓜　木瓜，《爾雅》曰：「楙，木瓜。」

豆蔻　豆蔻曰草菓，亦曰草豆蔻。〔二二〕苗葉似山薑、杜若輩，根似高良薑，花作穗，可愛，故杜牧云：「豆蔻梢頭二月春。」南人亦採其花，淹藏以當果品。

葡萄　葡萄，藤生，傳自西域。《史記》云：「大宛以葡萄爲酒，富人藏葡萄酒至萬餘石，久者十數歲。張騫使西域，得其種而還，中國始有。」又有一種曰蘡薁，謂之山葡萄，野出，其實如葡萄而小，亦堪爲酒。其莖主嘔逆，斷其兩頭節，吹之有汁出，如通草。

蓬虆 蓬虆曰覆盆，曰陵虆，曰陰虆，今人謂之苺。大小有數種，有蔓生者，有叢生者，有樹生者，惟叢生者大而可愛，謂之蓬虆。其樹生者謂之覆盆子，亦謂之西國草，亦謂之畢楞伽。《爾雅》云：「茥，蒛盆。」其鋪地蔓生者曰地苺，《爾雅》云「藨鹿」者，地苺也。

蓮 蓮，《爾雅》曰：「荷，芙蕖。其莖茄，其葉蕸，其本蔤，其華菡萏，其實蓮，其根藕，其中的，的中薏。」按，本〔一三〕謂，近根處白莖也，實謂蓮房，的謂蓮子，亦謂之薂，《爾雅》曰：「的，薂。」薏謂蓮子中苦心。又按《本草》，藕實〔一四〕，一名水芝丹，一名蓮。宋太官作血衉，庖人削藕，誤落血中，遂散不凝，自此醫家方知其散血也。

芡 芡曰蔿子，曰鈎，曰芺，曰鴈喙實，曰鴈頭實，曰雞雍實，《本草》曰雞頭實。《爾雅》：「鈎，芺。」葉大如荷，皺而有刺，俗謂之雞頭盤。花下結房，形類雞頭，實正圓如榴核大。根謂之莈菜，莖謂之蔿菆，亦堪爲茹。

芰實 芰實，即菱也，俗謂之菱角，可以當糧。菱亦作蔆。《爾雅》：「蔆，蕨攗。」注云：「今亦謂之菱攗。」

櫻桃　櫻桃曰朱茱，曰麥甘酣，曰楔，曰含桃，曰荆桃，曰李桃，曰奈桃，《爾雅》云：「楔，荆桃。」《禮》：「含桃先薦寢廟。」

柿　柿，烏者謂之椑。

木瓜　木瓜，短小者謂之榠樝，亦曰蠻樝，俗呼爲木梨。〔二六〕《禮記》謂之樝梨，鄭氏誤謂梨之不臧者。

甘蔗　甘蔗有三種：赤色者曰崑崙蔗；白色者〔二七〕曰竹蔗，亦曰蠟蔗；小而燥者曰荻蔗。

芋　芋曰土芝，其母曰芋魁。《史記》，蜀卓氏云，汶山之下，沃野有蹲鴟，至死不飢。正謂芋魁，蓋其形似也。

烏芋　烏芋曰藉姑，曰水萍，曰白地栗，曰河鳧茨，曰槎牙，今人謂之茨菰。其葉曰剪刀草，曰燕尾草。

鳧茨　鳧茨，《爾雅》曰：「芍，鳧茈。」

荔支　荔支，亦曰離支，始傳於漢世。初出嶺南，後出蜀中，故《蜀都賦》云：「旁挺龍目，側生荔枝。」《南海藥譜》云：「荔枝熟，人未採則百蟲不敢近。才採之，則烏鳥、蝙蝠之類無不殘傷。」然亦不必荔枝，諸果皆然。《東觀漢記》云：「南海舊獻荔枝、龍眼，十里一置，五里一堠，奔馳險阻，道路爲患。孝和時唐羌上書言狀，帝詔太官勿復受獻。」蓋此物易變，一日色變，二日味變，三日色味俱變。古詩云：「色味不踰三日變。」舊時採貢，以蠟封其枝，或蜜漬之，而近代奸幸之徒，連株以進，南人苦之，不知土地所産之異而輒爲人患，何也？無乃尤物者歟！

龍眼　龍眼曰益智，曰龍目，曰亞荔枝，曰荔枝奴。其味清甜，荔枝纔過，即食龍眼。

桃　桃之類多。《爾雅》曰：「旄，冬桃。」今謂之旄桃，藤生，出山谷，或言即寒桃也。十月熟，故謂之冬桃。又曰：「榹桃，山桃。」今野出之桃也，味酸苦，不解核。桃之實乾而不落，其中實者曰桃梟，曰梟景。《本草》云：「主殺百鬼精物。」上古有神荼與鬱壘兄弟二人，桃樹之下，閲百鬼無理者，縛以葦索飼虎。今人本此而作桃符。

李　李之類多。《爾雅》曰：「休，無實李。一名趙李。」又曰：「痤，接慮李。今之麥李。」即青李也。又曰：「駁，赤李。」此赤李著粉者也。陶隱居云：「李以姑熟所出南居李，解核如杏子者爲佳。」

菴羅果　菴羅果，若林檎而極大，佛書多言之。

石榴　石榴，《本草》謂之安石榴。《爾雅》云：「劉，劉杙。」劉與榴通用故也。一名丹若，一名若榴。其甜者又名天漿。入藥多用酸榴。

橄欖　橄欖，最療鯸鮐毒。其木作楫，撥著魚皆浮出，故知物有相畏者也。

榛　榛有三四種，栗類也，似栗而小，正圓。

蟲魚類

蟬　蟬之類多。《爾雅》及他書多謬悠〔二八〕，惟陶弘景之注近之。《本草》「蚱蟬」，注云：「瘂蟬也。瘂蟬，雌蟬也，不能鳴者。蟬類甚多。」莊子云：「蟪蛄不知春秋。」則是今四月五月小紫青色者。而《離騷》云：「蟪蛄鳴兮啾啾，歲暮兮不自聊。」此乃寒螿耳，九月十月中鳴，甚悽急。又二月中便鳴者，名蝏母，似寒螿而小。七月八月鳴者，名蛁蟟，色青。今此云生楊柳樹上，是《詩》云「鳴蜩嘒嘒」者，形大而黑，昔人噉之。故《禮》有「雀鷃蜩范」，「范有冠而蟬有緌」，亦謂此。蜩復五月鳴，俗云：「五月不鳴，嬰兒多夭。」今其療亦專主小兒也。按陶此說，今實考其物。寒螿、蝏母，蛪類也。蛁蟟與蜩，蟬類也。蛪類在階除間及叢薄中，夜鳴日不鳴。蟬類在木上，日鳴夜或鳴。《字林》云：「蟬，蟪蛄也。」莊子所謂蟪蛄者，蟬類之別名爾，而正名蟪蛄乃是寒螿。又螻蟈條，《本經》云：「一名蟪蛄。」寒螿與螻蛄類也，故名號相亂。凡《本草》所載名號有相亂者，皆是物類近似，故有互名，非若他傳釋有名號相亂者，非互名也，皆是訛謬。蜩蟬一物爾，《方言》云：「楚謂蟬爲蜩，宋衛謂之螗蜩，陳鄭謂之蜋蜩，秦晉謂之蟬。」究而言之，實爲二物。《夏小正》云：「五月螗蜩鳴，七月寒蟬鳴。」是其義也。今就而驗之，有四五種，有大如雀，黑色，其鳴震巖谷者，是《爾雅》所謂「蝒，馬蟬」〔二九〕是也。五月以前鳴者，似大蠅而差大，青色，或有紅者，夜在草上，日在木上，聲小而清亮，此則正謂之蜩。七月以後鳴者，似蛍，色亦斑，此則正謂之蟬，亦名蛁蟟。而陶謂七八月鳴者名蛁蟟，色青，此誤也。立秋已後，青紅二色者盡無之矣，獨斑蟬盛焉。有一種如大黃蜂，黑色，倦飛亦倦鳴，故謂之瘂蟬，即蟬之雌者爾，《本草》蚱蟬是也，夏秋俱有。蘇恭云：「蚱蟬〔三〇〕，鳴蟬也。諸蟲獸以雄者爲良。」以陶説爲誤，後來注釋者又引《玉篇》云：「蚱者蟬聲也。」明蘇説是。且陶謂之瘂蟬豈妄哉，蓋據當時所用之名物而言之。醫家多用蟬蜕，而希有用蟬者，故不親識其所用之名物，以意測度，又尋經引傳以釋證之爾。且萬物之理，若非的識其情狀，求之經傳，展轉生訛，況《爾雅》《玉篇》何可盡信。舊云，蟬是蜣蜋所轉丸久而化成，至夏便登木而蜕。此説非也，蜣蜋轉丸但成其子，而蟬正是蜣蜋化爾。又糞中蠐螬及蛓蟲之類，亦化爲蟬也。蟬蜕〔三一〕曰枯蟬，曰伏蜟。

龜　龜之類多。《爾雅》：「一曰神龜，二曰靈龜，三曰攝龜，四曰寶龜，五曰文龜，六曰筮龜，七曰山龜，八曰澤龜，九曰水龜，十曰火龜。」神龜，龜之最神者。靈龜，《本草》謂之秦龜，亦曰蟕蠵，其甲有文似瑇瑁而差薄耳，故名䶉皮。此龜一名蟕蠵，俗呼靈蠵，能鳴，多出涪陵，其甲可以卜。攝龜，小龜也，一名蟧龜，一名來蛇龜，好食蛇，故亦謂之呷蛇龜。郭云：「腹甲曲折，解能自張閉，江東呼爲陵龜。」或言此龜乃蛇所化，故頭尾似蛇，俗呼鼃龜即此。寶龜，傳國者所寶。文龜，甲有文彩者。《河圖》曰：「靈龜負書，丹甲青文。」筮龜，常在蓍叢下者，《龜策傳》曰：「蓍滿百莖，其下必有神龜守之。」山、澤、水、火之龜，皆其所生之處也。火龜，蓋生於火者，亦猶火山國所出火鼠是也。郭氏謂物有含異氣者，不可以常理推。龜溺，醫家謂之石腦油，最難得，惟以鑒照之，龜見影則失溺，急以荷葉承之。又法，以紙炷火上焫熱，以點其尻，亦致失溺。

貝　貝，即瑇瑁也。《説文》云：「貝，海介蟲也。」其甲人之所寶，古人以爲泉貨交易。

螽　螽之類亦多。《爾雅》云：「蟲螽，蠜。草螽，負蠜。蜇螽，蜙蝑。蟿螽，螇蚸。土螽，蠰谿。」按蟲螽，蝗也。草螽，草蟲也，亦謂〔三二〕蚱蜢。蜙蝑，一名蜙蠑，即一種大青蚱蜢，股長而鳴甚響。螇蚸，郭云：「似蜙蠑而細長，飛翅作聲者。」蠰谿，似蝗而小，斑色，多生園中，郭云：「今謂之土蝶。」以其在土中也。

螘　螘之類多。《爾雅》曰：「蚍蜉，大螘。小者，螘。蠪，朾螘。螱，飛螘。其子蚳。」按蟻亦作螘，大螘即馬蟻也，大而黑，郭云：「俗呼馬蚍蜉。」小螘謂小黃蟻也，以其種極多，故專其名。朾螘是一種大蟻，赤色斑駁者。飛蟻，有翅而飛者。凡蟻老則皆生翅能飛，遂化爲他類矣。蚳，蟻卵也，似飯粒，亦可爲醬。《周禮·醢人》：「蜃蚳醢。」

䵹鼄　䵹鼄之類多。《爾雅》曰：「次蟗，䵹鼄。䵹鼄，鼄蝥〔三三〕。土䵹鼄。草䵹鼄。」按《方言》云：「關西秦晉之間謂之鼄蝥，關東趙魏之郊謂之䵹鼄。」在土中者曰土䵹鼄，在草中布網者曰草䵹鼄，土中者能毒人，俗謂天蛇。又曰：「蠨蛸，長踦。」《詩》所謂「蠨蛸在户」，即小䵹鼄。長脚者俗呼喜子。又曰「王蛈蝪」，䵹鼄類也，一名蛭蟷，穴居，布網穴口，有蓋，河北人呼蛈蝪。

蠶　蠶之類多。《爾雅》曰：「蟓，桑繭。雔由，樗繭，棘繭，欒繭。蚢，蕭繭。」此皆蠶類，吐絲成繭者。食桑葉爲繭者曰蟓，蓋蠶也。或云，野蠶食樗葉、棘葉、欒葉爲蠨者，曰蟦由。食蕭葉爲蠨者，曰蚢。蕭，蒿也。原蠶者，再熟之蠶也。《淮南子》：「原蠶一歲再熟，然王法禁之者，爲殘桑也。」《周禮》「禁原蠶者」，注云：「爲其傷馬。」今以蠶爲末塗馬齒，即不能食草，以桑葉拭去，乃還食。此明蠶馬類也，物莫兩盛。

蟹 蟹之類多，而螃蟹爲勝。其螯上有毛，仙方以化漆爲水，服之長生，以黑犬血灌之三日，燒之，諸鼠畢至。雖云取無時，然未被霜以前甚有毒，不可食。或曰，八月一日每蟹取稻芒長寸許，東行輸送海神，過八月乃可取也。又有彭蜞、彭蜎、擁劍、蝤蛑、蟙，並生海中，唯彭蜞不擇地生，多於溝渠間，其膏可塗濕癬疽瘡，肉不可食，令人吐下至困。蔡謨誤食者，此也。彭蜎，吴人語訛爲彭越，南人謂之林禽，可食，作胥尤佳。一螯大、一螯小者〔三四〕名擁劍，一名桀步，一名執火，其螯赤。此三種皆如小蟹，而蝤蛑一名蟳，大者徑赤，小者如螃蟹大，隨潮退殼，一退一長，兩螯至彊，故云能與虎鬭。蟙如升大，頗似蝤蛑而殼鋭。

蜂 蜂之類多。《本草》，蜂即蜜蜂也，大黃蜂即土蜂也。一名蜚零，穴土以居。

今宣城所生蜂兒者，土蜂也。木蜂即㼌瓠蜂也，結窠如甑在木上者。

蠮螉　蠮螉曰土蜂，曰蜾蠃，曰蒲盧，俗謂之蠮螉。棲泥入於屋壁間及器物旁，作房或雙或隻，亦入竹管中，以泥封其口，其類不一也。凡蜂蟻皆不能生子，只取他物呪成。而陶隱居乃謂此生子如粟米大，在房内，仍取他蟲置其中，以擬其子大爲糧也，以《詩》云「螟蛉有子，蜾蠃負之」爲謬矣。後來人有壞其房而看之，果見有卵如粟，在死蟲之上，皆如陶所説。此蓋不究其義也，諸蟲在蟄尚不食，況其形體未定，猶在窠中時，何得有飢飽也。壞其房而見卵與死蟲者，是變與未變耳。將其故房看之，其蟲殼皆如蜕形，則非爲物所食明爾。且蚱蟬生於蜣蜋，衣魚生於瓜子，龜生於蛇，蛤生於雀，白鵙之相食，蟲螽〔三五〕之相應，其類不一，然則螟蛉蜾蠃不爲異矣。

蚯蚓　蚯蚓，《爾雅》曰：「螼蚓，豎蠶。」亦謂之蜸螾，江東呼寒蚓。

蜻蜓　蜻蜓，《爾雅》曰：「虰蛵，負勞。」亦謂之蜻蛉。

螗蜋　螗蜋，《爾雅》曰：「不過，蟷蠰。其子蜱蛸。」又曰：「莫貈，螳蜋，蛑。」謂螳蜋有斧。蜱蛸亦曰食庬，曰螵蟭。

蚰蜒　蚰蜒，關東謂之螾蜒，故《爾雅》曰：「螾衙，入耳。」以此蟲能入人耳，故得入耳之名。

蜚　蜚，《爾雅》曰：「蜚，蠦蜰。」郭云：「蜰即負盤臭蟲。」按此亦謂之負蠜，即草蟲也。《春秋》書「蜚」，以其能害稼。《本草》謂之蜚蝱，亦謂之蜚蠊。

蜣蜋　蜣蜋，《爾雅》曰：「蛣蜣，蜣蜋。」莊子曰：「蜣蜋之智，在於轉丸。」

蝎　蝎，木中蠹蟲也。《爾雅》曰：「蝎，蛣蝠。」

蠰　蠰，俗呼山羊，有長角，斑黑色，喜齧桑葉及橘柚。《爾雅》曰：「蠰，齧桑。」

蜉蝣　蜉蝣，似蜣蜋而小，有文彩。《爾雅》曰：「蜉蝣，渠畧。」又曰：「蛂，蟥蛢。」郭璞云：「江東呼蟥蛢。」以有金色。

守瓜　守瓜者，瓜瓠之葉上黃甲小蟲能飛者。《爾雅》曰：「蠸，輿父，守瓜。」

穀蠹　穀蠹，米穀中小黑蟲也。《爾雅》曰：「蛄蟹，強蛘。」建平人呼爲蛘子。」

蜈蚣　蜈蚣，《爾雅》曰：「蒺蔾，蝍蛆。」性能制蛇，見大蛇則噉其腦，蛇不動。

而畏蚰蜒，每遇蚰蜒，亦不敢動，蚰蜒以涎繞其足盡落。

馬陸　馬陸，似蜈蚣而小，尤多脚，不能毒人。曰百足，曰馬軸。所謂百足之蟲至死不僵者，此也。

蝦蟆　蝦蟆之類多，以蟾蜍爲上。曰䵷，曰去甫，曰苦蠪。昔張暢弟收爲猘犬所傷，醫云，宜食蝦蟆鱠，收甚難之，暢含笑先嘗。蓋此物但入藥用，而非可食也。其肪塗玉，刻之如蠟。或不可得，但取肥者，剉煎膏以塗玉亦軟。古玉器有奇特非雕琢人功者，多是昆吾刀及蝦蟆肪所刻也。《爾雅》：「鼁，蟆。」有一種生於田中，大者三四枚重一斤，南人名爲水雞，亦名蛤。又一種生山谷中，黑色，肉紅，名石鱗魚，並可食。其小者名鼃，其大於鼃而青色者曰青鼃。凡蝦蟇之類皆不交合，惟雌雄相對吐沫，漸成魚子，遂變而成科斗。《爾雅》云：「科斗，活東。」亦曰活師。古人科斗書，蓋取象於此。

馬蠲　馬蠲，《爾雅》云：「蛝，馬䗃。」郭云：「馬蠲蚼，俗呼馬蠲。」《方言》云：「北燕謂之蛆蝶，其大者謂之馬蚰。」蚰即蠲也。

蛓蟲　蛓蟲曰蛅，其毛能螫人，故《爾雅》曰：「蛅，毛蠹。」又曰「螵，蛅蟴」者，黑毛蟲也，其毛皆能射人。

蠐螬　蠐螬，《爾雅》云：「蟦蠐，螬。」糞土中大白蟲也。《本草》，一名蟦蠐，一名蜰蠐，一名勃齊。

蝤蠐　蝤蠐，《爾雅》云：「蝤蠐，蝎。」木中蠹蟲也。《方言》：「關東謂之蝤蠐，梁益之間謂之蝎。」

鼠負　鼠負，瓮底白粉蟲也。《爾雅》云：「蟠，鼠負。」又曰：「蛜威，委黍。」《詩》：「蛜威在室，蠨蛸在户。」

牛蝱　牛蝱，蠅類，噉牛馬血。《爾雅》云：「强，蚚。」

衣魚　衣魚，亦謂之蠹魚，以能蠹衣裳書帙，亦謂之蛃魚，亦謂之蟫。《爾雅》云：「蟫，白魚。」

莎雞　莎雞曰酸雞，曰樗雞，曰天雞，曰樗鳩，曰翰。《爾雅》云：「翰，天雞。」黑身赤頭，似斑猫。

土蛹 土蛹，《爾雅》曰：「國貉，蟲蠁。」郭云：「今呼蛹蟲爲蠁。」

螢火 螢火，《爾雅》云：「螢火，即炤。」《本草》一名夜光，一名放光，一名熠燿。《詩》云：「熠燿宵行。」《吕氏春秋》云：「腐草化爲螢。」

螻蛄 螻蛄曰螜，曰天螻，曰蟓，曰蛖螻，亦曰螅蛄。故《爾雅》云：「螜，天螻。」又曰：「蟓，蛖螻。」《方言》云：「南楚謂之杜狗。」此物頗協神鬼〔三六〕，昔人獄中得其力者，今人夜忽見出，多打殺之，言爲鬼所使也。荀子所謂「梧鼠五技而窮」，蔡邕《勸學》篇云「碩鼠五能，不成一技」者，此物爾。《魏詩》所謂碩鼠者，大鼠也。

蝸牛 蝸牛曰蛞蝓，曰陵蠡，曰土蝸，曰附蝸。《爾雅》：「蚹嬴，螔蝓。」凡嬴之類皆負殼，惟此能脱殼而行，頭有兩角，故曰蝸牛。

水蛭 水蛭曰蚑，曰至掌。

蠓 蠓之類多。《爾雅》云：「蠓，蠛蠓。」似蚋而小，斜陽則群聚鬭飛。

蜥蜴 蜥蜴之類多。《爾雅》云：「蠑螈，蜥蜴，蝘蜓，守宫也。」今按小而青者曰蜥蜴，大而黄者曰蝘蜓，最小在牆間砌下者曰守宫，種類既異，而此釋爲一物，恐亦未審也。又按《本草》，蜥蜴謂之石龍子，一名山龍子，一名石蜴，楚人謂之蛇醫，或謂之蠑螈，青尾有五彩。蝘蜓似蜥蜴而大，黃色，亦謂之蠦𧍱也。守宮似蜥蜴而小，在屋壁間，故名守宮，故東方朔謂非守宮則蜥蜴也。守宮又名蠍虎。舊云，以朱飼之，滿三斤，殺之，乾末塗女子身，有交接事便脱，不爾如赤誌，故謂之守宮。

蝟 蝟有兩種，一種作豬蹄者，又〔三七〕名蠔豬，一種作鼠脚。舊云，蝟能跳入虎耳中，而見鵲便仰腹受啄，物有相制如此。

鼹鼠 鼹鼠曰隱鼠，曰鼢鼠，形類鼠而肥，多膏，黑色，無尾，長鼻，常穿耕地中行，旱歲則爲田害。

蠖 蠖，屈伸蟲也。《爾雅》云：「蠖，蚇蠖。」

蛬 蛬曰蟋蟀，曰青蛪，楚人謂之王孫，幽州人謂之促織。秋至則鳴，故曰：「促織鳴，懶婦驚。」

鼺鼠 鼺鼠，即飛生也，一名鼯鼠。

青蚨 青蚨，一名蟱蝸。《搜神記》曰：「南方有蟲名蠋蠋，如蟬大，辛美可食。

其子如蠶種，取其子則母飛來，雖潛取必知處，殺其母塗錢，子塗貫，用錢則自還。」《淮南子萬畢術》〔三八〕云：「青蚨，一名魚伯，以母血塗八十一錢，以子血塗八十一錢，置子用母，置母用子，皆自還也。」或云，自是雄雌不相捨爾。

蛇　蛇之類多。《爾雅》曰：「蚨，螣。」郭云：「蝮屬，大眼，最有毒，今淮南人呼螣子。」又曰：「螣，螣蛇。」螣，音滕。郭云：「龍類也，能興雲霧而游其中。」《淮南子》云：「蟒蛇，螣。」又曰：「蟒，王蛇。」蟒蛇之大者，謂之王蛇。又曰：「蝮虺，博三寸，首大如擘。」江淮以南曰蝮，江淮以北曰虺。

鯉鱣鰋鮎鱧鯇　鯉、鱣、鰋、鮎、鱧、鯇，《爾雅》無異名。鱣，今之黃鱣魚，短鼻，口在頷下，體有三行甲，無鱗，大者長二三丈，亦能化龍。鯇，今之鯶魚也。

鮒　鮒，《廣雅》云：「鰿魚也。」

鯊　鯊，《爾雅》云：「鯊，鮀。」小魚，體圓而有點文，常張口吹沙，故亦名吹沙。

鮂　鮂，《爾雅》云：「鮂，黑鰦。」郭氏謂即白鯈，江東呼爲鮂。臣又疑即鰲魚。以背黑，故亦名黑鰦。

鰦 鰦，《爾雅》云：「鰼，鰌。」今泥鰌也，似鱔而小。

鱧 鱧，《爾雅》云：「鮵，大鮦，小者鮵。」即鱧也。郭云：「今青州呼小鱺爲鮵。」按鱺與鱧音與義同，又《本草》作蠡，一名鮦。舊言是公蠣蛇所化，頭有文。

鱯 鱯，《爾雅》云：「魾，大鱯，小者鮡。」郭云：「鱯似鮎而大，白色。」

鮥 魾〔三九〕，《爾雅》云：「鮥，當魱。」海中黄魚也，似鯿而大鱗，肥美，多鯁。江東呼其最大者爲當魱。

鮆 鮆，《爾雅》云：「鮤，鱴刀。」郭云：「今之鮆魚也，亦呼爲魛魚。」按鮆魚所在有之。

鮅 鮅，《爾雅》云：「鮅，鱒。」似鯶而小，眼赤，多生溪澗，傅麗水底，難網捕。

鯿 鯿，《爾雅》云：「魴，魾。」

鰻 鰻，《爾雅》云：「鰲，鰊。」今鰻魚亦呼鰻鰲。徽州一種鰻，頭似蝮蛇，背有五色，生溪澗。

鰕 鰕之類多。《爾雅》曰：「鰝，大鰕。」郭云：「鰕大者出海中，長二三丈，須長數尺。今青州呼蝦爲鰝。」

蠃 蠃之類多。《爾雅》云：「蠃，小者蜬。」郭云：「螺大者如斗，出日南漲海中，可以爲酒杯。」按今所謂鸚鵡杯者，出南海。

蚌 蚌之類多。《爾雅》云：「蜃，小者珧。」即小蚌也，一名玉珧，可飾佩刀鞘。《詩傳》云「天子玉琫而珧珌」是也。《山海經》：「激汝水中多蜃珧。」今廣州東南道極多，人取以摩作棋子鬻之。

鼉 鼉，亦作鮀，狀如鯪鯉，長一二丈者，能吐氣成霧致雨，善攻碕岸，性嗜睡，常閉目，極難死，聲甚可畏，其皮可冒鼓。凡黿鼉之老者，能變爲邪魅。或云，多年鼉入水化爲龍。梁周興嗣常食其肉，後爲鼉所憤，便爲惡瘡，實彊靈之物，不可輕殺。

鯢 鯢，《爾雅》云：「鯢大者曰鰕。」即雌鯨也。大者長八九尺，狀似鮎魚，四脚，〔四〇〕前似獮猴，後似狗，聲如小兒啼，今洞庭有之。

禽類

隹　隹，《爾雅》謂之鳺鴀，亦曰祝鳩，今所謂鵓鳩也，謹愿之鳥。凡鳥之短尾者皆謂之隹，惟夫不專名焉，故指隹爲鳺鴀也。鳺，方扶反。鴀，方浮反。

鶌鳩　鶌鳩，《爾雅》謂之鶻鵃鶌，居物反。鶻、鵃，音骨、嘲。今謂之鸜鵒，似山鵲而小，短尾，青黑色，多聲，江東亦呼爲鶻鵃。〔四二〕《廣雅》謂斑鳩，誤矣。斑鳩即鵓鳩也。

鳲鳩　鳲鳩，《爾雅》曰鴶鵴，即布穀也，一名桑鳩，一名繫穀，江東呼爲穫穀，《禮記》謂之鳴鳩。鴶，苦八反。鵴，音菊。

鵖鳩　鵖鳩，《爾雅》曰鵧鵖，郭云：「小黑鳥，鳴自呼，江東名爲烏鴭。」按此似鸜鵒，無冠而長尾，多在山寺厨檻間，今謂之烏鵙。鵖，音及。按《玉篇》《廣韻》無鵖字，惟有䲯字，音及。鵧，步丁反。

鵙鳩　鵙鳩，《爾雅》曰王鵙。梟類，多在水邊，尾有一點白，故揚雄云白鷹。舊説鵰類，誤矣。鴡，七徐反。

鳧鷖 鳧鷖，陸璣云：「大如鳩，青灰色，卑脚，短喙，水鳥之謹愿者也。」

鵅 鵅，《爾雅》曰鵋鵙。鵅，音格。鵋鵙，音忌欺。郭云：「今江東呼鵂鶹爲鵋鵙，亦謂之鴝鵅。」

鴗 鴗，《爾雅》云天狗。魚狗也，似翡翠而小，青碧可愛。鴗，音立。

鷚 鷚，《爾雅》曰天鸙。郭云：「大如鷃雀，色似鶉，好高飛作聲。江東名之曰天鷚，音綢繆之繆。」按此雀類似鶉而小，尾長，以其能鳴，故人多養之，俗呼告天，所在寒月多有之。鸙，音藥。

鵱 鵱，《爾雅》曰鵱鷜，今之野鵝。鵱，音六。鷜，力于反。

鶬 鶬，《爾雅》曰麋鴰，即鶬鴰也。

鵅 鵅，《爾雅》曰烏鸔。鵅，音洛。郭云：「水鳥也，似鴉而短頸，腹翅紫白，背上緑色，江東呼烏鸔，音駮。」

舒鴈 舒鴈，《爾雅》曰鵝。

舒鳧　舒鳧，《爾雅》曰鶩，鴨也。

鳽　鳽，《爾雅》曰鵁鶄。水鳥也，今亦謂之鵁鶄。似鳧，脚高，毛冠。郭云：「江東人家養之，以厭火災。」

鵜　鵜，《爾雅》曰鴮鸅。鴮，音烏。鸅，音澤。鵜鶘也，形極大，喙長尺餘，頷下有胡大如數升囊，好群飛，沉水食魚，俗謂之淘河。許慎云：鶘也。

鶾　鶾，《爾雅》曰天雞。鶾，音汗。《逸周書》曰：「蜀人獻文鶾，文鶾者若翬雉。」按今有吐錦雞，蓋雉類，惟蜀中有之。仰日吐錦，甚有文彩。

鷽　鷽，《爾雅》曰山鵲，今喜鵲也。〔四二〕郭氏謂：「似鵲而有文彩，長尾，觜脚赤。」鷽，音握。

鷣　鷣，《爾雅》曰負雀。鷣，音淫。郭云：「鷣，鷂也，江東〔四三〕人呼之爲鷣，善捉雀，因名云。」按此即今之小鷂也，蓋鶻類，南方無鷹，唯呼此爲鷹。

鶨　鶨，《爾雅》曰鵋老。鶨，音象。郭云：「鴝鶨也，俗呼癡鳥。」《字林》云：「句喙鳥。」按此蓋鴟類，能捕雀，句喙，目圓黃可畏，如拳大小者猶俊。

鳭鷯 鳭鷯，《爾雅》曰剖葦。注云：「好剖葦皮，食其中蟲，因名云。江東呼蘆虎，似雀，青斑，長尾。」鷯，音遼。

桃蟲 桃蟲，《爾雅》曰鷦，其雌鴱，音艾。似黃雀而小，一名鷦鷯，一名鷦鷯，一名桃雀，俗呼巧婦。

鳳凰 鳳凰，《爾雅》曰：「鶠，鳳。其雌皇。」神鳥也，其雛曰鸑鷟。雞冠，蛇頸，魚尾，龍文，龜背，燕頷，前麟後鹿〔四四〕，五色備舉，高六尺許。京房云：「高丈二。」出於東方君子之國，飛則群鳥從以萬數，非梧桐不栖，非竹實不食。晨鳴曰發鳴，朝鳴曰上翔，晝鳴曰滿昌，昏鳴曰固常，夜鳴曰保長。」鳳，古作朋字。

䳭鴒 䳭鴒，《爾雅》曰雝渠。雀屬也，長尾，背上青灰〔四五〕色，腹下白，頸下黑，飛則鳴，行則搖。

鸒斯 鸒斯，《爾雅》曰鵯鶋，亦謂之雅烏。蓋雀類，差小，多群飛，食穀粟，俗呼必烏。鵯，音匹，聲相近。

鴽 鴽，《爾雅》曰鴾母。即鵪也，青州呼鴾母，田鼠所化。鴽、鴾，音如、謀。

密肌　密肌，《爾雅》曰繫英。英雞也，喙啖石英，故得名焉。

巂　巂，《爾雅》曰巂周。即子規也，多出蜀巂郡，故名焉。蜀主望帝化爲子規。巂，希規反。

燕　燕，玄鳥也，《爾雅》曰鳦。陸璣云：「齊人謂之乙。」燕有二種，《爾雅》又曰：「燕，白脰烏。」則知此爲紫燕矣。

鴟鴞　鴟鴞，《爾雅》曰鸋鴂。陸璣諸儒皆謂爲巧婦，誤看詩文也。今按郭氏説此及《方言》皆謂是鴟類，據下言茅鴟、怪鴟，則此應是鴟屬〔四六〕，無緣得是巧婦。鴞、鸋、鴂，音遥，寧、決。

狂　狂，《爾雅》曰茅鴟。郭云：「今鴹鴟也，似鷹而白。」

白鴟　白鴟，《爾雅》曰：怪鴟，《廣雅》謂之鴟鵂。郭云：「今江東呼此屬爲怪鳥。」

梟　梟，《爾雅》曰鴟。即訓狐，日瞑而夜作，賈誼所賦鵩鳥是也。其肉甚美，可爲羹臛，又可爲炙，漢供御物。《説文》云：「梟食母，不孝之鳥，故冬至捕梟，磔之，字從鳥首在木上。」或説即今伯勞也，食母。

爰居　爰居，《爾雅》曰雜縣。海鳥也，嘗止於魯東門之外。又漢元帝時，琅琊有大鳥如馬駒，時人謂之爰居。

鳸　鳸之類多，皆雀屬也。《爾雅》曰：「老鳸，鷃。」鷃，音晏，雀也。又曰：「春鳸，鳻鶞。夏鳸，竊玄。秋鳸，竊藍。冬鳸，竊黄。桑鳸，竊脂。棘鳸，竊丹。行鳸，唶唶。宵鳸，嘖嘖。」竊古淺字，言其色之淺。唶唶音即嘖嘖，音責，皆其聲然也。或取其毛彩，或取其鳴聲以命名。鳸雖雀屬，皆以時見，亦猶鷽鳫然，農家須其鳴以候時，故又命以四時也。桑鳸，郭云：「俗謂之〔四七〕青雀。」今名臈觜，性慧可教，桑棘之鳸多在是木，故名。行鳸者，多在籬落，如雞雉然，不飛去，故名。宵鳸者，能傳夜。故名。鳻，音汾。鶞，敇倫反。

鵖鴔　鵖鴔，《爾雅》曰戴鵀。鵖，彼及反。鴔，皮及反。鵀，女金反。郭云：「鵀即頭上勝，今亦呼爲戴勝。鵖鴔猶鶝鶝，語聲轉耳。」按《方言》，關東曰戴鵀。

鶭　鶭，《爾雅》曰澤虞。鶭，孚往反。郭云：「今婟澤鳥，似木鴞，蒼黑色，常在澤中，見人輒鳴喚不去，有象主守之官，因名云，俗呼護田鳥〔四八〕。」按此鳥亦多在田中，閩人呼爲姑雞紡，以其聲類紡聲，且聒聒不輟。

鸕鷀 鸕鷀，《爾雅》曰鶿。於計反。

鶿鷧 鶿鷧，《爾雅》曰：「其雄鶛，牝痺。」鴿類，此別其雌雄之異名耳。鷧，蝦蟇所化。痺，音脾。

鸍 鸍，《爾雅》曰沈鳧。似鶩而小，尾白，俗呼水鴉，好没，故曰沈鳧。鸍，音施。

鴢頭 鴢頭，《爾雅》曰鵁。鴢，於鳥反。郭云：「似鳧，脚近尾，略不能行，江東謂之魚鵁。」許交反。按此鳥類野鴨而有文彩，不能行，多溷野鴨群中浮游。

鵽鳩 鵽鳩，《爾雅》曰寇雉。郭云：「鵽，大如鴿，似雌雉，鼠脚無後指，歧尾，爲鳥憨急，群飛，出北方沙漠地。」

萑 萑，《爾雅》曰老鵵。郭云：「木兔也，似鴟鵂而小，兔頭，有角，毛脚，夜飛，好食雞。」臣疑此即訓狐，以其首似狐兔〔四九〕，故有此等名。鵵，音兔。

鶟 鶟，《爾雅》曰鶌鳥。鶟，音突。郭云：「似雉，青身，白頭。」

狂　狂，《爾雅》曰鵹鳥。《山海經》云：「栗廣之野，有五采之鳥，有冠，名曰狂鳥。」

皇　皇，《爾雅》曰黄鳥。即黄鸝也，一名倉庚，一名商庚，一名鶩黄，一名楚雀，一名摶黍，一名黄離留。陸璣云：「常以椹熟時来，故里語曰：『黄栗留，看我麥黄椹熟不。』故又名黄栗留。」

翡翠　翡翠，《爾雅》曰鷸，音聿。其羽可以飾器物。

鸀　鸀，《爾雅》曰山烏。郭云：「似烏而小，赤觜，穴乳，出西方。」

蝙蝠　蝙蝠，《爾雅》曰服翼，今亦謂之蝙蝠。鼠所化，故又名仙鼠。

晨風　晨風，《爾雅》曰鸇。似鷂而小，青黄色，燕頷。

鸉　鸉，《爾雅》曰白鷢。鸉，鷢，音楊、厥。郭云：「似鷹，尾上白。」

鷏　鷏，《爾雅》曰蟁母。郭云：「似烏鶨而大，黄白雜文，鳴如鴿聲。今江東呼爲蚊母，俗説此鳥常吐蚊，因以名云。」鷏、蟁，音田、文。

鶌　鶌，《爾雅》曰須羸。鷿鶌也，似鳧而小，其膏可瑩刀劍。古詩云：「馬御苜蓿葉，劍瑩鸊鷉膏。」鷉、鸁，音梯、螺。

鼯鼠　鼯鼠，《爾雅》曰夷由。似蝙蝠而大，肉[五〇]翅，尾長三尺許，背上蒼艾色，脚[五一]短爪長，飛且乳，故又名飛生。聲如人呼，食火煙能從高赴下，不能從下升高。鼯，音吾。

鴷　鴷，《爾雅》曰啄木。鴷，音列。今亦謂之斲木鳥，常啄木剥剥然，取蠹蟲食。

鷺　鷺，《爾雅》曰舂鉏，白鷺也，亦曰鷺鷥。陸璣曰：「汶陽謂之白鷺，齊魯謂之舂鉏，遼東、樂浪、吴揚皆謂之白鷺。」

雉　雉之類多。《爾雅》曰：「鷂雉，鷮雉。鳪雉，鷩雉。秩秩，海雉。鸐，山雉。雗雉，鵫雉。雉絶有力，奮。伊洛而南，素質五采皆備成章曰翬。江淮而南，青質五采皆備成章曰鷂，南方曰𠷎，東方曰鶅，北方曰鵗，西方曰鷷。」鷂，音遥。鷂雉即鷮雉也，青質而有五采者。鷮，音驕。鳪，音卜。鳪雉即鷩雉也，朱冠緑瞼，項背有文，腹下黄赤，大如雞，雄者有文彩，據此[五二]文勢是如此。郭氏離此爲四物，誤矣。秩秩者，即海雉也。郭云：「如雉而黑，在海中山上。」鸐音狄。即山雉也。此與鷩雉是一種，小異，亦有文彩。郭云：「長尾者。」鶾音汗。即鵫雉也，今謂之白鷴，似鴿而大，白色，紅臉可愛。鳥之健勇者惟雉，雉之有力者曰奮。翬、鷂，皆所産之異。鳭、鷂、鵗、鷷，皆所呼之異。鳭，音儔。鷷，音遵。

鸛鶇 鸛鶇，《爾雅》曰鶝鶔。如鵲短尾，射之，御矢射人。鸛、鶇、鶝、鶔，音歡、團、福、柔。此鳥一名憚羿，言雖羿亦懈惰不敢射之。

獸類

麢 麢之類多。《爾雅》曰：「麋，牡麔，牝麎。其子，麇。其跡，躔。絶有力，狄。鹿，牡麚，牝麀。其子，麛。其跡，速。絶有力，麉。麢，牡麌，牝麜。其子，麆，其跡，解。絶[五三]有力，豜。」按，麢，麞也，麢其總名也。麔、麎、麇、麚、麛、麉、麌、麜、麆、音咎、辰、杳、加、迷、堅、俣、栗、鉏。又曰：「麠，大麃，牛尾一角。」麃音炮，即麞也。漢武帝郊雍得一角獸，若麃然，謂之麟，即此也。麠，音京。又曰：「麐，大麢，旄毛狗足。」今謂之麐，音几。旄毛，猥長毛也。旄，音冒。又曰：「麝父，麢足。」其脚似麞，食栢葉而臍甚香。父，音甫。

狼　狼，《爾雅》曰：「狼，牡貛，牝狼。其子，獥。絶有力，迅。」又曰：「豺，狗足。」即狼也。獥，音亦。

兔　兔，《爾雅》曰：「兔子，嬎。其跡，远。絶有力，欣。」

豕　豕，《爾雅》曰：「豕子，豬。䝐，豶。幺，幼。奏者，豱。」「䝐，豶」者，䝐一名豶。郭云：「俗呼小豶豬爲䝐子。」豶謂犍豬也。「幺，幼」者，郭云：「俗呼豕最後生者爲幺豚。」「奏者，豱」者，皮理湊蹙者名豱。䝐、豶、幺、奏、豱，音偉、墳、腰、湊、温。又曰：「豕生三豵，二師一特，所寢，橧。四豴皆白，豥。絶有力，豟。牝，豝。」橧，音增。豕所臥之簣也，豴，音滴。蹢也。豴，蹄也。豟，音厄。郭云：「豕高五赤者。」豥，音垓。

虎　虎之類，《爾雅》曰：「虎竊毛，謂之虦貓。」竊，古淺字。虦，音殘。《爾雅》又曰：「甝，白虎。虪，黑虎。貀，無前足。」晋太康七年，召陵扶夷縣檻得一獸似狗，豹文，有角，兩脚，即此類也。郭氏引古律文，捕虎一賫錢三千，其狗半之。〔五四〕或説貀似虎而黑，無前兩足。甝，音含。虪，式六反。貀，足滑反。

熊　熊，羆之屬。《爾雅》曰：「羆，如熊，黄白文。」羆似熊，長頭高脚，猛憨過於熊，其脂似熊白而麤。又曰：「熊，虎醜。其子，狗。絶有力，麙。」醜，類也。麙，音咸。又曰：「魋，如小熊，竊毛而黄。」郭云：「今建平山中有此獸，狀如熊而小，俗呼爲赤熊。」即魋也。音頽。

狐　狐，貍之屬。《爾雅》曰：「貍、狐、貒、貈醜，其足蹯，其跡内。」蹯，音煩。掌也。内，音狃。指頭著地處。又曰：「貍子，隸。貈子，貆。」隸，音曳。貈，下各反。貈似狐，善睡，亦謂之貉。郭云：「今江東呼貉爲貅貏。」

貙　貙，《爾雅》曰：「貙，獌，似貍。」貙、獌，音樞、萬。《字林》云：「貙似貍而大，一名獌。」郭氏云：「今山民呼貙虎之大者爲貙豻。」

麢羊　麢羊，《爾雅》曰：「麢，大羊。」音靈。陶隱居云：「其角多節，蹙蹙員繞者爲真，惟一邊有節，節疎大者爲山羊。」按此二羊俱似羊而大，在山崖間。又曰：「羱，如羊。」音元。郭云：「似吳羊而大角，角橢，出西方。」

犀　犀，兕之屬。《爾雅》曰：「兕，似牛。」如野牛，青色，重千斤，一角長三赤餘，形如馬鞭柄。其皮堅厚，可制鎧。又曰：「犀，似豕。」今出交阯，形似水牛，豬頭，三角，一在頂上，一在額上，一在鼻上，鼻上〔五五〕者，即食角也，小而不橢，好食棘。亦有一角者。其通天犀乃是水犀，角上有一白縷，直上至端，能出氣通天，置露中不濡，置屋中烏鳥不敢集屋上，置米中雞皆驚駭，故亦謂之駭雞犀。《抱朴子》曰：「通天犀角三寸以上者，刻爲魚，御之入水，水常爲開三赤。」

猨 猨，猱之屬。《爾雅》曰：「蒙頌，猱狀。」郭云：「即蒙貴也，狀如蜼而小，紫黑色，可畜，健捕鼠，勝於猫，九真日南皆出之。猱亦獮猴之類。」又曰：「猱，猨。」即猨也，猨善攀援。

猰貐 猰貐，《爾雅》云：「猰貐，類貙，虎爪，食人，迅走。」《山海經》云：「少咸山有獸，狀如牛而赤身，人面馬足，名曰窫窳，其音如孩兒，食人。」所説與此異。猰，烏八反。貐，羊主反。

䝙 䝙，《爾雅》云：「䝙，如馬，一角，不角者騏。」䝙，音攜。郭云：「元康八年，九真郡獵得一獸，大如馬，一角，角如鹿茸。此即䝙也，今深山中人時或見之。亦有無角者。」

貒 貒，亦謂之貛。《爾雅》云：「貒子，貗。」貒，貗，音湍、窶。貒似豕而肥。

猶 猶，《爾雅》云：「猶，如麂，善登木。」《説文》云：「猶，玃屬也。」麂，音几。

狒狒 狒狒，《爾雅》云：「狒狒，如人，被髮迅走，食人。」狒，扶味反。梟羊也，俗呼山都，人面長脣，見人則笑，笑則脣蔽其面，左手操管。

蜼 蜼，《爾雅》曰：「蜼，卬鼻而長尾。」狀如獮猴而大，黄黑色，尾長數尺，似獺，尾末有歧，鼻露向上，雨即以尾塞鼻，或以兩指，所在山中有之。

麔麚 麔麚，《爾雅》云：「麔麚，短脰。」

貙 貙，有力，貙，呼犬反。郭云：「西海大秦國有養者，似狗，多力，獷惡。」

豦 豦，《爾雅》曰：「豦，迅頭。」郭云：「今建平山中有豦，大如狗，似獮猴，黄黑色，多髯鬣，好奮迅其頭，能舉石擿人，玃類也。」豦，音據。

猩猩 猩猩，《爾雅》云：「猩猩，小而好啼。」人面豕身，長髮，能言語，好飲酒，醉則人髠其髮爲髲，聲似小兒啼。

狻麑　狻麑，《爾雅》云：「狻麑，如虦貓，食虎豹。」即師子也。漢順帝時疎勒國獻師子，似虎，正黄，有頿耏，尾端茸毛大如斗。

麐　麐，《爾雅》云：「麐，麕身牛尾，一角。」此瑞應獸也，黄色，圓蹄馬足，角端有肉，麐即麟字。

鼠　鼠之屬多。《爾雅》曰鼢鼠，音憤。地中行者，食竹根，今人謂之竹⿰鼠留，伯勞所化，《廣雅》謂之⿰鼠鳥鼠，又曰鼸鼠，刮忝反。《大戴禮》云：「田鼠者，鼸鼠也。」郭云：「以頰裹藏食者。」又曰鼷鼠，鼠之最小者。郭氏云：「謂有螫毒者。」一説甘口鼠也。又曰鼶鼠，音斯。似鼬鼠。《夏小正》曰「鼶鼬則穴」，蓋九月也。又曰鼬鼠，弋救反。狀如鼦，赤黄色，大尾，能啖鼠，俗呼鼠郎，江東呼爲鼪，即莊子云「騏驥驊騮捕鼠不如貍鼪」是也。又曰鼩鼠，音劬。小鼠也，一名鼱鼩，亦謂之⿰鼠從鼩。又曰鼭鼠、鼣鼠，音時、吠。並未詳。又曰鼫鼠，音石。郭云：「形大如鼠，頭似兔，尾有毛，青黄色，好在田中食粟豆，關西呼爲鼩鼠。」鼩，音瞿。又曰鼤鼠、鼨鼠，音問、終。並未詳。又曰豹文鼮鼠，音廷。常在木上，如鼠大，其文似虎豹，今深林中甚多。漢武帝時得此鼠，孝廉郎終軍知之，賜絹百疋。又曰鼷鼠，古覓反。郭云：「今江東山中有鼷鼠，狀如鼠而大，蒼色，在木上，音覛。」按郭氏此説，又與鼮鼠相類。

馬　馬之類多。《爾雅》曰：「騊駼，馬。」音陶徒。《字林》云：「北狄良馬也。」郭云：「色青。」又曰：「野馬。」郭云：「如馬而小。」《穆天子傳》云：「野馬日走五百里。」又曰：「駮，如馬，倨牙，食虎豹。」倨即鋸也。《山海經》云：「中曲山有獸如馬而身黑，二尾一角，音如鼓，名駮，食虎豹，可以禦兵。」又曰：「騉，蹄趼，善陞甗。」騉蹄者，其蹄如趼，秦時有騉蹄苑。甗，山嶺也。郭云：「形似甑，上大下小。」騉、趼，音昆、硯。又曰：「騉駼，枝蹄趼，善陞甗。」枝蹄，如牛蹄是也。牛枝蹄，馬溷蹄。又曰：「小領，盜驪。」《穆天子傳》云：「天子駕八駿，右盜驪，左緑耳。」小領，細頸也。」又曰：「絶有力，駥。」馬高八尺曰駥。音戎。又曰：「膝上〔五六〕皆白，惟馵。」四骹皆白，驓。四蹢皆白，首。前足皆白，騱。後足皆白，狗。前右足白，啓。左白，踦。後右足白，驤。左白，馵。騚馬白腹，騵。驪馬白跨，驈。白州，驠。尾本白，騴。尾白，駺。馰顙，白顛。白達素，縣。面顙皆白，惟駹。」骹，膝下也。蹢，蹄也。騚，赤色。

驪，黑色。跨，髀間也。州，竅也。尾本，尾根也。尾根白曰騴，尾毛白曰駺。顛，頟上也。素，鼻莖也。顙，頟也。駮、驓、騱、駒、踦、騵、驕、驠、騴、駺、駒，音敲、繒、奚、劬、欺、刓、圭、燕、晏、郎、的。又曰：「回毛在膺，宜乘。在肘後，減陽。在幹，茀方。在背，闋廣。」減、廣，音淡、光。回毛，旋毛也。膺，胷也。幹，脅也。又曰：「逆毛，居馻。」音宄。郭云：「馬毛逆刺。」又曰：「騋牝，驪牡。」鄭玄謂七尺曰騋〔五七〕，牝者色驪，牡者色玄。注《周禮》復謂七尺已上者爲騋。又曰：「玄駒，褭驂。」褭，奴了反。鄭云：「玄駒，小馬之別名。」又曰：「牡曰騭，牝曰騇。」郭云：「江東呼駁馬曰騭。」騇，音舍，草馬也。又曰：「駵白，駁。黃白，騜。駵馬黃脊，騝。驪馬黃脊，騽。青驪，駽。青驪驎，驒。青驪繁鬣，騥。驪白雜毛，駂。黃白雜毛，駓。陰白雜毛，駰。蒼白雜毛，騅。彤白雜毛，騢。白馬黑鬣，駱。白馬黑脣，駩。黑喙，騧。一目白，瞯。二目白，魚。」孫炎云：「駵，赤色也。青驪，駽。」郭云：「今之鐵驄也。」「青驪驎，驒」，謂青黑二色相雜如魚鱗，郭氏謂「今之連錢驄」是也。駂，郭云：「今之烏驄。」駓，郭云：「今之桃花馬。」陰，淺黑色也。駰，郭氏謂今之泥驄。蒼，淺青色也。彤，赤色也。喙，口也。

凡此所言，皆典籍所載之馬，人或不曉其毛物，故《爾雅》釋之。騝、騽，音虔、習。駽，呼縣反。驎，良刃反。驒、騥、駂、駓、騢、駩、瞯，音陀、柔、保、皮、遐、詮、閑。

牛　牛之屬多。《爾雅》曰：「㸬牛，犦牛。犤牛。犩牛。犣牛。犝牛。犑牛。」㸬，音麻。郭云：「出巴中，重千斤。」犦，音雹。郭云：「即犎牛也，領上肉犦胅起，高二尺許。如橐駝肉鞍一邊，健者日行三百里，交州合浦徐聞縣出此牛。」按犎牛，漢順帝時疎勒王來獻此。犤，音皮。郭云：「犤牛庳小，今之㹊牛也，又呼果下牛，出廣州高涼郡。」犩，音危。郭云：「即犪牛也，如牛而大，肉數千斤，出蜀中。」犣，音獵。郭云：「即旄牛也，髀膝尾皆有長毛。」按此牛角向前，毛如白雪，其長毛今人以爲拂子，出荆夔間。犝，音童。無角牛。犑，古覓反。未詳何牛也。又曰：「角一俯一仰，觭。皆踊，觢。黑脣，犉。黑眥，牰。黑耳，犚。黑腹，牧。黑脚，犈。其子，犢。體長，牬。絶有力，欣犌。」觭，音欺。踊騰也，謂角騰起。觢，音誓。犉，閏旬反。眥，才細反，目匡也。犚，音尉。犈，音權。體，身也。牬，匹外反。犌，音加。

羊　羊之屬多。《爾雅》曰：「羊，牡羒，牝牂。」吴羊牝曰羒，音墳。又曰：「夏羊，牡羭，牝羖。」郭云：「夏羊者，黑羖䍽也。」臣疑今胡羊也，多出夏州。羭，音俞。然今人呼牡羊爲羖。音古。又曰：「角不齊，觤。」音鬼。又曰：「角三觠，羷。」音險。此謂羊角捲三匝者。又曰：「羳羊，黄腹。」音煩。又曰：「未成羊，羜。」直吕反。郭云：「俗呼五月羔爲羜。」又曰：「絶有力，奮。」

狗　狗之屬多。《爾雅》曰：「犬生三猣，二師一玂。」猣、玂，音宗、祈。又曰：「未成毫，狗。」郭云：「狗子未生乾毛者。」又曰：「長喙，獫。短喙，猲獢。」《駟驖》云：「載獫猲獢。」獫，音呼儉切。猲，音呼謁切。獢，音呼驕切。又曰：「絶有力，狣。」音兆。「尨，狗也。」

校勘記

〔一〕小野蘭山：「雞、及之間脱子字。」據補。

〔二〕質，原作汁。小野蘭山：「汁，當作質。」據小野氏及《本草綱目》改。

〔三〕迎春，原作迎香。小野蘭山：「香，當作春。」據小野氏及《本草綱目》改。

〔四〕無，原作不。小野蘭山：「不，當作無。」據小野氏及《本草綱目》改。
〔五〕小野蘭山：「郭璞云：『槐，當爲楸。』」
〔六〕小野蘭山：「母下脱杖字。」據小野氏及《本草綱目》補。
〔七〕自，原作似。小野蘭山：『似，當作自。』據小野氏及《本草綱目》改。
〔八〕棘文列刺，棗文複刺，刺字當作朿。
〔九〕常棣棣，原作常棣棠棣。小野蘭山：「棣字衍。」據小野氏及《爾雅》删。
〔一〇〕小野蘭山：「云字衍。」
〔一一〕小野蘭山：「粟字衍。」
〔一二〕小野蘭山：「云字衍。」
〔一三〕王樹民：「按《爾雅·釋木》：『椅，梓。』注云：『即楸。』此稱《爾雅》，應爲《爾雅》注。」
〔一四〕李時珍：「鳥臼，鳥喜食其子，因以名之。陸龜蒙詩云『行歇每依鵶臼影，桃頻時見鼠姑心』是矣。鼠姑，牡丹也。或云其木老則根下黑爛成臼，故得此名。鄭樵《通志》言烏臼即桕柳者，非。」
〔一五〕小野蘭山：「水而無三字原缺，今補之。」據補。

〔一六〕曰日及，原脱日字。小野蘭山：「曰、及之間脱日字。」據補。

〔一七〕小野蘭山：「云字衍。」

〔一八〕小野蘭山：「葉，當作樹。」

〔一九〕李時珍：「鄭樵《通志》以爲王簪者，非也。王簪乃落帚之名，即地膚子。」

〔二〇〕謂之黄芫花，原脱黄字。小野蘭山：「之、芫之間脱黄字。」據補。

〔二一〕李時珍：「鄭樵《通志》云海棠子名海紅，即《爾雅》赤棠也。」

〔二二〕李時珍：「鄭樵《通志》名草果，雖非果類，用充茶食，故有草果之稱。」「鄭樵《通志》、宗奭曰豆蔻，草豆蔻也，此是對肉豆蔻而名，若作果，則味不和，前人編入果部不知有何義。意花性熱，淹至京師，味微苦，不甚美，乾則色淡紫，爲能消酒毒，故爲果爾。」

〔二三〕草，原作本草。小野蘭山：「草字衍。」據删。

〔二四〕藕實，原作藕實莖。小野蘭山：「莖字衍。」據删。

〔二五〕李時珍：「鄭樵《通志》以鉤芺爲芡，誤矣。鉤芺，陸生草也，其莖也食。」

〔二六〕李時珍：「木李，生於吴越，故鄭樵《通志》謂之蠻樝云，俗呼爲木梨，則榠樝蓋蠻樝之訛也。」

〔二七〕小野蘭山：「亦，字恐衍。」據删。

〔二八〕小野蘭山：「悠，當作悠。」

〔二九〕小野蘭山：「蟬，當作蜩。」王樹民：「按《爾雅·釋蟲》：『蝒，馬蜩。』郭璞注：『蜩中最大者爲馬蟬。』此文所引者以注文混入正文者。」

〔三〇〕蚱蟬，原作螞者。小野蘭山：「者，當作蟬。」據小野氏及《本草綱目》改。

〔三一〕蟬蛻，原作蟬脱。小野蘭山：「脱，當作蛻。」據改。

〔三二〕小野蘭山：「謂、蚱之間脱之字。」

〔三三〕「䵷黿，黿螯」，原脱一「黿」字。小野蘭山：「䵷黿螯，脱一黿字。」據小野氏及《爾雅》補。

〔三四〕小野蘭山：「佳、小之間脱一螯大一螯五字。」據補。

〔三五〕蟲，原作負。小野蘭山：「負當作蟲。」據改。

〔三六〕小野蘭山：「神鬼字當乙。」

〔三七〕小野蘭山：「又字恐衍。」

〔三八〕小野蘭山：「云之上脱術字。」據補。

〔三九〕魟，原誤作鮕。小野蘭山：「魟，當作鮕。」據小野氏及文義改。

〔四〇〕小野蘭山：「魚、脚之間脱四字。」據補。

〔四一〕李時珍：「此鳥春來秋去，好食桑椹，易醉而性淫，或云鶻嘲即戴勝，未審是否。鄭樵以爲鸜鵒，非矣。」

〔四二〕李時珍：「山鵲，處處山林有之，狀如鵲而烏，色有文采，赤嘴，赤足，尾長不能遠飛，亦能食雞雀。諺云：『朝鸎叫晴，暮鸎叫雨。』《説文》以此爲知來事之鳥。《字説》云能效鷹鸇之聲而性惡，其類相值則搏者。皆指此也。鄭樵以爲喜鵲，誤矣。」

〔四四〕江東，原作江南。小野蘭山：「南，當作東。」王樹民：「汪本南作東，據宋本、明本、于本、殿本改。」據二氏及《爾雅》校改。

〔四四〕前麟後鹿，原脱麟鹿二字。小野蘭山：「前上下脱麟鹿字。」據補。

〔四五〕灰，原作赤。小野蘭山：「赤，當作灰。」據小野氏及《爾雅》改。

〔四六〕小野蘭山：「無上脱一屬字。」據補。

〔四七〕小野蘭山：「青上脱之字。」據補。

〔四八〕鳥，原作雞。王樹民：「各本『鳥』作雞，汪本改作『鳥』，與《爾雅》郭注同。」據王校及

《爾雅》改。

〔四九〕小野蘭山：「似、兔之間脱狐字。」據補。

〔五〇〕小野蘭山：「大、翅之間脱肉字。」據補。

〔五一〕小野蘭山：「色、短之間脱脚字。」據補。

〔五二〕小野蘭山：「據下脱此字。」據補。

〔五三〕小野蘭山：「解下脱絶字。」據補。

〔五四〕「郭氏引古律文，捕虎沓一錢三千，其狗半之。」此句原在虎條「虥，音殘」下。小野蘭山：「此文錯，當移於下文也、麎之間。」小野校是，今從之。

〔五五〕一在鼻上鼻上者，原脱「鼻上」二字。小野蘭山：「上者之間脱鼻上字。」據小野氏及《爾雅》補。

〔五六〕小野蘭山：「膝皆之間脱上字。」據補。

〔五七〕小野蘭山：「七尺曰三字恐衍。」

附録

《宋史》本傳

鄭樵，字漁仲，興化軍莆田人。好著書，不爲文章，自負不下劉向、楊雄。居夾漈山，謝絶人事，久之，乃遊名山大川，搜奇訪古，遇藏書家，必借留讀盡乃去。趙鼎、張俊而下皆器之。初爲經旨、禮樂、文字、天文、地理、蟲魚、草木、方書之學，皆有論辨，紹興十九年上之，詔藏秘府。樵歸，益厲所學，從者二百餘人。

以侍講王綸、賀允中薦，得召對，因言班固以來歷代爲史之非。帝曰：「聞卿名久矣，敷陳古學，自成一家，何相見之晚耶？」授右迪功郎、禮兵部架閣。以御史葉義問劾之，改監潭州南嶽廟，給札歸抄所著《通志》。書成，入爲樞密院編修官，尋兼攝檢詳諸房文字。請修金正隆官制，比附中國秩序，因求入秘書省繙閲書籍。未幾，又坐言者寢其事。金人犯邊也，樵言歲星分在宋，金主將自斃，後果然。高宗幸建康，命以《通志》進，會病卒，年五十九。學者稱夾漈先生。

樵好爲考證倫類之學，成書雖多，大抵博學而寡要。平生甘枯淡，樂施與，獨切切於仕進，識者以是少之。

同郡林霆，字時隱，擢政和進士第，博學，深象數，與樵爲金石交。林光朝嘗師事之。聚書數千卷，皆自校讎，謂子孫曰：「吾爲汝曹獲良産矣。」紹興中，爲敕令所删定官，力詆秦檜和議之非，即掛冠而去，當世高之。

《福建興化縣志》鄭樵傳

鄭樵，字漁仲，厚之從弟。父國器，嘗鬻己田，陂蘇洋以利衆，宣和初還自太學，卒於姑蘇。先生年方十六，徒步護喪而歸。結廬越王峰下，閉門誦讀，廝養之役皆自執。

後從溪東先生學。嘗作《樂府四怨》，及賦詩「山静暗藏石」之句，溪東先生賞異之，竟與齊名，號二鄭云。

先生性資異人，能言便欲讀書，爲兒時已有脱落流俗志。長而氣識益高，志量益大，復築草堂於夾漈山，屏跡謝事，專以討論著述爲業。晝理簡編，夜觀星宿，不知飢渴寒暑，莆中故家多書者，披覽殆盡，猶以爲未足，週遊所至，遇有藏書之家，必留，讀盡乃去。

先生雖處布衣，名聞天下。丞相李忠定公、趙忠簡公、張忠獻公、參政劉忠肅公皆中興賢輔，或未識而降勢相求，每聞著一書，輒來寫去。卿大夫、州閭鄉黨皆師尊之。永嘉邱公鐸辭兩臣之薦，願往興化從先生學焉，後轉莆田三仕爲令，皆爲是也。給事徐公林以遷客寓，每見先生，録其語。帥守部使者入閩，必問先生之廬。然先生實未嘗沽徼聲名，有疑其不應科舉以爲高者，先生曰：「某以讀書之癖稍重，其他未能，違所重而就所輕耳，無高明亦無愚暗，無矯激亦無凝畏，有飯有書，余何慕焉。精力頗强，且可讀書。稍倦，則著述，敷演以成文。及衰老，不能著述，則隨所安。願仕進則仕進，以設施平生之藴，自無不可。若不願，則畢志亦無不可。不就鄉舉，在某最是尋常事。彼何負而與諸生競文章，彼何嫌而欲得一官職。」其行己持論如此。

紹興十九年，詣行在，獻所著四十卷，詔藏秘府。復還草堂，益勵所學，以畢其志。四方之士，從之者二百餘人。喪母，哀毁，廬墓三年。部使者三舉孝廉，再舉遺逸，不就。

二十七年，侍講王綸、賀允中等四人薦先生於邇英殿，請賜召對，高宗從之。朝不聘士二十餘年，先生一旦待詔，時論翕然稱愜。

明年，奏言：「臣處山林三十餘年，討論古今典籍，修而成書，分爲十類：一曰小學類，二曰經旨類，三曰禮類，四曰樂類，五曰校讎類，六曰譜系類，七曰天文類，八曰地理類，九曰名物類，十曰方書類。共成五十種，皆已成之書也。其未成之書，臣取歷代史籍，始自三皇，終於五季，通修爲一書，名曰《通志》。參用馬遷之體而異馬遷之法，謹摭其要覽十二篇，名曰《修史大例》。并已成之書，稍多，未能辨。今有目録一篇，名曰《夾漈書目》。」上嘉納之，且問以：「《資治通鑒》詳本太繁，節本太簡，安得繁簡適中便於觀覽？」又問：「司馬遷《史記》括囊一書，功在十

《表》，如何學者不知用心？」先生奏言：「學者以《通鑒》并於《六經》，老師宿儒不能議其得失。班固《漢書》去遷未遠，已不能明十《表》，後生晚進，安能得其津涯，良由天縱之不知，不淞移習而得，於是論列班固以來，斷代爲史皆失班彪、馬遷制作之義，又失孔子代損益相因之理。」上曰：「聞卿名久矣，敷陳古學，自成一家，恨見卿之晚。」時引對已三班漏下十數刻矣。先生請退。上曰：「見卿議論高遠，使朕自然忘倦。」先生力乞還山，曰：「臣麋鹿之性，終愛山林。」上曰：「當俟，朕有以處之。」授右迪功郎，主管尚書禮兵部架閣文字。所著史書，官給筆札，令修寫投進。先生復辭，乃改監潭州南嶽廟，還家論著。

越四年，《通志》書成，二百篇。《紀》《傳》《世家》《載記》即用舊史，而以《年表》爲《譜》，以《志》爲《略》。其十五《略》出於胸臆，不涉漢唐諸儒議論，五《略》雖本前人之典，亦非諸史之文也。蓋先生所考論者，舉其宏綱，撮其機要，皆聚於此。

乃詣闕請對，會上駕幸建康，已戒嚴矣，先生未得見，以爲樞密院編修官，故相湯公留守臨安，復請兼權檢詳諸房文字。

虜之入寇也，先生爲大臣言，料必亡。已而北方士民來歸者，欲再往取其妻子，僉曰叵測。先生謂皆中原吾民，必無異志，以身任之，卒如其言。明年春，上至自建康，命以《通志略》繳進。而先生以命下之日卒，年五十有九。海内之士，知與不知，皆爲痛惜。太學生三百人爲文以祭，歸正之人感先生之德，莫不惜哭之。

先生之學，無所不通，奮乎百世之下，卓然以立言爲己任，不但如世之所謂博洽而已。嘗曰：「某之所著，皆見合古人而後敢有所作。然其論，則先按伏生孔壁之舊典，漢儒所傳，唐世易以辨其古今石合之，所以訛。傳《春秋》，則首考三家之文，參以同異，而斷其簡策傳寫與口耳授受，互有論説。説《詩》則辨大、小《序》之文，别《風》《雅》《頌》之音，正二《南》王化之地，明鳥獸草木之實。莫不信而有證，非以空言臆見而求異於先儒也。」他皆類此。

先生標表獨立，節行尤高，不汲汲於勢利。居鄉累歲，不一詣郡邑，門人束脩，一無所受。晚得祠禄，盡以爲筆札，詔從費官給，未嘗取也。於人不苟合，而好賢則篤，見寸善推譽如不及。有來質問，苟可告語，爲之傾倒，滚滚不倦。如艾軒林先生光朝，同爲郡所推。先生既仕，數爲當路賢者言艾軒德望，且爲之作書，薦於同列，草稿俱存。與萍齋林先生彖書曰：「兄懷抱德才，而小人乃蒙旌聘，寧無負愧？所以遍訴於諸公門者甚多。」其後萍齋亦以遺逸舉，可謂爵位相先者矣。其在閭里，睦親善鄰，賙乏賑窮，築蘇洋陂以紹先志。事有利於人者，如種平床之木，作永貴之橋，蓋過來之庵，皆極爲之。民之疾苦不能自達，則告於居官。惜乎未見知用，而所及者，如是而止耳。

先生之書凡五十八部，五百九十餘卷，其著述之旨，具於《夾漈書目》，文多不載，又嘗討論歸正官制，爲書三卷，而詩文之屬，曰《溪西集》十五卷。

先生嘗教授於福、温之間，從遊者號之夾漈弟子，而吏部楊興宗爲高第，至今後學思而仰之，故長溪以士子之請先生於校官。開禧中，郡守王公居安立祠於學，且以學職延致子翁歸云。

藝　文　叢　刊

第　四　輯

061	寶章待訪録（外五種）	〔宋〕米　芾
062	**昆蟲草木略**	**〔宋〕鄭　樵**
063	味水軒日記（上）	〔明〕李日華
064	味水軒日記（中）	〔明〕李日華
065	味水軒日記（下）	〔明〕李日華
066	寒山帚談	〔明〕趙宧光
067	讀畫録	〔清〕周亮工
068	誠一堂琴談	〔清〕程允基
069	文房肆考圖説	〔清〕唐秉鈞
070	芳堅館題跋	〔清〕郭尚先
071	花木小志（外二種）	〔清〕謝　堃 〔清〕高士奇 〔清〕翁長祚
072	隨息居飲食譜	〔清〕王士雄
073	嵩洛訪碑日記（外五種）	〔清〕黄　易
074	廣藝舟雙楫	康有爲
075	刻竹瑣言（外四種）	黄高年 周无方 金開藩 張志魚
076	章草考	卓定謀

藝　文　叢　刊

味水軒日記 上

〔明〕李日華

浙江人民美術出版社

圖書在版編目(CIP)數據

藝文叢刊. 第四輯 / (宋) 米芾等著 ; 況正兵等點校. -- 杭州 : 浙江人民美術出版社, 2018.1(2023.9重印)
(藝文叢刊)
ISBN 978-7-5340-6222-3

Ⅰ. ①藝… Ⅱ. ①米… ②況… Ⅲ. ①古籍－中國－叢刊 Ⅳ. ①Z121.7

中國版本圖書館CIP數據核字(2017)第243082號

李日華像

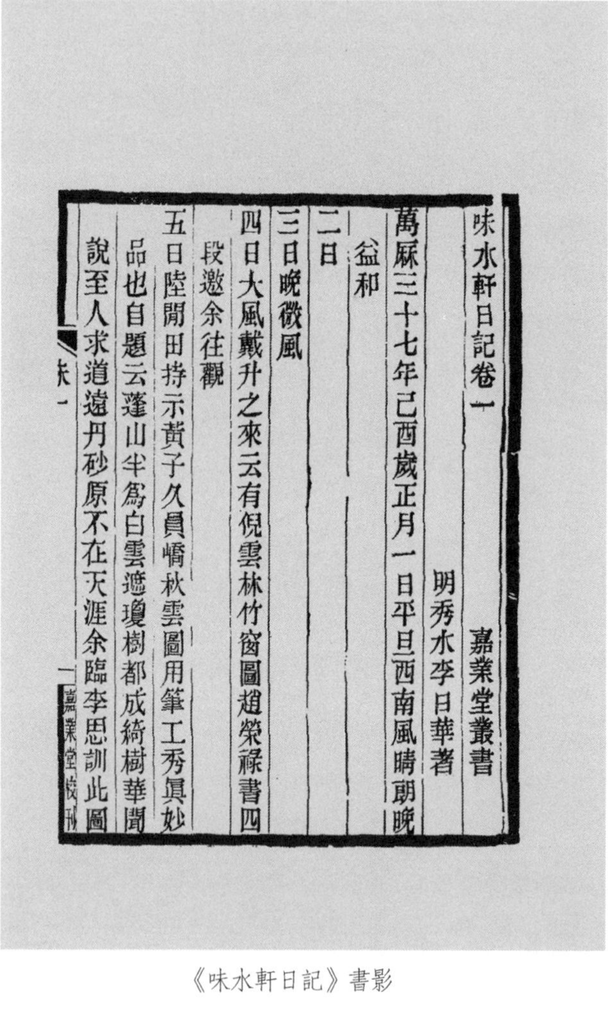
味水軒日記卷一　嘉業堂叢書

明秀水李日華著

萬厤三十七年己酉歲正月一日平旦西南風晴朗晚

益和

二日

三日晚微風

四日大風戴升之來云有倪雲林竹窗圖趙榮祿書四

段邀余往觀

五日陸開田持示黄子久員嶠秋雲圖用筆工秀眞妙

品也自題云蓬山半爲白雲遮瓊樹都成綺樹華閬

說至人求道遠丹砂原不在天涯余臨李思訓此圖

卷一　一　嘉業堂校刊

《味水軒日記》書影

點校説明

《味水軒日記》八卷，明李日華撰。李日華（一五六五—一六三五），字君實，號竹嬾，又號九疑，浙江嘉興人。萬曆二十年（一五九二）進士，選九江府推官，補禮部儀制司主事，官至太僕寺少卿。日華工詩文，能書畫，善鑒賞，時人盛推之：「一時士大夫風流儒雅、好古博物者，祥符王損仲、雲間董玄宰爲最。君實書畫亞于玄宰，博雅亞于損仲，而微兼二公之長，落落穆穆，韻度頽然，可謂名士矣。」（錢謙益《列朝詩集》丁集）平生著述頗豐，有《恬志堂集》《六研齋筆記》《紫桃軒雜綴》以及《竹嬾畫賸》等多種傳世。

李日華嘗於萬曆三十二年（一六〇四）至天啟五年（一六二五）二十餘年間乞休奉親，《味水軒日記》所載即萬曆三十七年（一六〇九）至四十四年（一六一六）鄉居之事。前後跨度爲八年，依時釐爲八卷。書中所載，誠如其子肇亨於是書序言所云：「其間所紀翻閲書畫、評騭翰墨，十居八九。而時事、異聞奇物、酒荈花鳥，寄情觸目者，附之。所絶不涉入者，月旦雌黄，陞除寵辱，種種俗慮。」因内容詳實，「援據明確，實事求是，無影響談」；且筆意清通，言辭典雅，《味水軒日記》極具可讀性和研究價值，既可作爲研究晚明士人生活、書畫鑒藏的可靠史料，也可作爲了解李日華文學造詣以及晚明小品風潮的典範文本。

《味水軒日記》成書後，長期以抄本形式流傳。至清光緒間葛元煦刊刻《嘯園叢書》時，纔以節録形式收入書中。民國後，嘉業堂主劉承幹復以刊本、抄本等輯補刊成較爲完備的本子。此次出版，以《續修四庫全書》所影嘉業堂本爲底本，校以《北京圖書館古籍珍本叢刊》所影清抄本，予以標點整理。整理過程中，參考了上海書畫出版社《中國書畫全書》排印本以及上海遠東出版社屠友祥校注本，特此説明。

本書整理初衷，是爲讀者提供一部完備而實用的《味水軒日記》讀本。然而因整理者水平有限，加之時間倉促，書中訛誤、疏漏之處在所難免，懇望讀者不吝指正。

目録

序

《味水軒日記》，起萬曆己酉正月，終丙辰十二月，凡八年，釐爲八卷。其閒所紀翻閱書畫、評騭翰墨十居八九，而時事、異聞奇物、酒莽花鳥、寄情觸目者，附之。所絕不涉入者，月旦雌黄，陞除寵辱，種種俗慮。亦可仰見先大夫篤嗜之曠懷、卓品之一二矣。不孝肇亨謹述。

卷一

萬曆三十七年己酉歲正月一日，平旦，西南風，晴朗；晚益和。

二日。

三日，晚微風。

四日，大風。戴升之來，云有倪雲林《竹窗圖》、趙榮禄書四段，邀余往觀。

五日，陸閒田持示黄子久《員嶠秋雲圖》，用筆工秀，真妙品也。自題云：「蓬山半爲白雲遮，瓊樹都成綺樹華。聞説至人求道遠，丹砂原不在天涯。余臨李思訓此圖已二十餘年矣。今日偶爾簡出，清容先生見之，歎賞不已，豈亦有嗜痂之癖耶？并賦短句爲贈。天曆二年八月十日，大癡學人黄公望記。」又文衡山題云：「李侯點筆元無敵，子久摹神更有華。紅樹白雲千嶂合，山翁已過碧溪涯。思訓原本雖未之見，而得見子久摹本，未必子久後之也。賞鑒者須珍重之，當倍於他作矣。嘉靖庚寅，文徵明識。」

六日，盛頤玉來，云白苎莊後圃，有梅大如拱柱者，蓓蕾千餘，邀余往看。余因舉林君復日賣一梅故事，謂頤玉曰：「凡花皆可云賣云買，惟梅不可。但當云聘梅嫁梅耳。」頤玉曰：「君豈欲强委禽乎？行，爲治膏沐矣。」相與大笑而去。

七日，過沈純甫先生齋頭，率兒子執業〔一〕請教。

八日，沈晴峰先生見過，談老子元牝之旨，甚伏。□□君采解注，爲不可及。晚雪。

九日，雪意未已。

十日，晴。盛頤玉以小盆梅貽我，露根偃幹，疎花數點，極有古態。午後盛德潛、吴仙臺、戴康侯、張嘉林小集，仙臺談中原舊游，爲之悵然。

十一日。

十二日，五臺山有萬年冰者，乃深岩積凍之處，大暑不消者也。衲僧五六十人，結茅于此。有僧名如滿者，爲衆出山募米，未就，誓不以粒米沾脣，朝暮止食菜葉，須到山與衆同飯，人因號爲菜和尚。至是，以一册求題，爲作二段話。先題者，董太史思白，陳徵君仲醇，吾鄉包襲明、沈汝訥、王季常三孝廉。

十三日，爲沈天生圖扇，用王叔明筆法，系以一絶云：「車馬風塵屬壯時，得閒今不恨閒遲。泉光雲影虚亭畔，定不將人染鬢絲。」

十四日，夏賈持文衡山《古木寒泉圖》來看，老幹霜根，甚有生氣。

十五日，過戴升之齋中，閲所謂倪雲林《竹窗圖》者，非真。趙榮禄書四段，良是。

旬日〔二〕晴煦，小盆水仙梅花盛開，香氣鬱浡，終日在氤馨中。有招者，俱不赴，不欲虚此清供也。

十六日，客有持趙丹林山水，筆意仿北苑；柯丹丘竹石，驗俱可疑。

十七日。

十八日，連晴，天氣乍暖。城南真如寺忽傳有倒挂塔影，士女游觀者駢集。凡塔影必倒。蓋空中光氣非一，塔既兀峙，光中攝影，影中流光，顛倒顯露，非凡目可究也。

十九日，暮得小雨，甚快。

二十日，復霽，晚仍晦。

二十一日，晴。出問徐德夫疾。

二十二日，晚陰，五更風雨甚壯。

二十三日，晴。

二十四日。

二十五日，李如垣、陸三孺兄弟小集。如垣從閩回，具言泛海遇風脱險事，甚可震駴。又言，是月十八日黄昏時，海鹽半路平野中，忽起軍馬之聲振空，人皆出視，天作黄色，空中見有人馬旗幟無數，但不見其足，一片南去。人因追逐之，直至縣，入北門，出南門，没于海中。萬目并見，令君亦登城望之。云得于錢紫芝口説。錢，半路人也。如垣又云，去歲江右有士夫費堯年者，前宦浙臬，家食數年矣。忽一日端坐化去，良久復甦，云有數輩走卒來請，將便擁去，所歷異境非一。至一處，有吏人呵卒曰：「此是何地，而令生人露目乎？」因以一紗套套之，外又加皮套，即漆然無見，如行昏黑中。耳畔備聞諸禽獸與人類呼號慘楚之聲，意是地獄。及至一院，卒爲去套，備章服，肅進云：「此第六殿王也。」費仰視，乃故南祭酒馮具區先生。降與費相慰藉如平生，云：「召公無他，乃上帝前缺一掌判，故舉公補職耳。此美任，乃人所不易得者。」費求歸與妻子別，馮曰：「亦可，但上帝限嚴，止可八日耳。」因呼卒，仍前用套套身，與去。至家得甦，日夜辨後事，八日果歿。云此得之金午川，午川遊江右故也。

二十六日，未申閒大風。會葬賀伯闇太夫人。至批驗所東。夜與沈子廣、屠元卿小坐，雨滴階。

二十七日，陰寒，晚作雪霰。

二十八日，寒晦，雪霰，午後風甚厲。

二十九日，晴，猶寒。

二月一日，雪霰，甚寒。

二日，陰寒。

三日，晴。

四日，赴盛頤玉招，至白苎莊後圃。梅盛開，紛如積雪，五六年來所僅見也。

五日，集陸閒田齋中，嘗河豚。坐中一客云，屠沖陽大夫園有木本菊，高五六尺，亦世之罕物。

六日。

七日，小雨。

八日，小霽。蘇人持太倉王弇州家所刻褚令《哀册》，甚佳。後有陳深跋。

九日，潘兑部麓泉公書來問余：「餘灌，灌餘，其樂何如！」潘與余同爲開封屬令，同分癸卯鄉試，同被總河檄開黄家口河，盤桓最久。每公事疲勞後，談白苎莊居，有餘灌堂，以讀書暇，即負甕出後圃；圃中又有灌餘亭，以灌久，即復小憩讀書，故潘柬及之。

十日，小雨。嘉樹堂玉蘭吐白。

十一日，雨中與潘兑部麓泉、吴山人仙臺同泛鴛湖，遊王杞縣别業，登煙雨樓，抵暮乃歸。

十二日，雨。市儈持柯九思《雲石軒》小景來，索值甚高，然非真者。

十三日，晴。平湖張光禄吉庵求余女肇淑字次子翌寰，主盟者伯兄養白也。

十四日，寒，雨竟日。

十五日，晴。

十六日，同養白兄、賀伯闇、高永仁陳孟嘗集徐德夫蒹葭湄園。

十七日，陰晦。庭樹鳥聲極多，鈎聒可聽。

十八日，晴。

十九日。

二十日。

二十一日，雨。盛德潛以沈石田仿倪元鎮小景歸余。

二十二日，雨。欲霽，風甚壯。市儈持假黄子久畫示余，乃臨本也。紙色慘惡中見此老磅礴氣百分之一。款題：「爲如泉相公畫。」如泉者，高太史季迪號也。

二十三日，晴。

二十四日，方巢雲以古玉冠一、官窰香爐一、紫檀芝朵擘子一歸余。夜集諸客，客言撫浙甘中丞患對口瘡。一客云，此瘡用白茄蒂七枚去梗，加何首烏等分，河水煎服，無不愈者。

二十五日，戴升之、項于王、沈雋林、邱元禮四孝廉小集。入暮，雨。

二十六日，雨。

二十七日，霽。

二十八日，雨。奉家君率婦子掃祭于先塋，雨甚，僅成禮而返。

二十九日，晴。午後奉家君往石佛寺禪堂〔三〕。

三月一日，就石佛寺禪堂，延衲子允沖等七員禮懺薦先妣。

二日，余暫回，東風甚厲。余以郡公夙有仁文講道之約暫回。講約原本于甘公紫庭，適于是月捐館，因撤講。

三日，余復同兒子往石佛。是夜作瑜珈施食法，至三鼓方息。

四日，在允沖房，禺中方起，諸比邱乞詩畫者趾相錯矣。因爲解如、沖如二小師繪扇二握。一作米山，題云：「二米已涅槃，我今正説法。解如心孔靈，臨流見津筏。助我宣密義，且莫去行脚。」蓋解如善畫，且將有五臺之行也。一題云：「道人一喝〔四〕，具三乘十二分教；吾一點墨，亦攝山河大地。此關捩彼此互操，且試與沖如上人參之。」又作《送解如游五臺》詩一首。《古木野航圖》一幅，贈慈航上人。又作《同允沖上人聽竹》一絶句，云：「風中修竹一百箇，日夜敲成環珮聲。賴得禪心如濕絮，隔牆能不動纖塵。」其他草草口占應去者，不復記。飯後解維，抵家未暮。五更雨。

五日，晴。

六日，晴暖。始揉泥口松子。

七日，出弔夏瀛峰、屠熙春。夏以鄉雋爲武城令，性嗜酒。屠，孝廉念慈父也。亦嗜酒，與夏爲高陽之游良厚。二月中，夏方夜飲，就枕即脱去。明日，人以告屠，屠甚嗟異，即拉友葛漢山者與其子孝廉同載，往襚之。一路嗟憤，歎失良友不已。

屠所居去夏約二里，將抵岸，屠忽不語，傾倚漢山懷次。漢山撼之，便不能轉側。即返棹救療，已絶氣矣。二君平日放浪杯斝，頗不以世故自縛，其去亦爾〔五〕翛然。但方行弔，不及視含斂，而接踵以逝。人命脆促，所謂骷髏歎骷髏，智者可不深省耶？

八日，晴。

九日，閲邸報，二月十日壬戌夜四更候得白氣經天，闊二尺，如白布，穿過氐宿、太微垣、北河屋、井宿、巽位至乾位，良久乃滅。占云：白雲氣經天，下有拔城大戰。入氐宿，天下疫。入太微垣，主兵起。入北河星，邊兵動。入井宿，大雨水；又爲胡王死。真如寺僧道耕號牧隱者，詩僧定湖之法孫也，以詩來謁，且求定湖詩集敘。

十日，吴觀察本如以《紫柏語録》還余，又抄未刻者二種寄予，大抵與本如及趙虔所吏部所談居多，其旨灑灑，真百斛甘露也。

十一日，姻家張吉庵來，行允吉禮。

十二日，謁宋明府。

十三日，余初度辰也。亨兒書室中小盆菖蒲忽見花五六穗，如水蓼之狀而蒼碧色，其花蒙茸然。余嘗詠唐人詩云「菖蒲花發五雲高」，而未嘗見花。應劭《風俗通》以爲菖蒲花難得見，人得食之長年。而適與予誕辰會，亦奇矣。余敢不勉自保嗇，以副此嘉徵？因令兒子作《菖蒲花賦》。暮小雨。

十四日，霽。嘗虎邱新芽。

十五日，大雨。

十六日，霽。陳白石持祝京兆書東坡《後赤壁賦》，草法葡軟，驗非真者。

十七日，沈茂真先生來，談竟日。兒子書室前石池大葉菖蒲，乃前歲午日戲插水中者，至是亦花。觀唐人又有句云「菖蒲花開月常滿」，味其語意，亦是難得見之說也。

十八日，圖扇二握，一用米法，一用子久法。又作觀音大士像贊一首。

十九日，穀雨，風雨竟日。夜忽〔六〕感寒疾。

二十日。

二十一日，晴。

二十二日，疾小閒。

二十三日。

二十四日，雨。

二十五日。

二十六日，大風。

二十七日，惠山載水人回，得新泉二十餘甕。前五日，昭慶雲山老僧寄余火前新芽一瓶，至是開試，色香味俱絶。

二十八日。

二十九日，身猶未快，延醫診脈，言余氣分素歉，心神亦過勞，大約作文爲祟也。每欲焚筆枯坐野寺中，以絶遊轍，竟以俯仰故不能也。

三十日，購得古端大硯，長一尺二寸，闊六寸五分，高三寸，平面梠背，作覆洞形。墨池陂陁漸陡，右角二活眼爲雲遶月狀，中峙一犀回顧，制極雅朴。周遭墨秀硃班，光采艷發。以方于魯第一煤試之，三四動腕而濃瀋滃然矣。偶陽羡人以精岕四十銖見歸，急煅泉潑茗，且摩挲硯石而嚥之，不覺微痾脱去，大叫奇絶而罷。

四月一日。

二日，出拜客。陸三孺持舊人團扇圖三幅來示，一作梅花仕女者，頗精細。

三日，飲沈甥家。壁間陳沱江小景，草草逸筆，頗好。

四日，立夏。

五日。

六日，大雷雨。昭慶寺僧雲〔七〕如送茶至。

七日，霽。

八日。

九日，大風。

十日，大雨。客持趙子昂蘭竹一軸、唐伯虎《山樓望瀑圖》，俱非真者。陳白石以海虞榆庵徐官元懋所著《古今印史》抄本歸余，云姚禹門先生遺物也。

十一日，雨。

十二日，奉家君同至許太微莊，赴藥師琉璃光如來佛會。主法者，天台國清寺僧了萍者也。許乃觀察鴻川公子，家有釋、道二藏，蓋巨室之好脩者。

十三日，雨竟日。

十四日，雨竟日，天氣如秋。

十五日，大雨，傷麥。

十六日，雨，赴沈振羽招夜集。坐有客譚四方詭異事，甚資噱噱。

十七日，雨。

十八日，雨。海上警哨，昌國衛有倭船三隻。官軍衝擊，傷一把總。海鹽縣戒嚴，城守參將移兵駐洋山。晚同養白兄至平湖。

十九日，大雨，會葬項玄池夫人于平湖城南，晚回家。

二十日，雨霽。姑蘇陸衡甫駿介沈子廣來謁，所贄王雅宜行書單幅二詩，古雅勁秀，似獻之章草。又示斷紋琴，金玉徽軫，與錦囊流蘇煒然照目。鼓之亦常聲，斷紋浮起，非真品也。祝枝山草書杜陵《秋興》，良雄快可喜。

二十一日。

二十二日，飲馬太守家。

二十三日，夏賈持梅道人竹石一紙，題云：「有客抱琴來，爲我彈雲和。曲終抱琴去，瀟灑當如何。至正十年，中用小印庚寅二字。秋八月。」又文衡山粗筆仿黄大癡，題爲南屏薛君作。

二十四日，夏賈以陝搨《九成宫》質斛米去。

二十五日，風甚壯。

二十六日，治杭行，晚泊北麗橋。

二十七日，晚泊崇德，雨甚。兩涯比户皆繅絲聲。夜三鼓，有行劫者。

二十八日，陰雲開朗，忽雨忽晴。今夏水多，山谿泛溢，石橋稍低者舫不能進，因別覓小艇，運至松毛場。煙波翳薈，一葉眇然，甚有佳趣。夏將半矣，晝必複襖，夜必絮衾，未嘗有一日張蓋揮箑，亦異數也。晚至雲山僧房。

二十九日，雲日舒斂，弄晴閣雨，氣候不定。張禹玉示扇頭釋子智舷號秋潭所作新柳詩，有「夜雨尚憐勝不得，春風只管舞教頻」之句。因爲作《新柳圖》，以益其態。

五月一日，霽。

二日，曹介人來訪，華亭孝廉而隱西湖之上者，以所校《畸人十論》見貽。

三日，雨，晚霽。

四日。

五日，張雲臺大參招飲湖舫，觀競渡，士女填咽，所謂一國若狂者也〔八〕。

六日，訪曹介人，坐垂露亭，良久而別。俄遇陳良卿，相與閱市，購得羅長源《路史》全帙十六本，汪然巨觀。較《歷代小史》所刻者，删削不啻十之七矣。

七日，赴黄貞父招，集靈隱之松隱房。與周太學本因、温太史員嶠坐澗心橋，俯聽流泉，談諧竟暮而别。

八日，訪馮長離不遇。過徐山人，出觀南潯葉客所攜韓幹畫《照夜白》，有米芾題字及危太樸以下諸跋，佳品也。黄子久《九峰雪霽圖》，不真。雨不止。晚霽。

九日，武林沈無回孝廉來訪。周本因以手臨王内史《玉潤帖》、孫虔禮草書《孝經》來示，并索題。徐生見示王叔明《秋山草堂圖》，山樹點擦，重複黯澹，極類范寬。馮生率徽客二人來，以李息齋久雨竹一幅見示，枝葉堆墮，頗盡濕重之態。又梅道人竹石，非真。石田刷絲枯筆小景，下作漁艇柳枝，極有氣韻。文五峰《攝山煙雨圖》，題爲懋〔九〕文先生贈，上則雲湧峰尖，下則煙籠沙渚，亦一段瀟湘也。

十日。

十一日。

十二日，訪高瑞南子麟南，出其所藏郭忠恕復寫摩詰《輞川圖》，上有内合同印，元人袁桷跋。又有廬陵李珏字元暉者敘述本末，云是忠恕奉江南李後主命復寫者。卷長三丈，樹石極精微，山有勾砍，略用筆，滃澹，所謂松針石脈，別有異趣，余所見盧鴻《草堂圖》、王右丞《江山雪霽卷》，可與此鼎立。麟南又出朱〔一〇〕書小簡三段、舊畫册三本，俱不足觀。午後赴姚元素給諫招飲湖舫，與黄貞父同坐。風雨瞑晦，湖波洶洶，滋有奇趣。

十三日，赴王懷我招飲湖上小樓，得句云：「樓當山好處，人在醉醒時。」馮生持示倪雲林小景，上題云：「寫於王雲浦漁莊，爲張子宜所藏。」系一詩曰：「江城風雨歇，筆硯晚生涼。囊楮未埋没，悲歌何慨慷。秋山翠冉冉，湖水玉汪汪。珍重張高士，閒披對石牀。」

十四日，霽，爲沈無回孝廉圖一便面。

十五日，兒子入試科舉，首題「德潤身」，次題「得見有恒合」，下節經題「昊天曰旦，及爾游衍」。

十六日，同伯兄養白、内兄沈翠水、亨兒入山。余與兒子先走龍井，聽四水〔一一〕泉聲，清聒可喜。翠水走天竺。午皆會于法相寺。主僧納雲不在，其孫净因白晳肥腯，詼謔〔一二〕善酒，治具頗潔，足佐半日之歡。

十七日，閱市。晚過販珠者葉賈樓寓，見壁閒郭忠恕《溪山樓閣》單幅，筆意明秀，縑色沈古，真迹也。又石懸磬一架，長二尺五寸，高五寸，厚寸餘，有腹背廉鍔，形如懸鯉，色青緑相雜，叩之含宏清遠，在宫商之閒。云成國公家物。昔余在潯，董獻可謂余曰潯有柳匡廬別駕者，世廟初人，性耽古善鑒。一日，蹋鞁山下，遇沙路下鏗然有聲，知有伏石。發之，得磬材，舁歸以爲寶。豈即此是耶，抑其類耶？考《石鐘山記》，稱彭蠡之濱，拾片石叩之，無不成鐘鼓音者，不獨泗濱之浮玉也。然當其埋没，則佳響消沈。一遇奇人搜剔，遂爲華屋錦屏之侑，摩挲戛擊，不能自已。流傳之餘，尚獲上價。士之遇不遇，何以異是耶？爲之三歎。

十八日，治歸裝，從松毛〔一三〕場登舟。夜泊北關。

十九日，泊宿石門。

二十日，禺中抵家。

二十一日，雨。

二十二日，雨。夏賈持思白小畫一幀，筆意學巨然。上系一絶云：「拈筆經營輞口居，心知習氣未能除。莫將枕漱閑家具，又入中山篋裏書。」此老平生跌宕，憂讒畏譏如此。然世波雖險，以高流銜之，適增千古奇觀耳。

二十三日，雨，小霽。作文壽項又新母陸孺人。又新，子京先生第三子，善竹枝寫生，余書畫友也。

二十四日，晴。杜夏卿來，談海中有寇，以艨艟爲家，長數十丈，闊十餘丈，外裹牛革三重，内有磚壁，列屋以居。隨潮漂泊，擁衆萬餘人。遇島可耕，耕之。已，復縱出劫掠。爲首者號沈碧峰，寧波人也，黄服金冠，頗僭服御。崇明沙、金山衛、九團等處，歲有侵犯。今歲四月初旬海警，即此賊也，不治恐貽大患。又言遼陽事壞，建夷〔一四〕三衛合精騎十五萬，洶洶思南牧，可懼。朝臣無一人慮及，方搆訐相攻，如閭巷小兒詬誶。此何等時也，而容處堂輩啁啾耶！夏卿平生喜談兵，今年七十六矣，猶耿耿如此。

二十五日。

二十六日，晴。

二十七日，亨兒録科舉，將應秋試。余爲料理三場之業，從此讀史功稍減輟矣。

二十八日。

二十九日。

六月一日，拜家君壽。

二日，姑蘇陸衡甫來，攜其尊人陸廬峰先生書，寄余陳白陽草書一幅、初搨《停雲帖》一部。

三日。

四日，招衡甫，示余王孟端《山居樂志圖》，筆法頗沈鬱，仿董元；又碧玉簪一，頗澄瑩；玉玦一，有血侵。

五日，客持趙子昂《黄庭换鵝圖卷》來質錢。所作右軍，神情灑落，意象欲語，奇品也。後綴宋搨《黄庭》一張、子昂臨本一張。跋云：「余内人得古搨《黄庭經》，請余作圖，又自臨一過。」江陰黄琳美之家物也。有張伯雨題字。

六日。

七日，往石佛寺〔一五〕，住守謙德公房，大雨。

八日，雨稍霽，酉刻有虹經天，彩色鮮明〔一六〕異常。

九日，熊郡丞平宇以賑饑至寺中顧余，余以野服辭，不獲，遂與相見。因覓村酒雜坐。適寺有廢閣基，先年爲人强祠其中，因爲寺作楚。余稍爲調停之，且謀復閣，奉大藏其上。寺僧歡然，乞余文行募。

十日，老僧慈航贈余詩云：「山花發淺紅，林竹森寒碧。倏然北窗下，避暑來佳客。雲光落茗杯，清風展書帙。問余住山年，一笑指蘿石。」幽淡有味，亦一時實録也。

十一日，晴。初聞蟬。

十二日。

十三日，集萬竹房。

十四日，五鼓解維，抵家日三竿矣。午赴項又新招，热甚。

十五日。

十六日。

十七日，復至石佛。

十八日，热甚。

十九日，热甚。

二十日，热甚。老僧道光示沈石田青緑山水一幀，上題云：「山影倒波碧，松陰匝地青。獨行向何處，西舍勘茶經。」錫山僧解如貽余古畫一軸，絹素沈黑，不辨何人作，然筆法類洪谷子。

二十一日，戲于石橋上學釣，因作《天下第一釣者圖》以寓意，系一絶云：「淺渚平灘水漫澌，尋常漁父盡能知。孤臺迥出雲霄上，獨有先生百尺絲。」主僧德公乞留山房。夜二鼓，大雨。

二十二日，稍涼。

二十三日。

二十四日，回家。盆蘭已盛作花，白蓮亦挺一蘂矣。

二十五日，涼甚。

二十六日。

二十七日，拜夏靖原。靖原以閩興化郡丞回里，劇談閩物，以江瑶柱爲首。閲邸報，今年四月十日，山東濟南歷城縣舉人王啟亨莊上，産黄牛一，雙頭，三眼，兩鼻，兩嘴，四足，一尾。本月十七日，青州東苑縣民人程尚勤家産牛，雙頭并連一處，四眼，三耳，兩鼻，兩口，四足，一尾。至二十四日死，存其皮。查史，晋元帝建武元年七月、晋成帝咸和二年五月皆有之。是時南北分主，中原紛擾，景象可知也。不意聖明乃覩此耶！

二十八日。

二十九日。

三十日，連日俱大東南風。

七月一日，徐潤卿來，談蜀道山川。云峨嵋六月始開凍，七月下旬即又飛雪。西望雪嶺，連亘如粉堆，日光照曜，蓋萬古不消之雪也。暑中聞此，不覺起慄。

二日。

三日，復往石佛。久晴水縮，一路桔槔。

四日，解如出觀石田畫册十葉，亦摹本之小有意者。守謙出項少岳先生四絶句，行草清遒，亦吾郡先輩之楚楚者。夜大雨震電，五鼓方止。

五日，午後仍大雨。

六日，回家，暮亦小雨。

七日，霽，乍涼，夜臥冷簟，小不快。客持宋張擇端文友《清明上河圖》見示，有徽宗御書「清明上河圖」五字，清勁骨立，如褚法。印蓋小璽。絹素沈古，頗多斷裂。前段先作沙柳遠山，縹緲多致。一牧童騎牛弄笛，近村茅屋竹籬，漸入街市。水則舳艫帆牆，陸則車騎人物，列肆競技，老少妍醜，百態畢出矣。卷末細書「臣張擇端畫」。織文綾上御書一詩云：「我愛張文友，新圖妙入神。尺縑該衆藝，采筆盡黎民。始事青春蚤，成年白首新。古今披閱此，如在上河春。」又書「賜錢貴妃」，印「内府寶圖」方長印。另一粉箋，貞元元年月正上日，蘇舜舉賦一長歌，圖記「眉山蘇氏」。又大德戊戌春三月，剡源戴表元一跋。又一古紙，李冠、李巍賦二詩。最後天順六年二月，大梁岳〔一七〕璿文璣作一畫記，指陳畫中景物極詳。又有「水村道人」及「陸氏五美堂圖書」二印章，知其曾入陸全卿尚書笥中也。後又有長沙何貞立印，又余姻友沈鳳翔超宗二印記。超宗化去五六年矣，其遺物散落殆盡，此卷適觸余悲緒耿耿也。《清明上河圖》臨本，余在京師見有三本，景物布置俱各不同，而俱有意態。當是道君時奉旨，令院中皆自出意作圖進御，而以擇端本爲最，供内藏耳。又余昔聞分宜相柄國，需此卷甚急。而此卷在全卿家，全卿已捐館，夫人雅珍祕之，諸子不得擅窺。至縫置繡枕中，坐臥必偕，無能啟者。有甥王姓者，善繪性巧，又善事夫人，從容借閱。夫人不得已，爲一發藏。又不欲人有臨本，每一出，必屏去筆硯，令王生坐小閣中，静默觀之。暮輒厭意而去。如此往來兩三月，凡十數番閲，而王生歸輒寫其腹記，即有成卷。都御史王忬迎分宜旨，懸厚價購此圖，王生以臨本售八百金，御史不知，遽以獻。分宜喜甚，發裝潢匠湯姓者易其標識。湯驗其贗，索賄四十金于王，爲隱其故。王不信，恡予。因洗刷，露其新僞。嚴大嗛王，因中之法，致有東市之慘。夫王固功名草草之士，宜不具鑒。分宜少頗淹雅，晚年富貴已極，搜閲甚多，宜一見了了。而王生之僞，必藉老匠以發，則臨本之工，亦非泛泛者。今臨本不知何在，而真者〔一八〕獨出，亦有數存乎其間耶？夫書繪本大雅之玩，而溺者至以此傾人之生，諂者至以此媒身之禍，豈清珍之品，本非勢餤利波所得借資者耶？

所謂衛懿公之鶴，不如嵇、阮之酒。觀此，則有癖古之嗜者，不當復媒榮膴。而都顯倨者，亦可推此以遜寒士矣。王生號振齊〔一九〕，亦因此搆仇怨，庾死獄中。或云真本爲衛元卿所得，元卿續獻之嚴，僞本乃敗。未知的據。

八日，連服補中益氣湯，甚快。客來，言常熟人有陳龍川者，晝夜能行七百里，飯必斗米，飲或數甕。駕空騎氣，可越江湖。昔年袁了凡好奇，嘗一交之。亦曾見馮具區先生。今二老繼殁，棲棲旅食，竟無識者。夫以如此蹻健，不置之塞垣絶徼，令有所樹，豈禄食在位者盡塗目塞耳耶！以區區粗能，顯著若是，猶無援以老，矧機略蘊寸靈、經術在深抱者，又何煩歎不遇也？

九日，見文衡山《洞庭兩山圖》，青緑入細，在伯駒、子昂之間；周公瑕楷書王震澤先生賦一首，戴文進《溪山清隱》，仿子久粗筆，亦疎爽。

十日，客懷姓者，持蘇書《表忠觀碑》來觀，驗係鈎填之佳者。魯公晝沙之錐，季海奔泉之驥，隱隱俱見，乃項子京舊物也。

十一日，今年六月十七日夜月蝕，臺官失察，有檢舉疏，不之罪也。

十二日。

十三日。

十四日，热。

十五日，夏賈以端硯質米，色澹澹如遠陂春水，叩之頗有清音。

十六日，汎舟往杭，夜泊崇德。

十七日，申刻至昭慶雲山房。

十八日，小雨，俄霽。樓居甚涼。

十九日，茅賈以栗留錐筆十一支見歸，頗堪揮運。

二十日，購得楊南峰逸稿十種。内金、遼二小史，余十五六時見之吴閶一友家，覓之三十年，今始得之，快甚。

二十一日。

二十二日，海上僧量虚來，以普陀茶一裹貽余。余遣僮棹舟往湖心亭挹水之清澈者，得三缶，瀹之，良佳。僧云普陀産茶不十數斤，此手焙者尤難得。余名之曰觀音靈芽。余因訊量虚今年四月閒倭警，量虚曰：「此六帆大舶海商也，欲往大唐街者。大唐街在漳州對岸大洋中，風順二十日可到，地介日本、琉球、大西天、小西天諸島之閒，故華夷之商皆在焉。自我浙備嚴，此處容奸尤衆。然控御得法，不激不疎，自可無事。夏閒詗報，實我兵挾漁船行剽，致彼有犯耳。」

二十三日，復热，流汗不已。甬東林仙客名芝言，見虞伯施真蹟，大略與信本相類，極恬和之妙。世傳宋搨《廟堂碑》，皆惡濁不足觀。

二十四日，热甚。同項于藩訪陸伯承比部于大佛寺。伯承作樓新成，當湖山一曲，最爲幽勝。余扁之曰「倚醉」。伯承又自作《三笑傳》，大抵皆感憤之言，然文彩湧溢，情理絛然，亦近代能言所絶少者。

二十五日。

二十六日，廣陵薛青萍名維堦、郭明時名三城者來拜，索書扇去。

二十七日，臧顧渚來。顧談近日所刻異書，有《夢游》《仙游》二録，非詞非傳奇，乃瞽媪彈琵琶調也，而有深致。相傳爲楊廉夫避地江南時所作，尚有《俠遊録》未見。顧渚又言，我明事事俱落古人後，其超絶者，茶酒墨與打棗歌而已。又言貂鼠毫作筆，極圓轉，右軍所用者此也。　暮飲陸伯承倚醉樓。

二十八日，稍涼。龍井人送至小春茶二斤，遣僮負罌罍至瑪瑙寺後，披草汲葛洪洗丹池水點試，良芬烈。時下淅瀝小雨。

二十九日，大風雨。

八月一日，霽，仍熱。

二日，熱甚。挐舟往浄慈訪馬茂才天城及元津衲子，因汲龍王堂水三缶歸。西湖水本兩山諸泉會納，味極甘美。又有水閘，去故留新，各處水泉應無讓者。特爲酒舫長篙攪激，與取草船所溷，不能無塵沙浮汎耳。龍王堂當三橋，乃六橋之中，水稍深而不當歌舞之衝，故得全其美焉。凡泉在山下出源者，寒冽而薄。其會流凝蓄者，醇和而粹美。南泠泉在江心中，蓄納千里之精，所以最妙也。

三日，晨有霧。霧醒，熱甚，如三伏時。方巢雲以《泉帖》見示，余定是湖莊。

四日，熱甚。巢雲又持祝京兆草書象戲卷來，筆法學旭、素，似徐天全。天全，京兆外王父也，幼時草法從此而進。

五日，得小雨，熱略解脱[二〇]，雷雨益壯。

六日，霽，稍涼。

七日，雨時作時止，天氣頗涼。購得萬曆初窰真言字茶杯一隻，甚精雅可玩。近善鄯國告蘇摩羅青已竭，而景德鎮匠手率偷薄苟且，燒造雖繁，恐難復覯此矣。然近日建窰造白器物，日以精良。豈人事摶埏之工，亦隨造物轉移耶？申刻，雷震破昭慶寺鐘樓左柱。

八日，雨如注，不歇。

九日，雨如注，不歇。

十日，亨兒從小寓回。知舉舍中水深三尺，士子跼蹐，水及臀。監卒日夜立水中不得動，腓皆白腐。父老咸謂目所未睹也。首題「誰能出不由户」一節，次「果能此道矣」一節。三「物皆然，心爲甚」。《毛詩》首題「正是國人，胡不萬年」，次「或哲或謀，或肅或艾」，三「秉心宣猷，考慎其相」，四「日靖四方」。方巢雲持示水銀古鏡一，大圍三寸；定武肥本《蘭亭》，趙子昂作圖；又臨蹟一紙，有柯九思、王弇州跋，非真。

十一日，雲日弄晴，時有淅瀝。

十二日，晴霽。二場論題「大舜善與人同」。表題「上命黄淮楊士奇擇古今名臣直言書，録成刊印，賜皇太子、太孫及諸大臣謝表」。寧波李子年者，名德豐，豐南禺之甥，諸生也。同杭人孫道華者來訪余。自言曾見宋徽宗水墨山水，甚精細，學巨然。又云傳得豐氏物白樂天、杜子美真蹟。近又購得顧凱之《三士醉歸圖》，筆法如春蠶吐絲，著色甚淡。又云曾於馮具區先生之僕購得夏圭畫一幅，乃白宋箋，用墨微妙，與世所傳絶異。子年語氣，自負精鑒不群。又云高瑞南家郭忠恕《輞川圖》不真。

十三日，湖人朱錦環來，持示東坡墨竹一幅，黄箋紙，有藍花邊。題云：「勁節干雲霄，何憚嚴冬雪。」竹莖淡墨，一筆至梢。濃筆作節葉，止五六片。有「雪堂逸士」印。又朱淑貞書《璇璣詩》，錢舜舉作蘇若蘭像，翰林學士魏舒、刺史韋之彦同觀于清華堂題字。又陸天游《佳山詩友圖》，爲其友顧汝民作，筆法在曹雲西、徐幼文間。天游名行直，洪武中以翰林典籍致仕，吴江汾湖人也。又徐承之畫鶴，大如拳，風格灑然，有生氣。

十四日。

十五日，策題：一，問聖學儲學。二，問經史。三，問氣節。四，問名實。五，問士民。

十六日，遇徽友吴歷山，出觀李伯時臨韓幹馬，有曾公卷跋，俱絹素，未的確。一文王方鼎，樣亦稍闊，欠雅。沈石田仿吴仲圭長卷，筆墨縱横，變化不測，真絶品也。後有題識，乃爲其友字存道者所作。末云：「存道跳躍稱譽不已，然不知仲圭染法從董、巨深妙中來，豈易到也！」蓋沈翁服膺梅老如此，此其所以擅脱胎之妙乎。又過杭友邵雲岩，出觀文王方鼎一，良勝歷山者；倭水晶伏鹿筆格一；成化窰水罐一，朱色甚鮮，今不可復造矣；王叔明《樂山圖》一軸，淺絳著色，良真；倪元鎮山水小卷一，筆墨亦纖秀，上有「秋水芙蓉」四字，印篆法極雅，然非真蹟。又過朱錦環，觀其所蓄哥窰筆洗一。沈速香山一座，高五尺。倪雲林小景一幅，著色，布景極奇，上作大山一堵，屈曲溜泉成川，下作重林複屋，低橋矮柳，種種掩映。題云：「高元素幽居，爲王仲和所得。疎林脩竹，極隱處之妙。每一寓止，輒三四年，暇日聊寫其致。」夫元鎮潔癖難近，嘖嗟易處。而仲和之居，乃能留之三四年而不厭去，計仲和亦必一勝流也，宜其作越格之畫以寵之矣。此畫全學李營邱，無一筆作平日荒率之意。始知古人不可定格求，要是所見未廣，横局夏蟲之識，爲深可歎耳。又過徽友吴與暘甥施姓者，出觀與暘所藏東坡竹石。竹作捲葉如就枯者，石作陂陀，止飛白二筆，而神韻超逸。後有黄庭堅、米元章、蔡端明題句，驗蔡係僞作，强附之者。

又趙子昂《洗馬圖》，白宋箋，秃筆草率而成，有天真爛熳之趣。自題古風一首，書法類大令章草，古澹雄渾，亦秃筆所就也。鮮于伯機一絶句，書法用《汝南公主碑》。有清森閣印記，乃何元朗家物也。董思白跋數字，較量子昂、伯機，以爲伯機宣耀精采，不無矜束，而趙獨以氣吞之，亦是妙論。但余細繹視之，亦由趙用秃筆，不得不全渾璞；鮮于用鋭穎，自然莊栗耳。思白此跋學懷素，渴絲勁鐵，縈轉多奇，亦其傑耳。

十七日，治裝歸家。以餘杭南湖水溢，松毛場一帶俱洪流，用小舟礴運，遇低橋，帖身仰面而過。至觀音橋始登雪舫。晚泊唐棲。三更乘月行，曙達崇德。

十八日，酉刻抵家。舟經菜花涇，同曹允大及亨兒觀晚霞，倏忽變幻，備極奇麗，五色中金葉紛敷，亦所罕覩者。

十九日。

二十日，晴朗，謝客不出，灑掃齋屋竟日。秋蘭歇後，又開五六萼，甚芳馥。

二十一日，閱邸報。五月二十四日夜漏二更，福建省城洪水入城門，湧至屋簷。候代撫臣徐學聚登屋，僅以身免。至明，水勢方平，流尸遍地。

二十二日，沈甥大詹以舟迎余，往長溪祖宅，檢先世遺書。自觀察石雲公、大參霓川公、編修凡軒公所積，與太學超宗君所續得，不下八萬餘卷。散落浥爛，十之四五。若金石、繪事、秘玩種種，悉入胠篋，手無孑遺矣。爲之三歎。夜宿雪舫。

二十三日，午刻檢書完，二鼓抵家。

二十四日。

二十五日。

二十六日，陰晦，小雨，天氣蒸浥，如五月時。

二十七日，雨，時作時止。

二十八日，小雨。

二十九日，晴。浙榜開，所録大率老成宿士。亨兒雖委羽，余甚喜。嘗見學業未成而蚤捷者，往往不克有終，父兄之教，亦不能行。經此折挫，可與深圖學問矣。閲邸報，薊鎮軍餉上半年闕三十七萬有奇，太倉已罄，請發内帑，不報。

三十日，雷雨。亨兒從杭回，攜來曹介人《丙丁雜佩》一編，内極有砭時之語。

九月一日，晴明。

二日，俞生持趙文敏行書《秋聲賦》來觀，有朱文石收藏跋。然紙色黯慘〔二一〕，墨法枯悴，贋本也。

三日，楞嚴寺大佛開光，郡諸老皆集。佛像融銅二萬斤。既成，坐稍偏，衆議移正，應搭高架索綯，用百夫之力。有西城人蔣少川者，有巧思，令匠鑿去座下石像，即玲瓏透活。又運石支左右，以防傾壓，然後用兩壯士以鐵挺撥正之，所省費多矣。蔣向遊項子京門下，脩古琴破硯古鼎彝之屬，泯然無痕，實一時絶技。

四日，小雨，俄霽。徐賈以趙善長《破窗風雨圖》來參閲，余疑其稍薄，未真。趙自題一詩云：「一室蕭然誰與同，清如獨鶴寄樊籠。詩成春草池塘上，夢繞玉堂雲霧中。花氣每隨嵐氣入，書聲時與竹聲通。從容更覺新晴好，臥看東窗日影紅。」又檇李有沈廷珪字德璋、江漢字朝宗二人題句，皆吾郡先民也。

五日，夏老持南宋院畫山水卷來示，筆法清勁，林木蕭疎，沙嶼顯遠，極力追步營邱。其石雖用勾斫，而著色分合閒，露出石稜，亦奇作也。或謂劉松年筆，未審是否。　午過馮權奇齋頭，出歐陽文忠公像瞻禮，白皙團面，遶頤短鬚，兩目烱然上視，如有思者，英靈人也。有吴匏庵公贊語。

六日，清河橋小庵中有僧號正宗者，沐浴更衣坐化，觀者如堵。閲邸報，六月二十三日，山西繁峙縣民李宜妻牛氏一産二女，面首相連，一女一眼一耳四齒，手足全，一女一眼一耳四齒，一手兩足。　盛草汀以張貞居行草書一幀見示，乃自書其詩，詩曰：「寒食今年二月晦，又分新火入廚煙。碧桃花落閒誰掃，白苎衣輕老自便。發篋但餘金薤墨，老年政在玉堂編。大書絶類顔光禄，小字駸駸逼墓田。」此詩追和蘇長公，題真迹後，仍用首句，而記句曲外史印記。

七日，候謁周幼華兵憲，郡中諸老咸集。坐有宦閩廣者，因談海事。海中諸島國無數，大略喜市易。廣則香山澳，閩則海澄縣，日本則大唐街，皆諸夷貿易通處也。近有吕宋國人引致紅毛番，入東海市易。其人紅髮黑〔二二〕臉，脚板長二尺餘，本羅刹種也。國于西北陲，胡虜戎夷，無不畏之。海中爲大山限隔，東西不通。近乃造船于山石下潛渡，凡行暗處七晝夜，而後出就明處。其船甚長大，可載千人。皆作夾板，皮革束之。帆檣闊大，遇諸國船，以帆捲之，人舟無脱者。横行海中，有窺據日本之意。蓋十來年事，而近又稍急矣。　岳之律云，利瑪竇乃香山澳主所遣以偵探中朝者，爲近日有掃除香山澳之議故也。澳中有寺，瑪竇曾爲寺中僧。

八日，會秀水史明府，云今年初埸日，青田、麗水二縣大水，縣堂亦三四尺。福建省城亦大水，不能入試，改十二日初場，十五日二場，十七日三場。

九日，陰晦，暮有疏雨。家君足疾未愈；余足亦以夜出省疾，爲庭中支屏黄石所罣傷，遂罷登高之會。

十日，作石佛寺重建藏經閣募文，從僧謐公請也。

十一日，雨。

十二日，雨。出拜熊郡丞。

十三日，晴。

十四日，晴，稍熱。

十五日，雨，校訂紫柏《長松茹退》完。

十六日，晴。王生持夢英書《夫子廟堂記》來觀。夢英以篆名，此書有篆籀氣。後跋云此記刻于湖州臨安縣，乃知臨安元代本屬湖也。

十七日，沈翠水以菊七本見貽，頗修挺可觀。去歲值澇，圃者皆抱空蔓，對此更覺欣然。

十八日。

十九日，閲邸報，陜西鞏昌等處六月十二日子時，地震八次，傾倒城垣一千一百餘丈，倉廒、公署、民房四百六十餘處，摧損邊墩五百七十餘里，壓死軍民男婦六百二十餘人。

二十日。

二十一日。

二十二日，客持示梅道人山水一幀，樹石蒼蔚淋漓。緣坡作小竹，含雨意。又一卷，題爲趙千里臨支仲元《四皓圖》，絹素沈晦。細視之，老人眉稜顴緺，種種具態。一仕者執笏迎之，二從者持斧鉞，豈留侯耶？一老據石彈琴，一老箕踞負杖而聽，一老倚杖回首，有不顧之色，一老坐松下，讀書不輟，一童子椎背。亦奇作也。柯敬仲題云：「右趙千里臨支仲元《商山四皓圖》，杖屨蕭散，意度閑逸。千載之下，可想見遺風。」又永樂間學士王景隸書一跋，又行素張輅一長歌、中允景暘一跋、東橋顧璘一跋。

二十三日。

二十四日。

二十五日，宴太守立門宋公，去優戲而以雅談從事。公朴茂忠恪，自然起人愛敬，乃近年仕路所極不易遇者。

二十六日，家君足疾愈，起觀庭菊，甚快。

二十七日，往當湖，奠張吉庵夫人。

二十八日，辰刻，至吉庵家，一飯而別。暮至大六匯，奠宗兄奉江。夜飲二鼓，宿于舟中。

二十九日，蚤發，至東湖，登弄珠樓。樓頗軒爽，前有一塔聳峙，左右有水九派，潮汐所通，俗謂之九龍吐珠，故以名樓。蕭明府象林重創，增偉麗焉。董太史思白題扁，甚莊雅可觀。暮抵家，夜雨。

三十日，晴，大風。

十月朔日，大風。

二日，兵使者、郡邑大夫鄉紳博士弟子，會講于仁文書院。

三日，客持文衡山著色小景一幀，渲染虛渾，用趙文敏家法。一古柏，一草亭，四面竹篠，旁有潤流。上系一詩曰：「茗杯書卷意蕭然，燈火微明夜不眠。竹樹雨收殘月出，清華〔二三〕涼影滿窗前。」又文五峰《溪山飛雪圖》一軸，凡層累四五段，雜樹大小偃仰，坡麓錯沓，備〔二四〕深山雪中之觀。中段石岡上，一人張蓋，一人披褐，一童子以袖蒙頂，而皆曳屐，其將爲袁安之訪乎？上段一舟維坡岸，一舟行樹杪，一翁執蓋坐舫頭，其將爲山陰之棹乎？又上一層，作平屋二間，青帷素几，一客擁書孤坐，意態傲兀，豈所謂雲隱山房五峰子自寓耶？筆法學營邱、摩詰，較衡老覺多蒼澀之氣，大小阮聲價當付千古後人著眼。又祝京兆行草《牡丹歌》一軸，仿李太和福清《牡丹》詩筆意，有「元美」二字印，又琅琊王敬美圖書印，又許氏元復印，又吴中三讓里居印，知其爲婁東物也。五峰畫題云：「隆慶己巳冬十二月至歲終，凡八度飛雪。時寓雲隱山房，漫爾寫此，以適其興。」

四日。

五日，同沈翠水過城堙屠氏圃中，看天目小松，松針頗短，但少偃蹇之勢。圃人習燒鑿絪縛之術，欲强松使作奇態，此如揚州豪家收畜稚〔二五〕女盈室，極意翦拂，其中不無可悦目者，以供仕宦一時之求。然而西家處子，乃在苎蘿山中，非范少伯私行探之，不能出也。因與翠水訂游天目，嶮巇岝崿窟竅間，必有應余者。

六日，夏賈持元人一行卷來，凡四幅。首絹素，趙子昂行草一絶句。云：「籬外涓涓澗水流，槿花半照夕陽收。欲題名姓知相訪，又恐芭蕉不耐秋。」乃尋隱者不遇題也。次巙子山一律曰：「老君臺上涼如水，臥看冰輪轉二更。大地山河微有影，九天風露寂無聲。蛟龍并起承金榜，鸞鳳雙飛載玉笙。不信弱流三萬里，此身今夕到蓬瀛。」味其語，乃詠看月詩。趙筆姿婉約，極得大令法。子山雄宕，塞垣刁斗耳。次倪迂一柬與寓齋先生者，中云「得拜德公于牀下」，又云「中吴風流大雅，淪落澌盡，獨遺執事巋然如魯靈光」，又云「相與話先正之前言往行，閲秘篋之珍圖名跡」，想所謂寓齋者，蓋先輩高賢也。又云「大令嗣要畫幅，到家心情未定，稍遲納上也」，又云「見惟寅丈，乞致謝意」，蓋陳維寅也。又云「鶴山書院碑刻，冀爲留意尋訪一本，得五六日中自攜來，尤好。歐陽全集亦可攜來。周仁卿《懷崧樓記》，玉馬相見間，儻其出城道便，令其帶出一覩」，倪老孳孳搜訪古翰，形于簡札如此，宜其所造日躋高明耶。末云「諸生倪瓚謹緘」，稱諸生，亦如弟子之意。又一柬云：「儒生陸樞再拜，唐律一章，謹呈大尹相公，伏希台覽。聊藉一椽蔽風雨，豈期終歲屬貪婪。鴟鴞毀室傷豳頌，鳩鵲居巢歎召南。百里瑶琴絃白晝，中宵海月照澄潭。今朝幸遇張京兆，一洗蒼生恨不甘。」此似有人奪其居止，而訴于令者。書法楷正疎朗，亦元之佳士。

七日。

八日，霧，俄晴徹。

九日。

十日。

十一日，移盛頤玉偃松一盆，細蒲如蜂盤上挺者一盂。

十二日，陰。

十三日，雨。

十四日，澀雨弄晴。徐賈持示文待詔小景一幅，筆法類李晞古、黄一峰，圓渾中帶蒼老之氣，灌木飛泉，意氣〔二六〕瀟灑，佳作也。上題一詩云：「有客扁舟自陽羨，夜堂風雨對高眠。不辭談笑成佳會，祗覺淹留有宿緣。别後交遊如夢裏，意中山水落樽前。青燈酒醒還生戀，明日相思更渺然。」後題云：「己巳八月廿又一日，宜興□祖貽過訪，適風雨大作，留宿家兄雅歌堂。飲次，爲作小畫，并賦此以道契闊之懷。兼簡李健齋、杭道卿、吴克學諸故人，聊發百里一笑。文璧。」又文文水青緑大幅，學趙千里，蒼山白雲，長松秀石，一老幅巾道服，攜二美姬渡平橋尋真之游。上書一詞云：「翠嶺浮煙，畫橋横木，看碧水流芳渡。萬疊雲霞，逸客擬尋佳趣。便命駕、往陟東山，更攜取、雙姬同去。任世事、覆雨翻雲，且笑傲碧岩璚樹。林下徐揮白羽，自愛紅顔借酒，風流如許。賭墅圍碁，雙履蒼雲高步。響寒濤、風送松聲，囀嬌音、歌傳金縷。記年年、緑滿群峰，正是公初度。」畫法瀟灑脱塵，真仙筆也。後題云：「嘉靖丁未六月，景山張君壽登六秩，謹寫《東山圖》，并填《綺羅香》小詞奉祝。

茂苑文嘉。」詞味豪爽華逸，不減柳耆卿。書法清真，在歐、褚之間。此公翰墨丹青，最稱傑思矣。挂齋中素屏。夜漏三下，猶與兒子烹茶秉燭，咀玩不已。藝事要須一時神到，何必遠索王、李、荆、關耶！

十五日，晴。

十六日，從歙人購得陳白陽雲山長卷，備極雄快。後有碗面大行草書杜工部一律、李翰林一絶，筆勢如米元章大《天馬賦》，奇物也。夜登雪舫，泊宿北津，候送熊平宇郡丞。

十七日，餞熊丞于張氏樓舫，抵暮方回。

十八日，家醖竹葉酒初熟，清徹甘美，夜飲至醉。

十九日，雨。

二十日，雨不止。

二十一日，晴。

二十二日，閲邸報，御史張邦俊上言關中應補謚諸臣，内及原任提學副使李夢陽，重其文也。前代班、馬，却無此例。然考謚法，凡〔二七〕一命，俱有謚，雖荒厲不廢謚。唯處士不及，而其私謚出于門人與妻子者，上亦不之禁也。　午刻，餞送史省愚明府至北津。夜大雨。

二十三日，蚤霧。蘇州陳叔裸寄示王叔明《山居圖》，款云：「至正辛丑十月念日，爲古愚徵君寫。」山巒雄秀，前岡竹樹繁密，後浦沙渚明媚。一老兀坐茅亭，飛泉正灑其上，一老緩步平橋，古松偃仰其側，徑路鑿山而紆，柴門暎竹而敞。此幅大經營搆來，與余所收《秋山草堂》可稱雙璧。　又黄子久方幅一幀，闊狹止尺餘，而作層山疊樹，備極巉岩蓊鬱之致。翰林朱善一詩云：「雲山疊疊樹重重，聞得先生住一峰。今日尚迷棲隱處，黄葭霜落冷芙蓉。」楊士奇題云：「翠嶺兮岩岩，白雲兮洋洋，澄波兮滉瀁。交春木兮芬芳，息有廬兮濟有梁，田可以穡兮原可以桑。蹇駑足兮周行，時不處兮歲將晏，遵東皋兮聊徜徉。」刑部尚書建昌魏源題云：「微雨歇清晝，輕雲散薄陰。人家隔西崦，僧舍旁東林。樵漁斷行屨，山水空遺音。軒冕詎不貴，遊塵如海深。杖藜閒野叟，瀟灑任天真。」又題云：「一峰黄子久，平江常熟人也。自幼善于山水，宗師董源，晚變成法，自成一家。風度異凡，人所罕及。余過訪思庵吴先生，得見此圖。翰林學士朱公、楊公皆有詠，余因以題跋。」吴匏庵公題云：「黄子久筆墨自與人殊，雖片楮尺素，而深林邃壑，蒼翠撲人眉睫，令觀者應接不暇。常謂古人咫尺之間，有千里勢，癡翁得勝解矣。此幅原爲九龍泠道士之物，道士傳之孟端，孟端以歸啟南，啟南徵予題，遂留我庵中，我後當終歸沈氏也。成化己亥三月十日，吴寬記。」又沈石田一松樹，上題云：「緑樹黄鸝尚有春，惜無笠屐佐清真。隔船山好非生面，敗興雨來殊俗人。滿座酒杯淹倦客，鬧鄉旗鼓阻遊神。諸君本是邑中秀，倡和短篇須意新。弘治改元三月廿七日。」久雨發霽，因以虞山近而可遊，遂命舟往。其晚止山麓治具，約蚤登。及聞土神出遊，有太平鼓板，亦喜觀其熙豐之象。夜半雨復作，其興爲之頓敗。人事物情，各相悒鬱。舟將還，忽孫君世節、桑君民奇冒雨來觀。少頃，顧君應和攜酒及海魚亦至。小酌賦詩，甚可撥悶，竟忘南歸。應和席次，談及致道前院古松枯而復茂，捉筆圖此特幹，此詩亦紀時事，録于松頂云。又唐伯虎畫一軸，重岩複嶺，一老深居。題云：「柴門雪霽檻林彊，藤榼新開煮酒嘗。

正是騷人安穩處，一編文字一鑪香。」詩味清絶，乃此老桃花庵中活計也。又倪雲林小景，作散木數株，石崖陡下，沈黑如李晞古，有異平日。題云：「至正辛亥秋八月十四，爲伯庸高士寫《林亭秋霽》，勾吴倪瓚。」有張翥一絶，云：「雲林館東石崖上，愛此數株嘉樹青。今覓幽人煮春水，寫將煙雨出山亭。」

二十四日，沈晴峰先生來顧。談次，言有閩客從海島回，知平酋〔二八〕爲其下康伽所弑。伽父子厲兵治艦，日夜爲併朝鮮之計。

二十五日，餞送宋立門太守于獅子匯。徐德夫光禄云：「王江涇諸生錢士元田中産嘉禾，一莖五六穗者八九本。」

二十六日，雨。

二十七日，大風。

二十八日，溼雨如霧，出至精嚴寺訪陳白室，因看戴穉賓疾。穉賓寓澤公舊寮，瓦鐺土釜，親自嘘燧。晝具薰鑪而外，寒蕪滿庭而已。穉賓幼孤，業不成，故無營進之心。氣體弱，故不娶。因得此優游。視熱鬧煎心者，天未必果薄穉賓也。

晦日，大風。

十一月朔日，風而陰，晚有日色。

二日，晴。

三日，周秀岩引一老王姓者來，頹頰短髭，歙人也。探懷出二卷，爲沈石田《奚川八景》，筆法仲圭、子久之閒，後系一長歌，首云：「奚川乃在虞山北，大江長繞連喬木。」知奚川乃常熟地也。又一爲趙千里《漢王入關圖》。晦翁一跋云：「昔漢高興王師，誅無道秦。先入關，士民按堵。竊嘗誦讀其史，恨不得一見其人。今觀是圖，江山壯麗，筆法精美，寫其張疑擊惰、轉鬬乘勝之狀，國王氣象，章章在目。此非陸氏不能作，非趙氏不能摹也，宜永寶之。新安朱熹。」又吴匏庵一跋云：「予在舍館時，值中官刁瀛洲脩武庫内垣，得見我太祖經略金陵圖。大學士宋濂表中有云漢陸賈作《高帝入關圖》，則晦翁所稱陸氏，蓋陸賈也。此卷特趙氏所摹耳，精麗雄秀，幅素中隱隱百萬甲兵，非探天工得造化之巧者，孰能與于此耶？長洲吴寬。」晦翁書法，行草含蓄有味，半類魯公，半類季海，與他所傳灰土頹墮者迥別。又王孟端竹石枯木一幀，仿柯南宮，灑落秀韻。余購得之。項又新以黑緣羢一端、靖窰白甌四隻、文徵仲行草書《獨樂園記》一册、陳白陽花石一幅，饋余作潤筆，徵文壽母夫人六衮。

四日，鹽官王丹林以書畫來，殊無足觀。止管魏國竹枝數莖，小有意。又米書一絶句，大徑尺，審是臨本。詩曰：「船下廣陵去，月明征虜亭。山花如繡頰，江火似流螢。」

五日，賀伯闇以二縑書畫、鑪、硯爲潤筆，徵先贈公懷椿先生傳。夜雨。

六日，同陸三孺飲徐德夫園。

七日，微雨濘道。出拜孫別駕、沈節推。午刻，鍾侍濱者持古畫册二十四方來，止趙昌桃花白楝與徐熙一立鷺爲真，可玩。

八日，霽，稍覺寒，篝籠初著火。客持示趙千里《明皇幸蜀圖》，有邱瓊山一跋，未必真。

九日。

十日，辰大霧。閩人林海壇、陳貫文來謁，持示右軍書嵇康《絶交書》。前有王尹實篆「珍翰」二字，係冷金紙。失去前段，豐南禺補書至「悔吝不」，真蹟自「老」字起，春容閒雅，一字具一態。後有思陵跋，云：「《絶交書》，嵇康所作，六朝人書也。康之詞致，前賢墨妙，蓋爲傳世寶。其後紀元天監，乃梁武之初元。所謂『雲』者，疑爲范雲。史載其機警有識，梁武素與友善，及後參贊，位至通顯。豈當時使之賞鑒歟？損齋書。」又元幹〔二九〕克莊跋云：「此《絶交書》，右軍真蹟，梁武御府物也。《續帖》中定爲李懷琳，甚繆惑矣。其迹與《豹奴》《末春》二蹟同。黄伯思《與劉無言論書》有云，李懷琳《絶交書》，多有古字，『堯』等九字，疑有所受，非懷琳自能作。又疑懷琳見叔夜自書真蹟，故放焉。又疑其卷尾題右軍書，蓋誤焉。殊不知卷尾『湘東所進』等十一字，是梁武筆。況梁武内府所藏，皆有朱异。唐懷充輩押尾後。天監下押雲字，乃蕭子雲，亦非范雲，此非梁武御府物而何，乃定爲李懷琳也？余謂梁武去右軍未遠，又號賞鑒，豈誤也哉？況『堯』等古字，豈他人所能？此右軍蹟，斷斷勿疑。宋思陵亦止定爲六朝人書，豈諸賢皆未辨卷尾所題爲梁武，押尾爲蕭子雲耶？豈亦不以與《豹奴》《末春》并觀耶？至正元年後五月廿三日，靈武斡玉輪徒克莊在武林驛書。」斡者其姓，玉輪徒者其名，克莊號也。又豐南禺一跋云：「此帖舊藏吾郡楊尚書家。余百計求觀，終吝不與。偶于吴興之清暉軒得一縱觀，廿年之願償矣。余家世寶一拓本，與此帖較無絲毫差，乃知于此帖上摹入者。前逸去二十三行，余尋興臨補，不量力甚矣，賞識者未知以爲何如。斡克莊爲勝國鑒賞該博之士，書學虞永興，所蓄晋唐法書甚富，前所論極當。損齋，宋思陵也。此帖不意流轉至此，偶得一賞，慶幸慶幸。四明豐坊拜書。」坊字存禮，官至考功郎，以偏風廢書法。博極諸體，晚年狂草尤怪怒。鑒别甚精，應非浪賞。然余爲九江理官時，以查覈至吉之安福。安福令君楊仲堅庭筠者，余同年友也。暇日出《絶交書》一卷，係絹書，完好，筆力精緊，有墨采。云其地鄉達張姓者家有冤濫，楊令君洗滌之，感甚，獻此爲報。楊不取，又恐終爲豪者所得，建一樓藏之。一時縉紳閒傳以爲盛事。余至今追思之，此帖風采尤在心目。今復遇此，豈墨寶靈怪，能分身現化耶？董翰林思白想慕安福本，託其門人嘉興令顔君致來一觀，歎絶還之。林君又以此本示董，董搖首以爲非真，乃來就質于余。余諦審之，定此卷爲唐鈎，以其形體宛備，而微有肉勝故也。又定安福本爲唐摹，以其有精色而託之絹素，且無鑒定跋語。蓋唐宋人以鈎本下真蹟一等，而摹者爲次故耳。然右軍真蹟既不可得，遇此兩本，皆絶世之物，摹者非虞、褚諸公不能，鈎者非趙模、馮承素輩亦何能精到乃爾。此余自謂千古公論，以俟知者。

十一日，林海壇來，因與小坐。林前爲婺源丞，以好古嗜奇，官不振，家亦日落，薄游江湖。云其弟爲句容丞，亦不振，今寓白下。曾搨石翻《淳化閣帖》，精甚。初搨就，以視王敬美先生。先生以爲古本，百金購之，後乃知其近搨也。今本尚在白下，林君許余致一本。

十二日，夏賈持諸畫來，披閱，乃上海潘氏物也，皆神品，一一疏記之：趙子昂《白沙圖》一軸，蜜絹地，淺色。下作坡石叢林三堵，層層壘石，一崗高峙，對岸一坡脚，水勢滚滚。上層作遠沙碎石，渺然雲際，最有奇思。此長、宜二興太湖濱景也，不知爲誰作。有題句云：「山之凹兮水之匯，沙棱棱兮石壘壘。有美人兮如彼蘭茝，思之不來兮使我心痗。」 劉松年《雪江凍柳》。 文徵仲爲復生楊君寫意，仿大癡筆。 又文徵仲仿梅道人一軸，老木空亭，對岸蘆葦中，一漁郎吹笛。有詩云：「曉雨晴來山斂黛，暮潮平處水浮空。一江秋色無人畫，都屬詩人短笛中。」 石田《蓮石蒼鵝》一軸，楊循吉題云：「蒼毛冷落〔三〇〕秋江静，獨立清灘睥炯然。不羨隴西鸚鵡貢〔三一〕，長羈金索畫堂前。沈公此圖爲存菊所藏，失而復得，因賦此以寄意。」鄂渚黄公山人李承芳題云：「江湖散性野雲姿，誤落羲之洗墨池。只爲愛蓮飛不去，春陵有個道人知。」湖西義學印記。 錢福云：「石田居士學凌波，净友相看發浩歌。厭殺陸家池上鴨，只留王氏筆頭鵝。」周伯器云：「雨餘深院野塘幽，幾柄芙蕖立素秋。鷗鷺元非我家物，只教鳴鶂在中流。」徐髯仙〔三二〕云：「玩物有偏終是癖，愛蓮心與愛鵝同。 蓮花自閒鵝自静，萬古乾坤只恁公。 金給徐霖。」祝允明云：「磊落東陽筆下姿，風流崔白未成詩。 鵝群本是王家帖，傳過羲之又獻之。」 黄子久小景，重巒林屋，筆亦蒼莽。 但紙素不稱，款「大癡」二字亦可疑。 太原王行止仲者一絶云：「朝雲乍起千林暗，夜雨初收萬壑鳴。此地煙霞誰領略，却輸癡老筆縱横。」 李營丘

《煙嵐蕭寺》，郭河陽《古木寒山》，絹色沈晦，俱不的確。

十三日，客持趙承旨摹李公麟東坡三像。一旦起理髮。女奴握節在後，公昂首直背，手漉澡豆。一午窗坐睡。公坐胡牀，閉目袖手，氣息深深，想見華胥至樂也。一夜臥濯足。公倚胡牀，秉燭矯首觀書，女奴就盆水翦爪，情態俱絶。鮮于伯機跋云：「蘇長公以一代清名，而所遭輒厄。然百世之後，猶令人景仰。李公麟曾有三像，蓋當時對景寫形，天趣具足。公麟已不可見，見承旨摹，諒不籌輸一著也。」虞集題云：「趙文敏畫品爲第一，而蘇長公三像尤見沖雅。蓋其私心景仰，故仿佛獨真。」吾衍題云：「蘇長公像，趙文敏畫，鮮于太常書，可稱三絶。」祝允明題云：「余生平所見文敏畫甚多，然布景寫形，則有泉石樹木之趣。此卷直寫蘇長公像，衣服古雅，設色沖淡，直可追蹤探微、道玄。向在余克恭家，付裱裝褫，爲人攜去。後三年而復得之長安邸中，不勝欣幸。索題于余，爲書其後。」李東陽題云：「僕生平景仰蘇公之爲人，而恨生不逢其時，乃不見其丰神。而幸其遺像猶存，展卷之次，如與之揖讓于六橋三竺之間，苟非趙魏公名筆〔三三〕，亦豈能彷佛逼真如此？題畢爲之三歎。」王元美題云：「余家弟于燕中獲一玉局仙像，懸之静室，如對眉山公，毛髮鼻孔皆動。不意又有此卷，意氣神情俱備。非公麟不能作，非魏公不能摹，非眉山公亦不能發二公之佳思也。寶之無斁。」范文正《道服贊》，較停雲館拓本尚有名公題語未盡刻者。富川吴立禮分隸題曰：「獲觀文正公之詞翰，淳重清勁，如其爲人。每展卷諷誦，未嘗不想見風采。何名德之重，使人愛慕如此其深也！」此幅紙有檜字一方印，又秦氏藏書一印。又廉希憲題云：「文正公爲同年友許書記作《道服贊》，言皆至理，書特清勁，至今觀之，悚然增敬。所謂寵爲辱君，驕爲禍府，重此如師，畏彼如虎，是又美不忘規，益可玩味。乃知異時丞相堯夫《布衾銘》，實權輿于此歟。是贊不載文正集中，則公之文之遺者有矣。抑亦盛年之所作，而或失于編次也耶？因綴廿字，以寓景行之意云。文正道服贊，忠宣布衾銘。家乘揆一德，名言符六經。寶祐乙卯冬日。」文彦博寬夫題云：「竊觀范文正《道服贊》，文淳筆勁，既美且臧，以盡朋契之義，有以見高陽公之德矣。傳曰『不知其人視其友』，諒哉。戊申後十有七日，許昌郡齋中題。」江萬里題贊云：「范文正公《道服贊》，其書有法而詞有氣，前人題跋盡之矣，余復何言。敢僭用公韻，敬作《遺墨贊》，欲范氏後裔益知所寶重云。我觀遺墨，端嚴濟楚〔三四〕。柳骨顔筋，微公孰與。龜文龍鱗，或翔或處。烈士忠臣，兼文兼武。畫見諸形，曰心爲主。詞發諸口，曰學爲府。石決怒猊，章成繡虎。百世珍藏，弗替厥祖。咸淳甲戌秋日。」真德秀題云：「范文正公，當時文武第一人。至今文經武略，衣被諸儒。譬如蓍龜，而吉凶成敗不可變更也。故片紙隻字，士大夫家藏之，世以爲寶。至其小楷，筆精而瘦勁，自得古法，未易言也。端平甲午十一月朔。」文天祥題云：「余嘗謂士君子能爲光明俊偉之事業，必先有高潔灑落之胸次爲之地也。范文正《道服贊》所見如此，其身心固若蕭然出于風埃之外者，則其所立卓越千古者有以哉。咸淳癸酉二月，文天祥書。」趙松雪題云：「文正公爲其同年友許君作《道服贊》，都九十八字，磔勁弩策，皆入規矩中。上有悦生印，蓋賈秋壑故物也。因題其後。至大二年四月二日。」

十四日，出北津，送靳崇德，西風甚厲。客持趙文敏白描《佛母圖》來觀。錢舜舉一詩云：「擊筑彈絲舞錦茵，摩耶宫裏誕麒麟。當年笑拍金盆水，詎信身長丈六金。雪溪翁。」鄧文原題云：「余宦游京邑多載，目閲古今名畫不可勝計，惟白描罕得其妙。邂逅獲觀《佛母圖》，甚造玄微。後之習描法者，自宜師尚焉。至治二年重陽日，巴西鄧文原題。」王敬美題云：「趙文敏此畫，如顧虎頭、吴道子，龍眠不足道也。萬曆庚辰十一月，觀于莫廷韓齋中。積雨連陰，忽若霽朗。」

十五日，出謁新令陸君。

十六日，戴穉賓病起，以諸畫來易米。沈石田仿倪雲林小景，上作嵯峨高嶺，層疊而下，林樹勁挺，筆筆露刷絲蟹爪，真傑作也。有題句云：「迂倪戲于畫，蕭到更清癯。名家百餘禩，所惜繼者無。况有沖淡篇，數語弁小圖。吴人助清苑，重價争請沽。後雖多學人，紛紛墮繁蕪。崔子强我能，依樣求葫蘆。墨濕不成運，林慚澗與俱。何敢希典型，虎賁實區區。醜惡正欲裂，捲去不須臾。今夕秋燭下，再見眼模糊。妄意加潤色，泥塗還附塗。崔子豈不鑒，愛及屋上烏。成化庚子遇水南山隱避暑，因潤色舊臨雲林小景，漫賦。」文徵仲仿盧浩然寫《虚閣弄竽圖》，樹石攢簇，類《草堂圖》。有詩云：「雨晴飛瀑瀉潺湲，拔地蒼松生晝寒。詩思攪人眠不得，起臨虚閣弄漁竿。」又徵仲《柳隄聯轡》，青緑瀟灑，有詩云：「蒲水浮針[三五]緑玉灣，浮花吹盡晚風前。夕陽聯轡湖堤水，正見青青柳外山。」陸包山青緑小景，詩云：「荒臺淒雨晝冥冥，盡是鉛華未死情。一度一聽魂欲斷，山南山北子規聲。」語意蓋[三六]指姑蘇臺也。又包山《銅彝水仙海棠》，精絶。彭年題云：「邊庭柳暗金微雪，御苑花開玉壘春。蝴蝶飛來疑入夢，凌波還見洛川人。」王延陵題云：「出門大江横，銀濤數千頃。仙子御輕飇，環珮摇虚影。」「中宵月無光，天地冰壺净。輕盈何所之，飛夢西湖冷。」王穀祥題云：「瑶環月下鳴，翠帶風中舉。胡然洛浦神，胡然漢濱女。」文嘉云：「誰見凌波自洛川，海棠婀娜更嫣然。山齋坐對渾成惱，國色天香共可憐。」陳元復云：「傾國初輸豔，凌波尚怯寒。春光兩相競，并作一時看。」項子京《山静似太古》小景，又《山僧觀瀑》，俱筆意清絶。

十七日，夏賈引華亭客持倪雲林《古木秀石》一小幀，筆姿秀絶。高柯閒爛葉老苔點綴，瀟然出群[三七]。元鎮不留款。吴仲圭題云：「屏去丹青事墨卿，疎篁古木有餘情。嚴陵灘下東流水，流到吴淞恐未清。」澤居題云：「試拈案上猪豪筆，解賦屏閒鳳尾圖。擬借星槎去蓬島，璚臺清玩月輪孤。」錢福題云：「避世士，出世姿，竦枝淡墨無聲詩。留題更出驚人句，三昧深透禪關時。百五十年誰得知，摩膏剔骨唯存皮，鄭聲紫色爭亂之。具眼自識元王維，元王維，安得起諸九原，一洗詩人脾。雲林墨妙，世能寶之。而得其真者少，况此幅真而獨妙，故題之。」

十八日。

十九日。

二十日，過項孟璜齋頭，出觀《淳化閣帖》，精好絶倫。又一本祖搨不全者，尤精采，乃顧研山物。又定武《蘭亭》二種，俱好，有趙明誠印章。

二十一日。

二十二日，購得古玉卮一，犀小斝一，大如當三錢，又如新生荷葉，背刻梅花一朵，精甚。

二十三日，集徐德夫寶綸堂，鄉〔三八〕同年蔡五岳、劉完白、王崑星在坐。夜驟寒。蔡爲香山令，言澳夷事頗悉。澳中多半是佛郎機國人，近與紅毛番爭互市之利。詗報時亦可虞。

二十四日，寒甚，有堅冰。

二十五日。

二十六日，冬至，晴朗，廓徹無片雲。

二十七日，至北津，追送馬稚彬孝廉北上，不及而返。

二十八日。

二十九日。

三十日，晴暖如春。

十二月朔日，周本音來，以手書《洛神賦》見示索跋，乃贈周麗人菲菲者。丁南羽雲鵬寫洛神像，沈千秋題其後。菲菲名文初，字綺生，能詩，時有秀句，如「陰峰淡畫眉」「明月許相照」，亦洪度輩流也。一時有薛素，吟道遜周，而蘭竹最勝。又徐山人之女名安生者，竹枝倚灑，似管仲姬。

二日，客持花定徑尺盤二面來，頗瑩細可玩。

三日，過沈荆門，出觀古册葉二幅，款云大癡道人，驗乃盛子昭筆也。又石田仿梅道人畫一軸，題云：「長松落落暑生寒，七尺絲綸玉作竿。傲漢英雄千古在，漁人莫作等閒看。」又文衡山青緑山水一軸，題云：「春岸離離芳草齊，春雲靄靄碧山低。山人不出春雨足，一日開門花滿谿。」

四日。

五日，天陰晦。

六日，晴。夏賈持碧玉帶鈎一、陸子剛白玉簪一來看。又浦子汝良自寫《榴子圖》一卷，姚雲東爲題首。贊詠者：其弟浦正，國子助教，南陽滕嵦，譙國戴成大，進士姜學夔，延陵吴瑄，遺槐居士談詔，廬山陳佃，廣東按察司副使闕里孔鏞，汝南周震，從子浦應祥，皆成、弘間文雅秀出之士也。汝良號翠巖居士，家有寫山樓。圖因舉子輒夭，至六十五舉一兒，以此寓留止之意耳。

七日，同盛若華憲副集夏郡丞宅。二公俱宦閩、粤、黔、滇，談南徼事甚悉。海中有金絲燕，似燕而金色。海灘有蠶螺，其肉有肋，燕啄食之，肉化而肋不化，燕因吐巖石上成窩以育雛。海風振揺，連雛覆地，海人拾之，今燕窩菜是也。羊眼豆四時皆花實，三年乃易其本。盛云：「滇中有夜合花，碧跗白瓣，厚如燒香白玉鈿，形態極佳，非吾地百合也。」

八日。

九日。

十日，治武林之行，與嚴蓋夫同載。至皂林西，邂逅陸虚緣，因相過夜坐。泊石門，五鼓各解維，虚緣自爲武康之遊。

十一日，暮抵北關。與蓋夫劇談，有二事足存警省，録之：海寧董孝廉明吉，余辛卯同榜也。甲午冬北上，至丹陽，偶失槖金，疑舟人夫婦。告之官，至鬻舟以償。恨猶未解，囑其令囚之，云：「俟余南歸釋汝耳。」遂去，至山東邸店。邸主人宿有夢，見一神人，告之曰：「今冬當有新狀元姓董名明吉者過此，當善遇之。」主人乃日日偵伺，詰問姓名。既遇董，大喜，厚陳設禮之，且告之故。董亦大自慰負。迨明，主人嗟吁出曰：「相公此來，曾困一舟子耶？昨神人云，上帝怒此舉，已削君鼎首海寧諸生唐引元者，素負决科之望。其父爲贅壻，婦翁卒，有庶生子二人孤苦，唐父每凌蔑之，欲噬其産，每曰：「我子中科，且以旂扁揭此居，誰敢争者！」迨丙午科，引元卷爲本房掄選，而不得登薦。既撤棘，房考召引元謂曰：「子豈有宿負于人耶？我每欲登汝卷，則見一短黑麻鬍者跪而陳不可，曰：『若中此，則滅我門矣。』」引元歸，以問其父。父曰：「此汝外祖也。」丁未冬，引元被黜。

十二日，泊松毛塲。

十三日，辰起，同蓋夫以肩輿入西溪，會葬馮具區先生。溪路饒梅，時已著疎花點點，霜曉細香暗撲人袖，風景良絶。溪人種魚飼蚕，伐竹摘茗，又引泉灌畦，獲多功省，所謂沿山十八里，錢塘之沃也。馮師無恙時，每曰：「吾終當以西溪爲菟裘。」故特買地數弓。然架結未施，竟作埋玉之所，亦可慨矣。已，過佛慧寺，蓋夫舊讀書處也。主僧古亭出迎，茶話久之。翦其庭中天竺一穗，歸舟併溪梅數枝插酒壺中，物色相暎，如珊瑚林中，一群嬌女笑面生春，不復知爲殘臘。夜泊北關。

十四日，四鼓發柮，至暮抵桐鄉城下。遶城桑柘，犬吠竟夕，恍如深村。令此者，督課理紛之外，高拱漁樵之上而已。城雖如斗大，甚堅壯。昔年倭寇困圍踰月，城中百出奇計以應。此中素有狡黠者，未可以僑固忽之也。

十五日，謁桐鄉令藍君。報謁罷，即別去。酉刻，至西郭，同藎夫訪徽友吴無爲，值其從弟東籬君在焉，乃昔年以《寶晋帖》歸余者。昏黑抵家。

十六日，凍雨蕭蕭。盆中水仙開五六萼，香氣旖旎撲鼻。

十七日，晴。

十八日，許叔重以倪雲林《六君子圖》來觀。此余友許伯厚物也，昔留余齋中者一年。今復觀之。倪自題云：「盧山甫每見，輒求作畫。至正五年四月八日，泊舟弓河之上，而山甫篝燈，以此紙苦徵畫。時已憊甚，只得勉以應命。大癡老師見之，必大笑也。倪瓚。」大癡題云：「遠望雲山隔秋水，近看古木擁陂陀。居然相對六君子，正直特立無偏頗。大癡贊，雲林畫。」朽木居士題云：「江頭碧樹動秋風，江上青山接遠空。若向波心添釣艇，還須畫我作漁翁。」澂江趙覲題云：「天風起雲林，衆樹動秋色。仙人招不來，空山倚晴碧。」吴興錢雲題云：「黄公别去已多年，忽見雲林畫裏傳。二老風流遼鶴語，悠然展卷對江天。」董玄宰題云：「雲林畫雖寂寥小景，自有煙霞之色，非畫家者流縱横俗狀也。此幅有子久詩，又倪迂稱子久爲師，俱所創見，真可寶也。壬寅重九後二日觀，董其昌。」　又王叔明小景一幀，樹葉个字與側筆攢點相雜，扶疎罨藹，山頂小樹作連空茫昧之勢，溪屋前一亭，緊相挨傍，皆有異趣。董玄宰題云：「雲開見山高，木落知風勁。亭下不逢人，夕陽淡秋影。董其昌題，黄鶴山樵畫。」　又沈石田小景，筆意仿子久。題云：「山亭花落樹蕭騷，隔岸諸峰翡翠高。欲把小詩收拾盡，不勝撩亂髩邊毛。」　又文衡山青緑山水，學趙松雪，題云：「緑樹蔭虚堂，攤書映夕陽。水流聲不絶，簾捲起〔三九〕滄浪。」

十九日，風。

二十日，風，寒，河冰皆合。

二十一日，寒甚。

二十二日，稍暖。爲林海壇圖扇，作寒林淺瀨，系一絶曰：「石虚江影碎，沙白浪紋消。何處牽幽思，寒林百尺梢。」

二十三日。

二十四日。

二十五日，客從鹽官來，言是月四日，海濱有大魚隨潮逆上，淺閣不能去。度之長十八丈，高闊二丈，無鱗。悍少年登其脊，遭蹶者四十餘人，掉尾，死者一人。千夫共刲其肉，初下刀魚噫氣如黑霧。所餘骨節，可舂二斗米。兩睛大如毬，置水中有光，蝦蜆細微悉見。歙商以七百緡取其一，而一歸令君。父老相傳，嘉靖間亦有大魚留海灘，未二年有倭寇。亦可戒預矣。

二十六日。

二十七日，夏賈從錫山回，持一紫端硯，長一尺，闊三寸五分上下。瑩滑如玉，墨銹堅亮，宋硯之佳者。陳白陽小景一幀，墨樹蓊蔚，枝梢如鐵穎。山頭用赭筆拖就，上雜焦墨旁點，亦奇製也。

二十八日，徽人持宣銅琴一張來。彈之，頗有清響。然琴是雅樂之首，本取絲木之音，絲從桑化，是亦木也，故能涵和暢性，洗滌邪穢。今綴絲于銅，金木相激，非其質矣。池中鐫字云：「宣德二年中秋月，紫陽山人精斵。」此應云鍊，今云斵亦非也。總非雅器，還之。

二十九日，天陰，有微雪。

除日，蚤有積雪，俄消盡。晚晴。

校勘記

〔一〕「執業」原闕，據清抄本補。

〔二〕「旬日」，清抄本作「晴窗」。

〔三〕「堂」原作「室」，據清抄本改。

〔四〕「喝」，清抄本作「偈」。

〔五〕「爾」，清抄本作「復」。

〔六〕「忽」原闕，據清抄本補。

〔七〕「雲」，清抄本作「愛」。
〔八〕自「張雲臺」至句末原在「四日」後，據清抄本改。
〔九〕「懋」，清抄本作「茂」。
〔一〇〕「朱」，清抄本作「米」。
〔一一〕「水」，清抄本作「山」。
〔一二〕「謔」，清抄本作「諧」。
〔一三〕「毛」，清抄本作「木」。
〔一四〕「遼陽事壞，建夷三衛」原作「遼陽事□□三衛」，據清抄本改。
〔一五〕「寺」原闕，據清抄本補。
〔一六〕「明」，清抄本作「朗」。
〔一七〕「岳」原作「邱」，據居友祥校注本改。
〔一八〕「者」原闕，據清抄本補。
〔一九〕「齊」，清抄本作「齋」。
〔二〇〕「脱」，清抄本作「晚」。

〔二一〕「慘」原作「漆」，據清抄本改。
〔二二〕「黑」，清抄本作「異」。
〔二三〕「清華」，清抄本作「濤聲」。
〔二四〕「備」原闕，據清抄本補。
〔二五〕「稚」原作「妓」，據清抄本改。
〔二六〕「氣」，清抄本作「象」。
〔二七〕「凡」原闕，據清抄本補。
〔二八〕「平酋」原闕，據清抄本補。
〔二九〕「斡」原作「幹」，據清抄本改。下同，校勘記從略。
〔三〇〕「落」，清抄本作「浴」。
〔三一〕「貢」，清抄本作「貴」。
〔三二〕「徐髯仙」，清抄本作「大桐村上七十九翁書于皋橋書屋」。
〔三三〕自「如與之」至「名筆」原闕，據清抄本補。
〔三四〕「我觀遺墨，端嚴濟楚」原作「武觀遺墨，端嚴□楚」，據清抄本改。

〔三五〕「針」，清抄本作「舟」。
〔三六〕「蓋」原作「盡」，據清抄本改。
〔三七〕「群」，清抄本作「塵」。
〔三八〕「鄉」原闕，據清抄本補。
〔三九〕「起」，清抄本作「聽」。

卷二

萬曆三十八年庚戌正月元旦，晴，稍寒。

二日，大雪。

三日，晴。

四日，過陸虚緣樓居，與范長康、包彦平夜坐。

五日，陰寒，午後雨霰。

六日，雪。至外家沈氏新阡送葬，地名伊河童家橋。一路曲流寒林映帶，如營丘粉景，思極清曠。暮抵岸，泥濘不能登，襆被舟中，甚酣也。

七日，霜曉，岸凍，遂能赴塋所拜奠。回時午矣。

八日，晴。

九日，閩門生陳禹玉寄至蠣房二瓿、蜜羅柑四隻、新刻《考工記述注》一部、洞茶一觔。茶味色俱劣，僅堪停冷含以噀蘭。

十日，張甥翌寰來，懸鐙百盞，大合樂以饗之。是夜月色亦妙。

十一日，徐玄仗、陳與同見過。

十二日，出報謁諸交戚。沈芾南丈從高州館回，談其主人趙肩吾之俠。肩吾名任，癸未進士也。初選中書舍人。每沐浴〔一〕，即出四獵。一日，臂鷹從棋盤街行，鷹聳翅欲奮，如有所覘。肩吾即命解絛，縱其搏擊。鷹入朝寧間，爲執法所糾，謫外縣丞。已，稍遷令，又遷廷評，即棄去。今爲俠於膠萊間。其父精陶朱術，每致萬金，肩吾輒散之。喜爲詩，學宋元諸家，不能唐也。任氣磥砢，不爲富貴没溺，乃亦有此君。

十三日，吴人張慕江來。慕江名體仁，年八十一而老矣。平生以書畫舫行江湖間。今所攜有倪迂松坂平遠闊幅，作葉底低巒，樹根淺瀨，極蕭閒疏曠之趣。自題云：「門前漠漠風吹沙，閉門倦客獨思家。樓頭吹角夢初醒，猶聞深院響琵琶。白雲蕭條楓葉丹，愁人行吟復坐歎。歸心夜趁東流水，夢入松溪第九灘。少年持家學詩禮，馮老侍御之孫子。觴半投筆調白羽，拔劍醉舞爲君起。　至正十年九月，因過郡中，留學之椽郎宅五日。其子思誠，温粹勤儉而好學，已能持家，具甘旨之奉，今年纔十有七歲矣。僕既寫此爲贈，并賦三絶句其上。東海倪瓚。」董思白題云：「九灘在荆谿，倪迂遊踪多在焉。此圖當是其中年所作，以其書法最工，晚年字不稱畫矣。」　文徵仲山水一軸，兩松一平陂，二老坐語，上下山巒叵匝。筆意類李唐，而蒼鬱過之。題云：「草樹離離落照閒，清言輸與兩翁閒。就中消受無人會，滿耳清泉滿眼山。文壁畫并題。」陸五湖師道題云：「此衡山先生未改名時筆也。先生蚤歲專學荆、關，故筆意如此。嘗聞石田翁贈先生之詩曰：『老夫開眼見荆關，意匠經營慘淡閒。未用荆關論畫法，先生胸次有江山。』愚謂此詩非先生不能當，然非石田之知先生，不能有此言。蓋二公皆學洪谷而能自得者，觀於此圖尤信。癸丑二月，師道敬題。」五湖細楷如菉豆大，精工之極，皆天地閒尤物也。　又黃筌吐綬雞一幅，展翅鷺一幅，皆真。　陸包山《燕子磯圖》。　米元暉《雲外孤峰》，下作偃樹決渠，小橋横跨，林閒屋架，參差有態。　黃子久青緑大幅《秋山行旅》，絹素剥落，雖雄渾，恐未真。余迎慕江，慕江坐扁舟不能起，余因贈以白粒宿釀而別。暮細雨。

十四日，同岳石帆、石梁、高永仁集徐宏宇寶綸堂。

十五日，同馬廓菴、禹山、吴赤含集黄藩伯宇参第。燃鐙百枝，鉅麗晃曜，一城之冠也。

十六日，風，寒。

十七日，寒。

十八日，寒。

十九日，奇寒。武林楊淇園侍御來。午出報謁，楊已返矣。行至千户所前，夏老止予輿，以一畫見示，乃叔明《雙松釣艇》也。筆意絶異平日，松如趙仲穆，石如李晞古，遠岫如倪雲林。題云：「一箇釣船千頃月，兩株松樹滿山秋。如今老作江南客，水國漁鄉處處留。」又鄭明德題云：「何郎酷似舅，北上何時歸。森然五色筆，終當補衮衣。不應畫松并畫石，時如其舅作戲劇。」又：「亭侯筆如高吏部，能寫千歲髯龍真。疾風不動丘山重，恰似王家雙柱臣。鐵篴道人。」係篆字。「曾聞城市有閒人，莫道蓬萊無處尋。一幅畫圖常在目，百年榮辱不關心。雲山遠近來春色，煙樹微茫帶夕陰。曛是此中風味好，令人幾度憶王君。至正丁卯八月望日，金壇王元徵題。時年六十有九也，目不能近視，惜乎汙此佳畫。」余細閲畫法，又以三詩參之，非叔明筆也。老鐵題字作篆太恭謹，可疑。叔明楷法亦纖弱不類。遂昌首題云：「何郎畫松石，乃是元時一何姓者之筆，亦係鄭氏之甥，故云然耳。」餘皆後人强綴之以博時價，然此品本亦不惡也。

二十日，稍暖。方丈室從金陵來，攜梅道人竹一幅，題云：「不可一日居無竹，摇著數竿青有餘。何似寫歸圖畫裏，清風露月〔二〕在吾廬。梅道人戲墨於橡林下。」「寫竹如寫字法方妙，筆到則已，故非摹搨手所能也。自文、蘇後，若趙松雪、高房山、王淡游、吴梅菴、倪雲林，各臻妙處，以其寫法迥出流輩，非庸常可及也。此幅顧君德潤所藏，其運筆雖不經意，然一種風氣，使人斂袵，顧君宜寶之。九龍山人王孟端。」「吴君寫竹枝，一紙千金重。葉葉清風生，觀之毛髮聳。鶴城沈璧題。」徐賁山水長幅，層巒複渚，筆筆如斷索，生韻之極。題云：「徐賁寫贈德恒徵君。」鄭文伯一絶〔三〕云：「第宅當時接窅冥，九龍山色坐中青。十年烽火遲歸思，早晚誅茅重結亭。昆陽鄭思先。」想元末兵火，鄭君有此句也。管仲姬《瀟湘夜雨圖卷》，竹態雨色，俱極飛動，石作一筆飛白勢，重沙掩映，淒清不可言。後系一絶云：「夫君去日竹初栽，竹已成林君未來。玉貌一衰難再好，不如花落又花開。延祐二年四月二日，仲姬書寄子昂。」

二十一日。

二十二日，連日晴暖，日色晻黄，俗謂之落沙天，農人以爲有麥之徵。

二十三日，暮有小雨，即止。

二十四日，盛德潛持宋晁補之手書《法華經》來觀。紙色白素堅韌，較金粟山者更勝。後題云：「自摘拾以來，人事如洗，心手閒逸，課寫《蓮華經》七翻。體效僧格，願生中更無爲士人也。閲八月日，始熙寧十年丁巳三月三日，畢十一月一日，濟北晁補之識。」補之字無咎，以蘇、黄黨羽爲時宰翦落，故有懟語。補之學佛，最有勝解，所著《雞肋集》中有《豬拇齒臼肉佛贊》，奇麗精深。見地如此，猶不免於懟，功名勝劣之場黏縛人豈有窮哉。

二十五日，細雨。

二十六日，雲，陰。過郁伯承新居，言《出蜀記》較陸務觀《入蜀記》更妙。〔四〕

二十七日，霽。盛德潛以柯丹丘藏硯一質余金一鐶去。石長三寸有奇，闊二寸五分。澹紫色，叩之鏗然，墨銹遶額上下。背鐫竹兩三枝，「丹丘外史」印章。余拊之喜甚，因試染筆，爲譚孟恂寫春柳，頗有韻。

二十八日。

二十九日。

二月朔日。

二日，連日晴暖。小齋前去複牆，斥廣地三尺有奇，移西偏竹植東偏。盆松盎蘭皆有位置，每披讀倦即曳杖行諸卉閒，曲折盤辟，甚有意趣。從此樹陰竹色，鳥語花香，似所偏饒也。

三日，同兒子過真如，訪郭調鼎於槐龍僧房。河流甚澀。抵暮，步自毛家堰，入卜者籬閒，觀碎石，殊不堪采。

四日。

五日，俱大風。硤石吴丹麓以英石一見餉，高二〔五〕尺有奇，闊一尺六寸，嶙峋蹙浪，勢如斷雲，置齋前竹下。

六日，暮雨。

七日，雨竟日〔六〕。

八日，小霽。

九日，雨。

十日，雨。王丹林攜眉子歙石硯見視，樣似「風」字稍長，亦舊物也。又犢頭商玉彝一，亡其底，土繡血侵可玩。項墨林畫《林塘瀉溂》扇面，背面臨玉枕《蘭亭》，甚有楮法。此君藝事，種種有味。以其挾多貲，故江湖閒止傳其收藏好事耳。丹林又以扇索余作米山。題一絶云：「竹光浮硯春雲活，花氣薰衣午夢醒。寫得米家江上意，蘼蕪細雨正含情。」

十一日，雨。

十二日，雷雨如注。方丈室攜卷來，乃坡公蹟也。云：「柳十九仲矩自共城來，持大官米作飯食我，且言百泉之奇勝，勸我卜鄰。但言此心飄然，已在太行之麓矣。

十七日，東坡居士書。」

「此東坡先生真筆，濃穎積墨，揮灑神奇，後人安能及哉。余觀之，不覺昏眵明爽。古人云，閱《輞川》而愈頭風，良不虛也。淮南馬玉麟跋于清河道中。」「蘇文忠公真蹟，余心慕之已久，第生也晚，意不能復覩其墨妙矣。今山陰王諫議見示此卷，觀其風神骨格，種種動人，捧覽之，不覺心花頓開，若置身層風閬苑，不謂在人間世也。當時不摩勒于石，而竟以墨蹟流傳後世，摹者豈遂無匠巧之工邪？余雖不能收爲匱中之藏，亦願知音者珍而重之，相傳不朽，可乎？不然，後有損失，疇能摩補！醉竹生項汝玉書。」此書已刻晋府《寶賢堂法帖》中，而此跋云云，何也？又有虞集、華亭管時敏二跋，俱浪語，非真。此卷印章極多，今摘記於此：陳深、寧極齋、華皋、海虞吴思菴圖書印、巴西鄧氏善之、白玉堂史、奉華堂印、高麗物、越袁桷氏、松寥閣、楊氏家藏、真實居士家藏、快雪堂。

沈石田溪山長卷，仿王叔明。二律云：「世外有仙跡，山中無俗情。流霞倒岸影，涼翠合溪聲。倚杖孤鴻遠，空亭獨樹清。行行總真樂，不是好逃名。」「弄筆聊乘興，溪山野意存。世無真隱者，畫有古桃源。曉色孤煙嶂，春容偏樹根。還期一振策，花裏問柴門。弘治甲子春二月望日，長洲沈周。」

十三日，晴復雨。

十四日，雨。録得楊君謙逸詩數首，乃《南峰稿》所無者。一絶題沈翼南畫，云：「相城文物名家沈，厮役皆能畫與詩。誰道石翁肩背下，翼南更有出塵姿。」又有字材叔者，於姚畸艇樓居，爲君謙作《授衣圖》，皆不知何許人也。

十五日，雨如注。

十六日，霽。

十七日。

十八日，至馮權奇齋頭，出觀黄子久《括蒼山圖》，上作屏障，直下有脚，右一陂

陀用斷索皴四五筆可數；樹疏散，較子久他作又一變局也。又倪雲林小景，題云：「蕭蕭風雨麥秋寒，把筆臨摹强自寬。尚賴東君相慰藉，松肪筍脯勸加餐。十七日，君茂風雨中攜酒肴，相餉於晚節軒中。因爲《�石喬柯》，并題絶句。雲林子瓚。」陸天遊小景一幀，疏林秀石，小渚淺漪，一高士踞坐船頭，甚有勝韻。山作尖峰秀異，焦墨點苔可數。此老畫不多見，大約雲林之亞而肩隨幼文、叔明諸公者。此又其傑作也。題云：「至正二十又三年五月十日，作於清静齋中，天遊生。」又白香山手寫《楞嚴經》第九卷一帙，字如五銖錢，楷法絶類柳誠懸，而標韻尤俊朗。諦玩久之，覺江南李後主與張即之輩，皆挹源於此而滓濁見溷者。諸跋俱勝，真末世法書瓌寶也。趙明誠跋云：「淄川邢□氏之村，丘平地瀰，水林晶澈，牆麓确确布錯，疑有隱君子居焉。問之，兹一村皆邢姓，而邢君有嘉，故潭長，好禮，遂造其廬。院中繁花正開，主人出接，不厭余爲兹州守，而重余素心之馨也。夏首，復相繼過，遂出樂天所書《楞嚴》相示，因上馬疾驅，歸與細君共賞。時已二鼓下矣。酒渴甚，烹小龍團，相對展玩，狂喜不支。兩見燭跋，猶不欲寐，便下筆爲之記。趙明誠。」有歸來堂圖書

記。「唐人凡庸書皆可觀，況江州白司馬耶？ 見其蹤，念其人，疏窗净几之間，覺增我靈〔七〕。 靖康甲辰上巳日，易安居士識。」「仲瑛筆法清迴，不知其何所祖習。 一日，偶散步入攸芋廡中，見簾帷齊控，複壁中香織如霧。 更觸入數十武，忽雙環八九呵問，云楊秀才也，顧即趿履自出，曰此僕祕地，正思兄，可共入。 坐齋中，空潔如洗，鼻端冷冷如聞異氣，肺藏欲空。 北壁下横置一几，上有書，率意取視，白香山手寫《楞嚴》一卷也。 楷法鮮戰，風流若生。 紙爲蜀中所造，碧箋烏絲闌，若晴絲裊空含持，秀物也。 玩此，不覺肉翮欲飛，援筆索寫尾紙上。 顧即〔八〕頷之，幸矣。 至正辛巳花朝日，會稽楊維楨書。」「余每謂宋三四百年，情人才士，止李易安一婦人。 集中有《喜得樂天楞嚴偈》，幾千言，手腕如錦，胸中無塵。 今又更見此經，與卓老何多緣也。 甲午五月四日，寓武昌李贄題。」此經乃李卓吾游金陵日以貽馮具區先生者，有梅氏祕玩印，蓋麻城梅氏物也。

十九日。

二十日，馮權奇來顧，以白玉蓮花杯見示，大如五升盞。 權奇有金陵遊，云且有三四月之留。計此時，余家村莊小池蓮應已花，相約用此大浮，話長干風月也。

客持文徵仲淺色山水小景來玩。雲林蕭疏，石瀨清激，小橋橫跨溪上，一老支策而過。筆采娟秀，意仿洪谷、營丘，乃少年名璧時所製。一律云：「秋風昨已到山堂，坐愛閒亭過雨涼。月榭誰家悲玉笛，露桐虛井滴銀牀。病侵肌骨驚寒早，年入衰遲覺夜長。氣候不齊殘暑在，等閒紈扇未能忘。往歲作此幅，及今壬子，餘二十年矣。重閲之次，命筆題於東禪精舍。」

又高房山雲山一幀。主峰重疊，作八層滃染，右旁又參差二峰，每峰又各二三層，下作沙渚橫橋，墨樹濃蔚。題云：「至正三年六月二日，高克恭寫。」

二十一日，雨。夏賈從金陵回，持示成窯鐙籠酒杯一隻，五采把杯二隻，古銅青綠水滴一件，作伏彪形。又帝青寶耳環柱二枚，大如母指，狀如腰鼓，照之深青，中有五色流珠。此海南番舶所攜，乃夷國煉化物也。世閒琉璃、玻瓈之屬，皆西洋諸夷銷石爲之，非天然八寶也。夏誤以此爲柴窯，不知柴窯者，柴世宗時吳越錢氏燒祕色窯以充貢獻，後其法絶不傳，即唐末詩人所詠「林煙漠漠越窯開，奪得千峰翠色來」者，其精祕可想，然亦陶瓦之屬耳。宋元好奇者，拾其碎片，碾就嵌妝具，亦深惜其難得故爾。非此物也。夏聞余言，胡盧而已。

二十二日，雨。

二十三日，雨。夏復持緑玉盤螭帶鈎一枚，長三寸，乾黄漢玉鈎一枚，長寸餘，哥窯印池一枚，形製古樸，皆郡中一巨姓家物也。帶鈎素爲主人所珍，每言欲以爲殉。屬纊時猶擊腰閒，氣斷遂爲人竊出。因相與玩視，歎息而去。

二十四日，雨。

二十五日，陰寒。作《吴淞歌》，贈盛堯民畫士，從沈翠水請也。

二十六日，徐春門見過，貽余笻竹杖一枝，長六尺，有十節。其子羡門爲資縣簿所寄者。

二十七日，客持王叔明《仲夏園林》單幅。山用燥筆麻皴，而無滃淡；草堂左右皆碧梧青篠，頗有意態。所恨手腕癡弱，驗非真者。遂昌尚左生鄭天祐一絶云：「密樹陰陰帶緑蕪，草堂雲暖鶴將雛。相逢未遂還山約，空復年來看畫圖。」

里中有朱肖海者，名殿〔九〕。少從王羽士雅賓游，因得盤桓書畫閒。蓋雅賓出文衡山先生門，於鑒古頗具眼，每得斷縑壞楮應移易補款者，輒令朱生爲之。朱必閉室寂坐，揣摩成而後下筆，真令人有優孟之眩。頃遂自作贋物售人。歙賈之浮慕者，尤受其欺。又有蘇人爲之搬運，三百里内外，皆其神通所及。所歉者，每臨文義，輒有齟齬，易於納敗。余每以横秋老眼，遇其作狡獪處，一抹得之。念其衣食於此，不忍攻也。客言余前所見馮權奇家白香山書《楞嚴經》，本張即之筆，朱爲補款，并作鐵崖跋。跋語則出馮手構。余固疑其類即之諸跋，忽未察耳。

午刻，嚴蓋夫、徐德夫、馮叔堅來。德夫談及淮上一貴臣，籠絡士大夫，沽釣名譽，而内實縱恣。其撫屬徐州守馬從謙者，竟以二千六百金得之。金珠子女之外，羅及古玩。嘗三遣人以千金購吾郡項氏所收天保鼎，未得。貴臣聞，令人假看。馬懼其見奪，又懼違之賈禍。一日，籍府庫，授印其佐，稱病，急抱鼎遁去。德夫以馬有米顛弄石之風。余以爲片石碌硌，爲世所棄，而適有奇姿，故足動漫仕之好耳。如其索價至千百，是貪奴居積，何足尚乎。恐吐去久矣。馬，湖廣人，能棄官全尚，實稍賢於貴臣也。

二十八日，雨中有巨室綱紀僕負物來看。端硯一，不佳。哥窯香鑪二，其一稍可。琥珀杯一，紅瑪瑙杯一，俱恨小。黄大癡《楚山春曉》一幀，從下至上作四五層樹，主峰亦甚雄渾，沙脚映帶，種種不失。然氣色慘暗，碎爛之極。當是臨本，僞作古態耳。

二十九日。

晦日，林海壇持《絶交書》真蹟，索跋去。

三月朔日，晴。

二日，同兒子赴仁文書院講會。舟行，春漲如醅，岸柳澹黄摇曳，入春來第一日晴光也。

三日，晴霽。

四日，天氣乍暖。始注水養石。有人持宋徽宗《雪圖》一横卷，作屋層疊三間，一長松挺踞陀石上，遶籬皆翠篠，門對一平橋，屋後煙樾縱横，沙際碎石，遠沙渺茫，中作老檜，頂森露，極有意勢。但紙色慘惡，題款印記率是僞物，當屬臨本無疑。思陵題云：「可憐今夜鵝毛雪，引得高情鶴氅人。紅蠟燭前明似晝，青氊帳裏暖如春。」董玄宰跋云：「右圖相傳爲徽宗畫，觀其印款『晞遠』二字，蓋趙伯驌云。前書絶句，則高宗筆，題伯驌畫者。伯驌、伯駒，俱宗室，丹青能事不減令穰，而希遠尤爲希覯，蓋學燕文貴而入室者也。」後又有思陵書《雪賦》一段，字大如錢，筆法仿徐季海。玄宰題云：「德壽殿書《雪賦》，有唐人風氣。中缺一構字，是避道君諱者，當是真蹟。竟不能終篇，其有蓼莪之感乎？」余諦視此書，沈厚斂蓄，略無鋒穎。所謂怒猊渴驥，意象何在？蓋得季海之藏，而失其宣耀者。宜其甘心議和，終老湖山間，不能踰江淮一步也。絶句有「氊帳如春」之句，其竟忘天山雪磧中，有跼蹐穹廬者耶！何俟遇諱方爾輟筆。此孝宗書也。高宗名構，故諱構。若高宗爲徽宗諱，則爽矣。

又梅花道人《竹譜》一卷，不真。其《寫竹訣》却真，有數語關鍵，摘録於此：「凡畫竹，幹節枝葉四者，不由規矩，徒費工夫，終不成畫。濡墨有淺深，下筆有輕重。逆順往來，須知去就。濃淡麤細，便見榮枯。仍要葉葉著枝，枝枝著節。山谷云：

『生枝不應節，亂葉無所歸。』必令筆筆有生意，面面合自然，四向團欒，枝葉活動，方爲成竹。古今作者雖多，得其門者或寡。不失之於簡略，必失之於繁雜。或根幹頗佳，則枝葉謬誤。或位置稍當，而向背乖宜。或葉似刀截，或身如板束，麤俗狼藉，不可勝言。縱有稍異常流，僅能盡美，至於盡善，良恐未暇。獨文湖州挺天縱之才，比生知之聖，筆如神運，妙合天成，馳騁於法度之中，逍遥於塵垢之外，從心所欲，不踰準繩。故余一依其法，布列成圖，庶後之學者，不墮於俗惡云。」

五日，同沈荆門登東塔佛閣。復過思林僧房看山茶，柴幹交挺，皆大如栱柱，五百年以上物也。每春時，著花萬餘，遠望如錦堆，落紅襯地，厚寸餘，氍毹地衣不啻也。郡中唯王静村處士家緑萼梅，枝覆庭除〔一〇〕，容五燕几，玉蕾瓊葩，散漫馥郁，可以配此。城南真如寺有老槐，夭矯若龍，陰亦覆一庭。寺僧厭觀者，遂付斧斤。湖南包大夫園一桂，大十圍，秋深金粟萬斛。相傳亦千年物。

客持售黄子久散筆方幅小景，草草下筆，一片天真。如李勢妹在桓家，握髮致詞，釵横鬢亂，而精態欲絶，真奇品也。自題云：「壽之持此半張紙，便要癡翁畫山水。談笑都無頃刻閒，收汗揮豪三伏裏。翻思古人畫難得，五日一水十日石。壽之如此相促逼，王宰定不留真蹟。至正十一年六月十二日，大癡道人畫并題。」又梅花道人《枯木竹石》一軸，古檜勁挺，風篠縱橫。題云：「樹大高於屋，竹長清如人。生平何所修，静與爲比鄰。梅花道人戲墨。」又徐熙《水花汀草》，絹色沈古，真蹟也。

六日，客持售顏魯公《祭伯父豪州刺史文稿》真蹟卷，乃絶品也。係小行書，與《争坐位帖》競爽。諸題跋亦勝，卷尾題字二行：「中書侍郎禮部尚書集賢殿大學士崔胤。」

錢穆父題云：「長安安氏，富蓄法書。顏帖數種，此其一也。觀其筆法圓勁，初不用意，實爲奇蹟。又歎魯公之義烈，而曾不得少容於朝廷，至逐爲饒州刺史，迄不免淮西之行，則時事可知矣。此尤可深嗟而永歎云。元祐九年甲戌四月，會稽公穆父題，時在開封東。」

「紹聖初載九月八日，上御集賢殿，策賢良方正陳暘等三人，臣京、臣緦、臣執中、臣服、臣古、臣陶、臣卞同待詔殿門，同觀此書。卞記。」此蔡卞筆，字大如魁栗，剛果有力勢。

「右唐顔魯公《祭伯父豪州刺史文藁》真蹟。宣德八年秋九月丙申，前史官國子祭酒兼翰林侍講太子賓客致仕胡儼拜觀謹題。」

又包彦孝别書副本綴後，題云：「右顔魯公祭其伯父豪州刺史公文藁一通。觀其出爲饒州刺史時，眷眷朝廷之恩，以一門生先哀榮告伯父於地下，略無怨望非上之心，真可謂懷忠之志也。當明皇寵禄山，公固知其必反，張九齡亦知其有反相。人主蔽固以深，而不之知。及反，公以平原太守起兵討之。明皇歎曰：『二十四郡都無一人義士，獨不識真卿何狀，而能若是！』嗚呼，其真不識真卿也耶？苟識之，人無能間之者。先與從兄杲卿戮力摧挫賊勢，杲卿死於賊，真卿亦不容於朝，九齡隨罷，羯胡猖熾，幾覆唐祚，可勝歎哉。公歷事三朝，數爲憸邪所構，累斥而卒至縊死。嗚呼，悲哉！天乎，人耶？徒起萬世之下扼腕而已。撫爲過化之邦，祠而祝之，宜也。其手澤之留於撫者，人之寶之，代歷兵燹，翰墨猶新，重若拱璧兼金，其有以夫。元祐中錢穆、紹聖中蔡卞題其後，皆以爲奇蹟。觀其字體，有快戟長劍、龍跳虎臥之勢，可謂發諸心畫者也。撫郡李懋德氏藏之累世，屬書副本，乃爲録之如右，并題其後。觀者當知其忠烈之不磨也。宣德九年，龍集甲寅，春二月朏，文淵閣祕書校正、豫章進賢包彦孝書。」

「此顔魯公祭文草也。公自蒲州刺史封丹陽縣侯。乾元元年，御史唐旻誣劾，貶饒州刺史。至東京，作此文以祭伯父及其一門之親。約可三百餘字，雖改攛塗抹，字字皆有規矩，不失常度。余觀公平日碑刻正書，其峻聳如山岳，廉利如戈戟，其嚴毅莊重，如端人雅士垂紳正笏於廟堂之上，不敢褻近。此則小行書也，剛勁而圓熟，與《争坐帖》大略相似，余未敢以伯仲評之也。《争坐》石刻，此則墨蹟，尤爲可寶者。自乾元迄今，千有餘年，楮墨完美，筆畫爽朗，而精神映發。雖在草草之間，而正氣凛然。史稱其如秋霜烈日，可畏而仰，非虚語也。宜乎博雅君子，珍藏什襲，愈久而不失也。公歷官至太子太師，李輔國惡之，盧杞嫉之，屢遭貶逐。年八十，遣使李希烈，雖不屈罵賊而死，亦少知幾哉。悲夫！景泰四年秋七月既望，朝請大夫、贊治少尹、南京國子監祭酒致仕、前翰林侍講史官陳敬宗謹題。」

「顔魯公《祭伯父豪州刺史文》，舊在長安安師文家。安氏別有魯公書草五紙，米老嘗盡得之。然尤獨以此祭文爲天下奇書。今從毗陵陸諭德廉伯借觀累日，信米老之言不虛也。感慨之餘，敬題其後。吴郡李應楨。」

胡儼題大癡畫云：「大癡胸中富丘壑，筆底變化生巇嶱。忽然突兀聳奇峰，滿堂衆賓皆錯愕。灌木陰陰猗澗阿，茅堂寂寂依林薄。堂中美人非俗流，春日耕雲秋采藥。白駒皎皎空谷中，我欲留之去如臭。想當下筆寫此圖，六月炎蒸汗交落。紅桃碧李出雕盤，冰盎楊梅殊不惡。癡翁欣然發天趣，意匠經營動揮霍。片楮之中勢磅礴，流傳後日真奇作。清廟朱絃音正希，匏樽玄酒無糟粕。我今作歌翁不知，翁知當作遼東鶴。頤庵胡儼。」 （三樂居士、若思）〔一一〕

七日，同郡紳壽黄宇參太夫人。午過徐玄仗園居。

八日。

九日。

十日，蚤有微雨，氣候極佳。垂絲、帖梗、西府三種海棠，雜置彝中。物色之艷，未有過是者。　五里亭人負諸卷軸來看，俱不佳。止白陽山人擘窠書一詩極快利，有魯公法。今天下不復有能爲是書者矣。詩曰：「嘉禾古越地，去吴僅百里。本在唇齒閒，何當較彼此。我未游越時，不道甚密邇。帶月挂蒲帆，早已到東市。市中有崇山，山中多羽士。相見即殷勤，置我碧梧裹。登樓縱老眼，軒豁快無已。願結方外交，幸勿誚我鄙。戊戌秋日南游，寓玉樞道院漫賦，陳衜復。」

十一日，小雨。

十二日，霧，俄大霽。同家君挈兒子省墓。

十三日，晴，五更雷雨。

十四日，雨。

十五日，雨。

十六日，有日色。家君自十四日脾泄，至此忽患痱下。迎醫陸心泉診視，以爲大腸有積熱，用分疏之劑。

十七日，晴，家君稍安。

十八日，晴，家君益安。浮梁景德鎮人昊十九者寄柬至。十九精於陶事，所作永窯、宣窯、成窯皆逼真。人亦文雅好吟，喜繪畫。余於戊戌春，受委選揀御用各色窯器，知十九之賢而召見之，髮已皓白矣。余令造流霞盞，以新意雜丹鉛類燒成祕色，余付之直叁金。俄而余以讒歸，流霞盞不復措念矣。今書來，知昊十九燒成五十件，附沈別駕歸余，竟爲乾没。沈，杭人，以狼藉轉王官，又營稅監保留，士大夫不齒之，宜余盞之羽化也。樊御史玉衡贈十九詩云：「宣窯瑩薄永窯厚，天下馳名昊十九。更有小詩清動人，匡廬山下時回首。」余贈詩云：「一室蕭然隱市廛，松聲雲影自壺天。憑君點出流霞盞，去泛蘭亭九曲泉。」

十九日，家君啜粥。

二十日，家君起坐，啖粥，用補劑。新進士賀孝延家僕婦生一子，一目閉，一目白眇，滿口細牙，腦後垂髮一縷，頭有二肉角如繭栗，紅色，産下即斃。又其家走報人臥堂中，竟魘死一人，不知何異也。午赴宇參黄方伯陪宴陸明府。宇參出觀蘇長公書《前赤壁》真蹟，行筆極森秀。自「壬」字起至「酒」字，凡三十字斷壞。文徵仲補之，甚有蒹葭之歎。有賈似道小印，印縫又有秋壑方寸印；全卿印記，乃陸尚書完家物也。余平生見蘇書，皆肥褊沓拖，此獨精緊快利，神明焕然。豈公於寓黄時，流落孤寂，酬應較簡，故得卓豎神情，爲此不朽妙藝耶？董玄宰云：「此賦《騷》《雅》之變，此書《蘭亭》之變。」亦可謂善索意味矣。

二十一日，盛德潛以余舊所作《杞菊老人傳》來，求再題數語爲乞米地。其册後又得余《杞菊》詩古風四首。

夏賈持詩畫扇八柄來看，内唯文徵仲仿吴仲圭山水，周之冕雪洲雙鴛，項子瞻草書一律，項子京秋蘭數葉、平地木一株爲佳。又沈石田溪山長卷，非真。

二十二日，徽人持宋畫彌勒，頗古勁。又梁溪過儀字廷章者漁樵小景一横卷，頗有元人風氣。刑部主事史敏一長歌，得句云：「秋煙澹澹秋水清，草色半黄溪雨晴。」書法類李太僕。

二十三日，細雨。

二十四日，午後雨。

二十五日，雨。

二十六日，晴。用卵石伍萬有奇，甃偃松軒前地。雨一過，不煩曳屐，可以散步。

二十七日。

二十八日，門生喬鳴墀守安慶一年矣，始來，以貳拾金助余買山。夜大雷雨，有冰雹。

二十九日，晴，驟熱，夜仍雨。

閏三月朔日，過岳之律儀部。出觀《研山堂帖》，亦佳。夜三鼓，大雷雨。

二日，霽。

三日。

四日，吴赤含家看牡丹，出觀趙子昂行草書《獲麟解》真蹟。

五日，客持陸包山《湖干小築圖》，青緑，仿大癡法。彭年一律云：「愛殺春湖日夜流，有人結屋住湖頭。門前釣石臨黄鶴，牀下魚波洗白鷗。未識何年變春酒，且將吾道付滄洲。天光月色溶溶地，更好憑虚著小樓。」

六日，風。

七日。

八日，高如晦來顧。客挾文徵仲仿東坡蘭竹怪石，白宋箋紙，極清韻可愛。自題一詩云：「靈根珍重自甌東，紺碧吹香兩玉叢。和露紉爲湘水珮，淩風如到蕊珠宫。誰言别有幽貞在，我已相忘臭味中。老去相如才力減，臨窗欲賦不能工。」如晦言在京師見宋徽宗畫一幅，澄心堂紙，二尺有奇。層嵐密樹，大類巨然。題曰《秋山雨霽》，上有宣和璽。

九日，與項孟璜餞岳之律儀部於杉青閘。有葉中和者，以善養生，之律、孟璜俱狎之，因闌入坐。孟璜令致汗，閉息少許，汗即濡體。又令收汗，叩齒三下，用手推却者三，試捫之，體已燥矣。人以此大伏之，以爲神仙可立致。余以爲此不過熊鳥引縮小術，止能却病耳。談至三鼓方别。葉言方諸出羅浮山外，有包裹如水晶，中藏方諸，團欒六寸，色微紫，光耀四出，奪目不可定視。山海精英所結。許真君作大丹，用此石。於八月望前後，晴明廓徹之夕，投壺中，引其光上，覆以東海大蚌，光射蚌口，瀝出至清之水一合，三分以和丹藥，蚌即枯無用矣。今《淮南》諸家注竟以方諸爲蚌，非也。

十日，午刻雷雨。

十一日，客持示陸叔平《桃杏雙燕》，極輕翾豔冶之趣。自題一絶云：「曉妝宫女鬬春妍，濃淡相持各自憐。只恐鉛華容易改，悔教合德到君前。」

十二日。

十三日，郡諸紳餞兵使者周幼華於天寧寺。

十四日，設具款孝豐令陳霖巖，湖口人也。陳云，丙午丁未年，有方士從金陵具大舫至匡廬山下，所載美姬八九人。自云得容成御女之術，已二三百歲，從之游者數十人。黄綺石太守棄官與之周旋。無何，營聚藥物，作鍋竈，將就五老峰下燒金液大丹。會有撓之者，因罷去，不知所往。其人善飲噉，雖傾百瓢不醉。亦小小知文墨。每自稱祝永壽，又稱彭齡，或疑爲先朝羅念菴，蹤跡莫定。其敢恣行江湖間者，有頭角人爲之處處津濟故也。或云給諫祝世禄、鄖撫胡心得，皆其弟子。大都富貴之人，意得志滿，昏酣泄越之中，所難冀者年壽，難供者精力耳。故幻妄之士，得操術弄之，使之竭蹶奔命而不敢違，而彼得肆志焉。冷眼者窺破，未嘗不匿笑也。陳撫掌，以余爲知言。

十五日，門人石騰霄聲諧以湖舫邀余拍浮。迨夜，月色如晝。

十六日。

十七日。

十八日。

十九日，舟至念里橋。

二十日。

二十一日，同沈翠水過沈心江來鷗墅。林薄幽花，生香不斷。燒筍命酌，抵暮乃返。其鄰陸澄初者，少年有致，云其家畜數種芙蕖最奇。又甘菊有子，撒之則生，豈介甫所謂「滿地金」者耶？

二十二日，過徐德夫。德夫從黄山回，極談峰嶺之勝，因貽余松蘿茶一瓿。德夫言黄山澗中有夷魚，四足一尾，若蝘蜓之屬。每含水登木，於葉閒仰張其口，水閣不咽，汪汪然。小鳥渴者，輒就飲之，因閉喙。移時鳥死，禽入澗，徐啄啖之。亦異物也。

歙人程生，攜示唐伯虎《古柏疏篁》横幅，高五尺，闊六尺有奇，淡韻可愛。唐自題云：「灌木寒氣集，叢篁凈色深。冰霜歲聿暮，方昭君子心。射干蔽豫章，慨惜自古今。嶰谷失黄鐘，大雅變正音。爲子酌大斗，爲我調鳴琴。仰偃草木閒，世道從浮沈。」夜細雨。

二十三日，雨。

二十四日，霽。

二十五日，方丈室攜示紹興閒張安道賜硯，作覆斗形，長四寸，闊二寸有奇。周遭鐫浪魚出没。色紫燥，非佳物。

二十六日，吴赤含、夏靖原、澄原、陳白石、沈翠水集余齋，街鼓動散去。

二十七日，雨。

二十八日，雨。

二十九日，晚霽，大風。

三十日，雨。

四月一日，晴。

二日，先是三月三日秀水濮院鎮醵金爲神會，結綴羅綺，攢簇珠翠，爲擡閣數十座。閣上率用民閒娟秀幼穉妝扮故事人物，備極巧麗。迎於市中，遠近士女走集，一國若狂。蓋無賴輩誘惑愚蕩，利其科斂乾没，所入不貲故耳。且迎會之日，民閒親戚來聚，其家漿酒藿肉，費用甚侈，貧者至典質以應之。又有擡閣經行之處，群惡少竟自毁拆牆屋，無可告訴。甚則踰越之盜，乘人盡出，恣行探胠。不良之姬，飄蕩之子，潛相拐引。其他幼弱挨擠，蹈背折支，酗狂鬬狠，喪生構訟，騷然不寧者，數月未已。鎮民甚苦之，云每三年必遭一劫，蓋三年一迎會故也。特以鎮去郡邑遠，官法不能盡行，而無賴輩結黨横肆，良民不敢觸之也。今歲郡中諸無賴輩抵掌效尤，以城隍神爲由，自閏三月十四起至二十五六日，晝夜騎馬嘶鑼，糾聚勒索。嘉興陸令君前後出示嚴禁，不止，反借他事編謡歌以污衊之。又假借諸鄉紳名目，公行抗拒，日夜攢簇，擡閣城内外約七八十，擁塞街巷。司理沈公出，不避道。公怒，命焚之。諸無賴慮人搶掠，各拆卸遁去。余以爲令行禁止，乃可爲國。令不行，禁不止，何亂不釀，何法可恃？此真可爲寒心也。而無識者反怏怏於游觀之不足，此何異燕雀處堂者耶？

三日，群少呼集，裝演愈熾。松江、無錫、杭湖之人，萬艘鱗集。爲首驁傑者，吕公巾，補服，項插令字小旗，飛騎往來如織。禁止牌而與之俱行，市中官府莫可誰何，真異事也。

有王江涇陶姓者，假以二畫，贄余求見。實欲借余門廡閒觀會耳。畫亦非石田真筆，然布置稾略，極有勝趣。各題句云：「雨裏荆溪疊疊山，濕雲藏翠有無閒。歸來老眼模糊在，水墨還消白日閒。」「行盡崎嶇路萬盤，滿山空翠濕衣寒。松風澗水天然調，抱得琴來不用彈。」

四日，群少迎會未止。

五日，同内子至白苎村居。數竹得六百二十竿，經營畦圃，審度向背，將成小築，爲鹿門之隱。迨暮而返。

六日，大風。

七日，雨。

八日，忽雨忽晴，氣候極佳，鳥聲如沸。

九日，樹陰濃緑中，時作淅瀝小雨。日光在雲裏，忽一閃露。無事坐美蔭軒聽鳥聲，極清適。偶閲定武、神龍諸本《蘭亭》，咀味不已。因憶項氏所收唐摹一本，甚佳，余曾鈔得文文水一跋，云：「唐摹《蘭亭》，余見凡三本。其一在宜興吴氏，後有宋初諸名公題語。李范菴每過荆溪，必求一觀。今其子孫亦不輕出示人。其一藏吴中陳緝熙氏，當時已刻傳世。其三即此神龍本也。嘉靖初，豐考功存禮嘗手摹，使章正甫刻石於烏鎮王氏。然余未見真蹟，唯孫鳴岐鈔得郭祐之詩跋、鮮于伯機長句。每誦二詩，慨然思欲一見而不可得。蓋往來余懷者，五十餘年矣。今子京項君以重價購于王氏，遂令人持至吴中，索余題語，因得縱觀，以償夙昔之願。若其摹搨之精，鈎填之妙，信非褚遂良諸公不能也。子京好古博雅，精於賞鑒，嗜古人法書如嗜飲食。每得奇書，不復論價，故東南名蹟多歸之。然所蓄雖多，吾又知其不能出此卷之上矣。萬曆丁丑孟秋七月三日，茂苑文嘉書。」

十日。

十一日，治姑蘇之裝，同沈子廣、張倩襟仲、兒子亨共載。夜泊八尺。

十二日，蚤過松陵，弔盛奇雲。午至姑蘇，泊閶門。雨。

十三日，至虎阜，天霽。遇五臺僧承芳者講經，士女闐集。余與諸子散髮坐松石下，環視陂陀峟崿，不知昔年點頭者何在也。

十四日，泊閶門。買得精磁四五十件，惠山空寒之泉，虎丘無色之茗，可以隨意點試，其爲幽棲寶祕多矣。

十五日，弔沈伯宏於楊安浜。返棹，夜泊八尺。

十六日，午刻抵家。盆荷透蕊，高一尺有奇。

十七日，雨。閱邸報，本年二月二十二日，河南衛輝府獲嘉縣南門裏街東住人王守己家，黑牸牛一隻，産犢未落，死後剥出犍牛犢，一身兩頸，兩頭，四眼，四耳，兩口，一尾，四足。

十八日，出謁關郡丞。午刻，過沈純甫先生。

十九日。

二十日，弔王仲常。　有持示陳白陽草草戲筆作二松，蘆葦陂瀲，頗有子久之致，而稍涉疏曠耳。自題云：「長松落落映寒流，衰葦蕭蕭一葉舟。歌罷滄浪誰肯和，青山滿目送清秋。嘉靖辛丑秋日，自山中還湖上，戲寫此紙，以紀埜興。」

二十一日，往白苎莊。坐竹下竟日，真如小年。

二十二日，雨。

二十三日〔一二〕，雨晴不定。賈人持回青徑尺大盤一來看，又《淳熙續帖》、《大觀帖》、晉唐小楷，皆非至者。又江夏吴小仙長幅畫四，所作樹根石脈亦老健，有風霜之色，恨姿韻濁，不入士流耳。自題云：「余過白下，劉長史索配沈老畫，勉强圖上，碱砆與美玉并也。江夏小仙。」小仙名偉，正德中供奉，有盛名，而藝不稱。沈老者，石田畝南也。可謂刻畫無鹽矣。

二十四日，舉家君八旬之觴，女優劉月蘭衍《藍關記》，令人慨然有淩雲羽化之思。三鼓罷去。

二十五日。

二十六日，雨。

二十七日，晴，稍熱。

二十八日。

二十九日。

五月朔日，出拜沈司理、陸令君。府賓館中，會嘉善陳與同工部、桐鄉丘孝廉與吾郡比舍吴州守赤含，劇談。吴言嶺南海澳中，有一種人，鱗身黑色，潛泳水中，則諸魚從之游。出陸則與人雜處。澳中人家，各收養一人，以誘魚入網。網滿輒頓掣以示，岸人即牽之，所獲甚多。其名曰盧亭。相傳晋盧循敗入海，所統軍士與魚群合所生，遺種益廣。天地間異物皆隨時幻出，原無定數可以驗矣。

二日，會講於仁文書院，熱甚。

三日，沈瀫水以虎鬚蒲二盂見餉。

四日，彭澤王同年箕仲以書來，寄余楊少宰新刻《岣嶁碑》并箕仲自鎸《集古陶徵君帖碑》，凡七十七字，大禹所紀治水事也。宋何致子因樵牧引至崖石下，用所攜曆紙摹歸，凡三本，一留自玩，一寄曹轉運彦約，一刻夔門觀井中及岳麓書院，後漸湮没。嘉靖甲午，長沙潘郡守鎰得於岳麓小山中，始搨傳之。沈文學鎰，楊太史慎，王文學佐，相繼釋之。湛若水刻於南都，管登之復刻於岳麓書院。楊少宰時喬於萬曆甲辰考校古韻、《説文》諸書，通釋明之，且爲疏説，使無滯義，刻之棲霞寺，亦盛舉也。箕仲官南工部，得搨以見餉。

五日，雨如注。

六日，雨如注。

七日，晚霽。

八日，晴。

九日。

十日。

十一日，園丁以雜花進，得紅梔、水樨、紫鶴、石竹、翦春羅、十樣眉、柳串魚諸種。

十二日，午刻大雨。

十三日。

十四日。

望日，謁直指鄭公。

十六日。

十七日，普光寺僧一慈以盆荷四本來餉。

十八日，連日大熱。

十九日，過沈翠水，坐葡萄棚下竟日。有風，晚大雨。

二十日，雨。戴升之示余宋刻《法華經》七卷，字如半菽，乃三衢善照比丘所書，元祐七年秋月板行者，後有净慈守訥題語。

二十一日，鄰人持示宋板《太平御覽》一百本，余亡友吴公甫物也，其值百金。

二十二日。

二十三日，購得盛子昭魚樂小景一幀。

二十四日。

二十五日，客持示倪雲林層巒闊幅，上題云：「春渚芹蒲，秋郊梨棗，西風〔一三〕沃野收紅稻。簷前炙背映晴陽，天涯轉瞬迷芳草。　魯望漁村，陶朱煙島，高風峻節今如埽。黄雞啄黍濁醪香，開門迎笑東鄰老。　至正甲午八月十八日，曲全叟倪瓚寫于耕雲山居。」　又題云：「戲墨重看十七年，闤闠樓閣蕩飛煙。簡村蘭若風波外，坐對湖山一惘然。辛亥十一月九日，復覽因題，雲林子。」

又松石道人竹一軸，不知何人。錢唐希范題云：「鳴鳳去不返，湘江空自流。鷓鴣煙雨裏，翠袖不勝愁。」又王蒙《春澗觀瀾》，至正元年二月望寫。

又黄大癡方幅小景、九觚商彝一、官窯徑尺盤一、古龍泉雙魚洗一、白玉穿心盒

一、哥窯高足斗樣印池一、白定香橼橐一。

楊禹錫來顧，攜談學山志伊畫達摩布袋和尚二幀求贊。學山以任子起家，貲雄里中，籠致書畫玩好甲天下。然爲人躭奇任性，不諧於俗，人皆目爲癡絶。乃其繪事超卓，追跡唐宋，如此斷然傳矣。世俗子，榷米鱠，數錢貫，作惺惺兒，隨以澌盡。所得竟孰多耶？

二十六日。

二十七日。

二十八日。

二十九日。

六月一日，家君往石佛。沈甥伯遠餉烏思藏寶瓶大士一軀，韋馱執神二，共一龕，有玉頂。盛德潛貽天台藤杖一，瘦勁，多磥砢節目。

二日。

三日。

四日，過項宏甫，出觀趙子昂擘窠書蘇子瞻《煙江疊嶂歌》，筆法雄厚，徐季海、李北海、柳誠懸、顔清臣，無不有也。李西涯首篆「松雪真蹟」四字。又有名廷璧者作一長歌，跌宕蕭灑，書法孫過庭，亦妙品也。後有沈石田、文衡山二圖。衡山純用元暉染法，風韻較勝。又趙子昂小楷《陰符經》、《黄庭内景經》一卷，款云：「大德六年十一月廿日，吳興趙孟頫爲東季博臨。」又題云：「臨書之法，欲肆不得肆，欲謹不得謹。與其肆也，寧謹。非善書者，莫能知也。廿年前爲季博臨《黄庭》，殆過於謹。今目昏手弱，不能作矣。漫題其末，而歸其子善甫。至治二年四月十八日，孟頫題。」

五日。

六日，至石佛，迎家君。夜宿謚公房。

七日，同家君回。

八日，客持示徐幼文《溪山亭子》一幀。山頭學董源；中層淡墨縹緲，如倪元鎮；下岥麓雄渾，墨樹一，夾葉樹一，枯梢樹一，俱北苑法也。題云：「東海徐賁爲彦文寫。」上方吴元博一詩云：「畫裏溪山好，溪亭景色幽。闌干三面水，風月四時秋。埜客常停杖，漁人每繫舟。此中容隱味，何處覓丹丘。」又方方壺小景，淡墨滃暈，作沙樹雲石晦明出没之狀，蓋得米法而脱化者。題云：「方壺子作於定林之小洞天。」

九日，過真如牧隱房，看盛德潛疾。德潛憊矣，檢點平日書畫雜蹟，除易薪米、酬交游外，尚有零細種種。對之曰：「我去後，不知竟落誰手！」又曰：「公異日《書畫想像録》刻出，幸附賤姓名，無忘也。」因以正德中吴人劉永暉所製闊板竹骨扇一柄貽余，曰：「扇工雖瑣細，然求如此渾堅精緻者，其法絶矣。」扇有陳眉公書一絶云：「萬壑松濤碧影流，石牀冰簟冷如秋。卷簾飛瀑懸千丈，恰對吾家竹裏樓。」詩意既清邁，書法亦蘇、黄、米相雜。牧隱出其祖定湖謚公像，眉公亦有作云：「白頭撥火煨黄獨，賣桑買穀留僧宿。六月高冷露頂涼，不羡深山雪埋屋。往來誰者有智舷，老甕貯得黄梅泉。煮泉斟酌新詩篇，松風竹籟心翛然。笑它行脚如蓬轉，袖中乞得牛腰卷。傍人門户常苦飢，何如獨把楞伽轉。」智舷者，詩僧秋潭也。

十日。

十一日。

十二日，夏賈持唐伯虎畫來看，仿李唐筆，自題云：「山腰繫帶家收曬，水面生皴船撥回。不是吾儂識風雨，只緣生長在蘇臺。」

十三日，購得盈尺小崑石一，巒峒竅穴俱具，置之案閒，以代少文之畫。又一小者，高五寸，以畀兒子。

十四日。

十五日，許生覺三示余雙鈎唐敕，蓋顔書也。勁整之中，頗雜圓脱。掩其署名，鮮不以爲徐季海、李太和也。其文云：「右司禦率府率員外置同正員張令曉，右可守資州磐石縣令，敕决勝軍副使朝散大夫、前守澧州長史、上柱國、賜紫金魚袋尹庭洮等，并竭節輸忠，逢時展用。或承乏於州郡，或從事於疆埸。或城守興板築之功，或軍府適輪轅之用。或心戎獻狀，連率論功；或昆季效官，同居一郡。遠嫌分職，易地從宜。且俾貳六條之政，以裨百里之道。無謂遐服，期爾效能。可依前件。大曆十四年七月十二日，太尉兼中書令臣俠，中書侍郎闕，司封郎中知制誥臣張莔奉行奉敕如右。牒到奉行。大曆十四年七月十二日，侍中闕，門下侍郎同平章事祐甫，給事中迺。□月□日□時，都□事左司郎中、金紫光禄大夫、吏部尚書真卿，吏部侍郎闕，吏部侍郎闕，尚書佐丞停，告守資州磐石縣令張令曉奉敕如右，符到奉行。主事意，令史劉環，書令史，郎中翰。大曆十四年七月十二日下。」

唐制誥敕有「書令史」，今不書名，其爲魯公書無疑。

十六日，爲楊禹錫作《布袋和尚贊》。

十七日，閱邸報，本年四月廿八日，永平燕河路軍人潘真家生豬七口，内一口一身二頭六蹏二尾，有氣，不能食。

十八日。

十九日，往平湖弔見臺叔嬸夫人之喪。風逆湍涌，篙纜櫓棹并施，盡日方抵岸。

二十日，乘飽帆而歸，良快。

二十一日。

事也。

二十二日，雨。

二十三日，雨。自大暑至立秋，每日大東南風，天氣常如八九月，亦數十年未有

二十四日，出賀新郡守吴公長谷。

二十五日，客持示唐曹霸《嬴駿圖》，不真。

二十六日，客持示米元暉山水長卷，沙法、樹法皆有異。右方作三層大坡，三枯梢樹。内層作疊葉，檜分濃淡可望。通卷山巒起伏，攢點皆可數，無一筆複者，此其異也。款云：「紹興十九年九月十五日，嬾拙老人米元暉戲作。」

又王晋卿《煙江疊嶂》横卷，畫係僞物。東坡題長句云：「江上愁心千疊山，浮空積翠如雲煙。山耶雲邪遠莫知，煙空雲散山依然。但見兩崖蒼蒼暗絶谷，中有百道飛來泉。縈林絡石隱復見，下赴谷口爲奔川。川平山開林麓斷，小橋埜店依山前。行人稍度喬木外，漁舟一葉江吞天。使君何從得此本，點綴毫末分清妍。不知人間何處有此境，徑欲往買二頃田。君不見武昌樊口幽絶處，東坡先生留五年。春

風摇江天漠漠，暮雲卷雨山娟娟。丹楓飜鴉伴水宿，長松落雪驚晝眠。桃花流水在人世，武陵豈必皆神仙。江山清空我塵土，雖有去路尋無緣。還君此畫三歎息，山中故人應有招我歸來篇。　右書晉卿所畫《煙江疊嶂圖》一首。　元祐三年十二月十五日，子瞻書。」

「帝子相從玉斗邊，洞簫忽散斷非煙。平生未省山水窟，一朝身到心茫然。長安日遠那得見，掘地寧知能及泉。幾年漂泊漢江上，東流不舍悲長川。山重水遠景無盡，翠幙金屏開目前。晴雲幕幕曉籠岫，碧江溶溶春接天。四時爲我供畫本，巧自增損嫱與妍。心匠構盡遠江意，筆鋒耕偏西山田。蒼顔華髮何所遣，聊將戲墨忘餘年。將軍色山自金碧，蕭郎翠竹誇嬋娟。風流千載無虎頭，于今妙絶推龍眠。豈圖俗筆挂高詠，從此得名因謫仙。愛詩好畫本天性，輞口先生疑宿緣。會當別寫一匹煙霞境，更應消得玉堂醉筆揮長篇。　右奉和子瞻内翰見贈長韻。」

「晉卿作《煙江疊嶂圖》，僕爲作詩十四韻，而晉卿和之，語特奇秀，困復次韻。非獨紀其詩畫之美，亦爲道其出處契闊之故。而終之以不忘在莒之戒，亦朋友忠愛之義。有損文。却因病瘦出奇骨，鹽車之厄寧非天。風流文采磨不盡，水墨自與詩争妍。畫山不獨山中人，田歌自古非知田。鄭虔三絶君有二，筆勢挽回三百年。欲將巖谷亂窈窕，眉峰修嫮誇連娟。人間何有春一夢，此身將老蠶三眠。山中幽絶不可久，要作平地家居仙。能令水石長在眼，非君好我當誰緣。願君終不忘在莒，樂時更賦囚山篇。　閏十二月醉後寫此。」

「子瞻再和前篇，非唯格韻高絶，而語意鄭重，相與甚厚。因復用韻答謝之。憶從南澗北山邊，慣見嶺雲和野煙。山深路僻空弔影，夢驚松竹風蕭然。杖藜芒屩謝塵境，已甘老去棲林泉。春籃采朮問康伯，梗竈養丹陪稚川。漁樵每笑坐争席，鷗鷺無機馴我前。一朝忽作長安夢，此生猶欲更問天。歸來未央拜天子，枯荄敢自期春妍。造物潛移真幻影，感時未用悲桑田。醉來欲畫山中景，水墨想像追當年。玉堂故人相與厚，意使嫫母齊聯娟。豈知憂患耗心力，讀書嬾去但欲眠。屠龍學就本無用，只堪投老依金仙。更得新詩寫珠玉，勸我不作區中緣。佩服忠信匪論報，短章重次木瓜篇。元祐己巳正月初吉，晋卿書。」　晋卿書法渾質方雅，類徐季海書誥敕體。

又徽人持示倪雲林小景一幅，枯筆寫樹石，有刷絲濃瀋，點苔有暈，不類平日所作。款書「洪武壬子，倪瓚」。有江東司馬及元美二印，太倉王氏物也。今歸余。

二十七日。

二十八日，購得祝枝山行書《古詩十九首》，用金粟山藏經紙五張。款云：「甲申秋七月望後一日，過守谿内相園中，辱林屋留款〔一四〕，出經紙索書《古詩十九首》。酒次，勉爲應命。允明。」

文衡山跋云：「枝山先生，咸稱草聖。此卷筆力遒勁，乃法鍾繇，人不可及。有客持覽，書此爲識。嘉靖丙戌二月，徵明書。」又有彭年、文嘉、顧德涵、王世貞、李攀龍、周天球諸跋。蓋王文恪公物，後王元美購得以貽李于鱗者。

二十九日，同細君往白苎莊居，摘蓮理荳蔓。徜徉竟日方歸。

晦日，臨安年家子高陶淑、高匡宗昆季執贄來問業。貽余天目真茗一筥，瀹之，味勝孝豐君所寄者。又熊蹠二，亦山中奇物。

七月朔日。

二日，招二高生飲，一鼓別去。

三日，卯時，子闓沈産亡。先是患胎瘧，延醫陸心泉者調治，凡十許發，疾勢小閒矣。至是日寅時，不意其産。産又甚易。方驚喜，婦亦親視浴兒罷，又進薄粥。忽自稱氣急，即發暈。余急持童便排闥入，已無及矣。婦，平湖沈翰林晴峰先生之孫，太學荆軒君女也，年十七歸余家，至是卒，僅十九耳。産一女，尚有氣，令婢媪瀝乳汁延之。

四日，沈徵梅伯翁偕其子伯鸞與其大姪來視含斂。

五日，舅翁趙五叔者來弔。

六日。

七日。

八日，舅翁趙二叔、六叔者來弔。陸津陽長郎以僚壻來弔。

九日，遺女遍體生毒，至是亦氣絶。

十日，細君與亨兒以悲慟故臥疾。戚屬慰藉者稱近日劉翁兒事。翁號字全，年幾七旬，住柴場灣窯弄，止側室生一子，七歲矣。至今年五月，忽患痘瀕危。翁哭之慟曰：「吾老止一子，死吾子，不若死吾也。」兒咤曰：「誰爲汝兒者？我天台桂林房僧也。昨見鄰僧來過，余曾負渠五金，相索甚迫，當往償之耳。」家衆錯愕。因指嫡母，問之曰：「若負余金伯兩。自余生汝家，凡費九十餘金矣。今當爲治後事，恰伯金也。」蓋劉翁不問家財，秉皆内子執之。又指生母，問之曰：「若匠者，受余金治佛屋，前後乾没三十金，故以姙育勞相償。」翁曰：「然則我何人也？」曰：「汝爲余蒙師。余誦《論語》時，抶余過苦，失口罵汝，今呼爺數年，可以補救矣。」大抵人家眷屬短折者，於過去世皆有因果，非浪然者。達人何過傷悼乎！

十一日。

十二日。

十三日，甚熱。

十四日，小雨。

十五日，大雨竟夜。

十六日，涼。

十七日，客持示趙文敏畫菜一幅。題云：「幾年肉食走京塵，夢想山中菜甲春。歸來倚梔江沙晚，爛煮香根永玉津。余歸自京師道，道經松陵，適風雨，繫舟驛亭，煮菜以飯，味殊美，遂寫此紙，并賦。大德四年三月廿日，子昂。」

又元人墨菊一幀。宋昌裔題云：「華上玄霜壓鬢寒，葛巾漉酒不曾乾。高風千載無遺影，誰寫墨花秋露團。海漁子題。」「水國秋高〔一五〕八月涼，誰將玉杵擣玄霜。西風吹入東籬下，萬朵無尋一點黄。錢唐淩雲翰。」「江國秋風第一枝，清香不殿義熙時。柴桑午夜松蘿月，景下疏窗色更奇。裴日英。」

又方方壺雲山。自題：「洪武己未秋日，金門羽客方方壺。」非真。

又姚雲東行書「仙家豈在弱水外，只在人間人不知」長歌一幅，書法類張伯雨。款云：「成化紀元乙酉夏五之望，予抱痾寓邸，越十餘日始愈。將入内堂，適孫文著自鄉中來。敘話後，即出此幅求題，余喜故舊合并，乃呼蒼頭持玉雪坡研，遂試張文寶紫羅筆，書于上方，不暇稿飾，亦一趣也。」

十八日，蘇客陳韜字仲明來顧，攜觀高房山《夏山高閣圖》、文五峰《鍾陵山圖》、錢叔寶《漁家醵飲圖》、沈石田《山静似太古》長卷。余止購其侯夷門仿黄子久一幀，上方有三人題句：「天下山川數會稽，千巖萬壑使人迷。黄冠敕賜雲霞主，别有仙書降紫泥。王寵。」「空山經歲掩蓬蒿，嬾性無營臥自高。不爲絶交交似絶，久虚書問到山濤。周天球。」「萬樹濤聲走碧空，雨花當户白雲重。馬鞍困頓方無賴，猶自憑高對晚峰。文彭。」

十九日，購得錢叔寶畫册十方，内臨戴嵩牛二幅，妙筆也。

二十日，馮權奇從廣陵回，過余劇談。彼中鹾賈有好事者，於汪景醇長郎處見夾雪本《閣帖》對幅，黄子久寫桐柏山真景，俱妙絶。又米元章真蹟極多，權奇既津津，不覺令人涎出。權奇貽余真松蘿茶一缶，青麟髓墨四挺。

二十一日，報謁陳仲明。仲明亦善繪事，出一幀示余。余爲鈐一鑒賞印記，且賦一絶云：「尺一珍圖萬疊霞，散仙含墨布雲沙。願將仕籍刊名姓，只向青山判五花。」

二十二日。

二十三日，陳仲明攜示沈石田畫一小幀，樹石類子久，山頂圓渾，皴文漫衍，似李唐。一絶云：「深林黄葉獨行人，短髮蕭蕭兩鬢銀。因得泉聲過橋去，層巒宛轉有空亭。」兒子從平湖回，云外家示之古羽觴，色沈古，非金非石，乃太倉王澹生所奉於沈翁晴老者。晴老主壬午南畿試，澹生其解首也。余遥斷曰：「此必古陶，蓋漢以上物也。」

二十四日，雨竟日。庭際玉簪、秋海棠盛開。

二十五日。

二十六日，王丹林持示唐太宗《興慶宫詩》搨本，又睿宗《景雲鐘樓銘》，款書：「景雲元年歲辛亥金八月朔己酉金日戊戌土鑄成。於時日五行取金與土，以鐘本屬金，而土生之耳。」

二十七日，從諸紳會天寧禪寺，議均田均里。

二十八日，大熱，汗流，夜不能寐。

二十九日，過項宏甫，觀王叔明畫《葛稚川移居圖》，山勢開合，筆法半用句勘，樹夾葉丹翠，純法唐人。一翁攢雲冠鶴氅服，飄然獨往。二僮息擔前岡，所擔盡卷軸琴竿之類。後一媼懷兒騎牸緩行，二婢踽踽隨之。凡岡巒五六折，而上有逕，直抵平麓。籬塹矗備，草堂三四間，先有泛彗者。按稚川蹤跡多在南徼，豈衡嶽、祝融、羅浮、武夷幽絶處耶？叔明自篆「葛稚川移居圖」六字。又題云：「蒙昔爲日章作此圖，已數年矣。今得再觀，始題之。」不知日章竟何人也。

是月十三日，盛德潛卒於王家橋坊從子之居。至是，其從子以所遺哥窯洗一，圍徑五寸。倭漆香鑪一，木外，砂填裏，甚輕；黑漆，金描浪紋水花，形製頗雅。倭地木堅而輕，海砂勻細，所以爲佳。以是質錢，勉應之。

八月朔日。

二日，雨，即霽。同諸大夫、孝廉、文學會仁文書院，講均甲事宜。議倡於徐寺丞德夫。先是，海鹽、嘉善、平湖三邑前後行均甲法。海鹽田多士紳少，行之最便。嘉善、平湖稍稍稱不便。德夫既上疏，議革監兑，議裁白糧水脚，民頗德之，因勇爲此舉。然嘉興田最少，士紳最多，優免不如他邑，則士紳嗛然。免如他邑，則所均田益少，不勝役，乃曲議消去一百六十餘里，以當優免之數。夫無故而日蹙國百里，恐非上所樂聞也。且舊士紳之不充里役，原無限免之數，故田多至數千畝者，不過二三家。其千畝以下或不滿五百畝者，往往而是。今既限甲科三千畝，鄉科乙千五百畝，貢監而下遞減，以至吏承皆有免額，勢必受詭匿。取盈而止，其數占必多，受均之田益狹矣。良民安得不困。且近來人情譎詐，躲閃百端，每至十年編審，必藉精察英斷之令，密切留意，預先詷探得富厚之實者，不拘其田多少，一以重役任之。故雖詭出之田，漸自收復。今既拘田數，善詭者無法制之，不均之歎方復興矣。余私爲兩言以括之，曰：「明設免額，則富民姦詭之窟愈多；必拘田數，則有司操縱之權盡失。」未爲無見也。

又議官解，蓋欲將各項解京解司解府錢糧，一委之官，以蘇民意，非不善也。但錢糧解各衙門者，收兑掣批，不無使費，勢必厚其杠價，不能不加編。加編而可省民勞，誠所不惜。然行之既久，恐不免又生枝節，而所編之銀，又不可减。如近日修衙、祭祀等費，既入條編，不免又責之里長坊相。家火既斂銀置辨，而近又紛紛借用於鋪行寺院。大抵有治人無治法，在當事者隨時均節之爲妙耳。吾郡田每畝除糧米外，編銀至八分有奇矣，又可輕言加派乎？

加編既非人情所樂，於是議將原編海塘夫銀叩抵。吾郡自萬曆初年海嘯衝決塘口，漂溺男婦數十萬，毁壞墳墓廬舍，不可勝計，内地之田，被鹹水浸灌，盡成斥鹵。凡用數十萬金，五六年之力，而塘工始就。其所編海塘銀者，蓋欲逐時防護勘驗，遇小有壞洳，即請銀修之，不俟其既決而後發帑營築也。今議者見各縣海塘銀多冒領拖負，無一在官，故有叩抵之説，真所謂懲噎而廢食者。

議者又見海鹽三倉斗級守候賠折之苦，遂議折銀，每石徵銀五錢，誠爲省便。然原立倉輸米之意，正以海上宿兵，餉不可缺，恐後豐歉不常，常令倉中有五年不盡之蓄，故不惟七邑皆有三倉之糧，即湖州各邑亦有之。且倭警一發，所調集客兵必多，千里饋糧，何如開庾散給之便？此真有深意，即漢晁錯、趙充國等屯田塞下之遺策也。而議者不察，何不爲桑梓一熟慮之邪？

徽人持示盛子昭《桃源圖》，山頭沈緑，樹色蓊蔚，頗饒古趣。題者云：「野服相隨歷遠峰，石林雲樹翠蒙茸。春風處處桃花水，不辨仙源第幾重。陳顥。」「夾岸桃花水一川，漁翁浪説會神仙。如今一統山河固，寧道山中別有天。王來。」「仙洞融融畫景遲，春雲爛漫簇高枝。昔年曾逐桃花水，猶記龍門變化時。任敬敏。」又黄公望《縹緲仙居圖》，山頭嵐氣如蒸，樹皆漬墨，間有个字者，大都雜用米法。款云：「至正甲午，大癡道人黄公望，時年八十有二。」又文徵仲古柏脩篁，酷類趙文敏。題云：「纖纖小雨作輕寒，最好疏篁帶雨看。正似美人無俗韻，清風徐灑碧瑯玕。雨中禄之攜松雪畫蘭過訪，即與觀此。」

三日，晚登舟，往奠姻家張吉巖光禄母楊安人，亨兒侍行。夜泊雙溪橋外。

四日，午刻至張宅，地名周家堰，西至平湖縣十八里，東至乍浦廿五里，海濱淤沃之壤，多草蕩。先年分給各竈丁取薪煮鹵，今每畝止徵銀四分，近民居者稍闢爲田，佃者畝輸粟五斗，鄉大姓世擅其利。張君藉先貲游京輦，得官侍從，脩長挺峙，談論亹亹。生三子，長翼宸，次翼寰，次翼宣。翼寰聘余女肇淑，蚤慧，有文情，余極愛之，嫌少佻耳。張君引余觀屋，前後佃丁雜僮奴遶住百餘家，其祖基梁柱俱宋熙寧時物也，有題記可考。國運隆泰，時和歲豐，草澤閒擁有成業，指揮一方，又稍飾以文，激揚吐氣，此其人豈讓古千户侯。視市井大商豪賈射利一時，非不輿服赫奕，卒不免蕩析傾覆，子孫或不能保數十年之産，其相去萬萬也。今士大夫樂市居之囂華，厭田里之俚樸，處於衆争之地，爲不保旦夕之謀，卒與商之轉徙同歸，亦甚愚拙矣。余於張君之居，歷宋元迨今，爲之深感。

五日，熱甚。夜飲吉巖兄善巖家。

六日，飯後發舟，順風駛迅，一鼓抵家。

七日，雨。

八日，以雞酯酹盛德潛於王家坊之委巷。德潛自號杞菊老人，余爲作傳。又著《閲古録》，紀平生交游閒所見法書名畫、鼎彝巧玩甚悉，余又爲作敍。

九日，雨。

十日，購得枝山草書一律，云：「今古神仙窟，羅浮道士家。牀前挂星斗，脚底蹋煙霞。已見橋横鐵，曾聞竈伏砂。此中成道易，攜履莫教賒。」筆勢夭矯，大類旭、素。枝山外大父爲徐天全翁，内父爲李貞伯，書法淵源宏遠矣。

十一日。

十二日，雨。歙賈持覽文休承大幅山水，樹石巒麓，重疊蔽虧，瀟灑有味。琴一張，曰海濤冰柱，古物也。滇劍一，錮室瑩滑，人所久服者。

十三日，大風。

十四日，晴。過馮權奇。權奇言成化年有楊景章者，畫學王叔明，與沈石田父貞吉同時。

十五日，無月。

十六日，鉏〔一六〕伯谷昆季招，登酒舫泛南湖。在坐沈子廣、高孟益、朱完樸，歌伎梁一，歌童方二、任八。維梢菰蒲閒，月色靄靆。遊者鼓吹閒作，絲肉雜陳，亦有以火花煙爆佐之者。余成一律云：「煜煜輕綃隔鏡匳，婆娑桂影一分偏。寒潮暗滿菱花港，宿雨初收荳莢田。桃扇忽欹窺素面，湘簾半捲壓金鈿。拍浮幸值魚龍夜，争探驪珠未肯眠。」

十七日。

十八日。

十九日，大雨。

二十日，爲鉏三穗書齋扁「雪峭」二字，以齋前有三尺崑石，白色瑩然，如積雪成峭峰耳。

二十一日，同鄉紳姚羅浮、賀道星、岳石帆、陳如崗、徐玄仗謁吴太守長谷，爲同年高永仁送雙節紀略，求旌其生母常氏、外王母姜氏。

二十二日，夏賈從錫山回，持示沈樗所繪山水一軸，筆意大類王叔明，蒼松紅樹，水亭三高士趺坐談話，涯際川丹緑點綴木芙蓉數筆，知爲晚秋物色。山頭攢點小樹層層，主峰圓渾秀潤。陶菴沈貞吉題云：「破闕四字不相逢，今日重來覓舊蹤。老態尚如秋後菊，結交誰似歲寒松。樽前談笑攜君手，筆底風流寫我容。自是人生懽會少，扁舟歸興莫匆匆。不將閒筆染江山，只爲吾親寫壽顔。但願壽顔常不老，年年相對畫圖閒。」璞再題寓意：「交游湖海豈無人，屈指知心只有君。樽酒幾回同夜月，世情多半若秋雲。山花勸飲當筵笑，埜鳥呼名隔樹聞。正好相留又相別，高歌一曲聚飛蚊。沈璞。」德韞（德韞）「揚雄孫子丹青手，貌得吾家世父真。風采便如堂上老，兒童不信畫中人。聲華自此當追古，筆法隨年漸入神。留取墨雲三百斛，漢廷應待寫麒麟。成化壬辰十月二十一日，適周世父生申之辰，其壽既登七十又三，而神完若仙，於是諸子洎周輩拜賀于全慶堂上，友人楊景章亦以賀客至。景章工寫照法，名於吴中，諸子因舉觴屬景章貌其飡霞噏日之標。筆法精到，座客莫不喈喈稱真，景章可謂得阿堵者矣。世父首倡一律，書於季子檼所繪別圖之上。周亦隨詠於後，併志其迹，而歸諸行李云。」

璞，字書音樸，未成器也。德韞其字〔一七〕，與檼皆陶菴子姓。陶菴弟名原吉者生石田。觀此，相城畫派淵源已久，而一時父子兄弟，文雅相照，何必減重圭疊組哉？

又文徵仲《寒林曲澗》，寫霜樹四五層。樹身紐搭，俱用刷絲枯筆。其上枝梢湧嘖，有捎雲觸日之勢。峰頂陂脚，石皆崿岞有稜刃。此幅純用北苑法，掩其署名，鮮不以爲白石翁也。自題一絶云：「霜後平林含古色，雨餘高磵雜風聲。空山歲晚無車馬，一隖斜陽曳杖行。」又文伯仁《谿山仙館》，淺絳，重巒疊樹，意象俱足，所少灑然之韻耳。

二十三日，泛舟至相湖，弔吳判官承默冢宰。默，泉公季子也，官亳州判，卒於宦邸，四子扶櫬回，住相湖之濱。路經白鷺涇，白蘋被渚，紫蓼摇風，秋晚矣。

二十四日，小雨。石佛僧允沖、無見來，乞《海日菴記》。菴在澉浦金牛洞。相傳唐時土民皋伯通兄弟見海岸山側有一金牛，遂往趨之。牛入地，又穿掘不已。山崩，兄弟覆焉。因名金牛洞。南對鷹窠頂，亦見海中出日。無見精苦行募，得地四十畝，將卓菴居之。余名其菴曰海日。無見且云：「鋤心之暇，頗有餘日。當覓皋亭山楊梅、松江袁山竹筍、龍井茶子、黄山松苗，雜蒔之。」余爲欣然。果爾，亦余杖屨淹留地也。鷹窠頂有松花蕈，極佳。澉浦民家能作澹牛乳，皆足供茹素者，不暇問海鮮矣。夏賈攜一玦，尸滲血漬甚厚。

二十五日，小雨，倏霽。

二十六日。

二十七日，雨。沈翠水過，攜示文文水小景。蔣文藻竹枝，學梅道人。題云：「愛寫琅玕未肯休，枝頭忽聽叫舺䑩。籃輿直造不問主，借問何如王子猷。西湖遊子戲墨。」

又祝京兆書《後赤壁賦》，筆勢縱横，極頓掣之致。款云：「乙酉冬十月望夜，余方擁鑪獨坐，適半閒過，相與談論久之。煖酒對酌，偶思蘇長公是夜赤壁之遊，呵凍書此。歸之半閒。」不知半閒者何等人也。

又文徵仲亦行草《前》《後》二賦，筆稍褊薄，不快意。

又祝京兆臨宋徽宗草書三十九字云：「絳霄紫庭，金書赤字。乃以甲夜，下於艮嶽。如鳳飛龍躍，鬱起可讀。曰受天之祐，皇帝永寧。光曜日月，浮動。」

又臨唐太宗屏風書四段。

又臨古帖。「吾目旦及今，食噉都不下，非常所言。復在客舍，所求者并乏，加以年老，期如等復得年月耳。行末又書云：」圓而能轉，字字合節度，乃東林之儁也。「又《句吴墨妙》一卷，周公瑕篆四字，遒圓可喜。

首枝山二行書手札，與文衡山先生者。一云：「恭喜令郎游泮。正欲造賀，緣有松江之行，弗克致儀，明當奉補。幸諒，荷荷。允明頓首徵明二丈先生侍史。」一云：「適桃谷降舍，聊治草酌。屈過一陪，再無他客。萬勿拒〔一六〕，荷荷。一日。允明頓首徵明二丈先生侍史。」此二札圓婉豐逸，絶類獻之。

王雅宜行書一詩：「三月阻風古城驛，憶吴中牡丹，書寄野亭錢丈。王寵。憶得名花倚玉樓，舞衣歌扇鬭春游。癡兒抛却千金笑，咄咄書空古渡頭。」又一札云：「霖雨初霽，借華生《閣帖》一展，惟冀盡發爲妙。有奇物即過賞鑒，至屬。王寵頓首衡山二丈先生。」

又王履吉行草書二首：「晚。翠竹紅霞霽景鮮，週天日月見雙縣。解衣盤礴龍鱗石，露頂蕭疏玉屑泉。多病馬卿真慢世，長齋蘇晋欲逃禪。江湖何處無魚稻，休問唐生躍馬鞭。『鞭』字誤寫『卿』字。曉。城烏猶未起，吹角滿江東。星月秋山白，雲霞曙海紅。鑾歌舟楫動，埜哭井閭空。世事催虹箭，生涯只鳥籠。雅宜山人王寵呈文水二丈請正。」此二詩蹟，驚矯廓落，見出塵之韻。

又祝枝山一簡云：「伏聞令孫文學入游芹頖，桂闕杏池，高步伊始。吾丈綿綿世禄，何有既耶！輒具紗帕一事，藉手少將賀私。脱不鄙遺，垂納幸甚。辱眷末晚生祝允明頓首再拜。」此一札仿鍾楷，蓋施於所尊者故耳。

二十八日，沈翠水持示趙子昂小楷書《道經》數種，絶倫精好，卜氏物也。

二十九日，同馬禹山太守、吴紹溪比部、吴赤含州守謁陸令君，訂宴期。

三十日，湖州烏鎮沈華嵩來顧，即出報謁。

九月朔日，諸生名濤甫者，滮湖先生之孫也。滮湖以善書名郡中，家多精帖，諸生因亦善鑒。至是持修内司本《十七帖》來視，首有張正鵠印記，比部翼菴先生物也。先生恬脩潛養，立朝小一二年，以忤權貴歸，杜門不交世俗，日以臨搨名蹟爲務，書遂超勝，有二王風軌。余爲諸生時，好爲古文辭，先生乃忘年友。余每相見，談筆法，追尊吴興，而頗非蘇、米。然非得精手界畫行閒，未嘗輕下筆也。以故法度有餘而風神未曜。今先生化去已十餘年矣。手其遺帖，爲之慨然。諸生又以先生所書東坡《梅花》詩一卷見貽，宛然復映眉宇也。

鄰媪持荔支木小佛龕一，精甚，高三寸，闊三指；又倭漆香盒二；内府織成青絲盤龍腰帶一；又盈尺靈璧石一；英石研山一；古銅青緑小帶系一，來質錢。余方收帖，無以應之。

二日，移植庭菊八本。

三日，燕陸令君於馬禹山太守宅。賀吏部伯闇作《均田補議》，糾正甚多，主議者不悦。

四日，購得姚丹丘《柳陰釣艇》一幅，自題云：「李白平生趣在詩，陵陽每恨釣魚遲。不知此老吟多少，山水中閒且一絲。」

五日。

六日，楓涇黄章甫來。

七日，方丈室攜示黄公望《龍江阻風》一圖，不真。

又吴匏菴手寫書目一本，陸五湖師道手鈔。後題云：「右書目一册，休承所藏，故大學士文定公匏菴吴先生手筆。其閒所載古今大典、子集名家，如《杜氏春秋傳》，不詳其姓字。而管、晏等書，皆不之見。疑是收藏家所録。然每門之首，又詳載前史書目，何也？要是公隨所見聞纂輯，故有未備耶？既手鈔而重裝之，且書以質于休承。嘉靖己亥，陸師道題。」余按，《杜氏春秋傳》，乃杜元凱預也，何足致疑？其中《有昔異事雜蹟》一部，乃爲罕物。

八日，治往齊雲之裝。辰刻發舟，夜泊石門。得《選》古一：「夙志禮靈嶽，差池罥塵棲。纓組幸已解，樊籠安足羈。皎皎晴昊碧，蒼蒼平楚低。清風引余袂，快舸遵水涯。如彼入雲鶴，矯矯淩晨曦。」

九日，由謝村取餘杭道，曲溪淺渚，被水皆菱角，有深、淺紅及慘碧三色。舟行，匊手可取，而不設塍塹。僻地俗淳，此亦可見。余坐篷底，閲所攜《康樂集》，遇一秀句，則引一酹。酒渴思解，奴子康素工掠食，偶命之，甚資咀嚼。平生恥爲不義，此其愧心者也。夜泊楊家橋，去縣尚二十里，明晨登陸矣。成一律以應令節：「夢結靈峰頂，身爲獨往雲。高流溯欲盡，仄嶺望初分。笑與鷗鳧別，行隨麋鹿群。龍山塵土事，拂鬢亦埃氛。」

十日，從餘杭埠口覓筍輿，銜煙而發。三十里至青山坡，石皆沈紫色，老苔漬之，極其古秀，畫家所未能狀也。又十里，至五柳。又十里，至馬溪橋。溪流得雨，灖灖有聲。橋左一大士廟，老僧進杯茗。五里，至臨安西市汪鋪。饋食皆淡味。古云山中無鹽豉故壽，其然邪〔一九〕？

十一日，五里，至青溪渡。溪多馬卵石，一路多水碓，泉流甚壯。又五里，至錢王鋪。又十里，至化龍鋪。十里，至橫塘。又十里，至藻溪。時雨初霽，雲氣亂如奔馬，四山多畫眉聲。三里，至瓶窯河口，溪聲瀺瀺。跨溪建一觀音閣，老僧煎茗施行者。土人趙老角巾褐衣來迎客，云閣本其所建。生二子，一掾史，一諸生。平生步履不越溪上，日聽水聲看山色而已。談吐頗有味，馬少遊輩人也。七里，至戴石。十里，至鎮郭。有萬壽寺，樹木頗陰森，而像設荒落。五里，至方園鋪。十里，至太陽鋪。盡日行兩山合沓閒，一峰吐雲，一峰送日。夾路埜松，雨蒸日炙，香氣撲人，衣袖爲沾漬者，撚之皆有龍麝氣。

十二日，雨。十里，至盧嶺。十里，至昌化縣。縣在萬山中，無城。儒學倚一峰下，面對稠林，森秀之極。十里，至白石橋。十里，至手挖巡司。十里，至朱柳。有睢陽雙節廟。十里，遶溪行六七里，四面峰巒迴合，疑無徑路。踰一小嶺。又三里，至結口，宿焉。是日雨不止，衣袍沾濕，僕夫頗疲頓。余於輿上領略雲山滃濛之狀，沈緑深黛中，時露薄赭，倏斂倏開，非襄陽米老，斷不能與造化傳神。乃知此老高自標置，固非浪語。向余不知畫法，不爲此行在萬山中，適值澍雨，亦何由證入哉？憶余初從餘杭渡口，晴色可匊，止西望有晦昧之意。今乃知余來時，正山靈醖雨之候也。余實步步入雨境耳。

十三日，大晴。自頬口起行。五里，至高路。五里，至横溪橋。十里，至嶺脚。過車盤嶺。五里，至順溪。五里，至楊家塘。五里，至昱嶺關。五里，至新橋鋪。上老竹嶺，嶺當兩山迴合處，嶺以東水皆流入太湖，嶺以西水皆流入浙江。山勢兩背相抵，曲澗蛇行其閒，萬杉森森，四望疑無出竇，而竹嶺稍通一綫，亦半假人力鑿治，真一夫當關之勝也。氣候新晴，愈覺澄朗。諸峰曉色，澄翠拖藍。日光射之，遠者如半空朱旗，近者如塗金錯繡。丹楓蒼檜，點綴其閒。萬壑屯雲，千流漱玉。到此又思李昭道父子畫法不爲虛設。大小米如中書堂淡瀋判押，挈其總領而已。山有草花，紅媚可人，葉如牡丹而小，土人名之秋海棠。我地秋海棠生牆陰濕地，花如豆蔻，葉如莧，乃斷腸草，非此種也。今因改名秋牡丹以配之，且令僮輩攜其種回，不知肯滋殖否。度老竹嶺，西脚鮑店酒頗醇美。十里，至王干巡司廣葉嶺、鐘嶺、黄土嶺，所謂王干三嶺也。一過老竹，即爲歙地，山形非不雄壯，而勢稍散闊。土人工殖利，山下開塘蓄魚，慮人竊取，則作甎牆圍之，每亘數十百步。以雜樹與柏子利薄，多改殖橦子，砟油轉售，故無紅葉點綴。鑿石煅灰，多作窨穴，白堊淋漓可厭。蓋陶白、猗卓之策行，則孫綽、謝朓、盧浩然之趣不免減損。物之不能兩大，固其理歟。又十里，至杞梓里，宿。

十四日，三里，至徐隖。七里，蘇村。五里，至斜干。有槐源大石橋。五里，至蛇坑。五里，至賜麟橋。五里，至山後鋪。五里，至鄭坑。五里，至七賢橋。土人云，昔有七賢者，作七井七竈，爲糜以食餓者。又共作此橋利濟。詰其姓名，則不知爲何。拂碑，碑泐不可讀。□里，至方村。一里，至北岸。一里，至大佛鋪。吴氏住處，喬木陰森，俗傳半夜夫妻八百丁者。有衍慶橋、蜻蜓灣。四里，至蔡隝口。六里，至章祁鋪。有越汪公祠，詰土人，不知公爲何人。余按唐杜伏威部將王雄誕傳，稱歙守汪華在郡稱王已十年，雄誕攻降之。至今歙人稱汪王，其即華耶，抑其子孫耶？五里，至郎源口。又五里，至椆木嶺。二里，至七里廟。有八相公祠。二里，至新安第一關。六里，至城，繞城行。一里，至河西橋。橋有十七洞，下俯大溪，雄跨勝吴江垂虹也。余以山人裝、竹兜潛行，不敢過諸豪貴交，人亦無從物色。余蚤息旅館，無事作《山中十三聲詩》，亦經行所感也。

十五日，十里，至巖市鎮。街術〔二〇〕縱横，車轂湊擊，聚落之雄勝者。以禮岳故，不敢遲徊流覽。入一小肆中午餐，几案楚楚，薰鑪研屏，若蘇人位置。壁有文太史畫一幀，題句云：「秋色點霜催木葉，清江照影落扶疏。高人自愛扁舟穩，閒弄長竿不釣魚。長洲文璧。」十里，至楊村。十里，高橋。十里，萬安橋。十里，休寧縣。縣治壯麗，江南北所未見。冒雨行四十里，至巖脚，沐浴更衣，躡級而上，日已晻𡺵矣。至天門，有青童二人，執炬導余歸黄庭院。院主陳建宇、吴立齋具精蔬款余，羽流俱能酒，酣肆雄快，絶無城市跼蹐卑趨之態，恨無展、陸妙手，作《醉道士圖》貽之耳。

十六日，五鼓起，盥櫛，同羽流鼓吹詣拜表臺上章。天風獵獵，清寒砭人骨，如置余九霄鬱羅之府，塵海浩浩，俱出履帶下也。歸院午飡罷，羽流乞書扇者棼集。漫占語應之，不復計其工拙。天門外石室中遇張躐蹋，一百二三十歲人。

十七日，蚤下山，改從溪路，取嚴州道至休寧。過落日臺，乘月行五十里，至屯溪。

十八日，易船，行四十里，至辰山渡。二十五里，至箬團山，山多翠箬。

十九日，行十里，至鯀溪，有汪五峰墓。

二十日，晚，至黄館驛。易徽客汪姓者船，夜行五十里。

二十一日，至七里瀧，過嚴先生釣臺。五十里，至桐廬。五十里，至新店。四十里，至富陽。連日大東北風，水勢既闊，行灣曲中，霧氣茫茫，浩如泛海。

二十二日，辰起，霧未解，風勢未定。余從富陽起陸，覓官輿一乘、驛騎四匹以行。沿山度嶺，七十里，至六和塔。一望煙江無際，余向所棄舟，竟不知何處，始信置足實地之爲快也。又十里，至赤山埠。覓西湖撵船，至昭慶雲山房宿焉。舟中遇同載一僧，從雲棲來，號慧文，頗知詩。因言雲棲巖下有一穴，僅容一人側臥。有一僧處之，上則草木蕭蔚，下則澗泉瀺瀯，僧寒暑不出。慧文作詩贈之，曰：「巖上草蕭蕭，巖下水瀺瀺。中有上皇人，側身臥其間。癡憨似布袋，撒顛類寒山。乞食尚無瓢，世故豈相關。自言無體面，要求方寸閒。」其風可想矣。

二十三日，從松毛場覓舟，得湖客舫。子夜行，泊石門。

二十四日，抵家晡矣。

二十五日，姑蘇陸孝廉諱時選者，饒州別駕盧峰公之長郎也，以余嗜名蹟，寄惠王文恪公草書詩一幅，乃贈奚令文者，瘦勁高朗，有利錐畫堅木之勢，蓋饒介之法也。詩云：「奚家園裏千株杏，處處花開不待春。種樹由來兼種德，枝頭顆顆總含仁。」余友令文奚君家世業醫，吴中賴以全活者頗多，遂扁其堂曰『種德』，賦此以贈。

光禄大夫、柱國少傅兼太子太傅、户部尚書、武英殿大學士王鏊。」

二十六日。

二十七日，出弔郡司理沈平台太翁之喪。

二十八日，招沈華嵩封公小坐。

二十九日，大風。諸生持沈石田小景、唐伯虎疊嶂飛泉，俱非真。夏賈持示文徵明雪景，筆力頗老，恨絹素希薄。古銅水盂一，哥窯印池一。夜集沈心江家。

十月一日，同沈翠水往平湖，奠建臺叔嬸夫人。

二日，返舍，覓得小玉栀一本，枝葉團欒可愛，寒月青翠如黄楊，已有葆蕊，待春而敷，盆玩之珍也。張甥伯始出其曾大父殳山先生手書一絶，有吴興風氣。殳山於弘治中以神童能書召至殿陛，立書「忠孝」二大字以進，上大稱賞，賜鏹而出。後第嘉靖閒進士，官至工部尚書。今玩其印記，云「玉堂掌制大夫」，豈又嘗官翰林耶？

三日，諸生持示王叔明《黄鶴草堂圖》，焦筆淺絳，頗老氣，然無深韻。款云「王蒙爲静菴上人畫」，贋物也。　又古素方斗畫一幅，溪樹釣艇，意象蕭然。號之以盛子昭，亦臆斷耳。

四日，張媪持陳白陽散筆山水來觀。氣象荒率，一時乘興之作也。然如豪士哺嚼，初不經意，而雄邁自露。一絶云：「長松落落映寒流，衰葦蕭蕭一葉舟。歌罷滄浪誰肯和，青山滿目送清秋。嘉靖辛丑秋日，自山中還湖上，戲作此紙以紀興，白陽山人道復。」行草如指頂，天真爛漫，大類唐人林藻。

五日。

六日，過徐德夫、陳孟常。

七日。

八日，連日俱大晴暖。

九日，微雨，西風甚厲。飲陳白石家，湯慧珠在坐。談臨安山水奇勝，與余意合。

十日，晴。

十一日。

十二日，至北津，送譚聖予主政。

十三日，高儀部過談。

十四日，諸生持示沈石田淡色《葵榴圖》，題詞云：「風雨葵花小院前，老夫留此學安禪。家中儘有家中事，客裏還修客裏緣。　蒲酒底，粽盤邊，一般佳節過流年。浮生所寓誰拘我，著處爲歡也自仙。右寓東禪寺過端午，詞寄《鷓鴣天》。」

十五日，雨，如霧。入夜始有滴瀝。

十六日，晴。

十七日，吴江周本音來顧，索題其所書《洛神賦》卷。本音書從褚有悟入，近益精緊而縹緲。　夏賈持視文衡山青緑山水。仿趙吴興，長松數株，落落有入雲之概。一高士倚舷面山，若有注想者。一絶云：「短棹夷猶緑玉灣，微風拂拂晚波閒。夕陽不隔天涯色，一片湖南樹裏山。」　又漢鏡一規，水銀晃白，恨銅質稍劣耳。

客持先輩姚學士弘謨書，題一絶云：「風寂梗猶冷，露滴林初曙。山鼠不畏人，松閒自來去。」亦山中實録也。

十八日，夜，月色如晝。與周本音坐石臨水，痛飲大醉。

十九日，同周本音、許廣文、高元雅、萬蓋吾、沈尊生、陸孝廉集項孟璜齋頭，出觀顔魯公《深慰帖》、楊凝式《神仙起居法》、褚摹《蘭亭》、唐鈎《萬歲通天帖》、高閑《草書千文》，皆余平日再三經目者。顔帖最爲甲觀。《通天帖》鈎填入神矣。高閑書散漫潦倒，定是僞札。又出蔡君謨十帖，俱真。余止記一帖語，蓋因其字畫之尤妙而深味之故也。「大硯盈尺，風韻甚佳。齋中之花，繇是而至。瓶亦是嘉品。感荷。以珪易邽，用以商於六里則可，真則趙璧可愛，未能決之，尚當面議也。襄上都尉公閤下。」都尉者，豈王晋卿邪？以珪易邽，未審何説。商於六里，乃張儀誑楚事。想亦文玩博易，君謨持重所愛，故著語如是耳。

又一帖，水林檎花，字如《荔支譜》，特端勁有風格。

倪雲林題語中有云：「宋人書，唯蔡端明有晋魏六朝風軌，粹然如瑑玉瑚璉之潤密。若米元章，非不宗尚右軍、大令，然矯異怒張，終有子路事夫子氣象。」

二十日，諸生攜示弘文館《十七帖》，後題云：「大唐貞觀十七年，歲在癸卯，三月一日，尚書僕射、上柱國、永興郡開國公臣虞世南，翰林學士、諫議大夫、河南郡開國侯臣褚遂良等，奉敕摹充館本。兼太子率更令、勃海郡開國男歐陽詢，奉敕校定無失。」

孫過庭跋云：「官本法帖號爲佳玩，然其真僞渾淆久矣。如劉次莊有能書名，其所摹本，亦有分一字半居前行之底，半居後行之顛者，最爲可笑。唯此《十七帖》，相傳真的。當時雖入官卷中，而搨本故在人間，幸不淆亂。此本，馬莊甫所摹刻也。玩其筆意縱横，有鸞舞蛇驚之勢，而氣象仍從容閑雅，不束縛於法，而亦不離於法。説者謂右軍致一書，陳一事，即造次之際，稽古斯在。觀此帖，不信然耶？書家得是帖臨摹三昧，何患不升右軍之堂，與之神遇哉！」

又，宋廣平寺文安公《牡丹》詩十首，劉孟堅作序，書法類《聖教序》。

二十一日，過許廣文。出觀劉松年仿張僧繇《碧山紅樹》，僞物也。於許君處鈎得《瘞鶴銘》全文一百六十六字，較《東觀餘論》所載邵資政考次者，多六十八字，文亦互異。

《瘞鶴銘》并序，華陽真逸撰。「鶴壽不知其紀也。壬辰歲，得於華亭。甲午歲，化於朱方。天其未遂吾翔寥廓耶，奚奪之遽也！迺裹以玄黄之幣，藏乎兹山之下。仙家有立石旌德事，篆銘不朽。詞曰：相此胎禽，浮丘著經。迺徵前事，出於上真。余欲無言，紀爾歲辰。玄門去鼓，華表留聲。我唯髣髴，事亦徵冥。爾將何之，解化惟寧。後蕩洪波，前固重扃。右割荆門，末下華亭。爰集真侣，瘞爾作銘。上皇山人逸少書。夆山徵士丹陽外山尉江陰真宰立石。」

二十二日，借萬藎卿所藏陸叔平大幅《灌菊圖》，山稜晐峭，樹木疏朗，大概用子久法。草堂踞平岡，籬薄環遶。樹有行列，隔水有閣，虚敞可望。二童擔水行灌，一童濱澗挹水注器中。二老趺坐堂前，一拊琴，一抱膝，極有神會。後山遥峰下，一亭聳然石坳。籬脚用五色小點攢簇爲寒葩，晃晃若夕陽映其光，輕風拂其態也。款云：「壬申九日，包山陸治作于餐英館中。」

又文五峰小幅山水，皴法雖似黄鶴山樵，而樹石布置，全學唐人。自下纍上，凡五六層，皆松樹，極欹偃遮露之狀。上至縹緲峰頂，皆小松如髪。乃五峰平生傑作也。一絶云：「松岡濃翠色參天，萬疊芙蓉半入煙。策杖閒來觀勝概，虚亭正在石谿邊。五峰文伯仁。」

又文休承《張公洞圖》，輕鈎淺色，極鬆逸之趣。一律云：「福地真傳霹靂開，仰空虚竇瞰崔嵬。千盤磴道穿深黑，萬古仇池接往來。頗怪洞中常見日，翻從地底一登臺。聳身忽自崖閒出，回首仙蹤悵草萊。乙亥三月，文嘉。」

二十三日。

二十四日，許叔重導松客以董氏《寶鼎齋法帖》來售，凡六卷，皆思白臨古帖也。題語云：「紺碧玉珪，廣一寸，長倍之。小篆琱文云：「洛脩貢兮江獻珍，散金景兮敲浮雲。寶鼎現兮色蕤蕤，焕其炳兮被龍文。」即班孟堅《寶鼎歌》，而微有異。其陰有癸鼎二字，意元鼎年得寶鼎而刻玉以紀瑞者，孟堅仍其語於賦之亂辭耳。或治河沈璧，金泥玉檢，即是物耶？甲辰秋，余得此於西湖，因以名藏書之室。兒子刻余真行各種書稍稱合作者，爲《寶鼎齋帖》。有徵余書者，以此塞請，足以簡應酬之煩，壹似永師作鐵門限也。因書寶鼎名齋之意以系之。萬曆己酉十月朔，董其昌識。」

二十五日。

二十六日，廣客示一海卵，色灰白，硬如石，大鵝卵一倍。對日視之，闇然無光，意亦蛟螭所産也。

二十七日，諸生少湖攜淳化不全《閣帖》二本來觀，亦古搨之佳者。

二十八日，沈翠水貽余倪元鎮小景一幅，題云：「蕙草兮青青，芳芷兮蘩生。桂樹團團兮卉木抽榮，紛雜陳兮户庭。玩春樹兮芳馨，彼美人兮采衣若英。集芙蓉爲裳兮女蘿爲纓，樂哉消摇兮此亭。戲爲仲英高士寫溪山亭子於玩芳亭，并賦《玩芳亭操》。雲林子瓚，二月望日。」

二十九日。

三十日，連旬晴霽，麥未有苗。

十一月朔日，陰晦。

二日，小雨如噴霧，俄而西風甚厲。

三日，同湯慧珠、許叔重、亨兒挐舟至池灣，訪沈爾侯、仲貞兄弟，留集北山草堂。堂面山臨池，左右脩竹映帶，栝松九樹，本大五六圍，幹皆如柱，亭亭入雲。其他雜木芳卉，蒙茸翳蔚。山有四洞。其三嵌空，中容石坐。其一下有伏流，橫梁而渡，乃先世白林公所築。白林好古博雅，性喜白色衣履，帷褥悉從縞素。曾蓄鶴百餘，號百鶴道人。其弟號某者，蓄百硯以副之。爾侯出觀其父貞石公諱士立者手書數通，楷法精妙，虞、永、歐、顏靡不融貫，出入筆端，遇其合作，且將肩隨大令後矣。貞石年三十餘而蚤世，故書名未洽。然有賢嗣君，寶愛藏襲。客至，與古妙蹟錯陳賞玩，識者歷眼，自然歎絶，又安能終掩之邪？爾侯又出觀夏圭《洞庭秋月》大軸。上層空濛，沙樹甚纖遠；下作老木塊石，極古勁，蓋禹玉書法本出關仝故也。有高宗御題：「橘香浦浦青黄出，維舟日暮柴荆側。湧波好月如美人，矜誇自弄嬋娟色。風高掠水白紛紛，夜深河漢正無雲。五更何處吹畫角，披衣起看低金盆。」

又趙子昂書札三通，管仲姬札一通，與其子三哥。

又沈石田《昭明三檜圖》，備極怪狀，自作詩亦雄邁。又有張淵者，吴興人，和石田作，書法逼真李太和。

又《淳化閣帖》一部，亦舊搨。

仲貞出觀倪雲林《南渚圖》，筆意絶類《惠山圖》。自題云：「南渚無來轍，窮冬更闃寥。水寬山隱隱，埜曠月迢迢。想像寫南渚冬盡詩意圖。至正廿四年十月六日，倪瓚記。」「窈窕茅堂石徑曲，小山叢桂足淹留。仙人已跨遼天鶴，寫得雲林一段秋。錢仲益。」「昔年來看墨池鵝，風雨扁舟載酒過。一自春歸清祕閣，幾番蛛網落花多。嘉禾朱逢吉。」（字以貞）「蕭散雲林子，詩工畫亦清。吟情何浩蕩，筆勢更縱横。鄉里推高誼，江湖足令名。近傳乘鶴去，應想在蓬瀛。華亭顧禄。」（堇中、素行）「古苔凝緑上松根，前輩空留翰墨存。寂寞雲林堂下路，一峰殘雨映孤村。門生王達。」

仲貞又出觀梅花道人畫册。

第一幅，作宋人詩意圖。

「南陵水面漫悠悠，風緊雲輕欲變秋。正是客心孤迴處，誰家紅袖倚江樓。梅道人戲作，時至正癸巳秋九月也。」

第二幅，作董源《寒林重汀》。

「紅葉村西夕影餘，黄蘆灘畔月痕初。輕撥棹，且歸歟，挂起漁竿不釣魚。董源畫《寒林重汀》，筆法蒼勁，世所罕見其真蹟。因觀此圖，摹其萬一，與朋友共。元用當爲著筆。此幅尤物也。」〔三二〕

第三幅，作削壁臨水，上生篠竹。

「野竹野竹絶可愛，枝葉扶疏有真態。生平素守遠荆榛，走壁懸崖穿石罅。虚心抱節山之阿，清風白雨聊婆娑。長梢千尺將如何，渭川淇澳風煙多。老梅戲墨，元用以爲如何？」

第四幅，作枝竹。

「梅花道人戲墨于晚風清處。」

第五幅，作懸崖竹。

題前詩「野竹野竹」篇。「至正三年冬十月十日，似之來游武塘，下訪，出帙索拙作。匆匆行意，秉燭而爲，老草率易，以塞其請。俟他日泛萘溪造竹所再作也。梅花老鎮頓首。」

第六幅，竹枝。

「與可畫竹不見竹，東坡作詩忘此詩。高麗老繭冰雪薄，戲作歲寒巖壑姿。紛紛蒼雪護碧籜，謖謖好風扶重枝。伫看雷雨虛堂夜，拔地起作虬龍飛。梅花道人戲作墨竹并題。」

第七幅，作風竹。

「我愛晚風清，順適隨所賞。曩古竹林仙，匆匆竟長往。荒塗雜廢墟，幾度蓬蒿長。可人日相就，言笑客抵掌。斬餘一席寬，何用居求廣。荷鋤藝术蔬，刊地芟草莽。舉步山水長，引引支離杖。行役忘爾汝，嘯答巖谷響。淡然入無何，朝來山氣爽。我愛晚風清，枝枝動庭竹。慘淡暮寒多，蕭森分埜緑。窗閒冥色佳，靜賞歡易足。人生遽如許，萬事徒碌碌。有盡壯士金，餘僇匹夫玉。軒車蘊斧鉞，粱肉隱耻辱。嫋嫋五株柳，采采三徑菊。享盡生前歡，毋貽死後哭。高歌晚風前，洗醆斟醽醁。　似之出紙册索作墨戲，勉爲隨筆呈上。因圖醉里八景，去後再黏。」

第七幅，竹。

「憶昔初逢武水頭，行行送上木蘭舟。遥憐落日蒸溪上，埜月風聲幾許愁。梅花人吴鎮頓首，至正四年二月二十日也。」

第八幅，作寒菜。

「菘根脱地翠光濕，雪花翻匙玉脂泣。蕪蔞金谷已塵土，美人壯士何顔色。山人久刮龜毛氈，囊空不貯揶揄錢。屠門大嚼知流涎，淡中滋味我所便。元脩元脩今幾年，一笑不直東坡前。因食菜糜而作，今承索，就畫并題也。」

第八幅，作筍。

「緑陰晝静南風來，晴梢拂拂煙雲開。籜龍走地牙角出，班班玉立攢蒼苔。長鑱穿雲石路滑，錦衣脱綳玉版白。鳴牙未下冰壺虀，開籠先放揚州鶴。索作菜對，戲爲，亦可發笑也。梅老書。」

第九幅，松枝。

「硯池津津墨吐汁，蒼髯呼風山鬼泣。濤聲破夢鐵骨冷，露影溥空翠毛濕。徂徠千樹老雲煙，湖山九里甘蕭瑟。何如置此明窗下，長對詩人弄寒碧。梅老書詩畫。」

第十幅，寫閩蘭。

「舶櫂風下東吳舟，抔土移入漳泉秋。初疑紫挺攢翠鳳，恍如緑綬縈青裘。猗猗九畹易消歇，奕奕百畝多淹留。軒窗相逢動一笑，悠然蒼翠成風流。因作松竹梅，遂爲寫南蘭一枝，以陪清思也。」

三日，夜宿沈爾侯園亭。

四日，飯玉麟堂，爾侯出白玉蓮花杯、緑玉荷葉盤行酒，又以哥窯白定等卮繼之，期以每器一酹，百爵而止。余適與俗客期，不能副其意，爲五六酹而起。返棹，抵家午刻矣。

五日，諸生持黄大癡《天池石壁圖》來觀。余驗其爲臨本，然重巖沓樹，氣象磅礴。此老雲夢之胸，隱隱自寓。唐人收畫，各遣工就摹之。王維《輞川圖》，好事者家有一本。宋人論畫，亦重粉本。唯元人貴筆意，故不可摹耳。余謂近代妙蹟零落，得佳臨本，亦自不可棄，正如書家鈎搨，未嘗不寄髣髴也。款云：「至正元年十月，大癡道人爲性之作《天池石壁圖》，時年八十有二。」

柳待制題云：「性之得大癡道人《天池石壁圖》，請余作歌。余愛其合作，歌而識之圖上，且以發道人燕閒一笑。　連峰嶤嶤雲簇簇，石壁天池秋一幅。大癡道人騎鯉魚，夢入神仙〔二三〕采蛾緑。覺來兩鬢風泠泠，顥氣湧出芙蓉青。谽巖下匯龍池水，絶觀高連閣道星。道人弄筆筆不知，八柱誰能張地維。金繩鉄紐一何壯，鳥道險絶横蛾眉。三百年來畫林壑，董米中閒稱合作。何嘗惜墨點微茫，閒亦塗丹記搖落。吴興室内大弟子，幾人斲輪無血指。十日五日一筆成，能事於今誇亹亹。大癡小黠人所訶，道人忤物良已多。徵君自起歌黄鵠，奈此石壁天池何。至正二年八日，翰林待制柳貫。」

六日。

七日，出壽丘層城年兄。

八日，長至。湯慧珠寄示沈石田麤筆山水，學黄子久。自題句破裂不全，有語云「滿眼白雲無俗物，蓋鄰碧樹有高株。一峰道者吾宗主，煙海蒼茫不可呼」之語，蓋其醉心於大癡至矣。有楊君謙題數十語，大略謂石田先生文章雄麗，可以主盟一時，而四方但馳幣索其畫，乃文爲畫掩，爲可惜。而不知畫正石田文之尤偉麗者也，輕縑薄楮，一經點染，即有金石之壽，何必減豐碑大碣與金匱石室哉！

九日，寒雨。

十日，華亭周仲渭以孫雪居畫梅，并書孫太白與林和靖争孤山五絶句，跋者董玄宰、陳眉公、章憲文、陸伯達諸人，成一卷，來索題，題之。

十一日。

十二日，大風。

十三日。

十四日，聞前月二十七八日夜，海寧、海鹽半路豐樂鄉等處，俱有地火燃燒，民皆移徙避之。

十五日，同史叔重、陳良卿汎至東市稍。
十六日。
十七日。
十八日。
十九日，與沈甥伯遠開文。
二十日。
二十一日，同包振瑞、項孟璜、馮權奇集沈甥家。
二十二日。
二十三日，周翠巖持示陳白陽米山小幅，筆甚蒼蔚，購得之。
二十四日，吴仙臺從淮上來，餉余淮酒一罈、海物數種。
二十五日，招吴仙臺飲，大醉。劇談中原舊游，歷歷如夢。倏忽七年餘矣，爲之慨然。
二十六日，陰寒。同沈岳、沈翠水、許泰徵、孫長吉、沈荆門集張元岦十竹齋夜坐，至漏下三鼓别去。

二十七日，病酒。吴仙臺攜示李晞古《七賢過關圖卷》。虞伯生跋云：「黄要叔《七賢過關圖》，以精絶聞於當代。至宋，李伯時亦嘗爲之，黄長睿見而有「映照前古」之譽。要皆深得諸賢真静閒逸之妙耳。此卷乃河陽李晞古唐之筆。當建炎間，晞古待詔畫苑，所作精工。此《七賢圖》衣製古雅，筆畫雋逸，尤非平時簡易之作。余承乏史館，得覩内府所藏，欲求伯仲要叔，雁行伯時，舍晞古吾誰信歟？虞集識。」袁清容一絶云：「七駿嘶途跨七賢，衝風蹋雪出函關。懸知越度非無意，正值强秦逐客年。清容居士袁桷題。」

又米南宫《雲山卷》。近層作四段，三橋一渡，林木枝梢撑勁，煙葉堆墮有法。遠層山靄出没，亦極其趣。款云：「襄陽米芾作於海岱樓。」行書拇頂大。然余驗其爲臨本也。後八分細題云：「中統四年七月望，不忽木公、邁里古思、周正平同觀。」「雲山隱隱遠囂塵，茅屋悠然旁水濱。此地難留車馬客，小舟常載讀書人。鄧文原。」「南宫畫幽深無際，出有入無。此卷舊在梁禮部思伯，愛之，時置几案。舍弟得與觀焉。余癸卯秋自建業扬帆，歷采石、皖城，眺九華、匡廬之勝，遥岑近渚，空青潤翠，舆舫相出没，令人樂而忘返。今在鄖城中，如斗大，坐臥一室，忽忽無聊，偶散步〔二三〕市衢，不意得此於賈人肆中，殊自珍愛，時展玩之，以當臥游，且以慶此卷之得所也。在興魯坊聾子巷寫，臨川危素記。」小篆題云：「元貞二年，歲在丙子，孟冬十有七日，薊丘李中行、孟津楊泰交、古城張仲嘉同閲。」「山居幽賞動長風，處處村村自不同。欲識江南風景好，雲煙一派出南宫。彭城錢良右。」又細楷題：「永樂壬辰孟春二日，三丰遯老觀。」又：「洪武甲子秋八月望前二日，陶凱、任亨泰、吴士元同觀於望月樓。」又草書：「畫膽天來大，酒腸天樣寬。千杯不覺醉，一笑盡君歡。醉登望雲樓，閲米老《雨山圖》，酒興顛狂，戲爲寫此。解縉。」

又臨巨然山水一幅，筆氣蒼蔚，不知誰人作。

又《江南小春圖》一幅，作茅茨稻積，意象荒率，無畫史習氣〔二四〕，是士大夫筆也。一絶云：「小春時節埜人家，酒熟雞肥茶又芽。牆角稻堆營屋舍，樹頭楓葉似桃花。乙巳小春，張文憲寫。」章伯氏。文憲不知何人。吾郡崇邑有張殳山先生，官工部尚書，以善書稱，不聞其善畫，而亦名文憲，豈即其遺筆耶？

二十八日，同賀道惺、高永仁、劉漢沖集丘伯畏家。坐隅有黄菊一盆，凡百餘花，尚鮮茂，云僧人所藏以獻者。

二十九日，過項晦甫、玄度昆季。晦甫出觀盧浩然《嵩山十志圖》：草堂、樾館、期仙磴、枕煙庭、倒景臺、滌煩磯、雲錦淙、幕翠亭、金碧潭、洞玄室。每景造意，皆造微入妙，石稜轉折八面，樹態偃仰自然，誠畫家宗祖也。後有楊凝式行書題數字，天真爛然，亦爲希世之蹟。

「右覽前書記左郎中家舊傳盧浩然《隱居嵩山十志》。盧本名鴻，高士也。能八分書，善製山水樹石，隱於嵩山。唐開元初，徵拜諫議大夫，不受。此畫可珍重也。丁未歲前七月十八日，老少傅弘農人題。」

又沈石田、周東村合畫韓退之畫記景物，文徵仲行書記文。

又宋十賢書蹟。内唯范石湖成大，字字有二王家法。歐陽公行書，當三錢大，勁利似誠懸。

玄度出觀趙吴興《落花游魚圖》，緑蒲長二尺餘者十數莖，水面藴藻鋪漾，落花泛泛。諦視，是貼梗海棠，作條子魚，隱脊露口，喁喁吸水紋者四五尾。一魚彎身全露，口唼落花，若相趁游移而前者，意態欲絶，誠化工之筆也。文敏亦自滿志，行書一絶云：「水光山色濃於染，風送落花春幾多。頭白歸來舊池館，閒看魚泳白漚波。」延祐七年三月六日，春雨初霽，溪光可人。歸來池館，戲作《落花遊魚圖》，就題其上，殊有清思耳。進之在坐，不知以爲何如。」

又王叔明《花溪漁隱圖》，雜樹垂柳甚衆。而所作桃花，皆用筆鈎圈。主峰澹冶虚無，得春山之態。乃知古人命意，斷不虚造。又叔明畫大士菩薩天真像。長松下，一道者趺坐，深静之容可匊。上有鮑恂題贊。恂，吾郡人也。國初徵入朝，授太子太保，不受；歸而講學語溪之濱，一代高人之冠也。此二幅尚有題語甚多，逼暮色，不能熟記。

又趙千里《原憲甕牖圖》。張伯雨、顧金粟、倪雲林皆有題，不及記。管道昇仿文湖州雪竹，以贈其長姊者。有題絶，止記二句，云：「誰道謝庭吟絮後，有人千載續楊花。」

玄度堂懸梅道人畫一軸。高山下瀑泉注地，曲折有勢。二松華潤軒秀，水瀉其間。題云：「問渠那得清如許，會有源頭活水來。」可與余家《松石泉壑圖》并珍。

三十日，寒甚。

十二月朔日，寒甚。净慈壑公來報，永明禪師舍利塔已就。又於寺後桑林中孫太初舊隱處構樓三間，亦山中一時勝緣也。

二日。

三日，寒甚，河流俱凍，舟楫停滯。

四日，稍和。同亨兒過高如晦村齋，出觀米書大《天馬賦》，字徑三寸，雄逸震蕩，筆無定姿，大略妍媚則剽褚之腴，沈聳則峙顔之骨，而一出一入，法度森然，則山陰父子的派也。余所見米蹟，未有傑思踰此者。本余亡友吴公甫物，如晦以百餘金購得之，即裝潢亦出邵百川瀚手。相傳分宜相没官物，黄方伯與參得之，以轉授公甫者。

「海岳能書又能詩。書品超邁入神，詩稱意格，高遠傑然，自成一家。嘗寫詩自投許沖元，自言不襲古人，生平亦未嘗録一篇投豪貴。元豐中，至金陵識王介甫，過黄州識蘇子瞻，皆不執弟子禮，其高譽道如此。時論章伯益書，如宫女插花，嬪嬙對鏡，自有一般態度。能繼之者，唯海岳耳。或云海岳學羅讓書。蓋其少時，非得法於讓也。此帖詞翰兼美，誠佳品也。幼澄宜寶藏之。永樂甲辰中秋前五日，浚儀張肯識。」

「淮南老守米南宫筆法，今評妙品中，翰苑寥寥。千載後不知誰復可相同。天全有貞題。」

五日，客攜示米南宫行書《蕭閒堂記》。「四明從事、晋陵錢君世系，字延叟，過襄陽米芾曰：『昨送李濟明渡江，與汪行之復會蕭閒堂。已，撤幕，壁閒有君像，而題曰「權杭州觀察推官米元章像，楊之儀筆」。楊之傑贊曰：「君子之友，小人之讐。以人方人，叔度宜儔。」余以袖掩字而問行之，曰：「誰歟？」行之曰：「君也。」』僕爲檢同氣、德友、識面三編，無二君名姓。嗚呼，古人論世取友，況同世哉！世復有三君子者：觀文殿學士王公詔字子純、樞密直學士劉公庠字希道，則僕竟不識其面。選人蔡天啟肇，相知中語僕若素腹心者，云得僕於王荆公。蓋僕元豐六年赴希道金陵從事之辟，識公於鍾山閒。公門有數後進，喜争名而相非。又記以長者之言也，如天啟樂道人善者，一人而已。僕老矣，不知一蔡二楊，何因能識面乎？因延叟之語發歎，并記其事於家集中，以貽子孫。因系以詩：誰起蕭閒堂，圖贊凡陋質。昧昧豈我思，有懷斯士吉。吾生終不遇，二陵已相失。苟養走四方，公卿更絶迹。向我交漸稀，背憎十六七。豐我九畹蘭，任沙滿林棘。我豈蕭閒人，偶然得空壁。美哉何方彦，精絶〔二五〕入妙筆。君不愧顧長康，取媚桓公圖九錫。我不媿孟浩然，緩策京〔二六〕山遇摩詰。前此友道久不康，紛紛白頭都不卒。嗚呼，紛紛白頭都不卒，迴首此君應辟易。襄陽米芾元章書。」「右《蕭閒堂敘》，先臣芾真蹟，米友仁鑒定恭跋。」

又《研山圖》，周黛筆描成，有天池、翠巒、玉筍、方壇、月巖、上洞、下洞等目。銘曰：「五色水，浮崑崙。潭在頂，出黑雲。挂龍怪，爍電痕。下震澤，極變化，闔道門。寶晋齋前軒書。」

又閻立本《西夷貢獒圖》。作一獅、一獒、一羊、四胡〔二七〕人。未必真。

又古斗方册三十葉，内唯梅花道人一小幅、夏圭《煙瀑圖》、王孟端《松下定僧圖》、趙千里《翠山遶澗》、倪雲林《野篠》、馬遠《梅石彈琴》係真品。

又極古素畫雪林，亦佳。

六日，顔平原《祭伯濠州刺史文藁》真蹟復歸我。

七日。

八日，春波舊第連市廛取税房，大小百餘閒，沿燒悉盡。家君一生拮据所就，蕩然矣。恐重傷親意，以世界浮幻之説曲譬相慰。家君慨然曰：「吾年八十，豈復須厚殖乎？」談笑殊自若。

九日，督諸僮理煨燼。

十日，與包振瑞、項孟璜集沈甥家。

十一日。

十二日。

十三日。

十四日，前是三十五年，余以春波舊第假馮權奇居住。權奇性躭幽寂，不習世故，敁堂前湫地種竹。竹死，輒易之。又鑿牆多作圓光。至是引火入内，不可救藥。權奇又以佛藏經十餘箱置樓上，而樓下即其妾所居。家人婢子溷褻狼藉，竟招烈焰。煙燒蓬勃，衆人見空中如曳帛，東西散去者數十。三四日間，野人率於田間獲經卷，或在十八里橋，或在朱家樓，或在石佛寺、章家橋等處，鑿鑿有據，皆完好，各收置所在菴觀。是必護法諸神，怒其褻而燬之，又留散其餘，以儆世耳。可不敬懼歟！

十五日，與徐玄仗過丘層城年兄，見座師郝先生手寫《雙松壽者圖》，有黄鶴筆意。

十六日。

十七日，同顧海陽侍御、沈懷槎主政、項扈虚進士燕吴郡公、關郡丞。

十八日。

十九日，微陰，仍開霽。

二十日。

二十一日。

二十二日。

二十三日，郁伯承來，求《先嬾庵記》并圖，介眉公先生書以請。是夜微雨。

二十四日，沈爾侯、仲貞來，貽余《玉麟堂帖》，皆其先世筆蹟也。沈淡如謂余，近得宋刻梨板虞永興指頂楷書《離騷》，亦罕物也。許搨以貽余。

二十五日。

二十六日，陰寒。

二十七日，雨。

二十八日，風雨。拏舟往嘉善，謁徐令君。

二十九日，寒雲閣雨，小盆梅吐白。

除夜，晴霽。

校勘記

〔一〕「沐浴」，清抄本作「休沐」。

〔二〕「月」，清抄本作「葉」。

〔三〕「一絶」，清抄本作「題」。

〔四〕「《出蜀記》較陸務觀《入蜀記》更妙」原作「陸務觀《出蜀記》較《入蜀記》更妙」，按《出蜀記》當係范成大所著，又名《吴船録》。

〔五〕「二」，清抄本作「一」。

〔六〕「日」，清抄本作「止」。

〔七〕自「又倪雲林小景」至「覺增我靈」原闕，據清抄本補。

〔八〕「即」，清抄本作「郎」。

〔九〕「里中有朱肖海者，名殿」，清抄本作「近有一人善作僞物者」。

〔一〇〕「除」，清抄本作「際」。

〔一一〕清抄本作「三樂居士印」「若思印」。

〔一二〕「二十三日」，清抄本作「二十二日」。
〔一三〕「西風」原闕，據《式古堂書畫彙考》補。
〔一四〕「款」，清抄本作「歆」。
〔一五〕「秋高」，清抄本作「高秋」。
〔一六〕「鉏」原作「鈕」，據清抄本改。
〔一七〕「字」，清抄本作「號」。
〔一八〕「再無他客。萬勿拒」原作「再無他□。□勿拒」，據清抄本補。
〔一九〕本條清抄本作「從餘杭覓筍輿登陸，往返十六日，至二十四日抵家，别有《白嶽游紀》甚悉」。
〔二〇〕「街術」不辭，疑爲「街衍」之訛。
〔二一〕「此幅尤物也」原闕，據清抄本補。
〔二二〕「仙」，清抄本作「山」。
〔二三〕「步」原闕，據清抄本補。
〔二四〕「習氣」，清抄本作「氣習」。
〔二五〕「絶」，清抄本作「純」。

〔二六〕「京」，清抄本作「荆」。

〔二七〕「胡」，清抄本作「夷」。

卷三

萬曆三十九年辛亥歲正旦，晴。爲郁伯承作《先嬾庵記》。

二日，出賀岳青門年伯生孫。夜雨。

三日，雨。

四日，海鹽喬令君來顧。談日本併琉球事，言中朝既累世受其朝貢，不宜置之不理。即力不暇勤兵，亦宜於海島附近處稍安插之，令奉宗廟血食，以俟琉球臣民之忠義興復者，而爲之策應。是在督責閩廣二撫臣，不宜噤不發聲，使遠夷謂中國不足倚也。又言福王府五六年不報完工，言路諸公亦宜説破。喬君偉然丈夫，其議論如是。

五日，雨不止。

六日，晴。

七日，郡南門火二十餘家。

八日。

九日。

十日。

十一日，數日皆與匠氏量審繩墨，圬者較度高卑豐褊。相知者咸勞苦余，且笑余平生癖嬾，而今竟何如。余解嘲曰：「余所厭者，登壟之跂、夏畦之勞耳。若夫塗塈樸斲，且將竭股肱，誠未見其憊也。」

十二日。

十三日。

十四日。

十五日。

十六日，連夜月色如晝。

十七日。

十八日，疏雨。

十九日，過沈〔一〕純雅。觀定武《蘭亭》，又褚摹白素本及李龍眠《蕭翼賺蘭亭圖》，有雲西珍藏印記，曹氏物也。又靛色米芾之印。此卷絹素沈古，然余不敢定其真僞。夜始聞雷。

二十日。

二十一日，雷雨。

二十二日。

二十三日，陰雨。

二十四日，雪，屋瓦皆白，一冬所無也。

二十五日，霽。

二十六日。

二十七日。

二十八日。

二十九日。

二月一日。

二日，俱陰雨。

三日，霽。

四日。

五日，飲鉏三穗墨芝堂。

六日，晴朗。連日俱點讀《楞嚴經》，有味。郁伯承引僧閒閒者來，云參看「萬法歸一」話三年，頗樂静定，然終不能除礙膺之物。余勸之且讀《楞嚴經》。

七日，作周彦雲《中庸發覆編敘》。

八日，小雨，有寒色。

九日，晴。嘉樹堂玉蘭盛開。

十日，人持視漢玉貝璺一，金剛子數珠一，滲銀佛一，明眼石眼掠一，蟠螭古銅書鎮一，梅花道人《竹譜》卷一，勘係詹仲和僞筆。

十一日，同潘見源地師往祖塋相地。

十二日，上海門生蔣楚白率其姪孫起秀字中翹、起榮字中芳來拜謁，以錢鶴灘先生集爲贄。

十三日。

十四日。

十五日。

十六日，連日點讀禪集。

十七日，客持示陳白陽米景，題云：「蕭蕭風雨晚來多，江上漁翁未解簑。撑入蘆花清淺處，且圖安穩避風波。　秋水秋山徹骨清，幽人常自結殷勤。俗情原與閒情別，倚興來觀隔浦雲。　白陽山人復題。」

十八日。

十九日。

二十日，至朱家樓送沈少湖葬。

二十一日。

二十二日，作金明寺建造禪堂疏文。

二十三日，晴暖。

二十四日。

二十五日，雨。

二十六日，霽，殯亡媳沈於祖塋東屋。

二十七日，夏賈持示馬遠《梅譜》十八葉，趙文敏山水一軸，樹石皆秀潤。

二十八日。

二十九日。

晦日。

三月朔日，與賀伯闇醵錢放生於楞嚴寺。

二日，登雪舫往姑蘇。夜泊吴江北郭。

三日，泊姑蘇驛。嘗新茶。暮雨，風撼舵牙徹夜。

四日，雨。

五日。

六日，五鼓由姑蘇解維，昏時抵家。

七日。

八日。

九日，譚愚公以董思白仿黄子久《富春山圖》見示，筆意亦鬆活，松人效者不能也。石塔頭民居火二百餘家。

十日。

十一日，俱晴朗。

十二日。

十三日，王懷我同年寄龍井新芽二瓿至。

十四日。

十五日。

十六日，赴吴郡公宴。同席者李伯兄曙庵、毛海澄令成菴、顧侍御海陽、丘進士存峰。

十七日，餞高少江儀部於北津。

十八日。

十九日，雨。姚大理羅浮、其弟心源、隱君沈岳翁、沈内兄翠水，小集湖舫。暮雨。

二十日。

二十一日。

二十二日，晴。過張霄函齋頭，嘗隣酤，甚甘滑。霄函出素卷，爲作米山盈尺。題一絶云：「沈水香酣罷讀書，墨花飛濺玉蟾蜍。雲沙千里湘西夢，只在晴牕一卷舒。」

二十三日，夏賈出吴氏鞭竹麈尾傳觀。其形如閩中龍蝦，彎曲相就；其堅如石；其色如黄玉。上端受椶尾處，菌縮齟齬，有類蓮藕花跗者五六莖，真異物也。余二十年前目覩吴伯度以十二金購於吴人周丹泉。丹泉極有巧思，敦彝琴筑，一經其手，則毁者復完，俗者轉雅，吴中一時貴異之。此物乃丹泉得於所交黄冠者。必深山窮谷，結根石上，野火焚燒，犢子觸突，浮脆悉盡，霜荄獨存；偶爲辟穀餐芝者所見，遂摩挲露奇耳。

伯度已作九原下人，此物不殉，竟爲盧兒婢子偷易米肉，可歎也。

二十四日。

二十五日，鉏伯穀招看苜蓿，青紅紫白，爛然如錦。坐客王太僕性靈巧，能採霜瓠，就形似作種種玩物，花罇香爐，俱濟實用。又得小葫蘆拇大者，剖開各半，用漆液紙糊其裏，中容滴水養花，挂紗巾中，花不蔫，而意味甚巧異。其家一綠萼梅，偃蹇覆庭，可容燕几三四。花開率五萬餘朵，江南所一二數也。

二十六日，立夏。

二十七日，小雨。

二十八日，赴鉏兩岐招，賞芍藥。女優王鳳臺者演戲，頗足觀。

二十九日。

四月一日，訪隱者王静村先生。年八十二矣，神情矯然，言論有味。歷數平生交厚中，有翰墨雅致者，諸淲湖、項少嶽、項墨林、姚玄鶴、沈少湖、張翼菴、張樵溪，皆已凋落。衲子澤東、溪謐、定湖，黄冠王雅賓，山人吴玄鐵，亦相繼殞没。此老獨存，悵然無交，閉門對庭梅索笑耳。尚能細楷如蠅頭。出觀所蓄畫，文徵仲仿倪雲林小景，樹石蕭灑。題云：「遠山過雨翠微茫，疏樹離離挂夕陽。飛盡晚霞人寂寂，虚亭無賴領秋光。戊午四月既望，效雲林子，徵明時年八十有九。」

又沈石田小景。近樹槎枒，石面确礫。上層遠山作半嶺，左方平坡短橋，沙水一曲，甚有新意。題云：「地僻人蹤静，風高木已凋。晚山初霽雨，新水欲平橋。」

又姚雲東方幅，仿梅道人，極粗辣有氣。上層半壁高嶺，下层石崖叢木帶沙葦，一舟横其中。題云：「愛此山水窟，扁舟住亦安。樹深天易暝，雲薄逕多寒。中酒於陶近，耽詩逼杜難。日高塵十丈，何處不漫漫。仙癡姚子。」

二日，廣陵僧覺印來，求其師夜臺禪師像贊。夜臺昔住五臺，日則宴坐，夜則經行遶臺，歷五峰皆遍，虎狼逢之不害。深雪没體，凍僵復活，虜婦三娘子迎之，不肯去。去歲十月，隨人渡海，躍入海中，盤膝巨浪上，爲雲霧擁之而去。董太史思白已爲作偈，陳眉公又爲作傳。虚其左，以須予贊云。

三日。

四日，連晴，因督奴子曝畫。

五日，自余隱角里，飲酒不能甘，不能苦，又不能淡，而喜冲與洌。冲非甘也，而覺味之輕，以舌之易舉也。洌非苦也，而覺神之清，以喉之無坌也。於是内子大講釀法，春有百花醖，夏有蓮露，秋有竹葉香，冬有雪汁，皆備冲洌之致。余感其意，爲作繪以酬之。系一絶云：「家住江南楊柳村，春來釀得百花樽。平生解笑劉伶婦，酒國同游勝鹿門。」

六日。

七日，暮，雨。

八日，赴陸令君招。

九日，金華邵客持《淳熙續祕閣帖》、《寶晋齋全帖》二十卷者來觀。爲沈倩繪一便面，作巨然筆意。題云：「到處浮滄波，今始臨赤岸。海月低可拾，松風吹不斷。高嶺雪嵯峨，碎石霞凌亂。右軍樂東中，蕭灑飛逸翰。」

十日，郡人徐海門者，有巧思，往來湖海閒，覓殘碑斷碣，裝潢成帖，鬻好事者以爲常。因精研拓搨楮墨之訣，鐫成《寶晋齋法帖》十卷，幾於奪真。余購得一部。

十一日，登雪舫，往鹽官。夜泊鄭尚書第前。

十二日，謁喬令君，小駐資聖寺。令君報謁。與岳水部登城隍廟小閣。黄冠進茗，色如淡金，味甚甘洌。訊之，云餘杭石瀨山茶也。午，燕西司，同席者姚大理羅浮、張州將羨陽、岳水部石帆、徐光禄玄仗。夜一鼓，乘月行。至半路，稍泊候曉。禺中時至王店訪李太學玄白兄，適沈孝廉天生至，同飯。談蕭山來姓有巨寇，聲息駭人。玄白因言是月六日，有異言服二人，各負剪刀一叉口，散之鎮民，云其價四分，候六月十九日小姐自來取。人問小姐何人，曰「我女兒也」。所散之剪，唯及丁壯；其老弱婦女，雖固求不與。人見其散剪時，執一簿，籍其姓名。人有以僞姓名告者，輒曰：「汝實某人，何見紿乎？」玄白家僕有二人散剪者，皆驍健也，驗之，剪係蕭山所造。倏忽半日，散迄而去，不知何意也。申刻，與玄白別，一鼓抵家，十三日也。

十四日，夜雨。

十五日，治杭州之行，夜泊崇德。

十六日，夜泊北關。熱甚。

十七日，寓昭慶雲山房。

十八日，謁吴方伯、段參知。午刻，參知來報謁。

十九日，謁竇廉憲。午刻，廉憲來報謁。

二十日，午刻，赴三公之招，集柳洲亭。有柴孝廉家小優，歌聲杳眇可聽。臬幕譚木天送酒盒。譚，嘉舊令也。

二十一日，休寧吴爾選太學執贄來謁，稱余弟子。爾選名兆登，久寓湖上習業，兩中副榜，歲僅一二歸省，亦士之篤志者。爾選具湖舫飲余，其兄止水，弟旌卿，俱在坐。歌者吕六，云從院中來，豐肌委鬌，如不勝情。暮與爾選别，抵北關，登雪舫。是日，裝潢人湯二引一客持物至寓。有郭忠恕《寒林樓閣圖》一卷，袁清容跋仇英《明皇訓子圖》一卷，唐伯虎《桂叢仕女》，高房山《春山曉霧》，碧玉冠導一，古印章銅玉各一。

二十二日，夜泊石門。

二十三日，午刻抵家。雨。

二十四日。

二十五日，許松寤令杭賈持法帖來看，有五代搨本《黄庭經》一本，筆畫渾厚，兼有鍾法，有緝熙殿寶鈐記。

「右軍《黄庭經帖》，世皆以會稽、隆州二刻爲佳，行於世者多矣，獨未見内司又有一刻本也。當時大臣或能得之，有緝熙殿璽，紙墨搨法俱精，真奇寶也。友人陳士元重購得之，如獲隋珠和璧，裝潢成册。示余榮觀，觀畢，漫識歲月以慶生平之幸云爾。時同觀者，張堯民、蘇邁、陸希衡、戴澄之、傅有慶、劉跂、馬如龍、魏道明也。德祐二年丙子冬十一月七日，豫章胡承記。」

「琴心玉文洞玄玄，金紐朱錦乃汝傳，子能得之可長年。楮素縝栗完且堅，横理如髮約兩邊，從有赤道如朱弦。文居其間走玄蟻，飛雲卷舒相終始。天道甚夷非力使，無爲自然有至理。誰能精專换骨髓，明窗之塵不瑕穢。目中有神乃識真，白玉爲軹裝車輪。裹以天城翠織成，仙人樓居儼長生。鸞鵠翔舞操援輕，子能得之慎勿驚。宫室之中夜月明，上清真人楊與許。焚香清齋羅玉女，手作此書留下土。千年流轉子爲主，東方蒼龍右白虎，廉石子求奕勿與。大宋紹熙二年辛亥春日，林正大觀題。」

「至元庚申正月十八日，紫芝生俞和敬觀。」

有太僕、鮮于、子固、仲穆、子昂等印記。

二十六日，杭客持示唐搨《聖教序》全碑。碑額列七佛像，甚古樸。字畫纖悉具備，楮墨皆有古香，真絕品也。上一印記曰：「太子太保傅文穆公家藏圖書。」又「句曲」半印，是曾入張伯雨鑒賞者。碑後列云：「太子太傅、尚書左僕射、燕國公于志寧，中書令、南陽縣開國男來濟，禮部尚書、高陽縣開國男許敬宗，守黄門侍郎兼左庶子薛元超，咸亨三年十二月八日京城法侶建立。文林郎諸葛神力勒石，武騎尉朱静藏鐫字，守中書侍郎兼右庶子李義府等奉勑潤色。」勒石者，鈎勒上石也。鐫字者，用刀鐫刻也。潤色者，修潤字形，使美觀也。

又蔡天啟仿米元章山水一軸。天啟名肇，王荆公客，元章後輩人，而師事元章者也。《蕭閒堂記》云：「選人蔡天啟肇，相知中語僕若心腹者。云得僕於王荆公。蓋僕於元豐六年赴希道金陵從事之辟，會公謫居，始識公於鍾山。公門有數十後進，喜争名而相非。如天啟樂道人善者，一人而已。」天啟此作，大得米法。峰失雲氣，虚白飛動。樹葉漬墨朵朵，重複可辨。枯梢蟹爪鷹喙如篆籀。天啟當日親見米老，故雄逸乃爾。襄陽淵源，從此可證入矣。絹素亦古色可玩。題者三人：「老子風流似米顛，戲拈筆墨亦蕭然。高清不逐時人好，妙處當令識者傳。牟應龍。隆山。」「林疏〔三〕秋氣早，有客夜攻書。明月印虚睡，天香飄故廬。吴興陳康祖。」「絶憶丹陽蔡天啟，秋林澹墨意縱横。元章筆力能扛鼎，可見前賢畏後生。癡道人黄公望。」

子久此題極爲的據。俗賈僞作米芾二字，敗意敗意。

二十七日。

二十八日，購得姚雲東黛筆竹石肆幅，蕭灑絶塵之品也。自題四絶云：「東塗西抹此瑯玕，紙上風煙也自寒。誰個筍輿無處去，只於隣舍覓花看。」「杜若溪頭緑水生，石崖新竹鬬鮮明。匡牀坐此忘歸去，却恨淇園句未成。」「竹有清風慣拂塵，石間堪坐紫苔茵。徽之音響今將絶，明月相隨是故人。」「平坡雨歇竹陰多，葉底枝頭鳥似歌。桃李蹊間足游子，寥寥此地意如何。」郁伯承從天台雁宕還，貽余龍湫茶一瓿，瀹之芳辣，與洞山岕兄弟也。

二十九日，陰雨。入夏未有快雨，河流枯澀，至不勝舟。客以戴文進仿夏圭小景一軸、宋板《李翰林分類詩》十本、初搨《真賞齋帖》一部質錢去。

三十日，小雨。

五月朔日，外家賽神，有歌舞。夜雨。

二日，沈純父先生以綺紗一、鬱林貢葛一、《選詩約註》一見貽，徵《幻住十記序》。

三日。

四日，郡中苦旱，祈禱甚力。

五日，暮有澀雨，未能破塊。

六日，澀雨過，沈純父先生出觀鄒彥吉畫《緑蘿莊圖》及雜畫數種。大約自標規格上，摹唐宋而不涉元人一筆者。

七日，雨勢盡散。治裝往當湖，一路桔槔聲。栽插十未二三，苦矣。暮抵養白兄家，留宿書室。庭有盆荷三十架，已作花，清芬襲人。

八日，蚤謁朱令君。令君報謁，招飲，以方雩禱，辭不赴。午，弔陸九芝大夫。訪同年馬心印州將、曹平子節推。曹堂中素屏有祝京兆草書唐人一絶，夭矯有勢。又陳白陽水墨桂枝一幅，極有澹韻。題云：「虚庭颯爽見秋容，白露泠泠月滿空。何處妙香參鼻觀，及時桂子動微風。」又沈石田《阻風圖》，不真。申刻，平子來報謁，貽余陜搨智永《千文》一卷，白蝋包一，白葡萄、瑣瑣葡萄、番米各一封。曹與余同舉於鄉，中戊戌進士。妙才高韻，以詿誤謫邊，方量陞慶陽司理，假差還里中。氣味疏宕，終丘壑品也。夜宿舟中。

九日，午刻抵家。

十日，雨。

十一日，復雨。分殖蘭蕙，剔去腐根，留其吐穎者。

十二日，周秀巖持姚雲東詩翰來閲。有老柏一株，屈曲凡五折而上，淡墨作細紋，焦墨作老苔，其襹褷細葉，則以濃淡之間爲之，甚有氣韻，梅道人之流也。自題云：「莓苔老幹閟青銅，香葉紛紛細細風。蜀相祠前行脚到，賺將黛色上圖中。」行脚，僧家事，豈寫以貽禪伯者耶？　又寫生一卷，作辣芥、蘿蔔、老菘三種。題云：「既有辣芥，亦有盧服。山廚之間，侑我饘粥。饘粥固薄，此味實長。願言卒歲，飽食徜徉。懶仙。」又系數絶，書法酷摩張伯雨：「小畦高壟北園深，菜雜青紅帶夕陰。湖上幻仙閒想象，百年能契丈人心。」貞居晚號幻仙。「貞居雜菜味何深，漫自題名附漢陰。抱甕不辭爲圃戒，開圖方見寫生心。先生曾爲傳冰壺，我愛貞居只寫圖。欲問當時靈石塢，可憐故老眼中無。」「夜讀山中外史詩，興來握筆寫烏絲。一圖菜品收多少，絶勝園公采肉芝。」「癸卯正月四日，藻具紙來，對雪呵凍，爲書于白雲枕書窩。時疏欞寒光爍老目，因草草也。逸史。用趙松雪風字研，張文寶兔毫筆。」藻者，蔣生文藻，雲東書畫弟子也，號林塘。味此數詩，似張貞居有寫生卷作此菜品，而雲東特仿臨之耳。

十三日，晴，農望未浹。

十四日，古虞葉曜字士明介雲麓兄書謁余，以袖珍《漢雋》一部，手鐫名、字印章各一貽余。

十五日，門生蔣楚白饋中山酒二罇。　爲譚孟恂圖扇，仿趙松雪小景，頗秀發。題云：「遥岑碧煙，古木翠雨。蘭露滴瀝，桂風飄栩。招摇列仙，俠侍玉女。琴餘酒半，瑳瑳見齲。」

十六日，蔣楚白具湖舫招飲，譚愚公闇仲昆季、亨兒同坐。二鼓罷去。

十七日，愚公挈僧道可者來。　午，赴岳石梁招。

十八日，雨。是月十一日，平湖泖口民張姓婦一産三女二男，母子俱死。是月七日，新市一民家婦一産五男，母子俱生。孿子不足爲異，累數至五，幾同犬豕，又俱見於一邑，不知何祥也。　餘杭門生高淑陶〔四〕從漢中回，貽余秦涼葡萄脯、皖鱘酢、川椒、陝搨右軍《聖教序》、懷素《草書千文》、顔清臣《争坐位帖》、歐陽率更《多寶塔》、顔書《千福寺碑》，皆佳。

十九日，雨。得同年余立吾僉憲書，寄余酒貲叁兩、東坡《洋州園池詩》木本一帙。　屠觀我貽余《稽瑞録》廿册、《英風記帖》肆本、香雪酒十缶、蔬四瓿。

二十日，高君燦指引一人持祝京兆草書唐人律詩一卷，筆力雖蒼辣，然無秀韻，枝山落筴也。　爲門生許叔重圖扇，仿黄公望。題云：「絶壁晚霞籠薄赭，高松老翠入青冥。」頗有奇趣。　午，赴譚孟恂招，共泛湖舫，維黄孝廉莊。雷雨，未快。

二十一日，出謁平湖朱令君於沈家行舟次。

二十二日，同徐德夫、岳之初、之律，謁王兵憲岵雲。是夕，宴於德夫宅。

二十三日。

二十四日。

二十五日，俱大熱。

二十六日，午刻雨，有白龍下飲於鴛湖。

二十七日，蔣楚白引其兄國璵字莘懷者來，執贄稱弟子。

二十八日，大雨。

二十九日。

六月朔日，家君誕日，却觴不御，避東塔禪堂，放蛙千數。

二日，有賽神之樂。

三日，大雨。漳蘭分殖後，擢葩肆莖，凡三十六莟。移置飲食壽康處，終日旖旎，與細君兒女輩共之。

四日，客携示倪雲林《樹石遠岫圖》，下作漫坡，疏排十一樹，左四樹一窠，右三樹一窠，又右二樹一窠，中二樹一窠，皆挺瘦〔五〕昂直，下通而上掩，遠山微茫隱其閒，此古人所謂窠植法也。自南宋院體，布置結搆，絶去天巧，與民閒士俗好尚，率以層巒疊嶂爲工，而此法不傳如髮矣。非迂老天縱真逸，豈復令後人得覩此邪？摩挲諦詳，爲之神躍。迂老題云：「余嘗見常粲《佛因地圖》，山林木石，皆草草而成，迥有出塵之格，而意態畢備。及見高仲器郎中家張符《水牛圖》，枯柳岸石，亦率意爲之，韻亦殊勝。石室先生、東坡居士所作樹石，正得此也。近世唯高尚書能領略之耳。余雖不敏，願仿像其高勝，不敢盤旋于能妙之閒也。因新齋高士持仲傑周君紙素來，需僕寫樹石遠岫，故云。至正己亥六月十四日，瓚。」

又石田摹雲林溪山一横幅。自題云：「虚亭帶遥山，絶澗鳴疏林。山水只如故，倪迂邈難寻。景物自千古，寥寥無知音。目送飛鳥盡，塊坐停瑶琴。」此幅假。

五日，夏賈持示洮河卵石硯，高八寸，闊三寸，形如枕瓜，色如水蒼玉，入手瑩滑。試之，與墨相娓，紫雲碧煙，亹亹彌布，絶佳品也。云得之婁江，王司寇元美物也。匣有鐫字，轉鬻者慮留蹤影，因留匣漫滅之。夏索余畫，因許留硯齋頭，不遽取也。余按趙希鵠《博古明辨》云石在臨洮大河深水中，不可漉取。得之者以爲希寶。《格古要論》又云有火點者佳。今驗此硯，有火點二。午赴許伯厚、嚴蓋夫、陸三孺、項于蕃、許叔重、馬永叔湖舫之招，熱甚。

六日，方丈室以米搨《九成宫》，虞書《孔子廟堂碑》，《聖教序》，李北海《雲麾將軍帖》，又館本《十七帖》，又吴匏菴楷書書目一本，又祝京兆臨鍾書四表，又石田粗筆山水一，文五峰青緑樹石一，王叔明《澮溪草堂圖》一，質錢去。祝卷極佳。《十七帖》「青李來禽」二十字俱草，與修内司勑字本異，不知何也。且其筆多勁怒，豈唐人臨本耶？　暑甚。岳媪病瘧，内子歸省，余散髮謝客。有索行草者，漫成閨體二絶應之：「帳挂玄綃煙霧輕，水晶方枕簟波平。峽雲不動高天迥，夢繞芙蓉九疊屏。」「晚妝初卸月華流，荳蔻湯温膩粉柔。暗簇蘭芽青鬢裏，賺他蝴蝶上搔頭。」

七日，吴伯乾貽余丁南羽繪觀音一幅。上有莫秋水題贊，字仿褚令《哀册》。

八日。

九日。

十日。

十一日，過普善菴訪吴伯乾，不遇。

十二日。

十三日。

十四日，連日焦灼。

十五日，赴三塔放生會。午後雨。

十六日，風雨如深秋。虚堂無事，因出所藏元人六逸妙蹟展觀之。一，趙子昂枯株嫩篠。石學宋徽宗，有生氣。款云：「子昂爲成之作。」二，馬文璧盈尺山水。千巒萬壑，窈窕倩深，絶奇品也。款云：「春山清霽。至正丙午歲春正月望日，馬文璧畫於書聲齋。」書法用《急就》。三，倪雲林《安處齋圖》。下層作岡麓漫坡。樹三，一枯柳，一皂桔，一枯杞，意極蕭散。屋二，在樹根麓趾。石法俱用勾勘取勢，淡墨暈其稜，複處濃墨點苔，如遺粒可數。此倪畫作法之極異者。余平日見迂畫不下三四十幅，如此幅畫法，僅一見耳。元人目雲林繪事，謂之減筆李成。營丘本學李思訓，句勘，思訓法也。迂翁神明其道，故以點墨代丹緑，而氣暈益飛動如此，古人胸次可輕測哉。　倪自題云：「湖上齋居處士家，淡煙疏柳望中賒。安時爲善年年樂，處順謀身〔六〕事事佳。竹葉夜香缸面酒，菊苗春點磨頭茶。幽棲不作紅塵客，遮莫寒江捲浪花。十月望日，寫《安處齋圖》，并賦長句。」四，趙善長《陸羽煮茶圖》。林樾蓊鬱間一草堂，角巾高士趺坐木搨，童子篝火，案有罍洗茶具。筆法蒼恣，久視服其老手。有題句云：「睡起山齋渴思長，呼童煮茗滌枯腸。軟塵落碾龍團緑，活水飜鐺蟹眼黄。耳底雷鳴輕著韻，鼻端風過細聞香。一甌洗得雙瞳豁，飽玩苕溪雲水鄉。窺班。」五、方方壺小景。老筆縱横，酷意摹董元者。六，林卷阿山水横卷。卷阿畫不甚著名，纖眇有黄鶴家風氣。以細楷題其端云：「癸丑冬閏十一月，訪遠齋副使於竹崎。談詩論畫，因道余師方壺公及孟循張先生，迺知用行與二師相周旋，好古博雅，尤精書法。日與雲林倪公、善長趙公游戲翰墨之場，令人慕羡，心同千里晤對。故余寫此爲寄，便中萬求妙染，并二公名書一二見教，以慰懸情。優游生林卷阿。」觀此，則卷阿乃方上清弟子，亦一黄冠也。

十七日，大雨竟日，摹宋搨《聖教序》，頗見當時用意處。

十八日，雨不止。溪河驟漲三四尺，雨勢所不及。老農云，遠山谷中必有蛟蜃發洪之變。

十九日。

二十日，晴。訪岳之律。因袖視京兆臨鍾太常四表卷，與之律易祝行草雜手簡一卷歸。咀味之，覺其天真爛漫，唐宋諸名家咸在筆端，亦有直逼大令者，唯右軍法少耳。簡凡八方，前七方與子容、與其父號約齋者，不知何人也。大抵皆託其借書鈔録語，不雜他事。所借書，《天寶遺事》《南部新書》《能改齋漫録》《畫墁録》《吴船録》《驂鸞録》《揮麈録》《古杭夢游録》《述異記》《集異記》《灌畦暇語》《文體樞機》《説郛》《江文通集》《白氏文集》《清異録》《靈怪録》《雲仙散録》，計一十八種。且囑云亦須整齊端楷。蓋自蓄之品故耳。古人勤勤好學不倦如此，自然取精日多，胸次日拓。偶爾落筆，氣已空群。豈徒沾沾在指腕閒較工拙哉！

二十一日，作三塔寺重脩大悲殿募緣疏。

二十二日。

二十三日。

二十四日，出謁江西藩參胡公於北津。

二十五日，雨連日，氣如深秋，夜御單衾。

二十六日。

二十七日，大風雨。爲項于蕃圖扇。又作一小幅，題云：「峰頭木末任從容，登陟從誇健似龍。盡斥群山襟帶下，自將雙耳領松風。」

二十八日，雲陰。摹潁井《禊帖》。纖瘦飛動，純以筋骨取姿。此如休糧仙人縹緲鶴背之上，令人可望而不可扳攬。非洞精書法，窮歲研磨，未易得其關棙也。徒欲凌躐效顰，則綿弱詭異，種種惡態，從此生矣。　按，黄山谷嘗論洛下張景元龍圖所藏云：「斸地所得，初號杵蘭。其字輕瘦勁健，與定武本不可高下，神氣飛動，尤覺天成。識者云，此真褚河南所臨也。自是易名褚《蘭》。猶憶「静躁」諸字，妙處不能形容。」此豈即其遺耶，抑數傳猶隆準者耶？

晦日，立秋。淫霖徹夜，連日皆大風。

七月一日。

二日，大風雨，城中垣屋倒壞者百餘處。

三日。

四日，連雨，海鹽海塘毁四十餘丈。

五日，稍霽。同徐德夫、岳之初、項孟璜設席，燕鹾使者張公。

六日。

七日。

八日。

九日，往吴江。夜泊長橋。

十日，介盛寓庸、顧脩吾、沈伯榮執幣求姻於沈都憲太素家。太素之從弟號洪宇名令言者，盛服行事。午刻，余解維。是夜泊八尺。

十一日，未刻抵家。

十二日，會飲於徐德夫第。客言，是月二日之雨，松江杜完三給諫以册封回南，經過鎮驛，舟中見七龍下飲於河，青白黄碧，諸色燦然。鱗甲鬐鬛皆可數，惟不見其首耳。《易》云「見龍無首」，非虚語也。

十三日，訪許廣文靈長。出觀沈石田綾畫長卷，筆法學梅道人。自題云：「余生平喜作山水，漸爲人知，逼索至終日。以此應酬，而不能闖入古人之藩籬，良愧。今日既登天平絶頂，盡見吴中佳山水，歸舟吐此，不能萬一。豈天成者，終不可以筆墨追歟？時年五十六歲。」

十四日，客持褚登善《陰符經》行書墨蹟來玩，紙色闇慘，筆意拘局，非真品也。有三跋：「褚河南書法爲唐朝一代冠冕，世傳《哀册》《枯樹賦》《蘭亭》《聖教序》等帖，至今爲臨池指南。此《陰符經》，乃奉旨所書，知爲用意者。觀其天機逸發，多法右軍。世之人徒見其所書與右軍類者，遂疑之。殊不知先哲有兼人之才，而其作字初不拘一體。使其觀此，必將吐舌而走矣。眉山蘇軾跋。」「褚登善之書凡三變。初師虞永興，中學鍾元常，晚入右軍之室。故唐之能正書者，僅二十八人，而登善居二三之閒。此卷温潤，視右軍最爲逼真，誠希世之寶也。當謹其傳焉。大德丁未秋九月望日，御史中丞楊胤載。」「褚河南所書《蘭亭》《聖教序》《枯樹賦》等帖，無不精絶。獨此《陰符經》，尤爲墨香浮溢、韻采驚人。披玩之閒，不能釋手，因題。永樂十五年十月望日，書於抱一齋，雲閒沈度。」是日，北郭門内顧姓者一家五人，被賊殺死，而賊未獲，亦大變異也。

十五日，購得文徵仲《蘆蟹》，逸筆有致。又王酉室擘窠書唐人二絶，亦雄邁，似夒子山。

十六日，奉家君挈兒子上沈岳翁七十壽。

十七日，客持示一古硯，色赭，四沿有溝塹，多缺蝕。叩之無韻。是唐。

十八日。

十九日，俱大熱。

二十日，曝書。撿得杞菊老人《存古録》，記褚河南臨大令《飛鳥帖》，柯九思鑒跋。「臣獻之頓首言，今十二日辰時，中使宣陛下睿旨，俯詢字學之由，仍賜臣玉璽牋，令臣小楷親疏以入。臣仰承帝命，密露天機，昧死有言，狂率待罪。臣年二十四隱林下，有飛鳥左手持紙，右手持筆，惠臣五百七十九字。臣未經一周形勢，髣髴其書，文章不續，難以究識。後載周以兵寇衝斥，道路脩阻，乞食揚州市上。一老母姓沈字光姜，惠臣一殮。無以答其意，臣于匙面上作一報〔七〕字，令使市貨。近觀者三〔八〕，遠觀者三，未經數日，遂獲千金。臣父羲之字法，爲時第一。嘗有《白雲先生書訣》，進於先帝御府。蒙眷奬過厚，錫予有加。而臣書畫不逮父，衹益慚愧。所有《書訣》謹别録一本，投進宸扆。伏乞機務燕閒，留神披覽，不勝萬幸。臣獻之頓首，死罪。」杞菊云：「事奇，故全録之。」余以爲此妄庸人僞作也。大令文筆高華，語氣既鄙俗不倫，且晋元帝諱「睿」，而曰「睿旨」，何也？登善博雅風流，寧不辨此，而臨之耶？總是金元時無識虜人，僞造以欺其主，如指甆盎以爲樹生之類耳。孫虔禮不信《筆陣圖》爲右軍物，矧此又其紕陋者也。

二十一日，休寧門生黄寅甫持一破碎畫幅來贈，云是郭熙《桃源圖》，然極視之，竟不能了，且不復可料理矣。因謝還之。

二十二日，周霖望廷評以所著《大學遵古録》來相示，且乞序。

二十三日，諸生以其祖滮湖公行書陶詩一卷計十一首來。玩書法，酷仿古《千文》。古《千文》者，相傳羲之臨魏鍾繇書，其語與周散騎相出入。書類李北海、柳誠懸，蓋亦唐人庸妄者僞託之耳。滮湖名夏，以歲薦老，篤意筆墨，與項少岳、戚中岳諸公友善。其書有功力，而識韻不超。前有篆書「滮湖墨妙」四大字，許初字元復筆。

二十四日。

二十五日，往魏塘。夜宿東岳行宫。客云，嘉善便民倉左側濱河堤岸下，今歲五月中，忽涌泉，涓涓上出，接之終日，僅能盈缶，味甘寒之極。今没水中。水涸時，必能遠致一二缶，當絶勝幽瀾也。余方遣舟往惠麓，聞此躍然。

二十六日，在東岳行宫陳羽人房，索書者棼集，灑汗爲揮八扇。夜返棹，三鼓抵舍。

二十七日，甚熱。

二十八日，過范長康，見舞蛟石，翠蘿蔽翳，颯有清風。長康劇談金陵交游閒事，時一拊掌。午後甚熱，三伏時所未有也。

二十九日，人以陳白陽墨荷一幅質銀去，筆法草草，天真爛然，得徐熙野逸之趣。自題云：「波面出仙妝，可望不可即。薰風入坐來，置我凝香室。」書態狂縱，類蘇滄浪。

晦日，大雨。

八月朔日，運惠麓水二十五罈至。嘉善茂才葉汝、茂丁嚴德，執贄來稱弟子。

二日，集沈翠水可月軒。

三日，過馮雲將舫齋。出觀趙千里《散牧圖》，凡作七馬，騂驪、騧騮〔九〕、赭白，雲錦燁然。偃伏齮齕，亦種種盡態。佳品也。又文徵仲小幅山水，作寒林遠瀨。上一峰，森秀之極。乃於畫背裱紙上，率意所成，故爾臻妙。自題一絶云：「天空木落思悠悠，水净煙明見遠洲。偶向晴牕閒點筆，被人呼作李營丘。」亦雅自負矣。

四日，會講於仁文書院。

五日，池灣沈仲貞乞《殮勝齋近藝序》。

六日，同姚羅浮、岳之初、之律集湖舫，餞徐勳寺玄仗還朝。暮雨。

七日，作楞嚴寺法雲房募蓋觀音文昌堂疏。

八日，作《女貞篇》，爲鄭母董夫人賦。

九日。

十日，往白苎村齋。

十一日。

十二日，復會仁文書院。宜興史給諫玉池先生主講席。

十三日，過沈純甫先生。歙吴爾選門生來。夜，月色如晝。

十四日。

十五日，招吴養中、蔣魯完、楚白、許叔重、馬永叔小坐。是夜月色靉靆。

十六日，細雨。陳白石鈔寄余陳眉公《求忠祠記》，載方遜志抗命時，魏澤以刑部尚書謫寧海尉，捕方氏，幼子德宗方九歲，澤匿之。有台人秀才余學夔者乞食，翔於市口，喃喃唱歌以諷澤。澤心動，叱曰：「扶顛子去。」越兩日，途遇，歌如前。澤知其義士，密託德宗於余。入松江島嶼中，歷青村諸鎮，以織網資米得活。余又潛入郡，屬祠部郎俞允護翼焉。時任勉爲參政，家居，聞之，就見德宗。德宗初引却，勉出《癸酉録》示之，知勉與允皆門生，始安。允妻以養女，冒俞姓，恐同姓賈禍，旋改余，轉還白沙鄉，而學夔亦遂遁去，不得跡矣。德宗三子，友直，友諒，繼許生者友竹，子孫繁衍，居華亭。萬曆己酉，督學侍御楊廷筠檄郡立祠。

十七日，倏雨倏晴，秋氣極佳。

十八日，夏賈從杭回，攜書畫來看，無甚佳者。黄大癡《溪山蕭寺》，款云：「至正庚寅九月十一日，大癡作。」非真。陳沱江梅竹雙鈎，寫意，極瀟灑。款云：「嘉靖丁巳，沱江子陳栝寫。」文徵明《赤壁圖》絹本，不真。文休承書《前賦》，行草相開，筆筆學長沙，有揉鐵裹針之妙，世眼不知也。　吴文正行書，當三錢大，在金粟紙上，乃二律詩，句亦佳。「大舶西來趁晚潮，留雲亭上興飄蕭。水從灩澦流偏急，春到崑崙雪未消。萬里京師瞻北極，一朝人物慨南朝。中泠入口平生足，坡老詩名已命騷。《登金山》。　與客來嘗第二泉，山僧休怪苦相煎。結菴正在松風裏，裹茗還從穀雨前。玉椀酒香揮且去，石床苔厚醒猶眠。百年重試筠籠火，古杓爭〔一〇〕憐更瓦全。《登惠山》。　弘治戊申春日，辱石田先生過，書以博笑。通議大夫、吏部侍郎延陵吴寬。」書仿坡公之學季海者，渾厚可喜。

十九日，梅墟周表叔七旬誕日，扶家君率兒子往稱觴，以陳白陽畫《古檜水仙圖》爲壽。家君題其上曰：「老檜煙霞骨，幽花冰雪姿。本根互被覆，枝葉相扶持。如我老兄弟，白首同棲遲。露滴天酒味，雲含碧蘚滋。收爲萬年藥，笑傲樂清時。」是日雨。

二十日，小霽，作《省吾居士贊》。居士，新安人，姓吴。以什一起家，有隱德。其子從人乞文，有人僞作余手書贊應之者。族人吴兆登，余門生也，辨之。因轉乞真者以去。冊用松江研光綾，書字晃目，極助神采。

二十一日。

二十二日，晴暖。得高同年少江書，知余《乞養疏》以七月二十日封進會極門，至二十六日旨下部。

二十三日。

二十四日。

二十五日。

二十六日，晴暖。

二十七日，朝霧，熱甚。家君往楞嚴禮懺。

二十八日，小雨，作小景長幅，應王學博崑星之求。王，越人，余鄉薦同年也。爲題句云：「秋花籬落暮雲天，越國溪山妙若仙。不是官忙渾忘却，未曾椿得買山錢。」

二十九日。

九月朔日，雨。

二日，大雨。北僧東明者以達摩像索贊。先有人贊其上方，余書贊於其趺下。曰：「江浪踏飛蘆，嶺雲攜隻履。花果後來繁，葛藤由爾起。別人當爾頂門上喝采，我却向爾脚根下著語。且道著個恁麽語？咦，笑爾傳衣六葉後，赤體堂堂無片縷。」

三日，霽。客持示謝樗仙時臣《古木疏篁》，極有氣韻，彷彿類石田。自題一絶云：「疏篁落木款清秋，十載平泉是舊游。入夜挑燈潑狂墨，西風黄葉起汀洲。」又作二松，一俯一仰，有怪勢。題云：「大夫廊廟具，高蓋逼蒼旻。一操固無侶，千秋生茯苓。」此二幅極是謝傑作。樗老聲值遠在相城下，觀此有駸駸欲度意，未易凌蔑也。又横卷，高八寸，長二尺餘。縑素上作細竹煙瀨，筆意縹緲，石法圓渾秀逸，沙嘴碎礫點綴，有濠濮閒想。必是元以前畫手，妄庸兒題作「王孟端」。上方題者五人，唯末一首號夢草者佳：「蕭蕭萬竹半臨溪，老眼看來忽欲迷。恰似黄陵廟前雨，春陰一片鷓鴣啼。夢草。」

四日，郡邑大夫會仁文書院。

五日，陰晦。

六日，雨。

七日，雨。作周彦雲《大學遵古録序》。

八日，小霽。書賈載新鐫諸書來求售。偶挾錢磬室一小幅，草草溪山，滋有勝韻。自題云：「疏林含宿雨，遠水帶斜汀。策杖度危磴，秋色在虚亭。庚戌秋日，爲慈雲上人寫。錢穀。」「得得臨溪路，陰陰溪上林。攜琴向何處，日暮少知音。文彭。」「萬頃春波碧浸天，滿堤春樹緑縈煙。濠梁盡日稀行客，閒看沙鷗作對眠。袁尊尼。匡廬山人。」

九日，霽。沈倩伯遠餉黄雀四十頭，肥白鮮脆，得味之蚤者。夜飲，爲傾二缶。屠賓暘以新刻《荆川史纂》十函見貽，余有舊刻二部，適湖賈操舫至，余以易松刻《稗史類編》等書。

十日，周伯昇之戚施姓者，爲崑山丞，歸橐有二卷，索得研觀之。劉松年《四皓圖》，作長松二株，盤石夾路，一人冠劍，漢裝肅揖，其留侯所遣使耶？一老曳杖行松下；三老相團坐，其一手一素卷舒觀之，一赤膊，童子槌背，一老横琴膝上，一老箕坐，横卧其杖；又二童子隱樹間竊語。柯南宫諸人跋之：「予讀《留侯世家》，所謂四人者，常高其氣，不爲屈辱。因帝欲易太子，吕后用留侯計，卑辭厚禮，招致四人爲太子助，此四人亦幡然無難色。司馬公謂審有此，是子房爲子植黨以拒父也。愚以留侯被劫畫計之日，惟〔一二〕用圯上老人設變制權之術，豈暇顧父子之倫哉。然此四人既不爲父用，肯復從其子？有可疑者一也。向以帝之慢侮而匿不就，今從太子，見寧必其不輕且罵哉？有可疑者二也。且此四人高蹈遠引，宜不役志於物，一旦以金璧書幣而來，有可疑者三也。夫其間可疑者三，予是以知此四人者必不苟出焉。雖然，四人從太子遊者必有，謂其果爲商巖之老乎，則余不知也。奎章閣學監書博士柯九思題。」「《四皓圖》跋。吕政苛虐，四皓遂隱入商山。及漢鼎已定，聞高祖素慢儒，聘且再，終不至，此其節可嘉也。至高祖欲易太子，吕后用子房計，使人奉太子書以往交，始一出，儲遂定，然卒無所建明。使當時雖太子卑詞亦不出，吾將以夷齊比稱，惜乎其未也。《春秋》責備賢者，吾於數子究論焉。成化大淵獻秋七月，沈杰甫。」「漢高祖晚歲欲易太子，蓋以吕后鷙悍，惠帝仁柔，爲宗社遠慮，初非溺於戚姬之愛而爲是謀也。蘇老泉謂帝之以太尉屬周勃，及病中欲斬樊噲，皆是知有吕氏之禍，可謂識帝之心者矣。子房曉人也，乃引四皓爲翼，使帝涕泣悲歌而止。帝之泣，豈爲兒女子而泣也？厥後如意以鴆亡，惠帝以憂死。向非吕氏先殂，平、勃交驩，則劉氏無噍類而火德灰矣。杜牧之所謂四皓安劉是滅劉者，誠哉是言也。學士解縉書。」

宋徽宗《瀏鵜圖》，前有「御筆」二大字，楊士奇書。楊氏家藏印記。君謨紹興小璽。「宣和御筆」四字。一押「开」。「瀏鵜灘頭狎浪隨，君王縑墨慣娛嬉。凄涼晚歲鴛鴦濼，漢雁沙鴻未必知。前集賢待制馮子振奉皇姊大長公主命題。」「靈沼靈臺造有邦，般游未始足音跫。誰知春草池塘夢，怨入宣和畫鳥雙。魏必復。」「月華連水映雙蛾，瀏鵜鶩分繡藻過。却恨前王無紀範，空教池館鳳雛多。監脩國史長史李洞敬題。」「暖日晴雲浴淺灣，幽禽相顧效雙鷴。寫生賴有宣和筆，贏得宫闈一笑看。儒學提舉陳廷實歛衽書。」「員嶠真逸。」「生意蟠胸賦與真，一雙鸂鶒狎相親。阿徽尚記呈祥兆，飛下灘來事更神。中書平章政事張珪敬題。」「飛來鸂鶒下前灘，曾是西臺擢豸冠。底事宣和圖畫裏，只因毛羽入時看。集賢大學士趙世延敬題。」「君王遊翰羽毛間，只爲深宫盡日閒。大觀諸臣真解事，日無封疏犯龍顔。玄教大宗師吴全節題。」「世后文王工畫品，長縑小幅世爲珍。道君妙思宗神跡，鸂鶒容儀自奪真。翰林國史院編修官杜禧敬題。」「北廷西夏勢如山，童蔡相歡日宴安。八葉中原宋天子，御教人作畫工看。御史中丞王毅。吴越王孫。」

十一日，雨。山人俞羨長安期以自著《翏翏集》見餉。

十二日，大雨如注。

十三日，霽。

十四日，晴朗。圃人饋菊黄、白、紫，燦然列檻際。今歲夏潦甚，苗盡淹死，市中絶無担賣者。是日，嘗小春茶。

十五日，夜雨。

十六日，霽，稍寒。

十七日。

十八日。

十九日，作孫令弘《朴語敘》。

二十日。

二十一日，過夏澄源，出觀姚雲東《枯木幽篠》，極類梅道人。又草書《采菱歌》一幅，似趙吴興。黄鶴山樵山水一小幅，布置甚委宛，樹石學盧浩然，而筆癡重，贋作〔一二〕也。

二十二日。

二十三日，郁伯承假余范石湖《攬轡録》《驂鸞録》《吴船録》三種，皆紀游之語。覽之一過，東西南北數千里山川古蹟，如指諸掌。而一時寒暑晦明，亦若開斂其閒。奇書也。

二十四日，連日晴朗，有佳思。

二十五日，譚孟恂誾仲從金陵回，云留都私錢盛行，府尹陸津陽出示禁止，姑令私錢折官錢，每一當二。市横不便之故，勒鋪行仍收私錢，無折法，因相與鬨毆。公擒其尤六人，將重懲之。時操江中丞丁敬所公多行惠於閭閻，每出，必令健卒囊錢散丐者。丐者日擁集隨其輿，所散錢皆私冶也。諸丐乘閒以陸禁白公，公曰：「官府禁示虚套耳，汝輩第行之自若。」衆因譁，咸訾陸公。候陸出，擁其輿，誶語，幾至於變。丁公又爲謝罪於諸丐者，始釋陸，而錢禁弛矣。嗟夫，冶鑄，國柄也，竟爲民所盜。京尹，尊臣也，竟爲丐所辱。而丁公以蕭娘吕姥之態，傴僂其閒，幾挑大釁於輦轂之下。時事何如哉！

二十六日，過岳之律。之律從武康回，稱苕中山水奇秀，恨不能卜築其閒。

二十七日，徐觀我銓曹來顧，以三金爲家君壽，且力勸余出。余笑而謝之。

二十八日，小雨。

二十九日，陰雲霽色，閃倏未定。

十月朔日，雨。哭沈純甫先生。　張倩襟仲出韓郡丞肖南公手臨《禊帖》求跋。韓，餘姚人，平湖籍。起家孝廉，官至蘇州府同知，有廉幹。居家靖默，年七十五矣。

余甚敦敬之，然不知其能書也。今觀此帖，不拘不縱，風氣自如，深得筆先之意。公云：「兩目幾瞽，但信指腕，不復自知其合否。」此公書之所以工也。余嘗見虞伯生晚年喪明後書，塗糊潦倒，而真態溢出，彌復可貴。良由法度意趣，熟爛胸中，廢目而一以神行之，故有意外之奇耳。

二日，雨如噴霧。

三日，陰晦。

四日，赴方別駕招，飲天寧寺漢風閣下。午刻，余先至，憩僧房，因過訪勉公浄室，茶話久之。無期亦至。談禪品詩，頗洽幽興。

五日，霽，題道可行卷。

六日，奠沈純甫先生。是日，先生誕辰也。賀伯闇先期醵相知者數人，作文聯屏爲壽，至是并納之。

七日，賀孝延招飲湖舫。夜大雨。

八日，雨。

九日，沈白生銓部、岳之律太守小集余齋。

十日，雨霽，稍寒。上海賈人持書畫來閲，四五十卷，止一二佳者。倪雲林小景一軸，全法李營丘。近作四五樹，前坡後石壁，平頂隱隱如高臺，四畔列奇石；遠作縹緲峰巒一帶。自題一律云：「來訪幽居秋滿林，塵喧暫可散煩襟。風迴硯沼搖山影，夜静寒蛩和客唫。危磴白雲侵野屐，高桐清露濕窗琴。蕭然不作人間夢，老鶴眠松萬里心。」陳白陽《杏花春燕》。自題云：「春日劬書嚮紙窗，少年習氣未曾降。牆頭忽見杏花發，走馬何時到曲江。春日偶作《杏花春燕》，將寄社中諸友，并搜舊詩題之，白陽陳道復。」此卷畫法精細灑逸，書如盞面，豪放類米元章。

十一日，寒，雨竟日。

十二日，西風甚厲，天宇如拭。

十三日，晴朗。

十四日，理水仙叢，得葩二十餘穗，翹出者已奕奕欲吐，此花候之極蚤者。

十五日，晴暖，夜月如晝。

十六日，周梅翁以諸子華楷書便面歸余，筆意類《麻姑壇》。子華名夏，即滮湖居士也。一面又作墨蘭數葉。沈子廣引辟穀沈生來見，自稱野人沈蘭，不知其何謂也。初游秀水庠，中年患蠱膈，偶於孤山遇一道者，教以保氣之法，漸有效，因棄去習静，腹中氣充然，遂不思食，斷粒凡七年矣。亦能閉氣入水中盤坐，竟日不出。對客談久，以酒潤吻而已，不多飲也。聞余節略鈔得《道藏》，故特垂訪，其他未嘗枉一人也。作先福勉公道可詩敘。

十七日，暮雨。

十八日，晴。

十九日，招賀孝延飲湖舫。

二十日，夜集張嘉林樓居，酒味甚醇。

二十一日，書金湧樓扁。

二十二日，賦手、柳、酒三詩，送賀孝延北上。

二十三日。

二十四日，與賀孝延集湖舫，有酒侑周仙仙。

二十五日。

二十六日。

二十七日。

二十八日，作寄高永仁、徐德夫書。

二十九日，小盡。作合郡鄉紳祭沈都御史繼山公文。

十一月一日，聞同年徐翰明諱大紳之子一元、一貫者來謁。翰明司理吾郡，陞寧波郡丞，卒官。

二日，見邸報，知余乞養疏部覆在十月十日。歙人程用貞名學智者來謁，貽《柳花詠》三十韻，求評語。

三日，夜與二徐小飲。大徐字善長，小徐字唯吾。

四日，暖甚。眉公先生見過。

五日，同諸鄉紳奠沈純甫先生。

六日。

七日，張虞懸以閩人册索畫，爲作小米數筆。題一絶云：「煙開露沙渚，木落見人家。彷佛相逢處，溪名是若耶。」

八日，暖甚。

九日，陰晦。諸生持示古帖一本，標云《蘆溝橋集古法帖》，載右軍適得書以下諸帖，不知刻於何年，亦不知有幾卷。

十日，客攜觀潤州金、焦、北固三山古今碑刻，計百種，無一佳者。又觀鷄鳴山太廟功臣畫壁圖。

十一日，徐潤卿同陳衛伯攜三卷過我評閲。一，趙文敏《洗馬圖》，白楮細描。筆法精緊，奚官手勒波閒，鬖鬆縑縑纏結，猶有餘滴。蓋洗竟欲就陸者。子昂自題云：「翳刱覆駕誰能御，駑蹇紛紛何作〔一三〕顧。青絲絡首錦障泥，鞭箠空勞怨長路。明窗戲寫乘黄姿，洗刷歸來氣如怒。不須對此苦歎嗟，男兒自昔多徒步。至元廿八年八月廿一日，在家道人書。」子昂稱「在家道人」而不名，僅見此。馬項上青絲轡勒，用篆筆畫成，備剛柔二性。「憶昔秋風從翠華，騰驤萬騎獵龍沙。而今局脊蓬窗底，坐對此圖空歎嗟。是年十一月四日，自廣陵還，始償此債。養晦當發一笑。鮮于樞題。」「趙吳興與鮮于太常同時。吳興固遜鮮于，助其翅羽。觀此卷二詩，鮮于所謂見其善者機，故多姿態。子昂所謂見其杜德機，故多骨力。鮮于猶有矜莊之色，子昂乃以氣吞之，故多勝耳。董其昌題。」竹懶曰：鮮于書，法度極熟，用筆極圓勁，而少風神。子昂鮮豔豐潤，而乏骨氣。此卷書意含蓄古澹，似孫過庭《孝經》，行草中雜思陵數筆。鮮于指頂行楷，酷摹《哀册》，自是兩種意頭。董跋以趙爲氣吞漁陽，恐非公論。　一鮮于伯機行草坡公《後赤壁賦》，熟勁有法。　一沈石田《有竹莊小圖》。石田故有《有竹莊圖》青緑長卷，贈史明古者。此又重出，畫法學梅道人，荒率簡遠，絶有勝韻。自題云：「顛毛脱盡野僧如，世好都歸一懶除。欲博晏眠高著枕，圖便老眼大鈔書。屋須矮小茅須厚，牕要清虚竹要疏。心與陶翁有相得，時歌吾亦愛吾廬。弘治己酉秋日，廷珍過我有竹莊，賦此系圖，以贈。」夜聚飲沈倩伯遠家，馮權奇談項宏甫家有文與可《晚靄横看圖》，妙甚，相約索玩。　梨園女旦傅生年十七矣，風致翩翩。金壇富人靡五百金，圖爲側室。生鄙其爲人，一夕遁去。亦可兒也。

十二日，夜集沈翠水可月軒。

十三日。

十四日，哭戴升之。升之幼與余同學，已同游馮具區先生門下，已又同參紫柏，姿韻枯澹。書法初學蘇子由。丙午舉於鄉，至是竟卒，年五十耳，識者悲之。

十五日，客攜視沈石田水墨花鴨，筆法蒼潤有生氣。自題擘窠大書：「客來具雞黍，我具能言雌。頗肥如秋瓠，留飯客莫辭。尚愛好毛羽，黑白相參差。更復存紙影，若聞嗚聲悲。食品何足惜，所重故舊私。用昭將行，以此致醜，聊發解纜一笑。」

十六日，郡公集鄉紳吏民，講聖論六言於天寧寺。

十七日。

十八日，會殯沈純甫先生於四十二溪之原。

十九日，長至。

二十日，寒甚。

二十一日，作壽應龍濱先生文。

二十二日。

二十三日，連日在美蔭齋前，煢負暄自適。杭蘭四五叢俱吐穎，鑽苔而出。春候之極蚤者也。

二十四日。

二十五日。

二十六日，至金橋金帶村送姻家葬。舟沿枯葦，淅淅敲冰而行。晚同姚通政、賀吏部集顧完三節推第，有歌舞。

二十七日，過姚仲子。壁閒一畫，絹素沈古，筆法蒼酣，類范寬。題云謝縉，不知何許人也。

二十八日，夜集范長康拜石軒。

二十九日，晦，連日俱暖。與同年曹平子圖扇。題云：「有酒腸罍塊者堪寫石，有節目勁挺者堪寫寒林，文思鬱勃者堪寫煙雲草樹，胸吞雲夢八九者堪寫沙水渺迷。」

十二月朔日，陳白石攜示宋魏鶴山手録渠陽讀書雜鈔，字如半菽，精緊有柳法。楮匀細潔白，前云起寶慶三年四月，後硃筆注云：「咸淳癸巳臘月，傳與劉養源。密記。」密者，元周密公謹也。有印記四：一「周密章」；一「華不注山人」；一「公謹父」；一鐘鼎文，不知謂何。

二日。

三日，陰晦。

四日，細雨。作祭親家翁吴江沈大中丞太素公文。太素名季文，丁丑進士，起家工部郎，歷閩臬、齊晋監司。衡文秦中，陟齊藩長，以中丞出撫河南。告歸，捐館舍。幼女字亨兒，以是月之八日往葬吴縣上方山，遣兒挽紼，附以奠章。

五日，晚霽。夜赴項楚東别駕招。同坐者許靈長學博、孫鼎石萬户，有歌舞，侍子妍妙者紫煙、春暉、寒芬、秋聲數人，紫煙尤所篤幸者也。徵余詩，余戲揮一律云：

「歌舞當場第一仙，水晶簾影妬嬋娟。低腰乍似迎風柳，瞥目渾疑出水蓮。寵極不須愁曲誤，羞多翻自取人憐。夜來衫袖襹褷甚，偷伴氍毹一醉眠。」

六日，項于王招飲湖舫，岳之律昆季、有項孟璜在坐。

七日，寒。

八日，甚寒。

九日，雪。

十日，霽。

十一日，寒雨蕭然。昨夜霜月滿庭，無纖翳。陰晴難料若此。

十二日，雨，竟日不止。氣候不甚寒，似正月下旬。

十三日，雨雪雜澍。

十四日，晴，雪融滴瀝。有客饋余舒〔一四〕鳧舌百枚，想其呷引清流，唼喋蘋藻於遥沙闊浦閒，可望不可即。何事而舉族見俘，競拔舌以供酒人嚙嚅也？是日，梅蕾放白，杭蘭微坼，隱隱香撲衣袂，爲之傾一罍。

十五日，復雨竟日。

十六日，雨歇。至夜復雨。

十七日，雨竟日。

十八日，陰晦。

十九日，晴。松江年家沈石樓侍御子名士棟者來謁，出觀宣廟賜其先世沈學士民則諱度者御製《醉太平詞》二首，《睡起詩》一首，御畫《鸚鵡龍眼》一幅。「三春暮久晴，一雨動歡聲，如膏潤物總敷榮。動吾民喜慶，秀添麥隴苗新盛，紅垂柳檻花交映，緑舒荷沼葉初生，盡道是豐年好景。濃雲散雨收，花苑内鳴鳩，曉來喜見日光浮，暖融融永晝。麥苗潤澤添清秀，榴花濕映紅光溜。農夫鼓舞盡謳歌，是處慶豐年醉酒。宣德戊申四月九日書，廣運之寶。賜翰林學士沈度。」《睡起詩》：「真珠簾外薰風起，青瑣窗前午夢醒。寶鼎散煙香細細，石泉落澗響泠泠。閒看古畫消長日，旋煮新茶解宿酲。頗覺襟懷清似水，數聯吟罷不勝情。宣德戊申五月望日，書賜右庶子沈粲。」

《龍眼雙鸚圖》:「宣德二年御筆,賜學士沈度。」「右圖迺章皇帝御筆,宣德丁未賜先臣學士。絹用内府所藏,色白,細潤可鑑。廣二尺有二,長三尺有五。所圖爲龍眼,色黄;鸚鵡二,色朱,神采生動,迥異凡染。御款十一字,御篆曰雍熙世人,視國寶差小。猗歟休哉,當宣廟朝,正偃武脩文日也。潤飾太平,萬幾餘暇,留神翰墨。先學士以書受知,暨先臣少卿兄弟,并膺殊眷若此。繇今想之,真可謂雍熙盛世矣。萬曆三十年春正月望日,七世孫御史,臣時來謹識。」時來者,即余同年石樓君也,與余同觀政通政司。每早衙,列坐右廡,仰視大銀臺判牒至,日卓午方得散去。團聚無事,因狎語終日相樂也。無何,各授職,石樓以大行擢御史巡視居庸、紫荆、山海等關,有聲。俄而捐館。人謂君豪飲,竟罹酒禍,不竟其抱,傷哉。三子,伯仲繼殀,士棟其季也。

二十日,晴。

二十一日,雨。府中奉到余乞養疏,部覆云:「爲照本官蓼莪輟誦,菽水嬰情,依八旬之父,而孑然一子,委難爲絶裾之行。愛一日之養,而抗志三公,宜遂其陟岵之願。據其辭榮而重本，必能移孝以爲忠。既經該司查與例合，又有同鄉官結勘前來相應覆請合，候命下，容本官在籍終養。」吏部案：「候親終之日，給文赴部聽用等因。萬曆三十九年十月初五日，具題。」本月初九日奉聖旨：「是。欽此。」

二十二日，風而寒。

二十三日，霽。村莊紅白梅開盛〔一五〕。

二十四日，雪點灑淅。

二十五日，雨。亭午雨歇，鳥聲甚繁，枯草復萌，泥融地濕，宛然仲春之初，不知其爲窮冬也。

二十六日，至新豐，送黄侍御貞所公殯。回棹東風甚駛。

二十七日，陰晦。

二十八日，霽。眉眼豁如。

二十九日。

三十日。

校勘記

〔一〕「沈」，清抄本作「高」。
〔二〕「閉門」，清抄本作「日閉門」。
〔三〕「林疏」，清抄本作「疏林」。
〔四〕「高淑陶」，清抄本作「高陶淑」。
〔五〕「瘦」，清抄本作「秀」。
〔六〕「身」，清抄本作「生」。
〔七〕「報」，清抄本作「快」。
〔八〕「三」，清抄本作「二」。
〔九〕「騮」原闕，據清抄本補。
〔一〇〕「争」，清抄本作「曾」。
〔一一〕「惟」，清抄本作「惟知」。
〔一二〕「作」，清抄本作「物」。

〔一三〕「作」，清抄本作「足」。
〔一四〕「舒」，清抄本作「野」。
〔一五〕「開盛」，清抄本作「盛開」。

藝　文　叢　刊

第四輯

藝　文　叢　刊

味水軒日記 中

〔明〕李日華

浙江人民美術出版社

卷四

萬曆四十年壬子歲春王正月正日，家君八十有二，余率婦子進椒柏酒，羅拜庭下。

二日，買得杭蘭，盛花。邑試儒童。

三日，雨夾雪，午後大澍。郡迎土牛，濕不能舉，乃蔀以蘆葦舁去。

四日，晴朗。摹二王帖，覺古人得處米老爲多。

五日，霧，雨。門人張霄函以高麗繭紙索繪。余爲作《寒林書屋》，系一絶云：「雪後茅堂護曉寒，酒餘呵筆弄清酣。不須更簇閒花草，凍柳梢雲已耐看。」

六日，雷雨。

七日，雨甚。

八日，小霽，項于蕃來，出余舊所圖扇，已爲董思白題云：「今士大夫習山水畫

者，江南則梁溪鄒彦吉，楚則郝黄門楚望，燕京則米友石，嘉興則李君實，俱寄尚清遠，登高能賦，不落畫工蹊徑。」余並得受交，亦稱知者。鄒彦吉名迪光，曾握兵使者節，駐吾嘉。尋棄官隱。郝名敬，字仲輿，余座師也。辛卯之役，余文跅�甚，先生獨犯格録余，且曰：「天下那得如此好秀才！」米友石爲銅梁令。辛丑，與余會於京師邸舍。數公俱豪達，天下群走其望。余悶悶守一丘一壑，董公概爲比數，亦以此道寂寞，不妨多爲鼓吹耳。

九日，圖《寒山别意》，送鉏伯穀赴北雍。暮飲沈翠水齋中，俄冰雹大風，留宿。

十日，大風。

十一日。

十二日。

十三日，俱晴朗，夜有月色。

十四日，夜〔一〕小雨，半夜月出。

十五日，晴煦。夜簫鼓燈毬，滿城如沸。

十六日，始出報謁諸交戚。余嘗時道經狹邪，每執蓋者前往，諸姬輒匿。今日偶易便輿，去蓋，倚市者笑語自若。余坐輿中，得悉其態。遽得一絶云：「短箔輕輿躡曉寒，春城風雨杏花殘。前騶暫卸青羅蓋，贏得朱樓粉面看。」

十七日。

十八日，鈔《駿鸞録》貽岳之律，以之律方守慶遠戒途也。弁以數語，又系一律：「月白梅花晝，冰消薺菜春。酒香薰客夢，燈影澹離魂。江曲千羅帶，山多萬玉簪。駿鸞如有録，應蚤寄柴門。」

十九日，小雨，盆梅盡開。沈翠水又攜一本至，作櫻桃花色，名照水玉蝶，嫩紅繁萼，梅之老格幾變，正是綺疏中物耳。

二十日，至西津送岳之律，泛馬頰湖。寒條刺天，而黄碧之色已動。埜人籬落間，梅梢點白，尤有清興。

二十一日，飲吴州將赤含第。雨。

二十二日，陰寒。

二十三日，蚤微雪。

二十四日，晴。

二十五日。

二十六日。

二十七日，陰晴倏忽。梅蘭盛花，終日在香氣中。

二十八日，濕蒸如四五月，髹器皆汗流。觀諸子華行書王子初《宫詞》五十餘首，筆法學趙吴興。

二十九日，濕蒸益甚。無事，偶出所藏唐陸柬之《蘭亭詩》五首真蹟觀之，多雜米法，高妙處亦似出褚登善手。余考桑澤卿《蘭亭考》云：「陸柬之時工臨寫。今錢延年校理有柬之書《蘭亭》，用緑麻紙，押尾署陸司議。書雖外露毛骨，而雅有風氣。」又：「《唐陸元方傳》『伯父柬之善書，官太子司議』，即太宗時人所謂歐、虞、褚、陸者。」「昨日觀《蘭亭詩》，固知是柬之書，已嘗言之矣。後題司議，益不疑也。此世無有，請寶之。敏求上。」「文玉家藏此帖，云陸柬之書，次道能筆法。僕信然。如帖尾羲之書，恐是一手臨書耳。仲冬九日，雪中過文玉，陳繹和叔題。」「郇國公觀。元豐七年二月初七日，尚書省題。」「唐陸柬之臨寫《蘭亭》五詩，後有二行，云：『吾所噉日去，不復解此意，想足下明必顧之。遲遲。羲之頓首。』」「司議《蘭亭》，此帖尤麗，結裹圓轉，趣媚不窮。」「復題司議《蘭亭》後一行，有跋云：『天復二年九月三日，盧家阿姑遺。其月二十九日夜記，年十五。』」「觀《蘭亭》五言詩，江左風流，蕭然在目。筆跡古雅，亦在二王。然少雜奇險，豈陸君所摹耶？博陵用吉得之盧家阿姑，非大姓故家，莫能有此也。元豐八年二月十二日，眉陽蘇軾書。是年十一月十八日，轍過泗州，嘗觀。」竹嬾云：「參觀此數種議論，知陸書有司議押尾，卷末又有臨帖數行。今皆無之。驗楮亦略無筆意。吴江周叔宗斷爲米臨，未爲無見。此卷項墨林物也。憶余初第歸里中，墨林長郎蘭臺君，方豪侈結客。一日，集余輩數人，以碧綃障伎妾，令迴奏新聲。每一伎終，項君輒掀髯曰，此秦聲，此趙，此楚，此凉州塞外。以大白浮客，必令極醉。方樽罍未集，對設長桉，出法書名畫，恣客披閱，此卷在焉。後以三十金歸其弟又新。又新游太學，又以奉馮君成。公殁，遺長君權奇。

權奇假余春波里第，以此卷作六十金爲質。庚戌冬第燼於火，此卷留余處，獨爲靈光之存。神物呵護，真非偶然也。」此卷後仍還馮。

晦日，風雨蕭然。

二月朔，寒雨竟日。塡《千秋歲》詞一章，壽高東溟中丞。中丞之撫我浙三年矣，至是上其考，而攬揆爲六十，故郡大夫徵文爲祝，云：「銀濤碧浪，瀛海浩無涯。花覆水，月籠沙。貔貅團紫戟，鸞鶴引清笳。歡聲動，江南百姓萬人家。劍履青霄近，郊原湛露賒。鐫倒薤，進胡麻。字字琳瑯雨，杯杯琥珀霞。開燕處，老人星現五雲車。」又詞《醉蓬萊》：「看桃岸蒸霞，柳堤拂黛，西湖佳麗，玉蝀金鼇，渺渺浮蒼翠。驂鸞仙史，排馬衙官，雜沓笙歌地。靈砂九轉，榮階八柱，皋夔鍾吕。月朗南天，海澄東甸，蒲穀清風，桑麻膏雨。十一郡嬉，娱春臺士女。此去海門，浪穩浮槎，直上天河許。雲披閶闔，日捧蓬萊，九霞光裏。」

二日。

三日，俱大風雨。

四日，晴。謁竇懷南右藩伯於舟中。

五日。

六日，寫《嫩寒沙渚圖》，寄譚木天明府。

七日，熱甚，五鼓大雷雨。

八日，雨。

九日，同賀伯闇、陳孟嘗、孫子長、張海珊、項孟璜宴竇藩伯於吴太華空宅。竇兼攝督運，言年來以缺木料，清江廠船隻停工，運舫敝漏，缺船數百。漕臺議令民自僱船輪運。其説果行，則江南民力益不支。而時事框擾，益大可慮矣。孫子長云，南直蘇松行均田法，意在抑宦家之濫免，以甦民困。而奉行者過於苛急，竟將縉紳編入里役。凡役色之重者，悉士大夫充之。有一士夫絶點，點應看櫃，每日即衣冠而往，親自秤投，不斂分毫之耗。又一士夫僉糧解，自詣縣領水脚銀。舊例，水脚本縣官潤橐物也。於是民間謡語：「太平新政説姑蘇，糧長收頭盡士夫。只有一人稱不便，脚銀偏有耗銀無。」聞者絶倒。

十日，雨。

十一日。

十二日，雨。

十三日，午晴。

十四日，晴。壽沈振羽。

十五日，治往武林之裝，與盛寓庸同載。夜泊崇德。

十六日，寓昭慶雲山房之蓮花界。夜，大雨。

十七日，細雨，不出。後舍有烏思藏老僧名姑洛者寓止，能作西域諸國方言，即阿彌陀佛四字而絶各不同。

十八日，方巢雲持高瑞南家郭忠恕《輞川圖》來玩。郭忠恕摹王右丞《輞川圖》，賿首宋碧描雙龍紺牋，四匡雲朵飛鶴。朱印徑方二寸：「御書之寶。」八分書六字：「摩詰本《輞川圖》。」合縫朱文印：「武林高氏瑞南家藏。」　輞水，華子崗，孟城坳，輞口莊，界畫極精。文杏館，山下坡麓，勾染俱如斷折鐵綫。斤竹領，竹葉雙勾。木蘭柴，茱萸沜，瀉水凡五折，上三段長，下二段短。宫槐陌，鹿柴，北垞，欹湖，臨湖亭，柳浪，作柳十二株，株各一態。欒家瀨，金屑泉，南垞，二鶴，一啄一舞。白石灘，竹里館，辛夷塢，漆園，椒園。「河北郭忠恕奉命復本。」

「王右丞《輞川圖》，與余昔在杭苕故家見者一樣，前有集賢院御書印，内合同印，題『摩詰本《輞川圖》』，後書『郭忠恕奉命復本』，則知爲江南李後主時臨本也。虎賁中郎更無辨處，郭亦妙筆矣。右丞，唐開元、天寶朝士，名維，字摩詰。工詩畫。輞川其所居，自寫爲圖，精密細潤，在小李將軍著色山右。今如魯寶玉大弓，絶無僅有。吾昂霄珍之重之，攜上天京，名公相一見，賞識鑒定，價增十倍。大德戊戌冬至，廬陵民八十叟李珏元暉敬跋。贅絶句云：園圖親畫蚤流傳，已是人間五百年。凝碧池頭秋句在，當時幾負此林泉。藍田奇勝宋家莊，認得伊家華子崗。身後不知誰是主，謾留副墨至今香。」

「食淡衣粗識幻身，如何幻境却留神。蚤知大地非真有，已了前生不二因。吴澂。」

「《輞川圖》有二本，此從矮本所臨，畫格高絶。觀此猶有生意。爲賦短句：詩中傳畫意，畫裏見詩餘。山色無還有，雲光卷復舒。前溪漁父宿，舊宅梵王居。千古風流在，披圖儼啟予。袁楠。」

天台楊敬德《和輞川絶句二十首》，楷書。

「開元宇宙承平日，華子崗頭曾燕客。至今自貌輞川圖，不有幽人交莫逆。辛夷塢外莨湝隔，亦復扁舟春蕩潏。竹君冰霰歲寒傲，未使申椒能辨屈。平生雅志厭朝市，醒醉悠然睠泉石。是間山水無限趣，況迺嘉賓得裴迪。規模想像郭忠恕，垂四百年留妙蹟。鶯啼花落春句在，誰信長安歎凝碧。後來拊卷意迷茫，且復追惟三太息。南海金元帥出此圖，與余三十年前張子有家觀摩詰真本無不似者。則忠恕殆神仙者流，信名下之士不虛也。海粟子棖。」

「豬龍兒嬉錦棚好，三郎歲晚歡娛老。阿環姊娣擁華清，朝士宮前誰敢到。右丞脱却尚書履，布襪青鞋弄煙水。藍田別業堪畫圖，矮本丹青自遊戲。華子崗，輞口莊，湖亭竹館遥相望。小橋摺轉青紅窗，樹窠歷歷煙茫茫。欒家瀨前兩舟上，柳浪一尺春水狂。詩成與和者誰子，我外裴迪誰能雙。丘壑風流妙如此，安知畫外淒涼意。凝碧池頭天樂聲，白髮纍臣淚如洗。亂後歸來舊第中，玄牆緑户老秋風。人生過眼皆夢境，乞與山僧開梵宫。伊誰得此千金價，客來寒日莫匆匆，四百年前御橱畫。按維本傳，輞川乃宋之問别墅，在藍田。後表上爲清涼寺。臨江李杭。」

「萬曆丙申秋，奉旨持節封吉藩，道出武林，觀高深甫所藏郭忠恕摹右丞《輞川圖》。其畫尚沿晋宋風規，有勾染而無皴筆。所謂『雲峰石跡，迥絶天機，筆意縱横，參乎造化』，古人評維畫，無一字虚設矣。予家有右丞《江山霽雪圖》，及恕先《越王宫殿圖》，與此卷别一法。然以見古人遇方爲圭、因圓成璧之妙耳。七月廿有八日，史官董其昌書。」

「萬曆丁酉秋，奉旨校士江右，歸訪高深甫，宿魚磬軒，重閲。十月晦日也。董其昌。」

「王摩詰手製《輞川圖》，當時好事者各寫一本〔二〕。有巧尼出新意，攢簇盤飣，各就輞川一景。則人間所傳，應不下數十本。袁清容所云有高、矮二種者，殆未必然也。矧摩詰所圖在清涼寺壁？蓋由凝碧散後，洊歷危阻，悟火宅之終虛，仗真乘之妙濟，捨莊作寺，而又不忘平日遊涉之趣，故以毫染存其蹟於壁間，未聞移之楮素也。郭恕先筆法通神，尤以界畫稱絶。此卷題字云奉命復本，正復其所傳之本耳，非臨摩詰之蹟也。古人首重壁畫，次列屏障。卷帙之製，自盧浩然自寫草堂外，實不一二見。恬爐滑几，一卷一舒，消受千古祕勝，豈是小因小緣所能結集？得是卷者，應作難遭想，作殷重想，作頭目髓腦護持想。勿輕譏彈，能消現福。萬曆壬子春仲，寓武林昭慶寺六湛堂，柳澹花疎，春寒尚峭，垂幕謝客，游意其間，恣足乃已。嘉禾竹懶居士李日華題。」

又朱淑貞小楷書蘇若蘭織錦璇璣詩一卷。前仇英補圖四段。楷法纖妙，不下吴綵鸞《唐韻》。而實甫繪法精能之極。淑貞自書一記，文亦婉暢。

「蘇若蘭織錦璇璣圖記。若蘭名蕙，姓蘇氏，陳留令道質季女也。年一十六歲，歸扶風竇滔。滔字連波，仕苻堅，爲安南將軍。以若蘭才色之美，滔甚敬愛之。有寵婢趙陽臺，善歌舞，滔悦之，置於别室。若蘭知而得之，苦加捶楚。由是陽臺積恨，讒毁交至，滔大恚憤。時詔滔留鎮襄陽，若蘭不願偕行，竟挈陽臺至任。若蘭自傷，因織錦爲迴文，名曰璇璣圖，亘古以來未有也。乃命使齎至襄陽，滔感其妙絶，遂具輿從迎若蘭於漢南，恩好踰初。其著文五千餘言，歲久湮没，是圖猶存。唐武則天皇帝嘗序圖首，今已魚魯莫可辨矣。余侍家君宦游浙西，一日宴郡倅衙，偶於壁間見是圖，余得好之，償其值得歸。惜其粉墨脱蝕，絹面塵涴，僅識圖字，其序志漫矣。若蘭小像尚可臨也。觀究其理，莫可貫通。因悟璇璣之理，試以經緯求之，文果流暢，涣然無疑。蓋璇璣者，天盤也。經緯者，星辰所行之道也。中留一眼者，天心也。極星非不動，蓋運轉不離一度之中也。中一方，太微垣也，乃疊字四言詩。其二方，紫微垣也，乃四言迴文。以二方之外，四正乃五言詩，四維乃四言迴文。三方之外，四正乃交首四言詩，文則不迴也，四維乃三言迴文。三方之經曰黄道，乃七言迴文。臨邊四經，乃青道、白道、黑道、赤道，皆七言迴文，可周流而讀也。比余備細録解，藏之巾笥，已十一年矣。身既于歸，俗事多累，疾首畏風，瘦腕且顫，不能自已，得非好奇之所役耶？噫，以若蘭之巧，能織於前。非余之勞，莫解於後。何世異而志同若此，則不知後之工於〔三〕是圖者，復何人也！庶見者勿以婦人不事内修而詑務文藝，烏足爲美。若是，則非憐才之士矣。請勿敢辨，冀余同心者似焉。吁，寶之！時皇宋紹定三年四月吉，幽棲居士朱氏淑貞書。」

十九日，風雨。杭客潘琴臺、吴卿雲來，袖示趙子昂臨張長史《秋深帖》，白宋牋紙，長幅，作挂軸。筆氣極雄倨，汰盡吴興姿膩之習，古人能領人意若此。余以四金購之。文衡山細楷書《拙政園記》及諸詩。園乃陸魯望舊隱，寫贈槐雨先生者。又宋元人真蹟六家。一張即之劄子一通，爲人書扁，答其柬。蓋施之所尊，筆法堅利，時時露鷹鶻嘴爪。又即之買田號段注歷一張，畝數及租户名姓與租鈔貫皆朱填之，想便記閲耳。一趙子昂家書二方，與八哥者。字多斷爛。一鮮于伯機草書二首絶句，雄逸酷似李太和《雲麾將軍碑》。止記其一絶云：「燕山十月寒墮指，雪盡長途風走沙。争信江南此時節，漫山輕霧濕梅花。」一俞紫芝手札二通。一俞友仁手札一通。友仁即紫芝子。一僧祖瑛篆書一段。一祥止庵詩草二方。筆法亦有天趣，詩語甚有致。詩云：「一帶青山十里塘，不知村落有茅堂。春風入路看高柳，野水當門著小航。長日把書教弟子，閒時尋友索文章。有橋不脱丁家姓，疑是當年孝子鄉。沙門德祥。前詩不工，復賦五言，併書於此。一步莓苔路，誰能伫少時。水清魚盡避，林僻鳥多飢。俗外非無得，閒中亦有爲。鹿門真隱士，采藥共妻兒。祥再賦。」又開皇《蘭亭》石本。搨墨沈古，較肥、瘦定武本自含别意，大都典厚中時一宣曜芒角。内「豈」字山頭帶起，圓渾有蟲篆之妙。按《蘭亭考》，《褉帖》真蹟乃隋内府物，煬帝爲吴王時，僧智果就王借出臨摹，不還。後傳至辨才，爲蕭翼所賺。則此刻意亦智果輩經營拓石耶？前方子昂作《蕭郎賺帖圖》，後方子昂臨《褉帖》，絹本，多定武法，不能開皇也。

二十日，微雨。謁吴、竇二方伯。二方伯相繼來答拜。方巢雲引湖州僧印南者來，出觀諸種祝京兆草書一卷〔四〕。「緑漫衡皋帶茂林，林亭遠對接疎襟。江邊竹影鋪豐席，雨浥梅蒸滴素琴。檻水生漪浮淡爽，棟雲團蓋落虚陰。人間最是難消此，未解塵心誤道心。何處青冥欲一沖，短翎應近市廛中。夜來相見銀塘静，失後休嗟蕙帳空。自歎無魚難久館，誰言有鶴不如籠。故鄉一夜秋來月，吴水吴山幾萬重。舊作書於夢椿從一齋中，時乙酉春三月望日也。枝山。」

二十一日，雨不解。出謁王岵雲憲副，已先至寺中顧余。印南又持卷軸來。黄大癡《松溪草亭》長幅，筆法學巨然。山頭隱隱碎礬，漸下漸虚，極有氣暈。點子作樹，稀密濃淡任意，天趣灑然。必是元時高手。以爲真公望，則不能斷疑。蓋公望入骨處有一種精魄，能動我勝意根者，不可以告語人也。以是終日嗟賞，終日疑不斷。印南曰：「公之論畫若是，真申韓哉。」米元章雲山一。下層潑墨樹三株，小橋沙渚，一徑斜繞煙外，簑笠者榜舟波心。中層攢點，雲樹不分，露二屋角。上層二尖峰，一濃一淡，純墨水漬出。印南云，是其師祖號桐石者購藏，索價五十金。余以紙色可疑却之。又文壽承草書一絶，大如盞面，而筆意虚廓，天真爛然。余以爲草法〔五〕之妙，絶勝豐人翁、徐天全、張東海諸先輩，不獨勝其家翁也。「玉色吴牋勝陟釐，端州古硯墨花垂。試拈閣帖閒臨學，不是羲之即獻之。三橋彭。」又文休承淺色山水小景。「雨過山含翠，迎風樹作秋。世情方擾擾，消盡一溪流。茂苑文嘉。」以上二軸，余購之，以酬印南僕僕。

二十二日，吴珍所先生同其友楊茂生名秀者見顧，出所藏文衡山小楷書《盤谷序》索跋。「文太史蚤歲辭温州公之聘，晚年不赴逆藩之召，忠孝大節，照映千古。翰文藝事，特其餘耳。小楷精緊峻削，得率更三昧。此卷尤其蓄意合法者也。公自解組後，夷由丘壑，縱浪風雅，享有上壽，名播八寰。即昌黎所云『車服不維，刀鋸不加』，爲不遇時之大丈夫。非耶？醇之先生得此卷，寶之，亦欲爲山林吐氣耳。余故欣然願爲之執鞭云。壬子二月，武林昭慶僧房，竹嬾題。」又出觀文壽承草書二詩。筆法横逸，詩亦清俊，有「寂寂寥寥無個事」「滿船風雨滿船花」之句。又彭龍池細楷《遊天池石壁記》，俱佳。珍所名正儒，字醇之，丙子鄉薦，授河南蘭陽令。俄罷歸。不營俗務，製一樓舫，極華潔，畜歌兒倩美者數人，日拍浮其中。每歲於桃花時，移住西湖六橋，遊觀自適。迨嘗新茶始去，别遊姑蘇、陽羡諸勝地。今年六十有九矣，而飲啖甚健，殆天以閒福奉之也。

是夜，先生招飲静修僧房，項楚東别駕在坐。項有侍子子延、寒芬、秋聲三人，與主人侍子玉潤、珠明者，夾侍侑觴。又有金陵院姬劉二，亦善調笑。主僧静修，酒態狂縱。狎友范三郎君賞者，擅新聲之妙，曳如繰繭，吐若伏流，清亮孤圓，温涵醖磨。每一騁態，令人欲絶。吴歈之伎，平生所未聞也。穨然竟醉而罷。

二十三日，晴。步至六橋，入項老兒店。老兒蓬首垢面，風采如故。俄從塵埃中出雜畫一沓相示。中有一幅號郭熙者，無款。山頭渲染，虚明晻藹，極得其態。下作濃葉樹四五株，小艇一叟坐釣，逸致可愛。趙子昂青緑小山水一幅，人物米粒大，在山光樹色中，皆作白衣，欲相表也，可愛。沈石田小幅秋景，虚廓簡遠，似李唐。臨川聶大年小字詩草一幅，筆意仿《樂毅論》《畫像贊》。詢舊所畜杜東原《秋林醉歸圖》何在，則云已同數種物易得倪迂畫一軸。即索倪畫，諦觀之，則贋筆也。此老窮徹骨，不能得余四五金，而東原妙蹟遂不知入何人手，可歎也。至净慈訪壑公；轉至赤山，步訪黄貞甫，俱不遇。

二十四日，蚤大霧，俄開朗。同盛寓庸、方巢雲、戴鑑若、釋印南過沈圖南。出觀諸種。趙子昂釋迦雪山像，倪雲林題：「稽首無上兩足尊，無我人衆生壽者。千偈瀾翻了無説，拈花傳燈不斷絶。無諍居士竇雲庵主倪瓚。」又文衡山仿黄大癡小景。

上就枯筆作山，方仄岝崿，用濃墨卧筆點苔，極相焕發。下樹石，老氣有餘。題云：「雨過郊原不起塵，青山隱隱水鱗鱗。應知騎馬長安者，輸我水邊林下人。徵明。」又倪雲林小景。上作峻壁三重，下疎樹茅屋，石臺平净。傍有小舟停泊。「泊舟蘼蕪渚，渺渺煙波情。徙倚盤石上，愛此木葉陰。辛亥八月，與安素高士篝燈夜話，寫此以贈。」又沈石田雪景。勾筆作雪巘，樹亦槎險。題云：「獨蹇駸駸灞滻間，岳蓮猶見雪中山。詩翁瘦骨凍不折，風逆吟髯未去關。沈周。」又王齊翰《挑耳圖》，李公麟《耕耨圖》，俱不真。諸磁中，止一白定盒，蓋面作疎梅一枝，甚好。過吴卿雲。卿雲高瑞南内戚也。出觀宋唐册葉二本，無佳者。又錢舜舉《榴花鸜鵒》《梨花戴勝》二幅，真。又宋搨孫過庭《書譜》，好。午後，赴項楚東湖舫之招。

十五日，方巢雲又引一人持卷軸來，無佳者。贋本柯南宫山水一軸，樹石極森秀，山作細碎礬頭，重嶺沓壁。而筆踪纖微，如不欲落墨者。蓋宗營丘法也，與倪迂同一流派，而柯境稍拓耳。惜不知真本竟何在。自題云：「天風起長林，萬景弄秋月。幽人期不來，空亭倚蘿薜。至正三年八月望日，南宫柯敬仲寫。」午後，松毛場登舟。夜抵關而宿。雨不歇。

二十六日，大風雨。夜宿大茅。

二十七日，過崇德。與靳令君相見於津次〔六〕。燈時抵家。

二十八日，海鹽鄭茂材以朱西村詩集見餉。西村名朴，字元素，嘉靖中隱者，亦善畫，好學米南宫。余昔年嘗見其《山雨溪行圖》闊幅，濃染，有氣韻。

二十九日，晴。

三月朔日，爲鄭茂材圖四扇，各具一體。

二日，晴。

三日，往當湖，奠陸氏姊。夜飲養白兄所。

四日，辰刻抵家，甚晴朗。范生者介陸閒田持周東村畫長卷來鑒定。筆意甚粗率，是真而非工者。凡草草率意之筆，非石田、白陽不能入妙。若東村輩，正以工緻得名耳。捨所長而效步，未有不匍匐者也。

五日，出弔沈汝納孝廉。

六日。

七日，朱季長從閩回，貽余沈香片、沙谷米、閩游詩一編。〔七〕

八日，盛寓庸致鶯脰湖水二缶。

九日。

十日，竇方伯懷南以時局不合，拂衣歸山。舟經吾里，百姓泣挽者千百人。

十一日。

十二日。

十三日，王宗師校試諸生，亨兒入試。

十四日。

十五日，赴吴赤含招，與沈白生銓部聯席。演新戲《紅梨花》。坐客言梨白色，紅者異種也。不知梨花有紅、白、紫三色，陝中咸有之，而紫花梨結實最妙。

十六日，與虛緣步至試院前閱市，甚少珍異。止見扇三柄，一爲侯夷門畫，極得子久蒼秀法；一爲王仲山草書，天矯雄健，林藻、孫虔禮之流；一爲項墨林寫殷紅寶珠茶花一枝，細雪糝其上，如生。此老余及與言笑，不意藝事精工至此。徐熙、黄筌，豈遂絶迹哉？市中有贋本雲林畫一軸。長松一枝，斜倚一古櫟。下作陂麓一層，極蕭灑。題云：「爲夢吉孝廉寫。」

十七日，方巢逸從杭來，貽余漳橘二十顆，攜示趙子昂小景，山下攢點作小樹，甚秀發。題云：「借君此地安漁艇，著我滄江聽雨眠。」又黄大癡《曉嵐疊嶂》。巖下雜樹無數，諦視之，蔽虧欹映，一一有歸著。中層樹漸小。上層漸小作點子，漸入模糊雲氣，不可辨識。而飛泉數道注之。此景非入匡廬、衡霍深處，不易遇也。人傳子久一生，只在煙嵐泉瀑中過活，噴之紙上，乃其尋常供具耳。又沈石田山水長卷。絹地淺色，約略用梅花道人法。題云：「山疊氣未迭，衍迤勢叵窮。溪壑互吞吐，草樹叢青紅。縹緲神仙居，隱現金銀宫。飛霞隔鸞鶴，叢篁思閬風。誰從此招手，度我逍遥翁。存一兄過余有竹莊，持余前所作畫，再乞一題識於後。余細觀前畫，雖未能盡合古人，要之運筆處亦頗有得。存一持歸，不知將信余言而寶之否？沈周。」又石田《爛柯仙弈圖》一卷。草樹頗率意，二老踞石對弈，一人荷鋤傍立。

題云：「成化辛丑冬孟，爲古漳王樵隱寫，長洲白石翁沈周。」樵隱者，想國手也。巢逸困於遊，余將以白苎梅花圃旁屋借居之。巢逸以靈璧研山一質金去。研山長闊一尺，上聳東西二峰。東峰高三寸五分，背面齟齬。又自連五小峰。下跗二朵，如鳥偃翅，翅下穿漏成洞。西峰高二寸五分，兩尖雙竪，如廬山雙劍峰。中凹處嶙峋陡削，有自然澗壑。色蒼玄而潤，間有白紋相錯。叩之，丁丁清響。武林高氏物也，梨木座鐫瑞南印記。是夜，嘗龍井新茶。

十八日，有一市丁，破褐鬖髿，探懷出一卷投余，乃宋搨褚摹本《蘭亭》，《寶晋齋雜帖》，右軍《王略帖》《阮生帖》，歐陽公鑒定《樂毅論》，作一軸裝潢。《蘭亭》較定武纖約饒態。款云：「貞觀八年，遂良摹。」又楷書一行云：「右褚河南摹本，得之江西故家，刻於東陽。」此卷馮司成物。簽云三米《蘭亭》，非也。米氏父子摹刻者，在淮山樓。桑世昌《蘭亭考》列此於婺女下，云一本褚遂良正觀八年所模，敘首無「永」字。今驗首果無「永」字。而東陽則婺州屬也。《王略帖》卷首有米行書三十字，云：「晋右將軍、會稽内史、金紫光禄大夫王羲之字逸少書《王略帖》，天下法書第一。」《謝太傅書》，八月五日。帖多斷爛。《阮生帖》，淡墨蟬翅搨，字字可辨。《樂毅論》，纖麗飛動，類黄素《黄庭》，較他本絶異。有歐公跋：「右《樂毅論》石本，在故高紳學士家。紳死，家人初不知惜，好事者往往就閲，或模傳其本。其家遂秘藏之，漸爲難得。後其子弟以其石質錢於富人，而富人家失火，遂焚其石，今無復有本矣。益爲可惜也。甚妙二字，吾亡友聖俞書也。論與《文選》所載，時時不同。考其文理，此本爲是。惜其不完也。」「《樂毅論》，舊傳王右軍親書於石，其他皆紙素所傳。唐昭陵裒集二王墨蹟，惟《樂毅論》石本在其後。五季以來，復傳人間。國朝入高紳家，石已破缺，末後獨有一海字者是也。歐陽文忠公博古妙一世，嘗以此卷爲是。得於公元孫雋家，因命工刊於建業郡舍紳書閣先時晁守所刻定武本《蘭亭記》之右。二書相先後廿二年，兹以類聚，豈亦干、莫神物，終當相合故耶？乾道己丑三月望日，丹陽史正志謹題。」按，此乃六一公博古圖集中一段事也，史君重刻於建業郡耳。後又有元人索清行書墨蹟數行，多斷爛，可辨者，云：「《蘭亭敘》三本皆佳。《阮生》、《破羌帖》、此軸有褚摹本，米南宫最稱賞之，見於米集中。卷末亦録出。所云録出者，今在余前所收定武《蘭亭》卷後。此公書法亦極古雅奇奥，此卷質錢去，終日咀味不厭也。

十九日，同沈翠水步至試院前閲市。有大靈璧石一，形如伏虎，色黝黑光潤，背面元章鐫記，又横鑱「列翠」二大字。又英石尖峰一，高二尺有五，闊二尺多，蹙浪文可愛。又白定酒盎一，大能容斗米。又碧玉巾圈一對，碾雲裏天雞，頗細妙。又瑪瑙方圈一對，就黄黑班碾作樹石雲月，亦妙。又《閣帖》古本一部，無斷裂紋。價二百五十金。措大出遊成隊，率目飽而已。晚飲翠水齋前花下。

二十日，同内子貞兒禮玄祖於小武當。大雨。

二十一日，雨。

二十二日，華亭唐子躬名元修，余同年常山令層城君之子也。層城名之屏，蚤世。至是子躬刻其集，并鐫《雪中舞鶴》詩十首於石，來謁。

二十三日，招唐子躬、周鑑之，不至。鑑之，余華亭故人，周草窗孫也。草窗今七十而老矣。少嗜酒，挾貲自雄，喜花石幽玩。余結髮遊松，從陳眉公授毛詩。草窗，眉公之友，故與狎習。今相隔三十一年矣，而草窗飲啖不衰，可念也。

二十四日，新霽，氣候甚佳。

二十五日。

二十六日，細雨。鍾生持姚丹丘《溪山春釣圖》來看。筆法用梅道人，而荒率太甚。山凡四五轉，下二層朱點作野桃，灘頭一艇，釣者坦腹皤然。自題一絶：「日暖緋桃香樹樹〔八〕，山高嶺轉挂飛泉。草堂無客閒來往，唯有長溪著釣船。雲東逸史寫《溪山春釣圖》，弘治四年二月念一日題記。」　顔魯公《乞米帖》：「拙於生事，舉家食粥。來已數月，今又罄竭，祇益憂煎。輒恃深情，故令投告。惠及少米，實濟艱勤，仍恕干煩也。真卿狀。」《乞米帖》見魯公忠義大節，從固窮得之，非特書法可傳，亦千古雅語也。「褚河南書如瑶臺嬋娟，不勝綺靡。乃其人以大節著，所謂宋廣平鐵心石腸，而賦情獨冶艷者。顔魯公碑，書如其人，所謂骨氣剛勁如端人正士，凛不可犯也。然世所重，惟其行書，如《爭坐位》《祭蔡明遠》《劉大沖》《馬病》《鹿脯》《乞米》諸帖，最爲烜赫有名，直接二王，出唐人之上。蓋以氣格勝，磊磊砢砢，不受繩束，最是端人正士本色。癡人前不得説夢。説著如端人正士，便作算子書。安能使木佛放光照諸天世界耶？」「歐、虞、顔、柳書，皆不得如算子樣。」「世無鍾元常帖，皆右軍臨本。惟《戎輅表》是鍾跡，當與官帖王世將書同觀。」「晋人書取韻，唐人書取法，宋人書取意。或曰：『意不勝於法乎？』不然。宋人自以其意爲書耳，非能肖古人之意也。然趙子昂則矯宋之弊，雖己意亦不用矣。此必宋人所訶，蓋爲法所縛〔九〕也。」「邢子愿侍御嘗與予言：『右軍之後，即以趙文敏爲法嫡，唐宋人皆旁出耳。』此非篤論。文敏之書，病在無勢。所學右軍，猶在形骸之外。右軍雄秀之氣，文敏無得焉，何能接武山陰也。雖然，其可傳者，在自成一家，望而可知爲趙法。非此，則鮮于、康里得并驅於墨苑矣。」「余十七歲學書，二十二歲學畫，今五十七年矣，有謬稱許者。余自校勘，頗不以米顛作欺人語。大都畫與文太史校，各有長短。行間茂密，千字一同，吾不如趙。若臨仿歷代，趙得其十一，吾得其十七。又趙書因熟得俗態，吾書因生得秀色。趙書無不作意，吾書往往率意。當吾作意，趙書亦輸一籌，第作意者少耳。古人云，右軍臨池學書，池水盡黑。假令躭之若是，故爲勝余，於趙亦然。米老云：『吾書無一點右軍俗氣，吾畫無一點李成俗氣。』然世終莫之許也。政恐余所自評，猶數憐兒不覺醜耳。辛亥中秋，董其昌。」此數段董玄宰議論，因臨顏帖而發者。

二十七日。

二十八日，王宗師録科舉案出，亨兒名在一等第八。

二十九日，雷雨。

晦日，出謁桐鄉胡令君，不遇。夜雨如注。

四月朔日，雨。

二日，雨。

三日，晴。

四日，晴。兩日有賽神歌舞之會。

五日，閱邸報。吾浙鄭按君薦舉地方人材及余。判語云：「仕不急名，行維先孝。悲切號風之木，情深愛日之年。」大抵皆摭余乞養疏中語也。前是數夕，余夢衣冠偉丈夫一人，執筆品第士大夫。几上有銀牌十數面，以書品語。其目余者四字，云「篤行文人」。詢書牌者爲誰，乃海鹽喬令君也。至是喬亦膺鄭首薦云。

六日，閲倪雲林畫，有荆蠻民一幅，乃赫烜有聲者。一亭空虛，五樹離立，碎石犖确，平坡坦然。上作連岫，在出没遠近之間。秀冶幽澹，妙不可喻。自題云：「弄筆聊乘興，溪山野意存。世無真隱者，畫有古桃源。曉色孤煙嶂，春容遍樹根。還期一振策，花裏問柴門。真甫過我清閒軒，遂留半月，談詩論字，最協心目。既以告别，輒圖小幅贈之。荆蠻民倪瓚。」是日得沈晴峰先生訃。

七日，吴丹麓致惠泉二缶、茉莉一本。

八日，小雨。

九日，同張嘉林往王店鎮弔顧玉虬尊人肖山君。是夜留飲小園。紅紫薔薇盛開，在坐者玉虬從兄酉巖，從子西星，皆嘉庠生也。論文談謔無忌，至三鼓醉矣。

十日，飲於小園。與玉虬作别，抵家日晚。

十一日，有人持柯九思枯木竹石來鑒者。楮色汙惡，筆法獷陋。題云：「海中鐵網珊瑚樹，石上銀鉤翡翠梢。烏夜亂啼江月白，團欒飛影下窗坳。」乃謁「石」字爲「不」字，「欒」字爲「奕」字。余心知爲烏將軍者弄精怪，一見郭代公，不免截蹄灑血耳。因與兒子終日笑不止。後又僞作會稽楊維楨題。謁「稽」字作「乩」字。此又村媪見人嚼藕，歸而作鑽孔蘿蔔也。　是日作《江亭秋暮》小景一幀，頗有倪雲林筆意。雲林狷潔踰情，殆不可一世。然於繪事，輒綴長句短言，豪宕自恣。譬之陶詠荆卿，嵇歎廣武，非忘情者。余平生目覩大小真贋幾四十餘幅，今日無事，偶追步之。雖曰過屠門而大嚼，亦自灑灑。題一律云：「寒沙細細插江流，木老陂荒葭菼秋。書卷不離黄犢背，釣竿只在白蘋洲。千秋戰壘孤煙没，三楚精靈落日留。自笑平生臂鷹手，儘將雄思寫礬頭。」

十二日，亭兒爲人作小景，甚有子久法，喜而題之：「墨兵恥作書偏霸，筆戲誰甘畫辟支。自笑年光虚半百，寧知弓冶屬家兒。」閲邸報。三月中，寧國府五縣童生聚衆圍擄鄉紳給事顔文選家，放火劫財。提學御史熊廷弼參題。奉旨，部院看了來説。後五縣生儒俱停科進學，唯太平縣不與，得如常。

十三日，往白苎[一]。過譚孟恂别業。孟恂攜有扇面書畫册，成、弘、靖、隆諸公墨妙也。内岳漳河岱山水[一〇]各一面，用筆雄渾蒼老，得仲圭、子久兩家參合處，非浪作者。近日惡書俗繪，扇頭尤甚。此册真可寶耳。

十四日，吴貞所見過，索所藏畫軸展玩。余爲出二十餘軸，客手持扇，有陳眉公先生書小詞一首，佳甚，録之：「遥憶去年縠雨，柳蘸鵝黄春水。水上奏琵琶，一痕沙。曲罷留儂歸去，家在竹谿西住。古木挂藤花，喫新茶。」

十五日。

十六日，老夏持唐伯虎畫一軸。題云：「青雲臺殿泉聲隔，黄葉闗河雁影來。别有詩人好懷抱，西風雙鬢一登臺。蘇門後生唐寅寫奉何老先生大人。」又陳白陽松樹、周東村《五雲山房圖》。

十七日，細雨。徽賈處一白磁竹節簪，纖細巧妙之極。頂鏤一壽字，僅如粟而楷整有法。中一卍字，如芝蔴而毫髪不失。且内外俱白黝瑩然，殆類鬼工也。

十八日，作鹽官金牛洞海日庵大悲閣募文，從允沖禪師請也。

十九日，爲姑蘇之行。夜漏下三點，與兒子登雪舫，宿秋涇橋。

二十日，夜宿盤門。

二十一日，至閶門，購得王右軍《實際寺碑》一本，米元章擘窠書《天馬賦》一本。

二十二日，舟經閶門湖，賈舟誤觸余舟，櫓碎，易之得行。夜宿吳江。

亭午，至虎丘，購得贛蕙二本、珍珠蘭一本、茉莉高七尺者二本。夜宿虎丘後麓。

二十三日，過平望，取水於鶯脰湖，盈四缶。晡時抵家。

二十四日，暮集沈白生書齋，與項孟璜浪談劇飲，二鼓别去。盤饌中有白海參，亦奇味。

二十五日，沈振羽招飲，吴赤含州守、胡毅庵孝廉在坐。

二十六日，過陳良卿家。

二十七日。

二十八日，沈何山來顧。

二十九日，沈何山、岳季有同集沈白生高寄齋，觀沈石田畫雞，丹彩鮮澤，俛啄翹尾，甚有雄勢。題云：「百合吹香處，雄姿立晚風。吾行函谷道，人在曉鳴中。沈周。」晚集項孟璜山亭。

五月朔日。

二日。

三日，連日淒風冷雨，氣候如深秋。爲丘仲岳圖一扇。題云：「葛蔓牽藤竹粉殘，一籬花影掩松關。摩挲睡眼無些事，自寫江南秀絶山。」彭澤何養重名九逵者來。養重以甲午年選貢入太學，授職來安令。

四日，挈亭兒與三塔僧世藏者同載，往小子匯尋讀書處，溪流淺曲，盡日行藻荇茭蒲纏繞中，楫不得快。所尋處復湫隘不堪，乃定往石佛矣。

五日，譚孟恂以項子京扇册寄示，大略皆蕙蘭竹石，甚有逸韻。一面行書似李北海，而古雅逸宕過之：「山半古招提，空林雪月迷。亂流分石上，斜漢映松西。雲集寒庵宿，猿先曉磬啼。此心如了了，祇此是曹谿。」又一面圖滇茶二朵，大如甌面。題云：「滇茶産渤海，遥從萬里無足至前，爲有人好之者。今有士焉，特行孤立，雖同族莫之知。嗟夫，余也亦將有感於斯。墨林子。」又一面枯樹沙水，極率略。題云：「秋水牽沙落，寒藤抱樹榮。」

六日，雨。飯罷登舟，薄暮至石佛，寓蘿石房。主僧德公出余舊畫《第一釣者圖》，老宿慈航出觀余舊所貽畫，具見爾時興趣鬱浡，在黄鶴、子久間。

七日，作詩四首，揮四扇，貽鄰僧石亭。古峰譚闇仲攜書笈至。

八日，作詩，揮八扇，貽本房僧。夜，主僧具饌。

九日，大風，余不快。晚寒熱益甚。

十日，服僧水鑑藥，疾稍愈。

十一日，始進薄粥。聞遠近冒風病者甚衆。夏將半，氣候如凛秋，此百年所無也。

十二日，起冠櫛，進粥如故。從僕遞卧起，無不病者。

十三日，聞家君亦冒風寒熱，亟歸侍，已進粥矣。

十四日，進城壽沈岳母。

十五日，家君以進粥驟復熱，服陸心泉藥一劑，燥結俱下，三鼓乃得安。

十六日，家君益安。

十七日，家君進粥糜。

十八日。

十九日，自初九日以咳嗽戒葷飲，至是十日矣。

二十日，白龍下飲溪潭。

二十一日。

二十二日，雨。珍珠蘭盛開，香氣鬱浡。夜始親杯杓，覺其甘醲，隨止之。

二十三日，雷雨。閩蘭敗者悉吐芽。爲許伯厚圖扇。題云：「讀易未終卷，幽禽啼樹梢。溪流漾花片，不遣過平橋。」

二十四日，雨未止。硖石人來，言用雪水澡繭作綿，有天然碧色，織以爲紬，謂之松陰色，甚雅觀，但不易多得也。余謂蠶食桑，腸中抽繹青蒼，是其本色。特木氣既極，反兼金化，故繭被白章耳。雪者，天地至潔之物，故能濯露其本色，非謬巧也。

爲號若蘭者作扇圖，從沈翠水請也。仿梅道人筆。題云：「灘喧子魚上，雨歇乳鳩啼。盡日忙幽事，蒲苗剪未齊。」

二十五日，蚤大霧，俄雨晴閃忽。戲作小景，仿柯南宮筆。題云：「古木幽篁態有餘，山限水曲湛清虚。盡將篆籀供揮灑，可道官名是鑒書。」此幅贈楊笠湄。

二十六日。

二十七日，雨。門生韓朴如來，餉余雷州貢葛一端。〔一二〕

二十八日，爲岳季有圖扇一，作梅沙彌筆意。題云：「樹色蒼茫幕晚煙，寒泉落處聳吟肩。清新句子生無限，幽鳥先將好意傳。」一作入細黄公望，彷彿又類巨然。題云：「余見黄子久細畫，未嘗無營丘、河陽、伯驌、伯駒兄弟用意處，特其機迅手辣，一擊便碎烏兔之腦，不復作盤旋態耳。正如江西馬駒踏殺天下，未嘗不自拈花微笑中來。昔年曾見子久《桐柏山圖》，乃了此意。」

二十九日，兒子從石佛回。

三十日，得徐光禄玄仗京師書，云有尚衣監陳忠者，極言大僚缺，臺諫缺，司禮東厰缺，瓊林日積，殿門不建，諸事最痛。上顧后曰：「若瘋耶？」忠曰：「不瘋。殺我，淩遲我，終不能事上。」上亦霽威，第著養病直房。於此見九廟有靈，而外庭諸臣足爲愧死。入暮，雨不歇。

六月朔日，家君誕辰。始巾櫛起坐，余率婦子稱觴，歡然沾醉。

二日，岳季有以七扇一册徵余書畫。余爲圖三扇，一仿梅道人，一仿小米，一作黄大癡細筆。米最得意，覺神氣焕發。題云：「松嶺挂蒼雨，苔溪漾碧煙。一聲漁子笛，雪浪正連天。」 顰古老人之僕負四畫來見。一郭熙，絹舊墨浮，樹石亦荒亂無緒。一王叔明《張公洞圖》，枯燥無味。一文徵仲，乃稀絹蒙真本而脱出者。一陳白陽米山，筆筆俗惡，無一點空圓之趣，所謂學我者癡，似我者死，真三世佛冤也。急閉户取予所藏郭河陽《秋山行旅圖》、王叔明《山居圖》、陳白陽《五湖田舍》、文徵仲《小滄浪》等軸，張素壁飽味之，更瀹上岕引吸，以助清真之趣。笑謂客：「賴有此洗滌勝具，不然滓穢我神識矣。」

三日，沈何山大參書來，示余《飲酒詩》十四章，語真味澹，意豁如也。其自序曰：「辛亥夏秋閒，有攖余懷。以静遣人，澄然無事。拈陶、白《飲酒》詩，卧而讀之，欣欣有會，率爾成篇。數減白者二。白詞不離酒，陶半之。夫酒言耳，何必言酒，吾從陶。友人米君夢，欲爲點竄，始合調。余囅然曰：「吾詩也乎哉！知竅于物，不得不鳴。合，我鳴也。不合，亦我鳴也。《大風》何體？《擊壤》何調？惟非詩而後見，我寧作我。」何山名演，字叔敷，與其兄庶子漼，同余壬辰榜進士。

四日，午後大雷雨。

五日，暮雨。用趙文敏筆法寫《采芝圖》，壽同年吴本如方伯，從項于蕃請也。又賦長律一首。

六日，午後大雷雨。

七日。

八日，晡時雷雨。

九日，晡時亦雷雨。夜始見月。

十日，出弔岳青門封公。已，至昭忠書院看張伯始。報謁沈怡文，不遇。堂懸文文水畫一小幀，赭山黛樹，竹間平屋數間，一婦當壚，筆甚老健。題杜句云：「竹裹行厨洗玉盤，花邊立馬簇金鞍。」

十一日，始熱。閱錢叔寶摹戴嵩牛二幅。一雨牧牽徽，一晴坡乳犢，皆高柳覆蔭，風味蕭然。庚戌歲，余所購於姑蘇人者，偶因曝書出之。譚孟恂攜項于蕃所蓄畫來看。其一闊幅，重林多山，號爲關仝。驗絹素尚新，筆亦凡近，僞作無疑。其一文徵仲雪林，筆意簡古，遠山只作七八勾斷，而層疊之勢自見。題云：「河堤衰柳不勝吹，又值東來歲暮時。木落夷亭潮信斷，雪迷真義棹行遲。村墟沓靄天低樹，鳧鴨驚飛草滿陂。三里橋邊孤塔影，相看已是隔年期。癸酉冬十二月六日，冒雪過崑山，舟中賦此，贈同行吴敬方，併記小圖云。」此畫簡妙。宜與余家所藏石田翁《積〔一二〕雨圖》小幅參觀。文詩「鳧鴨驚飛草滿陂」句，非雪天本色。

十二日，客持陳仲美《春游角技圖》來玩。大略仿張擇端《清明上河圖》而爲之者。其筆意蒼勁，則變擇端之纖巧而務臻古淡也。會稽楊維楨跋云：「仲美諱琳，高才博學，與趙魏公相友善，多所資益，故其山水人物種種臻妙。此卷尤所合作者。

觀其舟車輳集，士女駢填，百技戲舞，争妍鬬進，皆草草數筆取之，生意飛動。雲峰石室，樹態鳥情，咸有陽和之象。非胸中具四時百物行生之趣者，未易窺測也。當與《輞川》《擊壤》等圖並馳名不朽矣。」臨川危太朴跋云：「仲美《春遊圖》，筆意簡古，神情散朗，較張擇端《清明上河圖》更有勝氣。向爲周公謹所藏，今成齋王先生得之，誠可寶秘也。爲題而歸之。時己酉六月六日也，危素。」

十三日，湖賈貽余許雲村先生年譜一編。讀之，知先生歷官僅六載。以外艱廬墓，終身不起。隱紫雲山中，夷猶丘壑四十餘年。前卒之四日，尚寫叢蘭一本，題詩寄意，有「曾參名姓累，何怪楚聲同」之句，蓋若深嗛然於名迹之未泯而人得標譽之者。所存寧可涯涘耶？先生暮年，製斗笠長簑，出入松林中，儼一行脚僧。朱西村繪《雲村笠雨圖》，作詩爲卷以贈，此真可寄想像者也。吾鄉先輩如張黄門靖之先生，與雲村先生俱海内人望，高風素節，照映千古。雲村有手寫蘭，靖之先生有《海天落照圖》，尤鉅麗。特其崖岸峻絶，凡流能扳攬，無敢以藝事干之者，故所傳寥落耳。雖然，甘露灑淅，花雨繽紛，正以罕見擅珍，豈同溝澮之集耶？　晡時雷雨傾注，夜甚涼。

十四日，出投吴郡公刺。隨往毛家濱報謁孫希之茂才，所居湫隘而饒竹。竹之右，一池泓然，真席門者所宜託也。　馬衡皋攜示沈石田《探梅圖》，山石巉露，林樾縱横，一蹇獨跨於風雪中。題云：「雪中羸騎衝寒至，爲問梅花開未開。賴得南枝撩半蕊，不然空作子猷來。」　又《溪航暮泛》長幅。遠山層疊參差，沙邊二垂柳，一翁坐橛頭艇子。有子久筆趣。題云：「樹影浸秋水，風來還借涼。澄懷澹無慮，日落坐溪航。」　又一畫稱諸儒，不知何人也。筆意學黄鶴山樵，而蹊徑未脱化。題云：「少白同我登書臺，落日捫蘿紫翠開。瘦石縱横窗下踞，白雲窈窕峰前迴。石上文章自今古，人間豪傑成荒萊。棠陵歸來云已久，胡不學仙遊天台。丙戌歲仲春十日，煙霞漫叟諸儒，寫於撚髭亭上，贈微言章先生博一笑。」章微言亦不知何許人。　又姚雲東《溪山釣艇》一小幀。題云：「塵埃牛馬浩如雷，闐闐騣騣去復回。如此溪山空闊處，無人肯棹一船來」。　馬生又出手臨宋徽宗八種荔支，形具耳，殊無風韻。

十五日，爲沈白生圖二扇。一仿郭河陽《晴原晚照》。題曰：「複嶺紆迴處，人家煙樹重。徑微樵子到，溪淺鹿麋通。歲節占芳草，晨昏聽遠鐘。不須尋谷口，已遣白雲封。」一仿倪雲林《河橋新柳》。題曰：「沙上柳枝黄未匀，緑波沄沄沙草春。孤煙一聚遥山下，知有憑高送目人。」

十六日，用峨眉雪卵研品試所蓄諸墨，無如程君房青麟髓爲佳。邇來墨法愈精愈奇，不遜古人。惟牋楮鮮得佳者。若縛筆一技，殆已絶矣。索價彌昂，一管不足兩三日之用，可歎也。端硯新斵者嫌稍燥，然亦可用。爲吴赤含圖一扇，仿梅沙彌。題云：「埜橋新雨足，夏木轉多陰。欲就迎涼處，時爲散髮吟。月來湖空闊，風入樹蕭森。一倍添幽賞，溪山稱此心。」

十七日，稍熱。

十八日，熱，暮有火雲如山。

十九日，上晡時雨。有札山看火烏，非時而鳴。

二十日，戲寫《廬山煉丹圖》。題云：「林樾静可息，百紛不至前。偶然厭形累，滌志祈雲仙。羽人授我書，流汞常烹煎。一丸紫霞霜，吞之淩非煙。孤鶴亦窺鼎，俯啄如嚥涎。我乘爾爲馭，海島俱盤旋。千載同歸來，纍纍笑墓田。此翁今何在，嵩衡廬霍間。」

二十一日，爲貞兒仿梅道人圖一扇。題云：「春煙染水復染空，凄迷青蒼落照中。孤亭突兀在山背，占斷江南千萬峰。」

二十二日，沈翠水示余沈潤徵所藏晋楷帖一帙。内得右軍一帖十九字，所未見者：「弟常患常羸，頓遇寒，進口物多少。新婦動止仰人。」「右會稽内史王羲之《辭世帖》」，筆法酷類褚令《哀册》，豈右軍有是帖而河南篤仿之耶？抑褚愛其辭而筆之耶？抑米元章手述之耶？」又謝莊希逸詞翰，遠勝戲鴻堂刻。裴曜卿邊功表，亦典厚含蓄，與時拓本不同。

二十三日，午大雨。

二十四日，申刻大雨。

二十五日，盆荷作花，閩蘭吐蕊。沈白生致惠水四缶。

二十六日，過沈甥竹林。四圍修竹三千餘竿，新養成者三四百竿，徘徊其下，蕭然無暑。此孫簡肅公故居也。茶話次，客談五月中，陳孝廉居一手腕忽癢，爬搔不已，赤筋團縮，隱起一進字。用墨塗，片紙印之，筆畫宛然。俄漸消没。竟不知何祥也。

二十七日，湖僧印南者來，貽松蘿茶一缶，瀹試有味。徽客吴姓者攜畫來謁。唐伯虎山水，長條高幅，筆意灑落，古松瀑泉，數轉而上，有茅堂二楹，門側挂青笠黄簑，一高士據榻讀書。題云：「十年隱跡無人問，一片秋山映讀書。黄粳稻香醲釀酒，紫蓴絲熟飽羹魚。蘇臺唐寅詩畫。」字如當三錢，極雄恣，如李北海。又李昇雪竹一幅，係贋物。

二十八日，憲副吴生白來顧。午刻，於津滸報謁。迫暮，項孟璜遣使持《群玉堂帖》來鑒定，余驗其爲新拓本。此帖宋韓侂胄家刻石。觀其列索靖爲馬索靖，又不知樊上翁即杜牧之，而列其别號，又濫收蘇才翁僞作李白醉草，而仍其僞署。此豈目中有珠者？

二十九日，曝書。偶閱《蒙泉雜言》，知王右軍以五十三書道方成。不知何據。爲陸三孺圖扇，用子久法。題云：「石田茅屋入雲峰，夾岸清流漱玉龍。隱者近從王屋至，天壇移得小虬松。」

七月一日，熱，暮小雨。

二日，大雨。

三日，王丹林以古印章〔一三〕贈余，來乞書畫，云係唐李長吉物。按此篆不甚古雅，背紐雖蒼緑，近來蘇賈藥燒僞物甚多，未可信也。　購得姚彦昇山水卷一，仿郭河陽，極蒼勁之致。石皴麤辣有氣勢，大類趙善長。卷後附綴行草杜子美贈鄭虔長歌一幅，筆法銛鋭有芒角，似宋仲温書而無款。印記爲吴松水月，豈陳又東、張南安之流乎？　又元人雜蹟一卷。內釋子彌穹《題招隱處士》一律，有「丹光照夜赤於日，桂子經秋香滿枝」，亦秀句也。睢陽訥中子邵桐，山中樵者衛服，文正後裔范霖時雨，雁宕山樵范觀，皆能者。　舊搨顔魯公《争坐帖》，璩元玉物，較余所蓄高一籌。唐宋人畫册十葉，內唯劉松年《旅别圖》，衣褶行筆，稍得古法。

四日，汎舟往杉青閘，迎蕭座師玄圃先生。時先生以吏部右侍郎給假省親，從維揚渡江，取道歸西粵。余數日不得往石佛，坐偵候師舟未到耳。師一見，問曰：「君十年不出補，何意？」余曰：「已具小疏中，皆衷語也。」先生頷之良久。

五日，蕭師來顧。

六日，同施羽王太史，鍾萬石、蔣瞻屺進士，燕蕭師於西津樓舫。終日風蒲獵獵，不知有暑。一鼓散去。是日子正刻，亨兒妾舉一孫。壬子，丁未，戊戌，壬子。

七日。

八日，作湯餅。陸虚緣攜示趙子昂楷書五種道經，今列其目：《太初九素金華景元君道經》《九皇上真司命君道經》《太一上元禁君道經》《元虛黄房真晨君道經》《晨中黄景元君道經》。後贉尾書「張氏寶藏」四字，印記「忠良貞一世家」。

九日。

十日，俱熱，夜月色甚佳。

十一日。

十二日，周秀巖持黄子久山水卷來質。無題款。拙筆草草，山下作茅屋數間，田疇環繞，乃村居圖也。逸氣可掬。題曰《江山勝覽》，非是。後有余乙巳年跋，蓋孫茂叔物，余忘之矣。有錢溥題：「黄公子久生於海虞，終老於雲間。雲間文墨家多愛其畫，而此圖則遺曹雲西者，尤爲精妙不易得。蓋嘗聞其爲人詼諧如曼倩，癡絶如愷之，而尤高尚其志，不事王侯，故揮灑皆逸氣所發，自成一家，不與畫工争畦徑，宜愛之者多也。今侍御姑胥徐公以先大夫手澤所存，尤加愛護，不啻如封殖嘉樹然，又非特畫之可愛而已。正統五年春，己未進士雲間錢溥題於金臺官舍。」

是日以家君平復，設席酬醫陸心泉，有歌舞。

十三日，申刻得少雨。連日氣涼，晨暮可御單衣。

十四日，歙人翁素宇，自稱方樵逸之甥，攜卷軸來看，無一真者。米元暉雲山長卷。凡作三橋四渡，村聚五六處。卷尾行書一絶云：「邀賓壯觀不辭寒，玉立風神氣上干。欲識謝公清興處，千山萬嶺雨漫漫。紹興八年四月十三日，友仁戲墨。」「余壯時，於好事家觀米元章《長江萬里圖》，曾留題焉。值世變，遂爲烏有。今彦和出示所藏元暉卷，雲山樹石，皆有天趣。且書法得風檣陣馬家風。吁，前輩書畫，識其好手真蹟能幾人耶！而彦和嗜好不倦，必擇其精，是其爲博雅君子也夫。雪松老人王嘉會題。」陸天遊《清溪漁隱圖》。柯南宫一絶云：「野飯魚羹何處無，不將身作繫官奴。陶朱范蠡逃名姓，那似煙波一釣徒。」倪雲林《疎木新篁圖》。自題云：「夜遊西園渚，初月光炯炯。徙倚巖石下，愛此林葉影。滄浪漫士瓚。」「修篁細含春，微雨濕蒼樹。十年山中遊，識此幽真趣。仲圭。」「疎樹翠雨欲滴，幽篁清思常飄。獨坐高齋秋净，相思詞客天遥。華亭顧謹中題。」印「太常世家」。沈石田畫册八葉，每葉題一短絶。「釣竿七尺玉，夕陽千疊山。山容恰好晚，正值鳥飛還。」「湖北歸來日落，扁舟滿載西風。目送一行白鷺，秋懷欲與天空。」「青山間碧溪，人静秋亦静。虚亭藏白雲，埜鶴度幽徑。」「山木半落葉，西風方滿林。無人到此地，野意自蕭森。」「石丈有芳姿，此君無俗氣。其中佳趣多，容我自來去。」「野樹脱紅葉，迴塘交碧流。無人伴歸路，獨自放扁舟。」「緑樹如緑霧，青山生白雲。自天生此景，平與畫家分。」「扁舟不可泊，任隨流水流。東西與南北，人物兩悠悠。」「此八番皆拙筆也。宿田老兄索遺其孫宗善，宗善方隨父世資官崇藩，畫皆江南所有。宿田意俾覽而有所思，亦絶勝含飴而弄矣。成化辛卯四月日，白石翁沈周。」以上俱從真蹟摹下，故存其語。　又白玉仙桃冠一，白玉桃杯徑二寸五分者二，倭髹香撞一，宣銅彝爐一，青東磁小香盒一，背底有「汪家盒子記」五字屮文燒就者，俱佳。

十五日，無錫孫姓者一舫，泊余門首。余與馬吃漫登其舫，客喜，出觀諸種。青緑銅雞彝一；沈緑一；枝瓶一；姜鑄方圓香爐二；宣銅索耳四脚方鼎一，口緣有楷字一行云「一樣二十箇」，内府物也；宣銅瓜棱小香爐一；古犀杯一；成窯磬口敦盞一，妙；宣窯玉蘭杯一，重五六兩，古朴有致，内瑩白，外施薄紫，花蘤交錯爲底，索價四十兩，瓦缶貴溢金玉，至此極矣；墨漆木扁壺一，狀如懸鼓，一面彩畫蘆雁，一面刻記一首，大略言出新意、肖古鴟夷之屬，旁有耳鈕受繩索，春日一奴絡於背，以爲眠花藉草之具，而文無高格，書法尖薄，意亦酒徒之膚淺者爲之耳；大理石屏二；大理石嵌背胡牀二，云皆安華二氏物也。

十六日，董參戎介馬心印來謁，談海上事甚悉。諸郡市民逐利者，以普陀進香爲名，私帶絲綿氊罽等物，遊諸島貿易，往往獲厚利而返。因而相逐成風，松江稅關，日日有渡者，恬不知禁。昔年徐海等亦以舶賈相勾致，爲東南數十郡大害，當事者可無戒心乎！

十七日，翁素宇攜示黄子久《丘壑深沉圖》小景，係臨本。又倪雲林《雅宜山齋松磵圖》，三松偃仰，松下屋二間，屋旁各有慈竹一叢；稍返[一四]，坡石上又作古櫟二樹，對岸石磧在樹腰，一橋横近麓上；上層兩員巒，雲氣勃勃。題云：「秋暑多病暍，征夫怨行路。瑟瑟幽澗松，清陰滿庭户。寒泉溜崖石，白雲集朝暮。懷哉如金玉，周子美無度。息景以消摇，笑言思與晤。遜學親友，秋暑辭親，將事于役，因寫幽磵寒松，并題五言以贈，亦若招隱之意云爾。七月十八日，倪瓚。」購得姜立綱楷書車屈律一辭，筆法類虞永興《夫子廟堂碑》，極有和雅之度。世以吏胥習公書，遂目爲俗筆，此正猶見俗醫誤殺人，謂神農作《本草》流害，不大可笑耶？余定本朝書家，得虞永興正脉者，二沈之外，僅有公耳。

十八日，史仲純介徽客程姓者，以酒舫迎余及亨兒至鴛鴦湖中坐，呼廣陵摘阮伎二人，絲肉競發，頗有涼州風調。酒酣月出，登煙雨樓清嘯，二伎更爲吴歈新聲，殊柔曼攪人也。

十九日，馬吃又以畫來。其一無名款而庸稚。一乃石田，作枯樹二株，沙際一艇，釣者兀坐。自題句云：「鳳銜丹詔下天恩，鵲在君家喜白誼。準擬縣官將布帛，葑溪東覓舊旌門。性甫偶出此紙索畫，時雙鵲飛鳴而過前，遂觸目作此。是日報建儲恩典至，其詔條内『有孝子舊旌者，皆獲布粟之賜』，性甫尊人特榮及之，因頌是絶。事出偶然，可爲故事云。成化五年四月一日，沈周。」「昔日啼烏緣孝感，今朝飛鵲報恩榮。葑溪水遶旌門下，却喜朱翁獨有名。吴寬。」

二十日，午時，用日者言，登舟取丙方，送亨兒往會城鄉試。晚泊皂林。

二十一日，泊松茅埸。

二十二日，蚤飯後至昭慶寺雲山房寓樓。

二十三日，解如僧來。自言向住無門洞，洞在初陽臺之麓，無門祖師卒錫處也。祖師爲中峰前身，有碑記可考。又言洞前後尚有四五洞，皆宋時鑿石徙用，因成竅穴。乃知世間巖洞天成者固多，而人工斧鑿者亦不少。昔一老者嘗言，虎丘千人石臺，乃王珣兄弟築第時所平治，是以生公點頭之石屏除殆盡，非無見也。解如，無錫人，出家慧山。性喜幽奇，點筆作山水，頗有思理。要余一至其庵，余爲訂期而別。

二十四日，遣僕運葛公水三缶至寓。索主僧雲山手焙茶瀹之，良快。友人齋壁見沈石田《柳枝新燕》。石田自題云：「今年見新燕，猶似去年見。主人頭髮白轉多，只有烏衣不曾變。年去年來來不差，分明記得主人家。柴門大開風滿屋，飛出飛入隨楊花。君不見相國門前車馬塞，一朝相去車馬寂。車馬寂，草萋萋，燕子還來樑上棲。」亨兒曰此勝國楊廉夫詞也，余未暇考。

二十五日，蘇賈肆閱畫。有大幅倪雲林，上下作坡麓三四段，中有大樹五六株，左方又作偃仰樹四株，枯者，鷹爪葉者。攢墨山石，極磅礴。每稜角摺搭處，俱用撒米法點苔。恨係絹素，已模糊矣。題詩云：「岷江陳秀士，小隱闤闠城。覓句仍工畫，看山不愛名。棊枰消永日，曲調寄閒情。摩捋鬚髯美，春苗長過纓。至正□年十二月，爲維允契友寫，并贈此詩。雲林子倪瓚。」按此乃贈陳公美者，仲美之兄，所謂大髯者也。又文衡山小景一幅，題云：「夕陽蒼翠此登臺，臺下春波一鏡開。滿目詩篇勞應接，碧山流影過溪來。」

二十六日，杭客攜示唐伯虎雪景一幀。題云：「雪霽溪山白渺茫，一编斜倚映寒光。勤劬不是孫康意，要傍梅花一樹香。唐寅爲愛梅老友作。」譚孟恂來，留數酌，與晚步湖塘而别。

二十七日，萬藎卿孝廉來，攜宋搨智永《千文》乞余跋。余爲作數語：書《千文》自永師始，嗣後褚登善、李泰和、孫虔禮輩咸爲之。按古本「律呂」作「律召」，意謂律陽呂陰，律所召之氣，足以調陽耳。他如「女慕貞潔」作「絜」，「紈扇員絜」作「潔」，「策功茂實」作「實」，「多士寔寧」作「寔」，「稽顙再拜」作「稽」，「嵇琴阮嘯」，作「嵇」，咸有異義。若如俗書渾渾，則千文衍三字矣。此搨精好，又與古字悉合，其爲薛帥所拓無疑。薛乃鑱石换定武《禊帖》者，固翰墨精良之宗也。壬子七月，寓武林昭慶寺禪味樓題。」

二十八日，大雨。客攜古帖數種，有目未經見者。漢車騎將軍鄧騭討羌竹簡，書類《急就》。文云：「永初二年六月丁未朔廿日丙寅，得車騎將軍幕府文書。上屬國都尉二千石守丞廷義縣令三水，十月丁未到府受印綬，克討畔羌。急急如律令。馬卌匹，驢二百頭，日給。」又鍾紹京書：「每至甲子及餘甲日，服上清太陰符十枚，又服太陽符十枚。先服太陰符也，勿令人見之。寧與人千金，不與六甲陰，正此之謂。太元玄冥，六甲所生。窈窕空虛，六府内靈。坐在立亡，日月俱并。迴氣密席，坐我命青。甲子之祖，名曰桃平。龍衣虎帬，在帝之庭。」又唐胡英書樂府詩，筆法纖細飄揚，類《黄素黄庭》：「昭昭素明月，暉光燭我牀。憂人不能寐，耿耿夜何長。微風衝閨闥，羅幃自飄颺。攬人〔一五〕曳長帶，縱履下高堂。東西安所之，徘徊以徬徨。春鳥向南飛，翩翩獨翱翔。悲聲命儔匹，泣涕忽沾裳。唐天寶十一載三月六日。」王丹林持骨董箱來。檢閲，帶環一，中玳瑁一片，黑文自成鸂鶒，旁柏枝瑪瑙一片，文細瑣，儼如柏葉一枝，又類水藻。摩利石一方，如蜜蠟金而稍暗。馬價珠一，正緑色。白定入土罐盒數事。入土青緑古銅爵一，高八寸，下列三足，上聳二柱，前吐一舌，長二寸餘，與世所傳爵稍異，周身青緑，腰圍雷紋，左柱篆「戠鼎」二字，耳内又篆

「魯公尊」三字，豈古者爵罍之屬，皆配鼎與尊爲用，故兩系之歟？丹林力勸余購此，且云尚有其二在友人處，一視此稍小，一更小。余曰，昔劉景升有伯仲季三雅，藉令購成，當襲其號，亦醉鄉中勝事也。

二十九日，夜雨。前是，督理織造内臣孫隆，於昭慶寺兩廊置店肆百餘，容僧作市，鬻僧帽、鞵履、蒲團、琉璃數珠之屬。而四方異賈亦集，以珍奇玩物懸列待價，謂之擺攤。余每飯罷，東西遊行，厭而後舍去。今日張霄函以扇乞書，戲占一絶應之：「蹋靸僧廊百步餘，六陵碑碣九鑾珠。無錢袖手還歸去，佛腹琉璃映讀書。」

八月一日，倏雨倏霽，天氣極佳。乾雀數十遶簷飛鳴不已。午後，吴丹麓來，言去臨平三十里黄鶴山，王叔明隱處，峰巒迴複，林石清閟，真高人之居。左近有安平泉，東坡飲而甘之，作詩刻石，云：「鑿開海眼知何代，流出菱花不記年。當時陸羽空收入，遺却安平一片泉。」叔明畫法從此中醖造出來，何由得不高勝？余約秋稍深與丹麓同遊，而丹麓有濟上之行，匆匆别去。有好山水，不得好同人曾遊者指導，正恐武陵漁人亦不易做耳。

二日，招張元弢小酌。

三日，熱。杭人莫姓者持黄大癡山水長條畫、王叔明《秋山草堂圖》，俱不真。爲張元弢圖一扇，仿大癡筆法。題云：「西風槲葉秋，小雨莓苔路。幽人呼未應，悠然碧山暮。」

四日，辰大雨，俄霽。熱甚。

五日，熱甚。吴聲一來，言典試者尚未得旨，監臨虚無人，二司皇皇，飭諸務以俟。士子官吏，謄録之胥，對讀之生，監守之卒，百作工匠，不下萬人，棼集都會。且議改試期，不復得如常科矣。查我朝各省鄉試，間有改期者，非有兵警大故，則文場火，另復校閲。未有無故以躭延易期者，誠異數也。

六日，熱甚。松江金浦帆孝廉名雲鵬者來顧。浦帆能畫，持論雅不足時流。余云：「某公畫海内所推，無奈假者盛行。」浦帆云：「真者可假則真亦假，假者逼真則假亦真。及至略無可别處，即謂之出一手可也，謂之出衆手可也。琢削髹采之工擅絶技者，正以其必不可假耳。今真者與假者混，只是一隊一夥同逞伎倆，何可相尤？」余甚服其議俊快。廊肆中見唐伯虎叢竹。題云：「一林寒竹護山家，秋夜來聽雨似麻。嘈雜欲疑蚕嘬葉，蕭森更比蟹爬沙。」亦奇句也。

七日，稍涼。無事，假王丹林所攜璩君瑕藏舊搨魯公《争坐位帖》，手摹再三，頗窺其中用意處。米元章云：「真蹟乃先天廣德中先豐縣牒，故楮用禿筆起草，任胸中浩浩落落之氣與老手腕率意爲之，縱横狼藉，無一點粉澤布置，而奇態溢出，信藝苑絶蹟也。」元章、東坡、山谷書，俱從此出。但東坡雜徐季海、李泰和，故圓肥而肆。山谷雜虞永興與長沙草筆，又稍規摹《瘞鶴銘》，故瘦勁而緊。元章於書無所不獵，而得褚筆較多，故雄逸而宕。若其驚激取險，則三家無不本魯公此帖。蓋書法猶煆煉家，不具五金八石，何以受魯公鑪鞴？不經鑪鞴，豈得通靈？余嘗恨趙吴興精工博大，幾合古人衆妙，而不脱元人習氣，亦於此等帖不甚留神，不服魯公刀圭一匕，三百六十骨節未得换黄金瑣子耳。

八日，金浦帆作雲山卷貽戒山禪師，欲余著語。余信筆書云：「老樹枝枝撑破雲，寒沙脈脈銜殘雨。微茫超忽高低山，髣髴毋乃大小米。」浦帆畫，取意空曠，絶去蹊徑。然元人高房山輩曾著論專辨二米寫山法，俱從實地起，其精思更苦於營丘諸家，特下手鬆活，巧取浮動耳。其言有理，不知浦帆曾見否？」

九日，細雨淒其。寓中諸友俱以坐失試期，鬱陶惋悵，嘯呼慨歎之聲，雜然四至。余命烹茗，與亨兒對啜，縱論古今書繪二法，以解騷牢。兒又潛搆時藝一章，意泊如也。

十日，辰刻細雨，俄霽。寫《溪山高逸圖》與王丹林。題云：「晴巒翠色看欲無，曲澗幽泉聽還有。兩間窄屋半藏雲，一片直腸唯貯酒。閒人何意占溪山，溪山自落閒人手。」

十一日，飯罷，與兒子步登寶叔塔院。看譚閶仲所據樓，在青林之杪。坐見全湖，遠望江海，南北諸峰俱在枕席間。晴巒濕靄，頃刻百變。余謂湖面淺遊，當以寶叔爲第一。又步至六橋，至項老店，與之雪藕而食。項老欣然出卷軸相評賞。有黄大癡畫三幅。其一圓净類李唐，其一作高杉四五株，甚秀媚。石皆層疊〔一六〕堆堵，乃山之作碎石勝者，公望偶一爲之耳。不意近日雲間遂作一派畫法，使近之陂陀崄岈、遠之縹緲映帶盡失之，而眼中磥磈徒爲礙膺物耳，可歎也。題云：「至正壬午，大癡作，時年七十有二。」其一焦墨，老腕揮灑而就。每峰頂用薄赭，山身用淺黛籠之，於峰罅作大小石臺三四，俱矗雲而上，極可望。此嵩、衡、台、宕深山中有之，非江南物也。題云：「至正年〔一七〕，大癡，時年八十八。」又唐伯虎畫卷，作園林景，一童子掃花。後書《落花詩》十首，爲項老選去四首。「杏瓣桃鬚掃作堆，春〔一八〕風白髮感衰頽。蛤蜊上市驚新味，鵓鳩催人再洗杯。忍唱驪歌送春去，悔將羯鼓徹明催。爛開賺我年添老，知到來年可爛開。」「刹那斷送十分春，富貴園林一洗貧。借問牧童知没酒，試嘗梅子又生仁。若爲歌舞欺花旦，難把餘香笑樹神。料得青鞵攜手伴，日高都作晏眠人。」「夕陽黯黯笛悠悠，一霎春光又轉頭。控訴欲呼天北極，胭脂都付水東流。傾盆恠雨泥三尺，遶樹佳人繡半鈎。顔色自來皆夢幻，一番添得鏡中愁。」「時節蚕忙擘黑時，花枝堪賦比紅兒。看來寒食春無主，飛過隣家蝶有私。縱使黄金堆北斗，難饒風雨葬西施。匡牀自拂眠清晝，一縷茶煙颺鬢絲。」「簇簇雙攢出藴眉，淹淹獨倚曲闌時。千年青塚空埋怨，重到元都只賦詩。香逐馬蹄歸蟻垤，影和蟲臂罥蛛絲。尋芳了却新年債，又見成陰子滿枝。」「芳菲又謝一年新，能賦今無八斗陳。命薄錯抛傾國笑，緣輕不遇買金人。杜鵑啼血山中夜，蝴蝶遊魂葉底春。空色由來知不異，欲從調御懺貪嗔。」又沈石田水墨芭蕉，草草數筆，而清意溢出。祝枝山小楷一絶，云：「玉府仙都老，雲衣冉冉輕。不教葬塵土，移傍楮先生。」字法歐率更，與項老購得。臨川聶大年小楷一律，酷摹王右軍所書《洛神賦》，精能之極，幾造唐人閫域矣。「故鄉群從多如雨，鴻雁來時音信稀。對月竟成今夕夢，未霜先授去年衣。奚奴瘦馬侵晨出，細雨斜風薄暮歸。猶記鄰莊行樂處，山田黍熟荳苗肥。聶大年上園趣先生丈席。」園趣不知何人，亦雅號也。

項老，歙人。初占籍仁和，爲諸生，以事謝去，隱西湖岳祠側近。老屋半間，前爲列肆，陳瓶盎細碎物與短松瘦柏、蒲草棘枝堪爲盆玩者，率意取錢，糴米煮食。有以法書名畫來者，不吝傾所蓄易之。支牀堆案，咸是物也。其中不能無良楛，而意自津津。初年尚有一妾，蓬鬢蕨褭，不啻司空圖之鸞臺也，無何化去。老遂獨居，朝起或懶炊，即汲西湖水盥顮，出數錢買鑪餅食之，率此度日。晨暮非剪拂松竹，即繙閲書畫，或支頤看山，意緒忽忽。春日遊舫至，綺紈裘馬，照耀夾路。項老獨以椎髻垢面，傲睨自若。交易之外，絶無一言。或論價不相值，即交膝胡牀，呼之不復應矣。住湖上十餘年，人漸漸識之，亦不改其操也。項老名寵叔，號玉懷道人。余贈以詩云：「西湖流水供濯足，南屏山色對梳頭。雨夜酣眠琴當枕，雪朝枯坐絮爲裘。盆花巧作千金笑，壁畫貲雄萬户侯。何用更尋高士傳，先生標格在林丘。」

十二日，始得典試，辭朝報，在前月二十八日。正考翰林鄭以偉，副考給事中李瑾。熱甚，夜不能卧。

十三日，熱甚。

十四日，題丹林居士像贊：「面縐海波紋，鬢帶松梢雪。肝腸佛子同，丰度常人别。翠色摩鼎彝，土〔一九〕花指環玦。聊供嗜古求，亦用自怡悦。婆娑入市來，襪解誰人結。熹微笑口中，含藏好風月。天上與人間，煩惱總不涉。」馬心印寫細竹，有亭亭嬝嬝之致，而態稍似柳。不意此君風格，爲馬老點作兒女纏綿。余爲戲成一絶，其後絶不敢出也。「風前一簇青鸞尾，花下三停玉女腰。欲向湘波候明月，春沙先没廣陵潮。」「春雨春風又曉煙，輕軀嬝嬝鬬嬋娟。坡翁未押篔簹字，著眼渾疑灞岸邊。」

十五日，大雨。更餘月出。

十六日，雨。僧海欽者，夜臺之孫，以卷乞詩，漫應之：「衲子披雲遠見尋，客牕何用一開襟。山陰書法輞川畫，灑墨堪爲布地金。」

十七日，雨，亭午稍歇。步往潤雲房看張虞懸、禹玉兄弟。同寓有吴人張九嶺，以醫行江湖間。攜有《栽松道者託胎圖》，縐面白髮，形骸瘦瘁，宛然一山澤之癯。肩荷一钁頭，挂一小松栽，神閒意寂，生韻可掬。衣紋用倒薤掣筆。上有元統中古庭老禪名守訓者題一偈，不成話。余細驗楮色，斷係元人筆。九嶺侈爲吴道子。開元中人，時方崇尚講席，達磨一宗尚未騰布。又五祖之生，近唐末矣；道者託胎周氏，話欛未得遽落人間，道子何從描抹之耶？又祝京兆行書顧節婦詩百餘字，有柳誠懸沈頓之法。又漢玉一片，僅方寸餘，厚三分，上作半朵雲頭，中有空竅一痕，不知何物也。兩面俱有血浸。古人衣冠襟帶中物，今人不能悉詳之。九嶺云：「是名太乙，無恥宫人懷姙，則錫之。」謬悠之談，何所據？憶昔亡友吴公甫得蒼玉，長寸餘，闊二指，上篆「廉頗」二字，大喜，誇余得古兵符。余曰：「兵符，古者重秘之器，其制爲龍爲虎形，有受合處。每發兵，則遣使持往合之。其大小長短，各國所制，誠未暇考，然必非寸餘物所勝也。且不聞符上有主名。藉有主名，則無忌所奪晋鄙符，不可施用矣。此玉篆文碾深四分，非今人所爲，當是唐宋間修金籙玉籙醮儀，取古名帥以列天將之位，此其標署者耳。不然，或是小兒辟驚之具。」公甫聽余言，茫然。近日士大夫類多嗜奇，不甚原理。市并魁猾，又百端炫飾之，使墟墓間細碎琭珞之物，皆享上價，可歎也。

十八日，復假張九嶺祝書《顧節婦贊》細閱之，乃用秃敗筆信手揮就者，神檢奕奕。較枝山平日緻密婉麗者，生氣一倍飛動。始知書道斷在神骨，未可以功力意態取也。

是日雲氣相逐如奔馬，至夜復雨。

十九日，小雨。王丹林以靖、隆來諸公手贈羽流婁道人詩卷近百餘幅，浼余銓擇佳者。余僅爲存莫中江、陸敬齋、莫雲卿、吴明卿、王元美、茅鹿門、張靈虚、張吴梁、周公瑕、王宸玉、董思白、陳眉公、王伯穀、沈嘉則、屠緯真、余君房、陸伯達諸公，而汰其餘者。

二十日，小雨。蘇人持畫軸來看。黄大癡《杉壑圖》。又大癡雪山。又王叔明《松壑高逸圖》，款云：「至正乙未秋日，黄鶴樵人王蒙筆。」紙薄墨浮，僞物也。有陳琳題跋，不成話。又陸包山秋山題句，云：「翠壁自開琴外意，丹楓遥點鏡中花。」又唐伯虎水墨山茶梅花，正德二年寫贈某先生者。姓號磨挖去。題句云：「紅蠟山茶白雪梅，是誰移向一壇栽。先生耆德余紈綺，也得春風一月陪。」

二十一日，晴，暮復大雨達旦。題許迪畫瓜茄各一絶。迪，毘陵人，以草蟲蔬菜稱。「仙種從誇五色奇，家園蒼翠卧蛙衣。安期有棗能如許，抱核難勝玉液肥。右瓜。」「蕨芽老去竹成墩，松粉飄殘晝掩門。細雨忽晴添圃色，碧叢初挂紫崑崙。右茄。」

二十二日，雨竟日，夜益大澍達旦，杭城街陌湧水三尺。

二十三日，雨，竟日不止。

二十四日，晴。步至東西響水閘觀水，砰然有三峽之勢。

二十五日，晴，稍熱。

二十六日，雨。京考藩臬率諸有事者入簾，定以是月二十九日初場，九月二日二場，五日三場，較常期逾二十日。或云今歲置閏，節候本遲廿餘日。貢院中桂至是纔吐花。

二十七日，雨。

二十八日，霧，雨，俄霽。大覺院僧覺海來乞詩。院在北新關後，唐憲宗時弘辨法師道場也。歷宋、元暨昭代，屢廢屢復。近又燬於倭警。至萬曆三十三年，僧圓神、覺海募復之，諸事草創而已。院有唐呂侃塑佛三軀；大圓像鏡一面；東坡遺覺鼎，有銘。宋柳塘和尚手種百八松，今燬。余漫應一律云：「勝蹟升沈指顧中，夕陽山色半蒨葱。龜趺剥落初無字，象設巍峨尚有蹤。寶鏡夜懸孤月白，法幢春綻土花紅。重興傑構須樑棟，還憶當年百八松。」

二十九日，晴。亨兒入試。初場題：惡不仁者，其爲仁矣。不使不仁者加乎其身。序事，所以辨賢也。學不厭，智也。教不倦，仁也。《詩經》就其淺矣、泳之游之四句，樂只君子，保艾爾後。周邦咸喜，戎有良翰，日就月將。寓樓獨坐甚寂，因爲沈無回孝廉圖扇，作晴巒煙瀑，雜用子久、仲圭、叔明法。題語云：「『恰似春風相欺得，和鶯吹折數枝花。』唐句也，然宋詞境闢矣。『丹青霜葉秋明滅，水墨煙林暮有無。』宋語也，然元畫妙覩矣。大略韻人胸次中物，新新善貸，隨時出興。吐語落墨，俱有不自由處。或者謂從規仿而得。不知遞推而上，以至無始，竟誰仿耶？子由不云乎『天地吾畫笥也』，然因是而遂廢學古，又不免作天然外道。願與無回熟參之。」

三十日，項于藩示余沈石田仿梅沙彌闊幅山水，驗係臨本。題云：「梅沙彌，梅沙彌，水墨真傳世有誰。越水吴山開慘澹，墟煙雲墅生淋漓。淋漓水無功，慘澹墨胡爲。沙彌竊取造化巧，遊戲三昧手不知。老夫年老鬢全秃，亦種梅花繞茅屋。五更忽夢見沙彌，急起敲冰寫長幅。長幅雖窮意轉豪，任渠楮潁日相嘲。沙彌化去不可作，樵里荒煙今寂寞。此圖爲匏庵先生配雲林舊拙筆也。時正德丙寅秋八月三日，沈周。」此幅真者爲余亡友吴伯度購得，懸之堂中，大有氣韻。余每見，必袖手恣觀，嗟賞不已。伯度欲撤以贈余，固辭之，曰：「鄙性喜觀古人翰墨，子室中所有，將悉置目，焉能盡見與耶？」伯度笑而止。庚子春，伯度訪余白芒，曰：「君誕日近矣，將以梅沙彌爲壽，何如？」余胡盧應之。伯度既去，亦忘之矣。俄伯度病胸疽甚劇，余往視。別去，忽一僮持畫軸追余，且傳主命，曰：「此向所欲贈者，幸持去，恐負諸責於九原也。」時已暮色，語又酸甚，因不開視。抵舍展之，則他作極謬者。吴氏故多黠僕，余心知爲所易，念伯度善怒，病中不可語，俟其愈日審之。越三日而伯度絶矣，絶後所蓄書畫紛紛散落，獨此不可物色。今對所臨，真如活人影像，生氣斷矣。然念伯度，涕淚猶蘇蘇也。

九月朔日，晴暖。

二日，同王丹林至菩提寺訪僧宗朗，索觀所藏諸帖，因書一絶扇頭貽之：「藤枝倚壁休行脚，柏子浮空静掩關。寶帖懸樑須解下，相逢今不是黄衫。」宗朗學書於湯隣初，一時藩臬有碑碣，皆令代書，亦能品也。出觀宋搨《聖教序》，完碑無裂紋。宋搨《周處碑》，佳。舊搨《内景黄庭經》，筆意不失。舊搨楷書《清净經》，經首有元始天尊像，書法類歐陽率更。宋太平興國五年二月二十一日，始平龐仁顯書，白廷瑑畫像。《淳化閣帖》一部，完好，無銀錠紋。字字摘看俱有意，但墨法無古韻，且來歷無據。憶今年春，吾郡試院擺攤鋪有一本與此同，不應古帖之多如此。聞山人俞羡長曾番夾雪舊本於汪景淳家，未出，豈即其物耶？王右軍《遲汝帖》墨蹟，勘係唐鈎。有題跋：「周世卿家藏，得之俞大受。吴説題。」「嘉定二年正月廿四日，平川王鴻禧觀。」「壬戌十月之望，瓊州守八十二翁徐明道、固始黄伯淵同觀於玉山公署。」「庚辰九月三日，玉龍山人申蹕觀。」「王羲之書，名不虚有，不可不寶。太常博士虞集。」「羲之書，筆下有神，通古一人〔二〇〕也，觀者金玉重之。鵝湖住山德潤復題。」竹懶曰：「此卷有寧府圖書之印，宸濠物也。玉山、鵝湖，皆江右地，濠敗後落人間耳。」米元章《三接帖》真蹟：「芾覩報，承有三接之喜，深副友生之望。馬上之語，自此應乎？速尋第爲佳。累欲詣見，以出入無容身處故爾。芾皇恐。子昭學士李蜀潛賃王宅十千，可住曹門内。」「右米南宫《三接帖》，故松雪齋藏物也。曾經鮮于太常、康里學士品題，魏公亦自有跋識。兩朝墨妙，片楮爛然。先司徒公寶惜不啻拱壁。余什襲存笥，出入必攜。曩落職，過維揚，卧病蕭齋，跋尾竟爲好事者割裂而去。賴神物有護呵，尚存此帖。邇來展玩，輒惆悵累日，吾子孫勿輕示人也。弘治二年八日，翁洪記字守洪。」馬遠小景，野橋疎梅，短舫中一翁軒渠，氣韻古澹，妙品。倪雲林小景，疎排三樹，沙際作柳二株，屋二間隱陂麓中。在闊幅古高麗紙上，有題句：「春雨春風滿眼花，夢中千里客還家。白鷗飛去江波緑，誰採西園穀雨茶。」「燕子低飛不動塵，黄鶯嬌小未勝春。東風緑盡門前草，細雨寒煙愁殺人。」沈石田《落花》三十二律，文衡山補圖，乃贈袁永之者。迫暮不及録。記其中奇句云：「焚追螺甲脩香史，煎帶牛脂囑膳媖。」以玫瑰堪和香作餅，牡丹片可著酥煎食也。未央宫銅瓦硯一片，闊四寸，高六寸，厚四分。背有隸書「未央宫瓦」，左「大漢十年」，右丞相酇侯蕭何監造」。面有溝，及砥平受墨處，皆鑄就者。此妄庸人爲之，以欺三家村瞠肚漢者，可一笑。官窯花瓶一。哥窯花瓶一。古銅彝爐一，有燒瘢，僞物。烏思藏佛三，其一兜帽比丘形者，佳。端石硯一，人面形，四圍有佛菩薩形，色頗潤。余欲易以寫經，未就。竹臂閣一，雕竹石蘭草，極精雅。銘亦好：「執以管，潁以蘭，筆事已矣。湘東三不律，毋乃太侈。唯墨沾臂須此物。」

三日，爲山下一隱者書扇，任筆成一絶，頗有白香山風味：「林間白石醉時坐，湖面青山飽後登。三尺雛孫堪把滑，常常閒却一枝藤。」丹林持董玄宰起草册求題語，漫應之：「董太史玄心逸度，雖倉猝酬應語，皆有標韻。正如昭陽麗人，唾點落地成石竹花；長安飢兒逐韓王孫，拾其墮丸皆黄金也。至於書法，天下已知貴之。此卷乃其起草物，勾乙塗注，濃淡枯潤，一任自然，而天趣溢出。觀者以比顔平原《争坐帖》，信無忝矣。但魯公感憤時事，忠義激發，故多鬱怒。太史夷由盛世，葆養恬和，筆端更饒古雅。以羽人言概之，魯公所謂忠孝度世，而太史則揚、許之流歟。」

四日，吴孺升、蔡德卿持高氏米顛墨蹟來看。薄箋紙，行書，當三錢大，甚有氣韻。乃二手簡也：「芾皇恐，蒙教，審台候萬福。牌寫了，久將謂已取去。來日遣人來，并今日者來取。兒子入寺，檢未得也。區區，别啟。芾皇恐，上公震太尉台坐。」「芾皇恐。大雨，恭維台候萬福。名筆爲亂道，遂塵污矣。七月一日，大年約來蒲池閱畫，能一遊寺乎？草草，芾頓首，上公震太尉台坐。」

五日，過吴孺升，出觀謝樗仙《溪山無盡卷》，長三尺，每段轉换，大入經營來。恨此老筆韻太粗莽，亦是虚曠處少耳，蓋胸襟之咎也。孺升自稱〔三二〕能畫，手臨趙千里《長江萬里圖》，始京口，抵峨嵋，四序景物，逐漸改换。一舒卷間，如經年旅泊，作吴蜀遊一番，亦奇作也。王丹林有龜紋石鎮紙一枚。通體皆龜甲文，《格古要論》中曾載此。塗銀書《妙法蓮華經》七卷，字大如半菽，書法類沈民則，後人强名爲張即之，非是。

六日，同兒子踐解如無門洞之約。從松毛埸取路過漏澤園，夾路皆杉松，凡六七折，至山麓，躡蹬而上，又六七折，至解如静室。門徑據岡嶺，細竹森森，長松古檜間之。下置黄石，砥平者八九，以供客坐。坐定，回眸流盼，四面山色環合，蒼翠撲衣，恍入異境。同住僧寄緣，亦澄澹有道韻。曾遊海外，於舶上帶暹羅鐘一枚。出觀之，口圍六寸，高尺餘，叩之清越泠泠，響徹林表。解如又引余至許庵，主僧號了元。庵創自新安許文懿公宗魯，廢棄之餘，尚多名卉根栽乘時敷榮者。後有巖洞奇石，主僧請余名之，余名洞曰「歸雲」，名巖曰「叢桂」，名石曰「蕉石」。又至陳侍御庵，門徑俱赭石壁峙，清池一泓，夾池修竹高松，風來蕭颯，如在千巖萬壑中，不知山之淺也。住庵者二黄冠，一曰劉華陽，湖廣人；一曰葉旭陽，四川人。童侍一人，曰費聚芳，杭人。華陽已應人召往城中。余同解如、旭陽與兒子四人，鋪松枝於地，坐於松陰間，縱談三教名理，旭陽殊有深領。俄聚芳者挈茗具至，進茗，余命之坐。聚芳亦時進一語，悉玄箸也。旭陽云曾遊終南，見堯碧天真人云。又引余至忠蔭庵，岳武穆王後裔所創也。主僧本懷，初不識文字，掩關枯坐者三年，忽有所覯。自此出語，衝口横心，無不有味。余逆望知其奇衲也，與鬭一兩轉語，乃拍手大笑，相拉至解如静室。晚齋有鵝子蕈，生松下，烹之，脆美之極。迨暮，余告歸，解如貽余實竹杖一枝，本懷貽松下黄芝二莖。無門洞在山下不數武，以暮色不及遊。解如、寄緣、本懷三衲送余至路口，幽泉活活，夕鳥倦還，抵寓已燃燈矣。不意人境數武之近，穴中半日之閒，而所得幽清之趣，不可勝書如此。

七日，拜王懷我同年、馬天城孝廉、馮雲將文學。　經貢院前，列肆中有倪雲林畫一軸。上作高嶺煙瀑，一綫注下；下有小小堆阜，草樹點綴；又下二樹一亭。大略類雲林所作《惠山圖》，而筆稍欠秀緊。上題者三人，一曰慎修，一曰南州，一曰静庵。驗印記，知南州爲徐庸字用理，静庵乃釋子，慎修者不知何人。而印記一曰後生，一曰雲林晚進，豈即雲林之門生後進，而畫出其手耶？　晚覓渡至北關，登雪舫，夜泊横里。

八日，儘夜行，至崇德始曙。舟中熱甚。抵家已昏黑矣。

九日，大雨。

十日，諸戚來顧。談次，知前此吾郡新豐〔二二〕鎮浄相寺有狡僧，乘民間多疾，穴殿中地，置一人其中，朝暮飲食之，以木横安其口。候風雨夜，令群僧曳倒殿屋，瓦石覆壓。故遲三數日，始率鄉民撤所覆，則其人起坐無傷。因囈語喃喃，作神附體狀，且云：「余觀音大士也，憐此人無罪，又平生敬信我，我故芘之。」鄉民恫愚，譁然稱活觀音出現。僧輩百端誑惑，刮地泥雜他香藥，號靈丹治疾，一錢與匙許。又潛僱男婦僞作聾瘖跛躃狀，得藥服之，即示瘳愈。人益信惑，遠近相煽。又有紳縫〔二三〕嗜利者翊助之，所聚幾數千人，賺騙銀錢萬計。郡守吴長谷公廉得其奸狀，捕獲械繫之，始散。誠撲亂萌之首功也。稍緩旬月，即滋蔓難圖矣。

十一日。

十二日，史仲純來，言前是姚通政羅浮公有疾冥遊，見閻羅王庭羅數百人，號呼索命。訊之，皆姚昔爲御史巡邊所戮不用命之卒。主者對簿，姚以國事爲詞。王乃叱之，散。王又曰：「公爲大臣，雖無大過，何無片善？」姚曰：「某爲御史時，曾疏請賑濟活數萬人，何謂無善？」主者曰：「無之。」姚固争，及檢閲簿録，則前善注同郡吏部主政賀燦然之下。賀，姚密友，疏實倩其筆。姚曰：「雖然，疏實列某銜，儻逢上怒，亦某當之，奈何全屬賀也？」主者乃分注之。近日亡友陳元康死後月餘，忽附體其將笄之妹，敕斷家事，了了如生平，且曰：「速具飲食，焚楮錠，二健者在户守余，以妹權質余來耳。」問妹何在。曰：「在城隍司，此時且留茶，無苦也。」又具悉已受苦之狀，悔平生所爲多過犯。偶語人陰事，一不實，輒摘舌出，痛不可言。又呼其婢至前，罵云：「初次作功課，被汝不浄衝破，全無用。惟第三次小女所作功課得實，且正在油鑊邊，幾爲阿旁推墮，而赦書至，幸免耳。」又責其子慢遊不讀書。其父與討一賃房取租，曰：「此以贍一年柴薪者，與阿翁當何濟乎？」談久，倏然起，執其妻手，擁至内室，令并枕卧，又附耳語，絮絮不令人覺，想俱私密語也。俄起坐如前，其父懇無久苦妹，曰：「妹有師保護之，何得傷？」迨妹醒，述所見城隍司事歷歷，果爲城隍夫人留侍坐賜茶不謬。蓋妹平日誦《金剛經》，齋素自治，故鬼神欽之如此。余觀《睽車》《宣室》《搜神》諸記録，以爲有飾語，不盡信。今此二事，乃覩聞之極真者。人可不於善惡轉頭處重惕之耶？赴項楚東别駕之招，有歌舞。

十三日，吴江顧修吾來。談次，云：「八月十七日至廿二日凡六日，日旁有孛星，親見之。」

十四日，與沈翠水觀黄山短松於屠氏籬落間，有奇態。

十五日，連夜俱佳月。

十六日。

十七日，浙榜出，嘉庠止中一人陸鼎鏞，實海寧人也。嘉邑乃全脱云。

十八日。

十九日，夜小雨。

二十日。

二十一日。

二十二日。

二十三日，謁兵憲潘公。　午集項孟璜齋頭，出觀宋思陵手臨《黄庭經》，在黄素上，乃《外景》，右軍所書者，非楊羲《内景》也。標簽云臨黄素《黄庭》，誤耳。邵唯復跋云：「渾厚而精深，沈著而閒暇，自有九重高貴氣象，與草澤不類。」信然。

二十四日，沈翠水餉茶樹一盆，綴五十餘蕾。翠水云：「茶樹不可移，移輒壞。此就山中以子殖成者。開花白瓣，黄心，香極烈。每年自十月始花，至春不絶。吾輩但知飲其汁，而失其自然之芬芳。今特致此，使知陸鴻漸、張又新諸人未嘗不可與郭橐駝同傳耳。」

二十五日。

二十六日，賀伯闇以《林居漫録評正》見貽。《漫録》，吴中伍容庵學憲所著也，中多譏彈時事。一款侵賀，論乙巳京察疏，賀因激憤有此刻。

二十七日，過岳之律。之律以外艱從西粤慶遠回。之律云慶遠即古宜州也，宋黄魯直謫此。後百年，有張自明者來作守數年，忽遇仙授訣，一日集吏民化去。甫闔棺，即有風雨，飛葬丹崖洞中。洞門鐫四大字，云「紫府丹臺」。又書葬處石上，云「丹崖刺史之墓」。其題句云：「百尺長弓手獨攜，金烏玉兔并東西。成言一了閒遊此，赤鼠天元青鼠題。」蓋隱其姓名與字與年月干支也。張自明字誠之，於丙子正月甲子日題此。儒者不信神仙幻化之説，今故蹟炳朗若是，豈盡虚妄耶？

二十八日。

二十九日，雨。

十月朔日，小雨。沈子廣攜示石田山水卷。寒林翳薈，石嶺巉巖，一老婆娑堤橋之畔。自題云：「予作此圖，韓山人不嗔草草，却謂有董、巨意思。山人迺具目，人人多信其説，但余自不能知其何如也。一笑。甲午春日，長洲沈周。」按此乃臨本。憶十年前亡友沈伯宏以此卷真蹟併伯虎《奇石山茶水仙圖》、項子京《郭五遊焦山煉丹圖》示余於姑蘇舟中，不知誰氏之物，欲得金數鐶耳。會余方有西陳之行，促刺不及成購而別，至今往來余懷也。項畫酷類黄鶴，後有細楷書《郭山人傳》，亦得褚法。

二日，雨。出奠岳封公青門、鄒鴻臚鳳竹。

三日，雨霽，大風。有人持古帖，伺余送客亟投示，乃矮本《黄庭經》，後有虞伯施題語，蓋所罕見者，購之。「王内史草隷，爲古今標幟。迺《禊帖》與《樂毅論》《黄庭經》，尤世所珍賞。人獲隻字若拱璧，況全墨哉！余直弘文，上每詔書《列女傳》，顧未得羲之真蹟爲楷，是陶者無型也。偶閱秘府，得《黄庭》此卷，其筆力神妙，具備諸法，殆天授者歟，焉能彷彿其萬一？銀青光禄大夫伯施虞世南敬觀。」按，題秘府蹟，不稱臣而稱字，可疑。詹事府主簿陸季高來顧。季高，冢宰五臺公少子，與余弱冠交，今闊隔幾十六七年矣，至是歡然道故如平生焉。因鈔余《乞養疏》去。

四日，晴。

五日。

六日，連日爲人排解紛難。覺此世界，憑腹臆者，任意縱横；負角距者，必恣踶觸。波浪險巇，可畏可慴。乃知古人退步讓步，真大熱惱中一杯甘露也。沈子廣來，與擘蟹對飲，語此，更覺添味。

七日，余門生陳汝言者，雅負侯白、黄幡綽之材，以《笑笑録》一編相示。雖市里穢雜之語，經其挑撥，極有奇趣。一敘亦詼諢可喜，載此：「僕有笑癖，實出愁腸。拍手呵呵，腰裹只差破布袋；花頭簇簇，口中却有薄皮刀。玉笑還讓老天，鐵心也須倒地。只圖眼飽，那管口酸。造殺老黄牛，頑石尚然會倒；趕走黑蝴蝶，黄河那怕不清。人世難逢，偏我得殆笑蕈；機心不測，對人一味虚花。女號蚌浮，人稱烏説。腸多絞斷，分明喫盡酸湯；嘴若笑歪，情願賠他冷㸃。如有同道，將來湊淘。若盡無知，拏去扯碎。」

八日，往常住橋鉏大夫别業小集。夜歸，霜月皎然。

九日。

十日，客有盧姓者款門，以巨然《晴空立嶂圖》來評賞。近陂三樹，點墨葉，攲側蔽虧，有生韻。對陂小樹，稠密蓊鬱。樹尖合處，作屋二間，層樓一間，軒牕玲瓏，疑有雲氣出入。下石脚參差，以焦墨點苔，襯出重數〔一二四〕。樹根露白盤亘，一橋横其下。上聳圓巒十四五層，雲氣苔色，虚浮動盪。大約簡於筆蹤而妙於吞吐，從此悟入，便可絶去板結刻三病矣。想其礚礴時，有無限營搆，而後得脱塹也。上有上寶司卿柳莊袁忠徹圖記。又祝枝山草書扇一律云：「山人歸去意何如，八尺方牀自卷舒。側岸採茶敲石火，隔峰剪竹溜清渠。碧潭印月菱花鏡，白雁横空貝葉書。後日相尋定何處，不於吴下〔一二五〕即匡廬。」

十一日，同張州將、項別駕集姚大理宅。賀伯闇吏部在主席。

十二日，馬吃持畫三軸來，一王蒙《長松疊澗》，僅得匡廓，不真。一大癡《石壁圖》，有柳貫題句，凡三入余眼矣。作僞者留天壤間，竟不可磨滅耶？石田《赭山松屋》一小幀，却真。自題句云：「蒼松夾屋午陰濃，地僻山深雲更封。白日不知塵海事，碧苔門徑少人逢。」

十三日，杜筌湄來，年七十九，背傴而聰喪矣，猶抵掌談兵不已。云有海澄人張姓者在日本，日夜謀内犯，閩浙淮揚，北達登萊一帶，俱可慮也。臨別，留《邊防議》

一册去。

十四日，雨。

十五日，雨。

十六日，晴。科孫彌百日，爲浄顱囟，名之曰先枝。

十七日。

十八日，同郡中諸老送沈繼山中丞入鄉賢祠。吴方伯本如以入覲經郡中來顧，飯項孟璜家。閲邸報。北畿鄉榜第二名童學賢，挂議分考官進士鄒之麟搜落卷强主考中之。又乙榜第三名余焕赴順天府領閲落卷，卷標中第一百名，後以余應龍易之，亦具疏憤争。主考翰林院侍讀郭淐疏陳始末，賴上在宥，汪濊厚恩，徐付部議。假當肅廟時有此，震怒不測矣。暮集姚大理第，談兩邑均甲消，里事紛然，咸咎創議者輕於條革，釀此沸騰，恐非旬月可底定也。

十九日，剞劂許生斷一指療母疾。諸名家貽之言，余亦漫書數語云：「欲調穎叔羹，忽斷般輸指。今日怡白頭，他日鏤青史。笑語絶裾人，毋乃顙有泚。」

二十日，雨。

二十一日，凍雨如毛，俄有日色。周秀巖引蘇賈持畫軸來。一沈石田著色菊花，題云：「黄金秋色相，灼灼富東籬。把酒宜陶令，重陽獨有詩。」一石田枯筆鴝鴿，草草寫就，極有生韻。自題句云：「鴝鳥能人語，疎林只是幽。夜來清露宿，獨占樹枝頭。八十一翁沈周。」一梅道人疎林釣艇：「至正元年四月十七日，梅花道人戲墨。」此幅墨浮筆薄，驗係贋筆。　華亭門生張衷朗從長安下第回，來過，與擘蟹縱飲，大醉。

二十二日，晴。

二十三日，陰而有風。

二十四日，陰寒。

二十五日，晴。

二十六日，陰寒。

二十七日，蚤有日色，俄陰寒。客談居商谷隱居不干世事，每閉門索句，既成，淋滴染翰，務以自快。最工小楷，書人扇頭，蠕蠕如黑蟻，較文衡山殊不多遜，特名不振耳。余因憶十年前得商谷小景一幅於亡友戴子文，野亭疎柳，湖水渺瀰，意極淡遠。其自題云：「點染青山四十年，寸縑不改舊風煙。散人漫竊江湖號，未買松陵一釣船。此余四十年前所作，子文持示，因題此。甲申二月望，居節年五十有八矣。」

二十八日。

二十九日，有日色，俄陰寒。

三十日，陰寒，連旬無日，農人穫而不能礲米。張禹玉持余舊臨米元章行書小《天馬賦》來閱。覺爾時書興殊湧溢，恨臨摹功疎，不能宛轉如意耳。後題數語，却於米法有窺處。「米書大小《天馬賦》，余皆得見其真蹟。大者力厚神完，蓄藏神駿之氣，大略取精於顔、柳，而間掠季海，所以不矜不佻，馴穩有餘，真和鸞節奏法駕中物也。小者筋骨嶄露，顧盼曄如，純用褚河南《枯樹賦》筆意，稍兼誠懸之縱掣，譬之注坡驀澗、搪陣絶馳之騎，又如五陵豪士，玉鐙金鞭，飄摇騰踔於杏花芳草間，雄恣華態，可望可羡。二種俱爲猾賈贋筆所亂。流行石本，無一可意者。壬子秋八月，在武林西湖寓樓，風雨無事，縱手臨此。」

十一月一日，同諸紳餞吴郡公於項孟璜第。

二日，同諸紳宴關郡丞、歐司理於項孟璜第，與吴生白憲副聯席，談謔有味。憶生白丁艱時，余走澉浦弔慰，值大雨，登海門寺閣，縱飲吟嘯，如昨日耳。屈指十四年矣。生白居恒坦易，不設邊幅，嬉笑任真，視士大夫拱揖凝重如木偶，而胸羅戈戟者天淵也，然生白後余第，而官已南面列城。窺富貴者，何必大張金鼓講韜鈐，終日以殺機從事哉？歸已三鼓，呼酒更飲，爲之滿志。

三日，同諸鄉紳宴集項孟璜第。海鹽彭對薇封公出一古銅器，云得之關中，掘地而出者。大如三升釜，有三足，旁斜矗二管，圍一尺餘，高寸餘。衆莫知爲何物，亦莫辨所施用，但信意指目，資笑謔而已。乃知蝌蚪文未易辨，汲冢師春書未易讀，而方頭古拗人，鮮不爲時流所姍也。

四日，同馬心印、邱伯畏、徐德夫、施羽王、岳之律迎座師李晉江相公於杉青津次。治具舟中，沿流送至斗門。師亹亹談長安舊事，雜以詼謔，神采愈煥，略無老翁衰憊之態與被讒去國牢騷之色。且圖書數匣，家僮三四人，一舟飄然，飲水甚淺，非真品真人，何能有此。師言爲秀才時，無一日不做文。入中秘時，無一日不課館業。爲祭酒時，無一日不陞講。爲禮部與兼攝各衙門，無一日不公座。迨入閣，無一日不進閣票擬。事隨到隨了，久之精神益湧出。至今更歷百變，吾心湛然如一日耳。又云，近日朝士憂吾甚於憂邊，防吾甚於防寇。不知我原無出意，乃不必憂者。是夜談至三鼓別去。抵家，已晨光矣。

六日，大晴。

七日。

八日，霧雨，俄大風。發長女奩往張光禄宅。

九日，大晴。

十日，王丹林從武林回，來謁，云余向於僧宗朗處所見《閣帖》，乃閶門專諸巷葉氏所造。果中余摸索矣。

十一日。

十二日，長倩張襟仲來逆女。余登雪舫，送女至平湖，因過養白伯兄。後圃鑑止亭臘梅已綻，菊猶未萎。伯兄蕭然其間無一事，實天賚之閒也。午後，姻家以酒舫來迎。余與伯兄狎坐。入夜，余過舫，與女執别。主人堅留，余以計脱去，泊東湖。是夜雨。

十三日，風雨。未刻抵家。

十四日，陰晦。方樵逸同吴雅竹來。所挾古物與卷軸甚夥，止録其佳者。沈石田横披大幅，仿黄子久作洞庭景，小行書題一律云：「湖上看山山水俱，君家偶住此冰壺。書聲還許鳥魚聽，人迹不教塵土汙。夕陽收橘金自足，秋月泛槎仙可呼。我生不游亦欠事，捕影臨風聊畫圖。」又李滄溟題云：「青天嵯峨擁高峰，方舟遥映千芙蓉。長松窅窕晝無日，飛泉迸入深林中。環林倚石一亭子，空際江山有如此。丹青手，沈先生，寫出意態殊縱横。千年不改秋山色，萬古留得茆茨名。淋漓翠黛展半幅，身在錢唐與天目。濟南李攀龍。」張夢晋《莊子夢蝶圖》。作枯櫟荒陂，一老隱石而卧，二蝶栩栩樹杪。衣紋用道子丁頭鼠尾法，極有雅韻。夢晋名靈，才極高，唐伯虎高足。詩句傳播詞流，不聞其能畫，今睹此，乃是罕物。自題云：「《莊周夢蝶圖》，爲偶興而作。」印記「元龍」二字。唐伯虎題云：「尊前花月蜚號足，眼底功名蟻戰酣。信是大鵬招鷃笑，何須萬里更圖南。」文徵仲名璧時題云：「莊生齊物能忘物，舉世蘧蘧大夢間。却笑黄粱待炊者，漫將車馬入槐南。」唐伯虎《杏花春燕圖》。自題句云：「試向臨卬看杏花，紅橋低界緑池斜。清明時節殘陽裏，個個行人問酒家。」文衡山小行書一詞：「晚涼斜倚赤欄橋，天遠白煙消。酒醒顧見花間影，浮雲散、月在林梢。野火青山隱隱，渡頭緑水迢迢。 昔年曾此醉清宵，共艤木蘭橈。十年曾踏行春路，同遊伴、半已難招。夜静山亭月小，玉人何處吹簫。右調《風入松》。」盛林號前溪者，古木竹石，頗瀟灑。有趙文敏法。自題云：「竹樹疎還密，雲霞淡復濃。秋山無限景，煙寺一聲鐘。」殊與畫不合，何也？張石川寰一律：「晚登大石山房次郡守可泉先生韻。靈秀兹山最，躋攀兩腋輕。乾坤惟此石，丘壑自生平。絶壁蒼虬倚，孤亭海月横。徘徊欲忘返，何處闔閭城。後學張寰頓首，稿呈懷雨先生親長吟侍下，丁亥二月十四日。」筆法摹六朝，與王雅宜相出入。

十五日，吴儒泉爲其宗人東皋持吾郡李臨川先生手蹟一卷求跋，乃與其先世少溪翁住還札子也。首一幅草書絶句云：「先生忍負薔薇約，老朽寧忘芍藥期。乏騎相吟過斗室，春風催我漫題詩。上少溪翁兄丈，當帖。」臨川先生名樂由，進士，官藩臬。當江陵横恣時，拂衣竟歸，住湖州之烏鎮。貧居樂道，無故不謁令長。平生極慎許可，而少溪者以欽之布衣寓居我地，先生與之交至敦。臭味如此，其人亦可想矣。

十六日，吴雅竹以上海褚蘭亭所鐫《淳化閣帖》相示。蘭亭家有宋搨本，倩精工拓成。余爲諦視之，覺其肥圓典厚，有《絳帖》遺意，亦末代之傑造也。乞余題數語攜去：「《閣帖》自泉刻滋行，徒充嫁奩貽遠之具，吾輩不復可置目。每得古搨數行，輒爲研味滿意。矧此刻清明朗徹，如秋夜不雲之天，星躔斗緯，歷歷可指數？信藝苑之琛也。黄雲林、米漫仕雖極攻發，然欲見古人鬚眉，正在此傳摹想像中耳。不可忽，不可忽。壬子，大雪後一日，竹懶題於偃松軒。」

十七日，陰寒。

十八日，晴。

十九日。

二十日，雨。陳眉公先生來索觀書畫，極喜王叔明《秋山草堂》一幅，以爲在《清弁圖》上。又觀亨兒畫册，題語云：「會嘉游戲畫海，似得無師自然之智。然自子久、叔明、懶瓚、幼文，種種具在筆端。畫學深詣如此，豈徒南宫之虎兒，當是大小李將軍復現耳。」

二十一日，同岳石帆、徐玄仗赴陸太和令君之招。

二十二日，晴。

二十三日。

二十四日，風。昭慶寺清公同王江涇具足庵僧覺庵者來。

二十五日，寒。潘景升寄余《華嚴新經論》。此論唐李長者所著。大中歲，釋志寧始割論附經，謂之合論。今景升去經單行之，還長者之舊也。焦弱侯作敘，甚有理解。

二十六日，稍和〔二六〕。同岳之初至楞嚴寺。佛殿階礎上有老者，擁衲映曝而坐，杖端懸一牌云：「正德九年生人，今年九十九歲，遇緣化齋。」之初與余就之語，雙目已失明，云從終南來，禮普陀。叩佛法大要，曰：「只是去妄。妄息，生死自破。」久之，覺其人精悍異常。客攜姚丹丘《秋江漁隱圖》來閱。下層作三樹踞石，寒莎〔二七〕水草點綴，如趙文敏家法；沙畔一小艇，緋袍人垂竿，晏如也；上層老筆勾抹遠巒，又類梅花道人，但著色半用趙法耳。「緋袍烏帽人如玉，扁舟遠勝黄金屋。竿小一絲輕，閒身不釣名。西塞桃花水，斜風兼細雨。日暮竟忘歸，山前白鷺飛。雲東逸史嘉禾姚公綬畫，并填《菩薩蠻》一詞於上，弘治戊申七月。」「晚岸青楓樹，秋江白鷺蓑。爲漁將取適，不樂更如何。倚棹仍哦句，垂綸莫唱歌。請無輕此意，平地有風波。此《秋江漁隱圖》也。吴興公昔有此，余能記憶而仿爲之。既填古詞矣，復書四十字於其空，以揄揚詞所未及之趣。中秋日，逸史識。」

二十七日，戴康侯攜觀沈石田畫册十二葉，乃贈秋官周于岐者。于岐從吴門至金陵省父大理公，而後北上謁選，故石田以所歷分十二段爲册以贐，姑蘇臺，婁江，慧麓，北固，石頭，黄樓，吕梁，孔林，日觀峰，潞河，蘆溝，燕山。畫法悉用黄子久。又唐伯虎山水長卷，款云：「正德仲夏，吴趨唐寅爲惟亮世兄寫《盤山書屋圖》。」夜同陳葆初大參、岳石帆水部、徐玄仗勳卿、譚凡同駕部、陶元暉繕部赴秀水吴儼五令君之招，三鼓散去。

二十八日。

二十九日，長至，細雨。

閏十一月朔日，涷雨灑淅。許叔仲袖潘景升《亘史》一編示余，迺所紀金陵、廣陵、吴、越、燕、楚諸歌姬之才艷者，頗有情致。内周綺生者實猥妓，初居我郡之王店鎮，與雜賈交，無何徙郡城。綺生稍能筆墨，少年緣飾之，遂以詩名。其所云閨中人亦與往來者，乃突禽市虎之語。景升既耳食，又滋口業，謬矣。余少時於魏塘見王輕燕，坐客强余賦輕燕詩，止記中四語云：「梨花魂夢能銷骨，楊柳腰肢易斷腸。瞥舞乍疑翻蛺蝶，雙棲常自學鴛鴦。」又同沈子廣訪吴門侯娟娟，其妹小娟適卧疾，余爲賦二絶：「綺窗香霧暗銷紅，鶯夢昏昏花睡濃。爲博十郎詩句好，强開眉眼對春風。　雨寒江閣卧鴛鴦，翠被深籠墮馬粧。特爲才人頻造膝，起攜金鴨自添香。」又於江陰見徐初月。初月纖亭多態，善酒謔浪，傾其座人。雖徹曙，無倦色。女弟纖月，年方破瓜，緑鬟紅咽，已解眼波撩人。余業與目成，竟爲初月猜忌，閉之深室，不復覩矣。余作《懊恨詩》一章：「情緒無端似柳絲，綿綿邈邈動芳思。一宵好夢成還破，兩字相思只自知。豈是新荷驚驟雨，却教艷蕊鎖深枝。他年蜥蜴痕消處，記取王昌初見時。」又雪中與沈子廣艤舟曲阿。子廣不勝寥落，躡雪遶城闉，冀有所遇。余以捕風嘲之。子廣不顧，去。良久，果得一麗人於深巷敗屋中，一老蒼頭執爨。蓋富人所娶院姬，爲正室所逐，將謀他往，而僑止此者。朱姓，名淡雲，歌舞俱擅場。子廣爲一櫛工指引，初闖其門，頗示微拒。子廣勇於情，纏綿之，遂留款，作三日淹。臨行，出素卷索淡雲詩。余漫應二絶：「淅零時作催花雨，斐亹如燒染甲香。一種柔情在何處，淺籠斜月映新粧。　分得巫陽一片明，捲衣猶作六銖輕。腰肢瘦盡渾無事，正好乘風上雪城。」又戊戌仲冬，遊吳門，遇張六姬於湖舫中。六姬，金陵曲中人也，以避仇爲湖海之遊，因居泛宅。余過訪，值其理髮，旭日照之，花明雪艷，真如洛浦之逢矣。貽以一律：「波鏡光交亂，芙蓉色自妍。水雲籠鬢薄，沙柳映眉纖。鷺起窺金粉，魚驚落翠鈿。無端鄭交甫，望望隔朝煙。」仲冬十五，夜泊吴閶門外，霜月滿空，同沈伯宏、沈子廣、戴子文、盛寓庸、吴仲賢團飲張六姬船頭。酒酣，客有彈三弦者，妙絶。賦長句爲贈：「洞庭木落西風多，布袍越客登飛艫。寒溪遶城月照水，渺渺煙樹啼棲烏。笙簧中斷踏歌歇，美人盈盈坐霜月。杯分緑醑灎金波，釧冷單衫露肌雪。豪談劇謔意已盡，坐中忽出三弦客。客年三十美風姿，正是撩風弄月時。青狨暖耳紫半臂，纖手削玉揉花枝。一弦一珠珠活潑，三珠滚滚亂挑撥。化爲黄鳥入花間，淡日和風響鈎聒。海棠貪睡柳貪眠，一齊唤起春風顛。深沈堂院下紅雨，雨聲滴破青苔磚。隔窗有人愁聽雨，噥噥唧唧相爾汝。一朝蕭瑟轉無聊，陰廊切切秋蟲語。沙頭老鵲亦斷腸，劃然驚起天地霜。千家砧杵夢魂裏，萬騎鐃歌關塞旁。悲歡意緒總不同，盡在搊搊抑抑中。風箏綫斷刀尺冷，佩環何處敲玎玲。鼠肝蟲臂吉鷯舌，蜂鬚蝶翅相蒙茸。喜爲微溜吐幽瀨，悲作老木含淒風。四時氣候俱可變，何況鬢凋青黛顔消紅。蔡女十八拍，嵇生廣陵散。潯陽江頭泣嫠婦，柯亭老竹驚飛翰。何如此客細作碎金啄玉裂繒聲，引我詩魂入清境。客彈已罷歌亦竟，明月欲落不落，美人欲睡不睡。坐客低徊頭伶俜，總爲餘音孅人聽。若非白骨觀初成，幾爲三條弦子愁成病。」余少遊狹邪中者，止此數處可憶。然不過浮杯弄翰，助人懽笑而已，實未嘗濡足其中。而所遇亦自可憶，恨景升未之見也。

二日，大雨。

三日，澀雨不止。吴江顧修吾以泉州《閣帖》一部來看，多斷泐，差勝近行者，非舊搨也。又王仲山爲法雲上人擘窠書長歌一首，款云：「隆慶辛未，七十一翁王問書。」字圓肥，多趙法。仲山平生書，有極蒼勁可喜者。若此卷，則瞠乎在姚丹丘下矣。

四日，晴。爲姚岱芝給諫圖一扇。題云：「霜前歷落樹，煙裏嵬峨峰。檢點曾遊處，依稀似剡中。」

五日。

六日，同徐德夫、孫瀟湘、沈白生讌秀水吴令君於岳之初宅。更餘就席，四鼓別去。

七日，凍雨。顏嘯吾，余舊書記，公車時挾之北上。其人善酒與新聲，今老矣。偶從人閩遊，來別。

八日，同徐德夫、孫瀟湘、沈白生餞嘉興陸令君於岳之初宅。

九日。

十日，送陸令君太和於北津。

十一日，爲沈翠水寫《秋林釣艇圖》，仿董北苑筆。題云：「春看馬塍花，秋垂笠澤釣。不作攢眉歌，但聞開口笑。」門生魏塘曹勳允大，以其大父吴塘先生諱津者所輯《周禮集傳》來乞敘。先生以明經歲薦，授青陽訓導，歷官至南安教授。解官至家，八日而卒。平生篤意經術，著述甚多，此其一耳。子穗，亦學官高等弟子。孫𡨴與勳皆問業於余，而勳尤蚤慧。

十二日，與亨兒至法華庵，訪僧雲山，不遇。因過白苎莊居，省張伯始。後圃梅森森，蓓蕾盈條矣。

十三日，鄰孀媪潘氏家有怪，白日抛擲瓦石。拾視之，上有字作卂夯文，不知何異也。

十四日。

十五日，夜月明如晝，無纖雲氣，亦不寒。

十六日，余生持趙子昂《秋林聽琴圖》横卷來鑒定。有徐天全題字二行，云：「天順八年二月，有貞觀於錫山草堂。」又沈石田小景。柳亭沙岸，一高士箕踞。上作層巒礬頭。用子久法。又古銅辟邪水滴一，繡花白定香盒一，南唐貢硯一。余生，方樵逸之内姪，以鍊墨聞於吴中。作書畫估，乃新參耳。余爲購得右軍書嵇中散《絶交書》石刻一本，較停雲刻有異趣。

十七日，張倩襟仲同女來寧。

十八日，夏賈攜透明犀杯一、琥珀帶環一、舊玉玦一來看。賈從金陵來，云近日書畫道斷，賣者不賣，買者不買。蓋由作僞者多，受紿者不少，相戒吹虀，不復敢入頭此〔二八〕中耳。

十九日。

二十日，爲張倩排當，有角觝之戲。一姬碧梧、翠竹，江淮間人也，音亦沓靄可聽。席罷，月午矣。

二十一日，微雪，俄霽。戴友石之友有號平山者，友石爲乞平山詩。余乘醉爲擘窠書云：「何處展雙眉，煙江萬株柳。下有雪浪翻，上有風檣走。陽春二三月，花絮沾杯酒。詞流傳勝事，昔日來歐九。文章氣骨在，山川落吾手。誰人號平山，奪席攙我有。賴遇漚和翁，頰舌關其口。扁舟時可買，諧謔俱曹偶。不願争平山，願作平山友。」

二十二日。

二十三日，同亨兒往當湖，奠沈晴峰先生。申刻即回棹。夜宿新豐。

二十四日，蚤霧。抵家日高春矣。

二十五日，同沈倩過岳石帆坐。有丹客吴生，抵掌談魏伯陽之學，云藥物不外銀鉛沙汞，其用八石者，非是。又云陶朱、石崇與國初沈萬三皆得丹，故富甲王侯。特崇與萬三不善用，以禍其身耳。余不覺爲掩口。舟便造陸澹園大夫山居，中多奇石，堆列凡四五折，竹樹蕭然。有客持姚丹丘雜手札十三通，又諸公寄丹丘柬十通來閱。丹丘暮年遭回禄，家貲蕩然，故所作柬多干求語。又有因求不得而怨尤者，可笑也。丹丘得王叔明《岱宗密雪圖》，亦燬於火。每言及，輒隕涕。李西涯一札，云自得西涯詩畫以來，蓋嘗具簡申謝，獨不能再繼書問，以爲愧耳。而來簡乃若闕焉未之省者，豈書郵之過使然歟？又云「雅情高誼，雖歲致一劄，猶不足以報，況疏簡若是，誠可罪也」，亦是此老責備西涯，故西涯答之如是也。又有稱舊治生吴昇者，柬云「蜜酒俟熱天做就奉寄，兹致淮麴淛水十字酒一樽」，酒名甚奇，想亦佳醖。又云「武克顯寄絹一方，拜煩大筆揮染竹菊鳩鳥之類，萬萬勿辭」，余見丹丘畫竹枝晴雨鳩於友人項又新處，果證〔二九〕妙品，且有灑然俊邁之韻，不徒若錢舜舉止工渲染刻畫而已。又有名魏瀚者，字法甚妙，多顔筆。又有稱「小弟方印文公矩拜上大兄侍御」者，豈公群從耶？柬中及靖江王府選儀賓與鎮守巨璫黨惡事，云「使吾兄當此，必將霆激雷迅，非徒長厚者所能支也」，語意似感憤時事，而惜公蚤歸山耳。蓋亦士大夫有志意者，字法類楊鐵崖。

二十六日，夜同譚樊桐赴鉏萍鄉令心雲之招。

二十七日，雨。山人潘景升見過，言因黄山欲纂《黄海》一書，凡事係黄帝者悉載之，幾六百卷。偶閲蘇東坡《仇池筆記》，載數種酒，韓退之詩「拋青春」，郢之「富水」，烏程「若下」，滎陽「土窟春」，富平「石凍春」，劍南「燒春」，杜詩雲安「麯米春」，裴鉶《傳奇》「松醪春」。亨兒曰：「大人所飲有奇酒，亦可著乎？」余曰：「余遊未半天下，何足多數？然亦有可言者，燕京雙塔寺薏苡酒；范工部光父飲余易水酒；建昌白麻姑酒；趙思日郡丞飲余南海荔支酒；德化令楊紫泉飲余棗子酒，光如琥珀；又飲余西瓜瓤酒，色如水，味甘；郟縣酒醇醲如膏；襄縣交酒性極烈；陳州羅州將飲余治民酒，味沖雅，少飲輒酣，多飲不醉，妙品也；山人繆仲醇飲余五味酒，虎丘張豫園釀梅花酒；福橘酒、鯽魚酒，皆奇品也。

二十八日，過沈倩齋頭。壁挂唐伯虎《霜松煙瀑圖》，無款。余定爲周東村筆。東村工密而蒼老，伯虎秀潤而超逸，氣韻自然不同。若仇實甫，工密有餘，蒼老不足，無望超逸矣。以三家者均法李唐，而雅俗流別如此，特爲指出。又文徵仲《松壑高閒圖》小幅，有致。出觀南唐貢硯二：其一瑩潤，呵之汁流；其一燥甚，上巖石耳。又豐考功書《觀世音普門品經》，筆法戰掣揉韌，全學柳誠懸。考功平日雅以書道自負，余嘗見其細楷，端勁有率更風氣。又見其臨《聖教序》，備含藏宣耀、一出一入之妙。乃知此公於書，功力深矣。世徒寶其晚年旭、素狂筆，豈足爲知公也。公自題云：「大慈悲父靈感聖師智慧圓通威神廣大循聲救苦觀世音菩薩，從聞思修入三摩地，詳載《楞嚴》與《法華·普門品》，義理相發。余嘗見蘇東坡手書此經，與今經坊本數段不同。蓋經坊所刻，出於應付俗僧，口熟所授，顛倒錯亂，文理不通。今以蘇本爲定。嘉靖四十三年六月廿四日，南禺世史豐道生書於秀水縣天寧寺之東隱精舍。」余以近刻經文與公所書讎校，果有數處增減不一。然於大義無相異也。

夜招景升小坐。景升貽余《名山注》《三吳雜志》數種。飲酣，因徵酒事。景升云：「黄山中群猴採諸果，雜置石窟中，醖釀之成酒。山人得偷飲之，甚美。瀝杯勺於案，香聞一室。懼群猴之怒，不可多竊耳。」余因記西陳劉曜如爲余言，其里中老人家有佳梨，每熟則數百枚爲人購求立盡。因潛蓄百枚甕藏之，埋於地中。忽忘之。至三年後憶得，掘啟之，則清酒澄泓，甘香不可言，勺滴入喉，痰涎悉化。此得造化自然麴蘗，老人以無心致之，乃天賚也。後人效之，輒腐敗不成。

二十九日。

三十日，陰寒，雪霰。

十二月朔日，寒甚。始見堅冰。前是煦煖，梅幾吐白，得寒又復葆固。因憶袁中郎詩「寒勒梅花未放香」之句，乃實録也。

二日，偶閲豐道生《筆訣》云：「如屋漏雨，如壁坼，如印印泥，如錐畫沙，如折釵股，此皆古人論作書之勢也。」勢之一字，甚妙。但未分疏，終令學者茫然。因爲箋出之，以授兒曹。屋漏雨，言相承溜下，滴滴不差移，而瀦畜奔瀉處，有自然之變，不可預設，此在統視連行中得之。壁坼，凡泥壁坼裂，其紋隱隱綻開，而全堵不動。書法中每作字，有筆不連而意連，意斷而筆不斷者。此於兩字相搭，或策勒過度處得之。印印泥，筆畫快利，起止無粘滯，又全體渾成，不見湊簇安排之迹。此於骨體間得之。錐畫沙，錐鋒銛鋭，所當沙特豪末耳，而沙性疏擁，受錐處闊現有餘，宛如善用筆者，筆鋒正行，而姿肉滿茂。此於用筆用墨間得之。折釵股，釵股彎曲無圭角，而有勁氣。此於轉筆處得之。又有斷雲，作策勒三折筆法也。刷絲，枯筆帶拂法也。墜石，作點向下法也。驚濺，作挑水法也。飛蘆，白舉奮筆直遂法也。又有聞嘉陵江水聲而悟筆法者，悟其起伏激驟也。見舞劍器而知筆意者，得其雄拔頓挫之妙也。見擔夫與公主争道而識書理者，擔夫負重成隊絡繹而行，雖公主騶從呵禁而不能止者，以其聯絡成势，不可斷也。此亦於統視連行中得之也。余嘗欲仿禪家公案，作《墨池拈古録》，盡發古人秘奥，而讀史未暇，姑志之。

三日。

四日，先是閏月二十二日酉時，有流光照庭户，從東西行，或曰慮爲火祥。至是，因延太古院羽流六人作清醮禳之。班首王震暘陳説院之起廢甚悉，云國初有劉浩然高士，道價重海内。嗣天師親訪之，爲書逸潤軒扁，至今留院中。院甚僻静，古木藤蘿，蕭然如在深山中。歲惟士友習静者借居，其屨蹟可數也。余贈震暘詩一章云：

「嘗聞太古院，松老鶴翩跹。頗容讀書子，來此寄青氈。壁苔繡乾雨，窗竹摇晴煙。仙翁寂默坐，暗誦黄庭篇。」有瘍醫劉生引至趙觀畫鷹、林良雙雁，又萬孝廉藎卿寄示盛子昭畫三軸，俱不佳。

五日，晴暖如春，紅梅破萼。

六日，出弔鍾羽修。羽修，觀察侍山公孫，頗喜書畫，刻有《寄雲堂詩集》，余爲作敘。年僅四旬耳，士友無不悲之。

七日。

八日，陰寒。高生指引一人，持東坡墨蹟一軸來，乃行書《洞仙歌詞》一首，字如當三錢大，豐茂多姿，全法徐季海。此詞首語「冰肌玉骨，自清涼無汗」，舊傳蜀花蕊夫人句。後皆坡翁續成之。豪華婉逸，如出一手，亦公自所得意者。染翰灑灑，想見其軒渠滿志也。有《頤庵圖記》，胡文穆公家物。

九日，雨。

十日，細雨，濕蒸如春時。嘉善門生卞櫺執贄求教。櫺字休文，與曹勳合削《楓溪合草》，中多雋語。

十一日，大雨雹，時立臘五日矣。門人石夢飛攜示薛素素手繡大士，精妙之極，可謂針絶。上繡《般若心經》一卷，字如菽，得趙子昂筆法。聞素素作此以壽沈純甫司馬者。人但知其能挾彈馳騎與散筆蘭竹耳，何意多奇若是。又米元章潑墨山水一軸，縑素沈黑，中有一折縫，當是古人卧屏之類。左方沙上，作煙樹四五重，其樹株根梢，辣手亂拖，極有雄勢，非後人所能擬也。款「襄陽米芾」四字，不真。蓋舊畫用米法耳。

十二日，晴。方巢逸從蘇來，出一硯，古端也。鐫其背草書數字，云：「成化庚寅，在龍潭精舍，張汝弼記。」乃東海居士物。居士平生喜作旭、素狂草。然長史《郎官石柱記》，楷法精緊。長沙《律公》《祝融高坐》諸帖，極有二王規橅，非浪騁勝氣者。恨居士此硯未成舊也。文徵仲仿倪迂層巒奔瀑。下層作沙樹水亭，如本法。題云：「平生最愛雲林子，慣寫江南雨後山。余亦雨窗閒點染，疎林斜日有無間。」又徵仲雪景。重林疊巘，旅人游騎，酷摩李營丘。題一絶云：「晶晶日色弄寒雲，消得階除雪幾分。「一樹梅花消酒興，詩成偏屬鮑參軍。」

十三日，雨。强出，爲人排解。

十四日，湖人致茶子一龠，云以立春日下種，春深即生，生二年而花。凡茶不喜移植，必用子生。故民間聘婦，以茶明其一定不可移也。茶喜生爛石沙礫之上，吾地無山，鮮業茶者。昔年白苎陳翁號五洲者，其茅亭前、籬脚下皆植茶。每春晚，手摘焙斤餘，藏以自飲，間出供客之清勝者，風韻良妙，特味稍重，其烈不勝山中茶耳。余欲從硤石、鷹窠等近處稍運碎石黄土作茶田，自農而食，未必無膏腴之收也。

十五日，雨。杭蘭一穗初坼，幽香逼人。

十六日，爲惠山僧解如題募法華山團瓢册。

十七日，見兵憲潘公。

十八日。

十九日。

二十日，以沈倩有田訟，登雪舫往嘉善。暮泊儒學前，步訪門生姚怡如，則曹生允大、卞生休文已先集候余矣。呼燈團坐一小閣，有狎遊者朱生，擅新聲，善詼諧。酒酣，覆一盎，仰一盎，相磨切，作磨麪聲。把箸一握，劃案上，作打籮筐聲。又口自歌，若店人作勞者。遇曲一變，即叱驢一聲。無不逼肖，宛然若居麪肆之旁也。因各沾醉盡懽，睡時夜漏三下矣。

二十一日，辰刻，謁署縣劉別駕於賓館，遇陳藩参穎亭。穎亭名于王，丙戌進士，談時事灑灑，云今天下士大夫洶洶，類漢唐末造。由宰相之無權，而士大夫不懼黨錮之禍。賴主上汪度銷鎔，叩之不應。真確語也。午刻，劉公答顧，即返棹抵家，日昳矣。

二十二日，吴江馬玄洲、常熟葉少源移書畫舫就余。出觀倪雲林小幅山水，楮係元時雲粉箋，畫筆粗辣，似學董源。作兩枯樹，疊聳而上。石法老氣，類其所作《獅子林圖》。款云：「雲林倪瓚寫。」祝希哲行書題上方，云：「高樹棲殘緑，青山笑客忙。此亭有吟侶，何異輞川莊。丘壑簡淡，不著一人，此倪子清閟閣畫法也。余閲此幅，則曰人品高矣，但渠意涉玄虚，故題之若是。祝允明書。」竹懶曰：「味此語，是枝山於倪迂畫稍致不足之意矣。然迂嘗自言曰：『吾畫寫胸中逸氣耳，若以形似相求，是責寺人以不髯矣，冤哉。』枝山似欲以律儀概散聖，烏可得也。」又王叔明《樂志圖》。淺絳色，用筆古拙，全法顧、陸。恨楮稍黯慘，收藏不密故耳。顧謹中題云：「讀仲長公禮《樂志論》，使人超然有違世絕俗之心。觀王公叔明《樂志圖》，飄乎有淩虛馭風之想。此余所以辭金門而甘白屋，噏精和而葆天真者，非有契於斯乎？因題長句於上云：黄鶴山人仙者徒，何年寫此樂志圖。知公愛讀仲長論，潑墨晴窗親手摹。筆精意到奪神造，尺素幻出三蓬壺。良田美宅背高嶺，曲林小苑涵平湖。修篁過雨翠陰密，花樹得春紅萼敷。主翁消摇處其下，二三儔侶恒相呼。鹿皮軟茵藉碧草，龍頭巨杓當黄壚。肥濃腊毒豈足貴，物雖菲薄誠非誣。香團瑶實薦新果，膾飛白雪嘗鮮鱸。一酬一酢恣傾倒，雙雙行酒青衣奴。山花易落春易老，勸君不飲成空辜。當窗小婦曲屏裏，星眸霞臉朱肌膚。似知翁意恐酒乏，隔屋再喚東鄰沽。眼花耳熱高興發，仰天拍手歌烏烏。笑將名利等敝屣，唾視金玉輕錙銖。有舟不泛人酢甕，有車不躝長安途。醉來捫腹隨所往，拂衣起捉烏藤扶。從人喚作葛天氏，老我豈知馮子都。清標自出一世上，此樂人間無時無。嗟余見畫揩病目，塌然俛首增長吁。生平未了讀書債，誤蒙選擢發神衢。十年奔走輦轂下，蚤朝日候雞鳴趨。冗曹愧無一事補，虛縻廪禄徒馳驅。時持古鏡照顔色，面皺髮斑非故吾。肘枯豈懸六國印，腰瘦懶佩千金符。乞身偶遂鑑湖願，買船東下歸田廬。幸存松菊延歲晚，重闢三徑除荒蕪。文園病渴久憔悴，邯鄲夢覺成盧胡。時時得酒且快飲，日日震風吹不甦。安得王公爲我畫，題詩更倩眉山蘇。」又沈石田臨倪雲林山水。作三疊布置，大概俱以秀潤爲宗。題云：「春山同遊不同席，却被青山笑相隔。村蹊宛轉行不進，來者固遲行亦急。問人行去苦不遠，如酌稍延當有及。空亭鳥下小燕過，祇見殘花與殘核。手捫路竹漫刊詩，時記後來君可識。白雲酢汝一杯酒，不問老兵何得失。弘治己未春三月，約客山行，先後相失，因賦。偶遇明古於吴門舟中，匆匆話別，不及造數語，以録是詩。沈周。」又唐伯虎《款鶴先生圖》。髯者據案於高山流瀑之下，一鶴延頸而前，若相款語者。題者數家：「遶屋先謀二頃田，野懷端爲蓄胎仙。九霄晴雪不飛去，一地嬾雲相對眠。種竹何須待凡鳥，茹芝還欲共長年。人家有此清事足，聲和讀書風朗然。沈周。」「雙鄒元買向青田，賣藥人家雅似仙。步闊自於幽興適，頸長宜閣瘦軀眠。海山蓄久知留客，橘水功成不記年。未得相過試能舞，只憑傳説意悠然。鄞陳沂次。」「款鶴仙人秋菊衣，水香雲淡稱幽棲。緱山萬仞紅塵息，遼海千年白晝遲。兼有鸕鷀新得色，更無鷗鳥未忘機。華亭相憶嗟何及，訪爾應須蚤見幾。山陰蕭鳴鳳。」「吴山無俗侶，野鶴自相通。警露魚牀外，眠雲月榭中。傳書將渡海，擬駕欲盤空。莫遣機心起，徒傷幽桂叢。白沙景暘字時臣。」「雲棲露立不須籠，似與山人野性同。去意已忘仙嶠遠，安巢寧厭主家窮。冬藏夏見看梁燕，北往南來感塞鴻。唯有懿公舊時鶴，年年門外伴寒松。西樵朱應登。」「百尺寒松五色芝，山中何事不相宜。秋雲更與安巢久，莫起青天碧海思。姑蘇顧璘字華玉。」「傾市乘軒不用謀，白雲巢向碧松頭。百年人事都成幻，載月重遨赤壁遊。江東易奉。」「上客眠雲思最閒，却開荒圃挾飛仙。曉留看院松相映，夜聽談經月共妍。長笑臨皋虚短夢，遥知緱嶺自前緣。山中好結千年社，何必乘軒入市廛。陳津。」「庭前馴養九皋禽，塵外相期萬里心。應自盤旋隨處士，豈同懊惋傍支林。秋風石徑邀低舞，明月瑶琴和朗音。碧落他年終有約，飄然還共度仙吟。陳汸。」「風格飄然逈出群，老年得與散閒情。青藜偕步過雲嬾，白髮相看就月明。千歲遠留塵外迹，九皋清稱曲中聲。爲渠錬得軀相似，辟穀丹丘肯負盟。嗚時周郊。」竹懶曰：「此卷余凡三見之。余家又有一小卷，亦伯虎繪圖，祝希哲楷書《款鶴先生傳》，其標韻較勝此。余亦有《引鶴》一短律，附載此。爲爾昂藏甚，低柯盡剪除。竹疎通引步，池淺易窺魚。清語真堪共，修翎欲替梳。腰纏幸無物，雲外好舒徐。」

二十三日，葉君以崑山短穗水仙貽余。余過其舟，舟與馬君相聯。馬君烹上岕款話，所出觀珉玉贋鼎之類，碌碌無一醒目者。

二十四日。

二十五日。

二十六日，連日晴暖。

二十七日，晴暖如莫春，至汗流不能御袷。庭前梅蕊無大小一時俱放，紛然如雪。野人來，言桃杏亦花。蓋近數十年所無也。

二十八日，晴暖。午後有青黑雲如蓋，起丙戌之間。余知有陰雨之候。至夜，果小雨。

二十九日，雨，仍御棉裘。有人持尤求〔三〇〕《雪林鍾馗》，筆法亦古。又有棗涇居士畫一幅，濃瀋焦墨，學北苑而謬者。

校勘記

〔一〕「夜」，清抄本作「夜有」。

〔二〕「本」，清抄本作「圖」。

〔三〕「工於」，清抄本作「有功於」。

〔四〕「一卷」原作「卷一」，據清抄本改。

〔五〕「法」，清抄本作「書」。

〔六〕「相見於津次」，清抄本作「相謁於舟次」。

〔七〕本條清抄本在是月五日條下。

〔八〕「樹」，清抄本作「頭」。

〔九〕「縛」，清抄本作「轉」。

〔一〇〕「水」原闕，據清抄本補。

〔一一〕本條清抄本在是月二十八日條下。

〔一二〕「積」原闕，據清抄本補。

〔一三〕「古」，清抄本作「古銅」。

〔一四〕「返」原闕，據清抄本補。

〔一五〕「人」，清抄本作「衣」。

〔一六〕「疊」，清抄本作「壘」。

〔一七〕「至正年」，清抄本作「至正戊戌」。

〔一八〕「春」，清抄本作「青」。

〔一九〕「土」，清抄本作「五」。

〔二〇〕「人」原作「致」，據清抄本改。

〔二一〕「稱」，清抄本作「亦」。

〔二二〕「豐」原作「方」，據清抄本改。
〔二三〕「縫」原闕，據清抄本補。
〔二四〕「數」，清抄本作「樓」。
〔二五〕「下」，清抄本作「市」。
〔二六〕「稍和」，清抄本作「風稍和」。
〔二七〕「莎」原作「沙」，據清抄本改。
〔二八〕「此」原闕，據清抄本補。
〔二九〕「證」，清抄本作「登」。
〔三〇〕「求」原作「球」，據清抄本改。

卷五

萬曆四十一年癸丑春正月朔日，小雨灑淅，俄大風。余率家人拜慶家君前，科孫亦知孩笑，家君爲色喜滿引。

二日，蚤起，瓦縫有積雪。

三日，暮又雪。與沈子廣同至白苎看梅，紛然如雪。

四日，雪霽，寒。

五日。

六日。

七日，俱寒雨，不能出，人事頗簡。

八日，客以舊榻李北海《雲麾將軍帖》求跋。余信筆應之：「昔張伯雨見趙松雪，求書法。松雪以此帖佳本授之。伯雨於黃篾樓中盡心摩仿。踰年，書道大進，乃至揮運灑灑，無有一筆弱者。松雪雖多二王規槪，然蕩除元人習氣不盡，正由於此帖少功，於福清《牡丹帖》太作緣耳。伯雨却蕩除得盡，此帖之功，非鮮也。」〔一〕

十日，小雨。〔二〕

十一日，赴項孟璜招，集園居。余先至，冒細雨登陟岡嶺，遍尋洞壑，衣裳沾濕。久之，孟璜始至。已，岳之律至。已，譚聖予至。團飲盡歡，所談皆垂髫時筆硯閒事。因感世局日新，交態雲變，白水青松，可訂盟者不數人也。此園項氏舊築，以祀襄毅公者。圮廢良久，孟璜近得之，爲之鼎新構結，尚未竣事。園中奇石極多，憾布置者胸中無邱壑，堆聚湊蹙，如三日媳婦妝梳，非不金翠炫目，於淡冶之趣無一點也。余與之律極口慫恿孟璜更張，未知能用否耳。有元章書「乾坤一草亭」扁，甚雄快。

十二日。

十三日，閩門生陳禹玉來，貽余武夷赤鱓酢。

十四日。

十五日，陰寒。〔三〕

十六日，晴，夏賈從杭回，袖出一物，乃拾入土碎玉片琢成琴樣，高五寸，闊二寸五分，厚三分，蓋好事者用爲臂閣之玩耳。賈曰：是三代物，侯伯所執圭也。不知圭形鋭首平底，典重之極，豈磽薄若是，又何用肖爲琴形耶？自士大夫搜古以供嗜好，紈袴子弟翕然成風，不吝金帛懸購，而猾賈市丁任意穿鑿，駕空凌虚，幾於説夢。昔人所謂李斯狗枷、相如犢鼻，直可笑也。

十七日。

十八日，寫《松石芝蘭圖》，壽吴赤含，系一絶云：「昂昂石丈與髯翁，丘壑煙霞氣骨同。一自銖衣披拂後，紫芝瑶草領春風。」

十九日。

二十日，雷雨。

廿一日，冒雨過許叔重，有姊子海鹽劉生蓄祖傳《淳化閣帖》，寓叔重齋頭裝潢。余因請觀，較時本果善，乃夾砂搨，意亦湖莊之流亞歟？夜集賓季泉别駕樓齋，與曙岩兄聯坐。曙岩言購得王大令行草四十餘字，在黄素上，無題。跋云經徐裕泉鑒定者。用八百千。又云其倩韓古洲所蓄羲之《黄素黄庭經》驗，素色一樣。古洲又有羲之小楷《曹娥碑》，後有韓退之蠅頭細書跋。余憶古洲曾過余春波里第，携示右軍《樂毅論》，乃褚遂良排類者，皆絶品。

廿二日，細雨竟日。許叔重率其甥劉爾寧名清來報謁。叔重云，吾郡錢姓工友處有劉次莊《戲魚堂法帖》十二卷，係古搨，當覓相示。

廿三日，蘇客出觀《蟹圖》一卷，云是吕亢所繪，凡二十種：蝤蛑最大，兩螯八足，皆有毛。撥棹子形如蝤蛑，螯足無毛。擁劍狀如蟹而色黄，一螯偏巨。彭玥小甚。竭杞又稍大，殼斑黑，螯亦色。沙狗狀似彭玥，見人輒走入沙穴。望潮郎白殼，潮來則舉螯如望，日不失期。倚望大於彭玥，行數步輒兩螯相拱而望。石蜠大於常蟹，殼通赤，長如鵝卵。蜂江螯足堅如石，不可食，余在汝州曾見之。蘆虎殼堅硬，不可食。彭蜞大於玥，小於蟹，炒食之最香。末畫一淡斑葫蘆，有陶士敕跋，云：「陶穀久在翰林，意希大用，使同類諷太祖，微伺旨意曰：『穀在朝宣力甚多。』上曰：

『我聞翰林草制，皆檢前人舊本，欲所謂依樣畫葫蘆耳。何宣力之有？』穀題一絶於玉堂署，云：『官職須從生處有，才能不管舊時無。堪笑翰林陶學士，年年依樣畫葫蘆。』太祖見之，薄其怨望。後奉使吴越，忠懿王宴之。因食蝤蛑，詢其族類，忠懿命自蝤蛑至蜞、玥凡十餘種以進。穀曰：『真所謂一蟹不如一蟹。』實因此以諷忠懿之不如鏐也。宴將畢，進葫蘆羹，相勸，谷不奉節，忠懿笑曰：『先王時，庖人善爲此羹，今依樣饌來者。』穀一語不答。亢爲此圖，殆以是耳。然其筆精意到，氣韻生動，其蝤蛑蹣跚、沙狗疾走之狀，宛然在於墨迹濃淡點染間。據案觀之，群蟹交錯，將若入人懷袖。戲墨之妙，乃至於此，真不易得也。」

廿四日，張凌霄云其先公爲江西理問時，奉旨籍没分宜相家，曾於亂書帙中得世廟御札一紙。因出相示，用厚白綿紙作摺，如外邊奏本樣，凡七摺，外用黄綿紙作封袋云。札云：「昨護救禮，差行本在山職，衆亦當正，不聞一言，太史亦隨邪？止汝敬感天意，必尊君爲念。夫彼豈無怒恨哉。况部臣脱免，罪下科臣，似少不當。汝可一言開科臣，俸可行。帖上，不可即已。不必人知。」摺面有一「密」字。此必内閣票，擬時密下御札也。救護禮，當是救護日月。山職，是道官。太史不知何指，豈詞林諸公應奉撰詞者耶？

廿五日，夏賈携示元人姜隱《書蕉圖》，不甚佳。又文衡山仿梅道人雨景，淋漓作三四樹，樹梢用草書法。山石泥裹拔丁皴，極見老手。草一絶云：「弱雲狼藉晝迷茫，雲外春山濕更蒼。醉憶楞伽吟未就，小舟衝雨過横塘。」

廿六日，雨。張禹玉以所蓄智永《千文》乞題。漫題云：「虞、永書法，俱以穩密圓潤爲宗，而伯施間出俊郎，《夫子廟堂碑》，其傑作也。蔡君謨《荔枝譜》規摩《廟堂》，故整栗有餘。虞、蔡士人，自然揮運，有鬚眉丈夫氣。永師此帖，具百千威儀，爲世作則，學者安可不盡心。若士大夫本有標格，應於虞、蔡門庭參取，庶可免叢林酸餡耳。」兒子綴語云：「家嚴此論，是爲永師添手眼，莫作謗法會。」

廿七日，沈倩以薛素繪海潮大士並畫蘭便面來歸。

廿八日。

廿九日，爲沈子廣寫《野航秋水圖》，系一絶云：「幽草疏林古岸，野航秋水閒人。不是意中想象，夜來親見玄真。」

三十日。

二月朔日。

二日。

三日。

四日。

五日。〔四〕

六日，晴朗。鄰人持高房山《雲山圖》一小幀。宋白箋紙。下作滃濛三四樹，根株向背有法，左方陂瀨露白，雲氣靄然。上作重巒，純用米法。款行草「彥敬」二字。題者四人：「江蘺漠漠水泠泠，林下幽人半掩扃。熟睡不知春雨過，起來雲外數峰青。渤海高啟題。」「西村原不隔西泠，未晚人家户半扃。要覓巢居新閣處，試從煙裏喚樵青。句曲外史張雨次韻。」「漠漠層巒障晚嵐，參差沙樹似江南。眼明見此房山筆，不減當年海岳菴。白羊山人張簡。」「層巒雨氣碧氤氳，矮樹蒼茫路不分。直欲杖藜窮絶頂，一壺春酒看飛雲。翰林王達題，字達善。」有張氏仲寬印記。

七日，晴朗。步至譚孟恂水香居，桃李已爛然。

八日，風而陰寒，督園丁種藕。

九日。

十日。

十一日，集孫瀟湘侍御第，賀伯闇出咏鶴四律，余漫次其韻。

十二日。

十三日，得蘇弘嘉憲副書，寄余《讀史韻語》一部，泉刻《閣帖》一部，玳瑁梳、掠各一。

十四日，省墓，歸途大風。

十五日，尤生持趙子昂行書《樂志論》，有虞集、張雨二跋，不真。

十六日。

十七日。

十八日。

十九日。

二十日，連日俱以細君病，點讀醫書，有悟入處。

廿一日，吴醫沈恒川來，因留之飲，與談《素問》《靈樞》之旨，極有奇趣，且云張長沙分六經，精細之極，非菩薩示現，不能到此。

廿二日，沈荆門書來，爲僧號六善者手刺血寫《心經》及十八大阿羅漢像裝成卷乞題語。諦視書法，類元人，畫亦梵隆之流。血色淡凝殷紅，如新脱手，故是浮屠本法，應竭誠乃爾。不意毫端伎倆，遂臻此也。

廿三日。

廿四日，午刻登雪舫，往華陽禮茅君。暮大雨，泊平望。

廿五日，霽，風而寒。夜泊虎丘山塘。

廿六日，晴暖。辰刻過滸墅，榷使張五鹿公以廩餼來餉，望亭巡檢曹國禎者以鄉人來見。午後南風甚駛，張帆瞬息過惠麓。夜泊横林。

廿七日，午後仍細雨。取三里菴路，經丹陽賀氏居第，寵麗踞一方。暮抵雄雞壩。

廿八日，晚泊青溶，浴於逆旅。時進香者千艘俱集，鑼鼓徹天。

廿九日，辰刻，覓肩輿登路，行二十里，至山麓，路甚泥濘。瓜、揚二州之人，千百爲隊，持幢幡旌蓋，十步一禮，聲震山谷。時欲霽未霽，煙雲變滅，俄而翠巒之隈吐白雲一點，望如天際。輿夫曰，此大茅峰也。晴矣。又經數百折，至巉巇處，則下輿，令兩童掖而行，然未始不喘嘘也。憶余十五年前登廬阜絶頂，去地四十里，勢更峻削，余健如猿猱，騰躍奮迅，同遊者不能從。今精力頓改乃爾，逝車之歎，可無猛省歟！已至峰頂，則風聲怒號，滃然白雲，俱在襟袖。蓋向所盼爲一點者，顧身在其中耳。余禮茅真殿，宣疏者羽人蔡奉籙。因小憩道士張鏡泉閣中，飲白酒，甚醇。午後，行經華陽洞，不入，竟取青溶。山路泥乾，較來時頗坦。抵舟未晚，解維宿青洞橋。

三十日，從雄雞壩拔船而下，宿常州西十里，大風雨。

三月朔日，霽。晡時至惠麓運泉，泊無錫東門。

二日，大霽。午後至虎丘買新茶，適穀雨前一日。

三日，早發，取七里港道，昏時抵家。自余爲華陽之行，凡十日，舟中無事，點閲《華嚴合論》。至《十身相海品》，佛理尤妙，不讀此書，幾錯一生矣。

四日。

五日。

六日，爲内子禳星。

七日。

八日。

九日。

十日，同沈子廣過高氏新齋，出觀沈石田《落花溪水圖》，兩隱者對踞石上，睟子凝然，隨花片流盼，極有神韻。

又梁楷布袋和尚，有釋子報國德一贊，氣韻亦沉古。

十一日，細雨。美蔭齋新綠極佳。

十二日，微雨，俄霽。

十三日，始暄。

十四日，申刻，大雨如注，或云有龍下行雨。

十五日。

十六日，過黄宇參方伯，適海澄令陶石城在座，知閩中兵餉半倚海舶，殊非經久之計。公奠沈白生吏部。白生年止三十八歲，以工部郎榷税荆州，俄擢選曹，氣宇温文，人皆謂功名無量；不虞早世，又無嗣，交遊中所共嗟嘖也。

十七日，譚聖俞攜盒集水香居，聯坐者茂才徐純伯、聖俞長郎孟恂、余、兒子，燒笋漉櫻分啖，有味。夜大雨。〔五〕

十八日，徐潤卿來，示余衡山畫便面，作米山，極有氣韻。彭龍池題云：「青山渾帶雨，碧樹總含風。坐愛飛流急，緣崖挂玉虹。」王西室題云：「青嶂遥隱見，白雲互吞吐。溪林不通人，深静如太古。」俱小楷，有法。〔六〕

又出姚公綬擘窠大書《聽松軒歌》一卷，索跋。字如黄涪翁而兼張句曲，盡蒼勁淋漓之趣。歌語亦雄肆。歌云：「老僧種松今十年，蒼蒼便滿軒楹前。濤聲半空戰白日，鶴亦不敢歸巢眠。僧閒高眠弗厭聽，聽亦不礙僧之静。静中有動動有聲，聲到無聲心即鏡。鏡光湛若明月光，照見軒外虬枝蒼。倏爾鏘鏘響琳瑯，大風來不皆相忘。我亦人間愛松者，嘗欲結茅在松下。十年誤落紅塵陌，衰颯謝歸歸始得。小松種來如粒大，一榻蕭然坐清夏。相期僧爲我開軒，傾耳聽之何厭繁。人言不是蓮花社，乃是給孤祇樹園。僧弘託半閒高先生求題聽松軒，時余在福源精舍將飯，弗皇用意，起語捉筆大書，有愧桐村翁之作多矣。成化甲午七月，公綬。」

余漫跋云：「宋蘇、米、黄皆喜擘窠大書，米於顔、柳閒取筋，蘇於季海取肉，涪翁晚得《瘞鶴銘》摹之，清勁之中益加尖鋭，識者偏許其骨。姚侍御此書，本規橅豫章，而波瀾所及，往往奄有趙吴興、張句曲，故勁而不枯，横而不怒，即令三家者並轅而馳，亦當互有軒輊，非末代駑弱之蹟所可擬也。歌語豪宕可喜，固是眉山餘燄。潤卿其善藏之，以存吾郡典型，使染牘者不致迷津可耳。」

潤卿又出自作《秋林放舟圖》闊幅，仿梅道人筆意。余題云：「家住江南蘆荻灣，滄波白鳥伴人閒。雨餘自揭孤篷看，一帶疎林兩岸山。」

十九日，過徐潤卿，不遇。其子節之，余門生也，出迎留話，出觀倪迂畫《空山芝秀圖》。上作隆嶺，圓厚磅礴，異他作。下層四五樹，大小長短間植，掩映有態。隔岸樵屋數間，屋後亦作點墨小樹，似子久法。自題云：「至正八年四月三日，余既爲復陽隱者作《空山芝秀圖》，復賦五言以贈。韓子雅好静，炯然色清温。紫芝供午餉，蒼术爲晨飧。青青石上蒲，猗猗谷中蓀。米擷以服食，熙頤臥丘園。荆蠻民倪瓚。」「伯明提舉早尚清虚，晚得玄理，卓然有逃世絶俗之想，人所罕及。雲林道人繪圖賦詩，酬其雅趣。予亦末交，故敢依韻寫情，用彰一代高逸也。故人惟習静，書卷自寒温。雅曲偏能和，瓊芝若可飧。春風醫古木，夜雨長芳蓀。一見倪迂畫，空多桃李園。西齊生趙奕，題於修竹軒。」

又倪迂畫一小軸，疏樾空亭，是其尋常家法。題云：「仙隱深深聞遠雞，青山別在郡城西。亦知好竹開三徑，也擬尋君共入溪。辛亥秋日，寫寄惟盈友兄，倪瓚。」

又伯虎《秋山倚杖圖》，筆意鬆妙。題云：「亂山雜霧曉籠葱，遥見懸魚是梵宫。倚杖漫行行復坐，一聲啄木在林中。」

又謝樗仙小景一幅，樹石秀潤入細，絶非平生之素。草書一絶，亦有致：「白髮休文病未瘳，細評詩律在高樓。黄花零落青山瘦，秋色於人一樣愁。吴門謝時臣詩畫，贈汝佩道兄清覽。」〔七〕

又祝枝山行草一律，筆法淋漓，極饒天趣，詩句亦妙：「逃暑因能暫閉關，未須多把古賢攀。并抛杯勺方爲懶，少事篇章恐礙閒。風墮一庭鄰寺葉，雲開滿面隔城山。浮生只説潛居易，隱彼求名事更艱。」又姚丞綬雜札一卷，所言皆與友人商略書畫，閒及酒杯茗椀，絶無他語。

又吴匏菴、李楨伯與匏菴兄子嗣業諸手札。

二十日。

廿一日。

廿二日，連日雨，氣蒸溽，乍晴，如黄梅時。

廿三日，沈心江住吴興山中，寄手摘茶一裹，竹茗帚二把。余趁筆書一詩答之：「竹彗掃花片，松泉試茗旗。兩般清絶事，多謝故人貽。塵海易汩没，靈山别有期。何時一攜手，同採九霞芝。」

廿四日，草祭沈白生吏部文。夜大雷雨。

廿五日，客從蘇來，出示曹雲西《聽秋軒圖》長卷，筆法規模大癡，而蒼老不及也。楊孟載有細楷書題句，云：「聽秋軒前秋滿庭，聽秋軒裏貯秋聲。噫嘘萬竅西南發，遥落四山風雨鳴。定起寶花如雪墮，夢回璧月帶潮生。便須飛錫蒼梧野，聞取鈞天奏九笙。至元二年九月廿又八日，方上人作聽秋軒落成，貞素爲是圖贈之，命余賦詩其上，著佛頭糞，可愧也。」

「曹知白畫，世已絶少。人見其師馮覲，遂以筆墨緩弱病之。不知南渡已後，悉尚穠麗，有能脱去町畦，獨存清致者，則不當以平格過求之矣。琅琊王世貞題。」

又文太史仿李營丘《平岩雪霽圖》，自題一絶云：「小蹇衝寒引步遲，風煙觸目總新詩。萬山圍玉天開畫，此意惟應鄭五知。」

廿六日，小霽。

廿七日。

廿八日，連日氣候如深秋，御棉裘猶澀縮。聞西鄉蠶大半死壞，桑枝無人條取。

廿九日。

三十日，細君自去歲八月患暈眩，坐臥不寧。醫者攻補藥施，無效。至是，余出新意，手煎瓊玉湯飲之，少間。

四月朔日。

二日。

三日，同張衷朗舟行至麻塘涇小飲，竟醉。衷朗云其家有墨桃，黑色；金桃，黄色；水蜜桃，大而多汁，甚甘，熟時許見貽。

四日。

五日，黄章甫來，夜談航海事甚悉，云往吕宋者，大都在海澄縣登舶，舶載五六百人，上有磚甃街道，客皆分層列居。每行五百里爲一更。每至清水洋，見群魚遶舟旁，以俟投食。小者猶四五百斤。舶上祠一神，號了師，極靈驗。遇險籲之，輒救。舶人見魚多可取，則以筊卜於了師，既許，即殺豬設餌。垂釣得魚，斷其首祭神，而分饗之，靡不飽也。

呂宋國人男女多貞信，夫婦生平止一二合，合必孕，孕必舉，舉必壽。每夫婦生子女二人則止，曰不虧人數，足矣。每日只趺坐相對，静默寡營，類有道者。國有禮拜寺，僧不剃髮，以領緣爲别。民間事之極謹，有犯罪者投寺，無敢捕。民夫婦往禮者，或遣夫而留婦，率歡然無忤，且相慶以爲得福無量矣。僧過後或剪肉擲身，自悔求死者。國人喜佩刀，鬭而死，傷在前，主者曰：「彼自不敵耳。」不問。傷在後，則伏殺降之誅，以爲既逃，而故追殺之也。國用銀錢，大或五六銖。茉莉花，大如牡丹。蜥蜴或重七八斤。鼠或廿餘斤。章甫得其皮一張，可以覆胡牀。

六日，雨。

七日，小霽。沈翠水從杭回，云在昭慶寺擺攤鋪，見楊一清畫一軸。一清者，楊閣老邃菴也，不聞其有畫名，何以有此，豈其收藏題識而後人誤指之耶？

八日，初嘗新岕。

九日，作吴江沈氏姻書。

十日。

十一日，初嘗龍井茗。

十二日。

十三日，爲兒子行聘沈氏，遣往無錫。大雨。

十四日，大雨傷麥，不得刈。

十五日，市兒有鬻卷軸者，出吴偉《醉仙圖》，老少妍醜，起坐縱橫，備極諸態。衣摺用吴生丁子掣筆，亦甚蒼勁。恨有凡氣，胸襟之咎也。

十六日，雨竟日。

十七日。

十八日。

十九日，作祭歐司理文。

二十日，霽。

廿一日，過朱季長。季長劇談閩遊事，云玉山道中人，有搬運法，過客裝中有鏹，無不遭其暗搬去者，至於貪吏尤甚。豈《玄怪録》所云掠剩使耶？

金生洪宇者，攜沈石田畫一軸來看，筆法倪迂，而峭壁層疊又類子久，款云：「弘治五年四月，沈周。」

又董玄宰癸卯年畫《秋山圖》。去今十年矣。筆法似仿巨然，而纖弱不稱，又多露痕跡。果其稚筆耶，抑從入蹊徑如是耶？上題白傅《秋山詩》云：「病久曠心賞，今朝登此山。山高雲物冷，稱我遊子顔。白石臥堪枕，青蘿行可攀。人生知幾何，如寄天地間。心有千載憂，身無一日閒。何時解塵網，此地來掩關。」「癸卯秋，予與仲文濟大江，至金陵閲月，歸途見江山清霽，發興拈筆，寫《秋山圖》贈之，因題此詩以紀遊云。」

廿二日。

廿三日，大雨。

廿四日，大雨。兒子往無錫就姻。

廿五日，雨。

廿六日，霽。前是連旬淫潦，人頗憂之，而農丈人云至廿六日必霽，至是果驗。

廿七日。

廿八日，復雨。

廿九日，作《送闞郡丞陞刑曹大夫序》。

五月朔日，晴。方丈室從滇南回，予購得其雄精一塊，重一兩，雕刻作葉底桃。

二日，沈翠水攜一卷相示，乃倪迂《竹窗圖》，款云：「雲林生倪瓚爲志學寫。」題者數人：「題詩偶到静者處，見畫空懷老氏徒。回首舊時清閟閣，阻風中酒在江湖。庚辰重九日，欲訪雲林，偶友人持圖索題，書此。曲江錢惟善。」「蕭條洲渚上，舟楫晚相過。捲幔吟青嶂，臨風寫白鵝。壯心千里遠，歸夢五湖波。園石荒筠翳，風前恍浩歌。志學好學，工辭翰，藹然如虹霓之氣，真江澤中千里駒也。至正辛巳十二月十四日，訪僕江渚，持卷索圖，遂賦詩爲贈。瓚復書。」「灑掃空齋住，渾忘應世情。身閒成道性，家散剩詩名。古器邀人玩，新圖揀客呈。可憐山人興，投老失昇平。此余處圍城中懷雲林詩也，今道路既通，猶未得一聚首爲恨。志學徵君持此求題，因書其上。張雨。」「每看新圖憶舊遊，遠情煙景共悠悠。亂鴻沙渚閒中少，黄葉江聲雨外秋。難後得安反訝夢，醉來因感却逾愁。那能便結同生伴，重向滄江覓釣舟。徐賁題。」「憶過梁溪宅，於今四十年。賦詩清閟閣，試茗惠山泉。夜雨牽幽草，春雲黯遠天。鄉情與離思，看畫共凄然。迂繆生吕敏。」「群樹葉初卜，千山雲共收。空庭門不掩，禁得幾多秋。右雲林先生《竹窗圖》，乃爲其友人志學徵君而作也。觀其詩意，喜其見，惜其别，則其人之賢可知；而公之好賢如緇衣，益可想矣。天順二年四月六日，長洲劉珏廷美書於居第之花橋書屋。」

三日，餘杭門生高文在寄天目新茗二蒻裹。

四日，蘇人張九嶺來謁，貽余王履吉草書詩一卷。筆法清勁古淡，有出塵之韻，而未臻熟境，豈以短年所扼耶？《端居詩》：「煙霞幽處得，日月静中私。」《錫山舟中對月》：「川勢分襟帶，檣標犯斗牛。」《鄭博士官舍夜集》：「夜堂人影寂，春夢燭花摇。」《西山歸泛》：「沙明雙鳥白，峰暗九龍蒼。」俱佳句也。款云：「近作書，上古溪盧老先生教正。」又不知盧古溪爲何如人也。

五日，熱甚。

六日，過包園訪張九嶺，嘗虎丘茶。

七日，雨。

八日，夏賈攜示王孟端竹枝，飄飄然有飀風之態。題云：「翠影蕭蕭鳳羽齊，興狂猶復醉中題。何當雪夜扁舟去，載酒相尋造竹西。辛巳三月望後三日，友石生王紱爲竹西先生寫并題。」

九日。

吴丹麓從濟上回，貽余阿膠八兩、不灰木茶爐一具。

十日，雨。

十一日。

十二日。

十三日。

十四日。

十五日，雨。

十六日。

十七日，雨甚。

十八日，雨甚。沈翠水攜石田大幅畫見示。仿梅花道人筆。自題句云：「西溪自與東溪別，秋月涓涓映新月。溪邊更有竹千竿，十畝涼陰灑蒼雪。個中縛屋堪幽棲，持竿更釣溪中魚。魚宜作羹笋宜饌，揚州跨鶴將何如。先生與周同心譜，早把簪纓挂神武。平生未得接清風，聊寫新圖想翹楚。」此必寫以貽人者，今不可考。

十九日，雨，晚有霽色。

二十日，晴。

廿一日，吴凡麓從山東歸，雲遊泰山，經石谷，有平石在澗底，如虎丘千人石，上鎸《金剛經》一卷，字圍徑二尺，楷中帶隸，相傳以爲王右軍所書。余曰非也，當是唐人好事者爲之耳。

廿二日。

廿三日，以内子疾起，有賽神歌舞。

廿四日，午後復雨。徐節之以玉板楮乞擘窠書，爲書舊所作《文鹿歌》。

廿五日。

廿六日。

廿七日。

廿八日。

廿九日。

晦日，俱晴。汀蘭盡抽莕，較去歲爲盛。

六月朔日，家君誕辰，自往佛廬放蛙數千頭。

二日。

三日，同吴仲賢往武林。夜泊陡門，雷雨，俄霽。〔八〕

四日，熱甚。夜泊横里，散髮步柳林中，臯亭諸山正入指顧。

五日，抵北關，易渡船，泛至松茅場登陸，至昭慶敏公房禪味樓，晡矣。

六日，辰謁憲長王岵雲公。亭午，王公來拜謁。

七日，方樵逸引新安客胡長卿者來，携觀元人雜蹟。鮮于伯機草書《歸去來辭》，古淡有法。款云：「貞元二年二月驚蟄日，漁陽鮮于樞書。」

袁清容詞翰，筆畫勁利，有柳法：「一菴首坐久客大慈，比得會於萬壽，深湛寵博，連得和篇。不可虚其雅意，用韻奉謝。椾和南。　堂堂相國布金地，曾許高人住夏來。不見烏衣遊别墅，時看金彈落生臺。千林有響風調瑟，萬壑無聲雪舞杯。讀罷楞嚴誰與伴，獨於松逕且徘徊。　蕭齋團緑長深苔，忽見談空玄度來。已信虚空非有相，極知明鏡本非臺。閉門掩息雲生几，振錫忘言水覆杯。獨鶴九臯清唳徹，肯於林下久徘徊。　少年學道悟真如，晚歲驅馳齒髮疏。碧落倦遊同病鶴，金門聽漏比鰥魚。還家重拾班超筆，教子空傳阿買書。蒼狗白雲工變幻，掩關從此悟乘除。　永嘉老子貌温如，破帽蒙頭禮數疏。彈指十方歸硯穎，騈頭千杓護鐘魚。

雪飄飣坐蘆花絮，雲疊層巒貝葉書。古澗長松傳美蔭，肯令藤蔓滿階除。」

趙文敏手札一通，行書遒麗：「孟頫頓首再拜子明經歷郎中契友閣下，孟頫別去未久，甚爲傾渴，如隔歲年。茲承專价惠書，就審即日文候勝常，慰不可言。賤體自新年來便苦喘急，今方小差，而眠食猶未復常，以故所索惡書不能即日奉命，留滯來人，極是惶恐，千萬勿罪。外陸大使事，知已荷完備，感。又承蚤菓之饋，尤佩厚意。草草奉答，未承教問，惟善保，不宣。孟頫再拜，三月望日。」

余文靖公手札一通，筆意古樸，有鍾法：「再拜啓上太樸内翰閣下，同年生余闕謹封。闕再拜啓，史館兩得從游，豈勝榮幸。區區南行，又辱盛餞，尤其感烈也。鄉暑，伏想文苑優遊，雅候動履多福，良慰良慰。友人趙子章北上觀光，謹此附謝。子章有學而能詩，佳士也。得公盼睞，當價增三倍矣。仲舉、金道、以聲、景先、中夫、希元、鳴謙諸先生處，不及別狀，望致下忱爲感。餘惟自重，不具。五月五日，闕再拜太樸内翰先生閣下。」

「右故元鮮于伯機書《歸去來辭》一通，袁清容四首，趙松雪手書一緘，通爲一卷。鮮于書，氣骨有餘，風裁不足。清容平日詩律清遠，此乃牽於韻耳。獨松雪書，雖率意，中有晋人標格，吾無間然矣。識者解之。大明史官豫章胡儼題。」

「鮮于困學、袁文清、趙文敏，同時名筆，而萃於此，固可寶，而文敏又崑岡之片玉者歟！維翰出示此卷，遂爲題識。泰和楊士奇。」下用「東皋春雨」印記。

「鮮于太常行草，極爲趙文敏公所推重。評者謂太常不免有俗氣，觀兹二帖，信矣。袁文清公詩，豫章謂其有所拘牽，公亦不借此以增重，其名固巍巍也。然皆一代名筆，後學豈易及哉。是卷似出於周翰林家藏，撫卷之際，爲之慨然。四明陳敬宗題。」

竹懶曰：「按，太樸即危太樸素也。素歸明後，爲太祖所鄙。一日，太祖坐閣中，聞革履聲橐橐然，曰：『誰耶？』素遥對曰：『老臣危素。』上曰：『我以爲文天祥，乃素耶。』後得故元二白象，强之排立朝次，不可得，乃鎸二牌，係其項曰：『危不如象，素不如象。』其厭棄如此，以其屈節也。余文靖安慶之圍，慨然以身殉，大節炳著，素不爲同榜之玷乎？楊鐵崖每題署，則云『李黼榜進士』，以黼死江州之節爲足稱也。」

八日，方樵逸引杭人余姓者携示宋元畫册二十四葉，惟馬、夏可指辯，餘俱雜手。

又馬遠二方幅，一古槎釣艇，一松石琴趣。

又宋人佛像，乘白象輦。

又沈石田松卷，卷高尺五，止作松身十，樹不露根，頂紐裂生枝處，皆有奇態。

又黄玉蓍草瓶。

又青緑鎏金銅洗。云皆靈寶許氏物。

潤州章廷綸名紹，同其子如泰寓禪味樓下。廷綸侵曉寫一松，長丈六尺。余擘窠書一詩其上，云：「畫松如真松，亭亭百尺許。空堂集飢鼠，簌簌銜紙尾。卧客驚拊枕，夢中走風雨。落月穿窗入，正挂松叉裏，前生天台僧，心定石橋水。無端惱蛟龍，夜夜精靈語。」廷綸言：「陳靈峰閣老，楊遂庵之甥。遂庵無嗣，所蓄書畫奇品，多歸靈峰。有倪迂《雅宜山圖》，宋釋惠崇畫長卷，樹石、翎毛、人物、屋木皆具，而雅致高韻，非南渡後所能扳也。」亭午，覓渡船至北關，得一無錫舫子，乘之。抵暮泊唐棲，熱甚。

九日，西南風甚駛，酉刻抵家。

十日，熱甚。

十一日。

十二日，夏賈以趙松雪闊幅《秋江待渡圖》來觀，不真。

十三日。

十四日。

十五日，稍涼。〔九〕

十六日，兒子同新婦至自無錫，婦史沈中散以送親來辱，有燕席。

十七日，具湖舫，與中散拍浮。

十八日，中散行。

十九日，沈翠水携觀居商谷細楷，頗有虞伯施風軌，所書乃半塘寺九絶句，亦有韻味，録之：「古寺深深草樹木，青蓮小院自清涼。楞嚴不讀高支枕，消盡花龕一柱香。長溪新水緑平橋，一髮遥山翠欲消。小殿迴廊春寂寂，紫薇花底聽吹簫。離離松影半斜陽，櫛髮臨風愛晚涼。一自支郎歸去後，荒池無復白蓮香。山圍高閣紫芙蓉，樹滿晴川緑滿空。雨過風來涼似水，采蓮歌起夕陽中。豆瓜引蔓上籬笆，藥草青青細吐花。洗鉢焚香吾事了，閒隨老衲演三車。飯罷疑籤小品經，茶煙輕遶鬢絲青。桐花落盡無人到，黄蝶飛飛草滿庭。雲巖寺裏疏鐘起，廣惠橋頭宿雨晴。半臂匏冠成獨坐，殿檐風動嫩涼生。施食臺前鳥雀馴，草花開過有餘春。遠公酤酒能相勸，却似廬山社裏人。《夏日半塘寺》九首，呈勃海兄丈。居節。」

二十日。

廿一日。

廿二日。

廿三日，爲孫令弘圖扇，草草作米筆，乃有韻。題云：「千嶺翠嵐常合，一陂煙草方昏。落日片雲開處，小橋流水孤村。」廬山僧子桑者來，現名已斑，自負能詩。

廿四日。

廿五日，尤生持古絹素畫方幅來玩，視乃宋人所作龜兹騎也。一胡兒尖鼻深眼，介幘鬈鬢，手挾胡琴，倚一駱駝，駝項挂酒壺，一白韋盛之。又尖狹革袋一，内裝牛角把刀、白駝骨剔子、竹鞭拂。上層，一騊馬聳鞍背立，極有勢。此得唐胡瓌法而加細者也。不知者，以爲子昂，可笑。

廿六日，項玉孺以所鎸《練裙齋宋四家帖》見餉，内蘇子瞻與陳季常一帖，後作小字數行，有云：「知壁畫已壞，了不須怏悵，但頓着潤筆新屋下，不愁無好畫也。」乃知坡公曾爲季常畫壁，既遭圮，將復畫，而以潤筆調之耳。

廿七日，作詩贈僧已珽，云：「我别廬山久，忽逢廬山僧。面帶松雲色，眉攢海石稜。吐詞華雜梵，説法秀兼能。自詫經行遍，横肩一瘦藤。」

廿八日，玄白宗昆五旬誕日，走筆作一歌貽之，云：「我兄不忝青蓮派，秀語時時出松籟。燕臺月白馬翻蹄，越渚波澄珠現怪。三尺寳刀六尺身，一人歌笑千人快。博酣幾碎茱萸囊，茗戰還夸萱草帶。風流俊雅壓五都，鳳蠟團成家氣概。會稽自云五十達，煜煜風雷擁車蓋。河汾有弟號無功，麯蘗淋漓縱形外。難忘老兄初度晨，拂拭玉缸噓翠瀲。願兄連飲五百杯，一杯一歲賡耆艾。明年三月牡丹時，乞取雄篇貧賭賽。」余明年亦五十，而以三月生，故末句及之。

廿九日。〔一〇〕

七月一日，沈伯遠令人持其尊人所藏卷軸來求評定。鎦松年《孟公投轄圖》，古絹素，略已破壞。圖意作閉門垣牆之内，一水閣踞林石之勝，一客在旁屋偷臥，一客傍徨，憑欄自恣，一客方欲僵臥，孟公持杯强之。閣外二童子，其一諦視井中，一轄浮沈，僅露其稜。閣畔二樹，夾葉偃仰有態，枝梢行筆，老勁如雀爪，所謂細中求力，此類是耶？門外一樹，水墨點葉，空濛多氣韻。跋者二人：「右鎦松年《投轄圖》，行筆秀潤，意態各足，宛然酣暢於樽俎之間。暗門之名，豈虚得哉！高平范椁題。」「松年居錢塘清波門，俗呼爲暗門劉。孟公投轄，意則勤矣。至於杯盤狼籍，爲酒食所困，亦人情所不能堪，豈特誤朝參而已哉？古人一飲百拜，故終日飲酒而不得醉焉，所以避酒禍也。孟公之不爲酒禍，亦幸矣。河東李倜士宏。」

宋思陵行書真蹟：「上與群臣論止盜，或請重法以禁之。上哂曰：『民之所以爲盜者，由賦繁役重，官吏貪求，飢寒切身，故不暇顧廉恥耳。朕當去奢省費，輕徭薄賦，選用廉吏，使民衣食有餘，則自不爲盜。安用重法耶？自是數年之後，海内昇平，路不拾遺，外户不閉，商旅野宿焉。』又嘗謂侍臣曰：『君依於國，國依於民。刻民以奉君，猶割肉以充腹，腹飽而身斃，君富而國亡。故人君之患不自外來，常由身出。夫欲盛則費廣，費廣則賦重，賦重則民愁，民愁則國亂，國亂〔一一〕則君喪矣。朕常以此思之，故不敢縱欲也。』張元素召見，問以政道，對曰：『隋主好自專，庶務不任群臣。群臣恐懼，惟知禀受奉行而已，莫之敢違。以一人之智，決天下之務，借使得失相半，乖謬已多，下諛上蔽，不亡何待。陛下誠能謹擇群臣，而分任以事。高拱穆清，而考其成敗，以施刑賞，何憂不治？』上善其言，賜曾覿。」上蓋印「御書之寶」。「隆興二年中秋日，臣覿等從上詣德壽宮謁見朝回，上御内殿，語臣等：『爲政恤民之道甚難，往蘇湖潦饑，發封樁賑濟，運綱稽緩，出内帑助調，小民猶有瓊林、大盈之言，安知吾心哉！固政不勤則荒，民不恤則怨，人心然也。吾常戒慎，不敢怠忽。』

臣覿等拜賀曰：『誠如聖諭，毋以逸豫爲期，而思海宇之廣、邊境之虞，必使人物咸若登春臺，躋壽域，而後可同樂也。猗歟盛哉！』上是日閱唐史，至太宗與張元素語隋主有好專之失，親灑宸翰以寄其思，推廣當時太宗爲治之意，語臣等曰：『吾行有不逮，即時奏，無隱，故書此以賜卿。』臣覿謹捧領謝，無任感激，伏書於下。八月十六日，中大夫、秘書監丞兼左諫議臣曾覿記。」曾氏覿印。有五雲生、林宗周印二記。竹嬾曰：「按隆興乃孝宗年號。重華既受内禪，力行孝道，令宫中遍習太上書，此爲孝宗手筆無疑也。而謬者題爲思陵。余又曾見友人吴公甫收一卷，目爲思陵《雪賦》。中有『構』字，皆作闕筆，以思陵諱『遘』，故避其嫌名，則亦非思陵書矣。胸中無古今，漫從書畫賈口皮轉换，何處得隻眼分耶！三歎三歎。」

二日，手摩趙文敏小楷《閑邪公家傳》，覺其用筆瑩朗，與褚河南排類〔一三〕《樂毅論》相類。閑邪公者，故元兩淛轉運使李秉彝也。歷官有剛介惠蹟。傳稱有人求吏，以東坡、穎濱二先生手寫奏議三十册賂之，不受。曰：「凡天下罕有物，人所不能得者，我獨得之，鮮不爲禍。」以戒子孫。余以爲此説非也。先賢手墨，雖是絕代瓌寶，不當與珠玉同例。士人視之，猶其祖先之物，即貧甚，當竭力購之。又如釋子，遇佛菩薩遺跡，自當不恤髓腦，爲之擁護。特用以爲賂，則不可受耳。二先生天才卓逸，計不能耐煩作下學功夫，而手抄至三十册之多，宜其成就益復遠大。二先生點畫，片楮尺縑，俱享重價，而累袠之厚如此，真令人涎出，恨不作蠹魚遊其中也。有盧熊隸書一跋：「趙公書追軼魏晉，小楷尤稱第一。此卷當與《阡表》同時，清勁雅正，乃其得意書也。李公之政事，得此筆翰，足爲不朽矣。楊子綸以先人所藏謁余，請識其後。想念今昔，爲之慨然。范陽盧熊與金華宋璲、欒陵張伯誠、華亭朱孟辨、鄞史靖可，同爲中書舍人，洪武十一年春二月，閱於翰林院之東署。」

三日，閱伯遠所藏沈石田《秋山訪隱圖》長卷，淺絳色，疏辣有味。文徵仲一詩：「蘭橈十里下横塘，漫漫風摇髩影涼。野水秋來寒玉浄，碧山西去暮雲長。行邊黄堰禾棲畝，眼底紅酣樹飽霜。飛盡落霞〔一三〕新月上，空江渺渺白蘋香。嘉靖丙午秋日，郭西泛舟，至楞伽寺，偶見石田先生《秋山訪隱圖》，漫題以寄興耳。徵明。」安邑趙儕鶴先生刻《笑贊》一書，以諧謔寓感憤之意。每引笑話一則，輒以數語附之，以寄岳石帆，又系以贊，名《笑贊贊》。屬余題語，余漫應之，題云：「偶與佛者步至一寺門，見大比丘倨坐，哆頤而笑。余曰：『何居？』佛者曰：『此彌勒，乃當來治世者。』曰：『何笑？』曰：『彼見世界中種種笑具。』余又摩挲其腹曰：『胡便便若是？』曰：『處此世界，須是大著肚，容他笑具。』曰：『現在佛不笑，當來佛却笑，何居？』曰：『當來處局外，故眼明。種種笑具，瞞渠半點不得。又腸冷，怒機不受觸，觸著便成嘻笑去。』余曰：『有是哉。子莫曾讀《笑贊贊》來？』」

四日，諸生之老蒼頭持朱西村《高梧篠石》一小幀來閱。筆法疎淡，類王舍人孟端。此老高節雅尚，與張靖之黄門、許雲村給諫爲徒步泉石之交，未嘗輕與人落筆。此尤其簡逸可貴者也。自題絶句云：「高梧滴露净涓涓，杜若洲空碧篠煙。猶憶西亭夜方半，月明孤鶴傍人眠。西村朱樸元素。」又姚公雲東竹枝，瀟灑可數。題云：「種竹多近水，取竿曾釣魚。客來知姓字，節下亦堪書。丹丘。」又雲東仿張伯雨行書一絶句：「一榻高明爽氣添，樓居疑似駕銀蟾。參差臺殿玲瓏樹，不滿南風八尺簾。」

五日。

六日，漫作一小圖，稍用米法而簡，滃淡。題句云：「煙靄一溪暮，滄波六月寒。不須尋釣伴，獨自過橋看。」

七日，自六月六日雨，至是纔有小雨。秋海棠大半成枯荄。

八日，大風雨，暑頓掃。

九日，雨竟日。

十日，霽，秋宇澄曠。汀蘭復作一番花，清遠幽馥，挹之不盡。鄰有盲媪，吴人也，雅善絲竹。呼之，攜四弦與洞簫至，所供皆盛唐諸公律絶與《花間》《草堂》小令，淡雅泠泠，一洗閭閈葷酪之氣。媪姓胡，其夫亦善琴阮。

十一日，爲僧藴空書「法苑提綱」扁。

十二日。

十三日，爲三塔僧公治作修塔募緣疏，用擘窠大書。塔緣起，有元黄溍撰碑記、周伯琦書篆可據。郡城西五里爲景德禪寺，寺濱白龍潭。相傳有龍伏其下，波濤渺瀰，舟檣往往震驚。僧行雲者，負土〔一四〕填之，不計歲月，潭遂減殺。每風雨，輒吐白光三道。行雲又募建磚塔，如其數以應〔一五〕之，而祠龍於其旁。後爵之「應濟侯」，光乃斂戢。有宋思陵手書敕藏寺中。余幼曾展閱，今敕已歸豪姓矣。塔之下，艅艎如織。年久，塔漸剥落，故公治發念新之。疏云：四大各居，不相入涉。風火蕩空，終鮮根葉。蹠實遊虚，水土淩滅。黔黎塊處，斥鹵廣業。介鱗淵潭，崩岸善嚙。各侈厥封，啟彊釁孽。我佛悲智，調御萬靈。建幢摧魔，叱彼旁生。匪私横目，弘法在人。吾郡澤國，蠙蛙與鄰。爰起三蜺，煜亘青冥。赫嗟神物，莫之敢嬰。有大導師，飛茈蒻行雲。負石擲礫，以實漪淪。怪景鏟滅，刹勢崚嶒。數侔所吐，擁蔽千春。飛艎梭織，牽綆刃縻。鐵石失堅，甓寧負贔。高者或夷，卓者或曳。若彼偃旗，敵侮儔禦。不創孰開，不踵焉繼。敢告大心，整斯頹弊。仗三寶光，久屬緇裔。以視行雲，微力宏誓。涓竭填廣，豈讓精衛。元牯歲腹，素猿月尾。列匭受緡，勝事伊始。借居士筆，寫比丘語。

十四日，婁江山人陸鳳錫浪，以書、畫、詩三者遊江湖閒，以長卷乞題。漫應一絶：「柬之禊帖臨摹到，揮灑機雲妙絶詩。更有閒情付磐礴，尺縑寫出探微獅。」

十五日。

十六日，譚孟恂假觀《攜李英華》，乃朱輪漢翔所選吾郡人詩，自元季陳秀民至成化閒周澤，凡九十三人，無一秀句。知名者八人：貝瓊字廷琚，釋衍字道原，釋金字西白，鮑恂字仲孚，周鼎字伯器，張寧字靖之，姚綬字公綬，懷悦字用和。名姓稍晦而別號有味似多隱操者九人：朱繩字仲綱，號古庵。洪武初，由人材起。陳繹字思文，號如醉。程本立字原道，號巽隱老人。姚綸字允言，號夢草。張振字孟起，號植蘭。陳顥字漢昭，號竹鄰。范俊字廷秀，號菊鄰。馮騮字宗德，號松雲。季潘字廷用，號櫟庵。

十七日，興善寺僧道敷字覺明，精嚴寺僧文貞字蓮生，雪竇寺僧智證字生明，來見。出詩一編乞敘，皆秋潭舫公門人也。

十八日，門人徐節之以所藏畫軸來閲。有文徵仲小幅粗筆山水，極有逸韻。蓋仿子久而超放者。草書一絶云：「短策輕鞋爛漫遊，暮春時節水西頭。日長深樹青幃合，雨過遥山碧玉流。」　上方王西室亦題一絶：「樹色春來秀，山容雨後明。閒遊命儔侶，無限五湖情。　穀祥。」　又徵仲青緑大幅一軸，作雙松疊嶂，二道者踞石對話。題云：「天風縹緲約飛泉，千尺晴虹拂紫煙。疑有仙宫琪樹裏，隔溪遥望水晶簾。」文文水小景，乾筆無暈淡，極瀟灑。自題云：「松陰覆水野雲平，白鷺磯頭一棹横。酒醒詩成風亦起，空江落日暮潮生。文嘉。」　陸叔平雨景，空濛虚廓，濃煙中似聞水聲，得南宫家法，而兼有大癡、黄鶴者。節之尊人春門公曾以見借，留二月而取去，懷之十年矣。今又重見，如逢故人也。自題云：「雲雷屯未解，鬱勃滿江湖。路自潮平斷，山從入雨無。荒簷雞唱寂，空谷嘯猿孤。門外行踪絶，清溪長緑蕪。包山陸治。」題者又二人：「楓林暎天遠，草蔓閉門深。砌亦朱華冒，簾常緑蘚侵。園香三夜雨，雁過一城砧。已畏洞庭晚，休添幾客吟。林屋蔡羽。」「黯黯山光晝不開，冥冥溪雨水生苔。寂寥草閣經過斷，忽有幽人笠屐來。穀祥。」

十九日，項孟璜乞詩畫，壽其岳陸澹園水部。余爲寫《松泉芝壑圖》，而系以一律云：「雨浥金芝滿石陘，松泉一派濕青冥。入雲遍試朱藤杖，涉礀俄逢白玉扃。香案侍宸曾抱牘，關門迎氣或傳經。漢廷簪笏如天上，只有東方是歲星。」

二十日，項于蕃引一人持畫軸來，多姚雲東草書，率皆平調。有倪迂竹石一幀，甚有逸韻。老樹一身，并擢二幹，自相蔽虧，態度欲絶。石用扁筆，如水拖就，圓頂削踵，於倪法中又一變也。自題云：「篝燈共聽蕭蕭雨，時節催花二月過。翠竹喬柯渾漫興，研山忽覺蘚文多。二月二日雨，宿石林，方丈元樸長老命寫竹石。寫已，並賦，以發一笑。是夕，德上人、誠藏主、賓講師同集。倪瓚。」題者三人：「承塵賦鵩已多年，雨木霜筠共悄然。昨日不堪江上過，數聲鄰笛寺門前。雙鶴軒人元德。」「林石蕭蕭聽雨時，爲摹清閟閣前枝。倪迂仙去今何在，東海投竿掣巨鰲。翠屏道人德卿。」「清詩蕭散疏仍密，淡墨淋漓瘦更腴。三絶真能入三昧，令人相對憶倪迂。每得雲林小景，蓋未嘗不佳，此紙尤其得意筆也，非得荆、關肯綮者，能之乎？堯卿。」是夕，同姚羅浮、岳石帆、沈塄伯遠集項孟璜第，酒榼中有鮮瑣瑣葡萄，云項于蕃尊人景星公爲大同戎幕，于蕃往省，帶種回，植之庭中，茂甚。石帆曰：「極北之果來此東南，亦地氣轉易耶？」余曰：「葡萄性易生，博望侯從西域流沙萬里外携至漢地，奚止吳晋之遼耶？」衆以爲然。

二十一日。

二十二日。

二十三日。

二十四日。

二十五日，治裝，同兒子往石佛寺禪堂禮懺，薦先慈吳太孺人，辭世已十週矣。法主謚公，余宿其房，熱甚。

二十六日，開懺。寺長老慈航濟公出萬松評唱、天童頌古一百則對參，頗有入處。敘之爲元移剌耶律楚材，字晋卿，法字崇源，號湛然居士，即世所稱耶律楚材也？楚材曆律藝數無所不通，而能留意宗乘，透脱如此，真異人哉。

二十七日，熱甚。夜與禪者藴空談大藏，觸問如注，亦僧中之不易得者。

二十八日，熱甚。爲謚公書齋扁，曰「獅子窟」。作三開士詩集敘。夜放燄口，施食。

二十九日，飯罷，登雪舫，中刻抵家。以仁安法師《楞伽參訂疏》歸。

八月一日，暮得雨。

二日。

三日。

四日，石夢飛兄弟以湖舫邀余。因過三教堂。僧一初者，善藝蘭菊，庭下鬱然。

五日，過項孟璜。有客持雙貓睛一顆，乃淡黄石一塊，如拇指大。上有暈一點，週遭外白中黄，黄處頗有光，能鑑人面而已，不見所謂一綫溜射者，是亦凡石耳。客索價二千，爲之一笑。

六日。

七日，歙人胡長卿來，以松蘿茗二缶見貽。余同兒子過長卿所，寓東塔寺僧房，主僧賓暘者茶話。長卿出前在武林所示鮮于伯機書《歸去來辭》、袁清容詩稿、趙子昂手札、余忠宣致危太樸書，共裝一卷，再一展閲。又唐子畏《潯陽江商女琵琶圖》，後黄姬水草書樂天《琵琶行》，頗豪壯淋漓。同長卿、賓暘步至禪堂，又入丈室中，瞻新造佛像，頗精麗。有章窰彌勒一尊，高尺餘，亦古雅。

八日，爲胡長卿跋鮮于、袁、趙卷。

九日。

十日，長卿辭去，堅以銀星硯一枚爲别，背鐫宣和二字。

十一日，同兒子泛舟往順興橋，訪藴空法師，石佛允仲闗主暨其徒韻松亦在焉。法師出手緝《大明釋教彙目義門》，凡八帙。披閲，大略遵合教所判五時説法之意，爲定其前後，而每部載其大都。讀之，則一大藏瞭然得其概，過《大藏一覽》等書遠甚，亦近日義詮之要典也。飽伊蒲饌而歸。

十二日，鍾賈攜示梅道人小幅山水。姚丹丘題句云：「蒼洲老樹碧山前，煙水茫茫一釣船。不是尋常畫師手，東萏莊在輞川邊。」　晚集外家，有歌舞女旦張雪謳，擅繞梁之伎。時淡雲微雨，俄而月出皎然。

十三日，鉏伯谷兩岐三穗四穎昆季以湖舫邀余汎月。

十四日。

十五日，連夕〔一六〕月如晝。

十六日，有人持萬岳山人《鐘鼎款識》，凡八帙，大抵襲薛尚功之舊，余所恨未見者，趙明誠《金石録》耳。

十七日，余鄰居有楊司理名鐸者，幼孤，育於俞姓一老儒，因冒姓俞，名廷讓。頗負不檢聲。俄舉於鄉，人亦陰薄之，無與深交者。至庚戌，年垂六旬矣，以今名得第，授吉安府司理。履任年餘，亦無善狀，以病乞歸里中，杜門不交人事。疾勢漸篤，至今年七月十四日夜，令奴步拜城隍神。至鄰人倪姓者之門，倪曰：「汝爲主禱耶，竟何益？」言畢，即覺有一人槌其背者。闔户入室，遽病。至十八日瀕危，譫語曰：「我倪姓，楊家事何與於我？」又即自答云：「有牌是汝名也。」又若視牌狀，曰：「倪鐸。倪字係磨洗改筆，汝何得賂而妄以我代死耶？」又若固争者數四，乃呼妻囑曰：「我死，棺中多置紙筆，當辨訴，且慎勿焚我。」至廿八日，我返矣。」妻竟焚之。楊聞，薙髮披緇，令人畚輿至東塔寺僧房。宿二夕，忽驚曰：「我當歸矣。」至廿八日竟卒，豈倪人得辨而楊終不能幸脱耶？何其期之符也。此一段事，置之《睽車》《夷堅》中，人或疑有文致。今耳目最著如是，何疑哉。以審實故，不遽書，故筆於此。

十八日，夏賈以一玉瓶來質錢，辭之。復有人持文徵仲《汀洲細竹圖》來閱。自題句云：「睡起西窗竹雨收，醉和殘墨寫滄洲。恍然置我扁舟上，十里青山一片秋。」

十九日。

二十日。

二十一日，送陳梅岡封公、孫區吴大參入鄉賢祠，皆余作奠文。

二十二日。

二十三日。

二十四日，假得項孟璜宋人名畫册四十二幅，一一漫評之。梁楷圖扇二幅，無款。此二幅似梁楷筆，前幅乃樵者行沽，後幅有胡僧，有白衣居士，有飛天神女，當是佛家因果圖之一耳。後幅石紋樹樾，乃爾瀟灑。花石猧子二幅，無款。宋畫院周照專畫狗，又善作花竹。此二幅所寫猧子，極毿毶鬖髿之態。拒霜、秋葵、雞冠奕奕生動，如江南八九月入野人籬落間，可貴也。

馬和之山水圖扇二幅，無款。二幅筆意顫掣，有飛白之狀。余向見馬和之寫《毛詩》圖數幅，類此。劉松年松〔一七〕下者隱二幅，無款。此爲劉松年筆無疑。蓮葉間細魚用筆甚簡，而神韻脱〔一八〕出。

徽宗《戴勝山鷓鴣》，有御書小印押字。此道君所寫《戴勝山鷓鴣》，道君不能留意農桑，有愧此羽。鷓鴣惟炎方有之，五國城深沙苦雪，豈堪念此！

蘆雀團扇二幅，無款。黍甘，故觜爪競用；菓濕，則群目瞠視，物態物情固然耳。

紫、白牡丹二幅，無款。此是破損大屏幛翦落。

榴房、柑子二幅，無款。榴房上裂，瘢柑覆背，垂蒂處擬議之工，與天造不隔一髮。

馬遠新柳、竹枝二幅，有細書「臣馬遠畫」。上有楊妹子題「綫撚依依緑，金垂嫋嫋黄」。後幅：「雨洗娟娟浄，風吹細細香。」楊妹子，光宗朝宫人。性喜圖畫，帝得馬遠手蹟，輒令題識。此二幅楊葉竹枝，婀娜有情態，是其所喜者。「金」垂作「今」，係筆誤。紹興間，高宗有乾卦圖書小印，此一印用坤卦，乃僭母后章物矣。亦見妹子寵横，光宗不能制也。

江村秋涉二幅，無款。此二幀，院中人步武營丘而未至者。

馬遠海棠、遊魚二幅，有款。上有楊妹子題

「月下海棠」，後幅題「魚遊春水」。前幅月色花容，相爲涵澹；後幅花片輕儵，皆以簡筆掠取得神者，其妙若此。元趙松雪有《落花遊魚圖》，本於是也。徽宗海棠黄薔薇翠鳥二幅，有御書小印押字。前幅花光葉暎中，有深居穩占之意。後幅蕊端側露，蠹股如絲如髮，鳥目專注之。技入微矣。竹下鬬鵪鶉〔一九〕二幅，無款。鬬鳥搏擊，輕毳墮地，吹之欲起。其黄居寀父子所奏耶？

夏圭團扇二幅，無款。柳枝魚罟，沙雪征鴻，是禹玉入思之作。

周儀團扇二幅，有細書「周儀畫」。周儀喜摹唐畫，精工幾及馬遐叔，而老氣不迨。後幅寫古人詩句：「手彈五弦，目送飛鴻。」本謂彈琴手法，如飛鴻前去。今作轉項引盻，殊非其旨。

梁楷枯木棲鴉二幅，有款。枯槎斷葦，氣韻沈厚，想其下筆時，精魄方在元氣胚腪中，未易測也。後人宗之，如江夏吴偉，則惡濁甚矣。

夏圭團扇二幅，有細書「辛未夏圭畫，坤寧生辰散付」；後幅作乙亥。此二幅中有夾柄痕，乃真紈扇，宫人所執者。餘無痕者，乃圓圖屏幛間物，或後人得古繪零素，就翦之耳。坤寧節，畫院所進，必有坐派。此稱散付，乃隨其意作，以給散付人用耳。

海棠、梨花二幅，無款。用采色漬出，本徐熙法。

芙蓉、秋葵二幅，有李迪款。後幅作李衷。相去五百年，鮮艷生動如許，真絶技〔二〇〕也。蘇漢臣嬰兒二幅，無款。蘇漢臣寫嬰兒，備諸態。豈見宣和君臣荒嬉，舉國若孩，故激而作此，猶唐人作嬰兒詩以刺嚴武歟？前幅所作覆地者，彈碁局也。古人製彈碁，用代擊毬，故彈碁者手中握匕，擊毬者有杖，皆取遞相擊撞，以爲俊快。今人目蹴鞠爲擊毬，目圍碁爲彈碁，蓋兩失之。荷葉斗方二幅，無款。一莖二葉相翻覆，豈即漢宫中夜舒荷之類耶？

二十五日。

二十六日。

二十七日，哭母舅敬泉吴府君。

二十八日，周秀巖攜示古名賢畫册。内張僧繇《凍泉圖》，采色與鉛粉堆垛爲之，極有生韻。巖閒一綫粉痕，乃凍溜之垂者。又用紛筆作草，離離雪岸。大都此一家畫法，與潑墨同一機杼。又王維《關山積雪圖》，樹皆森聳，寒條刺天，用粉筆糝之，淒迷滿目。余昔以臘月行邢、滑閒，氣象類此。又趙伯駒金碧小景二幅，亦真。

二十九日〔二二〕。

晦日，景色清凛如初冬。

九月朔日，遣人賫香，往白岳，余茹素。

二日。

三日，俱晴暖。鄰老周姓者乞詩，漫作一律云：「青鞵緑玉杖，白髮紫綸巾。芳草百回步，花枝兩頰春。怕逢湖海俠，甘作酒家鄰。昨得麻姑約，桃源可問津。」

四日，寫小景，系以句云：「霜酣槲葉紫，江落水痕斑。何處容孤傲，空亭鳥正還。」

五日。

六日，盛寓庸攜沈石田仿倪雲林竹木小景來閲。筆法過蒼，不類。自題云：「燈下秋山影凌亂，更兼眼底亦模糊。筆端要得生蒼潤，墨法原須入有無。是我開簾看翡翠，憑誰作釣拔珊瑚。倪迂標致令人想，夢入邯鄲笑轉迂。予偶觀倪雲林之筆，喜臨于燈下之作也。沈周。」

七日。

八日，小雨。門人石夢飛寄示黄子久山水一長條，境界頗奇。下作五六樹離立，樹中俱隱露沙觜小樹。中層一横嶺交直如門限，限内乃作茅茨橋道。上層平巒，半雜雲氣。款云：「一峰道人。」

九日，沈山人恒川從閩歸來謁。得同年蘇石水書。恒川贈余海鹿蹄筋十梃、桂林酒一瓻。桂林者，同安縣村落名，純取荔支肉釀成，不用黍米，清香甘洌，色白如雪，真異品也。宗昆養白令同安三年歸，對余未嘗言有此酒，官之俗人如是哉。因爲拊掌盡醉。桂林酒一名荔枝香。

十日，夏賈攜視文徵仲畫册十二葉，仿梅花道人。又王晉卿《煙江疊嶂圖》挂幅。俱非真物。

十一日。

十二日，徐節之借觀謝樗仙小景。筆筆仿盧浩然，精能之極，非復平日所見沓拖者比。余有樗仙所臨浩然《草堂十志》一卷，豈謝於此中得之深耶？自題云：「白髮休文病未瘳，細評詩律在高樓。黄花零落青山瘦，秋色於人一樣愁。吴門謝時臣詩畫，奉汝佩尊兄清覽。」

十三日，同沈翠水、亨兒過孫和石昆季。出觀張黄門芳洲公畫《李白廬山觀瀑圖》。筆法用范寬，嵯峨磊落，有萬仞岡氣象。泉作垂綆，一筆直下，煙光濛濛中，如玉龍下飲。對嶼二長松，蒼鬱異常。一丈夫軟帽紫衣，聳肩轉顧，面有酒容。非胸吞湖海，齒嚼冰雪，無此標格。余讀芳洲公集，知其淹博好古。又平生挺一樹奇節，不苟進取，爲吾郡冠冕。未聞其繪事之精如此，甚可貴也。公手題云：「兩臂束蹙肩雙攢，仰首挺立如禁寒。平生斗酒百篇興，似爲廬瀑吟盤桓。江東無人酒船返，黄鶴放歸南道遠。絶唱從來和者稀，紫煙落日香鑪晚。清秋時閒，痰嗽小愈，几案紙筆良具，因寫觀瀑圖于一笑山桂香深處。乙卯九月朔日，七十翁張靖之畫并題。所惜筆老不佳，大非昔比，亦事理之常然者耳。」觀題語，又似公夙擅此技者，何所見之寥寥也？昔有稱公《海天落照圖》者，恨未之覯耳。又趙仲穆白描《黄粱圖》。自題云：「舉世通驚夢一場，何須抵死説黄粱。煩君切莫頻開口，恐惹癡人論短長。句曲外史嘗以《炊黄粱圖》見索，余俗務冗冗，殊未及筆。偶因雨夜，製此奉寄，寓一時之興耳，非誚黄老也，幸勿相訝。至正丙申中秋日，山心齋趙雍書。」又戴文進《桃園〔二二〕春曉圖》。松泉灑落，夾岸散筆作桃花，極有逸韻。山頂一片，用薄赭籠之，儼初陽之狀。此文進蓄奇爲之者。大都此老磅礴神氣，雖不及相城，當其用意奇奥，亦不減古人。又倪端，天順間錦衣千户。畫法夏圭。一幀作嚴陵釣叟，一幀作南陽卧龍。雪岩冰溜，清寒之氣逼人，亦國朝能手也。又周東村《蘆灘漁父》，亦佳。

十四日，得江州父老書。

十五日，往弔平湖朱令君母夫人之喪。午刻，至椿樹原，奠宗伯左江夫人。夜宿六行港。

十六日，東南風甚駛，午刻抵家。

十七日，夏賈持一册來閲，凡十二葉，止馬遠一幅真。又梁楷水牛枯柳，雖贋本，然甚有韻。

十八日，小雨。

十九日，夏老引無錫人持卷軸來。有王孟端竹石古木，仿柯南宫筆意，題者四人：「新篁依古木，苔蘚綴雲根。共歷冰霜久，添滋雨露痕。錦樹山人。」「海客乘天風，靈槎泊銀渚。回望落星灣，楚江夜來雨。曾棨。」「玉倚雲根樹半枯，王維遺墨近來無。高堂清玩宜珍重，莫比尋常别畫圖。錫山倪維岳。」「翠靄盤陀護蘚痕，亭亭高出倚寒雲。空山零落那堪惜，歷盡冰霜共此君。永樂丁亥十一月望後三日，翰林庶吉士吴興楊勉。」又文徵仲《雲林煙瀑圖》，仿子久筆。題云：「萬仞峰頭掃翠煙，古藤疎蔓帶飛泉。置身疑在匡廬下，坐對銀河落九天。徵明。」

二十日。

二十一日，陰晦，小雨時作時止。家圃所蒔菊，以旱故半萎。令人遍覔無佳者，竟闌珊矣。偶閲雜記，中述趙文敏與人書中語云：「自冠便知讀書屬文，中間不幸爲雜好所分，如彈琴、繪畫、吹簫之事，日夜不休。爾後覺吹簫不甚佳，最先棄去。次知琴之爲理甚長，而世俗皆不解，於是極意討論。既得其説，亦棄去不復爲。而獨於畫未能忘情，而人不知其用心之苦。」此等語皆公實歷而得之，顧獨不及臨池，豈不以書法自是士人本業，與讀書屬文爲一串事，不容以欣厭置其閒耶？亨兒於簫、琴、畫三者俱汎濫，懼其雜而不精，或罹魏公之悔，節出戒之，令其有餘力且以八法自娱自恣可也。余亦因以自勖。

二十二日，晴。購得沈石田擘窠書一長幅。規模雙井，詩所自作，亦惕然醒人，名場世局大熱鬧中一杓甘露也〔一三〕：「走烏飛疾若馳，百年光景似依稀。累朝霸業今何在，歷代英雄一局碁。禹治九州湯受業，秦除六國漢登基。人人欲遂平生志，只恐蒼天不順機。」

二十三日，雨。沈山人恒川寄奇南香油一兩、真安息片子二兩。今年薰燎事已辦。明日恰立冬，又煖鑪會中一種佳況也。

二十四日，雨竟日。

二十五日，晴。同史仲純、張遐叔步至沈山人家覩籬菊，黄白亦自楚楚。過比鄰朱山人。山人新結一樓，俯眺曠野，頗極漭漾之趣，余名之曰「雲趣樓」。樓下一小室甚潔，余名之曰「紙醉齋」。山人日夕偃仰其中，非作字繪水墨，則披展古人法書名畫，終日於紙素閒酣恬自適，故以是名之。又唐昭宗時，孟釜居蜀，所作居室結搆奇雅，有室四壁與什器皆用金紙糊飾，朝夕臨之，晃曜不足，謂之金迷紙醉，此則非余贈山人意也。山人出觀所蓄李營丘《松石釣艇》，筆法入細，古韻可掬。余疑是郭熙。又陳白陽米山，亦蓊鬱。題句云：「晴雲細細鎖山腰，定有仙人未可招。行過小橋纔咫尺，已知塵土十分消。」又白陽盎面大狂草一絶，奇逸之甚。乃題玫瑰花者，云：「色與香俱賦，江鄉種亦稀。鄰家走兒女，錯認是薔薇。」又沈石田落花卷，作樹三四攢，一老婆娑亂紅閒，有可憐之色。後自行書《落花詩》十首，題跋稱西川者和詩，有「輸他入夜追尋者，辜負明朝早起人」，以爲不可及〔二四〕。

承幹謹按，九月二十五日以後，十月二十五日以前原缺。

廿六日，新安胡雅竹携宋張即之書《佛遺教經》來質銀去。即之，字温甫，爲孝祥從子，世有書學。此經整栗清勁，酷摹信本《九成宫醴泉銘》，功力將至十成，所隔鄰虚一塵耳。得此，晴窗一一視撫，不覺生氣頓增十倍，真異寶也。款云：「嘉熙元年七月旦，張即之寫遺翠岩住山行祥。是經我佛臨入寂説此，以囑於後，反復丁寧，至旦盡也。誠能奉誦，遵而行之，永不墜於三途，必趨彼岸無疑焉。嘉靖四十五年七月七夕，萬壽房後學弟子玄炯拜書。」又携示王叔明小幅山水。牛毛皴。款云：「至正乙酉秋日，爲九成表兄寫《山居圖》。」又《婁江聖感寺八詠圖册》，沈恒吉寫圖，啟南之父也。大都用南宋馬、夏、劉、李之法，以精刻過多，是以啟南證覺而自爲净飯也。其弟貞吉亦擅能品。又侯夷門山水長幅，散筆草草，多逸致。

廿七日。

廿八日。

廿九日，府僚以鄉飲賓燕，來肅家君，不赴。

十月朔日，府公歸賓燕之俎。兒子從錫山回。

二日。

三日，大暄。

四日，夜集湖舫，岳季有云：「燭上有青蟲飛繞，傷生。相傳有梵咒能却之，咒云：『波利劫沙護生草，救度衆生離煩惱。』一氣念七遍，蟲即不飛繞。」

五日，王生持古帖，斷爛中見楊景度行草四十六字，云：「天朗氣清，三光洞明。金房曲室，五芝寶生。天雲紫蓋，來映我形。玉童侍女，爲我置□。□帝司景，三光同軿。得欒飛蓋，昇入紫庭。」字字飛動，殊詭百出，語類道笈，誠非世品也。「置」字下失去二字。

六日，寒雨。

七日，大風，霽。

九日，雙林吴知常、修常昆季來顧，携梅花道人《弁山清曉圖》評賞。下層老樹偃仰，煙氣蒙蒙然。石脚多碎石。淺瀨一橋，横之中層，小樹攢點，根株露白。上層三合峰，圓混有勢。筆法酷摹巨然，當是入意爲之者。款云：「至正壬子五月，梅道人戲寫《弁山清曉》。」知常云此姚弁山舊物也。又唐伯虎《阮宣子挂錢圖》，筆法仿馬和之。題者文休丞、董青芝，語多倉猝。題記：「十年不見唐居士，展軸欣看畫裏神。回首桃花庵尚在，杖頭難覓浪遊身。六如人物師古狂，此小筆又用馬和之筆法，比他幅又加精矣。辛卯秋日，文嘉偶題。」「宣子胸中狂，唐公筆底寫。維其有之，是以似之，千年恍忽對君者。安得與之同解錢，醉寫烟雲在林下。吴興董嗣成題。」又文徵仲《秋山圖》，樹作疏樾老幹，茅屋中二老對語，門外溪流滚雪，酷似盧浩然《草堂十志》中雲錦淙畫法。上層隱露山脊，泉流垂綆，餘俱入蒙蒙雲氣，不可辨。題云：「滿庭詩景飄黄葉，繞砌琴聲響暗泉。門外晚晴秋色老，蕭條寒玉一溪煙。嘉靖壬子秋日，石壁過訪，寫此以贈。徵明，時年八十有三。」字作細楷，如魯公《麻姑壇記》，真晚年入神妙制。

十日，暮雨。

十一日，寒，雨竟日。

十二日，霽。門人應爾吉索余繪方册，又乞詩壽其友人。余漫作數語云：「寶月玻璃雲，瑶山翡翠樹。中有玉雪人，弄影青蒼裏。銅鑪火齊珠，晨炊九芝蕊。一七入絳樓，肉翮雙雙舉。偶爾駐塵寰，花前百回醉。坐待清風生，終然欲飛去。笑指同遊人，王母第三女。」

十三日。

十四日，寒，雨竟日。

十五日，霽。

十六日。

十七日。

十八日，寫《煙泉林屋圖》。題句云：「一自驅車嵩少還，渾疑靈氣點疏頑。針魚不染綾紋刺，留寫江南秀絕山。」

十九日，兒子從錫山回。

二十日。

二十一日，客携徐幼文小景來玩，雲樹蕭疏，煙巒清潤，大略與倪迂相出入。自題句云：「好畫能文黑仲明，長松澗下濯冠纓。當年掃石烹泉處，回首蘭陵夢亦驚。仲明，高昌名族也。余主蘭陵，每館其家，因寫此圖。至正廿三年八月，東海徐賁。」

二十二日，朱季常從金陵回，黄貞父工部寄余王無功集一册。是日暄甚，倏雨倏晴，如三四月時。

二十三日，僧燈公來，貽余霜柑緑橙，甚佳。

二十四日，夏賈携視米元章《提刑帖》，吴江村之物也。「芾頓首再拜提刑察院明公節下，近專人奉狀，計達行李，赴臺欲寓狀，百冗所奪，但仗寄聲懷，企非可筆。既今日彦公訪及，知婺州智者有闕，而公文有意成他。想留在此，相從既久，人寧無情，故不得嘿，幸恕察。幾日行都復來，此侮慢上而陵薄下，不可一一言也。若來，公自得之。草草不宣。芾頓首再拜提刑察院明公節下，三月十四日狀。」梁仲謨、張如瑩、李林武、張牧之同觀。此帖有雲壑圖書印記，乃吴琚所藏。琚，宋之戚里，住潤州，好臨米迹，畫亦作雲山，後世往往指以爲南宫云。帖首「南宫遺迹」四篆字，李西涯筆，工甚。又陳白陽《漁隱圖》，粗筆，類梁楷，極有雄魄。後作擘窠行草，書柳子厚「漁翁夜傍西岩宿」詩，款云：「嘉靖戊午秋日偶興，書於五湖之浩歌亭，仿吴小仙筆。」白陽曠妙之韻，實邁小仙，此特其托興耳。〔二五〕

二十五日，雨如髪。客邵姓者，攜元人繪卷來閲。子昂折枝山鳥二幀。用墨滃淡，漬出如生，本徐熙法也。陳仲美小景。黛山赭樹，四直一欹，極有氣韻。題者三人：「石林雨過晴雲薄，溪水春深釣艇閒。今日東吴見圖畫，清風猶憶富春山。」鄞余夢祥。」「罨畫溪頭水滿堤，維舟只在石橋西。花梢清露墮如雨，半夜月明烏亂啼。」東海嚴恭。」「陳生落筆超凡俗，流派源來得魏公。古木蒼崖妙奇絶，令人瞻仰憶高風。顧瑛題。」又王若水雲山。題云：「雲白山青樹碧，不費一泓瀋墨。何人高挂雲帆，界破一江秋色。時至正甲申望日，若水爲孤霞子作《楚山春曉》於行雲窩。王淵若水。」又倪雲林入細山水。皴法極異，兩松樹秀挺可望，陂麓間用筆精緊。又作小平陂，與細樹掩映聯絡，有千巖萬壑之勢。余生平所見迂翁，此又一作法也。題〔二六〕句云：「狂風二月獨凭闌，青海微茫煙霧閒。酒伴提魚來就煮，騎曹問馬只看山。汀花柳岸渾無賴，飛鳥孤雲相與還。對此持杯竟須飲，也知春物易闌珊。倪瓚壬子春。」又盛子昭重汀漁艘。近樹四五株，勾圈如斷鐵綫，石紋山脈如利錐畫堅木。用濃墨作株橛小樹，佳甚。又姚産卿桃花。纖麗可愛。題云：「醉裏春歸尋不得，眼明忽見折枝花。向來飛蓋西園夜，萬燭高燒照爛霞。鄉先生姚子敬詩，爲良佐併書於此。」又王元章墨梅。纖條層疊，花蕊攢簇，疎密俱有生氣。題云：「我家洗硯池頭樹，個個花開淡墨痕。不要人誇好顏色，只須清氣滿乾坤。王冕元章爲良佐作。」以上一卷共八幅。王伯穀云：「往年秦汝立得於華中甫，後歸朱十六，在明余凡見其三易主矣。」

二十六日，霧，雨。

二十七日，客攜示沈石田大幅《雪蕉圖》。上有擘窠書長律一首，詩云〔二七〕：「王維偶寫雪中蕉，一種清寒尚未消。前輩風流思舊觀，後生模擬見新標。殘黃潦倒留詩蹟，破緑離披折扇杓。今日蒙翁同漉墨，曉窗呵筆費詞招。石田沈周。」又石田《碧山緑樹》，仿黄鶴山樵，題云〔二八〕：「碧山我所愛，緑樹亦可坐。誅茆即其地，可以謝世過。匡牀據白木，把卷時仰臥。鳴泉遶屋下，啼鳥或一個。閉户却來轍，林逕葉自墮。未必終南山，隱計如此作。長洲沈周。」又石田《除夕小景》，仿倪雲林，題云：「夜半鐘聲送酒杯，五人坐暖覺春回。一年好景今宵盡，八載思親入夢來。爆竹已憑時序發，燈花還傍喜筵開。弟兄拚醉莫成寐，明日新正歲又催。除夕與才叔、德醞二兄守歲，席上口占，因作小圖，得此空方，聊爲補一首。周。」又陸包山《關山積雪》。筆勢雄勁巉險，髣髴大癡家法。自題云：「朔風吹長途，立馬不得發。積雪暗龍沙，雙關鎖雲闕。野燒鐵衣僵，寒聲刁斗歇。遮莫緑窗人，歌鐘待明月。包山陸治。」

二十八日，晴。

二十九日，大雨。偶張樂招客，阻者過半。

三十日，雨稍歇。招徐潤卿、朱殿卿、張嘉林。夜半，亨兒出紅魚白磁杯，飛五十餘酹，頽然竟醉。客亦競夸酒味之美，吾家釀法成矣。

十一月朔日，赴項楚東別駕之招，與王穉方孝廉聯席。楚東命家樂演玉陽〔二九〕給諫所撰《蔡琰胡笳十八拍》與《王嫱琵琶出塞》，淒然悲壯，令人有罹苦雪之感。夜仍細雨。

二日，客攜示文徵仲小景。作草堂於半嶺下，樹根梢葉蔓灑灑，俱在屋瓦上。對崗一松聳直，饒古韻。自作蓑豆細楷，書詞上方〔三〇〕：「近來無奈病淹愁，十日廢梳頭。避風簾幙何曾捲，悠然處，古鼎香浮。興至閒書棐几，困來時覆茶甌。新涼如水簟紋流，六月類清秋。盍簪坊裏人如玉，空相憶，相見無由。最是詩成酒醒，月明徐度南樓。右調《風入松》，病中有懷王君禄之，填此奉寄。時戊子歲六月八日也。越今七年，君歸自選曹，檢篋得之，持來相示，而余忘之矣。且以舊作小圖俾録於上，而余日益衰老，無復當時情致。書罷爲之慨然。嘉靖甲午四月十四日，徵明記。」

三日，雨甚。

四日，雨。

五日，雨。

六日，細雨。

七日，霽，西風甚厲。張霄函寄示徐潤卿所藏文太史楷書《金剛經》，精整之極。大都銛鋭矜栗，純得信本之法。題者數人，款云：「嘉靖十年歲次辛卯夏四月廿又五日，書於玉蘭堂，衡山文徵明。」「友人王中翰以菩薩相現宰官身，奉佛至謹。晚年搆一精舍，竹牀蒲椅，朝梵暮磬，寂如老禪。每過余齋頭，即索書《金剛般若》，余辭以非朝夕能竟。浴佛日，復齋戒跽請至再，即不獲辭。因憶蘇文忠書《四十二章經》，趙文敏書《度人經》及諸品經。古人寫經，大有功德。遂屏居静室，薰沐楷書，以塞中翰之請，與如來結緣也。丙申秋七月朔，徵明再識。」「衡山先生小楷，世不多得。而是帙《金剛經》，端楷工藝，用筆時若有神力所護。先生云王中翰請之已久，三易寒暄，方始書就，宜寶之。嘉靖甲寅上巳，酉室王穀祥識。」「衡山先生小楷愈妙，大書愈大愈奇，可謂能兼蔡君謨、石延年之所不能兼者也。況此《金剛經》，凡數千百言，而以垂白之年，端坐精楷，出規入矩，無一筆苟簡，則松雪翁之書《靈寶經》不是過矣。孰謂古今人不相及哉！五湖居士陸師道。」「《金剛經》，勝國惟趙吳興最多，國朝惟祝京兆最多。先太史不多書，書必焚香端坐，作精楷。此本筆法出入羲、獻，徵參以歐、虞，故瘦不露骨，肥不帶肉，有不容言之妙。王禄之穀祥、陸子傳师道跋語鄭重，其胸中蓋有真賞云。仲子嘉謹書。」

八日，寒甚。

九日，寒甚。

十日，長至，陰寒，雨冰珠，灑竹樹，淅淅有聲。

十一日，賀孝延、岳季有具湖舫招余。泊煙雨樓。時河冰片段觸舟，夕陽射之如碎玉，岸柳千樹，寒條刺天，遊者絶迹。余以爲清虚洞朗，無踰此時者，勝春江夜月多矣。

十二日，吴興人攜示沈石田畫二軸。其一爲《荆溪雨山》，大有氣韻。墨樹拖雲，飛泉百道，箭射而下石虢，若滮滮聞水聲。題句云：「雨裹荆溪疊疊山，濕雲藏翠有無閒。歸來老眼模糊甚，水墨還消白日閒。長洲沈周。」又《溪山欲曙圖》。水墨微茫，樹頂參差，與遥山略辨。草亭中一老，支頤坦腹。想寫暑中蚤起之景，亦奇作也。題句云：「長河半落天蒼蒼，開門汲井夜欲央。雞聲人語杳無際，落月曙色相爲光。臨風短髮不受握，泣露碧葉微生凉。屋頭日出萬事集，借取静境聊徜徉。」

十三日，招朱季長夜坐。季長，鹽官人，善談，聽之亹亹不倦。云昔年海上甃塘之功，無如王五江都〔三二〕丞之奇。王名青，江西弋陽人。由吏員起，最精心計。初至，視塘工，周迴按行。久之，乃議掘塘内浜渚可通者，通爲一大河，以達於秦駐山。公時豪姓沮議者譁然，謂外有洪濤撃撞，而内又疏地脈以延之，是助海若爲虐也。公堅行之，不顧。既成，即山取石者，以一舟往來，所省輦運脚費不貲。無何，塘成，其未成時闕口，即有狂波横入，得河槽順流而下，不至浸漫如曩時，所保腴田又不知若何也。公後晋秩運同，移治竇應河，殁於工所。詔贈行太僕少卿。又言鄉人馬曜武者，以壬午鄉薦，授綦江令。綦與播接壤。先是播酋楊應龍桀驁不恭，又肆虐所隸五司七姓之人，朝廷深督過之，至繫重慶府獄。逸歸，五司七姓益逃竄，逸綦江而居。朝議復奪其人，使不隸五司，應龍益怒。一夕，率兵盡屠綦江城外之人，積屍蹈而登城。應龍直入縣，據令公座。曜武已匿覆缸下，索而得之，出與敘，賓主驩然。曰：「無恐，吾有所託。吾非反者，自誅畔奴耳。煩公於督府一作證明，令我得安故疆，當重有以報。」因索質子，曜武以妻舅之子爲子，而以舅許生護行。曜武得與妻孥潛歸，窟地以居。俄勦播之議決，而許生父子併命，曜武亦死窟中。初，許生僞作庠生衣巾，庭謁郡邑大夫，猖狂作姦，爲人所持。不得已，挈子依曜武。不意竟代曜武死。而曜武偷生僅一二年，如穴鼠壞狐，亦可嗤憫矣。

十四日，莫聖瑞來，攜示陸包山湖石水仙。散筆草草，極有逸韻。題句云：「煖吹羅袖玉生春，綽態臨風浴露新。若非洛水雲中見，疑是襄王夢裏人。叔平。」又謝時臣溪樹漁舠，仿吴仲圭，而稍欠淹潤耳。題云：「水月暎汀沙，漁人發棹歌。悠悠江海調，清廟失雲和。」

十五日。

十六日。

十七日。

十八日，買舟往武林，夜泊石門之東栅。

十九日，暮抵松毛場。既泊，聽篷背淅瀝聲，甚愁其雨。

二十日，曉起，霜濃如雪，山日曈曈出薄雲中，俄而大霽。呼肩輿至昭慶寓樓暫憩。無事，爲章廷綸題所畫松，題云〔三二〕：「攫拏羅刹臂，灑淅老龍鬚。怪麗天應託，孤撑鬼亦嘘。半空穿日脇，當瀑碾雷車。獨上徂徠頂，摩挲問〔三三〕太虛。」

二十一日，出謁王岵雲觀察、楊致吾驛憲。午後，二公來報謁。

二十二日，購得宋板《大戴禮》一帙四本，有楊君謙、都玄敬、文壽承收藏印記。又購宋景祐名劄一通，書法類柳，而尖薄處似蔡卞。「中書劄子。户部侍郎知河陽軍范雍奏。臣昨知永興軍，體量得前資寄住官員頗多子弟輩，不務肯搆，唯恣嘲謔輕薄，鬭諜詞訟。自來累有條約，與諸處不同。有過犯，情理重者，并奏聽敕裁。然終難悛革。蓋由别無學校勵業之所，是致輕悍成風。臣到任後，奏乞建置府學，兼賜得九經書，差官主管，每日講授。據本府分折，即今現本府及諸州脩業進士一百三十七人在學，關中風俗稍變，益文理。見是權節度掌書記陳諭〔三四〕管句，欲乞特降敕命指揮下本府管句官員，令常切遵守。所立規繩，不得墮廢。候敕旨。右奉聖旨依奏，札付永興軍准此者。景祐二年十一月，宣德郎、試祕書省校書郎、權節度掌書記、管句府學陳論立。」竹懶曰：「宋法多濫官。一官滿未離任，一官已候代，又有一官續至。所云前資，寄住官也。」覓肩輿至六橋，鬻古項老已物化矣，爲之悵然者久之。

二十三日，爲章廷綸作《越游稿敘》。午拜楓山蔡將軍。夜赴王觀察、楊驛憲招，飲玉蓮亭。同坐者姚養谷黄門，養白伯兄。

二十四日，蔡將軍具湖舫邀余，酒味甚佳。夜登湖心亭，將軍縱談瓊海事，令人有萬里之想。

二十五日，蜀僧參益，號峨嵋雪貧者，投余詩卷，并所著《楞嚴》《法華》二經直指與《十漸春秋》，要余題語。余偶出，不遇。攜其書歸，爲後期。方樵逸來，攜示陳道復山水，頗似徐賁。從販墨者方生購得沈石田山水〔三五〕闊幅。赭山碧樹，極有氣格。上系二絶，紀一時耳，於畫無涉也。詩云〔三六〕：「滿城風雨重陽句，今日端陽雨滿家。把酒且因時節醉，湖田無稺亂鳴蛙。　湖田無稺亂鳴蛙，未見吾生底是涯。白髮把書聊訓子，生涯如此悔農家。　端午日雨作，蓋承前月積陰，湖田浩然一浸，强與承恩張先生小酌破時，而農計縈懷，殊無樂地。酒半，乃形詩二絶。觀此可知老況。甲寅沈周。」又購得文休承青緑桃花春水〔三七〕，趙文敏絶佳品也。題句云：「青山縹渺白雲迷，緑樹陰陰曲澗西。雞犬千村斜照裏，桃花何異武陵溪。壬戌春日，茂苑文嘉寫。」從寶雲僧房購得龍井翠青茗大小二瓻，此絶不易得者。俟歸，以惠山新〔三八〕水潑之，應不負虓茶種性也。計水仙已芽，梅已椒〔三九〕顆矣。午後買舟解維，行五十餘里，泊唐棲。

二十六日，雞鳴解維，飯於石門。抵家街鼓動矣。

二十七日。

二十八日，吴雅竹以王叔明《秋林讀書圖》來玩，不真。

二十九日。

十二月朔日。

二日，送岳青門年伯葬於姚家蕩。

三日。

四日，爲〔四〇〕孫三郎弘弼者圖小景。信筆題一律：「茅堂深樹裏，來往洽幽期。路窄緣山轉，橋平〔四一〕貼岸垂。渚花沾雨屐，林葉墮秋帷。近得天台信，松栽正可移。」

五日。

六日，震澤門生施孟嘉來，貽余扁橘，味甚佳。

七日。

八日，夏賈復持文徵仲《秋林曳杖圖》來質銀。余不見此畫凡三越歲矣，開軸諦視，如重遊勝境，不覺留連太息。

九日，夏賈又攜示沈石田《長松高士圖》。綾地蒼筆，仿子久。題句云：「高松陰下清於水，遠嶂青邊淡映秋。滿地夕陽談不倦，疎髯風動雪飀飀。」

十日。

十一日，周公美以所善伎楊素婉作《柳枝詞》求跋。中一聯云：「自家飛絮猶無定，那有長條解絆人。」思亦微婉。公美之郎字九倩者，少年納一妾，大徵詩以鳴得意，余亦勉作小艷詩以應之：「曉來呵鏡暖成雲，眉翠鋪舒已十分。不用更描檀子暈，笑渦滴滴向夫君。　春宵懶聽白團歌，若個情慳若個多。穩約胸前萱草帶，任他蝴蝶上裙羅。　書籤挑撥芙蓉粉，燭燼研和翡翠煤。莫笑儒家少攢簇，十眉圖樣剗新開。　箋香不獨擬康成，口說毛詩調侍人。今日郎君初舉眼，櫻桃花下共吹笙。　桃根桃葉解吹笙纔罷又横簫，彷佛連株，萬樹春紅總不如。横出一枝今入手，共開笑口莫躊躇。聞呼賽小喬。一字不曾經曲誤，眼波何事潑〔四二〕人嬌。」

十二日。

十三日。

十四日，出謁鹺臺楊君。公名鶴，楚人，袁中郎社中友也。爲人灑灑，好接詞流，大索郡中諸名家志乘而去。觀風校諸生，亨兒居首，極加褒譽。

十五日，集徐玄仗南州書院，款廷評魯雅存同年。

十六日，歙人吴長卿來，出觀宋劉貫道《渡水羅漢》，頗極奇詭。

十七日，夜亥時，亨兒側室舉第二孫。癸丑，乙丑，庚子，丁亥。

十八日，往王店奠繼泉宗伯。過玄白兄，不遇。歸時街鼓動矣。

十九日。

二十日，雪雨。

二十一日，大雨竟日。

二十二日。

二十三日。

二十四日，陰雨。

二十五日，稍霽，夜大雷雨。

二十六日，雨。

二十七日，陰寒。有客攜示王叔明長幅小景。高松曲澗，仙者三四人，盤桓徙倚。叢薄中隱一鹿，橋址一鶴延頸，急流遶石閒，如有瀌瀌聲。秀雅之作也。款云：「至大甲辰春，余爲荆溪之遊。舟行九里湖，時雨初霽，而煙靄空濛，尚未開朗，諸山濕翠欲流，真奇觀也。歸就山房想像，以寄興耳。黄鶴山樵王蒙畫。」姚雲東題一律云：「雅勝城南訓阿符，清幽絶似輞川圖。松閒更不容三友，花下還應借一壺。浄緑染衣行處有，空青排闥望中孤。少陵仙者[四三]詩長在，亭上豪吟儘自娱。右爲玉雪賢公子追和鹿冠老人之作。乙未五月，大雲姚綬。」

二十八日，歙人吴雅竹以趙文敏行書莊生《説劍篇》求跋。余漫應之，云：「趙文敏行楷，本宗虞永興，而禰思陵，故圓熟穩密，最爲蹈規繩者所喜。然諦觀波掠閒，不無《蘭亭》用意處。宜其傑然自命，而人亦競以山陰的系推之。想其得妙於獨孤，本爲不淺也。此創〔四四〕説正堪咀味，當知余非臆論耳。」雅竹又以文衡山《千巖競秀》與《江山積雪》二圖求評騭，皆贋本也。又侯夷門懋功《秋山圖》，粗筆草草，甚有子久風氣。余披閱再三，雅竹因質銀去。

二十九日。

三十日，霽。除夕燎松盆，時春波里人皆見河面浮物，首大如栲栳，身長七八丈，纖尾蜿蜒，從北往南迅逝，而水波不驚。余曰此蟄蟒，得鼓鼙震動之聲而出遊耳。

校勘記

〔一〕自「然蕩除元人習氣」至「非鮮也」原作「蕩除元人習氣不盡，正由於北海此帖少見也」，據清抄本改。

〔二〕本條原闕，據清抄本補。

〔三〕自正月十二日條至正月十五日條原闕，據清抄本補。
〔四〕自正月十七日條至二月五日條原闕，據清抄本補。
〔五〕自二月七日條至三月十七日條原闕，據清抄本補。
〔六〕自「示余衡山畫便面」至「俱小楷，有法」原闕，據清抄本補。
〔七〕自「出迎留話」至「道兄清覽」原闕，據清抄本補。
〔八〕自三月二十日條至六月三日條原闕，據清抄本補。
〔九〕自六月五日條至六月十五日條原闕，據清抄本補。
〔一〇〕自六月十八日條至六月廿九日條原闕，據清抄本補。
〔一一〕「亂」，清抄本作「危」。
〔一二〕「類」原闕，據清抄本補。
〔一三〕「霞」，清抄本作「鴉」。
〔一四〕「土」，清抄本作「土石」。
〔一五〕「應」，清抄本作「厭」。
〔一六〕「夕」，清抄本作「日」。

〔一七〕「松」原作「以」，據清抄本改。
〔一八〕「脱」，清抄本作「溢」。
〔一九〕「鬬鵪鶉」，清抄本作「鬬雞鵪鶉」。
〔二〇〕「技」，清抄本作「品」。
〔二一〕「二十九日」原闕，據清抄本補。
〔二二〕「園」，清抄本作「源」。
〔二三〕「一杓甘露也」後，清抄本有「詩云」二字。
〔二四〕自「後自行書」至「以爲不可及」原闕，據清抄本補。
〔二五〕自九月廿六日至十月二十四日原闕，據清抄本補。
〔二六〕「題」原闕，據清抄本補。
〔二七〕「詩云」原闕，據清抄本補。
〔二八〕「題云」原闕，據清抄本補。
〔二九〕「玉陽」，清抄本作「陳玉暘」。
〔三〇〕「上方」後，清抄本有「詞云」二字。

〔三一〕「都」，清抄本作「郡」。
〔三二〕「題云」原闕，據清抄本補。
〔三三〕「問」原闕，據清抄本補。
〔三四〕「諭」原作「論」，據清抄本改。
〔三五〕「山水」原闕，據清抄本補。
〔三六〕「詩云」原闕，據清抄本補。
〔三七〕「青緑桃花春水」原作「桃花春水青緑」，據清抄本改。
〔三八〕「新」原闕，據清抄本補。
〔三九〕「椒」原闕，據清抄本補。
〔四〇〕「爲」原闕，據清抄本補。
〔四一〕「平」，清抄本作「横」。
〔四二〕「潑」，清抄本作「溜」。
〔四三〕「者」，清抄本作「去」。
〔四四〕「創」，清抄本作「劍」。

卷 六

萬曆四十二年甲寅歲春正月一日，晴霽。率婦子拜家慶，家君欣然，舉余之觴。室人久卧疾，至是洗沐副笄，特未能拜起耳。昨寐至五更，夢與人數四，舁余登山，轉轉益高，至絶頂，俯視〔一〕江海，山皆赤崖翠壁，光景異常。一石巖上刊〔二〕字云「天下奇絶處」，大丈餘。旁復題小字云「襄陽米元章曾到此」。余自入冬督臧獲理租税，外應冠蓋車馬之交，汩汩無片刻〔三〕暇，而忽做清夢如是，豈列子夢醒苦樂相貿之説果驗乎？抑余外膚與中堅固自有異也？

二日。

三日。

四日，爲藴空上人書「義天標旨」扁。

五日，平湖養白兄來。夜坐寫樹齋，轟飲，大醉。

六日，至漏澤寺晤典藏僧省宗。購得萬松老人《從容録》，林泉老人《空谷集》《虛堂集》，圜晤禪師《碧岩集》，萬松老人《請益録》，五家綱宗盡是矣。

七日，沈怡南從膠萊回，貽余鰻魚、鰈魚、針魚三種鱐，皆奇品也。

八日。

九日，過范長康，出觀韓逢禧手臨楊羲《黄素内景黄庭經》。逢禧父宗伯敬塘公收藏真蹟甚富，此蹟研摩最久，故得其彷彿云。〔四〕

十日。

十一日，戴給諫春樗公之曾孫楧，負笈來從亨兒遊。

十二日，朱季長來，貽我《澉川志》一帙，宋寶祐間里人常棠集。唐開元五年張廷珪奏置澉水鎮，宋時置澉浦水軍，又置澉浦税場，抽海舶之貨，係鎮官兼職。嘉定四十年，朱俯修鹽場，得舊額，有騎都尉監澉浦鎮税兼鮑郎鹽大觀二年重修字。朱俯以前却以鮑郎鹽場兼澉鎮税煙火公事繫銜此地。在宋時，有軍有民，有商有竈，蕃然雜居。而海鹽税皆國用所倚，水軍又海道所切，張官置吏，蔚爲巨鎮。今則海邊一孤壘而已。海門寺大悲閣，舊貯藏經兩函萬餘卷。其字卷卷相同，殆類一手。其紙幅幅有小紅印，曰「金粟山藏經紙」。間有元豐年號，五百年物矣。其紙内外皆蠟，無紋理，與倭紙相類，造法今已不傳，想即古所謂白麻者也。當時潡鎮通番，或買自倭國而加蠟歟？日漸被人盗去，四十年而殆盡，今無矣。金粟山即在潡城南十二里，有金粟寺，紙即此山所造。有宋時監鎮趙潛夫作《弦風亭詩》，甚有思致：「怪他蟹舍蠔房地，不是吟情住亦難。數尺短牆圍晝寂，半鈎疎箔障春寒。水生草滿蛙鳴合，日薄花陰鶴夢安。底處青衫病司馬，浩歌東望取琴彈。」

十三日，微雪。

十四日，吴雅竹以黄大癡《松谿草亭小景》來質銀。此畫壬子年余於武林寓樓借觀者累月，知其筆法蒼古疎宕，斷不出俗手。但非子久真物耳，款印俱僞。又出觀沈石田山水長卷，仿梅道人。題云：「余早以繪事爲戲，中以爲累。今年六十，眼花手顫，把筆不能細運，運輒若〔五〕思生。至大山長谷，喬木片石，揮墨淋漓，心爽神逸，自不覺其勞矣。此卷於西山回途中，拈紙且寫且行，風淡波平，蕩舟如坐屋底，抵家卷遂成，因題其後。長洲沈周。」夜集吴貞所萍居齋舫。貞所自號無著居士，以鄉薦授蘭陽令。致政歸，即勅斷家事，以畫舫遊江湖間。遇賓客雅集，令家僮度新聲或演劇，以佐歡笑，超然自得，所謂蜉蝣天地之間，不嬰世之網羅者也。余爲作《萍居記》，略曰：「先生曰，我舟東不至海，東南不至錢塘，西不至震澤，西北不至揚子。周回六百餘里，平波如鏡，曲流如帶，無不可涉入。是故有沿溯之樂，而無掀播之憂。吾蚤春探梅於杭之西溪、蘇之光福；中春薦櫻桃嘗燕筍於常之荆溪、潤之北固；春夏之交，摘茗煮泉於錫之慧麓、苕之碧浪；秋則松陵之霜楓；冬則皋亭之雪巘。一境之勝，一候之奇，赴之如脱弦之矢。迨其既倦，掩篷捩舵，端坐而返乎敝廬。故我常有轉移適物之權，而無匏繫株守不及物之歎。登我舟者，非天放高流，則澤居曠士。非豪於詩，則擅於弈。非縱於酒，則狂於歌。左右使令之人，非魯望之樵青，則子美之阿段。非標倩盻之姿，則奏窈渺之響。花觚酒槼，琴筑笙竽，與書卷筆床共載。蓋我舟之裝，視鴟夷適齊之貲，則萬不能一；以較玄貞釣具，不啻奢矣。誠得嵇、阮、蘇、黄之賓，呼鷗狎鷺，相與枕藉風騷，拍浮煙月，固無日不郎官，無夜不赤壁也。」

十五日，次孫彌月鬀髮，家君名之曰丑孫。

十六日。

十七日。

十八日，同賀伯闇、賀泰生燕陸太和明府於天寧寺。泰生云：「五臺山雲深處有肉菌，本樹生，僧食之，味如肉。若竊懷下山，即腐爛。」又云：「終南山盤互處，往往數日無人煙。但前遊者每於岩石上鑿坎，折松枝燎火。每過者必擲一松枝，得火不斷，以供往來者炊食。」

十九日。

二十日。

二十一日，亨兒、沈倩伯遠讀書譚梁生水香居，余送往。梅花已狼藉，薺菜可挑，從此春事日拍拍矣。

二十二日，雨。

二十三日，細摹潁井《蘭亭》。見其入微處，輒題數語云：「『細筋入骨如秋鷹。』言其遒緊鋭利也。物之有筋，所以束骨而運關節，肉不得此則癡，骨不得此則悍。凡所爲柔調血脈，令牽掣生態者，胥筋之用耳。今人有終老學書而不得一筋者。煉形家云：『使骨成鎖子，腸化爲筋，乃有沖舉之望。』所謂腸化筋者，正是汰盡滓濁耳。定武骨勝，褚摹姿勝，此獨以筋勝。凡書偏骨者神未洽，偏姿者肌有餘也。」

二十四日，雨雪。陳生墉字衛伯，執贄來稱畫弟子，辭不可，勉受之。

二十五日，細雨竟日。

二十六日，集沈子廣可月軒。

二十七日，雨甚。

二十八日，爲羽士王玉陽題《募置道藏册》，作擘窠大書。

二十九日，雨。

二月一日，霽，盆蘭香氣逆鼻。

二日。

三日，爲蔡楓山將軍圖山水册，又和其自壽詩二律，仍次韻：「多君雄略冠清時，組練争明五色絲。横海威名夸靖虜，磨崖文藻更憑誰。春風細柳登壇話，朔雪寒蘆出塞詩。今日西湖開甲帳，飛來山翠滿軒墀。　鸞鶴原隨貔虎臣，風雷常遶佩符身。一編黄石封侯券，三尺青蘋答主綸〔六〕。幕府霜清飛羽斷，錦堂花暖雅歌頻。蘄王蹤跡湖山畔，領取高標揖古人。」

四日，太倉陸生來，極言湘中山水之佳。袖出一卷，子昂行書士衡《文賦》，云乃梁溪徐麟卿家舊物。有諸跋：「子昂書士衡《文賦》，曲盡變態。詞之妙固有以發之，亦未嘗不資〔七〕乎字之妙而交相發也。松江普照寺〔八〕，乃士衡故宅。聞師其緹襲善藏，傳之無窮焉。丁未重陽前三日，陵陽叟牟巘書。」「余老且賤，獨不幸得文名，遂來華亭。每過士衡故宅，恨不起千載而商之。碧溪上人出子昂所書《文賦》示予。人患不游心秦漢以上，士衡所賦固猶在町畦中耶？子昂當一笑也。句章任士林。」「二王死後久無人，文賦書來筆法存。深得晋人波撇意，風流氣象見王孫。洛陽〔九〕俞焯題。」「右松雪翁《文賦》，精妙無容贅言，乃余家舊藏物也。別去二十餘年，無日不在懸想。今得于子舜凝香閣再見，恍若隔世事。子舜好古博雅，最所珍重。此卷其得所矣，吾何憾焉。嘉靖壬寅冬暮，白陽山人陳道復。」「趙文敏公嘗云：『結字因時相傳，用筆千古不易。書法雖以用筆爲上，而結字亦須用工。』右公所書《文賦》，結字用筆，無不精到，蓋得意書也。公書初學《孟法師碑》，晚學李北海，而皆過之。此賦雖無歲月，要爲中年書無疑。昔胡汲仲謂子昂書『上下三百年，縱横一萬里，舉無此書』，非過論也。嘉靖丙辰七月七日，文徵明跋。」

五日。

六日。

七日，過譚梁生水香居，櫻桃大花。

八日，慧山僧解如持畫軸來索題，云其友勤如上人將行脚，而乞人詩畫以實行李者。余漫應之：「衲子芒鞋處處山，何須更覓畫層巒。煙雲要觸卷舒手，泉瀨教生點畫端。密意草頭參已遍，常光沙界悉令含。清涼冰窟峨嵋雪，莫厭巉巉路百盤。」又出陳白陽盎面大草書太白《宫詞》《少年行》乞跋。「雄快歷落，想當年旭、素正應爾。今人重古蔑今，留五百年後酬善價。竹嬾題。」又宋時南唐貢硯一枚，具三眼，紫潤發墨。

九日，招鉏心雲父子夜坐。鉏伯谷譚其鄰人静村王翁者，少遊膠序，頗有聲。後棄去，敦隱操。自十五六時，手植一梅于庭，旦暮翦拂之。今柯樾横覆一亭，下可張五六燕几。春時敷十萬花，香浮滿座〔一〇〕。翁每旦持竿坐樹下，自護鳥雀。花時開門縱客入玩。有雅士，翁即具精茗醇醞，盡日款洽不厭。自號梅花驛令。年八十餘而終。人曰：「翁胡不大徵梅詠，或繪成卷軸，侈盛事乎？」翁蹙額曰：「若是，又爲梅花作瘡疣也。」人聞而彌高之。

十日，陳衛伯來，出所藏畫軸展閲，盡二十餘幅，悟時史之謬。因與衛伯約，俟余所製雪舫成，當相攜共泛。遇沙水雲林，老樹槎枒，崩崖岝崿處，且盡意寫之，不必成幅，輟筆即投匣中。所寫多自得其曲折。凡寫山水不難，難於寫樹。寫奇怪者，一株兩株成，以漸增至四五七八，而後寫重柯交樾，雖數十層，自然奔凑筆下矣。今蘇松一派謬習，皆由不知寫樹，草草攢簇，或亂如蓬茅，或枯如萁梗，或淺植危聳，狀如瓦松。縱有山骨，亦被堆擁，豈成畫哉！此法余于子久真蹟中悟來，非浪語也。王摩詰，畫祖也，其詩曰：「一邑佳山水，樹樹畫不成。」夫樹以畫不成爲奇，則畫成，以奇樹生色，可知矣。

十一日，從馮霞巔請，書小楷《金剛經》一分。

十二日，過沈子廣。庭梅四五樹未殘，水仙、幽蘭競吐。適松客沈仰松〔一二〕者至，縱譚吴中新事，相與引滿大噱，别去月出矣。

十三日。

十四日，閩客朱長文貽我古虞徐伯鷹《落花詩》九十首。檢其佳句，有「開日肯緣傳詔發，流時偏與避秦通」「已見帝魂飛怨淚，空懷人面笑春風」「佛國誰曾現優鉢，仙城空自説芙蓉」「不堪少女枝頭别，盡向空王國裏逢」「紅情緑意真無賴，觸忤詩人到酒缸」「五風十雨渾常事，一刻千金歎已非」「斷腸淚滿胭脂井，經眼春看蛺蝶圖」「深逕無人紅自滿，春山過雨鳥空啼」「錦綃亂綴秋千索，香艶還留燕子釵」「如逢浪蕊應相惜，若遇浮萍欲定交」「瓊蕤籍中稱謫吏，紫萍圖上寄浮家」「紅隨燕嘴歸菱井，香逐經聲到石牀」「祇恐夜遊燒燭短，故來吟席引杯長」「鶯語百般如訴恨，遊絲千丈似牽情」「桃根水漲迷前渡，玉樹歌殘冷後庭」「一自仙人歸閬苑，更無妖夢到羅浮」。因思古人妙句，白樂天有「枝上三分落，園中一寸深」；宋莒公有「淚臉補痕勞獺髓，舞鸞收影慘鴛腸」；宋景文有「將飛故作回風舞，已落猶成半面妝」；沈石田有「縱使金錢高北斗，難饒風雨葬西施」；唐伯虎有「收鐙院落雙飛燕，細雨樓臺獨囀鶯」「休向東風訴恩怨，自來春夢不分明」，又「杏子單衫初脱暖，梨花深院自多風」，又「書當無意開孤憤，帶有同心綰合歡」；馮具區先生亦有「靨單不成笑，魂斷尚浮香」，皆落花譜中餘艷也。

十五日，細雨。偶閲元吴閒閒詩，有《獲玉印》一首，引云：「茅山道童遇白兔入穴，掘之得一玉印，乃九老仙都君印也。宋宣和時物。」詩曰：「瑶瑛篆刻鎮華陽，猶帶宣和雨露香。玉兔有靈開地藏，金童無意得天章。九重臺上增春色，萬里書中耿夜光。喜遇明時薦神瑞，三君珍重護宏綱。」按，閒閒名全節，羽流也。元君封爲玄教大宗師，張伯雨亦師事之。其言宋宣和中物，必有據。余朝茅君時，于提典處玩視此印印文，良是。山中人不能言其始，人或競傳謂是卞和所泣之玉，剖作三印，一爲秦璽，一爲張真人印，一爲此印者，乃齊東野人之語也。

十六日，胡雅竹攜示王叔明《秋山讀書圖》。下層茂林蕭疏，湖石沙草間，一老垂竿，對岸一童，刺小船。中層山陂凡四五轉，當回合處，一水閣臨澗，草樹豐蔚。稍轉而上一草堂，有内人點茶湯。草堂外雜樹攢簇。又上，皆山岡轉側，每轉必點攢葉樹爲眉目。裏層亦斷續褵縱，作山縐無空缺者。對岸峻峭直下。至中麓，亦有茅屋四五間，多樹攢擁。上平臺四五堵，筆法茫昧疎豁，時隱時現，無刻峭〔一二〕之跡。款云：「叔明爲日章寫。」文休承跋其上方，云：「王叔明《秋山讀書圖》，相傳爲吴文定公物，後爲燕京朱太傅所得。余神往久矣。不知何故，復流江南，貞叔以重貲購得之，持示余。余正小極，爲之頓起。觀其布景設色，大略與巨然《林屋圖》相類，而一種生動之氣似更過之，真最上乘也。前人評其畫云：『叔明寫就滄溪曲，雲景依稀在筆端。』觀此圖信然。萬曆甲戌閏十二月之八日，題於歸來堂中，茂苑文嘉。」

十七日，蘇客持至倪雲林《幽窗水閣圖》。下陂麓雜樹五株，上平遠山〔一三〕巒六七層，甚有飛動之趣。款云：「至正辛亥十月之望，延陵倪瓚。」又陸天遊小幅山水，用筆甚簡，而意趣饒洽，妙處全在虚廓中。款云：「天遊生陸廣。」又宋郭熙《秋樹野亭》，無款。

十八日，胡雅竹又持二卷來求跋。其一，子昂畫老君像，後書《清静經》。余跋云：「子昂好書道經，每以整栗標勝。此卷獨虚和恬澹，從容虞、永風規，且燥潤之筆可數，而天趣溢出，蓋趙楷中絶不易得。像亦儼雅，猶龍神變咀之自露，不煩玉文琅檢寫其相好也。」又子昂朱書《觀自在冥感偈》，管仲姬畫菩薩象，偈云：「菩薩布施濟貧乏，令得安樂度苦惱。果報永滅餓鬼趣，及得斷除諸煩惱。菩薩諦信行佛法，度那由他若衆生。不求名譽及富貴，不染纖毫之欲塵。雖住城隍聚落中，不求聲聞緣覺證。此心爲度衆生故，我説是名爲菩薩。菩薩出過於三界，斷盡煩惱而現生。雖昔受記于佛前，此證菩提亦非遠。無量盲人不見道，無一得入于城郭。或生嗔恨或誹謗，是人少智墮阿鼻。菩薩涅槃即生滅，生滅衆生心自迷。能發浄心住寂静，名離一切生滅法。生滅無二無分別，色受想行識皆無。不著纖毫無所處，是行最上菩提行。若菩薩行自寂静，成等正覺證涅槃。身苦樂等皆不及，行如是行及佛智。行已不見如火滅，是故名爲入涅槃。乘大乘行度衆生，斷衆生界諸邪見。大乘之乘不可得，乘涅槃往諸方所。善友方便令知覺，惡友同行及化他。若聞此法彼定得，過去諸佛成受記。偈從般若所生出，實德波羅蜜證知。　菩薩若能如是行，一切功德能集聚。

右偈一十二首，共四十八句〔一四〕，乃觀自在大師託夢盛子，轉以授予者。其遊天宮事奇怪，似屬魔境，余不敢承。三復偈中語意，則皆爲余而發。大要自檀波羅蜜歸于般若究竟涅槃，句蒼旨奥，非思地中菩薩所能道也。其言體欠輕安，即維摩示衆生之意，警余深矣。敢不齋心拜受，是用朱書作我座銘。皇慶元年春二月，吳興善男子趙孟頫謹識。」余跋云：「子昂夫婦篤信佛道，皈依中峰。曾于小蒸〔一五〕築管公樓，勸其婦翁修净業。晚歲又作同修庵，畫圖傳後，留翰墨塲作千秋話把。彼皆聰明絶世者，盡心大教若是。良由夙生植般若深根，世智辨聰，悉從此中流出耳。此卷感菩薩意，生身冥示法要。而子昂録偈，仲姬圖形，種種光怪，照曜閻浮。每一展舒，如阿閦復見。若夫正信不没，而翰墨緣深者，其慶快更可知矣。」

十九日，雅竹又導常熟人持卷軸來看。有沈石田長卷《溪山雲靄》，手腕甚辣。文徵仲行草題其後，云：「石丈高情點筆間，悠然胸次白雲閒。憑君莫作元暉看，自寫吳門雨後山。吳門何處墨淋漓，最是西山雨後奇。一段勝情誰會得，千年摩詰畫中詩。

當年詩律號精誠，晚歲還憐畫掩名。世事悠悠誰識得，白頭慚愧老門生。高人不見沈休文，漁子沙頭幾夕曛。斷墨殘縑和淚看，碧山千疊鎖愁雲。石田先生人品既高，文章敏贍，而學力尤深，出其緒餘，以供遊戲，要非一時庸生俗匠所能及也。先生蚤師叔明、子久，既而無所不學，皆逼真。晚歲得高尚書粉本十三段，喜其高雅渾融，氣運生動，得米氏父子之趣。間有所作，不啻過之，若此卷是也。是豈可以藝名哉！嘉靖乙巳三月十又三日，文徵明題。」又石田山茶，淺色淡暈，極生動。題云：「應和冒寒過我，歲寒村荒，無足供玩，獨山茶一梢始花，遂圖楮間，以永其好云。」又米元暉雲山一小幀，未必真，然是舊人作。陶南村有題句：「海岳老仙非畫工，自有邱壑藏胸中。大兒揮灑亦莫比，妙趣止足承家風。偶向高堂懸此圖，一紙猶費千緡沽。自緣絕筆人間少，如此雲山何處無。南村叟陶宗儀題。」

二十日，細雨。有客持晋唐宋細楷帖來評定。末一帖乃《赤城王廟記》，筆法清整超妙，於《黄庭》、《樂毅》、元常諸楷之外，別標勝韻，大約于張旭《郎官石柱》、丹陽《瘞鶴銘》間斟酌取會。或以爲薛稷，然記文有張乖崖，乃宋以後物也。有如此手筆，又能于鍾、王外自立一家，寧有不名世者？意或是蔡君謨、黄長睿諸人耳。記文節略録後：「真君姓趙名昱，灌州人。與道士李珏同隱名山，共修大道。大業中，召爲嘉州守。嘉州古犍威郡也，有洽源二河，苦蛟患，真君斬之。隋末，知天下將亂，遂隱去，不知所終。厥後，嘉州江水漲溢，忽有神人乘波而至，旌蓋飄揚，知爲真君也。是歲水不爲害，封爲勇大將軍。張乖崖入蜀，詣祠虔禱，果驗。」

二十一日，夜，大雷雨。

二十二日，過思賢橋城東精舍，訪月林燈公。公出其手所書《華嚴經》一部，凡八十一卷一十六函，一兆九千四十八字。始萬曆丙午歲，訖壬子歲，六年而後竣。屬余題後方。燈公曾參夜臺師，别錫五空之號云。不久，且入峨嵋以老。余贈之以詩，有「碧瞳老作蚍蜉字，赤脚深探虎豹宫」之句。

二十三日。

二十四日，寒，雨竟日。

二十五日，霽，寒甚。

二十六日。

二十七日，夜集沈倩齋頭。

二十八日，過相湖，弔張氏之喪。

二十九日，大雨。上先塋。

晦日，雨。種牡丹一本。

三月朔日，雨。

二日，霽。

三日，作詩責沈子廣梨花逋。子廣之鄰張姓者，有大梨樹，花時團雪萬朵。子廣每許予折一枝爲瓶玩，凡三年竟不至。詩曰：「高人近隔水雲阿，坐起南窗睡夢多。風雨幾番晴幾日，梨花消息竟如何。」〔一六〕

四日。

五日，同亨兒、沈倩、戴奎生步至顔氏莊，看西府海棠，四大樹，甚盛。值主人出祭掃，鎖門不啟，僅從墻隙中一窺而已。因口占云：「春郊雨霽展雙眉，步入東風錦幛帷。

不道村〔一七〕深亦家法，紅妝只許隔墻窺。」

六日，招陸開仲節推夜坐。開仲，平湖陸中丞仲鶴仲子也。以進士授江西建昌府推官。癸丑，行取暫回籍。今赴部來別，因談豫章舊事。

七日，爲沈倩寫《溪山釣意小景》。題句云：「石流有激湍，溪魚無滿尺。釣餌久不施，持竿自標格。」

八日，寫小景。以高麗藺易滲，斟酌子久、南宫二家法爲之。題句云：「煙樹不可辨，風泉斷還落。躍入重雲中，籐枝健如鶴。」

九日，過水香居，同沈倩、戴生、亨兒小酌花下。時絳桃七八樹，如坐霞幔中。二鶴翩翩雪羽映其間，風景良絶。沈倩文思驟進，爲之滿引。

十日。

十一日，閲史，知鏤板書始於孟蜀毋昭裔。昭裔爲蜀宰相，好藏書，在城都令門人勾中正、孫逢吉書《文選》《初學記》《白氏六帖》，板行之。

十二日，過水香居，同王鹿柴、沈倩、亨兒花下小酌。高如晦、許仲芳、戴奎生步至溪岸，刺船來迎。余因攜榼至如晦齋頭。俄戴友石亦至，相與團坐痛飲。月色如晝，如晦又出觀古繪種種，樂甚。余賦詩留贈，兼呈諸子，云：「碧〔一八〕流初洗盞，深柳又停舸。各有招攜興，何妨共嘯歌。蘭亭群從在，輞水勝遊過。月爲今宵好，花仍此地多。古圖開雪藺，新築敞煙蘿。未盡盤桓意，重來踏徑莎。」如晦出觀古繪二長幅，一楮一縑，色俱沉古，筆法樸渾。層層岡嶺，層層作小樹遠沙，不留隙地。此必唐以前物，如晦指爲巨然、荆浩，竊謂非也。又濮州《蘭亭》一本，筆韻視定武有異。後有古楮題字，作當三錢大，云：「趙子崧觀於廬陵凌波閣，伯起、伯慈侍，歲戊申八月二日。」

十三日，余誕辰，適值乙丑。諺云生日值本命，延壽一紀。戚屬率以此相賀。

十四日，前是衲僧慧悦於普善庵掩關，余以語致之，云：「行脚千雙草履，掩關一個蒲團。行商坐賈各多般，只要趁文錢。且道得錢入手時若何，縱橫買斷人間路，處處歌樓聽管絃。」慧公曰：「貧道活計，不留卓錐地，豈圖攤浪耶？」余曰：「如是如是。雖然，莫將頭角摧藏盡，且與時流作樣看。」至是，悦公託陳衛伯致答語云：「無欲無依，錢著何處。買斷路頭，早成鈍滯。且道畢竟如何舉揚，舉出杳無人著價，爲伊不是世間珍。」又一偈曰：「草鞋繩斷却歸庵，飢即飡兮睡即眠。一種平懷何處著，半邊鼻孔向誰穿。」竹嬾云：「莫愁鼻孔爛却，且自救取雙眉。」

十五日，微雨。客有年六十徵詩稱壽者，漫應之：「百番花下醉，六甲數纔周。秀骨石般古，疎髯松樣虬。鶴分栽藥地，僧借泛雲舟。別有安期約，書來碧海頭。」

十六日，同王鹿柴、戴奎生、亨兒過沈倩齋居賞牡丹。余有詠：「侵曉鈎簾處，驚爲瞥面逢。粉留殘醉薄，衣染夜香濃。弄影參差外，含情綽約中。似因詩句惱，脈脈訴東風。」

十七日，初嘗伏龍新茶。有蕭山人乞書太素齋扁，留紫石大墨斗方徑尺者而去。

十八日，恭遇大行慈聖皇太后哀詔至郡，同鄉紳哭臨於郡治西墀。

十九日，蚤，赴府哭臨。小雨。

二十日，蚤，赴府哭臨。胡雅竹携視趙子昂書《文賦》。行體，類李北海《雲麾將軍》。會稽郝通跋云：「余素好趙魏公書，宦遊四方，得觀真蹟頗多。而爲子中有者二：其一《筆陣圖》，在鄱陽周仲玉家；其二《舞鶴賦》，有錢惟善、倪元鎮諸賢題識，乃錫山張氏家藏物也。永樂甲子，奉旨浮海，代祠天妃。歲晚至莆陽，鬱悶中，友人陸進之又出此卷，不覺塵慮頓豁。憶前二卷雖佳，又當退舍矣。八月上澣日，會稽後學郝通書。」又方方壺《松風江月圖》，爲忻笑隱畫，陶南村有跋。不真。　午刻，夏賈貽余柴季通《印史》石刻小册一本，精甚，乃吾郡姚太史禹門公物也。前列子昂敍云：「印章惟漢晋佳絶，時去古未遠，皆用白文，筆意精彩。至唐用朱文，筆法少廢。末後漸爲奇巧相尚，哀哉！』程儀父家有寶章二編，此本擇其精粹者，集爲《古印史》。」後載王西室題語云：「四明柴氏季通，博雅好古，攻於字學，於篆書尤有精詣。患近世印文之陋，往往手自篆刻，務合古。一日，攜趙文敏《印史》示余，曰：『兹文敏精蘊也。鈔謄則展轉失真，鋟梓則圓融或病。我將壽諸貞石，以俟同志。』乃擇其尤者四十有五種，親爲摹勒，真意躍如。刻成，復示余。余擊節歎曰：『嘻，非知而好，好而樂者，其孰能與於此。不亦可以繼文敏之後，存漢晋之古，正今而傳後哉。』余少嘗從事於斯，今眊昏不能進於是矣，聊識賞鑒云爾。嘉靖己未夏四月，長洲王穀祥。」内有一印，文曰「冰窗」，瓢樣。世傳王右軍有冰窗玉室，又云蘇子由印。

二十一日，霽。

二十二日，胡雅竹以唐人青緑山水長卷見示。余因攜至高如晦齋中同玩。沙水樹法數十種，俱奇。後有虞伯生跋，不真。有潘履仲文圖書記，乃上海潘氏物也。如晦自出觀北宋無款重林疊嶂挂幅一，紙如桑皮。樹法峥嶸森聳，細裂筋節盡露，老氣逼人。余斷爲荆浩筆。又馬遠枯柳水牛二，妙。又方幅，細絹地，沙柳雲山，如晦舊題爲燕文貴，余斷爲夏圭。

二十三日，治姑蘇之行，夜泊尹山。

二十四日，泊閶門。購得米元章《得真樓帖》、蘇子瞻《洋州西園詩》。夜雨。過吴貞所萍居齋舫，嘗虎丘新茶。

二十五日，泊虎丘，焙茗於周氏浮光樓。蘇人張正甫攜卷軸來看，有米元章《研山圖》，跋者十數人。張伯雨作纏絲細字，亦佳。跋語雜客談，不得録。又王維《吴王避暑宫殿圖》，不真。又陸包山闊幅山水，佳甚。又趙仲穆《枯椿睡烏》。又白定瓢樣花瓶。〔一九〕又祝枝山行草《盤谷序》。夜招吴貞所先生、長公東白、張省庵丈過舫小飲。張豫園梅花酒，韻甚佳。至醉，潑虎丘茗漱嚥。是日可謂揚州鶴矣。夜泊盤門。

二十六日，蚤發，東北風甚利，舟駛如陣馬。午後抵家。

二十七日，步至水香居，櫻桃半紅矣。沈倩出陳白陽畫扇，寫山石如馬和之法。和之白描人物甚精，而樹石草草見意，有六朝風格。余見其《公子出亡圖》與《毛詩豳風圖》，往往如是。

二十八日，細雨。

二十九日。

四月朔日，余看《宋史》，自壬子三月二十三日始，今歲三月二十八日止，凡二年而後訖功，以余泛涉他書頗多，而雜應亦較前歲頗繁故也。莫生攜視謝樗仙畫《靈巖小景》長幅，甚得子久法，與平日沓拖者大不類。題云：「吴中梅雨開霽，樗仙子偕門生孫朝肅、蔡維清、予侄濱，操舟歷勝，直抵靈岩山之麓，沿太湖探吴王西施舊跡，如響屧廊、採香徑、麋鹿臺之荒址。高躋琴臺，撫景長嘯，聿興遺世之想。乃對景彷彿成圖，分遺諸子，并系二絶以紀同遊故實云。雲落孤峰天氣清，琴臺石壁振衣輕。遥瞻林屋涵銀鏡，背拂穹窿下玉笙。雨餘岩岫鬱蒼蒼，紅粉離宫碧草荒。拾得古時金瑟瑟，玉人争看説吴王。嘉靖二十載五月二十七日，謝時臣。」

二日。

三日。

四日，同門人陳衛伯禮白岳，治往新安之裝。夜泊崇德，舟中跋陝本智永《千文》、《聖教序》，皆衛伯所攜也。

五日，辰刻，崇德令程君來顧。余以冠服不便辭之，饋廪餼。是日作小景長卷，題句云：「虚閣延朝爽，風帆趁夕陰。人家隔煙翠，沙際露漁罾。生計野人足，浮名達者輕。溪山往來慣，鷗鳥不相驚。」晚抵北星關。

六日，雨。從松毛埸登陸，寓昭慶雲山房後舍。項别駕挈家遊西湖，寓此一月矣，過訪。訊蔡遊戎楓山，知其出汎駐昌國衛未回。

七日，雨，午刻稍歇。步寺廊，觀列肆，購得郭熙《扶桑曉日圖》一卷。題首隸書四大字，三橋文彭筆。畫法簡古：紅日半吐，海波霞氣倒射，石壁皆紅；樹用鷹爪鉤剔。絹色沉古，斷非僞作。題者四〔二〇〕人：「河陽郭熙得妙傳，卷圖流世幾百年。名家巨室争市購，重之不悋千萬錢。古人遺墨傳者少，今得此畫堪矜憐。日輪湧海海水赤，照見九點齊州煙。扶桑枝頭雞一唱，燭龍吐火紅欲燃。羲和鞭馭出暘谷，流光倒射金蝘蜓。三山樓觀耀人目，列岳朵朵青於蓮。元氣淋漓曉雲濕，彷彿太始鴻濛先。嗚騶朝士方待漏，隨驢隱者猶自眠。憑誰扶日正黄道，鳶魚飛躍歸天淵。遨遊八極招飛仙，上窮遼廓下漏泉。晴虹晝夜貫白月，同汎米家書畫船。黄塵瞬目變桑海，坐閲今古如彭佺。魯齋許衡題。」「青山深處有人家，十里長洲帶淺沙。別是天台好清景，桃花流水赤城霞。一髮青山是海邊，曉來霞氣滿晴川。不因愛畫聰明到，誰識河陽郭氏傳。毘陵吕志學。」「曨曈旭日上扶桑，萬壑千巖被耿光。不是河陽傳畫者，今人何處覓滄浪。如是翁敏學識。」徐敏學印。「素隱岩崖頂，開門海日紅。朝鮮通閬苑，弱水接岷宫。縹緲三山曉，高低一鶴風。披圖恍神會，身世合鴻濛。東吴姚廣孝題於淮南陸彦遠百杏園中。」又文五峰仿六大家方幅小景。後又自作一方，裝成長卷。内梅花道人、黄子久，俱逼真。王叔明翠山紅樹，湖心矗起大石一座，透空玲瓏，一水閣即搆其下，筆法渲染，大類錢舜舉山水。巨然一幅，用渴筆，兩崖合處，一橋横截，而小艇出其下，趣亦奇變。高房山、倪雲林俱肖本色。

八日，霽。肩輿至天竺進香。午至飛來峰冷泉亭，觀新瀑。歸徑六橋項老肆中，檢所遺畫片，好者多被人取去。有王叔明《桐陰高士圖》長卷，爲倪雲林作者。布置細密，山水樹石，各踞其勝。雖係後人臨筆，然可念也。

九日，謁王岵雲憲長，乞一牌護行。即午登舟，行四十里，泊餘杭水次。是日，舟中戲作米山一小幅，與衛伯商略山水遠近分合聚散之理，頗得其解。

十日，辰刻，餘杭令戴君來顧，饋廩餼。余報謁於苕溪公館。巳刻始登陸，行四十五里，至臨安，駐察院行司。臨安令霍君來顧，饋廩餼。余報謁於縣署。俄簿尉俱來謁。

十一日，雨。行六十里，至於潛，宿寂照寺。於潛令徐君以疾辭，令人饋廩餼。主僧筠坡者出應客，云此寺曾經坡公流寓。余同年岳石梁太守書坡公扁贈之，又留題五言律一首。因次其韻和之：「一徑雨初霽，千峰翠色新。拂衣雲墮地，理策馬驚塵。古寺開蒼峽，高軒敞緑筠。道人指點處，語語自天真。」

十二日，霽。行四十里，至昌化，駐治平寺。昌化令康君來顧，饋廩餼。晚又以酒至。主僧號敬宇者，體腴而貌恭，夜話頗浹。

十三日，行三十里，至手挖，飯於旅舍。過老竹嶺，夜宿嶺脚。

十四日，薄暮，抵徽州，住河西橋巴鋪。

十五日，令人通徽守洪遜齋，余同年又同官豫章司理，相與莫逆交也。值其禁客，初甚猜拒，已，令人偵伺，知余親在旅舍，始悔責前探者，迎余至郡城乾明觀宿焉。觀有宋理宗書匾「玉樞之府」，端勁得顔法。遜齋初約余禮岳回，國喪闋乃晤。至是仍來顧，饋廩餼，併通燕啟。余以茹素辭之。主者黃冠三兩人，汪静宇、方文甫、程松雲。

十六日，肩輿同衛伯行六十里，至休寧。途中澍雨，衣袍沾濕。駐西察院公署，休寧令張公來顧，饋廩餼，一飯即行。二〔二〕十里至岩脚，雨稍霽。昏黑，拾扱登岩。至天門，一皷矣。駐黃庭院陳見宇房，余舊寓也。相與團坐，飲數杯而罷。

十七日，辰刻，上殿拈香。醮禮畢，歸寓，坐小閣中。見宇出所藏朱鼒仙《枯柳水牛》展觀，頗有神氣。朱名拜，號豐溪，世廟時人，縱酒落拓。山水、人物，大略宗吴小仙，牛其最勝者。見宇乞題，漫識一絶：「黄石陂深野草煙，一蓑春雨到山前。自從函谷駝經後，解種青芝白玉田。」是日，道流争乞余書扇，凡揮三十餘柄。衛伯亦作雲山蘭竹散筆應之。見宇又出大幅紙四張，索山中四時詩，爲懸堂之用，余亦漫應之，云：「玉殿春晴片片霞，雪融泥暖樹生芽。黄庭讀罷渾無事，風撼一簾山杏花。緑樹陰濃晝日長，紙屏瓦枕竹方床。倦來一覺遊仙夢，消得爐中柏子香。曲几疎簾面面風，一簷秋雨滴梧桐。鳳簫聲隔重雲外，知在蓬萊第幾峰。卧擁重衾睡起遲，黄粱炊熟已多時。夜來積雪高三尺，壓折梅花四五枝。」鄰院有羽童姓汪字元卿者，風格韶秀，年纔十七。道流引之來乞余畫，戲作小斗方如本山之景與之，題句云：「雲岩山下遶山田，一簇村墟百井煙。樹鎖山腰雲鎖樹，那知箇裏有神仙。」

十八日，同羽流吴立齋步至天門外訪張躐蹋。躐蹋聞余至，喜甚，曰：「吾夜夢覺有異，君非凡人也。」因相與團坐階石上，話無町畦。躐蹋自起，手煎茶來飲余，又散果於諸從者，雖乞子亦與之。又諄諄戒余勿多飲酒，酒至五合，必經汗一番而醒，是真氣之賊也。余心佩其言。躐蹋之徒別出餅餌椿芽，款洽甚至。余以一律書扇貽之：「偶從福地遇真仙，團坐長松怪石前。淡話常言番有味，烹茶分果結多緣。年過甲子再甲子，遊遍大千又大千。他日相逢定〔二二〕何處，天台山裏石橋〔二三〕邊。」

十九日，辰刻，下山，行三十里，至休寧公署報謁。張令君又來謁，以乃考《張陽和先生集》一部見貽。余以《遊白嶽詩》一章答之：「名嶽分殊氣，宸居奠紫邏。雲霞千嶂曉，風雨百靈呵。古洞散珠瀑，高枏拂絳河。塵緣如可謝，來此託岩阿。」金憲副麗陽公，余同年也。來顧招飲，余以茹素辭，不聽，因以明日具蔬筍供爲請。

二十日，報謁金麗陽公，出素饌凡百事，楚楚豐潔。飣茶之物，俱以菓核雕鐫八寶，甚有巧思。又以蕨粉點胭脂作榴子，與真無二。休寧之俗奢而喜飾，此類是也。是日，仍張戲演郭令公《玉魚記》，公又以扇墨莽茗爲贈。余爲坐三十刻而别。晚抵乾明觀，觀中前有南安孝廉王叔躬名以稼者寓其房，亦遜齋通家，舊理南安時門生也。於談次見叔躬才甚高，因相與剖臆，縱論今古，良快。

二十一日，辰刻，報謁遜齋，因及郡倅諸公。諸公來報謁，饋廩餼，招飲，以茹素辭之。午刻，叔躬出所梓《薄遊草》乞敘，余亦漫應之。大略謂遊道之盛，無如孝廉。諸公以其材譽浹而未膺官政，所至倒屣，冠服蹤跡，得以時隱時見。用是得魚服之趣，而無虞於豫且之網。亦實録也。是日雨。遜齋來顧，訂燕期。

二十二日，畢允堅名懋真者來顧。又同年汪鳴鑾之子奕芳者來顧。汪初第，甫及頭選，偶與友人飲京師一寺中。寺有樓，封閉甚固，相戒不開者久矣。汪强之，乃開，因攜酒榼飲其中。小奚支鑪暖酒一櫃上，灰火一星漏櫃縫，俄而霹靂一聲，煙焰蓬勃，焦爛者數人。蓋先年軍營所貯火藥也。汪竟負痛而死。今其子爲庠生，窶甚，亦可憫矣。

二十三日，雨中無事，戲寫巨然秋艇，頗得筆意。又爲程生扁書「松雲」二字。午刻，過遜齋燕席，叔躬亦在坐。及夜而别。

二十四日，雨。爲叔躬寫《瀟湘暮雨圖》，略用李龍眠筆法。自題云：「南嶽拔地五百里，登祝融峰，下視世界，盪爲雲海。其谿谷諸水，奔瀉湊合，汪然浸爲洞庭，涵天浴日，畫者難措其手。獨其沮洳漫漶處，從青草湖而上，爲瀟湘二江，渺瀰荒忽，唐人詩所謂『笠釣青茫茫』者，淒迷黯淡，可以想見。余往在京師董上林處，見李伯時《瀟湘暮雨圖》，筆蹤可數，而氣象出没，深歎古人於一滴墨水中，吐吞天地山川之變。别去已十餘年矣。甲寅首夏，遇蓉城王叔躬於新安邸中，其人恢偉負奇，深解畫趣，偶徵余繪事，勉作此圖，步步趨趨，且有瞠若之歎，矧夢中説夢耶？聊資一噱而已。」

二十五日，休寧潘景昇來顧，貽余《黄海》《亘史》等書三套，又具素饌於提點房，夜坐至二十刻而别，且訂秋杪黄山之遊。

二十六日，往别遜齋。治行，改由水路。午刻行十里，至浦口，得一兩頭尖舫乘之，甚涼爽。一路溪聲山色，應接不暇，較陸行又一景趣。衛伯創見甚奇之。余曰：「子歸作溪山景，不煩他稿矣。」夜泊深渡。

二十七日，東風甚勁，暫泊岩下。午餘乃行，至淳安，夜泊清溪門。

二十八日，辰刻，淳安令李君來顧，饋廩餼。余報謁於官舫。行一百二十里，東風仍勁，泊楊家磯。夜大雨。

二十九日，行四十里，至嚴州，大雨。舟行瀧中，兩岸峰巒吞吐，雲氣倏有倏無，水聲瀺瀺，遠近相接，神思清曠，令人欲仙。夜泊釣臺，雨不絶。余得句云：「無數雲峰緑刺天，桐江一綫碧於煙。夜來伸脚蘆花底，絶勝駒躬帝腹邊。」

五月一日，雨。行四十里，至桐廬。昏黑，至富陽，泊西滸。

二日，辰刻登陸，裝成而雨大注。富陽令方君遣人饋廩餼，却之。冒濕行七十里，至浙江驛，日方午。易夫馬，由萬松嶺至昭慶雲山房禪味樓。雨不止。寺前擺攤鋪，有南京賣香人籠畜二鼠，一純白紅嘴爪，一斑文如豹，豈即古所云鼮鼠者耶？籠中施兩匏，穴之，實絮其中，作鼠窟宅。啖以果實，飲以水。所至人輒聚觀，亦異品也。

三日，同寓王少岳來顧。王，蘄水人，名三奇。由選貢授蜀之瀘州判，有政聲。俄爲忌者所擠，改判滇中。所談滇蜀事，甚有奇聞。又性喜方術，席間即授余彭祖蒸臍法，云得之者可以不老：夜明砂一兩，五靈脂一兩，枯白礬一兩，麝香二錢。前件除麝香，碾作末，分作四包。每用一包。於二分二至交刻時，仰卧，先將麝香五分按臍内，再用蕎麥麵四兩，水和，捼條作圈子圍臍外，次放藥末在圈内，上以槐樹薄皮一片翦圓蓋之，皮上又用小麥麵圈一箇，圈内安指頂大艾丸炙之。視人年紀，每歲炙一丸，務於一日内了之。艾氣薰遶，四肢口鼻俱香，風濕盡散，妙不可言。

四日，余初意欲暫止湖上尋舊遊，見雨勢殊未止，急於松茅場覓舟西歸。水漲舟高，來時橋道僅能通艇子，稍遲即不能行矣。午刻行六十里，夜泊唐棲。

五日，蚤行四十里，天始明。至崇德，買芰首、蒲根；索從者簏中，適得雄黄數塊，碾之。與衛伯泛蒲於石門灣。抵家暮矣。

六日，省沈岳翁疾。

七日，延鬱秀觀道侶建醮繳香。

八日。

九日，杜山堂子名玄禮號楊林者來顧，以繪事相質。與之談，其人甚長厚。尋其筆墨處，時流蹊徑耳。度其未可與深言，胡盧而已。

十日，大雨。報謁杜楊林。招之飲，訂期翌日。

十一日，薄暮，楊林來，與沈翠水同坐。夜一鼓别去。

十二日。

十三日。

十四日，同年黄繕部貞父至自金陵。岳之律書來，邀余同酌貞父於西水舟中。貞父縱談，神加王。其舫齋擕一白兔，處銅絲籠中，雪毳被體，雙睛如琥珀。貞父因是自號恒玉主人。

十五日，同徐玄仗、陳如岡、岳之律、養白兄集湖舫。燕觀察王岵雲，更餘而別〔二四〕。徐玄仗舊令太湖，坐中亹亹談太湖事。元季邑民有畢珀者，居鄉任俠，家多藏粟。太祖與僞楚戰鄱陽湖，相持未決，遣人與珀借餉，而楚使亦至。珀以香煙卜所從，知天命有歸，日夜礲粟。又以山路崎岨，特撥壯丁開溝達江，運至軍中。事卒以濟，太祖甚德之。問欲官乎，曰不願。上見其四子皆驍健，慮有後患，各授以指揮使，分主齊晋戎籍，以離隔之。珀爲女擇壻，見汪氏童子有傑氣，乃畫計殺其一家，俟童子孤無依，而後收之，所謂汪元者也。太祖定太湖賦額，悉取裁於珀。珀任私，恣行顛倒。汪元後檢首其不平，上亦不之省。特架庫存汪元辨明卷案，官其士者，時一查閲以消息之而已。此事郡邑志皆不載，此典故所不收也。

十六日。

十七日，雨。山人戴青笠名詢者來顧。杭人也，性嗜書畫，能詩。袖中偶出其移家舟中長歌一篇，語頗悲壯，録之：「儒生恐爲含沙中，冬夜移家河已凍。野曠遥看鬼火青，天空仰見寒星動。舴艋呼來盡室登，顛危那有親知送。强顔篷底尉妻孥，笑口難開心自痛。行裝僅覓讀殘書，蒼頭更挈虀鹽甕。白晝愁逢故里人，黄昏怕作歸鄉夢。迢遞關河望轉遥，豈期帆飽如飛鞚。囊金羞澀何足憂，吴門有笛還堪弄。」

十八日，青笠攜示卷軸米元章手札一通：「芾頓首啟。經宿奉候沖勝，石山試納，文富且看芭山暫給。一視其背，即定交也。少頃，勿復言。芾頓首彦和國士。本欲來日送，月明遂令力送耳。」此米老與人博易石山札子也。尾十二字皆渴筆，勢尤奇變。又蔡忠惠行草碧牋札子，語斷爛不可録。宋暹一跋云：「忠惠公翰墨，遺於世者絶少。余十年前於都下獲一手札，與王荆公告歸者，後爲宋秋江索去，余每不忘矣。此帖真蹟無疑，不易得也，歸之。京兆宋暹。」又文徵明青緑《晴山春樹》，仿李思訓。自題一絶云：「林壑春晴淑氣澄，坐深還見碧崚嶒。川原遠近緋桃發，不是天台是武陵。」又五峰《古木寒泉》長幅，仿王叔明，山石雲氣甚奇。款云：「嘉靖辛酉仲秋望後，爲汝章先生寫。五峰文伯仁。」此幅余購得之。又沈青門《雲山行旅》大幅，仿范寬，布置逼塞，饒筆力，寡意象。

十九日，和戴青笠詩，書扇頭貽之：「雨寒卯酒頻頻中，跼縮空齋似蠅凍。柴門屐響蒼苔深，新竹横梢隔牆動。熟客俄引生客來，同調相逢廢迎送。縱横畫卷參意象，歷落詩篇快沈痛。石泉真味屬茶鎗，虹月精光埋酒甕。書魚且餐意外意，蕉鹿誰尋夢中夢。高談狎語互鬬奇，淺草平原馬雙鞚。丈夫多定眉睫間，安用桓生笛三弄。」湯慧珠寄視沈石田粗筆山水，學黄子久。自題句破裂不全，有云「滿眼白雲無俗物，蓋鄰碧樹有高株。一峰道者吾宗主，煙海蒼茫不可呼」之語，蓋其醉心於大癡至矣。有楊君謙題數十語，大略謂石田先生文章雄麗，可以主盟一時；而四方但馳帛索其畫，乃文爲畫掩，爲可惜。而不知畫正石田文之尤偉麗者也，輕縑薄楮，一經點染，即有金石之壽，保必減豐碑大碣與金匱石室哉！

二十日，青笠冒雨來别，復攜示蔡忠惠墨蹟。後一跋，字類柯南宫，録之：「至正十五年九月既望，同彭君仲、曹震〔二五〕西、曹叔雅過雲軒精舍，觀唐本《蘭亭》。坐間，晋城劉季美出蔡忠惠公一札，其用筆妙於起倒，得楊少師、李西臺筆法。余往見其尺牘，甚浩放，多隨意曲折，意到筆不到，乃覺少進。意之所到，輒能用筆。然比之古人，入則重規疊矩，出則奔逸絶塵，安能得其仿佛耶！此書今日之藏，亦足以廣見聞，備討尋，不可廢也。半峰老人八十二翁翟秋書。」

二十一日，夏賈攜示王孟端小景山水，筆法在雲林、大癡間。又伯虎茂林飛瀑。自題云：「濺沫飛流白練張，重雲深鎖樹千章。空山盡日惟猿鳥，堪笑紅塵市裏忙。」又文文水〔二六〕仿倪雲林小景。題云：「潔癖倪迂未可攀，能將水墨繼荆關。疎煙斜日茅亭外，一片江南雨後山。」

二十二日。

二十三日，雷雨。

二十四日。

二十五日，徽人汪姓者，持元人張子政《柳枝雙燕》挂幅來看。楮頗斷，題句甚多，可録者十一人：「憶昔烏衣巷裏時，於今見爾不勝悲。江南春色知何處，立斷東風楊柳枝。天台林右。」「隋堤楊柳東風軟，燕子飛來春幾何。寂寞烏衣成底事，故人不似向時多。貝翺。」「二月紅樓燕子飛，可人楊柳故依依。獨憐湖海思歸客，滿目風塵不染衣。范公亮。」「千古隋堤樹，絲絲拂畫樓。飛來雙燕子，不解識春愁。海叟凱。」「東風池館柳依依，掠水穿花雨後歸。王謝樓臺今寂寞，不知何處是烏衣。華亭管時敏。」「御柳春如海，昭陽今是非。舊時雙燕子，無語立斜暉。雲霄。」「韶華明媚灞橋東，語燕雙棲翠柳中。不顧江南春色老，銜泥猶趁落花風。葉見叢。」「章臺路上新楊柳，王謝堂前舊日飛。如此風光多感慨，老夫盡日不吟詩。雲間顧文昭。」「柳花撲簾春雨香，玄鳥上下争飛揚。春來秋去只如客，留得遺巢在畫梁。吴郡顧謹中。」「故園楊柳緑成絲，燕燕飛來寄一枝。桃李漫將春色去，滿身風雨立多時。鄖庠素齋胡廣文書。」「楊柳風輕燕燕棲，補巢銜罷落花泥。交飛不向烏衣巷，困倚枝頭羽翼低。盧陵朱京。」

二十六日。

二十七日。

二十八日，登雪舫，送盛觀察母夫人之喪於長蕩正收圩。夜泊盛塋前。

二十九日，午刻抵家。

三十日。

六月一日，家君以誕日避客於外。僧蘊空以所撰《大明釋教彙目義門》來乞敘。

二日。

三日，連日俱小雨。

四日，始霽。

五日。

六日，招王少岳飲。坐間劇談瀘川擒盜事，具有方略。每當奇險處，余爲之引滿稱快。

七日。

八日。

九日，陳衛伯攜示乃祖芝田公贈言卷，沈石田作《芝田圖》，張黄門靖之亦有繪事，甚沈鬱古雅。一時名公如錢鶴灘、吕九栢、姚雲東皆有篇詠。憶得一聯云：「培藉松茶土，滋分石乳泉。」良妙。

十日。

十一日，寫《洞雲芝草圖》，又系一律壽人，從張天徒請也。不知所壽爲誰何。詩云〔二七〕：「萬壑緑雲濕，千莖芝草生。露珠晨欲滴，霞采夜猶明。入市懸壺小，還山駕鶴輕。因爲眉壽祝，片語借長庚。」

十二日，熱甚，夜不能寐。

十三日，華亭周渭仲以孫世聲畫梅卷乞題語，漫應之：「羅浮君稜稜老幹，峙俠士之骨。離離疎影，參幽人之蹤。淡淡寒香，吐詞流之韻。風概孤絶，所堪親傍者，惟半部《離騷》、一枕清夢耳。渭仲結盟已久，應作司空見慣。乃又倩世聲寫照，何契玩之深耶？余不揆，且將借師雄幻境爲子猷徑造，渭仲其勿謂我唐突也。」

十四日，汀州萬心一者，以醫遊吳中，所療治俱驗。云少年縱酒色，得偏枯疾，羸劣濱殆，醫皆謝去。有江西李翁者求見，許以三日可起，人皆驚笑，姑留試之。翁手煎桑寄生一斤成膏，入川草、烏羌、獨活各五六分，入酒飲之。至第四日蚤，心一忽能起立，又稍運臂股，即漸能運行。再調理二三月，體充健如常。心一感激，一意學醫，每日止看古方中一湯頭，考核藥性三四味，務得古人立方用藥之意。如是踰期，稍稍爲人治疾，無不愈者。内兄沈翠水延心一治岳翁風疾，良驗。心一傳治瘰癧方，狗糞尖入瓦酒壺中，好酒盞餘，夏枯草三錢，隔湯煮一沸，候温，服之即消，神驗。

十五日。

十六日，連日熱甚，夜不能寐。

十七日，稍得雨。

十八日，閱邸報。五月十七日申時分，宫女盧天壽頭頂長隨紗帽，脚穿布鞋襪，腰懸忠字四千八百三號牙牌，由仁德門西華門逃出長安街，出城問昌平道，被獲。審衣、帽、牙牌乃内官魏卿所與，亦異事也。

十九日。

二十日，夏賈持倪雲林《喬柯竹石圖》來閲。上有章憲題句，云：「能將三昧稱三絶，清閟風流未可攀。」不知章憲爲何許人。曾憶春初有人持縑素，上徑尺大字書一詩云：「山勢蟠龍虎，桐陰下鳳凰。讀書聲滿耳，清蔭紫薇郎。」亦有章憲圖記。

二十一日，午刻大雨。

二十二日，里中談翁號繼菴者，工兒子醫，所至閭巷歡迎。翁以一視決生死，片語出，人即歌哭隨之，以其無虛發耳。潔一室，庭中列奇石，雜蒔松竹，居恒嘯詠其中，翛如也。至是徵予扁書及堂聯，爲書「種杏軒」三字，又作一聯云：「眼空塵海浮漚，躭一室松陰竹影；手掬上池清露，灑萬家桂穎蘭芽。」

二十三日。

二十四日。

二十五日，午刻大雨。

二十六日，過馮生，偶閲案頭書，知西湖旁有西馬塍，栽花千種，爲張伯雨隱處。其稱西者，以別於松陵之馬塍也。

二十七日。

二十八日，得晋江蘇弘嘉書，貽我白磁應真像一軀。

二十九日。

七月朔日，閩人黄懋弢來顧，貽余《琴莊隨筆》四卷、《琴經或問》一卷、《山遊鼓吹》一册。懋弢，蘇弘嘉觀察之友。弘嘉稱其亦魯亦竺亦琴亦詩，但不能飲米汁耳。余乍視其氣貌崿崿沈峙，信非彈鋏歌魚爲青山白雲作滓點者。

二日，過精嚴僧舍，訪黄懋弢。懋弢出古琴一張撫玩，名曰萬壑秋聲。

三日，黄懋弢以《五岳琴遊卷》來索贈言，漫應之：「逃暑竹林下，赤曦赫欲然。客懷有冰雪，逗入松風絃。塵慮蕩已浄，眉目炯欲仙。空山礨落石，古澗幽咽泉。澹若無義語，轉如觸機禪。山遊獨攜此，洞壑同卧眠。感君顧我意，拂拭當南軒。愧非鍾期子，洗耳聊周旋。」爲新安吴太學爾瞻圖便面，仿梅沙彌。題句云：「瓦盆注酒，石盆注墨。酒盡墨舉，顛倒狼藉。秋來夢夢入羅浮，煙樹雲沙盪胸臆。醉中吐出無盡藏，梅翁拍手稱相識。」

四日，沈甥伯遠以先世所藏《歸來堂帖》示余。有王右軍《二謝帖》，乃《閣帖》中所無者。臨摹數十過，覺虞伯施行草筆筆從此中流出。諸家跋亦勝。《二謝書》云：「即以七日大斂，冥冥永畢，不獲臨見，痛恨深至也，無復已已。武妹脩載在道，終始永絶。道婦等一旦哀窮，并不可居處。言此悲切，倍劇常情，決不能自住。未遂面緣，撫念何已。不具。羲之頓首。」「熙寧九年十一月十四日，趙抃閲道越州清思堂之西至樂齋觀。」「右軍真跡，近世漸少。觀《二謝帖》，紙札尚完，殊可愛也。按《貞觀目録》《淳化法帖》皆不收此，豈當時爲好事者祕藏不出耶？熙寧丙辰冬至日，丹陽蘇頌子容餘杭郡西閣題。」「假守徐師回，丁巳仲春十日覽之，郡倅朱正民同觀。」「熙寧九年七月六日書，會稽關景暉。」「存中，熙寧九年五月廿五日，三司北軒觀。」「華陽王仲修觀，丙辰仲夏旦日。」「清河崔彦博唐公，元豐乙丑五月望日，觀於西安縣東齋。」「武夷范錢觀，元祐二年八月十有七日，三衢龜峰廳筆。」「貞觀尤愛右軍書，訪求殆盡，其後并葬昭陵。今所存法帖，人謂皆哀疚之問，故不復進上，得傳於後，豈其然乎？此書亦然，又法帖之所遺也。當用墨錦玉軸裝，以貽子孫寶之。海陵曹輔子方信安郡齋書。」「曹使君借玩，書示通守郭庭誨。與觀者五人，林師醇醇仲，余翼肅之，梁秉文憲古，林季淵萬宗，葉常權之，紹聖五年三月二十日。」「元符二年季秋九日，鄭子猶出此帖於滎陽尉舍以示余，因得以觀。右軍筆畫之妙，第有嘉歎而已。吴興劉欽止繩祖書。」「樂安李炳崇寧元年十二月初九日，滎澤思軒敬觀。」「張子和、高適正、梁濟道、李晦叔、毋仲山同觀于陳留，大觀元年五月廿日。」《歸來堂帖》又有《禊帖》二種，其一賈平章悦生堂本，跋云：「俞壽翁家蓄《禊帖》特多，所甚珍者有三。自言一以遺安晚，一以遺後村，饒清閟堂本最後，則歸之余，謂視前二帖更奇。余常欲會二翁所得者參訂之而無繇。留楊時，適得片石如玉，又適有善工至，因手搨清閟本。親程視之，日刻一字，踰年而後成，精神肉骨不失豪髮。楮以北簾，墨以廷珪，以是無有能悟其晚出者。書驵得一二，售之雅士，卒獲善價，識真之難乃如此。幸甚與後村同朝，得成前志。一日，攜俞氏本相示，與予所得者同，益信壽翁所珍非妄。大較一段奇古意，如老成典型人，望之使人心莊氣肅。而儗仿求似，秖類河朔少年，舉體沓拖不可耐，識真者病焉。然猶未見安晚本，逮扣其孫寺丞，則云初不甚惜，久棄置敗楮斷簡中，搜討無復存。此固有物司之耶，抑寶非所寶耶？余願與後村各寶之勿失。後刻本併於鑒裁，有若夫子虎賁中郎，自不難見。乂焉知更數十年，祖刻銷沈，此石頡頏，亦願後村共寶之。景定壬戌重午，天台賈似道敬識。」「辨説蘭亭猶聚訟，精良此刻更何疑。辨才付囑昭陵後，玉匣爲塵世祚移。倪瓚，壬子人日。」「《蘭亭》，書家之楷則，學者未有舍此而能者也。今觀此刻，雖後於定武，世亦罕得，足可尚矣。趙雍。」其一唐臨本，跋者四家：「真本已歸昭陵，世所傳本尤多，而皆不同，蓋唐數家所臨也。其真僞優劣，覽者當自擇焉。今觀此刻，與尋常所見者亦異，永叔之言信矣。幹文傳題。」「《禊帖》之妙，古今字書絶冠。筆迹不可得而見矣。石刻之衆，世傳定武，宋末權勢百計巧取豪奪，歸之悦生堂者，何啻三數十本？厥後不知散落何處。尤物移人，亦足累人。此卷筆意瀟落，自有晋人態度。何必號稱定武，以虚名爲累耶？至正元年八月十九日，□之。」「《蘭亭帖》，不問刻之精否，見者無不愛玩。爲其流風餘韻，猶可挹也。蘇人錢良右。」「石刻《蘭亭》，以定武古本爲勝。然歐公《集古》不録定武；東坡亦惟稱河朔起草本，而以成都本爲絶倫。自山谷以定武爲肥不剩肉，瘦不露骨，於是士大夫争寶之。而五字損本、不損本，肥本、瘦本，薛氏本、李學究本，真本、僞本，説如聚訟矣。按，桑世昌《蘭亭考》載蔡山甫云：『頃見唐刻本二，一是貞觀間石刻，一是泗州山南杜氏所藏板本，米氏父子嘗模刻之，號「三米蘭亭」。鋒勢筆法，絶不類他本。區區寶愛定武者，是不知有唐刻本也。』又米南宫云：『得唐刻本《蘭亭》，絲髮不差，遂用其本刻成。今天下惟此本矣。』詳覽二説，則定武之外，亦有佳本，固不可得而廢也。予觀此刻，乃是板本。今米本不傳，不知即是杜氏所藏者否。但其筆勢飛動，與定武不同，有可愛玩，因手摹入石，令章生藻刻之，與博雅好古之士共焉。是歲萬曆甲戌七月既望，茂苑文嘉書於歸來堂。」

五日，熱甚。書「東州節俠」四大字，贈東萊趙仁齋，從沈翠水請也。

六日，沈景倩來顧，云利瑪竇在京師，將死前月餘，日有一人周旋其左右。既死，爲治後事，因悉有瑪竇所遺，稱其弟子，號龐順陽。

七日，客持石田畫長卷來閲。筆在仲圭、子久間，世所目爲啟南本色者。有題句：「溪容泛暖春波動，蒲葦茸茸鳧鷸共。草閣風平碧幔開，高松蓋偃青雲重。睡餘茶熟心冥然，采菊南山清入諷。阿誰艇子過湖來，短橈輕楫斜陽送。惟得君家似畫中，坊頭不到常飛夢。沈周。」「湖上尋歸路，行行背落暉。青山嫌客去，白鳥背人飛。不覺過泉閘，空勞帶雨衣。江南如夢醒，仍見水田肥。吴寬。」又祝京兆徑尺狂草一大卷，純學張長史。想其下筆時縱横變化，奇態溢出，如草中躍兔，樹杪驚猱，不可拘制，真傑作也。款云：「辛酉六月，與王君禄之、史君明古、文君徵仲避暑王履吉園居，晝長無事，漫書《帝京篇》三十首，聊用破旺云爾。枝山祝允明。」

八日。

九日。

十日，連日皆大熱。

十一日。

十二日。

十三日，連宵皆有好月，惠山運水人至。

十四日。

十五日。

十六日，方樵逸攜示大癡《天池石壁圖》，款云：「元統乙亥六月，大癡道人爲文敏畫天池石壁。」題者一人，爲李松谷：「雲歛天池浄，秋清石壁高。道人多眼力，摹寫到纖毫。李祁。」又王叔明《雙梧草堂圖》、吴仲圭《霜林煙瀑》、唐伯虎《倦繡圖》，又李晞古《漁村圖》，不真。又倪雲林《林亭秋霽》臨本，題云：「至正辛亥秋八月十四日，爲伯庸高士寫《林亭秋霽》。勾吴倪瓚。」「雲林館東石崖上，有此數株加〔二八〕樹青。會覓幽人煮春水，寫將煙雨出山亭。張翥題。」

十七日。

十八日。

十九日，爲石安甫爲《煙林秋瀑》，題云：「峰下蕭蕭雨，林端颯颯秋。片雲開歛處，瀑色上虚樓。」

二十日，以雪舫載客泛湖。

二十一日。

二十二日，鄉紳會城隍廟，議三縣田糧事。

二十三日，鍾澹甫來。談次，言曾從衢州走甌穹，衢有江郎山，平地拔起數百仞，遠望如豎指，漸近乃露三尖。上多樹木蓊鬱，而樵徑不通，聚蛇極多。山下古刹，客宿其中，遶帳帷几案，皆蛇也。五六年前，峰頂忽自生火，焚燒林木略盡。焚時氣〔二九〕香聞百里。火既熄，炭燼墮落，拾而炙之，皆成芬馥。人争售之，價至二十金一斛。自是蛇乃絶迹。余覽佛藏，知蛇好抱旃檀樹，以消其熱毒，豈其上固旃檀林，爲蛇所窟宅耶？又蘄水王少白嘗言，蘄固多蛇，一日有賈胡過山家，指其後岡上一老樹求售，樹故山家所輕，故昂其直索之，得百金，因掘根株載去。不三日，蘄之蛇數萬，如風雨飛渡江，至興國界。以香樹既移，失所依耳。

二十四日，梁溪客泊書畫舫來見，所攜有文徵仲《溪山深雪圖》，細密，仿李營丘。款云：「徵明爲文敏先生寫。」

又沈石田漁艇，題句云：「誰倚孤航號隱淪，平沙淺瀨足秋萍。釣竿本是功名具，渭水桐江古有人。」又小幅倪雲林，四五樹細秀森聳，一亭峙其下，此公常調之入意者。題者數人，止録其一，云：「雲林先生此圖，余數年前曾覽於崑山謝仲和館，今又見於華亭姚彦卿齋中，往事如一日耳。黄鶴山樵王蒙。」余有彦卿畫卷，筆法用郭熙。今觀此，乃知叔明好友也。

二十五日。

二十六日。

二十七日，偶得觀倪雲林小楷書和虞奎章題東坡墨蹟後七絶句。坡所書乃蔡君謨夢中詩，與陳述古壁間題句及營伎周韶脱籍事，蓋武林舊話也。倪詩清縟綺麗，書法飄飄，有楊羲黄素《黄庭》之妙。此君才情如是，人徒知貴其墨戲，而沾沾摹仿之，豈易窺其門庭耶？「盈盈秋水眼波明，脈脈遠山螺翠横。西北風帆江路永，片雲不度若爲情。雨挾江潮來浦口，霜彫木葉見山尖。寒波曾照飛鴻影，髭雪朝朝與恨添。風飊江夢裏驚，忽思鳳馭絳霄翎。世間安得麻姑爪，癢處爬搔憶蔡經。湖邊牕户倚青紅，此日應非舊日同。太守與賓行樂地，斷碑荒蘚卧秋風。奎章閣下掌綸綸，清淺蓬萊又幾春。三十六宫秋寂寂，金盤零露泣仙人。戊申十月十七日，瓚。」「蔡公閩嶠雙龍璧，蘇子儋州萬里船。何似歸田虞閣老，醉吟清浦月娟娟。嗜酒狂吟禿髩翁華陽壇館百花風。晚年傳得登真訣，歸卧江南〔三〇〕磵谷中。十九日，又追和虞奎章韻。」

二十八日。

二十九日，連日俱酷熱，農人僡於桔橰。諸鄉紳以與嘉善争糧事，相約往杭謁外臺藩臬。

八月朔日，大雨，僅盈寸而止。

二日。

三日，吴僧印南攜卷軸來看。僧福懋金陵懷古山水，仿文衡山細楷書四律，頗整栗：「浮圖壯麗只兹山，名在當朝鉅刹間。舍利毫光雙闕映，琉璃紺室萬人攀。靈從玄聖中天降，書自文皇北極頒。一度瞻依一留戀，恍如兜術奉慈顔。右報恩寺。荷衣落魄旅京華，江左名山此結跏。挂杖千秋仙苑樹，登臺三月帝城花。金銀夜色林端麗，鐘鼓晨聲谷口譁。更喜青門連白社，相過唯召〔三一〕邵平家。右永真寺。碧山蘿磴上蒼煙，下俯蓮池萬嶺懸。龍象盤旋天苑外，風雲來往佛燈前。岩花猶似諸禽獻，洞草曾經獨覺禪。更道峰頭多聖跡，爲乘殘照一攀緣。右牛首山。啼鶯寂寂樹陰陰，蘭杜吹香似水沈。峰勢巧爲三島秀，池流全浸十洲深。長松雨去虬龍潤，叢竹風迴鸞鷟吟。祇願清朝多暇日，休文數借此抽簪。右徐氏西園。嘉靖丙辰春三月，至白下，歷諸形勝。坐夏於雨花臺南之永真寺，得篋中古楮，因作水墨，併録四詩於後。道人福懋。」文三橋草書二律，筆氣有高座律公之妙：「秦淮秋老净涵沙，映出鍾山曲曲斜。皇業從來分鎬洛，土風猶自愛清嘉。金門深鎖芙蓉闕，水閣都浮菡萏花。正是壯懷消不得，月明何處奏琵琶。秣陵秋净少塵埃，風振庭柯落紫苔。静裏多愁頻作客，旅中畏病數銜杯。山圍水拂神州麗，虎踞龍蟠帝業開。六代興亡真欻忽，江流自遶鳳皇臺。《金陵客懷》二首，文彭。」「《金陵步月有感，乙卯歲》：官街秋夜净無埃，月出浮雲萬里開。煙斂鍾山青似玉，波明淮水碧於苔。銀河耿耿横天漢，御柳絲絲隱鳳臺。誤矣載書三十載，白頭何似又重來。《遊靈谷寺作》：帝京何處氛埃净，下馬來參第一禪。松徑入門猶十里，袈裟布地已千年。誌公寶塔金身在，吴偉長廊粉墨全。雲氣常凝靈寢近，閒看白鹿走蒼煙。茂苑文嘉。」「《觀音閣》：江山〔三二〕峙絶壁，山腹起飛閣。波濤驚壯麗，空水混寥廓。龍宫海潮音，估客石城樂。後夜月明時，憶君從此泊。陸師道。」「月落秦淮萬樹霜，鳳臺清曙挂初暘。要舒客裏塵羈苦，不惜城南去路長。雲擁翠微煙磬遠，竹深晴殿雨花香。文園倦後忘機久，願學無生借上方。右《冬早天界寺》。王問臣。」「吴地標仙嶠，梁朝啟化城。岩開千佛古，塔建一珠明。草没徵君石，苔留過客名。探奇到此盡，山水獨含清。《攝山栖霞寺》一首。黄姬水。」「忽憶空門友，然燈歲欲闌。誦餘江月曉，定裏雪山寒。城市容蘭若，門徒禮石壇。白光如肯照，爲我起眉端。右《寄月江禪師》。兀坐先生顧孟林。」

四日。

五日。

六日，夜大雨。

七日。

八日。

九日。

十日，皆大熱。得邸報，前任巡撫高東溟公，薦地方人材及余，語云：「純孝聲稱白社，貞操價重丹霄。正好馳驅，奚容肥遁。」

十一日。

十二日。

十三日。

十四日，岳之律儀部以湖榜招客遊馬埸湖，自月之三日至十八潮生之日，聽客自占，至必以巳，散必以戌。能以奇醞精茗至者，戒無過傷〔三三〕。不能者准以詩，詩以五言律爲的，不及律而以絶者，數字償錢。有踰的而歌行塡詞者，主人償以錢。每集推一人爲詩監，選其佳者登梓，不能詩與能詩而偶不欲詩者，俱勿强也。余以是日同常儀部少江、徐勳卿玄仗赴集，俱無詩。

十五日，有畫估持卷軸來。内唯倪雲林一幀小有意，當是贋本之佳者。風柳一，雜樹四五，遠沙一帶而已。題云：「二月雨聲從子月，三江舟楫住吴江。春愁不醒如中酒，浪著狂風撼客窗。戊申二月十日，瓚。」

十六日，胡雅竹攜石田《秋渚圖》來看，樹石仿梅沙彌。題云：「扶杖閒行秋水邊，風吹雙鬢却泠然。楓枝殘葉忽墮地，幾點亂紅隨澗泉。」連日熱甚如三伏，喘汗揮拭不能已。有客云，平湖近日邑試儒童。案出，居前列者率〔三四〕鄉紳子姓，孤寒者哄然。謡云：「中尊秉公，公子公孫公弟；童生含怨，怨祖怨父怨兄。」或曰：「秀邑童生更怨。」曰：「何故？」曰：「渠云祖父科第誠不易得，難道皂隸頭不能買一個？」時秀邑續收案百餘名，皆衙役所稟也。暑中不覺絶倒。夜大雨。

十七日，驟涼。

十八日。

十九日，購得元謝伯寬《磐石諸侯圖》，乃一墨猴鎖臨江石上，手弄一蛛，引蛛下絲，極得神韻，易元吉之流裔也。有印章，云謝伯寬，云司空掌銀臺事，凡三顆。

二十日，夏老持一卷來索評定，云是郭河陽。殊草草。跋者盧彦柔、范滙、陸之輔三人，俱不成議論，乃近日蘇人捏怪也。繡花白定筆槕一，稍大，實果碟也。午後，邀陸盧峰别駕小飲。盧峰名楨，吴縣人。以選貢授國博，陞饒州别駕。余官九江時，與交契頗密。今年七十有六，神明不衰。生七子，十三孫，七曾孫。坐間談謔有味，覺此老之不易及也。

二十一日，僧解如來，約余爲超山之遊。極言彼中幽勝，饒松石，居民淳朴，夜户可不閉。解如所居象王菴，人跡罕至。

二十二日。

二十三日，有人乞言壽項孟璜四十，余漫應之，云：「項君四十强，玉面微髭鬚。長日樂清曠，焚香讀異書，偶然餐脈望，肉翮已蘧蘧。太玄酒中語，浮遊天地初。吾飲五百觥，磨墨徑寸餘。爲君書真誥，華陽新拜除。」

二十四日，方樵逸攜金碧山水小幅來看。題云「吴興趙孟頫」，余深察之，非是，當是顔秋月筆耳。暮集湖舫，坐中與徐玄仗、譚凡同極談時事，爲之俯仰太息。周孝修云，西粤榕花酒，清甘絶味。

二十五日，徐節之以趙子昂《秀石疎林卷》見借。石用飛白法，刷絲枯筆可數。小樹參差四五株，枯者間用鷹爪，全仿宋道君。細竹嫩草點綴，有物態。柘湖何氏物也，有何元朗印。題云：「石如飛白木如籀，寫竹還於八法通。若也有人能會此，方知書畫本來同。子昂重題。」「水精宫裏人如玉，窗瞰鷗波可釣魚。秀壁疎林秋色滿，時將健筆試行書。丹邱柯九思題。」此兩行字有歐書《邕禪師碑》〔三五〕筆法。「叢篁偏映寒雲色，古石猶凝翠蘚痕。曾是碧瀾堂上月，獨臨苕水憶王孫。臨川危素題。」「玉署當年雅度，苕川晚日高居。每向詩中見畫，今於畫裏觀書。姑蘇王行止仲。」「信意揮豪趣自多，霜筠雨木帶煙蘿。玉堂人物今何在，留得風流似永和。武寧盧充。」

二十六日，胡雅竹同僧印南持卷軸來。黄子久《弁山清曉圖》，細秀，不類大癡。布景似叔明，遶山皆水村，疎林垂柳，掩映有致。余曾見趙子昂《鵲華秋色圖》，同一關捩。款云：「大癡學人仿洪谷子。」又子久《秋林曳杖圖》，林木層層森聳，有刺天之勢。林間皆有平地，曲折若可盤旋者。又陸包山《溪山秋意》。赭黛淋漓，老氣鬱勃。題云：「浮玉峰頭雲幾重，風清霜白下丹楓。江深曲曲秋無限，縱有桃花未易窮。包山陸治。」又倪雲林小景。題云：「石潤苔痕雨過，竹陰樹影雲深。聞道齊名安素，能容狂客孤吟。癸丑四月六日，邂逅牧軒徵君於安素齋中，因戲寫小景，并詩題贈。」

二十七日。

二十八日。

二十九日，治往武林之裝。時雪舫方登陸繕治，因假沈倩舟以行。夜泊桐鄉鳳鳴寺前，知姑蘇陸廬峰寓僧房，因往訪之。

九月朔日，拜胡玄毓令君。令君，餘干人也。廬峰以饒郡別駕攝其邑篆，余時以九江理官勘災至邑，與廬峰飲琵琶洲上，觀明月泉。令君尚爲孝廉，別十七八年於兹矣。相見歡然道故，令君猶記余題壁句。回舟，令君來報謁，饋廩餼，且招飲，辭之。即行，夜泊大茅。

二日，雨。午至松茅場，雨甚，不能登陸。

三日，飯後至昭慶雲山房禪味樓，邂逅餘姚[三六]許茂才，夜飲竟醉。

四日，霽。出謁憲長王岵雲。晡時，憲長來報謁，同年施二華憲副來。新都王爾極以卷軸古器物來閱。有黃大癡《煙林雲岫》。下層四五樹，聳挺穿雲，峰巒圓渾，半落滃濛；中間類李晞古，此子久變法也。款云：「至正辛酉，大癡學人寫於煙霞樓。」又王孟端《幽篁古木》，粗辣，仿柯丹丘。題云：「老石卧蒼蘚，竹樹含風煙。相看多古意，誰爲作春妍。文静求寫小筆，因爲寫幽篁古木，又系之詩題贈。九龍山人王紱。」沈石田青緑水村景。二柳，一立一卧，有態。題句云：「插羽飛杯酒漫傳，水嬉人物望如仙。落霞孤鶩湖中句，緑幕紅簾畫裏船。高棟失花風入樹，稚秧無力浪吹田。題詩勸客休辭醉，須信浮生少百年。弘治庚戌六月五日，顧君應和新舟成，首過余楊湖之上。是日攜酒拉客，作水嬉於湖陰，即席賦此，以紀樂事。畫亦信筆也。沈周。」又文文水《張公洞圖》，虚廓蕭散有致。題句云：「福地真從霹靂開，仰空虚竇驟崔嵬。千盤磴道穿深黑，萬古仇池接往來。頗怪洞中常見日，翻從地底一登臺。聳身忽自崖開〔三七〕出，回首仙蹤悵草萊。文嘉。」又唐伯虎畫《韓熙載夜宴圖》。凡四段，備極沈湎聲色之態。有狎客戲其姬，而熙載從屏後躡其蹤者。款云：「吴趨唐寅寫。」又烏思藏銅佛一軀，結跏手印，高尺有五。水晶杯二。官窑茨菇酒琖一。妙。古白玉一方，背有紐，闊寸，長寸有五，厚四分。面鐫文云：「吴山越水中人。」又文徵仲、雁峰、五峰、三橋、文水、王履約、履吉、黄淳父、陸子傳、彭龍池諸雜手札一卷，俱真。

五日，謁劉方伯諱汝廉〔三八〕。已，謁劉撫臺石閭，邂逅奉化戴進士澳。已，石閭報謁於公館，饋廩餼席儀。午後，方伯報謁，餽廩餼。俄門生石夢飛使來，得賀伯闇不禄信，以月之一日捐館，爲之愕眙惋歎。

六日，王孺汲同年招飲二留堂，出觀管仲姬墨竹卷。前書《修竹賦》，絶類子昂行法，竹作八竿，横斜疎散，極受風之勢，意謂是八風舞。幅尾有行書二行，題云：「至正十年五月二十四日，男奕拜觀於竹溪寓所。」孺汲前令華亭，此卷乃得之松江故家者。余乙巳年曾與蕭瑶房憲副同觀，題數語於後。去今十年矣，墨色如新。余與孺汲各已星星，而瑶房竟作九京之遊，壕木且拱，可歎也。

七日，乘肩輿，遶湖堤，至赤山埠吴氏園亭，訪黄寓庸繕部，不遇。回經岳墳，購得暹羅鐘、磬各一架，文螺一具，大五升，背紋如鷓鴣斑，可供飛白之用。又黑髹酒鴟一具，形如懸鼓，上有唇吻，高半寸，下有趺，容酒二斗餘。一面彩描人物樹石，一面有銘云：「宋代于土中得漢銅器，圓其腹，具口與足，蓋貯酒之器。今仿其製，易以木漆，加以藻繪，於以供藉草之歡，既雅且便，不失古意，與博雅好古者共焉。瑞蓮山房藏。」此歙人胡仲嘉之製也。仲嘉以詩酒遊江湖間，余曾遇之於馮具區先生坐上。晡時登舟，夜泊謝村。

八日，夜泊皂林。

九日，禺中抵家。

十日。

十一日。

十二日，霽。午過沈翠水，擘蟹大醉。步籬落間，見近移黄山松，針短而攢簇，翠色欝然。翠水又出倭匕首觀之，利甚。

十三日，徽人黄坤宇攜卷軸來。倪雲林小景。上層疎林亭子，下層重疊沙石點綴，有深遠之趣。題云：「優鉢曇花不世開，道人定起北岩隈。遠山迢遞窗中落〔三九〕，垂柳低昂水次栽。丈室净名禪不二，三生圓澤夢應回。閒雲野鶴時相過，草草新詩爲爾裁。壬子正月廿三日，邂逅芝年講主于婁江來氏之芥舟軒中。芝年熟天台之教旨，嚴菩薩之戒儀，七遮既净，一乘斯悟。與語久之，斂衽敬歎，因寫贈此圖。雲林生瓚。」又倪迂一小幀。題云：「筆鋒雖小劣，景物亦清新。蕭瑟楓林晚，江湖有逸民。至正甲辰。瓚。」又徽宗《宣和石譜》，文徵仲臨筆。凡十二種：蹲螭、月窟、排玉、玉玲瓏、怒猊、雪門、曳煙、冰碧、日窟、立玉、停雲、溜玉。「嘉靖甲寅初夏，偶過師道竹齋，煮新茗，談藝之餘，適友人持徽廟所製《石譜》，奇怪古雅，種種秀麗，雖鬼工亦不能過。師道喜之不勝，囑余臨之，乃捉筆揮灑，不覺盈卷，遽爾塞責。後之覽者，毋以邯鄲之步誚之。長洲文壁徵明記。」又徐幼文《獅林十二景》。獅子峰、小飛虹、玉鑑池、含暉峰、問桃門〔四〇〕、指栢軒、竹谷、禪窩、冰壺井、卧雲室、吐月峰，一幅破碎，缺題字。「余友徐賁幼文，洪武間爲獅林。如海師作此十二景，極爲精妙。余嘗題其上，逮今四十餘年矣。蒲菴上人繼獅林之席，今年來京師，過余，出此卷觀之，真若隔世事。幼文、如海皆已謝世，余髦獨存，不能不興感於懷也。上人復徵余識其後，故書此以紀歲月云。時永樂十五年蒼龍丁酉春三月望日，太子少師吴郡姚廣孝識。」

十四日，弔賀吏部伯闇。購得曹雲西畫卷四段。一仿趙子昂，松下一艇，衣緋人坐舫頭，傲兀領山水之趣。一仿黄子久，山林泉石，蒼潤蕭疎，化筆也。一仿王叔明

《松陰高士圖》，雜立作五六松，三士趺踞其下；一童治茗事，二童映蔽林石閒，筆意極清圓秀雅。一仿盛子昭，重林遠沙，縹緲岡嶺之下，對岸垂柳水閣，一士孤倚。筆法細秀。卷有曹士望印記，蓋曹氏世守之物。雲西名知白，字貞素，公望、叔明皆當時輩行之交，聲價頡頏不遠，惟不得見趙榮禄耳。此卷亦偶然寄意，以備諸體。其自運中，秀韻不可没也。

十五日。

十六日，以草書便面易得莫雲卿行書絶句，云：「古幢插雲表，人代今寂寥。上有蓮花字，風落仙梵飄。」

十七日，微雨，復霽。胡雅竹攜元末國初雜手札一捆，細檢無甚佳者。内一段乃蘧菴跋董北苑《風雨蕭寺圖》語，筆法學褚，可愛，録之：「昔蕭子雲隱居玉笥山，有群玉峰、九仙臺、金牛坡、白雲岩、棲霞谷之勝。武帝建寺成，詔子雲飛白大書蕭寺以揭之。後數百年，好事者保之獨存。李約之者得一蕭字，買歸東洛，結一亭曰蕭齋，愛其書之工也。張文潛詠孫彦古畫風雨山水歌，言白日忽變，黑風驅雲，驚雷疾雨，木拔葉偃，令人目迷心懾。乍讀之，謂其形容若有太過者。今觀陸守道所藏董北苑《風雨蕭寺圖》，向之所言者，盡見於此。藝老筆精，氣韻生動，信乎妙畫通神也。洪武著雍攝提格蘧菴老人書，啟宗。」

十八日。

十九日，鉏伯谷昆季招飲湖舫，觀旂於北郊松江。徐闇如、怡如在坐。

二十日，暗朗〔四一〕。點筆爲沈明允圖便面，題句云：「秋林薄處見峰尖，煙樾霜柯指顧便。小作沙坳容野艇，空明留與白鷗天。」

二十一日。

二十二日。

二十三日，過徐節之齋頭，出觀趙子昂行書《千文》，大有褚法。又唐伯虎小像，簪帽緑衫，微髭遶喙，鬅毛下至頰，蓋以骨勝者。後段烏絲精素，祝允明小楷書自作伯虎傳，精品也。又文徵仲小楷書《姚穀菴文集序》，後段文壽承楷書《姚氏世刻後序》，皆精妙。

二十四日。

二十五日，雲陰。步至白苎，訪菊野人籬落，無一佳者。

二十六日，辰刻小雨，俄霽。

二十七日。

二十八日，假得沈倩所藏唐張浮休名鷟《朝野僉載》、明莆陽林嵩原仲成《掃塵集》，俱鈔本，精好，與世行本詳略迥異，蓋伯遠尊人超宗厚貲購得者。

二十九日。

三十日，嘗家園橘，佳。

十月朔日。

二日，販墨者汪生以卷軸來閲。有舊人臨顧閎中《韓熙載夜宴圖》，較余武林所見者尤勝。有三跋可録：「《韓熙載夜宴圖》，昔李主遣國手顧閎中於熙載第偷寫者，曲盡其縱逸跌宕之態。閎中別寫本行人間，故鑒賞家有之。今仇實父此卷，雖本之閎中，而筆法精潤，人物飛動，布置經營各擅其美，即以真蹟并視，亦未易優劣也。壬辰夏四月望後二日，徵明識。」

「右《韓熙載夜宴圖》，仇實父筆也。按，熙載事絶不足道，顧其意欲自汙，不肯作亡國相，有出於長卿犢鼻之上者。昔嚴續僕射爲其父可求索熙載作神道碑，以千金雙環爲贈，熙載不肯作諛詞。重不之，苦欲博潤〔四二〕，立却其婢，題一絶於泥金帶，曰：『風柳摇摇無定枝，陽臺雲雨夢中歸。他年蓬島音塵絶，留取樽前舊舞衣。』觀此則此老胸中耿介權譎，種種不可測，余故拈出之。時嘉靖壬辰秋九月廿又七日，雅宜山人王寵書於辛夷館。」

「《韓熙載夜宴圖》，人間合有數本。惟仇實父所臨最稱美麗。樹石類松雪，人物模周昉。所畫酒鎗茶具、圖書鐘鼎，靡不古雅精工。飛觴促羽，縟管繁絲，歌聲遏雲，舞態回雪，真若置身歌姬院中。睹此老拍板長歌時態，較顧閎中所圖，不知何如。然的是近代高手也。萬曆壬子春仲，坐雨竹墅題，王穉登。」

余勘此卷，與武林所見，俱非仇筆，乃仇以前人也。

又顧德謙畫《唐中宗射鹿圖》。旄麾騎從，映蔽樹石間，皆有生氣。一白鹿迸逸，掠水飛渡。帝著赭袍，卷袖，在馬上彀弓注視，精采英毅。昔山谷老人見高宗手跡，歎曰：「怕婦漢何得雄快乃爾！」余於此亦云。趙子固題詞亦妙：「赭袍玉帶虬髯怒，人似真龍馬如虎。英風猶似天可汗，肯信昏孱困韋武。上林草緑聞呦呦，飛鞚霹靂梢長楸。畫旗圍合晚不休，後庭雙陸誰能籌。追遊不記房陵辱，五王揭來勢猶獨。空誇大明飛絶谷，不射妖狐射生鹿。畫圖令人生感嗟，天寶回首飄胡沙。仲宣早解習祖勢，不遺御筆空中花。吴興趙孟堅題。」

三日，客持元人臨黄筌《三龜圖》。其一仰腹昂首彎足，作翻身勢。其一曳尾行泥中。其一登石延頸左顧。所作背紋坼裂與肉鱗隱起，皆精絶。止莫雲卿楷字一跋：「畫品惟寫生最難，不獨貴其形似，貴其神似。宋黄筌嘗作龜圖，今載《宣和譜》中，後生不可復覩矣。浯溪沈慰先，好古博雅，家藏此卷，出以示余。其筆法精妙，殆非畫家所能仿佛，真神品也，豈即筌遺墨耶？且有宣和私印可證，蓋當時已爲御府所珍矣。余幸賞玩，因識歲月。萬曆癸酉五月望日，華亭莫是龍書。」

四日，陰晦，細雨。購得祝枝山草書蘇東坡「孟嘉嗜酒桓温笑」一律。筆法極盤紆轉折之勢，觀者率謂得旭、素之精。余意正是《閣帖》中六朝諸名家淹貫所出耳。又陳沱江括叢梅水仙。所作花蕚堆墮，寒梢萬針，與石下水仙，葉葉紛披，層側萬態。筆力所及，如人含物一口噴出。若稍佇思，即有滯筆不能矣。此公墨戲至此，以視乃翁，真冰水青藍不啻也。

五日，雨。客攜一卷來閱，乃蘇長公畫竹三竿，用筆軒舞，有踈風淡日之致。款押一字「軾」。又東坡小行書《壽命説》，筆筆用徐季海法，而蒼勁有加。跋者一人：「蘇長公以元符三年二月責授瓊州別駕，安置儋州。六月渡海，七月十三日至儋，僑寄城南天慶觀，故公爲援筆書此。會正月祐陵登極，大赦天下。五月移公廉州，六月還瓊，復渡海至廉。七月，又以皇長子生，國有大慶，遷舒州團練副使，量移永州。八月終，方自廉啟行。卷後題云『庚辰歲七月十三日書』，則正在儋州客中時也。十一月行至英州，又復朝奉郎提舉成都府玉局觀，任便而居。公遂渡嶺南。明年，爲建中靖國元年辛巳。五月，至毗陵。六月，因疾告老，以本官致政。七月二十八日，遂薨。公之書是《壽命説》時，年已六十有五，距其薨僅隔一歲，實爲晚年之筆，多挾海上風濤之韻，當爲蘇書第一也，寶之。翰林學士長沙楊宗瑞。」

六日，雨。

七日，霽。

八日，夏賈以文徵仲《存菊圖》僞本來，意態甚驕。余不語久之，徐出所藏真本并觀，賈不覺斂避。所謂真者在側，慚惶殺人者耶！可笑。是卷余購藏二十年餘矣。款云：「《存菊圖》，爲達卿先生寫。」先作大山稠林，後漸作平麓，迤邐於岡阜間，作四五精舍。一老凭闌遠矚，一童於籬下灌菊，一童於室中捧硯。籬外一士人曳杖而來，若相訪者。隔岸遠山數重，白雲涌溢如奔馬。樹石瀟灑蒼潤，純用黄鶴家法，乃衡山少年精工之作，斷非凡子所能效抵掌也。有題句云：「西風采采弄秋黄，種菊人遥菊未荒。老圃尚餘清節在，殘英長抱故枝香。愁侵九日還逢雨，寒入東籬忽踐霜。珍重孤兒偏護惜，百年手澤自難忘。長當作常。長洲文璧。」又祝允明細楷書《存菊解》一段。款云：「正德四年己巳春三月一日，祝允明造。」「王存菊公孝友天植，於先世所好，罔不繼其志，而菊尤心注焉。此固曾子嗜羊棗意也。先太史爲之繪圖，亦識其意於不衰耳。且一時名碩，相與歌詠，前後光昭。要之，卷在人間，奚啻照乘珠也。珍重珍重。男彭敬識。」

九日。

十日，肩輿經試院前，因過馮生小樓，出觀唐伯虎畫洛神。一美者亭亭煙水中。寫木芙蓉，上下僅露根梢，濃淡隱露，欲有欲無，妙極情致。有題句云：「迷茫煙水接瀟湘，雙珮韘韘憶澹粧。試向蘋花間蘋葉，定應羅襪有餘香。吴趨唐寅奉爲金奏先生寫。」「奏」字損壞，以意度之，未確。又出觀礜石一塊，晶熒爍射，如日中積雪，大僅盈握，可置硯格間。余因名其樓曰「礜雪樓」。

十一日。

十二日，晴暖如春。

十三日，方樵逸攜示倪雲林《�石喬柯》。用筆粗辣，樹幹皆就渴筆刷絲，中略綴芒刺，石稜如篆法，竹葉簡勁，乃倪法中所罕見者。款云：「壬子二月五日，雲林生瓚戲寫《筠石喬柯》。」題者一人：「雪風吹盡葉聲乾，贏得看山眼界寬。一夜秋聲無著處，

明朝重爲倚闌干。永樂十三年秋八月，過宗澤十三郎書院，見此畫，乃雲林高士絶筆也，遂賦此。王達善。」

十四日。

十五日。

十六日，杭人嚴華亭挾卷軸寓屠氏廢園，同方樵逸過訪之。時白雲映空，黃葉覆地，茶竈薰爐，煙靄相雜。居停主人爲歙吴太學宇暘，其妹壻王生，余總角故交也。三四閒人各出鼎彝珣璘，指點摩弄于虚堂之上，不覺耳目清快，神情散郎，疑不在塵世間。憾所閱法書名畫，贋者逾半，爲嗛然耳。董北苑《煙巒深樹》。王摩詰小楷《黄庭内景經》。鄭虔《秋樹》，有史官謝徽題署。趙子昂《飲中八仙圖》，白描。夏禹玉《雪巘》。此數種物，皆名盛而實不副者。余戲題右丞卷後云：「此異代異跡，誠爲異寶。然須俟異識歸異人，措大不能有也。」竹影破窗，金片瑣碎，恨不能呵幻即真，各飽饞意耳。一古玉絲條環，銅翠滲入，碧照眉宇，誠爲罕物。

十七日，大風。

十八日。

十九日。

二十日，吴仲賢攜示陸包山小幅山水，仿大癡筆意，高山重泉，氣韻高爽。題句云：「屏間素練空中落，山外雲峯闕處明。閒〔四三〕聽朗吟鄰谷應，知中自有卧遊人。包山陸治。」

二十一日，方樵逸袖一卷相示，乃宋畫院仿梁楷《渡水羅漢》，形狀雖奇詭，筆路不佳。

二十二日。

二十三日，賀儀部立菴治母之喪於鹽官故第，是日往弔。夜泊城東滸。

二十四日，進弔。立菴已他往，即解維。抵家日昳矣。

二十五日。

二十六日。

二十七日，年友岳石梁太守再娶華亭徐氏，戲作《連理篇》賀之：「棼罷蘼蕪香，手匊胭脂雨。灑淅海棠梢，逗漏春如許。玎玲啄珠網，送進青鸞語。雲軿今夕至，瓊户何時啟。笑引鬱羅仙，堂堂拜夫壻。夫壻列侯長，潭居浄秋宇。百顆夜光珠，千疊鴛鴦綺。鈿屏圍紫綃，却扇蘭釭底。闊幅小蠻牋，句吐情千縷。更有答秦書，字字含芳醴。誰傳子墨卿，編入瑶華紀。雙雙玉鳳皇，九雛振其羽。明年湯餅客，先爲歌連理。」賀詞手書，又附以奇南香膏一匕、玳瑁盒一事。

二十八日。

二十九日，吴宇暘太學以所藏法帖求跋。松江董太史玄宰已先著語矣，董云：「此爲《鼎帖》至佳本。去《閣帖》不遠，因《褱鮓》《快雪》二帖有寶晋曹之格印款，遂强命之《寶晋齋帖》，耳食者類如是。伯樂教子相馬，不相千里馬，但相凡馬。凡馬人易知，而千里馬鮮售耳。余故爲拈出，以示鑒者。其昌題。」

竹懶跋云：「余嘗購得寶晋齋殘帖《樂毅論》一段，尾有歐陽脩字印記者。標首篆書『寶晋齋』三字，圍徑二寸，紙膚緊細，墨色匀淡，古意自然逼人，乃知今所行《寶晋齋帖》者，悉是杜撰漢指畫耳。董太史證此爲《鼎帖》，真精鑒矣。昔陳繹曾謂鼎刻石粗而易泐，今驗之良然。《絳》《潭》《黔》《汝》與《泉》《鼎》諸帖，俱稱閣本血裔。零落散亡之後，得其隻字數行，不啻迦舍佛時所留劫外教跡，其當寶愛何如也。」

十一月朔日，沈倩入秀水學宮。夜賽文星，有歌舞。

二日，周宗師，楚人，諱延，光禄科舉，亨兒居第三，食廩餼。

三日。

四日。

五日，周學憲來顧。

六日，歙吴止水貽我秋松蘿茗一缶，試之良妙。

七日，胡雅竹攜示唐伯虎《槐陰高士圖》。樹石秀潤，人物俊麗。一老角巾趺坐，銜杯傲岸，灑落之意可掬。石脚作玉簪、百合、夏菊之類，生氣藹然。題句云：「清樽涵白髮，上壽畫堂深。萊彩兒圍膝，春風花滿林。高年一甲子，佳興五絃琴。從此悠然去，明〔四四〕時好陸沈。唐寅。」

「我翁年六秩，白髮未能侵。杯酒樂明〔四五〕世，五絃調舜音。新華麗春色，喬木布涼陰。家業付兒子，陶然自養心。吴奕。」「白頭稱市隱，六十尚康强。養老陳三豆，推尊杖一鄉。竹枝歌衛武，椿樹協蒙莊。誕慶花朝後，春風日正長。可竹陳翁今年壽躋六十，二月廿二日是其誕辰，其倩譚維時請詩爲壽，漫賦如此。正德己巳，長洲文璧書。」

八日。

九日，無錫倪生持卷軸來，奇者有倪雲林長條。畫松一株，筆法極蒼鬱。上有兔絲，下作古櫟亂草。乍見靡不以爲梅道人也。題云：「松枝虬曲，松葉鬱然成陰。吾近日所畫者，子道善藏之。雲林。」「旭日曜蒼巘，翠嵐生嫩寒。幽人詩夢醒，清響聽松湍。聽作得。王元章題。」「長松偃蹇空山道，風吹金粉落瑶草。采花釀酒瓊腴香，飲之令人壽彌考。華君好奇得此圖，鬼神反走驚相呼。虹光貫屋未足怪，雲林變化當何如。吕志學。」

又曹雲西小景，仿郭熙。二松梃峙，下雜木蓊薈，一橋横水面，二隱者荷筐筥以進。遠沙急湍，半隔煙氣，真妙作也。款云：「雲西老人作。」「煙鐘隱隱起蒼茫，嶺日分暉到草堂。昨夜山前春雨過，小橋流水落花香。會稽全美。」有南渡戚里印記，乃全皇后族屬也。「碧雲消盡好山多，茅屋春深長薜蘿。行處聽來心自協，野禽啼罷野樵歌。巽志生。」「筆底江山不露鋒，茅茨千尺倚長松。采芝空谷歸何晚，知在晴雲第幾峰。遂昌山人。」有鄭所南印。「晴旭流暉曜翠微，蘿煙開處有荆扉。澗橋兩兩提筐子，疑在深林采藥歸。武林顧易。」有野王後裔印〔四六〕。

十日。

十一日，倪生復持一卷來，乃祝京兆行書《史君樓記》，酷摹黄涪翁，筆趣奇逸。展玩之久，益悟黄書出於魯公。記亦真率有味：「史君樓在南濠上，甚小。入乃不覺小。其内，爲南牖下置一几，以布幕之，設筆墨研。著壁乃所常觀書百許帙。當突鋪木榻，容一人卧。榻北長桌亦堆書，不甚多，則古簡奇牘，非常觀，間展一二，以驅煩發清者。南面頓二繩床。西臨壁，架木階十有一級。并階又一桌，亦微設玩物。中桌恒虚之，鼎盂瓶合之屬，與文房器，分閣諸桌上。左右壁懸佳圖畫，楣間扁曰小樓。樓外好樹環植，北隔小陌，是信心僧菴。西南極空曠，可眺遠，目明者可見諸名山。東南爲鄰室所障，其下却喜一小池，能起人爽思。視去鄰屋數丈如十丈。樓内外景象大較如此。余嘗詑史君意格疏朗，似禪人仙流，未得其所致。今日見其居如此，乃始得之。弘治元年十二月十五日，友人祝允明。」

十二日。

十三日，印南僧持黄子久册葉十二幅，古畫《四皓》。畫有鐵笛跋。皆不真。

十四日，項于蕃以小像索贊，漫應之曰：「神骨峻峙，逸氣不可籠。何以自御？伏策讀書，見前無窮。據梧沈思，見後無窮。前亦一無窮，後亦一無窮。處此兩無窮之中，而傲兀自若，曰吾不榮通，曰吾不醜窮，亦惟是盪雲澆酒之胸。」

十五日。

十六日。

十七日。

十八日，吴江羅生以卷軸來，不佳。有錢舜舉《蹴鞠圖》〔四七〕，亦僞物。

倪雲林小景，亦常調。題云：「夕陽渡口見青山，誰識其中有此閒。君本爲樵北山北，賣薪持斧到人間。壬子八月十四日，爲彦昇寫，并題一絶。雲林生。」

十九日，客貽《濂溪遺集》。讀之，見倪雲林有題長洲縣學教諭周遜學天根月窟軒一絶云：「手攀月窟躡天根，已識乾坤即此身。安樂窩中方寸地，浩然三十六宫春。」迂翁亦遊戲道學教門耶？

二十日，寒甚。

二十一日。

二十二日。

二十三日，方樵逸持示姚雲東仿趙子昂小景，蒼潤可觀。石間二老趺坐，轉側有態。題句云：「緑樹垂陰處，黄簾弄影時。有山無俗事，歸去且遲遲。逸史。」

二十四日，賽文星，有歌舞。

二十五日，僧本宗乞詩，適觀趙子昂《疎林秀石圖》，漫應之云：「松花一鉢飯，艾蒳一爐煙。碧眼洞庭水，白頭嵩華巔。喃喃作佛語，潑潑了諸緣。欲覓經行處，疏林秀石邊。」

二十六日，入冬至，時晴暖，無雨雪，河流枯涸，井泉淤墊，令人棹舟至先月亭下取水，入缶澄之，爲瀹茗之需，所謂秀水者是也。父老相傳，每八月秋霽月暉之夕，水面輒浮五色光，煜煜然如珠吐焰，如金在熔者，移時而滅。蓋西北天目、雙徑、西南皋亭、秦望諸溪，曲折奔赴，皆匯於此，而後東北入海，故精華涵淡，獨呈其異耳。邑以是名，而人不知貴，真日用不知者，可歎也。

二十七日，細雨，氣候如春。

二十八日。

二十九日，寒雨。沈翠水自寫畫册，贈姑蘇醫隱張九嶺，要余著語。余既被酒，漫應之云：「丈夫清勁骨，碌落如玉石。雖然具關節，頗不受屈抑。鬚髯戟奮張，眼皆露黑白。九經作波瀾，百家爲蕩潏。當其議論翻，豪雋驚汩没。忽逢九嶺君，峨峨崎高格。五芝充腹腸，八水潤喉嗌。本草細分疏，靈樞究宗極。恨不起扁鵲，重與插羽翼。余日雄恢哉，横横洞胸膈。君曰平平耳，羲黄可拱揖。有友號雪鷗，所耽在墨汁。描水水生波，描山山弄色。人心不可描，窺之杳難測。人間四百病，病病有湯訣。一犯丹元宫，無可施針灸。不如痛飲酒，醉卧林下石。何人呼我醒，杜甫李太白。」

三十日，寒甚，欲雪。

十二月，朔日，小雨。

二日。

三日，蘇人王生以卷軸來。余購得祝京兆行草《離騷經》一卷，結法如右軍《洛神賦》，而波掠取妍處，時涉虞、褚，此公少年時最用意筆也。諸跋亦勝：「祝京兆草書爲國朝第一，此定論也。抑孰知其行草之妙乎！是卷既不入時，亦不放縱，骨俊而搆嚴，足可稱右軍狎盟。雲莊謝雍題。」「吴中書家首稱祝京兆、文内翰二公，予每見其手書，輒臨摹數過，方始棄去。京兆生平得意書有《千文》《月賦》及休承氏所藏《古詩十九首》，種種妍妙，余皆及見之。獨此《離騷》卷未入鑒。今日偶得披閲，愛之而不能學，徒有擊節歎賞。劉君其世珍之。雅宜子王寵。」「祝京兆素性豪宕，最喜横書大紙。此卷筆法非凡，信草書之宗匠也。孔子曰老子猶龍，予亦曰祝公筆亦猶龍云。雨泉陳鎏。」「枝山先生以草聖冠名一時。頃見其《離騷經》一卷，不覺驚異。此大手筆，似非食煙火人。即張顛之雄壯，藏真之飛動，視此俱退三舍矣。嘉靖辛丑八月，舊吴彭年識。」「右《離騷》一卷，爲枝山翁行草第一。神情蕭散，結體俊逸，誠希世珍也。五湖陸師道書。」「嘉靖甲辰之三月既望，同河南陸治叔平、汝南袁褧尚之過芝室劉君，閱觀此卷，蓋枝山先生最用意筆也，寶之當并于連城哉。高陽許初書。」「我朝稱草聖者，惟祝京兆爲第一。此卷《離騷經》，因座師之命，不欲違逆，且少年英鋭之筆，點畫金石，人所莫及，即王右軍遺風，不減《聖教帖》也。後尾已隔十有八年，尤見蒼勁。余欲雙鈎入石，與《停雲館帖》《古詩十九首》並行於世。奈老眼昏花，力不足耳。撫卷展玩，不勝三歎。以俟後之君子。茂苑文嘉。」

四日，項孟璜招飲，二鼓别去。孟璜貽所著《呼桓日記》。呼桓者，桓鎮惡威勇，患瘧者呼其名立止。孟璜瘧中筆所見聞，故名。

五日，集徐節之竹浪館。節之尊人潤卿出所藏文衡山、文水、陳道復、莫雲卿諸家畫軸懸壁間，相與談笑評騭，以代絲竹。朱山人肖海以手製籜羿匏樽行酒，余與兒子俱大醉。

六日，以病酒故，不能進勺飲。

七日，方丈室攜示琥珀二，大如鵝卵。一淡黄如金，一殷紅如血。琥珀不獨松有之，深山中樹有脂者，淪入地，種種凝結。惟楓樹獨多耳。又出一卷，裝潢極精雅，展玩，乃楊凝式《神仙起居八法》，從《停雲帖》中摹出者。楮色印采，雖極意模擬，而僞態種種綻露。近日蘇人書畫舫，滿載悉僞惡物。然晴窗無事，不論真贋，一一卷舒指摘，儘可消日忘年。所謂證真固樂，窮僞亦快也。又文文水山水一軸，筆意縱横酣暢，極得董北苑家法。陸五湖題句亦佳，奈爲無賴子將五湖詩柄中「文水」二字剔去，改「大癡」二字。又重下一款于左方，云：「至正二年四月廿二日，大癡老人作。」方生本無知者，固索昂值不售，一笑擲還之。録句於此：「寂寂岩扉晝不開，坐看林影轉蒼苔。門前黄葉溪橋路，時有幽人問字來。甲寅八月九日，過壁峰先生齋中，出示文水先生此畫，乃仿董北苑筆也。清潤蒼秀，觀之竟日，爲題句。師道。」

八日，從徐潤卿假得姚雲東行楷書一册，中有《張句曲藥井石闌》一詩，事亦雅韻，録之。

「戊戌蜡月十日既望，得張外史葯井石闌，其上刻天一泉外史作詩，吴叡隸古，銘皆虞邵菴、俞紫芝所製，誠舊物也。爰置於雲東仙館之北，藥室之後，虚静山房之左，賦詩志之。幻仙遺井在仙壇，不見泉源見石闌。疑是百年隨邑改，可堪九仞告功完。轆轤聲斷桐陰暝，科斗文埋草露寒。今日雲東重濬治，桃花洞口伴燒丹。」

「雲東翁書法，真有楊少師凝式遺意，以其能離松雪谿徑耳。雲東一生，與楊鐵崖、張句曲有緣，廉夫鐵冠與伯雨句曲外史；冠與馮開之祭酒；印蟠螭玉紐，與茅孝若。恨翁不見，見之則當與藥井闌并入石室中矣。秋日得見翁真跡，附記於此。眉公陳繼儒。」

竹嬾曰：「姚雲東行書，大抵以右軍《薦福》《永興》二碑與《周府君碑刻》爲宗，晚年稍涉張句曲。而句曲亦以右軍爲命脈，而波及李泰和者。眉公以爲似楊少師，未知其然否？」

九日，從方樵逸購得文文水《楞伽寺井圖》，筆意瀟灑，在雲林、黄鶴之間。畫之以幽澹勝者。題句云：「名與三泉亞，鑿當楞埠坡。清泠元比德，風浪肯添波。習静輸僧占，分甘愧我多。還當裹茗去，一試近如何。茂苑文嘉。」

十日，沈翠水攜蘇人物來玩。有琥珀五岳巾圈一。又琥珀鸂鶒整治扇墜一，刻紋精雅。又琥珀一，如拇指大，照之中有一物，儼如水浮鴨，亦奇品也。又倭銅食筯一雙，上鏨水草細紋，精雅之極。宣廟《柳枝貫魚圖》，不真。《汝帖》一，亦常本。

十一日，細雨。

十二日，澀雨不止。同鄉紳謁新郡守莊公。

方樵逸以劉清惠公麟雜手札數通來展閱，語多峻潔，筆法蒼勁。清惠與孫太初諸人隱茗上，邁世之品也。

十三日，澀雨不止。胡雅竹攜示邵二泉寶所書蘇子瞻《十八羅漢贊》，甚有柳公權法。

十四日，霽，西風甚厲。

十五日，寒甚，始見堅冰。

十六日，夏賈以一白玉狻猊水滴來，頷下有裂紋，闊三寸，長六寸，亦佳物。又青金石圖書一，色正藍，大如拇指。又曹雲西《谿山清隱圖》小景。左作墨葉樹二株，右松一株、甘蕉二本。松下二人趺坐，樹根雜置盉盂書卷之類。余驗是元人作《桐陰高士圖》藁本傳寫，非真筆也。

十七日，雪。譚孟恂〔四八〕、王毗翁、沈倩伯遠夜集珂雪齋。孟珣携祝京兆正書宋玉《風賦》、行書陸士衡《演連珠》，又米書應吉甫《華林園詩》，押縫有石湖精舍圖書記，又棱伽居士印記。

十八日，同石夢飛、夔拊昆季，兒子亨造南郭汪愛荆東雅堂。堂前松石梅蘭，列置楚楚。已，入書室中，手探一卷展視，乃元人翰墨也。首幀仿小米雲山，樹行欹疏，嵐氣滃鬱，當是房山一輩人，而無款。後有楊鐵崖、趙奕等雜手筆數通，亦佳。已，登墨華閣，列大理石屏四座，石榻一張。几上宋板書數十函、雜帖數十種、銅甆花觚罍洗之屬，汪君所自娱弄，以絶意於外交者也。愛荆少時曾與黄冠王雅賓游，故得嗜古之趣。雅賓，文衡山先生門下士也。汪之長子玉水，遊太學歸，與石氏昆季同里，余因得相引以入。玉水又導余入一密室，見橱高四尺，闊五尺，以紗蒙隔。中貯烏思藏佛大小百餘軀，又白定宣磁數四，瑪瑙彌勒尊者一，頭腹俱瑩白，而衣紋紅纏絲，皆就生質琢之者。又白玉觀音一，高八寸。手提籃，一紅鱗乃瑪瑙所琢者。憶昔年華亭徐文貞公家紀綱之僕，捨多貲營佛事，曾介一僧求先師馮具區先生作文，以此爲潤筆。余爲代草，而觀音留供先生書室中。不二月失去，莫可蹤跡。今忽覩此，如逢故人。而旁添一善財，則他玉所琢，頭面背膊俱白，而腰裹〔四九〕裳衣乃藍色，亦奇品也。初，愛荆丐董太史書堂扁，董詢其居東向，因命之東雅。見者頗疑其無據。余是日適攜名公雜札一卷，就堂中觀之，有彭隆池年與張元洲柬，云「軟輿暫赴東雅堂，當有奇觀」之語。玉水因大鼓暢，以爲千古之合云。薄暮，石氏攜酒榼至，痛醉而別。霜月滿空，夜漏下五十刻矣。

十九日，霽。

二十日，沈倩伯遠以宋孝宗手書唐史語三段賜曾覯者爲節餉，又侑以精綺四端。還綺而留其卷。

二十一日，盛寓庸攜示姚丹丘《梅花鵪鴣圖》，著色清脱，有錢舜舉之風。題句云：「羅浮驚夢翠禽呼，醉問參横月落無。山鵪於今獨飛到，窗前花影夜模糊。逸史。」

二十二日，朱季長貽余《壽州志》，偶映曝揭之，見《耆義傳》一事頗奇：正德間，有民胡淳者，好施慕義，出粟千餘石賑饑，又封還遺金，免其鬻女償官。家畜一青馬，兩胯忽生毛片，成梅花二枝。又喜鵲各棲其上，宛然畢肖。戈指揮繼元以百金購之，不與。俄爲鳳陽内官以厚貲勒去。後其馬每日垂淚思胡，不旬月竟斃。人以爲天故神其事，以取償於内豎也。

二十三日。

二十四日，汪玉水以《鵠遊亭楷書帖選》見貽，乃温陵黄克纘紹夫所鐫也。自鍾元常迄文徵仲，凡二十二人。内蔡端明楷而不能小，蘇子瞻、米元章小而不能楷，而王洽、王廙輩則又雜取行狎書以足之，將毋諸公之各有擅而不相通耶，抑紹夫摭羅之未廣耶？

二十五日。

二十六日，沈伯遠遺平頭持一卷求鑒，乃錢舜舉《蕭翼賺蘭亭圖》也。白袍儒生手指點畫面，有俠氣。尪羸老僧據牀不下。丁奴治茗事，一赤髩奴子傍立，呿口若驚詫失意者，情態欲絶。題句云：「鼠鬚注硯寫流觴，一入書林久復藏。二十六行經進字，回頭不比在塵梁。吴興錢舜舉。」「繭紙蘭亭世絶倫，蕭郎小黠始驚人。錦標牙軸今安在，回首昭陵迹已陳。卧雲散僧無本可住。」「使星東犯斗牛來，猿鳥忘機豈見猜。莫笑老僧藏不得，昭陵玉匣有時開。桂衡。」「書生設計渾如海，開士珍藏重若山。不道當時俱詐吝，翻成佳話落人間。集慶浄曦。」「蕭翼辭京奉德音，辨才識淺墮機深。雖然賺得蘭亭帖，未合君王好事心。姑蘇釋德謙。」又嚴陵邵亨貞一跋，議論淺謬，不録。

二十七日，譚孟恂質得張擇端《清明上河圖》，攜至求鑒，乃余四五年前所見物也，真品，恨縑素又增朽敗矣。

二十八日，張嘉林以謝樗仙漁村小景一軸爲節餉，乃仿梅道人筆也，頗蒼鬱有氣。題句云：「水月映汀莎，漁人發棹歌。悠悠江海調，清廟失〔五〇〕雲和。樗仙。」

二十九日，陰，夜晴暖。余得一絶云：「江南臘月全無凍，海上春風自有期。爆竹一聲催曙色，梅花無數上新枝。」

校勘記

〔一〕「視」，清抄本作「觀」。
〔二〕「刊」，清抄本作「鑿」。
〔三〕「刻」，清抄本作「晷」。
〔四〕自「過范長康」至「得其彷彿」，清抄本在八日下。
〔五〕「若」，清抄本作「苦」。
〔六〕「綸」原作「恩」，據清抄本改。
〔七〕「資」，清抄本作「藉」。
〔八〕「寺」原闕，據清抄本補。
〔九〕「洛陽」，清抄本作「洛陽令」。
〔一〇〕「座」，清抄本作「屋」。
〔一一〕「松」，清抄本作「林」。
〔一二〕「峭」，清抄本作「削」。
〔一三〕「山」原闕，據清抄本補。

〔一四〕按，實僅四十六句。

〔一五〕「蒸」原闕，據清抄本補。

〔一六〕自「作詩」至「竟何如」，清抄本在是月四日條下。

〔一七〕「村」，清抄本作「春」。

〔一八〕「碧」，清抄本作「曲」。

〔一九〕「又白定瓢樣花瓶」原闕，據清抄本補。

〔二〇〕「四」原作「五」，據清抄本改。

〔二一〕「二」，清抄本作「三」。

〔二二〕「定」，清抄本作「在」。

〔二三〕「橋」，清抄本作「梁」。

〔二四〕「燕觀察王岵雲，更餘而別」原闕，據清抄本補。

〔二五〕「震」，清抄本作「雲」。

〔二六〕「水」原作「山」，據清抄本改。

〔二七〕「詩云」原闕，據清抄本補。

〔二八〕「嘉」原作「加」，據清抄本改。
〔二九〕「氣」，清抄本作「異」。
〔三〇〕「江南」，清抄本作「南山」。
〔三一〕「召」，清抄本作「有」。
〔三二〕「山」，清抄本作「心」。
〔三三〕「傷」，清抄本作「侈」。
〔三四〕「卒」原作「承」，據清抄本改。
〔三五〕「邕禪師碑」原作「邕禪師」，據清抄本補。
〔三六〕「姚」，清抄本作「杭」。
〔三七〕「開」，清抄本作「間」。
〔三八〕「廉」，清抄本作「康」。
〔三九〕「落」，清抄本作「緑」。
〔四〇〕「門」，清抄本作「閣」。
〔四一〕「暗朗」，清抄本作「晴明」。

〔四二〕「重不之，苦欲博潤」，清抄本作「重予之，苦欲删潤」。
〔四三〕「閒」原作「聞」，據清抄本改。
〔四四〕「明」原闕，據清抄本補。
〔四五〕同上。
〔四六〕「有野王後裔印」原闕，據清抄本補。
〔四七〕「蹴踘圖」，清抄本作「趙祖蹴踘圖」。
〔四八〕「恂」原作「珣」，據清抄本改。
〔四九〕「裹」，清抄本作「裏」。
〔五〇〕「失」原闕，據清抄本補。

藝 文 叢 刊

第 四 輯

061	寶章待訪録(外五種)	〔宋〕米 芾
062	昆蟲草木略	〔宋〕鄭 樵
063	味水軒日記（上）	〔明〕李日華
064	**味水軒日記（中）**	**〔明〕李日華**
065	味水軒日記（下）	〔明〕李日華
066	寒山帚談	〔明〕趙宧光
067	讀畫録	〔清〕周亮工
068	誠一堂琴談	〔清〕程允基
069	文房肆考圖説	〔清〕唐秉鈞
070	芳堅館題跋	〔清〕郭尚先
071	花木小志（外二種）	〔清〕謝 堃 〔清〕高士奇 〔清〕翁長祚
072	隨息居飲食譜	〔清〕王士雄
073	嵩洛訪碑日記(外五種)	〔清〕黄 易
074	廣藝舟雙楫	康有爲
075	刻竹瑣言（外四種）	黄高年 周无方 金開藩 張志魚
076	章草考	卓定謀

藝　文　叢　刊

味水軒日記 下

〔明〕李日華

浙江人民美術出版社

卷七

萬曆四十三年，乙卯。

正月一日，率婦子拜家慶於飲食壽康處，内寢名〔一〕，各進椒柏酒於家大人，大人於是年八十有五矣。是日寅卯間東北風，停午轉東南風，晴朗。

二日，細雨。沈翠水來，與飲竟日去。翠水年五十四，初艱子，今連舉二子。余以春聯贈之云：「春雨蘭芽雙引玉，晴霞芝草遍鋪金。」翠水曰：「余至是且將盡焚干禄書，閉門灌花竹，令生意鬱然不斷。日攤稗官雜説其下，縱酒笑歌，以達此生。子能從我乎？」余曰：「諾。」

三日，雨。

四日，雨。購得盆梅紅、白二樹，樹高三尺，各敷五百餘花。因憶少時讀書亡友吴伯度園齋，有蟠梅緑蕚者兩株，高五尺，結幹三層，敷萬餘花。時望之萬玉玲瓏，如珠幢寶蓋，香氣浮動。每歲首即已放白。伯度性豪飲，又喜以酒醉客，月下花影中，往往有三四醉人軃卧，醒乃散去。余獨取屏幃遮圍，置牀其中，甘寢竟夕。曙色動，始起坐，覺遍體肌膚骨節俱清梅花香氣中，不知趙師雄〔二〕羅浮夢視此何如也。俄伯度殁，雙梅爲徽人購去，移植不得其所，詢之已供爨火矣。乃知盆玩雖微，皆主人福蔭所持。唐人牡丹詩云「看到子孫能幾家」，旨深哉。

五日，霽。

六日。

七日，晨起，屋有積雪，日出消盡。周伯昇以宋紙一幅乞繪事，尾有賜紫勾當守英印記，想當時主僧領造藏經者。紙視金粟山色微濇，而緊薄可愛。因爲寫《溪山秋爽》，用子久法。

八日，出謁直指李懋明公。午同施存梅太史、王巽吾比部、養白兄宴直指於徐勳卿玄仗第。直指云：「浙中海防兵餉歲費三十六萬餘金，又歲欠織造銀二十九萬有奇。」

九日，直指，守巡，郡邑諸公鄉紳、孝廉、文學會講於天心書院。

十日，招朱季長父子夜坐。季長貽余《黄文獻公集》。公名溍，字晋卿，金華人，宋潛溪學士師也。集有陸秀夫遺事一篇，甚典核。

十一日。

十二日，夜集清樾堂，吴州將赤含、岳水部石帆、譚兵部凡同、項進士扈虚、歌者李文姬，歡謔竟夕，月色如晝。

十三日，購得文徵仲《落花詩》十首，陸叔平補圖，彭隆池跋。跋云：「吴故稱善畫藪。迨我明興，有文衡翁、陸叔平，并登神品。短箋尺幅，人藏爲榮。顧每爲四方好事者購去。非真有翰墨之癖者，不爲所得珍矣。兹從石川大夫齋頭獲覩此卷。衡翁書法猶麗，得《聖教序》十之八九；叔平繪理蒼潤，得荆、關十之六七，真雙璧哉。令人把玩，奚啻聽雲中仙子吹鳳笙、弄明珠、遊水晶宫也，快哉！大夫其世珍之，毋使置之塵篋中，令時時吐光怪也。時嘉靖戊申冬十月二日，舊吴彭年識。」

十四日，胡雅竹以吴中名公手墨來質錢。内祝京兆詩草極横逸，似懷素《千文》。詩語亦壯麗，《壽南峰先生》：「錯落金門賦，琳琅玉局文。樽開淮泗水，石掃華山雲。

疊砢松多節，嘉祥鳳不群。函關候紫氣，極目正氤氳。」《送峨齋水部之京》：「馬援丹心在，陶公碧眼方。衣冠天下偉，日月卷中長。芝紫休歌曲，河清好釣璜。飛熊今有兆，主上是文王。」《送陳子秀夫太學北上》：「千古河陽縣，三春建業城。風光臺草碧，官況壑冰清。飛舞中原鳳，間關上苑鶯。元龍圖報國，大播水曹聲。暉暉江日浄，冉冉驛花深。樽酒洞庭水，片雲鴻鵠心。修塗將整駕，離思欲分襟。明歲遷官秩，山人聽好音。」《送東塘毛老先生北上》：「別意盡尊酒，出門嘶紫騮。江春碧草動，海日黄河流。鴻鵠九霄舉，風塵千里遊。中丞舊事業，願子驅前脩。西風吹錦水，浩浩古城陰。日月亭嘉令，山川歷壯心。天寒啼雁急，江冷落楓深。攜手河梁上，褰衣遊子吟。

志欲起三代，權能總百官。慶雲天有瑞，和氣國交歡。永日望彌近，紫泥封未乾。致君堯舜上，公去諒非難。白日進巨編，中流揚素波。春陽盛嫵媚，名位高嵯峨。芳草剪碧色，景風扇微和。公門富桃李，須聽南山歌。」又王雅宜《別兄履約》古風七首，楷書似《破邪論》。又文徵仲《伊僉事傳》，楷法似《寶曇帖》。

十五日，過郁伯承。伯承貽我張横浦、鄭西塘二先生集。横浦，張無垢九成。西塘，鄭俠，上《流民圖》者。兒子購市中燈，備魚蝦蟾蟹四形，極肖，因奉家君於飲食壽康處燕笑，二鼓罷去。

十六日，風寒甚。

十七日，至石佛寺德公房。德公出其祖濟禪師辭世偈一首，又和余偈一首，覽之不勝感愴。師號慈航，性疏豁，通内外典籍。自言幼參雲如，令看趙州勘婆話，不契。一日，偶閲萬松評唱，見誦此則因緣，云：「三軍不動旌閃爍，老婆正是魔王脚。趙州無柄鐵掃帚，掃蕩乾坤空㱩㱩。」不覺桶底脱相似，自是手脚輕快，知此中決定無所用心，遂一意夷光鏟采〔三〕，同衆作息。有時自吟小詩。工釀酒，自篘自斟自飲，兒孫不能測也。但寺中僧行讀經書有疑義，輒就師決之，因競呼爲先生云。師一見余，輒契合。一日，坐竹下，出萬松評唱，將所評公案一一勘過，因相與大笑。余爲梓其《竹間話》一編，亦近日叢林中門椎拍板也。師以去歲二月八日示疾，預刻化期，趺坐而逝。辭世偈云：「大千世界沙門眼，一道靈光亘古今。莫道吾今終杜口，風林水鳥演餘音。」别余偈云：「寄語同參李居士，驀地翻身杜吾口。這回若欲重相見，除是面南看北斗。」余答其偈云：「偪塞虛空絶往還，黑漫漫處白漫漫。勸君著眼須分曉，莫向森羅錯定盤。」

十八日，購得陳白陽《山村風雨圖》。款云：「乙卯三月六日，避雨山村酒家，作此圖以謝。」諦視，乃用村家退筆草草點就，而蒼辣之氣涌溢，真逸品也。又祝京兆大幅狂草一軸。恍如顛長史復出，亦晚年化筆也。「五色祥雲擁六龍。開禁殿，列臣工。主恩皇澤，禮樂象成功。文華物采，極[四]天風動。萬國來朝貢。調寄《朝天子》。戊戌秋，明堂禮成，慶成宴樂章一首。允明。」

十九日，稍和。

二十日，王孝廉稺方從閩回，攜一五色鸚鵡，紫翎黄翅，翠襟素腹，元頷朱喙，紺足青爪，海南舶上物也。此鳥最慧，初至能念梵經，置座中漸久，遂能華人言。凡鸚鵡雖慧，猶俟人再三教習，此則聽聲即能肖之。性最畏風露，孝廉置之木櫃中，不一月即斃，見者無不惋惜。朱季長習遊閩，云此名紺質鳥，在彼中亦值六七金。

二十一日，方巢雲携祝支山行草樂詞十六段來求鑒。書法爲世所傳唐人仿王右軍《心經》。轉折盤紆，法度丰韻，無不精到。余視祝公書多矣，至是始服其淵博。蓋胸中醖釀諸家妙處，不覺變現出没如是耳。款云：「歐陽鳳林先生進賀萬壽表，承銓部鄢茂翁老先生索書奉贈，敬録《萬歲樂》及《感皇恩》十六詞以應之，時丙戌元宵後二日也。南京應天府通判祝允明。」「自古草書推張芝，楷則推鍾繇。至山陰父子，兼而有之。後世雖有作者，莫可及也。近代惟吾友祝希哲挺出，於諸體無所不學，無所不宗，以至行楷入妙，草法入神，真可分山陰八九者矣。因見此卷，歎羡久之。都穆。」「吾友鳳林宦游白下，得吴中名公筆，出以示余。余但聞祝京兆之名，而不得覩祝京兆之筆。今一見之，使我心花頓開，竟不知懽從何處生也。漫綴數語，聊記歲月云爾。嘉靖戊子九月既望，奉訓大夫、户部湖廣清吏司員外郎劉元。」「余辛卯歲入南雍，日唯閉户讀書，人語不聞，時有鳥聲相關而已。適歐陽先生過訪，慰余寥寂。并示枝山翁十六詞，據跋語稱爲鄢茂翁所求，而茂翁又枝山所樂與者，固應用筆俊逸，結體翩翩，自有龍翔鳳舞之態。是歲七月十二日也，雅宜山人王寵識。」「鳳林年丈同寓燕京，與余稱莫逆交。時索吾鄉名筆，余許之，歸而忘却。嗣後鳳林任南京，與余不相聞。而兹忽報吾翁過吴，余出金閶，得一把臂劇談，十年前事猶一日。翁因出希哲卷，以實余前言之謬，不覺赧汗如淋。展以觀之，頓令老眼開豁，儼然鍾、王悉具目前，孰意希哲暮齡傾倒萬斛珠璣於雪繭也！鳳林珍之不下連城之璧，故[五]命予懇文徵仲一言。適徵仲在玉峰，敬倩伯君爲之，全余數年之諾。雨泉陳鎏。」「余嘗謂作書不知擒縱，故字中無筆耳。字中有筆，正如禪家句中有眼，非深解宗趣，豈易言哉！今觀枝山先生所書十六詞，真有龍翔鳳舞之妙，豈非字中有筆者耶？此卷爲歐陽先生出示，因識數語，不知先生以爲何如。後學彭年書。」「歐陽老先生過吴門，持祝先生書卷，托雨泉倩家君跋其後。適家君應玉峰吴五舅之請，轉囑不佞代爲塞責。然此卷筆法神妙，諸公已鑒定矣，余復何言。三橋文彭。」「南濠雅宜諸公，自是書家，輒稱祝京兆。乃知諸公秉無上法眼，不易許也。京兆一片苦心，端不在歐、虞之下。然此卷得諸公跋語，而聲價益增貴矣。嘉靖壬子仲冬二日，陸師道題。」「余髫髦時，得侍文夫子玉蘭堂。每見枝翁，則豪興滿筵。醉後信筆大書，與素師無分高下。兹卷乃其任南都時筆，見之恍然。後六年，而歐翁復懇文夫子，遂淹匿齋頭。憶昔歐翁兩過吴，而不得文夫子一筆，此卷不能全二美也。黄姬水。」

二十二日，集項希憲第。沈司理一乾、宗兄元白聯坐。

二十三日，孫令弘以繭紙求寫《讀書圖》，戲效董北苑筆法，漫附一絶云：「抛却書編便看山，不教雙眼落塵寰。有時合眼還成夢，夢入匡廬校馬班。」時余正讀史，故末句及之。

二十四日，自正月二日微雨，至是悉晴暖，河流皆涸。入夜始聽簷滴，甚喜。

二十五日。

二十六日，霽。

二十七日。

二十八日，飲沈翠水紅白梅下。暮細雨。

二十九日，里中黄黄裳者，善鍛錫爲茶注，模範百出，而精雅絶倫，一時高流貴尚之。陳眉公爲作像贊。又乞予數語，漫應之云：「道剖而器，德降而藝。既爲世資，亦用資世。古之至人，若倕若般，若歐若扁，咸卓有所樹，而不見其細。嗟嗟黄裳，朴貌古心，自發靈慧，取材從革，妙兼冶化。既成，而傲兀於罍洗甗甈之間，覺灑然而有以自異者歟。若夫岩芽吐白，槐燧燎青。春雪騰沸，注虛挹盈。酒餘狎坐，吟壇策勳。嗟嗟黄裳，生可以杖履於又新、君謨之堂，歿可以俎豆於竟陵子、之楹者也。」

三十日，雨。爲孫令宏書陳眉公《讀書十六觀》中語七則。余又益以一則云：「昔陶淵明讀書，不求甚解。趙州和尚看《涅槃經》，只是遮眼。竹懶一日山行，有客穿林踏石，都不領略，口喃喃語：『十年恩怨事不休。』竹懶笑曰：『余亡友吴玄鐵與余對勘杜詩。元鐵好記佳句，余初不留念，只觸眼取快而已。以爲丈夫胸次當蕩蕩，即杜句不欲點之，矧人間恩怨耶？』夫淵明之不解，與余之不記，亦讀書觀中所當參取也。不知令宏以爲何如？」

二月一日，雨。

二日，吴赤含招飲，項孟璜在坐。孟璜云：「洞庭許氏，父祖子孫昆季俱不出痘疹。先世傳一方，甚簡易。橄欖核一枚，糙碗底磨水，於水閉日服之。一歲凡六水閉日，磨服盡一核，永不出矣。」

三日，晚霽。

四日，棹舟至白苎後圃，紅、白梅盛開，徘徊其下久之。胡雅竹偶借居草堂，裝潢書畫卷。有王叔明《鐵網珊瑚》一軸，乃寫二枯木，聳峙叢篠間，以竹枝横斜，垂葉覆蔽如網，木梢錯出，如珊瑚之名〔六〕耳。叔明寫此贈范玉崖，而諸公競題詠之，亦見一時同調之盛也。備録之：「鐵網網得珊瑚枝，寄與東吴范高士。翠鳳飛來毛羽寒，石化青羊叱不起。金鼎夜鍊天地根，閉門不識桃花春。吴煙拂草瀛洲緑，鳥啼花落空愁人。百壺美酒恣傾倒，銷盡春愁人不老。却從鶴背看塵寰，四海如杯嵩華小。黄鶴山人王蒙畫并題。」「天上仙人王子喬，由來眼看天下士。黄鶴山中卧白雲，使者之徵那肯起。崑崙老樹盤玉根，青鸞對舞瑶臺春。昨朝贈我神錦段，謂我九老仙都人。閬苑花前因醉倒，謫下人間容易老。百花樓中作酒狂，一聲鐵笛乾坤小。玉崖生范立奉和。」「王公外家襲金紫，不比尋常韋布士。一時結交多譽髦，早歲聲華倏然起。閒移翠竹當雲根，更有古樹枝含春。自云珊瑚出鐵網，投贈豈與塵中人。范君相見即傾倒，喜盍朋簪成二老。玉壺滿泛〔七〕紫霞流，痛飲狂歌天地小。益齋王彦文奉和前韻。」「黄鶴山中名畫史，自昔文章冠多士。淋漓醉墨寫幽篁，翠梢摇摇拂雲起。古樹槎枒鐵石根，虬枝糾結江南春。苔花香〔八〕遶外家宅，玉堂仙去今何人。清尊却憶花前倒，憂樂只應懷范老。畫圖難寄相思心，滄溟浩渺珊瑚小。安湖老人王士顯次韻。」「中文兄示及叔明王公所寄詩畫，命僕品題之。僕隨口和韻，中文歎賞既久之，即命書以冠其顛云。珊瑚千年生海底，至寶終當遇奇士。黄鶴山人狡獪徒，笑踏靈鰲輕掣起。波濤洗盡泥沙痕，元氣尚帶龍宫春。裹藏什襲贈知己，長生范老非常人。明窗玩之驚絶倒，世間一任韶華老。釣竿猶記拂長枝，三點神山眼中小。吴郡顧禄奉題。」「黄鶴山人多意氣，真是高亭老仙士。揮毫仿佛如有神，怪石嶙峋筆端起。琅玕玉樹生雲根，畫圖奪得江南春。邇來遨遊東海上，持贈玉崖之高人。兩翁相逢遂傾倒，醉裏不知天地老。持竿共結滄洲期，一釣猶嫌六鰲小。奉和黄鶴山人贈范玉崖詩。李仁。」「廷珪墨掃金華紙，知是香光老居士。鳳向高岡時一鳴，龍從碧海雙飛起。紫苔碧蘇點雲根，占盡湖山無限春。上題詩句天藻麗，遠贈高平英偉人。此圖當世俱壓倒，我亦唱酬繼諸老。高堂落筆風雨驚，不覺氣吞雲夢小。沈瑜奉和。」「王公獨得天然趣，揮豪不效丹青士。淡墨雲箋掃畫圖，琅玕屈鐵參差起。碧苔清水流石根，深山花落黄鸝春。琴書几杖白晝静，何日置我塵埃人。高亭之仙非潦倒，醉後狂歌不知老。有約盧敖賦遠遊，九點齊煙望中小。豫章胡僊次韻。」「玉崖先生命和前韻，賦詩曰：山骨嶙峋浸秋水，虎視耽耽如胄士。青鸞三上閬風來，下立瑶階不飛起。坡頭有樹蟠虬根，上凌霄漢中含春。只疑老蛟出海底，化作千載之神人。眼觀此圖欲絶倒，飛上香煙尋五老。一尊試酹湘江仙，望望君山隔煙小。張禮書。」「鶴山〔九〕老樵列仙徒，玉崖先生世名士。一時傾蓋兩相逢，作畫賦詩高興起。倏然爲寫竹數根，旁有古樹回陽春。蛟龍盤拏鳳鸞舞，清氣因之能逼人。金壺墨汁都傾倒，壓盡蘇翁并米老。須臾更著石嶙峋，海上移來蓬島小。中逸吴楞。」「黄鶴山人寄余詩畫，兩學賢友俱有和章。明窗展玩，珠明玉潤，照曜後先。其脩篁古木，不減在於崑閬間也，喜不自已。余初效顰之後，復續此詩，以謝諸公之佳貺云爾。黄鶴仙翁有詩寄，不比尋常之畫士。天入丹山鸞鳳飛，雷驚陸地蛟龍起。人生如寄蓬無根，相逢意氣皆如春。東吴文學最瀟灑，二王尤是風流人。長仙醉來玉山倒，散盡黄金數東老。吏部李白共餐霞，誰謂壺中天地小。錢唐范立。」

五日，霽，薄寒。

六日。

七日，書林張氏梓眉公《廣秘笈》，凡雜説五十種。既成，來乞余敘。歙友吴東籬來顧，貽余精墨四函、松蘿茶一缶。是夜三鼓聞雷。

八日，澀雨駁雲，寒煖不定。松江一人持文衡山小畫一幀求鑒。青嶂緑波，緋桃碧柳，用意極工，少年筆也。題云：「緑陰千頃碧溪前，翠掩晴空散紫煙。自是高人能領略，試烹新茗汲清泉。嘉靖庚子春日畫并題，徵明。」

九日，招郁伯承夜坐。伯承云：「於金陵曲巷購得宋張安道文集抄本，今留焦漪園先生處。又有人以宋板《石徂徠集》求售，以價昂未就。」伯承好古，酷嗜奇隱。張氏所梓眉公秘笈，大半都其書也。

十日。

十一日，陰寒，夜細雨。

十二日，陰寒，午後雨雪雜下。

十三日。

十四日。

十五日，連雨。

十六日，作賀潘兵憲之〔一〇〕載考績文。

十七日，至北郭，見新柳。

十八日，大雨竟日。

十九日，霽。

二十日，晴光澄澈。崇德朱孝廉得祚，爲其房師湖州司理李君乞詩壽母，漫應之。李，蜀人也。詩云：「苕水西迎濯錦川，海槎拂斗下蒼煙。白雲粉署神君誦，紫翠黄流壽母筵。已轉熊丸成鼎味，應收瓊粒布芝田。筆端剩有雲霞氣，點綴霜松雪柏篇。」

二十一日。

二十二日。

二十三日，有送殯事，登雪舫。夜宿於北津，五鼓風雨。

二十四日，早至四鶴涇橋。歸舟得沈岳翁訃，急同亨兒入喪次，俟主人成服而還。

二十五日，雨。方小子引松人持卷軸來。有梅道人墨竹長卷，所寫竹俱在迴岡斷坡、奔流伏波之間，雄逸震蕩，蕭寒淒迷，奇觀也。危太樸著語亦奇：「植物之中竹難寫，古今雖畫無似者。惟君下筆獨逼真，丹青以來惟一人。人畫竹身肥擁腫，君畫莖瘦節節竦。人畫竹梢死羸垂，君畫枝活葉葉動。不根而生從意生，不筍而成由筆成。野塘水邊碕岸側，森森兩叢幾百莖。嬋娟不失筠粉態，蕭索盡得風煙情。舉頭忽見不似畫，側耳靜聽疑有聲。西叢七莖勁而健，省向天竺寺前石上見。東叢八莖疎且寒，憶曾湘妃廟裏雨中看。幽姿遠思少人知，與君相顧空長歎。吴君老可惜，手戰眼昏頭雪白〔一一〕。自言便是絶筆時，從今此竹尤難得。周景遠先生一日過訪，出示吴仲圭畫竹，爛熳盈卷。索余題識，漫附此歌於清風高節間，相爲悠遠云爾。時至正二十一年春三月既望，臨川危素識。」「洪武改元二月四日，周待制月岩、吴助教養浩、金華宋濂同觀。」「江頭雨裏寫娟娟，更畫新梢入晚煙。還有〔一二〕數竿題未遍，龍吟清夜渭溪邊。洪武戊寅秋日，在松陵周惟敬齋中閲此卷敬題，道衍。」「永樂甲申歲重陽日，張紳、徐貴同觀於周氏敬止齋。」「畫竹忌屈不忌直，仲圭由來有筆力。今日畫圖幾百年，人間尚自留真墨。空堂展閲風雨寒，明滅纖霧生微瀾。細觀見竹不見畫，何時削此石上青琅玕。八閩高士黄司馬，平生好文兼愛畫。碧草停珂夏省中，白雲捲幔晴窗下。每逢賓客出評語，遂使破素增高價。開圖似惜孤鸞叢，胡爲寫置荆棘中。君不見洞庭之上瀟湘岸，翠篠翛篁沙草亂，鳳凰不棲鶗鴂怨。洪熙改元，春日齋居，適友人以仲圭竹卷示余，漫書此詩以歸之，沈粲。」「成化改元春四月，舟次松陵，觀畢敬題，陸友。」又一册稱祝枝山墨跡，乃遊洞庭諸詩也。行筆酷類柳公權《蘭亭集詠》。所書句有佳者，節録之。《自胥口入太湖》云：「沙邊過雨龍腥暗，帆下分飱魚鱠香。」《登縹緲峰》云：「生蔬薦雨僧齋薄，寒榻眠雲客思清。」《下縹緲峰小憩西湖寺》云：「藥苗細染雲絲碧，石翳重生雉尾斑。」《林屋洞歸道中作》云：「積儉振家風俗美，繁寒傷橘地租虚。」《遊資慶寺一首》云：「啼禽聲斷野花疏，一徑松陰到静居。松偃重門分兩院，竹開别徑有精廬。茶炊竈火薪啣鶴，飯洗雲波鉢繞魚。慚愧山僧塵土面，靈珠何日拭泥淤。」按，此末句乃一遊山衲子所書，非祝公筆也。市賈得人佳書，輒涴去其名跡，强綴知名人號。所謂湮没不彰者多矣，可歎。

二十六日，往沈岳翁喪次。夜歸，五鼓，大雷雨。

二十七日。

二十八日，沈儀南從萊州回，貽余海鹿腊一肘；鯊魚翅四片；龍頭魚鱐二尾，大如鯹鱆，頭生三叉如蝦，非如俗所指四明小白魚如鱠殘者也。又黄鼠十頭，亦佳。

二十九日。

三月朔日，是日日食，未末至酉初。松江同年李補之之孫，名之碩字得輿者來謁，云其家拓落，不能爲生，將爲山人游以糊口。補之諱尚衮，己丑捷南宫，壬辰殿試，不及授官卒都下。得輿貽余一詩，未成句，即日報謁河濱别去。昔杜審言孫以詩窮徹骨，吾慮得輿不免耳。

二日，苕人持卷軸來，有王雅宜行草詩一卷，筆法秀穎，句律清妙，録之：「旭日開春霽，殘雲變午霞。登臨如有待，山水更重華。石乳初懸溜，流鶯復滿花。林中有肥遁，吾欲傍生涯。鼎食非吾事，泠泠冰雪腸。煮茶師自得，斫屐興偏長。花氣熏泉竇，山形拱石堂。江湖自有樂，高詠和滄浪。頗愛嵇生曠，嘗高司馬遊。圖經隨意讀，山水與神謀。舉世悲籠鳥，全身學海鷗。此生知得遂，天地漭悠悠。雅宜山人王履吉。」又艾葉猫一幅，張德純筆也。題句云：「狸奴新得虎兒斑，特市溪魚備午餐。只爲護書勳業重，主人相遇過馮讙。吴江張德純寫。」

三日，次孫丑郎播痘，經十二日焦褪，賽神爲樂，家君爲之加箸。夜大雨。

四日，沈倩家來訂婚期。　購得文壽承草書《千文》一卷，諦玩久之，覺孫虔禮《書譜》、素師《律公》諸帖，皆在此公筆端。國朝書法成就，未有如壽承者也。款云：「嘉靖壬子六月五日，時明日小暑，天氣如清秋，雨絲絲不絶，小樓獨坐，書此一遣孤悶，文彭。」

五日。

六日，寒雨竟日。俞生持端硯一求售，不佳。

七日，雨不止，客持便面一。文壽承草書詩一律，休承點筆小山水，蒼淡有致。詩云：「采蓮涇上雨初收，秋色催人爛熳遊。日暮白蘋風乍起，陂南黄葉水交流。美人齊唱滄浪曲，彩鷁斜穿窈窕洲。落盡晚花無耐冷，一樽相屬更夷猶。文彭。」又姚丹丘

《讀書圖》，筆法仿梅道人。題句云：「盡道山深可讀書，只將萬卷究三餘。雲邊或下仙人馭，樹底常停長者車。吾愛謝家春草句，誰云元晏竹林居。滔滔獨有門前水，流去年光却自如。弘治甲寅四月望日，雲東逸史姚公綬畫并題。長者下誤『車』爲『居』，因用注脚。醉中草草，可發大方君子一笑。」

八日，偶以事至九曲，柳條曳地，桃花有散落水面者。齋居之人，寒雨跼蹐，殊不知有一日春也。

九日，老僧燈公來乞余書偈，貽余細蒲草、菊苗、稚松。余方編竹作籬，雜置籬脚間，甚添物色。

十日，作眉公《廣秘笈》序。

十一日，同兒子省墓。因過顏掾看海棠，甚盛。

十二日。

十三日，余初度，買得黄山松一株，翠鬣扶疏可愛；黄楊一本，葉丹緑相雜，甚奇。沈子廣又貽余老少年子一裹。三物皆壽祺〔一三〕之意。長孫科壽適播痘。兒孫漸成長，吾將篤意種樹，修王逸少之樂，多致花果奇種，是我業也。

十四日，方樵逸同徐生來，携示開皇《蘭亭》卷，《江村萬里圖》，著唐子畏款。皆僞物。開皇《蘭亭》在高瑞南家，余及見其真者。《江村萬里圖》乃前宋人所畫《長江萬里圖》，如范寬、許道寧輩；而此其臨本，借重唐伯虎耳。又沈石田《荔柹圖》，用筆精雅。題句云：「庚子元旦即興。起問梅花整角巾，忻然草木已知春。白頭無恙人惟舊，黄曆多情歲又新。行酒不妨從小子，耦耕還喜約比鄰。年年天肯賒强健，老爲朝廷補一民。右近作一首，侑以《荔柹圖》，奉宿田老兄新春一笑，沈周。」又商德符小景一軸。行筆秀潤，類徐幼文。款云：「至正三年浴佛日，鳳翔曇公以李庭珪墨見贈，作此，商琦德符。」

十五日。

十六日。

十七日。

十八日。

十九日。

二十日，此數日以長孫科壽痘癥險惡，日夜同家人婦子近問醫卜，焦然無一刻寧。

二十一日，科孫竟殤。此孫受孕六月半而生，口不能容乳，日滴乳而哺之。踰歲，頭角嶄然成就，笑啼宛轉，極得老妻意，老妻亦極意調護之，曰：「我女嫁後，須此孫以娱寂也。」每食必據其膝，又擅專匕箸，縱恣顛倒，不以厭棄。即佯怒之，必啼號跳擲，伺祖母色解而後已，故愈益憐愛之。然余於癸丑冬生次孫之夕，夢一物如魚，黄色，飛騰跳躍，已，化爲小兒。旁一人曰：「此汝孫也。」又大書經丈字曰：「家長公。」夢起，而次孫舉矣。嗣後二孫戲弄於前，心輒懷疑不已。然不忍言，亦竟不與老妻言，至是始驗。余甥常星海以世醫名里中，自孫見痘，日夕來救療，百端不能取效。余曰：「力不可與命争，智不可以衡化，又何嗟嘖之有哉！」

二十二日。

二十三日，俱攬涕淚。吴興孝廉王皞如名德化書來，乞行草單條。以紫端硯板一、薛鏡二，附以種種爲潤筆。

二十四日，始嘗新茶。

二十五日，瘞殤孫科壽於白苎西港庶祖母薛媪塚旁左側。

二十六日，沈淡如貽余虞伯施正書《離騷》石本一卷，甚有《夫子廟堂碑》筆意。又宋真宗賜賀蘭棲真手勅，乃集右軍書也，而丰態有餘，蒼勁不足。「勅賀蘭棲真。汝棲身巖壑，抗志煙霞，觀心衆妙之門，脱屣浮榮之外。朕奉希夷而爲教，法清浄以臨民。思得有道之人，訪以無爲之理。久懷上士，欲覿真風。爰命使臣，以禮徵聘。汝其暫別林谷，來至闕庭。無辭跋涉之勞，當體招延之意。今差入内高斑内品李懷贇往彼，詔汝赴闕。故兹示諭，想宜知悉。秋冷，汝比好否。遣書，指不多及。十八日。」勅詩賜賀蘭棲真：「元元留教五千言，有象難名恍惚間。數進篇章達至理，時吟時詠道情閒。」揚州錢山人來謁，以所寫墨竹一幀爲贄，且索題句。漫應之曰：「東坡得酒生芒角，石室梢空作偃波。不數梅花枯梗手，襪材今已集江都。」

二十七日。

二十八日，門人陳衛伯墉遊金陵，同好者皆有贈篇，余亦漫附一律：「之子空靈性，探奇上白門。筆噓春霧合，鞭指暮江奔。蹤跡從踈散，襟期恣吐吞。到來憑弔處，認取謝公墩。」

二十九日。

三十日，雨。

四月一日，大雷雨。美蔭齋新插竹籬，所移植海棠、荼蘼、玉巵、錦帶、薔薇、玫瑰之屬，悉活。

二日，雨。讀《徐文長集》，袁中郎宏道表章之，以爲當代一人。然其人肮髒，有奇氣，而不雅馴，若詩則俚而詭激，絶似中郎，是以有臭味之合耳。雜劇《四聲猿》，却是妙手。

三日，雨。方小子引蘇人持卷軸來。沈石田畫四幅，學梅道人，悉贋筆。又石田仿趙松雪《吴山雙騎圖》，垂柳緋桃，黛山碧水，頗盡遊冶之趣。題句云：「燕口滋泥迸幺筍，東風力汰柔條静。烘雲曉日開眼光，起軸湘簾尋紙影。落花悠悠碧泉冷，餘香猶熱胭脂井。樓頭少女泣羅巾，浪子馬蹄飛軟塵。春來遲，春去急，柳棉欲吹愁雨濕。黄鸝留春春不及，千里王孫爲誰碧。故苑長洲改新邑，阿嬌一傾何所立。蹤跡不定流蓬萍，後人感慨前人營。余家舊藏趙松雪《吴山雙騎圖》，因摹此幅，與仲修甥捲去。今壬子歲持來索題，屈指三十又四年矣，老眼模糊，自歎精力不及前耳。沈周。」又王孟端仿雲林小景。作七樹，欹斜聳直，間搭各有態。題者二人，題云：「新圖寫就自長吟，水木清華雨意深。今日九龍山下過，草亭寂寞掩空林。青城山人王汝玉。」「群山矗矗擁雲青，嘉樹森森蔭石亭。不見九龍山下客，落花芳草滿林坰。翰林老友王達善。」又陳白陽米山潑翠峰巒。題句云：「吴水雲中緑，吴山雲外青。數掾南嶺竹，一卷太元經。道復。」

四日，雨。同亨兒出奠譚聖俞母夫人。

五日。

六日，過玉樞院，訪歙友吴德符，出觀文徵仲盆蘭一幅，極有吴興筆趣。上作漢隸書題語百餘字，精妙不可言，係公少年筆也。款云「文璧」。又沈石田小方册二幅。其一著色鴛鴦，其一飛立三鷺，俱精細，有生氣。又周東村雪景横披，酷類夏禹玉。

又陳白陽行草書陶淵明《飲酒詩》，筆法流利華潤，似顏又似虞。白陽絶得意筆也。又過春波橋，訪歙友吴存吾，出觀奇南香佛，高一尺五寸，重十餘斤，芳烈逼人，亦一時罕物也。　又舊人畫梅月下美人，存吾指云管仲姬像，余驗是梅魂。　又舊團扇一面，畫十六羅漢禮普陀大士，細入毫髪。存吾指云李龍眠，余驗是南宋待詔筆。

七日，同兒子登雪舫，泊後渚，將早發爲姑胥之行。

八日，辰刻，至王江涇。風急水駛，我舟爲估客舟所觸，幾殆。遣人呼巡司拘估人修舫，余與兒子暫止吴太守生祠中。太守名國仕，號長谷，甲辰進士，歙人，爲政寬厚，有惠澤，脩松陵塘，又建橋於涇上，民德之，因立祠於橋左。午後，余始得行。夜泊八尺。

九日，早過吴江，未刻泊虎阜，焙茶於周三峰家。買得建蘭二叢，茉莉二本，夾竹桃、珍珠蘭各一本。夜宿後麓。

十日，舟中曙色動，鳥聲如沸。起櫛沐，雲陰開斂不定，氣候極佳。余得句云：「水氣從開斂，春陰忽有無。樹深禽語亂，花晚蝶情孤。策策理遊緒，行行問酒壚。盪雲胸次在，不遺落塵蕪。」信步訪張豫園，薔薇，玫瑰，杜鵑，月季，紅白滿庭，酒香撲鼻。而豫園兩肘攣掣，不能起坐矣。余嘗謂人具花酒福者，必須有閒心腸、健身子，心腸之間可以排遣致，而健身未易得也。杜子云：「明年今日〔一四〕知誰健，醉把茱萸仔細看。」情深哉。

十一日，泊閶門。遇戴生者，邀看書畫。多文、沈雜跡，俱贗物不足屬目。止唐子畏一美人，用筆蕭散，有神情。題句云：「蘅杜洲邊粉膩香，雪肌冰骨水雲裳。不憑青鳥傳消息，誰識東風一面粧。吴趨唐寅。」午刻，至新橋，訪沈恒川國醫。出觀弘治年内府《圖繪本草》四套，計四十本，自玉石部至草木禽獸介鱗蟲豸，皆畢肖其形，而傅彩暈色，有天然之趣。每種列地、名、質、味、性、合、治、反、忌等目，辨析甚精。先朝留意方術，不苟如此，真盛時文物也。恒川云得之吴江林廷用，廷用得之一内侍。固知金匱石室之藏，其漏逸於外者多矣。是夕，飲恒川家。泊舟新橋。

十二日，早發，至濠市買藥竟行。舟中圖便面二。其一作黄子久寒山野渚，題云：「老木露根株，寒流見涯涘。平生讀盡書，念著無一字。」其一沙石細碎，樹陰繁合，仿巨然夏山。愛之，欲作細楷題署，舟䑯卼不可就，暫置匣中。兒子寫山水小景横卷。余諦觀之，酷有勝國周菊溜筆意，因題語云：「廿年前余曾見元周菊溜所寫陽羨山水，有此調。度今人古人，共攬天地之變，及其吐之紙上，風雲倏忽，各就墨兵部勒，咸取之意地，非所謂暗合孫吴者耶？今世畫家放者，謂可信手塗抹；拘者，至欲筆筆相師，悉謬習耳。竹嬾閱次偶題。」夜仍泊八尺。瓶釀罄沽，飲味甚醇。

十三日，未刻抵家。

十四日。

十五日，暮細雨。

十六日，自蘇回，連日患耳根痛，有傳方莖草名茘支青者，舂汁和〔一五〕醇醋漱之，稍愈。

十七日，氣凛如清秋。

十八日，徐生携示錢舜舉《竹林七賢圖》，運筆纖婉，渲染沖雅。題者三人。舜舉自題云：「晉人好沉酣，人事不復理。但進杯中物，應世聊爾耳。悠悠天地間，愉樂本無愧。諸賢各有心，後世無輕議。錢選舜舉。」「林下晋賢凡七人，山王猶謂不足云。老錢定有筆外意，所畫如何無此君。　癡兒每以形似論，如此風致殊蕭然。披圖直可見妙手，自是胸中有七賢。夏溥。」「叔夜致憎因傲物，嗣宗白眼視人間。雖逃於酒終揚己，争似劉伶善閉關。　濬沖公服駕軺車，偶過黄公賣酒壚。邈若山河忽興歎，竹林還憶舊朋徒。牟應龍。」「門巷寡轍跡，静對溪南竹。溪水净堪染，竹色與分緑。有時澮相向，襟抱如瑩玉。安得萬簹筤，遍植清溪曲。豈無嵇阮輩，遁世邁往躅。浩歌日酣宴，達生亦云足。　往歲居建康青溪第一曲，與簹筤谷相對。憶竹林衆君子，故有此作。今觀此圖，遂書於其後。湘中劉致。」

十九日，圖便面，仿華光作小景《楚山湘樹》，系以一律云：「笛聲隱隱起平波，舟在深深黄葉陂。蒼峽有猿巴樹合，碧天無雁楚山孤。籐籠空貯江湖字，粉墨時留洞壑圖。一段淒清無著處，且隨詩夢入魚罛。」宋僧華光、惠崇俱善寫湘中山水，尖峰斷岸，闊水長雲，當其滅没處，遂開二米堂隧，時人不知也。余偶入意，時一寫之。

二十日，徐生携示陳白陽《習齋圖》。蕭疏空遠，甚有子久風氣，即房山、漚波法中無是也。

二十一日，耳痛甚。

二十二日。

二十三日，耳痛甚，服醫萬心一藥，至六劑，愈甚。

二十四日，耳痛甚。有客持卷軸來質物，無一真者。中二紙乃元人龔璛詩翰，却有妙致。余欲以一鐶留之，不可乃止，得録其副。《書閣》：「年華荏苒故，客況寂寥新。雪融疑是雨，風和欲近春。疎梅縈小鳳，宿草負潛鱗。書閣閒登望，時煩載酒人。」《偶題》：「宿雨池館浄，閒官造請稀。石榴朱夏色，山鵲青雲飛。遐矚臨風檻，沖襟散暑衣。陳編撫芳潤，脈脈髮初晞。」《郡樓》：「久客有遠思，肩輿登郡樓。聊爲避暑飲，更學御風遊。疊翠城南面，雙虹水北流。流將五湖去，葉葉采蘋舟。」《述懷》二首：「古道直如矢，古心能斷金。今人思古人，寥落誰知音。旭日臨前除，暄風散幽襟。相彼好鳥鳴，擇陰嘉樹林。豈無念朝飢，溉之釜與鬵。大川無停波，高山上崎崟。白髮何由玄，寒暑日夜侵。叔孫獨楚製，莊生常越吟。載歌行路難，歌闋意彌深。葺荷不用織，采蓮尚可食。芳時安可常，秋風鳴檝檝。美人明月璫，青霓以爲裳。手攬北斗柄，低昂挹天漿。天漿解渴心，下土何茫茫。九牡閶闔開，寸誠函緑章。焉得飛仙術，與陪鸞鶴翔。所憂年歲駛，敢畏道路〔一六〕長。啟户辨夜色，驅車遡晨光。終然江海潞，臨路空徊徨。」《次韻劉景初偕陳元佐見訪》：「松閣啟晨眺，東雲白英英。空尊媿坐客，函道聞屐聲。郊墟地自迴，林巒暑逾清。官居屬冗散，遊從多淡成。拂塵急雨過，聯鑣去隄平。書味一何長，襟期浩已盈。挑燈詠篇什，寤寐山中行。」《楚雲湘水圖謝張師夔教授》：「離騷之國幾千里，十幅蒲帆順風駛。順風猶須兩月程，伊誰移來墮書几。張君墨妙遊戲爾，亂峰因君接天起。蒼然古木摧不死，君應曾隱茅屋底。得非是間種蘭芷，慘澹經營聊及此。松連閣上聽秋聲，讀書眼花字如蟻。玉立長身挾童子，披圖置我平生喜。憶昔詩家愛許渾，淩歊荒臺尋舊址。云何姑孰大江邊，望湘潭雲尺有咫。我今識君意，總爲詩料理。雲兮楚之雲，水兮湘之水，回雁夕陽銜一葦。嵩高見衡嶽，江遠會南紀。君兮君兮可奈何，我詩敢劘屈賈壘。」《題李克復治中所藏兔圖》：「雄撲朔，雌迷離，自是生生無盡期。如何昔人好異説，兔子之孕惟望月。水中影對素秋圓，天上身居廣寒闕。烏鵲相低枝，白鳩但視風。走物具四支，毛與羽不同。螭虎亦四足，無路通水穀。雖則能變化，蟲豸竟偏梏。氣化飛之徒，形交走之屬。驗從上古燔，求爾在野逐。韓公滑稽毛穎禿，八竅吐出殊駭俗。不須更問然不然，至今富者中山族。」《題温日觀葡萄》：「墨雲過雨月正黑，香摘虛空了無跡。一架縱橫碧落秋，戒壇池上僧房側。」《折枝》：「桃似胭脂梨似雪，折花人似惜花人。折枝圖上堪腸斷，忍更題詩破費春。」《泊舟》：「小舟尋夜泊，明月散風瀾。故人相別處，雙鷺在前灘。予歸京口省墓，天錫出此紙徵予書宣城詩，記憶不甚真。天曆二年孟夏二日，龔璛識。」「余生江南，所敬二子敬先生，吳興姚儒行，何可企及。此龔公所著，對之斂袵。癸酉閏二〔一七〕月二十八日暮夜，過京口，天錫示此卷。其《述懷》二章，真無愧古人。龔公今亦古矣，噫。句曲外史張天雨記。」「壬子秋八月，余同叔明友兄養痾於汾湖之濱。承京口郭天錫、廣陵王伯容兩來慰訊，携龔子開所寫詩一卷見示。嗟嗟，子開逝矣，書法絶矣。外史張君與余有卅年之交，近聞隱僻修直，會晤未卜何時，撫卷三歎。荆蠻民。」

二十五日，耳痛甚，齒不能啟。右車頰一齒與齦内相齟，物入不能哺嚼。日止呷淡粥數盎。夜不能寐，憊甚。

二十六日，耳痛甚。有人傳一方，用馬攔頭擣汁，和醇醋漱口。齒縫忽能稍開，以指捫摸，右腮連上齶腫起如栗大，始知爲牙癰。因呼一醫媼來視，以箭挑撥，不能治而去。

二十七日，迎口齒醫沈紹山者來，服降火涼血之劑，加童便一盞，用藥吹患處，良妙。

二十八日，早起，右腮腫消，齒猶不能嚼。紹山來，仍吹藥而去。

二十九日，得雲麓宗兄書。兄司教新城，寄余茶三裹。其一分水貢餘。分水縣在新城、淳安、昌化之間，萬山盤亘，茶味大都如岕，而清芬勝之。點法，用沸水投入壺中，又置壺熾炭上，再一沸，味方出。其一大山雨芽，其一紺山雨芽，兩種俱厚味，潑七八次猶堪用，皆深山真品，未可與俗流徇名者共也。

五月一日，口痛漸愈。圖一便面，仿梅道人。題句云：「半徑莓苔通曳杖，一溪流水可呼鷗。江南四月無晴雨，一片雲來忽舉頭。」

二日，始能嚼物。

三日。

四日。

五日，以禁飲，罷泛蒲之會。

六日，合所蓄小盆蒲草作一大盆，覺寒翠愈壯。

七日，沈子廣携示石鋭畫一卷，云是文衡山門人，不佳。胡雅竹引一僧以舊紈扇畫册二十一幅來質錢，中有江貫道一幅，係臨筆；夏圭、馬麟，俱真。

八日，戴友石出所藏趙松雪行書杜、李雜詩一卷。諦視之，結法宛肖，而神氣不來，知爲後人熟臨之筆。有釋德清印記。

九日，雨竟日。

十日。

十一日，胡雅竹携示王叔明《澹溪草堂圖》、吴仲圭《谿山煙雨》長卷，勘係臨本。

薄暮，有賽神歌舞。

十二日，雨。

十三日，雨。今歲春夏多風少雨，即雨亦不成滴，灑淅遂止，河流枯涸，農人方以播種爲憂。至是連雨，新水才生一尺有奇。

十四日，晚霽。

十五日。

十六日，美蔭齋前結竹屏，曲折回互，頗仿《獨樂園圖》中制度。籬脚紅白葵、百合盛開。是夜飲酒始甘。

十七日，得湘潭令包儀甫書雜刻數種，皆諭民申上條、析利弊之語也。湘俗溺巫覡，喜殺牛，儀甫爲梓可已。編首載徐鳳竹公語云：「遵國之禁，利農之耕，全物之命，弭盜之源，去俗之奢，解時之疫，惜己之福，勵官之箴。」

十八日，暮雨。

十九日，雨。

二十日。

二十一日〔一六〕。霽。過沈翠水。翠水嗜花竹盆玩，庭下籬脚所列種種，雖拳石莖草，皆有態度。野卉瑣細者，有紫蒂丁、白蒂丁、巳時花、迎夏、襯步金等類，往往於厚苔碧甃上生出。若經烈日驟雨，則種類絶矣。翠水曰：「更有妙者，在幽牕净几，時時挑硯滴水，各就盆苔養之，纖勾曲穎，間綴小花，大如米粒。一日偶出訪友觀山，或經宿而還，則向之青白紅紫霏霏瑟瑟者，悉成乾蘚皮。乃知太華玉井蓮、扶桑若木與脩羅攬海釀酒之花，皆大百斛，其視人間姚、魏何異。苔盆中幻出者，大更有大，小更有小。惟不作大小觀者，處處可搴芳攬秀也。」

二十二日，徐生善印章，所蓄一提壺，色黝而沉古，必古陶也。余名之曰「太朴壺」。又陳白陽羅紋箋，上寫墨花十餘種，逸品也。

二十三日，對客閲邸報。客因舉時政闕失，曰：「主上不郊不廟二十餘年。儲宫撤講又十餘年。瑞王年踰二十五六而請婚無期。惠、桂二王年俱十六七以上而選婚無日。福邸寵數踰制，田連三省，管業召佃，不屬有司。司於有土，有人開店賣淮鹽，又侵入長蘆，分國利柄。邊臣飾功邀賞。閹豎四出爲虐。八座之位，止三尚書五侍郎，而侍郎注籍者三，尚書未任者一。臺省樹黨攻訐，藩臬憚勞虛曠。膠萊饑饉，易子相食。閩浙弛禁，番舶恣行。今歲大比遺試，時至五月，雲貴尚未有人。脩橋建寺，動支巨萬，浸浸福利之惑。夫主厭事則綱維不張，相無權則股肱廢墮。鋤治既乏，芽蘗萌生。玄穹眷命，祖宗福澤，烏可盡恃也！」因相與咨嗟久之。忽童子報曰：「蒲芽焦瘁，菊叢有牛，籬根雜英亦以失雨半就萎落。」余拊手起曰：「吾輩真可謂宰與知防嫠不恤緯者矣。」亟呼園丁理灌溉事。

二十四日。

二十五日，沈翠水携示項墨林《竹渠圖》。作細篠決溜，連岡斷嶼，有清雅之思。是夕快雨。

二十六日，雨不止。歙友吴心暘諱思齊者持卷軸來。王叔明《銅官秋色》。下層左作四樹，右作五樹，俱露根。右就樹株間作一橋。中層作屋四五層，屋後小樹，離離平立，與左右遠岡樹相應。上層作平頂方巒，如世忠靖冠樣，極有異趣。余二十年前於春波里第中曾見一幀，與此又別，且無題詠。今題者三人：「銅官十里翠重重，此日由來覓舊蹤。得得行吟無一事，松風送與午時鐘。馬治。」「十載山城會面多，草堂曾未一相過。今朝尊酒留連地，雨洗銅官擁翠螺。周砥。」「樵仙已騎黃鶴去，妙墨常留天地間。不到荆南今十載，指圖猶識舊遊山。徐賁。」荆南者，荆溪之南也。又徐幼文《歸去來詞圖》十八幅。款云：「徐賁寫贈南村居士者。」陶宗儀南村也。有華亭夏顯跋：「五柳先生《歸去來辭》膾炙人口久矣，歷世高尚之士無不襲其跡，然未能趨出俗之態，故難與之儔也。予嘗見繪此圖者，何止十百家，要皆模擬求工，質乏天然，此與古人傳神已耳。吾友張子和氏持此册示余，乃幼文徐君爲陶處士所作，凡十有八圖，第取荆、關之指，生機運動，筆帶煙霞種種，有自然之妙。子和宜善藏之。永樂七年花朝前二日，題於武陵僧舍，華亭夏顯題。」〔一九〕

二十七日，雨中沈子廣、沈倩伯遠以誕日與内子稱壽。因團飲美蔭齋。雨稍歇，散去。余與兒子泛小舟，抵獅子匯吴心暘舫中。心暘又出觀卷軸。趙子昂《溪山静釣圖》。坡石上亭亭一松，松下一櫟。當樹杪一方舫，釣者朱衣烏帽，舟尾一奚。款云：

「大德改元九月望日，子昂作《溪山静釣圖》，寄德卿友愛。」又東坡書潛珍閣銘，大如當五錢，有顔、徐兩家法，款云：「余渡海，北海進士李光道自番陽送至曲江，求此文。余爲作之。元符三年八月，東坡蘇軾。」又李嵩畫鼎彝十二。子昂行書跋：「此卷寫商周秦漢五代鼎甗之屬凡十二事，南宋李嵩筆也。嘉定，寧宗年號。嵩，寧宗畫史。意德壽殿有此數種，偶當御愛，特命寫以自悦耳。一日，周景遠出以見示，形範古雅，傅色蒼郁，令人觸目遐思，用代摩挲，可寶也。景遠，時拜行臺監察御史。」又宋李確《四時圖》。絹素沈古斷裂，春作二老者於桃花下偶語；夏作一士袒裸於深竹間；秋作一横琴者向黄葉碧蘆；冬作寒條刺天，一艇冒雪獨往。筆意古勁，大略如馬遠，而規製頗闊。文徵仲一跋，評騭甚當：「畫四幀，幀際有李確字。確，宋南渡紹興時人，所作類馬、夏筆意，豈當時習尚使然耶？而石勢磅礴，樹陰繁密，又似取法李唐。要其經營規度，遠在馬麟、樓觀上也。徵明題。」

二十八日，吴心暘又出觀吴道子《鍾馗慶元宵圖》。馗乘一牸，婦乘一驢，又襁一嬰兒。鬼從二十餘輩，扛酒榼食具，前作一燈。又一舞仙旌，上標云慶賞元宵。所作人物衣履，俱殊詭古勁，樹石縱橫蒼莽，真奇物也。題者數人，不能悉其妙。余因戲效昌黎體，作五言題之：「月落雲糊天，空林掃雪軌。老馗終南來，鬑鬖碧藍褸。脂帽頷磕匝，鶻衫肘軒舉。鬼婦煤煙塗，鬼嬰綳韎韋。老牸曳漏蹯，疥驢掉橛尾。簇簇如嚴程，穆穆漫遊屣。卑厮數十人，犄腦極殊詭。厚唇覆短頦，鈎吻揭齵齒。陰旒若翻風，冥旍亦垂雨。晶熒一篝白，馬血轉枯柢。纍膇絆酒甕，昔欻負果筥。嘔啞忽聞歌，大小髑髏語。跳踉或作舞，骨骼貫絲縷。老馗笑豁口，頰毛尺有咫。咿啞群鬼來，我不孤負汝。擘骸數肋脅，敲尻瀝膂髓。貴以潤鼎鐺，聊用資燕喜。蕭臺九枝焰，光景不射此。寧知冥默中，豪者爾栩栩。幽花亦根葉，幽關亦閉啟。鬼車馭鵂鶹，夔罔鞭荼壘。老馗固鬼雄，吳生亦墨魅。依稀地獄變，鼎臠嘗一指。酕醄偶卷舒，指注示兒女。夜床有啼孩，呼喝或爲止。」

二十九日，程掾具湖舫迎余，同賀儀部立庵泛新漲。呼善阮者楊姬侑酒。余三年前曾識楊於酒壚，今高髻綽約，光艷異常。又挾一小姬，各乞詩，因請賀同賦。楊姬一律云：「共適高陽興，重爲洛水緣。晚花低笑靨，初月上眉尖。密意添今夕，前期數隔年。狂歌白也醉，乞取鏡湖篇。」小姬一絶云：「羞多未慣通賓語，曲誤時防被娣嗔。却有一般留眼處，半癡半黠最撩人。」

三十日，國醫沈恒川寄至洞庭梅七十餘枚，大如十歲小兒拳。

六月一日，家君誕辰，率婦子上壽。

二日，至北津，新水添二尺有奇。

三日。

四日。

五日，大雨竟日。沈伯遠二便面冊葉留案頭，展閲有味。沈石田一面，作巨然小景。題云：「老去不信老，自然筋骨疏。忙緣一懶飯，病髮十朝梳。掃地風無力，推窗月曬書。秋蟲不耐静，干聒夜涼初。」一面祝京兆行草詩一律，云：「小艇出横塘，西山曉氣蒼。水車辛苦婦，山轎冶遊郎。麥響家家碓，茶提處處筐。吴中好風景，最好是農桑。」一面陳白陽《秋江釣艇》，點樹鬆活，山勢虚含，極空闊之趣。此老得法於米，而寥廓變動又所自得也。一面許高陽書《元日野泊澱山》詩，云：「澱山風雨暗重湖，此日逢正興轉孤。野饌漫思挑菜甲，暖杯何處送屠蘇。百年身世誰非客，半舸圖書只故吾。莫怪老懷偏易感，舊遊蕭寺已蘼蕪。」一面文壽承草書詩，題云：「蒙介老以內賜攢盒分惠，作云：大官和饌錫元良，攢簇勻齊蜜綴行。君賜定知先正席，書生何幸亦親嘗。玉階擎處天恩重，朱盒分來閭里光。朗詠伐檀還自愧，令人欽德不能忘。」按，介老者即分宜相也。壽承時爲國博，而相以賜饌盒貽之，可謂好賢下士矣。是以此老初年甚有虛譽，厥子怙惡，竟陷大慝，惜哉！「元良」字非人臣所宜當，豈壽承偶未之檢耶？藉令當時捃摭者得之，又作一重羅網矣。又一面文衡山散筆小景，極粗辣。題者俱名公：「太古不可見，悠然泉石存。離離芳樹緑，煙雨過吴門。南坦劉麟。」「遠樹澹無色，崇岩䖍欲飛。幽居自堪老，何事未言歸。顧璘東橋。」「衡山妙小筆，落落出古意。枯木帶霜痕，靈石含元氣。唐寅。」「觸石澗潮碧，墮林楓葉丹。蒼然平野外，更看幾重山。祝允明。」

六日，閲邸報。五月初四日，有不知姓名男子，持棗木棍闖入禁地，犯東宮，毆殺守門者一人，又毆奴婢韓進用。東宫奉聞，奉聖旨：「法司提了問，欽此。」余雖草莽藿食，不覺震驚匕箸。

七日，客有持素箋索書者，走筆一律，亦觸時之語也：「江邊烏桕樹，昨夜水平梢。鷗喜亂出没，魚喧争布苗。低橋眠度艇，虚閣坐觀潮。隱約滄波外，伊人近可招。」

八日，訪沈恒川於太古西院，因過吴氏莊居，初見紅蓮。

九日，夏賈携示唐子畏小景一幀。款云：「寅爲昌符寫。」文衡山有題語：「溪亭面虚曠，乃在山之陽。俯瞷玉淙淙，仰視岩蒼蒼。幽人抱奇僻，卜築臨此方。協我清絶想，謝彼馳驅場。愛有同心人，杖策來浮梁。相尋無俗論，幽事與商量。子畏曠古風流，超塵墨妙。圖繪傳於人間，真世寶也。適叔貽携示，因題以歸之。丁未，徵明。」

十日，往金橋小武當禮元祖。小武當者，相傳郡先達陸侍郎杰奉旨監泰和山殿工，有忤神意，病殁於任，又悉燬其家，而子姓仍不寧居，故捨貲壘石，造殿奉神，所以懺罪。神靈甚，春時士女朝謁殷塡。余昔年偕家人抵廟下，雨不及登，嗣後屢形夢寐，故特涓日以往。舟經金橋南，所過膏田沃壤，鬱鬱芊芊，一邦樂土也。羽人悉出，一童子應客，了香火事。歸舟夕陽滿篷，始覺有暑。

十一日，冒雨拏舟謁楊致吾大參於西水。胡雅竹携示倪幻霞溪山一幀。上層作圓巒高瀑，雲氣滃其腰，山趾叢薄平林，重沙碎石。下層五樹，三者行立，兩者交敧，又抱之以嵯峨大石，而不作平陂亭綽，於老迂法中又一變也。款云：「歲辛卯，懶瓚畫《溪山圖》。」題者二人：「消摇天地一閒身，浪迹江湖七十春。惟有雲林堂上月，於今曾見昔年人。青城山人王汝玉，爲伯永契家題。」「疏木晴巒墨尚新，清詩佳麗出風塵。披圖又覺成今古，詞翰誰能繼晋人。休休翁盛昶。」又唐子畏《江亭呼網圖》。題句云：「頭扶殘醉欲羹鮮，高拍闌干唤網船。藜藿山妻嫌不繼，夻開紙裹賣文錢。」又沈石田秋山。題句云：「窈窕清川蕩夕光，秋山瘦盡木蒼蒼。行人過去風忽起，落葉點波流細黄。」

十二日，同徐德夫具酒舫，送楊致吾大參入賀，至北津而别。暮復同德夫集沈翼乾節推第鳳覽堂，席飣有蜜漬荔支，極鮮美。沈云：「此楓亭驛狀元紅也。」閩中荔子以楓亭驛爲第一。

十三日，爲湖州守吴白雪公圖扇二，從王孝廉皞如請也。一仿王叔明《溪山深秀》，一仿黄子久。又爲白雪公寫《香雨樓圖》，仍有詠：「松風謖謖戛脩竹，蒼山萬疊溪千曲。隨人野鹿見標枝，去蠹幽禽聽啄木。樓高軒檻花雨香，晝静簾櫳草痕緑。由來許史作真官，手把洞文此中讀。」

十四日。

十五日，大雨。

十六日。

十七日，辰刻，登雪舫往武林，夜泊石門。

十八日，抵湖市。

十九日，辰刻，謁劉中丞石閭，即賓館報謁。午刻，暫憩靈壽寺。飯罷，同施孟嘉至净慈，過譚孟恂寓，因定寓所於鐘樓房，主僧雲峰。酉刻，過昭慶舊寓，主僧清公以細茗二缶見貽。隨歸湖市登舟，泊北新關。

二十日，卯刻即發，至唐棲，雨甚。沽酒同孟嘉暢飲，劇談林屋兩山之勝，遂訂遊期。夜泊崇德。

二十一日，申刻抵家。

二十二日，霽，夾竹桃始花。

二十三日，爲陳白石作《廣諧史敍》。

二十四日，霽。二十五日，歙人江汝脩以夢蓮卷索題數語：「林泉瑩潔净無泥，燦發心花只一枝。欲識元公無欲旨，請看波静月明時。」

二十六日。

二十七日。

二十八日，譚聖俞以其先公行略來求狀。

二十九日，過褚工部，出觀米元章手書《淮上詩》三章，大如盎面，乃臨本也。

七月朔日。

二日。

三日。

四日，連日熱甚。

五日，戲作《玉版師傳》。沈伯遠送蘋果八枚，云從淮安泛海至者。

六日，治往武林之裝。午刻解維，夜泊皂林。

七日，暮有青雲承日，金光四射，光景異常。夜泊謝村。

八日，飯後覓輿，從湖堤至浄慈潮音房樓居寓焉。

九日，同兒子過譚孟恂寓，乃偕孟恂步至藕花居，手摘菡萏四紅一白以歸。主僧出大缶注水養之，芳氣襲人，暑中一奇也。晚，主僧出葷素饌，邀孟恂暨鄰僧朗徹、本院僧寶箴與余露坐，雅謔雜出，頹然竟醉。

十日，熱甚。晚，譚孟恂以小舫具酒罍，拉余與兒子同泛，從藕花居荷葉深處沿溯，進内六橋，出三橋，抵湖心亭，團坐石臺。時璧月漸吐，清風乍來，煩暑濯然滌去。歸舟，抵掌談詩，指點孫太初舊隱處，爲之慨然。太初昔有句云：「楓犁支甕牖，鶴蝨落琴床。」余曰：「鶴有蝨乎？」一僧曰：「有。」孟恂曰：「不然，乃藥草名也，太初愛其清僻而故摭之耳。」

十一日，停午，陰雲起巽隅，得風散去。有人從虎跑來者，云驟雨盈一尺。

十二日，大風，凝沙滿席。

十三日，飯罷，步至法相。主僧静緣延入竹閣觀畫壁，乃孝廉李流芳與莆人張珏寓居時留筆，亦時趣之稍異者。供筍蕨清醑，爲數勺而出。因購得龍井初芽二小瓿，静緣曰：「凡茶性亦喜肥而惡留滯。龍井前後岡俱黑沙，滲洩陳穢，故茗味獨佳耳。」

十四日，慈谿姚稚高名元凱來顧，以《坡軒近義》爲贄。亟讀之，高材也。次科姚遂掇浙榜元。

十五日，夜同譚孟恂、亨兒步自蘇堤，北望段橋，水面浮燈萬數，閃爍如金。杭人貧不能葬者，往往抛骨段橋水中。而俗重中元盂蘭佛事，至是士女傾城，夜泛湖中，大小船無不受僱者，迨明乃止。然亦只東北半壁如沸，若湖南，寂寂一片月光，照踏歌數輩而已。回時，至浴鵠灣小住。孟恂指一敗屋在煙樹中云：此金華唐汙甫所寓，日閉户燒金液大丹，不知成否。」因相約暇時訪之。

十六日，熱甚。閲邸報，五月十二日，湖廣石首縣天雨豆，具赤黑二種，堅滑不可嚙。大興男子尹姓者，雙髻怪形，闌入東安門，肆言無忌。邏者得之，以聞，上命磔於市，已先甃筆下矣。

十七日，出謁王右藩岵雲。

十八日，王右藩來顧，知今歲浙省解額，奉旨增七人。

十九日。

二十日，辰刻，松毛塲覓船東歸。夜泊崇德。

二十一日，午刻抵家。

二十二日。

二十三日，夜雨。

二十四日，大雨竟日。

二十五日，晴。

二十六日，雨。戴青笠之子從湖州來，出觀國朝諸公書。余檢留其二紙：一爲沈民則行書李士文墓志銘，翰林胡儼撰。士文，蘇之長洲人。永樂初太醫院太醫，能詩，亦善書畫。民則此書圓熟中亦有顔法，蓋不易得者。其一王雅宜草書自作詩：「喜看高士傳，夢繞北山棲。翠竹搴雲幄，丹藤飲澗霓。湖平吞海若，谷響和天雞。萬事何勞問，行藏志已齊。右懷故山作。　春水桃花色，星橋寶帶名。鯨吞三島動，龍卧五湖平。表裏關形壯，東南海勢傾。當知題柱者，猶是一書生。寶帶橋。　林中開枕簟，蒼翠畫屏圍。山鳥時窺座，榴花乍點衣。清風吹洞越，殘露滴霏微。猿鶴依然在，幽人胡不歸。楞伽竹下。」又趙子昂行草一絶句，宋箋紙，大如《十七帖》：「春入西湖到處花，裙腰芳草抱山斜。盈盈解珮臨煙浦，脈脈當壚傍酒家。子昂。」

二十七日，方樵逸携觀曹雲西雪景小幅，筆法用郭熙。款云：「至正二十六年臘月八日，雲西老人作於知白軒。」題者一人：「曙雪蒼蒼迷四鄰，静看雲物又兹辰。乾坤暗入初陽律，節序頻驚久客身。薄宦行藏宵酩酊，貧家門户玉嶙峋。無由隔屋相呼飲，漫發狂歌和郢人。雪中訪雲西翁，翁出酒相款。翁半酣，遂對雪圖此。爲賦七言律於上，以見翁之興致云。長水錢鄂。」

二十八日，熱甚。草譚贈公桂亭暨配史孺人行狀，從其嗣君駕部聖俞請也。

二十九日，夜大雨。

八月朔日，雨。徐潤卿寄示姚穀庵雜札十三通，有楷筆仿右軍《樂毅論》，行筆類張句曲，草純法趙子昂，或一札中三法雜出，天真爛然。又有顔平原筆意。此公於書，當是無所不學。札語俱通津要竿〔三〇〕牘，不足録。

二日，細雨，驟涼，夜御裌衾。

三日，欲之杭，以齒痛不果。

四日，方樵逸冒雨來，求附載往杭，不知余之不果行也。樵逸云，西湖隱者秦冰玉蓄元人畫十餘幅，又有虞世南真蹟一卷，訪之可以通博易。因憶中元之夕，余與譚孟恂步月湖堤，遇一翁蘀冠藜杖，挾數酒人，歌嘯自若。孟恂云：「此山人秦冰玉也。自負能詩，能扁書。不履城郭，郡司理楚黄孫公屏騶從一訪之，因而交友雜沓，非復向時敗屋老樹、焚香掃軌風度矣。」

五日，霽，白雲青昊，涼颸襲人，庭草茸茸然，極有佳思。

六日，松人持沈石田堂畫四軸來閲，不真。又雄精山一座，重二十四兩，雕刻群仙拱壽，頗瑩澤可愛。余止購其倭髹香撞一事，外鞔鯊魚皮，文點歷歷然，前後渾成無跡。

驗係宋物。又董思白仿倪迂山水一幀。題句云：「剩水殘山且卜居，粗知馬夏渡江初。誰憐簡遠高人意，一一毫端萬卷書。」昔人評趙令穰畫少胸中萬卷書，元季倪雲林散筆聲價驟貴，正以胸中之書淘洗俗師凈盡耳。甲寅夏日，雨窗戲寫，因作絶句，其昌。」「人謂倪書有《黄庭》遺意，此論未公。倪自作一種調度，如噉橄欖，時有清津遶頰耳。畫家四忌，甜、邪、俗、賴。倪從畫悟書，因得清灑。偶仿畫，降格書此，貴取一家眷屬。其昌再題。」竹嬾曰：「倪雲林書，遇其精整合作，真有黄素《黄庭》之風。晚年就繪筆草草作題，稍有跛踦沓拖之嫌。昔張靖之曾云：『迂老畫日造精微，而楷法漫矣。』此殆確評也。」

七日。

八日，至白苎村居，舟行蓼灘菱渚中，野曠天清，桂花香逆鼻，竟不辨誰家池館也。

九日，往太古西院禮文昌。道者王至元茶話，出觀姚雲東《柳汀漁艇》。題句云：「李白平生只愛詩，臨流每歎得魚遲。不知此老吟多少，滿地江湖且釣絲。大雲姚綬。」道者言，太古院初止一房，本房乃廛隱院。既廢，撤屋住此。詢廛隱舊何址，云即宅上嘉樹堂側，吴冢宰存日占佃以廣其居。又詢廛隱何始，曰宋高士陳伯禮所創以脩真者，子孫相仍脩葺，得不廢。而今竟毁於吴，吴亦不得終有也。將别，道者又出丹書三種，曰《沖虚至道録》《沖元至道傳》，乃長春真人劉玉元著；又《靈寶畢法》，鍾離雲房著。余假之歸覽，俱有味。

十日，細雨即止。

十一日，沈翠水來，坐美蔭齋小飲。歙人余生持姚雲東横披山水一幀求售，因購得之。筆力蒼古，酷肖吴仲圭。行書一絶，爽逸類張伯雨，此公得意作也。題云：「石壁空青帶斷雲，碧蘿懸樹篆蛇紋。人家盡向終南住，誰肯林泉問隱君。雲東逸史。」

十二日。

十三日，夜月明如晝。方御杯坐前榮，俄舍後諠沸，詢知東塔寺天王殿火。登樓望之，洞照四野，煙焰蓬勃，延燒西南僧房。烈火中有豬聲四起。比邱好立栅養豬，汙清净伽藍，被災晚矣。

十四日，胡雅竹持便面册葉十五幅求鑒定。止文徵明《春江待渡》一圖精妙，有宋人法。又康時策書其所作雁字詩一律，可録：「胡霜漸漸塞秋寒，南國來賓刷羽翰。直度一行臨楷易，亂飛幾點釋音難。影聯星斗文成象，表奏天閽鳥紀官。歷遍風雲多妙跡，墨花筆彩未斕珊。」

十五日，陳衛伯從金陵回，貽余涇縣紙三十番供畫材。

十六日。

十七日，細雨，氣候甚佳。點閲《大慧書問》，其與李漢老諸公往來提撕，縱横透脱，若親見此老用處。

十八日，雨歇，雲陰。

十九日，霽。亨兒試畢，從杭回。

二十日，閲邸報。本年六月十九日，河南懷慶府河内縣利下七圖景明村，住民王少讓妻周氏生一女，人手人脚，尖嘴，眼生額上，腦後有孔。巡按御史張至發查據《陰陽占驗》，稱係旱魃，主大旱，後十三日内有雨則解，無雨必災。

二十一日。

二十二日，作《達癡雜録序》。

二十三日。

二十四日，方小子引一人持卷軸來。有蜀人王宗元《山澗蒲雪圖》、宋陳譚《碧山紅樹》，俱不真。

二十五日。

二十六日，松人携觀趙子昂小楷書韓節婦詩，筆意含蓄勁健，兼《樂毅論》《哀册》《汝南公主碑》諸法，是其有意作則書，非泛筆比。詩云：「宋未有天下，堅正臣禮秉。開國百戰功，每陳唯雄整。及事周恭帝，臣心常炯炯。帝曰卿北伐，山戎今有警。死狗莫擊尾，此行當繫頸。即日辭陛行，盡敵心徒逞。陳橋忽兵變，不得守箕潁。禪讓法堯舜，民物普安静。有國三百年，仁義道馳騁。未改祖宗法，天胡肆大眚。細思天地理，中有幸不幸。天果喪中原，大似裂冠衽。君誠不獨治，臣實無魏丙。失人焉得人，垂戒常耿耿。江南無謝安，塞北有王猛。所以戎馬來，飛度巴陵境。本期固封守，誰謂如畫餅。烈火燎崑岡，不辨金與礦。妾本良家子，性僻守孤梗。嫁與尚書兒，銜署紫蘭省。

直以才德合，不棄宿瘤癭。初結合歡帶，誓比日月炳。鴛鴦會雙飛，比目願常并。豈期金石堅，化作桑榆景。旄頭勢正然，蚩尤氣先屏。不意風馬牛，復及此燕郢。一方遭虜劫，六族死俄頃。退鶂落迅飛，孤鸞弔空影。簪堅折白玉，瓶沈斷青綆。一死空冥府，憂心常炳炳。妾志堅不移，改邑不改井。我本瑚璉器，安肯作溺皿。志節匪轉石，氣噎加吞鯁。不作爝火燃，願爲死灰冷。貪生念麯蛾，乞鄰羞虎阱。借此清江水，爲我全首領。皇天如有知，定作血面請。願魂化精衛，填海終成嶺。宋季，巴陵女子韓希孟，魏公五世孫，嫁賈尚書子瓊爲婦。岳州破，被虜之。明日，以衣帛書此詩，自投於江而死。長興州判官沈君以此詩託親戚劉元履求余書，元履諾而未言。余一夕夢副褘麗人，設禮致辭：『不幸罹運代之厄，不辱硜硜，特假君子之筆發揚詔後。』余方不知謂何，旦而元履至，備述沈意，因爲敬録一通歸沈焉。大德二年九月，吳興趙孟頫書。」

「余侍先人復齋翁東平時，故人趙子晋隨嚴侯扈從世主南征。適凱旋，出一詩示先人曰：『岳境初破，巴陵女子韓希孟爲士卒所獲，以歸於侯。侯命載之別舟，不知其爲魏公五世孫賈尚書子瓊之婦也。忽裂衣帛書此詩，敘其姓名，投江而死。』予謂亂離之際，匹夫匹婦經於溝瀆莫之知者，何可勝數。觀韓氏之志，蓋有平日居大官、食厚禄、以男子自名者遠不能及，何肯與草木俱朽？夫死而不求人知，則亦已矣。知而不能章厥善於天下後世，使之終於泯没，亦知者之過也。故余每遇士大夫，必誦是詩，談是事，聞者莫不稱嗟。及調長興州判官，與子昂學士相去密邇，遂因劉元履求爲之書，庶可因書法以傳不朽。而韓氏有知，先期見夢，已得所請。至則欣然操筆，略無留難。吁，世之知子昂者，知有此節婦矣。古魏復齋後人沈思安跋。」

二十七日，方樵逸携觀一卷。一人唐帽幅巾而髯，云是坡翁像。不知誰寫。有三跋：「吴門艇子淮南船，我慣乘之眼欲穿。老來愛酒不得飲，歸向桃源種朮田。袁桷。」「烏靴窄窄稱宫袍，雙鬢風翻見二毛。聞道中山止十驛，急須乘馬釀松醪。虞集。」「東坡公欲買園種橘於荆溪之上，然志竟不遂，豈造物者尚有所靳耶？而《楚頌》一帖，傳之後世爲不朽，則又非造物者所能靳也。趙雍題。」又舊搨定武《蘭亭》，子昂十三跋外，尚有四跋，録之：「携定武帖，過子固湧金門外邸樓，因得展卷，使人泠然有扁舟水晶宫之想。端平三年修禊後九日，千岩病翁施商輔。」「定武《蘭亭禊飲序》，當以此爲第一，真古今絶品也。至元三年丁丑四月初吉，揭奚斯題。」「僕曩侍趙文敏公學書，暇日嘗論《禊帖》，定武本佳者絶難得。僧獨孤本見存，更有趙子固及越人倪仲剛、武唐吴静心，此三本流落人間，不知何如。至正甲申，謁瑩之於竹莊，出此本見示，乃其祖静心先生所藏，文敏公題跋甚詳，誠可寶也。句曲外史張天雨。」「右定武《蘭亭》，乃神妙之本。其寶之，不可輕易與人也。康里巙題。」

二十八日。

二十九日。

閏月朔日，蘇客携示倪雲林《春溪放舟圖》，題云：「至正十二年三月八日，冒風雨過九成荆溪舟中。劉德方放舟煙渚，留宿談詩。明日快晴，移舟緑水岸下，相與嘯詠。仰睇南山，遥望飛雲。夾岸桃柳相映，如散綺霞。掇芳芹而薦潔，洗山瓢而樂志。九成出片紙，命畫眼前景物。紙惡筆凡，雖欲騁其逸思，大乏騏驥康莊也。歐陽公云筆硯精良，人生一樂，余亦云然。時章[二一]煉師、岳隱君對弈，吴老生[二二]吹洞簫。胡人郯掾史，邀我宿溪船。把酒風雨至，論詩煙渚前。晨興就清盥，思逸愛晴天。復過武陵守，共尋花滿川。倪瓚。」又文衡山《秣陵秋别圖》。精細秀潤，峰巒樹石，皆仿黄鶴樵人。題云：「柳外新涼入馬蹄，秋風人向秣陵西。丹陽郭裏看初月，白下橋南認舊題。天府江山千古麗，辟雍冠蓋萬方齊。知君得意今遊道，不用臨河歎解携。履約將赴南雍，賦此奉贈。正德十六年辛巳七月朔，徵明。」

二〔一三〕日，同亨兒挈歙方樵逸爲姑蘇之行。舟行風駛，暮泊吴江西滸。

三日。

四日，辰刻抵閶門，過吴吴山樓居。吴山以書畫估遊公猶豫間，不見八年餘矣。至是，遊道益振。出觀卷軸，許道寧《谿山行旅》，傍礴有氣勢。燕穆之《春風曉渡圖》，有徽宗御璽及蔡京奉勅題句，俱僞作。巨然《春山曉嵐》，純用水墨積染，而氣韻生動。余驗係宋僧花光、惠崇輩，或江貫道筆，非巨公也。王叔明《寒林高瀑》，款云：「黄鶴山中樵者，爲聽雪舟主者作。」筆意秀絶，乃胡雅竹向爲余言者。倪雲林《筠石喬柯》，筆意絶類柯敬仲。有王達善題語。款云：「壬子二月五日，雲林生瓚戲寫《筠石喬柯》。」「霜風吹盡葉聲乾，贏得看山眼界寬。一夜秋聲無著處，明朝重爲倚闌干。

永樂十一年秋八月，過宗澤十三郎書院，見此畫，乃雲林高士絶筆也，遂賦此以識歲月云。王達善。」又沈石田小幅山水。簡筆蒼老，兼子久、雲林兩法。題句云：「夜半燒燈寫畫時，眼花零亂墨離離。青山却歎書生老，何苦窮吟惹鬢絲。沈周。」「摩詰年高處處詩，寫山隨意墨淋漓。何當投筆寒江上，煙水扁舟弄釣絲。戴冠次。」

五日，至虎丘。吴吴山携酒榼追隨，就竹亭團飲。主僧卧雲水月者，摘秋茶號秋露白，手煎供客。鬻古者競持卷軸來，魚目燕石，不勝嘔噦，就中有一二真者。文衡山行書一絶句，用黄涪翁法，詩亦瀟灑。詩云：「公事回來夜雪埋，兒童燈火小茅齋。人家不必論貧富，才有讀書聲便佳。甲辰二月，徵明。」又曹雲西畫松二株，氣韻挺特高古。標目云：「鐵幹霜枝。」題者四人：「瀼西五鬣長松樹，時得髯翁爲寫真。劚遍茯苓雲已去，尚留雙影對幽人。細林山人周之翰。」「秦官沐髮怒氣直，鐵幹霜枝龍起立。擬尋琥珀煉金石，又恐白日飛霹靂。悟光題。」「氣摩霄漢三千尺，皮老風霜五百年。廊廟棟梁期大用，飽承雨露傲林泉。瓚。」「雙龍盤躩入青冥，江上秋風濺鶴翎。喬木故家今有幾，好山還繞白雲屏。張樞。」

六日，購得龍潭石黑髹榻一張、矮桃一枝、枸杞矮簇者一本。與樵逸別，樵逸出松人王懶軒所鑄饕餮夔面銅鑪一，質銀去。是日嘗高郵藕，脆美勝西湖碧藕。午餘，理回楫，風順，暮泊吴江長橋南。

七日，卯刻解維。西風益壯，舟如奔馬。至盛墩，得一舟相綩并行，乃敢張帆。未刻抵家。　龍潭石，生潤州界内，初不入用。姑蘇金梅南者，有巧思，素以精髹聞江南。一日，偶至龍潭，得其石，稍礱治之。見其質美可亂大理鳳凰石，因益募工，掘地出石，鋸截成片，就其紋脈，加藥點治，爲屏几床榻。驟睹者，莫不以爲大理也。梅南曾以榻一張，眩崑山錢侍御秀峰，貽其六十金。後覺，幾爲所困。

八日。

九日。

十日，胡雅竹携示子久畫一幀，備蒼莽泉石之趣。有題語：「樹杪盤盤石磴斜，茅堂長日白雲遮。夢醒身世知何繫，穩看飛泉石縫花。庚子臘月望寓槎溪，大癡寫題。」

十一日，購得陸叔平青綠山水小幅。岩岫巉崿，林薄蓊薱。一茅亭在其趾，二老對語。近麓小石漱流，中作雲氣，與遠波相爲滅没。景象空寒，真包山傑思也。有題語：「草閣新涼虚玉琴，楓林寒籟薜蘿深。前山一夜湘潭雨，坐對南屏萬壑沉。陸治。」

十二日，貞女出閣，期在是月之二十有六日，今行納徵禮，宴大媒氏於清樾堂。至夕，微雲籠月，有五色暈。童穉相驩呼爲月華，余以爲清秋佳夕之常也。

十三日。

十四日，購得雄黄重四十斤，又一小者重十斤。

十五日，震澤門生施爾嘉致黄雀百頭，去霜節前半月餘，得味之最早者。

十六日，沈倩致黄雀百頭，肥美勝施所致。

十七日。

十八日。

十九日。

二十日，連日晴暖。佛桑花開析，炳然如丹。海榴在其傍，頓爲奪色。

二十一日。

二十二日，沈倩家來行催粧禮，是日發奩。

二十三日，貞女笄，告廟。

二十四日，詣東塔禪堂，謁湛公。公自云是曹洞兒孫，黑龍潭慈曜和尚之子，曾參紫柏。因相與慨然，歎五燈之微，思振起之，而緣感未協，每一仰屋而已。

二十五日，老僧燈月林者，以年四十時小影索贊。漫應之，曰：「青山巔忽蒙雪蓮花。面起波纈，恒河依然，見何起滅。試嘗晏坐於白銀琉璃光中，八萬毛孔熾然同說。燈公燈公，好一條玉馬鞭，切忌打做兩橛。」

二十六日，貞女出閣，余送至其門。壻從叔沈受繁諱純祉執主人禮以迎。岳太守季有、項進士孟璜以懿親陪席，成禮而返。

二十七日，出拜岳季有、項孟璜。暮雨。

二十八日，買得礨石盈尺，置矮松側，如積雪未消，松趣愈妙。

二十九日，方樵逸携蔣乾一畫一幀來，不佳。高生遣僮持示石田《一蹇馱詩圖》，仿盛子昭筆。所作松雲，細秀古雅。題句云：「松陰蓋路日遲遲，一蹇馱詩獨去時。記得神仙有潘閬，三峰回首畫中奇。」又錢叔寶青緑小景。作二高士，各棹釣船，沿波對語。文衡山題句云：「緑陰啼鳥水灣灣，隔岸閒雲隔岸山。笑殺一瓢村酒盡，釣絲風裏棹船還。」又覺隱枯槎一小幀。款云：「至正辛卯冬，爲輔之作印文八分書。」「誠道原」三字即覺隱之名，蓋元名衲。

九月朔日，陳白石致余諸生時所著《大學心詮》刻本，覽之灑灑然。憶爾時閉關習静於西河市樓，日閲《宗鏡録》有得，故能下語如此。年來塵土埋没，無復向時受用，老不如少，若枯河之日就淤填，甚可懼也。

二日，同沈翠水訪菊于顧氏、徐氏之圃，俱稱今歲夏秋燥濕不常，菊皆凋瘁。又造吕茂材齋居，紅白楚楚獨異。蓋茂材置之盆盎，可携徙以就陰陽之中，又不貪多，所葺止十餘種，故超勝耳。内中韶腦一種尤佳。

三日，鍾侍濱以漢玉鵝雛佩一枚，文衡山細楷《滕王閣記》《進學解》《克己銘》一紙，孫漢陽畫一軸，質銀去。漢陽畫題云「山寺煙靄」，乃贈隱士宋雨庵者。陳眉公題詩其上，詩云：「歸來泖上月蒼蒼，相對山僧橘柚香。何日扁舟洞庭去，一爐煙燼話斜陽。雨庵社兄歸自樵李，漢陽太守畫梅沙彌小幅贈之。雨庵索余題其上。時值吴門、洞庭二僧，因入之詩中，以志後約。繼孺。」

四日，薙溪高賈以蘇、米行書真蹟求鑒。蘇已脱去，米書《選》詩「中夜不能寐」一首，筆意酣縱。然細勘其戈鋒波脚，隱隱露勾填之跡，雙鈎之精者。跋者二人，亦不的確。

又文徵仲寫贈卜益泉《長松高士圖》，有華察題句。收藏失慎，半已浥爛。

五日。

六日。購得宋范石湖《田園雜興詩》行書帖一卷，筆意似蘇玉局而稍宕，然其宕處正其散緩處也。周伯琦有跋：「右石湖范公成大《四時田園雜興絶句詩》一卷。公以文學知遇思陵、阜陵，遂登執政。此詩蓋謝事後所作，曲盡吴中郊居風土民俗。不惟詞語膾炙人口，而筆墨標韻，步驟蘇、黄。百載之下，使人健羨。名不虚得，詎不信然。至正辛丑長至前三日，鄱陽周伯琦爲達卿御史題於歲寒軒。」

七日。

八日。

九日，沈倩同貞女來省，與宴會而別。

十日，吴吴山書畫船泊我河次，訪之。出示漢玉澡豆一，圍徑五寸，膚厚四分。諦視瑩白，而土銹苔皴蒙之，古色照人。旁作五小兒，皆俯首視豆中。其一騎竹馬，其一踏鼓，手倒提一兜鍪，不知何意也。又蘇氏六帖册子。其五東坡雜柬一，叔黨題畫三絶句：「木落沙明秋浦，雲收煙澹瀟湘。曾學扁舟范蠡，五湖深處鳴榔。望斷水雲千里，横空一抹晴嵐。不見邯鄲歸路，夢中略到江南。諸子只應見畫，此中我獨知津。寫到水窮天杪，定非塵土間人。右題郭熙平遠，眉山蘇過。」「右蘇文忠五帖。其一與郭廷評，二與中玉提刑。廷評不知名，提刑不知姓，所言報答小事耳。外獻蠔帖，極言蠔之美，致令叔黨勿宣傳北方君子，恐求謫海南以分其味。蘇鈞秀才帖，言歙研發墨滑潤，雖非絶品，亦不必他求。嘻，閔仲叔不以口腹累人，公人品絶世，豈以一蠔秘於人，大率寄其高逸之韻，如以啖荔欲長作嶺南人游，事奇絶而不恨死，皆此意也。然復以此望於人，可見其視一世滿中皆同志君子，何其閎博大人也！帖在朱子儋所，後一紙爲叔黨題郭熙平遠三絶，氣度正爾與乃公相綴屬，尤可敬愛。正德庚午，長洲祝允明跋。」「右蘇文忠公五帖。首帖與郭君廷評者，無歲月可考。次二帖皆與忠玉提刑，按公同時還往有王瑜、馬某，并字忠玉，集中不載此帖，莫知爲誰。然王嘗爲浙憲，公元祐六年三月罷守杭州，四月到闕，内一帖以四月發，而有『來日渡江，愈遠左右』之語。當是自杭赴召途中與王忠玉者。又次歙硯帖，亦元祐四年在杭時書。公嘗謂高麗墨如研土炭，此又自矜其墨用高麗煤，何耶？最後食蠔帖。己卯冬至前二日書。是歲元符二年，公自惠移儋之三年，於是公年六十有四矣。明年移廉，尋復官北歸，以迄於没，距是才兩年耳。風流笑傲，蓋未嘗減也。先是公在惠，與中原故人書云：『頗習其風土食物。』而議者亦謂公飲鹹食腥，淩暴颶霧，恬然自樂。觀於此帖，豈直寄其謔浪笑傲而已。友人朱子儋藏此五帖，裝爲一册，附以叔黨三詩，自田里寄至，俾爲評記。公書尚敢評哉？涪翁謂公晚年書，挾海上風濤之氣，非餘人所能到。然則食蠔固優矣。斜川詩語字畫，妙有家法，昔人謂能亂真乃翁。此帖非題名，固莫能辨也。正德庚子春二月朔，文璧題。」「東坡書尺牘五種，皆有徐季海、李泰和風致。叔黨三絶句，謹守家法，咄咄逼人。子敬自稱勝父，外論不爾。若叔黨捉刀，可無去時大醉之訮也。吴性中從項氏探此驪珠，勿遂落好事手，宜搨傳海内共賞之。甲寅十月，觀於吴閶舟次，董其昌。」「東坡如至人談笑，信口無礙。山谷謂沉著痛快，乃是東坡耳。六帖爲蘇氏翰第一，若他本，正似圓珠走氊，不能及此波策也。吴性中若摹傳之，更請王閑仲所藏妙高臺及聽琴、烹茶三帖并行，亦是墨池快事。陳繼孺同丁南羽、高仲舉觀於吴延陵之疎快齋。」

十一日，邀吴吴山、衲子虚庵小坐美蔭齋。吴山復携觀東坡書《養生論》，文壽承有跋：「蘇長公書名滿天下，然行楷多用擘窠書法，若《赤壁賦》《表忠觀碑》是也。不知其字學從顔平原發源，而精力既深，運用亦妙。故其結構，至晚年愈精，而愈不可及。余向在都中，從朱太傅家見米海嶽《天馬賦》、蘇長公《金剛經》、鮮于太常《送浮屠文暢序》，相詑以爲蘇公法書，骨肉停匀，結法綿密，爲宋第一手。然寫經微傷板，不若此卷前半悉仿平原《争坐位帖》，跋語始用本色，體備真行草，而波轉側之際，動合矩矱。展閲間，如神采映注眉睫，真可愛也。宜補庵先生寶之如照乘，不輕示人耳。嘉靖壬子六月十又四日，三橋文彭觀於劍光閣下。」

十二日，過沈翠水，爲擘蟹之飲。因步入屠氏廢圃，圃人皆藝菊，無一佳者。

十三日。

十四日，至濠股塔院訪菊，主僧道吾者擅其事。所植皆秘種，若玉甲、西施、披金、紫絨者，尤其所秘也。余携其四本回。又同沈翠水、松雨、亨兒看松於儲氏齋居。儲之父號源泉者，余少曾識之，項子京客也。松亦子京從天目分貽源泉者，身大一拱，亭亭直上，多作偃枝，疎陰冷秀，籠罩一庭。其下置竹葉瑪瑙石桌面，方圍一丈二尺，想見源泉隱者徘徊吟嘯之跡。恨其嗣不與同趣，已斬刈薜蘿，傾圮甃石，行議徙置此松矣，爲之浩歎。

十五日，訪菊於屠錦川隱居，主人不在。繞籬黄紫爛然。白山茶一樹盛開，佳品也。過項孟璜，以殤孫散痛於此，握手數語而別。

十六日。

十七日，題湛然禪師募造戒珠寺鐵像緣起册。又爲石肎禪師作《秋山散逸圖》一幅，題句云：「千山初秋，一葉墜井。人弄雲波，鶴啄松影。是中無言，嗒然心領。」

十八日，張廣文大受以《河圖》《洛書》悉作圓圖，謂象數皆本太極。既成，索余贊。

贊云：「水文燈暈，不規而旋。操墨引繩，圭隅出焉。方者人歟，圓抑其天。不有靈識，孰窺帝先。三撫茲圖，乃聖乃賢。」

十九日。

二十日，偶適東鄙，解后歙友王熙宇，出觀仇十洲《阿房宫圖》長卷，纖麗之極。前有宋曾空青紆書杜牧賦，古雅有《黄庭》法。乃陸尚書水村翁物也。初本趙千里作圖，後爲項墨林所得，圖已逸去，乃倩仇補之。有諸跋，不及録。

二十一日，雨。得鄒南皋先生書，貽余沉香一片、詩扇一柄、《太平山續集》一部。

二十二日，乍寒，有微雪。

二十三日，過徐節之竹浪齋，出觀趙子昂竹，定爲臨本。

二十四日，客持米元章擘窠大書詩一册。款云：「大觀元年上幸祠宫作，歸寓居瑞墨齋書。」内一絶云：「借我白毫筆，贈以木蘭酒。我書將示誰，汝筆稱我手。」想此絶以寵筆工者。

二十五日。

二十六日。

二十七日，大雨，俄霽。

二十八日。

二十九日。

三十日，連日大雨。

十月朔日，購得古玉蓮瓣卮一枚，長四寸，闊徑寸，有血皴數處，或曰此鍤也。《後漢·隗囂傳》：囂祀高祖、太宗[二四]、世宗，因割牲以盟三十一將十有六姓。其詞曰：「鍉不濡血，鍤不入口，是欺神明也。」鍤形如匙如杓，而尖剡以入血，中或玉或銅，則異所執耳。今築堤所作石鍤，亦以尖剡，下刺能分殺水派，得名意亦可思。

二日。

三日，夜復雨。宴客於清樾堂，有歌舞。

四日，歙友汪仲綏携示文衡山山水卷，仿趙子昂筆，乃贈吳山泉者。山泉有清尚，製墨甚精，故諸公樂與之遊。皆有題句：「送爾乘潮涉大江，詩争一字未能降。故山對月人千里，新水浮天鳥一雙。雲過松杉開畫障，沙明蘆荻映船窗。知君不忘吴趨夜，萬眼羅燈照玉缸。漢梁用荆公《金陵懷古》韻送山泉。本題四首，孔嘉以才短，止和其半。予才非二君之擬，則宜其又半於孔嘉也。」「彼美休陽客，清修信絶倫。遺音調太古，逸興寄秋旻。江上煙波闊，庭前玉樹新。眷言無遠棄，長共結詩隣。辛丑春二月，山泉子命其姪陽復持戊戌贈别詩卷示余，余以不與一言爲慊，因追賦此。芝室子杜詩。」「流寓藏吴市，真成大隱名。琴樽時寄興，利達久忘情。結侣詩壇盛，垂聲藝苑清。白駒在空谷，端可擬幽貞。西室王穀祥。」「草草交遊三十載，頭顱各各二毛侵。樽前空駭浮雲跡，别後真懷落月心。閶闔晴虹看拂劍，吴趨夜雨聽鳴琴。江頭莫道無相識，共誦悠悠空谷吟。三橋文彭贈山泉先生一首。」「皎皎白駒初在谷，冥冥黄鵠已沖天。琵琶新譜聞珠落，邱壑高情隨杖懸。何日吴趨分席坐，與君終夕一談玄。吴門袁表邦正甫。」又元人行書小詞一首。筆法訪李北海，甚精采。詞曰：「尋春春在鳳城東，羅帕玉花驄。美人半嚲垂鞭袖，遊塵遠目斷雲空。淺碧湖波雪霽，淡黄宫柳煙濃。相如多病賦難工，宿酒況頻中。歸來按得新聲譜，頻誰解唱與東風。報道先生歸也，杏花明日應紅。」有龐氏彥修印章。

五日，方樵逸同太倉一人來，携卷軸相示，多僞物。只文徵仲《雪景》一小幅，沈石田《新鵝垂柳》，真而佳。各有題句：「鳥絶雲埋萬木空，行行一徑得孤松。休夸鄭谷漁蓑好，自有吟情付短笻。徵明。」「茸茸毛羽酒黄時，信筆揮成宛變姿。幼稚那堪工雋永，白頭今欲一哇之。沈周。」汪仲綏又有趙子昂小楷書《趙氏畫訣》，分上下卷，萬有餘字。又有王叔明《谿山秋色》長卷。沈石田跋云：「余觀黄鶴山樵用墨喜濃，今宜興吴大本先生訪余於張公洞舟中，出此卷，樹石皴法俱簡淡疎率，而有雅致，亦本法中所罕有者。」又文衡山散筆寫生十二幅，石用飛白，樹枝椚柮，竹葉紛披，篆籀俱備，恍如趙榮禄手跡，佳品也。各有題句，句尋常，不録。

六日。

七日，作送莊太守入覲文。

八日。

九日。

十日。

十一日，作譚贈公桂亭先生暨配史孺人行狀。

十二日。

十三日。

十四日。

十五日，過沈翠水齋頭，遇崑山王仲舉，精橐駝之術，植樹卓石，咸有位置。尤善藝菊，羅致數十百種。自云得淵明所愛菊，乃蔓生，沿籬落閒作小黄花，西風起，仍散落如金。然余官潯陽，往來柴桑、栗里五六年，未嘗見，且未嘗聞有此種也。

十六日，盛寓庸餽水仙一鉢，五六穗，已吐白，花候之極早者。

十七日，歙門生吴爾選來，留飲碧雪軒。

十八日，亨兒過沈伯遠齋中，携其所蓄謝樗仙山水長卷。展視，雄奇高邁，極得白石翁三昧。款云：「前輩石田沈先生，畫法宗荆、關、巨，然石翁用筆清古，往往超出過之。僕私淑石翁有年。時嘉靖廿六載丁未，燈下寫成長卷，計紙六段。深愧筆力生澀，遠不逮石翁濡染難言之妙，是亦邯鄲人學步，并失其故也。抑亦人品不侔，而藝有優劣，不可强而及矣。樗仙謝時臣記。」「郭外青青堆亂山，眼中不復見荆關。石翁仙去樗仙老，我欲神遊楮墨間。每見石翁長卷，愛其墨汁淋漓，雲氣滃鬱，既脱去畫家畦逕，無一點塵俗。此卷已造石翁堂奥，若非自題，幾於不辨，信樗仙之能事也。文彭題。」「樗仙筆法老逾工，寫得江山似石翁，一卷煙雲足舒展，蕭閑如到水晶宫。思忠此畫，不特追蹤白石，真得董、巨遺法者。茂苑文嘉觀之，因題短句其上，辛亥正月二十五日。」「畫家以生紙落墨，難於絹素。非用筆有圓神之妙，則澀滯而乏天趣矣。我朝畫山水得士氣者，前輩首稱石田先生。其水墨溶溢，真入神妙。先生以正德己巳化去，余髫年猶及見之。善學先生者，今復得老友謝樗仙氏，良可重也。己酉春日，許初題。」許又作卷首「石田遺法」四篆字。

十九日。

二十日，夜三鼓，郡城隍前後殿俱焚。

二十一日。

二十二日，遇茗上尹翁，得岕山秋芽，瀹之，色香俱妙。

二十三日，題周之冕畫杏花雙燕金鸂，又木筆山鷓二絶句，爲李澄之母夫人壽：「鮮紅雲朵日邊開，紫玉翻風掠髩釵。太液波恬沙草暖，翠衿丹領望蓬萊。紫瓊杯暖露華濃，縹緲雲窗霧閣重。山鷓忽來拖繡尾，老萊雙袖潑春風。」

二十四日。

二十五日，沈伯遠出觀古玉葫蘆杯，馮司成公遺物也。數日前，夏賈亦持白玉瓜杯一、唐製端石硯一來玩，亦云司成物。將司成篋笥中物盡出耶，抑賣者託之耶？

二十六日，方樵逸携一舊册來觀，乃吾郡杉青閘圖也。筆法簡古疎澹，大類宋人寫司馬温公獨樂園圖，乃玉田劉廷震筆。有題語及姚侍御記，略備郡中典故，故悉録之：「予觀嘉興諸君子送黄門俞汝欽八詠之帙，帙滿詩文，俱美可羡。所謂八詠者，惟杉青閘一詠有畫，其七詠皆無。雖一詠有畫，復不能全。余亦好畫者，遂補缺略，加之以雲靄，庶爲可觀。不知汝欽以爲何如也。玉田劉廷震醉中畫，時丁亥歲九月廿五日，題之於行亘。」「《亨津八詠記》。工科給事中俞君出判沂州之明年，以少傅公之喪奔歸。越三年，服闋，上京師。綬率交遊之能詩者爲亭津八詠，以祝君之往。首宣公橋，在郡東門外，市合於此，爲甚盛，無少長皆知誦公之名賢者。次鴛湖，在郡城南，兩陂相偶，水波吞吐，汀花岸草，縟繡而匝布。城西北隅有月波樓，折而東則天寧寺，皆郡之勝地。西水驛，在西門外，當吴越之衝，使節往復如織，浙東西首驛也。去城北數百步許，曰杉青閘，自毘陵姑蘇而南抵於杭，獨此爲水勢之節。水今平行，兩堤石相峙如故，特不設扃楗耳，亦一壯觀也。六者皆郡中景物。若垂虹亭，則松陵城西，左控雪灘，右挾太湖，去吾郡兩驛，盡一日之行，則泊乎其下，故飲餞者以前之六詠猶爲故鄉物色，不遽違也，至此則判袂矣。黄金臺，爲禮士而築，人迨今不替其稱。國朝建北京，而昔人遺事亦因而重，行者之求至又假之以言，故爲八詠之終。夫八詠而冠以亭津者，所始所至，所行所履，在在在亭津也。或謂綬曰：『君以少傅公爲父，以文學受知，以賢科奮身，而以黄門出判，何者非亭津耶？亭則氣易盈滿，盈滿則祝之者，過矣，子當爲規戒詞。』綬曰：『古祝者未嘗無規戒者焉。今以宣公橋首之者，以公在唐，文章相業炳如，爲吾郡先。君求無愧於公，豈不偉哉！終之以黄金臺者，以今用不失賢，而君之見禮重於當世則如隗，見諸事業增重於鄉郡則如宣公。以是望君，豈專於祝耶？君必知所以致亨之道，不待規也。』嘉興姚綬記。」竹嬾曰：「余觀杉青閘圖，作石錙三座，皆架屋其左右，而最前者爲神祠。今皆漫成阡陌，不可考矣。俞君以給諫出判府事，在今日爲劣轉，而姚公文以爲亨，而懼其盈滿。今昔人情，亦如陵谷如變幻，不可識耶。」

二十七日。

二十八日。

二十九日，夜集沈伯遠齋頭。伯遠世父景倩，博雅士也，云曾見李伯紀文集四十卷，禪理極精。其爲靖康相，年止三十餘耳。

十一月朔日。

二日。

三日，冬至，天氣陰暖。

四日，入冬連陰而暖，至是大澍雨，如春夏蒸溽時。庭中二色鷄冠猶鮮活，緑蕉蔚然，亦異候也。

五日，沈伯遠携其伯景倩所藏《金瓶梅》小説來，大抵市諢之極穢者耳，而鋒燄遠遜《水滸傳》。袁中郎極口贊之，亦好奇之過。

六日，雨竟日。

七日。

八日。

九日。

十日，陳衛伯携素卷乞書。卷中秋潭舷公作顔草一段，甚有《争坐位》風氣。此衲子老病，面如削瓜，孱然不勝衣，而臂腕與魯公掐鐵手争勁，亦可異也。

十一日，作書寄李夏津，附吾邑隨計人黄郎、給事陸明府最久。少擅羊車之譽。漫書一箑貽之：「入冬暖無雪，沙柳半留青。素手長條在，歌眉黛色侵。驛梅裝馬背，旅酒吐車茵。欲識登天樂，黄郎夢裏尋。」

十二日，同兒子過高明水齋中，出觀錢舜舉《層岩遠渚》金碧長卷。纖密婉潤，畢盡李思訓父子之法，亦舜舉所自得意者。題句云：「目窮千里筆不到，自恨餘生筆太凡。一日興來那可遏，推窗寫出碧巉巉。巽峰老人選。」有陸脩正跋語，不甚佳。又文休承仿倪雲林小景。沙柳遠峰，鬆活虛淡，一片天機也。以小楷題上方，云：「雲林先生常賦《江南春》云：『汀洲夜雨生蘆筍，日出曈曨簾幕静。驚禽蹴破杏花煙，陌上春風吹鬢影。遠江〔二五〕摇樹劍光冷，轆轤水咽青苔井。落紅飛燕觸衣巾，沉香火微縈緑塵。春風顛，春雨急，清淚溶溶江竹濕。落花辭條悔何及，絲桐哀鳴亂朱碧。嗟我何爲〔二六〕去鄉邑，相如家徒四壁立。柳花入水化緑萍，風波浩蕩心怔營。』文嘉追和云：『三月江南蔫櫻筍，鵁鶄鸂鶒迴塘静。蛛絲縈空網落花，雲母屏寒浸雲影。簾外沉沉春霧冷，緑蘿欲覆花間井。泥金小扇障紗巾，畫橋紫陌踏香塵。花開遲，水流急，江鴨對眠莎草濕。吴姬如花花不及，摘花笑映溪流碧。楊柳煙籠萬家邑，柳下王孫爲誰立。幽渚泥香生緑萍，閒看梁燕壘經營。辛丑六月，長日無聊寫此小圖，并録倡和之作於上。』」

十三日，同郡紳謁新兵憲王蓬岳公。公前令淯川，余令西華，每以公事至會城，相聚談笑甚樂。奄忽踰十二年矣。歲月不居，齒髮非故，可念也。

十四日。

十五日，西風始壯，乃霽。

十六日，沈伯遠携觀錢舜舉《刺貪圖》，作鼠唧粟穗，眼光瞿瞿，甚得饞竊驚顧之狀。有題句：「爾形可憎，無牙穿屋。狸奴當前，終難飽腹。霅溪翁錢選舜舉。」「老穗纍纍落曉煙，不堪嚼嚙污殘涎。玉堂學士存深誡，爲爾重歌碩鼠篇。中書禮部員外郎元永貞。」「黠吻工饞恣陸梁，粟初黄候未登場。君堪一穗填渠腹，可信年年恣太倉。前集賢待制馮子振奉皇姊大長公主命題。」「七尺長身愧負多，清時空食幾囷禾。營營蒼鼠才分寸，不耐詩人總譴何。翰林直學士袁桷。」又題者十人。儒學提舉陳庭實、趙岩字魯瞻、蔡文淵，集賢直學士鄧文原，集賢學士王約，國子博士柳贊，集賢大學士陳灝，監修國史長史李洞，翰林國史院編修官杜禧，集賢侍講學士魏必復。

十七日，至杉青閘送桐鄉胡令君入覲，至則行矣。

十八日，過東塔印空房，觀水紅月季花。

十九日，客携示倪雲林《老木叢篁》。有題句：「喬木之傍，終有君子。泉石之盟，久見如此。君子之心，竹石之音。如玉如金，配之斯箴。甲辰倪瓚寫於塵遠軒。」

二十日，爲石冐禪人畫《船子家風卷》。系以一絶：「空山説法石點頭，水面安禪一葉舟。山色水光無證據，白雲紅樹兩悠悠。」

二十一日，送譚氏殯至分香鋪南俞勝港，始見冰澌。

二十二日，從沈景倩借得《燈花婆婆》小説閲之，乃鶯脰湖中一老獮猴精也，宋咸淳中攪震澤劉諫議家，遇龍樹菩薩降滅。

二十三日，買得盆梅一樹，長尺有咫，而結三百五十二蓓蕾。

二十四日，寒甚。

二十五日。

二十六日，稍和。

二十七日，過沈倩齋頭，觀文衡山小景畫，精細之極。有題句：「峻嶺崇山帶茂林，激湍飛灑濕瑶琴。安知倡詠盤桓者，不是當年飲禊人。」

二十八日，沈倩出六硯評試。偶拈舊楮，爲寫《江干欲雪圖》。有題句：「沙柳横攢千萬枝，草根幽瀨咽冰澌。人煙雁影蒼茫外，正是江干欲雪時。」

二十九日，細雨。從沈倩假得王履吉行書長卷，皆與其兄履約侍御手札，率意縱橫，略不加檢。而天真爛然，玩之不忍釋去。此君書以清峻標逸擅場，不無生造之迹，而此卷無意求之，乃更妙耳。

三十日，雨。

十二月朔日，夜大雨。

二日。

三日，沈翠水令茗溪人持卷軸來。曹雲西《溪山雨意》，黄子久、趙子昂合作山水，俱僞物。馬遠《松下疎梅》，真。陳白陽與姪子克雜札數十通，文三橋草書寒山詩五首，彭孔嘉擘窠書《陋室銘》，俱佳。梅花道人畫《漁家傲》八段，俱作蓬櫳方舫垂釣者。或幅巾，或唐帽，知是玄真、魯望之流。江面蒼山，起伏遮斷，大入意象。詞亦率真有天趣：「緑楊初睡暖風微，萬頃澄波浸落暉。鼓棹去，唱歌歸，驚起沙鷗撲鹿飛。」「幾年情況屬漁船，人在船中酒在前。山兀兀，水涓涓，一曲清歌山月邊。」「風景長江浪拍空，輕舟蕩漾夕陽紅。歸別浦，繫長松，知在風恬浪息中。」「一个輕舟力幾多，江湖隨處載漁蓑。撑明月，下長波，半夜風生不奈何。」「殘霞反照四山明，雲起雲收陰復晴。風脚動，浪頭生，聽取虚窗夜雨聲。」「白頭垂釣曲江潯，憶得前生是姓任。隨去住，任浮沉，魚少魚多不用心。」「鈎擲萍波緑自開，錦鱗隊隊逐鈎來。消歲月，寄幽懷，恰似嚴光坐釣臺。」「桃花水暖五湖春，一个輕舟寄此身。時醉酒，或垂綸，江北江南適意人。」

四日，閲邸報。十一月一日二更時分，刑部大門外左側巡風廳之前，一枯槐樹生火自焚，邏者驚呼撲滅。是夕百官齊宿衙門時也。

五日，買得東坡《烏臺詩案》一帙。

六日，偶過項孟璜，值其裝潢卷軸，得觀梁令瓚《五星二十八宿真形圖》。陳喜《雪竹鶺鴒》。李營丘《松泉遊旅》。米南宫《錢塘春曉》〔二七〕。前「南宫筆妙」四字，乃張無垢所篆。畫法纖細精謹，峰頂作三浮圖，意似寶叔、雷峰與江岸六和也。元章繪事，絶去蹊徑，雄豪跌蕩。而此獨不類，何耶？且無款識，所據止無垢一跋耳。無垢以爲韓氏醉白堂物，要是前宋名筆。

七日。

八日。

九日，客持趙千里《江城春曉》卷求鑒。余定爲元人顔秋月筆。

十日，爲沈子廣寫《寒林漁艇》。有題句：「樹梢藤刺罥寒流，石齒沙稜半隱舟。鷗鳥不來魚不食，一篷山色在漁鈎。」

十一日，雪。

十二日，霽。客携示趙子昂行書中峰和尚《懷净土詩》十二首。

十三日，暮登雪舫，泊北津，送沈岳翁殯。

十四日，五鼓解維，至幽湖林，宿圩之原。

十五日。

十六日，送沈冰壺吏部殯至先福寺東。

十七日，暖甚，紅白梅俱吐。作石佛寺禮請湛然禪師講《法華經》，募營千人齋供疏。

十八日。

十九日，雨。

二十日，太倉孫姓者，携白定水中丞一、青東磁夔紋小彝爐一來看。又石田《灞橋詩思》畫卷一。作長堤枯柳，一翁騎蹇衛，雙眼反白，如屬思狀。後一奚奴挑酒壺書卷，行行欲度野橋，神態欲絶。筆法類常粲、梁楷，此老傑作也。一詞《唐多令》，亦妙：「聞道灞陵橋，山遥水更遥。六十年、蹤跡寥寥。牖下困人今老矣，雙短鬢，怕頻搔。行著要詩瓢，酒壺相伴挑。望秦川、千里翹翹。再畫一驢馱我去，便不到，也風騷。時正德己巳夏五月端陽日也。」字擘窠如涪翁。真成三絶，捐數金購之。

又徐幼文《獅子林十二景》。布置似盧仝草堂，而筆稍文弱。有題詠：「踞地似揚威，昂霄渾欲吼。猛虎見還猜，妖狐寧敢走。右獅子峰。」「林端斂夕霏，泉石閟清景。澹然娱人心，相看忘日永。右含暉峰。」「空山無宿雲，月起當殘夜。漸出一峰間，分光到林下。右吐月峰。」「不雨自横空，低垂疑飲澗。樵子過還驚，神僧度應慣。右小飛虹。」「扃鐍總忘機，魔外自難入。虛圓日夜明，一塵原不立。右禪窩。」「萬竹雲朝合，孤亭月夜明。鳳來原覽德，非爲玉簫聲。右竹谷。」「夜静起山深，隨風舒片影。澹澹[二六]覆柴牀，獨卧衣裳冷。右卧雲室。」「兀立夜迢迢，松堂篆靄銷。安心了無法，徒受雪齊腰。右立雪堂。」「蒼蒼庭前柏，明明西來意。禪翁指示人，又在第二義。右指柏軒」「雪中疎蕊開，不知闇香發。幽人試問時，正值黄昏月。右問梅閣。」「疏鑿傍雲根，虚寒深百尺。時汲煮春芽，爲待參玄客。右冰壺井。」「非假琢磨功，泫澄似鑑同。朝來蓮葉盡，波動覺秋風。右玉鑑池。」「余友徐賁幼文，洪武間爲獅林如海師作此十二景，極爲精妙。余嘗題其上，逮今四十餘年矣。今默庵上人繼獅林之席，今年春來京師，過余，出示此卷。觀之真若隔世事。幼文、如海皆已謝世，余髦獨存，不能不興感於懷也。上人復徵余識其後，故書此以紀歲月云。時永樂十五年倉龍丁酉春望日，太子少師吴郡姚廣孝識。」

此卷獅子林圖，徐幼文作，凡十二段，有題名，篆隸寫之，獨損缺其一，當是雪堂云。各系以五言詩，凡十二首，不書名氏，詞翰皆簡健。復有少師姚榮公跋尾。榮公稱「余友幼文爲獅林如海作十二景，極爲精妙，余嘗題其上」，則卷中書當是榮公手跡，郡之所宜有也。幼文名賁，仕至河南左布政，攻詩能畫，吴門四傑其一也。獅子林在蘇城東北隅，本元僧維則之道場也，最號奇勝。則好聚奇石，類狻猊，故取佛名，卷首圖一石題獅子峰者是已。或云則得法於本中峰，本時住天目之獅子岩，蓋以識授受之源也。《姑蘇新志》：「維則，字天如，姓譚氏，至正初人。」跋尾稱如海師，豈即其人歟？但榮公跋於永樂丁酉，似爲其徒携至京師而作，故有四十餘年之歎，而興感於幼文、如海之謝世矣。嘗聞榮公以少師還吴，訪其師於獅子林，爲所拒。至夜漏深，以微服往後門求見，有僧瞑目端坐，止以手捫其頂曰：「和尚留得在此。」蓋榮公功成貴顯，猶本僧服，故不曾蓄髮。徐云：「和尚撇下自己事，却去管别人事恁麼？」榮公憮然而去。可謂本教中之喝捧手，乃大善知識。豈即維則歟？又聞榮公法名道衍，嘗學於相城之靈應觀道士席應真者，盡得其兵法機事，執弟子禮。豈還吴所見又應真耶？顧風旨嚴峻，糠粃事功，異學中自有之，不必深求其人亦可也。暇日偶閲此卷，因重裝之，聊記於此。若獅子林之題詠尚多，而幼文亦自有作，天如詩尤可誦，乃録幾首，以資閒中一覽。高啟《同徐賁獅子林池上觀魚》：「穿蒲尾獨掉，唼藻口群仰。波平没見痕，池静跳聞響。漁罛已免捕，僧盂每分養。落日意無驚，識我臨深賞。」徐賁：「微微林影凉，悄悄池魚出。欲去戲仍戀，乍深驚還逸。行循曲島幽，聚傍新荷密。不有濠梁興，詎能坐終日。」倪瓚《過獅子林蘭若》：「密竹鳥啼邃，池清雲影閒。茗雲鑪煙嫋，松雨石苔斑。心静境恒寂，何必居在山。窮途有行旅，日暮不知還。」《贈道衍晚至獅子林》：「無地堪逃俗，乘閒復至林。半山雲遏磬，深竹雨留禽。觀水通禪意，聞香去染心。扣山驚有客，想亦爲幽尋。嘉靖癸卯六月望，儼山陸深書。」「隆慶戊辰嘉平月，與叔寶同觀於卧雲樓，文嘉。」

二十一日。

二十二日。

二十三日，往當湖。夜泊焦山門。更初大雷雨。

二十四日，蚤起忽晴。辰刻抵家。暮復雨。

二十五日，大雨竟日。

二十六日，停陰閣雨。

二十七日，閲邸報。吏部於十一月二十五日推余南京禮部儀制司主事，命未下。杭人戴青笠携示元倪瓚小景畫一幀。筆墨蒼古，樹點有類夏圭者。題長句一首，亦豪宕有致：「紫溪翁過甫里先生，舉酒相屬，醉而歌曰：『一邱之木，其棲深也屋，吾容不辱。一溪之石，其居平也席，吾勞以息。一竇之泉，其音清也弦，吾琴在懸。得乎人，得乎天，吾不知所以然而然。』先生弁而賡之，曰：『采江之魚兮，朝船有鱸。采江之蔬兮，暮筐有蒲。左圖且書，右琴與壺。壽歟夭歟，貴歟賤歟。』歌闋而去。至順二〔二九〕年春三月，松雲隱居倪瓚。」

二十八日，客持卷軸來評賞。有石田《松溪圖》長卷，用筆粗辣，似黄子久〔三〇〕。長歌亦豪邁：「長松青青不曾歇，清溪滔滔不曾竭。溪流之水深且長，松歷之年歲連月。松耶溪耶兩忘情，人兮物兮兩相悦。憶昔豪觀九里松，翠濤怒捲翻天風。又嘗移棹道荆溪，太湖演漾波涵融。十年歸來形夢寐，意欲想像丹青中。惜哉無人寄高興，虎瞟幸見松溪翁。翁家虎溪勝西山，千松萬松映虎瞟。虎瞟仍是滸溪名，南北帆檣來萬井。采松花，釀松酒。釣溪魚，拉溪叟。客至烹魚不論錢，主賓醉樂無何有。養松看就棟梁材，溪魚要化蛟龍種。賴翁子孫奕葉光，我詩我圖相與傳無窮。長洲沈周爲松溪翁作。」

又文衡山《雲關圖卷》。筆仿李唐，而老韻灑灑，有獨得處。後行書贈雲關上人詩三首：「雲關者，華山之靈境也。無住居天池寺，號雲關真僧，實余稱之，乃賦雲關詩贈焉。　三山開石扇，萬古號雲關。峭崿朝昏啟，朦朧日月還。松深空翠撲，澗激寒聲潺。仰止元途静，真僧幸許攀。　逕轉林俱寂，石開雲自關。遥知遠水上，未識秀岩間。不雨煙嵐翕，長春花木斑。固應能説法，閤闢俯龍灣。　關深真習静，雲擁不離禪。莫辨芙蓉嶂，空疑松柏煙。香床坐霄漢，雕案繞山川。勿謂師無住，兹遊結勝緣。　徵明。」「地與山齊潤，泉將谷靄分。有僧心朗若，雲樹自紛紜。松影落朝翠，天香結暮氛。試看空水界，兀爾獨無聞。師道。」「雲白天青好掩關，澹然棲跡向空山。昔人面壁真能絶，任爾乾坤去復還。黄魯曾爲無住上人賦法號雲關詩。」「蓮宇翠微處，嵐光旦夕多。榻雲晴亦繞，窗月夜方過。石砌生青蘚，松扉挂緑蘿。竺書盈几案，白馬昔曾馱。彭年。」「蓮峰棲跡不知年，白石爲廬雲作關。閲盡閻浮禪覿寂，參殘迦葉道心閒。六止居士周天球。」「師也黑衣傑，精修道岸躋。松關常自掩，唯共白雲棲。天室道人黄姬水。」「吾師久卧青山麓，坐對松蘿静裏看。羡爾此心無住著，不將衣鉢戀旃檀。鹿田居士史臣紀，嘉靖己未十月望。」「白雲深處作禪關，十載焚香坐碧山。塵世妄緣都已盡，東飛錫杖肯思還。静觀杜瓚。」

二十九日，除夕。

校勘記

〔一〕「名」原闕，據清抄本補。

〔二〕「雄」原作「雍」，據清抄本改。

〔三〕「釆」原作「氣」，據清抄本改。

〔四〕「極」原闕，據清抄本補。

〔五〕「故」，清抄本作「復」。

〔六〕「之名」原闕，據清抄本補。
〔七〕「泛」原闕，據清抄本補。
〔八〕「香」，清抄本作「空」。
〔九〕「鶴山」，清抄本作「黄鶴」。
〔一〇〕「之」，清抄本作「三」。
〔一一〕「白」，清抄本作「色」。
〔一二〕「有」原作「未」，據清抄本改。
〔一三〕「祺」原作「禮」，據清抄本改。
〔一四〕「今日」，清抄本作「此會」。
〔一五〕「和」原闕，據清抄本補。
〔一六〕「路」，清抄本作「阻」。
〔一七〕「二」，清抄本作「三」。
〔一八〕「二十日」，清抄本作「二十日雨」。
〔一九〕此段多有脱漏，皆據清抄本補。

〔二〇〕「竿」原作「學」，據清抄本改。
〔二一〕「章」，清抄本作「張」。
〔二二〕「生」，清抄本作「君」。
〔二三〕「二」，清抄本作「三」。
〔二四〕「宗」，清抄本作「祖」
〔二五〕「江」原作「光」，據清抄本改。
〔二六〕「爲」原作「處」，據清抄本改。
〔二七〕「春曉」原作「春眺」，據抄本改。
〔二八〕「澮澮」，清抄本作「漠漠」。
〔二九〕「二」，清抄本作「三」。
〔三〇〕「用筆粗辣，似黄子久」原作「筆粗辣」，據清抄本改。

卷八

萬曆四十四年丙辰歲正月一日，辰起拜北闕竟，即率婦子稱椒柏觴，上家君壽。午至城隍廟。

二日，暮有微雪。

三日，雪甚。徽人楊不棄之兄字子久者來，攜示叔明《溪谷采莒圖》。二松鬱然，山勢起伏，磅礴之極。松根用黛筆作蘭數莖，一老一僮，僂然其間。亦入思之作，恨破碎耳。

四日，仍雪，積四五寸，乃六七年來所罕者。客攜文休承草書卷見示。卷首壽承作篆四大字，云「舍弟醉筆」。所書是其所作詩。末段又作雲山。壽承仍以小楷題之，云：「雲來山不見，雲去山自如。青山原不改，浮雲任卷舒。」休承自題云：「日暮碧雲薄，秋清山影寒。」《與子元長卿月下訪道園上人坐月白齋一首》：「乘興叩禪關，蕭然水竹閑。路危應九折，屋住只三間。齋白月懸鏡，花明菊破顔。茶香解留客，深夜不知還。」《郭侍御謫永安》：「直疏干明主，孤臣謫異方。寸心元自赤，遠道敢辭長。雲皎武夷月，風清閩嶠霜。丈夫開萬里，好去闢豺狼。」《溧水逢故人》：「萍逢得故友，水宿感煙波。笛起關山弄，杯傳子夜歌。竹深防臥虎，江近有鳴鼉。興極渾無寐，翻嫌月色多。」「辛亥十一月，與長卿訪壺梁，醉後書此請教，文嘉。」又杜東原《溪山佳趣圖卷》。筆墨蒼古，辣氣隱見，是北苑的派。有各名公題語：「樹大者近也，樹小者遠也，有亭館者則遠之近也。寒江忽斷，似乎絶也。突兀復起，使人莫知其所來也。有水湯湯，皆激石之奇流也。噴湧奮怒，若不可禦也。若此者，乃爲水也。峰迴路轉，蓋有不盡之意也。俄發一樹，出乎所不料也。境物者，天地之寶藏也。今聚於此，則東原公之造化也。由其胸中而布之筆下，何其該蓄之大也。東濠楊循吉題。」「右東原先生《溪山佳趣圖》一卷，水村山隖，人家竹木，谿魚野艇，縈迴映帶，若桃源然。觀之便有移家之想。似此世未必無之，豈在筆楮間幻迹以娱人之目邪？嘗讀柳子厚先生愚溪之文，可見也。文與畫無二致。得此卷者，毋直以畫視之。弘治紀元戊申秋八月望，後學沈周。」「泉聲汩汩樹離離，絶壑危峰望欲迷。誰寫當年詩裏畫，令人千載憶王維。吴寬。」

五日，客攜謝葵丘山水一幀評賞。乃破碎之後，杜東原所補也。有諸題語。「家在山塘水木間，塵中何事得相關。更無一二談詩客，長日誰來作伴閒。葵丘謝縉爲志隱寫併詩。」「右圖併詩皆鄉先生謝孔昭之所作，蓋爲吾廷麗錢君贈也。歲久爲鼠蟲所傷，詩既逸去，畫亦不全。然詩能記憶，畫亦可補。廷麗徵予補之，仍書所書於上。雖不能無續貂之誚，然亦可以周飾。是圖志隱者，廷麗之號也。先生於錢年長以倍，而不字之，可見前輩謙光過厚，而廷麗之見重於人可知矣。景泰癸酉夏五，杜瓊志。」「文聲購得此圖，而復求志於我。自癸酉至今年丙戌，已十有四載，何光陰之迅速如此哉！文聲方盛年，其勉於進德，不可負此光景〔一〕。成化二年中秋，鹿冠老人。」「斷厓絶壁杳難攀，好手真成謝疊山。更愛溪南添數筆，便移長樹映柴關。葵丘先生善畫，畫山尤善，常自戲謂謝疊山。吴寬。」「能移未必從愚力，既得終知是楚人。紙上青山百年影，一番題詠一番新。弘治丙辰，爲文聲重題，沈周。」「雲樹溪堂疊疊山，葵翁詩畫重人間。擻餘又藉東原補，林下清風信不慳。邵陵張習。」「萬山環繞樹高低，十里煙霞路欲迷。一夜芙蓉花亂落，莫教流出武陵溪。潁川陳璚。」「老去葵翁興不慳，尋常破墨掃雲山。晴窗短幅横秋色，愛著高人樹石間。邵陵周京。」

六日，霽，寒甚，雪未消。

七日，稍和，雪消未盡。

八日，又大雪。

九日，過常永仁。已，過沈子廣，酌紅白梅花下。

十日。

十一日，同常永仁至朱家樓，送徐潤所夫人葬。

十二日，客攜示宋人張棿雪景一小幅，大似夏圭。

十三日，購得建珠燈一架，所簇人物乃群仙拱南極，聊以爲家大人壽。

十四日，宴諸耆戚於清樾堂。

十五日，微雪，夜月色茫茫。是日爲沈翠水書堂聯：「月白梅花晝，冰銷薺菜春。」

十六日，張瑞徵攜觀沈石田《溪亭高逸圖》長卷，筆仿黄鶴山樵，有題語：「秋到湖山好，尋幽杖屨忙。野橋通略彴，落日映林堂。過轍疑無地，讀書還有方。老夫聊紀此，三日作詩狂。庚戌秋日，余過虞山，道經湖上，見村居野寺幽致可愛，明日爲圖，并題詩以紀佳興耳，沈周。」

十七日，赴沈伯遠席，華亭門人黄章甫、張衷朗來。章甫出紙索畫，爲作《溪屋讀書圖》。題句云：「讀書當快意，山水助清暉。」又出繭紙索行草書，且云：「得雜議論一段足矣。」余因戲爲評古次第云：「晉唐墨跡第一；五代、唐、前宋圖畫第二；隋、唐、宋古帖第三；蘇、黄、蔡、米手蹟第四；元人畫第五；鮮于、虞、趙手蹟第六；南宋馬、夏繪事第七；國朝沈、文諸妙繪第八；祝京兆行草書第九；他名公雜札第十；漢秦以前彝鼎丹翠焕發者第十一；古玉珣璏之屬第十二；唐硯第十三；古琴劍卓然名世者第十四；五代、宋精板書第十五；怪石嶙峋奇秀者第十六；老松蒼瘦，蒲草細如針杪，併得佳盆者第十七；梅竹諸卉清韻者第十八；舶香蘊藉者第十九；夷寶異麗者第二十；精茶法醖第廿一；山海異味第廿二；瑩白妙磁，祕色陶器，不論古今第廿三。外是則白飯緑齏，布袍藤杖，亦爲雅物。士人享用當知次第，如漢凌煙閣中位次，明主自有灼見。若僅如俗賈以宣成窯脆薄之品，驟登上價，終是董賢作三公耳。丙辰元夕後二日，五茸黄章甫過余，與之飯，戲論及此。」

十八日，吴水長攜一蒼璧相示，徑六寸，環尺有咫，肉徑二寸，厚四分，中空徑寸，有痕半之，蓋其受合處也。色蒼緑相雜，旁有火礨處，商周間物也。

十九日，雨雪雜下，夜久亦有月。

二十日，仍雨而寒。

二十一日，雨。出謁郡丞劉長梧。

二十二日，雨。二十三日，寒，雨竟日。劉中丞石閭公以二月朔日誕辰，余檢畫笥中有張平山畫白鹿一幀，筆氣雄健如生，因作《白鹿歌》書其上方，將以爲壽。蓋石閭於同年誼最篤，而余尤辱其知云。「五老峰頭雲氣濃，幽花細草春蒙茸。深巖忽出仙人馭，雪毿紛披紫靄重。朝餐摩霄戛漢蓊鬱栝檜之古葉，暮飲傾崖倒峽奔激谿壑之飛淙。交枝雙角峙長戟，灑淅寸尾摇松風。四蹄碎踏芝泥融，時有鸞鶴參其蹤。嗟吁白鹿來何從，遠躐太華超衡嵩。玉龍沙邊毓真輔，掌握風雨開濛鴻。保釐南國分陝寄，七十二城和氣中。貔貅閒臥鼙鼓息，牛犢遍野犁鋤功。鹿銜瑞草金五色，指授玉兔加高春。煉成真丹兼壽國，南極正照蓬萊宫。鹿聞此語欲騰越，生絹〔三〕八尺留其容。嗟吁，圖鹿之筆安足數，行向麒麟貌我公。」

二十四日，雪。同鉏萍鄉宴劉郡丞於清樾堂。劉，楚漢陽人也。能酒，清辨娓娓。二鼓别去。

二十五日，霰雨雜下竟日。夏賈以僞畫來，題云：「五峰文伯仁仿黄子久《松溪漁隱》。」下方用顧金粟阿瑛小印記，可哂也。

二十六日，陰寒澀雨，時雜冰珠。胡雅竹之弟五朝奉者，攜姚雲東《春溪垂釣圖》來閱，筆甚古澹。題律一首，書法張句曲。此老鐵手腕，真仲圭之裔。其灑然自得處，未嘗落時流恬滑套中。而松、吴之人以浙派疵之，此正松、吴近習不可醫之根也。詩云：「溪柳揺東風，汀花含宿雨。人無喧喧聲，鳥有關關語。梅老遺畫法，吾尚循規矩。氣韻如流動，未識何人取。雲東逸史畫。」

二十七日，陰寒。湛然禪師來別，往石佛開講《法華》。禪師云：「曾由閩泛海至寧波，眼界甚闊。四日夜順風可到。」又言：「吕宋國有番薯，大如屋柱，極易生。熟之可爲飯，碎之爲粉糍，釀之爲酒，俱妙。昔年閩撫金省吾公差人以計密取其種回，閩人處處種之。今寧波亦有其種，此亦饑歲所必藉也。」

二十八日，寒甚。

二十九日，欲往武林〔三〕，以雪盛不果行，遂同細君、亨兒、丑孫攜酒榼茗牀泛雪，沿菱塘橋東至白苎，折紅白梅插兩舷而回，暮矣。

二月朔日，作畫二幅。其一用米法。題句云：「雨歇纔分雲外樹，山晴遠見樹根泉。平生不作襄陽癖，墨汁從教落酒邊。」其一作疎林釣石，一老垂竿。題句云：「雪消春水動涵光，凍柳垂枝未破黄。不信滄江有詩句，富春山下問漁郎。」

二日，客攜文三橋雜札十五通閲評，皆與王禄之、陳白陽諸公者。筆趣尖麗處，時雜君謨、元章。此公書法，枝山雁行也。

三日。

四日，集沈大音樓齋。

五日，偶過南山老人藥室。其旁舍寓一姬，廣陵人也，姓蔣，字長卿。以茗椀款話，風度亦灑然。因出紙索詩，漫應一絶：「春陰纔暖杏花忙，蝶影差差近筆牀。留取雙眉不輕畫，倚門凝盼墮鞭郎。」

六日，爲湛然禪師題募刻《涅槃經會疏卷》，字如當三錢，從友人沈定凡請也。鹽官吴邦爲名文憲來，執贄稱弟子。邦爲善詩，梓有《滋九齋漫草》，又《落花雁字詩》，各一帙。邦爲貽余文壽承行草《赤壁》二賦，筆姿宕逸，極類祝希哲。慧麓僧解如從徑山來，以鄒彦吉畫一長卷見示。樹石意似仿米，而遠近布置，自成彼法。余未暇參也。解如云：「徑山自臘月廿七日雨雪，訖正月盡，平地雪高六尺，路皆凍斷。今稍能通步耳。」

七日。

八日，細雨蒸溽，髹器皆如汗流。鳥聲不止。

九日。

十日。

十一日，大雷雨。

十二日，霽。胡敬竹攜高房山《秋靄圖》來求鑒，不真。

十三日，過徐憶山樓居。憶山出其大父鶴山公手蹟與所交遊贈言卷披閲。有王栢湖、李青霞行筆書，俱爽健。鶴山名元春，以明經授饒州司理。晚節恬退。工詞翰，稿多散逸。有席間貽妓句云：「燕釵明夜玉，蟬鬢掩秋金。」亦雅麗。

十四日，無錫人攜畫幅來，止石田《漁舟秋泛》可觀。下作三大樹，一直一偃，墨葉淋漓，如濕雲籠罩。艇上一翁垂鉤。其下層作沙草四五重，至頂僅露淡墨峰尖而已。蓋仿梅道人而入思者。一詞亦妙：「殘葉林梢風瑟瑟，秋波照眼通天碧。南北東西聊泛宅，人不識，江湖自有江湖客。　裊裊釣竿三百尺，金龜未换鱸魚白。船本窄，一般自有容身策。右詞寄《漁家傲》。沈周。」

十五日，同仲賢至十八里橋，飲村酒而醉。

十六日，驟熱。

十七日。

十八日。

十九日，連日病目，坐暗室中調息自遣。

二十日，清明，以病目不能往祖塋，令婦子輩代往。

二十一日，目病稍間。松人持米元暉《雲山卷》求鑒。余定以爲南宋人吴琚輩手蹟，以其閒用鈎砍與絹色別之。跋語皆後人强綴。「老樹筆間生，奇石筆下出。濃淡高低遠近山，陰晴一半雲間没。漠漠江天杳杳空，不勞施力自然中。若於沙際尋歸路，來看霜林葉半紅。士弘河東李倜。」「冥冥濛濛方寸天，不知所以然而然。枯槎老枿濕風煙，霾雲幪董棲蒼玄。晴窗開卷作三叫，看得米家神氣小。塗揩濃墨幻東白，汙我瀟湘山色曉。延陵邵亨貞題。」「右海嶽山水，筆墨簡古，非他畫工所及。卷後兼有李河東士弘、邵復孺亨貞二題，詩字皆精妙，誠可寶玩也。萬曆庚辰二月十七日，雨窗展玩，因書其尾，茂苑文嘉。」「余嘗見敷文《大姚邨圖》，與此卷甚相類，信家學之有自也。河東李公云『濃淡高低遠近山，陰晴一半雲中没』，殆得之矣。考米氏父子本襄陽人，而寓居京口，亦嘗寓蘇，與朱樂圃輩同遊，故吴中時有真跡留存。修《宋史》者直云吴人，而後之論者皆曰吴縣人，非也。衡郡文肇社跋。」「米元暉有細謹如營丘者，有疏宕如北苑者，不專以突兀冥濛爲奇。而後人失之，乃信手點抹，自謂米家山，此如仿顛張之草聖，而不從《郎官壁記》入門，真無本之學也。此卷全寫煙景，至其規矩法度，於山頭勾砍見之，乃《楚山清曉圖》之一變。《大姚村圖》在余家，又復狂怪，與此不倫。文基聖以爲絶類，非也。雲閒董其昌跋。」

二十二日，爲譚孟恂書「聊齋」二字扁，仍系語其後，云：「涪翁云，白雲青山，江湖之水湛然，可復有不足之歎邪？無不足之謂聊也。」夜大風。

二十三日，項孟璜貽余温州乳柑，剖食之，甘甚，而韻稍遜漳。

二十四日，風雨而寒。客持沈石田畫卷評定。雙松之下，一老持竿挾書，且讀且漁。四顧溪山疊疊，筆類子久〔三〇〕。後段別書《採蕨行》一首，字亦蒼勁，得涪翁家法。歌云：「春雨歇，出採蕨。根可掘，苗可折。十中取一敢泛濫，傷多正恐明年絶。甲痕斷處緑膏流，葉拳兀兀綴莖頭。筐縱横，筯雙亂，瀹湯潦倒算子柔。糝蘁著醋味兼爽，淞上莼絲當吃棒。清明日，因掃松隆池，道欏木塢，行吟采蕨，得此篇。會克廣姻家，書以贈之。沈周。」

二十五日，寒甚。高弁以屠氏所藏梅道人墨竹長卷來玩。題句有：「翠濤借月生秋潤，蒼雪因風入夏寒。」又末段作素草，云：「以上筆筆學文湖州，不知後來同余趣者幾何人也。」蓋此老灑然滿意如此。又蔚藍玻璃杯一，闊二寸，有耳，點金。白玻瓈盤一，闊一尺。此嶺南海舶上物也。

二十六日，寒甚。

二十七日，雨，寒。客持南山張復陽蚍蜉細書，作衣縫，寫仲尼、顔、曾三像。諦視，乃《魯論》二十篇也。

二十八日，寒，雨，氣候如冬。購得劉貫道《飲中八仙圖》一卷，每段揭曼碩楷書杜句。後款云：「至正二年八月，揭傒斯書。」有龔子敬跋：「中山劉貫道《飲中八仙圖》，筆端無纖塵。若其摹唐室之衣冠，類晋代之風采，靡不人人各肖，不第得眉宇，兼得神情。嗚呼，酒致一途，而會者一轍。究其高尚奇蹤，則倚馬臨池，鷲筵枯坐，莫可稍入軒輕。甚矣，搦管者之苦心也！高郵龔璛題。」又文徵仲草書便面一律：「路轉支硎西復西，碧雲千磴石爲梯。群峰繞出穹窿外，絶壁回看岝崿低。午焙送香茶荈熟，春風釀冷麥苗齊。怪來應接都無暇，觸眼風煙費品題。」彼面溪山小筆，題句云：「木落高原净，秋清石壁寒。飛泉挂天漢，只作玉虹看。」

二十九日，有人索沈翠水畫，爲黄貞父壽，屬余題句。題云：「玉室金堂隱洞天，煙蘿雲木挂飛泉。鶴來叫破松風夢，御筆催題小有篇。」

三月一日，雨。

二日，雷雨。

三日，雨歇。

四日，霽。

五日，夏賈攜元朱德潤澤民《秀野軒圖卷》來閲。秀野軒者，元周景安徵士隱居也，在餘杭山中，踞玉遮峰之勝。澤民筆法荒率爛漫，奄有荆、關雄勝之氣。卷中題詠甚多，知名者高啟、徐賁、張羽與澤民之子大吉。卷首周伯琦篆軒名三字，亦妙。

六日，武林戴生來，袖出一卷，乃唐伯虎《夢筠圖》也。以李河陽筆寫。細竹寒流，一高士倚書囊坐睡。後書律詩一首，仿蘇東坡筆法：「聞説君家新闢庭，參差滿種粉梢青。炎時静坐不覺暑，晝日仰眠常見星。一點虚心通曉夢，百年手澤與忘形。秋來四屋聲如雨，帳掩薰爐獨自聽。吴趨唐寅，爲夢筠作小圖長句。」

七日。

八日，戴生持倪雲林闊幅山水來閲。下層作樹三四叢，上層近巒，外作縹緲遠峰四五處。無亭閣，無橋綽，併無平陂，亦此老别一意致也。題句云：「地僻林深無過客，松門元自不曾關。展將一幅溪藤滑，寫得溪陰數點山。净名居士瓚。」又購得祝京兆擘窠行草書《飲中八仙歌》一册。筆法初仿米南宫，後又出入旭、素。蓋神氣横溢，不能自制耳。有款云：「甲子仲春，同文徵仲、唐子畏遊東禪清溪堂，雲空上人持紙索書，有感酒仙，漫録以應之。枝山允明。」

九日，張嘉林率子姪虞懸、禹玉、霄函同李醇之、吴松雨具湖舫迎余與亨兒看顔氏海棠。金陵角伎楊文者，佼麗而善新聲。是夕久陰，忽得鈎月挂柳間，相與歡呼笑飲，至四鼓别去。

十日，余爲沈子廣作《梨花怨》十二絶，因草書長卷。卷端擘窠書「梨花怨」三字，又俳語一引，以報子廣，亦一時之漫興也。詩并引刻《紫桃軒雜綴》，不録。

十一日，汪玉水同夔甫、鳴甫攜示趙子昂行書《光福寺碑記》真蹟。有梅梁馬蕴收藏印記，精品也。又管仲姬著色閩蘭陸幅，舊有子昂小楷書《蘭賦》，脱去，文徵仲補之。有陸源、沈啟南諸人跋，不及録。

十二日，馬生衡皋者，持元楊鐵崖手書《大笑居士傳》來評閲。蓋爲易履安道作也。履，宋純孝先生之後，本并州人，善騎射。中歲强力學問，陰陽律曆書數之術，靡不究知。兵變，陷寇中期年。斬其將，函其首獻。大藩承制授都司，不受。更調浙漕，亦辭。其人蓋山東雄俊而有隱操者也。署款云「鐵史」者，李忠愍榜第二甲進士，今休官，雲間人呼江南鐵史，會稽楊維楨也。卷首鵡湖陸橘洲書「儒林翰墨」四大字。又有吕九柏憲、鄭鈞州珪跋語。不録。

十三日，兒子以余初度，治酒舫，同沈翠水、沈伯遠、吴仲賢造顔氏海棠下。時雖有落紅擁樹，而枝頭殷紅不滅。又過黄氏園，適一鶴伏卵，人近之輒驚唳。昔浮丘公著《相鶴經》，以爲鶴必胎生，其卵生者皆鶖類也，人駭笑不信。今諦視其伏卵狀，殊無霄漢之氣，而有雌哺之態，乃知浮丘非浪語耳。是夕有月，盡醉別去。

十四日，方樵逸攜示沈石田溪山長卷。墨氣淋漓，仿梅道人。有題語：「坐深誰問夜何其，數唤添衣且不辭。情到老年難作別，人非今日是相知。月明高樹雅翻處，風静虚堂燭轉時。再把一樽酬笑語，憑君看取鬢如絲。周與育庵先生年各向老，每別必有詩紀之。此紀庚子歲季冬望之夜話也。偶與育庵寫長卷，漫書於左。沈周。」樵逸又以唐子畏《黄花翠竹圖》爲余壽。伯虎自書句：「沽得重陽酒一壺，滿城風雨正催租。黄花自作東籬主，覓個閒人絶世無。唐寅。」

十五日，歙友吴秋林來，與之小坐。秋林出觀國朝名公書卷，有孫太初手跡，快利勁捷如宋仲温，詩亦集中所無，録之。《遠遊》：「海水照鬈影，天風吹角巾。早年負奇好，五岳散閒身。日觀倚高寒，車箱夢猶真。一笑謝塵世，採藥青澗濱。偶來不解事，長句驚四垠。幾年聞格鬬，中原白骨新。山鬼夜啼血，層雲愁高旻。青鳳叫孤月，茫茫鼎湖春。攀髯不可得，終歲泣遺臣。我愛陶弘景，不受萬乘束。挂冠事棲遁，歸來臥空谷。青山讀玉書。白鶴下高木。乃知怡悦心，長日雲相逐。」《宿華陽洞》六言一首：「偶過東南地肺，雲中坐對三峰。折得瑶華獨玩，月明歸去騎龍。太白山人孫一元，書於載鶴舟中。」

十六日，客有以姚雲東楷書《鐵篴道人傳》見示者，愛而録之：「鐵篴道人者，會稽人。積書數萬卷。泰定閒，以《春秋》經學擢進士上第。仕赤城縣令，轉錢清令，又轉鐵州市監，建德李官，皆不信其素志，輒棄官。將妻子遊天目，放于宛陵、毗陵間。霅中雲間山水最清遠，又自九龍山泝太湖大小雷澤，上縹緲七十二峰。東抵海，登小金峰。冠鐵葉冠，服褐毛寬博，手持鐵篴一枝，自稱鐵篴道人。鐵篴得於洞庭湖中，冶人緱氏子嘗掘地見古莫邪，無所用，熔爲鐵葉筒。筒長二尺九寸，竅其九。吹之，竅皆應律，奇聲絶人世。江上老漁狎道人，時時唱清江欸乃，道人爲作《鐵篴引》和之。篴罷，仍自歌曰：『小江秋，大江秋。美人不來生遠愁，吹篴海西流。』又歌曰：『東飛烏，西飛烏。美人手弄雙明珠，九見烏生雛。』貴富人□道人所，幸聞笛，道人爲一弄畢，便臥，送客。

客即不去，臥吹簫自如也。嘗對客云：『簫有《君山古弄》，海可卷，蛟龍可呼，非鈞天大人不發也。』晚年，同年交有以文白于上，用玄纁物色道人于五湖之上，道人終不起云。其文之驚世者，有《三史正統論》五千言，《太平綱目》二十策，《上皇帝書》一萬言，《碧峰記》《歷代史鉞》二百卷。詩有《瓊臺集》《洞庭集》及古樂府琴操等五十卷，藏於鐵崖山云。贊曰：有美一人兮，冠鐵葉之斧斧，服兔褐之襹襹。雷澤之濱，鐵崖之巔。噏陰呼陽，小往大旋。萬竅不作，全籟於天。其漆園氏之傲吏邪，亦緱山氏之遊仙也耶？」又危太樸小楷書絶句四首，想其自作也。「太液池頭春晝遲，太行飛翠拂晴漪。落花唬鳥多芳思，試問遊人恐未知。臘酒吹香度水濱，落花多處碾朱輪。春光不屬閒鶯燕，偏入晴窗更惱人。玉殿遥瞻雉扇開，鳳笙龍管遞相催。晚來千騎東華道，知是朝臣錫燕回。紅杏枝頭露未晞，玉階無數亂花飛。故人昨日題詩罷，却從臺臣奏疏歸。危素上。」

十七日，治往姑蘇之裝。夜泊毛家匯，挈方樵逸同行。

十八日，舟中無事，樵逸出紙索畫，爲寫子久溪山。題句云：「孤亭芳草悵天涯，鵾羽新波鴨嘴沙。積雨春寒難破遣，傳聞消息到梨花。」暮泊葑門。

十九日，辰刻至虎丘周華峰樓居，焙茶，主人出楮墨索詩，漫留一絶句：「雨痕收盡日初長，茶市千家午焙香。越客扁舟繫何處，伏龍岡下虎丘傍。」購得小盆牡丹一、杜鵑二。夜宿後麓。

二十日，蚤至閶門，訪吴吴山，不遇。有孫青城者，攜卷軸就舫齋閲之。唐伯虎《悟陽子静室圖》，文徵仲作記。又伯虎《五月江深草閣寒》。沈石田題句云：「唐子弄造化，發語鬼欲泣。游戲山水圖，草木元氣濕。多能我亦忌，造化還復惜。願子斂光怪，以俟歲月積。石田沈周。」又文徵仲《赭山白雲》。又元姚彦卿《瘦蹇寒林》，筆法仿郭熙。楊鐵崖題：「海州自賦歸來後，猶有平原樹半存。接籬今作騎驢樣，相見江南黄葉村。會稽楊維禎。」又吴名公八種梅花，文徵仲、文休承、王酉室、錢叔寶、陸五湖、陸包山、朱清溪、尤子求，競出新意寫横枝疎蕊，正側背面與梢幹轉搭，務標奇格。所題句俱妙，不及録。卷首徐髯仙霖小篆「破春小梢」四字，亦佳甚。午刻，即同樵逸青城拏舟過劉華臺，出觀涪翁擘窠書自作詩一卷，宋人正書《四分律》一大卷。又倪雲林小景真跡，佳，有題句：「門外〔四〕漠漠風吹沙，閉門倦客獨思家。樓頭吹角夢初醒，猶聞深院響琵琶。　白雲蕭條楓葉丹，愁人行吟復坐歎。歸心夜趁東流水，夢入松溪第九灘。　少年持家學詩禮，馮老侍御之孫子。觴半投筆調白羽，拔劍醉舞爲君起。　至正十年九月，因過郡中，留學之椽郎宅五日。其子思誠，温粹勤儉而好學，已能持家，具甘旨之奉，今年纔十有七歲矣。僕既寫此爲贈，并賦三絶句其上。東海倪瓚。」題者三人：「清曉虹光起碧波，異香來處小蓬過。平生笑殺王摩詰，子我誰嫌此意多。朱逢吉。」「南宫才子桃川去，留得雲林舊日圖。一路好山何處似，料應紫蓋與蒼梧。貝翱。」「故家池館錫山阿，門徑寧容俗士過。清閟閣空詩社散，幾經蛛網落花多。管時敏。」又過保國寺西，訪虛庵衲子。出觀蘇東坡《題李伯時三馬圖贊》，趙子昂細楷《大洞玉經》，米敷文《海岳庵圖》，王叔明《雪舟主者》山水真跡。又倪雲林樹石，題云：「益公以道，不見忽已七改年。辛亥七月，余來自苕溪，偶寓松陵之桐里雙井院數日矣，以道適過慧日懺堂。解後一日，因寫竹樹小山，并賦詩寄意云：『一笑相逢喜有期，因懷西崦話移時。李公堂裏頻曾宿，陸子泉頭有舊詩。旅思凄凄非中酒，人情落落似殘棋。雲濤眼底三生夢，鷗鷺秋汀又語離。』是日性源、秋水二上人同集。以道因詠余舊詩春日試茶一首，今卅有餘年矣，併書畫上：『喜看新酒似鵝黃，已有春風拂草堂。二月江南初破柳，扁舟晚下獨鳴榔。苔生不綴〔五〕山人屐，花發應連野老牆。世外寧辭千日醉，未容人事惱年光。』」是夕解維，仍泊葑門。

二十一日，蚤行，舟中無事，樵逸又出紙求《樵逸圖》。余以黄鶴筆意漫應之，題句云：「懸崖磨斧罷，平崗弛擔餘。何必看棋局，且自挾編書。」有餘興，又作米家溪山，題句云：「雲氣堆中隱茅屋，沙洲斷處數江帆。」款云：「丙辰三月，過吴門，同方樵逸、孫青城訪虛庵衲子，出觀小米《海岳庵圖》，諦視，極知當時用意出没處。恨楮色慘惡毛脆，後段題語益復漫漶。歸舟念之，横吐此幅。我自寫我意中事，未能爲襄陽父子雪氣也。」是日取鶯脰湖桑槃水潑新茗，良快。昏時抵家。

二十二日，吴赤含邀看薔薇屏，二鼓醉别去。

二十三日，徐潤卿來，出其亡友王野賓詩藁草一卷相示，筆法蒼勁，詩句閒澹，亦隱人之傑也。野賓名復元，少爲黄冠，往來文衡山先生之門；後客項墨林，所以鑒古。游張翼庵、沈繼山諸公間，余總角時，嘗及見之。猶記其《早春送人》詩一聯云：「春寒花信少，地濕草痕齊。」頗有中唐風味。潤卿與之爲石交，没時，潤卿治其後事，故手蹟存潤卿篋中者最多。　客攜趙丹林畫評閱。有題語：「古石犖确荒苔生，排雲高木寒蕭森。行人不到路將絶，繁陰滿地春沈沈。我家舊隱吴山麓，幽逕逶蛇入空谷。風吹飛雨灑千巖，繞舍樾林生净緑。年來置身白玉堂，宫花拂簾春晝長。故山雲霞渺千里，却憶林樹空蒼蒼。寵恩新賜東歸去，重訪平生舊遊處。詩成先向畫中題，明日滄洲弄真趣。余將有中吴之行，過嘉言山月軒告别，出示丹林生臨北苑畫索題賦。」

二十四日，細雨。鳥聲千囀百弄，獨坐美蔭軒領之。

二十五日，胡雅竹攜示元人孤雲處士王振鵬《樂社圖》，筆法纖細宛密，務在取肖物形，亦張擇端之流也。　雅竹又貽余唐子畏菊枝一幀。有題語：「錦里先生日醉眠，瓶中無粟榻無氈。酒資盡在東籬下，散貯黄金萬斛錢。蘇臺唐寅。」「秋色盈盈何處好，黄花數朵傍東籬。壺觴獨對忘言處，正是淵明寄傲時。長洲張勉學。」

二十六日至四月十八日，以病目甚，受醫戒，不飲酒，不看書史，不見客，日坐暗室點治，殊悶人。因從兒子索舊藏宋琴，漫置爪甲，亦自鏗鏗然，取自娱弄而已。至是日稍愈，治往武林之裝。夜行，抵曉達石門。

四月十九日，夜泊松毛場。

二十日，辰刻，見劉中丞石間公。公報謁賓館。午刻過净慈，已，過法相寺。主僧净緣、自朗，出茭筍侑飲，談山中往事，爲之盡醉。夜宿竹閣。

二十一日，冒雨出山，謁王僉憲弘台。王名應乾，辛丑進士，睢寧人。起家太康令，與余同官開封，相見道故如平生。午刻，余小駐昭慶，弘台來報謁，餽廪餼，招飲，辭之。

二十二日，辰刻，謁參藩周幼華公。公諱著，南昌人，丙戌進士，舊治兵我嘉，有惠政。以宅憂歸，起補今官。午刻，公報謁，餽廪餼，招飲，辭之。

二十三日，買茗，得龍井一缶、天目精者二缶。主僧雲山貽手焙茶二小缶。以兔兒泉沃之，良妙。酉刻，理歸棹，夜泊横里。

二十四日，舟中作畫三幅。一仿吴仲圭《滄浪漁笛》，題句云：「白石丹楓落照邊，千峰雲靄一江煙。漁郎短笛無腔韻，吹起蘆花雪滿船。」一仿黄子久《秋林觀瀑》，題句云：「康王谷口經行處，五老峰前佇立時。高聳吟肩斜側目，玉龍飛墮兩絲絲。」一仿倪元鎮《老木虛亭》，題句云：「彭蠡波寒秋葉脱，瀟湘煙霽晚峰孤。虛亭竹色蒼茫裏，自有閒人聽鷓鴣。」此幅歸仲賢。夜抵家。

二十五日。

二十六日，購得五采均州水盂，以養萬年松良稱。虛庵寄示王叔明《雪林鍾馗》，粗筆放手，氣韻蒼辣。石畔一鬼蹲躲，樹杪一鬼下窺，而老馗方挺劍怒視，鬢髯張磔，若將有搏擊者，亦奇作也。款云：「余昔年在燕，見董北苑畫《寒林鍾馗》，距今三十有七年矣。甲子歲暮，守歲東海上外孫陶震家，戲拈筆畫此，以繼北苑之意云。洪武甲子十二月二十九日，黄鶴山中樵叟王叔明題。」〔六〕

二十七日，購得石刻米芾擘窠大書自作詩一册。筆勢雄妙，與《天馬賦》一例。「丙戌四月九日，來登峴首。薄暑清風，良快襟抱。石赤表雄名，三辰出濁清。負海中行瑞，殊香下玉京。神靈禮金碧，梵力度幽明。揭榜訛浮玉，莊嚴是化城。壯哉夜潮落，入枕百川聲。金山踟躕，山下濡須水。我更委蛇，物阜時和，迨暇相逢笑且歌。

江湖樓上憑闌久，極目滄波，天鑑如磨，偏映華簪雪一窩。〔七〕厭市衝煙入，忘懷對客遲。吟看飛鳥没，坐到夕陽時。阿氏金爲屋，姮家玉作臺。得官塵土古揚州，好客常稀俗客稠。掩簿叱須無溷我，冒風踏雪作清遊。竹西桑柘暮鴉盤，特地霜風滿倦顔。不用使君相料理，都緣塵土涴青山。贈我白毫筆，報以玉蘭酒。我書將示誰，汝筆稱我手。家山只在東流水，每到橋時眼便東。昨夜南宫一覺夢，早來堂上看飛鴻。露降帝鼒號，御史述先猷。耕道深爲本，傳家學更優。甑山高仰止，瀫水引清流。圭組相輝日，真成不獲收。大觀元年上幸祠宫作，歸寓居瑞墨齋書。」

又姑蘇邵姓者，袖示文衡山小卷，長尺有咫，頗秀潤。題云：「百疊春雪百疊山，杏花三月雨班班。分明記得横塘路，一葉輕舟載雨還。正德庚午春仲，坐雨停雲館，秉之持佳紙索圖，戲爲寫此，長洲文璧。」又沈石田粗筆山水，仿大癡。題句云：「老去心情付漫圖，時時弄墨手俱烏。因山便欲尋廬岳，借水還須濯太湖。滿眼白雲無長物，蓋鄰碧樹有高株。一峰道者吾宗匠，遼海茫茫不可呼。」〔八〕

二十八日，莊太守覲回，同諸紳往謁。

二十九日，從虚庵借得《海岳庵圖》，因一一録之。「先公居鎮江四十年，作庵於城之東高崗上，以海岳命名。一時國士皆賦詩，不能一一記。翰林承旨翟公詩云『楚米仙人好樓居，植梧崇崗結精廬。朝瞰赤縣賓蟾烏，東西跳丸相馳驅。腹藏萬卷胸垂胡，論議長河溜抉渠。掀髯送目玩八區，欲叫虞舜臨蒼梧』云云，餘不能記也。卷乃庵上所見山，大抵山川奇觀，變態萬端，在晨晴晦雨間，世人鮮復知此。余生平熟瀟湘奇觀，每於登臨處，輒復寫其真趣。趣使爲之，此豈悦他人物者乎？此紙滲墨，本不可承。仲謀勤請，不容辭，故爲戲作。紹興□□孟春，建康貳官舍友仁題。羊毫作字，正如此紙作畫耳。」「右將仕郎米友仁畫《瀟湘奇觀》一卷，且自識之。蓋其父爲禮部員外郎，先居潤州，羨山川佳麗，於是結庵城東，號曰海嶽。宣和間，嘗進友仁所畫《楚江清曉圖》。上悦，因得名當世。然其筆意大率與《奇觀》相似，却無畫工之習，故士大夫寶之。嗟乎，一門清適，自家薦許，亦可以見其父子之能矣。上清外史薛羲題。」「米氏父子書畫擅當世。是卷沈著痛快，字如其圖，尤合作也。臨川葛元喆題。」「米家父子最風流，點染豪端滿紙秋。海岳庵前天欲曙，瓜洲渡口望滄洲。吴瓠碩晋安曾環敬觀。」

「沛郡朱希文觀于鄭氏愚樂齋。」「甬東邊猛生拜觀于鄭氏飛雪樓。」「江南奇觀，在北固諸山。而北固奇觀，又在東岡海岳。晴雨晦明中，執筆摩寫。非其人胸中先有千巖萬壑者，孰能神融意會，收景象於豪芒咫尺之間哉！米家父子，何奪天巧之多也。宣城貢師泰題。」「此卷友仁真跡無疑。山川浮紙，煙雲滿前，脱去唐宋習氣，别自一天胸次，可謂自渠作祖，當共知者論。至正癸卯立夏後五日，劉中守書於三山之枕厷行軒。」「細觀米友仁《瀟湘奇觀》，筆墨温粹渾成，信夫鍾山川之秀，而復發其秀於山川者也。其後跋語，若貢公泰甫、葛公元喆、劉公中守，言之盡矣。至於上清外史薛公卿，素與吴興趙松雪評論書畫，尤爲精到。且知其父元章公宣和間嘗進友仁所畫《楚江清曉圖》爲當時稱賞。况《奇觀》者，又晚年之作也。居貞其寶之，雪鶴山人鄧宇志。」「文迨象敬觀於鄭公之東軒。」余家藏倪迂遺集，有與陳叔方書云：「《海岳庵圖》，旦晚臨畢即見歸。」而集中亦附載陳書云：「《海岳庵圖》，謹授山甫盧君以達。雲林胸次清曠，筆意蕭遠，當咄咄逼真矣。暇日能寄小幀，如對可人也。因展觀録之。」小米墨戲，余所見《瀟湘白雲圖》。沈啟南跋云：「三十年耳聞，求一見而主人靳不出，晚歲始得觀，則無益矣。其尊重之如此。二卷亦《瀟湘》之流也。」「《瀟湘圖》與此卷，今皆爲余有，攜以自隨。今日舟行洞庭湖中，正是瀟湘奇境，輒出展觀，覺情景俱勝。乙巳五月十九日，董其昌。」

三十日，過肖海朱山人樓居，出觀沈石田《桃花書屋圖》。圖爲其弟繼南而作。筆法細秀文弱如徐賁，亦此老别調也。有題語：「桃花書屋我家宅，阿弟同居四十年。今日看花惟我在，一場春夢淚痕邊。此《桃花書屋圖》也，圖在繼南亡前兩年作。嗚呼，亡後又三易寒暑矣！今始補題，不勝感愴。乙未九日，沈周。」「小隱新成水北灣，桃花千樹屋三間。讀書不作求名計，時復牽帷只看山。有貞。」「結屋東林勝小山，讀書終日掩柴關。桃花千樹無人看，一片風光春自閒。陳寬。」

五月一日，購得王孟端墨竹，酷似柯南宫。題云：「我愛君家雖帶郭，囂塵不到南薰箔。相過聊爲寫閒情，楚雲數葉秋陰薄。寫餘自覺襟趣清，鬢絲颯颯新涼生。何當爲君作長笛，持向君山吹月明。僕偶過逢吉高軒，茗話餘出此紙求畫，遂寫此併詩以塞責云。時永樂元年五月既望，九龍山王紱孟端識。」「龍丘筆意肖房山，秋影秋聲户牖間。不是此君清似玉，何由埃壒化高閒。南陽滕用亨。」「書法元於畫法同，半窗秋影墨池中。同州仙去房山遠，賴有王君繼此風。趙吴興詩有云：『石如飛白竹如籀，畫法元于八法同。』是吴興公以書而作畫者也，同州、房山亦同此妙。若薊丘、息齋，皆不足與論此者也。今觀友石公此筆，深有契於吴興公所論之妙。座中朋來、同軒二先生，以僕之言爲然，故書其右云。浚儀張肯識。」「此君畫意非畫畫，高士激賞俗子罵。我亦平生頗諳此，許君不在房山下。閒齋雨晴風日妍，偶呼筆硯置几前。爲寫黄陵廟前景，鷓鴣嘑處煙蒼然。坐中有客皆俊逸，尤解鑒之稱嘖嘖。明朝風雨更來看，只恐蛟龍夜穿壁。太原王公孟端寫竹，雅得房山筆趣，翛然窗几，似有清籟與南薰偕來。僕素嗜此，不覺技癢，遂邀南陽滕朋來、浚儀張夢庵同賦，同觀者爲蘭陵繆伯高。是日午飲，主人二茂異也。永樂乙酉孟秋既望，安定梁用行題。」

二日，余生攜示倪雲林《秋林山色》，仿巨然筆意，峰巒樹石，特爲雄渾。題云：「寓館風雨秋，閑門草苔蘙。懷人思奮飛，攜書此留滯。玉琴和幽吟，竹牖聊静憩。西山日在望，白雲淡生媚。寂寞棲德園，清虚捐世味。石竈有餘煙，未收煮茗器。八月二日，寫《秋林山色》并詩，以遺伯循文學，瓚。」是夕，程客拉史仲醇、方光宇具湖舫載楊飛卿、墨卿二麗人，邀余泛九曲溇。維舟柳下，秉燭推篷，盡展新聲之妙。因爲三絶句以狀之，從客請也：「野岸春深聞捲蘆，燈前皓齒發春歈。誰知花底吉鷯舌，解作空江獨鶴呼。高調。」「雨檐竹溜滴春渠，檀口香噴字字珠。不信念奴能醉我，酒痕狼藉滿衣裾。中調。」「繅車忽引一絲輕，乍聽還疑隔葉鶯。悄訴衷懷方種種，怕君著耳未分明。低調。」

三日，程客籠畫眉鳥來饋。適姻家張姓者貽百合一盆，挺三十六花，以漸開敷。從此終日在花香鳥語間。

四日，與客展玩國朝諸公手跡卷。深服陳白陽、文三橋，足繼枝山之後。文衡山小楷精妙，德、靖間士大夫阡表墓銘，必乞其手書，鐫石以行。而石工有章文者，因藉衡老以售其技，至取潤屋之貲，即章田、章藻之祖先也。盧石湖有詩贈之云：「文子文章暇，興至輒臨池。俛仰千載間，二王真我師。行隸各臻妙，小楷尤絶奇。箋麻滿几案，金壺墨淋漓。人子揚先德，爭乞書銘碑。碑書非李邕，不孝相詆嗤。當時李邕書，刻者伏靈芝。文子屬何人，章文實多資。惟章世鐫勒，鐵筆當畚䔧。我昔識厥祖，白髮兩肩垂。成童專工松雪體，書刻老不衰。而父名益張，旁郡咸相推。年方四十餘，有此寧馨兒。成童擅巧技，即受文子知。甫接乞書客，首問刻者誰。客曰將委文，握管乃不辭。文書亦文刻，姓名雅相宜。附麗用不朽，百世允爲期。正德戊辰十月十日，石湖盧雍書於杉瀆寓舍。」

五日，泛蒲後同吴仲賢、亨兒過范氏廢園，爲賃房者所拒，不得入。因過顔椽莊居觀盆荷。有兩盆相接處，一藕度空如橋，一葉一蕊，從藕節中生出，葉如小錢，蕊如小指尖，已有欲開之狀，人無不異之。

六日，復同仲賢、亨兒，又益以曹甥弘宇，造范氏廢圃。賃房者他出，曹甥與之通家，呼童開楗，叱令掃除供茶，無不如意。因入墨兵齋拜石洲，登桂臺觀，亦蘭亭引流屈曲處，甚有荒蕪之感。以主人方議棄之，兒子固勸余營爲菟裘，乃躊躕觀之耳。

七日，客持示沈石田泛湖小景。筆極疎簡，而渺瀰之勢，如在目前。有題句：「歸程迤邐出城東，春水重湖渺渺中。雙眼儘明無物礙，一舟故在覺天空。鳥邊山閣將西日，棹尾波催向北風。喜有許詢同此快，笑憑杯酒吸雲虹。甲辰仲春六日，歸自吴城，與國用方舟而行，道自楊湖，蓋取便風也。湖中即景爲畫，即畫爲詩，發國用一笑。石田沈周。」

八日，夜夢勺武林兔兒泉烹茶飲之，甚甘。成一絶句云：「每向洪爐撥紫煙，要將行業證茶仙。兔兒暗滲方諸水，不數仇池九十泉。」

九日，爲譚平叔繪扇，作《溪山深隱圖》。綴一律云：生來骨相落溪山，松作蒼髯石作顔。吐語忽驚春瀑下，挂瓢時惹曉雲斑。懸崖墮菓煩猿拾，絶壑迷笻信鶴還。偶爲修琴到城市，獨歸又見月初彎。

十日，雨。購得周東村《梅村書屋圖》。勁豪燥墨，純是骨氣，絶非東村平日伎倆。

十一日。

十二日，雨不歇。門人許覺三〔九〕從林屋回，攜得護法泉見餉，適歙友吴存吾以手焙松蘿茗一裹寄惠，點試，良妙。

十三日至二十三日，復以目眚故，束書廢點閲。有金華吴寄玄者，自稱吴玄鐵猶子，得異人術，雖目睛毁者，服藥亦可復生。余駭其言，未敢信也。過其寓樓，見書一聯於壁云：「三氏不可説道，通都委巷，唯邀瓦片子劇談；一編無何有書，白晝清宵，常隨鼻息孔朗誦。」不知何人語也。

二十四日，武康人載石四十枚，大者如蹲獅，小者如伏狸，易米以去。余聚之美蔭軒庭中，朝夕環步其間，稍掠山壑氣味而已。

二十五日，招秀邑葛丞飲。葛，彭澤人，與余有舊。

二十六日，史全甫攜示王叔明《園林清賞圖》、周東村《潯陽送客圖》。

二十七日，細君誕日，兒女稱觴。紅白蓮與葵榴盛開，内戚數人俛仰竟醉。

二十八日。

二十九日，仿王叔明筆意，寫《松崗獨坐圖》。有題句：「孤亭冷光翠，松路秋苔生。野老午飯罷，信步來行行。衣破挂石角，履穿刺藤莖。嗒焉拊膝坐，聊復娱閒情。側耳幽澗響，注目遥峰明。安得千丈流，濯我冠上纓。」

晦日，熱甚，俄大雨。

六月朔日，率婦子稱家君之觴，有歌舞。夜得雨，爽然。

二日，門人許覺三再致悟道泉一缶、包山茶一裹。泉爲宋慈禪師卓錫出之，東坡諸公飲之而甘，以爲不在惠麓下。人畏震澤風波，棄置不取耳。茶味較伏龍爲勝。

三日，同石氏考鴻〔一〇〕昆季過汪玉水齋頭。閱商鼎一、文鼎一，俱青翠徹骨，可愛。趙子昂唐馬，未真。文衡山《夜泛赤壁圖》，陳白陽草書賦，俱真。又陸五湖《覽勝圖》，筆意仿子久，而秀潤異常。五湖畫不多見，益覺知希之貴。又項子京爲三塔僧鑒慧作《行脚圖》長卷，蕭灑秀逸，與元徐幼文、曹知白相頡頏。自子京没，而東南繪事日入繆習，嗜痂者方復崇之，甚可歎也。一時讙譁之口可以簧鼓，千古目豈盡可朦哉！

四日，客攜示吕洞賓贈沈東老絶句石刻真蹟。字形頗怪異，然當時書壁用榴皮，未必可摹入絹素。豈善草若蘇滄浪之流爲之邪？有顧舍人跋：「吕洞賓先生於有唐貞元间，少聰敏，日記萬言，矢口成文。至咸通間，三舉進士不第，因遇鍾離雲房先生，授以仙術。道成，别其師，誓曰：『必修功立德，方圖昇舉。』於是遍遊人間，隱顯變化，迨今凡幾百年。至宋熙寧間，遇湖州東林沈山，作此詩。今萬曆己卯，余奉使滇南還京，偶獲此墨蹟，觀其鄰字之奇，不字、東字之結構，雖釀字之顛縱散盡爲收，書字之神化，非仙家變幻者不能。況先生去顛、素不遠，盡得其草法，又加以天然，故超古今也。與余家所藏張長史《蘭馨帖》，王文恪公家《四絶句帖》，陸太宰家《煙條帖》，又若陸太宰家懷素《自敘》《夢遊仙姥》二帖，目睹草聖真蹟，乃知此帖無一毫不中矩度，豈非仙家變幻而然邪？ 太原王壽之爲余摹，仲兄汝脩出古石，金閶施復春刻龕於玉泓館之松院。武陵顧悦義敬識。」

五日，得前太守長谷吴公書，又得江州門人吴天錫書，寄余青東磁花罇一。

六日，朱生攜卷軸古玩來閲。有張僧繇《函關積雪圖》、蔣龍江《滚馬圖》、文伯仁《松巖蕭寺圖》。余購得雄精觀音一座，刻爲山巖海浪、鼇頭侍衛，甚精，重五十兩，亦奇品也。

七日。

八日，偶發興畫長幅山水，仿梅花道人筆。題云：「石流寒映目，崖樹密垂陰。赤日不到地，清風時泛襟。好句忽銜口，故人俄上心。久虚洞庭約，理櫂待秋深。」

九日，胡雅竹攜觀《城南小隱卷》，卷首陶南村篆四字，吴仲圭作圖，艾衲道人錢鼒作記，其它題詠數十人，蓋爲陸德明贈也。德明，淞之儒隱，多長者交，家有花竹亭榭，亦國初元末一豪士云。

十日。

十一日。

十二日，購得文五峰《秋山蕭寺圖》。

十三日。

十四日。

十五日，有俗客之讌。

十六日，具湖舫宴客，一登煙雨樓。

十七日，得報，儀曹命下。

十八日，自得儀部之命，曰脩報賀報謁之禮，倥傯無暇。兩目因染風熱，赤腫流淚。醫云此疾戒酒與讀書，酒猶可稍犯，而讀書用勞目精，所深禁也。因誓斷繙閲者兩月，至八月朔日果效。從前事無可書，偶閲書畫，亦不敢札記。其題跋精者，令掌記者録之，别成帙。中間惟七月十一日，合族會祭始祖唐西平忠武王、祧祖宋侍郎忠愍公、觀文殿學士曾伯公於東津里第，胙飲驩甚。與祭者不可無紀，紀之：父伯行，止家君一人。兄弟行，培字培之，龍南縣知縣；原中字君時，國子監助教；在公字□□，旌德縣知縣；日華；衷純字玄白，乙卯舉人；衷奇字藴夫，生員。子姪行，士嵩字小龍，舉人；鏵字仲耳；晋字晝接；廷愷字元朋；明瑞字泰符；華崑字幼玉；士標字霞舉；明岳字青來；可久字緑園；廷鑾字孟鳴；肇亨；光陛字雲卿，俱諸生。是日戴穉賓來，攜示倪雲林墨竹一幅，澹墨脩疏，如不經意者。有題語：「陳郎鼓琴初月明，能向楚人作楚聲。江風動地波撼席，蘆雪撲帳雲棲甍。每驚遠道意慘愴，忽此聚首心怔營。賦詩寫圖以爲贈，比竹貞德琴亮清。至正丁酉十一月五日，余友陳兄惟允偕愚隱、長和過余旅寓，爲余鼓楚詞一再行。因寫墨君并走筆賦長句以贈，時夜漏下二刻矣。筆研荒落，自愧草草，惟允當有以教我也。邬瓚。」午過高如晦莊居，出觀古研數枚。内一斗研，縱尺有二寸，横尺，色如遠天，叩之若磬，諦視，紋作風漪細浪，佳品也。客指爲歙，余定爲端。又方幅雲山一，無款，有印記曰「三山漫隱」，意其爲方上清邪，抑三峰遁老也？

八月一日，夜移舟，宿會龍橋，將爲平湖之行也。

二日。

三日，辰刻，弔盧明府太夫人之喪。

四日，客攜王叔明《雙梧草堂圖》來閲。不作大山，而籬脚有蜀葵、雞冠之屬，園林景也。有題語：「坦然黄先生，古之所謂獨行士也。捐産攜家避地於汾湖之濱，結廬於蘆溪之旁。有碧梧翠竹，奇葩異卉，日與句曲張貞居、雲間陸峻之往來其間。扁之曰『雙梧草堂』。叔明友兄作此圖，姚彦卿補先生小像於其上，余遂詠贊短章。其詞曰：『以汝爲西家愚夫耶？其目炯然。以汝爲北禪逃客耶？其心坦然，其氣浩然。冠黄冠之卷然，服野服之翩然。結俠客而青萍在，收異書而黄金捐。飢飯胡麻之粒，醉巢雲松之顛。吹桓伊之鐵笛，歌長丘之青天。不知者以爲人間之癡漢，其知者以爲地上之行仙也歟。逸民喬宗拜贊。』」

五日，葉生攜雲林竹枝評閲。有題語：「子中高世士，脱帽著黄冠。我厲冰霜節，虚心共歲寒。己酉初月十日，瓚寫竹枝，贈子中陳君并傳。」

六日。

七日。

八日，大雨雷電。

九日，沈倩處借得蘇文忠《春詞帖子》手蹟，細玩，乃董氏《戲鴻堂帖》中所刻者。婉逸沈頓，《禊帖》之變也。有諸跋，乃《鴻帖》所無。

「右文忠公在翰苑所進元祐三年春帖子詞副本也。公嘗以示鄉貢誰氏子，乃流落人間。余東游湖海，偶得之，惜闕數章。而公手所更定，墨色猶鮮也。嗚呼，二聖以先志起馬、吕諸賢付以政，而中國奠安，四夷悦服，氣象一何盛哉！方其爲熙、豐，安知有元祐。及其爲元祐，又安知有紹聖。見遠識微之士，必將有感於斯也。巴郡税與權拜手謹書于建鄴議舍，嘉熙庚子冬十二月。時有詔以明年爲淳祐云。」

「元祐治象，熙然如春。坡翁是詞，端本于宫壺積慶之厚者。視周家《思齊》《關雎》等詩，千古一轍也。其間數章闕焉，安得起老仙健筆而補之。淳祐元年春望，潼川王辰應謹書。」

「人臣幸得致身清燕之地，以文藝事君，所當述古義，寓規諫於詠歌誦美之中。漢武好文，大進能言之士。東方朔以滑稽名者，而時直言極諫上，帝用之。司馬遷世爲史官，乃自謂文史星曆，近乎卜祝，主上以倡優蓄之。帝非庸主也，奈何不以滑稽忽朔之諫諍，乃以倡優待遷之文史？豈朔能自貴其所賤，而遷不免自賤其所貴歟？然則士之以文藝致身者，亦當知所戒矣。唐人崇尚翰苑，恩禮獨異。而專事詞藻、習爲容悦者頗多，求其上不負天子，下不負所學，未有如陸宣公之懿也。國家列聖，俱重文翰。而脩身齊家，又皆循古法度。故凡爲文墨議論之臣，皆知約之以禮。東坡先生所書元祐《春帖》一卷，在帝閤，則有『下寬詔，憂民瘼，籍田重穀，玉關受降』等語；在后妃閤，則有『清心省事，讀書下帷，侍女減珠翠，貧民得袴襦』等語。大抵欲使富貴逸樂之鄉，能知勤儉艱難之意。洋洋乎真得宣公之遺者！此可以爲百世法。迪偶以末學待罪玉堂，税君持以相示，可謂善教我矣。卷内帝閤缺第五首後二句，六首全章。太皇太后閤缺五首并第六前二句。如取元文書續之，以便觀者。《群玉堂帖》中亦有此刻。君其摹本補亡，乃畢能事。淳祐癸卯中和節，清江曾宏迪謹書。」

「考文忠公此詞，蓋鬼章釋縛之始，故有『玉關受降，君長來賀』之句。且以邊庭無事，詞臣進詩，方將開太平盛觀。然玩其言旨，詠籍田而布宣德意，紀藾館而推本風化，切切焉惟農桑是務。大國不幸而因師旅之後，可不爲根本慮乎？此坡仙微意也，有諷諫之義焉。公在翰苑僅逾年，以俳優縱横詆而攻之者，與此詞適相後先。雖泰陵恩禮不衰，明年公請外矣。是又歎正人不能久於位也。淳祐癸卯夏五中澣，番陽黎安朝拜手謹書於淮海官舍。」

「玉堂中著此老，當此時爲此詩，而猶有憂民未解顔之語，猗歟盛哉。淳祐改元二月既望，郯亭李曾伯。」

「成都所刻坡帖中，有《春帖子》一卷，疑即此也。它日還家，容閲實焉。尤焴敬題。」

「公以元祐元年九月丁卯爲翰林學士，二年秋兼侍讀〔一二〕，此帖乃十二月五日進也。時中外之局面方更，諸賢之根脚未固，公憂盛危明，惕焉不能一朝安，故雖文藝間亦不忘規飭之意，如憂民、受降、克己、讀書等語，真有得於主父譎諫之義。或謂公之文俳優縱横，可乎？漢儒靡麗之詞，勸百而諷一，君子猶少之。唐燕、許以大手筆日侍清燕，徒能鋪張朝覲封禪之盛，規戒何有哉？使其閲公之詞，當愧死矣。淳祐三年夏五，合沙林存端拜書於淮東制幕。」

「仁皇在御，覽歐陽公所進《春閤帖子》，篇篇有三思，歎曰：『舉筆不忘規諫，真侍從之臣也。』坡仙蓋公弟子，宜有是，使人益有感於慶曆、元祐之盛際云。淳祐癸卯中元日，豫章胡逸駕拜手謹書。」

「右蘇文忠公擬進《春帖子》副本，爲真蹟無疑。至於憂愛懇切，詞寓規儆，讀者猶可想見其風節。按公於元祐元年十一月擢居詞林，距是纔一載，已爲群邪攻詆。明年，上疏乞外補。又明年，出守杭州。自古君子小人消長之際，可以觀世變矣。元祐之爲紹聖，良有以夫。延祐改元七月十又一日，蜀後學鄧文原謹題。」

「文忠蘇公抱負奇節，平日愛君之念，每見於筆墨議論間。況當元祐，職在詞科，擬進《春帖》，宜其安不忘危，儆戒猶著。然不得久留於中，遽爾補外者，事勢浸殊，而君子之道微矣。時乎怪哉。後學張友賢謹題。」

「右東坡墨蹟一卷，當與《温公日録》中所載《春帖》同觀，皆寓規諫之意，有唐虞儆戒無虞氣象。靖康後，諂媚成風，晦菴謂『今之箋表，是臣諛其君』，良可爲世道歎也。秦後學張槙謹題。」

「元祐文忠任詞職，毅色正言古遺直。農占蠶兆九處三，宫壺春吟存楮墨。周公惻怛陳艱難，無逸豳風但耕織。豐鎬瀍澗遥相望，八百餘年終不忒。陳橋推戴出俄頃，安得累積同先稷。愛人忍詬戢兵端，舍己崇儉優民力。弭災銷變一以誠，三百年餘傳玉食。卿林相業富賢良，講席諫垣多道德。通都達宦固廉貞，遠縣小官尤謹飭。君子皓首畢典墳，野人黄馘常稼穡。祇今真蹟落世間，象軸鸞褾嚴設飾。先正已遠不可追，空使孤臣淚垂臆。永康胡長孺。」

「好學神孫類祖宗，又安知他日紹聖之誤乎？今觀《春帖》，却思宣仁社飯語，至今使人悲。此卷乃税巽父家物。巽父學於鶴山先生魏文靖公，有師友雅言行於世，記諸此。延祐丁巳季春廿三日，高郵龔璛書。」

「殿閣位次《春帖》，自歐公、涑水之後，惟有坡老。因頌寓規，不但求工樂府而已。坡老欲以秦郎供帖子，豈非以其才調宜用於此邪？少游不歷此官，莫知工拙。周美成亦有才思者，代内制《春帖子》卅首，率平平無奇。及讀楊庭秀詩云：『玉堂著句轉春風，諸老從前示寓忠。誰爲君王供帖子，丁寧綺語不須工。』劉潛夫嘗充襮直，恨不得當筆措詞，以續古人。使果楊、劉爲之，又不知能如坡否？若徒緝綺諛説之詞，則在太白《清平調》，王建、和凝《宫詞》下風矣。予曩年在道宫見一本，文雖完而字頗肥，不及此軸遠甚。噫，元祐往矣，咸淳而後不見《春帖》者四五十年矣。黄金臺下，白玉堂中，今揮翰手，代不乏人，太平典故，行當拭目。錢唐淳祐遺民仇遠謹書。時與四明戴仁長、僧本暢同觀。」

「蘇文忠公文章翰墨稱妙天下。今觀此卷，光采動人，儼然一段承平古意。諸公題品在前，真稀世寶也，夫復何言。延祐丁巳季冬廿三日，錢唐馬臻謹書。」

「東坡風流儒雅，照映當代。流落人間者，不過文章字畫之妙耳。然世所寳玩，愈久愈珍。曾見此帖，使人嗟敬。不意今日得觀真蹟，可謂平生幸遇。方今朝廷崇文重道，賢士匯征，必有人才間出。若此老置之玉堂中，則其忠懇切至見諸文章，亦餘事也。延祐四年季冬廿三日，杭城孫衍敬書。」

「坡老忠義激烈，得之於天，故出語便有愛君憂國意，不特瓊樓玉宇詞也。今觀其《春帖》稿，箴規儆戒如此，皆自其肺腑中流出。夫豈僞爲者哉？李資深捃拾詩句，曲爲箋注，欲以謗訕入其罪。此老豈有是心，天乎冤哉。寧無人心，理固不足怪。宣仁賢智不世出，號爲知人者，面諭黄門數語，亦爲貝錦所惑，何也？上下數百年間，能幾元祐，而公論抑鬱尚如此，何責哉！是事且置，予於此藁凡見三本，而此本最真。蓋其早年筆力未老時所書，微欠瘦勁耳。但第二紙是後人臨補，似反爲此卷之累。天亦何損，宋名賢如蘇、黄、米、蔡，片文隻字皆可寶，何必添蛇足哉？延祐丁巳嘉平日，北村老人湯炳龍題。」

十日，家君患腹疾。初燥結，已又洞泄。自此至廿一廿二日，視溲便疏數。雖每夜月色佳甚，不知也。亨兒自此月之四日，往華陽禮茅君，至十四日回。傳聞江北大蝗，至丹陽衰減，入姑蘇界乃絶。

二十三日，沈伯遠攜所藏元華祖立畫玄元十子像，吴炳摘寫各傳，精品也。首幅直書漢延熹八年己巳陳國苦縣老子祠陳相邊韶撰碑，文字大小如《黄庭》，而體兼歐、虞。其後關尹子、文子、庚桑子、南榮趎、尹文、士成綺、崔瞿、柏矩、列禦寇、莊周，俱節書莊、列書中語，筆法酷摹褚令《哀册》。幾至奪真。吴炳書不多見，何所造絶乃爾。不知趙魏公當時曾得一鑒賞否？前幅有張伯雨小楷題語二行：「延熹，東漢孝桓帝八年乙巳，至十年丁未改元康，今書誤作己巳，宜正諸？句曲張天雨謹記。」總款云：「泰定三年三月，特賜泰定虚白文逸明德真人大宗師，命吴炳寫傳。」有諸跋：「粹德真人眉叟王公，道純德美，爲世宗師。欒吴興山水清遠，創開玄真館德清山中。金鼇峙其前，玉麈負其後，龜溪環遶其下。花竹茂密，草樹葱蒨。道宫琳宇，鮮克與儔。文逸真人孫公大方，自汴朝元宫緘寄華君唐卿畫老子等十子小像，徵君吴産暉各書名氏於其側，可謂二妙。真人將刻石以傳，求紀其實。昔漢張叔圖七十二子等刻於成都石室，歷代以爲盛事。唐卿之畫，彦暉之書，鑱之琬琰，獨非他年盛事乎？真可比跡石室圖而傳也。至順四年龍集癸酉〔一二〕三月望日，湘中劉致書。」「吴興趙榮禄，早歲爲谷真人製十子圖傳，書畫入妙品。既摹上石，好事又鋟於木。畫則異乎其爲，傳增長語矣。此本蓋天遊真人得傳於本者。畫師唐卿潤色之，學士吴徵君書，皆有法。始傳夷門數千里，乃今計籌土壥，并藏真蹟，亦異哉。元統甲戌春二月清明日，太上弟子茅山張天雨謹識。」「静嘗讀老子書，有所謂『載營魄抱一，能無離乎』之説。蓋嘗妄意以爲亦猶《書》所謂『哉生明』之義乎？營，猶生也，先儒謂老子得《易》之體。夫《易》陰爲體，陽爲用，陰退而陽進也，匪退無以基其進也。哉生魄者，藏用而存體歟？故曰抱一能無離乎者，存體之謂歟？伏觀天遊大宗師所珍玄門十子圖，因管窺而書其後。初春，道士楊静頓首題。」

二十四日，從汪玉水再假過《石湖春曉卷》展閱，録得彭隆池《冬遊石湖記》：「吴中山水之勝，大而遠者曰洞庭，小而近者曰虎丘。大者險，小者陿。若夫遠而夷，近而曠，兼大小之勝者，曰石湖。故洞庭非好異貪奇者弗之，虎丘則軒冕綺縠之所萃。大夫士清修雅尚者，多爲石湖之遊。余竊自慶生長太平，又適與父執諸老與二三君子辭榮故里，每良辰令序，未始不游，游未始不之石湖，而亦未始不攜杖屨以從也。今年夏四月十有三日遊焉，儀制陸公子傳謂予曰：『錦繡山川，夔龍人物。香山洛社，何以加諸。盛極必衰，恐難常也。』時海上雖用兵，尚無門庭之禍。越十日，賊遽深入，掠婁葑二郛，五宿乃去。六月四日，賊再至，焚戮金閶，壞萬餘室，邑里蕭條，人跡久絶。而去從石湖溯浙，幸其意亟，一草一木無犯焉。然遊事遂少，軍城晏開，干戈載道，雖欲繼往，不皇暇也。蠟月十有六日，偶與周君公瑕、袁君魯望、張君伯起、沈君道徵有事湖上，宿楞伽僧舍。既而納言石川張丈自崑山至，秋卿補菴華公自無錫至，明伯、存叔兩文學侍焉，開户呼酒，數酌就寢。翌旦，遂偕諸公步自行春橋謁范文穆祠，覽觀音巖，經茶磨山，抵治平寺，觀新發越公井。松下少憩，肩輿進道，歷紫微村，上上方嶺，涉吴山之西麓。南望太湖，雲濤煙嶠，隱見於空濛杳靄之間，夾路梅蕊雪英，芬芳飄灑，而風不甚勁，略無寒色。魯望攜具盧侍御園小飲而反，補菴乃啟泛舟之宴。湖光山色，風帆沙鳥，遠落天際，近拂几席，羽觴飛浮，麗唱賡和，可謂極臨眺之娱，窮賞心之樂矣。華燭屢跋，雲月微明。諸公乘興，復席圮上，酒酣樂極，感慨繫之。望郊臺則憤闔閭之僭竊，瞰越溪則偉句踐之刷恥。又竊怪夫吴士之輕揚剽鋭，勇冠荆楚。古善用之，則争盟中國：，今不善用，則受侮島夷，何古今不相及也。華公則曰，兹游擅山水之奇，免風波之懼，領泉石之趣，謝登陟之勞，良朋萃止，詞客滿座，邊烽晝警，此夕稍息。不唯得天之勝，而人之勝兼有焉，烏可無述哉！於是諸公賦詩，陸公繪事，俾予記之。時方多艱，後會難卜，余恐他日之視今，又若今之視昨也。故追念陸公之言，以識兹游之不易得。嘉靖甲寅蠟月既望，隆池山樵彭年識。」

二十五日。

二十六日，過蕉雪菴張霄函讀書處。霄函出徐潤卿雨景求題，蓋其得意筆也。率爾應之，題云：「晴窗醒眼忽糢糊，細竹荒蕪是何處。石亂不分界道泉，雲多難辨臨崖樹。陰陰漠漠最愁人，良久似聞鳩獨語。我歷江湖二十年，巴陵洞庭乃如許。客聞大笑云不然，徐翁筆端有秋雨。」

二十七日。

二十八日，治往武林之裝。夜泊斗門。

二十九日，至崇德。舟中買得黄、紫雜菊數本。

三十日，至昭慶敏公自恣堂。松江楊石間同年之子名汝豸字元憲者寓焉，因相過談笑。

九月一日，謁僉憲王弘台公。公辛丑進士，名應乾，淮安睢寧人。初任太康縣令，與余同官開封，又同治河，交最媐。每見必談中原舊遊。公喜長生之説，自云有得，以近日朱海瀛爲偏於清静，彭齡者偏於彼家，必兩者兼到爲得。午刻，弘台來報謁，饋廩餼，招飲。

二日，爲主僧書禪味樓扁。有餘墨，因作小景。有題句：「霜氣入林呈紫翠，煙光浮石渾清蒼。人家遠隔重雲外，正見秋江落日黄。」是日，無門洞搏得一虎。夜招楊元憲飲，二鼓别去。

三日，求書扇者坌集，皆趁筆應之。止記一律一絶：「小憩協余意，塵囂半破除。窗虚墮鳥影，簾静罥花鬚。帖展行行玉，詩成字字珠。松陰疎薄處，且了讀殘書。」「胸懷貯海口懸河，觸著風生浪捲波。五岳行遊應已遍，大還消息竟如何。」此贈金華吴寄凡者，寄凡喜大言，故及之。

四日，報謁同年楊侍御淇園，因閲市，購得鍾紹京楷書五經殘帖。又宋人牡丹詩帖，白定小甌一，成窯碟二。俱妙。

五日，往辭弘台，不可，訂以六日。午餘，同敏公步至吴生房，出觀周叔懋名官者十八羅漢像卷，極古雅，有梵隆之風。文衡山、王雅宜跋之，不及録。又出觀柏癭瓢藤根如意，皆磨瑩發光，可愛。

六日，弘台張具昭慶後殿，同席者凌太守登名、姚少卿文蔚、吴郎中大山。是日薄暮，又搏得一虎，爪傷三人。

七日，辰刻别寺僧，解維。夜泊唐棲。

八日，午刻抵家。齋中籬菊二十餘種爛然矣。

九日，西華舊役偶在京接余憑，送至，有馮令君書，暨邑中士友起居狀。余一一條答之。

十日。

十一日。

十二日，長興姚姓者持卷軸至，有不全《太清樓帖》九葉，蓋華樵者題之，不知何人也。右殘帖九葉，皆大令、羲之書。定爲《太清帖》中所有，然不必計也。兵革四十年，真本贋本皆煨燼之末，今見石刻一行半段，皆當惜之，文中持此求跋，當是知此者。「雙峰互深碧，遥岑直其傍。幽溪帶晴坡，秋葉還蒼蒼。地偏人自寂，豈謂川無梁。放舟者何人，一絲弄流光。濯纓吾所諒，無爲問滄浪。傅瀚。」長興人又有沈石田青緑山水。自題云：「秋江直如弦，秋空浄如沐。秋樹著微霜，新紅變殘緑。老漁操小舟，持此一竿竹。消遣歲月間，豈但爲口腹。放歌人不知，青山豁我目。沈周詩畫。」

十三日，舟往濠股塔看菊，作詩貽主僧：「遶塔散花女，弄影入秋叢。衣摇金絡索，鬢掩玉巃嵸。色重栴檀雨，香分薝蔔風。欲參破顔意，特地叩禪翁。」

十四日。

十五日，往夏湖蕩省沈倩。地近汾湖，擘蟹最妙。夜，月色如晝，四顧皆水，蘆葦蕭然，真水一方也。沈倩出觀宋搨《聖教序》，有姚丹丘跋語。

十六日，飯後解維，午刻抵家。

十七日，客攜示倪雲林《東郭草堂圖》。筆法鬆脆，如李龍眠《蓮社圖》。於陂石下作城堵一灣，亦一奇作也。有題句：「東郭誰爲友，毛穎與陶泓。有客附書至，云是楮先生。潔白中含素，温柔表至精。愛此風林意，更起丘壑情。寫圖以閒詠，聊寄草堂盟。甲辰十月念又七日，爲仲遠徵君作《東郭草堂圖》，并賦此詩。雲林子。」

十八日，徽人攜卷軸來，有唐伯虎《獨樂園圖》。作高梧峭石，竹屏遶之，翠蔓纏絡可愛。一老獨坐茅堂，静謐恬愉，其司馬文正邪？又有沈石田《桃花書屋圖》。重巖疊嶺，屋在半崗，緋桃夾之。下有赴壑奔流，上有捎雲密樹，蒼崕奇秀，董北苑的骨也。題句：「舊有讀書處，桃花深雨中。人歸髮未白，春好樹仍紅。富貴浮生外，弟兄我道同。眼前千謝令，屋下兩陶翁。奉羨賢□□昆玉高尚故迹，因舊所作圖題之。丙午，長洲沈周。」「昆玉」上有二字摩去。

十九日，屠生以玉凌茶一樹見貽，素葩紛如雪片，兼有奇香。

二十日。

二十一日，胡敬竹攜示沈石田《枯柳沙坳》，筆韻蒼辣。填一詞《柳梢青》：「十丈枯槎，長身兀兀，一半欹斜。水洗孤根，風揺瘦影，月挂殘椏。煙江渡口渠家，宿幾度、斜陽暮鴉。著意青黄，無心雨露，老大何耶。右寄《柳梢青》，圖而賦之，將以自況云。沈周。」

二十二日，購得靈壁小石山一座，凡具五峰，而嵌空穿溜數十處，皆有洞穴谿隧之形。余置之研間，恍如與米老相接，出其袖中球珞也，喜甚。

二十三日。

二十四日，陳眉公先生來，以所刻《晚香堂蘇帖》相示。

二十五日。

二十六日。

二十七日，連日讀《中峰廣録》，見其得高峰和尚之道，縱横恣肆，而所握極精一，乃至決不流至第二念，英雄哉。

二十八日，出謁郡大夫，勸余駕。

二十九日，沈翠水引松江超果寺僧攜示倪雲林小景，題曰《春林遠岫》。有題句：

「余既爲子英徵君寫《春林遠岫》，又書所賦《閒止齋詩》其上。義熙陶處士，閒止日逍遥。吾子亦癡絶，懷賢長詠謡。茅齋開甕牖，鳴禽變春條。余心適復爾，聊以永今朝。至正廿七年三月，在蕭閒道館中作。時于子中、王叔明同集。」

十月朔日，聞鵡湖養白兄訃。

二日，往哭養白兄。夜宿舟中。

三日，午刻抵家。

四日，戴穉賓攜示石田仿吴仲圭《竹巖清霽圖》，雄渾可喜。有題句：「醉墨淋漓興未闌，滿堂煙靄坐來寒。道人不記梅花勝，仙骨全偷董巨丹。成化辛丑春社日，爲楊學士摹吴仲圭《竹巖清霽圖》并題。沈周。」

五日。

六日，方樵逸攜示錢舜舉《仙弈圖》。有題語：「仙人好弈，消閒日也。居中者鬼谷先生，右黄石公，左徐公。此卷乃楊庭光筆，想唐人畫入神品。余留太湖之濱，愛而擬之，且作歌曰：大丹蜕骨兮成真仙，安知陵谷兮多變遷。文楸一局兮幾何年，緜緜難老兮全其天。霅溪翁錢舜舉。」

七日，淞陵人攜卷軸來。有王孟端山水。層巖疊嶂，筆氣淋漓，而稍帶文弱，徐幼文、曹雲西之流亞也。有題跋：「萬古山川一鏡開，層層疊疊見樓臺。雲隨曉月風前墮，鷗逐春溪樹裏來。兩岸落花人蕩槳，半汀殘雨客銜杯。寰區何處有此地，物外四時無點埃。豈但右軍多筆法，要知黃石是仙才，奔灘觸浪飛赬鯉，絶壁凝嵐護翠苔。玉室金堂疑太華，紫芝瑶草憶蓬萊。相看六月不知暑，一榻清風真快哉。吾弟孟端三餘之暇，頗工畫，高出人意表。黄君叔洪，吾之至友也，書無不讀，即醫卜耕稼之藝，亦用心焉。今觀孟端爲叔洪畫此圖，筆法高古，用意精深，一幅之中，衆妙咸備。豈二人道術相忘，不求工而自工邪？二君好古志趣，亦足多矣。洪武丙子，耐軒居士王達識。」「前山後山蒼翠深，大樹小樹寒蕭森。不知何處打魚者，日暮泊船溪水陰。鼇叟。」

八日，閶門人陳禹玉來，以十八娘乾荔見貽。

九日，往相湖，送工部陸澹園之喪。

十日，邀賀孝延、史仲純、沈子廣飲殘菊下，俱醉。

十一日，客攜示陳白陽小景。上有題句，甚麗，題云：「象牀凝寒照藍笥，碧幌蘭溫瑶鴨靜。東風吹夢曉無蹤，起來自覓驚鴻影。彤簾霏霏宿餘冷，日出鶯花春萬井。莫怪啼痕棲素巾，明朝紅嫣鑿作塵。春日遲，春波急，曉紅啼春香霧濕。菁華一失不再及，飛樓北望眼花碧。樓前柳色迷城隅，柳外東風馬嘶立。水中荇葉牽柔萍，人生多憂亦多營。右和倪徵君《江南春》詞并圖，陳淳。」

十二日。

十三日。

十四日。

十五日，久晴，得小雨。

十六日，客攜示錢罄室《林泉圖》，甚有子久蒼秀疎落之氣。有題句云：「六十年來鬢未絲，優游林壑澹無爲。青山滿户尊盈酒，此是君家得意時。小詩拙畫奉壽民望隱君六衮，錢穀。」

自十六日至三十日，凡半月，日治田租，事無可書。

十一月朔日，購得國朝諸名公手蹟一卷。首沈石田《送林郡侯雨中寓雙峨僧舍》一首，録奉存道先生博和：「雨氣津津薄火篝，故人喜〔一三〕會破僧樓。短窗紙脱風吹硯，高閣雲沈漏咽籌。病爲郡侯嫌少出，老於工部坐多愁。天晴明日還歸去，棲畝吴粳尚未收。侍生沈周拜。」「萬國欣逢天壽節，小臣恭拜嶽陽城。桂旗摇曳東風起，樓觀參差北斗平。嵩嶽山呼瞻黼座，雲韶九奏想神京。府公舊是鵷班侣，此日能無戀闕情。舊作録似博和，應楨拜石田先生高士。」「曾誦坡仙有竹篇，此君相對意翛然。聊脩故事開三徑，賸有清風繼七賢。白日布陰金瑣瑣，碧雲洗雨玉娟娟。自家食肉原無相，且得胸中著渭川。丁丑三月雨中書，徵明。」「細雨斜風日釀寒，江南原隰水漫漫。黑雲出岫迷千里，白鷺呼群占一灘。野老惜春徒爾耳，好花欲秀亦應難。孤威猛勢人驚虎，避路無言白眼看。友生仲和頓首再行。」此詹仲和景鳳筆也，行法雄快絶妙。「孤墅倚高原，扁舟晚到門。琴聲虚草閣，月色滿沙村。霜落魚蝦出，煙收花竹繁。不須燈下坐，臨水好開尊。右友人郊墅一首。枕席錢塘館，更時未北還。每當身作客，轉覺意能閑。雨氣横秋海，潮聲入夜山。道人看默坐，應笑鬢輕斑。右錢塘玄妙觀作。枝山祝允明。」此楮草法縱恣，而廉肉相副，在文皇、大令閒。「昔誦北山文，今棲鶴阜雲。秋林時夜嘯，天樂忽空聞。弟子胡麻薦，頭陀罽席分。那知江海客，不亂衲衣群。雅宜山人王寵書于石湖草堂。」「古洞疑龍宅，雲深不可遊。水涯晴亦雨，石榻夏如秋。新月鈎初上，輕霞幕欲收。珠簾中坐久，風露入杯稠。右乩仙自稱何仙，書贈王西室考功者，西室録以示余，余粘之齋壁。夏口仰竹太學枉顧，見而愛之，遂轉録奉贈。嘉靖甲寅五月，吴郡彭年識。」「辛亥七夕，與子庸過劉園，見玉蘭盛開，因賦詩紀異。就邀子庸同賦。玉蘭常自春風見，此日真從七夕看。瑶碧差差雲葉長，璚葩冉冉露華團。已同玉樹三枝秀，不是梨花九月寒。史筆紀祥吾豈敢，一杯聊爲爾盤桓。十八日，嘉具草。秋石一小盒奉上，并望目入。」《月中步雪分人字》：「月如皎鏡雪如銀，一片寒光兩映人。天路向明寧讓曉，瑶花先發已偷春。風來飄舉聊成馭，步入清虚不染塵。餘興夜深猶未盡，倏然鶴氅望丰神。」《賦得雲母屏燈分塵字》：「裁成雲百疊，製出月重輪。光滿將争晝，冰輕已向春。水中蓮作炬，鏡裏玉爲人。願使分餘照，毋令委暗塵。右上禹門兄。少嶽山人淇稿。」

二日，久晴得微雨。

三日，雨。

四日。

五日，吴邦爲攜示張靖之先生《秋林落日圖》一小幀。筆法渾厚蕭澹，全法范寬氣象，悠然物外，高品也。有題句：「松下題詩落日間，秋風獨上五雲山。林深未見賡吟伴，船在寒蘆野水間。丙午秋九月，靖之爲張用弘畫并題。」

六日，奠程邑丞之父少湖翁，彭澤人也。以余舊理江州，稱通家焉。翁爲徐州判，治水有功，陞陝西西寧州州同，高致不赴。

七日，胡敬竹於院前擺攤鋪持卷軸回。有鈎填米字《葛忱叔帖》一本，不佳。末綴祝京兆《與妹壻帖》，却妙。秀爽〔一四〕精煉，熟中有生氣，大似蔡端明。「京回，未及走謁。逕白：今日老母生辰，專煩遣舍妹歸一拜，早晚即還宅也，況僕亦相别久矣。小女亦在舍，以此相邀，惟情照，萬萬。初十日，允明頓首在埜賢妹丈侍次。」又文五峰寫湘君湘夫人像。上楷書《九歌》二段，細如粟粒，仍作小行書題語二篇，迺《離騷》《九歌》

之辭也，楚屈原所作。「原被放後，即巫覡娱神之歌，去其鄙俚褻慢者而爲是，皆以事神不答不能忘其敬愛，比事君不合而不改其忠藎。二篇爲男主事陰神之詞，故其情意曲折尤多焉。暇日，既爲秋涵老兄寫二神之像，因復録系之，以爲贈云。嘉靖癸卯冬日，五峰山人文伯仁書。」又錢磬室《寒林鍾馗》。筆氣粗辣可喜。周公瑕題句：「長空糊雲萬里起，不憒成群跳狂鬼。倒提三尺黄河冰，血流蓮花舞秋水。栗竄影黑嚎鵂鶹，飛螢負火明月羞。緑袍烏帽騁行事，礫腦裂腸天亦愁。中有巨妖誅未得，盍駕飈輪驅霹靂。如何袖手便忘機，回首東方已生白。江左周天球。」

八日至十二日，無可書。

十三日，購得國朝名公詩翰一卷。標簽云「籜母子藏」，不知何人也。首沈石田，至項少岳，凡十人。

十四日，方樵逸攜示沈石田《支硎山居圖》。煙林石徑，筆氣雄放，佳作也。有題句：「予作此圖，韓山人不嗔草草，却謂有董、巨意。山人乃具目人，人多信其言，但余自不能知其何如也。一笑。甲午，沈周。」「小隱結茅屋，城西無盡山。一牀雲靉靆，滿地水潺湲。藥籠朝來發，柴門夜不關。時憂鹽米累，蹙額到人間。唐寅。」支硎山人，韓魏公十三世孫名京者之别號。居蘇城三讓里，而以支硎作號者，志其先墓所在耳。成化五年秋八月，南京國子監助教致仕南陽滕塏爲作傳。

十五日，松人攜示倪雲林小景。有題句：「優鉢曇花不世開，道人定起北巖隈。遠山迢遞窗中緑，垂柳低昂水次栽。丈室净名禪不二，三生圓澤夢應回。閑雲野鶴時相過，草草新詩爲爾裁。壬子正月廿日，邂逅芝年講主於婁江朱氏之芥舟軒中。芝年熟天台之教旨，嚴菩薩之戒儀。七遮既净，一乘斯悟。與語久之，斂衽敬歎。因寫圖賦詩以贈，倪瓚。」

十六日，午刻，治杭行之裝。夜泊皂林。

十七日，西風甚厲，牽挽泝流而上，盡日僅抵横里。

十八日，午刻，至北新關。取湖市松毛場路，兩處俱爲米舟阻塞。迨晚始得泊岸。

十九日，謁撫臺劉石間公，乞得馬牌一紙，將遣人齎疏往京陳情也。

二十日，解維夜泊横里。

二十一日，蚤行，抵家一鼓矣。是行，在昭慶敏公房遇兖僧非玄者，云：「五臺山有大白蕈，名白玉盤，生千圍大楓林下，唯六七月細雨後有之，味勝天花十倍，香百倍。所産不多。傍近穴居之僧，自受用地也。」余聞之，不覺爲空嚥者良久。

二十二日。

二十三日。

二十四日。

二十五日，作書寄彭澤王震澤同年。王爲柳州守，有惠績。棄官，歸隱邑之柳林，人皆欽其高致。余以一絶懷之：「松梢明月柳梢風，拋却魚須理釣筒。醉眼不知何處落，小孤雪浪正掀空。」

二十六日，客攜示文衡山《遥林疊嶂圖》。有題語：「居生士貞以縑素請余爲横幅小景，適有人以趙魏公《水村圖》相示，秀潤可愛，因用其筆意寫此。連日賓客紛擾，應酬之餘，時作時輟，更旬乃就。嘉靖癸卯九月既望，徵明識。時年七十有四。」「文太史此卷，蒼古清潤，得文敏位置十七〔一五〕，得子久氣韻十三〔一六〕，生平用意筆也。萬曆丙子九月，與虞山孫七政、華亭顧正心、新安畢竟可同觀於尊生齋中。五湖陸師道。」「乍開卷，恍以爲子久未辨是也。待詔此筆，絶得松雪三昧。非飽歷吴興清遠者，亦不能深賞其妙。吾倦遊矣，安能置一艇其間，作汎宅也，丁丑初夏九日，世貞題。」「萬曆戊寅嘉平月，北上過周公瑕棐几齋，觀此卷，蓋衡山先生最經意也。寶之。嶺南黎民表。」

二十七日，華亭故人周草窗遺其孫鑑字鑑之者來謁。寄余張南安草書虞文靖道園詞一首，有長沙筆法，詞亦華蒨。詞云：「畫堂紅袖倚清酣，華髮不勝簪。幾迴晚直金鑾殿，東風軟，花底停驂。書詔許傳宫燭，香羅春試朝衫。御溝冰泮水拖藍，飛燕又呢喃。重重簾幙寒猶在，憑誰寄，銀字泥緘。報道先生去也，杏花春雨江南。調寄〔一七〕《風入松》。」

二十八日，雨。

二十九日，夜雨達旦。

十二月一日，雪。書一絶扇頭，送莊子儀省親維揚：「雪壓竹枝雲覆地，雀銜梅蕾語生春。寒江有艇横空去，知是揚州載鶴人。」

二日，爲蜀僧性悟作《金剛經貫意敘》。

三日，微雪。

四日，方生引崑山袁姓者以卷軸來評鑒。有劉松年畫雲中君，陳無逸題之：「長松百尺吹天風，仙人憑虛離紫宫。明月挂樹雲溶溶，牽衣獨憩流青瞳。炯若秋水涵芙蓉，玄霜未下珠露濃。桂樹偃蹇山巃嵸，煙蘿空青深太古。薜荔吹香雜蘭杜，渴飲石泉饑瓊蕊。逍遥不比巫山女，朝爲行雲暮行雨。人間回首空塵土，何如丹丘與懸圃。珊然玉珮風泠泠，群仙夜誦蕊珠經。紫金之冠朝玉京，青幢絳節鳳凰笙。蓬萊弱水今清淺，何當從之拾瑶英，一往不死三千齡。天台陳無逸。」又《洪厓移居圖》，錢舜舉筆，古雅有致。袁伯貞一跋，甚詳核：「按《真誥》所稱洪厓先生爲青城仙伯者，與赤松子俱爲神農氏師。此則唐張氲先生，生於隋，一名藴，字藏真，亦自號洪崖，人以爲即其現身云。長七尺五寸，眉目踈秀。戴烏紗，衣紅蕉葛衫，烏犀帶，短靿鞾，攜笻竹杖。所乘白騾曰雪精。從者五，曰橘、栗、朮、葛、拙。負六角扇，垂雲笠，方木鐙二，玄書，木如意，長生瓢，魏惠壺，不注杓。常應開元帝召，欲爵之，不應，辭去。尋乘騾入彭仙煉丹井以化。今考舜舉此圖，貌飾乘從，靡不吻合。而筆意更自超逸。海虞劉以則珍藏既久，出示徵題，漫綴數語於後。景泰二年，歲在辛未，中吕月上澣之四日，會稽袁鉉志。」

校勘記

〔一〕「景」，清抄本作「陰」。

〔二〕「絹」，清抄本作「綃」。

〔三〕「林」原作「陵」，據清抄本改。

〔四〕「外」，清抄本作「前」。

〔五〕「綴」，清抄本作「礙」。

〔六〕自「虛庵寄示」至「王叔明題」，清抄本在是月二十七日條下。

〔七〕按，清抄本下注云：「下遺落不成句。」

〔八〕自「又姑蘇邵姓者」至「茫茫不可呼」」，清抄本在是月二十七日條下。且句末落款「長洲沈周」。

〔九〕「覺三」，清抄本作「三覺」。

〔一〇〕「鴻」，清抄本作「鳴」。

〔一一〕按，此處云蘇軾元祐元年九月丁卯任翰林學士，元祐二年秋兼侍讀學士，是。清抄本作「公以元祐元年十月十二除翰林學士，十一月兼侍讀」，誤。

〔一二〕「酉」，清抄本作「卯」。

〔一三〕「喜」，清抄本作「嘉」。

〔一四〕「爽」，清抄本作「奕」。

〔一五〕「十七」，清抄本作「十之七」。

〔一六〕「十三」，清抄本作「十之三」。

〔一七〕「調寄」原闕，據清抄本補。

跋一

君實太僕云：「近代真蹟零落，得佳臨本，亦自不可棄。」此言甚有會。乃知明眼人，不肯作高世眩俗語也。

石田去成此書時僅百年，徵仲則二三十年前事也，當時已多贋物，何況今日？善乎王虚舟之評書曰：「二王帖，但當論其佳與不佳，不必辨其真與不真。」此有得之言。彼執印記、絹色以校錙銖者，猶刻舟之見也。

近來市賈所售墨跡，多從法帖中雙鈎。而鑒家所刻法帖，又多從摹本上石，輾轉眩幻，幾於罔兩問影。不謂太僕爾時已盛行贋鼎也。太僕言證真固樂，窮僞亦快。余直謂真僞平等，但悦目即爲姝耳。

日華手墨，余曾見之，體雜行草。晋齋手自繕定正本，可謂勤矣。其間誤會筆意，仞作他字，亦時有之。

嘉慶戊寅正月廿二日，寒雨獨坐，剪燭閲此。吾衰已甚，奈何！

戊寅二月六日，小雨重陰，牆隅紅梅正開，小病啜粥，閲此撥悶。晚聞居士記。

跋　二

《味水軒日記》八卷，明李日華君實撰。君實亦號竹嬾，秀水人。萬曆壬辰進士，選九江府推官，補禮部儀制司主事，官至太僕寺少卿。通籍後，侍養乞休者四十年。杜門却掃，所居曰味水軒，日坐其中，以法書名畫自娱。間求養生家言，時或出游，與友朋賞奇析疑。著有《竹嬾叢書》。此日記八卷，起萬曆己酉三月，終丙辰十一月，凡八年，釐爲八卷。手稿藏知不足齋，字雜行草。趙晋齋手録其副，王晚聞復録之，加以六跋。數年前，友人殘本介王頌墀上舍交來，屬爲校印。惜其尚缺卷一、卷五、卷六、卷七，共四卷。去秋，上虞羅子經待詔復以友人所藏全稿畀余。與所得殘本參校，前賢遺著，缺而復完。《嘯園叢書》中有節本，乃其曾孫含潛手寫一百五十五條，雖仍分爲八卷，非完書也。明自神宗季年，廷臣結黨互相攻訐，君實獨潔身引退，奉親讀書，翛然埃壒之外，若有以自得者。是編多寄情書畫，兼及山水勝游，可想見其胸次之高曠。論者僅謂其沈潛風雅，筆墨雋爽，與《紫桃軒雜綴》《六硯齋筆記》相亞，尚未得爲知言也。癸亥中秋節，吴興劉承幹跋。

附録一　版本序跋資料彙編

片石居主人跋 清鈔本

竹懶先生早歲通籍，敭歷清秩，而篤志色養，屢請里旋。娱綵之暇，著述等身。《恬致堂文集》及《筆記》《雜綴》《紀游》《畫媵》如干種久行世，其《蘇逸叢譚》《味水軒日記》等，尚未壽棗。文孫奇峰先生，博雅人也，夙忝世講。嗣君東涯學長，尤辱莫逆。庚戌歲，假閲《日記》八卷，起萬曆己酉，迄丙辰，卷以年分。所載皆讎校詩文、品騭書畫，旁涉山川雲物、艸木盃茗，體制高曠，字句典雅，作家深致，具見一斑。是册蓋東涯先生恐流傳或致遺佚，年躋古稀，手作蠅頭楷裒録之，越三載而成。披覽數四，益慕其孝思恬致，後先一轍。噫，是足多也！哲似天來兄昆玉，丐余一跋，余溯懷已久，何敢以無文辭？并重施裝潢而歸之。夫賢必有後，將見世守，以昭來許。其風雅之醖釀，又詎有涯涘乎哉！乾隆七年壬戌春仲，片石居主人識。

李含漕跋 清鈔本

嘗讀經，有云：「顯親揚名，爲子孫所當盡之職。」然或時命之不齊，或遭逢之不偶，而志有未逮，則亦徒存懸想耳。若既不獲顯揚，而於祖先之遺緒，不能垂之永久，此心何以自安？凡詩文著作，皆心血所存。苟聽其湮没，罪戾良多矣。吾曾祖太僕公所著《恬致堂文集》《六研齋筆記》《紫桃軒雜綴》《又綴》《薊旋録》《畫塍》《禮白嶽記》《篷籠夜話》《琴言閣詩》諸書，祖父輩已梓行世。其未刻者，尚有《味水軒日記》八卷、《挂角録》一卷、《書畫想象録》一卷、《蘇逸》二卷、《檇李叢談》四卷。今止存《味水軒日記》稿、《蘇逸》稿、《檇李叢談》稿三種，餘稿鼎革時散失，僅傳其名。余生也晚，思欲付梓，而力有未能；若置高閣，恐致遺亡。今年逾七旬，手顫目瞶，不得不勉爲校録。其中亥豕魯魚，不無差舛。兹細加訂正，雖老淚腰疼，筆畫欹斜，亦所不顧。爰自辛亥春握管，迄今癸丑秋録竣，仍分八卷，計共七百四十七張。爲之裝訂成帙，以貽子孫，庶不致湮没，亦聊以寓顯揚之萬一耳。是爲之序。時雍正十有一年癸丑秋九月重陽日，曾孫含漕百拜書。

韓熊跋 嘯園叢書本

《味水軒日記》一書，鄉先達李太僕公所著。久藏於駱氏駕白處。駕白名之乘，同邑好學士也。云際髮逆之亂，諸物棄遺，不甚顧惜，獨此名人書籍，不忍聽其同遭灰劫，而攜帶以行，未離左右，故此書亦幸而得存。噫，一書之微，其成敗固有數在焉。不然，熊生也晚，詎能獲睹是書乎？而翻閲之餘，心殊眷眷。思告以借刻嘯園，補入叢書中。非特鄉先達之手澤常留，且可表駱子之心真好學也。杯茗談及，駕白曰善。今將郵寄申江，附跋數語，以志顛末。時光緒戊寅仲冬月，秀水韓熊識。

葛元煦跋 嘯園叢書本

竹懶李太僕，當明萬曆朝，以色養旋里，篤學嗜古，著述等身。此《味水軒日記》八卷，筆意典雅，援據明確，實事求是，無影響談，足與《恬致堂文集》《六研齋筆記》《紫桃軒雜綴》諸書並傳。余得此編，愛不釋手，因爲付之剞劂，庶幾藉廣流傳，亦聊以見先生之高懷逸興焉耳。梓成，爰爲之記。光緒五年歲次己卯夏四月，仁和葛元煦理齋識。

附録二　傳記資料選輯

明中議大夫太僕寺少卿李九疑先生行狀

譚貞默

嗚呼，先生狀何容易！先生以篤孝成品詣，以品詣行文章，以文章學術命天下。跡先生出處風概，固所稱博碩涵濬，君子鉅人也。狀何容易！狀韓公者門人李翱也，而碑誌有皇甫湜，序有李漢，三子錯質而生事略著，匪一手筆能緬縷。玆小子默竟得當吾世而狀先生矣！靜思低佪，自束髮偕嗣君肇亨同學，以父執事先生，奉教制舉業者十年許。既歷落不偶，滅裂帖括，則奉教子史百家、古文辭學者十年許。既通籍進賢，始委贄北面，嚴事先生，爰識誠服，因奉教「世出世間義無義」語，以至邋流碎乘、法書名染者更十年許。迄默螳臂麇轍之年，散髮入山，亡何而走哭先生矣。嗚呼，先生狀何容易！默也疏本嗣君所述行略，參諸疇昔步趨睹記，髣髴百一，詮次信管，以備異日碑碣史乘之采録。翱狀韓公，默狀先生，無敢多讓焉。

李九疑先生諱日華，字君實，號九疑，别號竹懶。九疑者，擬漢武所見九疑山采蒲仙人以托志也。上世寶藏先朝勅一通，歷傳知爲宋承務郎淳之後。淳，忠愍公侍郎若水次子也。初貫洺州，隨蹕來吴。其派居檇李者，顯庸奕葉，不具譜。譜自雙溪里小宗公始。小宗公傳世傑，世傑傳子春。子春四子，季爲景芳公。景芳公贅白苧鄉沈氏，傳葵軒公衍，以讀律推擇得官登仕郎，司廉州巡篆，有最績。傳天錫公惠，天錫公傳懷莊公應筠。公生時，天錫公夢竹穿屋，以瑞名。惇性質行，託計然策，致貲樂施，里稱有道長者。以子貴，累贈中憲大夫、太僕少卿，則先生父也。先生母吴恭人，腹先生七月而生。生無囟地聲。既彌月，仰席卧，適器水滴面，驚乃呱，人詫爲異。稍長，有至性，章句如夙習，經目輒覆不忘。援筆能文。尤喜閲《史》《漢》大節目，事不去手。神廟初，彗星見，求直言。先生甫十歲，擬作應詔疏，指斥時相十罪，大義犖如，惜塾師亟火之。十四歲，遊子衿。二十二歲，食餼。時治經生言者輒譏旁涉，先生獨矢意學問，有敦古薄今之懷。多搆隱文奇牒，寢食研摩。或忤時彀，弗恤也。而先達有識者，並以鍾鼎竹帛期先生，得前席頡頏爲幸。先生質經則師具區馮司成，攷藝則師眉公陳徵君。先生不謬執弟子禮，兩公亦不謬以弟子行蓄先生也。萬曆十九年辛卯，先生年二十七，舉于浙，出自郝公楚望之門。初，闈牘以畸解幾置，郝公争未得，得論表策進，乃售。所對律曆學尤奥衍，典試者李公九我擬必耆宿士矣，及見，乃更英少，顧曰：「幾何年而讀爾許書也！」遂以録程屬濡削。後場各篇，强半出先生手。越春壬辰，成進士。向者，先生以嗜古掉奇爲儕輩目懾，迨連掇去，且膺名公矜賞，而一時墨守，浸浸易步已。既授江州司理。江州舳艫誕生節相尾，罷于逢迎，民纖窶而佶于訟。先生首嚴胥吏舞文之條，辦檄必刻期徵會，餘則拱立退聽若刻木。凡稽覈錢穀、臧否有司之籍，澄肅如壺冰。小大之獄，必以情。深耻擊斷勾摘，一本以平照而誠動之，靡不泥首謝。沉案不難抉網出，而馮强援爲煢孀者必直也。一攝府篆，再攝邑篆，務以平易休息爲理，而洗刷無留行。力蘇郵符之困，至關役，例設公罰，先生謂非法，且借胥史輩以名，亟議捐之。兩造既允，則諄勑去之，金矢勿追呼也。澤宮士樂得名師，胥就摩厲者，至走他郡如鶩。江州多名跡，先生以公餘進賢士大夫、理學藝文之彦，謀野弔古，談道考業。遇同官使客倜儻可語者，間與盤桓，清詠雅謔，或就麈端杯底了公事。大抵在官，操削吏牘，與篝燈讀古人書分半也。嘗攝瑞昌邑，衙退即手杜集坐圃亭，得《雪中》一絶云：「雲來庭樹暗棲鴉，鈴索無聲吏放衙。獨立虚簷人不見，自團殘雪嚥梅花。」又潯陽郡西郭有琵琶亭，久圮，葺成，先生爲文落之，艷藻累千餘言，極辨白司馬濕青衫事不當作實法會。文略云：「古者書成而相印可捐，史就則腐刑不恥。寧有介潔明志、忠鯁抒猷若白司馬，而得喪戚戚足動眉睫者？其倅江州也，恬真養素，有陶公漉酒之巾；濟勝探奇，有謝氏登山之屐。月明千里，秋生庾亮之樓；白雪九還，春滿吕仙之鼎。矧一麾出守，韋郎凝燕寢餘香；三笑虎溪，遠釋留山中佳話。何至聆凡音而結想，並俗狀而涕零？如白所歌，不過劇情取妍、摶虛善幻云爾。」先生江州兩作，托興一斑，而官味泊然，想見即平生胸次亦行乎其間矣。至民生攸繫，則奮筆争之力。如德化封郭洲與楚省黄梅隣，有帥家壩開泄封郭内水，可拯污萊，甦逋負，而黄民以私臆撓窒。先生移黄守書，論節宣利害者再，移檄讓黄民譸張者再，無規勞怨也。五閲歲，登薦剡者十有七，錫封父母如其官。甫及最選，爲負議監司所媒忌，搆先生，冀同敗，先生遂得左調，士民赴愬上官乞留者數萬指。有悍男子孫廷秀，横于里，里人苦之，亡如何。先生痛按以法，乃馴。至是爲搶呼臥轍之首。又耆齒數十輩，檥舟鄱湖，將走中丞，乞疏上白。值風雨夜暴，舟絶維，揺曳垂覆。劉姓者跪祝云：「吾儕所不爲廉吏觸讒祈雪者，願益疾風覆吾舟。」俄黝墨中流火如籠燭者三，其一獨大，集桅顛，宛人手綴，舟子得周視捩柁，抵岸無恙。

時有作《神燈傳》以志異。先生曰：「無庸。陶令八十日，我司李五年，晚矣。」拂袖徑歸。憇白苧別業，益讀古人書，理吟釣清供諸務，城市人若不聞先生仕還者。先生意且賦遂初矣，時中憲公正善飯，趣之駕，乃赴補汝州倅。旋假休沐還。汝山川爲嵩少附庸，先生寓汝壍，獨應請作《望嵩樓》及《汝州甃城》二記，比于韓之《水門》、王之《竹樓》也。以辛丑歲升授西華令。西華隸開封，彈丸邑，三面據河，歲苦小黃河張善口浸稽，民岌岌幾魚，又風染宛丘游惰。先生一切率作中窾肯。崇墉濬濠，繕庾儲穀，整黌序，葺郵舍，百務具舉。至治猾胥，治刁訟，一如江州時。旁邑滯獄，乞移讞西華神君者踵接也。亡何，有王家口濬河之役，曹大司空才先生，檄以往。先生往，則部署千夫與糗糒，俱撫恤董厲如治軍，無敢翱翔河上者。刻期告竣，與千夫還。比還，則暑疫大作，他邑夫減需事者，犯患物故無算，而華民竟安堵免矣。大司空上先生功，得旨紀敘。是歲癸卯分棘試，拔士五人，首爲喬大參進璠，次李中丞精白，門侍御克新，王進士名世，心密無一爽鑑。尋跣奔吴恭人訃歸。先是，恭人蠱疾急，先生在江州，禱減禄位，以延母年。未幾落銓，而恭人疾差。至是越紀，乃厭世，聞者誦説孝感，則甲辰秋八月也。先生恨不得視衾襚，啣恤終天。既除服，念中憲公春秋高，身寡兄弟，絶志捧檄，具疏陳情，肫乞留養，得俞旨。自甲辰歸子舍，迄兹庚戌予告，閲七載矣。先生既得侍中憲公晨夕，視匕箸必洗腆，先意揣承惟謹。中憲公或喜緩步林影，放覽湖光，先生爲置寫樹舫，捧杖履，喻適于苧溪鴛渚之間。不則衣帶水間，果腹可返，未嘗治裝徑出也。中憲公遘脾疾劇甚，先生皇皇，醫療禱籲，請于中憲公曰：「白嶽神最靈，靈夢數見，兒當躬詣。湯藥未可委人，其具疏遺蒼頭先。」迨中憲公疾愈，先生乃放舟，繇禹航道坐筍輿遄發，以望日拜表玄武臺，爲中憲公謝不藥，祈長生。憩嶽一宿，狥羽流乞書，旋取嚴灘道，信流還。計九月八之日治行，月廿四之日抵舍矣。僅奚童襆被，不雜一談客，不臨一疇昔豪貴交，豪貴交亦無從物色先生。俄倒屣者、負笈者競物色先生，而先生已在清溪天際矣。奚囊夾帶，惟松風霞氣間得清吟冷話，滿載篷籠。歸而出《禮白嶽記》一編，辭無媿飾，人謂先生遠于塵情。識者謂先生一片光明孝思，令人自遠也。自予告迄兹，又更七載矣。歲丙辰，廷推起擢南儀司主事，以故令從田間特召，異數也。中憲公尚善飯，謂君命無俟，亟趣先生駕。先生踟躕久之，卒依戀不行，具疏再請。疏語懇痛，讀者謂前有令伯，後有先生。仍得俞旨終養。是時功令紓舒無避忌，人熱仕進，目林居者鈍置無色，而先生愛日棲遲，同孺子慕，不知其他也。有題自作小景云：「雲氣堆中結屋，樹陰薄處攤書。廿載養成懶骨，閉門不拜新除。」蓋實録云。越歲丁巳，中憲公年八十有七，寢疾，先生必躬進粥糜，浣厠牏，一夕數起，遂嬰血疢恙。中憲公逝去，先生扶病支骨，爲孺子泣，幾滅性。己未服闋，低佪廬墓，不即行。既而静坐一室，數息納氣，繙讀道書，不窺户者二載。惟天啓御極，一赴府，堂皇舞蹈如禮而已。至四年甲子，衆正盈朝，鄒公南皋、高公景逸、趙公儕寉並雅重先生。夏六月，起擢北膳司主事部曹，不赴。補而再召，又異數也。先生擬應命治行，與知交書云：「蟠溪夢裏之山，終是此身窟宅，不擬久啗侏儒米也。」踟躕未赴者久之。冬十二月，尋起擢璽丞，先生乃于乙丑春二月趨朝。有《璽召録》，日筆北征道中景物情事，並雅則語。從此日入春明門，遡予告依親之日，蓋二十有四載矣。部曹再召未行，更復以璽丞召，不減一歲九遷，又異數也。受事五閲月，璫焰日熾，先生曰：「嘻，清流之禍，自此烈矣！將無褰裳濡足乎？」亟乞沐黔國葬差出都，因埽軌春波里。益綜群書之詠英精異，片瓊碎璣，爲抉摘掊刷而出之，成《雜綴》《筆記》等編，以方昔賢《志林》《待訪》《餘論》諸小品，識者謂新覈過之。于寰中、性中事，悉大裨益，而鑑古辨物，尤藉爲指南。里中饒於古者姚叔祥士粦、王季延起隆誦歎，各爲序，而默亦與。時狗郡守請纂修神廟實録七邑事宜，又狗邑侯請創葺《嘉興縣志》，凡典章文物、山川靈蹟炳然悉獻者，半出先生手筆。越三載戊辰，遇今上龍飛，大憝盡殲，王路斯廓。先生曰：「時清目明，可出矣。」乃之留都，將黔國葬事畢，邂逅項孔彰，喜，因偕北上。先生及交項公墨林，縱觀書繪名蹟、彝鼎法物。而孔彰翰染有祖風，旅次追話舊藏，稱快侶。既報命闕下，偕賜環諸賢，接塵連袂，耳先生者望風詣訪，乞其新製，如李北海垂白入長安，時咸目爲古人。而先生于錢宗伯牧齋尤結文章氣誼，憾相見晚也。是歲以璽丞考成，累贈中憲公、太宜人如其官。先生居恒輒卓筆起曰：「朝典莫大于文事，此吾輩讀書人事也。思得一當以報上，無乃皇猷黼黻，稍存闕事乎！」屬草列四款上聞。其略云：「一，代言。近時遇有恩褒典誥，敕者輒狗求者之意，編輯諛詞，務極駢麗，甚有曲搜孅美，代祝壽祺。王言之褻，莫甚于是。亟宜敕諭詞館禮曹，選頒唐宋内外二制，懸爲體式，俾千載見皇明之典謨。一，進言。前是因神祖久御，厭薄臣下囂浮，一切章疏，類多閣置。以致攻訐之疏，如叫隣罵坐，譏謔互形。今字字悉經睿覽，請諭納言，頒布先朝名臣奏議爲鵠，以風厲臣下。一，法言。請敕部院諸司，各歲委屬官一員，專理《諸司職掌》一書，遇有更張條例，隨時修明，印頒郡國，使猾胥無得上下其手。一，立言。請敕各省學臣，凡郡國淫艷怪誕、非聖之書，悉行禁毁。各舉耆儒，將郡邑山川形勝、户口人物、畜産田畝，編輯成帙，類送學臣，申達禮部，爲纂修《天下圖經》張本。其中所載河防、□警、蒐屯、芻輓、冶鑄、鹽策等類，皆得聯絡貫串，以備掌故，爲興起實學之權輿。」先生以所學事君，忠愛之道，盡于此疏。亡何，觸暑塵，遘河魚疾，委頓甚，具疏乞歸，得旨：「李某孝思恬致可嘉，着照舊供職。」按先生生事品，以「孝思恬致」無復可增減一字。大哉王言，知臣莫若君矣！而以六品庶官得之，尤異數也。草第二疏未上，隨擢貳冏卿，因具疏讓，乞以原官養疾，復得旨諭留，着新御到任。值覃恩贈中憲公、太宜人如今官，身晋勳階一級。頃之，奉賫撫賞差，抵薊門。每使館挾綾文刺者，必肅冠紱進之。侍行魯孔孫問勞苦，先生曰：「吾輩義以人效國，跡其風采緒論，得一二杰出，或不負異日夾袋，弗爲疲也。」孔孫名得之，畫竹得梅沙彌法，來自錢唐，從遊先生久。先生以道契，雅愛其爲人。《薊旋録》中，遇燕山名勝，則拂拭烟楮，供先生載紀載咏。或對雪擁爐，劇談繪法，爲作《墨君題語》。徑卷者，孔孫也。先是，門人石夢飛在都，亦擬偕南。既而先先生行。先生家食，篤于隨侍，爲作石券、石硯銘者，則夢飛也。先生既歸里，復具疏懇請休致。由是悠擾閎覽，著作之餘，邃意道笈，得太和孟雲霍之傳，佩上清金籙。又從齊雲張邋遢、華陽閻蓬頭，得納炁真訣。據片席，輒與出入息爲緣。將抱養嬰姹于層霄朗碧中，間取《參同》《悟真》義，印入《陰符經》，依紫清注《道經》例，提挈要旨以傳。晚歲益精書繪，意適則恣揮灑，任散落覓去，迫索不可得也。喜寫雲山蕩空，泉石逈冽。尤喜寫梅寫松，發箕踞傲兀之態，寄宗少文澄懷觀道意焉。嘗題畫後云：「『余美蔭齋，日在花香鳥語中，每飯罷摩腹，戲問兒輩，此樂從何處得來？』曰：『大人自輪却中書堂押字，博此活計。』先生曰：『不然。我只步步退後，雖識字只如不識字，雖略解事只如不解事，雖策名賢科只如未遇老措大。且汝曹事付汝曹，斷不營營，學子叔疑欲子弟爲卿。花鳥自來相就，蓋以澹之一字博之。』」先生不肯須臾留邸。迨報命，不載出。世蔭擲之如遺。觀此語，則先生之天久定矣。居恒對沈恭人，白首相莊，有梁孟風，不置一姬侍。恭人服《龍門公梱訓》，克敦詩悦史，兼以操鑰謹燭，無煩先生内顧。先生學仙，則冬夏列置名醞十數品，輔以藥物，供先生集芳滋、達靈氣、致娱樂也。嗣君肇亨，早歲遇學使者輒冠軍，後以賢良入北雍，才名藉甚，而遠度煦顔，善諧先生意。先生秉觚染，則嗣君侍，揚扢輒當旨；諸孫從，注墨瀋，展緗素。諸孫讀良苦，則先生賦果餌休勞之。嗣君每下第，先生益听然撫勞，謂是數奇。嗣君出呈今文，古文、詩歌不一作，先生必色喜着筆。

至縑箑圖繪成，副知交請，先生輒爲標題其端，一出珍爲佳話。先生嘗有詩云：「墨兵恥作書偏霸，筆戲誰甘畫辟支。自笑流光虛半百，寧知弓治屬家兒。」又云：「變幻大千憑寸楮，南宫心訣付敷文。」慧業韻事，父子師承，無逾先生家樂者。末後林居七載，益謝絶竿牘及筐篚慶弔。款賓之坐塵，經歲不數拂。問字者欲一抵樓之下層，未易卒得。而先生時念地方水栅利害，著論反覆千言，與蔡兵憲怡雲詳浙西嘉郡水勢分合之全局，與咽喉鎖鑰之口，各圖一栅，于大水分小、小水合大之地如列眉。一時盜窮于飛柮，得少輯。所關郡國，長頰舌者獨此。先生在官在鄉，蓋三籌水道也。先生于玄關潮接事，已稱大得手。寒月岸紗幘，罨篺冠，髪種種皆返黑，秀眉長寸，陽氣蓬勃滿眉宇大宅間，咸指謂馭風騎氣人也。歲乙亥，示疾，益口口玄修宗諦，間雜吟咏。易簀前二日，聞邸牘中有「虜騎遁大同」語，就枕口占《虜退志喜》七言長律一章，屬嗣君書。中有「壁堅細柳迴車輦，捷奏長楊拜冕旒」之句，生氣欲飛，遂成絶筆。先生素不喜慨慷邊事，以聲聞不至朝廷爲高，而矢志忠愛仙去猶見，蓋未嘗一日忘君父云。譚子曰：嗟乎，於都哉！世固有善出善處、善少善老、善寄善歸、百行修姱、畢生無憾其人如先生者哉！世固有通籍四十四載中更乞侍養者二十四載，乞休沐家食者前後十載；立朝服官日亡幾何，難進易退、蟬脱知幾其人如先生者哉！　世固有時路清夷、依棲子舍，無險途之避、無徒徑之趨，而再召不起、事親遺榮爲真告養其人如先生者哉！　無論其大，即爲親酬禱，虔走白嶽二千里，往還不兩旬，旋依膝下，無小雜成都重客之想，世固有真禮白嶽其人如先生者哉！　世固有傾倒歲月景光、大蒐古人絶業、鐵擿幾刓、石硯幾臼、毫亦不息、病亦不休、治經治史、治百家、治方言稗説與竺乾柱漆之書、蔑不丹目青首、抽繹抉削其人如先生者哉！　世固有手提文印、胸敷藻海、開闔萬丈、委折千里、擬于岳靈擘蓮、梵聖呵草、繇思議力不思議、且也點墨涅染、具成秘實其人如先生者哉！　世固有曠涵道趣、棲睫無塵、人居而天遊、可立致烟旍、坐奔雙景其人如先生者哉！　多奇而大，美愛以傳，蘇玉局而韓鄧州而陶華陽，合爲一人，庶幾有之似之。　先生體貌不踰中人，而立于稠衆，翛若一隺。　視不踰咫尺，而玄覽若營四海。　步不高舉趾，而邁氣若蹈泰華之巔。　敝衫履不加飾，而神采湛射，泠然自肅。　無學問驕人之色，而步則指畫胸，坐則指畫膝，心精孃孃，追躡太虛，若旁無人者。　吻端不臧否人物，排擊談鋒，而微詞雅謔，往往解頤折角，著述不瑕昔自堅，瘠古自腴，而嗽芬鋤穢，足丐馥千夫。　片行隻字，不肯易賈人金糈，遺諛墓之譏，而知交無窮達，每環節懿操，素芬逸軌，不憖捉惇史之筆。　如周本音、徐春門、任仲素、僧秋潭諸隱君子志傳，洎先祖封公行狀，並侍先生以不朽。門不留雜賓，招致從遊之士，而四方及同里閈脩脯立函丈、覿受指點者時集百人。其謁行卷、通姓名、希評騭者，户履常滿也。中歲立白苧、漪蘭、嘉樹堂諸社，命嗣君及門倩沈君大詹後先諸子，以藝業相吹息。先生手鉛槧，爲批陳振秀，矻矻如童子師。自作《代飴草》一編，出孔孟理解八股業，雋永無如者，命默作序，名示文孫，實式後進也。晚歲導引，乃謝去。夙昔濡化時雨繹絡風雲者，如劉駕部日曦、曹太史勳、王恤部佐，孝廉潘公安履泰、徐節之栢齡、朱士翹國望、張霄函文瑯、高枚甫宗舉、俞爾隣都、董君寧士昌輩，而默亦尾焉，指不能槩屈也。遇親故不爲呴嚅德色，而敦宗本培掖，中外媚戚待以舉火者，無恡推甘。與内兄弟沈君翠水文酒歡洽，無減友于。窮交如陳白石，每袖逸册相尋，惠好至老無間也。性不樂治鄭莊廚。間集雅彦，拂罍命爵，必參麈尾。引睨千載上下，大作鯤諧，細成蟭解，多爲無町畦之論以喻。《適儒録》尊陸子静、王陽明，而深嫌後輩竊法剽販。内典如《宗鏡》《維識》《五燈》等録及大乘般若，拈參熟爛，于紫栢尊者稱針芥，而大罵時衲盲棒瞎喝，未夢見西來意。喜接黄冠方外、湖海異人，究竟守泥丸咽嗽沆瀣清浄一門及醫療方藥事，既師孟、張、閻三老，復與吴門方接頭、粤百廿歲僧無邊參印。若内御、黄白之流，直斥爲狐術鬼計，絶不與通。至星禽禨祥之説，絶口勿道也。先生一話一履，無不從讀書中來。廉隅草犖，濟之委蛇，中將以道，外開以顔，從學問見性命，真有不以一朝换萬世之想。先太僕嘗語默云，早歲偕先生里社，得知中憲公詢先生所欲異書，輒多方贏值購之。先生處斗室，無他物，堆垛擁卧皆書。故終老所嗜，惟青編緑字，卒以糠粃俗塵，丹青世道，蓋天性然也。默躬聞之先生云：歲戊子爲諸生時，習静一小樓，日光射牖，忽爾觸着有省，快不可言，但不可舉示。自此讀書行文，應物酬務，覺豁豁地。此大悟境。自是先生一生親切受用處，可爲知者道耳。又先生晚歲證質茆君疏云，每清旦行炁，飛神籲真，雖趨朝馬背不替。曾夢鍾離正陽以小金瓶瀉鑫液大丹入口，比覺腹如貯火。適次邯鄲道上，復夢臨誘諄亹。又夢抱祖師腹吮乳極飽云云。先生力行孝悌，明王之道，宜感石函地符，鍾師現真，似奇特，實平實事也。末疾示痰尸解，自不一格。先生臨化，能爲沈壯絶麗之詩，神氣與日月争光，乘五色煙歸侍玉宸，豈區區翰墨散仙哉！先生所著小品，生前行世者《紫桃軒雜綴》《又綴》共八卷，《六研齋筆記》《二筆》《三筆》十二卷，《禮白嶽記》《璽召録》《蓟旋録》《畫媵》《續畫媵》《墨君題語》共八卷，《雅笑録》十卷，《倭變志》一卷。成帙未行世者《味水軒日記》二十卷，《書畫想像録》四十卷，《挂角編》四卷，《檇李叢談》四卷。所著高篇大什，未皇就帙。嗣君殫力彙次，成《恬致堂集》四十卷行世，巋然名山之副矣。堂顔「恬致」，先生以識帝寵，示子孫毋忘。嗣君因以表集，述先生志也。得文五百三十首有奇，詩一千一百七十首有奇，簡牘銘贊、偈頌題跋等作二百七十首有奇，而雜説及闈牘并次焉。金石載事之文，縟緻紆緲，蕩以鷩潏，出入馬令班掾、六朝劉任間。其閒曠游戲之作，直借蘇黄寸管，標抹晋人風尚也。選古宗建安皇初，歌行神接杜陵酣恣，律絶高亮，在隨州左司間。至儷語工鮮，上追駱義烏，騷壇具有明眼在。嗣君既抆淚哀行略，簡嚴靡飾詞，不欲如鄴侯子繁侈家傳以跡内譽。默稍推演言行百一，以襄左右史。而窮愁才盡，不足當先生擬。當有椽筆巨手，能代遷志談、爲固傳彪者。先生甫逝，士子群走學使者許公平遠行署，請從享廟舍。許公不俟詞畢，肅容允請。而秩祀易名與所司窀穸之典尚缺焉，需異日擬，當有執簡廷揚大書王言「孝思恬致」四字爲先生請異數于没久論定者。先生生嘉靖四十有四年乙丑三月十三日丑時，終崇禎八年乙亥九月十一日丑時，年七十有一。元配沈恭人，文學沈龍門公女，累今封，壽康未艾。男一，即長君肇亨，以雍選爲明經，娶當湖沈太史晴峰孫女、太學荆軒女，繼娶松陵沈中丞太素女。女三：長適張醛副吉菴子、太學生翼寰；次適沈太史几軒孫、太學超宗子學博大詹；次適項文學獻庭子、太學生龍芻。孫三：長新枝，壬午孝廉，府教授，娶仲駕部子復女，繼娶項參軍孔彰女；次琪枝，庠生，即娶先太僕凡同府君孫女、季弟儀部元孩女；次昂枝，兩淮鹾判，聘董進士君寧女，娶高光禄采菽女。孫女一，適汪鹾幕樂卿子庠生成淵。曾孫八：長含淑，庠生，娶屠孝廉又雍女；次含澤，廩膳生，娶袁學博丹六女；次含渼，娶蕭廩膳賡六女，繼娶馬文學水榮女；次含涎，增廣生，娶錢司理登明女；次含瀾，娶張太學晋公女，繼娶姚文學子展女；次含溶，庠生，娶高文學子貞女；次含溍，太學生，娶周文學嶽申女；次含津，娶朱文學寅孺女。曾孫女十三：長適陳文學威如子太學生與權；次適吴給事準平子教諭端木；次適孫中翰培庵子庠生荃；次適朱貢士範臣子太學生建子；次適葛州佐文卓子增廣生浤；次適孫太學子麟子太學生淳；次適外孫張文學紫淮子太學生宫桂；次適陳文學威如子太學生荃；次字陸貢士升初子兆璵；餘俱未字。玄孫九：長球，次珉，俱未聘；次璹，聘徐文學□□女；次玥，次璉，次璣，次珊，次珈，次瑄，俱未聘。玄孫女七：長適于太學漢侯子太學生玠，餘俱未字。

賜進士出身、承德郎、原任工部虞衡清吏司主事、欽差監督盔甲廠軍需、予假敘功

欽賚紀録、通家眷門生譚貞默頓首拜謹撰。（録自《恬致堂集》卷首）

李少卿日華傳

錢謙益

日華，字君實，嘉興人。萬曆壬辰進士，除九江推官，降授西華知縣，稍遷南儀制郎。天啟中，起尚寶司丞。崇禎元年，升太僕寺少卿，告歸卒。君實和易安雅，恬於仕進，後先家食二十餘年。能書畫，善賞鑒，一時士大夫風流儒雅，好古博物者，祥符王損仲、雲間董玄宰爲最，君實書畫亞於玄宰，博雅亞於損仲，而微兼二公之長，落落穆穆，韻度穨然，可謂名士矣。君實嘗自題其《畫媵》曰：「白石翁詩，沉卓雄快，直闖杜陵營壘間，奪其兵符，俯視一時作者，不堪偏裨位置。乃其詩多於所作墨戲，林巒樹石，花鳥蟲魚，間見之，片語挑焰，生動躍然。石翁澹於取名，無意傳其詩，而詩與畫皆盛傳，是翁之詩以畫壽，非以畫掩也。」此君實托寄之語，然其論白石翁之詩，亦可謂之具眼矣。

（録自《列朝詩集》丁集卷十六）

藝　文　叢　刊

第　四　輯

061	寶章待訪録（外五種）	〔宋〕米　芾
062	昆蟲草木略	〔宋〕鄭　樵
063	味水軒日記（上）	〔明〕李日華
064	味水軒日記（中）	〔明〕李日華
065	**味水軒日記（下）**	**〔明〕李日華**
066	寒山帚談	〔明〕趙宧光
067	讀畫録	〔清〕周亮工
068	誠一堂琴談	〔清〕程允基
069	文房肆考圖説	〔清〕唐秉鈞
070	芳堅館題跋	〔清〕郭尚先
071	花木小志（外二種）	〔清〕謝　堃 〔清〕高士奇 〔清〕翁長祚
072	隨息居飲食譜	〔清〕王士雄
073	嵩洛訪碑日記（外五種）	〔清〕黄　易
074	廣藝舟雙楫	康有爲
075	刻竹瑣言（外四種）	黄高年 周无方 金開藩 張志魚
076	章草考	卓定謀

藝　文　叢　刊

寒山帚談

〔明〕趙宧光

浙江人民美術出版社

圖書在版編目(CIP)數據

藝文叢刊. 第四輯 / (宋) 米芾等著 ; 況正兵等點校. -- 杭州 : 浙江人民美術出版社, 2018.1(2023.9重印)
(藝文叢刊)
ISBN 978-7-5340-6222-3

Ⅰ. ①藝… Ⅱ. ①米… ②況… Ⅲ. ①古籍－中國－叢刊 Ⅳ. ①Z121.7

中國版本圖書館CIP數據核字(2017)第243082號

點校説明

《寒山帚談》，明趙宧光撰。趙宧光（一五五九—一六二五），字凡夫，又字水臣，號廣平，因和妻子陸卿子（書畫家陸師道女）隱居寒山，故又自號寒山長。籍貫説法不一，《四庫提要》稱其爲吴縣（今屬江蘇蘇州）人。

趙宧光精於文字學，著有《説文長箋》等專著。另據朱謀垔《續書史會要》所載，「宧光篤意倉（倉頡）、史（史籀）之學，創作草篆，蓋原《天璽碑》而小變焉。由其人品已超，書亦不躡遺跡」，可見在書法方面，趙宧光的造詣亦匪淺，「篆書尤精」。平生所著，另有《九圜史圖》《寒山志》《寒山蔓草》《篆學指南》等數十種。

《寒山帚談》乃書法理論專著，本爲《説文長箋》一部分，因其中篆文筆法頗有所長「而析出別行者」。正文共兩卷，上卷爲「權輿」「格調」「力學」「臨倣」，下卷爲「用材」「評鑒」「法書」「了義」；另附拾遺、表、論共一卷。全書持論多爲作者自身所見，不依前人，不從時人，不僅新穎，亦頗精詳；在書法用筆、結體格調、繼承創新、品評鑒賞等方面也較爲平正精到。

本次整理出版，以文淵閣《四庫全書》本爲底本，參以《美術叢書》本。底本中個別錯漏處徑改，其中「權輿」部分，從「不期古而古」至「至於附體構結」，底本闕，亦據《美術叢書》本補足。

學識所限，書中錯處難免，望讀者朋友不吝賜教！

目録

附録

四庫總目提要

《寒山帚談》二卷，附拾遺、表、論共一卷，明趙宧光撰。宧光字凡夫，吴縣人，隱居寒山之陽，因以爲號。是編本在所撰《説文長箋》中，而析出别行者，《長箋》穿鑿附會且引據疏舛，頗爲小學家所譏，而篆文筆法則頗有偏長，故此編猶爲後人所重。上卷四目：曰權輿，論一十五種書也；曰格調，論筆法結構也；曰力學，論字功書法也；曰臨倣，則力學之餘緒，析而爲篇者也。下卷四目：曰用材，論筆墨硯紙及運用法也；曰評鑒，論辨識之淺深也；曰法書，論古帖也；曰了義，論書家秘諦也。其《拾遺》則闡發未盡之意，各注某條補某篇字，而以《金石林甲乙表》及《緒論》終焉。曰「帚談」者，蓋取「家有敝帚，享之千金」意耳。

寒山帚談卷上

權輿一

帚談有權輿，有了義。權輿不嫌其淺易，貴直而簡；了義不嫌其深尅，貴婉而玄。

文字古法，子母相生，集多成體，不必構合而各自成像，故分合皆宜。其法不傳，要非中古可及。世降而爲篆，曰大，曰小，曰繆，從一法生，負抱俯仰，構結不離，猶之地天否泰，陰陽涸合，莫可分拆。其法若存若亡，亦非後世可及。再變而爲徒隸，縱逸爲體，波折爲用，體用相乖，跳躑飛動，以過爲德，而書道衰矣。其法揣摸成體，或得或失。三變而爲真書，偏側爲體，挑剔爲用，本來形義，蕩然烏有，書道絶矣。其法恣爲妍媚，舉世自好，古今皆是也。四變而爲稿草書，就勢爲體，放逸爲用，取影忘真，時露根氐。除是惡俗野狐，名家者流未必無合。道在宇宙，無往不復。書家習一忘多，明大昧小，是未握其機耳。

書法每云：「學書先學篆隸，而後真草。」又云：「作字須略知篆勢，能使落筆不庸。」是故文字從規矩準繩中來，不期古而古；不從此來，不期俗而俗。書法所稱「蜂腰鶴膝」「頭重末輕」「左低右昂」「中高兩下」者，皆俗態也，一皆篆法所不容。由篆造真，此態自遠。

古篆爲真草相氐，真草爲古篆生機。飛白分隸，傳驛而定耳。作小楷先學署書，得署書，小楷傳驛而定耳。象形古文，方圓不移。大小二篆，惟圓用事。八分以圓法行方，真楷以方法行圓。行簡法楷，章草法分，稿書法古，二篆則自相爲法。署書摹印，略竊其緒餘。字以格力爲主，作古文形事諸書，以頎而能鋭、鋭而還璞爲格力；作大小籀篆諸書，以圓而能方、方不露圭角爲格力；作分隸飛白，以鋒杪取波、借波成折爲格力；作徒隸真楷，以小字如大、大字如小爲格力；作行書稿草，以主客分明、引帶不雜爲格力。體法互用，取近斯顯，不得不分屬以著其説耳，泥則窮矣。

時尚徒隸謂之真書，真書行而百家廢矣。書法欲粗識篆體，豈惟篆乎？即各體無不相關。借勢低昂，全合草法；波折向背，全合隸法；大小隨宜，全合鐘鼎；行次貫珠，全合周秦。收鋒則垂露，縱筆則懸針；拂借柳葉，掠倣倒薤。一法不具，不稱大家。

真書波折飛轉，出於分隸飛白；行止收縱，出於垂露懸針；戈拂挑剔，出於柳葉倒薤；至於附體構結，則十九不用矣。若「辵」之在「閵」，「辵」之在「蹇」，「寸」之在「寺」，「韋」之在「圍」，「或」之在「國」，必須就簡結束，若仍用獨體之法，便不是書。俗眼似媚，難逃識者。

一於真字無情，一於草字無性；一於篆乏流盼，一於隸失根據。篆、隸之於真、草亦然。

字之横直波折，必有來歷，書家漫然寫去，未始不快；雖然，終是糊人耳目。因形得篆，因篆得隸，因隸得真行稿草，便是頂門上針，無所不達，且易爲力。力簡功多，莫此爲便，不知者反視爲難，正是不得其道，無門可入。求是門者不必求人：何代法書書法不洞開無隱乎？人自不求，就此周行耳。

真書不師篆古，行草不師章分，如人食粟衣絲而不知蠶繭禾苗所出也。晋、唐名帖，每有奇鉤怪引、轉盼非常之文，未始不疑其闕誤。及觀古跡，宛然恍遇，回視前日，都成夢幻。

書法止言真書須粗知篆體，余則以爲豈惟真之取篆，即篆隸，不得真草不成名家。常謂「一法不通，儒者所恥」，若一體不通，亦書家所恥也。篆無隸法不得飛白，無草法不得古雅，無斯法不得嚴肅。一篆如此，展轉可推。但篆之集美，可以言粗，若諸體法篆，粗則浮淺。蒙莊言：「每至於族，吾見其難爲。」時俗之書常逢顛躓者，正以不知篆法；即知，亦或粗耳。

學法書，必不可先學下品軌轍。古人云「法上僅中」，淺言之也。至其實際，要知中由上出，下由中來，不師其師而師其徒，謬審矣，愚極矣。故凡學大篆必籀鼓，小篆必斯碑，古隸必鍾太尉，行草必王右軍，徒隸必歐、虞諸公之書。從此參求古今名跡，而後可。真楷不取鍾、王者，小字無佳帖。從唐求晉，不得已耳，非畫於唐也。不得佳帖而漫然好古，取其敗處臨摹，徒資識者一粲。不從上來學者，竟不自知。

篆法常談鐵畫銀鉤，畫易解，鉤難明。唐、宋而下骨力柔弱者，此語蔽之也。篆之宛轉處宜匀者，無論矣；其不必匀者，會須迭蕩頓挫，始有筆意。近見鐫工改而相配，便不成觀。此意與行草過脈處著意於筆鋒之説相類，然似是而非。篆筆主到，行草不必到；篆是實體，草是意興，故不侔也。

陽冰、伯琦，各自名家，惜其骨俗，時限之也。陽冰可取處少，而去古近；伯琦可取處多，而去古遠。近顧取少者，珠玉在側也；遠顧取多者，時媚繼出也，故曰「時限之也」。何謂近？曰圓。何謂遠？曰方。篆法圓，不法方，以定二公優劣。或謂三代遺文，世多有之，未始以圓爲法。是不然。論篆不論三代，三代何書乎？古文非一法可定，篆則中古一法而已。今之俗人，去真、草、隸書而外，通混稱篆，此爲可笑耳。請別名號，而後可與言實體，不然夢中説夢，何時醒乎！

隸書以鍾元常爲法，盡閱漢碑，博采唐隸，游戲章草，以及國朝名家。國朝隸書直接漢法，未可輕也。

徒隸書，挑剔波折，故不可廢，然但作帶筆引鋒，不可倚爲結構作用。世俗不知，致力於此，便不是書。名家作字，挑剔波折，有無一致；俗書則不然，去此便覺闕欠一肢者然，是即奴書也。世傳高祖皇帝憎國學門題額右贅挑剔，而罪中書郎，以爲塞我賢路，命左右去之。即未必果然；果然，則正合書法之妙。天縱大聖，言爲師範，俗人不知已矣。以書名世者，代不乏人，都未及此，何耶？

真書挑剔，多不如少，少不如無。至若内有字，則外必省，如「門」「口」之類；下有字，則上必省，如「木」「水」之類。即使帶筆，只宜行草。真書務於潔净精微，省一筆，一筆功；省一曲，一曲功。晋人斜拂，上存古意，下啟唐、宋而下俗骨。智者見之益其智，愚者見之增其愚。好而知惡，斯爲善學。

真書雖各有所取，總之一門，古今推鍾、王二家。二家無佳帖，須閲後世趣步二家者，以求二家閫奥而後可。虞得其正鋒，歐得其結構；智永得其圓而體俗，孟頫得其活而骨柔；仲温學而未成，伯幾成而未至。一皆病多於藥，勿中其毒。

徒隸獨推鍾、王，須知二人不可及處。元常骨力去古未遠，所以不失根原；逸少韻度會逢其時，所以得其遒邁。倣真楷書必遵虞、歐，方爲正法。論粗跡，虞得一筆法，歐得一字法；語其妙，則虞結在肺腑，歐結在肢節，大不侔也。虞專内略外，歐事外失内，故俗眼左虞右歐，正自不然。

今之徒隸書，不特抑左揚右，諸偏側爲不典，即上下半體，名家法書中十九上半居左，下半偏右，以爲奇逸；前字如此，後字改轍，以爲多能；單畫必作波折，衆畫必相變更，以爲奇妙。一畫兩端，粗細異態；一點首尾，轉折逞姸，本來字義蔑如也。如此作字，可謂不真不正，而乃通稱之爲真書、正書，加之美名謂之端楷，義將何出？惟徒隸之名爲適宜，法由分隸習成，且以便俗。

虞世南妙在正鋒，而結構未妥；歐陽詢妙在結構，而鋒鍔多側。歐出於虞，故得其貌如青藍，失其髓同蒼素。至小歐書，濫觴迺公者也。

書法云：「不曰畫而曰勒者，策起畫終，勒有力量也。」余謂此言尚未及指出要領。凡執筆在手，十九不能全直，斜倚於右，坦向於後者，皆是後人習俗之短。不策而畫，鋒必向前，不能全正。策者，爲正鋒也，爲藏鋒也，所謂如鑽畫沙、如屋漏痕是也。此因病投藥，不可謂正法。李北海、米襄陽諸人，用筆求正，是以畫必擔子，竪必挺胸，此又因藥成病，賢者之過也。好而知惡，惡而知美，三人我師。

作字先後筆，余有《楷法貫珠》，詳於《長箋》百七十六卷。偶見唐、宋諸帖中作「變」字，因更及之。凡名家書，分體合體，各自成形，是以善書者十九可離可合，其不可合者乃破體格也。「變」字從「言」從「絲」，正法也；上畫覆「絲」，則破體也。正法中起「言」完而及「絲」，無論矣；破體亦「言」完及「絲」，人不知也。凡三結字，必中完及傍，如「亦」「興」等字之類。「變」字則先點畫，次「二」，次「口」，次左「糸」，次右「糸」，「攴」仍爲殿。正破雖殊，先後不異。若誤以爲作「言」而先伸其上，以俟兩「糸」補之者，書法不然也。淺生常談，用則不誤，問則不知。余則以爲謂之不知，勢必有誤，其不誤者偶中耳，非所願聞也。於不誤中辨其有誤，期在明此法，不在明此字。法明則字必明，以一字明多字，一法明多法，可也；否則，不特不知「變」字先後之叙，亦復不知「言」字離合失所之差。一字渾則多字渾，一法渾則多法渾矣。

欲作署書，先想一字體裁得所，以至多字體裁得所，然後拈筆。落中筆時，即作全體想；落左筆，意在右；落右筆，意在左；上下同之。

署書須覃思乃佳，故雜念不得。泛寫數十額中，未免有神遇，然未可以爲常也。求書者未解乎此，枉費紙墨，點污軒居。人自取之，於我何有哉？鮮于太常云「僅免違命之責云爾」，未必謙退，乃實語者。

署額配合，同結者無論矣；異結者須於格外致思，别出一調，方能如法。此未可以言語盡，須數四比量。此特聊及其糟粕。

小楷不愧大字，大字不愧署額，始可與言書法。行草不離真楷，真楷不離篆籀，始可與言書學。畫不可作點，點可以作畫，故曰「小楷不愧大字，大字不愧署額」。宜挑剔處可以省，無挑剔處不可贅，故曰「行草不離真楷，真楷不離篆籀」。

文字原流久矣，名家作法頗多，集美故是書家能事。若未有所得，馳向多門，徒滋識者訕誚，不成書也。會須甄别，認定趣向，寓目皆師，所謂多多益善，非狂走者同年而語也。若渾渾從事，東看則西，南觀成北，不成文矣。俗人之言，不過曰真草隸篆，自謂盡於此矣，此大可笑。真書中一曰正書，如歐、虞、顔以及後世姜、蔣、二沈之類。一曰楷書，如右軍《黄庭》《樂毅論》《東方贊》之類。一曰蠅頭書，如《麻姑壇》、文氏《文賦》之類。一曰署書，如「蒼龍」「白虎」之類。此法不傳而流落後世，帶草則徐武功得之，方正則官家中祕郎得之，然俗不堪齒矣。一曰行楷，如《季直表》《丙舍帖》《曹娥碑》《蘭亭帖》之類。已上五種，世俗通謂之真書，天地懸絶。

草書中亦曰行楷，如二王諸帖之稍真者，十當八九；僧懷仁等所集《聖教》《興福》《孔廟碑》之類，唐人所稱入院體者是也。一曰行草，如二王帖中稍縱體、孫過庭《書譜》之類，皆是也。一曰章草，如章帝《辰宿列張帖》、索靖《出師表》、二王帖中章草法帖，皆是也。一曰稿草書，或真或行或草，大小疏密隨宜，如顔平原《坐位》《祭侄》二帖是也。一曰狂草，如張芝、張旭、懷素諸帖是也。已上五種，通稱草書，亦有分矣。

隸書中一曰飛白，篆法將變，正側雜出，燥潤相宣，故曰「飛」曰「白」。後世失傳，飛而不白者似隸，白而不飛者似篆，皆飛白之流別也。一曰分隸，隸法初成，十一蹈篆，但用筆背分，與篆分途矣。一曰漢隸，如鍾元常諸帖之類，此隸書之最也。一曰唐隸，視漢似古而體稍不雅，然法度實備，取裁可也。一曰徒隸，六朝諸碑文多作此字，絶似童子初執筆不成文者，然時有古色，披沙揀金，往往見寶，不可盡廢。近代隸書，頗謂淳雅，然皆倚真書爲骨，而遥想漢法爲之，雖無徒隸之短，然并近於真書，亦其流也。已上五種，通謂之隸，意亦溷溷。

古人興到作飛白書，是以白而不飛者有之，飛而不白者有之。書法云：「飛白不傳者，謂不必傳可，必不傳不可。」韋氏、蕭氏有解於此，惜各守其偏耳。雖然，二子可言者，非若求之驪黄而内之，徒將字字求飛，畫畫求白，渾身是假，古意蕩然，此正飛白不傳矣。

作飛白書，當有餘地無餘墨，當有餘情無餘形。

篆書之名尤爲渾亂。自周太史籀始立篆名，秦相效作，謂之小篆。因秦書通行，遂但以籀稱大篆，亦已贅矣，何乃無古無今，概呼作篆？可怪也已！籀而前，但可以時代名，如古文、夏書、商書之類；籀而後，概呼作篆可也，何也？籀斯爲後人趨步指歸，莫能出其圍範，即不得遍討古昔，聊識其可摹者如左。一曰古文，始於象形，迄於夏商，代非一人，人非一體，但可作文字，未可合篇章也。二曰琱戈文，雕蟲篆刻，尚文之作，多不可解，亦難以下筆。漢章或稍一見之，亦未甚一律也。一曰籀篆，《詛楚文》《鐘鼎識》及《嘯堂録》，以至楊氏《書統》所載及古篆諸韻，取其合於許氏所取作籀書者采焉。一曰大篆，石鼓文是也。一曰小篆，《繹山》《會稽》諸碑是也。從此流傳，變而弱者，一曰繆篆，唐、宋、元諸人如李陽冰、僧夢英，以至我明程南雲、李東陽、文氏父子諸人是也；變而彊者，一曰玉筯篆，如勝國周伯琦之類是也。任筆成文者，一曰飛白，篆貌隸骨，雜用古今之法，勉作草篆，爲器所使，自我作之，不得不然也。一曰刻符，秦漢紅文印章用之，其前此任字略章者，璽書諸文皆是也。

一曰摹印，漢白文印用之，後此章不攝字者，六代而下皆是也。以上十種，世俗通呼作篆，失之遠矣。因俗解釋，聊采二十五種，有心此道，取爲法式，思過半矣。

學楷須先學「圖」字，大口小口，廣袤隨宜，竪得是，畫得是，轉得是，折得是，方合楷字。如以一點當小竪，一捺當小畫，又以一鉤一鏑當轉折者，皆市井小兒記賬體也，何以謂之楷乎？楷者，端正之稱。其原雖出於徒隸，至小楷則又從粗入細，返俗還雅，故命之嘉名。法具名中，可以想見。

行書之帶筆，乃其過脈處鋒勢，與本文必有節奏，其字始有骨力；若其渾去不分者，狂草則可，不然敗筆也。名家作字，但佇念本文，其鋒勢引帶無意得之。不知者先已佇意引帶，何暇分出本文？是以渾渾失之遠矣，即有意分出，意又雜亂。臨倣法書，至有引帶諸字，直臨本文，勿臨帶筆；本文成熟，帶筆自隨，隨正文出自然節奏。此臨倣要訣，不可不知。

學行草，須審古人引勢來歷，方得不謬；若但依曲效直，不問創法所自，勢必以訛傳訛，一字字畫成花押，數傳之後，不知筆畫爲何物。求來歷如何，不得於真，求之篆隸，篆隸又異，多從章草，章草則雜用古文奇字，如「亓」「三」之類，因古今通行，不知其怪耳。否則「佳」「隹」不分，左右一致，其可乎？能解乎此，方能理會「粗識篆義」之語。

晋人行草不多引鋒，前引則後必斷，前斷則後可引，一字數斷者有之。後世狂草，渾身纏以絲索，或連篇數字不絶者，謂之精練可耳，不成雅道也。《淳化帖》第六卷首行蹈此失，其僞可知。至若懸針，用之絶少，後世妄書，一篇數見者，不特非法，望之可憎。

行草書中，引筆作實，而重用者偶然失所可也；若本體作引而輕拂者，漫興敗筆矣，未可也。果能意到，必無此失。世之皮相者去彼取此，此何以故？後失近乎輕清，前失入於重濁，重濁乃書中大病。如是取裁，未爲非是，但須甄别功過，方爲賞識。

草書須剛柔相濟，乃得佳。直則剛，曲則柔；折則剛，轉則柔；輕重捺筆則剛，首尾勻裊則柔。曲直轉折易見，輕重首尾難知。主客分明，心手聽令矣。字形實體，主也；顧瞻引帶，客也。客過重可，主過輕不可。

懷素自叙妙在骨力，是以人不可到。若但取狂蕩，真野狐矣。

學章草書多入粗俗、險怪諸惡道，然草書之所必由也。作草祖章，便無苦氣。挑剔最忌苦氣，稍用章法，此病自遠。

書體流傳，法非一代，代非一人，然徒擁其名而不見其形者衆也。所可遵者，常取十體，欲著其妙，疏之下方。詳於《母原》，刻在《長箋》第九十六卷，因欲廢彼，重録於此，似爲重出。

一曰古文。本來之形，非古非今，不必始亏于湝何代，襐其形佀，迻遺錯異成文。世用者雖今亦存，不用者雖古亦略。㫄旁捜搜奇形異狀，必有所據，始可下筆。或金石模糊，傳寫舛謬，乃得以意正之，雖未成書，而篆從此出。各體具在，不加强詥合，隨小大，任方圜圓非，匠意爲之。後人取其一文，定爲法度，矯衆文而協同之，始有篇章結構。此文字之本原，不可廢也。

二曰古篆。三代之書，晛現俗於金石銘識，不能多有所考。䰰襐象湝因篆而成形，實襐因篆而廢形。篆者，傳也，傳物理㠯以至無窮也。前此未始有篆，其名其義，至是始立。嘫然異體裁異同，竹帛興革，無法不具，世或逑求異鐘鼎於一律，則知大謬。有𢴨附非義而成文者，有捨義而成文者。夏、商延於襐形，周末瀸漸借於大篆。今所取者，謂之古篆，若琱戈文之類。雖不盡出於聖人之手，相當文晟盛非之時，賞鑒家有謂「蛟脚鵠頭，定爲夏書」，是矣。軌度典麗，即未必古始，斷非後及。籒籀譌斯邀由俗來，結構由立，惜不多見，有遺恨焉。采其楸散異晛彝器者録之，聊葡備異古法云耳。

三曰大篆。石鼓十章，相傳史籀作宣王獵碣，或謂秦穆公時文，雖無定據，必非秦下可及，即詞藻亦豈後世可攻？灇漢謁無篆，則又去之更遠，過此則益不能窺其門户，其周季書無疑。纍代播遷，剥蝕殆半，後大爲寶重。世宔主渚有以金闐填借其文者，爲人剔金棄石，或遭杵臼之戹厄渻，或經修斲之異。剥落之餘，猶有不易者，在信體結構，自成篇章，小大正欵，不律而詥。至若銁引紛扱披謁，作輕雲卷舒，依倚磊落，如危巖乍闕。攱施異用無定方，立傍有成法，圓不致規，方不致矩。可摸者僅三百餘言，賴前人釋文能補其缺，遂爲書家指歸。

四曰小篆。秦斯爲古今宗匠。一點一畫，矩度不苟，聿遒聿轉，冠冕渾成；藏妍婧於墣壋俗茂，寄權巧於端莊；乍密乍疏，或隱或顯；負抱向背，頫仰棄承，任其所之，莫不中律。大篆敦敦渻而圓，骨而逸，小篆柔而方，剛而和，筋骨而藏端楷。籀則簡搐縮異，斯乃舒盈。書法至此，無以加矣。唐李陽冰凝緟㝵得贅大篆之圓而弱於骨，得小篆之柔而緩於筋。後世莫不由此而出，各就偏長，別立門户。及野火煨烬燼俗之後，《泰山》《繹碑》可搨者二十餘言，世有徐鉉摹本，而先秦之文僅存百一矣，反爲所掩也。

五曰繆篆。陽冰獨步，《縉雲廟碑》可爲概代冠冕，若《謙卦》强作，遂入惡道。其自許云：「李斯之後，直至老夫。」因五百年是勢絶響。漢人獨印章擅美，而篆書無聞。雜王雜霸，刀筆如之，古篆隸真，一皆采摘，闐滿爲式，是其用心。昔人刻符填篆用於婚媾契書，以革盜僞，非淳淳渻古之作也。

六曰奇篆。采擇雜體，就簡避繁，趨逸去拙，其本來之形，與夫纍代之制，皆不泥也。格借玉筯，體間碧落，情雜鐘鼎，埶勢俗分八分：，點畫以大篆爲宗，波波譌折以真草托蹟蹟渻，規矩繩墨，終束於斯。昔之文字，因脚引乑垂異，今此奇篆，因垂引脚，書法之變，此大謬也。所尚者，簡絜飛動，姸態取容，舉世尚奇，去彼取此。從兹而降，好古之士鋭其垂而爲懸針，注其垂而爲垂露，縱其垂而爲柳葉，收其垂而爲倒䪥薤俗，頓而爲科斗，折而爲蜩蟲，蹲墨爲芝英，枯筆爲飛白，龍蛇雲鳥，轉宿偃波，此其濫觴也，而莫知其所由師。昔存其名跡則莫考，效顰臆説，書法外道，翰墨之厄。

七曰分隸。八分、散隸，攲合渻而爲之也。篆籀相向成文，分隸背盭戾異各分。其勢波折屮左非又右非，其形結屈鉤連。篆勢有轉無折，隸筆有折無轉，分則兼之。杜甫聯偁稱異八分、小篆，故知八分猶雜篆體。後世因是以小篆爲八分，曲説有以爲損大篆十分之二爲小篆者。今按小篆茂密，而大篆簡傷易借，其謬不辨而明。今隸宗匠鍾元常，八分之渻省渻便。而真書之效古者，古隸出於篆，今隸依乎真。漢孔安國以隸寫籀，謂之隸古。唐明皇不喜古文，凡不詒開元文字，謂之野書，於是後人罕罕謁睹冓前非人之跡。一變曰辻徒同隸，再變曰草隸，人自爲之，無論也。上不足考古，下不詒時王，聊攲合渻爲一説。分不駭族，隸不蹈時，以續古今脈絡可耳。然今之真書多有取是改作者。若分隸之波折，真書變而爲曲直；若分隸之起伏，真書變而爲撇拂。鄭樵謂篆通隸僻，篆巧隸拙，真書則猶其流之逾深也。

八曰真書。近代時書，而國朝之所通行。古文邈邈俗遠，小學不興，無學者蹈俗忘本，稍通者束義背時。古今意義恒同，蹊徑每異。譬之三代文不得與秦漢詒，漢魏詩不得與近體合。佛、老、莊、騷，餖飣入公車掌故家語，徒爲知者噴飯。今擬古詞，肖而不奪；此學彼行，似而莫迻移異。時王之制，何得已巳謁見妄爲變更？若用古體作今書，不堪眩世，徒足自惑，不特義不可行，而勢亦難達。但俗書之最謬者，與夫世俗之固加偏傍者，所當正耳。一㠯以俗正俗，一以革古，而悉協於時中，真書是也。

九曰草書。起於削國，天下有事，急就爲之。或起草它他俗簡，然後正書，皆不暇致詳而作。漢人遂以名家，杜度、鍾、張飛颺俊逸，其圓轉得於篆籀，波折得於分隸，簡而有合，不大相離。上古結繩而治，刻契而與，、拄俗識而穴別借，剖竹而官，粗跡之於文故無足重，奚以草之去古爲異乎？故文以達詞，詞以達志，草書雖去古而可達古文。且有真未必合，草未必離，如「隹」「佳」等字，古草皆合，真書有愧矣。草鹿首岐，草山虛下，夜前垂乍，草正真謁。乃至臼旧秊年驅駈窻窓稱秤樂楽兩刃盡尽，翻草書以成俗體，無以下筆，豈草之罪乎！

篆書一筆不得杜撰，而字字皆可變化；徒隸俗體雜陳，而一筆不可轉移，何也？古者萬國，人自爲法，變是其本分耳。至於後世，作者不興，同文有禁，所謂依樣胡盧者非邪，此亦人之大不幸矣。

格調二

夫物有格調。文章以體制爲格，音響爲調；文字以體法爲格，鋒勢爲調。格不古則時俗，調不韻則獷野。故籀鼓斯碑，鼎彝銘識，若鍾之隸，索之章，張之草，王之行，虞、歐之真楷，皆上格也。若藏鋒運肘，波折顧盼，畫之平，豎之正，點之活，鉤之和，撇拂之相生，挑剔之相顧，皆逸調也。

作字三法：一用筆，二結構，三知趨向。用筆欲其有起止，無圭角；結構欲其有節奏，無斧鑿；趨向欲其有規矩，無固執。

能結構不能用筆，猶得成體；若但知用筆不知結構，全不成形矣。俗人取筆不取結構，盲相師也。用筆取虞，結構取歐，虞先歐後。結構易更，用筆難革，此筆一誤，廢盡心力。

學用筆法，能作一畫；學結構法，能作二畫三畫，已上可類推也。不然，千萬畫無一畫之幾乎道，千萬字無一字之幾乎道。始而鹵莽作字，稍聞此道，則見筆筆倔彊不和，字字畸邪不合，纔覺甚難，始是進德。未難即易，不足與言。

凡用筆如聚材，結構如堂構；用筆如樹，結構如林；用筆爲體，結構爲用；用筆如貌，結構如容；用筆爲情，結構爲性；用筆如皮膚，結構如筋骨；用筆如四肢百骸，結構如全體形貌；用筆如三十二相，結構如八十隨好；用筆如飲食，結構如衣裳；用筆如善書，結構如能文。

用筆、結構二法，取大字帖指示，以顯小字帖之閫奥；取真跡帖，以臨墨本帖之懸殊；取古善刻參按，以辨翻摹之脱失；取學人自書，逐字逐筆褒彈得失，以便趨避軌範。如是教誨，未有不於俄頃間爽然自失，轉暗爲明，轉無爲有，轉妄爲真，轉愚爲慧者矣。若教工刻字，亦須此法。

近代時俗書，獨事運筆取妍媚，不知結構爲何物，總獵時名，識者不取。正如畫像者但描顔面，身相容態則他人也；畫花者但描須瓣，枝幹扶疏則異木也，尚可稱能畫乎？

字體有從中及傍者，如「興」「水」字之類；有從傍及中者，如「中」「國」之類。從中，須佇念全體，然後下筆；從傍，則轉移其念，凡作左佇念在右，凡作右佇念在左。凡作點綴收鋒，又佇念全體，此上乘也；若佇念在闕漏處，此下乘也。任意完結者，不成書矣。

字全在流行照顧，勿得失粘。有去無來謂之截，有來無去謂之贅。截之失生，贅之失俗；生可熟，俗不可醫。

正鋒不難於横畫，而難於竪畫；不難於右拂，而難於左撇；不難於點畫，而難於轉折。試觀傭書小吏，偃筆側頭，即使作前所易，直易從耳；設令求前所難，一筆不成文也。以此法考歐率更，則知全是側鋒，其横畫之正者，乃偶合耳。或以爲正側兼用，觀者忽之。

凡正側鋒，横正竪側，已非佳書。近代此道茫昧，横竪皆側，依然作大名士。世無人耳，悲夫！毋論字畫惡劣，即作書時横側竪側，必其手腕筆札一皆臬兀不安，而後得成此字乎！習而弗察，亦勞止矣。一日有知，愧恨何已！

點畫不得著粗氣，運轉不得著俗氣，挑剔不得有苦氣，顧盼不得有穉氣，引帶不得有雜氣。永、蘇諸人不能無俗，米、黄諸人不能無粗，不妨各自名家，但苦、穉、雜、亂不足道也。

字必取筋骨。自《詛楚》而下無筋，自《石鼓》而下無骨，獨秦斯能藏筋骨於皮相間。過此而往，此道傳於徒隸。中唐陽冰，自謂「直至老夫」，今日而在，必生愧怍。

字法故多，不出用筆、結構、體裁、顧盼，四者之外，無他能也。至若筋骨在學力功夫，逸鋒在意興去就，唐人尚功，晋人任逸，自此而往，不可求其端倪矣。何謂用筆？正鋒起伏，下筆有意是也。何謂結構？疏密得宜，聯絡排偶是也。何謂體裁？格制裁益，不拘繩墨是也。何謂顧盼？左右上下，往來有情是也。何謂筋骨？强弱得所，和而不乖是也。何謂逸鋒？烏衣子弟，翩翩爽爽，到處有致是也。

字有四法，曰骨，曰脈，曰格，曰調。方圓肥瘦，我自能主，謂之骨；緩急從意，流轉不窮，謂之脈；取法乎上，不蹈時俗，謂之格；情游物外，不囿法中，謂之調。字有四病，曰拘，曰穉，曰俗，曰野。爲法所繫，謂之拘；爲筆所使，謂之穉；爲墨所使，謂之俗；爲手所使，謂之野。

筆法尚圓，過圓則弱而無骨；體裁尚方，過方則剛而不韻。筆圓而用方，謂之遒；體方而用圓，謂之逸。逸近於媚，遒近於疏。媚則俗，疏則野。惟媚與疏，即未入惡道，亦野、俗之濫觴乎！預防其流毒，斯不爲魔中。

書法云：「點不變謂之布棊，畫不變謂之布算。」正有不必拘者，如歐氏作「飛」字四點如一，作「靈」字八點無差，以至結構對偶，畫畫未嘗改易，而亦未始不善。若虞氏作「書」字則上二畫下三畫俱平，中三畫抑左揚右，便符前法，此有得於王氏。作「三」字則二畫相從，下畫別出。作「佳」字，其左「圭」上如「土」，下如重點，或上畫先作，中二聯綿，此下畫仰承之法也。故知各有所取，無往不善，除是無學，不可與言。虞、歐師徒也，故比量説之。

真草雖并有挑剔，大半從飛白得之，或引帶過脈，無一筆虛設。虛設可已，可已不已，已非高格。至若世俗穉筆，全然借挑剔以補其闕漏，即不能除，謂之救藥可耳。若惟此是務，未是書也。

筆發於上，意先在下；字起於左，心先在右。假如真書草頭作「萑」，「草」襝其足，穴頭作「邃」，「遂」束其首；篆書水傍作「滿」，「水」讓右「兩」，水傍作「江」，「水」浸右「工」。心意不先，何以措置？故曰「胸中具箇完字」。難者曰：「『江』『滿』并出，將異結乎？通篇章法，古今不然也。」曰：「此中最難。須全然煅煉一翻，自有箇生息。苟不諸體備具，涵漾於胸中者，未可輕議也。莊周云『每至於簇，見其難爲』，其間必有游刃之地。滿志藏刀，故曰得意。」

結構名義，不可不分。負抱聯絡者，結也；疏謐縱横者，構也。學書從用筆來，先得結法；從措意來，先得構法。構爲筋骨，結爲節奏。有結無構，字則不立；有構無結，字則不圓。結構兼至，近之矣。尚無腴也，故濟以運筆。運筆晋人爲最，晋必王，王必羲，羲別詳之。

運筆者，一畫中之結構也。低昂巨細是其構，起伏顯謐是其結。書家不學而熟之者，亦能結。學而未熟者，但能構。構爲意念，結爲情性。有結無構則習俗，有構無結則粗疏。粗俗都捐，近之矣，然無韻也，會須師古。師古晋人爲最，羲之故善，又須去其似是而非者，黄、米諸家辨之詳矣。

字之左右相對體，或打圍字，下左筆時可縱情落墨，下右筆時則毫不得縱，全要顧左。凡舒斂曲直，圓鋭肥瘠，一一照應，始無後悔，否則敗矣。

筆鋒引帶，如詞章中過文，雖然似是，而非也。筆鋒乃無中生有，本是虚器；過文全篇脈絡，去此離矣，是則實語者。

用筆品藻，古人亦云詳矣，但多昧於結構、破體二法。晋人結構囿於情，唐人結構囿於法。以法顯情，其義斯顯；情爲法縛，皆桎梏也，勿論可矣。破體有篆破真不破，有真破篆不破，有篆真俱破，有可破不可破，有有義之破，有無義之破。不必破者，勿論可也。世謬以筆法爲結構，或呼野狐怪俗之書爲破體者，皆不知書法名義者也。名義尚昧，書道何有哉！因取同部結構有異者，著之於篇。若風、衣、人、心、水、草、火、手、木、肉、頁、黑十二部字，并左右、上下、内外、俯仰，真篆全省，正破古俗，因勢取裁，其法不定。不定爲法，翻合書法。

字須結束，不可渙散；須自然，不可勉然。各自成像而結束者，自然也；曲直避讓而結束者，勉然也。若夫交錯紛拏而結束者，妖邪野狐，無足道也。

法書在在成形，全有全結，半有半結，偶有偶結，獨有獨結。大令不逮乃公，是以求妍於成字之後，識者彈之。雖然，要知大令受病何處，多中於破體一門耳。作破體時，全以諸體會成一局，方可下筆；若隨意綳補，却不是書。

正體法略不相涉，破體則相爲依倚。若似破不破，又非正體；猶之堪輿家言：「欲過不過，大凶宅相。」

一字諸畫，當粘者勿斷，當斷者勿粘。當斷而粘則固，當粘而斷則離。逐字推敲，其意自出。當斷竟斷，如歐、顔諸家作正書「乃」「及」等字，上鉤作一筆，下鉤別起是也。當粘竟粘，如作「光」「先」等字，下撇之首，直從上畫之末拂出是也。若疑惑不決，全無主意，便不是書。

置於竹帛謂之書，書成而後行款具，行整而後結構章法森然不紊矣。前此不然也。一字結構謂之字法，前言議之詳矣。通篇結構謂之章法，譬之「白」「曰」二字爲行列，則「白」首出之局外；「田」「甲」二字爲行列，則「甲」垂出之局外；「主」「甲」二字爲行列，則首足皆出。摹印闊邊，特設此格是也。即摹印家多不解此，況書家乎！

書法昧在結構。獨體結構難在疏，合體結構難在密。疏欲不見其單弱，密欲不見其雜亂。始置疏法，先言其密。衆文合字，文自成形，字自成像，小聚大聚，少聚多聚，各得其所。難其聚者，用破體法，如「隨」「游」「悠」「歳」「冥」「衆」「左」「右」之類。至若特爲改作者，勢不得不然也，如「水」「人」「草」「手」，豈能上下四傍不變形體乎？但不必變者，而固欲從俗，此可憎耳。

方結者從其方，不可方者垂其脚，如「十」「中」「廾」之類；左右適均者從其峙，不可峙者上下出，如「節」「斯」「虧」「群」之類；上下適均者勿避其整，苟可避者以一畫擔之，如「臺」「耋」之類。

三合并列者，一爲傍，二爲合，如「識」「謝」「抑」「滌」之類；左右同體者，中立而附耳，如「斑」「雠」「嚻」「辮」之類。

字之結構，絶似詞家之對偶。有可以正對，有可以借對，有可以影射對，有可以走馬對。泥於形似，則質而不文；專於影射，則巫而不重。近體似真書，古詞似篆籀。於篆之中，近體似小篆，古詞似大篆。近體擬合，而時或不合；古詞擬散，而時或不散。近體合以形，古詞合以意。

偏傍勢變，豈惟徒隸，篆亦有。法由古生，今法如是，故風部門部所領諸字詳於他簡，此不更贅。是以字之結構無處不有，姑舉其多者爲法。如篆之門部，楷之風部，一皆隨在變體；若拘於一律，是則不知書者。别詳字法㔁敔，《長箋》一百七十六卷。文多不具録。

作大字如小字，書法恒言之矣；作小字如大字，古今未之及也。作大如小謂用筆，作小如大謂結構。用筆有不學而能者矣，亦有困學而不能者矣。至若結構，不學必不能，學必能之。能解乎此，未有不知書者；不解乎此，未有可與言書者。

字之結構，如几席間排設燕享之具，右羹左食，并不失款，即罷而行撤，一盂一鼎，亦皆法器，各自成像，可陳可列。非若後世俗書，如傭奴聚食，遠望亦似豐盈，近之則見杯盤狼藉，不成雅觀。至若破缶缺盆，折几殘凳，苟失支撑倚箸，幾何而不倒仆哉！端人過之，掩鼻走矣，見其不成享也。

作字有難於結構者，一爲學力不到，一爲平方正直塵腐之魔膠固胸膈間。平直故是正法，其勢有不得平直者，不可以此拘拘也；即可以平直而不成文章者，亦不可以是拘拘也。乍滿乍闕，讓左讓右，或齊首斂足，或齊足空首，或上下俱空，無所不宜。一字務於成文，一篇務於成章，可矣。何謂文？交錯盤互，得所是也。何謂章？「音」「十」爲章，合集衆形不使乖張是也。所謂難結構若何？如「盥」字之類，常考石經，作「盥」亦不甚雅，覃思不已，變文作「盥」，自謂可觀，然不免改作。近有童子謄寫一書，謬作直旁二「白」，始笑絶倒，既而爽然，翻可取法。三人我師，今而益信。因言其得失。其義安在？即不過自相結構，二「白」先自讓避，其鋒有歸耳。

有篆滿而真闕者，有篆闕而真滿者，有篆湝而真全者，有篆全而真闕者。此兩者無非爲結構去取，以結構持心，有餘豫矣。

配合數字，須字字鍛鍊，始成篇章；畫畫有據，始得成文；畫畫造立，始得成字。有據無立，書奴而已；有立無據，遂成野狐。筆逾少，字逾難，猶印之有章法。字法死，章法活。至若筆法，則又出於形骸之外，未可以言語形容。

字之增減筆，惟篆書兩用之，若徒隸、真草，有減無增，何也？不特義訓在篆，非隸可窺，且真書之法俗尚簡省，篆書減筆貴古雅，增筆貴豐贍，無適而不可，是以兼得。漢已上，夫文用之，夫人能之；唐已下，文不皆用，萬無一得。後代何嘗不增損改作字體乎？增則益其醜態，損則呈其鄙野。試探古今摹印，虚心比量，不能逃識者冰鑒。

古人書自然合法，不加强附，即後世名家亦多不雜厠，是以古印章如璽書。先秦之法，直作數字而章法具在。至漢而後，章法字法，必相顧相須而成，然後合法。後世無其學而不免效其事，遂有配合章法之説，此下乘也。猶之古無韻書而詩不廢者，韻學具也。沈氏始能作韻，後世依韻題詩，亦下乘矣。詩法絶似印法，故比量言之。

人知疏體可闕可讓矣，而不知密體亦可闕可讓也。此理一開，人人自得，即造立世界，由此而廣，豈惟文學。

倣書時，不可先著宋人以下纖媚之筆入眼。嚴滄浪所謂不可令下劣詩魔落吾肺腑，余謂字學尤甚。詩止迷於心，字兼魅其手腕。兩賊夾攻，所存有幾。故不學則已，學必先晉，晉必王，王必羲，羲必汰去似是而非諸帖。何乃訓蒙先生特索現在名家寫法帖？愚亦甚矣！

用指不用腕，則畫成點而不莊。能正腕而不正鋒，則形如刷而不典。

落筆須點檢餘瀋，收筆須點檢殘鋒。唐已前無有此失，宋而下方出此醜，占占自好，增其惡態。宋人誚王安石寫字似大忙中作，不知自家亦坐此病。若持心縝密者，必無野筆。野筆净盡，方入雅調，否則終是卑格。

何謂野筆？當突而鋭，當直而曲，當平而波，當注而引，當撇而鏑，當捺而牽，當縮而故延之，當纖而故濃之。楷之餘爲章，章之餘爲草，草更張之，皆野狐也。

游心於外能結構，游心於内能運筆。簡牘廣狹，外也；波折姸媚，内也。偏者各有一蔽，游心於範圍近之矣。不在全簡而在全體，不在豪素而在腕指，是之謂心意骨力，始可與言書。近世皮相文字，不知如是語言爲何物，標緻用事亦足自豪者，姑置勿論。

字須配合，配合有二種。結構之合，不必畫畫對偶，要在離合之勢可指而目睹方是；使轉之合，不必絲絲貫珠，要在死活之脈可想見會心方是。

能學問不能文章，此儒家之學究；能文章不能翰墨，此君子中傖父；能翰墨不能法帖，此名士中野狐；能法帖不能遵古，此好事中俗調，皆所不取。

力學三

先讀書法，後摹法書，能爲古人忠臣，敗筆可略，筆誤可諒，俗工失款可正，剥落模糊可補。苟不知書法，遂不知法書矣。何者是得，何者是失？何人是浮名，何人是實學？何以爲工，何以爲妙？誰是全能，誰是偏勝？何處可及，何處不可及？書從何來，法從何授？一似夢中苦樂，總成妄誕，不惟無成，且枉費心力。

粗能識得好惡，即須嚴加趨避。得一字好，即思未得時醜字革去；得一筆好，即思未得時惡筆革去。作一字不好，必求一好字易之；作一筆不好，必求一好筆易之。三人我師，言言實學，勿輕放過。遇好求惡，境逆而易；逢惡求好，境順而難。若多看法書，順境成易；多讀書法，逆境不難。若不學空求，多遵謬妄。

逸少中歲進德，每作一衡如驚蛇之曲，此九四躍淵之龍，不可遂認作飛空夭矯之文也。釋典參晤而後功行，三阿僧祇始得成佛，未進此步，辟支禪也。若發願不深，不求最上一乘，便并二乘亦不可得。取法乎上，僅得乎中；取法乎中，民斯爲下。是以大根大器，寧受頂墮罪業，無寧自畫小成。

字無百日功，非虛語也。豈惟百日，即開卷注意，步步移形，三日刮目，誠然有之；至若學問了義，雖盡平生，何厭足之有！譬釋典云「指爪作佛面已成佛道」，又云「三阿僧祇然後成佛」；須於此中參透，始知頓、漸兩途即是一法。

字學二途：一途文章，一途翰墨。文章游内，翰墨游外，一皆六藝小學；而世以外屬小，内屬大，不然也。雖然，要皆大學之門户，不從此入，何由得睹宗廟百官？後世失傳，坼而爲三，文章斥而傳疏煩，翰墨斥而流别異。何如求本尋原，所握者簡，所施者博，不亦多乎？吾道一貫，彼此相證。

詩文忌老忌舊，文字惟老惟舊是遵。詩文忌蹈襲，文字亦忌蹈襲。舊與蹈襲故自有分矣，格調、形似之異也。

不專攻一家，不能入作者閫奥；不泛濫諸帖，不能辨自己妍媸。閫奥即在面前，不妍則忽而不覺其美。是以專治一家，帖不必改而新意自出。見得昨日臨摹一畫非是，乃是進德；苟新意不出，皆皮相也。若此帖果無新意，非佳書矣，便須改圖而後可。自己妍媸多在骨髓，不博則習而不覺其惡；是以博覽名家，帖雖不同而書法一軌，見得他人得失，各具一短長，乃是自知。苟得失無辨，皆耳食也。若果無所見，莫得强議，便須加功而後可。加功在讀書譜，改圖在玩法帖。至於識鑒，雖曰非人所能，然未有耽玩日久，而識鑒不稍爲之開發者矣。要在立志高，發願固，未有不得者；若泛泛從事之人，姑置勿論。

不專一家，不得其髓；不博衆妙，孰取其腴。髓似勝腴，然人役也，其機死矣；腴乃轉生，生始爲我物。

不熟則不成字，熟一家則無生氣。熟在内不在外，熟在法不在貌。

凡玩一帖，須字字經意，比量於我已得、未得。若已得者，功在加熟；若未得者，作稀有想，藏之胸中，掩卷記憶。不能記憶，更開卷重玩，必使全記不忘而後已，他時再轉便作已得想。

閲一帖中字，有相同者，即於同處求其異；若無同字，須想别帖同字相參。苟不記他帖，即以自己念中欲作之字相參，虚心比量何處不相似，何處可到，何處不可到。如是探討，真是真非無遁形矣。

攻一帖爲當家，若不能生發，流而爲繡工描樣；集衆美爲大家，若不能取裁，流而爲鄉愿媚世。一爲淺俗，一爲時俗，俗等耳。淺易革，時難移，何也？世人共趨也。昔賢不説惡紫，幾乎渾至今日。時俗書者，書家之三隅也。

學後人帖，須見其原委，然後可以從事。如祝希哲真楷學鍾元常，即先玩祝書無妨，名家所得者深故也；但得旋討鍾帖，便見其學由彼而得。於是求二人合處以取法，察古今變化以觀妙，始可兼其二益，所得多矣。其行書出於章草，稿草出於芝素，可類推也。一人如此，其他可類推也。文待詔真楷之於《黄庭》帖，行書之於太宗帖，大草之於山谷書，亦類也。又若王文學真楷之於虞學士，行書之於右軍父子，亦類也。又若宋仲温學王氏之章草，文休承學懷素之《千文》，亦類也。又若陳復甫學芾之蒼古而失其圓妙，黄淳甫學獻之遒韻而不得其嚴整，亦類也。苟不究其根本，皮相大能僨事。

名家書，有下筆便佳者；有用意輒好，不用意即不佳者；有不用意反好，用意即不佳者，此天工、人工之異也。天工是其先世之人工，人工是其後世之天工。天人交至，上也；得人無天，次也；得天無人者，見世過世俱無利益者也。切莫自委，自委即自棄矣。其不用意即不佳者，佳非我有也；不用意亦佳者，胸中無有不佳之物也。無有不佳，全在識量。識量似天而實人，人可不學乎！

經世最誤人處，在後世俗書。俗書一入，牢不可破。故少時授經即與善本，善本須先一代得一分之力；寫字即與名帖，名帖須先一代得一分之力。晉唐而上，合法者多；晉唐而下，合法者少。其得其失，具之晉唐。晉唐去古未遠，典刑尚存，是其得也；攻於妍媚，不問來歷，是其失也。余作刊誤中有法帖刊誤一類，此卷當冠諸誤，何也？經史之誤，未必出於作者，謄寫俗工偶然失之，不知起於何年。惟名家手書碑帖而失，則自供其短，便見此誤出於何代何人作用矣。無論真楷已上不當土音杜撰，即行書狂草，古人十九不失矩步也。試拈二王、張、素諸帖，可概見矣。

學書者，博采衆美，始得成家。若專習一家，即使亂真，無過假跡，書奴而已。拔其尤爲師範，以諸家副之；必勿取法於中，落下劣穽。學篆，必籀鼓斯碑，博之以《壇山》《詛楚》諸金石，唐宋而下，一字不得入吾肺腑。學隸，必鍾傅漢碑，博之以蔡邕而上諸碑碣，六代而下不得窺也。學正書，必歐、虞、顔、褚，博之以鍾、王，鍾、王非得唐跡不顯其妙，宋人而下不得習也。學行書，必二王，博之以諸家法帖，諸帖非二王不能淘汰入正途，宋人書不得習也。學稿草，必顛、素，博之以章、索，章、索非顛、素不成文也，宋人而下亦不得習。如是五家，各爲書法門户，苟先看後輩，便是醉生夢死。

學一名家書竟，旋取他人之學彼者，參定得失。如學鍾司徒，必以右軍、衛夫人、宋儋、羊欣諸家爲學徒而參究之；學王右軍，以大令、智永、孫過庭、虞世南、趙孟頫、鮮于樞、宋仲温、文徵仲諸人爲學徒，以及顔真卿臨《東方朔像贊》而參究之；學大令，以虞世南、王履吉、黄淳甫爲學徒而參究之；學率更，以小歐陽以及蜀本石經之似歐諸家而參究之。大抵前人書法不可多得，故借後人學力以輔吾不及；不可執近忘遠，認藥成病，反增一蔽。

書法云：「意在筆前，字居心後。」即泛言心意。心意何居，當令有所。著意若何？意在到，未也；意在流轉，未也；意在合法，未也；意在圓熟，未也；意在縱橫飛動，未也；意在逸韻流邁，未也。意在淳適而不合於流俗，乃得佳書。一法未融，便落魔境。大抵因藥致病，偏方殺人者衆矣。如將措意，須覺意中所著者何物。

書法云：「作字不可急促。」王介甫書一似大忙中作，不知此公有如許忙。嗟乎，可憐忙忙作字，豈惟字醜，人品亦從此分矣，可不勉乎！余常論食飲徐徐而進，諸病不作，何也？寒者可令稍温，熱者可令稍涼；飢時漸入，飽時量加；喉未通漸開，性不喜漸别，是故不惟百病不作，即有疾可瘳矣。作字緩下筆，不惟謬妄不侵，即敗筆可補矣。我輩粗疏，極坐此病，正如識藥而不肯服者，須痛懲之。

右軍書無一筆不到，而能處處流轉；無一筆粗俗，而能字字用力，非夫時時著意、在在忘形者不能。池水盡墨書家非止一人，不知者妄譏其益美，余則以譏者爲益惡。

法法具者，謂因病投藥、因藥慮病可耳，非若畏首畏尾、執中無權者同年語也。執中之患，逾於無學。儒家謂之鄉願，惡其似是而非，惑世深也；釋家謂之愚癡，東看則西，南觀成北，惡其不聞道也。若更執以爲正法，此所謂障正法眼，極重罪過，地獄道攝之，不可不慎。

人之恒言：「清俗在骨，能否在學。」余則以爲入門正，骨始生；師友直，學始立。前此未窺名家門户，骨未生也；不遭名師箴規，學未立也。若但委之血肉之骨，乃是大障；任己孤陋寡聞，乃是死魔。

何謂力量？同是剛勁之稱，深淺粗細從可分也。力淺量深，力粗量細，力卑量高，力易量難。露筋骨爲力，藏筋骨爲量，無筋骨爲弱。急疾偏鋒爲露，正鋒不滯爲藏，柔媚宛轉曰弱。

世間惡札，一種但弄筆畫妍媚，一種但顧形體圓整，一種但識氣象豪逸。求其骨力，若罔聞知；更進而與談韻度，尤不知其九天之外也。如是書家亦足名世，可憐哉！骨力者，字法也；韻度者，筆法也。一取之實，一得之虚；取之在學，得之在識。一者相須，亦每相病；偏則失，合乃得。

字法惡無骨。書狀云：「行行若縈春蚓，字字若綰秋蛇。」此毋他，主客不分耳。凡作行草，意在主不在客；主有作用，客無作用。主立客從，筋骨自振，而二病瘳矣。

近代不知書人作態自好，一日有知，惶愧何已！古人能書無論矣，其不能書者老實隨俗而已，何常强弄出許多醜態如今日乎？若欲作書，須以法書爲舟楫，書法爲棹師，無爲他時自己悔恨，何但他人議其後而已。

學無偏好則不深，有偏好又多病，此中最難。不惟不當偏於短處，即偏於所長處，亦自褊心之疾。且如集義之《聖教序》，非不字字生妍，但偏於修整，拘而可憎，宗之者一時謂之入院體。智永導其流，孟頫揚其沫，似爲淳雅，實有三分俗氣。

臨倣法帖，字字擬古，人知之矣；筆筆自好，知者益鮮也。不擬古無格，不自好無調；無格不立，無調不成。是以有格者多，成功者少，不自好者載道耳。世人不知書法，每每自好，及至法度現前，退舍辟易者衆矣。何也？知法則愧自生耳。知愧而不忘自好，方能進德；若妄與怯，皆過也。

學者須虚心自考功過，著意力爲去就。即自己不辨，須憑賞識家彈射受病要害，一不得先具成心，使嘉言不入於耳。古今書法，是其功過二案；古今法帖，是其功過佐証。兩造具備，無可逃避，然後逐筆考驗以對症，方起其膏肓。骨弱者强之，筋緩者固之，肉浮者掇之，節解者收之，纖巧者以韻易取，流蕩者以逸鍛煉。雅俗對照，欣厭自生。具有肝膽而復是非倒置，無人心者也。苟能取書法條例，采爲箴砭丹石，即起死回生不難；其不治者，一在不識，一在不救耳。人可不學乎！

書家有遲有速。遲，其本色也，古人無有急速者；急，自芝、旭、素式不過三四輩耳。雖然，也須能遲，乃妙於速；若必不遲，鄙俚野俗雜然而陳矣。

幼學即倣佳帖，其法從骨髓中來，可令邪魔辟易，不必大加甄别，不必外取去就，盡自有冰鑒。若中歲知書，雖得换骨神丹，必須用力數翻，方能掃垢。至若老年進學，雖百倍加功，難追俗骨。余實蹈此，自親其事，故言之切中亦已晚矣。後生勉之，毋爲後悔。

人各有能有不能。或以小字見委，每爲苦之，至於書扇，尤非所長也。常怪唐宋而下諸家，作真草太易，作篆古太難，此以各不得其妙耳。余不能真草而能古篆，即方丈一筆，自顧得意。至若以飛白作篆體，即上古不可得，後代不可知，自秦斯而下，居然不肯讓人。試爲拈按，知余言之不妄。

凡爲學，不進則退，無有停機；惟書亦然。故名家作字，隨在變化，各當其妙，此非固爲苟難以求眩目也。日新又新，生發不窮，烏得不進，進則烏得不變。若無名僞跡，描定一局，到處擺弄，終似優倡一付行頭，略無自得真境。無真境則自己亦覺可憎，可憎則勉强改作，改作無門，杜撰雜出，於是并所效颦成法亦已漸忘，漸忘烏得不退，退則死矣。

凡爲道，不損則益。釋典云：「萬法退轉乃是不退轉。」書學小道亦然，於百醜退轉，斯爲不退轉。譬如人面，諸醜不露，便是佳人。

賞鑒須見古人真實妙境，又須别名家真差别處；摹倣須見法書真不可到處，又要見自己真能學處。不然皆皮相也，即使學到白首，終是瞎著，總瞞得不知者，瞞知者不得；總瞞得眼前，瞞後世不得；總瞞得他人，瞞此心不得。何謂能學？法度是也。何謂不可到？全其法度是也。一法不具，不成名家；法法皆具，猶然皮相。皮相而往，便不可說。學力到處，自然心開；未到而開者，十九野狐，吾見其人矣。

書法變幻，故自妙境。若無學而變，寧不變也。宋人作詩有禁體，弄出許多醜態。覆車前轍，亦可畏矣。古人謂老年才盡，余則以爲學盡耳，非才之罪也。詩文如是，書法亦然。

法書之於字學，如詩有別才非關學，詩有別趣非關理。又似八珍之於庖丁非關服食，而但取其適口；麗人之於後庭非關伉儷，而但取其適御。是或一道。雖然，創法究竟又未始不同。

諸體法度相關無論矣，但隸、真、草三體之左右傾側，與篆毫不相關。然世人因習頗便，最難革除。學篆者，須取平分諸篆及左右反體相向諸字，書之薄蹄，翻覆取正，見其欹邪醜態，極力自懲，痛革其失，非翻覆數四，不易得也。要在入門正耳。管直而鋒自正，鋒正則體不欹。此法不過矯世俗之弊耳；譬人無疾，千金良藥，亦何所投。

養生家調身法固嚴，余以爲作字亦爾。身手頭足，必須端舒。倚胸俯首，無文士氣，作姿摇態，尤爲可憎。此身最是一件大器用，器用不調，終非雅調。

學書須徹上徹下。上謂知其本原來歷，下謂采其末流孫支。知本則意思通而易爲力，求原則筆勢順而易爲功。何謂本？字必晋唐，晋唐必漢魏，漢魏必周秦篆隸，篆隸必籀、斯、邕、鵠，此數家又須倣之鼎彝銘識，而又不爲野狐惑亂。雖然，爲學有二品，其高者，如前説，無論矣；急功之徒，則不必然。凡閲一帖，不須字字全倣，但會心處臨摹，及胸中未有者記著；若平調文字，即有可觀，能自爲力，何用彼爲？此亦取效之捷徑也。

昔人云：「能草不能真，無本之學。」余因而進之曰：「真不知篆，草不知章，隸不知古，而妄作妄議，皆盲兒也。」又鄭樵云：「六書明則六經如指掌。」此語其大者耳，如以細，則將退而曰：「六書明則諸體如探囊。」斯可以概前説。

凡臨倣搨本，要須作真跡想；臨倣後人鐫刻，要須作古人佳帖想。否則瀸染其失處，大謬也。如模糊溷雜，乃剥蝕誤之；挑踢狂肆，乃俗學改作。故凡倣一代人書，須致此心於彼時風氣中，始不失漢、魏、晉、唐規範。不然名爲學古，都成杜撰，即使成就，不過宋、元波折而已。

本原來歷爲上，支分末流爲下。不知本無以下筆，不知末昧於使轉。務上則不情，甘下則不典。

學一家書，知其好不知其惡；學諸家書，好惡了然矣。知好不知惡，亦能進德，不能省過；好惡通曉，德日進，過日退矣。

落筆偶側，不宜更側，遂成村鄙。使轉誤重，不宜更重，遂成粗俗。引帶偶離，不宜固闊，遂成脱落。偶粘，不宜固著，遂成穢垢。點綴振救處偶大者，不宜益其大；作贅疣偶小者，不宜更貶小。如烏有左右相顧處，偶然參差，不宜更遠，遂相齟齬；偶然透錯，不宜更進，遂相紛拏。

無意而得處，不可認爲村鄙；自然而成處，不可認作粗俗；抑揚頓挫處，不可認作脱誤；散誕不羈處，不可認作野狐。此皆神逸妙用，顧其人如何，其造詣如何，其作用究竟如何，未可以一筆一字定其功過也。若通篇賞鑒，便無此失。

運筆謂正側、使轉、起伏、纖澀；結構謂疏密、短長、參差、巨細；顧盼謂負抱、乘承；引帶謂本體連珠、收鋒懸針、垂露結束補漏、贅闕；賓主謂有無虛實，可有可無；來歷謂字義血脈、筆意原流；體格謂古今名世；韻調謂作用趨尚；意謂正借古俗；義謂古今得失。

作字作繪，并有清濁雅俗之殊。出於筆頭者清，出於筆根者濁。雅俗隨分，端在於此，可不慎擇！入門一蹉，白首茫然。

繪氏將求名家畫譜，以難得真本爲歉。余曰：「畫無譜，方得真。」客曰：「子言若是，那得筆奇？」余曰：「無譜乃得奇。君所求者奇枝邪，何樹不吾師；所求者奇石邪，何山不吾師。展轉回旋，豈惟三人，擇善在我。常論畫人物以容貌不同爲良工，何不佇想交知貴賤間千百異彩，皆筆端造化，何乃捨真求假，認假爲真，下至并真圖不得而專事傳摹粉本，此何異不知書法而師字跡，不得真跡而師墨本，不得古搨而師後世翻刻？下至捨古法而效時人書，何異出宮娃大家而悦顰眉西子？愚亦甚矣。」書畫一道，因比量詳及之。

字尚筋骨，粗獷非骨也，齒角耳，骨在結構；紛拏非筋也，爪牙耳，筋在鋒勢。一藏一露，雅俗斯呈。

魏鶴山作「鄉」字從「邑」，世人之效顰者寫「卿」亦「邑」，識者舉以誚之。余謂豈直一字一人之謬已乎，近時後生見「具」字三畫，并「且」字亦三；見「真」字從「匕」，并「直」字亦「匕」；見「處」字從「処」，并「據」字亦「処」；見「内」蹂字左出，并「内」字亦出；見「耑」「豈」首傾，他「山」亦傾；見「有」「右」首屈，并「左」「在」亦屈之類。書法誨人粗識篆體，余則以爲惟其粗識，乃有此誤。粗識者，大謬之端也。醫道稱初知藥性者不治。

劉須谿謂魏鶴山好識奇字，譏之曰：「六經無一奇字，不可謂其文章無奇也。」又見鶴山取篆字施之行草，笑其自苦無益。嗟乎，陋儒淺見，一至此乎！六經何嘗不奇，習熟則見其易耳；奇字何嘗不易，不習則見其難耳，一謬也。字體原流，同門異派，故草書或取於篆，或取於隸，或取於真，無法不具。世人謂草出於真，此淺俗之見。漢章帝時已好草書，彼時曾有今世之真楷乎？又如「其」字草作「」，「天」

字草作「[illegible]」，「鹿」字草作「[illegible]」，「前」字草作「[illegible]」，如是諸文，不由古篆，何以自解？二謬也。書道之樂，無樂如之，至於學古，其樂更多。不知學樂，以苦加人，三謬也。爲學日益，古學益甚。今不學古，古道幾絶。萬古長夜，從此而醒；寐者不蘇，反罵無益，四謬也。儒家云：「一法不通，儒者所恥。」以儒譏儒，獨舉六經。六經而外，更無一法乎？不然也。六經而外，盡付祖龍乎？不敢也。不然而云，淺矣；不敢而云，僞矣。淺且僞，陋至此乎？五謬也。

臨倣四

倣帖不得不記前人筆畫，又不得全泥前人筆畫。比量彼之同異，生發我之作用，變化隨疑，始稱善學。若鈔取故物，傭奴而已。即不失形，似屋下架屋，士君子不取。字字取裁，家家勿用，方得脱骨神丹。苟不精熟，勢必記念舊畫，雜亂縈心，何由得流轉不窮之妙？求其成就不可得也。

倣書時不得預求流轉，預求流轉，不得其形似，翻弄成鹵莽；亦不可不預知流轉，不知流轉，到底不能生發，竟成描寫傭工。

臨帖作我書，盜也，非學也；參古作我書，借也，非盜也；變彼作我書，階也，非借也；融會作我書，是即師資也，非直階梯也，乃始是學。能具此念而作書，即筆筆臨摹，無妨盜比，但問初心何心耳。若中道而廢，肝膽未易明白。

臨倣法書，要明明指出何處不如古人，不妨十數改作，必肖而後已。既能肖，必令熟；若不能肖，又不能自顯其不合處，而一時眩惑者，則將權且放下，宜別作字，待後更臨。更臨不似，如前暫止，三四臨摹，無有不肖矣。雖然此特皮相，皮相既熟，筋骨精髓自然充裕。凡求皮相，以自家臨倣之惡札比照法書；凡求筋骨，以他人臨倣之佳書比照真跡；凡求精髓，以翻搨古搨之異同相爲比照；凡求神妙，以真跡墨本相爲比照。如此重重參考，如玉石之辨，無有不矍然醒悟者。

倣書，始不可不拘，後不可不縱。一於拘，不爲我有；一於縱，古法全乖。故曲士不情，達士不典。倣大字作小字，欲其拘也；倣小字作大字，欲其縱也。

常言倣大作小，倣小作大，爲倣書要訣。更進乎此，須倣縱逸帖爲修整書，倣修整帖爲縱逸書，以至篆、隸、真、草悉相爲用，乃是善學。善學者師其意，不師其跡。跡蹂便落野狐中，中此魔便是心腹之疾，去之極難，雖有箴砭，無補毒螫。此無他，從學力來。方自喜不暇，捨其故步，能無吝心？無怪也已。

倣書勝臨摹者，心目不敵故也。先泛觀後研察者，神貌不敵故也。流覽得其精神，摹勒得其形似。得神遺形者高，得形遺神者卑。形失易革，神失難知。爲學似倒，成功翻順。書法云：「作字急不如緩。」雖然有説，急則失形，緩則失神，未可偏廢。視力去就，可以滿志。

倣大帖作小楷纔不苟且，《麻姑壇記》是也；倣小帖作大書纔見力量，《東方朔贊》是也。《麻姑壇》字小而八法具，此小可以化大；《方朔贊》字大而用減筆，此大可以化小。書法至唐始有軌矩，可以言傳，歐、顔尤稱楚楚。但歐書無二體，故獨舉顔帖示人。顔雖近於方俗，然每帖有異，與晋王氏父子殊途同軌。置晋不談，何居晋人之妙？藏法於韻，可以己力求，不可以人言盡，故姑置勿論。

小大互臨，不特使後日事事無礙，且能及時筆筆著力。著力則不苟，無礙遂爲腕中神物。

閲古帖，逐字掩卷，如在目前，想見此帖佳書在我筆端，方能不失。若雖能懸想，想見此字而不在筆端，則寫時仍惘然不類。

古名跡不易得，求之金石文。金石善本不易得，當以同文數本并觀，高下真假，自然呈露。又須淹貫前人書法，然後能校法書，否則不無行迷失路。

閱同帖異刻，比量其不侔處，得失是非校若白黑，方能得力。凡翻工之與正本，勢必天淵。時帖或是二刻俱翻，通非善本，即偶中兩是，百無一二。會須著眼辨之，自無水鑒，倣之哲匠。

書倣正本，勿倣副本。墨跡爲正，石刻爲副；原刻爲正，翻刻爲副；前翻爲正，後翻爲副；全文爲正，集文爲副，可類推也。墨石之殊、古新之異無論矣，至若集古誤人，人多昧此。譬之倣右軍而遵《聖教》者，是未始窺見右軍者也。彼集帖人收拾多字，擇圓整如其意者填入，非不美至，殊失晋人風度矣。凡行草章法筆法，大半借勢成形，巨細短長，方圓流轉，任其作用，是以古人不可及，尤難於全局。若但捱字成行，數畫成字，亦何必難！故曰獨遵《聖教》，未見右軍者也。若評論此帖，不必最初佳本，已自百倍新刻，何乃置之惡帖之末乎？要知割裂之害不淺耳。至若新帖之惡，誰不憭然，故可略矣。割取之弊，豈惟不見其失，世人反以爲善者，十室九人。此古今大夢，不得不詳言之。在儒爲鄉愿，在釋爲天魔。又謂之相似法，相似法最難祛遣，傳者誤稱《春秋》責備賢者，不知經旨者也。善惡顯著，何煩備責，略可言矣。

臨倣須用搨本，把玩須用墨跡。人一家言，不無出入，而氣象自如。凡帖一經摩勒，敗筆故少，而自得真境索然矣。至若書家新炙，便是莊誦墳典，百千遍後，妙理自出，字字言言，皆我心髓，不似因人成事、受人指縱者比論也。

刻石能振救書家之敗筆者，此其小補而有大害事處。何也？善學書者多於敗處爲功，始見名家脂髓，一經改綴，雖若無漏，瞞人多矣。不特無以求作者用心，真境亦已索然。至若集古諸帖，則又後人揀擇多帖中方圓平直合法者，而加之整頓，全是後人作用，非不淳正，晋風掃地矣。余是以於《聖教》《興福》等帖每不喜觀。

不見真跡，不知妙境；不觀古刻，孰辨敗筆。

臨摹法帖，不必字字趨步。泛覽一周，覺有得失，便握管擬作。伎癢不已，然後再閱，會心處喜不自勝，或依倣結構，或順其波折而爲之。再四再三，不得即已；三四倣閱，妙跡自呈。十數翻摹，古人敗筆亦已不掩。能辨得失，敗筆皆我師資。

往見學書人，於近代名家無所不學，於古法帖反覆茫然。即稍知倣效，不過浮慕幾字幾筆，遂杜撰改作，附名某家體法，大可怪也。

臨倣法書，始而髣髴，不必拘泥，拘則難成而易倦。數臨不得形似，然後細閱古帖，求彼好處，求我惡處，參照相左在於何所，逐筆逐畫，依曲效直，詳細描寫，一字不似不已，一筆不似不已。如是數過，字字記憶，筆筆不忘，至不用意亦不誤時，然後佇念自己筆端，自有一得意佳字在我眼中矣。心手相適，古今不倍，書乃淳雅爲我之物矣。既得則須求熟，能熟而後任意縱橫，小大損益，無所不宜，故曰得意。不循此功，而但拘拘爲之，不過書奴，則見書苦。未到此境而莽莽爲之，遂作野狐，不知書樂。家承旨云：「夏月據案作書，可以忘暑，胸中自有清凉，炎熇自是不敵。」

凡學書時，一筆不可苟且，一念不可他移。移即苟，苟即鄙俗俱出。鄙俗成熟，法器自遠。書遠於法，古雅二字，一生無分，不可不慎。從不苟中生縱逸，始得佳字。否則總令藝成，時露鄙野。試拈古今高下名跡，虚心較量，何常不懸如日月。

倣書有二病：一不知去取，敗筆效颦；二未窺人長，先求人短。二者皆非也。學生初基，筆筆趨承無論矣。稍知去就，對帖握管，趨其所長，棄其所短，苟勝前哲，何樂不爲。如不可及，隨力改轍，數變不得，然後回觀前人，工拙具現，自覺恍然，不患不到。

好奇之徒每效古帖中怪異結構，未始不自謂有本有原。及考校法書，衆刻羅列，始知大半石剥墨殘，翻工巧飾，造此醜態。工匠過十一，效颦過十九。回視怪妄之書，如屠沽兒厠羣賢中，可勝愧恨！須實見得，方可下筆。常歷指古今翻摹諸異同得失，别詳他譜，不能盡録。

倣帖先學他妙處，自是不倦；自書先革己惡處，自是不窘。處長故正法，因病設藥，不若拔其尤爲易遵。

臨帖得手處，自能會心。如書法所列某出於某之類，初基人讀之，大自不解，正如水木芙蓉、動植射干、人研鍾馗。一皆殊類齊名，以至數種海棠，同謂名花，一莖茄的，分條良藥，或取於姿態，或求其性情，是乎非乎，終成鬼物。是以牝牡驪黄，求骨法者視同一致也。否則總令逼真，不失故步，遭逢識者，皮相何有焉。

俗人評書但聞筆意，學者評書但問帖意，未免各中一魔。作用在筆，鑒賞在帖，雖然受病，故自有重輕也。苟爲無學，被人指出醜態，能不辟易千里？

初臨帖時，求其逼真，勿求美好；既得形似，但求美好，勿求逼真。

倣書與臨帖，絕然兩途，若認作一道，大謬也。臨帖絲髮惟肖，無論矣。倣書但倣其用筆，倣其結構，若肥瘠短長，置之牝牡驪黄之外；至於引帶粘斷，勿問可也。若留心於所不當留，枉費一生力氣。皓若太陽升朝霞，灼若芙蕖出緑波，於美人何有？而遠近皆以爲比，固知人情在阿堵中。

引筆聯貫處不宜粗濁，不惟不雅，且於義不通。何也？本無之物，非所當有，况重取妨正乎！無已，上引可濃，下引必淡。行筆時貴佇念，起筆處無停思。佇念或重，不停自輕，勢所必然也。搨本中或有反是者，皆鈎刻之過，剥蝕誤翻，須以意逆，勿爲器使。

永興用筆善圓，如魚浮雀躍，矢落丸流。不善學者，翻成木勥，分崩脱落矣。率更結構善方，如飛甍鏤楯，檐牙交錯。不善學者，遂作布馬排籌，折釘斫橛矣。

臨倣不能悉摹，切以彼有得失，我有去取，不得不然耳。因以彩色識其旁，自佳帖全倣外，一取漢、魏、晋韻度法則；二取奇逸巧構；三取有異通俗；四取煩不嫌其太多，簡不避其太少；五取草出於章，真由於篆，不失來歷；六取敗筆爲功，非名家不能到此；七取正結構、異結構、難結構三者得失處；八取我之所難，彼之所易，作我師資；九取彼死此活、彼訛此正、彼闕此全諸刻；十取各代名流，自署名姓，或異或同，奇正得失。凡閱帖前先轉一過，閱帖後再轉一過，大能提撕警覺，勿以瑣細而忽諸。

寒山帚談卷下

用材五

偏才擅場，如真楷隸篆不能兼善者，無論矣，即器用亦復如是。有善用敗帚者，有必須佳毫者，毫之剛柔，人各異取。苟所遭相左，即所造殊功。此無他，心手無權耳。能權之士，無所不宜。權正兼濟，斯稱大方。

昔人言：「能書不擇筆。」有旨哉！擇筆而書，筆也，非書也，雅士不爲。不擇筆者謂取捨，非謂作用，《蘭亭》得之敗筆是矣。筆鋭宜法方，筆頹宜法圓，則又不能不擇筆也。米老自考云：「臣刷字，而每以書自豪。」此老能得不擇之旨歟？

書法云：「學書不須佳筆，須佳紙。用惡筆，使後不擇筆；用佳紙，使後不攝。」似矣，未盡也。擇筆則事皮肉而忘其骨，紙疏則墨走，不堪留筆。即有善思，無從自見；即有醜態，無從自考。余故曰：「筆致欠佳不妨，紙惡大病。」近代名家有以模糊相掩、自蔽蔽人者，大謬不然也。

用敗筆學書，以見字不在皮相，而在筋骨脂髓；須善毫作字，以見字不可苟且，勿以拖泥帶水瞞人。二器兼長，乃是傑作。

惡筆無妨，惡墨有妨。惡墨可，惡楮不可。三惡尚可，詞惡最不堪也。而世間不免，無地可逃。

搦管要如弄丸，使圓轉活潑，其機自熟，作字之頃，任吾指使。無論作字未作字時，時時作一物在吾指端流轉，其學自進。

未作字先，管欲不死。已作字頃，指却不活；活則成字無骨，大病也。

書法云：「腕欲動而指不知。」謂小楷可耳，若作篆署，則又不然。篆法圓轉相續處，若指不轉，鋒何粘續？

正鋒全在握管。握管直，則求其鋒側不可得也；握管邪，則求其鋒正不可得也。鋒不正，不成畫；畫不成，字有獨成者乎？鄙俗審矣。

正字全在用腕，用腕似難而實易。管直則求其用指不能也，若置腕使指，蜂腰鶴膝，籧篨戚施，醜態盡出。唐已前得法者多無論矣；宋已下惟米氏縱横正鋒，然不能祛籧篨之病。彼能因病投藥，不能藥於未病之先，得之目，不得之心，是以不稱上乘。

晋已前藉地而坐，書必就膝。楷書就几，几廣不過四五寸，修不過一二尺。惟天子玉几廣尺二，修三尺耳。故懸掌不期懸而懸，正鋒不期正而正。又按古人作字不甚大小，至大不過二寸，至小不過五分。題石則稍大，如《壇山》《繹山》之類。署書則就版而題，可以任其廣狹，否則膝間無可大之道也。即張顛、素狂，亦就屏障始可縱逸成草，已非古法。今之作者，須先定古今器用，始可作古今字體。

懸掌，故古人之順境，今人之逆境也。自唐已前，雖有隱几，聊借掎閣而已。後世巧作檯椅，安逸自恣，少而習之，不知身手死矣。及長而後知書法，將革前非，心手鬭逆，反稱甚難。苟能於小時始入家塾即敎正法，何常不順，更有何難？

用筆得之鋒杪，纖而不文；得之筆根，澀而不韻。故濡欲透毫，運毋竭墨，不纖不澀，始合雅道。意在筆前者，豈惟運筆之頃，即濡翰而前，已具全意。世俗取纖嫩爲合時，矕粗澀爲古雅者，皆漫興喝彩而已。

書法言執筆法，凡作楷離筆頭若干，作行書離若干，即不必詳其離毫離管之異，然與其過近，寧過遠；與其粘案，寧虛掌；以至與其浮動，寧堅執。近有不知書者譽一名家云：「無論其書之妙，即觀其作字提筆，指間若無多重也。」嗟乎，左矣！無論古人掣筆故事與夫後世鐵管學法兩重公案，但腕中無力，必不得佳書。總令成就，不過蘇眉山、趙吴興軟弱弄筆、恣態媚俗之書耳，豈上乘乎！嗚呼，不善譽者，譽亦毁矣！

作書須能用材，無使材屈無伸可也。常謂懷素諸草帖，疑今之筆墨非復往時，及得燕中所造水筆與硯栻，知必此器爲之，每用作字甚適也。近有西吴王生，脱格造筆，南工幾欲廢北。一時名流亦頗知善，但莫悉其合古法耳。有一名士反不善之，惡之特甚。一日過我作書，余曰：「獨有王生筆，不稱君手，奈何？」無已，姑試之，喜曰：「大良器也！」索數矢而去。異日相晤，乃云：「前筆獨所用一矢耳，餘皆棄物。」余因歎息，可憐誰訴？昔宣城陳生，其先世爲右軍筆，至柳學士但取其常品，最者不收；何待今日哉！因訟筆冤，而録用材法於左。筆墨未合，一冤；墨水未入，二冤；槠筆不相發，三冤；筆不函字，四冤；客毫未退，五冤；急作未舒，六冤；多作透弱，七冤；任器不任指，八冤；滯墨膠澀，九冤；掃墨旋鋒，十冤。冤不可極，姑識十端。

秦相碑、狂僧叙，纖瘦不弱，濃潤不腴，知古人多用水筆，法在腕不在器，所以妙也。作篆時每闕此筆，頗覺不便。造筆合法，全用軟毫，故柔而不弱，能大能小，且能經久。法書碑帖可想見矣。而世之俗子翻指爲惡筆者，十常六七，大可怪歎。

重爲訟冤，作《毛生百厄疏》。凡漬筆，毋論巨細，必濡過三四分已上，始能盡毫之才，亦能任指之用。俗子略濡分杪，全欲使器供其妍媚，亦可醜矣，一厄也。書後墨膠不令洒透，二厄也。晋漢已往硯用鳳池，唐宋而下翻作陵阪，甚至鏉心，遂令筆鋒帶扁，或岐而二三者有之。書生不覺其病，故字皆側鋒，及乎閣筆重書，歸罪於筆，三厄也。醉飽肥鮮，污口吮毫，令毫卷縮，四厄也。向日毫開，五厄也。蜂入管端，失於墐塞，六厄也。因不知書法，遂不知用法，掃而不染，七厄也。疏硯，八厄也。灰墨，九厄也。稿紙，十厄也。十厄十乖，百厄具也。

濡墨寧贍毋窘，用可大之筆作小字，筆爲我用，字爲我作；用不可大之筆作大字，我爲筆使，字亦筆成。

墨欲贍，勿盡用瀋；筆欲和，勿盡用毫。腕欲勁，勿盡用力；指欲活，勿盡用轉。目欲專，勿滯方所；意欲完，勿離鋒杪。是以作書，墨須有餘。故古人晨起作墨，及用墨時，墨稍過，字便醜；有餘墨而不用，乃得佳書。余常有言：「磨墨須奢，用墨須儉；漬筆須深，用筆須淺。」

墨傅其筆，筆傅其字，字乃成形。墨浮於筆，筆浮於字，字乃神妙。墨不傅筆，筆不傅字，不成形矣。傅則支，浮則贍，不傅窘矣。雖然，贍不盡其材也，盡其材，病過於窘，書法謂之墨猪，余又謂之書道塗炭。

用草書筆作楷，具眼者不昧；以真書筆作草，能者亦乖。俗人反是者，其中無主，聽令於筆耳。聽令於筆，尚可謂之書乎！

余喜作草篆，以續飛白之脈，其任率自好，若謂前無作者。或詰之曰：「大小諸篆，何有此法？既謂之篆，惟古自遵，何得改轍？」余曰：「有說。凡事取真不取假，用實不用浮，貴自然不貴勉然。大小篆書必有大小篆器，今器異昔，何堪效顰。必如昔書，勢必虛假勉然而後可。子言故是，但須出之蒙將軍未作用前而後可。如以將軍筆作丞相書，吾見其難爲矣。古今興革，故有不可知者，子姑執筆臨楮，然後破我未晚也。」

作晉、漢以上書，不特今時强筆勿用，必資軟毫柔穎而後可。即墨須如漆，紙須如皮，研須如盂，掌須如木雞。一物不稱，終作時俗之書而已。

書法云：「學書宜惡筆，使後不擇筆。」又云：「强紙用弱筆，弱紙用强筆。」二說并後世人語也。案前人帖初無强筆，所謂惡筆乃敗筆耳。亦無弱紙，紙之疏弱皆後世俗工所爲。宋以上無此法，况晋、唐乎？試探稍古名帖，求其字畫，雖極縱逸處，用筆無有不圓熟者，結構無有不了然者；即於鋒交墨互中，未始不森森楚楚，果惡筆弱紙而能如是乎？能書不擇，謂鑒賞，非謂作用也；强弱相濟，謂救時，非謂相須也。但堊帚飛白，古法莫傳，後世想成，而以枯筆燥墨爲之者，是乎非乎，不可知矣。是則弱紙便於白，强筆便於飛。就世改轍，古法疏矣。

强弱紙筆，遇此器即出此法。苟非我之長伎，亦須改弦易轍以勉就之，不然指器相左，心手不符，即不成書。今時弱紙滿天下，要知古人全是强紙，全是弱筆，世俗不善用，遂謂過滑過軟，不堪著墨者，因指間無有骨力，將聽令於器耳。若胸中有箇佳字，心能役腕，隨在得意，即使與古人弱紙，亦自無妨，况强紙對名手乎！外境皆牝牡驪黄，何能礙我作用！

凡强紙用墨，使墨有餘；濃墨用筆，使筆勿竭。飲墨如貪，吐墨如吝；不貪則不瞻，不齐則不清。不瞻可，不清未可，俗最忌也。

紙有三品之異，量才施用。一古佳紙，如宋經箋、高麗繭之類；二宣德紙，涇縣古干之類；三則滿世間疏漏惡札是也。上紙須用古作法，中紙隨意皆可，下非飛白、稿草不能就其獷劣也。

弱毫，重墨輕用得佳書，輕墨重用其書惡，輕墨輕用其書纖，重墨重用其書俗；强筆，輕墨輕用則不腴，重墨輕用則不潤，輕墨重用則獷而離，重墨重用則粗而俗，四者無一可者也。是以古人必須弱毫。

握管之法，有單鉤、雙鉤之殊。用大指挺管，食指鉤，中指送，謂之單鉤；食、中二指齊鉤，名指獨送，謂之雙鉤。勝國吾子行善單憎雙，試之果驗。單則左右上下任意縱横，雙則多所拘礙，且名指力弱於中指，送亦軟怯矣。小時習雙，今欲改之，增我一障，詳説以示初習書者。凡單鉤情勝，雙鉤力勝；雙鉤骨勝，單鉤筋勝。單鉤宜真，雙鉤宜草；雙鉤宜大，單鉤宜小。

描字不必憎惡楮，塑字不必厭灰墨。若運管舒毫，惡材絶不堪用矣。不惟膩澀難於使轉，即對之敗興，寧得佳書？常戲爲之語曰：「靠筆成畫，恰似描樣；靠墨成形，何如塑像。二意似殊，總之一致。臨池撫卷，到此自知。」

晋、唐、宋三品研式，筆鋒功過所繫，不特爲石所使，亦爲墨所使也。鳳池墨阿，歛筆不及阿底而墨自足。陵阪鋒石，半著鐓心，則二器全相挹取，烏得不扁且岐乎？必如俗兒，掃墨從事，捲鋒向楮，尤爲僨事。

鉤帖、鐫刻二人，先與講解數日，然後下手，更取其所鉤所刻之字對按，指其得失。一指用筆正側鋒；次指一字負抱，顧盼形勢；三指連字引帶；四指每行起止不同或曾經割動之帖，可以意裁；五指主客失所敗筆或本帖原作敗筆，可以意裁；六指寫字名家人人具有得失，不得以我意改同之；七指唐已上帖，不得改軟曲纖巧之筆，失其時代；八指晋已上帖，不得改時俗通行之體，亂其來歷；九指疏密不得改移，失其避就；十指挑剔不得溷晋轉唐折殊法；十一指不得失晋人圓轉逸韻；十二指不得失漢、魏章草古澀妙境。

工人能刻繪事，未必能刻文字；能刻文字，未必能刻名家善書；能刻名家善書，未必能刻古人法帖；能刻古人法帖，未必能刻同本異摹諸搨。刻同本異摹諸搨，工拙必露矣。

評鑒六

昔人言：「善鑒者不書，善書者不鑒；一未到，一不屑耳。」謂不能鑒者，無是理也；果不能鑒，必不能書。

閱名人書，須具有隻眼，不然未得其佳處，先蹈其敗筆，效顰之態，見之欲嘔。是則不如無學，翻有一分自適處。

古人書直是氣象不同。晉、漢帖無有晉、漢人氣象，即知是僞。故舊帖雖非善本，自有作用；新帖雖極力揣摹，直是棄物。何也？出自淺學之手，不知書法爲何物，直以俗筆厠古書，分明別造一個宇宙，何取於古帖乎！

凡字收鋒增美者，會稽以上也；收鋒補過者，大令而下也。先哲言求妍媚於成字之後，大令所以去之更遠。

字有三品：曰庸，曰高，曰奇。庸之極致曰時，高之極致曰妙，奇之極致便不可知。不可知，其機甚危，學足以濟之，識可以該之，則超乎高妙；學識不足以該濟，而但思高出人上者，野狐何有哉！雖然，吾又惡庸。庸人趨時，作世俗事業，便無出頭日。佛法中學道人寧落地獄，不願畜牲，近之矣。曰：「寧惡毋庸，有説乎？」曰：「有。惡故自豪，唾罵者載道，自然有日自覺其醜態。庸俗之作，甄別者世不多見，十人九人讚歎其美。歷世愈久，庸根愈深，落此深坑，何時出離。」

畫後策，豎後打，謂之能品；策如馬頭，打如鶴膝，謂之俗品；不策能藏，不打能正，藏不頹，正不鋭，謂之高品；隨勢而施，無所拘礙，謂之逸品；若乃皮相飛黄、野狐骨胳者，怪妄自不能外掩，可謂低品。是以書法不道，世多蹈此，故稍及之。名義具書法中

古人法書，篇有篇法，行有行法，全字有全字法，半字有半字法，一畫有一畫法，一點有一點法。是以名帖隻字半行，不可蹉過。近世墨客，以畫遮點，以體遮畫，以上下文遮一二字，以通篇氣色豪逸遮却一生醜態，尚可謂之書乎？其最下者，借佳紙濃墨掩其拙筆，或以筆勢波折掩其謬結，皆書中穿窬之流，識者恥之。

古書佳處，在方圓斜直，不拘繩檢。今人惡處，却與古同。古人胸中自有箇佳字，任其所施耳。今則不然，上者只記憶古人成按，下者以無繩檢遮掩其拙，以糊人

耳目。謂貌則同，其造就處天地懸絕。

名家書法，滿亦佳，空亦佳；長亦佳，短亦佳；端方亦佳，邪倚亦佳；方圓平直，無不宜之。後世俗書，縮大爲小，傳瘦爲肥，一字字弄作團團，無有潩漏，逐字觀之，非不端楷，却增一團俗氣。

整頓之失，即智永親傳家法作《千字文》，懷仁博采真跡集《聖教序》，已自磨礱熟爛，況其下者乎！雖然，二僧釋子也，法如是故；何乃文人墨客，不師其全體作用，而師其整頓一門？正似盲兒摸象耳者謂象如箕，摸象尾者謂象如帚乎！

集古諸帖，豈惟修改誤人，即其顧盼起伏，略不可得矣。名家作書，行款上下尚不可移易，況集取强合乎？往往見移行諸帖，行首無故而來，行末無故而往，甚至强割聯絲，意義失所。不知者效顰從事，已自可憎。集古比之移行，又天淵矣。

集帖之取圓整，有不得不然者，失勢故也。凡觀集帖，又須緣情，欲定其罪，罪在亂次，不在取圓。

古人筆鋒縱逸處，翻摹諸人，十九收斂圓整，十一揚波怪妄，一時俗，一野狐，皆畔於書法。圓滿故是正法，逸興乃其權巧。初學者可與正，未可以權。雖然，若不能權，不知書者也；即能權，而補綴從事，謂改過成功可耳。若恃其後筆，即非上乘。大令且以受嗤，豈惟他人？

字以知好惡難別。他人好惡易別，自己好惡難識。古名家好處易識，古名家惡處難識。今無名人惡處易識，今無名人好處難如此識。得如白黑不差，方是識好惡。此無難，多看法書得之矣。

皎皎而好爲好書，溷溷而好爲惡書，翩翩而好爲佳書，莽莽而好爲野書。佳好故難，野惡何難。不知愧何難，知愧斯難。

後世以筆鋒掩書，已自俗謬。至於近代，又將以墨汁掩筆，大可怪也。古人未始無之，此偶然落筆，濃淡失所，謂不傷於書可耳。若借此遮醜，法果如是乎？譬之殘印章、爛畫片、折足鼎、闕池硯，妙處不在破而在全，去其妙處，獨取殘闕，識者噴飯。

世人多謂余拙於真楷，故作篆書，名言哉，真堪藥石乎！惜未悉余病也。余故貪夫，常謂遇事不見根柢，寧不學。書法言「作字粗通篆法」，因此一語，每爲致思。篆無粗通義，粗通即有俗惡二魔投手腕中，俟得我便矣。此無他，後世知見，善機不熟，俗習易染耳。有心書道，必從頂門著力。字之必篆，猶學詩者必熟讀三百篇，作文者必貫通九經正史，不然皆野狐也。余之作篆者，書之始也；不作徒隸者，未究其終也。世之譏我者，但知用字之終，不顧聞横直點拂從何處來，從何下落，故余之不作真楷，功未到耳。世之譏我似矣，但鹵莽横加，故曰藥石哉未中余病。請以此良劑自灌肺腑，毋令俗魔中汝膏肓。

余無世資，習以成性，以至作字。豈惟不能隨波逐流，即唐、宋而下，却不喜效顰，是以每受世嗤。有見作飛白者，曰象道士畫符；有見作古文者，曰如武夫戈戟；有見作小篆者，乃始解頤曰：「寫得太平。」嗟嗟，何俗眼之局於一邊，更不放開咫尺哉！心目都在胸中，牝牡驪黄何關千里逸足？且道士畫符，何者非篆體？立戈持刀，何者非心畫？余作書時，因文定法，故不泥者有之。顔魯公《家廟碑》《方朔贊》諸法書帖，旨義各别，徒隸尚爾，豈惟篆籀而無其説乎？悲盲兒摹象，作法書全帖，見謂字從胸中取由内照。能解於此，始可以得二王署名千變萬化之妙。不然，妄謂二子好怪者，此正無耳目人也。請借蒙古人皇縫虞學士馬尾，合其兩眼，他時有目者出，出與共賞。

子建云：「文之好醜，我自得之，後世誰相知定吾文者邪！至於今之世，豈惟好處人不知其得，即醜處亦不知其失也。成敗横於衷，毁譽梏於外，評者不得其實，聽者莫之的從，未曾實用一翻功夫，總之夢中説夢。人之用功而不知者有矣，未有無功而知者也；知而不能言者有矣，未有能言而不知者也。」

後世書家，惡態百出。有巧爲波折以誣人者，有倚此模糊以渾人者，有故爲絲曲以媚人者，有率其粗獷以欺人者，有任其放縱以凌人者，皆不知書者也。果能此道，所謂名教中自有樂地，可善取之，勿遺開眼後慙愧。

好古不知今，每每入於惡道；趨時不知古，侵侵陷於時俗。寧惡毋俗，寧俗無時。惡俗有覺了之日，時俗則方將軒軒自好，何能出離火坑！

不見古人書不能洒俗，不見今人書不能祛妄。

問如何作書，曰：「畫得出，豎得出，撇得，點得，輳得，便是書法。真能有得，自一至十，即是法帖；或永或圖，一字可蔽。」

評書不特毁人書難，即譽人書亦難。嘗作書遇敗筆，世人漫然喝彩者無論矣，至真認以爲好而譽之，益令書者愧怍。

有一友人初作賣書肆，索余寫「柔翰林」三字扁額，期得佳書。余以其果屬意也，構思日夕，始爲下筆，覽之自覺飛動，四顧躊躕可以滿志。兒子請留正本，與之鉤本足矣。余取初心，欲以畀之。及後相見，略不色喜，稍間，曰：「象道士畫符。」余亦不毁快，自若也，但戒他時俗地勿作佳書耳。

友人索余作堂聯，聯中有「瞑」字，惡其近冥也，以爲不祥，戒曰：「幸用俗『眠』。」余如其請，不惜蹈俗，并十字并作通時小篆。一日，有一大名士過之，見其方整，誤認非余作者，頗稱奬。及知余書，因自飾曰：「寫得太平。」悲哉世乎！就俗用俗，何必余書，帚可焚矣。

字熟必變，熟而不變者，庸俗生厭矣；字變必熟，變不由熟者，妖妄取笑矣。故熟而不變，雖熟猶生，何也？非描工即寫照耳，離此疏矣。變不由熟，雖變亦庸，何也？所變者非狂醒即昏夢耳，醒來恥矣。

字避筆俗。俗有多種，有粗俗，有惡俗，有村俗，有嫵媚俗，有趨時俗。粗俗可，惡俗不可，村俗尤不可，嫵媚則全無士夫氣，趨時則斗筲之人，何足算也！世人顧多尚之，目爲通方者有矣。此以惡紫特甚，須痛懲之。

近代善刻如遥望美人，未見不好。及觀真跡，如覿面相對，大半可憎矣。古人墨本，則骨胳筋肉一時呈露。至於古跡，語言舉止趨步皆可師資。至若鍾、王、張、索，名世賢哲，則風神顧盼，千里一息，非足跡可到，但得遐想，未可追蹤，仰止若何？

不多閱真跡，不辨名家敗筆；不多參搨本，不顯鐫工無稽。遵敗筆，效僞鐫，都成一笑。

學者稍知字畫，即彈射好醜。及至法書在側，太半若罔聞之；書法在笥，全然不知何物。甚至臨摹步武，亦但悦在近代時尚俗體而已，何怪乎葉公好龍哉！余是以斷彼沈夢中人也。書家而不酷嗜古帖者，皆是也。即好矣，而又但能視若玩器，以至翻其題跋，摸其剥蝕，考諸證佐，以驗真僞而低昂其貨值者，一皆茫昧於此道之徒，勿論可也。

評論鐫工，古以不失體爲高手，今以不失筆爲高手。不知者左今右古，大謬不然也。筆可自取，體須導師。試揣近代江左諸人，何人不能巧弄筆意，如花似柳，描成一段春色？至於結果收拾，無所措置矣。是以古人之結構體裁，攬其妙境，真有不知手舞足蹈之快。若夫鋒㚖鮮妍，不過漫然稱賞而已，豈可同年而語哉！

閲墨刻，如十六觀經之象；觀真跡，如佛觀；若親炙名家濡毫運帚，則是開眼合眼，大聖現前，如羹如牆，芳軌不遠。儻逢僞跡，等視天魔，必不爲所嬈亂，具有正法眼在。

古帖模糊者翻覺校好，何也？鐫工那得無漏，醜不呈也。善學者得其好處，我自不糊塗；不善學者認模糊作一段妙境，謬矣。更有以模糊糊人耳目者，此非士君子所爲，小人伎倆耳，詐矣。不知者謂字既模糊，掩則通掩，露則通露，何獨醜態不呈？大抵玩帖人必稍具鑒識，古帖骨格不失，而我胸中自有佳賞快心處，以意逆名家法度，是以但見其好，何疑乎？所以蒙董人只取明爽，稍涉模糊，略不流目。常戲爲之語曰：「取帖愈明，其人愈昏。」

閱名家書，須識其來歷。古帖無論矣，如吾吴文氏父子，待詔出於太宗而目爲右軍者，是截其血脈也；掌故出於藏真而目爲襄陽者，是斷其源流也。評者過猶不及，皆非是。

鑒賞法書之樂，聲色美好一不足以當之。玩好雖佳，無益於我，惟法書時時作我師範，不可斯須去身。常謂博古之士而不好法帖，是未嘗博一古；善書之士而不好法帖，是未嘗寫一字。名家亦有但貴墨跡而不貴拓本者，此正不知真好者也。墨跡故佳不可得，而善帖爲稀世之寶矣。善拓又不可得，而常拓亦爲不可闕之物矣。即使其家多藏墨跡，或一帖不具，則刻本終不可少也。如是鑒賞，方是好古，方是知書，方是識去取，方是識好惡，不然皆浮慕也。

米、黄諸君，鑒别真僞，鑿鑿不爽，所賞諸帖，即不墨跡亦必善拓，所以如别白黑。今則不然，後出諸碑大半傳摹失真，無論好處弄壞，即惡處又多爲好事人修飾遮掩，以眩世目，真僞幾乎不可辨矣。故寒山法書集特設後出續帖，自爲一類，竊比釋典中單譯經不與入重譯藏，恐未免亥豕，疑以傳疑。

善鑒者取書忘筆，取筆忘刀，取刀忘絹素楮墨，即取絹素楮墨者，亦須忘裝潢色澤而後可。不然，鮮不爲所亂惑。

倣書知其好處固要，知其不好處尤要。敗筆人人不免，名家即不過差少過失耳。

善學者取其長，不善學者兼其短，何也？無真鑒也。至於不經事少年，惟敗筆是效，何也？敗是我家故物，不自覺，其易入釋家所謂熟境，易於漸染。苟能開眼，痛懲何難，但恐大夢中翻怪人推覺，此最難治。

法書七

漢人書不期合而合，晉人、六朝能以不合而合；唐人造立許多法度，宋以下尚能造詣於法，元則標緻用事，抑末也。世人趨之，可憐哉！

求帖先尋古文篆隸，始可以窺章、鍾閫奥，得章、鍾而後可以別二王優劣。優劣渾渾，勿與說書。

晉人法度不露圭角，無處揣摸，直以韻勝。唐人法度歷歷可數，顏有顏法，歐有歐法，虞有虞法。虞實近古而返拘，歐似習俗而入妙，顏則全用後世法矣。其他隨人指縱，不足道也。

晋人以無意得之，唐人以有意得之，宋、元諸人有意不能得。今之書家無意求，亦不知所得者何物。

不學唐字無法，不學晋字無韻。不惟無韻，且斷古人血脈；不惟無法，且昧宗支家數。謂晋無法、唐無韻，不可也，晋法藏於韻，唐韻拘於法。能具隻眼，直學晋可也；不具隻眼而薄唐趨晋，十九謬妄。

時書之於法書，分明别是一重世界；時帖之於古帖，分明别是一重世界；拓本之於真跡，分明别是一重世界；泛嘗名家書於第一流書，分明别是一重世界。不寧惟是，即一人之作，平時書於得意時書，分明别是一重世界。學者玩法書，必如是重重互案，等而上之，等而下之，無不燭照數計，始可以爲鑒賞之真。如是賞鑒，其書必進。跡不從心者，亦或有之；至於雅俗當前，水鏡之辨如薰蕕蒼素，必不爲所撼摇矣。

善帖遭庸工，良工逢僞跡，雖皆惡道，然亦不皆空過也。家藏木本《十七帖》粗惡異常，然而晋人筆意十存八九者，此善帖遭庸工本也；他石本字故可觀，晋風掃地矣，此良工逢僞跡本也。具眼者自能甄别，定其取捨，盡成良藥。若無目握此，各中其毒，好而知惡，惡而知美，可以此言進。

有識之士，直教鉤帖人倒本從事，寧使失粘，骨力形似故在也；即不得前人妙境，亦不雜後工醜態。苟能不失形似，伎倆足矣，其神情庶幾自取。若後世醜態一入腕中，即百翻洒拂，未必浮盡，何也？用後世耳目著後世皮相，氣味易於相投，一染難革，勢所必至。常謂熟境能熟，生境能生，非祖師不能道。

晋人行草不多引鋒，前引則後可斷，前斷則後可引，一字數斷者有之。後世狂草渾身纏以絲索，或聯篇數字不絶者，謂之精練可耳，不成雅道也。《淳化帖》第六卷首帖蹈此失，無論善惡，其僞可知。至若懸針，用之絶少。後世妄書，一篇數見者，不特非法，望之可憎。

我朝已還，吾吴以書畫甲天下；至於今日，家至户到，夫人而能握三寸管以自好，車載斗量，不可勝算。惜乎一皆因人成事，不似前朝諸公自立門户、不愧古人者流也。常恐易世而往，掃地盡矣。畫非吾事，書法一道，可不補前賢未發之蘊，以冀同調友生相與上下其論，爲不刊之典乎！自己作字，每見其情，閲他人書，寧無水鑒。士衡所謂蓋所能言者具於此云。

顔真卿骨力有餘，逸韻不足。《方朔像贊》取資右軍，晋風稍有存者，當爲平原正書中第一帖。褚遂良志在妍媚，古雅罔聞，《唐三藏叙》比量集王帖，如伎女之并宫娃，蒹葭之倚玉樹，非其倫矣。略無唐家氣骨，敢望晋乎？别論可也。顔傷於方，褚傷於圓。雖然，顔氏上達，褚氏下達，柳公權亦褚輩人也。

智永《千文》學右軍，其妙在圓，而晋人實無此圓。真卿《畫贊》學右軍，其妙在方，而晋人實無此方。孟頫一生學右軍，妙在爛熟，而晋人實無此爛熟。過庭一生學右軍，妙在疏曠，而晋人實無此疏曠。其他或得其端媚者，而非晋人之端媚；或得其狂逸者，而非晋人之狂逸。豈必後人失策已邪？即大令遒邁，已自大去乃公；懷仁拘束，亦且翻累本體，况其他乎！

余論書極致，少所許可，如篆斷自籀、斯，真行斷自羲、獻，分隸斷自鍾、梁，狂草則古今無有無疵者。人以爲過，舉曰：「即子書佳，未必如説；子書未佳，空言何補？」則將應之曰：「二典三謨，夫人能説；堯、禹、湯、武，未見其人。如以不堯、禹遂廢謨訓，有是理乎？言之無當，謨訓亦疑；如其有當，寧問誰口！」

鍾、王并稱，鍾以格勝，王以調勝。晋、唐媲美，晋以韻勝，唐以力勝。格、力名近，品位殊絶矣。晋韻獨冠古今，自足千古；骨似稍遜，力足以扶之。後之學書者，不得振救方，徒事嫵媚態，流而不返，法書何有哉？

好整飾家書，故是雅調，而意興每爲之塞，永、趙、歐、顔是也；好狂逸家書，故是妙用，而氣質或隨之壞，張、素、米、黄是也。

篆隸必秦、漢，秦、漢而下不取。真草必晉、唐，晉、唐而下不取。人孰不曰：「己所不能，何以取信？」余則以爲此必惡聞讜言之徒，距人千里之外者。言果未是，直置不必相詰；言而果是，何嫌出之能不能之口！橋門説書，未是周、孔，而聽者三千；法座談經，何嘗活佛，頂禮萬衆。立言立功本是三途，何妨兼稱千秋不朽。

覽晉、唐而上法書，惟恐其盡，何也？取裁多也。覽唐、宋而下舊跡，欠伸隨之矣，何也？興易盡也。雖然，未閲書法之徒，未可與此言進。

具隻眼者，方能辨墨本法書。古刻貴在能改削敗筆，今刻貴在不許改敗筆。古刻即非名家親自斟酌，必其工人實解此道，然後下手，是以去敗筆是貴。今刻無論工人下劣，即當代書家亦謬，自謂但取筆意飛揚而已。自己本無真知實見，是以一經改動，即不益其醜態，便翻作刻工之書，漫然泛觀，兼有浮議，可以一粲。

倣書得佳帖故善，不必佳帖亦善。但後人翻刻失真者，不具隻眼，未免有所累耳。佳帖無論矣，不佳本亦善，何居？凡古碑剥蝕及摹搨不精者，其鋒鍔渾渾不清；學者以意求之，苟得形似，自覺妙境，及後獲遇真跡或古善搨本，比量前此所學，合則恍然自喜，乖則惘然自失，乖合之間皆大師也。若無此誤，未必能生稀有之想。

短長結構，故有定法，若巨細斷粘，必取名家真跡始可爲法。若臨本墨本，雖形似具在，顧盼起伏大不然矣，未可據以爲師法也。先讀書法，具有成見，則真僞臨搨，皆我師資。

凡唐已上墨跡，十九僞書，雖不可不倣，尤不可過倣。不倣則無本，過倣則不特效顰敗筆，并僞人漫興俗筆都入肺腑，大害事也。詰者謂十九黜僞，不以過乎？余曰：「試案《聖教》諸帖，摹集而成，校之通行晋帖，已別是一類。何乃當代好事家收藏重價之帖，略不見有可喜可愕、人所不能及處？至於重摹入石者，遂與世俗通行惡帖無辨；亦有出自名家手勒者，雖其字畫遒媚，而又略無晋、唐氣味矣，敢望鍾、王流風遺韻乎？是以余謂好事家寶藏墨跡，以至《萬歲通天》所進唐摹晋帖之類，即不必親炙舊跡，已能悉辨其僞矣。」詰者又曰：「借使古今彼此文字不類，烏知子見爲真、彼見爲妄乎？」余曰：「世間法書，何啻千百，以多証少，就常黜變，萬不失一。」

凡剥蝕碑刻，搨不如石，何也？紙面不全，碑底具在也。是以名家遭逢古碑，作希有想，坐卧其下，目不暫捨，實有不忍捨處。三晝夜留宿碑旁，吾以爲尚速。

石本木本，具有得失。凡刻石，鉤墨一失，填硃二失，上石三失，椎鑿四失。至於木，則四失皆無，獨易於圓頽，使鋒芒早失，不成佳賞耳，識者殆不妨領會其妙也。至若版伸縮，石不動；版工粗，碑工細；版工愚，碑工慧；版工輕易，碑工慎重，皆石勝木，是又天淵。然而善知書者，即不過牝牡驪黄，何傷神駿？苟能版得良工，搨得初本，便須遠出石上。《閣帖》亦木，千緡不售，夫復何疑。

校讎法帖，大能速化。即使傖父，若詳校一二名帖，未有不爽然生欣厭者。其筆墨肥瘠，引帶斷粘，顧盼乖合，起止來去，各有得失。若其結構權正，筆鋒正側，雖别詳之，而校讎時尤一佐證。

常閲時俗惡帖，出於近代名家名手，紙墨搨裝皆精絶，無不嘖嘖稱賞，余唾恨揮去。人言或是原帖非真有之，其摹刻妙絶，非大高手不能。余曰：「止見其惡耳。作此帖者，非伎低即眼低，非眼低即品低耳。不然，寧肯善伎就此惡帖，誤主誤人？先已自誤，何所取之！」

客以余憎《聖教》諸帖爲過，曰：「豈以結集者多補綴雜厠乎？亦太難爲矣。」曰：「非也。即字字義之，非義之矣。」曰：「何故？」曰：「取君百篇，割集一首，猶然屬之尊作，肯認取乎？」客曰：「通篇則非，句字還是。」曰：「句字說詩，何異筆畫取字？以筆取字，此最下乘。君談下乘，吾不敢非子矣。」客爽然自失。

常憎《篇》《韻》淺漏，墨污板闕，別列字樣，大爲可笑無論矣。名家摹帖亦多有之，如「得」之爲「」「」，「問」之爲「」「」，「中」之爲「」「」，「賢」之爲「」「」，「日」之爲「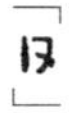」「」，「事」之爲「」「」「」，「足」之爲「」「」「」之類，漸草漸省，遂至不知來歷，反以全體爲怪耳。此謬甚也。或見古帖全文反刪改就俗，此其可笑，比之《篇》《韻》坌比丘何如？是故行草帖中每有欠筆，或未必是所釋之字，闕疑可也，若據以爲實，是效顰耳。

後世名家即不可師法，然亦各有所長，無以一眚掩衆美，人自取裁可也。蘇氏不文，取其任率；米氏不雅，取其任放；黄氏不精，取其任野；蔡氏不古，取其任時。米最蔡殿，鋒勢正側，自能呈露其短長，非我雌黄上下其手口。

近代吴中四家并學二王行草，仲温得其蒼，希哲得其古，徵仲得其端，履吉得其韻。一於蒼則蕪，一於古則野，一於端則時，一於韻則蕩，四者皆過也。能漸其髓，四病皆可勿藥而治，偏則無有不爲膏肓之患者。何謂髓？處其中以潤澤四肢，如心爲王，百骸聽令，内有所主，故變化不窮。非若後世集於一家而不能化，或效顰雜態以相惑，識者見之，幾乎欲嘔。

書道與時高下，古今未暇爲之品列，亦陳言具在，無竢添足。國朝獨鍾於吾吴，又同起於武、世二廟，如祝、文、王、陳四君子者，後先不過一甲子中，盡一時之盛。前乎此者，猶之舜、禹、周、孔未生之初，未始無聖善，要不能擔當一代師表，無跡可求耳。京兆大成，待詔淳適，履吉之韻逸，復甫之清蒼，皆第一流書。何後世求全，漫譏祝野、文時、王拘、陳縱？將概千古責備一人，非公論也。謂祝得魏肉，文得晋腴，王得晋脈，陳得唐、宋而下筋骨，惜乎不及頭目髓腦。如是判斷，便不能爲之曲蔽矣。若前朝二沈，後代兩文，以及徐、李、吴、黄，各擅偏長，雁門亞祝，姬水亞王，其他非所比論矣。

了義八

常夢與人論字法，忽見「持」字，彼人不解。余於夢境爲之解曰：「乃古人作文字之本體，釋爲『持』字。凡文字，以一筆持之，譬之文詞，猶一篇中之正義，一聯中之眼目也。其變者，若衆横中一直，稿草中懸針之類。又若衆長獨短，雜側加點，又其變之奇者，未可以繩纆拘也。但安此一畫，意在筆前，宜長者墧乎其長，宜短者墧乎其短，但不可欲短不短，欲長不長。嚴氏彈詩，所謂拕泥帶水便不是詩，論字亦然。」

正法以一筆擔之，有二筆擔之者，變也。如「辛」「辛」二字。「辛」字以下畫擔其上二畫，必縮以讓其下，若上畫先長，則首尾不稱矣。「辛」字以上次畫擔其下二畫，必縮以讓其上，若下畫亦長，兩大不勝矣。「宇」「宙」二字，「宇」以五擔，「宙」以三擔，可以類推。

書法詳言永字八法，似未得其要領也。凡字不出五法，上有上法，下有下法，左有左法，右有右法，中有中法是也。一言蔽之者，都會是也。作十分字，都會在四五是也。至其流變，不可勝紀。漢有漢法，晋有晋法，唐有唐法。一代之中，官家有入院體，學士有金石文，作者自得之。至若一點一畫，殊形變貌，或上鋭下圓如瓜子，或起止流轉作凝雲，或作横畫，或作直竪。有擲筆得者，有鉤鋒取者，有刺而得者，有打而得者，有拂者，有引者。凡此之類，無所不宜，隨宜措置，借勢成形，自有完局。必如書法所言，則點點依其使轉而後謂之書乎？如此則不特百家同軌、萬手齊匀已也。設一人之書，字字如此，畫畫如此，點點如此，縱令大佳，見之可厭，尚可稱文人之書乎？書奴計功可耳。米芾言蔡襄勒字，沈遼排字，黄庭堅描字，蘇軾畫字，臣刷字。五人亦微近一偏。欲去此病，各求對治之藥。對治之藥不必仙山靈草，即就毒藥中求，自有活人妙用。牛溲馬勃，神醫所不棄。

勢從内出者已得也，從外作者未得也。已得則無論大小短長、平直倚側，無往不佳，鍾、王諸人是也；未得則臨卷結構，思前算後，其書稍不方正，大半體解矣，智永、孟頫諸人是也。

化工之妙，無論取大作小、取小作大，亦無論取歐作虞、取虞作歐，即漢、魏可以作晋、唐，晋、唐可以作漢、魏。推此微意，取篆、隸作真、草，取真、草作篆、隸，以至取文字作繪畫，取繪畫作山林川澤，何常異軌。

古人學問無窮，故作字無有定體。右軍署名無一同者，非有意改作也，因其學進，不覺其自變耳。常與繪畫之士談畫，但須寫景，莫須寫畫。寫畫有盡，寫景無窮。景無窮，學尤無窮也。書道與畫正通。

凡字先作稿，即不得佳書，興盡故也；鄙言惡楮，即不得佳書，興不到故也。乃有不韻之客，謂難其事，大不然哉。未始不勉應人，徒增世間一可憎事，何所取之，戒勿更作。

書不擇筆，乃名家入神妙用，如釋氏學不曾嚼著一粒米，不曾掛著一絲縷。苟非此道透徹，不能解此大話。常狀好酒之徒，見酒輒飲，不問濃淡甘酸，醉而後已，乃是真好。若揀擇佳釀，即非真酒人也。又如好色之徒，嫫母、無鹽，欣然相悅。昔曾聽此輩人言，凡具形體，即具好惡，相與悅時，只想其好處，自足動情。又如真好閑適人，一丘一壑，盤桓自不能捨。若待婚嫁畢，而後游五嶽名山，此向子塵心未斷，未可與言真閑適也。巢父不必代庖，此中真實開眼，即能見得真手真文字，好惡如別蒼素，何暇擇筆然後定其妍媸乎？皮相之人，別論可也。

書家有專攻古人一帖者，此骨董匡，非書也；有專熟自己一家者，此傭工調，非書也。何也？妙不在彼帖，亦不在此腕，驪黃而外，方是妙境。

未入彀綷者，作時筆筆用意，書成字字無情；已入彀綷者，作時字字無心，書成筆筆有法。

謂骨勝肉則可，去肉偏勝，字則不成。譬偏於肉而强之，骨亦佳；偏於骨而强之，肉亦佳，乃是大方。若但能此而不能彼，總八法具，終非法器。

論書而言好某家，即非真賞鑒；學書而言學某家，即非真學力。以至好篆、隸，好真、草，或獨善大署書，或獨善小楷字，皆非真好惡者也。果能真知灼見，則目中自有佳處，任其短長肥瘠，雅俗古今，無所不可。應趨者，取於造次間；應避者，懲於得意處。如此了義，方是知書。

識得敗筆，一生不誤；敗處爲功，一生不窘。法如禪機，筆如辨才，處處生涯，頭頭活潑，方是流轉不窮。

字法了義，非言可竟。若詳說之，會須剛柔相濟，權正相兼，平險相措，筋肉相著，古今相參，圓闕相讓，纖澀相宣，理事相符，意興相發。必如是，而後字法能事盡。一於剛則不和，過此乖矣；一於柔則不振，過此糜矣；一於權則不典，過此野矣；一於正則不韻，過此腐矣；一於平易則不奇，過此鄙矣；一於險怪則不律，過此賊矣；一於筋骨則不情，過此疏矣；一於皮肉則不力，過此俗矣；一於古則不妍，過此死矣；一於今則不雅，過此市矣；一於圓則不逸，過此描矣；一於闕則不莊，過此殘矣；一於纖則不文，過此弱矣；一於澀則不媚，過此枯矣；一於理字義則不通，過此束矣；一於事字體則不合，過此岍矣；一於意結構用筆則不玄，過此滯矣；一於興格調則不韙，過此狂矣。

附録

拾遺

漢晋遺跡，即名家臨摹，已失故步，數翻而往，面目全乖。至於小楷，每帖各別矣。猶然屬之一人之作，作真跡想，是邪非邪？若謂古人諸體悉具，用意不同，亦或有之，未盡然也。何以見之？按《淳化》《十七》《蘭亭》諸帖，雖有小變，望去自然一家之作，何嘗如小楷諸篇之豪不相類乎？如是判斷，則今時所傳諸帖將盡廢乎？是又不然。漢晋人書法，法皆具，後世名家各得一偏，再摹再勒，若出兩手，皮相雖殊，骨骼自在。具眼者取資不薄，但直認作漢、晋對面，一步一趨，此夢中夢耳。目會須多閲名帖，虚心實鑒。若識量不足，則資訪前評，内外加功，無有不得者矣。目中爰然有漢、晋人真面目，其肥瘦古俗，辨若蒼素，然後臨倣。豈惟異跡不殊，即惡刻皆明師也。臨倣作書不必因字大而加筆，不必因字小而減筆。顏魯公《東方像贊》「冈」「八」等字，何常單弱。雖其取法右軍，倣楷作署而然，亦其胸中不爲大地所懾耳。元人蔣冕作小字《千文》，苟可借者，盡削偏傍。知後人局量不廣，自呈其短。請須自寬，然後游刃。學力

古今臨摹取捨，絶然兩途。古人不畏無筆勢，而畏無結構；今人惟筆勢自務，而不知結構爲何物。毋論唐摹晋帖有結構無筆勢爲佐證，按《淳化》《太清》二帖，即不過同朝百年間物耳，取捨頓異，何有於今日乎！竟不知筆勢人人可以自取，結構非力學則全不知也。今不逮古，何待言辨。格調

夏已前文字别一世界，周、秦、漢别一世界，分、隸、真、草别一世界，心思、智慮、器用、取捨，無一物相通。使周、秦人作雲英、蛟鵠，坐見其廢；唐、晋人作大籀、小斯，判亦徒然。何後之俗豎，握今時紙筆，描成物怪神妖！格調

狀分隸，恒言蠶頭燕尾，又曰斬釘截鐵。邕、邈當其前，繇、鵠得其後。雖然，古人作字，一字之中，少畫得其前，多畫得其後；主畫得其前，從畫得其後。偏於前則不清，偏於後則不合。不清乖時，不合乖法。乖時可，乖法不可。俗眼反是，夫復何言！權輿

不知字學，未可與作篆；不知篆書，未可與作印。作篆可，全篆不可；作印可，全印不可。全篆謂小大長短，全印謂紅白陰陽。短篇可，長篇不可；白文可，紅文不可。權輿

今不逮古，當緣其情。常論印章何常不著力趨步漢人，而十不得一者，猶之南人講經，時時繫念，敲打官話，即有妙意，因之阻塞。非若京都輦轂間人，但須一心析理，隨口而出，如流水行雲，任其縱横，可以滿志。所以後世刻印，即能刻者不能書，能書者不知字義，審義者不能博采，能采者不知邪正，能正者不知變通。人心幾何，

百計彙集，頃刻取辨，何以得佳。然則如何而可？請加學力，徐徐動手。力學

古今法帖，別其功過，定吾取捨，否則去就褒貶皆不得其當矣。古帖善本無論矣，即不善本，亦大勝時帖。何也？人人當家，字字師範也。後世諸刻，惡本無論矣，即名世善本，不堪比并前作。何也？所采未必當家，所刻濫及題跋，并其惡俗印章及觀者惡札名姓都厠首尾，枉費無益，此何謂也。雖然，時帖佳本，妙在名家手裁，鐫工精核，此其所以不可闕耳。若文氏之停雲館，因待詔、國博、掌故、上林、衛暉諸公，父子祖孫爲翰墨淵苑，海内以名跡求賞鑒者之所必遵。於是出其餘資，手自摹勒，倩章簡甫、吴鼒諸良工，耳提面命，精一爲之，稍不稱意，即從刊削，不惜數四，恰情無忝，然後入卷，居然爲明興第一流。前無作者無論矣，後之繼者亦未睹其人也，可不寶諸！評鑒

法書首尾題跋鑒賞諸文，亦不可少。但謂之古玩奇珍則可，刻入法帖則不可。佳者猶之試官取士，及髦俊立朝之日，試官何有；不佳者猶之問官鞫獄，因犯的決之

頃，問官何與。用材

古字直，今字曲，時也，習也。小兒直，老人曲，勢也，趨也。學則直，不學則曲，正學也。學古則直，學今則曲，俗學也。唐已前字未始有曲，唐已後字始開曲之門户。李北海、柳公權爲時俗之祖，從此而往，惟曲是遵矣。流毒至於勝國諸人，謂曲爲妙境，直爲簡率，故學者但悦時俗名家，謂爲近人，置古雅法帖投之於高閣。如是顛倒，淪於肌膚，入於骨髓，即使晚歲省晤，猝難拔其深根，可不慎歟！格調

詩人論云：詩直詞曲，詞可奪詩乎？不可也。繪曲文直，繪能奪文乎？不能也。故曰弄筆逞妍，謂之畫字是也。時俗人尚曲毋論矣，吾家承旨自謂深於此道，惟右軍是遵，右軍何常有此忸怩巧弄乎！智永雖有一分俗氣，俗故書家大忌也，比之忸怩尚當末減。格調

字有難作者，但可作時俗體。胸中未有佳字，名家未之前作，無可師資，一時構

思不及，須數四揣摹，思之不得，不妨閣筆。一時苟就，不妨改作，改後繼得，不妨再更。其間會心處，真不可言語形容，到此自知。白仙翁嘗論畫竹云：不至意窮，不入妙境。庖丁滿志，蒙莊而後直至今日。了義

凡爲學爲魔所中，不須痛懲，還須學力足以勝之。往往見自負於晋而陷入波折飛揚者，時俗魔也；自負於漢、魏而陷入皮相粗跡者，村俗魔也；自負於奇古而陷入爪牙張露者，野俗魔也。故學晋當知晋韻由古雅來，學漢、魏當知漢、魏由八分、章草來，學奇古當知奇古由字義形意來。苟無是學，即勿恃才，恃才之過，逾於無學。無學不過淺近而已，恃才弄出許多醜態，如何令人不嘔。學與無學，識足以持之，不妨從容中道。了義

作字者落筆失所，勿因失而改轍，腕中自有得所處，可以振救；觀字者評此敗札，須原情而賞鑒，眼中自有不敗處，可以取裁。評鑒

古帖即不甚知名者，必有可取，後世知名士亦遠不逮。雖云時代下趨，亦作用有異，兩限之耳。何謂作用？古人重事，不善不止，故必有自得處，自得乃真實妙境，自足師資。今人逞才，稍可即驕，故無非懶人之作，懶人則一團假面，烏得不憎。評鑒

學時筆筆倣古，成功字字自作；但倣古如學究講誦，徒自作如狂狡無儀。了義

時人語言，言不由衷，即甘何益；書生文字，字非自作，雖好何干。故諂語臨字，君子恥之。了義

漢摹印雖云雅俗互用，然其法度位制有不易者在，别詳之《刻符經叙例》《長箋》一百七十五卷，無論矣。俗刻章法，上下交錯，左右撐拏，可憎特甚。友人戲曰：「搭夜航人，肩磨背擦，稍得一隙，兩脚伸來，何以異此！」余亦云：「昔昆氏有斷弦不續而專房越僣者，親知戲曰：『誰教他座子空閑，不自覺其尻髀輾上去矣。』」聞者一齊

噴飯，正是俗印章法。評鑒

或倩善印者刻一引首示余，評鑒頗不佳。曰：「彼非良工歟？」曰：「無出其右者。」曰：「何以不稱？」曰：「古無引首，無可師資，故不稱。」曰：「人苦無能耳，能則何必效顰而後稱善乎？」余曰：「譬高才博學，嫻於詞賦矣，請作公車章句，能入彀否？引首之例，漢章非其類乎？」臨倣

客問：「世人皆好，子總不好；世人皆不好，而子總好，何居？」曰：「粗工造器，細工磨括，尚筆書似之；造磨俱粗，髹工色澤，尚墨書似之；器髹并惡，灑拂得所，鑴摹精到書似之。彼三種書，識者見之憎，俗人見之賞。」評鑒

凡字縱則疏，拘則怯。大小先後，各有分量，始可與言書。莊子：「大智閑閑，小智間間；大言炎炎，小言詹詹。」此公逍遥，從人間得之。了義

作字須取四餘，勿取四極。有餘墨則贍，有餘筆則清，有餘楮則泰，有餘意則安。墨極而濁，筆極而鄙，楮極則窘，意極則危。了義

熟爛字法，不可令初學者效顰，猶之杜甫詩、韓愈文未始不好，若圓熟詩文，先落肺腑，出詞吐氣，不免塵腐。因其磨礱圭角，以恰好奪俊逸，如布帛菽粟，雖生人必資，市奇者不顧。若夫率意成家之帖，人人具一出入，作者述者，取捨自由，患不知趨避耳，不患他人得失也。臨倣

用筆須淳，不可雜出。金石款識之雜出者，法未定時之作也，定則規矩制度一毫不可踰矣。古文用剜，倒薤、柳葉用捺，大小二篆用圓，刻符摹印用方。刻符借古，摹印借篆，分隸、徒隸方圓任取。分隸有定局，徒隸無拘繫，無拘繫中而能辨得有法度處，方是傑作。否則狂奔肆逸，全不成文，即有可觀，狐狸跳梁耳。格調

惡人齋戒，可祀上帝；嫫母束脩，無辨遠人。濁海生紫瀾，亂山成青碧，各有可

觀。若指謫其垢，十九可廢矣。狂生亂塗，有似於此。評鑒

俗人妄謂雙鉤爲飛白，前已詳辨。然此法不可闕者，但資摹古翻刻之用。凡摹刻而單鉤，鋒出則肥，鋒入則瘦，皆失也。惟雙鉤從中發刀，棄其餘墨，不失故步。用材

鑒賞須取其全體，倣效勿取其全體。取全即并其敗筆爲我效顰之資，大能僨事。臨倣

作篆須於剛中求和，作真須於和中求剛。草則剛柔互出，急就用事，不得不爾。八分剛奪其柔，命之曰隸，克稱其名。權輿

字格之取調，猶人體之加飾，無飾不文，無體不立。又如食物之有五味，五味故不可闕，然不得失其調和。豈惟調和難，即遲速之敘，自有先後。若鹽醯齊入，不成

享矣。世俗人捨格取調，所謂何暇及此，無學逞妍，皆此類也。格調

字須一筆成就乃佳，若以點綴飛轉補其前失，即是僞物，況可獨藉肥瘠穠纖瞞人耳目乎！是以不具胸中完字，必毋動筆。不淹貫法書，書法必無完文，無完文非法器。力學

妄自好人作書，如昏夢中認夢爲醒，雖具有苦樂，無甚痛痒。賞鑒家甄别，如甦醒中覺夢爲夢，雖欣厭滿前，游戲自在。學力

真書之習俗而不可變易，篆古之取正而翻可轉移，前言備矣。惟分隸兼此二俗，莫之或非，何也？徒隸、分隸二家，本變亂成法，不可以字義求，是則古無與爲辨矣。又不遵時制，不必以通塞廢，是則今無與相剥矣。無天於上，無地於下，獨不能逃於法眼。權輿

書求本原，前言詳矣。若末流不察，亦烏能趨避。譬之尚鍾之豐腴，流而爲蘇、趙；尚王之俊逸，流而爲宋、元；尚虞之圓正，流而爲姜、蔣；尚歐之剛方，流而爲宋版；尚顏之整密，流而爲今版。至若拙如魯直，放如元章，妍如河南，恣如北海，未始無本，不可不遏其滔滔耳。試觀吾吴書家，若履吉之嫵媚，效顰者流而爲崛彍脱落；希哲之蒼古，效顰者流而爲披命胡塗；徵仲之清秀，效顰者流而爲舉吴纖弱；二沈之熟健，效顰者流而爲官家時俗，一皆有趨無避之過也。力學

做書擇善，前言詳矣。不善當前，須出已善勝之，勝故佳，不勝亦佳。一時以爲已勝，而他時以爲未勝，尤佳。大抵我失難覺，人失易彰，久則我失更彰於人失也。若前未力學，便無案自考，何以自懲！力學

篆書中小篆，真書中小楷，非强紙不可。二體行筆，不得急就故耳。若弱紙緩書，則筆墨不爲我用矣。凡字不由緩中求速，即使有成，終是詭遇，是以古人都無弱紙。用材

筆翰極致，本自相通，故「畫」字轉音爲「䪼」，去聲，訓作圖畫之「畫」，後世省改作「画」「畫」并俗，二字分用，殆不必也。古今能書遂能畫者，若畫譜所載周、秦、漢、魏以及晉、唐，鍾、王而下諸人是矣，然無跡可求。至若宋之蘇、米，又若國朝之祝、陳，并以書翰游戲於圖畫。若倪、沈、唐、謝以繪事兼善於書題，胸中自有得意，涵泳而出，皆爲我用，不爲外境拘使。劉安所謂「以内樂外」者，諸公有焉；他人但能「以外樂内」，即無以與此。了義

國朝吾吴以書畫甲天下，惜乎風氣所鍾，又陷於「善書不鑒」一語，趨其華不趨其實，遂令名世者多，傳家者寡。苟不必争名，即不必避「善鑒不書」之誚。余作《帚談》《緒論》，知無不言，言無不盡，評論金石，窮案極斷。試令軒、頡、籀、斯，當必爲我擊節。上古無論，切按丞相、中郎、太尉、右軍，以及晉、唐而下名世大家，無不有筆法，條論具在。其間托名僞作者無論矣，其人自書勒石者何限，而謂「善書不鑒」「善鑒不書」，正不然也。評鑒

寒山金石林甲乙表

後論移甲下辛以便法書之次

甲集　字義部一
乙之一　篆籀部二　古文　大篆　小篆　繆篆　玉筯　草篆
二　款識部三
丙集　符印部四　古款識　先秦文　漢字法　虎符文
三　分隸部五　八分　徒隸
丁之一　小楷部六　二王小楷七
二　真書部八
戊之一　大書部九
二　署書部附
己之一　章草部十　二王章草十一
二　行楷部十二　二王行楷十三　蘭亭部十四
三　行草部十五　二王行草十六

金石林緒論 即前表志字義竄後

篆籀部

字須遵古。古文故煩，惟篆可法：上以溯古，下以通時，篆明而諸體具。故先字義，以冠諸帖。

《壇山刻石》：相傳武、成、穆三王及太史籀書：即皆未有的據，然文字之妙，古今無二，秦文之祖，不須置辨，惜止於四字耳。

《石鼓詩》十章：三代而下整齊文字，獨此獵碣。無論筆畫之妙，即《風》《雅》《頌》數十章删後稀世之寶也。其詞結屈，其石剥殘，不能成讀者十八九。余得是帖，再求再搨者數四，撫玩臨摹，轉得妙境，時時括目，千古常新。會諸釋，斷己見，爲之章句，爲之補亡，爲之翻刻，全、闕二本。即後勝我者出，而此石剥落，恐又不逮今日之文矣。日見傷殘，不得不急，知我罪我，亦復何辭。

《詛楚文》：三代文字，莫善於秦。三篇全文即莫可得，得其合作一篇，足爲法式。倣學爲三，以補其闕，字即不類，揣摩鼎彝而爲之。

《泰山碑》：補秦文故佳矣。始皇壹宇宙，而往尤稱《詛楚》諸碑，惜不并傳。此碑所傳字二十餘文，竊比《繹山》《會稽》。其次則依摹傳四面，減小樣制之式，補其闕損，不能無忝，奈何！四面傳摹一百四十四字，尚須全拓。

《繹山碑》：秦碑全具者，惟《繹山》《會稽》，而《繹》碑翻刻頗非一本。昔人評云：「長安第一，紹興第二，浦江第三，應天第四，青社第五，蜀中第六，鄒縣第七。」今以第一者爲主，而以諸本考校得失，分毫短長，不枉其功過，翻作千古師資。

《會稽山碑》：世傳《繹山》爲徐鉉摹本，今案會稽字畫，與之絶類，豈亦徐摹邪？其爲斯跡無疑。特以泰山小不同，故有此物議耳。按鉉奉勅校《説文》，又爲竄改《五音韻譜》，二書無論字畫乖異、秦文闕略，即「繹」字且從俗作「嶧」矣。豈鉉矛盾至此乎？

《琅邪臺刻石文補》：此刻全無所存，流傳惟文章在。余爲補寫一過，聊以畫虎，寧避續貂。

《之罘山刻石文補》：按《汝州帖》聊存數字，死馬骨耳。補如《泰山》《瑯邪》。

《之罘東觀銘補》：全篇皆無，亦補同上。

《碣石刻石文補》：補同《東觀》。

「天禄辟邪」四字：此柳葉篆體之祖，未睹真碑所傳者，汝刻恐未必如此疏野也。然亦自有古色，在聊傳其影響而已。

錢志錢文：其文不一，雅俗雜收，十九不成觀者，去之；采其合法善者，以考時代作用之異。平準有書，作法可考，文即不多，實典可據，足爲文字之史，似亦不可闕者。

《剛夘識詞》：義在《漢書》，詞有二篇，其一頗不成讀，一篇奇古。三十二格，三十四文，世失其讀，余爲考正。字本絶細難明，摹作大書，釋其文句，一諷而義自明。

《碧落碑》：割列餖飣，雜然而出，以啟夢英《十八體》之惡道；但此碑所采政自有佳書，惜摹失十之八九，偏長足采，不可無一。苟爲無學，便中其毒，所得不償所失矣。

李陽冰諸碑：不下數十種。其筆過柔，其格最下，頗無所取；但顧盼爛熟，亦足自好耳。《縉雲縣城隍廟碑》却有骨力，《謙卦》怪惡甚於他碑，而多奇邁。過中求功，是或一道。同時李潮，宋僧夢英，國朝程南雲，全蹈其轍。

王著《法帖·跋》：著雖淺陋，於《閣帖》每卷之尾篆十餘字，亦不甚惡。今本帖分割，以類相從，不泥其所作，留附篆帖之末，不欲遺棄；成書耳，無可取也。

款識部

三代、漢、唐款識。夏、商如符印，周、秦而下，始成書册，文多不及詳論。漢别出一調，在摹印則可取法，比之古人，一段俗氣。自鼎彝真文而外，有《考古》《博古》二圖，薛尚功集摹廿卷，如出一手，是其蔽也。《嘯堂録》版不如石，近復翻刻二本，不成觀矣。書法印法，兩有師資，此博協之大海也。故後篆先印。

凡款識之式，一字以至五六字者，皆刻符體，當備印法之祖。款故白文，而作印須紅，與摹印篆不類；摹印則宜白不宜紅。其成篇之文，文字兼長者，若《齊侯鎛鐘》《秦銘勳鐘》之類，皆可爲籀鼓斯碑師法權輿，所當別列爲帖者也。

符印部

世不用篆而用印。自至尊而下，及掌故亭長，非印不遵；即親簡摘文，亦非印不信，則篆之重於徒隸可知。篆不能廢於今日有據，寧堪付之俗工逞鶩乎？印法莫傳，非一日矣。趙氏、吾氏諸好事家，稍有記述，寥寥無幾。得睹舊印文者，吾吴惟文國博、許文學、王舍人諸人而外，無從遥度。自顧氏《印藪》刊布大集，然後人人得睹漢人面目，然皮相而已，真境蔑如也。章法刀法，世或稍窺，至於字法，全然不省。拘者束於《説文》，狂者逞其野俗；過猶不及，都成誕妄。昔常與黄表聖論印，翻摹舊章，孰與全考摹印？表聖往矣，撫卷慨然。今取往代璽書而下，先秦、炎漢、六朝而止，入此律者，方爲字法。其不堪入印諸家之篆，所謂道其所道，非印之所爲道也。析若蒼素，明如日星，欲盡此道，别有《刻符經傳表疏》，自爲一集，詳之《長箋》一百七十五卷矣。此獨取字法入於「金石林」，附以時代，欣厭其他，悉略不采。

秦璽書：凡印出於璽書。璽書之流，傳者獨此二面，各九文耳。雖未必無訛，亦非後人可及。并世所摹盤螭鈕文，同取作法，爲刻符之祖。

虎符文：此刻符書之小變，作漢篆之法式，字亦不多，以存一代制度，姑附於此。

分隸部

分隸非古也，又不堪通時，名號不典而文士每每間作，此何以故？古法不傳，取其易與。若謂可鄙矣，然不可闕者，不特漢人摹印必資，波折流變，古今藉此通貫，故後篆先真。

蔡邕《夏丞（承）碑》：八分正法，尚存篆體，筆勢背分，此分書之始，《九疑山》《郭有道》諸碑皆是也。《校官碑》失氏名矣，亦托之邕。程邈故始於秦，然未甚行世。至鍾繇而藝益尊，爲分隸之最，若《卒史》《受禪》，皆名世之作。至《梁鵠》《孔羨》等碑，與鍾雁行。其後繼作不絕，漢世勒石，十九皆隸，若《韓勑》《孔宙》《尹宙》

《鄭固》《張遷》《郙閣》《曹全》，以及《隸釋》所列數十百通，即不悉睹全碑，而太半具於《漢隸分韻》。惜其版刻苟簡，影響而已。唐隸雖云去古，典則不爽，若《泰山誦》《孝經傳》，并出御札；若《夷齊》《恒山》等碑，韓擇木、蔡有鄰、史惟則、孫師範、張廷珪皆其表表，裴平《孔廟新門記》亦可觀。宋僧雲勝《聖教序》不失唐法。勝國無甚名家。至國朝，則僧宗渺、滕氏兄弟學唐，文氏父子學漢，并是傑作。不暇殫論，聊舉所見於此。

小楷部

小楷世用極博，鍾繇、二王居然立極。鍾逼古，王圓融，自古及今，皆兩家耳孫。唐四大家雖别立門户，何嘗出其範圍，具眼者直鑒其脂髓。宋、元或縱或拘，縱則野，拘則俗，皆畔於二子者也。雖然，不有後世名家，無能洞悉古人妙境，去其太無當者。徒隸便於用惟小楷，故大書後之。體似逆，用則順。

鍾元常楷書惟《宣示》《昨疏》《墓田》三帖，而賞鑒家多謂并出逸少臨本。《墓田》爽朗無論矣，《宣示》亦當必有據而云。《季直表》後出，雖臨摹失真，然古逸并至，必非後人可及。《戎路表》字法疑出二帖之間，似亦非僞作，但失真更甚於前。惟《力命表》全倣《季直》爲之，略無奇處，其爲效顰可知。總之，《季直》傷肉，《宣示》傷骨，《戎路》則皮相而已。

王逸少行草不甚相遠，而真楷諸帖迥出異手。故知字小者鈎臨易失，重摹數四，遂成胡越。猶有恃者，臨摹諸人必稍知書法，然後下手，典則猶有存者。是以面目雖殊，脾肺肝膽總能成就，學者未必無補。學力足以持之，皆師資也；但其敗處，非無學所能辨。

《黄庭經》，束脩儒行君子也；《樂毅論》，如策略謀臣力士哉；《方朔贊》在二者之間，各得其妙，仙仙乎飛舉矣；《曹娥碑》猶之縝静處子，女中丈夫乎！至若《内景》等僞跡，一不暇論。

子敬《洛神》，暢絶千古，惜其不能消磨紈袴習氣，是亦王家子弟故態，直得忍其跌蕩恣睢矣。惜所存惟十有三行耳，近世溢出多本，可以一粲。

虞世南《破邪叙》，纖筆無虧；顔真卿《麻姑壇》，蠅書有勢。褚遂良《尊勝》《陰符》《靈寶》等經，并趨步《黄庭》；《消災護命》亦其亞也，而不題名。《般若心》妄題歐氏，何處似之？即未必盡褚，總之唐人名帖耳。

王廙、僧虔、蕭子雲、宋儋皆出於鍾，儋猶步武。

衛夫人及隋、唐諸内札，十九擬王，而太宗其醉心者也。

真書部

《淳化》諸帖所見者無論，智永臨王《告墓》而下，直過唐人。虞世南用筆第一，正鋒善圓，結構善逸。書不正鋒，一筆非是，即有他善，枉費功夫。嘗謂寫得一畫，方知用筆;寫得二畫,方知結構。書法能事,盡於此矣。

《孔廟碑》爲世所重,其他不甚流傳,即《淳化閣》,所摹無幾。《停雲館》小楷《破邪序》,稍大者皆行草。至若《汝南公主》,未可遽信,别論可也。蜀本石《孝經》《左氏傳》,字法全虞,與他經異。

歐陽詢結構第一,似過其師。方整嚴肅,實難步武。學者須透其一著,始可得力,否則不墮刻板,即霑塵腐矣。求其方中之圓,死中之活,頂虞蹈通,皮肉髓腦皆呈露矣。《虞恭公》《九成宫》《皇甫君》《化度寺》四帖行世,《姚恭公碑》未得。若《停雲館》小楷中《般若心》,字固甚佳,非公筆也,獨有銜款一行耳。蜀本石《易》《書》二經及《儀禮》,全學歐書,與他經異。

歐陽通學父未融,可補乃公之闕,似亦不可少者。《道因碑》泛觀欲廢,詳玩則結構森然,可謂不墮嚴訓者也。其稜角峭厲,智者見之益其智,愚者見之增其愚,須具隻眼，而後辨此。

宋盧經《慎刑箴》，僧正蒙書夢英贈詩，皆學歐者。

顔真卿嚴整第一，稍有一分俗氣。唐人獨推此公，亦以品第增重耳。《東方朔像贊》取資右軍，故獨脱凡骨，碑陰即本色矣。《家廟碑》名過於實，《多寶塔》已資多口，疑是刻工之過。公書頗多，不能詳及。

徐浩《廣智和尚碑》，似顔而稍時矣。

褚遂良書固大佳，不堪自立門户，欲會衆長，作入院格。及寫《聖教序》，專事筋骨，頗異唐法，豈惟不似平時之作而已！竟不可解，聊存一體。

柳公權專事波折，大去唐法。過於流轉，後世能事，此其濫觴也。《玄秘塔銘》

亦無所取。

李北海妙過於前，亦柳輩人也。《南嶽碑》亦頗有名。

裴休《圭峰碑》、僧契元《尊勝咒》，各有可采，惜不清耳。

大書署書同部

署額不傳，以稍大書比量爲之，即小楷八法不甚明顯，須稍大者始可指示得失。故古人大書尤稱最要。若顔真卿《中興頌》、蔡襄《萬安橋》之正書，唐玄宗《太山頌》之分隸，以至宋蘇軾之二《記》、大觀之《五禮》，元趙孟頫之《赤壁》，悉勿輕過。舊跡所存者，有蕭氏之「阿育塔」，李陽冰之「黄帝祠宇」「生公講臺」，虞廷臣之「寒泉」「無量壽佛」，米芾之「第一山」，趙孟頫之「雲居」。國朝人寫吾吴諸額，如徐有貞「文正義澤」，故自奇逸；中街路「清嘉坊」「生幼堂」，皆公書也。祝允明之「夏氏藥室」，文徵明自書翰林郡銜之「承流宣化」，皆入院體之選。字大不能摹入法帖，論書爲學之士，遇之須坐卧其下，過三日而後去。

章草部

章草爲行草之祖，不可不學。《辰宿列張帖》乃集古成篇，不必擬爲何氏。昔人云周興嗣采羲之千字集成，即不皆羲，斷非後人可到。

索靖《出師誦》，及蕭子雲、皇象、張芝、鍾繇、二王，無不間作《急就章》，翻摹雖失，居然周行也。嗣響則近代宋克通時，祝允明通古，其學鍾體尤融通入妙。

行楷部

漢晋行書，不真不草，無大無小。近真者行楷也。《蘭亭》爲冠，《淳化》《停雲》等帖釐而出之，皆是矣。李北海《雲麾將軍》《葉有道碑》稍舒其體，褚遂良《哀册》、虞世南《汝南志》，則稍束其體。虞未必真，取爲類耳，宋王著《法帖》標目亦所不遺。後代名家，不暇及矣。

王仲英《北岳》，張仁愿《唐憲廟》，蔡卞《曹娥》，皆行楷也。

行草部

説具前條。近草者行草也，亦用諸帖釐出。唐太宗御題碑石頗多，《晋祠銘》《棲霞記》皆是。後代繼作極煩，悉不詳及。

《蘭亭》古今辨，悉如水鑒之照人物，何嘗不真，猶未免相左耳。桑世昌之《蘭亭考》亦云詳矣，陶九成《輟耕録》尤自爛然。我輩所見，即不過近刻，彼善於此，不必置喙。善本既莫可得，須集數十種對按鑒賞，妍媸自是不能掩。擇善而從，事在能者。

狂草部

漢張芝、杜度不可多得，唐張旭、懷素始有流傳，楊凝式爲奇逸之品。僧彦修學芝、旭之狂。顔氏《坐位》《祭姪》，皆無意得之，各有妙境。宋黄氏《黄庭》、米氏《天馬》，皆其最者。國朝祝、文，多作無論，王寵《白雀》絶筆尤佳，余家藏《焦露》諸詩可以伯仲。近與陳令入楚，不可得矣，所存者《仙山障子歌》差足雁行。若其生平大小真草，雖極其逸韻，皆常調也，不暇品第矣。狂草格寬，不類他本，故別自爲集。

二王全帖部

行草爲通俗之用，獨舉二王，拔其尤也。凡《淳化》諸本，及《潭》《絳》《汝》《鼎》《黔江》《長沙》《武陵》《温陵》《蔡州》《彭州》《利州》《太清》《菁華》《戲魚》《星鳳》《寶晋》《真賞》《淳熙》《元祐》及《聖教》《興福》《絳廟》，以至近代二王《十七帖》《東書堂》《寶賢》《賜書》《甲秀》《停雲》《歸來》《戲鴻》《鬱岡》《墨池》《蘭白》諸本所具，去其僞，辨其錯，別其割集效作之異，托名强名之殊，自爲一部。集羲之帖，惟《聖教叙》精核無忝，然可摹而不可倣，倣其作用如閨閤處子，無士夫氣。集者磨礱餖飣，不得不取其圓整入格耳，何得擬而自拘，豈逸少意乎？王氏諸帖具在，可按而得也。《興福》《絳廟》《棲霞》去之更遠，後世效顰，近代尤繁，以待祖龍一炬。

冒義之書，猶可憎厭。家自爲法，何所不可，一作假物，呈其醜態矣。或未必彼人作僞，太半爲後世强説，沐猴而冠，以邀資斧。觀者效者勿墮其雲霧中，但取其偏長，取裁取法，無不可者。

字義部 此類居首因入法帖移置於後視表殊途

爲學惟文，事文惟字，明字惟義，求義惟《説文》。《説文表》者，表《説文》生生之次也。慎祖賈逵，始「一」終「亥」，鉉改鄦慎，始「東」終「甲」。二家略無統領，雜然而出。此表即賈、鄦之説，追其子母而爲之次，從其義訓而列之門，一覽瞭然，不令渾渾。字由篆，篆有義，義惟此書。漢、唐遵守，後代因之，故爲第一，即有未安，成書具在。

《諧聲表》者，韻學之祖也，取其字全而有統領。故楷體入帖，與《説文》相爲表裏。前表主形義，後表主音聲。其書作用音訓頗繁，此特單文表譜而已。義詳本書長箋一百四十八、九卷。

《明字表》者，推廣賈、許未盡意義，窮搜古今，解字形訓也。一法可通，不嫌重出，擇善而取，事在後賢。但欲詳説相生次第，不使他時註漏得失。幖表相生，非篆不顯；許、徐殊途，我書未布。視前稍詳，不免重列。前二表者，亦古未有，然全依本説。此雖我自作之，亦略不自用，黜其無當，翻覺明了。詳於《長箋》九十九卷。

徐鍇部叙篆目，賈、許始「一」終「亥」之書，後人莫知二人作用。鍇作《繫傳》，取彼五百四十部，聯絡二篇，其間不無穿鑿竇漏，然亦大半可通。或與全書先後不倫處，稍爲正之，闕略處一爲補之。程氏解《易》作叙卦，全蹈其軌，足取法耳。其書小篆頗佳，因摹入帖。

夢英偏旁，次同賈、許，互亂者一二。用徐鍇部叙更定補足，字效陽冰而加醜俗。

周伯琦《字原》，亦即賈、許五百四十，小有更改，都不救正，一仍其書。篆法文字，亞鍇邁英，後來之俊，惜乎古色蕩然。世之不古，亦可知也。

張參《五經文字》，字體累代有更，無論矣。自玄宗以己意定爲開元、天寶文字，而孟蜀一遵其制，於是有《五經文字》之設，懸之象魏，不敢移易。百代人文，定於一人之手，文之厄會也。雖然，此碑一立，可斷無學之漫，然改作者以力學運而爲取舍，未必無補云。

京兆府學《移經碑》，字法字義皆無足采，欲考秦、蜀《石經》始末，以破後人妄語，似不可無，故附入帖。

唐玄度《九經字樣》，義同張參而廣之。

顏元孫《干禄字書》，亦張、唐流也，可供棘圍文字法式。十謬三四，小學之最淺者，但出真卿，似不應闕。若其正、通、俗三法，創法之便，亦自可取。

《廣干禄字書》，能廣而不能正，備員而已。

書法部

作字無書法，如狂奔失路，無有不顛躓者。况出名跡，執柯伐柯，取則尤切。孫過庭自書《書譜》，趙孟頫書姜堯章《續書譜》，宋克書鍾、王小傳，以及《墨池編》《書苑菁華》數家所載，采其最要者名家補作，續爲完璧。

評叙部

不有評叙，得失莫彰。古今繁言故多，此但取名家書，自爲一類。如《筆陣圖》，不必假王爲嫌，亦爛然可取。梁武帝《書評》，僧智果書，不足者足之，二家評有別，異者參之，亦成完璧。詹孟舉書王賓《叙字》，雖云淺近，亦所不遺。祝允明自書托言無名氏《書述》，大能褒彈近代，不無言過其實。

千文部

《千字文》法書下乘，有便初學，古今名家亦多作之，故特自爲集。相傳梁后取羲之千字，命周興嗣集成。即未必然，按《淳化閣·辰宿帖》，章草書古意猶存，即非章帝，亦漢、晉良工也。因采《急就》，索、蕭、二王諸帖，補續所闕，無采者直闕之。智永真草二體，懷素大小二篇，大者楊少師筆耳。張旭狂草，殘本猶在；歐陽詢正書，近出訛作。陽冰繆篆，擬斯無當；徽宗大草，實出大素。夢英、南雲，又學於冰。米芾、趙模之大小。孟頫六體可觀，俞和四體無取。周伯琦玉筯，蔣勉、廷暉、姜立綱篆真，并可供中書郎效倣。邵時登，學周者也。文徵明金蘭小字極精，三體自作，篆則國博倣蔣續貂。祝允明諸體效趙，陸士仁四體效文。王寵真草，和仲小篆。其他繼作，不能悉數。七十二體，千古惡道，在所黜也。

類聚部

類聚爲最下乘，然便於俗。《鐘鼎篆韻》四種，《六書統》，《篆累集》，若《篆訣》，若《草訣》《隸韻》《草韻》及《草書》闕之類，或同字異體，或同體異用，初學誘獎，庶幾可存，故勉録之。《折楊》《黄華》，白雪共落，異趣者衆矣。試以質之世人，吾知其去彼取此。

藝　文　叢　刊

第　四　輯

061	寶章待訪録（外五種）	〔宋〕米　芾
062	昆蟲草木略	〔宋〕鄭　樵
063	味水軒日記（上）	〔明〕李日華
064	味水軒日記（中）	〔明〕李日華
065	味水軒日記（下）	〔明〕李日華
066	**寒山帚談**	**〔明〕趙宧光**
067	讀畫録	〔清〕周亮工
068	誠一堂琴談	〔清〕程允基
069	文房肆考圖説	〔清〕唐秉鈞
070	芳堅館題跋	〔清〕郭尚先
071	花木小志（外二種）	〔清〕謝　堃 〔清〕高士奇 〔清〕翁長祚
072	隨息居飲食譜	〔清〕王士雄
073	嵩洛訪碑日記（外五種）	〔清〕黄　易
074	廣藝舟雙楫	康有爲
075	刻竹瑣言（外四種）	黄高年 周无方 金開藩 張志魚
076	章草考	卓定謀

藝 文 叢 刊

讀 畫 録

〔清〕周亮工

浙江人民美術出版社

圖書在版編目(CIP)數據

藝文叢刊. 第四輯 / (宋) 米芾等著 ; 況正兵等點校. -- 杭州 : 浙江人民美術出版社, 2018.1(2023.9重印)
(藝文叢刊)
ISBN 978-7-5340-6222-3

Ⅰ. ①藝… Ⅱ. ①米… ②況… Ⅲ. ①古籍－中國－叢刊 Ⅳ. ①Z121.7

中國版本圖書館CIP數據核字(2017)第243082號

點校説明

《讀畫録》四卷，是周亮工（一六一二—一六七二）生前爲明末清初畫家所作小傳，因爲雜於亂紙破硯中，得以逃過周氏晚年焚書一劫。《讀畫録》爲一未完稿，全書之末附畫人姓氏，僅列姓名字號，而無小傳。書中所載多爲周氏親身見聞，對研究明末清初畫壇尤其是金陵畫壇意義重大。

《讀畫録》在周亮工生前并没有刊刻，到康熙十二年（一六七三）由其子周在浚等刊刻印行，名曰清康熙十二年周氏烟雲過眼堂刻本，此本爲各本祖本（簡稱康熙本）。康熙本筆者核對了四部印本，包括《周亮工全集》影印本（底本爲復旦藏本）、上圖綫善七七八一三五—三六、上圖綫善T四二九七八六—八七、國圖一五五九八，没有發現修改替换條目情况。

《讀畫録》另有清乾隆六年（一七四一）魚傳元鈔本、清乾隆間《四庫全書》撤出本（簡稱四庫撤出本）、清嘉慶四至十六年（一七九九—一八一一）桐川顧氏刻《讀畫齋叢書》本（辛集，簡稱讀畫齋本）、清道光二十七年（一八四七）刻《海山仙館叢書》本（簡稱海山仙館本）、清宣統二年（一九一〇）神州國光社鉛印《風雨樓叢書》本（簡稱風雨樓本）。

據核對，魚傳元本直接鈔自康熙本。其他各本的校勘結果如下：

條目＼版本	康熙本	四庫撤出本	讀畫齋本	海山仙館本	風雨樓本
卷一葉三下李君實條	溪山入夢圖卷倣大癡〔一〕	癡	擬	癡	癡
卷一葉六下李長蘅條	虞山云：精舍輕舟，晴窗净几……虞山笑曰：吾却有二快……	虞山。虞山（但被圈出）	子柔。子柔	子柔。子柔	子柔。子柔

續表

條目＼版本	康熙本	四庫撤出本	讀畫齋本	海山仙館本	風雨樓本
卷一葉十九下鄒白衣	末七字，虞山先生題畫句也。虞山晚年號東磵遺老	虞山。虞山晚年號東磵遺老（但被圈出）	「末」至「老」，被剜版	「末」至「老」作「其爲時流傾倒如此」	「末」至「老」作「其爲時流傾倒如此」
卷二葉三下程蒙陽	孟陽《浪淘集》《松圓閣詩》極爲錢虞山推重……虞山題：孟陽最矜重其畫	錢虞山。虞山	董文敏。文敏	董文敏。文敏	董文敏。文敏

目前《四庫禁燬書叢刊補編》影印的四庫撤出本爲故宫博物院藏本，據校勘結果，知此部撤出本只是將違礙處圈出，尚未用其他内容替换。後出的讀畫齋本、海山仙館本、風雨樓本已經改易了康熙本原本文字，非原書面貌。

本次點校以《周亮工全集》影印康熙十二年刻本爲底本，并且核對復旦本原書。

本次點校也曾參考過周飛强、王素柳校注本《讀畫録》〔二〕，特爲説明。但周、王校注本所用底本非康熙本，而是輾轉據海山仙館本系統而來，文字已經改易，且有脱漏錯訛〔三〕。

注釋

〔一〕畫綫部分爲涉及異文，其他各本出校僅出畫綫部分。

〔二〕周亮工著，周飛强、王素柳校注《讀畫録》，西泠印社出版社，二〇〇八年版。

〔三〕對周、王校注本的評價，見陳聖宇《開創之功與美中不足的遺憾——評周飛强、王素柳點校的〈讀畫録〉》，《古典文獻學術論叢》第四輯，黄山書社，二〇一四年版，頁三三九至三四三。

目録

讀畫録卷之二

讀畫録卷之三

讀畫録卷之四

唐夢賚序

侍郎周櫟園先生捐賓客已十有七年，嗣君燕客以濟南郡丞來攝篆淄川。淄川故僻壤，既柅車，蠲税息訟，課士讀法，一切病民之事皆報罷，而間督治一二遊閒不事事者，民氣大和。乃出先生所手著，如《讀畫録》諸書，將壽之梓以行世。余於溪村銷夏之餘，得受而瀏覽焉。既卒業，掩卷而嘆曰：有是哉！先生之好士也。古今好士者，推孟嘗、平原、信陵諸貴公子，蔑以尚已。若張釋之、鄭莊，又其後也。迹其一言之諾，動至刎頸以報。雖諸貴公子之好義有以激之哉，亦其人固足多耳。然千人數千人中其所傳者纔一二人，即此一二人者，大率鼓刀賣漿，隱市門蒯緱落魄者，非所謂珠履帶劍，翩翩稱上客者也。獨怪此數人以外，其千人數千人者，類皆朝夕飲食貴公子所，姑無論作繪，即鬥雞走狗、投壺蹴鞠，有此一二事亦可傳，而亦未嘗有也。借云未及傳之，則區區雞鳴狗盜者而亦傳矣。當時之所謂「錐處囊中，其末立見」者，其末果何如耶？微獨其可傳者也，即此千人數千人，其姓氏亦不知誰何，而安望其他？間有知其姓氏，如博徒毛公、賣漿薛公，業知其爲毛公、薛公矣。若毛公、薛公何名，世亦安得而知之耶？今櫟園先生所録，不徒以繪事著，大率皆急人之急，義不苟爲然諾者。匪是，客即達官長者，不得從先生遊。先生不獨詳其姓字與其解衣盤礴、躊躕滿志、一技之得意者，且并其杜户嘯歌影語時，而皆傳之。虞翻所云「得一人知己，死可不恨」者，抑亦可以不恨矣乎？而況生則揄揚之，死則經紀其後事者比比也。而且梓其詩文逸事以示後世如先生者，視戰國諸貴公子以彈鋏有無、執轡久暫爲恭謹者何如耶？且諸公子雖好客，非龍門子長爲之傳，雖公子亦未必傳，而況其客？即傳矣，龍門子長之傳之，豈諸貴公子之傳之耶？今先生之好士，殆合龍門與孟嘗、平原、信陵爲一人。甚矣哉，先生之好士也獨是。先生既往，余有顧陸之友錫山吕芳生、蘇臺顧苻文、梓嵒王子遜者，遂不得先生之文以傳，是爲恨耳。記先生觀察青州時，以事臨淄川，余與司寇高念東先生觴先生於翟羲圖副使第中，先生從念東先生箑上見余所作一詩，急誦急顧余，一若識余之晚者。歸青州，語其嗣君，謂於淄識某，迨十餘年所，嗣君燕客郡丞札中爲余言之。兹披讀斯録，猶如奉卮酒、承色笑時也，而歲月荏苒，已復二十餘年矣。淄川豹嵒唐夢賚拜題。

毛甡序

予過龍江見先生，時值先生作《畫人傳》。畫人或存或亡，凡爲先生所及見者，率記其梗概，詳略惟意，一若傳以阿堵，譬畫家之寫生。然今距七八年，畫人存者若梅村、虞山、浮廬一輩，復相繼亡去，而先生亦逝矣。方先生未逝時，忽捃所爲文，付之樵蘇，既而悔之。雪客承先人遺志，重輯先生集，而傳稍闕略，且有虛列其名者。予再過龍江，晤雪客於遥連之舊堂，得重讀是傳，而記以數言。夫烟雲木石，非一定之情；禽魚蟲獸，悉冥頑無識。然而含黄把炭，衣解磅礴，極天下賁侖之氣，選蠕之狀，悉見之筆端而形於腕下，何則？其生全也。先生以寫生之筆，使畫人各有以全其人生。猶憶先生傳老蓮，既已徵事及予，復就予考晰，以辨其實，令片言所至，畢睹其毛髮而後已。今予集亦傳蓮，而當時報先生書具在也。夫先生之嘘枯吹匿何如哉？乃先生已逝，而親見先生寫生者，終不得寫先生生如先生之寫畫人，則其撫遺文而泫然者也。西河毛甡拜手謹題。

張遺序

畫之興也，其與書契并始乎？ 在昔結繩既久，河洛孕靈，開萬古文字之祖，即開萬古圖象之先。故六書之義，首曰象形，畫已濫觴於此矣。有虞氏之十二章，夏后氏之鑄鼎象物，皆此義也。其以山水爲畫，則自宗炳始。炳之言曰：「理絶於中古之上者，可意求於千載之下；旨微於言象之外者，可心取於書策之内。是以身所盤桓，目所綢繆，以形寫形，以色貌色。」竪劃三寸，當千仞之高；横墨數尺，體百里之迴。故嵩華之秀，玄牝之靈，皆可得之於一圖，此畫家山水所自昉也。自是而後，高人曠士，用以寄其閒情；學士大夫，亦時抒其逸趣。凡皆外師造化，未嘗定爲何法何法也；内得心源，不言本之某氏某氏也。興至則神超理得，景物畢肖；興盡則得意忘象，矜慎不傳，亦未嘗以供人耳目之玩，爲己稻粱之謀也。惟品高故寄托自遠，學富故揮灑不凡。畫之足貴，有由然耳。唐宋而下，始有簪筆而供御、耑藝以名家者。然或位居左相，馳譽秪擅丹青；身本畫師，能事不受逼迫，此豈區區一技自鳴者哉？宋立畫學，遂進雜流，猶令讀《説文》《爾雅》《方言》《釋名》等篇，各習一經，兼著音訓，要得胸中有數十卷書，免墮塵俗耳。風會日下，此義全昧。一二稿本，家傳師授，展轉模仿，無復性靈。如小兒學步，專藉提携，纔離保姆，立就傾仆矣。昔人有云：山水不言，横遭點涴；筆墨至貴，浪被驅使。豈不冤哉？然而錚錚佼佼，正不乏人，多在冠蓋之中。或饒世外之侣，大約不以此市利者，乃能於中得解；更不以此博名者，正於此道大有神會耳。櫟園先生飛帆學海，掉鞅詞壇，著述等身，不脛而走。至於繪事，尤多賞心。予嘗見先生所裒唐宋諸家手迹，神奇變化，觸目怡神，信雲術之靈函，重繈之瓌秘也。下逮時賢，咸加徵集，凡海内之士，有以一竹一木、一丘一壑見長者，無不曲示獎借，收之夾袋。而海内之士，凡能爲一竹一木、一丘一壑者，亦無不畢竭所長，以求鑒賞。數十年中，所收不下數千帙。於是拔萃選尤，裝潢成册，一時名流，多爲品題，此《讀畫録》所由作也。蓋先生于役淮陽，舟中多暇，乃取前册，信手繙閲，隨意所至，爲立一傳。或記相交之因緣，或敘作畫之始末，或詩或跋，或繁或簡。不獨山水之神情，躍躍欲現，即作山水者之面目，具在寸楮尺幅中矣。然亦有至交密友，或翻缺焉者，則以扁舟既達，酬應遂棼，未免以公事奪其閒情，青鏤分於赤牘耳。見者多以爲先生未竟之書，而予謂即先生已成之書也。蓋先生意中所欲言，筆下所肆及，已露一斑，引而伸之，聞一知十，豈必人人立傳，乃稱全書哉？昔阮孝緒傳寫士，有人所共知而未必具載，乃其所載，或翻出人擬議外者。禪家參悟，不死言下；畫家筆墨，不墮蹊徑。高人會心，正自如是，固不得以定法求耳。然則得先生之意以讀畫，當不墮作家雲霧中；得先生之意以作畫，必不以神化讓古人矣。繖山張遺瑶星拜撰。

周在浚序

庚戌之春，先大夫既盡焚生平著作之書，見棄後，不孝浚等復收合梓之。維其中尚有未備，然大半皆追憶平日面訂者，未敢以意爲增減也。至《讀畫録》一編，則先大夫所未付之丙丁，而巋然獨存者。憶先大夫嗜畫三十年，集海内名筆千百頁，裝成卷册，每出，載以自隨。督糈江南，時乘一艇，按部錫峰、虎阜、廣陵、瀨水間，輒自展玩。所見佳山水有髣髴圖畫中者，益復欣然自得。因憶某幅出某君筆，某君家世里第及與所訂交，爲先大夫染翰之時之地，旁及韻言品藻，一軼事，一雅謔，俯仰今昔，不去於懷。輒隨所觸會，筆之於篇。久之，稍稍成帙。其間未及涉筆，尚十之六七焉。雖生平所極賞譽，時時媚就之者，亦或且置，姑俟之徐徐云。以其闕而未備，猝不成書，雜亂紙破硯中，故未燼之一炬耳。而浚等於手迹既湮之後，從敝簏中收拾遺編，乃獲登兹一帙，不禁悽愴泣下，日思其飲食，思其嗜好，彼何人哉。聞之善事先者，梧棬小物，猶以手澤之存，而不忘慎守，矧先大夫性情所托者乎？於是舉而謀之梓。或曰：闕而未備矣，梓之，毋乃啓人遺憾乎？曰：古之高人畸士，姓名不傳於世，行事不著於時者，豈少也哉？傳其所及傳，而其所不及傳者，大略可想焉。則予先大夫之傳畫人也，安在不傳盡天下古今之真畫人也耶？時康熙十二年重午後十日，不孝男在都、在廷、在浚、在建、在青記於梨莊廬舍。

讀畫録卷之一

櫟下周亮工減齋撰　男在浚編次

李君實

李君實太僕日華，一字九疑，别字竹懶。予向未見先生畫，讀先生《恬致堂集》《紫桃軒雜綴》及《畫媵》，始知先生精繪事，遍覓其手迹不可得。後見先生《與董獻可札子》云：「頃在貢院中偷讀古人書，意味浹心，有欲起舞者，大都古人不可及處，全在靈明灑脱，不掛一絲，而義理融通，備有萬妙，斷斷非塵襟俗韻所能摹肖而得者。以此知吾輩學問，當一意以充拓心胸爲主。」極服先生議論，愈思見先生筆墨。後在都門，北海孫夫子以先生畫帙一册見貽。已浙遊，又得先生數幅。先生畫以意少變北苑，而其源則實出巨然僧、梅道人，蒼鬱秀潤，并極出藍之妙。至於題畫諸詩諸跋，一語兩語，皆妙極形容。坡公之後，未易得其匹也。而最愛其題畫諸絶，一絶有一幅佳畫，有三數幅佳畫，擇其最愜鄙衷者，録于後。《題畫》：霜落蒹葭水國寒，浪花雲影上漁竿。畫成未擬將人去，茶熟香温且自看。《爲王章甫畫》：黄葉陂深隱釣舟，蓼花瑟瑟水悠悠。鸕鷀睡熟漁翁醉，偷取瀟湘一段秋。《寒江待别圖》：雲去蘭亭雁影孤，凍痕淅淅上蘼蕪。嘘呵滴得梅梢雪，爲寫江干待别圖。《題畫與曹允大》：黄石堆牆竹掃雲，澗流花落去紛紛。讀書聲到樵人耳，樹擁峰迴又不聞。《題畫小卷》：江上孤吟欲暮天，一舟横渡草纖纖。柳花飛盡黄鸝啞，只好低頭聽杜鵑。《題畫與沈子廣》：烟中浦溆出復没，霜外柳枝疏又斜。秋色不禁初到眼，偶因洗硯立平沙。《題畫高孟奕扇》：卜築新開水竹扉，日斜烟樹望成圍。數聲柔櫓蒼茫外，多是尋僧訪鶴歸。《題陸閒田扇》：石田茅屋入雲峰，一帶清溪漱玉龍。隱者近從王屋至，天壇移得小虬松。《題畫繭紙與張霄函》：雪後茅堂護曉寒，酒餘呵筆佐清歡。不須更簇閒花草，凍柳梢雲已耐看。《題畫與沈子廣》：雨寒松閣恣高眠，夢入金庭陟紫烟。七十二峰多忘却，聽泉剛記到開先。《題畫與沈子廣》：帳掛玄綃烟霧冥，簟波矗矗水涵星。碧雲不動高天迥，夢遶廬山九疊屏。《與沈翠水論繪事因題所畫便面》：烟沙漠漠夕陽餘，野樹酣霜水溜渠。何處秋光閒入夢，琵琶亭子對匡廬。《畫沈明允扇》：秋林薄處見山巔，霜樾烟柯指顧便。小作沙坳容野艇，空明留與白鷗天。《白描梨花》：雨香雲淡月霏微，薄薄鉛華淺碧衣。却似道山春宴罷，水晶簾下拜安妃。《小幅與樵逸》：山亭放眼入遥天，疊疊春沙萬井烟。鬥草踏青兒女事，且教留住賣花船。《題畫扇》：霜柯霧樾冒寒流，上有高人讀易樓。鈎處每教雲氣掩，不令聲迹認羊裘。《題畫緒絹小幅》：柳淡波寒春事遲，雨晴剛得曬鸕鷀。社回故作閒風調，醉手離歧顫釣絲。《甲子二月訪陳眉公先生泖上阻風朱涇寫風雨維舟卷》：江店酒香花正穠，午潮初上碧連空。篷籠暫掩蕭蕭雨，柳外晴霞一縷紅。《乙丑三月三日北上伯遠送余至京口舟中無事爲寫小景》：雲林興寄轉高孤，老木虚亭傍太湖。曠朗不容塵隔斷，一痕山影淡如無。《溪山入夢圖卷倣大癡》：釣罷輕舸且蕩烟，遠山遮盡近留巔。不須更怯笭箵雨，江樹低梢好繫船。後之人慕先生，不得見先生筆墨者，讀諸絶句，先生之畫滿四壁矣。

董文敏

錢虞山嘗言：董文敏最矜慎其筆墨，有請乞者，多倩他人代之。或點染已就，僮僕以贋筆相易，亦欣然爲題署，都不之計。家多侍姬，各具絹素索畫，稍倦，則謡諑繼之。購其真迹者，得之閨房爲多。册中數幅，皆其極得意筆。山陰祁止祥題：石洞生雲根，觸膚雲自至。壁壘雄怒飛，只作等閒事。孫阿匯題：元人評高彦敬在子久、山樵之上，豈非以氣韻勝哉？玄宰先生一筆一墨，真足度世。神品不如逸品，于此益信。倪闇公題：每歎世人輒學倪迂，不能引鏡自窺，何以爲貌？雲間先生嘗云：不讀書人，不足與言畫。夫豈欺我！

吴梅村

吴祭酒偉業，字駿公，晚號梅村。不多爲畫，然能萃諸家之長，而運以己意，故落筆無不可傳者。北海孫寶仍題曰：吾師風流文彩，照映海内。其秀如廬岳千尋，其遠如蜀江萬里。閲此一往，如侍顔色。毛卓人題：婁江秋雨聽潺湲，東潤西田自往還。此中招隱無人到，叢桂風生月滿山。楊大鶴題：野橋流水樹深深，獨看雲峰曳杖尋。忽聽上方鐘磬落，空山何處有知音。

葛震父

葛震父一龍，洞庭人。久客秣陵，晚得一官，不能行其志，棄去，仍歸秣陵。行書妙極一時，臨池之餘，偶及繪事。寫生酷似白石翁，有十集詩行于世。家故不貧，散金結客，晚年金盡，好客猶不已。常于滁陽道上值二三故人北還，欲有以贈之，顧囊中無一有也，乃一一書借券付之，約曰：他日相過，當一一償此，但希免子錢耳。時人笑之，然頗有哀其志、高其義者。震父與大梁林宗張先生、侯官能始曹先生善，皆年七十三没。余集三先生手迹，都爲一卷，顔曰「三七十三先生手迹」，寶藏之。

趙文度

趙文度名左，華亭人。與董文敏同郡同時，筆墨亦相類。世人謂開松江派者，首爲屈指。然無筆不自古人中出，非時輩可及也。吴梅村題云：梅道人有此圖，峰巒險絶，人物叢萃，爲收藏家所賞。此幅蕭疏見長，散乘小果，自足證道，不必學如來面孔也。周廣菴題：翠帚春風，想見張緒當年。元微之云：流傳畫師輩，奇態盡埋没。頑榦纖枝，爲近人埋没不少。方敦四一絶云：雙樹孤舟静，山空鳥不喧。爲詢垂釣叟，曾否是桃源。

李長蘅

李長蘅流芳，嘉定孝廉，與婁子柔、唐叔達、程孟陽同以品行、詩文重于時，世所稱爲「嘉定四先生」者是也。長蘅與孟陽皆工畫，長蘅常語虞山云：精舍輕舟，晴窗净几，看孟陽吟詩作畫。此吾生平第一快事。虞山笑曰：吾却有二快，兼看兄與孟陽耳。在都門孫伯觀雞樹館遇曲中一姬度曲，公心賞之，作一畫相贈，姬携回張室中，海内文人遊都門者，無不往觀，姬遂成名。王西樵題長蘅小幅云：壓雲突兀一峰蒼，石路寒松共渺茫。莫怪丹青足詩意，詞人解識李流芳。方田伯題：幾家茅屋翠微横，石壁疏林無限情。絶少人行向山峪，儼然古刹有鐘聲。談長益曰：長蘅僅一北上，遂謝公車，往來湖山，謂可終老，不意遽返道山。每遘遺墨，想見其人。

姜周臣

姜封翁周臣思周，錢塘人。抱瑰異才，入京師，無所遇，縱於酒，縱於畫，山水花卉，皆多奇致。醉後逞筆，尤英英自異也。人索其畫者，不恒得。或怒詈人曰：若輩安足知余畫！顧酒錢乏，則又急作一二幅，與裝潢人郭華陽。郭則跪進酒資，酒資既足，復傲睨不肯爲人作，或怒詈人如故。以故，其畫益貴重。至其子真源公以進士爲名侍御，公之畫益不可得見矣。公豁達不羈，好雅謔，常於筵間命人演劇，至相關處，輒嗚嗚泣數行下。座客詢之，曰：少年鄙高冠理學不足語，與一二同人間復登場。今老矣，幾日春風，遂非年少，聲音易觸，徙羨他人。乃知髀骨之痛，唾壺之嘆，了不異人耳。聞者羨其達。

陳昊昭

陳昊昭侍御，一字涉江，法名道昕，江寧人。性豪爽，事親孝，交遊廣，詩文古崛，精繪事。爲諸生時，極爲余鄉鄭潛菴撫軍所知。長齋繡佛，以報恩三藏僧舍爲家，非大故弗歸。諸衲子爲修羅屈抑者，輒白公直之，公護法亦如護己腦目。癸未成進士，登第後，門無懸額，第無杆旗，堂無優伶，室無妾媵，既斷葷血，未嘗以衆生肉食客餉客。余嘗曰：涉江浄人，故多浄筆。每覽其畫，輒引人坐清浄地。涉江作畫，不名一家，畫成必自題其上，雖三數語，亦成一佳文，長篇勿論矣。張稚恭曰：東坡論畫謂「筆略到而意已俱」，觀涉江畫，即筆不到處，意已先矣。涉江著作甚多，皆零星未及鈔訂，同里錢季水藏之。又《秋柏》五七言詩四百首亦未刻，余獨不喜其《梅花詩》，而時人乃競和之。涉江一切都捐，獨於古小小玩弄物不能忘情。不肉食，不飲酒，而見客飲，雖終夜不厭倦。酒間時出滑稽語，使人絶倒。家大人與涉江善，嘗云：於岑寂無聊中，時憶此老妙舌。

魏考叔

魏考叔之璜，工山水，可稱能品，老年筆尤蒼勁。顧文莊稱其「筆法秀美，姿顔媚弱，有不勝羅綺之態」，殊不然也。淡墨花卉，頗有天然之致，此則可據勝場矣。余猶及交公，蒼顔修髯，似深山老煉士，望之使人肅然起敬。少孤貧，匿影閉門，日事盤礴。天性孝友，養老親，撫諸弟，皆取給於十指，不肯干人。當時留都士宦比於北，往來舟騎尤夥。慕考叔者，無不造其廬。考叔一無所報謝，惟招之飲則往，清言獻酬，坐無考叔弗樂也。年近八十，卒於秦淮水閣。册中皆七十餘外爲予作，以余喜其花卉，故較山水爲多。考叔行書撫《聖教序》，楷倣歐率更，别有卷軸。公詩如《問朗公病》「短榻延朝夕，孤燈伴死生」，《贈友》「載見一回老，相逢各盡歡」，皆爲人傳誦。考叔尊人堯臣，亦工畫，尤精人物神像，今天界殿後壁、洞神宫斗母殿壁尚是其手筆，見者謂非近今所能辦。考叔周晬日，其尊人臂之嬉，有叩户者，趨應之，則吴門友人寄畫筆至。考叔手之，堅不捨，尊人歎曰：又一畫工矣，奈何！

魏和叔

魏和叔之克，考叔弟，更名克，亦工山水，寫水仙則妙極今古。子百雉都，與予爲文字交，嘔心爲舉子業，卒不博一青衿。弟叔夜，名珠，亦有聲藝苑，不得志場屋，僅博一貢，皆鬱鬱死。

鄒滿字

鄒滿字典，吴縣人，客遊金陵，遂家焉。君畫筆意高秀，絶去甜俗一派，故足俯視餘子。家貧，能自行其志。嘗以除夕視缾粟餘升許，復覓榾柮數枝，爲二親一日供。凌晨出郭外，登雨花臺，高歌竟日，逮暮而返。居平客至，脱冠自汲以供茗椀。所居東園水濱，友人胡念約爲構小閣，顔曰「節霞」，賦「白日掩荆扉」以見志。不妄就人，所往還葛震甫一龍、顧與治夢遊、劉今度象先、程望尼希孔數人而已。與予從兄敏求比屋居，余又交其子喆，故余得其山水寫生大小幅獨夥。

鄒方魯

滿字仲子喆，字方魯，畫宗其父，圖松尤奇秀。守節霞閣，敬事父友，謹慎保其家。

予北還，贈以詩：板橋花隙種桑麻，織屨先生恅愺家。只識前修真寂寞，應知後美賤繁華。闢心明月人千里，過眼烟雲畫一叉。肯羨東鄰釜底熱，寒門久已節松霞。母没，能盡禮，會葬多名士。

朱翰之

七處和尚，即朱翰之睿瞀也，以畫名江南者六十年。秣陵畫，先惟知魏考叔兄弟，翰之出，而秣陵之畫一變，士夫衲子，無不宗之。晚乃削髮從芘蒭遊，自名七處，人稱之曰七師。數椽南郭外，蕭然瓢笠，不肯輕爲人落筆。但數過諸蘭若，衲子有求必應。册中皆當時在維揚爲予作者，其在高座寺作者則絶筆也。方與三曰：凡作詩文字畫，須楮墨之外，别有生趣迎人，令閲者目動心摇，始稱快筆。然又非狐媚取悦，須極蒼古之中，寓以秀好，極點染處，見其清空，始稱合作。七師畫吾無間然。予常曰：每展七師畫，覺一冷面老瞿曇立於吾前。師望八始寂去，没後片紙尺素，人皆以多金購之，并南郭諸衲子所有，皆爲人索取殆盡，近則贋筆紛出矣。子知鄦。

朱知鄭

朱知鄭，字思遠，翰之先生子也。幼與陸可三、魏百雉、汪子白、羅星子、高康生、予從兄敏求及余爲同硯友。思遠才獨傑出，頗有文譽，晚乃棄去諸生，工畫，力學爲詩。畫與尊甫并有聲，詩頗奇鑿。予常詢翰之先生畫於君，君曰：家公筆下只是打發得開。余曰：打發得開何足云？君曰：君到打發不開處，始思吾言。世間生死大事以及文章經濟，到絶頂處，只是打發得開耳。君謂有他異耶？予甚旨其言。君自北回，佚馬傷足，不良於行。携妻子入溧水山中，或名璆，或名遠，或字遠公。窮甚，衆悲其志。偶入城，病卒於承恩僧舍中，友人殮之。詩數卷，板行與未鐫各半，其子藏於家。子亦能畫。近閩人魏惟度刻《詩持》，不知何從得思遠作，極賞之，自云恨不見其人，亦思遠没後知己也。惟度集中稱遠公，余仍作思遠。廿年來屈指同人，惟星子、康生與余存耳。追念宿昔之交，故不忍從其晚更之字云。

陳章侯

陳章侯洪綬，字老遲，亦字老蓮，其稱悔遲，則甲申後也，方伯公之中子。章侯畫得之於性，非積習所能致。昔人云「前身應畫師」，若章侯者，前身蓋大覺金仙，曾何畫師足云乎？人但知其工人物，不知其山水之精妙；人但訝其怪誕，不知其筆筆皆有來歷。有過平陽水陸社，見吴道子真迹數十幅，歸謂人曰：人言章侯杜撰，今乃知道子預倣章侯，豈道子亦杜撰耶？家大人官暨陽時，得交章侯，數同遊五洩，余時方十三齡，即得以筆墨定交。辛巳，余謁選再見於都門，同金道隱、伍鐵山諸君子結詩社，章侯謬好余詩，遂成莫逆交。余方赴濰，章侯遽作《歸去圖》相贈，可識其曠懷矣。後十餘年，再見湖上，册中所存，皆在孤山小閣中爲予作者。章侯兒時學畫，便不規規形似。渡江搨杭州府學龍眠七十二賢石刻，閉户摹十日，盡得之，出示人曰：「何若？」曰：「似矣。」則喜。又摹十日，出示人曰：「何若？」曰：「勿似也。」則更喜。蓋數摹而變其法，易圓以方，易整以散，人勿得辨也。初畫《楚辭》像，刻于山陰，再刻水滸牌行世。及崇禎間，召入爲舍人，使臨歷代帝王圖像，因得縱觀大内畫，畫乃益進。故晚年畫博古牌，略示其意。章侯性誕僻，好遊于酒人，所致金錢隨手盡，尤喜爲貧不得志人作畫，周其乏，凡貧士藉其生者數十百家。若豪貴有勢力者索之，雖千金不爲搦筆也。一齷齪顯者誘之入舟，云將鑒定宋元人筆墨。舟既發，乃出絹素强之畫，章侯科頭裸體，漫罵不絶。顯者不聽，遂欲自沉於水。顯者拂然，乃自先去，浼他人代求之，終一筆不施也，以此多爲人詬厲。年五十六，卒於山陰，存詩一帙，余爲藏之，後以歸其子。曹秋岳曰：老蓮道友，布墨有法，世人往往怪之。彼方坐卧古人，豈顧餘子好惡？程翼蒼曰：老蓮人物，深得古法。不意山水亭榭，蒼老潤潔，亦復不讓古人。方與三曰：北宋閻次平、南宋張敦禮、徐改之，專借荆、關而入，自脱北傖躁氣，然設境未能如老蓮之高曠。楊猶龍曰：予辛卯于役八閩，定交櫟園，酒闌燈灺，抵掌天下人物，未嘗不首推章侯也。歸而索晤於錢塘，握手歡然，不似初相識者。爲予作畫數幅，高古奇駭，俱非耳目近玩。珍藏篋笥，庶幾此遊不虚。笑當年陸賈，徒囊中千金耳，何期神物秘惜，世無桓宣武，竟爲盜資，可勝歎哉。黄仲霖曰：予以癸未别章侯於燕，明年從金道隱郵筒得章侯書并書畫扇，意存諄戒，惟此老自無雷同語耳。己丑過虎林，從南生魯署見章侯，爲作寫生圖數十種，雄奇凸凹。予謂吾黨當爲老遲惜此腕，不令復作。若令復作者，恐遭龍虎鬼物收攝。又明年，櫟園出畫册四部示余，余見章侯畫益夥。如見章侯蓬首赤體，右手持酒杯，左手抓頭足之垢，撅口張目，談天下古今事。此而不遭龍雷收攝也者，當有神氣元命護持之。予薄命人，章侯一點一畫，俱歷兵火，不復僅存。異日不向生魯乞圖，即向櫟園乞册耳。章侯爲諸君子所歎如此。

惲道生

惲道生向，後更字香山。香山爲高材生，治詩以制義名世，晚乃棄去，獨工畫，高自位置，恥與平流伍。常以十幅贈余，傲然曰：今人畫特描金匠耳。又常題畫貽余，曰：逸品之畫，筆似近而遠愈甚，似無而有愈甚。其嫩處如金，秀處如鐵，所以可貴，未易爲俗人道也。晚年尤縱横如意，妙極自然。蓋其往來齊魯間最久，嘗登泰岱，得山水雄渾之趣，故其落筆非凡近可擬。王于一曰：香山如老將横刀砍陣，筆墨所到，山不暇樹，雲不暇懶，沈啓南後一人也。然頗爲俗筆所詆，良由胸中多數行書，少輕媚習氣耳。詩文皆然，豈獨畫哉。余在青齊，得其三四巨幅，是最得意筆。著《畫旨》四卷，張爾唯太守屬孫阿匯序而梓之。香山去世，棗梨遂不可問。

邵僧彌

邵僧彌，姑蘇人。性孤癖，詩畫極爲吴人所重。隱於瓜疇，自號瓜疇老人。張瑶星遺題《秋水圖》云：蒹葭秋水一船移，自對空江玉笛吹。好景見前誰寫得，月痕猶識邵僧彌。又爲余作《結茅圖》，季介菴沚題曰：山深木性枯於石，竹引泉聲冷到扉。此中人知非附熱者。李劬菴念慈題：蕭疏岑寂，無處落些子喧熱，而生氣殊王。坐此中者，當得静悟。許有介友題：江舟燈火之間，得觀此幀，即欲置身其間。紀伯紫曰：吾猶及見僧彌，伸紙用筆，蓋惜墨如金者。朱近修題一幀：危峰密樹隱花宫，驢背秋風獨聽鐘。一自乾坤兵革後，丹青留得六朝松。梅杓司題：陰森古樹能藏寺，歷亂奇峰欲插天。獨客騎驢知賞詠，想應胸次得蕭然。遭顧菴曰：僧彌爲吴中高士，窮約而死已二十餘年，梅村先生爲志其墓。今觀其筆墨間多有寒氣，宜其貧而殀歟。

鄒衣白

鄒衣白先生畫法全橅子久。晚年應酬之筆，皆出捉刀人。惟有「阿誰」章者，爲其得意筆。先生收藏宋元名迹最富，故其落筆，無一毫近人習氣。晋陵吴問卿家藏子久《富春山圖》長卷，爲子久生平第一畫，先生極愛之，比之右軍《蘭亭》，屢欲求售不可得。時時借觀，每一過目，輒題其後。後問卿殁，欲以此圖爲殉。病篤時，投之火中，旋即暈憒。其子急以他卷易之，已焚前一段矣。其子即携致先生，高索千金。時先生方困乏，無力售之，把對浩歎，復題數百言于後，以紀其事，悒悒者月餘。其嗜古之癖如此，宜乎其畫超凡入聖也。先生小幅更難得，予所得亦不過數幅。張瑶星題云：衣白先生畫多寥寥數筆，不求工好，而爽氣逼人，自有生趣。此幅巖壑深秀，屋宇錯落，橋磴參差，於六法中無不具備，文心之不可測如此。李屺瞻題：隱深峭拔，簡潔孤秀，畫家懸腕中鋒，而無荒雜枯寒之病者，近代僅覯。先生風格性情，畢見是幅。鄒程村題：先伯大父中丞生平筆墨矜重，不輕爲人作畫。或有偶落數筆，爲門下生所足成者，亦稱善本。今人悉目疏曠歷落者爲真迹，謨家有其爲先大父中憲公所繪數幀，又極曲折細潤，知爲晚年得意筆，似未可一例觀也。王阮亭一絶云：雲嵐半幅落人間，衣白山人去不還。却憶題詩東磵老，夕陽粉本出關山。末七字虞山題先生畫句也，虞山晚年號東磵遺老。

祁止祥

祁止祥豸佳，山陰人，行五，世培中丞之從兄，予同門文載之胞兄也。丁卯舉於鄉，數入春明，不得志。常自爲新劇，按紅牙，教諸童子。或自度曲，或令客度曲，自倚洞簫和之，借以抒其憤鬱。甲午冬，送予北上，過金陵，留予家一月，至維揚始返。舟中爲予作山水花卉四十葉，又别爲數小頁，留一詩别余。曹顧菴曰：止祥書不在董文敏右，畫則入荆、關之室。詩文填詞皆有致，能歌能奕能圖章，以至奕錢蹴踘之戲，無不各盡其致。以名孝廉隱於梅市，蓋異人也。

讀畫録卷之二

櫟下周亮工減齋撰　男在延編次

翁壽如

翁壽如陵，閩之建寧人，工畫能詩，小楷圖章分書皆有意致。飲稱大户，滿面酒痕，然即甚醉，亦無少酒態，人嬲就之，每置酒高會，無壽如弗歡也。君畫初多閩氣，遊秣陵，從程端伯少司空遊，畫乃一變。已又移家公路浦，時彭城萬年少孝廉亦移此，晨夕過從，畫又一變。壽如畫屢變，遂臻極境，江以南翕然稱翁陵翁陵云。娶小妻，將終於淮上。已忽思歸，携家從陳階六使君返，及歸而廬舍不存，親串死亡殆盡，復淒然欲還公路浦。江南酒伴亦恒望其來，然老矣，又空囊不能出户也。

姚簡叔

姚簡叔允在，山陰人，常流寓秦淮。簡叔作畫，一洗浙習，盡萃諸家之長，而出以秀韻。然每見，能令人静穆，不似近人但以浮豔悦人耳目也。予從胡念約得其小册十二幅，皆自江南入北地，紀所見名勝，幅幅皆有意致。王貽上使君最愛其秦淮一幀，題云：「予在白門，作《秦淮絶句》二十章，汪比部琬謂可作《秦淮竹枝詞》。又有句云：『朱樓映水皆成綺，緑柳垂條漸拂波。』披此如覩昔遊。又題：予最愛程孟陽詩『最憶西風長板橋，笛牀禪閣雨蕭蕭。而今畫裏猶知處，一抹寒烟似六朝』。既録鄙作，因并書之。」陳其年維崧題：「紅板橋東白石祠，烏衣巷口緑楊枝。誰人重寫臺城景，愁殺多情老畫師。」予與胡元潤八閘舟中同披此圖，感當時之盛，得四律，王勝時謂當書此後，因書之：「紅兒家住古青溪，作意相尋路已迷。渡口桃花新燕語，門前楊柳舊烏啼。畫船人過湘簾緩，翠幔歌輕紈扇低。明月欲隨流水去，簫聲只在板橋西。」二：「曲曲銀河蕩晚霞，蘭叢玉瑟閒琵琶。暗潮夜濕依欄石，細雨朝開隔岸花。菡萏無心臨翠蓋，芙蓉有意映窗紗。雲鬟月底渾難盡，更向垂楊密處遮。」三：「不分合歡夜不開，吹笙無力自徘徊。鐘聲漸遠隨波去，花氣將眠過渡來。曲曲鴛鴦流豔夢，垂垂楊柳綣深杯。一生明月秦淮好，過眼烟雲第幾回。」四：「拂水藏鴉弱自持，輕寒簾外影離離。風吹香動花無骨，露逼歌清月有絲。漁笛暗隨紅雨落，酒罏閒受緑陰支。鍾山松老雲霞漫，近日金陵客不宜。」簡叔在日，自矜其筆墨，不多爲人作。常遊予鄉，久留雪苑，予訪之侯氏昆季不能得，人有持多金往山陰購之者，亦不能得其一水一石。

程孟陽

程孟陽，歙人，移家嘉定，與婁子柔、唐叔達、李長蘅善，謝象三爲刻《嘉定四先生集》。孟陽《浪淘集》《松圓閣詩》極爲錢虞山推重，畫不多見，余僅得其數箑，并册中一二幅而已。虞山題：孟陽最矜重其畫，不輕爲點染，此幅真吉光片羽，人間不多見也。近有吴中畫家僞作孟陽一册，屬余題識，予面斥之，不懌而出。今爲櫟園題此幅，孟陽當爲默舉矣。曹顧菴題：僕年二十四五時，尚得見孟陽先生，深静枯淡，如深山學道人，頗相期待，比以管、樂。今暮齒年五十，病苦憂患，無所成就，有愧先生多矣。喬松古藤之下，恍然見之，不減在彷邨華林時握麈支頤也。王貽上曰：松圓詩往往有畫想，觀此，乃如見其詩。

胡長白

胡長白宗仁，一字彭舉，上元人。畫自文五峰伯仁來，晚出入王叔明、黄子久二家。其筆意古質，頗有五代以前氣象。貌傲岸，高蹈絶俗。晚年衲衣拄杖，反手徐步，修髯從風，見者目爲神仙中人。八分書學《禮器碑》，無一點俗態，工詩。本富家子，老而食貧，不謁時貴，時人重之。長白畫所傳最少，余與其姪元潤交廿年，册中僅得其二幅，當時矜貴可知矣。長白《與伯敬札子》云：公詢寒門諸子弟，敬以名字相聞。弟宗信，字可復，以字行。世所稱雪村者，名宗智。耀昆、起昆，僕之子。玉昆、士昆，雪村子也。皆學畫。蓽門畫掩，茗椀爐香間，閣筆盈案，妄擬堆笏滿牀。昔人一門五貴，七葉蟬聯，想如是耶。公聞之，得無噴飯。觀此札，可想見其家庭之樂。君詩二千餘首，極爲竟陵所賞，如：花落竹堂静，烟消石屋空；殘月半窗白，寒星徹夜疏；一水帶寒月，孤村幕夕烟；貧惟尊酒在，詩豈衆人傳；渚雲乍去猶拖水，山月初生不過林；人從淺水過，路向半山通；岸楓紅隱寺，湖水碧連山。皆詩中畫也，惜無力板行。相傳長白家武學右袁府巷，偶鋤園地，鏗然有聲，見一研山，其下長可尺許，高數寸，峰巒峭崒森秀，紋如胡桃，色黝然，真几案間佳物也。長白以形類九華，因名小九華，自爲記。佳物固爲高士出哉。

胡元潤

李君實嘗言：作畫惟空境最難。以余所見，善於用空者，其惟胡三褐公歟？褐公一字元潤，即長白之猶子玉昆也。君性孤僻，作畫如之，用筆設色，好作縹緲無態，故咫尺間覺千萬里爲遥。余蓄畫册自君始，入手便得摩尼珠，散璣碎璧，不足辱我目矣。予識君緣方密之，密之辛巳冬偕君過濰，密之南去，君獨留。後此數與往返，患難中時復相從，故余存君畫最多，爲君賦詩亦獨多，長歌外盡録於畫册上，報君藍縷蓽路之功也。《汀署聽雨有懷胡三元潤時元潤寓予省署》：孤燭全無寐，雨聲入夜驕。旅愁增老病，鄉夢隔雲霄。别去蹤無定，同來信亦遥。終宵難更聽，不悔種甘蕉。《送元潤返白門》：頗欲留君住，能還亦我私。慮親開遠信，仗友飾歸辭。疲硯分燈倦，勞魚任字遲。秦淮春信好，弱柳緑絲絲。又：度嶺時無幾，言歸每謂遲。悲予連歲住，更切老親思。剡客迷勞劍，殘書借倦戺。煩君安我友，瘴濕漸相宜。《雪舫送元潤》：小閣傳知載，荒園學種瓜。貧能堅旅骨，交足世寒家。入夢三眠柳，移情六出花。何時芳草岸，相對數歸鴉。《夢至元潤家見所餞菊》：只似曾過境，柴桑處士居。人皆漢魏上，花亦義熙餘。質樸無繁卉，蕭條伴野蔬。此中真自好，肯更憶吾廬。又：東籬一二畝，約略早秋時。微雨侵花檻，寒風吹酒巵。主人欲采贈，坐客解吟詩。將去頻相挽，殷勤有後期。又：訝予猶未返，遠道亦能來。自謂初能遂，因君晚更開。渾忘新雨雪，苦憶舊莓苔。頓首加餐飯，家園努力回。又：亦有生平約，烟雲逐處遮。半林霜後路，一月眼中花。枝較看時勁，葉從何日加。踉蹌輕别去，城上噪寒鴉。《雲門送元潤》：艻蒯君能到，雲門得暫停。鬚眉空似雪，蹤迹尚如萍。冷署三竿卧，遥山九點青。留人不肯住，修竹雨溟溟。又：論交真耐久，幾日盡成衰。雪後同過嶺，潮平自渡灘。閒身能去住，老筆更紛披。所歎稱君友，惟工送别詩。《送元潤返白門》：與君同住古青溪，五度燕山并馬蹄。垂老措身知坎窞，生還藉爾作端倪。清尊甕𩐗春雲亂，碧樹參差夕照低。回首廿年霜雪路，全交只剩數行啼。《初聞徙塞外信寄元潤》：柴車毳帳擁風霾，區脱天高孰與偕？一帶黄雲連戍堡，半生明月夢秦淮。書殘尚冀同心續，骨老憑教絶塞埋。消息從今難更達，深巵北向重君懷。又：已荷殊恩放逐臣，枉君江上待垂綸。荷衣蕙帶青門客，蓆帽椰瓢紫塞人。孤雁欲銜霜後葉，哀笳不吹戍前春。桃花豔勒宵征馬，莫道遼陽信未真。《與元潤》：君家兄弟予兄弟，二十年前訂古交。眼底何人爲續客，林中許我結重茅。長貧只合終身醉，漸老猶慚百念淆。莫憶燕齊閩越路，門前芳草費推敲。後人讀諸詩，可以知予之與元潤矣。

程正揆

程正揆，字端伯，别號青溪道人。書法師李北海，而丰韻蕭然，不爲所縛。嘗欲作《卧遊圖》五百卷，十年前予已見其三百幅矣，或數丈許，或數尺許，繁簡濃淡，各極其致。然矜貴不肯輕以與人，惟于石和尚無所吝耳。查二瞻題云：昔人論書云「既得平正，須追奇險」，青溪先生，今之所書名家也，書畫無二致，詎不間然？張瑤星題云：長康、右丞諸公皆以士夫作畫，故皆能造入神妙。宋時畫學猶分士流雜流，俱令治大小經，仍讀《説文》《爾雅》《方言》《釋名》等書，宜其下筆不苟也。子畏學畫於東邨而勝東邨，直是胸中多數百卷書耳。此事固當讓青溪獨步矣。

釋無可

無可大師，予庚辰同榜方密之也。公名以智，幼禀異慧。生名門，少年舉進士，自詩文詞曲、聲歌書畫、雙鈎填白、五木六博，以及吹簫撾鼓、優俳評話之技，無不極其精妙。三十歲前，極備繁華。甲乙後，薙髮受具，躭嗜枯寂，麤衣糲食，有貧士所不能堪者。於是謝絶一切，惟意興所至，或詩或畫，偶一爲之，然多作禪語，自喻而已，不期人解也。施尚白云：予昔同無道人自蒼梧抵廬山，見其乘興作畫，多用禿筆，不求甚似。嘗戲示人曰：若猜此何物，此正無道人得無處也。拈此二則，則道人之禪機畫亦露一斑矣。

石谿和尚

石谿和尚名髡殘，一字介丘，楚之武陵人。幼而失恃，便思出家。一日其弟爲置氊巾禦寒，公取戴于首，覽鏡數四，忽舉剪碎之，并剪其髮，出門徑去投龍三三家菴中。旋歷諸方，參訪得悟，後來金陵受衣鉢於浪杖人。杖人深器之，以爲其慧解處莫能及也。公品行筆墨，俱高出人一頭地，所與交者，遺逸數輩而已。繪事高明，然不輕爲人作，雖奉以兼金，求其一筆，不可得也。至所欲與，即不請亦以持贈。予從瑶星張子與交，因乞作册子數幅，公欣然命筆，自題云：殘山剩水，是我道人家些子活計，今被櫟園老子奪角争先，老僧秖得分爐頭半箇芋子，且道那半箇聻，他日覿面，再與一頓。方邵村題其畫云：曲曲村墟歷歷真，長錢不共短筇論。非關筆墨多殘漏，老衲山樵自隱身。瑶星云：舉天下言詩，幾人發自性靈。舉天下言畫，幾人師諸天地。舉天下言禪，更幾人抛却故紙，摸著自家鼻孔也。介大師箇中龍象，直踞祖席，然絶不作拈椎豎拂惡套。偶然遊戲濡吮，輒擅第一。此幅自云效顰米家父子，正恐米家父子有未到處。所謂不恨我不見古人，恨古人不見我耳。

釋漸江

釋漸江，歙人，本江姓，爲名諸生，甲申後棄去爲僧。喜倣雲林，遂臻極境。江南人以有無定雅俗，如昔人之重雲林，然咸謂得漸江足當雲林，隱居齊雲，不妄爲人作。册中二幅，汪舟次索以相贈。别有一二立幅，則君以寄余者。君未五十没，畫亦貴重，其門徒贋作甚多，然匡骨耳，此直須另覓雲林矣。

周静香

周觀察静香荃，吴門人，畫宗倪、董，大士相尤得古法。李次公題其畫云：視荆、關稍潤，較董、巨微枯，此真不爲古人所束縛者。迂翁有云：非王蒙輩所能夢見。倪闇公曰：每歎古人用筆之際，運其神氣於人所不能見之地，故人莫能及。美人之光，可以養目，覯静香畫亦然。静香常倣元人作《絶交圖》，蓋别有所感云。葛雲芝題曰：忽聞車馬來，俗務敗人意。相望了不關，曠然隔天地。程幼洪和之：劉峻廣絶交，此論洽人意。金盡試求交，跼天而蹐地。静香罷青州政歸，長齋閉户，罕與人接，余過吴門，静香以札招余曰：僕所居園，雖無奇觀，然是顧青霞宿構，頗爲閒懶客所稱。石不奇，映以老梅，頗有致。樹不多，參錯以石，頗有映帶。池不廣，然垂柳拂之，頗如縠。室不甚幽，然不燥不濕，頗可坐卧。室中所懸畫，雖太舊，然是李營丘手迹，董文敏三過而三跋之，頗爲識者所賞。酒不甚清，然是三年宿醖，多飲頗不使脣裂。主人雖老，然不憊，頗能盡日奉客歡。櫟園以公事至，雖忙，然頗可偷半息暇，一徘徊樹石間，看舊人畫，聽老夫娓娓述吴中逸事以佐飲。天下無不忙者，况服官？然天下事亦忙不得許多，且過我飲爲是。讀此札，可想見此老胸次。

王石谷

王石谷翬，常熟人，自號烏目山人。少從王烟客太常遊，太常精于繪事，且收藏古迹最富，石谷揣摹，盡得其法。倣臨宋元人，無微不肖。吴下人多倩其作，裝潢爲僞，以愚好古者。雖老于鑒别，亦不知爲近人筆。予所見摹古者，趙雪江與石谷兩人耳。雪江太拘繩墨，無自得之趣。石谷天資高，年力富，下筆便可與古人齊驅，百年以來第一人也。己酉顧予于白下，時予已謝督糈。石谷寓續燈菴，爲予作大小十六幅。老年患難，頗藉以自遣。石谷苦心於此中二十餘年，於予頗有知己之感。自題其畫與予云：嗟乎，畫道至今日而衰矣。其衰也，自晚近支派之流弊起也。陸、張、吴，遠哉遠矣。大小李以降，洪谷、右丞，逮於李范董巨、元四大家，皆代有師承，各標高譽，未聞衍其餘緒，沿其波流。如子久之蒼渾，雲林之澹寂，仲圭之淵勁，叔明之深秀，雖同趨北苑，而變化懸殊，此所以爲百世之宗而無弊也。洎乎近世，風趨益下，習俗愈卑，而支派之説起。文進、小僊以來，而浙派不可易矣。文、沈而後，吴門之派興焉。董文敏起一代之衰，抉董、巨之精，後學風靡，妄以雲間爲口實。瑯琊、太原兩王先生，源本宋元，媲美前哲，遠邇争相倣效，而婁東之派又開。其他旁流緒沫，人自爲家者，未易指數。要之承訛藉舛，風流都盡。翬自齠時搦管，矻矻窮年，爲世俗流派拘牽，無繇自拔。大底右雲間者，深譏浙派；祖婁東者，輒詆吴門。臨穎茫然，識微難洞。已從師得指法，復於東南收藏好事家縱攬右丞、思訓、荆、董勝國諸賢，上下千餘年，名迹數十百種，然後知畫理之精微、畫學之博大如此，而非區區一家一派之所能盡也。由是潛神苦志，静以求之。每下筆落墨，輒思古人用心處，沉精之久，乃悟一點一拂，皆有風韻，一石一水，皆有位置。渲染有陰陽之辨，傅色有今古之殊。於是涵泳於心，練之於手，自喜不復爲流派所惑，而稍稍可以自信矣。先生爲藝林宗匠，尤於繪事素所研精，遂盡發二十年探求之業，默取所見宋元諸迹，雜爲橅倣，凡一十六幅，彙成一册，并自述所歴甘苦，與時俗宗趨之弊，冀蒙教益，蓋亦騏驥長鳴於伯樂，龍劍耀采於雷公。士遇知己，不能自護其短耳。自敘若此，可知石谷之於畫矣。予收合畫册五十帙，前後幾四十年，得石谷最晚，而蒐羅之役亦畢於此，庶可以壓多寶船也。王阮亭嘗題其畫云：不必千金貢范寬，天機絶處到應難。太常無恙廉州在，留取三王畫苑看。廉州，元照太守也。其爲名流賞識如此。

方邵村

方侍御邵村，名亨咸，坦菴太史仲子。少年科第，爲名執法。吏治文章之外，精于八法，旁及繪事。早年不遇，遊戲筆墨，患難後自塞上歸，一借不聿，舒寫其抑鬱無聊之氣，故其畫更進。海内士大夫以畫名家者，程青溪、顧見山及侍御，可稱鼎足。然侍御足迹幾遍天下，五嶽之外，如點蒼、武夷、羅浮之奇，無不遍歷。匡廬、黄海，又其庭户間物耳。故其所見，無非粉本，不規規於古人，此所以更勝於古人也。侍御兄無可和尚爲予同譜兄弟，兩家患難中復與其弟與三結兒女姻，故侍御甚愜予，雖甚愛重其筆墨，而於予無吝也。年來爲予作不下數十幅。嘗與予論畫云：半千畫士、士畫之論詳矣，確不可易，覺謝赫《畫品》猶有漏焉。但仲逸品於神品之上，似尚未當。蓋神也者，心手兩忘，筆墨俱化，氣韻規矩，皆不可端倪。仁者見仁，知者見知，所謂一而不可知之謂神也。逸者，軼也。軼於尋常範圍之外，如天馬行空，不事羈絡爲也。亦自有堂構窈窕，禪家所謂教外别傳，又曰别峰相見者也。神品是如來地位，能則辟支二乘果。如兵法，神品是孫、吴，能則刁斗聲嚴之程不識，逸則解鞍縱卧之李將軍。能之至始神，神非一端可執也。是神品在能與逸之上，不可概論，况可抑之哉？半千之所謂神者，抑能事之純熟者乎？總之，繪事，清事也，韻事也。胸中無幾卷書，筆下有一點塵，便窮年累歲，刻畫鏤研，終一匠作，了何用乎？此真賞者所以有雅俗之辨也，豈士人之畫盡逸品哉？我公精於讀畫者，必不河漢予言。

王子京

王子京使君遂，蜀人，不以畫名，偶然落墨，便有出塵之想。丙戌與予同官江南，爲予作一二小幅，筆意在黄子久、吴仲圭間。袁荆州籜菴題云：畫法即書法所在，畫至脱化譜格，即書家所謂離鈎也。子京生處活處，與作家迥别。張瑶星題云：冉冉緑陰中，位置層軒好。松外亭空天更空，天闊孤亭小。石壁絶躋攀，明月聞長嘯。壁後還藏千萬峰，峰際閒雲繞。

姜綺季

綺季名廷幹，山陰大宗伯子。風流倜儻，詩畫文章，無不登峰造極。繪事山水外，猶精寫生。龔半千題其所臨崔白花卉云：綺季名家子，所藏佳迹甚富，如崔白、艾宣、丁貺之流，皆極力摹寫，非今人隨意所到，不事章程也。綺季能世其家學，可出而撒鹽和梅，而故效兒女子施朱調粉，此非吾黨所能測也。

龔半千

龔半千賢，又名豈賢，字野遺。性孤癖，與人落落難合。其畫掃除蹊逕，獨出幽異，自謂前無古人，後無來者，信不誣也。程青溪論畫，於近人少所許可，獨題半千畫云：畫有繁減，乃論筆墨，非論境界也。北宋人千丘萬壑，無一筆不減。元人枯枝瘦石，無一筆不繁。通此解者，其半千乎？半千早年厭白門雜遝，移家廣陵，已復厭之，仍返而結廬於清凉山下，葺半畝園，栽花種竹，悠然自得，足不履市井，惟與方嵞山、湯岩夫諸遺老過從甚歡。筆墨之暇，賦詩自適。詩又不肯苟作，嘔心抉髓而後成，惟恐一字落人蹊逕。酷嗜中晚唐詩，蒐羅百餘家，中多人未見本。曾刻廿家于廣陵，惜乎無力全梓，至今珍什笥中。古人慧命所係，半千真中晚之功臣也。予嘗過半畝園，贈以四律，附録之：於世殊無事，經年合閉門。白衣鮮墨汁，烏几潤花痕。亂竹三更雨，空山半畝園。畏人常屏迹，感激虎狼恩。野老閒稱病，柴門永日關。殘苔生破屨，修竹蔽衰顔。得酒看人醉，成詩肯自刪。夢中頻過爾，大月好風間。萬累已全息，荒園足自怡。棋邊今態好，酒外古心危。妙畫殊無意，殘書若有思。屑榆亦可飽，努力莫言衰。彥遠今高士，武林一畝田。約君爲隱侶，交我舊忘年。僻地誠難覓，同心亦可憐。懷人真隔世，獨坐聽鳴泉。彥遠、胡介與半千爲世外交，隱虎林一畝田。

讀畫録卷之三

櫟下周亮工減齋撰　男在建編次

黃濟叔

黃濟叔經，別字山松，書法圖章之外，尤精繪事。在若盧時，惟日以篆籀詩詞自娛，間亦遊戲筆墨，未知其如此之工也。與予後先返江南，顧予白下，始放筆爲予作數小幅，蒼古澹遠，全倣黃、吳。未幾予赴青齊，濟叔乃死，於友人酒間展閱此册，爲之愴然。黃俞邰題云：長松落落來高士，瀑布遥遥下遠岑。想見吾宗黃叔度，高寒命筆此時心。張瑶星題：取境不高，則雲霞之氣不鮮；肆眺不遠，則林壑之懷不暢。崇岡絶壁，以謝煩喧；曲徑平臺，以供嘯詠。若有知者，吾必過而問之。予在邗上，重見濟叔，贈之十絶句，附録之：憶爾歸成我復東，深巵望豈更相同。疏燈再剪秋花好，却夢含毫板屋中。驢背霜寒客路艱，年前此日見君還。歸來不索荆關畫，得看江南別後山。憑教荒憬永相望，願始寧知有故鄉。萬劫誰能除舊態，烟雲一見又商量。不祭皋陶筆亦奇，蒿牀薄醉墨淋漓。臨岐頗有荒唐話，并擢江山樵大痴。秫田菊徑久荒蕪，舊日籃輿近在無。念爾箴予應有意，倉皇急示五湖圖。好友能歸願未全，支笻日夕望征鞭。荒凉更莫圖關塞，爲報龍眠盡已還。勞君北望盼飛鴻，鳩杖重扶兩退翁。孺子相期胡不早，圮橋更爲寫黄公。夢外逢君淚漸收，依然明月舊邗溝。當時莫道無歸思，日勸黄癡寫釣舟。關前征鴈肯南來，誰道窮邊是夜臺？待得長征人到後，同君細細寫龍堆。時聞龍眠方公南還。吮筆圜牆雨雪霏，烟巒再展事依稀。籬邊濁酒真相勸，賴爾先還引我歸。在雲門聞濟叔卒，哭之，云：物外能全棄，老身萬竹叢。濃看高下緑，飽飯舊新紅。大翮書猶在，小山賦未終。寧知江上約，一夕盡成空。喜我更生返，頻頻江上來。烟雲紛老眼，雨雪動深杯。海嶼書方寄，泉臺客不回。惟傳臨化去，失喜鼓于鬛。君化去，方飲酒觀伎，自言死甚樂，不足怖也。

張爾唯

爾唯太守學曾，又號約菴，山陰人，畫倣董北苑。辛卯秋，爲予作數幅，極爲程青溪所賞，題云：此道寥寥，得其解者，唯約菴吾友，差足與語，不復多見矣。是幅筆意從江貫道來。無可題：雖有六法，而寫意本無一法，妙處無他，不落有無而已。世之目匠筆者，以其爲法所礙。其目文筆者，則又爲無礙所礙。此中關棙子，原須一一透過，然後青山白雲，得大自在，一種蒼秀，非人非天。不然者，境界雖奇，作家正未肯耳。然亦不可執定一樣見識，以印板畫譜，甲乙品題，倘有碎須彌、乾蓬萊底漢，何妨更具空中五色，以粟米一毫，畫盡千世古今耶。曹秋岳題云：筆勢空蒼，吐納北苑，不作元人佻薄氣。櫟公雖博賞諸家，終以爲正法眼藏。吴梅村題：請看韋白新詩句，能作蘇州刺史無？爾唯名家老輩，晚得吾鄉一郡，論者并其畫訾謷之。即此幅，真迂倪畫脈，蕭疏簡遠，移入詩中，可入香山、蘇州兩廡，而見怪流俗，殊可笑也。

許有介

許友有介，又名友眉，字介壽，閩之福州人，玉豸先生子也。有介畫如其詩，蒼楚有致，無一毫烟火氣。字畫詩酒，種種第一。有介殁後，指不能再屈矣。好畫小竹，倣管仲姬，柔枝嫩葉，姿態横生。自鐫「許友畫竹」章，每作竹，即用之。因予累至京師，渡河而北，不復畫竹。忽放筆爲枯木寒鴉，蒼涼之態，不可把視。蓋無聊之氣，一寄於此耳。嘗畫《羣鴉寒話圖》，予爲作歌云：許生崛强好畫竹，整整斜斜風肅肅。向北忽不見此君，一心惟愛寫枯木。南司夜夜北風多，呼酒不來可奈何。硯凍杯乾不肯睡，秃筆閒從冷炕呵。呵筆摇摇拂敗紙，童童偃蹇無樹理。燈下微窺龍虎姿，離離欲死不成死。雨鞭風撻老蛟饑，左攫已絶右拏離。心憐欲益好顔色，粉墨兩看無所施。淺者屈霜深屈雪，白摧龍骨黑老鐵。到底不能看作薪，此公雖苦有高節。半夜俄聞烏亂啼，棹棹軋軋明月低。菀樹何曾集冷翼，不知飛向誰家棲。許生見鴉長太息，萬巢突兀生胸臆。鴉爾來前爾鵶前，吾將巢子以奇墨。我樹雖枯得大年，南枝不脆北枝堅。闗河雪冷謀且息，暢飛暢舞好更遷。夜深鴉與羣鴉語，上下四旁同一處。嘈嘈切切無留言，我歌爾和慎莫拒。朝從昭陽殿裏來，千門萬户一時開。鼕乎鼓之軒乎舞，親見鄒衍吹律回。鳩樂閑房鵲笑大，來遺我酒羣相賀。吾徒豈不憶寒號，枯枝得坐且同坐。楊柳藏身憶白門，欲飛不飛憶黄昏。此心流水孤村外，此地難言好久存。葦屋風飄不成畫，放筆與鴉爲酸話。不知幅間與樹間，更殘月黑羣鴉拜。許生畫竹竹盡情，許生畫鴉鴉有聲。但是一點兩點墨，何至遂與羣鵶争。許生慎莫悲寒呴，會使墨光有奇吐。巇巇天上鳳凰鳴，日寫梧桐千萬樹。

張大風

張大風，上元人。家貧，惟容膝地。每天雨湫隘，踦臥書案上，常累日。嚴冬冰雪，與鄰舍生談，腂脛立，或移漏刻。妻亡，不再娶。大風畫無所師授，偶以己意爲之，遂臻化境。瀟然澹遠，幾無墨路可尋。秣陵畫家，掉臂孤行者，大風一人而已。貌頎偉，美髭髯，望之似深山老煉士。工圖章詩賦，少時爲諸生。甲申後遂焚帖括，衣短後，佩蒯緱，走北都，出盧龍、上谷，覽昌平、天壽諸山。所至，公卿争相迎，大風揮灑應之。有中貴子招飲，邀館幕中，大風起立，瞪目不答，酒罷引去。一日興盡，即治裝，衣舊衣，騎驢而歸。性幽僻，多寓僧寮道院，不一省其家。所爲詩若詞，皆秀警可誦。與人處，渾渾不露圭角，畫尾署真香佛空四海，或稱昇州道士。病胃膈，疾篤，自題墓石小像卒。壬寅余自北回，邀大風過高座寺，相聚五六夕，爲予作册中諸幅已，又以小册貽我，未數月即歸道山矣。傷哉！瑶星曰：予仲大風，死後入夢，衣冠甚偉。出袖中文，屬余爲流通。自云居天上爲散仙，甚適。新構小屋，繪諸葛、柴桑二像供其中，仍以筆墨遊諸上真。别語甚多。異哉！瑶星作詩紀夢，詩録於後：與子稱同志，天懷各暢然。生當魏晉後，詩續邶鄘前。四海留雙屐，千秋共一肩。雨花臺上月，相與踏層烟。一：荷鍤來高座，相從只比鄰。地荒蘭蕙少，年老弟兄親。命酒聊驅俗，寫山緣救貧。前修凋喪後，風雅藉斯人。二：忽漫歸城市，憐予更索居。幸留肝膽在，所惜往來疏。每見僧求畫，時從客借書。何來摩詰病，恐是散花餘。三：竟爾謝人世，殘陽隔暮烟。星真應名士，死不愧前賢。好友收遺帙，塵蹤失大年。夜臺遇妻子，慰籍識衣牽。四：上界多官府，輸君汗漫遊。雲中新卜宅，天上舊埋憂。筆鑄黃金像，名鐫白玉樓。英雄能辟穀，應畫漢留侯。五：欲别還相送，醒來霜氣清。曉烟殘月影，冷露遠鐘聲。遺藁當尋讀，新詩誰主盟。巫咸如夕降，細與説陰晴。六：大風遺書有《雙鏡菴詩》《上藥亭詩餘》《楞嚴綱領》《一門反切》，病中付鄭汝器藏之。《一門反切》法甚簡，但用音和一門，使學者一調音韻便得，可以不習等韻，而人通韻書，是大風生平最得意著述。丁未秋，汝器出其藏稿，欲共徐起渭開吕之詩同梓之，杜蒼略爲傳，會汝器爲一令累，又不果梓。後爲一友携去，遂失其半，至今惜之。

程穆倩

程穆倩邃，自號垢道人，新安人，家廣陵。楊孟載評：黄子久畫，如老將用兵，不立隊伍，而頤指氣使，無不如意，近人惟道人能之。道人詩字圖章，頭頭第一，獨於畫深自斂晦，惟予能知其妙。道人亦自喜爲予作，嘗自題其畫云：余生平有愧癖，方今海内宗工林林焉，不敢仰視其幟。於時家孝感侍郎張涇陽大行登峰造極，十數年雄絶今古，余遂一意藏拙矣。周夫子納瓦礫于珠玉之側，爲之汗下不已。倪闇公題：不見穆倩久，每誦其《風雨出郭篇》曰：焦飯空懷哺，奇温竟禦綿。《除夕書壁》詩曰：帝王輕過眼，宇宙是何鄉。以爲胸懷結曲，不減少陵。閲此幅，又置我於千巖萬壑中矣。吴六益題：昔人夢蛟蛇糾結，便工草書，此幅尚復有夢耶，何以神行其間也。沈朗倩一絶：老筆含蒼秀，遊神董巨間。故人詩境好，悟入兩宗禪。王昊廬題：穆倩與余爲石交，自言不肯多畫。張藻有生枯筆，潤含春澤，乾裂秋風，惟穆倩得之。

張稚恭

張舍人恂，字稚恭，涇陽人，家維揚。舍人詩文，雄視一世，尤好作畫。晨夕與程穆倩處士往來，故初年畫與穆倩莫辨。後自變以己意，尤有雄渾之致。子湛，字水若，亦能畫。稚恭自塞外歸，家既破，以賣畫自給。張小箋示人曰：一屏值若干，一箑、一幅值若干。人高之。

楊龍友

楊龍友文驄，一字山子，貴州孝廉，家秣陵。工畫，善用墨。初爲華亭學博，從董文敏，精畫理，然負質頗異，不規規雲間蹊徑也。後貴陽之勢漸張，急於功名，不復唱渭城。人有求者，率皆盛伯含、林玉兄弟及施雨咸捉刀。董文敏題册中一幅云：意欲一洗時習，無心讚毁間作生活者。王勝時曰：予少從龍友夫子遊，見其下筆如風舒雲卷，神爽奕奕。自歸道山，嘗入寤寐。觀此幀，不勝仙翁龍蛇之感。釋無可曰：同輩墨妙，推龍友、超宗、子一，皆以蒼秀出入古法，非復倣雲間、毗陵，以濡弱爲文潸也。吴園次題龍友畫：不見楊公二十年，畫中巖壁尚依然。當時若有扁舟在，呼出人間郭恕先。王貽上在雲門寓閣題龍友畫：乙巳夏，冒雨登繖山絶頂，見僧舍壁上有龍友畫，孟津先生題云：筆帶烟雨，蕭疏而遠，止以無意得之。爾時眺聽之美，皴染之工，書法之妙，眼中頓有三絶。北渡以來，憶昔遊宛如昨夢。今披櫟下所藏龍友小景，便使棲霞舊遊歷歷在目。何時擺脱塵鞅，結茅山中，與僧紹卜鄰，閣筆三歎。

楊無補

楊補，字無補，號古農，又字曰補，吴門人。嘗畫小幅，大不盈掌，自題云：永嘉郭外山川，點點皆倪、黄粉本也。金俊明題：此幅是龍友令永嘉時，古農遊經其地，憶寫所見，秀澹潔朗，擅元人之勝。龍友曾爲古農作小幅，轉以相贈，筆致亦絶類此，可知良友氣味相入也。兩君并與予習，古農契好尤篤。龍友既殁，古農亦墓有宿草，對此可勝於邑。王阮亭一絶云：布衣曾説楊無補，筆墨風流自一時。留得永嘉遺迹在，殘山剩水也堪思。

趙雪江

趙雪江澄，一字湛之，潁州人。嘗移家東萊，又移膠西，移大梁，晚移濠上，所至人争重之。君畫善臨摹，常入長安，從王孟津遊，多見大内舊藏，皆縮爲小幅，無一筆不肖。君爲余倣舊二十幅，余歸之王逸菴侍御，後爲流球國王所得，永作海外之珍矣。雪江又作四十幅，皆有孟津滿幅小楷，真尤物也。君擬歸余，後君卒，爲濠梁人得去，余至今思之。性好弈，又工臨帖，善寫照。予師張林宗先生没於黄流，余恒思追摹先生小照，偶以語君，君曰：大異事，今夜方夢林宗授我以筆，當急歸圖之。遂彷彿如生。公子允集見而伏地哭，乞歸藏於家。雪江别吾師垂二十年，而故人容貌猶往來胸臆，一落筆便肖，如此交誼，何愧古人，不獨歎其技藝之工矣。君偶得漢銅章，文曰趙澂，凡得意之作，皆用此章。余澹心題雪江《飛雪圖》曰：趙翁老矣，好穿紅衣，携杖行雪中，此幅殆自寫照也。爲題數語：畫水是山，畫山是水，高松横崖，飛雪滿紙。烏巾紅裘，倚樓誰子。睨而視之，趙雪江氏。王貽上題雪江《倣摩詰羣峰飛雪圖》：寒色冥冥下巖壑，千峰萬峰雪初落。瀑布無聲溪澗凍，紅樹微茫數孤閣。閣中有客方緼袍，當杯氣與蒼山高。遥看飛鳥落何處，如聞落木鳴東皋。崖迴路斷少人迹，稍見老樵下巖隙。高低遠近一溪通，晦暝合沓千重隔。右丞昔日居藍田，山水落筆窮自然。雪岡漁市盡高妙，欒瀨欹湖紛眼前。此圖會入《宣和譜》，董巨荆關焉足數。兵火相尋六百年，玉躞金題幾更主。雪江老筆妙入神，臨摹古本幾亂真。縱教唐宋多能手，未必常逢如此人。宋荔裳曰：往歲丁丑，雪江訪先大夫於山園，時方秋也，夜坐溪上，命童子撲螢火數十餘納紗巾中，遥望之，火齊明珠，飛光燭路，雪江行歌自若，其風格高邁類如此。孫北海先生曰：雪江作畫，或一日數幅，或數日不成一幅，或先詩而後畫，或先畫而後詩，余拈出題畫詩四十首梓之。北海先生刻其四十首，余擇其三録此後：漠漠江天雪霽時，曙光雲影半參差。柴門初啓寒鴉噪，已有漁人理釣絲。又：懸崖琪樹静垂陰，流水何人解聽琴。獨坐石砰觀始作，晚風吹雨過前村。又：布袍携杖訪山家，宛轉層岡不厭賒。相見主人渾一笑，豆花棚下飯胡麻。雪江子中，字坦公，孫建，字秋，俱以畫名。

宗開先

宗開先灝，《晴雪》小幅自題云：晴雪滿竹，隔溪漁舟。如月之曙，如氣之秋。落款處止題一「灝」字。王宗伯見之，誤以爲沈朗倩，題云：倣吾家摩詰雪圖，朗倩自是老到。北海夫子争之曰：此開先筆也，冷倩如對開先。予笑曰：此開先丁亥在高郵舟中爲予作也，幸老櫟猶在，不然又開後人幾許辯端矣。王阮亭曰：此是畫苑中一則佳話也。

沈朗倩

沈朗倩顥，吴人，常遊白門，名噪甚。爲予作南北宗各二十幅，俱有妙境。每畫成，多自題於上，亦多韻語。性好徵逐，故不甚爲人所貴。每落筆，必曰吾家白石翁，晚遂自號石天。自擬在石田上，然歟？

謝仲美

謝仲美成，其尊甫彬臺，名道齡，本吴人，移家秦淮，與僕望衡而居。仲美從其尊人學畫，而加以秀潤。山水花鳥皆擅長，寫生尤逼肖，有頰上三毛之妙。先君作後，一大像無分毫似，欲以小像傳模於大幅，因告之仲美某處肖，某不甚似。仲美曰：我固從太公遊，可意而得也。隔數日，以所圖來，賤兄弟以及妻孥見之，無不伏地痛哭。仲美食貧，而爲人醇雅克孝，了非時流可及。仲美與予同庚，予自北回，值仲美生辰，與一詩：依君父子秦淮住，同頫朱欄理釣竿。幾度鶯花吾輩老，百年蘿薜酒杯寬。芳州禊罷抛書卧，絶塞人歸借畫看。但得烟雲常作供，不須努力已加餐。予丙午季秋返自雲門，仲美載酒醉我于偶遂堂。酒半，謂予曰：向索公一詩，久不與，今公歸矣，曷書一箑，出入我懷袖中。予諾君。不十日，君還道山矣，傷哉！偶得一詩哭君，却書箑上，囑令子焚之靈几前，志吾不敢死仲美也：敢謂交生死，我歸爲哭君。秋花誰更看，破硯竟須焚。骨瘦千條雪，情閒一片雲。空憐昨日事，載酒意慇懃。嗟夫，予乃至爲此等詩，以踐仲美約，豈不悲哉？

吴遠度

吴宏，字遠度，與予同家雲林白馬間，生長於秦淮。幼好繪事，自闢一徑，不肯寄人籬落。癸巳甲午間，渡黄河，遊雪苑，歸而筆墨一變。縱横森秀，盡諸家之長，而運以己意。予目遠度曰：推倒一世之智勇，開拓萬古之心胸，君殆畫中之陳同父歟？范中立以其大度，得名曰寬，遠度亦名宏，遠度偉然丈夫，人與筆俱闊然有餘，無世人一毫瑣屑態。合范、吴論之，世未有不豁然大度，而能以筆墨妙天下者，宏與寬并傳矣。披此圖者，能不羅列下拜？予嘗贈之詩云：幕外青霞自卷舒，依君只似住村墟。枯桐已碎猶爲客，妙畫通神獨示予。過雨閒拖花外杖，臨風對展柳陰書。深巵莫戀青溪好，白馬雲林舊有居。

高蔚生

高蔚生岑，康生弟。康生有聲藝苑，豫章艾天傭，負人倫鑒，言秣陵以古法行之制舉業者，高阜一人而已。阜，康生名也。岑與阜同有時譽，予與阜交最久，晚乃交岑。岑鬚髯如戟，望之如錦裘駿馬中人。然喜佞佛，早年即厭棄舉子業，學爲詩。詩好中晚，恒多雋句。始從法門道昕遊伏臘寺，居茹蔬淡。雖年少，訥然静默，鬚眉間無浮氣。幼時學同里朱翰之畫，晚乃以己意行之。册中諸幅皆在南郊山寺松影泉聲中所成，浮囂既盡，肅肅引人入静地。信夫筆墨一道，不當向十丈軟紅塵相購也。昕公筆墨妙天下，又收藏最富，予常在松風閣，見岑與公永夜静談，商量位置，兩人舌本間，即具一佳畫，蠕蠕欲見之素壁。岑每以舌本所得，急落于紙，然甫落紙，或半竟，兩人舌本觸觸相生，别多幽緒。迨成時，乃無初商一筆，以此鏤精刻骨，益入微妙。潘君之筆，樂君之舌，宜稱岑者，恒多昕公云。昕公，吾友侍御陳澀江也。阜與岑皆至性過人，所居多薜蘿，閒緑冷翠中，兩高士在焉。奉孀母備極色養。往阜與岑送予至大江，予别以詩，有「晨昏蔬筍饌，兄弟薜蘿居」之句，可想其怡怡之致。阜畫水仙爲魏考叔所歎絶，然方攻制舉業，不能畢力肆志也。

高雨吉

蔚生姪雨吉，名遇，康生子也。予愛其俊爽有逸氣，以從兄子恭女妻之。喜作畫，棄舉子業從事，即師其叔蔚生，而邁上之致，自不可掩。嘗爲予作《落霞晚眺》一册，光景直超然天半，正如青蓮妙句，出自天才，非郊島寒瘦可比也。吴門王石谷見而歎異之，謂此道後來之彦，能空羣輩者，當推雨吉。

樊會公

樊圻，字會公，江寧人。工山水花卉人物，莫不極其妙境。予庚寅北上，遇王孟津先生於旅次，閲所携册子，孟津最賞會公小幅。時年六旬，燈下作蠅頭小楷題其上云：洽公吾不知爲誰，此幅全撫趙松雪、趙大年，穆然恬静，若扆德淳儒，敦龐湛凝，無忒無恌，燈下睇觀，覺小雷大雷、紫溪白岳一段，忽移于尺幅間矣。又云：是古人筆，不是時派。時派即鍾、譚詩也。小印模糊，誤視會公爲洽公。會公後即以洽公行，感知己也。兄沂，字浴沂，筆墨與會公有雙丁、二陸之名。居廻光寺畔，疏籬板屋，二老吮筆其中，蕭蕭如神仙中人。予贈之詩云：兄弟東園户自封，不教人世見全龍。疏燈夢穩長橋雨，破硯欹磨近寺鐘。白墮荒唐胸五嶽，青來迢遞筆三峰。北山雲樹蕭條盡，老去朝朝拜廢松。可以見其高致矣。

張損之

張損之修，其先吴門人，家秣陵。性狷介，自闢三徑于鷲峰寺側，籬落幽然，花竹静好。偶然欲畫，伸紙爲數筆，倦則棄去，最不耐促逼也。工山水花草蟲鳥，更好繪藕花，人争購之。君常獨坐鷲峰鐘樓，反扃其户，不聞聲息，遐想雲外，肅然吮筆，宜其落紙皆非凡近也。周鹿峰曰：于清言工畫荷花，獨步一郡，宋寧宗時進荷花幃，其名益重。損之此幅别有風味，反恐清言未必臻此。損之畫春燈謎甚工，至今人多藏之者，重損之畫也。

胡石公

胡石公慥，秣陵人。石公善噉，腹便便，負大力拳勇，而最工寫菊。菊冷花，經石公手，洗盡鉛華，獨存冰雪，始稱真冷。然筆墨外，備極香豔之致，此則非石公不能爲也。

惜哉，未六十而没。子清、濂，皆能畫。

葉榮木

人言榮木與人殊性，又不耐交，以予觀之，豈不信然哉。李贊皇不欲觀白傅詩，恐啓篋回心也。予藏榮木畫，每不欲觀，然不能禁。每展玩，開口與攢眉交并。蓋此老善結構，能就目前所見，一一運之紙，一經其筆，雖極無意物，亦有如許靈異，故往往引人勝地。常爲予摘陶詩，作小幅滿百，用筆楚楚，覺陶公句倍增幽澹。余作百陶舫於閩署藏之，時携以自怡。患難中爲張樵明攫去，頃從其公子海旭覓歸，頓還舊觀，兩眉欲舞。會稽姜武孫見之，謂得未曾有也。人傳榮木出姚簡叔之門，但師其意耳，實未執贄撮土也。相傳簡叔見榮木畫，如衛夫人見鍾太傅筆畫，有「此子必蔽我名」之歎。世人之傳，或簡叔一歎所致歟？榮木名欣，雲間人，流寓白門，無子女，貌類閹媪，宜其性與人殊歟？

讀畫録卷之四

櫟下周亮工減齋撰　男在都在青編次

馮幼將

馮肇杞幼將，越之會稽人，爲予總角交。少時間作山水人物花鳥，極奇秀，每出人意表。三十後，遂棄去一切，惟寫梅竹蘭石，有求者輒應之，取適己意，初不計工拙也。幼將竹宗湖州、眉山派，知者絶少。嘗爲友人畫徑丈壁，盤礴揮毫，頃刻就，如身入茂林中，清風拂拂。又寫數枝於友人齋，燕雀見之，羣飛停宿，至墜地。友人捧長幅數丈，乞爲寫蘭，幼將潑墨甫就，香氣滿室，賓客以下，無勿聞者。知鄰女心痛，點睛破壁，精詣所至，有確乎不爽者，無足爲幼將異也。幼將性冲融，深理解，偶爲賞音標舉，觸引不窮。至衆賓雜坐，喧填紛遝，默如也。意有不可，人不能奪以秋毫，而與物無忤，不見理遣情喻之迹。爲詩及詞曲雜文，有當世知名之士不能望其階阯者，面往往爲其所掩。幼將亦不與之競，此豈當世之人哉？幼將書學南宮，通《内經》《素問》家言，醫藥多所奇驗，世皆不得而名之。多著述，詩予極賞之，以爲罕有。予與幼將生同歲，干支只異一字，而予之躁妄，君之冲默，遂有仙凡隔。愧幼將者，豈止筆墨間事哉？詩如《舟行雜句》：千網集斜照，孤村合斷流。暖歸堤草緑，晴入水天紅。遠樹皆山色，深雲半雨聲。白沙新鳥迹，青竹老漁竿。《山店雜句》：野市争春釀，新壚急暮春。香影花臨砌，寒聲竹到牀。《贈友》：無邊作客意，不盡故人心。孤枕寒更入，殘燈細雨來。俱佳句也。

楊玄草

楊玄草亭，維揚人，寄居秣陵。工山水，有品行。家固貧，又無子，晚益無所依，與瞽妻對坐荒池草閣中，晨夕禮佛號。雖晨炊數絶，嘯詠自若，不妄干人也。年七十餘，竟以貧死。

李雲谷

李雲谷根，侯官人。工詩，精篆籀之學。嘗注《廣金石韻府》，余爲梓之，以行於世。雲谷圖章逼秦漢，畫皆有遠致，佛像極静穆之致，見之使人增道念。閉户食貧，蕭然高詠，甚不可耐，則吮筆爲江上數峰，以自娱悦而已。

許子韶

許中翰子韶儀，無錫人。舅氏李采石者工繪事，子韶一見，欣然窮其技，多軼出其上。工山水，而於花草蟲魚屬尤極精緻。范質公先生嘗言：子韶畫花能香，鳥能聲。米友石亦頗重之。余在閩從許有介見子韶畫，抵雲門晤堵芬木，托爲購之。君特遣使至雲門，頃復破關訪予于青溪，所得君畫，亦頗滿志。君好神仙家言，工篆籀圖章，稱能品，尤通醫，所著詩集甚夥。君一子名日師，幼時失去。頃君在余齋中，忽傳通州使至，持一函，則公子手書也。云：單外欲有所成立，卒不就，今依通州某將軍幕，取妻生一子，十四齡矣。先歸以代温凊。兒神采頗奕奕，咸謂善人之報云。己酉冬，客死閩之劍津。

方爾張　凌又蕙

方維，字爾張。學畫於鄭千里，故其佛像山水皆似千里，而稍加流動。凌又蕙晼，學畫於爾張，其佛像山水亦似爾張，而有出藍之譽，其道乃大行於維揚。朱近修題爾張畫云：辛丑秋日，遊廬山歸宗寺，幽澗鳴泉，高松浮翠。逶迤深入，獨見一僧在道上行，倏然自得，意頗羨之。今觀此畫，還我舊遊，引人入勝地，何必身去此山中乎？祁止祥題又蕙畫云：空山鬱蒙茸，長松出林表。所以蔣山徑，無人亦自好。莊澹菴題云：性癖羞爲設色工，聊將枯木寫寒空。洒然落落成三徑，不斷青青聚一叢。人意蕭條看欲雪，道心寂歷悟生風。低回留得無邊在，又見歸鴉夕照中。

姚若翼

姚若翼，字伯右，一字寒玉。爲人疏宕豪爽，大有晋賢風致。不多爲詩，而出語自雋。工畫梅，得法於秋潤先生及兄吉公家傳，而以意變而化之。縱横曲折，疏密大小，意匠經營，絶無重複。當其濡筆肆應，兔起鶻落，目之所見，手之所觸，謦欬舉止，無非梅者。嘗以所藏鍾山梅花瓣黏紙上，稍增幹枝，逸韻動人，鬚蕊俱存，色香不改。自以爲補繪事所未備，實則華光、元章諸公慧想所未及也。予嘗爲瑶星跋其畫扇云：余在閩送郭生去問北上，有「嶺上梅花開已遍，渡河始見一枝新」之句，蓋紀江南北花信之不同也。今歲在江南，一過靈谷，梅尚無信，渡河來，絶無暗香疏影。惟從瑶星箑上得見伯佑此枝，江南河北一年花事，如是盡矣。伯佑取鍾山梅瓣，加枝幹其上，蓋幻枝幹作返魂香者。同人有姚梅之目，非謂伯佑以畫梅世其家，意謂庾嶺、玄墓、西溪、銅坑外，天壤間又有此種耳。兩君與予同家江上，同客青齊，折來歲晚，看去鄉思，誦少陵詩，令人百端交集矣。

葉君山

葉君山有年，華亭人。畫宗孫雪居，册中皆陳階六同年爲余索得者。今年八十餘，尚吮筆不倦。張友鴻曰：君山爲雪居之首座，而又斟酌於文度、竹嶼之間，故出奇無窮，遂成作手。

沈蘧夫

沈蘧夫樹玉，虎林人。善寫生，無近人妩媚氣，兼工篆籀。在都門作寒梅一枝相贈，頗極幽韻。益都孫道相先生題其上：蘧向于京師爲余作芙蓉枝竹，視此爲疏。蓋春葩欲豔，秋意欲疏。豔如艶粧好女，疏如野服高僧也。

朱近修

朱近修一是，海寧人，以詩文雄視一世。作《江上數峰圖》，澹遠空闊，怡人心目，是李山顔寄余者。曹子顧曰：余與近修同研席者二十年，自未見其畫。亂離之餘，遊戲爲之，便自神詣。近修有《爲可齋集》，與古大家争衡，頗有可傳者。丁未夏，過白門，與余論畫，語語當行。其集中諸小記，妙極形容，頗有繪畫不能盡者。顧菴又何疑焉。

陳原舒

陳舒，字原舒，一字道山。從松江之朱家閣移居金陵，構小園於雨花臺下，吟詩作畫，怡然自得。所作花鳥草蟲，在陳道復、徐青藤之間，而設色深淺，更饒氣韻。南中人士得其片紙，皆知珍重。原舒素豪邁不羈，嘗遊東牟，登蓬萊閣，憑欄觀海，獨舉數大白，旁若無人。索筆書「眇乎小矣」四字，一貴客稍以語侵之，原舒攘臂起，欲持投海中，座客驚駭，力勸而止。故來金陵，乃更謙飭。每風日晴好，捫腹縱步。或過市上，人留之飲亦飲，雖府史、屠沽載酒往亦不拒。欣然便醉，醉輒高歌數調，曼聲遏雲。或請之歌，則不歌，人莫能測也。凡畫必自題，信手疾書，不由思索，而皆有韻致。嘗爲予作數十册，自題有云：擔糞登春冒柳烟，城中别有賞花天。綺羅珍饌時時病，菜飣麻衣忙到年。又云：山秋人亦不能由，率性依秋弄釣舟。釣得魚來沽得酒，杖藜還上水邊樓。錢湘靈和云：人間何處不巢由，纔遣樵青繫小舟。多少釣鰲海上客，月明辜負酒家樓。

和子長

和子長發祥，河陰人，移籍祥符，能畫翎毛花卉。雖雪臺先生之孫，然其父玉炙鄙俗狡獪，故子長聞見不廣，極其所至，歸於惡道而止。余册中只存其鳩鴿。

江遥止

江遥止處士念祖，歙人，時家虎林。字畫皆極力摹古，然頗有自得之致。常作畫與予，自題云：黄子久没，北苑樹基，而老筆縱横，饒有荆、關遺意。今人以虞山片石畫子久，以荆、關誚雲林老人，未爲得二家宗法。即此可知遥止自命矣。晚年隱金、衢間，閉門深山，罕與人接。范文白題遥止畫曰：顧、陸而下，倪、黄而上，風流未墜，不特氣韻高，亦緣本領大耳。昔人欲以五百卷益趙令穰畫心，便是此意。

郭去問

郭去問鼎京，福清之緜亭人。著有《緜亭詩集》，余爲序而行之。君詩芊綿可愛，畫如之。冊中一頁，爲予作數千竿竹，藏一團瓢老居士，趺坐古先生前。方樓岡題其右曰：懶瓚邪，拾得耶？人生何福，顧克至此。但恐櫟居士未必能共此老煨芋團瓢中耳。山陰祁文載題一絶：石邊流水響珊珊，翠滴蒼崖灑面寒。白雀館中文與可，墨林澹埽五千竿。去問精小楷，爲予於此冊前寫《楚辭》全部，又一冊寫陶詩全部，紙皆高不踰尺，横不過二尺許。筆筆倣歐率更，無少局促態，真神技也。予付浚兒寶藏之。

郭無疆

郭無韁巩，閩之莆田人，移家會城。無彊作畫，具有天質。山水翎毛皆工，尤以寫生名。爲余作小照，携歸江南，見者皆匿笑不禁，咸曰：得無彊，波臣可以死矣。波臣，曾鯨也，亦莆人。閩臯長長治程公仲玉以白予寃，同被逮，病死霞嶺。予北歸，寄語高生雲客，請無彊追寫程公，無彊援筆立就，望之如生。寄余曰：程公義凌霄漢，且辱下交久，聲音笑貌，往來予目未已矣，故落筆輒得肖。即此可覘無彊矣。余作拜玉菴祀之，别有紀。

盛伯含

盛丹，字伯含，茂開子。畫本家學，而蕭疏有林下風致。每過友人處，見几案潔净，筆墨和適，輒取案上紙，隨意揮灑，不自矜慎，人更以此重之。嘗作《秋山蕭寺圖》，杜子漣題云：争見時人貌大癡，總然貌得止膚皮。何如竟向空山坐，笑岸秋風白接䍦。宋玉叔題云：「空山多雨雪，獨立君始悟」，王龍標句也，不觀此畫，不知古人立言之妙。

盛林玉

伯含弟林玉琳，有美才。畫能自寫己意，極爲楊龍友諸君子所重。使天假之年，其造就正未可量。名方成而遽没，惜哉！嘗以十幅贈予。張鬬筏二嚴題其《空山冒雨圖》云：幽人空山，冒雨而出，尋花耶，訪友耶？大似黄子久筆意。題二絶：擬訪高人上翠峰，籃輿清興逐松風。子規唤醒英雄夢，白葛花開細雨中。又：孤舟傍岸借烟霞，松裏藤蘿映月華。曉起不知風露冷，南村有客伴尋花。董文友以寧題：幽人冒雨出空山，且挈婦偕往，似非尋花訪友，如老衲所題也，因賦一絶：山雲風雨合幽棲，何似籃輿逐遠蹊。多恐姓名人漸識，移家更向白雲西。毛大可甡題：携家出郭剪蒿萊，雲薄初看日影回。纔上筍輿山雨下，午橋莊上晚歸來。

施雨咸

施雨咸霖，江寧人。予聞雨咸壯年遊廣陵，是時方盛稱張圖南畫，心亦豔之，間倣其作人物。會圖南失其粉本一帙，圖南與其門人咸疑雨咸，雨咸辯之力，終不釋。雨咸曰：若以吾宗若筆墨耶，此不難辯。吾終身作畫，但有一筆近若者，粉本我竊矣。此後雨咸但師元四家，遂臻勝境。馬瑶草、楊龍友作畫，但能小小結構耳，其大幅皆倩雨咸爲之，雨咸名遂高出衆家上，以視圖南，不啻鵾鵬之於斥鷃矣。人豈不貴自立哉？北海孫先生精鑒賞者，題雨咸畫云：近從舊内得名畫，以數百計，序世代而遞閲之。一至南宋，遂覺奄奄不振。至黄子久、沈啓南，此道始爲中興。無奈近趨嫵媚淺薄，又二十年，直令夏禹玉輩笑人齒冷耳，安得如雨咸而與之論畫哉？張瑶星曰：雨咸畫山水，不屑屑景色間，有元人風度。近日畫家，惟雨咸可稱逸品云。諸公精鑒賞者，其服膺雨咸如此，惜乎未六十而没。

吳子遠

吳子遠期遠，丹徒人。與予交最晚，偶過雲門，匆匆同玉匙孝廉北上。燈下作二幅留贈余，居然一峰老人。近日作者紛出，當以子遠爲巨擘。自題其畫云：觀子久《富春圖》，純用中鋒，如右軍作草書法，乃知世人所摹，盡隔數壁。乙巳初夏，漫爲臨此。東武李渭清題：夾岸青山翠欲流，深林蕭瑟晚風秋。桐江今古閒如此，不見嚴光見釣舟。鄒訏士題其小幅：縹緲營丘故弄姿，小橋野艇樹參差。孤帆影落千峰外，正是山紅澗碧時。丁飛濤戲效宋人句題前幅：丹楓遥映白蘋洲，影入溪橋萬樹秋。啼鳥數聲山葉下，晚風吹到讀書樓。戊申秋，在都門，寄予一册，韶秀可寶。吾師孫北海夫子云：以繪事遊都門者甚夥，若子遠者，尤英英自異。己酉予罷官後，子遠來慰予，時時以筆墨相娱悦。歲暮遍邀白下諸公爲大會，詞人高士無不畢集，數十年未有之勝事也。予及門温陵黄俞邰虞稷作長歌云：今冬仲月風景和，晴烟暖日摇庭柯。潤州吳郎來白下，開筵命客争鳴珂。青溪烟水雖慘淡，六朝金粉寧銷磨。江東風雅盛文藻，揭來四座肩相摩。倪黄墨妙天下寶，文沈風流海内播。東村十洲富粉本，白陽磬室能詩歌。今宵共集一堂上，酒香燭焰何猗那。霜哺袁叟老爲客，袁重其。高筵盛會時經過。自言此會良不易，舉觴屬筆煩陰何。黄生閉門少酬酢，頗知姓字識面訛。東橋孫子老耆舊，顧與田。爲我指示何縷覼。談諧善謔姜綺季，十年不見鬢未皤。勾留風月興難已，點較詩篇情轉多。王生石谷來拂水，風華冉冉流春波。烟江疊障妙圖寫，梅村長句追東坡。梅村集中有題石谷山水詩。元潤迂緩頭已白，胡元潤。把酒不飲顔微酡。高懷落落肯偶俗，水邊林下閒漁蓑。徐熙花鳥昉仕女，兩樊異代稱同科。美人生綃寫齋壁，至今想像顰青娥。會公爲予寫籠燈美人，妙絶一世。臨川竹史性豪邁，吴遠度。方頤哆口談懸河。霜柯老筆恣披拂，吴綾東絹紛投梭。損之修潔頗自好，亭亭皎皎風中荷。鄒生結廬傍溪上，四壁净緑懸藤蘿。松巒古寺認鍾阜，風枝露葉疑曲池。鄒方魯、張損之。點染之妙者誰是，夏生已老形婆娑。夏茂林。竹君師授類王洽，胡竹君爲石谷高足。中立好手如謝邁。謝仲美化去，近推陳中立。長年葉叟獨後至，葉榮木。筆花韶秀同婭娥。主人前身本摩詰，詩禪畫聖書籠鵝。燕臺幾年聲價重，梁園一夕秀句姱。酒人豪士每徵逐，東歸昨日乘青贏。由來各擅一時妙，佳賓賢主美且都。金錢不惜罄沽酒，夜良月出起舞傞。金陵昔時饒盛事，承平人物如菁莪。美之富文聚圖史，黄琳美之有富文堂。姚公市隱來軒車。姚淛秋澗市隱園。唐寅文壁座上客，髯仙秋碧人中豪。後來茅楊亦大雅，茅止生、楊龍友。詩壇畫社相矜誇。真賞司農樓讀畫，金題玉躞森駢羅。我經登陟盡披閲，獨恨良會多齟齬。何期握手在今夕，城隅雅集無譴訶。獨嫌高髯卧齋榻，高蔚生時卧病。更有聖予棲巖阿。龔半千隱虎踞關。後來筆墨數奇傑，王郎俊少玉色佳。王安節。重城相隔不時見，相思使我歌江沱。長篇爲子記韻事，當筵得句幾度哦。我友倪寬惜相失，閻公來不遇而返。不令與我相切磋。還思西園雅集古來幾，合寫團扇留君家。

馬瑶草

馬瑶草士英，貴陽人，罷鳳督後僑寓白門。肆力爲畫，學董北苑，而能變以己意，頗有可觀。陸冰修曰：瑶草書畫聲不減文、董，没後僧收其骨，焚之，得堅固子二十餘。洪景盧記蔡京胸有卍字骨，頗與此類。使瑶草以鳳督終，縱不及古人，何遽出某某下。功名富貴，有幸有不幸焉，可慨也已。王貽上曰：蔡京書與蘇、黄抗行，瑶草胸中乃亦有丘壑。黄俞邰題一絶：半閒堂下草離離，尚有遺蹤寄墨池。猶勝當年林甫輩，弄麞貽笑誤書時。貽上又題：秦淮往事已如斯，斷素流傳自阿誰。比似南朝諸狎客，何如江孔嬖㦨時。瑶草爲後人揶揄若此，余謂瑶草尚足爲善，不幸爲懷寧累耳。士人詩文書畫，幸而流傳於世。置身小一不慎，後人逢著一紙，便指摘一番。反不如不知詩文書畫爲何物者，後人罕見其姓字，尚可逃過幾場痛詈也，豈不重可歎哉！瑶草名成後，人争購其畫，不能遍應，多屬施雨咸爲之。

劉　酒

劉酒，汴人，無名字，自呼曰酒人，稱曰劉酒云。畫人物有渏勁之致。酒後運筆，尤覺神來，人以爲張平山後一人，酒不屑也。凡作畫，皆書一酒字款，其似行書者次，似篆籀者，其得意筆也。嘗爲上雒郡王作畫，王善之曰：張平山後一人。酒意嗔，急索畫曰：尚未款。乃捲入傍室，縱筆書百十大酒字於上下左右。王怒甚，裂其幅，驅之出。酒固怡然。酒於醉睡之外，惟解畫，他一無所知。坡公云：予奉使西邸，兄書此數句，愛而録之，云：人間有漏仙，兀兀三杯醉。世上無眼禪，昏昏一枕睡。雖然没交涉，其奈略相似。相似尚如此，何況真箇是。酒索予顔其草堂，予書曰略似菴，以坡公所録前四句，去醉睡字爲聯。酒得之，欣然意足也。酒與余交最久，無妻子，每謂予曰：死以累君。一日，方持盃大飲，忽然脱去，開口而笑，杯猶在手。余感其宿昔之言，爲買棺殮之。

王子杓

王子杓國叐，山陰人，旅寓京師，食貧。畫人物甚工緻，然非數日不能竟一幅。人勸其苟且應酬，子杓曰：寧貧耳，不欲以率筆敗吾名。人有以多資求其畫者，竟歲始成。成則又質之子錢家，非後有以重資索其畫者，前畫弗得也。余里王君玉比部愛子杓畫，館之署中經年，所得子杓畫最多。惜哉，大梁壬午之變，俱没黄流中矣。子杓卒以貧死，人始悔不早購其畫，競曰：今欲以高資從子錢家數數贖子杓畫，何可得哉？

蘇澤民

蘇澤民，初名霖，更名遯，字遺民，華亭人。王勝時澐曰：遺民爲人奇狷，善畫帝釋諸天像，得吴道子遺意，間寫山水，成輒毁棄之，人莫測其意。以窮困死，死後畫益貴重，在予鄉亦不易得也。余蓋親見楊子雲者，今且從片紙中呼之出矣。

章言在

章言在谷，虎林人。蕭然食貧，閉門作畫，人恒重其品。子子鶴、子真，皆以畫名。同時父子兄弟皆以畫名者，推秣陵盛氏。虎林之章，秣陵之盛，人恒并稱之。

附畫人姓氏

王烟客 時敏
顧見山 大中
項孔彰 聖謨
蕭尺木 雲從
文 從簡
萬年少 壽祺
張君度 宏
林孔碩 之蕃
法黃石 若真
嚴秋水 繩孫
莊澹菴 冋生

黃北門 鑰
王玄照 鑑
杜山狂 大成
凌約菴 必正
劉叔憲 度
胡瑟菴 貞開
查二瞻 士標
凌又蕙 畹
張友鴻 一鵠
邵大持 節
沈子居 士充

惲含萬 于邁
顧來侯 復
鄭子綱 之紘
張我幅 輻
王安節 概
鄭 倫
汪 宣
釋帨公 古甲
釋梵林 弘修
翁 昇
胡元青 士昆
鄭桐原 淮
丘 嶧
伊 麟 魯菴

滕公遠 芳
惲正叔 壽平
王元初
汪秋澗 濬
趙 泂
曹敦吉
釋昌曰
釋道開 扃
諸日如 升
柳公韓 堉
陳清夫 原
何聿修 亢宗
李屺瞻 念慈
釋參石 紹逵

吴山濤　岱觀　　藍田叔　瑛
葉澹生　榮　　程昭黄　鵠
吴　崐　　陳山農　治
何大春　延年　　王東皋　穉
釋山雨　惠員　　吴嵩高　振嶽
陳大申　申　　陸平遠　灝
鄭完德　　陳中立　卓
馮沚鑑　湜　　王　嘉
吴　賓　　夏茂林　森
王伏草　著

附録

《讀畫録》四卷（刊本），國朝周亮工撰。録李日華迄章谷諸家，人各爲傳，韻語逸事，悉采入焉。後附王時敏至王蓍等姓氏，則皆未及列傳者。沈初等《浙江採集遺書總録》

《讀畫録》四卷，國朝周亮工撰。記一時畫手，略有事實，曾及題詠，而附畫人姓氏於後，蓋亮工嘗作畫人傳，凡所及見之畫家，皆記其梗概也。翁氏《四庫提要分纂稿》

《讀畫録》四卷，國朝周亮工撰。亮工癖嗜印章及畫，嘗裒輯同時能篆刻者爲《印人傳》。又裒輯畫家名氏爲此書。所記自明以來，凡七十六人。各論其品第，亦間附載題詠，及其人梗概。大抵皆所目睹，否則亦相去不甚遠。如李日華、董其昌之流，猶及聞其逸事者。昔董其昌作《畫禪室隨筆》，稱書法後人不及古，畫則各自成佛作祖。亮工亦持是論。故其所録不及萬曆以前也。後附有名無傳六十九人，亦如作《印人傳》例。其中如王翬、惲壽平，聲價至今相埒，然於翬畫極相推挹，而壽平則僅掛名附録中。豈當時壽平品格猶未成就，抑嗜好各有不同耶？觀其子在浚所輯《雲煙過眼録》，亮工所收諸畫至二十巨函，可謂巨細不遺，而立傳者僅此，則亦矜慎不苟矣。謝赫姚最，同異多端，李嗣眞張彦遠，是非互起，要不妨（按妨下原有脱字）所見耳。王重民《四庫抽毁書提要稿》

《讀畫録》，此書係周亮工撰。因詩内有「人皆漢魏上，花亦義熙餘」，語涉違礙，經文源閣詳校簽出，奏請銷毁，并將周亮工所撰各書一概查毁。此係文淵閣繕進之本，其違礙語句已經原辦之總校挖改。全書應毁。《抽毁書目》

《讀畫録》四卷，國朝周亮工撰。記明末國初畫家，凡七十六人。各論其品第，及其生平梗概，亦間附以題詠。後列有名無傳者六十九人，或欲撰而未成，或以有傳無傳分甲乙，則莫可考矣。《四庫全書簡明目録》

《讀畫録》四卷，原刊本。海山仙館叢書本。雲烟過眼堂本。讀畫齋刊本。清周亮工撰。亮工字元亮，號櫟園，祥符人。明官御史，清官至户部右侍郎。

《浙江采集遺書總録》有此種，知當時已進呈，而《四庫》未見存録，殆以其人黜之歟？是編據其子在浚跋，本爲未成之書。故於當時名家尚多缺略。《浙江采集遺書總録題解》云：後附王時敏至王蓍等姓氏一篇，皆未及列傳者。今據海山仙館本無之，遂不知未及列傳者尚有若干人矣。編中列傳者自李日華至章谷，凡七十七人，皆其生平所及交遊者，而明季畫家實亦大體具此。傳中專言繪事，兼及交情，讀之使人忘倦，而遺事軼聞亦賴以不墜，洵畫史最好資料也。櫟園當時原隨所觸會，筆之於篇，初非有意爲畫人作傳，自不能以史例相繩，亦不能責其不備。兹故不入前兩目，而列於此。前有張遺、毛甡兩序，後有康熙十二年其子在浚跋。余紹宋《書畫書録解題》

藝　文　叢　刊

第　四　輯

061	寶章待訪録（外五種）	〔宋〕米　芾
062	昆蟲草木略	〔宋〕鄭　樵
063	味水軒日記（上）	〔明〕李日華
064	味水軒日記（中）	〔明〕李日華
065	味水軒日記（下）	〔明〕李日華
066	寒山帚談	〔明〕趙宧光
067	**讀畫録**	**〔清〕周亮工**
068	誠一堂琴談	〔清〕程允基
069	文房肆考圖説	〔清〕唐秉鈞
070	芳堅館題跋	〔清〕郭尚先
071	花木小志（外二種）	〔清〕謝　堃 〔清〕高士奇 〔清〕翁長祚
072	隨息居飲食譜	〔清〕王士雄
073	嵩洛訪碑日記（外五種）	〔清〕黄　易
074	廣藝舟雙楫	康有爲
075	刻竹瑣言（外四種）	黄高年 周无方 金開藩 張志魚
076	章草考	卓定謀

藝　文　叢　刊

誠一堂琴談

〔清〕程允基

浙江人民美術出版社

圖書在版編目(CIP)數據

藝文叢刊. 第四輯 / (宋) 米芾等著 ; 況正兵等點校. -- 杭州 : 浙江人民美術出版社, 2018.1(2023.9重印)
(藝文叢刊)
ISBN 978-7-5340-6222-3

Ⅰ. ①藝… Ⅱ. ①米… ②況… Ⅲ. ①古籍－中國－叢刊 Ⅳ. ①Z121.7

中國版本圖書館CIP數據核字(2017)第243082號

點校説明

《誠一堂琴談》二卷，程允基撰。程允基字寓山，生卒年不詳，活動於清康熙間。新安人。程氏於書無所不窺，學問淵博，著有《誠一堂稿》二卷，輯有《誠一堂琴談》二卷、《誠一堂琴譜》六卷，編有《天都閣藏書》二十六卷。他自幼習琴，師承虞山一派，得琴學之正傳。又能夠行游四方，交往當時著名琴人如胡遠山等，所以能采各家之長。

本書分爲兩卷，上卷集録歷代論琴之語，有總論琴理，也涉及具體的指法。除採擷群書外，本卷還收録其自著《與胡遠山先生論琴學書》《傳琴約》等，可以看作是程氏的琴學理論之作。而下卷爲關於琴學之典故及歷代名曲得名之由。雖無關於琴理，但對琴史的研究頗多助益。

《誠一堂琴談》一書自康熙四十四年誠一堂刻本後，多是附於《誠一堂琴譜》以行，且經過多次翻印，影響較大。本次整理，以《琴曲集成》影印本爲底本。因《琴談》一書多抄録前人琴書、史籍、筆記等，資料來源較爲廣博，其間亦間有錯訛。本次整理，除以各本相參校外，還檢核引文出處，作了一些校勘，改正了一些原書的訛誤。

除《誠一堂琴談》之外，程允基尚有《誠一堂琴譜》之作，收入琴曲三十六首，或自作點評，或摘録他人之語以爲評論。這些琴曲基本都屬於静遠淡逸一路，反映出程氏「静」「淡」的琴學追求。本次整理《誠一堂琴談》，也將《誠一堂琴譜》中的評語録出，以反映程氏的琴學觀念。

整理者於琴學所知有限，在整理過程中，苗子兮女史幫助校對一過，避免了一些疏忽，又承劉雨思女史幫助通讀全文，匡正實多，至爲感激。另外還需要説明的是，程氏所用一些琴學術語，與今天通行者略有差距，在整理時也一仍其舊，以便研究琴史研討。

目録

卷之一

卷之二

附録一　誠一堂琴譜跋語

附録二　序跋資料

卷之一

集　論

樂　書

太史公曰：「夫上古明王舉樂者，非以娛心自樂，快意恣欲，將欲爲治也。正教者皆始於音，音正而行正。故音樂者，所以動盪血脉，流通精神而和正心也。故宫動脾而和正聖，商動肺而和正義，角動肝而和正仁，徵動心而和正禮，羽動腎而和正智。故樂所以内輔正心而外異貴賤也；上以事宗廟，下以變化黎庶也。琴長八尺一寸，正度也。絃大者爲宫，而居中央，君也。商張右傍，其餘大小相次，不失其次序，則君臣之位正矣。故聞宫音，使人温舒而廣大；聞商音，使人方正而好義；聞角音，使人惻隱而愛人；聞徵音，使人樂善而好施；聞羽音，使人整齊而好禮。夫禮由外入，樂自內出。故君子不可須臾離禮，須臾離禮則暴慢之行窮外；不可須臾離樂，須臾離樂則姦邪之行窮內。故樂音者，君子之所以養義也〔一〕。夫古者，天子諸侯聽鐘磬未嘗離於庭，卿大夫聽琴瑟之音未嘗離於前，所以養行義而防淫佚也。夫淫佚生於無禮，故聖王使人耳聞《雅》《頌》之音，目視威儀之禮，足行恭敬之容，口言仁義之道。故君子終日言而邪辟無由入也。」

琴原篇

琴者，禁也，禁邪歸正，以和人心。始乎伏羲，成於文武。形像天地，氣包陰陽。神思幽深，聲韻清越。雅而能暢，和而不淫。扶正國風，翼贊王化。善聽者知人事吉凶、國家理亂。善鼓者變動陰陽，興降上下。是以古者廣厦細旃之上，左琴右書，無故則不撤琴。琴之爲義，大矣哉。夫和而鳴者謂之聲，參敘相應謂之韻，韻而成文謂之音。音所播比而樂均焉。禽獸能知聲而不知音，常人能知音而不知樂。唯君子能知樂者，明國之興衰，察人之哀樂。故哀心感者，其聲噍以殺；樂心感者，其聲嘽以緩；喜心感者，其聲發以散；怒心感者，其聲祖以厲；敬心感者，其聲和以廉；

愛心感者，其聲和以柔。六者非性也，竅於人情，由乎《國風》。原厥所自，亦曰「樂以和其聲」而已。聲何從出，和何從致，宸聽黈纊，有諧諸音以爲普調之地者是也。故曰：「古來聖人情慮深，將治四海先治琴。」范希文詩。又曰：「琴音調而天下治。」鄒忌。此非世儒之説也，經言之矣。舜作五絃之琴，以歌南風，而天下治。所謂「樂以和其聲」，非耶？故曰：「單父琴宓武城絃。」言達之便是揖讓無爲氣象。吾何以知天下之治哉，以此。採《太古遺音》。

琴論

琴者，禁也，禁邪僻而防淫佚，引仁義而歸正道，所以修身理性，返其天真。忘形合虛，凝神太和。大絃者，君也，和緩而隱。小絃者，臣也，清廉而不亂。迨至文武加二絃，所以雅合君臣之恩也。宮爲君，商爲臣，角爲民，徵爲事，羽爲物。五音盡正，天下和平，而兆民寧。雅樂之感人也，性返於正，君臣義，父子親，消降邪欲，返乎天真。鄭聲之惑人也，正性邪，淫心生，亂男女之別，動聲色之偏，故視琴聽音，可以見志觀治、知世道興衰之理。故舜彈五絃之琴，歌《南風》之詩，以平天下之心爲太平之樂也。《琴書》曰：琴之爲器，創自伏羲，成於黄帝。法象乎乾坤，用宣乎妙道。含太虚靈氣，運九十種聲。初製五絃，加於文武。建龍鳳之號，通鬼神之幽。其聲正，其氣和，其形小，其義大。如得其旨趣，則能感物。志躁者，感之以静。志静者，感之以和。和平其心，憂樂不能入。任之以天真，明其真而返照動寂，則死生不能累，萬法豈能拘？古之明王君子，皆精通焉。未有聞正音而不感者也。昔者師襄鼓琴，則有游魚出聽，六馬仰秣。有形之物、無語之獸，尚能感之，况於人乎？自正音失而琴道乖矣。琴能制剛而調元氣，惟堯得之。故堯有《神人暢》。其次能全其道，則柔懦立志，舜有《思親操》，禹有《襄陵操》，湯有《訓佃操》者是也。古之聖帝明王，所以正心修身齊家治國平天下者，咸賴琴之正音是資焉。然則琴之妙道，豈小技也哉！而以藝視琴道者，則非矣。

又曰：奏洞天而儼霓旌絳節之觀，鼓塗山而覩玉帛冠裳之會，調溪山而生寂歷幽人之想，撫長清而發風疏木勁之思。弄瀟湘則天光雲影，容與徘徊；遊夢蝶則神化希微，出無入有。至若高山意到，鬱葎岡崇，流水情深，瀰漫波逝，以斯言樂，奚讓古人？又何必强合以不經之文，浪謂爲無本之聲哉！予每静聽之，輒怡然忘倦，自以爲遊世羲皇矣。《風俗通》曰：琴者，樂之統也。君子所常御，不離於身。非若鐘鼓陳於宗廟、列於簴懸也。以其大小得中而聲音和，大聲不諠譁而流漫，小聲不湮滅而不聞，適足以和人意氣、感發善心也。

《禮記》曰：「絲聲哀。哀以立廉，廉以立志。君子聽琴瑟之音，則思忠義之臣。」

《白虎通》曰：「和樂作者，其曲曰暢，言其道暢美也。憂愁作者，其曲曰操，言不失其操也。」

桓譚《新論》曰：「八音之中，惟絃爲最，而琴爲之首。」

《漢書》曰：「五聲者，宮商角徵羽。商，章也，物成熟可章度也。角，觸也，物觸地而出，戴芒角也。宮，中也，居中央，暢四方，唱始施生，爲四聲綱也。徵，祉也，物盛大而繁祉也。羽，宇也，物聚藏宇覆之也。五行則角爲木，五常爲仁，五事爲貌。商爲金爲義爲言，徵爲火爲禮爲視，羽爲水爲智爲聽，宮爲土爲信爲思。以君臣民事物言之，則宮爲君，商爲臣，角爲民，徵爲事，羽爲物。」

《爾雅·釋樂》曰：「宮謂之重，商謂之敏，角謂之經，徵謂之迭，羽謂之柳。」郭璞注：「皆五音之别名，其義未詳。」

《樂緯》曰：六律：黄鐘、太簇、姑洗、蕤賓、彝則、無射。六吕：大吕、夾鐘、仲吕、林鐘、南吕、應鐘。陽爲律，陰爲吕，總謂之十二月律。《爾雅》曰：「徒鼓琴謂之步〔二〕。」無章無曲，猶舍車而徒也。一云小瑟謂之步。

《爾雅》曰：聲比於琴瑟謂之歌，徒歌謂之謡，亦謂之咢。

三聲論

夫彈琴惟有三聲而已，曰散聲、按聲、泛聲是也。泛聲，應徽取音，不假按抑，得自然之聲，法天之音，音之清者也，曰天音。散彈者，以律吕應於地，絃以律調，次第是法，地之音，音之濁者也。按聲，抑揚在人，人聲清濁兼有，故按聲爲人之音，清濁兼備者也。

凡散聲虚明嘹喨，如天地之寬廣、風水之澹蕩，此散彈也。泛音脆美輕清，如蜂蝶之採花、蜻蜓之點水也。按聲簡静堅實，如鐘鼓之巍巍、山崖之磊磊也。

蓋言語談笑之聲，長鎖也；英雄壯烈之氣，雙彈也。風雨殺伐之意，不外乎撥剌；同聲應答之情，不出乎全扶。鳥鳴禽語，存乎背鎖；飛翎展翅，寓乎滚拂。綢繆則於小鎖見之，拗裂則於圓婁取之，厥旨深哉。

五音審辨

凡宫音和平沈厚，其音雄洪。

凡商音動瑲以凝，明上達而下歸於中。開口吐音，其聲鏗鏘。

凡角音圓長通徹、中正而平，其音哽咽。

凡徵音抑揚巇然，有歎息之音。

凡羽音嘤嘤而透徹，細小而高。

琴有七要

一曰學琴者欲得風韻瀟灑，無塵俗氣，而與聖人雅樂相稱者佳。

二曰蓄琴者欲其九德具備，毋收庸材。九德者，奇、古、透、潤、静、匀、圓、清、芳是也。

三曰下指沈静而不暴躁，勾剔分明，勿得錯亂宫商。

四曰曲調雅正，不挾淫哇。

五曰不爲俗奏，以玷古人高風。

六曰聲無映奪，欲得純正。

七曰聽欲静慮，不逐聲色。

指法十要

心不散亂，審辨音律。指法向背，指下飊净。聲勢輕重，節奏緩急。高低起伏，指用不叠。絃調和平，左右朝揖。

指下十善

澹欲合古，取欲中矩。輕欲不浮，重欲不濁。拘欲有權，逸欲自然。緩欲勿斷，縱欲自若。力欲不覺，急欲不亂。

指下五功

指法合宜，敲擊不雜，吟猱不露，起伏有序，作用有勢。

指下五能

坐欲安，視欲專，意欲閒，神欲鮮，指欲堅。

琴有十四宜彈

遇知音，逢可人，對道士，處高堂，升樓閣，在宮觀，坐石上，登山埠，憩空谷，遊水湄，居舟中，息林下，值二氣清朗，當清風明月。

琴有十四不宜彈

風雷陰雨，日月交蝕，在法司中，在市廛，對俗子，對商賈，對娼妓，酒醉後，夜事後，毀形異服，腋氣臊臭，不盥手漱口，鼓動喧嘩，不焚香。

鼓琴有十二欲

神欲思閒，意欲思定，貌欲思恭，心欲思静，聽欲思聰，視欲思明，調欲養性，曲欲適情，彈欲斷絃，按欲入木，急欲思緩，緩欲思促。

琴有二十疵

太淡而拙，多取如索，其輕如摸，其重如攫，其拘如怯，其逸如蹶，用力而艱，縱指如鬧，其緩如昏，其急如奔，坐席不正，衣冠不雅，容貌不莊，視聽不專，精神懶散，手足不定，聲音不和，段落不明，指法紊亂，緩急無節。

琴有九不祥

不撫正聲，泛按失度，不調入弄，五音繁雜，指曲不直，緩急失序，不辨吟猱，不察音律，不按指法。

琴有五病

布指拙惡，挑摘混淆，取作不圓，節奏不成，走作猖狂。

琴有五謬

頭足摇動，妄肆瞻視，錯亂中輟，精神散漫，下指疏庸。

操琴有十戒

頭不可不正，坐不可不端，容不可不肅，足不可不齊，耳不可亂聽，目不可邪視，手不可不潔，指不可不堅，調不可不知，曲不可不終。

琴有所宜

宜黄門士、隱士、儒士、德士、羽士，而不宜麄俗鄙穢之人。騷人逐客，遊子怨女，不得不寄情於琴，以伸其意。凡學琴，必須要有文章能吟咏者，貌必要有清奇不麄俗者，心必要有仁慈德義能甘貧守志者，言必要有誠信無浮華薄飾者。凡鼓琴，必須明堂静室、竹間松下，他處則未宜。《太古遺音》。

琴有所忌

鼓琴有三俗：心中無德、口上無鬚、腹内無墨。同上。

指法五忌

一忌右手大、食二指揑緊彈絃，滞而多俗。法以大指甲尖抵於食指頭肉之中，而二指同曲。每用挑，則大指直其節而送食指出絃，收進則又俱曲，乃得清勁靈活。一忌大指按絃，將食指作圈，甚爲醜陋。一忌名指按絃，食中豎起，雖云大雅，而吟猱不活。一忌左右指甲彈按，有煞聲，不知避忌。一忌兩手翻覆，扯鑽吟猱，劈柴勾剔者，更宜戒之。

上絃

調琴須用筦色合字定宫絃，乃以宫絃下生徵〔三〕，徵絃上生商。上下相生，終於少商。凡下生者隔二絃，上生者隔一絃取之。凡絃聲皆當如此。今之苟簡〔四〕，不復以筦定聲，故其高下無準，聲無法度也。

撫琴轉絃歌

一寬五緊本黄鐘，一六三寬是慢宫。更張欲轉離憂調，黄鐘縱二半徽中。間絃緊五即寬角，五絃獨緊是蕤賓。惟有商角絃不緊，二五俱高凄凉音。只緩三絃成慢角，慢宫調裏轉泉鳴。就中行變無媒韻，更向宫絃慢一聲。試作廣陵歌晉室，慢商絃徽同第一。時人不識無射商，却道黄鐘同一律。清商碧玉兩樞隨，緩緊三絃隔三徽。側羽慢宮猶不遠，羽寬宮急少商知。慢宮欲變清商聽，四慢一徽神絃定。清商側羽轉淒涼，四七絃寬真捷徑。

左右手像形

右手曰鶴鳴在霄者〔五〕，抹挑也；孤鶩顧群者，勾剔也；商羊鼓舞者，打摘也；虚庭鶴舞者〔六〕，擘托也；幽谷泉流者〔七〕，涓聲也；孔雀穿花者，歷打也；鷺浴盤渦者，滚拂也；螳螂捕蟬者，齊撮也；飛龍拏雲者，半扶也；鸞鳳和鳴者，圓團也〔八〕；風送輕雲者，全扶也；振索鳴鈴者，索鈴也；鶗鴂翱翔者，鎖聲也；遊魚擺尾者，撥刺也；紫鱕傍行者〔九〕，輪指也；寒鴉啄雪者，雙彈也；賓雁啣蘆者，捻指也。

左手曰於街丹詔者〔一〇〕，按也；寒蟬吟秋者，吟也；號猿升木者，猱也。文雉朝飛者，綽注也；鳴鳩喚雨者，長吟也；鳴蟬過枝者，飛吟也；騶虞走壙者，虚引也；燕掠微波者，抑也；棲鳳梳翎者，往來也；幽禽啄木者，罨也；空谷傳聲者，放合也；白鸝騰踏者，推出也；二僊傳道者，對起也；粉蝶探花者，泛音也。琴勢龍行、蛹行之外，又有儒父吟，未接覆手是也。亮生嘯，小起手是也。仙人嘯，下瓅是也。《山堂肆考》。

指訣

聲完，綽注須從遠音歇，飛吟始用之，彈欲斷絃方得妙。按令入木，乃稱奇，輕重疾徐，蒙接應撞，猱行走怪支離，人能會得其中意，指法雖深，可盡知。

周東岡彈琴訣

妙在乾净要分明，潦草從教音不清。彈欲斷絃嫌軟弱，按令入木怕鬆輕。綽則上兮下則注，猱爲大動細爲吟。飛猱兩上還兩下，撞飛一上二下均。拍殺猶如鞭索響，推吟一似蚓蚯行。若遇喚聲須急撞，但逢少息要停音。慢不斷兮緊不亂，前聲一接後聲輕。大曲必須三入慢，小吟首尾要消停。

曹柔指訣

左手吟猱綽注，右手輕重疾徐。更有一般難説，其人須是讀書。

指法闡微

右手指法

尸，擘也，大指出絃。

乇，托也，大指入絃。

古譜以入絃爲擘、出絃爲托，近譜遵琴川嚴氏反用，蓋別指之陰陽也。今遵嚴譜用。

木，抹也，食指入絃，用甲尖端正而抹之，要得中峰之意。

乚，挑也，食指出絃，用甲尖從空懸落挑出，須用力，不覺有堅實之響、無猛厲之患爲妙。

勹，勾也，中指入絃，甲肉相半，比抹稍重。

乃，剔也，中指出絃，比挑稍重，要得中和渾厚之音，不可粗濁。

丁，打也，名指入絃，比勾稍輕。

亐，摘也，名指出絃，必欲伶俐，但懸名指，餘指要直。

乇，抹挑二字也。

丏，勾剔二字也。

厂，歷也，食指連挑，歷歷可數也。其音連。

巾，帶也，食指連帶兩絃或數絃。

庀，渡也，同歷而輕慢，於絃上浮浮而去。

亼，全輪也，摘剔挑次第發之，曰全輪。

龹，半輪也，剔挑二彈次第發之。

公，滚也，以名指摘絃向外至某，其音急連如滚去也。

弗，拂也，以食指抹絃向内至某，其音急連如一拂也。

团，打圓也，先挑後勾，連彈二次，共四聲。

癶，撥也，以名、中、食三指齊向内爲撥。

朿，刺也，以名、中、食三指齊向外爲刺。

癶朿，撥刺二字也，名曰遊魚擺尾，其音雄健有風雨殺伐之意。

镸，長瑣也，一根絃上用抹挑勾剔抹勾剔抹挑共四聲。

⿱矢巛,短瑣也,比長瑣少二聲。
⿱北巛,背瑣也,用剔、抹、挑、勾共四聲。
⿱小巛,小瑣也,用剔、抹、挑共三聲。
早,撮也,二指間絃齊響曰撮。
⿸尸早,反撮也,二指分開齊響。
章,齊撮也,用勾擘齊響,與⿱大早同。
⿱双吅,雙彈也,用大指款中、食二指,次第發之。
支,鼓也,與雙彈同,音之重者也。
團,婁也,用勾抹間絃如一聲。
⿱厶夫,全扶也,用抹勾打各入一絃,同得聲。
尖,半扶也,用抹勾齊響。
念,捻也,大、食二指捻絃起,如軟擘之音。
⿱今巴,捻起也。

伏，伏也刺令無聲，使其自然不響爲妙。

[illegible]，無聲也，同伏。

斤，折竹聲也，同伏。

[illegible]，索鈴也，如滚狀。左按右彈，次第而出，如索上繫鈴之聲，一連串也。

[illegible]，疊指也，連抹勾。

[illegible]，搯撮三聲也，先用左大指一搯，然後一撮，又兩搯，又一撮，連搯連撮，共五聲。

[illegible]，搯撥刺也，用左大指一搯，然後一撥，又兩搯，然後一刺，共五聲。

[illegible]，雙撥刺也，撥刺兩次，共四聲。

[illegible]，搯拂歷也，搯起後一拂，拂後又歷數絃也。

[illegible]，疊蠋也，一絃用抹勾，又挑剔，共四聲。

廾，散彈也，左手不按。

女，如一也，兩絃如一聲。

省，少息也，少停一停再彈，如停歌駐拍之意，當令音完，寂然一息，如不彈者，然後另起目同。

巠，輕也，輕細其音。

車，連也，連彈勿斷。

㐼，至也，或滚至，或拂至，或歷至某絃。

笠，從頭也。

𠔿，從勾也。

𠕀，再作也，或從頭，或從勾再彈一遍也。

刍，急也，⺈同。

畐，慢也，爰同。

侖，入慢也。

灩，漸慢也。

龠，入亂也，忽緊忽慢，取音蒼古。

光，𦇧也，連剔挑一根絃。

𠫤，倒輪也，食、中、名三指次第入絃。

摋，拍殺也，同撥、剌、伏。

言，三彈也，大指握三指，摘剔挑兩絃齊響，共三聲。

彐，掃也，以名、中、食三指向外彈二三條絃齊響，反彐向裏彈也。

⻗，雷也，用名指一字字彈出，比滾慢些。

品，臨也，食指一路滾去爲臨。

坐，挫也，中指叠於食指，先捻緊彈一聲，如急二聲，又抹一聲。

丂，打摘也，名指先打後摘。

載，截剌也，在一絃爲拍殺，餘絃爲截剌。

⺈巛，換瑣也，打摘少息，勾剔，又急抹挑抹，共七聲。

三巛，三瑣也，大招，食先歷後抹。

寓山曰：右手四指，無過八法。八法之中，抹挑勾剔爲多，輕重疾徐以之出焉，須練得指節堅實，運之以靈活。其輕也，得清脆之響，有疏遠之致，而無浮薄之偏。其重也，得渾厚之音，有深沈之意，而無濁滯之氣。疾之訣在輕清字其還其頓挫，而勿致於亂，然應重則重。徐之訣在雄渾，彈彈盡其疏越，而勿致於斷，然應輕則輕，又俱用之以中峰。右手之法亦庶幾矣。

左手指法

大，大指也。

人，食指也。

中，中指也。

夕，無名指第四指也。

亍，吟也，在按處往來慢動，不離徽位，先大後小，約四五轉，即收其音，如吟哦有致。

犭，猱也，在徽上下，延其聲，大動曰猱，如猿猱升木有摇撼之音。二者但有絃中吟哦摇撼之音，絶無客聲方妙。若指與琴帶，有殺聲，則不足取。

卜，綽也，自下而上，至徽得音，其妙在綽。到徽與右彈恰好。

氵，注也，自上而下，至徽得音爲注。

立，撞也，得音急上，急復本位，其音圓綻靈活，不可凝滯。

豆，逗也，比撞略輕，小與彈相逗而響，又曰右手彈絃，左乘其彈，聲急下以當下位之聲曰逗，其用各有所宜。

对，鬬也，如按彈九徽，指即於八徽上從空綽迎其聲，而歸九徽，曰綽鬬。此謂借上之聲以爲聲也。

⺈内，喚也，即輕逗，貴無形跡，又換指亦用此字。

上，上也，得音後上至某徽也。

弓，引也，得音後引上某徽也。比上慢，緩延其聲。

下，下也，得音後下至某徽也。

⺕亍，長吟也，比吟多幾轉，可以代少息節奏。

夵，大吟也，在徽上下大來大往而吟。

紆，細吟也，細細而吟，其音出圓綻者佳。

⺈彐亍，急吟也，緊而迫促。

爫亍，緩吟也，慢而寬和，其音勿斷。

旱，退吟也，彈響時急，少退再吟。

孚，雙吟也，一絃兩彈，俱用中和之吟。

孑，飛吟也，得音略迎住，或上或下，指如飛鳥之翼，其音連綿震動，所謂鳴蟬過枝者，飛吟也。或作兩上兩下，又何以謂之飛吟哉？

迂，遊吟也，行遊而吟，有游魚順水之勢。

荇，蕩吟也，落指得音，上下蕩開而後吟。

亲，撞猱也，一撞而復加猱，其音勁。

夯，大猱也，大來大往而猱，其勢遠，其音雄，細音中之至大者也。

爰，緩猱也，緩緩而猱，其音有悠揚之致。

象，急猱也，得音急猱就止也。

叒，雙猱也，兩彈俱猱。

迒，遊猱也，乘興而作，有游颺之致。

茖，落指時也。有茖犭、茖立、茖亍。

岂，帶起也，用左指帶絃而起，令有聲。

爪，抓也，同帶起。

⿱敝乙，撇起也，用大指爲撇。

⿱白乙，兜起也，大指起七絃，爲撇；餘絃爲兜。

拙，推出也，中指起一絃，推出向外而起也。

己，起也。

⿵冂一，同起也，帶起與彈同聲。

⿵冂尸，同聲也，如同起。

方，放也，似帶起。

合，合也，與上所放之絃同聲相合也。

⿱夂合，放合也，即上法。

广，應也，此彈與上音相應也。

⿸广合，應合也，即上法。

⿱分廾，分開也，兩彈者先彈一聲，按絃引上一徽，復在本位彈第二聲。

⿱隹彳，進復也，得音走上一徽，復下本位也。

⿱田且，退復也，得音走下一徽，復上本位也。

㔾，掐起也，名指按絃，大指掐起也，跪指俱用㔾。

岂，對起也，大指一絃兩彈者用岂，言與上彈對待而同音也。十徽外俱用岂。

癸，雙撞也，連撞二聲。

九，就也，或換絃就此徽，或接手就彈。

𢓨，往來也，自上自下，往來三次。

午，滸也，硬音引上，其勢挺勁。

史，使也，疾用，虛撞而下，以其用力使指也。其勢雄健。

內，罨也，名指按絃，大指罨上徽得聲也。

点，點也，右手不彈，左指虛罨，名指、中指爲點，大指爲罨。

𧆛，虛罨也，右手不彈，左手用罨也，虛點同。

虚，虛撞也，右手已不彈，音既歇而復加撞也。

足，跪也，用屈名指以甲背按絃而跪也。

卩，節也，兩卩并，一彈上一徽，一彈下一徽也。

𨛜，觔節也，得音，復用力重按令音蒼勁也。

芸，蓄也，用蓄其音，將指少動，以活其機耳。

田，略也，如略吟、略猱、略上之類。

各，亦略也，又落也，如落指撞，才彈即撞也。

乗，乘也，乘此聲未盡，就彈別絃也。

劯，不動也，按絃不動，又彈別絃也。

㝉，定吟也，左按得音，以指骨動於肉，哀吟之外，□不覺指動也。

宀，按也。

一，泛音也，浮指於絃上，離一米，右手鳴絃，其絃跳至指下而響，方爲得法。一響將指少起爲妙。

山，徽也。

㔾，泛音起也。

正，泛音止也。

卜，外也，十三徽之外也，離十三徽三四分爲準。

次，次也，言第二彈也。

㐌，拖也，拖上，如引上而遲滯其音。

更，硬也，同滸上而蒼老。

古，苦也，苦苦而吟，又古吟也，其音蒼老。

午，少許也。

斗，斜也。

尘，小撞也，撞之最小而有情焉。

卬，抑也，右手方扣絃，左手從徽上隨聲下徽，抑上抑下。

𡬹，撈對起也，如大指按十徽得聲，走至九徽，名指仍按十徽掐起。

𡋯，走對起也，即度對起，如八徽彈注，走至九徽，名指按十方掐起。

𠔉，帶合也，如名指按二絃十徽，上九乘聲與散五合。

𠫓，掐合也，如名指按七絃十徽，大指掐起，與散四同聲。

対，對按也。

而，臑也，隨所彈之聲，小小撞一聲急復吟。

𧯷，短撞也，較小撞略大些，左按右彈齊來。

吼，吼也，同滸上而更大其音。

寓山曰：左手四法，曰吟猱綽注。綽注在上下之際，有一定之位，須按之得中，無過不及爲妙。吟猱之音，全要發越。苟按不實，出音鬆散，何能達遠？故訣曰：按令入木，言須用力着實按也。然有用力而不能着實者，以未嘗練其指節也。若指節堅實，用力不覺，出音自然圓綻靈活。若指節不堅，雖用力按之，出音非虛浮則凝滯矣。練指之法，在於逐彈用意，毫不苟且，工夫純熟，自臻妙境。然按則應實，而上下之間，又當略放輕鬆，以活其機，則出音溜亮。既引到徽，仍加實按，則收音亦復飽滿矣。至於應吟應猱，在曲調之節奏，按譜如法，不可以謬亂互易也。其精微至妙之境，有徐青山《谿山琴况》二十四論，精詳明允，已極其妙，備録於後，操縵者深加玩索，當自得之。莊蝶菴一六法所論略同，用不復贅。

徐青山先生琴况二十四論

一曰和

稽古至聖，心通造化，德協神人，理一身之性情，以理天下人之性情，於是製之爲琴。其所首重者，和也。和之始，先以正調品絃、循徽叶聲，辨之在指，審之在聽，此所謂以和感、以和應也。和也者，其衆音之竅會，而優柔平中之橐籥乎？論和以散和爲上，按和爲次。散和者，不按而調，右指控絃，迭爲賓主，剛柔相劑，損益相加，是謂至和。按和者，左按右撫，以九應律，以十應呂，而音乃和於徽矣。設按有不齊、徽有不準，得和之似，而非真和。必以泛音辨之，如泛尚未和，則又用按復調。一按一泛，互相參究，而絃始有真和。吾復求其所以和者三，曰絃與指合，指與音合，音與意合，而和至矣。夫絃有性，欲順而忌逆，欲實而忌虛。若綽者注之，上者下之，則不順；按未重，動未堅，則不實。故指下過絃，慎勿鬆起；絃上遞指，尤欲無迹。往來動宕，恰如膠漆，則絃與指和矣。音有律，或在徽，或不在徽，固有分數以定位。若混而不明，和於何出？篇中有度，句中有候，字中有肯，音理甚微。若紊而無序，和又何生？究心於此者，細辨其吟猱以叶之，綽注以適之，輕重緩急以節之，務令婉轉成韻，曲得其情，則指與音和矣。音從意轉，意先乎音，音隨乎意，將衆妙歸焉。故欲用其意，必先練其音；練其音，而後能洽其意。如右之撫也，絃欲重而不虛，輕而不鄙，疾而不促，緩而不弛；左之按絃也，若吟若猱，圓而無礙。吟猱欲恰好而中無四滯。以綽以注，定而可伸。言綽注甫定，而或再引伸。紆迴曲折，疏而實密，抑揚起伏，斷而復聯。此皆以音之精義而應乎意之深微也。其有得之絃外者，與山相映發，而巍巍影現；與水相涵濡，而洋洋徜恍。暑可變也，虛堂凝雪；寒可回也，草閣流春。其無盡藏不可思議，則音與意合，莫知其然而然矣。要之神閒氣静，藹然醉心，太和鼓鬯，心手自知，未可一二而爲言也。太音希聲，古道難復，不以性情中和相遇，而以爲是技也，斯愈久而愈失其傳矣。

一曰静

撫琴卜静處亦何難？獨難於運指之静。然指動而求聲，惡乎得静？余則曰：政在聲中求静耳。聲厲則知指躁，聲麄則知指濁，聲希則知指静，此審音之道也。蓋静繇中出，聲自心生，苟心有雜擾，手有物撓，以之撫琴，安能得静？惟涵養之士，澹泊寧静，心無塵翳，指有餘閒，與論希聲之理，悠然可得矣。所謂希者，至静之極，通乎杳渺，出有入無，而遊神於羲皇之上者也。約其下指工夫，一在調氣，一在練指。調氣則神自静，練指則音自静。如爇妙香者，含其煙而吐霧；滌岕茗者，蕩其濁而瀉清。取静音者亦然，雪其躁氣，釋其競心，指下掃盡炎嚣，絃上恰存貞潔，故雖急而不亂，多而不繁，淵深在中，清光發外，有道之士當自得之。

一曰清

語云：「彈琴不清，不如彈箏。」言失雅也。故清者，大雅之原本，而爲聲音之主宰。地不僻則不清，琴不實則不清，絃不清則不清，心不静則不清，氣不肅則不清：皆清之至要者也。而指上之清尤爲最。指求其勁，按求其實，則清音始出；手不下徽，彈不柔懦，則清音並發；而又挑必甲尖，絃必懸落，則清音益妙。兩手如鸞鳳和鳴，不染纖毫濁氣；厝指如敲金戛石，傍絃絶無客聲：此則練其清骨，以超乎諸音之上矣。究夫曲調之清，則最忌連連彈去，亟亟求完，但欲熱鬧娱耳，不知意趣何在，斯則流於濁矣。故欲得其清調者，必以貞、静、宏、遠爲度，然後按以氣候，從容婉轉。候宜逗留，則將少息以俟之；候宜緊促，則用疾急以迎之。是以節奏有遲速之辨，吟猱有緩急之别，章句必欲分明，聲調愈欲疏越，皆是一度一候，以全其終曲之雅趣。試一聽之，則澄然秋潭，皎然寒月，湱然山濤，幽然谷應，始知絃上有此一種清況，真令人心骨俱冷，體氣欲仙矣。

一曰遠

遠與遲似，而實與遲異。遲以氣用，遠以神行，故氣有候而神無候。會遠於候之中，則氣爲之使；達遠於候之外，則神爲之君。至於神遊氣化，而氣之所之玄之又玄〔一一〕。時爲岑寂也，若遊峨眉之雪；時爲流逝也，若在洞庭之波。倏緩倏速，莫不有遠之微致。蓋音至於遠，境入希夷，非知音未易知，而中獨有悠悠不已之志。吾故曰：「求之絃中如不足，得之絃外則有餘也。」

一曰古

《樂志》曰：「琴有正聲，有間聲。其聲正直和雅，合於律呂，謂之正聲，此雅頌之音，古樂之作也。其聲間雜繁促，不協律呂，謂之間聲，此鄭衛之音，俗樂之作也。雅頌之音理而民正，鄭衛之音動而心淫。然則如之何而可就正乎？必也黄鐘以生之，中正以平之，確乎鄭衛不能入也。」按此論，則琴固有時、古之辨矣。大都聲争而媚耳者，吾知其時也；音澹而會心者，吾知其古也。而音出於聲，聲先敗，則不可復求於音。故媚耳之聲，不特爲其疾速也，爲其遠於大雅也；會心之音，非獨爲其延緩也，爲其淪於俗響也。俗響不入，淵乎大雅，則其聲不争，而音自古矣。然麤率疑於古朴，疏慵疑於冲澹，似超於時，而實病於古。病於古與病於時者，奚以異？必融其麤率，振其疏慵，而後下指不落時調。其爲音也，寬裕温麗，不事小巧，而古雅自見。一室之中，宛在深山邃谷，老木寒泉，風聲簌簌，令人有遺世獨立之思。此能進乎古者矣。

一曰澹

絃索之行於世也，其聲艷而可悦也。獨琴之爲器，焚香静對，不入歌舞場中；琴之爲音，孤高岑寂，不雜絲竹伴内。清泉白石，皓月疏風，翛翛自得，使聽之者遊思縹緲，娱樂之心不知何去，斯之謂澹。舍艷而相遇於澹者，世之高人韻士也。而澹固未易言也。祛邪而存正，黜俗而歸雅，舍媚而還淳，不着意於澹而澹之妙自臻。夫琴之元音本自澹也，製之爲操，其文情冲乎澹也。吾調之以澹，合乎古人，不必諧於衆也。每山居深静，林木扶蘇，清風入絃，絶去炎囂，虚徐其韻，所出皆至音，所得皆真趣，不禁怡然吟賞，喟然云：「吾愛此情，不求不競；吾愛此味，如雪如冰；吾愛此響，松之風而竹之雨，礀之滴而波之濤也。有寤寐於澹之中而已矣。」

一曰恬

諸聲澹則無味，琴聲澹則益有味。味者何？恬是已。味從氣出，故恬也。夫恬不易生，澹不易到，惟操至妙來則可澹，澹至妙來則生恬，恬至妙來則愈澹而不厭。故於興到而不自縱，氣到而不自豪，情到而不自擾，意到而不自濃。及睨其下指也，具見君子之質，冲然有德之養，絶無雄競柔媚態。不味而味，則爲水中之乳泉；不馥而馥，則爲蕊中之蘭茝。吾於此參之，恬味得矣。

一曰逸

先正云：「以無累之神合有道之器，非有逸致者則不能也。」第其人必具超逸之品，故自發超逸之音。本從性天流出，而亦陶冶可到。如道人彈琴，琴不清亦清。朱紫陽曰：「古樂雖不可得而見，但誠實人彈琴，便雍容平淡。」故當先養其琴度，而次養其手指，則形神並潔，逸氣漸來，臨緩則將舒緩而多韻，處急則猶運急而不乖，有一種安閒自如之景象，盡是瀟灑不群之天趣。所爲得之心而應之手，聽其音而得其人，此逸之所徵也。

一曰雅

古人之於詩則曰風雅，於琴則曰大雅。自古音淪没，即有繼空谷之響，未免郢人寡和，則且苦思求售，去故謀新，遂以絃上作琵琶聲，此以雅音而翻爲俗調也。惟真雅者不然，修其清静貞正，而藉琴以明心見性。遇不遇，聽之也，而在我足以自况。斯真大雅之歸也。然琴中雅俗之辨争在纖微。喜工柔媚則俗，落指重濁則俗，性好炎鬧則俗，指拘局促則俗，取音麄厲則俗，入絃倉卒則俗，指法不式則俗，氣質浮躁則俗。種種俗態，未易枚舉。但能體認得「静」「遠」「澹」「逸」四字，有正始風，斯俗情悉去，臻於大雅矣。

一曰麗

麗者，美也。於清静中發爲美音。麗從古澹出，非從妖冶出也。若音韻不雅，指法不雋，徒以繁聲促調觸人之耳，而不能感人之心，此媚也，非麗也。譬諸西子，天下之至美，而具有冰雪之姿，豈效顰者可與同日語哉。美與媚判若秦越，而辨在深微，審音者當自知之。

一曰亮

音漸入妙，必有次第。左右手指既造就清實，出有金石聲，然後可擬一「亮」字。故清後取亮，亮發清中，猶夫水之至清者，得日而益明也。唯在沈細之際而更發其光明，即遊神於無聲之表，其音亦悠悠而自存也，故曰亮。至於絃聲斷而意不斷，此正無聲之妙，亮又不足以盡之。

一曰采

音得清與亮，既云妙矣，而未發其采，猶不足表其丰神也。故清以生亮，亮以生采。若越清亮而即欲求采，先後之功舛矣。蓋指下之有神氣，如古玩之有寶色，商彝、周鼎自有闇然之光，不可掩抑，豈易致哉？幾經煅煉，始融其麄，露其光芒。不究心音義，而求精神發現，不可得也。

一曰潔

貝經云：「若無妙指，不能發妙音。」而坡仙亦云：「若言聲在指頭上，何不於君指上聽？」未始是指，未始非指，不即不離，要言妙道，固在指也。修指之道繇於嚴净，而後進於玄微。指嚴净則邪滓不容留，雜亂不容間，無聲不滌，無彈不磨，而祇以清虚爲體，素質爲用。習琴學者，其初惟恐其取音之不多，漸漸陶鎔，又恐其取音之過多。從有而無，因多而寡，一塵不染，一滓弗留，止於至潔之地，此爲嚴净之究竟也。指既修潔，則取音愈希；音愈希，則意趣愈永。吾故曰：「欲修妙音者，本於指；欲修指者，必先本於潔也。」

一曰潤

凡絃上之取音惟貴中和，而中和之妙用全於温潤呈之。若手指任其浮躁，則繁響必雜，上下往來音節俱不成其美矣。故欲使絃上無煞聲，其在指下求潤乎？蓋潤者，純也，澤也，所以發純粹光澤之氣也。左芟其荆棘，右鎔其暴甲，兩手應絃，自臻純粹。而又務求上下往來之法，則潤音漸漸而來。故其絃若滋，温兮如玉，泠泠然滿絃皆生氣氤氳，無毗陽毗陰偏至之失，而後知潤之之爲妙，所以達其中和也。古人有以名其琴者，曰「雲和」，曰「冷泉」，倘亦潤之之意乎？

一曰圓

五音活潑之趣半在吟猱，而吟猱之妙處全在圓滿。宛轉動蕩，無滯無礙，不少不多，以至恰好，謂之圓。吟猱之巨細緩急俱有圓音，不足則音虧缺，太過則音支離，皆爲不美。故琴之妙在取音，取音宛轉則情聯，圓滿則意吐，其趣如水之興瀾，其體如珠之走盤，其聲如哦詠之有韻，斯可以名其圓矣。抑又論之，不獨吟猱貴圓，而一彈一按、一轉一折之間，亦自有圓音在焉。如一彈而獲中和之用，一按而凑妙合之機，一轉而函無痕之趣，一折而應起伏之微，於是欲輕而得其所以輕，欲重而得其所以重，天然之妙猶若水滴荷心，不能定擬。神哉圓乎！

一曰堅

古語云：「按絃如入木。」形其堅而實也。大指堅易，名指堅難。若使中指幫名指，食指幫大指，外雖似堅，實膠而不靈。堅之本全憑筋力，必一指卓然立於絃中，重如山岳，動如風發，清響如擊金石，而始至音出焉。至音出，則堅實之功到矣。然左指用堅，右指亦必欲清勁，乃能得金石之聲。否則撫絃柔懦，聲出委靡，則堅亦渾渾無取。故知堅以勁合，而後成其妙也。況不用幇而參差其指，行合古式，既得體勢之美，不爽文質之宜，是當循循練之，以至用力不覺，則其堅亦不可窺也。

一曰宏

調無大度則不得古，故宏音先之。蓋琴爲清廟、明堂之器，聲調寧不欲廓然曠遠哉？然曠遠之音落落難聽，遂流爲江湖習派，因致古調漸違，琴風愈澆矣。若余所受則不然，其始作也，當拓其冲和閒雅之度，而猱綽之用必極其宏大。蓋宏大則音老，音老則入古也。至使指下寬裕純朴，鼓蕩絃中，縱指自如，而音意欣暢疏越，皆自宏大中流出。但宏大而遺細小，則其情未至；細小而失宏大，則其意不舒。理固相因，不可偏廢。然必胸次磊落，而後合乎古調。彼局曲拘攣者未易語此。

一曰細

音有細渺處，乃在節奏間。始而起調先應和緩，轉而游衍漸欲入微，妙在絲毫之際，意存幽邃之中。指既縝密，音若繭抽，令人可會而不可即，此指下之細也。至章句轉折時，尤不可草草放過，定將一段情緒緩緩拈出，字字摹神，方知琴音中有無限滋味，玩之不竭，此終曲之細也。昌黎詩「昵昵兒女語，恩怨相爾汝。劃然變軒昂，勇士赴敵場」，其宏細互用之意歟？往往見初入手者一理琴絃，便忙忙不定，如一聲中欲其少停一息而不可得，一句中欲其委婉一音而亦不能。此以知節奏之妙未易輕論也。蓋運指之細在慮周，全篇之細在神遠，斯得細之大旨者矣。

一曰溜

溜者，滑也，左指治澀之法也。音在緩急，指欲隨應，苟非握其滑機，則不能成其妙。若按絃虛浮，指必柔懦，勢難於滑；或着重滯，指復阻礙，尤難於滑。然則何法以得之？惟是指節煉至堅實，極其靈活，動必神速。不但急中賴其滑機，而緩中亦欲藏其滑機也。故吟猱綽注之間，當若泉之滾滾，而往來上下之際更如風之發發。劉隨州詩云「溜溜青絲上，靜聽松風寒」，其斯之謂乎？然指法之欲溜，全在筋力運使。筋力既到，而用之吟猱則音圓，用之綽注上下則音應，用之遲速跌宕則音活。

自此精進，則能變化莫測，安往而不得其妙哉！

一曰健

琴尚冲和大雅，操慢音者得其似而未真，愚故提一健字，爲導滯之砭。乃於從容閒雅中剛健其指，而右則發清洌之響，左則練活潑之音，斯爲善也。請以健指復明之。右指靠絃則音鈍而木，故曰「指必甲尖，絃必懸落」，非藏健於清也耶？左指不勁則音膠而格，故曰「響如金石，動如風發」，非運健於堅也耶？要知健處即指之靈處，而冲和之調無疏慵之病矣。滯氣之在絃，不有不期去而自去者哉。

一曰輕

不輕不重者，中和之音也。起調當以中和爲主，而輕重特損益之，其趣自生也。蓋音之取輕屬於幽情，歸乎玄理，而體曲之意，悉曲之情，有不期輕而自輕者。第音之輕處最難，工夫未到則浮而不實、晦而不明，雖輕亦未合。惟輕之中不爽清實，而一絲一忽指到音綻，更飄飖鮮朗，如落花流水，幽趣無限。迺有一節一句之輕，有間雜高下之輕，種種意趣皆貴清實中得之耳。要知輕不浮，輕中之中和也；重不煞，重中之中和也。故輕重者，中和之變音；而所以輕重者，中和之正音也。

一曰重

諸音之輕者業屬乎情，而諸音之重者乃繇乎氣。情至而輕，氣至而重，性固然也。第指有重輕，則聲有高下。而幽微之後，理宜發揚。倘指勢太猛，則露殺伐之響。氣盈胸臆，則出剛暴之聲。惟練指養氣之士，則撫下當求重抵輕出之法，絃上自有高朗純粹之音。宣揚和暢，疏越神情，而後知用重之妙，非浮躁乖戾者之所比也。故古人撫琴則曰「彈欲斷絃，按如入木」，此專言其用力也，但妙在用力不覺耳。夫彈琴至於力，又至於不覺，則指下雖重如擊石，而毫無剛暴殺伐之疚，所以爲重歟？及其鼓宮叩角，輕重間出，則岱岳江河，吾不知其變化也。

一曰遲

古人以琴能涵養情性，爲其有太和之氣也，故名其聲曰「希聲」。未按絃時，當先肅其氣，澄其心，緩其度，遠其神，從萬籟俱寂中泠然音生，疏如寥廓，窅若太古，優游絃上，節其氣候，候至而下，以叶厥律者，此希聲之始作也。或章句舒徐，或緩急相間，或斷而復續，或幽而致遠，因候制宜，調古聲澹，漸入淵源，而心志悠然不已者，此希聲之引伸也。復探其遲之趣，乃若山静秋鳴，月高林表，松風遠沸，石澗流寒，而日不知晡，夕不覺曙者，此希聲之寓境也。嚴天池詩「幾回拈出陽春調，月滿西樓下指遲」，其於遲意大有得也。若不知「氣候」兩字，指一入絃惟知忙忙速下，迨欲放慢則竟索然無味矣。深於氣候，則遲速俱得，不遲不速亦得，豈獨一遲盡其妙耶？

一曰速

指法有重則有輕，如天地之有陰陽也；有遲則有速，如四時之有寒暑也。蓋遲爲速之綱，速爲遲之紀，嘗相間錯而不離。故句中有遲速之節，段中有遲速之分，則皆藉一速以接其遲之候也。然琴操之大體固貴乎遲：疏疏澹澹，其音得中正和平者，是爲正音，《陽春》《佩蘭》之曲是也；忽然變急，其音又係最精最妙者，是爲奇音，《雉朝飛》《烏夜啼》之操是也。所謂正音備而奇音不可偏廢，此之爲速。擬之於似速而實非速，欲遲而不得遲者，殆相徑庭也。然吾之論速者二：有小速，有大速。

小速微快，要以緊緊使指，不傷速中之雅度，而恰有行雲流水之趣。大速貴急，務令急而不亂，依然安閒之氣象，而能瀉出崩崖飛瀑之聲。是故速以意用，更以意神。小速之意趣，大速之意奇。若遲而無速，則以何聲爲結構？速無大小，則亦不見其靈機。故成連之教伯牙於蓬萊山中，群峰互峙，海水崩折，林木窅冥，百鳥哀號，曰：「先生將移我情矣！」後子期聽其音，遂得其情於山水。噫！精於其道者自有神而明之之妙，不待縷悉，可以按節而求也。

琴賦

嵇康，字叔夜，譙國人也。少有奇才，博覽經籍，無所不見。拜中散大夫。善琴，故有《琴賦》。

余少好音聲，長而翫之。以爲物有盛衰，而此無變；滋味有厭，而此不勸。可以導養神氣，宣和情志。處窮獨而不悶者，莫近於音聲也。是故復之而不足，則吟詠以肆志；吟詠之不足，則寄言以廣意。然八音之器，歌舞之象，歷世才士，並爲之賦頌。其體制風流，莫不相襲。稱其材幹，則以危苦爲上；賦其聲音，則以悲哀爲主；

美其感化，則以垂涕爲貴。麗則麗矣，然未盡其理也。推其所由，似元不解聲音；覽其旨趣，亦未達禮樂之情也。衆器之中，琴德最優。故綴敘所懷，以爲之賦。

其辭曰：

惟椅梧之所生兮，託峻嶽之崇岡。披重壤以誕載兮，參辰極而高驤。含天地之醇和兮，吸日月之休光。鬱紛紜以獨茂兮，飛英蕤於昊蒼。夕納景於虞淵兮，旦晞干於九陽。經千載以待價兮，寂神時而永康。且其山川形勢，則盤紆隱深，崔嵬岑巖。玄嶺巉巖，岞窄峈額嶇區崯欽。丹崖嶮巇，青壁萬尋。若乃重巘增起，偃蹇雲覆。邈隆崇以極壯，崛巍巍而特秀。蒸靈液以播雲，據神淵而吐溜。爾乃顛波奔突，狂赴爭流。觸巖觝隈，鬱怒彪休。洶涌騰薄，奮沫揚濤。瀄汩澎湃，蜿遠蟺善相糾。放肆大川，濟乎中州。安迴徐邁，寂爾長浮。澹乎洋洋，縈抱山丘。詳觀其區土之所産毓，奧宇之所寶殖，珍怪琅玕，瑤瑾翕赩，叢集累積，奐衍於其側。若乃春蘭被其東，沙棠植其西，涓子宅其陽，玉醴涌其前，玄雲蔭其上，翔鸞集其巔，清露潤其膚，惠風流其間。竦肅肅以靜謐，密微微其清閒。夫所以經營其左右者，固以自然神麗，而足思願愛樂矣。

於是遯世之士，榮期、綺季之疇，乃相與登飛梁，越幽壑，援瓊枝，陟峻崿，以游乎其下。周旋永望，邈若凌飛；邪睨崙崑，俯闞海湄。指蒼梧之迢遞，臨迴江之威夷。寤時俗之多累，仰箕山之餘輝。羡斯嶽之弘敞，心慷慨以忘歸。情舒放而遠覽，接軒轅之遺音。慕老童於騩計隅，欽泰容之高吟。顧茲桐而興慮，思假物以託心。乃斲孫枝，準量所任。至人攄思，制爲雅琴。乃使離子督墨，匠石奮斤，夔襄薦法，班倕騁神。鏤會裛厠，朗密調均。華繪雕琢，布藻垂文。錯以犀象，藉以翠綠。絃以園客之絲，徽以鍾山之玉。爰有龍鳳之象，古人之形。伯牙揮手，鍾期聽聲。華容灼爍，發采揚明，何其麗也！伶倫比律，田連操張。進御君子，新聲憀亮，何其偉也！

及其初調，則角羽俱起，宮徵相證，參發並趣，上下累應，踸趻踔擉磥壘硌洛，美聲將興，固以和昶而足耽矣。爾乃理正聲，奏妙曲，揚《白雪》，發《清角》。紛淋浪以流離，奐淫衍而優渥。粲奕奕而高逝，馳岌岌以相屬。沛騰遌而競趣，翕韡曄而繁縟。狀若崇山，又象流波。浩兮湯湯，鬱兮峨峨。怫悁煩冤，紆餘婆娑。陵縱播逸，霍濩紛葩。檢容授節，應變合度。競名擅業，安軌徐步。洋洋習習，聲烈遐布。含顯媚以送終，飄餘響乎泰素。

若乃高軒飛觀，廣厦閑房，冬夜肅清，朗月垂光，新衣翠粲，纓徽流芳。於是器泠絃調，心閑手敏。觸掍如志，惟意所擬。初涉《淥水》，中奏《清徵》，雅昶《唐堯》，終詠《微子》。寬明弘潤，優游躇跱。拊絃安歌，新聲代起。歌曰：「凌扶摇兮憩瀛洲，要列子兮爲好仇。餐沆杭，上聲瀣械兮帶朝霞，眇翩翩兮薄天游。齊萬物兮超自得，委性命兮任去留。激清響以赴會，何絃歌之綢繆？」於是曲引向闌，衆音將歇，改韻易調，奇弄乃發。揚和顔，攘皓腕。飛纖指以馳騖，紛儮㩼以流漫。或徘徊顧慕，擁鬱抑按，盤桓毓養，從容秘翫。闥爾奮逸，風駭雲亂。牢落凌厲，布濩半散。豐融披離，斐韡奂爛。〔一二〕或間聲錯糅，狀若詭赴。雙美並進，駢馳翼驅。初若將乖，後卒同趣。或曲而不屈，或直而不倨。或相凌而不亂，或相離而不殊。時劫掎几以慷慨，或怨爐而躊躇。忽飄颻以輕邁，乍留聯而扶疏。或參譚繁促，複疊攢仄。從横駱驛，奔遁相逼。拊嗟累讚，間不容息。環艷奇偉，殫不可識。若乃閑舒都雅，洪纖有宜。清和條昶，案衍陸離。穆温柔以怡懌，婉順敘而委蛇。或乘險投會，邀隙趣危。嚶若離鵾鳴清池，翼若游鴻翔曾崖宜。紛文斐尾，慊林縿宵離纚師。微風餘音，靡靡猗猗。或摟撓別擺歷捋，縹繚潎洌。輕行浮彈，明嫿或嚓硠惠。疾而不連，留而不滯。翩綿飄邈，微音迅逝。遠而聽之，若鸞鳳和鳴戲雲中；迫而察之，若衆葩敷榮曜春風。既豐贍以多姿，又善始而令終。嗟姣妙以弘麗，何變態之無窮！

若夫三春之初，麗服以時。乃攜友生，以遨以嬉。涉蘭圃，登重基，背長林，翳華芝，臨清流，賦新詩。嘉魚龍之逸豫，樂百卉之榮滋。理重華之遺操，慨遠慕而長思。

若乃華堂曲宴，密友近賓，蘭肴兼御，旨酒清醇。進《南荊》，發《西秦》，紹《陵陽》，度《巴人》。變用雜而並起，竦衆聽而駭神。料殊功而比操，豈笙籥之能倫？

若次其曲引所宜，則《廣陵》《止息》《東武》《泰山》《飛龍》《鹿鳴》《鵾雞》《游絃》，更唱迭奏，聲若自然。流楚窈窕，懲躁雪煩。下逮謠俗，蔡氏五曲，《王昭》《楚妃》，《千里別鶴》，猶有一切，承間簉湊乏，亦有可觀者焉。

然非夫曠遠者，不能與之嬉遊；非夫淵靜者，不能與之閒止；非放達者，不能與之無吝；非至精者，不能與之析理也。若論其體勢，詳其風聲，氣和故響逸，張急故聲清，間遼故音痺，絃長故徽鳴。性絜靜以端理，含至德之和平。誠可以感盪心志，而發洩幽情矣！　是故懷戚者聞之，莫不憯懍慘悽，愀愴傷心，含哀懊咿，不能自禁。其康樂者聞之，則欨虛愉歡釋，抃舞踊溢，留連瀾漫，嗢屋噱强入聲終日。　若和平者聽之，則怡養悅悆，淑穆玄真，恬虛樂古，棄事遺身。　是以伯夷以之廉，顔回以之仁，比干以之忠，尾生以之信，惠施以之辯給，萬石以之訥慎。　其餘觸類而長，所致非一，同歸殊塗，或文或質。　總中和以統物，咸日用而不失。　其感人動物，蓋亦弘矣。

于時也，金石寢聲，匏竹屏氣，王豹輟謳，狄牙喪味。　天吳踊躍於重淵，王喬披雲而下墜。　舞鸑岳鷟□於庭階，游女飄然而來萃。　感天地以致和，況蚑奇行之衆類。嘉斯器之懿茂，詠兹文以自慰。　永服御而不厭，信古今之所貴。

亂曰：愔愔琴德，不可測兮；體清心遠，邈難極兮；良質美手，遇今世兮；紛綸翕響，冠衆藝兮；識音者希，誰能珍兮；能盡雅琴，唯至人兮！

與胡远山先生論琴學書

基自幼好琴，嘗聽友人彈琴，見其兩手匆忙，音調繁促，私念琴音若果如此，不足尚矣。　及聞陳楚白先生琴音，韻指法合乎大雅，因從受十餘曲。　自後讀書吴門，聞夏先生彈常熟操，音調清越舒徐，指法容與閒雅，迨有太古之意，又從受數曲。二十年來，奔馳南北，所遇操縵之士，清雅絕倫者固不乏人，欲求所謂太音希聲，有一唱三歎之旨者，罕得覯焉。頃聞詹大生先生《樵歌》《静觀》二曲，妙指希聲，嗒焉喪我。詢之，固亦熟操也。詹以年高，難傳心焉，誌之不能忘。歸里之後，專訪絲桐於虞山，有古調、時調之别，乃知授受不同，師傳各異。先生律吕精研，琴學雅正，亦傳自吴門，基佩服已久。兹有選譜三十餘曲，妄加釐訂，將謀付梓，用呈大教。其有訛謬不合律吕者，幸爲改正。而去取之間，是否合乎古調，伏惟詳覽指示異同，勿使貽笑四方，則仰承明訓，當勒五中也。基又嘗謂琴學與字學略同，運腕用臂力、指節用堅實，一也。有輕重，有頓挫，有向背結搆，一也。或斂或縱，或疏或密，一也。體骨遒勁，風致瀟灑，一也。高古純朴，超妙入神，一也。而又必求名帙、重師傳，積學日久，而後有成，無一不同也。則知精於字者，可通其理於琴。精於琴者，亦可會其義於字矣。謬妄無當之論，先生以爲然否？幸卒教之。《琴談》一書，俟脱稿後，更當呈教也。允基頓首。

傳琴約

一、琴爲聖樂，君子涵養中和之氣，藉以修身理性，當以道言，非以藝言也。習琴之友，必期博雅端方之士，方可傳之。輕浮佻達者，豈可語此？

一、派既不同，傳亦各異。首嚴音律，兼重指法。習琴者，須令聽過各家，務要心悦誠服，然後授受分明。苟會心明敏者，何妨青出於藍？其或齊傳楚咻，志不專一，則亦不屑教誨之而已矣。

一、孔子學琴於師襄，十日不進。伯牙學琴於成連，三年未成。初學者須要心堅志決，必期有成方可傳習。其或乘興而來，半途而廢，亦不足取也。

一、琴爲古人養性之具，非以資糊口計也。每見時師傳授，輒講酬儀，鄙穢難聞，風雅掃地矣。凡我同志，各宜戒之，傳琴以取友爲先、自愛爲重。故有斯約。寓山自識。

校勘記

〔一〕「以」，《史記》無。

〔二〕「琴」，《爾雅》作「瑟」。

〔三〕「徽」，原作「祉」，據《夢溪筆談》改。下同。

〔四〕「之」，《夢溪筆談》作「人」。

〔五〕「霄」，《琴學備要》作「陰」。

〔六〕「虚亭」，《琴學備要》作「風鶯」。

〔七〕「泉流」，《琴學備要》互乙。

〔八〕「鸞鳳和鳴者，圓團也」，《琴瑟合譜》作「鸞鳳和鳴者，如一也。燕語鶯聲者，圓婁也」。

〔九〕「紫蝌傍行」，《琴學備要》作「蟹行郭索」。

〔一〇〕「於街」，《琴瑟合譜》作「鳳銜」。

〔一一〕「氣」，《大還閣》本《溪山琴况》作「意」。

〔一二〕此下，《全上古三代秦漢三國六朝文》有「英聲發越，采采粲粲」。

卷之二

紀事

伏羲斲桐爲琴，繩絲爲絃。絃二十有七，命之曰離徽。以通神明之貺，以合天人之和。《外紀》。

伏羲削桐爲琴，面圓法天，底平象地。龍池八寸，通八風。鳳池四寸，象四時。五絃象五行，長七尺二寸，以修身理性，反其天真也。《世本》。

伏羲時，嬰磄貢梓，帝命下相柏皇斲而爲琴，一曰丹維，二曰祖牀，三曰委文，四曰衡華。

神農氏繼庖犧而王天下，上觀法乎天，下取法乎地，近取諸身，遠取諸物，始削梧爲芩，繩絲爲絃，以通神明之德，合天人之和。桓譚《新論》。

黃帝合符於釜山，以遞鐘之。琴奏《清角》之音，以娛帝鳳。鳳蔽日，作《夢遊》

《華胥引》《八極遊》。

伶倫制琴音。

鄒屠氏，帝嚳之妃也。以碧瑶之梓爲琴，飾以㻬琈寶玉，故名㻬琈。虞氏《琴疏》。

祝蝸取瑶山之梓斲琴，有異聲。琴名皇來、鸞來、鳳來，能使五色鳥舞于庭中。《琴疏》。

素女播廣都之琴，温風冬飄，素雪夏零。鸞鳥自歌，鳳鳥自舞，靈壽自花。《古琴録》。

帝俊琴曰電母，每夏月電光一照，則絃自鳴。俊之子晏龍，琴曰菌首，曰白珉，曰義輔，曰蓬明，曰蕳聞，曰垂漆。《琴疏》。

堯使無勾作琴五絃，《通禮纂義》。作《太平引》《神人暢》。

許由隱箕山，作《遜世操》《棄瓢引》。

康衢老人作《擊壤歌》。

舜作五絃琴，長三尺八寸二分，歌《南風詩》，思長養之恩也。堯增二絃鼓之〔二〕，而天神格，以合君臣之意也。揚雄曰：舜彈五絃之琴而天下治，故德如泉流，千古不泯也。作《南薰歌》《歷山吟》。

娥皇、女英作《湘妃怨》。

昔夏之時，洪水懷山襄陵，禹乃援琴作操，其聲清以溢，潺潺湲湲，志在深河。《桓子》。

大禹決江河，上會稽山，彈琴自鳴。自是之後，黎庶乂安，萬物咸阜，作《襄陵操》。《禹上會稽》，一名《觀光上國》。

夏之時有務光者，鼓琴逃世，服菖蒲不老。《世説》。

帝相元年，命羿削桐斲琴，名曰條谷。後爲羿所逐，居於商丘，援琴作《源水之歌》。《琴疏》。

成湯作《訓佃操》。

大戊時，伊陟琴曰國阿。《古琴録》。

殷師絃撫一絃琴，則地祇皆昇。

《岐山操》者，太王去邠而邑于岐，自傷爲夷狄所侵，喟然太息，援琴而鼓之。《琴操》。

文王作《拘幽操》《思舜》《思賢曲》《懷古引》。

文王得太公于渭陽，大悦，遂以爲師，號太公望，乃援琴而鼓之，自敘思士之意，故有《思士操》。《琴操》。

箕子諫紂不聽，乃披髮佯狂，鼓琴以自悲，《史記》。作《佯狂操》《麥秀歌》。

武王作《白魚歎》。

周公輔成王，萬國和。會越裳重九譯來獻，周公援琴而歌《越裳之操》。又作岐山、大雅、關雎、伐檀、騶虞、鹿鳴、鵲巢、白駒、雲和之琴。冬至之日，於地上圜丘奏之。空桑之琴，夏至之日，於澤中方丘奏之。龍門之琴，於宗廟奏之。蓋雲和之木，與天相應。空桑之木，與地相協。龍門之材，與鬼神相和故也。《周官》。唐蕭祐嘗操此琴。

周虞隨進文王琴，至成王時，二叔流言，乃作《周公操》以獻，流涕不已。天大雷電烈風，禾偃木拔，邦人大恐，因啓金縢復周公。

古操曰《鳳凰來儀》者，成王即位，用周、召、畢、榮之屬，天下大治。太平禎瑞，同時而應。麒麟遊苑，鳳凰翔庭，頌聲并作，僉然大同，成王援琴鼓之而作此操。

周宣王琴曰嚮風，銘曰：墻有耳，伏寇在是。武王之遺器也。宣王每朝，姜后輒以此銘援琴奏。宣王于是益兢兢不忘。《古琴録》。

尹吉甫子伯奇至孝，後母譖之，自投江中。衣荷帶藻，忽夢見水仙賜其美藥，唯念養親，揚聲悲歌。船人聞而舉之。吉甫聞船人之聲，疑似伯奇，援琴作《子安之操》。揚雄《琴清英》。

尹伯奇作《履霜掇蜂曲》。

魯穆姜使人求美櫝斵琴，曰頌琴。《左傳》。

齊桓公琴曰號鐘。

齊桓公使甯戚叩牛角而歌，哀公鼓號鐘之，琴以和之，侍者莫不涕下，命後車以歸。《虞琴疏》。

百里奚爲秦相，堂上作樂，所賃浣婦自言知音，呼搏髀，援琴撫絃而悲歌。歌曰：「百里奚，初娶我兮五羊皮。臨當別行，烹伏雌。今適富貴，忘我爲尋。」問之，乃其妻也。《風俗通》。

宋華元獻楚莊王以繞梁之琴，鼓之，其聲嫋嫋，繞于梁間，循環不已。楚王樂之，七日不聽朝，其音始歇。樊姬進曰：「君淫於樂矣。昔桀好妹喜之瑟而亡其身，紂聽靡靡之音而喪其國。今君繞梁是樂，七日弗朝，君樂亡身喪國乎？」於是以鐵如意鎚琴而破之。《御覽》。

周召公之後姬剛作琴，名龍首。於兩額間作尖，勢廣二寸半。有清實出遠之音。張骼、輔躒與楚戰，乘乘車，踞轉而鼓琴。注：乘，安車也。踞，倚也。轉，衣囊也。《唐類函》。

孫林甫在戚擊鐘，季札非之云云。林甫聞之，終身不聽琴瑟。

師襄衛人，作七十二調八百九十曲，爲孔子師。

孔子學琴於師襄，曰：「丘已得其意，未得其數也。」有間，曰：「丘已得其數矣，未得其人也。」有間，曰：「丘已得其人矣，未得其類也。」有間，邈然遠望曰：「洋洋乎，翼翼乎，其惟文王之間乎。」《韓詩外傳》。

孔子鼓琴，曾子、子貢側門而聽。曲終，曾子曰：「嗟乎！夫子琴聲殆有貪狼之志，邪僻之行，何其不二？」子貢以曾子之言告，子曰：「嗟乎！夫參，天下賢人也，其習知音矣。向者丘鼓琴，有鼠出游，狸見於屋，循梁微行，造焉而避，厭目曲脊，求而不得。丘以琴淫其聲，參以丘爲貪狼邪僻，不亦宜乎？」《韓詩外傳》。

孔子窮於陳、蔡之間，絃歌鼓琴，未嘗絶音。《莊子》。

孔子遊乎淄帷之林，坐於杏壇之上。弟子讀，孔子鼓琴。曲未終，有漁父捨舟而來。孔子推琴而起，曰：「其聖人者歟？」《莊子》。

孔子遊泰山，見榮啓期鹿裘帶索，鼓琴瑟。孔子問：「爲樂何也？」對曰：「天生萬物，惟人爲貴。吾既爲人，一樂也。男貴女賤，吾既爲男，二樂也。今人有不免襁褓、不見日月者，吾行年九十有五矣，三樂也。貧者，士之常；死者，生之終。居常以待終，何憂哉？」

孔子南遊適楚，至於阿谷之隧。有處女佩瑱而浣，孔子曰：「彼婦人可與言矣！」抽琴去其軫，以授子貢曰：「善爲之辭。」子貢曰：「於此有琴而無軫，願借子以調其音。」婦人對曰：「吾野鄙之人，五音不知，安能調軫？」《韓詩外傳》。

顔淵曰：「鼓琴足以自娱，樂夫子之道，足以自樂。回不願仕。」

孔子遊於隅山，見梓樹上有孤鶵，乃承而歌之。《琴操》。

顔淵之喪，饋祥肉，孔子彈琴而後食之。《禮記》。

孔子作《思賢操》《魯商意》《漪蘭》《獲麟》《將歸操》《龜山操》《風遊雲》《東周》。

魯哀公二十一年，孔子出魯東門，過故杏壇，歷級而升，顧謂弟子曰：「茲魯將臧文仲誓盟之壇也。」睹物思人，命琴而歌。歌曰：「暑往寒來春復秋，夕陽西下水東流。將軍戰馬今何在，野草閒花滿地愁。」《雜記》，後人撰擬。

曾參耘瓜而悞斬其根，曾晳怒，援大杖擊之，曾子仆地，有頃乃蘇。蹶然而起，進曰：「曩者參得罪於大人，得無疾乎？」退鼓琴而歌。《説苑》。

曾子夢狸無首而作《殘形操》，又作《歸耕引》。事孔子十有餘年，晨覺，眷然念二親年衰，養之不備，于是援琴鼓之曰：「歔欷，歸耕來兮安所耕，歷山盤兮。」《琴操》。

宓子賤彈琴不下堂而單父治。《吕氏春秋》。

子夏居蓬户之中，彈琴以詠先王之風。有人亦樂，無人亦樂。《韓詩外傳》。

子夏既除喪而見，孔子與之琴，和之而不和，彈之而不成聲，作而曰：「哀未忘也。」子張既除喪而見，與之琴，和之而和，彈之而成聲，作而曰：「先生制禮，不敢不至也。」《禮記》。

原憲居環堵之室，桑以爲樞，褐以爲裳，上漏下濕，匡坐而彈古琴。子貢相衛，結駟連騎而來見憲，曰：「嘻！先生何病也？」憲應之曰：「憲聞之無財謂之貧，學道而不能行謂之病。若憲，貧也，非病也。夫希而行，比周而友，仁義之慝，車馬之飾，憲不忍爲也。」子貢逡巡而退，終身猶有慚色。《家語》。

閔子作《離洞雲》《朝天鶴》以獻孔子，孔子知其有退意。後果辭歸。琴名掩容，一名振谷。

崔子見譖于繼母，不揚父過，抱石自沈。閔子悼之，作《崔子渡河操》。《琴經》。

子路鼓琴，嘗作鼓箜篌琴。箜篌者，古亡國之侯所作也。故夫子責之曰：「不執先王之器，而習亡國之音。」子路聞之，懼而骨立。《家語》。

鄭師文學琴于師襄，三年試之：當春而扣商絃以召南吕，凉風忽至，草木成實。及秋而扣角絃以激夾鐘，温氣徐迴，草木發榮。當夏而扣羽絃以召黄鐘，霜雪交下，川池暴沍。及冬而叩徵絃以激蕤賓，陽光熾烈，堅冰立散。將終，命宫而總四絃，則景風翔，慶雲浮，甘露降，醴泉涌。師襄乃撫心高蹈曰：「微矣，子之彈也。雖師曠之

《清角》、鄒衍之《吹律》，亡以加之。彼時挾琴執管而從子之後耳。」《列子》。

榮啓期作《山堂》《泛商》三樂。

長沮、桀溺二隱士作《大遊》《小遊》《長側》《短側》。

衛靈公之時，將之晉，至於濮水之上舍。夜半時，聞鼓琴聲，問左右，皆對曰不聞。乃召師涓曰：「吾聞鼓琴音，問左右皆不聞，其狀似鬼神，爲我聽而寫之。」師涓曰：「諾。」因端坐援琴，聽而寫之。明日曰：「臣得之矣，然未習也。」請宿習之。靈公曰：「可。」因復宿。明日報曰：「習矣。」即去之晉，見晉平公。平公置酒施惠之臺。酒酣，靈公曰：「今者來，聞新聲，請奏之。」平公曰：「可。」即令師涓坐師曠傍，援琴鼓之。未終，師曠撫而止之曰：「此亡國之聲也，不可聽。」平公曰：「何道出？」師曠曰：「師延所作也，與紂爲靡靡之樂。武王伐紂，師延東走，自投濮水之中。故聞此聲，必於濮水之上。先聞此聲者，國削。」平公曰：「寡人所好者，音也。願遂聞之。」師涓鼓而終之。平公曰：「音無此最悲乎。」師曠曰：「有。」平公曰：「可得聞乎？」師曠曰：「君德義薄，不可以聽之。」平公曰：「寡人所好者，音也。願聞之。」師曠不得已，援琴而鼓之。一奏之，有玄鶴二八集於廊門。再奏之，延頸而鳴，舒翼而舞。平公大喜，起而爲師曠壽。反坐，問曰：「音無此最悲乎。」師曠曰：「有。昔者黄帝以大合鬼神。今君德義薄，不足以聽之。聽之，將敗。」平公曰：「寡人老矣，所好者音也，願遂聞之。」師曠不得已，援琴而鼓之。一奏之，有白雲從西北起。再奏之，大風至，而雨隨之飛廊瓦。左右皆奔走。平公恐懼，伏於廊屋之間。晉國大旱，赤地三年。聽者或吉或凶。夫樂不可妄興也。出《史記·樂書》，本之《韓子》。

師曠鼓琴，有玄鶴銜珠於中庭舞，失珠。《韓子》。

師曠鼓琴，通于神明，而白鵠翔，《瑞應圖》。作《陽春》《白雪》《玄默》《白雲引》。

楚昭王敗辱越君。臣傷昭王困迫，乃援琴爲楚作《窮劫》之曲。《吴越春秋》。

作月琴，中爲月形，圖寫山水。

晉侯見鍾儀，問其族，曰：「伶人也。」與之琴，操南音。公曰：「言稱先職，不背本也。樂操土風，不忘舊也。」《左傳》。

衛秦珏作鳳舌，斜飛三寸，下有峻形。習徵調，每坐雪中鼓之，俄有和氣。陳虞命鼓琴，當盛夏，操羽音，忽西有雲起。曲終，雪已糝徑矣。

師曹，衛人，作琴名鳳嗉，頂上綴兩圓蟬，作三十九引，定六十七調。以琴謁靈公，每鼓琴，有仙集。

初，衛侯有嬖妾，使師曹誨之琴。師曹鞭之，公怒，鞭師曹三百。《左傳》。

師開鼓琴，以東方、西方之聲而知室之朝夕。《晏子》。

瓠巴鼓琴而鳥舞魚躍。《列子》。

莊子作《神化引》《夢蝶遊》。

伯牙鼓琴，六馬仰秣，《孫卿子》。作琴名號鐘。

伯牙遊于泰山之陰，卒逢暴雨，止於巖下。心悲，乃援琴而鼓之。初爲霖雨之操，更造崩山之音。每曲奏，鍾子期輒窮其趣。伯牙乃舍琴而歎曰：「善哉！子之聽！矢志想象，猶吾心也。吾于何逃聲哉？」《列子》。

鍾子期受成連百二十曲，補作五百八弄二十八調。

伯牙鼓琴，鍾子期善聽之。方鼓琴，志在高山，鍾子期曰：「善哉乎鼓琴，巍巍乎如高山。」志在流水，子期曰：「善哉乎鼓琴，洋洋乎若流水。」子期死，伯牙終身不復鼓琴，以爲世無知音者也。《呂氏春秋》。

列子續《襄陵》，作《枯魚曲》，綴七十二小調，作一百二十種雅弄。《歷代琴式》。

周師經仕魏，善鼓琴。文侯眈之起舞。經怒，以琴撞文侯。文侯怒，使人曳下殿。將殺之，經曰：「乞申一言而死。」文侯曰：「何？」經曰：「臣撞桀紂之君，不撞堯舜之主。」文侯曰：「寡人過矣。」乃捨之。懸琴於壁，以爲戒。《十二國史》。

師經作琴，名覆杯。兩翅廣尺二寸，而用五絃。

《三士窮操》者，思革子所作也。思革子與石文子、叔愆子爲友，聞楚王賢而往見。至嶔巖之間，衣寒食乏，自度不得俱活。二人以思革子爲賢，推衣糧與之，凍餓而死。思革子往見，楚王旨酒嘉殽，鐘鼓以樂之。愴然憂悲，援琴而鼓，作《相與別散》之曲。王曰：「琴何悲哉？」革子推琴而對曰：「臣友石文子、叔愆子慕大王高義來謁，至於嶔巖，逢飄風暴雨，衣寒糧乏，度不能俱活，二子推糧與臣，凍餓而死。今王陳酒設樂，誠不敢酣樂。」楚王贈革子黃金百斤。命左右棺殮葬之。以革子爲相。《琴疏》。

革子作琴，有清濁風雨之聲。每作，能感動鬼神。世以上界真人稱之。

邵國女傷周道衰微、百姓愁苦，作《騶虞操》。《琴窗》。

田《伐檀操》者，魏國女之所作也。傷小人素餐在位，閔下民怨曠，失其嘉會。夫聖王之制：能治人者食於人，不能治人者食於田。今賢者隱退伐木，小人在位食祿。懸珍奇，積百穀，併包有土，德澤不加，百姓不寧。仰天長歎，援琴歌之而作此操。《琴疏》。

魯賀雲嘗於淮泗夜静撫琴，忽有三人來曰：「我商三賢也。先生之琴盡善，然於古法未甚協。」因授皎《月風雷》之曲。

陳仲子居於陵，身織履，妻辟纑，鼓琴自適。楚王欲相之，遣使持金百鎰聘。仲子入，謂妻曰：「楚王欲相我。今日相，明日結駟連騎而食方丈，可乎？」妻曰：「夫子左琴右書，樂在其中矣。結駟連騎，所安不過容膝。食前方丈，所甘不過一肉。今以容膝之安、一肉之味，而懷楚國憂，亂世多害，恐先生不保食也。」於是出謝使者，相與逃去，爲人灌園。《塵外箋》。

騶忌子以鼓琴見威王。威王說，而舍之右室。須臾，王鼓琴。騶忌子推户入曰：「善哉鼓琴！」王勃然不説，去琴按劍曰：「夫子見容，未察何以知其善也？」騶忌子曰：「夫大絃濁以春温者，君也。小絃廉折以清者，相也。攫之深、醳之愉者，政令也。鈞諧以鳴，大小相益，回邪而不害者，四時也。吾是以知其善也。」王曰：「善語者。」騶忌子曰：「何獨語音。夫治國家而弭人民，皆在其中。」王又勃然不說曰：「若夫語，五音之紀信，未有如夫子者也。若夫治國家而弭人民，又何爲乎絲桐之間？」騶忌子曰：「夫大絃濁以春温者，君也。小絃廉折以清者，相也。攫之深而醳之愉者，政令也。鈞諧以鳴，大小相益，回邪而不相害者，四時也。夫復而不亂者，所以治昌也。連而徑者，所以存亡也。故曰：琴音調而天下治。夫治國家而弭人民，無若乎五音者。」王曰：「善。」騶忌子見三月而受相印。《史記》。

應侯與賈子坐，聞鼓琴聲。應侯曰：「今日琴一何悲也？」賈子曰：「夫張急調下，故使之悲耳。張急者，良材也。調下者，官卑也。取夫良材而卑之官，安能無悲乎？」應侯曰：「善。」《説苑》。

武靈王夢見處女鼓琴而歌，詩曰：「美人熒熒兮，顔若苕之榮。命乎命乎，曾無我嬴。」異日，王飲酒樂，數言所夢，想見其狀。吴廣聞之，因夫人而内其女，姓嬴孟姚也。孟姚甚有寵于王，是爲惠后。《史記·趙世家》。

雍門周以琴見孟嘗君，君曰：「先生鼓琴，能令文悲乎？」周曰：「今足下廣厦邃房，下羅帷，來清風，鬭象棋，舞鄭妾。麗色淫目，流聲娛耳。雖有善鼓琴者，未能使足下悲也。然臣所爲足下悲者，一也。千秋萬世後，宗廟不血食。高臺既已壞，曲池既已塹，墳墓既已平，嬰兒豎子樵採者躑躅而歌其上曰：『夫以孟嘗君之尊貴，乃若是乎。』」於是孟嘗君泫焉承睫。周引琴而鼓之，徐動宮徵，拂羽角，孟嘗涕泣增哀曰：「先生鼓琴，令文若破國亡邑之人。」《説苑》。

劉涓子，齊人，作《修禊吟》《石上流泉》《高柳聞蟬》。

卞和作《二獻》及《碎玉斗》《荆軻》。

琴曲有曰《聶政刺韓王》。政爲父報仇，入泰山，遇異人受琴，漆身吞炭。後入韓，國人莫知。政鼓琴闕下，觀者成行。王乃召政。政内刀琴中而見王。王使琴，政援琴歌，出刀刺王，殺之。《太平御覽》與《史記》異。

屈原，戰國時人，楚大夫，作《天問》《遠遊》《離騷》《獨醒》五弄。

宋玉作《悲秋賦》《金風引》《西風落葉霜》《夜聞砧》。

臣常行，僕飢馬疲。正值主人門開，主人出。獨有主人女在，欲置臣。堂上太高，堂下太卑。乃爲蘭房奥室，止臣其中。中有鳴琴焉，臣援琴而鼓之，爲秋竹積雪之曲。宋玉《諷賦》。

楚王子無虧有琴曰清翻。後質於秦，不得歸國，援琴歌曰：「洞庭兮木秋，涔陽兮草衰。去千里之家，爲咸陽之布衣。」《琴經》。

荆軻劫秦王，將刺之。王曰：「寡人好琴，願聽一曲而死。」許之，召琴女文馨奏曲，曲曰《羅穀》：「單衣可裂而絶，八尺屏風可超而越，鹿盧之劍可負而拔。」王奮袖而去，後名其琴曰超屏。《虞琴疏》。一説秦王既殺荆軻，夜置酒，命鼓琴，歌此三句。未知孰是。

秦始皇作琴軫岳，足尾俱用黑碧玉爲之，取其所尚也，作《詠道德》。

秦始皇二年八月十五日，武彝君魏子騫會鄉人于幔亭，命張安陵打引鼓，趙元奇拍副鼓，劉小禽坎鈴鼓，曾小童擺鼗鼓，喬知滿振嘈鼓，高子春持短鼓，鮑公希吹横笛，何鳳兒拊節板，東幄奏《賓雲左仙》之曲。次命董嬌娘彈坎篌，謝英妃撫長琴，吕荷香戛國腹琵琶也，黄次姑噪悲慄，秀澮鳴洞簫，宋小娥運居巢笙也，羅妙容揮鏟銚銅鼓也，西幄奏《賓雲右仙》之曲。行酒進食，乃令彭令昭奏人間可哀之曲。《武彝山古記》。

秦陳章作琴，名神暉，於腰下覆四月相向，妙作羽音。當大暑時，一鼓清風颯然。

崔駰，涿郡人，字亭伯。有琴曰卧冰，銘曰：「空桑之桐泗濱梓，丁緩造琴于策底，彈之福降壽靡已。」李斯小篆。《虞琴疏》。

李斯作《狡兔操》，琴名龍腮。

《琴引》者，秦時倡屠門高之所作也。高見宫女幼眇寵麗，於是援琴而歌之，作爲離别之操。曲未及終，琴折柱摧，絃音不鳴。舍琴而更援他琴以續之。古詩。

高祖初入咸陽宫，周行府庫，見有琴長六尺，按十三絃二十六徽，用七寶飾之，銘曰「渥璵之樂」。《潛確類書》。

萬石君奮，年十五爲小吏，侍高祖。高祖與語，愛其恭敬，問曰：「若何有？」對曰：「獨有母，不幸失明。有姊，能鼓琴。」高祖乃召其姊爲美人，以奮爲中涓，徙其家長安中戚里。《史記》。

張子房，漢師，作《進履曲》《日月重光》《楚歌》。

《漢武傳》：莊女從東來，彈落霞之琴，傳《青鸞引》《仙佩迎風》。

漢武帝恒山夕望，東邊有青雲髣髴，俄而見雙白鶴集於臺上，倏忽化爲二神女，舞於臺上，握鳳管之簫，拊落霞之琴，歌《清吴》《春波》之曲。《洞冥記》。

稷丘公，華山道士，漢武封禪，公乃冠章甫擁琴來迎。《列仙傳》。

漢武帝時，師中琴名雷音，進《龍池》《嵩巖》二曲，因以琴諫。不聽而去，再進《洛陽道》一曲，帝甚思之。

蘇武作《思君操》《雁過衡陽》《霜天曉角》《憶關山》。

司馬相如素與臨卭令王吉相善，臨邛富人卓王孫有女文君新寡，好音，故相如繆與令相重，而以琴心挑之。文君竊從户窺之，心悦。既罷，相如乃使人重賜文君侍者，通慇懃。文君夜亡，奔相如。《史記》。

司馬相如作《玉如意賦》，梁王悦之，賜以緑綺之琴，銘曰「桐梓合精」。《虞琴疏》。

司馬相如琴臺，在成都浣溪正路金花寺北。魏伐蜀，于此下營，掘塹得大甕二十餘口，蓋以響琴也。《潛確類書》。

宣帝時，元康、神爵間，丞相奏能鼓琴者勃海趙定、梁國龍德，皆召入見温室，使鼓琴，待詔。趙定爲人尚清浄、少言語，善鼓琴。時閒燕爲散操，多爲之涕泣者。劉向《别録》。

王嬙作《龍翔操》，即《昭君怨》。

宋勝之，漢逸民，隱於琴，常携琴牧羊。成帝高其行誼，辟之。勝之抱琴逃隱山中，累徵不起。《太平御覽》。

張安世五歲能鼓琴，有寶琴二，一曰秋梧疏雨，一曰白鵠，背有「子野」兩字。十五爲成帝侍中，善鼓琴，能爲《雙鳳離鸞》之曲。《西京雜記》。

趙后作歸風送遠、雙鳳離鸞琴，以金玉爲賢士、美女、龍鳳之形，琴名鳳凰。

梁伯鸞與妻共入霸陵山中，耕讀爲業，時時鼓琴自娱。因東出關過京師，作《五噫之歌》以見志焉。《高士傳》。

鄭子真隱谷口，作《谷口引》，鼓絙而歌。絶迹市朝，又作《龍歸晚洞》。《對音》。

羅越黄龍師作琴名聚雲，朱絃，以金玉爲徽、珊瑚爲軫，有龍吟虎嘯之聲。製《拘安離》《清風吟》曲。

宋藤之作琴，名蟬翼。於尾綴尖蟬一對，有風雨瀟散之聲。梁鑾作《平陵曲》，琴名靈機，每彈琴則群鳥皆集。

晉王謂孫息曰：「子鼓琴能令寡人悲乎？」息曰：「今處高堂邃宇、連屋重户，藿肉漿酒，倡樂在前，難可使悲者。」乃謂少失父母，長無兄嫂，當道獨坐，暮無所止於此者，乃可悲耳。乃援琴而鼓之。晉王傷心哀涕，曰：「何子來遲也。」揚雄《琴清英》。

馬明生作琴名玉峰，於肩作四峰，一絃，清而雅。隨神女入石室，金牀玉几，彈琴，有一絃五音並奏。《馬明生别傳》。

師氏雅琴者，名忠，東海下邳人，言師曠之後。至今邳俗猶多好琴也。劉向《别録》。

張機字仲景，南陽人，精於治療。一日，入桐柏覓藥草，遇一病人求診。仲景曰：「子之腕有獸脈，何也？」其人以實告，乃嶧山穴中老猿也。仲景出囊中丸藥遺之，一服輒愈。明日，其人肩一巨木至，曰：「此萬年桐也，聊以相報。」仲景斲爲二琴，一曰古猿，一曰萬年。《志奇》。

《琴清英》者，楊子雲所撰也。子雲得琴清英，甚昵之，因以名所著書。作《聖德頌》。《琴譜》。

揚雄、庾信琴俱名清英。

嚴子陵隱富春山，鼓琴垂綸，作《秋江獨釣》。

建武十一年，盖國女主遣使獻五絃琴，名伊王，中國製也。《虞琴疏》。

宋弘薦桓譚爲議郎、給事中。帝令譚鼓琴，愛其繁聲。弘聞之，不悦。伺譚出，朝服坐府上，遣吏召之。譚至，不與席而讓之。譚頓首辭謝，良久乃遣之。後大會群臣，帝使譚鼓琴。譚見弘，失其常度。帝怪而問之，弘乃離席免冠謝曰：「臣所以薦譚者，望能以忠直導主。而令朝廷耽悦鄭聲，臣之罪也。」帝改容謝之。《東觀漢記》。

桓譚善鼓琴，著《琴道》一篇，未成，肅宗使班固續成之。《潛確類書》。

《琴道》未畢，但有發首一章而已。涓生作《琴心》三篇。《東觀記》。

仲長統琴書清曠，所著《樂志》論有曰：「彈南風之雅操，發清商之妙曲。」其物外琴致如此。《何氏語林》。

慶安世作《離鸞霜夜鴻》。

和華巔胡老揚衡含笑，援琴而歌，歌曰：「練余心兮浸太清，滌穢濁兮存正靈。和液暢兮神氣寧，情志泊兮心亭亭。嗜欲息兮無由生，踔宇宙而遺俗兮，渺翩翩而獨征。」蔡邕《釋誨》。

傅毅字仲武，作《琴賦》。有《琴銘》曰：「永寶蝌蚪蟲篆。」《虞琴疏》。

馬融作《琴賦》。

桓驎字元龍，榮之孫也。有琴曰叢竹流風。《虞琴疏》。

漢桓帝聞楚琴，悽愴傷心，倚户而悲，慷慨長歎曰：「善哉！爲琴若此而足矣。昔季流子向風而鼓琴，聽之者淚下。」阮籍《樂論》。

韋玄成琴曰常清。

荀季和淑有琴曰龍脣，一日大風雨，失去。三年後，復大風雨，有黑龍飛入李膺堂中，諦視識之，曰：「此荀季和舊物也。」膺即送還。季和恐復飛去，嵌金于背曰「劉累」以厭之，改名「飛龍」。《金徽編》。

吴人有燒桐以爨者，蔡邕聞其爆聲，曰：「此良材也。」因請之削以爲琴，而燒不盡，因名之焦尾。《搜神記》。

蔡邕在陳留，其隣人有以酒食召邕者。比往，而主以酣焉。客有彈琴於屏，邕至門，試潛聽之，曰：「憘以樂召我而有殺心，何也？」遂反。將命者告主人曰：「蔡君向來，至門而去。」邕素爲邦鄉所宗，主人遽自追而問其故。邕具以告，莫不憮然。彈琴者曰：「我向鼓絃，見螳蜋方向鳴蟬，蟬將去而未飛，螳蜋爲之一前一卻。吾心聳然，惟恐螳蜋之失也。此豈爲殺心而形於聲者乎？」蔡莞然而笑曰：「此足以當之矣。」《後漢書》。

蔡中郎鼓琴絶倫，常入清谿訪鬼谷故居。山有五曲，每一曲制一弄，凡三年而曲成。馬季良、王子師輩皆歎異之，作《長清》《短清》《秋月照茅亭》《山中思故人》《秋思》《緑水曲》《遊春》《曹娥》。霜夜幽館静，《後漢書》。又作《琴賦》。

蔡邕有緑綺琴，天下名器也。傅玄《琴賦序》。

蔡邕《女訓》：「舅姑若命之鼓琴，必正坐操琴而奏曲。若問名，則捨琴興對。凡鼓小曲五終、大曲三終則止。」

蔡邕女琰，年六歲。邕夜鼓，琴絃斷，琰曰：「第二絃。」邕故斷一絃，問之，琰曰：「第四絃。」邕曰：「偶得之耳。」琰曰：「吴札觀風，知四國之興亡。師曠吹律，識南風之不競。由此觀之，云何不知。」《蔡琰别傳》。

蔡琰善琴，能爲離鸞别鶴之操。《琴曆》。

蠶最巧作繭，往往遇物成形。有寡女獨宿，倚枕不寐，私傍壁孔中，視隣蠶離箔。明日，繭都類之。雖眉目不甚悉，而望去隱然似愁女。蔡邕見之，厚價市歸，繅絲製琴絃，彈之有憂愁哀動之聲。問女琰，琰曰：「此寡女絲也。」聞者莫不墮淚。《賈子説林》。

顧雍從蔡邕學琴，邕異之，曰：「卿必成，故以名與卿。」《江表傳》。

漢時有一仙人，狀貌瑰異，衣黄儒服，抱琴而彈，自名琴爲空山。張右衮《琴經》。

漢琴客張道作琴，名響泉，三絃，兩腰爲重月形。喜作流水，嘗於水滸鼓之，因作《魚躍冰泮》《一半弄》。

《古琴操》五十七曲，《思歸引》亦曰《離拘操》，舊説衛賢女之所作也。邵王聞其賢而聘，未至而王死。太子留之，不聽，拘於深宫。思歸不得，援琴而歌，曲終乃縊。初，但有聲，至晉石崇，始作辭，但述其思歸河陽所居而已。劉孝威「胡地憑良馬」亦只言思歸之狀。《走馬引》，樗里牧恭所造也。爲父報讐，殺人而藏山谷中。有天馬夜降，鳴於其室。聞而驚，以爲吏追己，犇逃入川澤中，援琴而彈之，作天馬之聲，命之曰《走馬引》。又張敞爲京兆尹，無威儀。時罷朝會，走馬章臺街。時人鄙笑之，有「毆君馬者路傍兒」之語。故張率詩曰：「吾畏路傍兒。」《霹靂引》，亦曰《吟白虎》，亦曰《舞玄鶴》，楚商梁所作。商梁出游九皋之澤，遇風雷霹靂，懼而歸，作此引。又晉平公召師曠援琴而鼓，清徵一奏，有玄鶴二八來集，再奏而列，三奏延頸而鳴，舒翼而舞。所謂《舞玄鶴》者，蓋本於此。往往其音不殊，故合爲一。不然，則本《舞玄鶴》之聲而爲《霹靂引》。《烈女引》亦曰操，楚樊妃作也。《伯妃引》，魯伯妃作。《琴引》，秦時屠高門作。《楚引》，亦曰《龍丘引》，楚龍丘子高作。《貞女引》，魯女所作。《箜篌引》，亦曰《公無渡河》，亦曰《箜篌謡》，朝鮮津卒霍里子高妻麗玉所作。子高晨起刺船，見一白首狂夫被髮攜壺，亂流而渡。其妻隨呼止之，不及，遂援箜篌而鼓之，歌曰：「公無渡河，公終渡河。公墮而死，當奈公何。」聲音悽愴。曲終，亦投河而死。子高還，以其聲語麗玉。玉傷之，乃引箜篌寫其聲。聞者莫不墮淚。麗玉以其聲傳鄰女麗容，名曰《箜篌引》。舊史稱漢武帝滅南粤，祠太乙后土，令樂人侯暉依琴造坎侯。坎者，聲也。侯者，工人姓也。後語訛坎爲空。然以臣所見，今大樂有箜篌器，何得如此說。右九引。《將歸操》，世言孔子之趙，聞殺竇鳴犢，賢者也。孔子知必不用己，故將歸。其辭曰：「翱翔於衛，復我舊居。從吾所好，其樂只且。」《猗蘭操》亦曰《幽蘭操》，世言孔子作。孔子傷不逢時，以蘭薺麥自喻，且云：「我雖不用，於我何傷。」言雪霜之時，薺麥乃茂。蘭者，取其芬香也。今此操只言猗蘭，蓋省辭也。《龜山操》，世言孔子作。季桓子受齊女樂，孔子欲諫不得，退而望魯，之龜山，而作此曲。言位尊非其人，嗟余莫之依也。或言季氏若龜山之藏魯。《越裳操》，世言周公作。越裳國獻白雉，周公作是歌。《拘幽操》，世言文王拘于羑里而作。《岐山操》，世言周公爲太王作，述古豳公之績，患時黷武也。或云周人爲文王所作。《履霜操》，世言尹吉甫子伯奇無罪，爲後母所譖見逐，自傷而作也。追帝舜之事，明怨其身之不爲父母憐也。言人之不得於父母者，當益親也。《雉朝飛操》，世言齊宣王時處士牧犢子作也。年七十，無妻，採薪於野，見雉雌雄雙飛，乃仰天而歎曰：「聖王在上，恩及草木鳥獸，而我不獲。」因援琴而歌，其聲中絕。魏武帝有宮人盧女者，陰叔之妹，七歲入漢宮學鼓琴，琴特鳴異，爲新聲，能傳此曲。至魏明帝崩，出降爲尹更生妻，故得此聲不絕。按揚雄《琴清英》曰：《雉朝飛操》者，衛女傅母之所作也。衛女嫁於齊太子，中道聞太子死，同傅母曰：「且往當喪。」喪畢不肯歸，終之以死。傅母悔之，取女所自操琴於塚上鼓之，忽二雉俱出墓中。傅母撫雉曰：「女果爲雉耶？」言未畢，俱飛而起，不見所往。傅母悲痛，援琴作操，曰《雉朝飛》。據雄所記，大概與《思歸操》之言相類，恐是訛易。《别鵠操》，商陵牧子娶妻，五年無子，父兄爲之改娶。其妻聞之，中夜起，倚戸悲歌。牧子感之，爲作此曲。或云其時亦有雙鵠悲鳴，因以命操。《殘形操》，世言曾子夢一狸，不見其首，以爲不祥，而作此曲。《水仙操》，俞伯牙所作。伯牙學鼓琴於成連先生，三年而成，至於精神寂寞、情之專一，尚未能也。成連云：「吾師子春在海中，能移人情。」乃與伯牙、延望無人至蓬萊山，留伯牙曰：「吾將迎吾師。」刺船而去。旬時不返，但聞海上水汩没漰澌之聲，山林窅冥，群鳥悲號。愴然歎曰：「先生將移我情。」乃援琴而歌之。曲終，成連刺船而還，伯牙遂妙絶天下。《懷陵操》，世言伯牙所作。右十二操。琴之九引十二操，以音相授，並不著辭。琴之有辭，自梁始。又有《三十六雜曲》《蔡氏五弄》《雙鳳》《離鸞》《歸風》《送遠》《幽蘭》《白雪》《長清》《短清》《長側》《短側》《清調》《大遊》《小遊》《明君》《胡笳》《廣陵散》《白魚歎》《楚妃歎》《風入松》《烏夜啼》《楚明光》《石上流泉》《臨汝侯》《子安之》《流澌淵》《雙燕離》《陽春弄》《悦人弄》《德珠弄》《中揮清》《暢志清》《蟹行清》《看客清》《便僻清》《婉轉清》。

華山毛女，獵者見之常居巖鼓琴。《列仙傳》。

仙女婉爲曹著鼓琴。《列仙傳》。

齊元好道，王母常與元會吴橋，命仙女房奴歌《毒南》之曲，彈橐鉢之琴。《緝柳編》。

陳郡莊氏女精於女紅，好弄琴。有琴一張，名曰駐雷。每弄梅花曲，聞者皆云有暗香。人遂籍籍稱女曰「莊暗香」。女更以「暗香」名琴。《緝柳編》。

句章人至東野還，暮不及至門，見路旁有小屋燈火，因投寄宿。有一女子，夜彈琴。問其姓名，女不答，彈絃而歌曰：「連綿葛上藤，一綏復一組。欲知我姓名，姓陳名阿登。」《幽明録》。

琴鼓山者，昔仙人卭疏嘗鼓鳳修之琴於此山，故名琴鼓山。亦名鳳修山。《列仙傳》。

車谿賨上人言嘗與其徒月夜登閣聽江貫道鼓琴，貫道信手忘言，曲盡其妙。於是據琴而弗彈。坐客莫不自失，超然得意于絲桐之表。隆茂宗因畫爲《據琴圖》。

《潛確類書》。

鄭敬隱蟻陂之陽，以漁釣自娛。常彈琴于陂側，隨杞柳之蔭，鋪茅藋爲席。《後漢先賢傳》。

劉先主作《桃園吟》。

諸葛孔明懷琴隆中，所作《水龍吟》，至今傳世。《紫雲洞考》。

太祖聞阮瑀名，辟之不應。連見偪促，乃逃入山。太祖使人焚山得瑀，送至，召入。太祖時征長安，大延賓客，使就技人列。瑀善解音，能鼓琴，遂撫絃而歌曰：「奕奕天門開，大魏應期運。青蓋巡九州，征東西人怨。士爲知己死，女爲悦者玩。恩義爲敷暢，他人焉能亂。」爲曲既捷，音聲殊妙當時冠坐。太祖大悦。《文士傳》。

魏文帝令杜夔與左顥等於賓客中吹笙鼓琴，夔有難色，帝不悦，因事黜之。

曹子建琴獨步建安，作《洛浦》《五樹臨風》《泰山吟》。

楊英作琴，名鳳勢。於兩肩腰間爲飛尖勢，廣二寸。有霹靂聲。

周大賓善鼓琴，彈獨絃而八音自和。以教糜長生、孫廣用。廣用即孫登也。陳眉公《香案牘》。

孫登字公和，汲郡人。隱處樂天，讀《易》養道，居白鹿、蘇門二山。彈一絃琴。嵇康師事三年。

孫登琴遇雨必有響如刃物聲，竟因雨破作數截，有黑蛟踊出而去。《金徽變化篇》。

嵇康作《琴賦》。

嵇中散嘗遊洛西，投宿華陽亭。一更時，操琴，聞空中稱善。呼之曰：「君何不來此。」答云：「自是古人幽歿於此，聞君彈琴，幽曲清和，故來聽耳。而就中殘毀，不宜接侍君子。」由是髣髴漸見以手持其頭，與中散共論音聲。乃授之《廣陵散》，誓不得教他人。《晉書》。

嵇康遊於會稽，入王伯通家新館内投宿。伯通曰：「此處有鬼怪，前投宿者多死於此，今不可宿。」康不聽，彈琴至三更，有八鬼出現。康心懼，密念「乾，元亨利貞」咒三遍，乃曰：「向有投宿者，都是鬼害殺之？」答曰：「非也，自懼而死也。吾是黄帝時樂官，伶倫是也。因被佞臣所謗，兄弟八人埋尸在此。伯通不知，築墻壓我。願先生與主人説起我別葬，我教先生彈《廣陵散》。」鬼取琴彈一遍，康即能彈。具告主人曰：「館中殺人之鬼，吾見之。」備説前因。伯通使人掘地，果得八鬼骸骨，葬於別處，館内遂寧。其後康以是曲彈之，鬼神皆泣，金鐵皆鳴。

嵇康抱琴訪山濤，濤醉欲割琴，康曰：「吾賣東陽舊業以得琴，乞尚書令河輪佩玉截爲徽，貨所衣玉簾中單買縮絲爲囊。論之其價，與武庫争先。如欲割之，吾即死矣。」

《語林》：嵇中散夜彈琴，忽有一鬼，械而長歎，舉其手袂曰：「君一絃遺一調。」中散與琴彈之，聲清冷。遥問不對，疑是蔡邕。邕死之日，身著桎梏。《職官分紀》。

嵇中散夜燈火下彈琴，有一人面甚小，斯須轉大，遂長丈餘，黑單衣草帶，嵇視之既熟，乃吹火滅曰：「恥與魑魅争光。」《語林》。

嵇康臨死，顔色不變，謂其兄曰：「向以琴來不？」兄曰：「已至。」康取調之，爲《太平引》。曲成，歎息曰：「《太平引》絶於今日耶？」《文士傳》。

嵇康臨刑東市，顧視日影，索琴彈之曰：「袁孝尼嘗從吾學，《廣陵散》吾固靳之，於今絶矣。」《晉書》。

阮籍作《酒狂》，又有《三峽流泉操》。

阮嗣宗見登被髮端坐岩中，遥見鼓琴。嗣宗自下趨進，莫得與言。嗣宗乃長嘯，與琴音諧和。登因嘯和之妙，響動林壑。《孫登别傳》。

阮嗣宗有母喪，嵇喜來弔，阮作白眼，喜不懌而退。喜弟康聞之，乃攜酒挾琴造焉。對之一弄阮，大悦，作青眼。《琴操》。

張華《博物志》曰：「天帝使素女鼓五絃之琴，奏《陽春》《白雪》之曲，以其調高，人和遂寡。」至唐高宗時，其曲遂絶。顯慶二年，命太常增修舊曲，吕才上言：「宋玉稱調高寡和，迄今千載，未有能者。今依琴中舊定其宫而作，故傳焉。」

劉安世琴名雲泉，遇仙女授《江南春》《塞上月》。

左思作《谷口引》以招隱。又作《幽蘭》。

胡言，趙人，作琴爲亞額，出三寸，有大聲，備律吕之正變，作《孤猿嘯月》。

潘岳作《桃源春曉》。

阮咸爲散騎侍郎，精音律，撫琴動操，務合古法。時中書監荀勗新造樂律，惟咸心譏其聲已高，非興國之音。殆古今尺長短所致也。勗不然之。其後耕夫得古銅尺于野，勗以校己所治，果長四分，始服咸之精。《樂史》。

嵇紹作《雪澗聞猿》，遷侍中。齊王冏燕會，左右進琴，紹推不彈，曰：「紹雖庸鄙，忝備常伯，腰紱冠冕，鳴玉殿省，豈可操執絲竹爲伶人事乎？」冏大慚。紹傳。

顧彦先平生好琴，死後置琴牀上。張翰直上牀彈琴，不與孝子語而去。《世説》。

晉中朝時，有王質者，入山伐木。至石室，見童子四人彈琴而歌。質因留，趺斧柯而聽之。童子以一物與質，狀如棗核。質取而含之，遂不復飢，復少留。亦謂俄頃起觀，所坐斧柯爛盡。及歸，已離家數十年矣。鄭緝之《東陽記》。

孫綽云：「回風臨岳，刈飾流離。」成公綏亦云：「臨岳則齊州之丹材。」顔黄門云：「琴首更絃者，名臨岳，必以堅木藉絃，取其不刻入也。」

劉琨世爲樂吏，故特諳音律，作《胡笳五弄》，趙師利所修是也。又有《登隴望秦操》。《文獻》：或曰：非越石也，漢末人。未詳。

戴公從東出，謝太傅往看之。謝本輕戴，見，但與論琴書。戴既無吝色，而談琴書愈妙。謝悠然知其量。《世説》。

苻堅晚好色，寵幸鮮卑。有趙整者，援琴歌曰：「昔聞盟河津，千里作一曲。此水本自清，是誰亂使濁。」《前秦録》。

謝涓子，魯人也。善琴，好餌术，隱於岩山。能鼓琴致風雨，著《琴心》三篇，有條理焉。《雲山雜記》。作琴名龍腰，三絃如七絃之音。

謝涓子嘗遊淮上，鼓琴於澧水之側，遇一女抱小緑綺，撫弄非常之聲。涓子訝之，曰：「妾北陵之女也。」授之《清江引》，作《天風環珮》。《古操》。

李宗子廞好學，善草隸。以疾不仕，坐卧彈琴，讀誦不輟。司徒王導辟之。廞得牋命，笑曰：「茂弘乃復以一爵假人？」《何氏語林》。

許玄度言：「《琴賦》所謂『非至精者不能與之析理』，劉尹其人。『非淵靜者不能與之閒止』，簡文其人。」時人歎其知琴知言。

阮瞻善彈琴，人聞其能，多往求聽。不問貴賤長幼，皆爲彈之。神氣冲和，不知何人所在。内兄潘岳每令鼓琴，終日達夜無忤色。《晉書》。

王敬伯，會稽餘姚人。琴曰感靈。一日，洲渚中昇亭而宿。是夜月華露輕，敬伯鼓琴，感劉惠明亡女之靈。告敬伯就體如平生，從婢二人。敬伯撫琴而歌曰：「低露下深幕，垂月照孤琴。空兹益宵淚，誰憐此夜心。」女乃和之曰：「歌宛轉，情復哀。願爲煙與霧，氤氳同共懷。」《晉書》。

段由夫攜琴就松風澗響之間彈之，嘗曰：「三者皆自然之聲，正合類聚。」羊曇即以《金縷衣》邀之曲終云。《金徽變化篇》。

賀韜，吴人也。素彈琴，感鬼神，見授數曲，斯亦妙之至也。《大周至樂》。

横陽令賀韜得吹臺之桐，爲琴二，一曰嘯魚，一曰恒壽。《琴疏》。

會稽有防風鬼，屢見城邑，嘗跂雷門上，脚垂至地。晉横陽令賀韜善鼓琴，防風聞琴聲，在賀中庭舞。《世説》。

桓伊作《梅花三弄》。

逵少有文藝，善鼓琴，琴名黑鵠。太宰武陵王晞使人召焉，逵對使者前打破琴，曰：「戴安道不能爲王門伶人。」《晉書》。晞怒，更引其兄逯。逯聞命，欣然擁琴而往。《世説》。

王猷作《訪戴吟》《對竹引》。

謝幼輿善音律，好鼓琴。在東海王越座，家僮取官稿除名。于時在事諸人，並以謝初登宰府遭黜爲恨。謝聞之，方清歌鼓琴，和暢不輟。《何氏語林》。

王子敬死，子猷入坐靈牀，取子敬琴彈之，絃既不調，擲琴於地曰：「子敬人琴俱亡。」《晉書》。

《交州記》云：「俗好鼓琴，牧豎于野澤，乘牛唱遼遼之歌。」

成公綏作《琴賦》。

陶潛不解琴，畜素琴一張，絃徽不具，曰：「俱識琴中趣，何勞絃上聲。」

劉志方物外琴致，所作惟有《忘機吟》《吴江吟》尚傳。《對音》。

宋文帝元嘉年間琴曰正合，言與天地正和之氣相合也。

宋王義慶作《烏夜啼》。

宋彭城王義康與義慶相見而哭，帝怪之。徵還，大懼。妓妾夜聞烏啼，叩閣曰：「明當有赦。」乃改南州，遂作此曲。

潘正叔尼有琴，題曰「抱寢」，八分書。《虞琴疏》。

楊公回方有琴，刻云「東安造」。同上。

戴顒字仲若，淮南人。父逵，善琴。顒及兄勃並受琴於父。顒琴曰躍魴，勃琴曰應谷。父殁，所傳之聲不忍復奏，各造新弄五部。顒五製長弄一部。父子兄弟，並傳於世。《宋書》。

戴顒爲義季鼓琴，並新聲曲。其三調《遊絃》《廣陵》《止息》之流，皆與世異。太祖每欲見之，嘗謂黄門侍郎張敷曰：「當宴戴公山也。」以其好音，長給正聲伎一部，顒答：「何當白鵠二聲以爲一調。」號爲清曠。沈約《宋書》。

蕭思話領左衛將軍，嘗從太祖登鍾山北嶺，中道有盤石清泉。上使於石上彈琴，琴名靡玉，因賜以銀酒鍾，謂曰：「相賞有松石間之高意也。」《宋書》。

衡陽王義季鎮京口，長史張邵與戴顒姻通，迎來止黄鵠山〔二〕。林澗甚美。顒憩於澗，義季亟從之遊。顒衣野服，爲義季鼓琴，並新聲變曲，皆與世異也。《宋書》。

宗少文炳善琴，得古金石弄。文帝遺樂師就受之。《宋書〔三〕》。

宗少文隱於琴，好山水，愛遠遊。西涉荆巫，南登衡嶽。因結宇衡山，欲懷尚平之志。有疾，還江陵，歎曰：「老疾俱至，名山恐難遍覩。唯當澄懷觀道，卧以遊之。」凡所遊履，皆圖之于室，謂人曰：「撫琴動操，欲令衆山皆響。」《南北史》。

宋周道祖續之不仕不娶，註嵇康《高士傳》。善彈琴，江州刺史劉柳薦之高祖，曰：「性之所遣，榮華與飢寒俱樂。情之所慕，岩澤與琴書共適。」潯陽三友中人。

宋王文元夫妻俱善琴，其閨詩有云：「拂琴開素匣，何事獨顰眉。古調俗不樂，正聲公自知。寒泉出澗澀，老檜倚風悲。縱有來聽者，誰堪繼子期。」張右衮《琴經》。

王仲雄善彈琴，當時妙絶江左。有蔡邕焦尾琴在主衣庫，上敕五日一給仲雄。蕭子顯《齊書》。

齊太祖宴曲江，命群臣各奏一技。唯王僧虔雍容操琴。《琴經》。

褚淵字彦回，嘗宴袁粲宅。時初秋凉夕，風月甚美。彦回援琴奏《别鵠》之曲，宫商既調，風神諧暢。謝莊撫節而歎曰：「以無累之神，合有道之器。宫商暫離，不可得已。」《南齊書》。

謝莊琴名怡神作，江南獨步。

齊威公作《琴要》。

陶弘景讀書萬卷，一事不知以爲深耻。《琴德》尤暢。《藏書》。

梁武帝纂《琴要》。

梁武帝賜張率玉琴一張，琴首金嵌「灌木春鶯」四字，遒勁有法。

梁元帝纂明齊威公之要，常曰：嗚廉、修况、藍肩、號鐘，皆齊威公琴也。

虞炎，會稽人。少時至秦望山，見獵人得一鹿，向炎悲鳴。炎買而放之。後過山下，遇一人贈以古琴，忽不見。背有芝英書，不可辨。後示沈約，約覽之，曰：「土離塵，曾獲貝。遇文惠，至驃騎」十二字也。是時已爲文惠太子所重，官至驃騎將軍矣。沈歎異久之。蓋土離塵，鹿也。曾獲貝，贈也。始悟其爲放鹿報也。《志奇》。

傅玄作《琴賦》。

鄭祖述能琴，自造《龍吟十弄》，云：「嘗夢人彈琴，寤而寫得。」當時以爲妙絶。《梁書》。

花静婦沈滿願，休文女也，有寶琴，蛇腹斷紋，銘曰：「深松候月。」鳳鳥大篆書。女紅小間，未嘗離手。有詩云：「逶迤起塵唱，宛轉繞梁聲。調絃懷積雪，蛾眉畫不成。」張右衮《琴經》。

柳世隆善彈琴，世稱：柳公雙瑣，爲士品第一。垂簾鼓琴，風韻清遠。《南史》。

柳惲琴號曰春風，父世隆，彈琴爲士林第一。惲每奏其父曲，嘗感思，復變體，備寫古曲。嘗賦詩未就，以筆捶琴。坐客過，以筯扣之。惲驚其哀韻，乃製爲雅音。後傳擊琴，自於此。惲嘗以聲轉弃古法，乃著《清調論》，具有條流。《南史》。

初，宋時有嵇元榮、羊蓋者，並善琴，云傳戴安道法。惲從之學。惲特窮其妙。齊竟陵王子良聞而引爲法曹行參軍，唯與王暕、陸杲善〔四〕，每歎曰：「暕雖名家，恐累我也。」雅被子良賞狎。子良嘗酒後園〔五〕，有晉太傅鳴琴在側，援以授惲。惲彈爲雅弄。子良曰：「卿巧越嵇心，妙臻羊體。良質美手，信在今夜。豈止當今稱奇，亦可追蹤古烈。」《南史》。

王僧佑博古雅淡，善彈琴，亭然獨立，不交當世一人。《南史》。

江湛得雅琴橫几，一室蕭然，在位無營。爲吏部尚書，遇澣衣，稱疾，經日衣成，然後起。《南史》。

韋敬遠敻志尚彝，簡淡于榮利。魏帝屢辟不就。所居枕席林泉，彈琴其中，泊如也。明帝即位，敬禮愈厚，勅有司日給河東酒一斗，號曰逍遥公。《北史》。

裴李雲性不拘檢，彈琴曠遠，時有文詠。每出返，家人或問有何消息，答曰：「無所聞，縱聞亦不解。」《北史》。

李永和以彈琴著書爲樂，翛然有絶世之想。每歎曰：「丈夫擁書萬卷，何假南面百城。」《北史》。

陸喻作《琴賦》。

文中子遊汾亭，坐鼓琴，有舟而釣者過之，曰：「美哉！琴意傷而和，怨而静，在山澤而有廊廟之志，非太公之都蟠溪，則仲尼之宅泗濱也。」《隋書》。

隋逸士李疑作琴曰連珠，於玉女腰旁爲連珠彩絃，音操清亮，俗呼連珠。先生作《竹吟風》《哀松露》《草蟲》《子規》《山樂》，又綴三十六小調。

會稽賀思令善琴，月夜臨風鳴絃，忽有一人形貌甚偉，在中庭稱善，自言嵇中散，謂賀曰：「卿手極快，但倣古法未備。」因授以《廣陵散》，傳之於今不絶。《世説》。

世傳琴曲十小調，皆隋賀若弼所製〔六〕，一《不博金》，二《不换玉》，三《泛峽吟》，四《越溪吟》，五《越江吟》，六《孤猿一作憤吟》，七《清夜吟》，八《葉下聞蟬》，九《三清吟》，十忘其名。琴家但言賀若而已。太宗尤愛之，改《不博金》曰《楚澤涵秋》，《不换玉》曰《塞門積雪》，命詞臣採題製詞。《冷齋夜話》。

太宗令待詔蔡裔增琴爲九絃，待詔朱文濟以爲不可。太宗曰：「古琴五絃，而文武增之，今何不可？」文濟曰：「五絃尚有遺音，而益以二絃，實無所闕。」上怒，斥出，遂增琴絃曰繞梁。《筆談》。

司業武公總太學儒官三十六人，列宴于祭酒之堂。有一儒生抱琴而來，鼓有虞之《南風》，賡以文王《宣父》之操。

薛德音生時，有人送琴，銘曰「德音」，下又有五字曰「天水趙耶利」，故小字天水，名德音。

趙師利字耶利，善鼓琴。貞觀初，獨步上京。嘗云：「吴聲清婉若長江廣流，綿綿徐逝，國士之風。蜀聲躁急若激浪奔雷，亦一時俊快。」《世説》。

趙耶利以琴道重海内，帝王賢貴，靡不飲風。舊譜錯謬十五餘弄，皆削凡歸雅，無不合古。又有《胡笳五弄譜》兩卷傳世。弟子皆擅名琴苑，其最著者宋孝臻、公孫常。《太平御覽》。作秋水修指法。

劉琮善琴，忽得困病。許遜曰：「近蔣家女鬼相録在山石間，專使彈琴作樂，恐欲致災也。」琮曰：「吾常夢見女子將吾妻戲，恐必不免。」遜笑曰：「蔣姑相愛重，恐不能相放耳。以爲誅之，今去當無患也。」琮漸差。《唐類函》。

吕才爲起居郎，妙解音律，作《冲和吟》對音。

仲長子光隱河渚，托痁疾，彈琴爲娱。有請道者，以劍書「老易」二字示之。王績

《河渚傳》。

王無功績隱于琴、詩、酒，與李播、吕才爲莫逆之交。二君皆善琴聲律。又聞河渚間有隱士仲長子光，服食養性。重其貞素，願與相近。乃結廬河渚東宅，躬耕東皋，號東皋子。《塵外箋》。

唐明皇好羯鼓，不好聽琴。時方奏琴弄未畢，上叱去，曰：「速召花奴取我羯鼓來，爲我解穢。」花奴，寧王子汝陽王進小字也。《樂府雜録》。寓山曰：以明皇之解悟有此，煞風景甚矣。琴之不可向俗人彈也。

明皇作《廣寒遊》。

李龜年至岐王宅，聞琴，曰：「此秦聲。」良久，又曰：「此楚聲。」主人入，問之，則前彈者隴西沈妍，後彈者揚州薛滿也。二妓大服。《辨音集》。

劉道强善鼓琴，能爲單鵠寡鳧之弄，聞者悲傷。《西京雜記》。

天寶間，雷、馮以琴著。唐明皇反蜀，首詔雷儼待詔門下。馮詔善攻，鬻之不售，節度使盧公鈞聞之見重，受一張，仍贈之詩，自是馮氏門其屨滿矣。《文獻通考》。

元魯山德秀南遊陸渾，見佳山水，乃徙居。值歲歉，庖廚不充，彈琴讀書，怡然自得。好事者載酒肴過之，不擇賢不肖，與之對酌鼓琴，陶陶然遺身物外。琴觴之餘，間以文詠，率情而書，語無雕刻。所著《季子聽樂論》《蹇士賦》，爲高人所稱。元傳。

王摩詰居輞川，輞水周于舍下，與道友裴秀才迪彈南風琴，泛舟來往，作《陽關三叠》，又名《春江送别》。《唐書》。

李白放浪琴詩，所作有《清夜聞鐘》。《奏政譜》。

李太白作《玉關定遠》《望黄鶴樓》《玉堂清》《對月吟》。

《南部新書》：裴説在韋臯幕，取靈開山桐爲琴，謂之靈開渠。

陸魯望《幽居賦》：著名聚雪，琴號落霞。

唐張弘静少時會名客，觀鄭宥彈琴，宥調二絃至切，各置一榻，動宫則宫應，動角則角應。稍不切，乃不應。宥師爲董庭蘭。

張弘静有古琴，漆光盡退，色如墨石，銘曰「落花流水」。一夕，聞鼠聲甚急，懼囓琴書。命婢以火燭之，見有斷絃，繫得一鼠。弘静異之，改名曰鼠畏。《虞琴疏》。

韓昌黎作《懷陵操》及《聽穎師彈琴賦》。

柳子厚作《漁歌》。

霹靂琴，乃零陵湘水之西震餘枯桐也。始，枯桐生于石上。説者言有蛟龍伏其竅。一夕，暴火焚其餘，硿然卧于道旁。超道人取作三琴。琴莫良於桐，桐莫良於石上之，枯火之餘又加良焉。柳子厚記。

白傅用胡松節支琴。《金徽變化篇》。

白樂天得博陵崔晦叔贈琴，音甚清。又得蜀客姜發授《秋思操》，聲甚淡。乃作池西琴亭，日援鶴琴，彈《秋思》，頹然自適，不知其他。《語林》。

《白氏長慶集》曰：每良晨美景，或雪朝月夕，好事者相過，必爲之先拂酒罍，次開篋。詩酒既酣，乃自援琴操宫聲，弄《秋思》一遍。

白樂天以詩酒琴爲三友，詩曰：「今日北牕下，自問何所爲。忻然得三友，三友者爲誰。琴罷輒飲酒，酒罷輒吟詩。三友遞相引，循環無已時。」

獨孤及嗜琴，有眼疾不治，欲其聽之專也。《琴疏》。

汧公李勉雅好琴，取桐之精者雜綴，號百衲琴。其尤絶者，曰響泉韻磬，用蝸殼爲徽，異絲爲絃，一上十年不斷。劉禹錫《嘉話》。

又嘗斫桐，取漆角爲之，多至數百張。

江南李建勳榜竹軒四友，以琴爲嶧陽友，磬爲泗濱友，《南華經》爲心友，湘竹榻爲夢友。《澄懷録》。

秦惠文有琴，一曰宣和，一曰閑邪。《潛確類書》。

董庭蘭作大小《胡笳》《頤真》《雲竹偈》。

張受益收懷古琴，斷文如絲髮而赤色。《輟耕録》。

祝牧入山樵採，得異木，因斲成琴，名曰太古。與妻偕隱，嘗作歌教之，曰：「天下有道，我黻子佩。天下無道，我負子戴。優哉游哉，聊以卒歲。」《古琴操》。

響泉即蔡邕所傳開成至寶，雷威斲。《輟耕録》。

王韶之琴曰西省晨風。韶之字休泰，偉子也。《虞琴疏》。

吴邁遠琴銘曰「邁遠」。《虞琴疏》。

何偃字仲弘，琴曰霜空雁響。

虞龢琴刻曰「歷山夜雨，虎爪林梅花」，斷紋。

徐勉字修仁，琴銘曰「貧士舊傳」，即五柳先生無絃琴。

王大年龜，簡淡瀟洒，以琴書自適。意在人外，倦接朋遊。于永達里園林深僻處創書齋，彈琴吟嘯其間，目爲半隱亭。《唐書》。

越客沈蚪子斵琴，絃素絲七條其上，備指一弄，五聲叢鳴。五聲者，靈峰横空、嗚泉出雲、鳳龍騰凌、鶴哀烏啼、松吟風悲。唐舒元輿《斵琴志》。

韓皋聞鼓琴，至止息，歎曰：妙哉，嵇生之爲是曲，其在晉魏之際乎？其音商，商主金，晉承金運，此所以知魏季晉將代也。慢其商絃，與宫同音，是臣奪君之義也。王陵、毌丘儉、文欽、諸葛誕繼爲揚州都督，咸有興復之謀，皆爲司徒所殺。康以揚州廣陵地，故名其曲曰《廣陵散》，欲避晉禍，故托之鬼神焉。《盧氏雜説》。

王彦伯至吴郵亭，維舟理琴，見一女子披帷而進，取琴調之，聲甚哀。彦伯問何曲，答曰：「此《楚明光》也，唯嵇叔夜能之。」彦伯請受，女曰：「此非豔俗所宜，唯岩棲谷隱者可以旬娱耳。」鼓琴且歌，止於東榻，遲明辭去。《異苑》。

李延甫作琴，名靈肩，於額下制刀形，兩腰停有大聲。

于頔嘗令客彈琴，其嫂如意聽之，曰：「三分中一分箏聲，二分琵琶聲，全無琴韻。」《國史補》。

潁陽西北界李氏處女，年十五。天寶八年二月，夢在雲霧中於仙人蘆藕苗間受琴《清風弄》等五十曲。中丞蔣列驛騎上聞，玄宗度爲女道士，賜琴三面，留内供奉。《御覽》。

安説善琴，楊收問：「五絃外其二云何？」説曰：「世爲周文武二王所加者。」收曰：「能爲《文王操》乎？」説即以黄鐘爲宫而奏之，以少商應大絃。收曰：「止如子之言，少商武絃也。且文世安得武聲乎？」説大驚。收傳。

楊收嘗言：琴通黄鐘、姑洗、無射、三均、側出諸調，由蘿蔦附灌木然。收傳。

蕃叱利子作琴，名檀閣，於龍池上廣二寸。唐肅宗時進獻，并《文王明君譜序》。

衛次公字從周，本善琴。方未顯時，京兆尹李齊運使子與遊，請授之法。次公拒絶，因終身不復鼓。《琴經》。

閻立本作《學士登瀛》。

李兵部約元機冲遠，平生不近粉黛。多蓄古琴，在湖州得古鐵一片。又養一猿，名山公，常以相隨。每月夜泛江，登金山，擊鐵鼓琴，猿必嘯和。傾壺達旦而歸。《語林》。約，汧公子。

《賀若》，琴操名，唐宣宗待詔賀若所製，因人得名。按詩註。

夏侯湛作《琴賦》。

陳居士著《琴法數》《勾剔譜》。

雷威斲琴無爲山中，以指候之，五音未得。正躊躇間，忽一老人在旁指示曰：「上短一分，頭豐腰殺，巳日施漆，戊日設絃，則庶可鼓矣。」忽不見。自後如法斲琴，無不佳絶，世稱雷公琴。賈子《説林》。

雷威作琴，不必皆桐。遇大風雪中，獨往峨眉酣飲，著簑笠，入深松中，聽其聲連延悠颺者，伐之以爲琴，妙過于桐。世稱雷公琴。有最愛重者，以松雪名之。《潛確類書》。

唐雷霄、雷威、雷珏、雷文、雷迅、郭亮，並蜀人。沈鐐、張鉞，並江南人。斲琴名手也。《潛確類書》。

吴叔治修夏日納凉門外，時聞桐樹下有琴聲。後一胡請以五百金買此樹，叔治曰：「金欲得耳。第吾自以口就食即見此樹，今何忍伐之？」後叔治出爲北海主簿，歸，已爲族人賣去。久之，胡以二琴至，示叔治，一曰陰姬，一曰陽娃。不加少漆，斲磨光亮，其文宛然，各有仙女弄琴之狀。云凉天月夜，不鼓而自鳴。請留其一以相報。《志奇》。

孫鳳有一琴名吐綬，彈之不甚佳。獨有人唱曲，則琴絃自相屬和。因改名曰自鳴。但琴背有一孔若蛀者。一日，有一道人乞食，因見，曰：「此中有蛀，不除之則將速朽。」袖中出一小竹筒，倒黑藥少許。孔側即有緑色蟲走出，背上隱隱有金線文。道人納蟲竹筒中，竟去。自後唱曲絃不復鳴矣。鳳怪之，有博物君子説及此事，歎曰：「此異寶也，謂之鞠通。有耳聾人置耳邊，少時即愈。喜食梧桐，尤愛古墨。」鳳始悟道人竹筒中藥蓋古墨屑也。《虞琴疏》。

雲江作《澤畔吟》《廣寒秋》。

沈遵作《曉鶯啼》《醉翁吟》《隱士遊》。

齊嵩作《彈琴法》。

薛易簡作《彈琴式法》。

趙瞻作《彈法》。一作《麴瞻》。

趙惟則註明《蔡邕指法》。

趙希曠作《指法》。

宋太祖琴名靡玉。

趙普作《雪窗明君》《玉漏遲遲》《帝鼐》。

聶崇義辨五音，定五絃。

洛中董氏畜雷琴一張，中題云「山虛水深，萬籟蕭蕭。古無人蹤，惟石嶕嶢」，狀其聲也。其外漆下隱有朱書云「洛水多清泚，嵩高有白雲。聖朝客隱逸，時得詠南薰」，此詩載宋之問集中。《潛確類書》。

魏野字仲先，性嗜吟詠，不求聞達。居州之東郊，手植竹木，流泉環繞，境趣幽絶。鑿土袤丈，曰樂天洞。前爲草堂，彈琴其中。人訪之者，無貴賤，皆白衣紗帽見之，號草堂居士。彈琴賦詩以自適。宋太宗祀汾陰，召之，辭疾不至。一日，方教鶴舞，報中使至，抱琴踰垣而走。平生詩思清遠，語皆出人意表。若曰：「棋進難饒客，琴生却問兒。」若曰：「洗硯魚吞墨，烹茶鶴避烟。」皆人所不能道者也。

趙閲道忭，氣宇清逸，人不見其喜愠。初任成都，以一琴一鶴自隨。元豐初，告老退居于衢，日惟彈琴、觀内典。

歐陽修言：「吾《集古録》一千卷，藏書一萬卷，有琴一張，棋一局，而嘗置酒一壺，吾老于其間，是爲六一。」遂號六一居士，自爲傳，刻石。

六一居士曰：「吾嘗有幽憂之疾，而閒居不能治也。既而學琴于友人孫道滋，受官聲數引，久而樂之，不知疾之在其體也。」《六一集》。

韓退之聽穎師琴詩，歐公以爲聽琵琶，詩註云：「『浮雲柳絮無根蒂，天地闊遠隨飛揚』，此泛聲也，謂輕絲重木非也〔七〕。『喧啾百鳥群，忽見孤鳳凰。』泛聲寄指聲也〔八〕。『躋攀分寸不可上』，吟繹聲也。『失勢一落千丈强』，歷聲也。此數聲最難工。」

六一居士喜瑯琊泉，沈遵以琴寫其聲，曰《醉翁泉》。《琴雋》。

蘇子瞻九月十五遊西湖，月下鼓琴，有「尚恨琴有絃，出魚亂湖紋」之句。坐客錢穆父、蔣隸叔、王仲至倡和連編，一時盛傳。蘇東坡于月夜聞窗外歌曰：「音音音，你負心真負心。辜負我，到于今。記得當時低低唱、淺淺斟，一曲值千金。如今抛我古墻陰，秋風荒草白雲深。斷橋流水無故人，淒淒切切，冷冷清清。」推窗即之，見一女子冉冉没于墻下。明日掘之，得古琴一張。《買愁集》。

《志林》云：嵇中散《琴賦》云：「間遼故音痺，絃長故徽鳴。」所謂痺者，猶今俗云敊聲也。敊音鮮，見《羯鼓録》。兩絃之間遠，則有敊，故曰「間遠」。「絃鳴」云者，今之所謂泛聲也。絃虛而不接，乃可按，故云「絃長而微鳴」也。五臣皆妄註。

東坡藏琴，有銘云：「開元十年造，雅州靈關村。」其下池銘曰：「雷家記八曰合。」蓋聲出兩池，其背微隆，使之隘而聲徘徊也。「日」譌爲「曰」，疑是「八日合」。

蘇東坡雜書琴事。

《説郛》載東坡爲陳季常雜書琴事，有此條。東坡跋語亦載之。至虞汝明所記《古琴疏》，皆後人假立之名，不足取也。其奇雅者，如伏羲、嬰硜貢梓，帝命下相柏皇爲琴，曰丹維，曰祖牀。帝俊琴曰電母。俊之子晏龍琴曰菌首，曰白民。伊陟琴曰國阿。周宣王琴曰響風。銘曰：「墻有耳，伏寇在是。」祝琴曰太古。楚王子無虧撫琴，爲《洞庭木秋》之歌，琴曰清翻。崔駰琴曰卧冰。戴逵琴曰刻鵠，逵之子仲若琴曰躍魴，兄勃琴曰應谷。柳文暢琴曰春風。此數名，可與號鐘、露越、緑綺、焦尾同備藻繪也。

武昌主簿吴亮君采攜其故人沈君土琴之説，與高齋先生之銘、空同之文、太平之頌，以示予。予不識。沈君讀其書，乃得其義趣，如見其面，如聞土琴之聲。余昔從高齋先生遊，嘗見其寶一琴，無銘無誌，不知何代琴也。請以教二子，便從先生觀之，此土琴也，待其琴而後知。

琴雖用桐，然須多年，木性都盡，聲始發越。初見唐初路氏琴，木皆枯朽，殆不勝指，而其聲愈清。又嘗見越人陶溢真蓄一琴，傳云古塜中敗杉，聲極勁挺。大抵琴材，欲輕、鬆、脆、滑，謂之四善。《筆談》。

知琴者以謂前一指後一紙爲妙，以蛇蚹文爲古，王晉叔所蓄，前幾不能指，而後劣容指，然終無雜聲，可謂妙矣。蘇東坡雜書琴事。

凡本實而末虚，惟桐反之。試取小枝削皆實堅，其本皆中虚。故世所以貴孫枝者，貴其實也。實，故絲中有木聲也。蘇東坡雜書琴事。

秀州祥符院僧智和有一琴，徽碧，紋石爲軫，制度音韻俱妙。腹有李陽冰篆數十字，其略云：「南冥島山得一木，名伽羅，紋如銀屑，堅如石。命工斵爲此琴。」篆文甚古勁。《筆談》。朱長文《琴譜》皆著此琴，即唐李勉所製響泉也。

錢唐沈振蓄一琴，名冰清。腹有晉陵子銘，書：「大曆三年三月三日上底蜀郡雷氏斵，奉詔書貞元十一年七月八日再修。士雄記。」或謂晉陵子，杜牧道號。篆法類李義山。不知士雄何人也。《國史補》。

歐陽晦夫與梅聖俞友善，以鼓琴自喜。使工畫茅菴，己居其中，一琴横牀而已。曹子方、蘇東坡，一時名士皆題詩其菴。坡集。

文與可琴書畫兼詣精敏，坡公嘗銘其琴曰：「應指而長者似君。」藏琴十二，坡各爲之銘。《琴雋》。

吴康齊琴書清造，嘗曰：「中堂讀倦後園遊歸，絲桐三弄，心地悠然，月明風静，天壤之間不知復有何樂。」《六籍》。

林逋隱孤山，喜鼓琴詠琴，詩有「天寒繹絡悲向壁，秋高風露吹入林」之句。逋琴書精敏，獨拙於棋，嘗曰：「某世間事皆領略，惟不能糞與著棋耳。」

种放隱終南，號雲溪醉侯。幅巾短褐，負琴攜壺，泝長溪，坐盤石，鼓琴自傲。《藏書》。

趙璧彈五絃琴，人問其術，曰：「吾之五絃也，始則心驅之，中則神遇之，終則天隨之。不知五絃之爲璧，璧之爲五絃也。」

崔遵度爲太子諭德，性方正清素，尤善琴。嘗著《琴箋》，以天地自然有十三聲徽，非月數也。范仲淹問琴理於遵度，答曰：「清麗而静，和潤而遠，琴盡是矣。」《談苑》。

黄魯直作《黄雲秋塞》。

玉林洞元作《天員樂》《逍遥吟》《沖和吟》《飛佩吟》《金丹調》《鶴舞洞天》。

張横渠遇僧捫琴而曰不祥，遂付流水。

宋紹興漁人於寧海獲一琴，腹刻云：「臣雷某造以獻高宗。」見之泣下，乃建炎迫金航海所失物也。《台州志》。

石揚休養猿鶴，收畫圖，作《雙清曲》。

玉澗道人崔閒居廬山，妙琴理，嘗請《醉翁》琴詞于坡公。坡公欣然爲之。《琴雋》。

琴高善鼓琴，爲宋康王舍人，行涓彭之術。《列仙傳》。

朱晦翁精於琴數，著《琴辨》，與蔡季通往復數四。其曰季通不能琴，斯亦「履其事」而「造其理」之一箴也。

朱紫陽作《月波》《碧澗流泉》《冰清吟》。

王欽，宋逸民，作古瓶琴，兩肩象鈋，曰如瓴有谷聲。

三吴僧義海知琴，或以歐公之論問海，海曰：「歐公一代英偉，然斯語失矣。『昵昵兒女語，恩怨相爾汝』，言輕清柔細，真情出見也。『劃然變軒昂，勇士赴敵場』，精神餘溢，竦觀聽也。『浮雲柳絮無根蒂，天地濶遠隨飛揚』，縱横變態，浩乎不失自然也。『喧啾百鳥群，忽見孤鳳凰』，又見孤絶不同下俚也。『躋攀分寸不可上，失勢一落千丈强』，起伏不常，抑揚不主故常也。皆指下『絲聲妙處，惟琴爲然。琵琶格上，聲烏能耳』。退之深得趣，未易譏評也。」《西清詩話》。

東坡琴詩：「大絃春温和且平，小絃廉折亮以清。平生未識宫與角，但聞牛鳴盎中雉登木。門前剥啄誰叩門，山僧未閒君勿嗔。歸家且覓千斛水，净洗從前筝笛耳。」語成欲寄歐公，而公亡，每以爲恨。客復以問義海，海曰：「東坡詞氣倒山傾海，然亦未知琴。『大絃春温和且平，小絃廉折亮以清』，絲聲皆然，何獨琴也。『牛鳴盎』『雉登木』，大概言宫角也。八音宫角皆然，何獨絲也？」聞者以義海爲知言。《西清詩話》。

吴忠懿王得天台寺中對瀑布泉屋柱，斲二琴，一號洗凡，一號清絶，爲曠代之寶，過於精金美玉也。屠赤水《琴箋》。

郭撫鑿池得一空棺，中有鐵物，洗而視之，乃琴也。有斷銹處，撫試設而彈之，寂然無聲。以語尚書郎姚範，範異之，亦不知爲何物。尋有客來訪，言能彈之。用法鑿去腹中泥銹，遂弄數曲，音響非恒。撫拜求授，得《昭雲》《泣猿》二曲，戒勿傳。然他人鼓之，不復鳴矣。《志奇》。

劉志方作《忘機曲》《吴江吟》。

琴高以琴養性，學道於羅浮山，後遊四海。或傳禽高，非也。《御覽》。

琴高爲宋舍人，善鼓琴，後以仙去，乘赤鯉見其弟子。《韻府》。

宋白玉蟾作《琴賦》。

郭楚望名沔，宋永嘉人。絶愛九疑山，山時時爲瀟湘水雲所蔽，故作蕤賓調，又作《泛滄浪》《風入松》《梅梢月》《春江》。

王守道作《月中桂》《秋夜步月》。

陳康士撰《離騒九拍》。

毛仲翁作《列子御風》《山居吟》《古澗松山》《易水慨古引》《隱德》《凌虚吟》。

武陵山子作《天台引》，又名《桃源引》。

田芝翁纂《太古遺音》。

蜀中雷氏斲琴，嘗自品第，上者以玉徽，次者以瑟瑟徽，次金徽、螺蚌徽。田芝翁。

楊祖雲作《琴苑須知》。

雷威，唐大曆中西蜀人。善製琴，姚令威曰：「先公有雷威琴。」又言趙彥安得一斷文琴，真蛇蚹也。中題云：「霧中山後得。」

蜀郡《草堂閒話》云：雷氏斲琴，多在峨眉、無爲、霧中三山。今人重梅花斷、牛毛斷、蛇腹斷。蛇腹當作蛇蚹。

毛敏仲琴名昭美，古云宋扁作《樵歌》《塗山》《莊周夢蝶》《幽人折芳》《桂佩蘭》。丁元亂，播越江湖，猶鼓琴賦詩。《琴疏》。

雲祖生作《神遊六合》，謝涓子亦有斯曲，未知孰是。

閔鴻作《琴賦》。

鮮于伯幾以震餘琴送趙文敏，是許旌陽手植桐所斲。琴背旌陽印劍之迹宛然，蓋人間至寶也。《潛確類書》。

趙子昂以古琴有改絃，今不傳，但置琴橫牀而已。張伯文諸賢聞之，亦不復鼓琴。《琴經》。

趙景道隱居燕南，金章宗遊春冰過焉，聞鼓琴聲，幸其齋舍，見壁間題詠，欣賞久之。召至行殿，命之官，固辭。上賜田十畝，復以終身。《金史》。

吴衍字子行，玩褻一世。人來謁者，輒從樓上遥語曰：「吾出有間矣。」顧彈琴不輟。《何氏語林》。

倪雲林所居有清閟閣，幽迥絶塵。中有書數千卷，皆手自校定。古鼎彝、名琴，陳列左右。松桂蘭竹之屬，敷舒繚繞。其外則高木修篁，蔚然深秀。每雨止風收，攜杖履自隨，逍遥容與。遇會心處，鼓琴自娱。望之者識其爲世外人也。《何氏語林》。

李巽伯云：先公得雷威琴，錢氏物也。中題云：「嶧陽孫枝斵成。雅器一聽，秋堂三月忘味。故號忘味云。」爲當代第一。《潛確類書》。

郭伯山收唐琴，曰萬壑松，白玉軫足，唐人斵，宣和御府物。《潛確類書》。

蜀僧有省涓者，得雷琴，絶品。但欲求其所以然而不可得，乃破其所藏雷琴求之。聲出於兩池之間，當兩池處，其背微隆，僅若韭葉，然聲欲出而隘，徘徊不去，乃有餘韻。此最不傳之妙。張右衮《琴經》。

有僧名覺者，學琴於道人白鶴子之門。鶴子惡而不受。僧不悦，鶴子曰：「怪哉！釋氏之學出於西方彝狄之教，琴乃中國聖人之道，非爾所宜也。」竟不傳。張右衮《琴經》。

皇甫先生號洞虚子，講老莊之學，以傳琴鳴，弟子甚衆。而沙門雜然，先生曰：「豈有髡髮緇衣而抱聖人之器乎？」悉麾去之。張右衮《琴經》。

廬山僧七歲能琴，詩見坡公集。周茂叔爲卜居濂溪，近之。張右衮《琴經》。

宣城王鸞有古琴，傳是始元中物。背銀嵌「谷風」二字，細古篆文。王極愛重，嘗命謝朓爲詩詠之。詩成，王擊節稱賞，用爲驃騎。《琴經》。

高郵人桑景舒，善樂律。舊傳有虞美人草，聞人作《虞美人曲》，則枝葉皆動，他曲不然。景舒試之，誠如所傳。乃詳其曲聲，曰：「皆吴音也。」他日取琴，試用吴音製一曲，對草鼓之，枝葉亦動，乃謂之《虞美人操》。其聲調與《虞美人曲》全不相近，始末無一聲相似，而草輒應者，葭灰應管也。」其知音臻妙如此。《稗編》。

劉伯温造蕉葉琴，作《客牕夜話》。

吴忠懿王一琴，爲曠代之寶。後錢氏納土，太宗朝，一琴歸于御府。南渡初，流轉至霅川，葉夢得上之。

成始終，明正統進士，作《琴清曲》。

希仙虛白修《琴學啓蒙》，補作《思妻吟》《涵虛吟》。

臞仙作《飛鳴吟》《秋鴻補》《鶴鳴九臯》，註《神奇秘譜》，修《太古遺音》。

龔稽古作《希仙操》《歎世操》《王道頌》。

袁均哲註《遺音》。

尹芝仙作《崆峒引》《歸來曲》《夏峰歌》《蘇門長嘯》《爛柯行》《參同契》《安樂窩》共七曲。

張汝光作《理性元雅》。

明憲廟好琴奕、書畫。司禮戴大監義，號竹樓，不知何許人也，最精於琴。而楷書筆法，與沈度相埒。南中有一良家婦善琴，遍遊兩京各省，未有居其右者。雅聞戴名，詣外邸通名求見。久之訂期。戴休沐之暇，至外邸，坐廳中廷。南婦隔簾向上一揖，坐南婦簾外，不通寒温。讓戴先操，曲甫終，南婦淚如雨下，色若死灰，將所攜善琴即下階石上碎之，拂衣而去，終身不再言鼓琴事矣。《酌中志》。

戴之名下黄太監獻，號梧岡者，廣西平樂人也。亦精於琴，有譜行於世。《酌中志》。

張右衮作《太古琴經》《琴譜》。

楊表正作《正文對音捷要譜》《遇仙吟》《詩吟》《漁樵問答》《大學章句音合文》《浩浩歌》《滕王閣相思曲》《琴序》。

韋子寅闡發《五音奥旨》。

嚴天池作《松絃館譜》。

明懷宗好琴。嘗鼓琴至丙夜，時有宮監號琴張公者，進傳《指法琴張》，則從西蜀楊氏得之。《大還閣琴譜序》。

徐青山作《谿山琴況二十四論》《大還閣譜》。

莊蝶菴作《太平奏》《禹鑿龍門》《釋談章》《梨雲春思》《瑶島問長生》《早朝吟》《空山磬》《修竹留風》《臨河修褉》《八公還童》《雲中笙鶴》《鈞天逸響》《梧葉舞》

《秋風栩栩曲》《琴學心聲譜》。

雲志高字載青，號逸亭，廣東文昌人。作《蓼懷堂琴譜三十三曲》。

胡洵龍，字霖生，號遠山，江南華亭人。作《大學經胡氏五音》。

高一謌，字介臣，淮安山陽人。年十二，能鼓琴二十餘曲。歲庚辰，予晤於袁浦，見其風神雋朗，眉目秀異，將來必成名家，因附於此。

《琴書》曰：琴五分其身，三爲上，二爲下。參天兩地之義也。中起八寸，象八風。腰廣四寸，象四時。徽有十三，象十二律，餘一以象閏。其形象鳳，而朱雀南之禽，樂之主也。

自古善琴者八十餘家、一十八樣，究之雅度，不過伏羲、大舜、夫子、靈開、雲和五等而已。《樂書》。

黄帝之清角，齊桓之號鐘，楚莊之繞梁，相如之緑綺，以至玉牀、響泉、韻聲徐勉琴、清英揚雄、庾信琴、怡神謝莊琴、龍唇荀季和琴之類，名號之别也。陳暘《樂書琴論》。

鼓琴者期於鳴廉修營，而不期於濫脇號鐘。一曰修况藍脇。《淮南子》。

曹昭曰：唐時雷文、張越二家善製琴。龍池、鳳沼，間有絃餘處，悉窪，令闕聲而不散。姚作雷威，「文」「威」一聲之譌也。

古琴以斷紋爲證，不歷數百年不斷。有梅花斷，其紋如梅花，此爲最古。有牛毛斷，其紋如髮千百條者。有蛇腹斷，其紋橫琴，而相去或一寸或半寸許。有龍紋斷，其紋圓大。有龜紋、冰裂紋不等，以有劍鋒聳起者爲真。

琴中有賜緋調。大中初，有賀若彝善琴，後爲待詔，彈一曲，上嘉之，賜緋衣。至今號爲《賜緋調》。文獻。

衆樂，琴之臣妾也；《廣陵》，曲之師表也。《隋·樂書》。

廣陵散小序三段、本序五段、正聲十八拍、亂聲十拍。又袁孝尼續後序八段。

《爾雅》：「大琴謂之離。」郭註：「或言大琴七十二絃，未詳長短。」《山海經》：「祝融太子長琴，是處摇山，始作樂風。」大琴之離，或本於此。

《通雅》曰：「敉，泛琴聲也。琴暉，即徽也。」

《樂書》曰：「絃合聲以作主，暉分律以配臣。」

《九歎》有「彈緯」，楊升菴云：「徽」亦作「緯」。

琴有氣，曾識一道者，相琴知吉凶也。《酉陽雜俎》。○寓山曰：相琴知吉凶，容有是理。審音知吉凶，已經屢驗也。

八九月中，月輪外輕雲，時有五色，下黄人每值此，則呼女子向月拜之，謂之乞巧。時吴媪有一女，年十二，拜之甚勤。一夕，月下飛一五色綵雲如手掌大，駐于女前。衆皆恐，女徑吸食之，味甚香美。明旦對鏡，面色豔冶，彈琴讀書，不習而能。媪喜甚，改名爲綵雲。有詩一卷行于世，盛傳之。《下黄私記》。

空桑：生大野山中，爲琴瑟之最者，空桑也。《述異記》。

佛問一僧：「汝處家爲何業？」對曰：「愛彈琴。」佛問：「緩絃如何？」曰：「不鳴矣？」「絃急如何？」曰：「聲絶矣。」「緩急得中如何？」曰：「諸音普矣。」佛曰：「學道亦然，心須調適，道可得矣。」《四十二章經》。

孝文時，得魏文侯樂士竇公，年一百八十矣。自言十三歲失明，父母教之琴，能爲雅聲，能老不廢忘。然則竇公自少鼓琴一百六十餘年，而平生未嘗識琴之形也。沈作喆《寓簡》。

趙飛燕與宮奴赤鳳暱，後赤鳳懼事洩，亡去。后思之不已，製《赤鳳來》曲，恒援琴而歌之，未嘗不淚下。《古琴疏》。

沈玩琴曰霜霄鐵馬。《古琴疏》。

隆中孔明避暑臺宅，西山臨水，孔明嘗登之，鼓琴以爲《梁父吟》，因名此爲樂山。晉王韶南《雍州記》。

蜀王嘗造千面琴，散之人間。蜀王即隋文之子楊秀也。唐李綽《尚書故實》。

建康小史曹著見廬山夫人，夫人命女婉出，與著相見。女欣然命婢瓊枝，令取琴出。婉撫琴而歌，既畢，婉便回去。宋王銍《侍兒小名録》。

莊暗香暗中彈琴，右手指有金花照爛几案，因自造《金花》之曲。《真率筆記》。

《楊妃外傳》云：上夢豔女梳交心髻，大袖寬衣，曰：「妾是陛下凌波池中龍女，衛宮護駕，實有功陛下。洞曉鈞天之音，乞賜一曲。」夢中爲鼓明琴，作《凌波曲》。後於凌波池奏新曲，池中波濤湧起，有神女出池心，乃夢中所見女子。因立廟池上，歲祀之。《碧雞漫志》。

貞元初，太學生杜思温善鼓琴，嘗從賓客遊城南苟家嘴。中夜後，山月如晝，而遊客皆醉。思温獨携琴臨水閒泛〔九〕，忽有一老叟支頤來聽。思温謂是座客，殊不回顧，及間罷與語，乃知非向者同遊之人。遽置琴而起。老人曰：「少年勿怖，余是秦時河南太守梁陟也，遭難身殁於此中。平生好鼓琴，向來聞君撫琴，絃軫清越，故來聽耳。知音難遇，無辭更爲我彈之。」思温奏爲《沉湘》，老人曰：「此弄初成，吾嘗尋之。其間音指稍異此。」思温因求其異，隨而正之，聲韻涵古，又多怨切。時人莫之聞。唐鍾輅《前定録》。

伶人刁朝俊妻甚美，而有癭。癭中有琴瑟笙竽之聲。一日，忽破裂，一猱跳去，癭乃無。唐牛僧孺《幽怪録》。

太后命戚夫人鼓琴，夫人約指以玉環，光照于座。《西京雜記》云：「高祖與夫人環照，見指骨也。引琴而鼓，聲甚怨。」《周秦行紀》：「行簡云：淮安市西有張姓，其女國色也。嘗因晝寢，夢入朱門大户，棨戟森嚴。至西廊，有少女如張輩十許人。見郎官以上六七個，坐廳前。紫衣吏呼曰：『可出矣。』群女旋進，金石絲竹鏗鍧，震響中署。酒酣，王并州見張氏而視之，尤屬意，謂之曰：『汝習何藝能？』對曰：『未嘗學聲音。』使與之琴，辭不能，曰：『第操之。』乃撫之而成曲。與他器，亦然。覺，以語其母。因卧病累月，遍拜父母親戚，俄爾遂卒。時會昌二年六月也。」唐白行簡《三夢記》。

任宗堯使高麗，寄所齎玩好琴書於故人處。去數日，忽傳副使舶壞，人爲痛之。故人有女奴，一旦暴病不甦，遂爲宗堯音訴其故人曰：「某所以涉鯨波萬里者，本希尺寸賞。不謂遽持千金之軀，而葬千魚腹。故人念乎？某所寓三琴，實平生愛賞。甲可歸之我家，乙亦奇古，當奉故人。下者可與某。」其他物亦歷歷分區。故人大駭，奠哭久之。女奴甦。其後宗堯使高麗歸，無恙。故人得見宗堯，爲道其事，乃知爲黠鬼所侮。宋蔡絛《鐵圍山叢談》。

沈道虔，吴興武康人也。年老，菜食，恒無經日之儲，而琴書爲樂以終。《貧士傳》。

元祐間，予船泊吴江，夢長老仲殊彈一琴，十三絃，頗壞損，而有異聲。明日，殊老扣船未見，驚歎不已。《琴書雜事》。

范文正公酷嗜琴，而平生所彈，只《履霜》一操，時人謂之「范履霜」。

歐陽公《論琴帖自敘》：夷陵令時，得一琴，常琴也。及作舍人學士，再得琴。後一琴，雷琴也。官愈昌，琴愈佳。然在夷陵，得佳山水，耳目清曠，意甚適。自爲舍人學士，日奔走塵紛，聒聲利，無復清思。乃知在人不在器。苟意所自，無絃可也。《清暑筆談》。

子瞻嘗於清井監得西南彝人所賣蠻布弓衣，其文織成梅聖俞《春雪》詩。子瞻以余尤知聖俞者，因以見遺。余家舊蓄琴一張，乃寶曆三年雷會所斲，距今二百五十年矣。其聲清越，如擊金石，遂以此布更爲琴囊。二物真余家之寶玩也。《六一詩話》。

康熙庚午時，予遊羊城，得一琴，上有梅花斷，可二三十圈。雁足低，不發音。龍齦上屢斷四絃，置諸床頂者三年。後洗去塵埃，則通身俱斷，有梅花，有流水，疏密相間，甚爲可愛。易以金徽玉軫，足四絃，亦不復斷。音響清潤，如金石聲。上下停勻，無虛實病。可謂九德俱備。因名之曰又俞。寓山自記。

校勘記

〔一〕「堯」，誤，一般認爲增此二絃者爲周文王、周武王。

〔二〕「迎」，原作「近」，據《宋書》改。

〔三〕「書」，原作「史」，今改。

〔四〕「杲」，原作「果」，據《南史·柳惲傳》改。

〔五〕「良」下，《南史·柳惲傳》有「置」。

〔六〕「隋」，原作「隨」，據《冷齋夜話》改。

〔七〕「此泛聲也，謂輕絲重木非也」，《許彦周詩話》作「此泛聲也，謂輕非絲重非木也」。

〔八〕「泛聲」下，《許彦周詩話》有「中」。

〔九〕「琴」，原闕，據《前定録》補。

附録一　誠一堂琴譜跋語

魯風

淳麗高古、正大端嚴，可想見夫子氣象。昔夫子彈《文王操》，曰：「吾得其人矣。」予於此曲亦云。寓山識。

洞天春曉

温舒廣大，有昭融綿邈之致。試撫一曲，如遊方丈蓬萊，如對群仙列聖，令人神清心瑩，塵滓盡消。撫之者宜心境雙清，使能遊神霞表，庶幾得之。寓山識。

乙酉仲春，予訪逸亭雲君於羅溪，山水園林，有隱居之樂。一日晨興，曙光初發，林煙欲霽，雲君于止思樓爲鼓《洞天》一曲，妙指希聲，得心應手。静聽久之，真令人神清心瑩、塵滓盡消者，乃知琴道之妙，豈得以藝言之哉。又識。

陽　春

雲逸亭曰：中正和平，疏疏澹澹，此《陽春》爲宫音之正調也。嚴天池詩云：「幾回拈出陽春調，月滿西樓下指遲。」予於邇年始得其意。

梅花三弄

此曲易於急，以果聲多也。撫之者取音宜古澹清雅，不愧梅花風韻，斯得之矣。寓山識。

梧桐夜雨

潘任堂曰：蕭疏滴瀝，曲中清況。

雲行先曰：静夜聽之宛然。

墨子悲絲

胡遠山曰：高中鏗鏘，幽中淒婉，此《墨子》爲商音之模楷也。

丘廷臣曰：悲絲惜緯，古人大有深意，今於是操見之。

清夜聞鐘

或疾或徐，時輕時重，疏朗清越，足令人體清心遠。寓山識。

琴書樂道

吴半齋曰：窮如是，達如是。宜吾寓山抱此而弗置。

桃源吟

吴半齋曰：悠然有落花流水之趣。

静觀吟

胡遠山曰：曲短趣長，音疏韻足。

溪山秋月

幽深寂歷，綽有高風。景山識。

列子御風

泠然之趣，心領神會。寓山識。

松下觀泉

段由夫攜琴於松風澗響之間彈之，曰三者皆自然之聲，正合類聚。斯曲得其逸致。寓山識。

樵　歌

高曠蕭疏，深得山林之趣，非真隱者未易知也。寓山識。

醉漁唱晚

雲逸亭曰：奇音妙趣，描寫醉態，如聞其聲，如見其人。逸亭先生操縵精工，尤得意於《醉漁》一曲。嘗以此二字名其竹林之亭，亦意會有自托云。寓山識。

關　雎

雲芝巖曰：音宏旨遠，與《大雅》略同。

蘇門嘯

北音蒼勁，如得其肯綮，真有響動林壑之勢。寓山識。

山居吟

曲短音洪，有嘯音動地章之意，鼓者不可忽之。景山識。

佩蘭

跌宕安閒，音瑩致逸。幽不傷細，淡而合古，羽音之冠軍也。寓山識。

雉朝飛

琴川古調無急音，故《松絃館》不收《雉朝飛》《烏夜啼》等曲。然奇音妙趣，《雉朝飛》爲最。予此曲傳自夏于澗先生，年深力久，始得其意。因《大還閣譜》傳布不廣，今更表之。寓山識。

音調至急者，莫如斯曲。然大急之中，須其有頓挫，得安閒之致，庶不失爲大方。景山識。

鶴舞洞天

北音矯健條暢，須以蒼勁出之。景山識。

羽化登仙

家花農曰：衆美畢萃，更無遺音，所謂集大成也者。浩浩乎，飄飄乎，吾不可得而名。

往歲常過胡子遠山齋頭，聽鼓斯曲，於時秋月如水、微風泠然，妙指清音，真有飄飄欲仙之致。以是知鼓者應臻妙境，亦貴夫聽者之能會心也。寓山識。

神化曲

出有入無，方臻其妙。景山識。

大　雅

沈吉占曰：元音正不易得，得其意自得其人。

挾仙遊

外調抑揚高下，深中鏗鏘，所謂「忽飄摇以輕邁，乍留連而扶疏」者，禦風泠然，何必多讓。景山識。

六合遊

胡遠山曰：琴有取音以遺興者，有取意以寫志者。其取音者已難其人，况取意者耶？是曲取音取意，迥異尋常，恐不合時宜，竊願寓山其善藏之。

畢爾恕先生以善琴從史閣部遊，名噪一時。暮年過洙水，謂予曰：操縵家不可不習《驥氣》，然吾老矣，不能傳也。此間胡遠山先生精于此，盍求之？予勤勤固請，始得斯曲，不敢並埒《廣陵散》終秘不傳，梓之以公海内。寓山識。

瀟湘水雲

水雲聲之段，須低聲緩度，但使弦中有音，勿令指下帶煞，方爲合式。泛音後跌宕處全憑活潑，而舒徐緊促俱要神意安閒，有雲水客興之態爲妙。予此曲傳自夏于澗先生，抑揚頓挫，别有靈機。真未易以言語形容也。寓山識。

離騷

無射爲九月之律，音調淒涼，以寫三閭之孤忠幽憤，宜其氣之鬱屈瑰奇也。淵穆之士，當自得其奧旨。寓山識。

秋鴻

深秋鴻雁，摹寫無餘。而悲涼淒婉之情，弗絶如縷，邈乎不可尋繹。後幅音調彌哀，旅客豈堪多聽。寓山識。

附録二　序跋資料

誠一堂琴談序

邱彤遴

古之君子，禮樂斯須不去身，琴瑟不離側，其故何也？將以陶淑其德行、涵養其性情，且欲以和平之化被天下也。慨自三代而下，伶官散失，樂器淪亡，其可存什一於千百，想遺意於宮懸，猶幸有琴學在。然而今之所謂琴學者，亦難言矣。源分派别，各自爲師；此是彼非，有如聚訟，求其寤寐羹墻，有則古稱先之志者，概不多見。而又雜之以淫哇，流而爲蕩靡。太古正希之音，邈焉無傳。大可傷已。余友程君寓山，篤學人也。詩文行世，足跡半天下。余向見其全集及所輯琴譜，已什襲而珍藏之。茲乃復閱其《琴談》，爲之卒業，不禁喟然歎興。程君有志於古者也，其貫穿經史，根柢禮法，抑何取材多而用物精耶？使世之讀程君書者，能多聞見以廣其業，簡聲利以善其守，毋論琴學精進，且於世道人心亦有所賴焉。是則《琴談》一書，洵不可少也。余自愧不敏，向有志于天官地理律曆圖數之學，苦無指授，是以至今㪚惘惘，迄無成就。今誠得與程君晨夕講究，吾知黄鐘爲萬事根本。其所謂三分損益，隔八相生，以及旋相爲宫之説，程君必有以教我。以之扢揚風雅，鼓吹休明，其以黼黻太平之治，夫豈淺鮮也哉。是爲序。

四庫全書總目提要

《琴談》二卷，浙江鮑士恭家藏本，國朝程允基撰。允基字寓山，徽州人。是編上卷爲集論，所述皆爲鼓琴諸法，及其工拙得失。唯所論夻法「餘指要直」，内法「上徽得聲」，頗識指法之妙，與《松風閣》諸譜不同。其餘七要、十要之法，則人所共知也。下卷惟紀琴之故實，取備談資而已，無關琴理。

誠一堂琴譜自序

程允基

君子爲學，務養性情。《樂記》曰：「人生而静，天之性也。感於物而動，性之欲也。知誘物化而能不失其正者，其惟聖賢乎？大抵中人氣禀，罕不隨境而遷，故君子於禮樂斯須不去身。禮以制其外之暴慢，樂以制其内之奸邪。務養其性情，一歸之於正而已。故誦讀之辭欲制其内，行以養其性情之正者，惟琴有能事焉。」余昔學琴，粗通數曲，因段落、節奏、勾剔、吟猱取其音聲，以備律吕之數，至所謂和人意氣、感發善心者，則固茫然也。迨聽友人鼓琴，其時凝神息慮，静聽久之，覺我性情竟爲之移矣，然後乃知蓬萊山中《水仙》一操，不我欺也。自後撫琴，必焚香獨坐，於境幽心静時一彈再鼓，翛然自得。積習既久，向之躁急浮戾之氣消融略盡。是則琴音之足以養人性情而歸之於正也，於此驗之。雖然，余之於操，真率古淡，其勾剔吟猱之妙迨不如人，今以性情語人，人誰信之？半齋吴子曰：「琴者，君子所常御。所以修身理性，返其天真。誠如子之言也。且吾交子於十年之前，意氣豪邁，詩酒縱横，至於琴音，概不多見。固一豪士也。今晤子於十年之後，恂恂温雅，一琴自娱，固一逸士也。謂此非琴之力歟？今人不曾習琴，是此等人習琴之後，又只是此等人，只是不曾習得也。操縵之士以琴名家，而不能陶鎔其氣質、涵養其性情者比比矣。求其知音，正不易得。人之不信，庸何傷？」余感其言，因選所得於心，通其音之義，足以和人意氣、感發善心者，凡三十六曲，詳加釐訂，付之梓氏，以公同好。其外琴曲足以感人性情者，尚難枚舉，非余識力所能及。而半齋已先引蒙叟之言爲余善藏其短矣。時康熙乙酉秋八月丙午新安程允基序。

誠一堂琴譜序

吴允謙

蒙叟有言：「吾生也有涯，而知也無涯。」是宇宙間事物萬殊，固不能以有涯之生而窮夫無涯之知也。而子輿氏又謂「博學而詳説之」，其旨何居？蓋吾人之於斯世，豈可置心於寂寞之鄉，冥然無所事事，而後謂之達哉？彼君子之志於用世也，於天下古今事物之理宜，莫不廣求而討論之。要之足以有裨於世，不徒務博而已耳。余生萬山中，見聞既寡、意識復陋，思有以擴其襟懷，遂擔簦遠遊，止於豫章。及有陳偉夫者，學專象緯，每造晤，言論娓娓不倦。竊喜其業之精，然而弗願學也。及來羊城，得交程子寓山。寓山善文能詩，諸子百家無不貫徹。其於琴操，得古樂之意。嘗謂余曰：「夫琴，養性之器也。聖人作樂以宣其氣，而琴獨以斂其性。譬諸天道，春以宣之，秋以斂之。乾坤闔闢之義，陽温而濁，陰冷以清。氣相感而聲相應，自然之理也。夫琴也者，所以禁其放逸而收斂其性情，得秋道焉，故其旨貴清而韻宜冷。反是，則時俗之樂，而失先聖之旨，非君子之所尚矣。」因談琴之所由起，與夫操琴之法及古今爲琴者凡數百事。噫，何其博且詳如此哉。予心誠好之，願學而未能也。昔沈休文侍梁武食栗，各述栗事，極其繁夥。時服其博，究無補於世。寓山之談琴，可以資學者之識見。其命操，則古淡清雅，而黜靡靡悦耳之音，古樂賴以不墜。雖聽之易倦，然不知琴之能養性者，固在此而不在彼也。寓山出其琴譜以行世，而敍次則先之以魯風。其有用世之意乎？嗟夫，余之漂泊江湖，行且老矣。向之偉夫既不可見，悠悠世路，誰可與言？惟寓山晨夕晤對，聞所未聞，因請輯其所談，付之剞劂，時用披覽。世有博雅之士，或有取焉。若予者猶然，故吾茫然無所得，則又不得不藉蒙叟之言以自解。白嶽弟吴允謙公益氏拜撰。

誠一堂琴譜序

胡洵龍

琴之有譜，始于曹柔作減字法，其後趙耶利修之。譜雖存而古曲之傳者無幾。明時琴譜益盛，然務博者不能精，而約者又不過因其所知而已，非能集大成而抉其精英者也。迨嚴天池先生興於虞山，創爲古調，一洗積習，集古今名譜而删訂之。取其古淡清雅之音，去其纖靡繁促之響，其於琴學最爲近古，今海内所傳熟操者是也。徐青山踵武其後，稍爲變通，以調之有徐者必有疾，猶夫天地之有陰陽、四時之有寒暑也。因損益之，入以《雉朝飛》《烏夜啼》《瀟湘水雲》等曲，於是疾徐咸備、今古並宜。天池作之于前，青山述之於後，此二公者可謂能集大成而抉其精英者也。吾友程子寓山自幼習琴，得其師傳之正，挾之以游四方，多交操縵之士，見世之好尚不同、傳習各異，因其所見而折衷之，率以虞山爲歸，是猶百川之趨赴不一，而必朝宗於海也。寓山復抉嚴、徐之精英及四方所得秘本而妙選之，有譜三十六曲，悉爲靜遠淡逸之音，是固深得二公之奧旨而能引伸而廣大之者也。予與寓山交最久，居同沫水，每花晨月夕，輒相過從，或談名理，或論詩文，或時鼓琴，聆音察理，指摘瑕謬，殊多相長之義。寓山嘗謂我：「琴學與字學同。」予謂詩文與琴學亦同。夫詩與文，心之聲而出之以筆；琴亦心之聲而出之以指。故凡觀其詩文與聽其琴者，皆可以知其爲人，所謂有諸内必形諸外，理固然也。然則詩文與琴之同不同，概可知矣。今寓山於是譜不肯自私，付之剞劂。予讀其《琴談》之於琴事，無或少遺，足徵其學之博。譜之衡鑒精詳、取捨明允，足以。徵其學之精。有是二者，吾知非一世之書矣。

藝文叢刊

第四輯

061	寶章待訪録(外五種)	〔宋〕米　芾
062	昆蟲草木略	〔宋〕鄭　樵
063	味水軒日記（上）	〔明〕李日華
064	味水軒日記（中）	〔明〕李日華
065	味水軒日記（下）	〔明〕李日華
066	寒山帚談	〔明〕趙宧光
067	讀畫録	〔清〕周亮工
068	**誠一堂琴談**	**〔清〕程允基**
069	文房肆考圖説	〔清〕唐秉鈞
070	芳堅館題跋	〔清〕郭尚先
071	花木小志（外二種）	〔清〕謝　堃 〔清〕高士奇 〔清〕翁長祚
072	隨息居飲食譜	〔清〕王士雄
073	嵩洛訪碑日記(外五種)	〔清〕黄　易
074	廣藝舟雙楫	康有爲
075	刻竹瑣言（外四種）	黄高年 周无方 金開藩 張志魚
076	章草考	卓定謀

藝　文　叢　刊

文房肆考圖説

〔清〕唐秉鈞

浙江人民美術出版社

圖書在版編目(CIP)數據

藝文叢刊. 第四輯 / (宋) 米芾等著 ; 況正兵等點
校. -- 杭州 : 浙江人民美術出版社, 2018.1(2023.9重印)
(藝文叢刊)
ISBN 978-7-5340-6222-3

Ⅰ. ①藝… Ⅱ. ①米… ②況… Ⅲ. ①古籍－中國－
叢刊 Ⅳ. ①Z121.7

中國版本圖書館CIP數據核字(2017)第243082號

點校説明

唐秉鈞，字衡銓，嘉定（今屬上海）人，清代醫家唐千頃（字桐園）之子，亦精醫。好古博物，「甫操觚，便留心典故，大則人品學問，小則名物象數，隨所見聞，苟有心得，一一筆之於書，日積月累，著作等身」。撰有《文房肆考圖説》一書，另有《内難要語》《制義分題釋法》《課餘學詠存稿》《課餘隨筆》《四書典故糾繆》《時文譜》《歷朝詩鈔説體》等著，未見刊行。

《文房肆考圖説》，凡八卷，分像圖彙考、古今名硯圖、古硯考、紙墨筆考、古窑器考、古銅器考、古玉器考、古今琴考、文書考、書畫考、文章考、人參考、竹莊文獻考、雜考等多門。本書的成書，按照凡例中的自敘，「凡閲經史子集及聞父兄師長與博雅前輩譚論，兼有關於文房日用者，輒爲登記」，銖積寸累而成。本書既搜羅廣博，又淵源有據，「於是非之間、疑似之處典核確鑿，可使人一覽而知」。清周中孚《鄭堂讀書記》也稱其「所考頗多簡要明晰之處，足補前人書之未及云」。

值得一提的是，本書非僅輯録相關見聞譚論和考釋文章，同時載録了大量插圖。其中，有作者小像、汲古圖各一幀，另有歷代名硯圖七十二幀，均出自其表兄康愷之手。硯圖款式獨特，繪畫精美，蓋多爲唐家藏硯：「兹編所繪名硯各圖，只就余家珍藏及於年親故舊處見聞，或已遺上官，或經進呈上用者爾。」其家藏硯或可進呈御用，足見所藏之精且富。

本書還附著了「人參考」這一看似無關的門類。按照唐氏的説法，考辨人參，一則因人參從無專書明晰，李時珍《本草綱目》也僅言「上黨爲勝」，且未曾辨别高下真假。二則因清代「産參美超前代」，所以「特考發明」，使需用之人藉以得知等級，不受市儈之欺。這既符合本書「閑邪歸正、勸忠教孝」的宗旨，也應與唐氏醫家子的出身和關注點有關。

《文房肆考圖説》成書於乾隆四十年乙未（一七七五），刊於乾隆四十三年丁酉（一七七八），由竹映山房印行。此後據此影印的，有續修四庫全書、臺灣廣文書局、故宫珍本叢刊等。本次整理出版，即以廣文書局本爲底本。底本中個别錯漏之處徑改，不另出校記。由于學識所限，本書不足之處難免，還望讀者不吝賜教。

目録

卷五

序一

汪君少山博聞敦行，君子也。往者余官京師，少山時過旅邸，往往作竟夕談。其於經史百家、詩古文辭靡不探原竟委；又精於鑒古，凡名人書畫法帖、銅瓷玉石等器新舊真贋、形式款識剖抉微細，辨别毫釐，余心折之。少山曰：「僕得之耳食，何足多？吾邑唐君衡銓，青年博學，甫操觚，便留心典故，大則人品學問，小則名物象數，隨所見聞，苟有心得，一一筆之於書，日積月累，著作等身。僕特聆其緒餘，以資論説，譬如無源之水，稍經挹溉，未有不立竭者也。」余謂少山虚懷善讓，而獎勵後進，不無溢美，然唐君其人，已憖置於耳久矣。戊戌之秋，余奉命督學閩省，少山偕行，閲卷之暇，出唐君《文房肆考》一編，請余爲序。余閲之，見其原原本本，是非之間，疑似之際，典核確鑿，可使人一覽而知，不啻暗室之有燭，指南之有車也。夫藝苑雅玩，豈世僞所争尚？然情僞日出而優劣懸殊，其中黑白異同，有皓首而茫乎莫辨者。唐君春秋方富而多聞多識，觸手成編，將與年俱進，耳目日益廣，搜羅日益富，吾烏能測其所至哉？於以歎唐君真能好古博物，而少山之啃啃獎許，信不誣也。爰識數語於簡端。乾隆四十三年嘉平月，雲椒沈初書於官署之友清軒。

序　二

象犀珠玉之寶，非素侯不能購； 即羅致滿室，衹以塗飾美觀，不若文房器物爲懷鉛握槧者之所摩挲而翫弄也。故廊房窈窕，軒檻清閒，茗椀爐香、牙籤錦贉位置楚楚，亦足頤名流之情志。若詩則表聖著評，書則懷瓘估直，文則彦和程材，畫則洪谷傳法，莫不藉其清譚，廣我湫見。苟真贋迭出，紅紫紛陳，不能表其指歸，晰其出處，何異紈綺者之謬托雅事哉？ 唐子衡銓總角操觚，便能漁獵，或剪窗西之燭，或囊研北之螢，醯醢丙丁之書，甄録唐宋而下，著成《文房肆考》，辨青松之微烟，品緑沉之柔翰，鼉磯龍尾，金綫紅絲，五色香皮，百番魚卵，一一繪之丹青，摹成式樣，非直尚卿、回氏、佩阿、淬妃，探其玄怪，資彼綺談； 至於雕戈鈎帶、彝鼎壺尊、敦卣鬲甗、鉦鐸鈁甬之款識，詔告敕令、牋表頌啟、奏記封事揭帖零丁之濫觴，并官哥汝定之瓷碗，縹碧霽紅之秘色，三椏五葉之仙卉，紫雲紅米之咀吹，校練既精，根據亦覈，可稱《藝苑》之支流，而《文心》之别録矣。 昔衡銓大父仁巖先生，道風未淪，玉粹金昭，尊甫桐園藏輝蘊寶，兩世著書，未經鐫棗，而蘭交松契，都有贈言，彙附卷末，增晋昌家乘之光。凡七禽三鏡、紫囊琭珞之説，雖探淵奥不著於篇，猕駝之譏，飣餖之醜，庶或免乎？往哲研京練都，殆將一紀；今衡銓以稚弱之齡，已有等身纂輯。是編之成，如入五都巨肆，珠寶服瞀，各安其所，使詐僞苦窳之器，不能眩惑，博古者尤亟賞焉。刻既竣，因條其大概而爲之序。乾隆丙申春正月，少山汪炤書於過學齋。

發凡

發凡十五則纂竣年月日期一條附

一此編乃秉鈞就傅後，凡閲經史子集及聞父兄師長與博雅前輩譚論，間有關於文房日用者，輒爲登記，以備移時忘憶，真屬片鱗半甲，小兒俎豆已爾，烏敢薔梨而仝參諸君子？ 咸謂書類群分，汗充難購，不若斯編簡要明晰，即欲廣博，儘可從此問塗，未始非行遠登高所必自。 遂醵令劚梓，然難免貽笑大方。

一此編雖供考據玩好之備，似不關乎身心性命之學，然閑邪規正、勸忠教孝之意，常露於字裏行間。 垂覽君子，留心體察，自見秉鈞編書之旨。

一凡自著書籍，首列鑒定前輩姓號，體例祇稱先生，兹編稱老先生及大人者，以秉鈞年齒卑幼，故從平日所道於口者，而遂筆之於書也，亦用表區區尊崇之意，弗敢避無稽杜撰之譏。

一端溪老坑子石佳硯，皆唐宋時物，熙寧以來，新坑之石日劣，舊製之硯日耗。

然天下之大，流傳於世者，焉能具悉？ 兹編所繪名硯各圖，祇就余家珍藏及於年親故舊處見聞，或已遺上官，或經進呈上用者爾。 其冠以太極硯，殿以井田硯，中列星斗、龍鳳、山水、花卉諸物硯者，蓋取天覆地載、中包萬物之義，以寓上下尊卑貴賤之等也。

一銅器，祇辨明堂清廟鐘鼎彝尊之款識，紅緑深淺之真假。 若今之自鳴鐘、洋表、洋人、洋舟、洋車，鑰啟其竅，便自運自行，乃屬機巧，概置弗論。 即瓷陶諸器，祇取涸樸，辨其色澤，以定真贋新舊而已； 花枝玲瓏，雕鏤纖巧，皆非所尚，故弗類及。

一南金從革，璣組蠙珠，經籍亦所嘗見，而求金非禮，隨珠世笑，不過繡幃之尃飾，實非藝苑之雅觀。 是以兹編祇考玉而金珠無及，即玉亦僅載祭享、朝聘、佩帶諸器，以中規中矩而比德者。 外若唐宋以來，用玉殉斂諸器，名稱頗多，始則奢靡，終由盜掘，此風既不可長，且器本不祥，物殊穢褻，難登大雅之堂，豈是文房清玩？ 故俱擯棄弗考。

一射爲六藝之一，射義投壺，篇詳《戴禮》，劍銘行德，亦載《禮經》，是則執劍習射，古聖賢元未嘗廢。然射近乎争，投壺似戲，舞劍慷慨，術究是武，孔子曰：「君子忠以爲質，仁以爲衛，何待劍乎？」則知劍射非文房所有事。故兹編祇考夫琴爾。

一論書法，以和神氣、正形容爲本，下筆以中鋒平直爲用；論畫法，先之以賓主遠近，再之以氣韻骨力，其餘錯綜變化，俱任作者之所好而趨向，故書畫之縱横奇崛，非是尋常規矩，則弗及詳説。

一人參考，似與兹編書名不類，不當附著於此。但人參從無專書明晰，即李瀕湖先生所纂《綱目》，已爲本草之海岱，亦僅言上黨爲勝，且無辨高下真假。今恭遇本朝德邁千古，福永萬世，故天地精英，薈萃遼東，産參美超前代，特考發明，倘士人遽爾需用，藉以得知等級，弗受市儈之欺，亦足爲格物之一益也。

一凡林總，生逢盛世，安享朝廷太平之福，各宜感激，身爲善良，仰酬高厚。若士乃四民之首，而得就閒燕，窗明几净，暮史朝經，寧可不思爲端方正直之士，嘗懷忠愛之誠？故文章考以詔敕誥諭奏議之體裁冠於前，爲他日委贄圖報涓埃之具。末陳謚法褒貶之義，以示勸誡，俾咸知警。

一人之形骸智慧、學問文章，盡從屬毛離裏、胎教庭訓而來，故漢人書籍，每自序家世一篇，足見凡有作爲，莫不追念祖宗功德，常切水源木本之想。兹編之《竹莊文獻考》，亦此志也。

一家著書籍詩文頗多，緣乏命工之資，未盡付梓，故或祇登書名，或并録序跋，其已經剞劂行世者，序文載於每書卷首，兹編不復重出。

一蘭交松友，咸是當代名流，近則達意於寸箋，遠則郵筒以問答，往還尺牘，常致盈几。兹編所録者，皆譚經議古之函，其不關文獻者，俱勿載入。

一文房肆考，《説文》謂：肆，極陳也。《玉篇》謂：肆，放恣也。《易·繫辭》謂：其事肆而應。疏云：其辭放肆顯露，而所論義理深而幽隱也。夫既欲博事物矣，其可弗返躬以自考身心乎？日省簿，誠自考之法，乃正修之本、入道之塗、積德之基、爲人之要，遂列次兹編之殿，有似全部之結束，實是全部之先務也。

一碑帖真僞、經籍訂訛、音樂正變、幾何勾股、茶經泉等、香譜竹刻諸説，俟後續刻嗣出。

乾隆乙未仲秋下澣八日癸卯，嘉定唐秉鈞衡銓氏識於竹映山莊之書府。

卷一

像圖彙考　古今名硯圖上

衡銓小像

之子鍾秀竹暎山莊冰雪
之骨錦繡之腸早研六藝
徧涉三倉祖詒風烈父教
義方四先生後繼起惟唐

竹汀錢大昕題

衡銓汲古圖

桉作銀床書作泉不窮井
養在心田終年修綆長提
手引取詞源五色鮮

題汲古圖　櫻園朱綿生

大圓覆齋

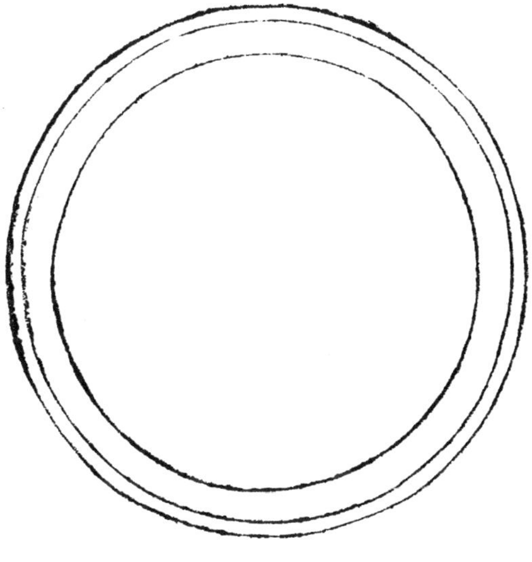

背陰

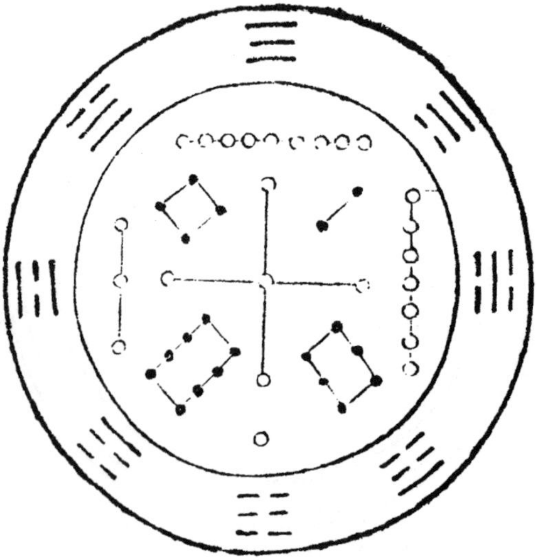

天保九如

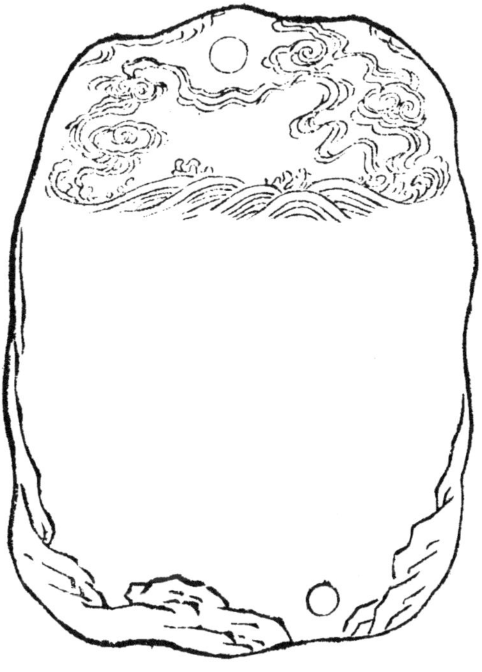

背陰

保合太和

背陰

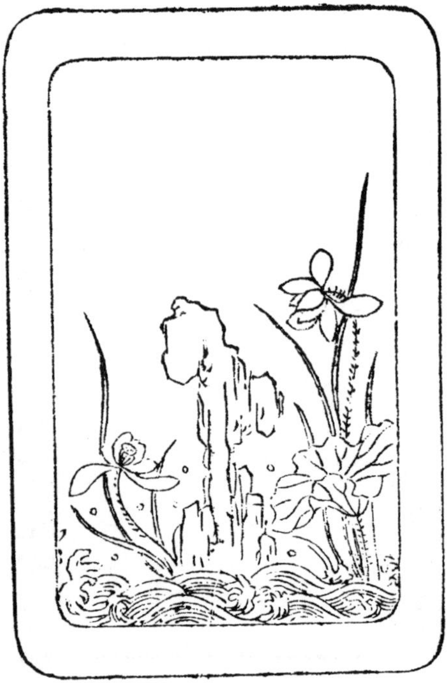

鳳舞蛟騰

海屋添籌

五嶽朝天

龍馬負圖

太平有象

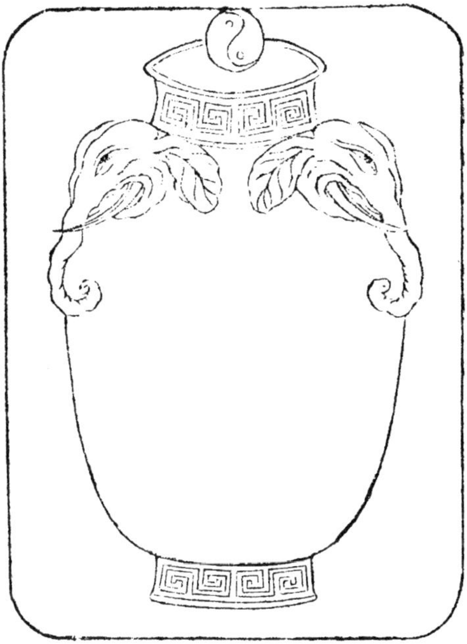

背陰

景星慶雲

壽山福海

海天旭日

獻生瓜硯

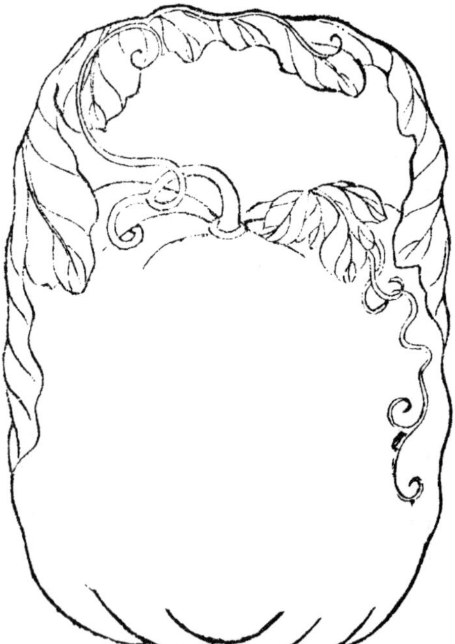

龍吟虎嘯

九重春色

漢朝爐瓶

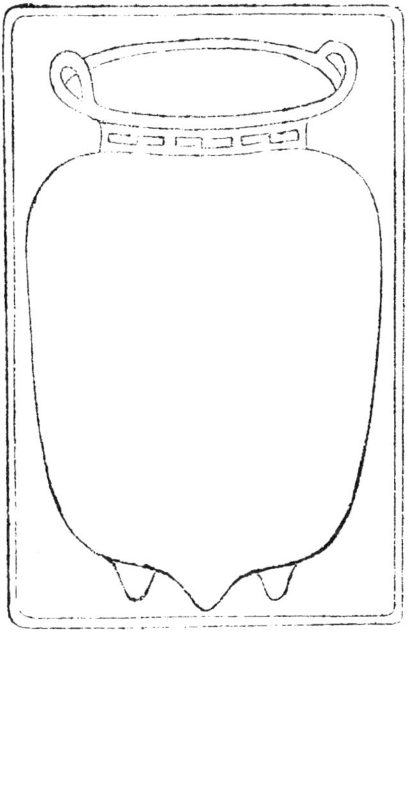

福自天來

花中君子

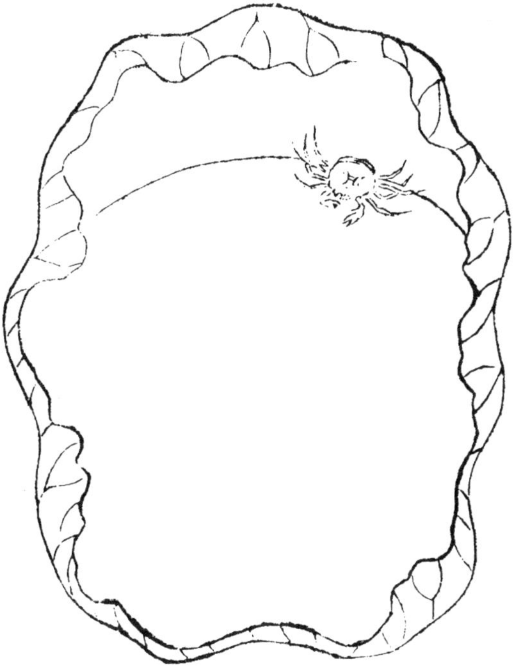

背陰

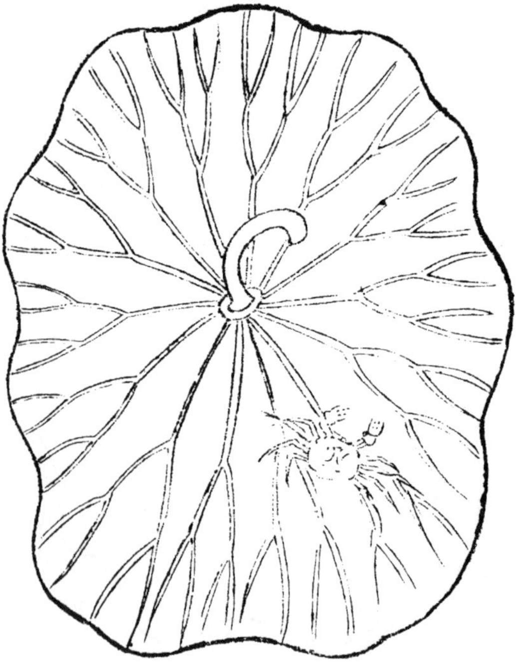

龍飛鳳舞

三陽開泰

化平天下

德輝雙鳳

松壽萬年

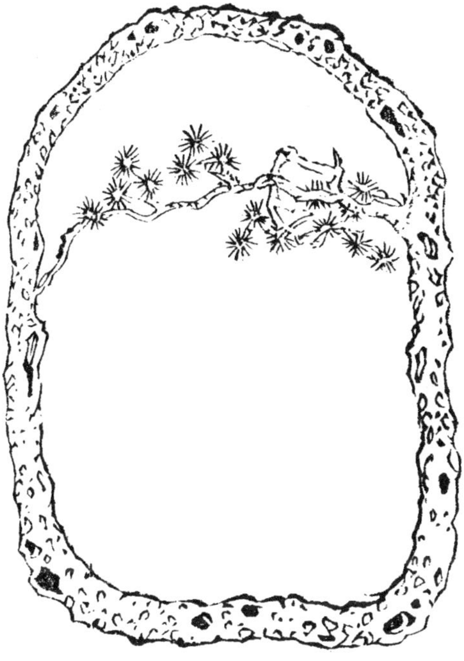

黼黻帝躬

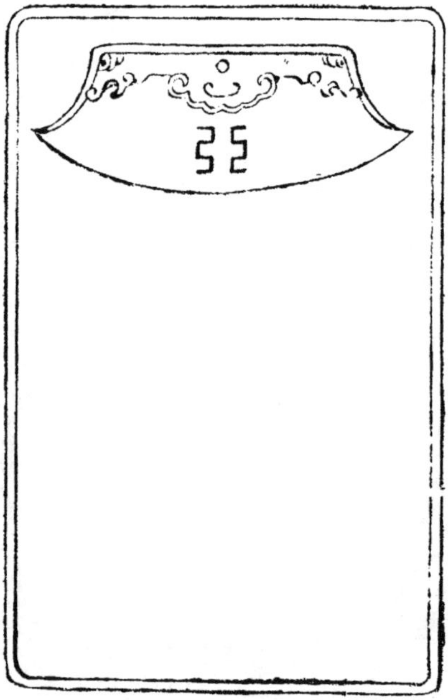

文章剛斷

背陰

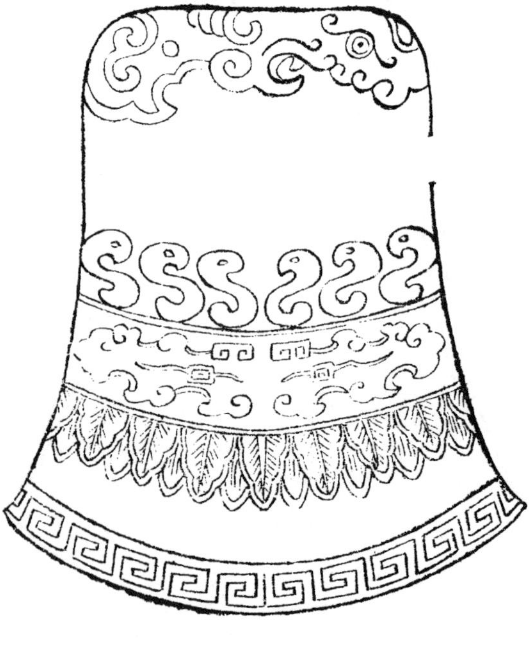

東井硯

背陰

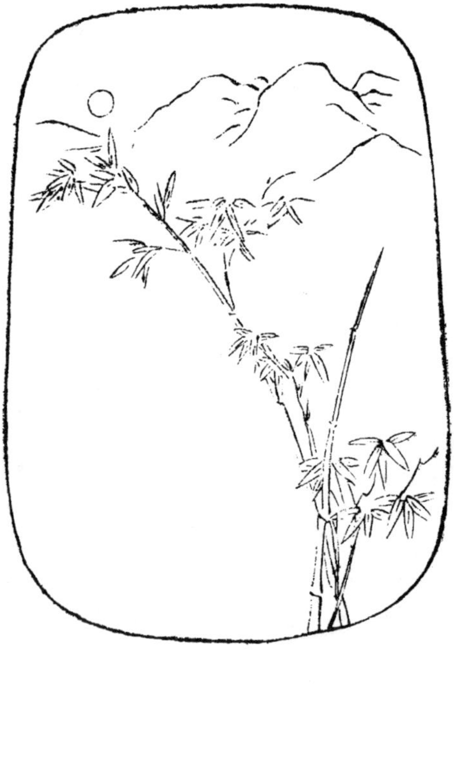

結繩硯式

丹鳳朝陽

林碧錦繡

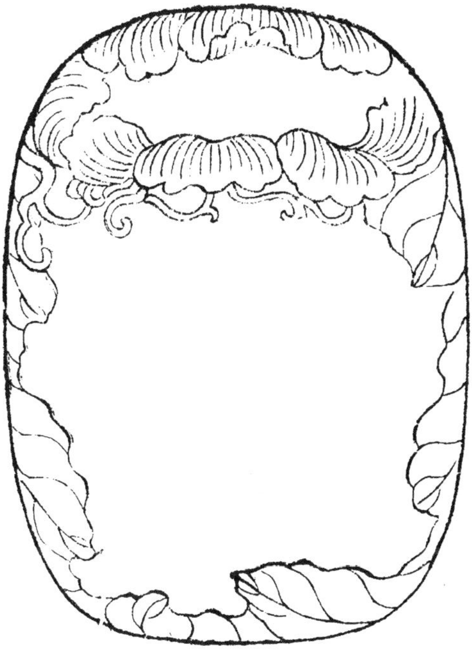

龍門變化

鳩獻蟠桃

身到鳳池

三星拱照

背陰

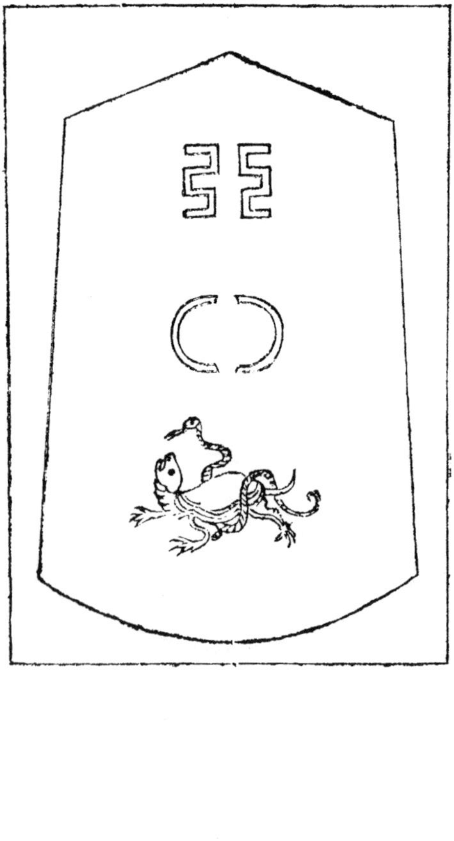

北宋鐘硯

背陰

夔龍集鳳

羲愛金鵞

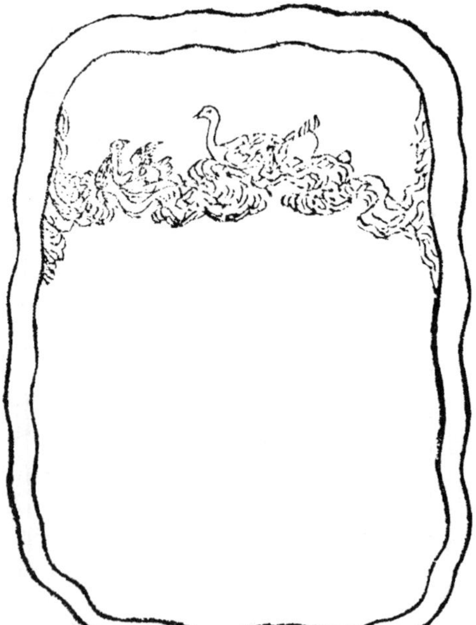

錦囊封事

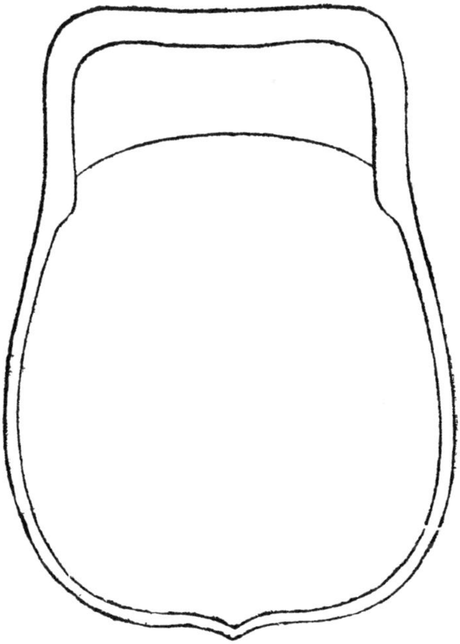

背陰

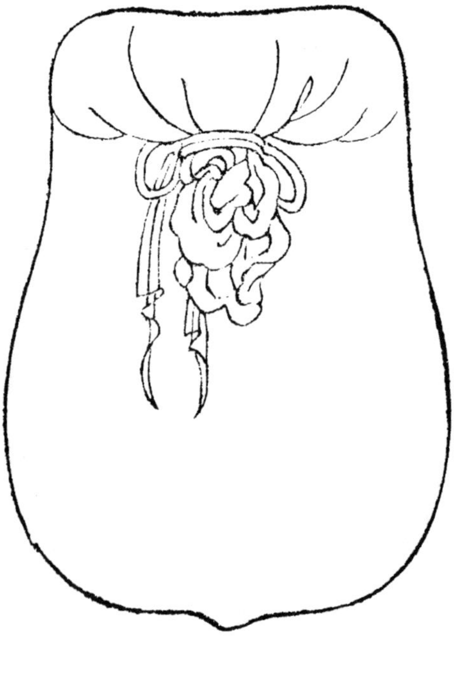

卷二

古今名硯圖下　古硯考上

開寶晨鐘

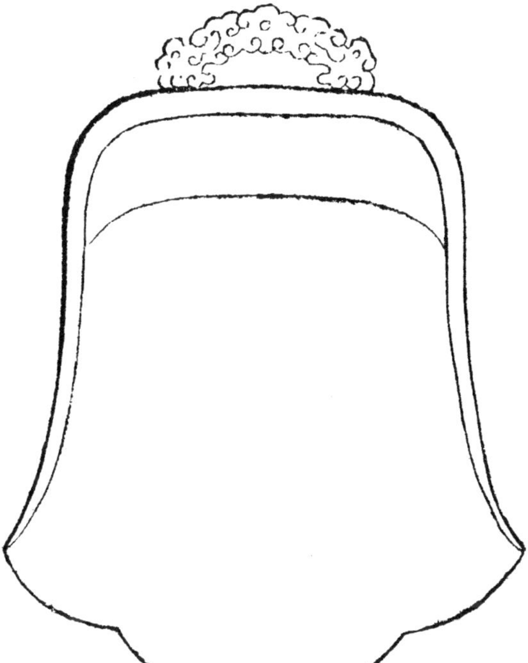

背陰

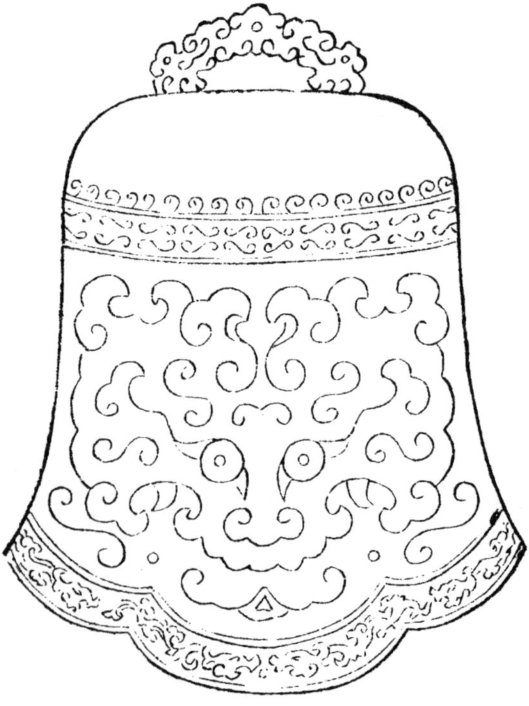

端方正直

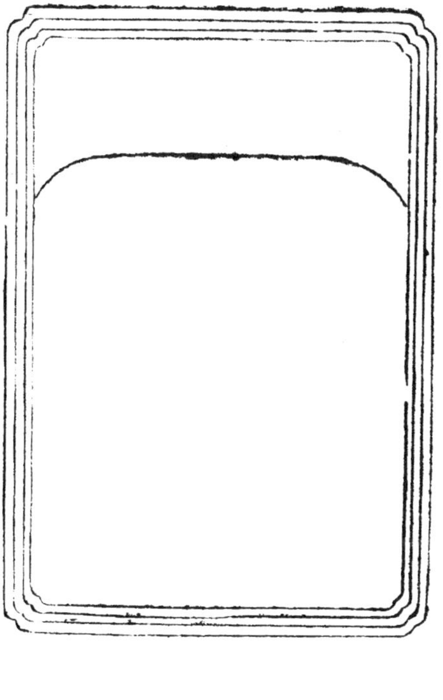

背陰

瑞呈書圖

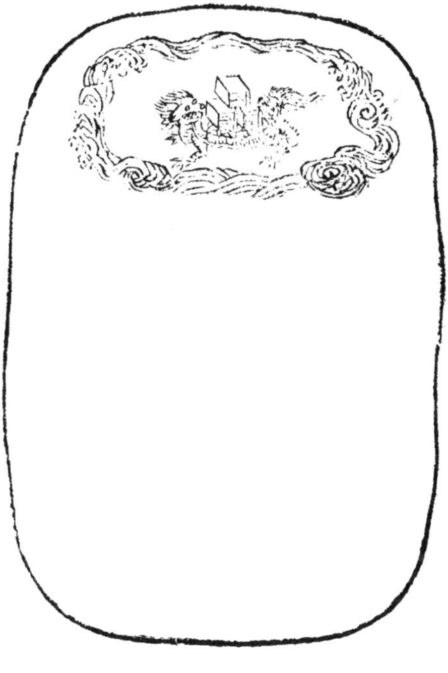

濯淵進德

五福奉壽

青鸞獻壽

壽同日月

背陰

布泉池硯

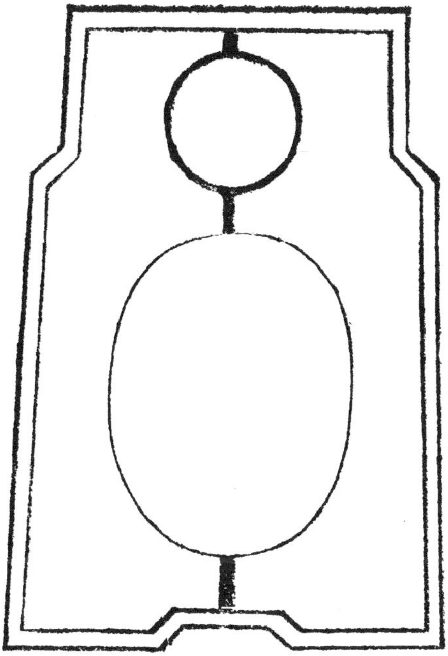

背陰

太極儀象

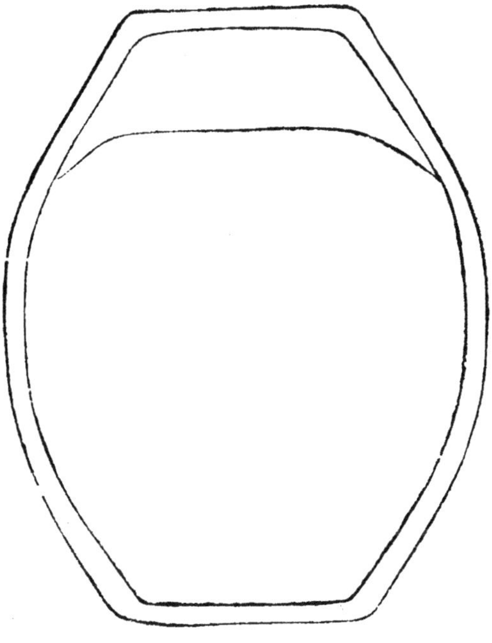

背隂

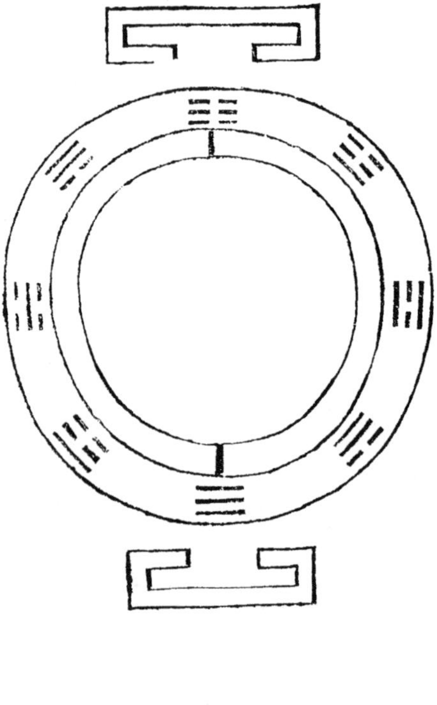

銅雀瓦硯

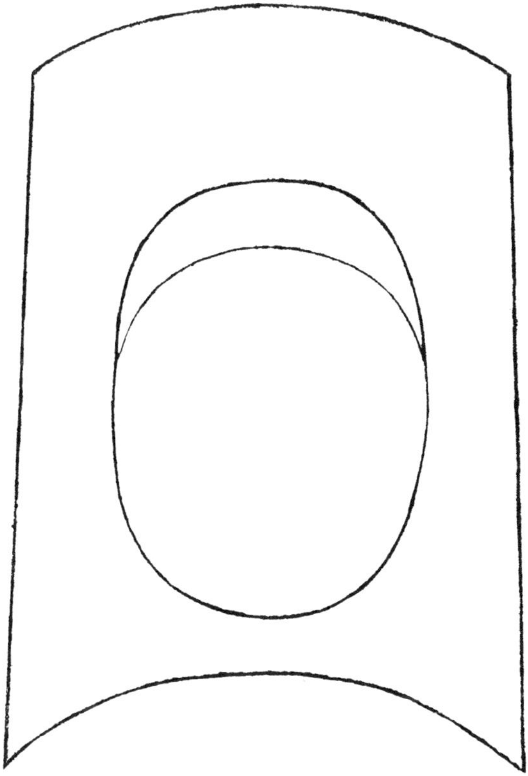

背陰

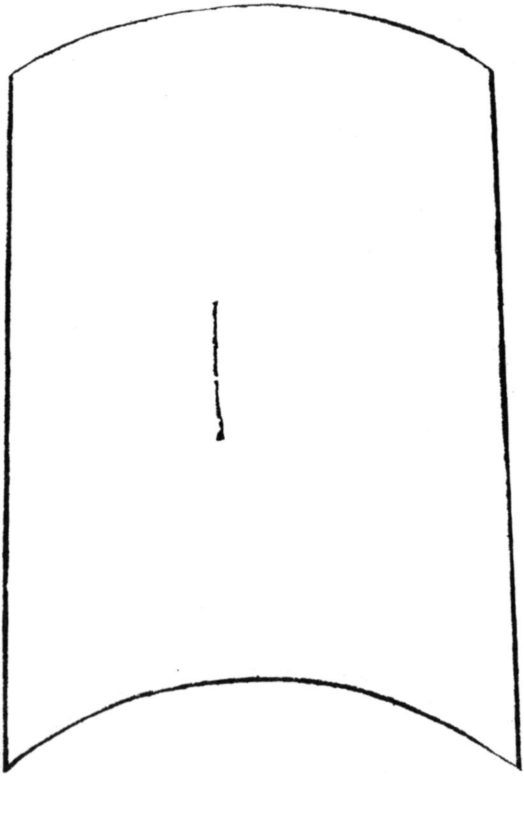

連篇月露

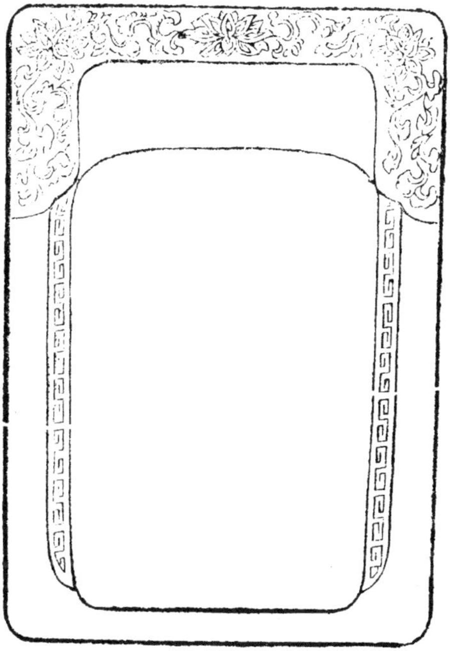

犀牛望月

廻文觀德

井田硯

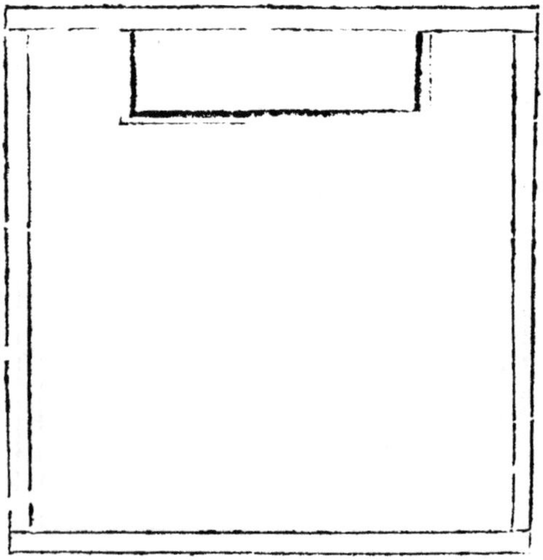

背陰

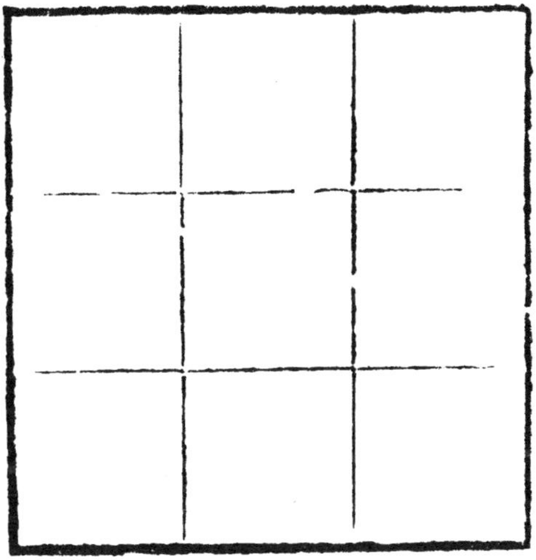

古硯考上

端硯名義

硯以端稱者何？就其所産之處而名之也。此硯石，産於廣東端州治高要縣之端溪，故曰端硯。隋唐宋皆名端州，迄宋神宗政和初，封第十一子徽宗爲端王，以僭藩邸，始賜號改名肇慶府。府東三十三里有山曰斧柯，在大江中之南，蓋羚羊峽之對山也。斧柯山峻峙壁立，下際潮水，自江之湄登山，行三四里，即爲硯巖也。先至者曰下巖，下巖之中有泉出焉，雖大旱未嘗涸。下巖之上曰中巖，中巖之上曰上巖。自上巖轉山之背曰龍巖，龍巖蓋唐取硯之所也。後下巖得石勝龍巖，龍巖不復取矣。

端溪

端溪一名西江，在羚羊峽之東。溪長一里許，廣不盈尺。自溪口北行三十步，一穴在山下，高三尺許，乃水巖口也。匍匐而入，至五六丈爲正坑；從正坑右轉數丈爲西坑，坑門最小；從其旁入爲中坑；從正坑左轉十餘丈爲東坑，東坑外即大江矣。

坑中水淵渟不竭，以罌甕傳水注槽筧中，水消竭，乃可下鑿。石有三層，上層者稍粗，中層多鴝鵒眼，下層在水底，多破碎，不受斧鑿。凡東西中三坑皆然。坑即洞，故三坑又稱三洞，而東洞尤美。

端溪硯石本天宿所鍾靈

考端州，天文牛女分野，直星紀。僧一行曰：天地两戒，山河與天之雲漢始末，謂星紀。得雲漢降氣，爲百川下流云。羚羊峽距郡東三十里，東三江之水，其山産石類瑊玏，唐宋以來，才人文士采作硯材，蘇文忠稱爲寶石。蓋東西粤扶輿之脉藴閟也。未至峽十里，爲大堯山，皆牛毛細皴，宛如畫境。峽山青蒼對峙，江流泓凈，頗似嚴瀨峽。

考據志史

端州郡志云：端溪石硯有青紋者，謂之青條。其短者謂之眼筋，下巖石亦有之。色微斑者謂之火黯，下巖無此。又有曰赤裂，曰黄霞，曰鐵綫。曰白鑽者，圓而深如鑽眼。曰壓矢，其色斑駁。唐柳公權云：端州有溪，産石子，作硯，有赤白黄色點者，謂之鴝鵒眼；或脉理黄者，謂之金綫紋。

六一集

《歐陽文忠公外集》云：端石出端溪，色理瑩潤，本以子石爲上。子石者在大石中生，蓋精石也。而流俗傳訛，遂以紫石爲上。又有貯水不耗爲佳，有鴝鵒眼者爲貴，惟北巖則有之。

事林廣記

《記》云：端硯出端溪，有上下巖、西坑，餘處悉其下也。惟北巖爲上，北巖即下巖，色理瑩潤，有鉎者更發墨。本以子石爲上，子石者即大石中生，蓋精石也。又有草蒙茸金綫紋，惟有眼者最貴，謂之鴝鵒眼，石紋精美。

石以紋色命名

石之紋色，最貴者曰青花，微細如塵，隱隱浮出，或如蟣虱脚者爲上，粗點成片者次之，蓋石細極乃有青花，青花者石之精華也。又有紅緑分明，名朱砂翡翠斑者，亦貴也。外則有若黄氣散布、鴻鴻濛濛，號曰黄龍文者；有若點黄如粟，號曰麻鵲斑者；有黄若絲縷，號曰金綫者；斑蝕如蟲嚙，號曰蟲蛀者；有兩傍色赭，號曰鱣魚邊者；有若水氣縈折，如一道川流者；或圓文如水花，珠湧有層數者；有拖緑纖長，如玉帶者；有若紫氣奔而迴礴，名火捺者；有純白成大片，名蕉葉白者；又如血暈散開，有若雲霧之氣；或小而圓輪，若金錢者。然黄龍、金綫等紋，皆石之病，火捺、蕉葉白亦乃石皮，真賞家能辨之。邇來世俗，群推蕉葉白爲端硯之最，其殆考之未確，審之未精，而訛以傳誤之故歟。即青花粗者，亦是巖底。最下一層爲沙板，不足貴。上層爲天花板，粗而且燥。大抵上下及四旁，皆不精。過細又不精。惟中層者純深秀嫩，一片真氣，如新泉欲流，又如雲霞氤氲，温柔長煖，斯乃石之髓也，得之可以盡廢諸巖之石矣。

舊坑新坑

唐宋古硯，大率老坑、新坑等十餘種。老坑則有龍巖、汲綆、黄圃三處，汲綆全無眼。其新坑則有後磨、小湘、唐竇、黄坑、蚌坑、鐵坑六處，皆不及上龍巖等三舊坑石。

諸坑石品

半邊山，於斧柯山下分路稍東，亦斧柯麓也。半邊山諸巖有大秋風、小秋風、獸頭、獅子、桃花河頭、新坑、黄坑等名，皆在斧柯之下。諸品石色，少灰青，與下巖南壁石、中巖北壁石相類。但半邊山巖極多眼，惟暈少耳；近南者眼大，暈差稍緑；近北者眼小，暈愈少，所謂菉豆眼是也。然皆不及下巖。若中巖者層暈多青緑赤黄紫色，各皆淺淡不同。

蚌坑石，自鼎湖山諸谷水聚爲大溪，轉斧柯山下，出大江中，然猶是山下之澗谷，皆波濤所擊、風日所曝、雷雨所摧。性堅，乃頑狠不才之物也。但人能到其處，可以拾取。端人謂之野石，蓋遍地是也，甚易得之，而他處人不識，往往反愛之，正所謂鄭聲亂雅也。其顔色深紫，有眼，即黄白微帶青色，偏邪不正，無暈道，無瞳子，有翳，雖潤亦不發墨。

黄坑石，與上坑巖相類。新坑石與半邊山石之劣者相類，但半段碎小耳。

小湘峽，在州之西四十里。其石類巖石而性軟燥，色深紫，如蚌坑及後歷石，眼亦類蚌坑石。大抵潤不及坑石，而發墨勝之。

後歷山，在州北十里。石性軟燥，色深紫帶黄赤，間亦有眼，極類蚌坑，堅潤不及，發墨次之。

龍巖石，色深紫，眼少，有則類中巖半邊山者。

石鑛凡十一，北岸坑曰阿婆，曰白婆墳，其石質黯黝不鮮，佳者亦有火捺紋。蕉葉白可亂水巖、朝天巖，惟青花中黄星密灑如塵，眼大於螺，若人張目，湛湛無神，真賞家以此辨定。碧點長斜似眼，無瞳。每石一片，可得十二三點、十數點者。

梅花坑，在峽外三水境中。峽將盡，岸南山坳有洞，書宋治平四年差太監魏某重開，土人名曰巖仔坑，其石叩之聲泠泠，久磨能滑。傍有冢，相傳其時開鑿中虚，崩閉數百十人，太監死焉，守土者葬其冠服於此。新坑從巖仔坑下，度小山，曰新坑。其石細潤微青，蕉葉白亦青。

朝天巖，從新坑西上，越水澗，隔裏曰朝天巖。土人名山坑爲隔裏。其石堅實，不能滑膩，火捺紋成結不運，若蠟炬著壁斜焰，及燒損几案處，蕉葉白色晦氣黄，純潔無痕者，亦可貴。

古塔巖，其石比朝天巖，無火捺紋、蕉葉白。

屏風背，在古塔巖後。其石木如譬豬肝，曝於風日。

宣德巖，在屏風背下，去水巖二里許。其石髣髴水巖，久不可得。

水坑，從巖仔坑東，有洞廣如屋，舊時開坑，石工所棲之所。又東有小山圓阜，其下爲水坑，折上數十步，有萬曆二十八年，差督理珠池市舶内官監太監李鳳開坑封坑月日立石。

端溪有三巖下巖無新坑

端溪下巖舊坑石，大至數尺，追琢去胞絡黄臕，方得璞中硯材，即世謂子石也。或色黑如漆，細潤如玉，有眼。眼内有暈三四層、五六層不等，暈中心有黑點象瞳。或六七眼相連，排列星斗異形，扣之清越，研之無聲，著水磨墨，不熱無泡，如與墨相戀不捨；墨愈堅，其戀石也彌甚，油油然若雲氣蒸湧，稍研輒滿。以他石硯並之，水之分數同，墨同，手之輕重同，水巖常少他石硯十之三四，故不費墨。良久微浸，若油艷，發墨著筆端即起，積痕細薄，披之盡脱，故不損毫。此品南唐時已難得，至宋慶曆間已竭矣。又一種卵石，亦去膔得材，色青黑，細潤似玉，有青花如筯頭大，其點別似碧玉晶瑩；或青花之中，有白點如粟，與質不同，排列星斗，水濕方見，扣之無聲，磨墨亦無聲，宋時亦已采盡。此硯同舊坑石，久用鋒芒不退鈍，不假磨礲，最貴。唐吴淑《硯賦》所謂「點滴青花」是也，故名青花子石，今訛爲青花紫石。李長吉豈亦耳鑒而無心賞，故其詩已訛「子」字爲「紫」字，其實未嘗紫也。蘇子瞻《硯銘》云「千夫挽綆」者，即此。下巖又名北壁，在大江之中，故相傳北壁有龍潭硯也。下巖惟有舊坑，別無新坑。上中二巖，則皆有新坑者，原坑已盡，別開一穴也。下巖深江險坎，無可別開，故無新坑爾。

端溪中巖舊坑新坑之辨

端溪中巖舊坑石卵，石色紫如嫩肝，細潤如玉，圓而正者爲眼，有紋横而長者爲條紋，扣之無聲，磨墨亦無聲，此二種石最貴。外有横膔胞絡，久用鋒芒不退，此石宋時坑，亦取竭矣。總之石性貴潤，色貴青紫。

中巖新坑，石色淡紫，眼如鸜鵒，大中有暈，嫩者扣之，亦無甚聲，磨墨微有聲，久用鋒芒退乏。石有枯潤，潤者亦難得，此較下巖石低三等矣。

端溪上巖舊坑新坑之辨

端溪上巖舊坑有青紫，新坑皆灰色。紫而粗燥，眼如雄鷄眼大，扣之、磨墨皆有聲。有松板紋，或整齊如塔狀，久用光如鏡面，舊坑少勝新坑。

巖石各有三疊優劣

凡巖底石皆頑，極細不發墨，又色污雜，不可以硯，端人謂之鴨屎石。底石之上，大率如石榴子，又如塼坯。自底至頂中作三疊：下疊居底石之上，最佳品也，石必有眼，端人謂之脚石；中疊居下疊之上，次石也，眼或有或無，端人謂之腰石；上疊居中疊之上，又次石也，皆無眼，端人謂之頂石。頂石之上，皆蓋石也，俱頑粗而不堪用。大抵三疊皆有粗絡，無非子石，世人乃謂別一種子石，非也。蓋往往崩落巖下泉澗中者，其形偶圓類卵，人或於水中摸得之，故妄有此説。

眼辨

石之有眼，猶木之有節，不知者或以爲病。然眼不宜多，亦猶木之不宜密節也。

所以古人有言曰：「無眼不成端，有眼端之病。」然惟端石有眼，而有死眼、淚眼、活眼之分。黄黑相間，黳睛在内，晶瑩可愛，謂之活眼；四傍浸漬，不甚鮮明，謂之淚眼；形體雖具，内外模糊，謂之死眼。活眼爲上，淚眼次之，死眼下矣。凡有眼之石，在水巖中，尤縝密溫潤，端人謂「石嫩則眼潤，老則眼枯」。嫩石細潤發墨，所以重有眼也。有青脉者必有眼，端人謂之「眼筋」。故腰石、脚石多有青脉，而頂石無眼，每光净而無青筋。

石有眼易分品第

巖性枯燥則色黄褐灰蒼，潤則色青紫矣，故黄赤之眼，皆爲下品。若眼赤黄輕，青緑重，即漸爲上品也。龍巖石色深紫，眼少，然亦有類中巖半邊者。眼之佳者，青緑黄三色相間。暈多者，自外至心凡九匝，其大者尤爲希有，或布列硯中，如北斗心房星之形。世人以眼之多少，爲價之輕重。其生於墨池之外者，謂之高眼；生於内者，謂之低眼，高眼尤尚。眼之别者曰鴝鵒，曰鸜哥，曰了哥，曰雀眼，曰鷄眼，曰猫眼，曰菉豆，各以形似名之。有大者如五銖錢，小者如芥，惟翠緑圓正，暈多清朗，有瞳子，非肉、非淚、非死爲貴。眼又貴碧不貴赤，貴圓不貴長，貴陽不貴陰。緑明爲陽，黄暗爲陰，大率暈有奇有偶，多至十餘重者。李賀有《端州青花硯歌》，蓋是唐宋時，便以青眼爲上，黄次之，赤爲下也。眼赤圜如珊瑚鳥目，石嫩，眼侵土氣者若象牙，其瞳分明，亦足賞。鴝鴿眼，碧色數暈，對之奕奕射人。圓正明媚者，不易得。

花紋辨

火捺紋者，石之堅處，血之所凝。故其色紅紫或黑，紋如朝霞蔚起，散若馬尾，又若刷絲縈繞，絢采熊熊，大當錢。有芒曰金錢火捺，品上上也。蕉葉白，石之嫩處，膏之所成，故其白一片純潔無斑纇，上下四旁，必有火捺紋掩映，老坑皎潔比紈素，近坑白中雜出青花也。青花上品，若澗沚細藻，朱碧瑩然，縭縷隱隱，有如秋雲綿密，或如水波微塵，視之不見，浸於水中乃見，必須心如毫髮，乃知其妙。此石乃在窮淵，水之所凝，雲之所成，玉而非玉，冰而非冰，水爲其氣，雲爲其神，其石之質欲化，而冰之體已堅；體重而輕，質剛而柔，摩之寂寂無纖響，按之若小兒肌膚温軟，嫩而不滑，秀而多姿，握之稍久，掌中水滋，名曰靈泉，此真端溪之精英，其優過於瓊瑶，《筆陣圖》所謂「浮津無價之奇」者。凡香有結，石亦然，香木之結者爲香，端石之結者爲硯。其石大至數尺，去其不結，取其結者，僅得結就掌許石子，真是璞玉，故硯之大而佳者不可得。通冰巖中石之結者無幾，非片片皆精好也，有如魚兒隊行，青花明顯，如石花菜者，石工稱爲芋紋，品中中。黄龍紋，斜亘石面，工指爲瑕。若游揚如雲氣，如薄羅，亦移人情。鐵捺紋黳然黑色，鳳涎紋如蚯蚓，皆石疵。

古製硯名

古人得獲美石，則令名工硯匠就其石子形像，眼之高下，因材作硯，如前圖之外，有如東坡嘗得石，不加斧鑿以爲研。後人尋巖石自然平整者傚之曰天妍，宣和初，御府降様，造形若風字，如鳳池様，但平底耳。有四環刻海水魚龍三神山，水池作崑崙狀，左日右月，星斗羅列，以供太上皇書府之用。太上皇，徽宗也。此外又有曰垂裙風字，曰平底風字，曰有脚風字，曰古様風字，曰琴足風字，曰鳳池，曰四直，曰古様四直，曰雙錦四直，曰合歡四直，曰箕様，曰斧様，曰瓢様，曰瓜様，曰人面，曰蓮，曰荷葉，曰僊桃，曰鐘樣，曰卵樣，曰笏樣，曰圭樣，曰璧樣，曰鼎樣，曰玉臺，曰蟾樣，曰龜樣，曰梭樣，曰琴樣，曰琵琶樣，曰鐵樣，曰雙魚樣，曰團樣，曰八棱角柄秉硯，曰八棱秉硯，曰竹節秉硯，曰硯磚，曰硯板，曰房相硯，曰月硯，曰腰鼓，曰馬蹄，曰月池，曰蓬萊樣。

玉堂新樣

宋丁寶臣知端州，以詩偕端溪緑石硯送王荆公，謂之玉堂新樣。介甫以詩報之云：「玉堂新樣世争傳，况是蠻溪緑石鎸。嗟我長來無異物，愧君持贈有新篇。久埋瘴霧看猶濕，一取春波洗更鮮。還與古人袍色似，論心於此亦同堅。」

水坑難采世罕

巖仔坑東、小山圓阜下爲下巖。巖有两口，其中則通爲一穴，大者取硯所自入，小者泉水所自出，故號曰水口。口洞臨江，小於圭竇。石工裸身，初入頭洞，要至水坑，自高而下二里許魚貫而入，不得昂首直腰，中有竇有軒，或盤或援，乃得至。二人仰卧，膝前置磁盤於胸，盛豬膏，漬布索燃照，不可以坐捧。沿洄曲水，螺旋而進，行皆向東。入洞西轉，有淵不測，投以石，聞水聲急轉東折，不則墮下深淵矣。以故開坑先引水閲月，費金錢累千金。東坡《端硯銘》云：「千夫挽綆，百夫運斤，篝火下縋，乃得斯珍。」豈欺世而過爲尊貴之詞哉？洞有三，曰正洞，曰東洞，曰西洞。正洞石上上，東洞次之，西洞又次之。土人皆名曰老坑。初至者即西洞，其石無眼。又入爲康子坑，此巖最寒，能傷人。康子之前，又入爲東洞，多蕉葉白。其後爲正洞，又名北洞，石彌純粹水彌深。蓋泉生其中，非石生泉内也，故潤自性生。外近江水，瀰漫湧溢，歲久崩摧，巖之中，石屑翳塞，穿漏堪虞。宋治平中，慮其傾頽，鑿留數柱，名爲東留柱、西留柱，繼則併取其柱，以木代之。洞石懸崖，積水淵浩，淺深崩墮，皆莫可測，石工不能復采，宋季已爲不易得之寶矣。

端溪久重天下

歷代以來，用端溪硯。至南唐李主時，端溪舊坑已竭，不得已而思其次，遂開新坑。宋貢硯唯賜史官，故端硯重於天下。熙寧中，杜諮知端州，禁民毋得采石，而杜獨占之，世人謡稱杜萬石。濂溪周子時提點廣南東路刑獄，惡其奪民之利，因爲題請，凡仕於州者買硯，毋得過二枚，遂著爲令。杜諮遂以蒙詬。元制，把總一員，專轄守坑，律盜坑石比竊盜論。明永樂宣德間，開坑未幾，俱罷去。崇禎末，蜀人熊文燦總督兩廣日，指揮蘇萬邦致石工於江西，緼火中夜開坑，不敢自日中也。丁亥後守禁罷，屢次開坑，工受官役，日有程，不擇膚理，亂肆鑿伐。文明之璞，靈秀之脉，遭其鹵莽割裂，山川元氣，天地真藴，益漸耗竭矣。即居民采石養家，衹圖便易，俱以贋石欺人。從此絶無寶硯端石之重於天下，豈第因此山陵谷，無有問津之處哉？

卷三

古硯考下　紙筆墨考

古窑器考

體味下巖水坑石子之美

下巖子石，産於窮淵，玉肌膩理，入手温潤，視之自有一種生氣，鮮潔蒨麗，磨之與墨相親，摩娑心動。槽中之水，隆冬極寒，他硯常冰，而水巖獨否。其體質之美，千奇百變，不可殫窮，餘見上卷一。

審辨諸坑石之疵

石之病，曰鐵綫，乃是臕皮隔處，若於綫上鑿之，則應手而斷；曰瑕，白文；灰黄色，如龍蛇横斜布石上，曰黄龍；曰鑽，如蛀蟲眼；若被斧鑿觸裂者，曰驚；有斜斑處如火燒狀，曰火黯，又名熨火焦，惟巖石有之，他山石皆無，故端人不以爲病而爲小疵也。

水巖石子天地之精山靈之寶得之有命

端溪之南第一峰第一條坑爲水巖，第三條爲文殊坑，當中一條爲虎坑，水巖之上爲屏風背，爲朝天巖，爲新坑，爲巖仔，爲宣德巖。宣德久已無石，西洞明初斧斤不輟，亦已鑿穿，江水入焉，不可以復鑿，即所鑿時，亦僅容二斧四人而已。取石，一人秉鎚，一人捧燈。中洞尚可容六斧十二人，東洞可容四斧八人。此巖自宋治平四年重開，有内官魏封勒石其上。封當與江西石匠數十人，被巖裂，壓死洞中。今巖口有魏太監墳，葬其客魂而已。石匠常爲怪，叫呼告哀，嘗擲礫以嚇人。入洞者，毛髮凛然，畏鬼魅之爲害。或亦山靈惜寶，不欲精華盡出於人間也。他若亞婆坑在峽北，從第一條坑而入；黄坑在况峽南，從龍華寺後而入，石皆有眼而色紫質粗。梅花坑在峽口東，從沙步典水村而入。石亦有眼，眼大而暈重，不甚分明，質青亦粗，則山靈之所不甚吝惜者也。當宋初水巖未開，皆於七星巖北、將軍嶺之下名將軍坑者取石。其石色黑無眼，質亦粗，至今黄岡硯佑取之。蓋諸坑石皆易采，唯水巖積水淵深，采取必俟冬始，以終春季，天寒江落，乃可烈炬而入，杓泉以出，非具大力者不能辦此。即或金錢之費不訾，而得石幾何？有無莫必，而爲此一卷之石，與蛟螭争於水府，崖壁一坼，性命齊捐。噫嘻，可不畏哉？况寶物之出，自必有時；佳石之得，亦良有命。天地之英華有盡，而日消月削，金鑛銀坑砂窟尚或告盡，而况九淵神髓，美踰瓊瑶者乎？崇禎末蜀人熊文燦總制兩廣日，所開石尚勝後之某藩王所開石，此後日不如前，可知端溪之精華亦漸竭矣，奚必此山陵谷，無復問津處耶？

端硯宋時已假

夫端硯，於宋代非徒上重，官司歲以爲貢，即流俗亦競争奇。嘗采他石，考製爲硯以惑人，然十無一二發墨者，但充玩好而已。今士大夫家所藏硯多此品。他處石類端溪而非者，有一種潔石出九溪、漻溪，表深青，裏深紫而帶紅，有極潤細者，然以之磨墨，則水塞而不鬆快，愈用愈光而頑硬如鏡面。間有金綫黄脉，直截如界行相問者，號紫袍金帶，宋高宗朝，戚里曾以進御，不稱旨。又有一種辰沅州墨石，色深黑，質粗燥，或微有小眼，黯然不分明，人不知，往往稱爲黑端，相去天淵矣。今端民負販者，多市沅硯璞而歸，刻作端溪樣，以眩士大夫，每獲重價。若辰沅人自鐫刻者，則大雕篆，或作荷花、蓮、水波、犀牛、龜、魚、八角、六花等樣。藻飾異常，雖極工巧而材不堪用。

羚羊峽之南岸金渡村，居民則以龍鬚、蒲蓆爲生；其西北岸有村曰黄岡，居民五百餘家，無可耕桑，以石爲生，性多狡黠，善以贋坑石惑人。其琢紫石以製硯者半，琢白石、錦石以作屏風、几案、盤盂諸物者半，歲售天下，每得重價，利踰萬金。白石即西洋諸番亦來買取。蓋黄岡衣食於石，自宋迄今，享山巖之利數百年矣。又近歲往往有一二所新出之石，氣韻顔色，幾足亂真。今世之所謂端硯者，大約此物也。或僞爲佳眼其上，蠟以沃之，頗亦可觀亂雅，非真賞者鮮能識别。侯官高固齋有詩云：「石工欺汝只纖毫，翡翠朱砂總未高。鴝鵒眼多堪抵鵲，梅花坑好可磨刀。」觀此則知奸匠之僞造已久，非今日始矣。

硯價

蘇易簡《硯譜》云：「端溪硯，水中者石色青，山半者石色紫，山頂石尤潤，如豬肝色者佳。若匠者識山之脉理，鑿一窟，自然有圓石青紫色者，琢而爲硯，可直千金，謂文子石硯。」

魏秦《東軒筆録》云：「端溪硯有三種，曰巖山，曰西坑，曰後磨石。石色深紫，襯手而潤，叩之清遠，有青緑圓小鴝鵒眼，乃巖石也。其次色赤，呵之乃潤，鴝鵒眼，色紫，紋漫而大，此乃西坑石也。其下青紫色，向明側視，有碎星光點，如沙中雲母，乾而少潤，謂之後磨石。西坑硯三，當巖石之一；後磨石三，當西坑之一，其品可知。」

硯價倍蓗不等

硯之優劣天淵，價之貴賤迥異。下巖水底脚石，十倍於南壁石；南壁石，十倍於中巖北壁石；半邊山南諸巖石，倍於中巖南壁石；半邊山北諸巖及龍巖、中巖南壁石，倍上巖諸穴石；上巖諸穴，倍小湘石；小湘石，倍後歷蚌坑石；後歷之佳者，亦有可與上巖諸穴價等。

歙硯

歙石硯，出徽州婺源龍尾山、山西連武溪，其石堅勁瑩潤，多發墨。品有五，以金星者爲貴，然以斑顯鮮明，如泥金者爲上，最好者其形如龍尾，謂之龍尾金星；若散布如花瓣落满者次之。凡有金星者，石色必帶緑色。或紋如蘆花，或如織羅様，或如眉毛，或如鸜鴿斑，其紋皆白色，隱隱如銀。此四種又次之。若無紋者，不足論矣。歙硯而大者，色不過黑，竟無紋可名焉。然歙硯石理微粗，手摩之，索索有鋒芒，故甚落墨，亦是佳者，勿以其粗而忽視之。歐陽文忠公少時得金坑礦石，堅而發墨，謂世所罕有。夫端石以端溪北壁子石爲上，歙石以深溪龍尾爲上。較其優劣，龍尾遠勝端溪，而端溪以後出，故得見稱，爲雅俗所同推爾。

歙溪龍尾新舊坑

歙溪龍尾舊坑，亦是卵石，故難得大者，極不過四五寸，多作月硯。就其坯也，色淡青黑，湛如秋水，並無紋。以水浸之，微似紫而細潤如玉，或隱隱有白紋，成山水、墨牛、星月異樣，乾則隱。發墨如油，無聲，久用不退鋒。或有純黑如角者貴，東坡最貴此品，不減端溪下巖石。然龍尾舊坑雖極細，猶微澀墨，端溪下巖則潤如鏊盤塌蠟矣，以此爲辨。南唐時方開龍尾舊坑，今已無之。新坑色亦青黑，無紋而粗燥，礪墨退筆，久則鈍乏。有極大盈三尺者，無論端溪下巖、歙溪舊坑，石子硯總不大；若長大者，乃四旁、頂上等處之石，非子石也。

歙溪四品新舊坑

歙溪舊坑四品：一曰羅紋，其紋如細羅紋，而質潤如玉；一曰刷絲，其紋細密如髮，每條絲理相去一二分不等；一曰金銀間刷絲，其紋黄白相間，亦細密精雅；一曰眉子，其紋如甲痕，或如卧蚕，有長至二三寸。以上四品舊坑，皆青黑色，亦南唐時開，至宋即無，得之貴重不減龍尾舊坑。羅紋如蘿蔔大者，盈二三寸。新坑四品各質，並比舊坑枯燥，紋亦粗矣。

金星新舊坑辨

金星新舊坑並粗燥，石色皆淡青黑，雖金星满面，而有星處不堪磨墨。工人多側取之，置其星於外，謂之金星墻壁。其礪墨如鋸，而確退筆。大可盈尺，久用退乏如鏡面。

銀星新舊坑辨

銀星者面上多白點，如粟米大，此爲銀星也。舊坑銀坑石，色皆淡青黑，並粗燥。有星處不堪磨墨，多側取爲硯，久用則退乏。其小者如鏡面，大者盈尺。

澄泥硯

虢州澄泥，唐人硯品以爲第一，而今人罕見矣。今所謂陶人以河海沙土，如磚瓦配合入窑燒成，最上者曰鱔黄，其次緑頭砂，再次玫瑰紫。其黄上見斑點大者爲豆瓣砂，細者爲菉豆砂，有者皆發墨，然多粗燥，損筆不堪，難爲士林珍重，僅可供俗吏字匠之用耳。

家先生桐園公澄泥硯説

嘗聞論硯者云端石、歙石、澄泥三者並重，而澄泥之最上者爲鱔魚黄，其次緑頭青，再次玫瑰紫。其黄上見斑點，大者爲豆瓣砂，小者爲菉豆砂，有二砂者善落墨。《文房四譜》云：山西絳縣人善製澄泥硯，縫絹袋於汾水中，在汾州汾陽縣。踰年後，則泥已實囊矣。或以夾布囊盛墐泥，水中擺之，得細者澄去清水，令微乾，入黄丹團搜如麪，入模中，壓令至堅，以竹刀刻作硯狀，微蔭乾，利刀削成，曝乾，厚以稻糠并黄牛糞，和入窑中，陶之一復時，然後入墨蠟，貯米醋蒸之，五七度，不亞於石，水不涸焉。又江南之通州寶山，亦名有澄泥硯。此皆海濱之大川沙、小川沙、黄窑等處土人，於海灘泥沙中挖得磚塊爲之。或謂春申君黄歇，開窑陶造澄泥於此，故名黄窑。余意戰國至今已二千幾百年矣，即果有春申陶此之事，未必殘磚斷塊不化而爲烏有，而能直留至今日者也。其必因明洪武中築寶山、吴淞二所磚城，於黄窑開陶，即取海灘近水澄細堅泥作磚，當時殘缺斷廢，傾棄海灘。及寶山所城没海中，頹墻壞堞，爲波濤流沙蕩停海塘，年久海中，火性消盡，土人得之以爲硯，故雖間或有之，而佳者絶少。憶甲戌、乙亥年，余流寓月浦，距黄窑不及數里，屢於士庶家見之。時有友人錢君字文叔家藏大小二硯，出小者遺我，質粗落墨，每易損筆，暫用爲考硯，不過利於風簷寸晷耳。然曾托友郁印垂持至專諸巷作匣，硯工顧店，願以六金相易，印垂以物非我主辭之，可見不燥落墨之硯，價直已不賤矣。又憶庚寅仲夏，通州牧沈公公北直甲榜，名雯，字咸章，修髯偉貌，古道正直，住文安縣南門外蘇橋鎮。延余入署半月，惠硯二方，其鑒别硯之優劣，晝然不爽。時值奉旨修城，而通城傾倒者什之七八。余於公之書廳外，見有毛石數方，心竊異之，因問此是何物。曰此宋澄泥也。余詢何以知爲宋澄泥。曰通州城，乃宋韓世忠所建，建後未曾修，州志可考。此番工同新建，重作水關，改换石底，斯磚於關底拆出，驗之，固係澄泥，故知爲宋朝物也。余即乞惠一塊，入笥中，帶至蘇州，製硯作匣，共付工價銀三兩，成之堅重細潤，四圍鱔魚黄與菉豆青相間，如虹暈月華五六層，針頭銀星密布滿面，水中日光射之，閃爍耀目，豆瓣砂朗朗疏雜其間，落墨速而且細，真寶硯也。乃今商宦不察，素聞通州產澄泥硯，每至於斯，欲購一二而不可得，即得之，亦真贋莫辨。嘗見每年三月，狼山香信，山下趕集，市肆紛陳，俱號澄泥硯以欺人，過客無不貨之。豈知此乃攛蘇州靈巖山礦村石以僞之也。噫！真澄泥且難得，而况宋代物乎！汾州者，余未之見，又未知此時尚產與否，玆惟就余目見心知者，有如此説。

漢未央宫瓦硯

未央宫在長安，漢高帝七年丞相蕭何建。宫中諸殿瓦，其身如半筒而覆簷際者，則其頭有面外向。其面徑五寸，圍一尺六寸强，有四篆字，字凡六等，一曰「漢並天下」，一曰「長樂未央」，一曰「儲胥未央」，一曰「長生無極」，一曰「萬壽無疆」，一曰「永壽無疆」，一曰「太極未央」。面至背厚一寸弱，其背平可研墨。唐宋以來，人皆得之，即去其身以爲硯，故俗呼瓦頭硯也。或謂其質稍粗，又入土歲久，頗渴水，比銅雀瓦硯爲少劣。抑豈知銅雀瓦雖精，然曹瞞所造無足貴者，孰與未央諸瓦出於漢初爲可重耳？自漢迄今乾隆甲午，已二千餘年矣，其爲寶物可知，其遭逢詎偶然事哉？

江西新造未央宫瓦硯

明吉水人王功載，名佐云，宣德中江西藩王寧府老殿下，造漢未央宫瓦硯，改作今布瓦樣，極精緻，恒以賜往來官員，人多寶爲清玩，研墨頗不渴水。其瓦高八寸强，闊六寸，面至背厚一寸弱，面上有銘，凡十一行，行每六字，末有「臞仙書」三字，字皆古隸。下有小圖，書「寧國」二字。面中間，刳其四圍，作小條環樣硯。硯上有水池，左有「炎漢古甓，維天所錫」，右有「子子孫孫，永寶世襲」，皆八篆字。下有「爲愛甄陶之質，宜加即墨之封」十二小篆字。凡四行，其背中間大書「未央宫東閣瓦」六字，結方一寸。左有「大漢十年」四字，右有「酇侯蕭何監造」六字，俱隸字，差小於中。

各處産硯

北京：燕畿梅山，産石如烏金，亦有金星，頗貴重也。

江南：江南不第徽州府出歙硯，蘇州府靈巖礶村石，亦可作硯，有淡青、鱔魚黄二色，而佳者今已取盡無有矣。山上市肆造以貨人者，非粗燥即不能發墨，歸愚沈公少壯時，家居其處，知其所産，嘗爲余言之。

浙江：衢州之常山開化，出黑石，堅潤亞於歙，頗佳，大者三尺，但多不發墨。

湖廣：荆州府歸州大陀石，其色青黑斑斑，其文理微粗，亦頗發墨。歸峽人謂江水爲沱，蓋江水中石也。川峽人用之，世未嘗有，人少知名。歐陽永叔爲夷陵令時，曾得一枚。辰州府沅州，出一種石，色深墨，質粗燥，或有小眼。二州人自製者，多作犀牛、龜魚、八角等樣。端溪市儈，販歸，刻作端石樣式，稱爲黑端，以貨士商官宦。溆溪石出常德、辰州二府界，石表淡青色，内深紫而帶紅，或有金綫，及黄脉相間者，號爲紫袍金帶，有極細潤者，久用則光如鏡。然紫袍金帶多有僞者，蓋以藥成之，分明有坼痕可審。長沙府緑石硯，又名洮石，多是溆石之表，或長沙府山谷中石也，但潤而却光，不受墨。

河南：相州古瓦硯誠佳，然少真者，蓋真瓦朽腐不可用，世俗尚其名耳，今人乃泥作古瓦狀，埋土中，久之而斲以爲硯，竟爲相州古瓦也。按凡瓦皆發墨，較石更優。今見官府典吏，咸以破瓦甕片，研墨作文書，尤快，但質粗燥，式不雅，不可爲學士文房案頭物也。

山東：紫金石硯出青州府，文理粗，亦不發墨，惟京東人用之。紅絲石硯，《六一外集》云：「君謨贈余云：此青州石也，得之唐彦猷。云：須飲以水使足，乃可用，不然竭燥。彦猷甚奇此硯，以爲發墨不減端石。君謨又言：端石縈潤，惟有鋩者尤發墨；歙石多鋩，惟膩理者特佳。蓋物之奇者，必異其類也。此言與余特異，故并記之。」鈞意君謨之言，究非格物定論，天下物性之不同，不可執一也。青州、濰州石末硯，皆瓦硯也。其善發墨也，非石硯之比，然稍粗者，損筆鋒。石末本用濰水石，故唐人惟稱濰州。今青、濰二州所作皆佳，而青州尤擅名於世。濰州，今萊州府平渡州之濰縣。

山西：絳州角石者，其色如白牛角，其紋有花浪，與牛角無異，或如浮圖佛塔，然頑滑不發墨，世人但以研丹爾。

陝西：臨洮府洮河緑石，色緑如藍，其潤如玉，發墨不減端溪下巖。此石産於大河深水中，甚難得也。

廣東：廣東不但肇慶府端溪出子石硯，瓊州府萬州懸崖又産金星石，可作硯，質亞於端溪下巖，色黑如漆，細潤如玉，以水濕之，則金星自見，乾則否。極發墨，久用不退乏，非比歙也。如得之，不減端溪下巖石，貴重之至。

諸硯題名

龍尾硯、金星硯、羅紋硯、蛾眉硯、角浪硯、松紋硯、豆斑硯：已上七硯俱出歙縣，皆由石質之紋狀而異其名，實咸産於龍尾溪也，金星爲上，龍尾尤佳。

紅絲硯、黑角硯、黄玉硯、褐色硯、紫金硯、鵲金墨玉石硯：已上六硯俱出山東，唐彦猷目紅絲硯爲上，號爲天下第一。

子石硯、鴝鵒硯、緑絛硯：已上三硯俱出端溪，咸是子石。凡端硯總以子石爲極品，猶璞中之玉，無有不美者。鴝鵒、緑絛，就其眼與紋色而異其稱，亦皆子石。

金石硯：此硯出吉州。

黄金硯、金雀石硯：已上二硯出緇州。

熟鐵硯、石末硯：已上二硯出青州。

磁洞硯、懸崖金星硯：已上二硯出萬州。

古瓦硯：此硯出相州，即銅雀硯也。

魯水硯：此硯出南劍州。

樂石硯：此硯出宿州。

緑石硯：此硯出洮州。

角石硯：此硯出絳州。

澄泥硯：此硯出虢州。

大陀石硯：此硯出歸州。

鼉磯島石硯：此硯出登州，有金星雪浪者佳。

製硯

凡斵石硯，鐫成硯後，先以水巖口之前亞婆井粗石磨之，次以靈山寺前細沙和粗石磨之，再次以蚺蛇坑之石細磨之，又以飛鼠巖之石細細磨之，然後上蠟，使顔色增潤，僞造佳眼，亦必以蠟沃之。

造瓦硯

歐陽文忠公《文房四譜》云：「有造瓦硯法，人罕知其妙。嚮時有著作佐郎劉羲叟，嘗如其法，造之絶佳。硯作未多，士大夫家未甚有。而羲叟物故，獨余得其二，一以贈劉原父，一余置中書閣中，尤以爲寶也。今士大夫不學書，故罕事筆硯。硯之見於時者，惟此耳。」可知硯之佳者，雖甄陶造作所成，宋時亦少，文忠公尚且僅獲，何况他人？何况今日耶？

補硯法

硯有剥落處，則用黄蠟和墨，火烘補之。

諸硯總評

石末硯發墨而廢筆，龍尾得墨遲而久不燥，羅紋石起墨過於龍尾。端溪龍窟巖紫石，非水坑中物，乃巖上石也，又次之。古瓦類於石末之流，其他無足議矣。

鐵硯

鐵硯，歐陽文忠公稱其製作頗精，然患其不發墨，往往函端石於其中，人亦罕有，惟研筒便於提携，官曹往往持之以自從爾。今之硯筒，皆以牛角爲矣。

煖硯

冬月嚴寒硯凍，市肆俱用錫造筆筒形，下置油盞點火，上面研墨，或有陶窑造成瓦器，一則烟煤穢濁，沾案及手；二則火烘水乾，非文房可用之物。余家嚴令錫工製造三層硯，上層四面鈎鑲，中央用薄端石，以便磨墨。硯之高處，作錫池貯水。下層無底虚中，可置小爐一個，貯炭常煖。其中間一層，多積熱水，令水氣上蒸常濕，硯墨不即乾燥，真是佳製。

滌硯法

昔人云："「寧可三日不沐面，不可三日不洗硯。」甚矣，硯之必當勤洗也，多洗則不竭燥，多洗且得神氣。過三日不滌，宿墨膠凝，書寫滯筆，墨色塵灰，不能清鮮矣。去春温夏熱之候，霉蒸易起，尤宜頻滌。滌硯不得用熱湯，宜浴面水洗，清水過之。去墨不可用氈片故紙，惟新鮮蓮房，剥去週圍青皮，及切去面上青者，陰乾揩硯，大去宿墨，庶無畫路之虞。或老絲瓜枯穰筋及薑，亦可。若有油氣，或挼皂角水洗之亦得。半夏切平，亦去滯墨。倘油氣重，硯則不能發墨。不明物理者，以爲佳硯變壞，遂生厭棄。豈知墨乃烟煤所造，原有油性，且凡造印墨錠、匠手印板，俱用油抹，始不沾污。故硯用墨日久，必致硯面油滑，不再發墨，無論端、歙、澄泥，美質好硯，皆不得免。則以舊黄磚片或黑色蟋蟀盆片，輕磨洗面，即仍舊發墨矣。若用他磚，則粗而起路；磨薙頭刀之羊肝石，則膩而硯滑，皆能壞硯者也，不可用。

硯匣考

硯匣不可用五金，蓋石乃金之所自出，金爲石之精華，子母同處，則子盜母氣，反能燥石。况金堅石嫩，易至擦傷，而又誨盜。當用佳漆爲之，其法：以絹作胎，用碗砂和生漆塗之，俟乾磨光，外用琴光，不必鑲嵌寶玉。余家惟用紫檀、枸梓等木做匣，裹面底蓋仍用生漆，再加琴光素漆，外面耐得搥搕，裹面又不燥水。又硯雖低，匣蓋必令高過寸許，方雅觀。匣取其容硯，而周圍約寬三紙，用黄綾絹襯，切忌用細花犀皮之屬。他家於匣底作小穴、小竅容指，以便出硯洗滌，亦可不必。

家先生桐園公寶硯山房記

寶硯山房者，乃余家藏硯所也。昔人云：「美女梳粧，不可無古鏡；士人作書，不可無古硯。」而余家世清寒，不能購佳硯。自先君秉鐸金陵，遵功令而勤課士，庠中俊髦錢義上，其父爲販古巨商，適有蕉葉白硯一方，袖以奉先君。先君寶之，常置案頭，凡衡文著作，研磨不撤。余於儒家書外，喜讀《内難》諸經，得知軒岐之學。世伯樓西巖先生諱儼，與先君總角交，觀察粤東，遷江西臬臺而轉京堂，旋病假歸，延余治其疾。其嗣君德修，與余又同事筆硯，世誼交好，余不受酬。樓公遂出舊於廣東所得古硯饋余，名日月運行硯，質細潤如美玉，手摸之，似吮乳小兒肌。未幾，輒靈泉若流。長五寸强，可供揮灑卷册小幅用。又有蘇姓友，自戚印公粤中任回，送余井田硯一方。雖是新坑，確亦細潤，積墨經旬不乾。然較宋代老坑硯，固遠不及，且不可與余昔贈馮婿之明代新端比美，則知山靈産石，日不如前。其天地之精英，洵亦漸竭矣乎？後有月浦友錢文叔，遺余澄泥小硯一方，頗落墨不燥，但嫌出墨未甚細，究不辨高下新舊何如也。迨閲《文房四譜》，且於通州沈公署得宋之韓澄泥一大方，於是深究澄泥之妙，命工製硯，作成古様四直，修盈尺，盪槽大池，可供大書匾對用。被匠取匿旁邊一條，鋸分截斷，可爲四考硯。余念天下寶物，不可以獨擅，竟弗追索。沈公嘗奉憲委辦上用硯，所有下選者，尚高出尋常萬萬，非世俗寒儒所經見。其門生武進錢孝廉名維喬取其一，公稔知余男秉鈞稚年博覽，僻好文具，亦惠一方，曰青鸞獻壽硯，僅四寸强，可供撰文細楷用。余受而置諸行篋，歸示秉鈞。秉鈞見與昔樓公遺者，皆宋時水坑石子所琢，視如至寶，摩挲不釋手，喜而請曰：「我家屢獲佳硯，合之祖遺蕉葉白硯，父傳日月運行硯、井田硯、大小澄泥硯，硯田可爲富有，從此無憂歉歲矣。宜專室以弆藏，額而誌之，可乎？」余曰：「可。」遂以南軒藏之，易名爲寶硯山房。

紙筆墨考

紙説

紙者，砥也，以其平滑如砥石也。又名方絮，白紙也。古未有紙，故載文於簡策方牘。所以《王制》：「太史典禮，執簡記，奉諱惡。」杜預謂：「大事書之於策，小事簡牘而已。」《爾雅》：簡謂之畢，以竹爲之，謂之簡札。凡書字有多有少，一行可盡者，書之於簡；數行盡者，書之於方；方所不容，乃書於策。策制長二尺，短者半之。嗣後以縑帛，依書長短，隨事截之，名曰幡紙。此造紙以當策之始也，故其字從糸。路温舒好書，家貧無紙，則截蒲以寫書，故有蒲竹、蒲牒之稱。漢元興中常侍蔡倫，剉故布擣抄作紙，所謂蔡侯布紙，故其字從巾。一云倫擣故魚網作紙，名綑紙，後人以生布作紙，絲縱如故麻紙。晉王羲之書《蘭亭序》，用蠶繭作紙，故名繭紙。今都中所用高麗紙，始自建中元年日本使者興能，所獻方物内，紙似繭即此也。以樹木皮作紙，名曰穀紙。唐明皇與貴妃賞牡丹，命李龜年持金花牋賜李白。此外紙名雜出，如硬黄、縹紅、藤角、桑根、雁頭牋、布頭牋、薛濤牋、衍波牋、雲藍紙、蜜香紙、桃花紙、琅玕紙、剡籐紙，難以悉舉。更如今之寧國劈紙、松江絹牋，盛行於世。紙上以鉛條或淡墨畫格，名曰烏絲欄，乃始於霍小玉、宋毫問者也。總之，紙取細潔光亮，性喜風惡濕，宜捲懸通風高處，陳久用之，則可任意攜毫，濕燥由我，故書畫家競推澄心堂宋紙，及宣紙、舊庫疋紙、楚紙。

筆説

上古結繩以治，未嘗有筆。黄帝垂裳，蒼頡造文字，然後易之書契。依類象形謂之文，形聲相益謂之字，著於竹帛謂之書。書有六義。契，約也。兩書一契，同而別之，謂之契。而筆始作焉。筆者述也，謂述事而言之也。按《尚書中候》：「玄龜負圖出，周公援筆以時文寫之。」《曲禮》云：「史載筆，士載言。」則知秦以前已有筆，而獨秦之蒙恬以造筆名著者，想恬更爲損益之故耳。然名稱各異，楚謂之聿，吴謂之不律，燕謂之拂，秦謂之筆。筆之稱直延之今也。漢制：筆雕以黄金，飾以和璧，綴以隋珠，文以翡翠，管非文犀，必以象牙，極華麗矣。今狼狐以下雜毛，皆可爲筆，而惟秋兔之毫爲最。

土右軍《筆經》曰：「惟趙國毫中用。」然時人咸言「兔毫無優劣，管手有巧拙」之語。予意匠工果需巧手，而毫管亦須選擇。我儔寒素，日事硯北，使用毛穎，何求華美。但竹簳必選堅重圓直，則手執轉運，可以從心，無牽强掣肘之病。穎頭必選尖、齊、圓、健四字完備，又要剛、柔二字相濟者，用之方可揮寫自如也。上四字乃筆之體，言外象也；下二字乃筆之用，言内才也。尖者，筆頭尖細也。齊者，於齒間輕緩咬開，將指甲撳之使扁排開，内外之毛，一齊而無長短也。圓者，週身圓溷飽湛，如新出肥土之筍，絶無低陷凹凸之處也。健者，於指上打圈子，絶不澀滯也。柔者，指頭上圈時，不覺硬强。剛者，圈停提起，筆頭自能尖整者是也。凡筆外飾之毛，或以雉尾蓋之，則五色可愛，亦足助發文思。若大提筆，必須用豬鬃，每根劈分四五根爲之，則健爽鬆泛，且其心長，而舒歛稱意，揮灑自如也。

膠筆頭耐久不落法

筆頭，匠工每以松香鎔化粘之，往往不固，易於墮落，必須自將松香剔淨，以粉團或角黍尖，杵搗如膠，黏之可直至穎尖禿盡不墮。若要著水之排筆，施力取勢之提筆，則以嚴漆膠之，更固而不畏濕矣。

洗筆

士人用筆書寫，寫畢，即以筆於清水中擺去墨汁，又以素紙於筆外抹去餘墨，原不使墨少存留。倘遇不諳惜筆者，偶留宿墨於上，以致穎毫堅黏，必須洗去，方得穎毫仍舊輕活靈變。法用磁盞盛熱湯，頻探數過，俟一飯頃，宿墨潤透，輕輕擺洗，次用冷水滌之。若沾油膩，則以皂角湯洗，清水過之。

藏筆

東坡以黃連煎湯，調輕粉，蘸筆頭，候乾收之。黃山谷以蜀椒、黃柏煎湯，磨松煤染筆藏之。皆可以免蛀。余每以紙封筆帽空孔處，又多置蜀椒、樟腦於筆匣中，殊覺省便而辟蠹，且又芳馥悦意，筆匣亦以香樟木爲之。余家書櫝、衣箱、卧榻皆用香樟木造，取其不生蠹、不生虱也。

墨説 古製墨法，見《丹鉛總録》卷八

上古無墨，竹梃點漆而書。中古方以石磨汁，或云是延安石液。至魏晉時始有

墨丸，乃烟松煤夾和爲之，所以晉人多用凹心硯者，欲磨墨貯瀋耳。自後有螺子墨，亦墨丸之遺制。唐高麗歲貢松烟墨，多年老松烟和麋鹿膠造成。至唐末墨工奚超與其子廷珪，自易水渡江，遷居歙州，南唐賜姓李氏。廷珪父子之墨，始集大成，然亦用松烟，墨不甚精。宋熙豐間，張遇供御墨，用油烟入腦麝、金箔，謂之龍香劑。元祐間，潘谷墨見稱於時。自後蜀中蒲大韶、梁杲、徐伯常，及雪齋齊峰、葉茂實、翁彦卿等出，世不乏墨。惟茂實得法，清黑不凝滯，彦卿莫能及。中統、至元以來，各有所傳，可以仿古。

用墨訣

高深甫云：「墨之妙用，（看墨法）質取其輕，輕取其清，嗅之無香，磨之無聲。（研墨法）新研新水，磨若不勝，忌急則熱，熱則生沫。研墨即用用則旋研，研無久停，塵埃污墨，膠力泥凝。（弗存宿墨）用過則濯，墨積勿盈。（墨宜陳）歲久膠静，墨用乃精，取材宜厚，可久弗傾。」陳眉公云：「此誠鑒墨之三昧語也。」

藏墨法

用熟艾和墨收藏，每遇黄霉久雨潮天，則紙裹置於石灰末中，則不致發蒸起白點霉花。常用爐火護之亦妙，但不可烘曬。一濕一烘曬，未有不裂而零落，以致不可研而爲廢棄矣。凡墨錠，厚者可以久藏，薄者不耐風燥潮濕，故隨用亦隨剥裂爾。

古窑器考

陶窑上古已作非虞帝始

宋葉寘《垣齋筆衡》云：「窑器自舜時便有，三代迄於秦漢，所謂甓器是也。」此必葉公僅依《周禮・考工記》「有虞氏上陶」，《禮記・明堂位》「泰，有虞氏之尊也」，《韓非子》「虞舜作食器」，《史記・五帝本紀》「舜陶河濱，作什器於壽邱，河濱器皆不苦窳」諸經史之句而云然耳。鈞嘗閲《汲古周書》有云「神農作瓦器」，《路史》有云「燧人爲釜」，《物原》有云「神農作甕，及軒轅作盌碟」，《紺珠》有云「瓶瓶同，神農製」，《呂氏春秋》有云「黄帝有陶正，昆吾作陶」，《説文》亦云「昆吾作陶」，《春秋正義》「少皞有五工正，搏埴之工曰鶌雉」之文，則陶窰上古已有，不自舜始也。意《考工》、《禮記》、《韓非》、《史記》皆稱有虞氏者，蓋以上古太樸，陶器祇如今黄沙之質；至舜而制度略備，精粗有别，故有泰尊禮器之作爾。其稱「上陶」者，「上」與「尚」通，謂舜至質，貴陶器也。當訓「好尚」之「尚」，不作「上下」之「上」解。然稽唐虞三代，以迄秦漢、魏晉、六朝，著於經史子集者，如曰缶，曰土塯，曰土刑，曰泰尊，曰甒大瓦棺，曰甂盆，曰瓦旊之類，名凡數十而窰無所考，至唐而始著窰名。鈞念先王禮器法物、金玉犀象寶具，艸野編氓，不特家未嘗藏，且更目未嘗覩。若窰陶瓷器，迺生民飲食日用之不可缺，寧可不辨精粗，不知高下乎？故并考而詳之。

古今諸窰

越州窰：越州窰，唐代所燒。越州即今浙江紹興府也。夏后氏會諸侯，計功於此，命曰會稽。少康封少子無餘，奉禹祀其地，號曰於越。春秋爲越國，秦置會稽郡屬吴，隋唐曰越州，宋曰紹興。陶至唐而盛，始尚窰器。按唐越陶，實爲錢氏秘色窰之所自始，陸羽《茶經》推爲最上，謂「邢瓷類銀，越瓷類玉；邢瓷類雪，越瓷類冰；

邢瓷白而茶色丹，越瓷青而茶色緑」。陸龜蒙詩云：「九秋風露越窑開，奪得千峰翠色來。」韓偓詩云：「越甌犀液發茶香。」孟郊詩云：「越甌甌，小盆也，盌深者爲甌。荷葉空。」鄭谷詩云：「茶新換越甌。」柳柳州《河東集・代人進瓷器狀》云：「藝精埏埴，制合規模。」晉杜毓《荈賦》云：「器擇陶揀，出自東甌。東甌，閩中地。」甌亦越地。顧況《茶賦》云：「越泥似玉之甌。」稱美越瓷者，不一而足。越窑之爲重於時如此。《杜少陵集・韋處乞大邑瓷盌》詩云：「大邑燒瓷輕且堅，扣如哀玉錦城傳。君家白盌勝霜雪，急送茅齋也可憐。」首句美其質，次句想其聲，三句羡其色，説得珍重可愛，然後冀其急送茅齋，可知越州瓷器，爲唐時韻物矣。

秘色窑：吴越秘色窑，錢氏有國時，於越州燒進爲供奉之物，臣庶不得用，故云秘色。然蜀王建報朱梁信物有金棱盌，致語云：「金棱含寶盌之光，秘色抱青瓷之響。」則秘色乃是當時瓷器之名，不然吴越專以此燒進，何王蜀反取之以報梁耶？

柴窑：柴窑，後周柴世宗所燒，以其姓柴，故名。後周都汴，出北地河南鄭州，其地本宜於陶也。宋政和官窑亦起於汴，汝亦唐河南道所轄之州。柴窑青如天，明如鏡，薄如紙，聲如磬，滋潤細媚，有細紋。相傳當日請瓷器式，世宗批其狀曰：「雨過天青雲破處，者般顔色作將來。」足多粗黄土，製精色異，爲諸窑之冠。論窑器者必曰柴、汝、官、哥、定，而柴不可得矣。得殘器碎片，製爲縧環玩具，蓋難得而貴重之也。

定窑：古定器，宋時所燒，出定州，今直隸真定府也。似象窑，色有竹絲刷紋者曰北定，以政和、宣和間窑爲最好，然難得成隊者。有花者乃南定窑，出南渡後。然按東坡《試院煎茶》詩云「定州花瓷琢紅玉」，則有花者非至南渡後而出也。北貴於南。定窑土脉細，有光素、凸花、劃花、印花、綉花等種，多因牡丹、萱艸、飛鳳，式多工巧，劃花最佳，素者亦好。以白色而滋潤爲正，白骨而加以泑水有如淚痕者佳，質粗而色黄者低。土俱白者，其價高於白定。間有紫定色紫，黑定若漆，不甚珍也。

汝窑：宋時以定州白瓷器有芒不堪用，遂命汝州建青器窑，屑瑪瑙爲油，如哥而深，微帶黄，有似卵白，真所謂淡青色也。汁水瑩厚如堆脂，《格古要論》云：「汁中棕眼，隱若蟹爪者真。」又云：「無紋者尤好。」説似互異。此如端溪石子辨鴝鵒眼，眼本石病，得此可驗真水坑也，故曰「無紋者尤好」。底有芝蔴花，細小掙釘，土脉質製，較官窑尤滋潤，薄者難得。時唐、鄧、耀諸州悉有窑，而以汝爲冠。

官窑：宋政和間，徽宗於京師置窑燒造，曰官窑。土脉細潤，色青帶粉紅，濃淡不一。有蟹爪紋，紫口鐵足，文色上白而薄如紙者，頗亞於汝，其價亦然。有黑土者，謂之烏泥窑，僞者皆龍泉所造，無紋路。中興渡江，有邵成章提舉後苑，襲舊京遺制置窑，於修内史造青器，號曰邵局，又曰内窑，亦曰官窑。澄泥爲範，極其精緻，其妙處當在體質，油色又瑩徹，爲世所珍。後郊壇別立新窑，亦曰官窑，比之舊窑，大不侔矣。南宋餘姚秘色瓷，今人率以官窑目之，不能別白，間見亂真。

按《瓶花譜》，以烏泥與龍泉、均州、章生諸窑並重。《博物要覽》謂：「烏泥質粗不潤，而釉水燥暴，溷入官窑，今亦傳世，則當差肩象董矣。」《留青日札》云：「建安烏泥窑品最下。」未可傳信，抑今昔之不同耶？

哥窑：亦宋時所燒，本龍泉琉田窑。處州人章生一、生二兄弟於龍泉之窑，各主其一。生一以兄故，其所陶者曰哥窑。色青濃淡不一，土脉細薄，亦有鐵足紫口，多斷紋，號百圾碎。油水純粹者最貴，色好者類董窑。今亦少有，官窑質之隱，紋如蟹爪；哥窑質之隱，紋如魚子，但汁釉不如官窑。

龍泉窑：古龍泉窑，土細質厚，色甚葱翠，妙者與官哥争艷，但少紋片、紫骨鐵足耳。有一等盆底有雙魚，盆外有銅掇環，器質厚實，極耐摩弄，不易茅篾，第工匠稍拙，製法不甚古雅。若用白土造器，外塗泑水翠淺，影露白痕，即章生二所陶者。時以哥名兄窑，弟仍龍泉之舊，亦曰龍泉窑，又號章窑。土脉細且薄，翠青色者貴。又有粉青色者，較龍泉製度，更覺細巧精緻，至今温處人猶稱爲章窑，人或曰處器青器，《春風堂隨筆》云：「弟所陶青器，純粹如美玉，爲世所貴，即官窑之類。」

按兄弟二窑，其色皆青，濃淡不一；足皆鐵色，亦濃淡不一。舊聞紫足，今少見。惟兄窑有紋，弟窑無紋爲別。哥窑在元末新燒，土脉粗燥，色亦不好。龍泉窑在明初移處州，青器土垩，火候漸不及前矣。假哥窑碎紋，不能得鐵足，鐵足則不能聲；龍泉不能得其淡色，淡則無聲。此通雅鑑古之精者也。

吉州窑：出今吉安州永和鎮。宋時江西窑器，出吉安屬廬陵縣永和市。有白色，有紫色者，與紫定相類。宋時有五窑，舒翁工爲玩具，燒者最佳。翁之女號舒嬌，尤善。其爐甕諸色，幾與哥窑等價。花瓶大者直數金，小者有花，又有碎器更佳。今世俗訛稱哥窑，體厚質粗者，不甚直錢。相傳陶工作器入窑，宋文丞相過，變成玉。工懼事聞於上，遂封穴不燒，逃之饒，故景德鎮陶工多永和人。

彭窑：元朝戧金匠彭均寶，效古定器，製折腰様者甚整齊，故以彭窑得稱。土脉細白者，與定相似，比青口欠滋潤，極脆，難以得世，不甚直錢。市肆賣骨董者，竟稱爲定器，非真賞家嘗以重價收之。

象窑：或云出今寧波府象山縣，有蟹爪紋，色白而滋潤者高，黄而質粗者低，俱不甚直錢。

董窑：淡青色，細紋，多有紫口鐵足。比官窑無紅色，質粗而不細潤，不逮官窑多矣，今亦罕見真者。

按象、董二窑，不詳出處朝代。核之，象窑、吉窑似定，董窑似官。其不同者，質粗欠滋潤耳。象窑又次彭窑。

均州窑：均即今河南禹州。均窑具五色，光彩太露，有兔絲紋，紅若臙脂、硃砂爲最，青若葱翠，紫若墨黑者次之。三者色純，無少變露者爲上品。底有一二數目、字號爲記者佳。青緑錯雜若垂涎，皆上三色之燒不足者，非別有此様，俗取茄皮紫、豬肝紅、鼻涕等名，是可笑耳，皆無足取。此窑惟種菖蒲盆底佳甚，他如坐墩、鑪合、方瓶、罐子，俱黄沙泥坯，故器質不佳。近年新燒，皆宜興砂土爲骨，釉水微似，製有佳者，俱不耐用。

磁州窑：磁器出古邯鄲地磁州，故名磁器。昔屬河南彰德府，今屬北直隸廣平府。好者與定器相似，但無淚痕，亦有劃花、綉花，素者價高於定，新者不足論。磁乃石名，此磁器以所出地而名也。今人訛以陶窑瓷瓦器，概書爲磁器，真可笑耳。

建窑：出福建泉州府德化縣，盌盞多是撇口，色黑而滋潤，有黄兔斑滴珠大者真，但體極厚。舊建瓷有薄者，絶類宋器，而今罕矣，佛像最佳。按宋時茶尚撇盌，以建安兔毫盞爲上品，價亦甚高。

山西窑：出太原府榆次縣平定州、平陽府霍州，霍州者曰霍器。

高麗窑：出高麗國，與饒相似。色粉青者，似龍泉。有細花者，髣髴北定。上有白花朵兒者，不甚直錢。

饒州窑：出江西饒州府浮梁縣西興鄉景德鎮，水土宜陶。宋景德中，設鎮置監鎮，奉御董造饒窑，因名其鎮曰景德。鎮袤延僅十餘里，山環水繞，僻處一隅，民窑二三百區，工匠人夫不下數十萬，藉此飲食，候火如候晴雨，望陶如望黍稷。元更監鎮爲提領本路總管監陶。宋元皆有命則供，否則止。宋時燒鄉土窑，體薄而潤，色白花青，較定器少次。元朝燒小足印花，内有「樞府」字號者最高。新燒大足，素者欠潤，色白而瑩者亦好，有青花及五色花者俗。明初燒者，有青黑色戧金者，多是酒壺酒盞，甚可爱。

按江西窑，唐在洪州，今南昌，見《茶經》。弋陽縣太平鄉，處州民瞿志高來創造，亦有窑。其後民饑爲亂，嘉靖間即横峰窑鎮地，改立興安縣，遂廢。弋陽之湖西馬坑，以陶爲業，所造瓶罐缸甕盤盌之器，甚粗，給工匠之用。饒窑倣定器，用青田石粉爲骨，曰粉定，質粗理鬆，不甚佳。

洪武窑：明洪武三十五年，始開燒造，解京供用。有御器廠，廠東爲九江道，有官窑，除大龍缸窑外，青窑燒小器，色窑燒顔色。官窑器純，民窑器雜。官窑土骨坯乾，經年，重用車碾，薄上釉。候乾數次，出火釉漏者，碾去，再上釉更燒之。故汁水瑩如堆脂，不易茅篾。此民窑之不得同者。官窑塗欲密，砌欲固，使火氣全而陶器易熟，不至鬆泄。官窑之異於民窑如此。

永樂窑：永窑造壓手杯，中心畫雙獅滚毬爲上品，鴛鴦心者次之，花心者又次。杯外青花深翠，式樣精妙，若後來仿效，殊無可觀。

宣德窑：宣窑造祭紅紅魚靶杯，以西紅寶石爲末，入泑，魚形自骨内燒出，凸起寶光，總以汁水瑩厚如堆脂。又有竹節靶、罩蓋、滷壺、小壺，此等創古未有。又有白茶盞，光瑩如玉，内有絶細龍鳳暗花，花底有暗款「大明宣德年製」，隱隱雞橘皮紋起，質料膩實，不易茅篾，雖定瓷何能比方，真一代之絶。冰裂鱔血紋者，幾與官汝窑敵。祭紅正、隆、萬間，亦有佳者。他如妙用，種種小巧之物尤佳，描畫不苟，蟋蟀澄泥盆最爲精絶，此明窑極盛時也。

成化窑：成窑以五彩爲上，酒杯以鷄缸爲最，上畫牡丹，下畫子母鷄，躍躍欲動。五彩葡萄撇口扁肚靶杯，式較宣杯妙甚。次若人物蓮子酒盞、艸蟲小盞、青花紙薄酒盞，名式不一，點色深淺，瑩潔而質堅。神宗尚食御前成杯一雙，直錢十萬，當時已貴重如此。五彩齊箸小碟、香合、各製小罐，皆精妙可人。

正德窑：正德間，大璫鎮雲南，得外國回青，以鍊石爲僞寶，價倍黄金，已知其可燒窑器，用之色愈古。按回青以重色貴，當日工匠恣爲姦利，浮梁朱令劑量之法，其弊稍息。用青，以回青與石青相兼，十雜一爲上，四六爲中。嘉窑惟御器給之。

嘉靖窑：宣德中，以營造所丞，專督御器廠工匠。嘉靖初，裁革中官，於各府佐輪選一員管理。靖窑回青盛作，幽菁可愛。鮮紅土絶，燒法亦不如前，僅可燒礬紅色。惟回青效靈，亦一時之會也。青花、五彩，二窑製器略備，然當麻倉土將次告竭，饒土漸惡，體質較之宣器，大不相侔，製度亦不及宣德遠甚。世宗經籙醮壇用器，有小白甌，名曰壇盞，正白如玉爲最。如魚扁盞、紅鉛小花合子，亦爲世玩。

按宣德中，以營造所丞，專督御廠，正統初罷之者，《志》稱以兵興議寢陶，息民之事也。景泰五年，減饒州歲造瓷器三之一，是既罷督造之官，又減歲供之數也。故宣宗晚後幾二十年，窑事不著。天順復辟，丁丑仍委中官燒造，而御器之監造如故矣。成化二十二年，又裁饒州燒造官，此憲宗末年，孝宗初政故終。孝宗十八年，不言窑事。正德初，置御器廠，專管御器者，復用中官也。故至嘉靖又裁之云。

隆萬窑：隆慶六年，復起燒造，仍於各府佐輪選管理。萬曆初，以饒州督捕通判改駐景德鎮，兼理窑廠。按明瓷，至隆、萬製作日巧，無物不有。然隆窑之秘戲，殊非雅裁，他物汁水瑩厚如堆脂，有粟起若雞皮者，有發棕眼若橘者，亦可玩也。

宜興窑：明時我江南之常州府宜興縣歐姓者，造瓷器曰歐窑，有仿哥窑紋片者，有仿官均窑色者，彩色甚多，皆花盤、匜架諸器，舊者頗佳。又有時大賓以紫泥燒茶壺，款式溷樸，整齊精雅，爲賞家清玩。

皇朝窑：順治十一年，造龍缸、欄板等器，未成，旋止。康熙十九年，始遣内務府官駐廠監督，悉罷向派饒州屬邑夫工。每開窑，鳩工庀材，動支内帑，按時給直，與市賈適均，且格外加厚，窑户率以致富，樂於趨事。運器亦不預地方一切，不妨吏政事，官民懽忭。雍正初，楚撫嚴公名希堯，選料燒造，極其精美。乾隆八年，内務府員外郎管理九江關務，唐公名英遵旨由内廷交出《陶冶圖》二十張，次第編明，爲作圖説，進呈御覽，謹奉製造，所燒益精。古禮器尊、罍、彝、鼎、卣、爵之款製，文房硯屏、墨牀、書滴、畫軸、秘閣、鎮紙、司直，各適其用。而於中山毛穎，先爲之管，既爲之洗，卧則有牀，架則有格，立則有筒。仿漢人雙鈎碾玉之印章，其紐法，或爲龍虎，或爲龜駝，或象或獅，或牛或馬，爲連環，爲覆瓦。印色之池，或方或圓或棱，可助翰藻。養花之室，一二寸至五六尺，圓如壺，圜而下垂如膽，圜而侈口庳下如尊廉之成，角如觚，直如筩，方如斗，而口或弇，形或扁，截方圜棱之半而平其背，可挂壁，其式不一。書畫清防之板，有枕屏，有牀屏，爪杖、鉢塞黑白子，閑適之具，百摺分襠，鰍耳索耳戟耳、六棱四方直脚、石榴足、橘囊諸款，蠟茶、鎏金、藏經諸色，燒香之爐，可備燕賞。飯匕、茶匙、齊筯之器，蠟斗、醋滴、澡盤、鐙錠，方圓之枕，盆盎、甕鉢、柈案，可充日用。搔頭、簪，導合歡之璫，大小合子，香澤粉黛之所儲藏，可供閨幨。至于鬭茶曹飲，饋食之所需壺尊盌碟，爲類更繁，難以枚舉。其規範則定、汝、官、哥、宣、成、嘉靖、佛郎之好様，萃於一窑。其彩色則霽紅、礬紅、霽青、粉青、冬青、紫、緑、金、銀、漆黑、雜彩，隨宜而施。其器品，則規之萬之，廉之挫之，或崇或卑，或侈或弇，或素或彩，或堆或錐。又有瓜瓠、花果象生之作，其畫染則山水、人物、花鳥，寫意之筆，青緑渲染之製，四時遠近之景，規模名家，各有元本。於是乎戧金鏤銀、琢石髹漆、螺甸竹木匏蠡諸作，無不以陶爲之，仿傚而肖，則兹陶之一事，謂之洩造化之秘也可，謂之佐文明之瑞也可。有陶以來，未有今日之美備。此無他，聖德覃深，民情樂利，人情優裕，人力寬閒，不靳工，不惜費，地産物華，應運而起，日變而日上，所以直邁千古也。

陶器青爲貴

《考工記》曰：「設色之工五，首列畫繢之事。」畫即畫也，繢爲染彩也。而陶器以青爲貴，五彩次之。夫瓷器之青花，霽青大釉，悉藉青料，晉曰縹瓷，唐曰千峰翠色，柴周曰雨過天青，吴越曰秘色。其後宋瓷雖具諸色，而汝器宋燒者淡青色，官窑以粉青爲上，哥窑、龍泉窑，其色皆青，白地青色亦資青料，料出浙江金、紹二府所属諸山。采者入山得料，於溪流淘去浮土，其色黑黄，大而圓者名頂圓子，爲上青。携至鎮，埋窑地，三日取出，重淘洗之，始出售。其黑緑潤澤、光色全者，爲上選，仿古霽青、青花細器用之。雖黑緑而欠潤澤，衹供粗瓷，光澤全無者，傾棄之。用青之法：畫坯上，罩以釉水，入窑燒之，俱變青翠。若不用釉，其色仍黑。火候稍過，青花多散漫矣。明宣窑青花器，用蘇泥勃青，成化時已絶。正德朝，大璫鎮雲南，得外國回青，嘉窑御器用回青，搥碎，有硃砂斑者曰上青，有銀星者曰中青。淳回青則色散而不收，石青加多則色沈而不亮。每回青一兩，加石青一錢，謂之上青；四六分加，謂之中青。用以設色，則筆路分明。上青用以混水，則顔色明亮，然産地太遠而不可繼。若廣東、江西諸山産者，色薄不耐久；用陂塘青，産樂平一方，嘉靖中，樂平格殺遂塞；用石子青，産瑞州諸處。畫青每晨午二次。

陶器畫彩盛於明

古瓷畫彩，成窑爲最。畫手高，畫料精，其點染生動，有出於丹青家之上者。調法有三：一用香油，油便渲染；一用膠水，膠便搨刷；一用清水，水便堆填也。大半取樣於錦段，寫生仿古十之三四。今瓷畫樣十分之，則彩居四，寫生居三，仿古二，錦段一也。洋彩者，五彩繪畫，仿西洋也，絢艷奪目，而於象生及仿古銅器、紫檀、雕竹、螺甸各種，惟妙惟肖。總之，寫生以肖物爲上，仿古以多見能精，此五彩之異於青花也。其調合諸種顏色，先畫白瓷片，鑪火燒試，以驗色性、火候，然後由粗入細，以眼明、心細、手準爲佳，雖曰洋彩，衹仿其法，而器品實出其上。堆器以筆醮白泥堆坯上，成各樣龍鳳花艸，加釉水鍊灰燒成；錐器各樣坯上，用鐵錐錐成龍鳳花艸，加釉水鍊灰燒成。

釉水

釉水，謂之堊澤，出新正都，曰長嶺，作青黄釉；曰義坑，作澆白器釉。二處皆有柏葉斑。又出桃花塢，青花、白器通用之。釉無灰不成，釉灰出樂平縣，在景德鎮南四十里，以青白石與鳳尾艸製鍊，用水淘細而成，配以白坯細泥，調和成漿，按器種類，以爲加減，盛之缸内，用曲木横貫鐵鍋之耳，以爲滲注之具，其名曰盆。泥十盆，灰一盆，爲上釉；泥七八，灰二三，爲中釉；若平對，或灰多，爲下釉。重曰瑩澈，曰純粹，無釉水曰骨。定窑滋潤，汝窑厚如堆脂，官窑瑩澈，舊器釉重故也。圓琢青花，與仿古官、哥、定、汝等器，皆須上釉入窑。上釉舊法：將琢器之方長棱角者，用羊毛筆蘸釉上器，每失之不匀；至大小圓器、渾圓琢器，俱在缸内蘸釉，每有輕重，且多破，故全器難得。今於圓器之小者，仍於缸内蘸釉；其琢器與圓器之大者，用吹釉法，截徑寸竹筒，長七寸，口蒙細紗，蘸釉以吹。吹之遍數，視坯大小與釉之等類，爲多寡之差，多至十五八遍，少亦三四。大抵蘸釉，不急能匀，重複蘸之，則瑩厚必矣。故吹釉之法，補從前所未有，用之良便。所謂琢器者，瓶、罍、尊、彝之屬，器有方圓棱角之殊，畫有彩繪雕鏤之異。

火候窑變

《通志》曰：「造坯彩畫，始條理也；入窑火候，終條理也。」火有前中後之分，陶器入窑，初曰溜火，欲習於火而無贏；既曰緊火，欲熟於火而無縮。青窑溜火對日，緊火一日夜，候匣鉢銀紅色，止火，又一晝夜開窑。器大則加，若缸窑則溜火七日夜，緊火二日夜，又十日開窑。故風火窑匠最勞，火弱則𥧌，火猛則僨。溜火之日細心而已，無所用力；緊火之日晝夜添薪，慎弗忽熖忽焰、炎凉不均，倦睡不能應機，神昏不能辨色。火有破璺走烟之失，器即有折裂陰黄之患矣。至若出器，時有窑變，非人力所可致。官哥二窑，於本色釉外，變或黄或紅紫，狀類蝴蝶、禽魚、麟豹，肖形可愛。火之幻化，時或有之。《東坡集》載《瓶笙詩》，引云：劉幾仲餞飲，聞笙簫聲，察之，出於雙瓶。《春渚紀聞》載：萬曆十六年詔燒方筯屏風不成，變而爲牀，又變爲船，其中什物，無一不具。萬延之赴銓都下，銅禁嚴甚，以十錢市瓦缶，沃盥頮面。既傾，有餘水留缶。時寒凝冰，視之，桃花一枝也。明日成雙頭牡丹，次日又成水村竹屋，斷鴻翹鷺，满缶宛如寒林圖畫。因以白金爲護，什襲而藏，遇寒則約客以賞之。此窑變之至幻者。

以舊補舊

官、哥、汝、定等瓷器，如爐欠耳足，瓶損口稜，以舊補舊，加以釉藥，一火燒成，與舊製無二，但補處色渾然，得此更勝新者。若用吹釉之法補舊，補處更可無迹有茅路者。蘇州虎邱有能修者，名之曰緊。

製瓷器不裂法

凡用瓷器，不先製之，遇熱湯水，無有不裂者，故新置碗盞盆碟，必須先以米泔水温温煮出，再以生薑汁及醬塗底下，入火煨頓，永可不裂。

古瓷合評

按古窑，柴、汝最重。柴周之外，次及官、定。蓋定、汝、官、哥，皆宋器也。然柴、汝之器傳世絶少，而官、定猶有存者。非官、定易得也，以定有北定、南定，而彭窑亦曰新定；官有舊京、修内司之别，而郊壇下新窑亦曰官窑。新定不如南定，南定不如北定；舊京官窑爲時未久，當以修内司所造爲最，新窑爲下，其時已有差等。後有新仿定器，有不減定人製法者，有製作極工不入清賞者。好事者指某器曰定，某器曰官，安知其不爲贋鼎所惑耶？今流傳者，惟哥窑稍易得，蓋緣質厚耐藏，定、汝體薄，難於完璧故也。宋時宫中所有，率銅鈐其口，以是損價，而今之求定、汝者，即以銅鈐口爲真，骨董家之論古，往往如此。古人以足載器，器足多取沉重。柴窑足每粗黄土，官、哥、龍泉皆鐵足。至明永樂窑壓手杯，沙足滑底；宣窑壇盞，釜底綫足；靖窑魚扁盞，饅心圓足。陶器出窑，底足可驗火法。

明窑合評

古瓷重青器，至明而秘色已絶，皆純白，或畫青花，或加五彩。永窑亦足貴重，樂德二窑，皆内府燒造，以棕眼甜白爲常，以蘇麻離青爲飾，以鮮紅爲寶。永樂尚厚，成化尚薄，宣德青尚淡，嘉靖青尚濃。前後規制殊異，永在宣、成之下，嘉之上。南村謂成青未若宣青，宣彩未若成彩，以宣窑五彩深厚堆垛，成窑用色淺深，頗有畫意也。然宣窑選料製樣、繪畫題款無一不精，青花用蘇泥勃青。至成化其青已盡，只用平等青料，故論青花，宣窑爲最。昔有論窑者，首成、次宣、次永、次嘉，論雖不同，總之明器，無能過宣、成者。要知一時有一時聚精之物，故稍有高下之等。

大食窑：大食窑器出大食國，以銅作身，用藥燒成五色，與佛郎嵌相似。佛郎嵌即今發藍也。其鮮潤不及瓷器，又謂之鬼國窑。今雲南人在京多作酒盞，俗呼曰鬼國嵌。内府作者，精細可觀。從兩廣來者，世稱爲洋磁，亦以銅作骨，嵌磁燒成。嘗見爐、瓶、盞、碟、澡盤、壺、盒等器，雖甚絢彩華麗，而欠光潤，僅可供閨閣之用，非士大夫文房清玩也。《志》云：廣東陽江縣産磁器。是此歟？俟咨考其確。然此及後之玻瓈窑，審之，皆非瓷石所成，故爲諸窑之殿。

玻瓈窑：玻瓈，西國寶名，因頗黎國所出，故名。《玉篇》云：水玉也。瑩如水，堅如玉，碾開有雨點花色者真。乃千年冰化，在島夷已爲難得之寶。後西國有燒者，則有氣眼而輕。明三寶太監出西洋，携燒玻瓈人來中國，故中國玻瓈頓賤。作鏡，内外瑩潔，向明視之，不見其質。《元中記》云：「大秦有五色頗黎，又有瑠璃。」《博雅》曰：「珠也，出黄支、斯調、日南諸國。大秦出者，有赤、白、黑、黄、青、緑、縹、紺、紅、紫十種，本自然之物。」《隋志·何稠傳》云：「稠博覽古圖，多識舊物。時中國久絶琉璃之作，匠無措手，稠以緑瓷爲之。」顔師古《漢書注》云：今俗所用銷冶、石汁，加以衆藥灌，而虚脆不貞。」北魏太武時，有大月氏國人商販來京，自云能鑄石爲琉璃，於是採礦爲之。既成，而光色妙於真者，遂傳其法至今。想隋時偶絶也。然中國鑄者質脆，沃以熱湯，應手而碎。蘇鑄者更不及廣鑄。惜乎月氏之法傳，而稠之法不傳也。山東青萊鑄登，明踰羊角，薄過竹紙，運至京中，元宵賣之，云有大者可作屏障，但脆而不能致遠，小兒玩耍叫子，亦此類之最下小器也。

卷四

古銅器考　古今玉考

古今琴考

古銅器考

古器名略

古器之名頗多，其曰鐘，樂器。炎帝曾孫鼓延始爲鐘，虞夏之時，大謂之鏞，小謂之鐘。周制，類有三：大爲特，中爲鎛，小爲編。

曰鼎，熟食器。三足兩耳，和五味之寶器也。天子之鼎，飾黄金；諸侯飾金，容一斗；大夫羊鼎，飾銅，容五斗；士豕鼎，飾鐵，容三斗。牛、羊、豕鼎，各狀其首於足上。

曰彝曰尊，乃盛酒之器。尊直如截筒，底肩圓，圜足，類六，犧、象、著、壺、太、山，於尊腹之上，畫其形也。彝類六，鷄、鳥、黄、虎、蜼、斝，皆所以待祭祀賓客者也。

曰罍，乃尊之大者。形似壺，天子以玉飾，諸侯、大夫皆黄金飾，士梓飾，雖尊卑飾異，皆作雲雷象。以其名罍，故取於雲雷也。

舟，形類洗而有耳，尊下臺也，若今之承盤。《周禮·春官·司尊》：「春祠夏禴，祼用鷄彝、鳥彝，皆有舟。」

瓶，無足，似鐘而頸長。

爵，下三足，上兩柱，取飲不盡之義，戒貪飲也。

斝，玉爵也。畫禾稼，兩耳三足，戒喧，故字從二口。以上二器，皆有耳、有流、有足，流即觜也。

斗，有柄，大者長三尺，蓋從大器挹之於尊者，亦酒器，故《大雅》云「酌以大斗」也。

巵，小觶，一名䚗，象人，卩在其下，所以節飲。

觴，酒巵總名。凡諸觴，形皆同而升數則異。一升曰爵，取其能飛，不溺於酒，亦取其鳴節，以戒荒淫。二升曰觚，觚者寡也，飲當寡少。三升曰觶，觶者適也，飲當自適之意。四升曰角，類彝無柱，《禮》云「卑者舉角」也。五升曰散，《禮》云「賤者獻以散」，無飾漆尊也。又虚曰觶，實曰觴也。

桮，亦飲器。敦，槃類，盛黍稷食器，與瑚璉、簠簋連方。簠形圜器，外方内圓；簋類鼎而矮，蓋有四足，有木有陶，祭天地及外神，尚質，故用之。

豆，食肉之器。夏后氏楬豆。楬豆，木豆，無異物之飾也。商玉豆，周獻音娑豆。獻，疏刻之也。

甗，上若甑，可以炊物；下若鬲，可以飪物。蓋兼二器而有之。或三足而圜，或四足而方。《考工》爲陶器，商、周、二漢皆銅爲之，有垂花雷紋、盤雲偃耳、饕餮純素之不同。

錠，鐙也。用類甗，薦熟物器。豆有足曰錠，無足曰鐙，上環以通氣之管，中置以烝飪之具，下致以水火之齊。自三代至秦，器無斤兩之識。王氏銅虹燭錠，有銘一十八字，顯其斤重，字畫與漢五鳳鑪款式相類，實漢物也。虹燭者，取其氣運如虹之義。

鬲，鼎屬，足中空不實，又相去疏闊者也。

鍑，似釜而口歛，口上載鬲以熟物，獸耳，兩目連環。周鍑容五斗八升，口徑六寸六分；漢鍑容一斗四升八合，口徑五寸。《説文》訓「釜大口者」，殆未考鍑之形制耶。

盉，户戈切，音禾，取調和五味之義。似鼎而有蓋、有鋬、有執攀，調五味之器也。商有皁父丁盉、執戈父癸盉，周有單從盉、嘉仲盉、龍首盉、雲雷盉、三螭盉、蛟螭禾麟盉、螭虬盉、粟紋盉、細紋熊足盉，漢有鳳盉、螭首虬紋盉。凡一十四器，其款式或謂之彝，或謂之尊，或謂之卣，其取調和五味之義則一也。

壺，夏商曰尊彝。周制用壺，曰方，曰圓，曰扁，曰温。卿大夫用方，直方爲義也；

士旅食用圓，順命爲宜也。

盦，覆蓋也，似洗様而腰大，有足有提攀。周有交虬盦，蓋鼎之盍也。

瓿，小甖瓦也。銅瓿以盛醯醢虀醬，類壺而矮。周制，魚瓿，肩腹間飾以魚形；方斜瓿，肩作雷形，類古文申字，環腹象雷文，如盤絲髮，微起乳形，中作黄目狀。又蟠虬瓿二，饕餮瓿四。

鋪，豆類，有鋪陳薦獻之義。周劉公鋪，高五寸五分，深一寸六分，口徑七寸六分，其銘曰「劉公作杜嬬尊鋪，永寶用」。名雖爲鋪，其器則豆也。

罌，類釜，瓶也。瓶之大腹小口者也。瓦木皆有之。

鑑，如甀，大口以盛冰，大盆也。上方如斗，有疏棱，鏤底如風窻；下承以大盤，置食於上，設冰於盤，使寒氣通徹，以禦暑氣。故《周禮·天官》「春始治鑑」也，所以「祭祀共冰鑑」。又奩鑑，鏡也。人舉其疵則怨，鑑見其醜則自善，以鑑無心故也。考古今成敗爲法戒者，皆曰鑑。故唐張九齡於玄宗千秋節述前代興廢之原，爲《千秋金鑑》。宗司馬光編年史，名《資治通鑑》，取鑑能照物之義也。

匜，戈支切，音移，沃盥之器，柄中有道，可以注水。

盤，盛物器，瓦、木、銅、錫皆可爲之。如湯沐浴之盤有銘，《呂氏春秋》云「功名著于盤盂」是也。

洗，承水器，用以滌去舊污，俾之鮮潔，如《易繫》云「以此洗心，退藏於密」也。

盆，即盎，盛水盛酒之器。《考工》：陶人爲盆，秦人鼓之以節歌。漢後間用銅、錫盆，東坡詩云「白髮蒼顔自照盆」也。

鋗，形似鐺，無足之小盆。鐺則有三足，用以温酒。其有柄有流，則曰銚矣。

杅，盛湯漿之器。圓者爲槃，方者爲杅。《荀子》曰「槃圓而水圓，杅方而水方」也。

磬，形似犁錧，樂器也。以玉、石爲之，石磬在堂下，玉磬在堂上。黄帝使伶倫造磬，少昊製浮磬。《明堂位》「叔之離磬」，離磬者，編離之磬，編之則雅而小，離之則特而大，又大磬曰馨。在東方曰笙磬，義取生也；西方曰頌，義取功也。

錞，《地官·封人》「以金錞和鼓」，形圜如碓頭，似鐘有舌，上大下小。又曰錞于，其聲極振，樂作鳴之，取以和鼓。《山海經》云「是錞于西海」，「北海有錞于縣」，皆因山川之形似圜碓爲名。

鐸，大鈴也，奮以宣教令。

鉦，類鍾而矮，柄中上下通，以之静鼓。鐃，小鉦也，似鈴，無舌有柄，執而鳴之，奏樂止鼓。又軍中所用，其形上圜下方，下作疏檽，中含銅丸，謂之舌，鼓動有聲。

戚鐓，戚，斧也；鐓，飾物柄者。凡矛、戟、斧柄尾平底，皆謂之鐓。

此外如節、鉞、戈、矛、盾、弩、機，表坐旂鈴，刀筆杖頭，以及宫廟乘輿，闌楯間飾之蹲龍，兒戲之鳩車，提梁龜蛇硯滴，車輅托轅之屬，此其大概，難於盡備。然知此者，亦思過半矣。

古銅色辨

古器所謂色者，臘茶色，米砂斑，真青緑井口之類。今士大夫間論古器，以極薄爲真，此蓋一偏之見也。亦有極薄者，有極厚者，但觀製作色澤，新古自可見也。三代及秦漢間器，流傳世間，歲月寖久，其色微黄而潤澤。亦有數百年前句容所鑄，其式亦精，今鑄不及，必竟黑而燥，須自然古色，方爲真古器也。

土古水古傳世古之辨

銅器入土千年，色純青如鋪翠。其色子後稍淡，午後乘陰氣，翠潤欲滴。間有土蝕處，或穿或剥，並如蝸篆自然。其或有斧痕，則是僞也。銅器墜水千年，則純緑色如瓜皮，而瑩潤如玉；未及千年，雖有青緑而不瑩，其蝕處如前。今人皆以此二品體輕者爲古，不知器大而厚者，年雖久，止能秀三分之一。銅性未盡，其體尚重，亦止減三分之一或減半。器小而薄者，銅性爲水土蒸淘易盡，至有鉏擊破處，並不見銅色。惟翠緑徹骨，或其中有一綫紅色如丹然，尚有銅聲。傳世銅器，則未曾入土水，惟流傳世間者，其色紫褐而有硃砂斑，甚至其斑凸起，如上等辰砂，入釜以沸湯煮之，良久，斑之結秀愈見，爲最貴。模僞者色俱在外，易辨也。已上三種古銅並無腥氣，惟土古新出土者，尚帶土氣，久則否。若僞作者，熱摩手心以擦之，則銅腥觸鼻矣。

辨色兼審式様

有如臘茶色者，有如黑漆色者。在水土中年少，雖秀不能入骨，亦不瑩潤，此皆次之。嘗考漢印、漢錢文，至今一千五六百年，雖有青緑而罕有瑩潤，亦無硃砂斑凸起者。

今所見古銅器，有青緑剥蝕，徹骨瑩潤如玉，及有硃砂斑凸起者，非三代時物，蓋古無此器也。辨古當以色潤，更以時代、式様製作參之。

鑑古先審款識

款識者，有款紋、識紋之不同。所謂篆以紀功，銘書鐘鼎也。款字陰紋，三代用陰，謂之偃蹇字，是凹入者。夏用鳥跡篆，商則蟲鱼，周以蟲魚、大篆，秦用大小篆，漢以小篆、隸書，三國隸書，晉宋以來用楷書，唐用楷隸。又款有作花紋以爲飾者。漢以來或用陽識，其字凸起。間有凹者，用刀如鐫碑刻成之，蓋陰識難鑄，陽識易爲，决非三代物也。古器款居内而凹，識居外而凸。夏周器有款有識，商器多無款有識。古人作事精緻，工人預四民之列，非若後世賤丈夫之事。故古之鑄器，以蠟爲模，花款必細如髮，勻整分曉；識文之筆畫，宛如仰瓦而不深峻，大小深淺如一，亦明净分曉，無纖毫模糊。此蓋鑄選銅之精者，並無砂顆一也，良工精妙二也，不吝工夫，非一朝夕所爲三也。今設有古器，其款識稍或模糊，不勻净，其模範不端正者，必是野鑄僞作，質色臭味，亦自不同。

鑑古不專款識

古人惟鍾鼎祭器，稱功頌德，則有識；盤盂寓戒，則有識。他器則有無識者，不可遽以爲非，但辨其體質、款紋、顔色、臭味足矣。

三代古器

夏尚忠，商尚質，周尚文，其製器亦然。商器質素無文，周器雕篆細密，而夏器獨不然。嘗見夏器於銅上相嵌以金，其細如髮，歲久金脱，則成陰竅，以其刻畫者成凹也。今以相嵌，訛爲商嵌，殆見未廣而考未確耳。《詩》詠文德云：「追琢其章，金玉其相。」則知三代同然。

唐代以後局器

唐天寶間，至南唐後主時，於句容縣置官場以鑄之，故其上多有監官花押。其體輕薄，花紋細而可愛，然已非古器矣。亦有微青緑色及硃砂斑者，皆不能徹骨瑩潤。

新銅器

新銅器，唐、宋、元所鑄物也。唐天寶間，至南唐及宋，於句容縣鑄。宋又於台州鑄，多是小雷紋花兒。元代杭州姜娘子、平江路王吉，鑄銅器皆有名，花紋却俱粗，然姜鑄勝於王吉。

僞古銅色

僞做色者，其法先以水銀雜錫末，即今磨鏡藥也，塗在新銅器上，令勻，然後用釅醋調鋼砂末，用筆蘸勻，上新銅器上。候如蠟茶色面，急入新汲水滿浸，即成臘茶色。候如漆，急入新水浸成漆色，浸稍緩，即變色矣。若不入水，則成純翠色。入水浸後，然後用糯稻草燒烟薰之，不拘臘茶色、漆色、緑色，三者並以新布擦，令光瑩，棕刷刷之。僞硃砂斑，以漆調硃砂末爲之。然俱在外，不能入骨，最易辨也。其銅腥爲水銀所匱，並不發露，不可不知，爲其所欺。要之，古銅聲微而清，新銅聲濁而鬨，不能逃識者之鑒。

古無香爐

愽山爐，乃漢太子宫中所用爐也。香爐之製，始於此。上古無香爐者，以古焚蕭艾，尚氣臭而已，故無香爐。今所用者，皆古祭器鼎彝之屬，非香爐也。多有象古新鑄者，當以體質、顔色辨之。

古今玉考

玉考説

《記》曰「君子比德於玉」，以玉德似仁、義、禮、智、忠、信故也。《巢氏胎教》云：「欲子美德，則佩以玉。」《詩》云：乃生男子，載弄之璋。《玉藻》云：「君子無故，玉不去身。」蓋欲其温潤縝密之類式如，周旋進退之類合節。所以古之君子，必佩玉焉。若是則我儔既不可以廢玉，寧可不識瑕瑜，不分玉石乎？故文房肆考，兼及考玉。

玉分五色

西域于闐國，有五色玉，利刀刮不動，温潤而澤，摸之靈泉應手而出。凡看玉器，白色爲上，黄色、碧色亦貴。若更碾琢奇巧，而仍敦厚溷朴者尤佳。有瑕玷皵動夾石，及其色不正、欠温潤者價低。

白玉，色如酥者最貴。若如飯湯，謂之冷色。或有雪花及油色者，皆次之。有紅如血者，謂之血侵，又謂之屍古，最佳。嘗見菜玉連環上，儼然有黄土一重，並洗不去，此上古也。青玉有黑漆古，有渠古，有甑古，俱價低。甘青玉，其色淡青而帶黃。色有非青非緑如菜葉者，謂之菜玉，玉之最低者也。

黃玉如新剥熟栗色者爲貴，謂之甘黃玉；焦黃者次矣。

碧玉，其色深青如藍靛者爲貴。或有細墨星者、色淡者皆次之。

黑玉，其色黑如漆，名之墨玉，價不甚貴，西蜀有之。

赤玉，名璚，其色紅如鷄冠者最難得，人間罕有。

緑玉，深緑如染成官緑色，或如松青緑者爲佳。色淡如蘭花緑者次之，其中有飯糝者最佳。

古玉器

玄圭者，夏王禹治水平定，用玄圭爲贄，獻於虞舜，以告其成功而復命焉。圭者，昭觀君之禮；玄者，象治水之色。

瑱，充耳也。其形如牌，二寸許，廣七八分，以紞懸當耳。天子以玉瑱，諸侯以石，紞用采綫織之。

玉爵，酒器也。上兩柱，取飲不盡之義，戒其過也。

斝，亦玉爵也。夏曰醆，殷曰斝，周曰爵。斝有两耳，《禾稼博古圖》曰：「醆，從戔，故三足，象戔。斝戒喧，故二口，作喧。」

瑚璉，殷宗廟玉器。

玉瓚，圭瓚也，一曰祼器。贊，進也，以進於神也。以圭爲柄，圭以玉爲之。天子圭柄長尺有一，其賜諸侯，蓋九寸以下。指其體，謂之玉瓚；據成器，謂之圭瓚。以玄玉飾之，則曰玄瓚。璋瓚，半圭爲柄。璋瓚、玉瓚，其勺皆金，首象龍，流從口出。

周禮六器玉

以蒼璧禮天。璧形正圓，蒼象天之色也。故郊祀天，用蒼璧。蒼類玄而不稱玄者，避北方色也。朝廷尊祖配天，亦用蒼璧。

以黄琮禮地。琮形八方，似車釭，黄象地也。故祀地用黄琮。

以青圭禮東方。圭形鋭首，青象東也。

以赤璋禮南方。璋形半珪，赤象南，似萬物榮盛也。

以白琥禮西方。琥形象虎，虎猛，象秋聲；白象西也。以玄璜禮北方。璜形半璧，玄象北，萬類閉藏，地上無物，惟天半見也。冒玉，又名冒圭，方四寸。古者天子頒瑞於諸侯，而使世守以爲寶。來朝，天子執冒以見，用冒諸侯之圭，必輯合以齊瑞信。故天子冒玉則邪刻其下，諸侯瑞圭則邪刻其首，上下相合，猶今之合符。《書傳》云：「天子執冒以朝諸侯，見則覆之。」取君恩覆，臣乃敢進之意；又取德覆天下之義也。公侯伯闊狹相等，瑁惟冒圭，不冒璧，統於尊也。

周禮六瑞玉

六瑞玉者，王執鎮圭，公執桓圭，侯執信圭，伯執躬圭，子執穀璧，男執蒲璧，凡六等。瑞者，圭璧六玉之總名。朝會以爲符信，若瑞應然，故稱爲瑞。鎮圭又名介圭，長一尺二寸，廣二寸，厚半寸，瑑飾象鎮山，取鎮安朝野之義。桓圭九寸，頂鋭，雙植，有宫室之象，取柱石國家之義。信圭、躬圭皆七寸。信圭頂尖鋭，左右肩皆兩角，瑑象人身之直，其紋細，取直身不回之義。躬圭頂圓，左右兩肩亦圓，瑑象人躬之屈，其形小而俯，其文粗而略，取鞠躬不亢之義。璧皆五寸，穀璧瑑穀稼之形，取飲食養人之義；蒲璧瑑蒲艸之形，取蒲爲筵席，能安人之義。丘氏又曰：圭，古作珪，其制上圓下方，以象天地而封諸侯。璧制圓，内有孔，謂之曰好，其外謂之肉，好倍肉爲環，肉倍好爲璧。

雜佩玉

雜佩者，左右佩玉也。每一佩，玉七塊。上横者曰珩玉。其形如角菱，其首一眼，用以繫帶。其兩角各一眼，中間一眼，共三眼。繫三組，貫以蠙珠。中組之半貫瑀。瑀玉，其形圓，上下俱三眼，共六眼，聯絡上下之組。末懸衝牙，形如半璧，圓處中有一眼，爲組所聯。平處向下，兩頭尖處向兩邊，兩旁組半各懸琚。琚形方，上下各一眼，上眼聯上半組，下眼聯下半組，組末繫璜。璜形如半璧，兩璜相向如全璧焉。又兩旁組之内間，又有兩組，上半交貫於瑀上，而中組兩旁之眼，瑀下面中組兩旁之眼。各一組，分繫於璜。行則衝牙擊璜而有聲，俗稱珩、璫、珮、環者，皆佩玉之名也。

沙子玉

此玉罕得，粉紅潤澤，多作刀靶、環子之類，少有大者。

罐子玉附水晶玻瓈

雪白罐子玉，係北方用藥於罐内燒成者。如青州料燈、料吗子，皆燒成者也。若無氣眼，與真玉相似，但比真玉則微有蠅脚，久遠不潤且脆耳。水晶出處甚多，倭國者爲第一，無纖毫瑕玷、擊痕者佳。又假水晶，亦用藥燒成，有氣眼，色暗青，不能潔白明瑩，謂之硝子。玻瓈出南番，有灑色、紫色，白者全似水晶。器皿背，多碾兩點花兒是真。其藥燒者，入手輕，有氣眼，如琉璃。

玉器論像

鑑玉先論玉之材質，又審工之奇巧，方可定以等級。如盆尊佛像大器，始爲貴重；飛禽走獸次之；若水族之物最賤矣。漢唐最重玉器，每以玉琢器物殉葬，今或出世，入土過者，皆謂之屍古，必有血斑，因名血玉，爲最貴也。

石之似玉次玉

石似玉者，曰珷、曰玦、曰璡、曰璒、曰琥、曰瑌、曰瓔、曰瑕之類，幾數十種。其石之次玉，名瑊、名現、名珸、曰瑨、名堅、名瓕、名璕之類，又不下十種。如江南句容之茆山石，白而有光，有水石，冷白色。或有水路，或有飯糝，色好者，與真玉相似，堅不可以刀刮。山東萊州所産有碧有白，白者勝於碧。碧玉名壚，佳者光潤，低者白帶糙黄，碧帶淡黯冷色而鬆也。玉小赤者名瑕，玉有病曰瓋，玉有破損曰璺。凡器破而未離者皆謂之璺，猶窑器之損者謂之茅也。

金之似玉

金之美者，亦有與玉同色，名曰鎏。

靈巖山寶石

江南六合縣之靈巖山産石子，逢驟雨傾注沖出，隨飛泉流入澗中。山麓鄉民，慣於雨後尋拾，照日亮者，入囊以售邑之巨室。石子廓多璞，山人亦莫辨其高下。及令玉人碾之，美惡等級不齊。大約白色纏絲及或如織羅紋者居多。少上或紅或白，質中有青緑松花朵，及略似人物鳥獸者，其似大癡、雲林等名家山水，或酷肖物形生動，則貴重。總以大紅者爲上乘，其材之堅潤勝玉，光耀勝珠，明透勝水晶，絢采勝瑪瑙，一物而具數美，真寶石也。但大者罕有。夏位六夏青選昆玉，雄州名家也。嘗延家嚴盤桓，據云伊家曾得數寸大紅石子，秋山畫景，置庭間水盆内。日光曜之，紅光滿廳，若映於粉壁，如懸一幅名畫。制憲聞借，欲與交易，不允。歿後，念父生前所愛，因殉葬焉。其常有者，祇可碾念珠、鈕豆、手戒、釧、鐲、爐、壺相嵌，及一顆圓五顆腰子式者，彙聚一盆，水浸案頭，以爲清玩而已。青選先生之嗣君，今秉鐸維揚，諱賔，號禹門。

古今琴考

琴製

《粤考》："「琴之爲德，可以導養神氣，宣和情志。古之明王君子，故咸親近焉。」其製，材採嶧陽之桐，弦取檿桑之絲，徽用麗水之金，軫尚崑山之玉，著於詩書。及於子史，指不勝舉。上古伏羲作琴，以修身理性，反其天真。琴爲樂統，足以和人意氣。《白虎通》曰："「琴者，禁也。禁止於邪，以正人心，感發善念。故君子常御，不離於身焉，無故斯須不撤。」桐屬陽，爲琴面；梓屬陰，爲琴底；取其陰陽相配，以召和也。面圓象天，底方象地。廣六寸，象六合也；長三尺六寸，象三百六十日周天度也。徽十有三，以應律呂，象十二月；餘中徽之一，以象閏也。弦有三節聲，自尾至中徽爲濁聲，自中徽至第四徽爲中聲，上至第一徽爲清聲，始黄鐘而終應鐘也。文上曰池，池者水也，言其平；下曰濱，濱者服也。前廣後狹，象尊卑也。龍池八寸，象八風；鳳池四寸，象四氣；腰腹四寸，法四時也。舜作五弦，以象五行而應五音也。第一弦爲宫，中央土；次弦爲商，西方金；次爲角，北方水；次爲羽，東方木；次爲徵，南方火。以遞相生，合四序也。弦大爲君，弦小爲臣，以合君臣之義。文王加一弦爲少宫，武王加一弦爲少商，象七星也。

陰陽有清濁之分

桐陽梓陰之説，前已言之。即就桐論，面日者爲陽，背日者爲陰。不論新舊桐木，置之水上，陽必浮，陰必沉，反覆不易。陽材造琴，旦濁而暮清，晴濁而雨清，以天之陰濟琴之陽而和也。陰材造琴，旦清而暮濁，晴清而雨濁，以天之陽濟琴之陰而和也。剛柔之不可偏，徵諸琴而悟性情之宜正矣。桐是枯桐木，取其最輕，又近寺觀，旦暮聞鐘鼓聲者佳。

純陽之琴

底面俱用桐木，謂之純陽琴。近世爲之，取其暮夜晴雨，弹之聲不沉耳。然其聲不實，必不能達遠，古無此製也。

古今琴式

琴惟孔子、列子二樣，最合古製，而今無考。神農、伏羲之始肇，炎帝、虞舜之五弦，更不必說矣。唐時有雷又、張越二家，以製琴得名。其龍池鳳沼間有舷，餘處悉窪，令關聲而不散。宋時置官局製琴，所製長短大小，俱有定式，因名官琴，不如式者乃是野斲。近有雲和樣者，其樣不一，皆非古製。

表琴名義

琴之爲器，有龍池者，以龍潛於此，其出則興雲雨以澤物，而人君之仁如之。有鳳池者，以南方之禽，其浴則歸潔其身，而人君之德如之。有軫池者，亦曰軫杔，以其急於發令，切須以成禮也。池側有梟掌二，所以護軫之動而合制也。鳳額下有鳳嗉一，所以接喉舌而申令者也。琴底有鳳足，用黃楊木，表其足色本黃也。臨嶽若山嶽峻極，用棗木，表其赤心也。人肩者，顧於臣，有俯就隨肩之象也。鳳翅者，左右翼之有副貳，人主之象也。龍唇者，聲所出也；龍齦者，吟所由生也。龍口所以受弦，而其鬢又所以飾之也；鳳額所以制嗉，而其臆又所以承之也。總而言之，琴長三尺六寸六分，當期之日也。腹中天地二柱，當心膂之任也。天柱方厚七分，居姑洗仲吕之界；地柱方厚六分，居南吕無射之界。若定位小差，近上則損上聲，近下則損下聲，當中心則其聲品節矣。古來斲製之妙，蜀稱雷霄、郭諒，吴稱沈鐐、張越。霄諒清雅而沈細，鐐越並鳴而響亮。唐明皇反蜀，詔雷儼待詔。襄陽馮昭亦善工斲，鬻之不售。節使盧公鈞聞之見重，受一張，仍贈之詩。自是馮氏門，其屨滿矣。

琴色及斷紋

古琴歷年既久，漆光退盡，色如烏木。琴不數百年，其紋不斷，歷五百歲後始能現紋。龜紋爲上，梅花亦好，蛇腹紋次之，羊毛紋又次之。梅花斷者，其紋如梅花；蛇腹斷者，其紋横截，琴面相去寸許，内外不等；羊毛斷，如髮之千百條也，或有背面皆斷者。若琴雖古而無斷紋，則聲不精實，音不脆透，大約明代物耳。有紋者，聲韻清遠幽雅，不同凡響矣。

百衲琴

琴名百衲，乃削桐木條，用漆膠成，似衣之百衲而成也，面闊一寸許。《傳》稱列子樣式，斷紋尤多，彈之聲如常琴，亦無節病。

僞斷紋

琴上僞作斷紋以欺人者，將琴於冬日中曬，或以猛火烘琴極熱，遂以雪罨激烈之，紋雖現而漆色猶新可辨也。或造琴之時，入鷄子白於灰中漆之，後以甑蒸，懸於燥處，自有斷紋。此皆僞者，故每遇斷紋，驗其漆色，審其音聲，以辨真贋。其金徽玉軫，乃是外之粧飾，不足爲憑也。真古斷紋而有他病者，亦不爲奇矣。

古琴之名

焦尾，漢吴人有燒桐爨者，蔡邕聞火烈聲，知其良材，請以製琴，果有美音，而尾猶焦，故稱曰焦尾琴。黄帝之琴曰清角，楚莊之琴曰繞梁，司馬相如之琴曰緑綺，趙飛燕之琴曰鳳皇。古來琴名亦多，今已無傳，兹不備贅。

琴檯

琴卓須用維摩樣，高二尺八寸，闊一尺餘，可容三琴，長五尺，約過琴一尺許。卓面以瑪瑙石、南陽石、汞石爲最佳，郭公磚亦好。此等石磚，駕琴撫之，則有清聲，泠泠可愛。如用木卓，必須堅厚一寸許，再加灰漆黑光方可。

郭公磚，灰白色，中空，面上有象眼花紋。相傳云出於河南鄭州，於泥水中年久者，去火烈燥氣始佳。今各處窑工依樣僞造，要細辨之。

琴曲

琴之樂曲，有暢有操，有吟有引，有弄有調。和樂而作，命之曰暢。暢者，言其道之美暢，猶不敢自安，如堯之《神人暢》是也。憂愁而作，命之曰操。操者，言困阨窮迫之際，猶不失其操，如文王拘羑里而作《拘幽操》，孔子傷不逢時而作《龜山》、《猗蘭》等操之類是也。引者，引説其事，若魯有《關雎引》，衛有《思物引》之類是也。吟者，吟詠其事，若《箕子吟》、《夷齊吟》之類是也。弄則習弄之謂，若《廣陵弄》是也。調則調理之謂，若《子晉調》之類是也。

鼓琴

凡鼓琴，蓋以寓意調性適時之意。古之善鳴琴者，有匏巴、師父、師襄、成連、伯牙、方子春、鍾子期等。自唐虞以迄晉宋，著名者八十餘人。學者須知十善五能、十疵五繆、七大病、五小病，然後擇其善而去其失，即玅矣。若夫天性聰明，聲出於心而應之於手，音律奇異，更可不同凡響矣。

十善五能

十善者，淡欲合古，取欲中矩，輕欲不浮，重欲不粗，拘欲有權，逸欲自然，力欲不覺，縱欲自若，緩欲不斷，急欲不亂。五能者，坐欲安，視欲專，意欲閑，神欲鮮，指欲堅。

十疵五繆

十疵者，太淡而拙，多取而雜，其輕如摸，其重如攫，其拘如怯，其逸如蹶，用力而艱，縱指而闌，其緩若昏，其急若奔。五繆者，頭足摇動，妄肆瞻視，錯亂中輟，精神散慢，下指疏雜。

大病小病

大病有七：坐無規矩，頭足動摇，一也。開口努目，以騁志氣，或覰視上下，瞻顧左右，二也。眼目疾速，喘息氣粗，進退無度，形神散漫，三也。面色變易，或青或赤，如羞慚然，四也。有攻之歲久，取聲雜亂，不盡五音；雖能取聲，不解用指，手勢煩雜，按指不當，五也。調弦不切，聲韻不律，動失正意，聽無真聲，六也。彈琴之時，吟猱過度，節奏失宜，音韻繁雜，自以爲能，有失古意，七也。小病有五：彈琴之時，身則欲偏，手勢繁亂，打弦用指，輕重不均，一也；若左右總用甲，其聲焦枯，雖有悲思，全無音韻，聲不均平，二也；左右手用肉多，其聲濁鈍，音韻不清，取聲繁垂，散其清爽，三也；左右手甲多肉少，音韻不均，取聲輕重重疊，句度急燥，不較音韻，四也；取聲遲緩，音律不續，句度不成，調弄無味，五也。

鼓琴手法有象

鼓琴手勢所象，本於蔡氏五弄，趙耶利所修也。左大指象天，左中指象日，左無名指象月，右大指象大風，右食指象青雲，右中指象高山，右小指象地，右無名指象下水。

龍行者，指行如之；虎行者，指步如之；蟹行者，掄指如之；鸞行者，轉指如之；輕行者，泛指是也。《儒父吟》，末接覆手是也；《亮生嘯》，小起手是也；《仙人咲》，下瑮是也。然彈琴之法，必兩手相附，是猶雙鸞對舞，兩鳳同翔。要在附弦作勢，而不在聲外摇指。趙師彈琴，未有一聲無法，凡一弄之内，一勾之中，莫不有陰陽派潤。至如《楚明光》、《白雪》寄清調中，彈楚清聲；《易水》、《鳳歸林》寄清調中，彈楚側聲；《登壟》、《望秦》寄胡笳調中，彈楚側聲；《竹吟風》、《哀松露》寄胡笳調中，彈楚清聲。若此之類非一，可謂妙矣。

鳴琴要略

鳴琴之法，總以閒暇簡静爲本。句度節奏不可太過，取聲倫比不欲隔越。用指甲肉相兼，則其聲清美。右手用弦，不得太高，亦不得絶音而抛琴曲，亦不得按著别弦。兩手必欲相附，如雙鸞對舞，兩鳳同翔，使徽不可誤按，彈弦不可錯鳴，弄吟不可不盡，起伏不可無法，段疊不可不曉，句讀不可無節。置琴於前，身須卓然，先定神氣，兩手視之，若無琴然。取予作用，須作精神，心志絶慮，情意專注。不得用力努張精神，不得令筋骨寬緩。肩甲手臂，悉欲調暢。按弦用力，勿令人知輕重急慢，不得斷續。用指手勢，悉依法度；取予疾徐，皆須得體。目視左手，耳聽其聲，目不別視，耳不別聽，心不別思，志不雜注。無問有人無人，必須尊嚴如對長者，一則聲韻雅正，二則感動幽明。苟亂作大勢，精神疾遽，不若置琴默坐，古人云「但識琴中趣，何勞弦上聲」是也。

琴聲

琴聲有經有緯，有從宫、商、角、徵、羽、文、武聲爲七經聲，又爲正聲。黄鐘至大吕以及閏徽，十三聲爲緯聲，又爲副聲。風雅、陰陽、武成、吟詠、談話、始息、長樂、胡笳、止息、五音、五調、蹙臑抑揚、調弦齪掠、長彈掉搦、度弦摘聲、楚清側聲、雅質側聲、躅扶輪指、宛美清聲、高望遠側聲、吴聲、蜀聲、齊聲、楚聲共二十四聲，爲從聲也。正副相應，一弦合十三種升降同爲九十一聲。琴含太虚一氣，運九十種聲，如此其變亦已盡矣。至於取聲之法，又有本、有泛、有散、有末、有剔、有擽、有擘、有綽、有瓅、有齪、有倫，以總之，誠去四清二變以諧音律，則琴音調而天下治矣。

本，本聲也。左指按弦，因指打聲振動，左指令著面，右指擊弦，隱隱如雷是也。

泛，泛聲也。左微按弦，右手擊弦，泠泠然輕清，是泛聲也。左指不按不擊，弦鏘鏘然如鐘鐸，是散聲也。左指按弦，右指打聲，抑蹙向前後，令聲下惆悵，是散聲也。右指向下末二三弦，左指不著，是末聲也。右指向上剔一弦，是剔聲也。右食指第一横紋，向上蹙擽二三弦畢舉，其食指合勢望天，是擽聲也。右指向上擘二紘，爲擘聲。右指向下反剔一弦，爲綽聲。右指掐食指第二横紋上，向下擊下弦，從寛至急，可十餘聲，爲瓅聲。右兩指各按一弦，齊聲打，爲齪聲。右兩指倫次共一弦，爲倫聲。

琴有五不彈

撫琴之品，前鼓琴等章已言之矣。又有所謂五不彈：疾風甚雨不彈，廛市不彈，對俗子不彈，不坐不彈，不衣冠不彈。此五不者，所以尊聖道而盡琴之理也。

琴價

琴之爲物，邇來彈者少而識者希。物不逢時，價值不貴。大約以百兩爲率，無紋者二三兩至幾錢而已。

調理琴病

古琴泠而無音者，用布囊熱砂罨之，候冷則易，數次，而又作長甑。候有風日，以甑蒸琴，令汗溜，取出吹乾，其聲仍舊。琴弦久而不鳴者，棚定一處，以桑葉將之，鳴亮如初。大凡蓄琴，不論寒暑，不可放置風露日色之中，須以薄綿囊裹好，於陰煖處懸置。琴無新舊，常宜置之床上，以得人氣。早間人起，煖被中蓋之，尤佳。

卷五

文書考　書畫考

文書考

文遡元始

上古結繩而治，淴樸成風，未有所謂文字也。自聖王代興，文運天開，龍馬出河，庖羲氏則其文以畫先天八卦，文象以彰。黄帝之史蒼頡見鳥之迹，製造文字。禹王治水功成，神龜出洛，箕子因其文而陳洪範，周文因之而畫後天八卦。從此之後，文明日盛矣。

文字書契之義

文者，蒼頡觀鳥獸蹏迒之迹，依類象形，故謂之文。其後形聲相益，即謂之字。字者，言孳乳而浸多也。著於竹帛，謂之書。書者，如也，庶也，紀庶物也。五帝三王之世，改易殊體，靡有同焉。契者，約也。上古結繩，後世聖人易之以書契。又合也，兩書一契，同而别之。漢高帝與功臣剖符，丹書鐵契是也。

六書名義

虙虧氏觀圖畫卦而文字生，蒼頡仰觀府察而六書具。《周禮》：八歲入小學，保氏教國子，先以六書：一曰象形。象形者，文也，字之母也。畫成其物，隨體詰詘，象其形而爲其跡，如日滿月虧是也。二曰會意。會意者，比類合誼，會合人意，以見指揮，如人言爲信，止戈爲武，合其體而兼乎義者是也。三曰轉注。轉注者，首文相類，同意相受，而其下左右轉相注，如考老是也。四曰指事。指事者，形不可盡，則屬諸事，如人在一上爲上，人在一下爲下，直著其事，指而可識，察而可見者是也。五曰叚借。叚借者，本無其事，或假形事意聲之義，或假形事意聲之體，依聲托事，謂非其字而借用之，一字兩用，如令長是也。一字而有數聲、數音、數義之用，如辟射是也。六曰諧聲。諧聲者，以事爲名，取譬相成。先主母以定形，附他字爲子，以調合其聲音，如江河以水爲形，以工可爲聲是也。總之，形、事字之原，意、聲字之流，轉注、叚借又補原流之不足，而以形事意聲爲變化者也。書之六義，大略如斯。又《漢藝文志》：書有六體：古文體，孔氏壁中書也；奇字體，即古文而異者；傳書，即秦篆書體；佐書，即隸書體；繆篆體，所以摹印也；鳥書體，所以書幡信也。許氏《説文》：書有八體，曰大篆、小篆、刻符、蟲書、摹印、署書、殳書、隸書之各别也。

古文科斗

古文者，黄帝史蒼頡所造也。頡四目，通神明，仰觀奎星圓曲之勢，俯察龜文鳥跡之象，博采衆美，合而爲字，是曰古文。漢魯恭王壞孔壁，得《尚書》、《論語》、《孝經》；河内女子壞老君屋，得《秦誓》、《顧命》：皆蝌蚪文字。《孝經援神契》云：奎主文章，蒼頡倣象是也。蝌蚪即古文别名，蒼頡即古文之祖也。

大篆

大篆者，周宣王太史史籀所作也。或云：柱下史始變古文爲大篆，或同或異。篆者，傳也，傳其物理，施之無窮。甄酆定六書，三曰篆書。八體書法，一曰大篆。《漢藝文志》云：史籀十五篇，並此也。所謂篆籀，蓋其子孫是也。史籀即大篆之祖也。

籀文史籀

籀文者，周太史史籀所作也。與古文、大篆小異，疑即大篆而小變之。後人以名稱書，謂之籀文。《七略》云：「史籀者，周時史官教學童書也。與孔氏壁中古文異體。」即郵鄷定六書，二曰奇字是也。周宣王《石鼓文》是其遺法。陳蒼、李斯小篆，兼采其意。史籀即籀文之祖也。

小篆

小篆者，秦始皇丞相李斯所作也。增損大篆，異同籀文，謂之小篆，亦曰秦篆，天下行之。畫如鐵石，字若飛動，作楷隸之祖，爲不易之法。其銘題鐘鼎，及作符印，至今用之，謂之玉筯。斯雖艸創，遂造其極。李斯即小篆之祖也。

八分

八分者，秦羽人上谷王次仲，以古書方廣，少波勢，始作之。始皇時，官務繁得，次仲文簡略，赴急疾之用。甚喜，遣使召之，三徵不至。始皇大怒，製檻車送之於道，化爲大鳥飛去。惟蔡伯喈乃造其極，次仲即八分之祖。其名八分者，《書苑》云：「蔡琰言割程隸八分取二分，割李篆二分取八分，於是爲八分書。」任玠亦云：八分酌乎篆隸之間，則八分之與隸所異如此。或以爲字方八分而名，陋矣。歐文忠公《集古録》以分書爲隸，而今人皆以八分爲隸，誤矣。要之，八分乃漢魏之際損隸益篆而作之，楷書乃漢魏之際省隸而作者也。

隸書

隸書者，秦下邽人程邈所造也。邈字元岑，始爲縣吏，得罪始皇，幽繫雲陽獄中，覃思十年，損益大小篆方圓而爲隸書三千字。奏之，始皇善之，用爲御史。以奏事繁多，篆字難成，乃用隸字，以爲隸人佐書，故曰隸書。按八分則小篆之捷，隸又八分之捷。漢陳遵善隸書，與人尺牘，人皆藏之以爲榮。厥後鍾元常、王逸少各造其極。元岑即隸書之祖也。

章草

章草者，漢元帝時皇門令史游所作也。漢俗簡略，漸以行之。此乃存字之梗概，損隸之規矩，縱橫奔逸，迅速急就，因艸創之義，謂之草書。取《急就章》之義，又曰章草。按章草之書，字字區別。張伯英芝變爲今草，則如水流逸，拔茅連茹，上下牽連。或借上字之下，以爲下字之上，奇形離合，數意兼包。若懸猿飲澗之象，鈎鎖連環之狀，神化自若，變態不窮。呼史游艸爲章艸者，因伯英艸而謂也。亦猶篆乃周宣王時作，及有秦篆，分別而有大小之名也。魏晉之時名流君子，一概呼爲艸，惟知音者乃能辨也。章草即隸書之捷，張草又章草之捷也。衛恒、李誕並云：「漢初而有草法，不知其誰。」蕭子良云：「章草者，漢齊相杜度始變藁法，解散隸體粗書之。」按杜度在史游後一百餘年，與崔寔皆工草書。即解散隸體，明是史游創焉。史游即章草之祖也。張伯英自云崔杜不足，謂度與寔也。

草書

草書者，後漢徵士張伯英芝之所造也。杜度妙於章草，崔瑗、崔寔父子繼能，羅暉、趙襲亦法此藝。襲與芝相善，芝自云：「上比崔杜不足，下方羅趙有餘。」然伯英學崔杜之法，温故知新，因而變之，以成今艸，轉精其妙。字之體勢，一筆而成，偶有不連，而血脉不斷；及其連者，氣候通於隔行。惟王子敬明其深旨，故行首之字，往往繼前行之末。世稱一筆書者，起自張伯英。伯英雖始創造，遂至其極，實約文該，思應旨宣言，列禦施鞭，飛廉縱轡也。伯英即草書之祖也，韋仲將謂之草聖。

行書

行書者，後漢潁川劉德昇所造也。即正書之小變，務從簡易，相間流行，故謂之行書。王愔云：「晉世以來，工書者多以行書著名。」昔鍾元常善行狎書是也。厥後王羲之、獻之，並造其極。獻之常白父云：「古之章草，未能宏逸，頓異真體，合窮僞略之理，極艸縱之致，不若藁行之間，於往法固殊也。大人宜改體。」觀其騰烟煬火，則回祿喪精；覆海傾河，則玄冥失馭。天假其魄，非學之功。若逸氣縱橫，則羲謝於獻；若簪裾禮樂，則獻不繼羲。雖二家之法悉殊，而子敬最爲遒拔。夫古今人民，狀貌各異，此皆自然紗有，萬物莫比。惟書之不同，可庶幾也。故得之者先禀於天，然後資於功用。而善學者乃學之於造化異類而求之，固不取乎原本而各逞其自然。劉德昇即行書之祖也。

飛白

飛白者，後漢左中郎將蔡邕所作也。靈帝嘉平時，詔蔡邕作《聖皇篇》。篇成，詣鴻都門上。時方修飾鴻都門，伯喈待詔門下，見役人以堊帚成字，心甚悅之，歸而飛白字之書，即今俗稱枯筆是也。漢末魏初，並以題署宫闕，其體有二：創法於八分，窮微於小篆。自非蔡公設紗，豈能詣此？可謂勝寄冥通，縹緲神仙之事也。張芝草書得易簡流速之極，蔡邕飛白得華艷飄蕩之極，字字逸趣，不得過此二途。厥後羲之、獻之並造其極。梁武帝謂蕭子雲言：「頃見王獻之書白而不飛，卿書飛而不白，可斟酌爲之，令得其衷。」子雲乃以篆文爲之，雅合帝意，其後歐陽詢得焉。王隱、王愔並云：「飛白變楷制也，本是宫殿題署，勢既尋丈，字宜輕微不滿，名爲飛白。」八分之輕者雖有此説，不言起由，然按嘉平年事，蔡伯喈即飛白之祖也。

楷書

楷書者，未見於三代。建初中，變篆隸書而作也，言有模楷，故謂楷書。以其晝平竪直，不少欹邪，故又謂之正書。不涉行草疏略，故又號真書。始於三國鍾元常繇師曹喜，盛於蔡邕、劉德昇，真書絶世。點畫之間，多有異趣。秦漢以來，惟此數人而已。庾肩吾曰：「隸書即今正書。」《正字通》亦云：「東魏《大覺寺碑》，題曰隸書，今楷字也。」則以楷隸爲一，鈞甚疑之。及觀蔡伯喈《三體石經》隸書，并今所存漢碑，皆與真字不同，則知漢自有隸書，後漸變而爲今正書耳。

書畫考

學書之法

學書猶之學射，《禮》謂：「射者，仁之道也。射求諸正己。」又曰：「和容。」又曰：「内志正，外體直，然後持弓矢審固，持弓矢審固，則射中矣。」學書者亦當如是。先自和其神氣，正其形容，然後求之執筆。執筆之法，以撥鐙懸腕爲上，平覆就几次之。蓋懸腕則而鋒正，鋒正則四面勢全。然懸腕難於作楷，所以唐代名公以左手枕之，謂之枕腕。蓋就几則指不寬展，强作懸腕又勢多散漫，故作枕腕，以爲懸腕之漸耳。今人所用名臂閣者，即是枕腕法。極妙，一可免左手之勞，二可俾身不偏右，三可閒左手，以應不時之需也。

撥鐙解

撥者，筆管著中指、名指尖，令圓活易轉動也。鐙即馬鐙，執筆既直，則虎口間空圓如馬鐙也。足踏馬鐙淺，則易出入；手執筆管淺，則易撥動。撥鐙之法，唐李後主得之陸希聲。希聲言：晉二王皆用此法，書絶遒勁。凡五字，曰擫、壓、鈎、揭、抵。後主更益二字曰導、送，共爲七字法。此自衛夫人并鍾王，傳授於歐顔褚陸，流於今日，不磨之玅法也。

七字法解

擫者，《説文》云：一指按也。大指骨上節下端，用力欲直，如提千鈞也。壓者，捺食指著中節旁也。此上二指，主力捺手按。

鈎者，鈎中指著指尖，鈎筆令向下也。揭者，高舉也，揭名指著爪肉之際，揭筆令向上也。

抵者，擠也，名指揭筆，中指抵住也。拒者，禦也，中指鈎筆，名指拒定也。此上二指，主轉運。導者，引也，小指引名指過右。

送者，遣也，小指遣名指過左，此上一指主往來。

掌虛指實

大凡學書，先講執筆。其法雙鈎雙挑，平腕覆掌，實指虛拳是也。雙包者，食指、中指抱管。雙挑者，名指、小指抵管。掌覆故腕平，拳虛故指實。訣曰：「指欲實，掌欲虛，管欲直，心欲圓。」指實則筋力均平，掌虛則運用便易，管直心圓則運用無勿正矣。更參撥鐙之法，妙無出其右焉。

去毫分寸

握管用撥鐙，令其和暢，勿使拘攣。真書去毫端一寸，行書二寸，草書三寸，腕俱不可著案。此逸少之妙法，掣三分而一分著紙，勢則有餘；掣一分而三分著紙，勢則不足。

筆妙七條

晉衛夫人删李斯筆妙，更加潤色，總七條，併作其形容，貽諸子孫，永爲模範，庶將來君子，時復覽焉。秉鈞亦有意焉，因述於左：

一如千里陣雲，隱隱然其實有形。

、如高峰墜石，磕磕然實如崩也。

丿如利劍斷犀象角。

丨如萬歲枯藤。

𠃍如勁弩筋節。

㇏如崩浪奔雲。

㇃如勁松倒折，落掛石崖。

右七條，歐陽信本又增㇏一條，云：「一波常三過筆。」共爲八法，乃學書者之最妙語。再能結搆圓備如篆法，飄颺灑落如章艸，凶險可畏如八分，窈窕出入如飛白，耿介特立如鶴頭，鬱拔縱橫如古隸。確又心存委曲，每爲一字，各象其形，書道畢矣。

學書三要

學書第一用筆，第二識勢，第三裹束，三者兼備，此乃三法。苟守一途，即爲未得。夫用筆豈止於偏傍向背？其要在蹲駁起伏。識勢豈止於散水烈火？其要在權變改製。裹束豈止於虛實展促？其要歸於互出。曉此三者，始可言書。

永字八法

永字八法解

側，即點也。《楷書散筆》云：「頂點芝蔴樣，尖斜帶光芒。」又云：「左點宜右顧，似送還迎望。右點須左盼，疑去復來藏。」姜立綱云：「點如瓜子，中含萬象之光。此不言點而言側者，謂側下其筆也。」作點本向左，確以中指斜頓筆鋒顧右，則使墨精暗墜，徐乃反揭，而棱利矣。

勒，即畫也。《散筆》云：「頂畫宜健利，一劍當頭橫。履畫雖平坦，鋒藏始有情。」立綱云：「畫如横劍，劈開太極陰陽。此不言畫而言勒者，筆鋒似及於紙，須微進峻趯，承其虛畫，中高两頭下，取其勁澀，如勒馬之用韁也。」法用中指鈎筆澀進覆畫，以中指頓筆，然後以大指遣至盡處，則成功矣。

努，即直也。不言直而言努者，謂頭向右，發筆微努，稍駐而趯筆下行，不可直筆，中間自然凸胸而出。直則衆勢失而無力矣。凡豎畫雖極短，亦不可直，如中字中豎，則努而懸鍼；事字中豎，則努而隨趯出。鄉則努而鄉，背則努而背也。太宗云：「爲豎必努，非另有一筆。」趯與挑一也，豎趯曰趯，横趯曰挑，語之小異耳。趯是努筆之殺筆收鋒，法貴於澀。所謂欲挑還置，竪筆潛勁，借勢而轉筆出鋒，提趯抱身貴短，如足趯物，則神蹤不墜矣。

策，圓鋒左出，勢盡仰收，如鞭之策馬，力在著物處。一名折翼畫，須仰筆趯鋒，輕抬而進，故曰策。《筆訣》云：「始築鋒而仰策，徐轉筆以成形是也。」

掠，一名分發，點首撇尾，如篦之掠髮。借於策勢，以輕駐筆，右揭其腕，鋒迅下左出而不墜，則自然佳矣。若少遲留，則傷於緩。

啄，即撇也。不言撇而言啄者，謂勢如禽之啄物。按筆蹲鋒，潛蹷於右，借勢收鋒，迅擲旋左，以輕勁爲勝，不可緩滯。

磔，裂也，書法右下爲磔。始入筆，緊築而微仰，便下徐行，暗收存勢，勢足而磔之。此乃從上啄取勢，如裂帛然。唐太宗云：「磔不徐不疾，去欲復駐而後放也。」出鋒藏鋒，由人心好。

右八法，起於隸字之始，後法崔子玉，歷鍾王以下，傳授所用，皆此八體。該於萬字，書法深微，不可遽明，先達乎此，以爲始基。

作書四知

凡作書，一要知硯。秀潤玉質，池寬面細，每夕一洗，則水墨調勻，血肉得所。

一要知墨。輕堅黝黑，續綵奮發，入硯無聲。夫字生於墨，墨生於水。水者字之血也，若僅筆尖受水，一點即枯，故水墨必須皆藏於副毫之内，蹲之則水下，駐之則水聚，提之則水皆入紙矣。磨墨之法，用新汲水，臨時用之，重按輕推，不用硯池水，令墨滯筆沍。

一要知用筆。著墨不過三分，不得深淺。淺則筆枯，揮寫不能遂意，深浸則毫弱無力。字一寸者，蹲七釐，提五釐，捺九釐，畫一分，以是爲率。要清勁，遞減三釐。初學須提活蹲，輕則肉圓；老成須提緊蹲，重則肉趯。

一要知紙。須堅薄白滑、純細光澤者。若粗厚鬆灰者，不惟損筆，亦能壞字。紙剛用軟筆，紙柔用硬筆。純剛如錐畫石，純柔如泥印沙。既不圓暢，神格亦亡。紙之强弱有分數，筆力臨時斟酌用之。書石同紙剛例。

真行草用筆不同

真書用筆不欲太肥，肥則形濁；又不欲太瘦，瘦則形枯；不欲多露鋒芒，露則意不持重；不欲深藏圭角，藏則體不精神；不欲上小下大，不欲左低右高，不欲前多後少。點者，字之眉目，全藉顧盼精神，有向有背，隨字形勢。横直畫者，字之骨體，欲其堅正勻净，有起有止。所貴長短合宜，結束堅實。撇捺者，事之手足，伸縮異度，變化無端。要如魚翼鳥鴆，有翩翩自得之狀。挑趯者，字之步履，或長或短，或向上或向下，或向右或向左，或輕出而稍斜，或隨衄而峻發，各隨字之用處。轉折者，方圓之法。真多用折，草多用轉。折欲稍駐，駐則有力；轉不欲滯，滯則不遒。然有真以轉而後遒，艸以折而後勁，不可不知也。懸針者，自上而下，如長針之垂，筆欲極正，端若引繩。若如露之欲垂而復縮，謂之垂露。須看首尾相等，但鋒尖耳不可如鼠尾也。古人祇有垂露，懸針始於《蘭亭》「年」字。米老曰：「無垂不縮，無往不收。」又須神而明之。

魏晉行書，自有一體，與草不同，大率變真以便於揮運而已。艸出於章，行出於真，雖曰行書，各有定體。縱復晉代諸賢，亦若不相遠。《蘭亭記》及右軍諸帖第一，謝安石大令諸帖次之，顔楊蘇米亦後世之可觀者。大要以筆老爲貴，少有誤失，亦可揮映。所貴乎濃纖間出，血脉相連，筋骨老健，風神灑落，姿態備具。真行艸各有態度，必須博習，可以兼通。

故行書而非艸非真，離方遁圓，在乎季孟。兼真者謂之真行，兼草者謂之行草。子敬之法，非草非真，開張於行，流便於草，又處其中間。無藉因循，寧拘制則？臨字制宜，從意適便。風行雨散，潤色開花。數體之中，最爲風流者也。逸少秉真行之要，子敬執行艸之權，父之靈和，子之神俊，皆古今之獨絶也已。學唐不如學晉，人皆能言之。夫豈知晉豈易學？學唐尚不失規矩，如《化度寺》、《九成宮》、《廟堂碑》三書之法，平正恬淡，分間布白，行筆停匀。學此者，横畫必兩頭均平，不敢左低右昂。又於十字處，如中牛年等字，凡是一横一直中停者，皆當著心凝然，正直平均，不使一高一低，一斜一欹，少涉俗態。守此法既牢，則凡施之間架，自然平匀，使不俗氣。人知《蘭亭》韻致，取其映帶以爲態度。不知態度乃書法之餘，骨格是書法之祖，未有骨格先尚態度，則是舍本遂末。故學晉不從唐人入，多見其不知量也，僅能欹側，雖欲媚而不媚，翻成畫虎之犬矣。

草書之體，如人之坐卧行立、揖遜忿争、乘舟躍馬、歌舞擗踊，一切變態，非苟然者。又一字之體，率有多變，有起有應，如此起者，當如此應，各有義理。王右軍當字、得字、深字、慰字、羲之字最多，至數十字形，無有同者而意未嘗不同也，可謂所欲不踰矩矣。大凡學艸書，先當取法張芝、皇象、索靖等。章艸則結體平正，下筆有源。然後倣王右軍，申之以變化，鼓之以奇崛。若泛學諸家，則字有工拙，筆多失誤，當連者反斷，當斷者反續，不識向背，不知起止，不悟轉換，隨意用筆，任筆賦形，失誤顛錯，反爲新奇。自大令以來已如此矣，况今世哉？自唐以來，多是獨艸，不過兩字連屬，累數十字而不斷，號曰連綿游絲，此雖出於古人，不足爲奇，更成大病。古人作草，猶今人之作真，何嘗苟且？其相連處，特是引帶。試考其字，於點畫處皆重，非點畫之處，偶相引帶，其筆皆輕。雖復變化多端，而未嘗亂其法度。張顛懷素，最號野逸，而不失此法。宋代山谷老人，自謂得長沙三昧，艸書之法，至是又一變矣。流至於今，不可復觀。唐太宗云：「行行若縈春蚓，字字如綰秋蛇。」恶無骨也。大抵用筆有緩有急，有有鋒有無鋒，有承接上文，有牽引下字。乍徐還疾，忽往復收，緩以倣古，急以出奇，有鋒則以耀其精神，無鋒則以含其氣味，横斜曲直，鈎鐶盤紆，皆以勢爲主。然不欲相帶，帶則近於俗；

横畫不欲太長，長則轉换遲；直畫不欲太多，多則神癡。以捺代乀，以發代辵，辵以捺代之，惟丿則間用之，意盡則用懸針。意盡須再生筆意，不若用垂露耳。

骨肉肥瘦

字有骨，爲字之骨者，大指下節骨是也。提之，則字中骨健。提者，竦大指下節骨下端，提尾駐飛也。縱之，則字中骨有轉軸而活動。縱者，和大指下節骨下臼，蹲首駐捺，衄過也。

字之肉，筆毫是也。墨太濃則肉滯，太淡則肉薄。水太漬則肉散，太燥則肉枯。疏處捺滿，密處提飛；平處捺滿，險處提飛。捺滿即肥，提飛即瘦。肥者毫端分數足，瘦者毫端分數省也。字不可肥，肥則質濁，須要有骨；字不可瘦，瘦則形枯，須要有肉。古人學書，學其工處；今人學書，肥瘦皆病。又多偏得其醜惡處，如今人作顔體，乃其粲然者。

學書次第

書法備於正書，溢而爲行艸。未能正書而遽學行艸，猶未能莊語而輒放言，無足道也。故真生行，行生艸。真如立，行如行，草如走，未有未能立而能行，未能行而能走者也。按真書難於飄揚，艸書難於嚴重；大字難於結密而無間，小字難於寬綽而有餘。東坡之語信然。

古來書法傳授源流

蔡邕得書法於嵩山神人，以授崔寔及女文姬名琰。張芝之徒，咸受業焉。魏初，韋誕得之，秘而不傳。鍾繇令人掘韋誕墓，得蔡氏法。將死，授其子會。宋翼，繇之甥也，學書於繇，繇弗告也。晉太康中，有人破鍾公冢，翼始得之。魏晉間，衛氏三世能書。衛覬與其子瓘，及見胡昭、韋誕、鍾繇。瓘及其子恒，俱學於張芝。恒從妹衛夫人，親受業於蔡琰。衛與王世爲中表，故羲之父曠，得之以授羲之。羲之授其子獻之，及王濛之子脩，故諸王世傳家法。獻之傳其甥羊欣，欣傳王僧虔，僧虔傳蕭子雲。晉宋而下，能者頗多，其流皆出於二王也。隋釋智永，羲之九世孫也，頗能傳其學，又親授法於蕭子雲。虞世南親見永師，故其法復傳於唐焉。歐陽詢得於世南，褚遂良親師歐陽。或云虞褚同師隋人史棱，歐陽信本傳陸柬之。柬之及見永師，又世南之甥也。陸傳子彦遠，彦遠傳甥張旭，旭又得褚遂良餘論，以授顔真卿、李陽冰、徐浩、韓滉、鄔彤、魏仲犀、韋玩、崔邈等二十二人。釋懷素聞於鄔彤，柳公權亦得之，其流實出於永師也。徐浩傳子璹及皇甫閲，崔邈傳褚長文。韓方明受法於璹及邈，皇甫閲傳柳宗元、劉禹錫、楊歸厚，歸厚傳姪緯，緯傳權審、張藂、翟弘裕。弘裕，禹錫外孫也。弘裕傳盧潛，潛傳穎，穎傳崔紓。柳宗元傳房直温，有劉埴者，亦得一鱗半甲者也。

畫説

《粵考》：蒼頡作書，史皇制畫，伏羲畫卦，取則《河圖》，有虞作會，象施章采，其畫之著諸經史舊矣。中古善繪者，或畫《詩》，或圖《孝經》、《爾雅》，或像《論語》、《春秋》皆附經而行。漢魏晉梁之世，講學有圖，問禮有圖，烈女仁智有圖，圖史並傳，翼倫常而助名教，豈細事乎？嗣後人心各異，好尚不同，或游情於山林水石之清幽，或怡神於獸鳥蟲魚之戾躍，或溺志於花卉士女之艷麗，或壯懷於鬥争車馬之奔馳，譬之字學之籀篆隸分，一變而再變也。

書畫名異理同

蒼頡仰觀俯察，倣象而作古文。《周禮》六書則曰「象形而會意」，是乃書即畫也。況鳥書、蟲書之類，寧非畫之流歟？《爾雅》云：「畫，形也。」又云：「掛也，以五色掛物象也。」伏羲畫卦，而文周繫之以辭，是乃畫即書也。卦象圖理，鼎鐘圖怪，雲臺麟閣，表忠勳而圖容儀，其附經並史而傳者，書畫未嘗偏廢也。昔人稱「詩文中有畫，畫亦曰無聲詩」，書之與畫，名雖不同而理實同哉。

畫人像

凡畫人像，最爲難工，必分貴賤氣貌、朝代衣冠。帝王當崇上聖天日之表，儒賢即畀忠信禮義之風，釋門則有善功方便之顔，道像必具修真度世之範，武士固多勇悍英烈之貌，隱逸俄識肥遯高世之節，貴戚蓋尚紛華侈靡之容，帝釋須明威福嚴重之儀，鬼神均作醜覶馳趡之狀，士女宜富秀色婑媠之態，田家自有醇甿樸野之真。畫衣紋，有重大而調暢者，有縝細而勁健者，勾綽縱掣，理無妄下，以狀高側深斜、卷摺飄舉之勢。其卓然可傳者，則吳之曹弗興，晉之衛協，隋之鄭法士，唐之吳道玄、鄭虔、周昉，五代趙才、王商，宋李公麟。彼雖筆端無口，而尚論古之人。至於品流之高下，一見而可以得之者也。若夫寫照，不貴乎形容之似，而全貴乎寫心之精微爾。顧虎頭云：「傳神寫影，都在阿堵中。其次在顴頰。」目與顴頰似，餘無不似矣。所重阿堵者，《孟子》云：「莫良於眸子，不能掩其惡。」君子小人，貌或類，而於心則不同。傳神與相一理，必得其人之天爲是。今乃使人具衣冠，坐視一物，彼方斂容自持，豈復見其天乎？然人意思，必有時露，得其意思所在而畫之，則不至寫小人爲君子，而兼寫其神氣性情矣。

畫龍魚

《易》著乾龍，以言變化；《詩》歌魚藻，以比致賢。畫龍者，折出三停：自首至膊爲上停，膊至腰爲中停，腰至尾爲下停也。分成九似：角似鹿，頭似駝，眼似鬼，項似蛇，腹似蜃，鱗似魚，爪似鷹，掌似虎，耳似牛也。窮游泳蜿蜒之玅，得回蟠升降之宜。仍要駿鬣肘毛，筆畫壯快，直自肉中生出爲佳也。凡畫龍，開口者易爲巧，合口者難爲功。故畫家云「開口猫兒合口龍」，言其兩難也。吴曹弗興嘗於溪中見赤龍，寫以獻孫皓，世以爲神。其放逸處，未必古人所能到。五代四明僧傳古大師筆墨遒爽，善爲蜿蜒之狀。任待詔從一之作，稍加怪怒。宋董羽亦以龍水得名於時。至於魚，乃目所經見，宜工者多，而畫者多作庖中几上之物，乏乘風破浪之勢。惟五代袁巘，專以魚蟹馳譽。宋之劉宷，亦以此知名。若徐白、徐皐，雖亦以畫魚得名，然無涵泳噞喁之態，宜不得傳之於譜也。

畫獸

凡畫走獸，自晉唐宋迄五代，代有名人。馬則晉有史道碩，唐有曹霸、韓幹；牛則唐有戴嵩、戴嶧，五代有厲歸真，宋有朱義輩；犬則唐有趙博文，五代有張及之，宋有令松；羊則五代有羅塞翁；虎則唐有李漸，宋有趙邈齪；猫則五代有李藹之，宋有王凝、何尊師。若包鼎之虎，裴文睍之牛，非無時名也，然氣俗而野矣。總之，畫虎、豹、鹿、獐等非馴習之物，須得原野荒寒、跳梁奔逸、不就羈馽之狀，以寄筆間豪邁而已。若畫犬、羊、猫狸此近人之物，最爲難工。花間竹外，舞裀綉幄，須得其不爲摇尾乞憐之態，斯爲作手。又畫獸，全要停分向背，筋力精神，肉分肥圓，毛骨隱起，仍分諸物所稟動止之性，如作羣獸須避雷同。

畫翎毛花卉

凡畫花鳥，自唐迄宋，亦代有名人。如薛鶴、郭鷂、邊鸞、黄筌、徐熙、趙昌、崔白，俱是花鳥名家。若牛戩、李懷衮之徒，亦以花鳥爲時所知。及閲戩作《百鳥圖》，其飛鳴宿啄，曲盡其態，工巧有餘而殊乏高韻。懷衮設色輕薄，獨以柔婉鮮華爲有得，若論氣骨，有所不足，故不得附名於譜也。總之，畫翎毛，必須識諸禽形體名件。自嘴啄、口臉、眼緣、叢林、腦毛、披簑毛。翅有梢翅，有蛤翅。翅邦上有大節小節，大小窩翎，次及六梢。又有料風掠艸、散尾、壓磾尾、肚毛、腿袴、尾錐。脚有探爪三節、食爪三節、撩爪四節、托爪一節、宣黄、八甲。鷙鳥眼上，謂之看棚；背毛之間，謂之合溜。山鵲鷄類，各有歲時、蒼嫩、皮毛、眼爪之異。家鵞鴨即有子肚，野飛水禽自然輕梢。如此之類，或鳴集而羽翮緊戢，或寒棲而毛葉鬆泡。俱有名體處所，必須融會。聲音顔色，飲啄態度，遠而巢居野處；眠沙泳浦，戲廣浮深；近而穿屋賀厦。知歲司晨，啼春噪晚，種種不同，所以繪事之妙多寓意於此。至若花果艸木，自有四時景候、陰陽向背、笋條老嫩、苞萼先後之異。花之牡丹芍藥、禽之鸞鳳孔翠，必使之富貴；而松竹梅菊、雁鶩鷗鷺，必見之幽閒。至於鶴之軒昂，鷹隼之擊搏，楊柳、梧桐之扶疏風流，喬松、古柏之歲寒磊落，皆可奪造化而移精神，悦衆目而協和氣者也。若夫蔬果寫生，郊外之蔬，易工於水濱；水濱之蔬，又易工於園畦；墜地之果，易工於折枝；折枝之果，又易工於林間也。若夫艸蟲雖微物，而畫此以名傳者，陳有顧野王，五代有唐垓，宋有郭元方、釋居寧之流。倘謂繪畫只求形似，捨丹青、朱黄、鉛粉則失之，豈知畫貴有筆，不在夫丹青、朱黄、鉛粉之工？故有以淡墨揮埽，整整邪邪，不專於形似而獨得於象外者，往往不出於畫史，而多得之於詞人墨客之所作。是以墨竹與夫小景，五代李頗、宋宗室頵、士人文同，皆不以著色而專求形似者，其胸中所得翰墨之高，至今令人心儀者也。

畫山水樹石宮殿宇舍

畫山水，必經營下筆，必合天地。如一尺半幅之素，上留天位，下留地位，中間方立意定景。山，先立定大山，謂之主峰，以其一境主之於此也。主峰已定，方以次而作。近者遠者、高者下者、小者大者，盎睟向背，顛頂朝揖，渾然相應，如君臣上下之拱揖，則山之美意足矣。山，大物也。其形欲聳拔，欲偃仰，欲軒豁，欲箕踞，欲盤礴，欲渾厚，欲雄豪，欲精神，欲嚴重，欲顧盼，欲拱揖；欲上有蓋，欲下有乘；欲前有據，欲後有倚；欲下瞰而若臨觀，欲上游而若指麾。此山之大體也。山欲高，盡出之則不高；烟霞鎖其腰，則高矣。山無雲則不秀，無水則不媚；無道路則不活，無林木則不生；無深遠則淺，無平遠則近，無高遠則下。自山下而仰山顛，謂之高遠。高遠之色清明，高遠之勢突兀。自山前而窺山後，謂之深遠。深遠之色重晦，深遠之勢重疊。自近山而望遠山，謂之平遠。平遠之色有明有晦，平遠之意沖融而飄飄緲緲。其人物，高遠者明瞭，明瞭者不短；深遠者細碎，細碎者不長；平遠者沖澹，沖澹者不大。山高者，血脉在下，其肩股開張，基脚壯厚，巒岫崗勢培擁相勾連，映帶不絶，故如是高山不孤不仆。山下者，血脉在上，其顛半落，項領相攀，根基龐大，堆阜臃腫，直下深插，莫測其深淺。故如是淺山，不薄不泄。高山而孤體幹，有仆之理；淺山而薄神氣，有泄之理。此畫山之體裁也。山下有水潭，謂之瀨。畫此甚有生意，四邊用樹簇之。畫一窠一石，當逸墨撇脱，有士人家風，纔多便入畫工之流矣。

水，活物也。畫水有齊者，汨者，卷而飛激者，引而舒長者。有一派之波，有三摺之浪。布之字之勢，分虎爪之形。湯湯若動，浩浩無窮。有四溪濺撲、松石濺撲、雲嶺飛泉、雲中瀑布、雪中瀑布、烟溪瀑布、達水鳴榔、雲溪釣艇。水狀欲深静，欲柔滑，欲汪洋；欲迴環，欲肥膩；欲噴薄，欲激射；欲多泉，欲遠流；欲瀑布插天，欲濺撲入地；欲漁釣怡怡，欲艸木欣欣；欲挾烟雲而秀媚，欲照溪谷而光輝。此水之活法也。若水不潺湲，則謂之死矣。

樹，要四面俱有榦有枝，蓋取其圓潤。樹要有身分，謂之紐子，要折搭得中。樹身各要有生發，大概樹要填空，小樹大樹，一偃一仰，向背濃淡相間，繁處間疏處，須要適中。有葉者枝軟，面後皆有仰枝。畫林木有樛枝挺幹，屈節皺皮，紐裂多端，分敷萬狀，奇怪作怒龍驚虺之勢，高聳有淩雲翳日之姿。凡大松大石，必畫於崖岸豐隆大坡之上，方稱蟠根老壯，不可作於淺灘平渚之邊。石山戴土者，林木肥茂；土山戴石者，林木瘦聳。木在山者，是土厚之處，有千尺之樹；其在水者，是土薄之處，有數尺之蘖。古木平林，層巒羣立；怪木斜欹，影浸寒流；根蟠石岸，輪囷萬態，莫可名狀。畫林石先理會一大松，名爲宗老。宗老定，方作以次雜窠、小卉、女蘿、碎石。以其一山表之於此，故曰宗老。松樹不見根，喻君子在野；雜樹喻小人，峥嶸之意也。松有雙松、三松、四松、五松、青松、春松、長松，至一望松，皆祝壽用。昔郭思道其先子，以二尺餘小絹，作一老人倚松巖前，在一大松下。此后作無數松大小相聯，轉嶺下澗，幾千百松一望不斷，爲文潞公壽意，取子孫聯綿公相之義。潞公大喜。

石之畫法，最要形象不惡。先從淡墨起，可改可救，漸用濃墨爲上。石無十步，真石看三面，或在上，或在左右側，皆可爲面。用方圓之法，須方多圓少。董源坡脚下多有碎石，謂之礬頭山，亦爲凌面。落筆便見堅重之性，皴淡即生窊凸之形。中有雲起，此乃建康山景。坡脚先向筆畫邊皴起，皆麻皮皴；後用淡墨破其深凹處著色，著色要重，皴法要滲軟；下有平沙，用淡墨埽，屈曲爲之；再用淡墨破，或留素以成雲，或借地而爲雪。畫坡脚須要數層，取其濕厚，山坡中可置屋宇，故米元章論李光丞之畫，知其後代兒孫昌盛也。畫石之法，用藤黄水浸入墨筆，自然潤色，但不可多用滯筆。間用螺青入墨亦妙。

宫殿屋舍凡畫古蹟，須考據子史。若未識漢宫吴殿、梁柱斗栱、义手替木、熟柱駝峰、方莖額道、抱間昂頭、羅花羅幔、暗製綽幕、猢猻頭、琥珀枋、龜頭虎座、飛簷撲水、膊風花發、垂魚惹艸、當鈎曲脊之類，憑何以畫古宫殿，必成杜撰矣。即畫一切屋宇，先折算無虧，筆墨匀壯，深遠誘空，一去百斜。如隋唐五代前後諸公，迄宋郭忠恕、王士元之流，畫樓閣多見四角，其斗拱逐鋪作爲之，向背分明，不失繩墨，猶字中之有《九成宫》、《麻姑壇》之精楷也。今之畫者多用直尺，一就界劃，分成斗拱，筆迹繁雜，無壯麗閑雅之意。至於今之洋畫，惟仗界劃，無遠大之景，全失宋元人之法律也。

畫必布置以成美

山以水爲血脉，以艸木爲毛髮，以烟雲爲精彩，故山得水而活，得艸木而華，得烟雲而秀媚。水以山爲面，以亭榭爲眉目，以漁釣爲精神，故水得山而媚，得亭榭而明快，得漁釣而曠落。此畫山水布置之相資也。

畫山須知五嶽暨東南西北之殊

五嶽，嵩山多好溪，華山多好峰疊嶂，衡山多秀峰飛泉，恒山多好列岫，泰山特好主峰。至若天台、武夷、廬霍、雁蕩、岷峨、巫峽、天壇、王屋、林慮、武當，皆天下之名山巨鎮，寶藏所出，仙聖所隱，奇崛神秀，非心乎好，精於勤，足歷其地，飽遊飫看，羅列胸中者，焉能相像而似乎？若夫東南之山多奇秀，天地非爲東南私也。東南之地極下，水潦之所歸，以漱濯開露之所出，故其地薄，其水淺，其山多奇峰峭壁而斗出霄漢之外。

瀑布千丈，飛落於雲霞之表。如華山垂溜，非不千丈也，如華山者鮮爾。縱有渾厚者，亦多出地上，而非出地中也。西北之山多渾厚，天地非爲西北偏也。西北之地極高，水源之所出，以岡隴擁腫之所埋，故其地厚，其水深，其山多堆阜盤礴，而連延不斷，於千里之外；介邱有頂，而迤邐拔萃於四逵之野。如嵩山少室，非不峭拔也，如嵩山者鮮爾。縱有峭拔者，亦多出地中而非出地上也。近世畫家生吳越者，寫東南之聳瘦，每觀壯浪之作而誹之。居咸秦者，寫關隴之雄壯，每觀聳秀之作而刺之。學范寬者，乏營邱之俊媚；師王維者，缺關仝之風骨。凡此之類，咎在所經之未廣，目見之未多也。

畫須知四時之氣象及雨晴曉晚之不同

春山融怡澹冶而如笑，烟雲連綿，人欣欣；夏山嘉木繁陰，蓊鬱蒼翠而如滴，人坦坦；秋山疏薄明净而摇落，人肅肅；冬山黯淡昏霾而翳塞，人寂寂。更春有早春殘雪、早春雨霽、春雲出谷、春雲欲雨、春山明麗、春溜滿溪、烟靄寒雲、斜風細雨之類，夏有夏山晴霽、夏山風雨、夏山林館、夏山早行、夏雨濺瀑、夏雲奇峰、飄風驟雨、雨罷雲歸之類，秋有疏林秋晚、平遠秋霽，冬有寒雲霰雪、艤舟沽酒、雪後山家、雪中漁舍。曉有曉景，如烟嵐曉色之類；，晚有晚景，如僧歸溪寺之類。種種畫意，各各不同，難以枚舉。惟在腹飽經史諸子中故事及名人詩句，先有邱壑於胸，則意之所至，隨手揮灑，自成妙景也。

畫之墨法

凡作畫，全在用墨有法。有時而用淡墨，有時而用濃墨，有時而用焦墨，有時而用宿墨，有時而用退墨，有時而用厨中埃墨，有時而取青黛雜墨水以用之。凡作畫，先用淡墨，積至可觀處，然後用焦墨、濃墨，分出深淺遠近，則墨色滋潤而不枯燥。用濃墨、焦墨者，欲特然取其界限也。若不用濃與焦，則松棱石角不能瞭然矣。瞭然，然後用清墨水重疊過之，即墨色分明，常如霧露中出也。若作屏障數扇大幅，先以柳條炭播寫大勢，仔細審視，倘有未佳，拂去改整，斟酌盡善，然後用淡墨水輕輕落播，以次揮寫，庶免瑕疵。

畫之用筆八法七色

凡作畫，筆用尖者、圓者、粗者、細者、如鍼者，各有所宜。其法又有八：一曰乾淡，用淡墨重疊，旋旋周旋也而取之也。一曰皴擦，以鋭筆横卧，惹惹亂也而取之也。一曰渲，以墨水再三而淋之也。一曰刷，以水墨滚同而澤之也。一曰捽，以筆頭直往而指之也。一曰擢，以筆頭特下而指之也。一曰點，以筆端而注之也。點施於人物，亦施於木葉。一曰畫，以筆引而去之也。畫施於樓屋，亦施於松針。雪色用淡濃墨作濃淡，但墨之色不一，而染就烟色，就縑素本色縈拂，以淡水而痕之，不可見筆墨迹。風色用黄土，或埃墨而得之。土色用淡墨、埃墨而得之。石色用青黛和墨而淺深得之。瀑布用縑素本色，但焦墨作其旁以得之。水色，春緑、夏碧、秋青、冬黑。天色，春晃、夏蒼、秋净、冬黯。此謂畫家七色也。

畫有八格六法三品

畫有八格者，石老而潤，水淡而明，山要崔嵬，泉宜灑落，雲烟出没，野逕迂回，松偃龍蛇，竹藏風雨。六法者，一氣韻生動，二骨法用筆，三應物寫形，四隨類傅彩，五經營位置，六傳模移寫。六法精論，萬古不移。自骨法用筆以下五法，可學而能，如其氣韻必在天質，固不可以巧密得，復不可以歲月到，默契神會，不知其然而然也。三品者，氣韻生動，出於天成，人莫窺其巧者，謂之神品；筆墨超絕，傅染得宜，意趣有餘者，謂之妙品；得之形似而不失規矩者，謂之能品。三品之外，無足論矣。

畫須明六要審六長

夫識畫之訣，在乎明六要而審六長也。六要者，氣韻兼力，一也；格制俱老，二也；變異合理，三也；彩繪有澤，四也；去來自然，五也；師學捨短，六也。六長者，粗鹵求筆，一也；僻澀求才，二也；細巧求力，三也；狂怪求理，四也；無墨求染，五也；平畫求長，六也。

畫有三病十二忌

畫有三病十二忌。三病者，一病板，腕弱筆癡，全虧取與，物狀平褊，不能圓混也。二病刻，運筆中疑，心手相戾，勾畫之際，妄生圭角也。三病結，欲行不行，當散不散，似物凝礙，不能流暢也。大抵氣韻本乎游心，神彩生於用筆，氣韻高，筆畫壯，則愈玩愈妍。其或格凡毫懦，初觀縱似可取，久之還復，則意怠矣。十二忌者，一忌布置迫塞，二忌遠近不分，三忌山無氣脉，四忌水無源流，五忌境無夷險，六忌路無出入，七忌石止一面，八忌樹少四枝，九忌人物傴僂，十忌樓閣錯雜，十一忌滃淡失宜，十二忌點染無法。

畫訣選鈔

洪谷子荆浩賦曰：「凡畫山水，意在筆先。丈山尺樹，寸馬豆人。遠人無目，遠樹無枝。遠山無皴，隱隱似眉；遠水無波，高與雲齊。此其訣也。山腰雲塞，石壁泉塞，樓臺樹塞，道路人塞。石看三面，路看兩蹊，樹觀頂顛，水看岸基。此其法也。山則尖峭者峰，平夷者嶺，峭壁者崖，有穴者岫，懸石者巖，形圓者巒，路通者川，兩山夾路者壑，兩山夾水者澗，注水者溪，泉通者谷，路下小土山者坡，極目而平者坂。若能辨别此類，則粗知山水之仿佛矣。觀者先看氣象，後辨清濁。分賓主之朝揖，列羣峰之威儀，多則亂，少則慢，不多不少，要分遠近。遠山連近山，遠水連近水。山腰回抱，寺觀可安；斷岸亂堤，小橋可置。有路處人行，無路處林木。岸斷處古渡，山斷處荒村。水闊處征帆，林密處店舍。臨岸古木，露根而藤纏；臨流石岸，欹奇而水痕。若作林木，遠者疏平，近者高密。有葉者枝柔，無葉者枝硬。松皮如鱗，柏皮纏身。生於土者，脩長而凈直；長於石者，拳曲而伶仃。古木節多而半死，寒林扶疏而蕭森。春景則霧鎖烟籠，樹林隱隱，遠水拖藍，山色堆青；夏景則林木蔽天，緑水無波，穿雲瀑布，行人羽扇，近水幽亭；秋景則水天一色，簌簌疏林，雁横烟塞，蘆裊沙汀；冬景則樹枝雪壓，老樵負薪，漁舟倚岸，水淺沙平，凍雲黯淡，酒簾孤村。風雨則不分天地，難辨東西，行人傘蓋，漁父簑衣；有風無雨，但看樹枝；有雨無風，枝葉垂下；雨霽則雲收天碧，山光添翠，網曬斜暉。曉景則千山欲曙，霧靄霏霏，矇矓殘月，曉色熹微；暮景則山銜殘月，帆卸江湄，路人歸急，半掩柴扉，或烟斜穿横，或遠岫雲歸，或秋江晚渡，或古冢斷碑。如此之類，須要筆法布置，更看臨期。山形不可重複，樹頭弗得整齊。山借樹以爲衣，樹借山以爲骨。樹不可繁，要見山之秀麗；山不可亂，要顯樹之精神。若留意於此者，須心會於玄微。」荆公河南人，博雅好古，嘗曰：「吴道玄山水有筆無墨，項容有墨無筆，吾當兼長。」關仝師事之。

唐宗室李咸熙諱成，云：「凡畫山水，先立賓主之位，次定遠近之勢，然後穿鑿景物，擺布高低。落筆無令太重，重則濁而不清；不可太輕，輕則燥而不潤。烘染過度則不接，辟綽繁絮則失神。發樹枝，左長右短；立石勢，上重下輕。擺布栽插，勢使相偎。上下雲烟取秀不可太多，多則散漫無神；左右林麓鋪陳不可太繁，繁則拘塞不舒。山高峻，無使傾危；水深遠，勿教窮涸。路須曲折，山要高昂。孤城置之遠邊，墟市依於山腳。雪天不用雲烟，雨裏無多遠望。山舍仍居隘窄，漁翁要在平灘。朝晴晃朗，暮雨陰昏。舍屋不在多開，漁釣有時而作。籐蔓依纏古木，窠叢簇扎山頭。高山烟鎖其腰，長嶺雲翳其腳。遠水縈紆而來，還用雲烟以斷其派；怪石巉巖而立，仍須土阜以培其根。原野曠蕩相連，蒼山依其低淺。石須圓混，鋒芒八面棱層；木要交叉，梃榦四時枯茂。迅風拔木，暴雨崩崖。淺流則岸畔平灘，深澗則陡崖直下。聳坡之土必要高，低則地淺；烟林之木亦宜疏，密則繁絮。重巖切忌頭齊，羣峰更宜高下。孤峰遠設，野水遥拖。道路時隐時顯，橋梁或有或亡。遠怕陰昏，近防重濁。顛崖怪石，不用頻施；峻嶺枯槎，也宜少作。遥烟遠曙，太繁恐失朝昏；密樹稠林，斷續防他版刻。山原峻險，依稀樵逕猶存；崖岸傾危，隱約雲林深暗。平川雖遠，叅差皴染而成；流水泉源，仿佛還多擷撲。布兩路有明有晦，起雙峰陡高陡低。霧薄明爽舒晴，烟靄濛騰欲雨。喬木聳直，蟠屈者一株兩株；亂石壘堆，奇怪者三塊兩塊。點樹葉稀疏間密，皴石脉以重分輕。臺庵不在常施，樓觀仍須間作。人物轉顧多般，野店猶防相似。氣象春山明媚，夏木繁陰，秋林摇落蕭疏，冬樹槎芽妥帖。樹根栽插，龍爪宛若抓拏；石布棱層，根腳還須帶土。之字水不過三轉，濺瀑水不過兩重。侵天一道飛泉，湧瀑多湍徹底。翻濤巨浪，淺瀨平流。烟波茫茫，雲浪浩浩。山無獨木，石不孤單。林烟一派便休，古木數株而已。喬木疏於平野，矮窠密布山頭。孤烟遠自水邊，薄靄驟依巖腳。野橋寂寞，遥通竹塢人家；古寺蕭條，掩映松林佛塔。春水緑而瀲灩，夏津漲而瀰漫，秋潦盡而澄清，寒泉涸而凝泚。新窠肥滑，岸石須要皴蒼；古樹槎芽，景物兼還秀媚。分清分濁，庶幾輕重相兼；淳重淳輕，病在偏枯損體。千巖萬壑，要低昂聚散而不同；疊巘層巒，但起伏峥嶸而各異。不迷顛倒回還，自然遊戲三昧。」成業儒善文，磊落有大志，因才命不偶，寓興於此。師關仝。

王摩詰云：「夫畫道之中，水墨爲最上，肇自然之性，成造化之功。或咫尺之圖，寫千里之景，東西南北宛爾目前，春夏秋冬生於筆下。初鋪水際，忌爲浮泛之山；次布路岐，莫作連綿之道。主峰最宜高聳，客山須是趨奔。迴抱處僧舍可安，水陸邊人家可置。村庄著數樹以成林，枝須抱體；山崖合一水而瀑瀉，泉不亂流。渡口只宜寂寂，人行須是疏疏。泛舟檝之橋梁，且宜高聳；著漁人之釣艇，低乃無妨。懸崖險峻之間，好安怪木；峭壁巉巖之處，莫可通途。遠岫與雲容相接，遥天共水色交光。山鉤鎖處，沿流最出其中。路接危時，棧道可安於此。平地樓臺，偏宜高柳映人家；名山寺觀，雅稱奇杉襯樓閣。遠景烟籠，深巖雲鎖。酒旂則當路高懸，客帆宜遇水低掛。遠山須宜低排，近樹惟宜拔迸。塔頂參天，不須見殿。似有似無，或上或下。茅堆土阜，半露簷厫；艸舍廬亭，略呈檣檹。山分八面，石有三方。人物不過一寸許，松柏上現二尺長。」

畫乃志道之士所宜學

嘗思夫子教人爲學之全功，自志道據德依仁，而卒以遊藝。朱子註云：「皆至理所寓而日用所不可闕。朝夕游焉，以博義理之趣，則應務有餘，而心亦無所放矣。」可知畫雖小藝，而亦志道之士所當不遺者也。然名公不世出，筆墨無兼長，晉之顧愷之，宋之陸探微，梁之張僧繇，唐之閻立本、閻立德輩，皆一時出乎其類者矣。若吴道子於唐遂稱獨步，爲萬世法，號曰畫聖。而數子者，其妙亦僅於佛道人物造其極而已。至於唐，張萱、周昉皆工士女，而馬推韓幹、曹霸，牛推戴嵩、韓晃，後之學昔，莫能到焉。至如李與關范之迹，徐暨二黄之蹤，前不藉師資，後無復繼踵。借使工山水如二李、李思訓將軍，并其子李昭道中舍。三王王維右丞、王熊、王宰。之輩復起，善花鳥如陳庶、邊鸞之倫再生，亦將何以措手於其間哉？五代曹元仲，亦駸駸度越前輩，宋則繪事之工凌轢。晉宋間人物，如道士李得柔畫神仙，得之於氣骨，設色之妙一時名重。至孫知微輩，風斯下矣。若趙裔、高文進輩，於道釋亦籍籍有名者。然裔學朱繇，如婢作夫人，舉止羞澀，終不似真。文進蜀人，世俗多以蜀畫爲名家，亦虚得名耳。

畫山水名家總評

畫山水者雖衆，總不出營邱李成、長安關仝、華元范寬，智妙入神，才高出類。仝雖師荆浩，而晚年擅出藍之譽。三家鼎峙，百代標程。前古雖有傳世可見者，如王維、李思訓、荆浩之倫，豈能方駕？後雖有專意學力者，如翟院深、劉永、紀真之輩，難繼後塵。夫氣象蕭疏，烟林清曠，毫鋒穎脱，墨法精微者，營邱之製也。烟林平遠之妙，始自營邱。畫松葉謂之攢針，筆不染淡，自有榮茂之色。石體堅凝，雜木豐茂，臺閣古雅，人物幽閑者，關氏之風也。關畫木葉，間用墨揾，時出枯枝，筆蹤勁利，學者難到。峰巒渾厚，勢狀雄强，搶筆俱匀，人屋皆質者，范氏之作也。范畫林木，或側形如偃蓋，别是一種風規，但未見畫松柏耳。畫屋既質，以墨籠染，後輩目爲鐵屋。復有王士元、王端、燕貴、許道寧、高克明、郭熙、李宗成、邱訥之流，或有一體，或具體而微，或預造堂室，或各開户牖，皆可稱尚。然藏畫者方之三家，繇諸子之於正經矣。

畫苑題名

吴道子《水月觀音》人月摇動，所謂神生畫外者也。閻立本《六國圖》模寫形容，種種入化。李思訓《驪山阿房宫圖》，宛若歌舞有聲。曹明仲惟以山水見長而已，周昉之人物妙在意外。真千古絶技也。邊鸞花草昆蟲逼似天然，戴嵩《雨中歸牧圖》天趣飛動。故唐人之畫爲萬世法。其餘邱文播、楊寧、韋道豐、僧貫休、閻立德、吴道玄、韓求、李祝、朱瑶輩，此爲神物神手，摸擬逼真。其山水，如李思訓、子昭道、盧鴻、王維、荆浩、胡翼、張僧繇、關仝輩，筆力遒勁，立意高遠。其花鳥，如鍾隱、郭權輝、施璘、林霄、李遜、黄筌、子居宷輩，設色類生，展布有法。如韓幹之馬，張符之牛，僧傳古之龍，韓太尉之虎，袁義之魚，皆一時絶技。若宋之孫知微、僧月蓬、周文矩、李遵、梁楷、馬和之、僧梵隆、蘇漢臣、顔次平、徐世榮、盛師顔、李早、李伯時、顧宏中，皆工於人物，而得其豐神精爽者也。如郭忠恕、許道寧、朱友仁、趙千里、郭熙、李唐、高克明、孫可元、劉松年、李嵩、馬遠、馬逵、夏珪、婁觀、胡瓘、朱懷瑾、范寬、董源、王晉卿、陳玨、朱鋭、王廷筠、李成、張舜民，此皆工於山水，得其泉石高風者也。如楊補之、卞野堂、李迪、李安中、吴炳、毛松、毛益、李永年、崔白、馬永忠、單邦顯、陳可久、僧希白、劉興祖、徐世昌、徐榮、趙昌、趙大年、王凝、馬麟，此皆工於花鳥，得其天機活潑者也。若宋高宗之山水竹石，文湖州、蘇長公、毛信卿、吴心玉之竹石，張浮化之烟村，此皆全乎天籟者也。至元之黄子久，豈非夏、李源流？而王叔明亦用董、范家法。錢舜舉、黄筌之變色，盛子昭乃劉松年之遺派。趙松雪則天分高朗，心胸不凡，迥絶一代。如倪瓚、趙仲穆之士氣，陳仲仁、曹知白、王若水、高克恭、顧正之、柯九思、錢逸、吴仲圭、李息齋、僧雪牕、王元章、蕭月潭、高士安、張叔厚、丁野夫之雅致，而精工如王振朋、陳仲美、顔秋月、沈秋澗、劉耀卿、孫君澤、胡廷輝、臧祥卿、邊魯生、張可觀，而閒逸如張子政、蘇大年、顧定之、姚雪心輩，皆元朝之名家，足以擅名當代則可，謂之能過於宋則不可也。至於明之名家，可宋可元者亦不乏人。高品如文衡山、沈石田、陳白陽、唐伯虎、文文水、王仲山、錢叔寶、文伯仁、顧亭林、孫雪居、董玄宰、沈青門、李流芳，豐神俊逸，落筆脱塵。如戴文進工山水、人物、神像，雅得宋人三昧。如商喜、李在、周東村、仇十洲，山水、人物之妙，上軼宋人劉范諸輩。又如邊景昭、吕廷振、林以善、張秋江、沈士容、王牧之、陳憲章、俞江村、周少谷輩，花鳥、竹石亦得宋之徐黄家法。他如謝廷循、上官伯達、金文鼎、金汝清、姚公綬、王孟端、夏仲昭、王舜耕、陳大章、許尚文、吴偉、蘇致中、葉原靖、謝時臣、朱子朗、朱鹿門、夏葵、夏芷、石鋭、倪端諸輩，皆一代妙品，士夫畫家，各得其趣。若鄭顛仙、張復陽、鍾欽禮、蔣三松、張平山、汪海雲，皆畫家邪學，俱無足取。國朝山水如王翬、王原祈、王敬銘、張鵬翀、陸遵書，花鳥如蔣廷錫、鄒一桂，山水花鳥兼優之俞榕，皆邀御鑒品題，爲宇内重。高隐如王昱、曹培琇、周顥輩之山水，余壽伯、柏恒德、女史馬江香之花卉，皆俊雅而兼骨力，像生似活，名振於時。此外妙手頗多，指不勝屈，容廣搜以續紀焉。湖上笠翁李漁，得李長蘅標釋畫册，及王安節編次者，梓譜行世，亦可謂學畫山水之指南車矣。

卷六

文章考

文章考

文章名義

「文章」二字，乃假借以爲著作名也。《易·繫辭》云：「物相雜，故曰文。」文者，會集衆綵以成錦綉之謂。故合集衆字以成辭義，如文綉然者，亦謂之文也。章者，樂之竟爲一章。《考工》又云：「畫繢之事，青與赤謂之文，赤與白謂之章。」《詩疏》言「成事成文曰章」，著作之稱文章，義取諸此也。《十三經》，載道之文章也；廿一史，垂鑑之文章也。楚騷漢賦，以迨三國六朝唐宋，源遠流分，文章體變，代多一代，究不越乎真文忠公所云辭命、議論、序事、詩歌四者而已。然文必視乎其人耳。其人而爲正人君子，則其爲文章，與聖賢理合，上不離乎經，下可爲後世訓，人文並重，歷久彌光。苟非其人，文章雖工而得震乎當時，傳乎後世者有之；若論品衡詣，則不能與文並美矣。甚矣文章似僅係乎人材，實關乎道德，其理豈淺鐵哉？蓋言者心之聲，立言必本心術，是文章者，實性情之風標，神明之律吕也。未論工拙，先以明義理，切世用爲得。《粤考》：宋儒尚祇以文章稱之，未有以古字冠者。自明月峰鹿門伯敬輩，選本稱爲古文，嗣後因之。蓋以明代取士，於經命題，制有時藝，故直指爲古，以别今之經義耳。夫古文名式多端，體裁各異，秉鈞讀古而編古文諸體，解釋題義，以示體裁。竊念讀書務期致用，家修而廷獻，入詞垣染翰，當先思爲朝廷效文誥之勞，略倣吕成公《文鑑》編次，而以詔敕爲首列；書思敷奏，人臣之職，故上書次之；濡墨含毫，學士之業，所以終以諸體焉。至於時藝，秉鈞另著有《時文譜》。諸題作法，若詩，則有《歷朝詩鈔説體》。

讀古解題

詔者，昭也，告也。三代王言，見於書者，曰誥、曰命、曰誓，至秦政之曰詔，歷代因之。两漢詔辭，温厚之情，典雅之致，每於散體文中見之。六朝而下，文尚偶儷，亦稱莊貴。東萊吕氏云：「詔書或用散文，以深純温厚爲本；或用四六，須下語渾全，不可新奇華巧而失大體。」西山真氏云：「王言之體，以《書》之誥、誓、命爲祖，而參以兩漢詔令。近代二體恒兼用之。」

敕者，戒敕也，使之警飭，不敢廢慢也。戒敕爲文，實詔之切者。《虞書》：「君臣相敕」。《漢制度》曰：「帝之下書有四，一曰策書，二曰制書，三曰詔書，四曰誡敕。」誡敕者，謂敕刺史太守也。漢之戒書，即戒敕也。唐之用敕甚廣，有發敕、敕旨、敕牒、諭事敕書。其辭有散文，有四六。宋敕或用之於獎諭，非敕初意矣。明制，差遣諸臣，予敕行事，備載職守，申以勉詞。凡褒嘉責讓並用敕，詞皆散文。六品以下官贈封稱敕命，始用四六。古文之代變，猶三代之尚忠、尚質、尚文之不同也。

誥者，告也。按《周官》太祝六辭，二曰命，三曰誥。考之於《書》：命者，以之命官，若《畢命》、《同命》是也。誥則以之播告四方，若《大誥》、《洛誥》、《仲虺之誥》是也。《周禮》用誥以會同諭衆。漢承秦制，有曰策書，以封拜諸侯王公；有曰制書，唐宋用之謂載制度之文也。其詞宣讀於庭，皆用儷語，故有「敷告在廷」、「敷告在位」、「敷告萬邦」、「誕揚贊冊」、「誕揚丕號」等語。若其命官，則各賜印綬而無命書也。唐世大賞罰、大除授，則用制書。發敕者，授六品以下官用之，即所謂告身也。宋承唐制，其曰制者，以拜三公三省等職，便於宣讀，而辭必四六也；誥則或用散文，以其直告某官也。宋始命庶官，追贈大臣，贈封其祖父妻室及貶謫有罪，凡不宣於庭者皆用之，故其文甚多。然考歐、蘇、曾、王諸集，通謂之制，蓋當時王言之司，謂之兩制，是制之名統諸詔命誥七者而言。明制，命官不用制誥，惟三載考績則用誥，以褒美五品以上官，贈封其親及賜大臣勳階贈謚皆用之，其詞有散文，有儷語。六品以下則用敕命，其詞亦兼二體。自唐以來，中書省掌之。西山真氏云：「制誥皆王言，貴乎典雅温潤，用字不可深僻，造語不可尖新，文武宗室各得其宜，斯爲美矣。」

諭告者，《春秋内外傳》所載周天子諭告諸侯之辭，及列國應對之語也。《周官》太祝作六辭，以通上下親疏遠近：曰祠，若伊尹祠於先王而告之是也。曰命，命神之卑者，若命龜、命筮是也。曰誥，告神之尊者。曰會，若會同之盟誓。曰禱，若子疾病，子路請禱。鐵之戰，太子禱於文王康叔是也。曰誄。若疾病，誄以祈免；大喪遣之日，讀誄以謚是也。大祝雖職事鬼神，而六辭亦用於人事。策命掌於内史，誓誥掌於士師，皆所以代王言也。以《書》考之，若《湯誥》、《甘誓》、《微子之命》之類是也。東萊呂氏曰：「文章從容委曲而意獨至，惟《左氏》所載當時君臣之言爲然。蓋繇聖人餘澤未遠，涵養自别，故其辭氣不迫如此。」

璽書，璽，信也，印章名，古者尊卑共之。秦漢以來，天子書用璽以封，故曰璽書，皆玉螭虎紐。皇帝六璽，臣下始避其稱。文帝嘗賜南越趙佗璽書，佗愧感頓首，稱臣納貢。至今讀史者未嘗不三復書辭，以欽仰帝德於無窮也。夫制、詔、璽書，皆曰王言。

然書之文，尤覺陳義委曲，命辭懇到，能盡褒勸警飭之意。

冊書者，符命也。《漢書》：天子所下之書有四，一曰策書。注曰：策者，簡編也。其制長二尺，短者半之，篆書。起維年月日，以命諸侯王公。若三公以罪免，亦賜策，則用一尺木而隸書之。又《唐百官志》曰：王言有七，一曰冊書，立皇后、皇太子，封諸王，則用之。《說文》云：册，諸侯進受於王。象其札，一長一短，中有二編之形，當作冊。古文作笧，蓋策冊二字通用。至唐宋後，不用竹簡，以金玉爲冊，故專謂之冊也。若其文辭體制，則相祖述云。

批答者，閱臣下章疏之意，而批以答之，異於詔之宣達君上之意也。唐學士初入院，試制、詔、批答共三篇。《文鑑》輯批答、詔、敕各爲一類，可見矣。《唐史》載太宗之答劉洎，謂此自手筆。今觀辭意，誠然。至若宋昭陵之答富弼等，則皆詞臣之撰進者也。

上書者，人臣進御之書也。古人敷奏諫說之詞，皆矢口陳言，未經筆札。劉彥和謂言筆未分，此其時也。降及七國，言事於王，皆稱上書。秦初改書爲奏，而漢文時賈山陳治亂之道，名曰至言，其體即上書也。

章表之爲用也，所以對揚王庭，昭明心曲，既其身文，且亦國華。章以造闕，風矩應明。表以致禁，骨采宜耀，循名課實以爲本者也。是以章式炳賁，志在典謨，使要而非略，明而不淺。表體多包情僞屢遷，必雅義以扇其風，清文以馳其麗。然懇惬者辭爲心使，浮侈者情爲事使，繁約得正，華實相勝，脣吻不滯，則中律矣。表者明也，標著事緒，使之明白以告於上也。三代以前謂之敷奏，秦改爲表，漢代因之。竊嘗考之漢晉，皆尚散文，用以陳達情事。若孔明前後《出師》，李令伯《陳情》之類是也。至唐始用駢儷，而宋因之，然對偶之中，實兼流利之體，初不專尚浮靡堆砌也。其用則有讓官、謝恩、慶賀、進書、貢物諸表。宋之歐蘇及明嘉靖以前，皆體裁簡徑，出入經史，其對但取現成，不取縝密，且未有種種定式；嘉隆以後，以富儷爲工，日務繁冗，於是有冒題，有援古，有頌聖，有入事，有自陳，有勉聖，起止皆有定式，鋪敘若有成轍，然而文體陋矣。西山云：「表中眼目，全在破題，要見盡題意，又忌太露。貼題目處，須字字精確，若浮泛不切，可以移用，便爲不工也。」大抵作表以簡潔精緻爲先，用事忌深僻，造語忌繁冗，句法忌重複，總要偶聯奇聯錯綜間用。前句長則後句短，前句短則後句長，句調參差，方得離奇變化而不堆塞板滯矣。啓牋之法，亦當視此爲準。

奏者，進辭也。唐虞禹皋陳謨之後，商伊尹、周姬公遂有《伊訓》、《無逸》等篇。此文辭告君之始也。迨漢孝文廣開言路，於是賈山獻《至言》，賈誼上《政事疏》，厥後進言者日衆。或名上疏，或名上書，或名奏劄，或名奏狀。慮有宣泄，則囊封以進，謂曰封事。漢人用以彈劾，又名劾事，故曰奏以按劾。明制，陳私情曰奏，非止於按劾也。故奏乃章疏之總名耳。昔人云：「君臣相遇，雖一語有餘；上下未孚，雖千萬言奚補？」爲臣子者，惟當罄其忠愛之誠而已。

疏者，布列其情事也。漢時奏事，皆稱上疏。諸王之官屬，上於其君，亦用之。唐之表狀，亦稱書疏。則疏亦章奏之總名。散文、儷語通用，世俗施於尊者多用儷語，所以表恭敬也。

啟者，開也。取開陳其意之義，謂開道其君於善也。魏晉以下，啟獨盛行，其體亦散文、儷語皆用。

牋者，表也。識表其情也，始於東漢。其時上太子、諸王、大臣，皆得稱牋。後世專以上皇后、太子，而其他不得用。其詞有散文，有儷語。明制，奏事太子、諸王稱啓，而慶賀皇后、太子並稱牋。

狀者，形容其是非而陳也。唐宋皆用之，亦有散文、駢語二體。對議者，駁議偏辯，各執異見；對策揄揚，大明治道。使事深於政術，理密於時務。酌三五以鎔世，而非迂緩之高談；馭權變以拯俗，而非刻薄之僞論。風恢恢而能遠，流洋洋而不溢，王庭之美對也。難矣哉，士之爲才也。或練治而寡文，或工文而疏治。對策所選，實屬通才，志足文遠，不其鮮歟？

議者，漢制也。然《周書》曰「議事以制，政乃不迷」，由來舊矣。眉山蘇氏釋之曰：先王人法並任，而任人爲多，故臨事而議。是則國之大事，合衆議而定之，尚矣。漢置密奏八議，用陰陽皂囊封板，以防宣泄，謂之封事，故曰議以執異。又朝臣外補，天子使人欲其言事，及有事下議者，並以書對。則封事與上書，又名議也。議貴據經析理，審時度勢，以確切爲工，不以繁縟爲巧；以明覈爲美，不以深隱爲奇，乃得體之正也。

劄子者，宋之創制，用以奏事。非表非狀者，謂之劄子也。蓋本唐人牓子、録子之類而更其名。其用最多，亦奏疏之名也。

彈者，糾也，劾也。《周禮・里宰》：「街彈之室，漢時在街置室，撿彈一里之民。」

又《漢書》注云：「羣臣上奏若罪，法按劾公府，送御史臺卿，校送謁者臺。」是則按劾之名，其來久矣。《文選》特立其名曰彈事。王應麟云：「奏以明允誠實爲本，若彈文則必理有典憲，辭有風軌，使氣流墨中，聲動簡外，斯稱絶席之雄也。」是則奏疏彈文，其辭氣間之不同有如此者。

對問者，因問而條對也。體須條達明暢，不事雕飾，如孔明以先主之問而隆中一對，把天下全局，逐一打算是也。又有問對者，乃文人假設之辭也。名實皆問者，屈平《天問》、江淹《邃古篇》是也。名問而實對者，柳宗元《晉問》之類是也。或設客難以著其意，《文選》所録宋玉之於楚王，相如之於蜀父老，是皆所謂問對之辭。至若《答客難》、《解嘲》、《賓戲》等作，則皆設辭以自慰者也。景盧洪氏云：「東方朔《答難》，自是文中傑出，楊雄擬爲《解嘲》，尚有馳騁自得之妙。」問對之文反覆縱横，所以舒憤鬱而通意慮，蓋亦文之不可缺者也。至於班固之《賓戲》、張衡之《應問》，則屋下架屋，章摹句寫，讀之令人可厭。迨退之《進學解》出，則所謂青出於藍矣。

奏本、題本者，又明世所獨設。其用之分别，以論政事曰題，陳私情曰奏，皆謂之本。按以上上書至此諸稱，皆奏疏之名，宜以明允篤誠爲本，以辨析疏通爲當，酌古準今，删繁舉要，乃爲得體也。

賦者，古詩之餘也。亦兼葩經六義，詞取鋪張，而終歸諷諫，則有風之義焉；句極炫耀，而終折以法度，則有雅頌之義焉；緣情發意，托物興詞，極和平從容之概，則有比興之義焉。而其爲體，又厥有五：一曰騷賦，乃仿《楚辭》、屈宋之遺規焉。一曰古賦，宋玉之《神女》與《風》，相如之《長門》、《上林》，子雲之《甘泉》、《羽獵》，平子之《兩京》、《兩都》之類是也。一曰四六賦，如徐孝穆、庾子山之徒是也。一曰文賦，如廬陵之《秋聲》，東坡之前後《赤壁》是也。一曰律賦，主試限韻，如律詩之對偶，聲調法律禁嚴，不少假借，自唐宋以來所用以取士，固埸屋之程式也。其作賦大體當文質相宜，穠纖合度，不使膏腴害骨，稍垂雅飭之音；繁蕪損枝，不協導揚之體。若畫繪之著玄黄，組織之品朱紫，文雖新而有質，色雖糅而有本，心不忘乎規箴，詞不流乎繁縟，清光逸韻，簡貴高華，斯爲得之。

記者，記事之文也，故作記以善敘事爲主。其名始於《戴禮·樂記》等篇，其體祖之《禹貢》、《顧命》。如記營建，當紀日月之久近，工費之多少，主佐之姓氏。敘事之後，略作議論以結之。如昌黎之《畫記》、子厚之《遊山》諸記，此爲正體，一著議論，即失體裁。然記名勝山水，點綴景物，便成妙觀，原可以不用議論。若廳堂亭臺之記，不著議論，將何以撰寫成篇？豈登其梁柱若干、瓦石若干而成文字乎？故或有半序事而半用議論，或純用議論，或如王績之《醉鄉記》託物以寓意，或如昌黎《汴州東西水門記》首之以序，而以韻語爲記，或如范文正《嚴先生祠堂記》篇末繫以詩歌者，皆爲别體。及觀退之之《燕喜堂記》亦微載議論於中。至子厚之記新堂、鐵爐步，則議論之辭多矣。迨至歐蘇而後，始專以議論爲記者，即就范文正之記嚴詞，歐陽文忠之記畫錦，蘇東坡之記山房藏書，張文潛之記進學齋，晦翁之作婺源書閣，雖專尚議論，然其言足以垂世而立教，弗害爲體之變也。其題或曰某記，或曰記某，命題雖不同而體未嘗異，論辨序題，可以類推。

序者，緒也，發其事理，次第有序也。序之名始於《詩》之大序，首言六義，次言風雅之變，又次言二南王化之自。其言次第有序，故謂之序也。有敘事多者，有議論多者，有末後綴以詩者，三者皆通用。西山真氏則分無詩者爲正體，有詩者爲變體。東萊呂氏云：「凡序文籍，當序作者之意。」其實大抵序事之文，以次第其語，善敘事理爲上。近世應用，惟贈送爲盛，當須取法昌黎，則庶得古人贈言之義，而無枉己徇人之失也。

小序者，古人著書，每自爲之序，明其篇章之所由作，然後已意瞭然，無有差悮。此小序之作所不可少也。其稱小者，對大敘而名也。

引者，導也，大約如序而稍爲簡短，蓋序之濫觴也。其名引之義，無可考據，難妄臆説，唐以後始見此體。柳宗元有《霹靂琴贊引》，劉禹錫有《送元暠南遊詩引》，不識是取引導之義否？敢質之博聞君子。

傳者，傳也，記載事蹟以傳於後世也。漢司馬子長作《史記》，創爲列傳，以載一人始終之事，而爲體亦多不同。迨前後兩漢三國晉唐諸史，則第相祖襲而已。嗣後士大夫，或值忠孝才德之士，隱跡山林里巷，慮其湮没弗彰；或事跡雖微，而卓然可爲法戒者，皆爲之立傳，以垂於世。此小傳、家傳、外傳之例也。西山真氏云：「史遷作孟、荀傳，不正言二子，而旁及諸子。此體之變也，可以爲法。」又《范史·黄憲傳》，蓋無事跡，直以語言摸寫其形容體段，此爲最妙。繇是觀之，傳之行迹，固繫其人，至於辭之善否，則又繫之作者也。若退之《毛穎傳》及《圬者傳》，子厚之《梓人傳》，則有寓意而馳騁於文墨，迂齋謂其以文滑稽，而又變體之變者乎？故有史傳、家傳、托傳、假傳四者之分焉。

書者，親朋往來之辭也。又舒也，舒布其言而陳之簡牘，以散鬱陶、託風采，故宜條暢以任氣，優柔以懌懷，文明而從容，以盡其委曲之意也。有辭令、議論二體。戰國、兩漢間，若樂生、若司馬子長、若劉歆諸書，敷陳明白，辨難懇到，誠可以爲修辭之助。至若唐之韓、柳，宋之程、朱、張、吕，凡其所與知舊、門人答問之言，率多本乎進脩之實。讀者誠能熟，復以返之於身，則其所得，又豈止乎文辭而已哉？又簡者，略也，言陳其大略也。手簡、小簡、尺牘，皆别名耳。復有書者，乃别出議論以成書也，如《史記》中之八書，唐李翺之《復性》、《平賦》二書之類。

論者，議也，又倫也，倫理無爽則聖意不墜。劉彦和云：「聖哲彝訓曰經，述經敘理曰論。」古經無論名，迨仲尼微言，門人追紀，故仰其經目，稱爲《論語》。嗣此而後，莊生《齊物》，不韋《春秋》，王充《論衡》，老泉《衡論》、《鹽鐵》之類，以論立名，而紛紛羣起矣。按論之體有二：一曰史論，乃史臣於傳末，作議論以斷其人之善惡，若司馬子長之論項籍、商鞅是也。一曰論則，學士大夫議論古今時世人物，或評經史之言，正其訛繆，如賈生之論過秦，江充之論徙戎，柳州之論守道守官是也。論貴立意高、説理透，不爲玄言奇語，而人自屈服者爲上；詞理兼修，華實並茂者爲次。總須依於忠厚，止於禮義，祇可翻駁羣彦，不可戲薄聖賢；可據理陳辭，不可强辭奪理；宜於有過中求無過，不可於無過中求有過。貴有生發，譬如欲説人之子賢，必言其祖父之遺徽餘慶，又言其師教之有方，又推其性資之良善，與其交遊之琢習。或借古以證今，或因彼而例此，如東坡之多方援據，知如此推廣，則圓轉不窮矣。故善作文者，恒能於無題目處生出文字來也。至於章法全在結搆精詳，虚實處有賓主，馳驟處有節制，鋪敘處多曲折，過接處無痕迹。或整齊，或疏放，或實或虚，或反或正，如神龍之出没，夭矯百變則佳矣。唐宋取士，用以出題，然求其辭精義粹、卓然名世者，亦惟韓歐爲然。按論之爲體，所以辨正然否，窮有數，追無形，迹堅求通，鈎深取極，乃百慮之筌蹄，萬事之權衡也。故其義貴圓通，辭忌枝碎，必使心與理合，彌縫莫見其隙；辭共心密，敵人不知所乘，斯其要也。是以論如析薪，貴能破理，斤利者越理而横斷，辭辨者反義而取通，覽文雖巧而撿迹如妄，惟君子能通天下之志，安可以曲論哉？

志者，記也。字亦作誌，其名起於《漢書》十志，而後人因之，大抵記事之作也。

紀事者，記志之别名，而野史之流也。古者史官掌記時事，耳目所不逮，往往遺焉。

故文人學士遇有見聞，隨手紀録，或以備史官之採擇，或以補史籍之遺忘，故以紀事名之。

原者，本也，究其委末，曲折抑揚以明其理，亦論之别流也。義始《大易》「原始要終」之訓。若文體謂之原者，始於退之之「五原」，蓋推其本原之義以示人也。山谷云：「文章必謹布置。每見學者，多告以《原道》之命意曲折。」石守道亦云：「吏部《原道》、《原人》等作，諸子以來，未有也。」後之作者，皆取法於是。

説者，釋也，述也，解釋義理而以己意述之也。考説之名，起自孔子之《説卦》。厥後漢許慎著《説文》，蓋亦祖述其名而爲之辭爾。魏晉六朝文，載諸《文選》，而無其體，獨陸機《文賦》備論作文之義，有曰説煒曄而譎誑，是豈知言者哉？至昌黎憫斯文之日弊，作《師説》，抗言爲學者師。迨柳州及宋室諸大老出，因各即事即理而爲之説，以曉當世，以開悟後學，由是六朝陋習，一洗而無餘矣。總之，説固義取解説，須原本經史，而更自出己見。横説、竪説，以抑揚詳贍爲上，與論無大異也。

解者，釋也，亦以講釋解剥爲義，因恐人之有疑而解釋之也。辨疑釋難，與論、説、原、議、辯，蓋相通焉。其題曰解某，曰某解，無分别也。釋之體亦相同。

辯，判别也，其名本之《孟子》，公孫丑問好辯，曰：「予豈好辯哉？予不得已也。」中間歷敘古今治亂相尋之故，凡八節，所以深明聖人與己不能自已之意。終而又曰「予豈好辯哉？予不得已也」，蓋非獨理明義精，而字法、句法、章法亦足爲作文楷式。迨昌黎作《諱辯》，柳州作《桐葉封弟辯》，識者謂其文斆《孟子》，信矣。大抵辯須有不得已而辯之意，以至當不易之理，而以反覆曲折之辭發之。苟非有關世教，有益後學，雖工亦奚以爲？

文，文章也。凡篇章皆謂之文，而此獨以文名者，蓋文中之一體也。或盟神，或盟人，或諷人，或告神，或爲韻語，或爲散文，或倣《楚辭》，或爲四六。如唐德宗之《兵備關東誓文》，韋陟之與高適、來瑱盟文，宋柳州之《乞巧文》，王安石之《上梁文》，以及《赦文》、《冊文》之類，其體各異，其用不同也。

箴者，誡也。《商書·盤庚》曰：「無或敢伏小人之攸箴。」蓋箴乃規誡之辭，諫誨而救其失，若箴之刺病療疾，故名箴以喻之也。古有夏、商二箴，見於《尚書大傳解》、《吕氏春秋》，而殘缺不全。獨周太史辛甲命百官之箴王闕，而虞氏掌獵，爲《虞箴》，其辭備載《左傳》。後之作者，蓋本於此。東萊吕氏曰：「凡作箴須用『官箴王闕』之意，箴尾須依《虞箴》『獸臣司原，敢告僕夫』之類。』大抵箴者，箴君與己之得失，而規則規乎同僚之行誼也。其品有二：一曰官箴，一曰私箴。與箴、銘、贊、頌，雖均用韻語而體確不同。箴是規諷之文，須反覆古今興衰理亂之故，垂示警誡切劘之意，使讀者惕然有不自寧之心焉。

規者，正圜之器，所以圜萬物也。《淮南子》云：「以法正人曰規。」《詩·衛風·淇奥》序云：「武公能聽其規諫。」言規其闕失，使不敢越，若木之就規也。古者，箴君之過曰箴，臣下自相規戒曰規，故《國語》曰「官師相規」。官師者，謂衆官也；相者，平等之謂。故知爲臣下自相規諫之辭也。古之規不及見，維唐元結有《五規》，今可得考焉。

戒者，警飭之辭，字本作誡，《淮南子》載《堯戒》曰：「戰戰慄慄，日謹一日，人莫躓於山而躓於垤。」漢杜篤有《女戒》，亦箴之類也。其詞或用散文，或用韻語，各隨人意也。

銘者，名也，記其功美，使可稱名也。漢《藝文志》稱道家有《皇帝銘》六篇，然忘其辭。獨《大學》所載《成湯盤銘》九字，發明日新之義甚切。迨周武王，則凡几席豆觴之屬，無不勒銘致警。厥後又有稱述先人德善勞烈爲銘者，如春秋時孔悝《鼎銘》是也。又有以山川、宫室、門關爲銘者，漢班孟堅之《燕然山》則旌征伐之功，晉張孟陽之《劍閣》則戒殊俗之僭叛，其取義又各不同也。《傳》曰：「作器能銘，可以爲大夫。」又曰：「銘其器物以自警。」大抵其體有二：一曰警戒，一曰祝頌。陸士衡曰：「銘貴博約而温潤。」斯言得之。

銘箴之别，箴誦於官，銘題於器，名目雖異而警誡實同。箴全禦過，故文資確切；銘兼褒贊，故體貴宏潤。其取事也，必覆以辨；其摛文也，必簡而深，此其大要也。

頌者，容也，美盛德之形容，以告神明者也。考頌之名，實出於《詩》。《詩》有六義，六曰頌。若商之《那》、周之《清廟》諸什，皆以告神，頌體之正也。後世所作，不盡告神，或止形容美善耳。至如《魯頌》之《駉》、《駜》等篇，則當時用以祝誦僖公，爲頌之變。故胡氏有曰：「後世文人獻頌，特效《魯頌》而已。」《莊子·天運篇》稱黄帝張咸池之樂，㸚氏爲頌，斯蓋寓言爾。劉彦和云：「頌須鋪張揚厲，而以典雅豐縟爲貴。」其詞或用散文，或用韻語，敷寫似賦而不入華侈之區，敬慎如銘而異乎規諫之詞。此作頌之法也。

贊者，贊美之辭也。漢司馬相如作《荆軻贊》，世已無傳。厥後班孟堅《漢史》，以論爲贊；唐建中中進士，以箴論表贊代詩賦而無頌題。迨後置博學宏詞科，則贊、頌二題皆出矣。至宋范氏更以韻語。西山云：「贊、頌體式相似，貴乎贍麗宏肆而有雍容俯仰、頓挫起伏之態，乃爲佳作。」大抵其體有三：一曰雜贊，意專褒美，若諸集所載人物、文章、書畫諸贊是也。一曰哀贊，哀人之殁而述其德以贊之者是也。一曰史贊，詞兼褒貶，若《史記索隱》、《東漢》、《晉書》諸贊是也。若作散文，當祖班氏史評；若作韻語，當宗《東方朔像贊》。劉彦和云：「贊之爲體，促而不曠，以抑揚感慨之致，或發爲有韻之詞，其頌家之細條乎？」可謂知言矣。其所著《文心雕龍》四十九篇，篇末各有贊詞，俱用韻語，真示人作贊之法也。

題、跋、書、讀者，簡編之後語也。題者，諦也，審諦其意也。跋者，本也，因文而見本也。書者，書其語。讀者，因於讀也。凡經、傳、子、史、詩、文、圖、書之類，前有序引，後有後序，可謂盡矣。其後覽者，或因人之請求，或因感而有得，則復撰詞以綴於簡末，其名厥四，曰題，曰跋，曰書某，曰讀某是也。其詞考古證今，釋疑訂謬，褒善貶惡，立法垂戒，各有所爲，而專以明白簡嚴，不肯隨人窠臼爲主。前既有序引，故與序引不同，當掇其有關大體者，以表章之。予嘗考之漢晉諸集，題跋不載。至唐韓、柳，始有「讀某書」及「讀某文」題其後之名。宋歐、曾而後，始有跋語，其辭意與讀後亦無大相遠也，故《文鑑》、《文類》總編之曰題跋而已。盧疏齋云：「跋取《詩》『狼跋其胡』之義，狼行則前躐其胡。故跋語不可太多，多則冗；尾語宜峭拔，使不可加。」若然，則跋比題與書尤貴乎簡峭也。又有題詞，所以題號其書之本原，與其文詞之佳也。若漢趙岐作《孟子題詞》，其文稍繁；而宋朱子仿之，作《小學題辭》，更有韻語，亦一體也。然題跋書於後，而題辭冠於前，此又其辨耳。

策問者，主上作爲設疑問難，以試士夫之學問識見也。大概有二，不問時務，則問經史。然二者，亦自相關。問時務者，必引經史爲證；問經史者，必以時務歸結發策之旨。雖顯列前後，其中間條分件繫，層見側出，隱而不發，故爲此以覘士之學術經濟焉。

策者，《説文》云：「謀也。」蓋亦有虞敷納以言之遺意。漢則有所謂對策、射策。其時晁錯、董仲舒諸人，以對策褎然爲舉首，而蕭望之以射策甲科爲郎。然或延於大殿，訪以理道，諮以政事得失，非試之也。迨東漢以來，皆有策試之事。宋熙寧始，其第三場試策五道，問經義者三，時務者二，是仍唐太初舊制也。策體有三：一曰制策，乃天子稱制，以問而對者，如晁錯、董仲舒是也。一曰射策，探事而獻説者，如蕭望之是也。一曰試策，乃有司策試士而對者，即制策類也。一曰進策，乃士庶著策而進上者，即射策類也。試策其題長至千餘字，俱設疑問難，露一隱二，以俟作者深求。作者須詳考所問何者爲綱，何者爲紀，何者爲正問實事，何者爲泛問餘情，何者爲血脉，何者爲眼目，識其旨歸，胸有成見。一一分派已定，擒定一箇主意，所問繁條，我可以斷歸一説；所問有疵，我可以折歸正理，不爲問目所困，而盡情闡發，自有確寔議論，則下筆氣勢勃勃，結搆盡是經綸，俾閲者識爲命世之言，由於經世之學，知其爲君子矣。漢董仲舒學識醇正，孝武策之再三，故克罄所藴。帝因是罷黜百家，專崇孔子，以表章六經。宋蘇子瞻答仁宗制策，亦輸忠陳義，婉切懇摯，皆有功於世道人心，不失爲君子焉。

七體者，即昭明所輯《文選》中，其文體有曰七者是也。所載枚乘《七發》，《容齋隨筆》云：「枚生《七發》，創意造端，麗旨腴辭，固爲可喜。嗣後作者踵起，如傅毅《七激》，會清要之工；崔駰《七依》，入博雅之巧；張衡《七辯》，結采綿靡；崔瑗《七厲》，植義純正；陳思《七啟》，取美於宏壯；仲宣《七釋》，致辨於事理。自桓麟《七説》以下，左思《七諷》以上，馬融《七廣》、張協《七命》、陸機《七徵》之類，十有餘家，或文麗而義睽，或理粹而辭駁，規仿太切，了無新意。觀其大抵所歸，莫不高談宫館，壯語畋獵。窮瑰奇之服饌，極蠱媚之聲色。甘意摇骨體，艷詞洞魂識。雖始之以淫侈，而終之以居正；然諷一勸百，勢不自反。子雲所謂「先騁鄭衛之聲曲，終而奏雅」者也。其中，惟《七厲》敘賢歸以儒道，雖文非拔羣而意實卓爾矣。及唐柳子厚作《晉問》，亦用其體，而超然别立機杼，漢晉之間沿襲之弊一洗。竊嘗考對偶句語，六經所不廢。七體雖尚駢儷，然辭意變化，與全篇四六不同。自柳子後，作者未聞。迨元袁伯長之《七觀》，明洪武間宋王二老之志釋文訓，其富麗固無讓於前人，至其論議，又豈《七發》之可比焉？

雜著者，諸儒先所著之雜文也。或評隲古人，或詳論政教，隨所著立名，而不落一定之體格也，故謂之雜著。著雖雜，其本乎義理，發乎性情，則與他文無異。蓋作文必以理爲之主也。

檄者，《釋文》訓爲軍書也。《説文》云：「以木簡爲書，長尺二寸，用以號召。」春秋祭公謀父稱「文告之辭」，即檄之本始。戰國張儀爲檄告楚相，其名始著。若有急，則插鷄羽而遣之，故謂之羽檄，言如飛之疾也。劉彦和云：「凡檄之大體，或述此休明，或敍彼苛虐，指天時，審人事，算强弱，角權勢，標蓍龜於前驗，懸盤銘於已然。插羽以示迅，不可使遲緩；露板以宣衆，不可使義隱也。」可謂盡之矣。昔人謂檄以散文爲得體，故辭直義顯；唐尚儷語，始用四六，如駱賓王《爲徐敬業討武曌檄》，亦傳作也。其他報答諭告，及上官徵吏，亦有稱檄者，蓋明速之義爾。

露布者，軍中奏捷之辭。《文心雕龍》所謂「露板不封，布諸視聽者也」。《通典》云：「元魏攻戰克捷，欲天下聞知，乃書帛建於漆竿上，名爲露布。」此其始也。考諸《文章緣起》，則曰「漢賈洪爲馬超伐曹操作露布」。《世説》載：「桓温北征，令袁宏倚馬撰露布。」則魏晉以來有之矣，但無傳本。唐宋傳者，其命辭皆用四六，與當時表文無異。西山真氏云：「露布貴奮發雄壯，稍粗亦無害。」劉彦和《移檄篇》云：「檄或稱露布。」豈露布之初，告伐告捷與檄通用，而後始專以奏捷歟？

公移者，諸司相移之詞也。其名不一，總括之曰公移。唐世，凡百官達於其長上曰狀，職官階級稍上及對職者皆曰牒。至於諸司自相質問，其用有三：曰關，謂關通其事也；曰刺，謂刺舉其事也；曰移，謂移其事於他司也。宋制，宰執帶三省樞密院事出使者，移六部用劄；六部移宰執帶三省樞密院事出使者，及從官任使副移六部，用申狀；

六部相移，用公牒。明時，上逮下者，曰帖，曰照會，曰劄付，曰案驗，曰故牒；下達上，曰呈，曰申，曰案呈，曰咨呈，曰牒呈；諸司相移者，曰咨，曰牒，曰關；上下通用者，曰揭帖。今文武相移，曰移會，曰移咨；上逮下，曰諭，曰札；下達上，曰詳，曰照驗。大約因前代之制，而隨時隨地或仍或改，而變通以損益之，總睽於事理，而歸於切當焉。

碑者，非文章之名，乃古斲大木爲之，植於中庭，即今易之以石而豎之者也。《儀禮·士婚禮》曰："入門當碑揖。"又《檀弓》曰：季康子之母死，公肩假曰："公室視豐碑。"《喪大記》曰"君葬，四綍二碑"等句。《祭義》曰："君牽牲，既入廟門，麗於碑。"《聘禮》曰："賓自碑内聽命。"考是四説及釋，則知宫室之必有碑，所以識日景，知早晚，引陰陽也；宗廟之必有碑，所以牽牲以紖貫碑中也；葬之必有豐碑，所以樹之於壙前後，以綍繞之，間之轆轤，用以輓棺而下之也。夫是，古之所謂碑者，乃葬祭饗聘之際，所植之大木耳。而其字從石者，將取其堅且久耳，未聞勒銘於上者也。故唐虞以至商周之盛，六經所載，皆無勒石之事。《管子》稱"無懷氏封泰山，刻石紀功"者，出自寓言，不足傳信。又世稱周宣王蒐於岐陽，命從臣刻石，今謂之石鼓，或曰獵碣。洎延陵墓表，俚俗目爲夫子十字碑者，其事皆不經見，亦無取焉。司馬子長著《始皇本紀》，著其登嶧山、上會稽甚詳，止言刻石頌德，或曰立石紀頌，亦無勒碑之説。今或謂之嶧山碑者，乃野人無稽之言也。漢班固有泗水亭長碑文，蔡邕有郭有道、陳太邱碑文，其文皆有序冠，篇末則亂之以銘，未嘗飭碑之材而爲文章之名也。由魏而下，迄乎李唐，立碑者不可勝數，大抵皆約班蔡而爲者也，雖失聖人述作之意，然猶髣髴乎古。迨李翔爲高愍女碑、羅隱爲三叔碑、梅先生碑，則所謂序與銘皆混而不分；集列其目，亦不復曰文；考其實，又未嘗勒之於石。是直以繞紓麗牲之具而名其文，戾孰甚焉？復古之士，不當如此貽悮千載，故特著曰「碑非文之名」也。碑實察日繫牲之具，後世臣子因鼎彝漸闕，無以紀其君父功德，故以石代金，追紀其先功美，以書其上，以垂不朽。秦漢以來，始謂刻石爲碑，是碑乃可以刻文之材，猶几杖盤盂之可以書銘，非几杖盤盂而便可以稱之爲銘也。今人不察，名其文就謂之碑，繆矣。夫屬碑之體，資乎史才，其序則傳，其文則銘。標序盛德，必見清風之華；昭紀鴻懿，必見俊偉之烈。事實多者，止須敘事，若故意攙入議論，便成贅瘤；事實寡者，不少參之以議論，必寂寞不成文字。前輩有謂碑文一著議論，便非體裁者，此言亦過矣。矧各體詩文，皆可勒之於碑，大約宮室、寺院記序居多，邱墓、宗祠志傳居多，非文章諸體之外，另有一種碑文體也。

誄者，累也，哀死而累列生時實行而爲之辭也。《周禮》大祝作六辭，以通上下、親疏、遠近，其六曰誄。魯哀十六年四月己丑，孔子卒，公誄之。禮，累舉其生平實行爲誄，而定其謚以稱之。此唯累其美行，示己傷悼之情而無謚。後世有誄辭而無謚者，蓋本於此。《曾子問》曰：「賤不誄貴，幼不誄長，禮也。惟天子稱天以誄之，諸侯相誄，非禮也。」《文章緣起》有漢武帝《公孫宏誄》，不傳其辭。《文選》録曹子建之誄王仲宣，潘安仁之誄楊仲武，蓋皆述其世系行業而寓哀傷之意。厥後昌黎之於歐陽詹，柳州之於吕温，則或曰誄辭，或曰哀辭，而名不同。迨宋南豐、東坡諸老所作，則總謂之哀辭。大抵誄則多敘世業，故今率仿魏晉，以四言爲句，哀辭則寓傷悼之情，而有長短句及楚體之不同焉。大約作誄之體，選其言，録其行，傳體而頌文，榮始而哀終。論其文也，曖乎若可覩；道其哀也，悽焉如可傷。此其旨也。人禱祀用誄者，乃累功德以求福，如《魯論》「誄爾於上下神祇」也。

弔文者，弔死之辭也。古者弔生曰唁，弔死曰弔。其外或驕貴而殞身，或悁忿而乖道，或有志而無時，或才美而兼累，他人慰之惜之，並名爲弔。

祭文者，實亦弔也。古者祀享，史有冊祝，載其所以祝之之意，考之經可見。其體有韻語，有儷語，大抵髣髴《楚騷》而切要惻愴，似稍不同，否則過華韻緩，化而爲賦。若不用韻，則非祭文體矣。人謂昌黎《祭十二郎文》不用韻，抑知其正用四支，蓋由信口讀之而不察耳。惟明歸震川先生嘗用散體，亦祭文之變也。《文選》所載謝惠連之祭古冢，王僧虔之祭顔延年，則不過敘其所祭及悼惜之情而已。夫祭文之用有四。祭奠之文，貴乎道達情意，哀切由衷，兼寫其生平之行誼，而悲其死亡之過速。如祈禱雨暘、驅逐邪魅、干求福澤，此三者，貴乎悔過遷善，辭恭而意懇，不亢不浮爲得體。唐宋韓柳歐蘇暨道學諸君子，或水旱而禱於神，或因喪葬而祭親舊，真情實意，溢出言辭之表，誠學者所當取法者也。若夫諛辭巧語，虚文蔓説，固弗足以動神明，而反爲君子之所鄙厭也已。

行狀者，乃取死者生平言語行事、世系名字、爵里壽年、後裔之詳，著爲行狀，亦名行述。或牒考功太常，使之議謚；或牒史官，請爲編録；或上作者，乞撰銘誌表記之類之辭也。以其有所請求，故稱之曰狀。夫行狀之文，多出於門生故吏、親舊之手，以謂苟非親切，不能知之詳也。近多作子孫語氣，子孫自已出名，將憲爵具銜填諱，士夫家皆然。考行狀，始自漢丞相倉曹傅胡幹作《楊原伯行狀》，然徒有其名而亡其辭。《文選》所載任彦升所作《齊竟陵王行狀》，辭多矯誕，識者病之。唐昌黎、河東所作，可爲楷式。

逸事狀者，其人言行，史已作傳，而尚有卓然行業，不詳其所載，恐後終逸失墜，故有逸事狀，乃狀之變體。如柳州爲段太尉所作，可法也。

墓壙塔碑碣磚板之誌銘序表文記諸辨

墓者，冢塋之地，孝子所思慕之處，故曰墓也。

壙者，墓穴也。

塔，瘞僧而累土之處也。西域浮屠爲塔，其典故見唐貞觀三年，兹不蔓贅。方者爲碑，圓者爲碣。

碑者，古之葬有豐碑以窆，用木爲之，樹於槨之前後四角，穿中爲鹿盧繞之綍。綍即綍也。以綍一頭繫棺緘，一頭繫轆轤，本備下棺於穴之用。秦漢以來，死有功業，則刻於上，稍改用石。晉宋間始有神道碑之稱，蓋地理家以東南爲神道，因立碑其地而名爾。

神道碑者，墓之東南，稱曰神道，實入墓之路也。此乃外碑，非比墓誌銘石之埋於壙前地中者。唐之碑制，龜趺螭首，五品以上官用之。而近世高低廣狹，各有等差，則制之密也。葬既爲墓誌以藏諸幽，又爲碑碣表以揭於外，皆孝子慈孫不忍蔽其先德之心也。其爲文曰墓碑文，其爲體有文，有銘，又或有序。文與墓誌銘大略相似，而其銘或謂之詞，或謂之系，或謂之頌，要之皆銘也，但不能如誌銘之備，而大略相通，亦正變之異體也。大抵碑銘所以論列德善功烈，雖銘之義稱美弗稱惡，以盡其孝子慈孫之心。然無其美而稱之謂之誣，有其美而弗稱謂之蔽，誣與蔽，君子弗由也。古今作手，惟昌黎最高，行文首尾，不再蹈襲。凡碑碣表於外者，於文則稍詳；若誌銘之埋於壙前者，文則謹嚴焉。其或曰碑文，或曰墓碑，或曰神道碑，或曰神道碑文，或曰墓神道碑，或曰神道碑銘，或曰神道碑銘并序，或曰碑頌，皆別題也。

碣者，方趺圓首，五品以下官用之，而近世復有尺寸之限，則其制益密矣。古者碑碣通用，後世乃以官級之故而別其名，其實無大異也。其爲文曰墓碣文，亦敘事而兼議論，與碑相類，而有銘無銘，惟人所爲。其銘之韻，亦與誌銘同。其題有云碣銘，有云碣頌并序，或專言碣而復有銘，兼言銘而確無碣，亦猶誌銘之不一體也。

表者，標也，謂立木以爲表，標其位也。墓表有官。無官皆可用，非若碑碣之有等級限制也。以其竪於神道，又稱神道表。此外又有曰阡表，阡者，壟也；曰殯表，未葬之稱；曰靈表，始死之稱。自靈而殯，自殯而墓，自墓而阡也。

墓誌銘，誌者記也，銘者名也。人有德善功烈可名於世，鑄器以銘，故於葬時述其人之世系名字爵里、行治壽言、卒葬日月與其子孫之大略，勒石加蓋，埋於壙前三尺之地，以爲異時陵谷變遷之防也。迨夫末流，乃假手於文士，以謂可以信今傳後，而誇誕太過者，亦往往有之。然使正人秉筆，立言有體，必不肯狥人以情也。其體有文，有銘，又或先有序。事實多者，專敘事；事實少者，可參之以議論焉。其題曰墓誌銘者，有誌、有銘者也。題曰墓誌銘并序者，有誌、有銘、有序者也。單題曰墓誌，則無銘者也。單題曰墓銘，則無誌者也。然亦有單題云誌而確有銘，單題云銘而確有誌者，以上皆正體也。有虛作誌文而銘内始序事者，有純用也字爲節段者，乃變體也。夫銘之爲體，則有三言、四言、七言、雜言、散文之異。有中用兮字者，有末用也字者。其用韻，有一句用韻者，有兩句用韻者，有三句用韻者；有前用韻而末無韻者，有前無韻而末用韻者，有篇中既用韻而章内又各自用韻者，有隔句用韻者，有韻在語詞上者，有一字隔句重用，自爲韻者。其更韻，有兩句一更者，有四句一更者，有數句一更者，有全篇不更者，有全不用韻者，不一體也。誌銘埋於壙者，文則謹嚴，其書法則唯書其學行大節，小善寸長則皆弗録，非比碑碣表之標於外者，文宜詳也。近世至有將墓誌亦刻墓前，斯失之矣。此外又有未葬而權厝者，曰權厝誌；既殯之後，葬而再誌者曰續誌，又曰後誌，如《柳河東集》之爲連州司馬凌君所撰是也；殁於他所而歸葬者曰歸祔誌，如《河東集》之《先夫人歸祔誌》是也；葬於他所而後遷者曰遷祔誌，如《河東集·叔妣陸夫人遷祔誌》是也。刻於蓋者曰蓋石文；刻於磚者曰墓磚記，又曰墓磚銘，如《河東集》之《下殤女子》及《小姪女墓磚銘》是也；書於木板者曰墳板文，如《唐文粹》載舒元輿撰《陶母墳板文并序》是也；有曰墓板文，又有曰葬誌，如《河東集》有《馬室女雷五葬誌》是也；有曰誌文，其有誌無銘者如《江文通集》有《宋故尚書左丞孫緬等墓誌文》是也，其有誌有銘者，如《河東集》有《王侍郎母劉氏誌文》是也；有曰墳記，又曰墳誌，如《河東集》之《韋夫人墳記》是也；有曰埋銘，又曰墳銘，又曰槨銘，如朱文公之女埋銘是也。在釋氏則有塔銘、塔記，如《唐文粹》載劉禹錫爲《牛頭山第一祖融太師新塔記》，《河東集》之《南嶽和尚塔銘》是也。凡二十題，名稱雖異，要皆墓誌銘之流也。

謚法之設義取勸善戒惡

古者，生無字，死無謚。生無字，故名而不諱；死無謚，故上下同之。至周公旦、太公望開嗣王業，建功於牧野，及終將葬，乃制謚法。謚者，行之迹，是以大行受大名，細行受小名，行出於己，名生於人。是以周制幼而名，冠而字，死而謚。名者成也，取名有五：或信，或義，或象，或假，或類，以冀其成也。字者所以貴其名也，謚者所以成其德也。古之爲謚，賢者取賢，愚者取愚。《白虎通》曰：「人行終始，不能若一，故據其終始，明别善惡，所以勸人爲善而戒人爲惡也。」繇是觀之，則謚之所繫，豈不重歟？《周禮·春官》小喪賜謚疏云：「小喪，卿大夫之喪。王氏謂王子弟之喪，乃大史往賜之。至遣之日，小史往爲讀之。葬後則稱謚矣。」是則，賜謚之制，實始於周。《崇文總目》載《周公謚法》一卷，又有《春秋謚法》、《廣謚》等書，然皆漢魏以來儒者，取古人謚號增輯而爲之。宋仁宗朝眉山蘇老泉，嘗奉詔編定，乃取世傳《周公謚法》以下諸書，定爲三卷，總一百六十八謚。至孝宗淳熙中，夾漈鄭樵復本蘇氏書增損，定爲上中下三等，通二百一十謚，爲書以進。自漢晉以來，凡公卿大夫賜謚，必下太常定議，博士乃詢察其善惡賢否，著爲謚議，以上於朝。若晉秦秀之議何曾、賈充，唐獨孤及之議苗晉卿，宋鄧忠臣之議范純仁、李清臣之議歐陽永叔，是也。當時雖或未能盡從其言，然千百載下，讀其辭者，莫不油然興起其好惡之心。嗚呼！是則謚法所繫，豈不甚重乎哉？大抵謚者，所以表其實行，故必由君上所賜，善惡莫之能揜。若夾漈先生之論，多有可取者。近世名儒隱士之歿，門人朋舊有私謚易名之義，蓋亦尊崇其生平德行，而不忍潛德之不彰意也。

五言排律

詩之源，本於《三百篇》，其體則風、雅、頌、比、興、賦六義爾。迨至荊楚騷辭、漢魏樂府古詩，沿至齊梁唐宋，其流代變，題號繁多，支分派别，而總不外乎六義。然其發乎性情，移於教化，義理淵深，難以遽晰，秉鈞因著《歷朝詩鈔説體》一編，以公同學。兹奉功令，鄉會次場，試以五言八韻，歲科小試，六韻命題，若不明曉準繩，初學應試者，將何以適從乎？於是又懸此排律簡便要言以爲之的。夫五排者，本五律一首，將前後四句排開，從中插入四句，故名曰排律，實五律之增益也。兩句爲一聯，四句爲一截，自四韻以至百韻，亦止如此。唐初諸家意密語重，滯氣亦多。景龍以後，名作遂盛。少陵蒼厚雄深，宕以奇氣，斑駁陸離，千態萬狀，固盡此體之能事。元白亦工，而骨力遜矣。至若試律，風簷寸晷之下，即使老手，亦難盡善，況初學入場，不過春鶯乍囀，焉能遽臻其妙耶？祇須不失矩矱而已。厥法，起首二句，必將題中字一一清出，謂之破題；以其點破字面也，貴用雙起。第三句頂首句，第四句頂次句，此是次聯，名曰承題，又曰頷比。不拘虚按明點，必須渾冒全題：或首聯分疏，則次聯渾寫；或首聯原起，則次聯分疏。相題繁簡，以爲節制。三聯實發題藴，要在典切工妙，腴而不膚，鍊而不澀，謂之頸比。如身之有頸，爲其接載上兩聯也。四聯或補寫題面，或闡發題意，或自遠及近，或自下而上，謂之腹聯，亦名中比。與第三聯有虚實之不同，深淺之變换，或分或合，隨心成矩。五聯或就題旁襯，或題外推開，或題後渾括，隨題收住，此謂後比。至於末聯，謂之結尾。槩多寄托，以寓懷抱，以申頌揚。必須映切本題，渾涵縹渺，餘韻曲苞，斷不可著意祈請，自落卑污；又不可過存身分，涉於誇亢。此兩聯，尤貴一氣銜接，使聲振篇中，神溢句外。初學爲此，且無事求工，先要題旨勿誤解，使事勿奥僻，用意無違碍，用字避不祥，諧聲協律，順文不失黏；末聯之上，寧對仗工整，勿用散句，便稱穩愜，可獲售矣。總之，詩有差謬，便能害經藝而被黜，詩入佳妙，不能以詩工而不論經藝之瑕疵也。除起首、結尾兩聯，其中頷、頸、腹、後共八比，明代取士，倡經藝八比法，乃本諸此。

卷七

人參考　竹莊文獻考上

人參考

參當辨識防害

人參價貴，我等士人寒素者多，澹泊自甘，寧以人參爲常食之物？然或有時進以奉親，有時自需調攝，或入塲科舉，携備不時。事所必有，物非常用，偶見難分玉石。向有以短接長者，謂之接貨。以小併大者，謂之合貨，必先用水潮過，原汁已出，又用粉膠粘紥，蒸烘做成，其力薄而易變，固不待言。又有薄夫，以參湯泡自啜，乃晾乾烘燥，做色復售，謂之湯參。究不失爲真參，尚無大碍。邇年價日昂貴，漸致以僞雜售，若不辨識真贋，不第被欺誆財，且恐貽害非細。故特考人參之地道，出山之早晚，貨市之時候，形色之高下，霉蛀之收拾，及市肆之多立名稱以眩惑人目，略列於後。

所産今昔異地

人參，前明時，心州、高麗、邯鄲、百濟、澤州、箕州、并州、幽州、嬀州、易州、平州並産參，而上黨山谷出者爲最，上黨即今潞州也。太行紫團山所出者，爲紫團參，紫色，稍扁。百濟參白堅且圓，名曰條參，俗名羊角參。高麗參近紫，體虛。新羅參亞黄味薄，肖人形者神，類鷄腿者力大。高麗、百濟、新羅三國，今屬朝鮮，其參有子，十月下種，如種菜法。春生苗，多於深山背陰處。初生小者，三四寸，一椏五葉；四五年後，生兩椏，未有花莖；十年後生三椏，年深者四椏，葉各五，中心生一莖，俗名百尺杵。三四月有花，細如粟，蕋如絲，紫白色。秋後結子如大豆，七八枚，生青熟紅，自落。秋冬采者堅實，春夏采者虛軟。本朝獨重遼參，以人參乃神草，於王氣鍾靈之處生者，味勝力洪故也。

鳳皇城

鳳皇城貨，雖地道所出不一，大略早出，白秀體鬆而瘦長者，皆名曰鳳皇城。土人採取出山甚早，五六月即可掘采，九十月賈人便至蘇城開價矣。故其質不堅，皆由未經霜雪，行根未久，統貨糙多熟少。此種低貨，惟行銷於洋廣江西。一過次年春風透時，熟則變糙，糙則更變癟皺不堪矣。

船廠

去鳳皇城三四千里，名曰船廠，其地多巨木。屋宇、道路、橋梁皆巨木所建。相傳係開海禁時，曾於是地造洋船出洋，故名船廠。其處二百里内外，所産較鳳皇城稍堅實，且紅潤可觀，但其中空鬆者確不少，土人并以鉛條等插内以圖利。大約六七月采取出山，冬初亦至蘇矣。鉛條之由，蓋土人採參者不過藏糒於槖以充食，鉛壺貯酒以供飲，酒罄即剪壺作條，以插參耳。其貨稍遜臺貨，其價市嘗並驅。

臺貨

臺貨者，寧古臺所出之貨也。地處極北，去船廠五千餘里。地極厚，天極寒，深秋之時，霜雪即已載道。總在八九月採，歲終方至蘇城。其體質，皆由地土既厚，出山又甚遲晚，所以堅實圓湛，熟多糙少，即或間有糙皮，而肉必紅結，并無藏鉛之弊。夫鳳、廠、臺三處，此蓋總羅大地之名而言。其各有所屬一隅，如老城、新城等處，地道甚雜，稱名甚多，難以盡舉。産莫悉别，必須憑貨品題，難以懸擬，大要以色光、體圓、質熟、肉湛四項兼者爲上耳。

蘇行分等

經商至蘇，在行發店，其行規、店規不同。凡客貨到行時，主將客貨分作三等：揀堅結紅大、熟多糙少者名統貨；其色次紅、癟皺、糙多熟少者名抝色；又次色浮白微紅、質薄肉少者，加入條參者，名曰泡丁。

蘇行秤兊

行秤輕店秤，以貨二十四兩二錢四分作一斤，以行秤行貨一百換，合作店平店價六十換，故交行貿易，每兩作九七折，作大秤算。

店家名色

參至店家，必逐一細揀，分等次第，以定價值，各自多立名色，取五六十名以眩人。移步换形，難以執論，總在自己眼力辨别。其曰拔頂熟，紅潤圓綻，全乎是肉，每枝重一錢至四五錢者。參之最紅熟者，不拘大小，塘西所行，故最高熟參，謂之塘西貨。揚州之行熟參，反次塘西。

統頂，細紅皮肉，圓湛，六七分至八九分一錢者。

二頂，細紅皮肉，或色滯，稍較頂熟身瘦怯，六七八分者。
次頂，細紅皮肉，稍癟皺，或色滯，或瘦長，或武相，五六七分者。
大揀熟，細紅皮肉，圓湛短壯，四五分。
中揀熟，細紅皮肉，或色滯身長，三四五分者。
中熟，細紅皮肉，圓湛，二三分成枝者。
小熟，細紅皮肉，一分四五釐至二分以外者。
條小熟，細紅皮肉，身長圓瘦，有頭尾，一分以外者。
短中，細紅圓湛，成枝，一分上下者。
大脩尖，細紅皮肉，不成枝數，皆大貨枝梢脩下，二三四厘而如戥梗粗細者。其力甚薄，祇可生津止渴，調理常病。或係蘆頭上橫生者，其性橫行指臂，無力者宜之。
二修尖，比大修尖稍細，形則同。
太參，細紅短小，自成枝數，比短中更小，或瘦三四厘至一分外者。然其短緊堅實，其力不下大參。
頂條，細紅皮肉，身細長，無頭尾，七八厘至一分外者。

大條，細紅皮肉，細長，五六厘至一分者。
短條，細紅，若大條斷者，不成厘頭。
短丁，細紅，如蜂蝶足粗細者，俗名蠟蜢腿是也。
中條，細紅，長短不盈寸，如蜂蝶小足細者。
光頂熟，光潤色明，如粉粧成，頭尾渺無粗皮，短圓文静，单枝挺湛，或有旁枝而不岐，六七分至一錢者。
光二頂，光細圓湛，或稍長武，四五六分成枝，較頂熟少減一等。
光揀熟，光圓紅湛而文，三四分成枝，較二頂又小一等。
光中熟，較光揀又小一等，二三分成枝者，體色亦如之。
光小熟，一二分成枝者，較中熟又下一等。
光大條，光圓而長瘦，無頭尾，一分外者。
光小條，光圓而長，一分内者。
頂兼皮，形體如頂熟，而有細白皮紅肉者，輕重同之。
大兼皮，形體如次二頂，而有細白皮紅肉者，輕重亦同之。

中兼皮，形體如中揀而瘦長，有細白皮紅肉者，輕重同中揀中熟。

小兼皮，形體如小熟而長短不分，有細白皮紅肉者，輕重同中小熟。

頂糙，形類兼皮而粗，白皮，頭内亦白肉，不實，梢頭露紅而體大質輕。

揀糙，形類大兼而粗，白皮者，質亦輕。

次糙，形類中兼而色滯癟長者。

小糙，形類小兼而粗皮者，如色紅，即名曰小紅糙，體質總輕。

紹糙，形類兼皮，不拘大小，粗紅皮而有肉者。　紹興去路，故名曰紹糙。　兼皮亦有紹兼，即兼皮之皮紅細結者，不拘大小，去路同。

鳳參，質大如頂揀中熟，而細白糯皮，梢頭有紅暈，而中如敗絮者，東洋必需。

鑲鳳，質輕，大小如鳳參，細白，皮不糯，微有鐵綫紋者，亦洋去。

白棍，質益輕，皮泡，色黄白不一，形大如頂熟。

鳳梢，質如鳳參而細長如條。　小形者梢有紅暈，可接入鑲鳳，以充鳳參。

片料，質輕中而有肉者，皮色粗細黄白不一。　浙人備以潮透，切片貿易。　頗似熟參，奸商邪儈往往鑲節眩人，然尚勝於僞者。

糙條，皮糙皺而細長，如頂條者。
泡頭，皮色不拘黄白黑，質輕重如白棍，商人備以緋接入混糙。
泡條，形如中條而泡白者。
鬚條，細紅如柴心者。
净鬚，紅潤，細如髮。
參蘆，乃參之蘆頭，發苗之處也。色多白，每以體鬆糙貨，斷以雜之。
空紅，細紅皮而色嬌，中空而熟者，不拘大小。
白熟，細糯而白皮，嬌嫩中空，若兼皮者，不拘大小。
箱底，乃是零星渣末，惡劣不堪之物，俱入其中。貨中之至底至賤者也，都中稱爲雜末。間有落存大段於内，若到蘇城，一經市商之手，大者好者，俱已揀去矣。

大參邇年頗少庫貨邇年不蛀

人參年貴一年，日低一日，此皆採取之勤，不使其年久滋養長大耳。昔之庫貨，因貯庫年遠，及至發出，故有蟲蛀。近年皇上聖明，鑒惜臣民氣體孱弱，生齒日繁，需參日衆，隨收隨發，賜臣工而散天下，故庫貨與客貨一樣新鮮。

收藏參法

人參易於蛀蟲，頻見風日則蠹生矣。惟用盛過麻油磁瓶，泡净焙乾，與華陰細辛相間，納盛於中，密封經年不壞。一法用淋過竈灰曬乾，罐收亦可。今蘇州店家，光熟參皆包貯茶葉之中，此法最便。

防霉時候

人參變色，最怕黄梅時節、桂花黄候。大暑不使其傷熱，淫雨不使其受濕，濕則烘之，熱則風凉之。不時啟看，勿使蟲嚙。光熟參至夏月，每遍身白點，謂之起霜，當以軟布，用新凉水擠濕捻去，無碍。蓋經焙其色易老，再焙色皆黑紫矣。

同名參類

太子參，雖細却短緊堅實，其力不下大參。

珠參，苦而微甘，宜於治火，味厚體重，形如芡實。

防風黨參，根有獅子盤頭者真，硬紋者僞。

黨參，今肆中所賣者，種類甚多，無所考據，皆不敢用。惟白黨之味雖甘甚淡，功力之不及防黨可知。

粉沙參，出於江浙，去皮净，煮極熟，陰乾，即名紅黨。

西洋參，形似白泡糙參，煎之不香，啜之苦多，宜於治火。

北沙參，色白，形如戳梗，鮮時折之，多白汁，故俚人呼爲羊婆奶。秋采者白而實，春采者微黃而虛。小人亦每縶蒸壓實，以亂人參。花如鈴鐸，故稱鈴兒草。

南沙參，形稍瘦小而短，色稍黃，功同北參力遜。近有一種味帶辣者，不可用。

空沙參，即薺苨，又名甜桔梗。

形似於參

僞造者，或以形似於參之物，造作亂之，如防風、沙參、薺苨、桔梗之類是也。江浙間出一種土人參，苗葉與桔梗相似，根亦如桔梗而柔，氣香，味甘美，較參稍淡，亦薺苨也。又有野蘿葍根，宛然是人參，以山梔、甘艸等次第煮味於中，一時殊難辨别，惟色澤不甚光亮，煎之湯無香味，渣不肯爛，惟脹胖耳。

真僞攢疊

參日價貴，奸惡之徒巧於網利，恐以全假之貨求售，被人覷破，反罹罪戾。故或以糙接熟，或以假鑲真，或用竪相雜以攢輳，或用層相間以節疊，做成枝椏一色，宛如無縫天衣，一時眩惑人目，難以識别，名曰金鑲玉嵌，必須細心審察，庶不受欺也。

諸參總較

人參、黨參、土人參、洋參、薺苨、桔梗多相似。人參體實有心而味甘，微帶苦，自有餘味，煎之易爛而渣少。防黨體實而味甘，土人參體實有心而味甘淡，洋參雖似糙參而氣味不香，沙參體虚無心而味淡，薺苨體虚無心而味甘，桔梗體堅有心而味苦。

補益似參

《青藜餘照》載："太史董育萬宏偶談四川産夏艸冬蟲，根如蠶形，有毛能動，夏月其頂生苗，長數寸，至冬苗槁，但存其根，嚴寒積雪中往往行於地上。京師藥鋪近亦有之。"彼尚康熙時也。邇年蘇郡漸有，但古來《本艸》及艸木諸典故從未之及，未詳性味。近出吴遵程《從新》有此品，言保肺益腎，不道從何考據？余仍疑之，未敢輕嘗，以意察之。其不畏寒而行雪中，則其氣陽性温可知。應奎書院山長孔老師諱繼元，號裕堂，係先聖裔，桐鄉烏鎮人，誠正君子也。述伊弟患怯，汗大泄，雖盛暑處密室帳中，猶畏風甚。病三年，醫藥不效，癥在不起。適戚自川解組歸，遺以夏草冬蟲三斤，遂日和葷蔬作肴燉食，漸至全愈，因信此物之保肺氣、實腠理，確有徵驗。嗣後用之，俱奏效，因信此品功用不下人參，故附誌之。

阿膠性下

家先生桐園公著《禹貢圖書指掌》，鈞讀至導水，知濟水三伏而四見。既伏而見，東出於濟源縣。東阿亦濟水所經，故取井水以煮驢皮，謂之阿膠。用攪濁水則清，人服之，下膈、疏痰、止吐。取濟水性趨下清，故以治淤濁、上逆之疾。今醫方不得此意，而用以治崩帶、胎動、腸風、血淋等癥，恐失之矣，故亦附識之。

陳鸛汀竹映山莊額題跋

庚寅夏，得晤桐園先生於維揚官廨。修竹碧梧，其氣象也。時出肘後拯人外，譚經明道，不厭。性嗜浮筠，繞宅素等渭川千畝，近遷瞟城，蒼翠碧鮮，恰從墻外環映，豈淇園如簀，竟與有斐結不解緣耶？遂取以顔其堂，属書并跋，梁溪陳湘珩。

唐氏世系

《唐書・宰相世系表》：「唐氏出自祁姓，帝堯初封唐侯，其地中山唐縣是也。舜封堯子丹朱爲唐侯，至夏時丹朱裔孫劉累遷於魯縣，累孫猶守故地。至商更號豕韋氏，周復改爲唐公。成王滅唐以封弟叔虞，其後更封劉累裔孫在魯縣者爲唐侯，以奉堯嗣，其地唐州方城是也。魯定公五年，楚滅唐，子孫以國爲氏，分仕晉楚。有唐睢，爲魏大夫。孫厲，居沛國，漢封斥丘懿侯，生朝。朝生賢，賢生遵，遵生蒙，中郎將。生臨卭令都，都生倫，倫生林。林尚書令，王莽封建德侯，生蔚。國除，徙居潁川，生武威長惠，惠生侍御史賁，賁生大司空珍，珍生會稽太守瑁。瑁生翔，爲丹陽太守，因家焉。二子：固、滂。固吳尚書僕射，生別部司馬瓊。瓊生宣，宣生晉鎮西校尉上庸襄侯彬，字儒宗。二子：熙、極。極太常丞，娶凉州刺史張軌女，永嘉末遂居凉州。生輝，字子産，仕前凉陵江將軍，徙居晉昌。七子：伯、廉、載、季賢、幼賢、孝達、季禮。載爲永世令，生弘。三子：瑶、偕、諮，號三祖。」

《高祖本紀贊》：「《春秋》晉史蔡墨有言：『陶唐氏既衰，其後有劉累，學擾龍，事孔甲，范氏其後也。』而大夫范宣子亦曰：『祖自虞以上爲陶唐氏，在夏爲御龍氏，在商爲豕韋氏，在周爲唐杜氏。』」

師古注曰：「唐、杜二國名也。殷末豕韋氏，徙國于唐，周成王滅唐，遷之于杜。唐太原晉陽縣也。」

唐氏以國爲氏，出自祁姓，亦曰伊祁，出陶唐氏之後。堯初封唐侯，其地中山唐縣是也。舜封堯之子丹朱爲唐侯，至夏時，丹朱裔孫劉累遷于魯縣，累孫猶守故地，至商更號豕韋氏，周復改爲唐公。成王滅唐，以封弟叔虞，號曰唐叔，乃遷唐公于杜，降爵爲伯，今長安杜城是也。周之季世，又封劉累裔孫在魯縣者爲唐侯，以奉堯嗣，其地今唐州方城是也。《傳》曰：自虞以上爲陶唐氏，在夏爲御龍氏，在商爲豕韋氏，在周爲唐杜氏。成王滅唐，故子孫爲唐氏。此晉之唐也。宣公十二年《傳》，楚子使唐狡，與蔡鳩居，告唐惠侯，使潘黨率游闕四十乘，從唐侯爲左拒，其地在今隨州唐城縣。此楚之唐也。定公五年，楚滅唐，子孫亦以唐爲氏，在晉者仕晉，在秦、楚者仕秦、楚。晉有唐睢，爲魏大夫，西説秦，不敢加兵於魏。楚有唐狡、唐勒，勒與宋玉、景差俱師屈原，事楚襄王，文章齊名。秦有唐厲，爲漢中尉，擊騶有功，封斥丘侯。

《氏族典》云：按《釋例》，唐，姬姓。又《公子譜》，一曰成王封叔虞于唐，號曰唐叔侯。其子燮父之後，春秋時國小微弱，遂屬爲楚邑。據此當云其子燮父之後，別封於唐。近於楚，微弱，遂爲楚屬邑。又按：堯之後，分爲六，唐氏、杜氏、范氏、劉氏、韋氏、祁氏，皆爲著姓，豈堯澤之不泯歟？

唐氏同名異實者，以唐氏有二：堯之後爲唐，周以封晉，此晉之唐也。伊祁姓，燮父之後，封於唐，爲楚所并，此楚之唐也。姬姓。

《唐仁祖傳》：「仁祖字壽卿，畏兀人。祖曰唐古直，子孫因以唐爲氏。」唐晉昌徵音，又望出太原。

上邑宗姓

都憲公諱瑜，字廷美，英宗正統丁卯科舉人，景帝景泰辛未進士，禮部給事中，巡撫甘肅，副都御史。

中憲公諱錦，字士絅，都憲公從子，孝宗弘治乙卯舉人，丙辰進士，江西提學副使，加贈中憲大夫。

刑部公諱懽，字季和，孝宗弘治辛酉舉人，壬戌進士，任刑部員外郎。

孝廉公諱稷，字世相，世宗嘉靖壬午科舉人。

少司空公諱國相，字舜舉，世宗嘉靖辛卯舉人，壬辰進士，工部侍郎。

大理公諱志大，字子迪，世宗嘉靖庚子舉人，辛丑進士，行人，歷大理寺副，告終養。

廣文公諱敏，字勉之，德化縣教諭。

都憲公諱繼禄，字子廉，世宗嘉靖癸卯舉人，癸丑進士，歷副都御史。

兵部公諱自化，字伯咸，世宗嘉靖癸卯舉人，癸丑進士，監察御史，南京兵部郎中。

象山公諱繼賢，字子象，都憲公從弟，世宗嘉靖辛酉舉人，象山縣知縣。

廣文公諱志孝，字子順，永福縣訓導。

參政公諱本堯，字世承，兵部公子。世宗嘉靖壬子舉人，穆宗隆慶辛未進士，歷江西副使，貴州參政。

通許公諱志范，字子期，恩貢生，通許縣知縣。

楚雄公諱元偉，字觀卿，神宗萬曆丙子舉人，楚雄府同知。

嚴州公諱仲賢，字晉卿，神宗萬曆壬午舉人，嚴州府同知，有惠政，載《嚴州志》。

別駕公諱國士，字玉屏，神宗萬曆丙午舉人，福州府通判。

廣文公諱光燕，字爾賓，安遠縣訓導。

教授公諱仲泰，字雲門，歷天台、平江、廣信教諭，屢署縣篆，有惠政，改王府教授。

廣文公諱時徵，字元成，參政公孫，任青陽縣教諭。

孝廉公諱汝玫，字次仲，懷宗崇禎乙卯舉人。

孝廉公諱廷佐，康熙癸酉舉人。

明經公諱文昌，字虞公，松江府學，康熙四十五年歲貢。

嘉邑宗姓

明府公諱恩，弘治戊午舉人，甲戌進士，授松陽縣知縣。

副使公諱愛，嘉靖庚子舉人，辛丑進士，除南安令，歷雲南、山東兩省副使。

明府公諱景亮，萬曆癸卯舉人，任太和教諭，歷遷職方郎中，出知延平府。

僉事公諱咨禹，字伯勤，萬曆己酉舉人，選興化教諭，歷至雲南按察司僉事。

明府公諱光前，字伯俊，崇禎二年恩貢，選常州府訓導，陞仁和縣知縣。

廣文公諱繼隆，崇禎八年歲貢，選靖江訓導，陞清河教諭。

明經公諱頎，字德倩，順治十五年歲貢。

文學公諱時升，字叔達，讀書汲古縣宰謝三賓，合婁子堅、李長蘅、程孟陽，號爲嘉定四先生，入《文學志》，著《三易集》。

明經公諱嘉會，字合文，雍正壬子副榜。

主政公諱鼎，字公鉉，洪武以賢良薦授工部主事，謫樂清主簿。

武科公諱名芳，字令貽，康熙辛酉武舉。

明府公諱貞一，字晉封，雍正朝應廣取人材例，歷漢陰、醴泉二縣知縣。

太醫公諱永卿，宋時以有道者爲太醫，從高宗南渡，世爲醫官。五世孫毓，字玉成，薦入醫院。

部郎公諱朱英，字陶然，乾隆乙卯舉人，乙未進士，榜姓董，授畢節令，遷工部郎中。

張景桓唐上采先生傳

大凡德足以滿其量者，才或短於肆應；才足以濟其用者，德未必其純全。甚矣才德之難於兼備也。我於海上先生獨有取焉。先生姓唐氏，諱華，字上采，上邑之諸生也。先生之父鄉飲賔，號曰震揚。震揚公，家道素封，爲海邦望族，生四子。先生居幼，遺業甚厚，而先生獨能義讓三兄，以故室如懸磬，而先生怡然自樂，不以德色示人，其友于兄弟如此。一生好學，經史百家以及方技之書，靡不博覽，至古希時猶手不釋卷。性至孝，震揚公壽登九十有五，母夫人亦九十有二，家雖貧，甘旨弗缺，問寢視膳，必誠必敬，鄉里無間言。及兩尊人相繼卧病，三兄俱屬七旬，内外力不勝支，而先生以半百之年，獨任其勞，湯藥必嘗，衣帶不解。及病革，哀毁骨立，喪葬盡禮，聞者罔弗感泣。持己益廉，待人益恕，雅尚節儉，見有鮮衣盛饌者，必諄諄以惜費爲囑。其於子姓，尤不稍寬假。長兄去世，竭力營葬，遺二子，俱不克樹立。長者廢業，早卒；幼者流落不偶，先生招之歸，爲之完配，以續冢嗣。姊適沈氏，年未三十而寡，有子尚在髫齡，先生周給賑恤，以濟窮孀。及年老，又命時琳兄弟呈請當事，得邀旌獎。舅母張氏寡，亦請學臣給匾，使兩家節孝，不致湮没。母舅包公永，家貧乏嗣，包於揖亦暴露日久，先生卜地葬之。時有奸棍阻撓，智力俱憊，始得峻事。更倡義以葬其受業師張才甫。惟拜颺姚君三喪未舉，臨没時，猶引爲餘恨。素性亢直，凡遇强凌弱、智欺愚者，必正言苦口，以息其紛争，一時雖逆耳，後鮮有不悔而知感者。其盛德之及人，要非流俗之所能仿其萬一者也。訓誨子姓最嚴，館課文字，親加批閲以别勸懲，所以長君時琳與猶子文昌，聲傳俱能樹熾文壇，爲一時名士。孫男方沂早慧，十齡時即能作詞曲，先生切責之，使之專心舉業。今方沂淹雅博洽，珥筆史館，以爲一邑之光，豈非先生之教澤有以致之乎？先生生三子：長時琳，廪貢生，候選訓導；次時珪，早卒；幼時寖昌寖熾，正未有艾也。孫五：長方沂，華亭縣學增廣生，由集成館纂修，今奏敘教諭；餘俱幼琰，候選郡佐。業儒。予不文，烏足爲先生重？然與長君純美交既久，又最稱莫逆，承命之下，敢不勉力從事？故不揣荒陋，而爲之傳。

袁簡齋江寧兩校官傳

我國家百有三十餘載，而江寧以校官祠於學者，祗二人焉。其一曰教諭湯先生，諱偉，字鵬乎，宣城人，康熙庚午舉人。居官時年已七旬，天倪甚和，碌碌然不可見涯涘。夏月短葛衣，搖扇，與羣兒嬉。或上樹撲棗，童子環啖之，先生俯而笑曰：「盍留苦敗者償老子勞耶？」其風趣如此。及兵部侍郎法公海督學江南，威棱言言，所至不敢仰視。初按江寧，命報程生某劣行。先生搖首曰：「程生不劣。」法呵之。先生正色曰：「程生不特不劣，且賢。公命舉優耶？今晩牒且上矣。若以爲劣，則公知之，偉不知也。」法大怒，叱先生出，將劾先生。江寧先輩蔡鉉升者，與法有舊，往見法公曰：「公知程生所以劣乎？生狷，嫉惡過嚴。上新菴，見僧奉富商木主與天子龍牌峙，生詈僧諂，捽而投之，以故僧與商造蜚語陷生。公得毋爲若輩所眩乎？湯先生正人，九學所推，公不知敬，何也？」法大慚悔，三肅先生而謝。江寧學舍穿漏，每大雨，先生持傘坐承霤下，白髮淋漓。客駭問，則顰蹙曰：「大成殿未修，先聖露居，而某敢即安乎？」上官及諸紳士聞之，争來營度構造。終先生之世，學宫焕然。俸滿，遷國子監典籍，以篤老辭。卒年九十餘。

其一曰訓導唐先生，諱時琳，字宸枚，上海人，康熙甲午歲貢。持身待士，一衷於禮。甫抵任，即捐俸重修前明周貞毅公祠。去後，諸生之感其德者，即以先生與湯先生之祔焉。乾隆三十九年，邑有修學之舉，將遷祠周公，並遷兩先生。訓導曹君懼兩先生之澤將湮也，属予作傳以永之。予覽所持來湯狀甚具，而唐事寂然，無可紀述，以故筆澀不下者屢矣。然竊念東漢諸賢瑰意奇行，顯顯在人耳目，而黄叔度以牛醫兒彌口無言，一事無爲，當時欽之者，至以孔門顏子比之。然則古之君子，固有行而無迹者存耶？抑動静語默，亦各視其時耶？今人門方面大府，在官赫然，去則車未出城，民已忘其姓氏者，不知凡幾。而此二校官，獨能以一縷香，食報於荒盧苜蓿之塲，可知官不在大小，唯其人；人不在顯晦，唯其真。《中庸》曰：「誠之不可揜如此夫。」後之人，聞兩先生之風，可以觀，可以興矣。曹君倒冠而至，偈偈然欲不朽先賢，其立志非凡所及，是亦昌黎所云「得牽連書者」，諱錫端，字菽衣，亦上海人。

曹菘畦江寧廣文唐先生傳

唐先生名時琳，字宸枚，號仁巖，上海人。其先世分茅土，樹勳烈，唐宋之世，史不絶書。高祖思安公，曾祖淳宇公，當明代神熹之際，淡於禄仕，鑰户潛修，卒以謹厚稱，務詩書而盡其職分之所當然。祖震陽，諱姚端，崇祀忠孝祠。父上采，諱華，邑省志乘、《欽定古今圖書集成》咸有傳。先生承世德，績學勵行，以明經入成均，廷式第一，有宋五子之遺風。雍正八年，授江寧司訓，設科條，勤孝課，兢兢於古人教授之法。時制府趙公宏恩以鍾容矜式表其署，學使張公廷璐以不愧師範額其堂，其爲當時巨卿碩德所推重如此。先是，學署久圮，廣文蒞是，率僦居民舍。學之西北隅，有周忠節公祠，歲遠弗葺，幾爲茂草。先生念前代忠烈，國朝列之祀典，不可坐視傾頹，遂捐俸脩治，重新公位，額而識之，并結數椽於左右，以庇風雨。時集諸生講學其中，俾士習益端，文風日振，其扶持名教又如此。先生性孝友，弟三人，先後物故，自以薄宦不獲躬親祠祀，引咎哀愴，請假省墓，遘疾，卒於家。知道者，咸嘆喆人之萎。生於康熙元年二月十六日，卒於乾隆五年十一月二十八日，年七十九。先生殁，江寧士人尸祝之，號曰小濂溪。乾隆庚午，上海令李公文耀續修邑乘，重先生舊德，嘆曰：「恨志例無理學部，以先生入文苑中，毋乃屈抑也乎？」其芳徽没而靡彰，爲徵文徵獻者之推崇又如此。歲戊辰，武林袁公枚令江寧，以修志自任，未及采入。解組後，僑寓金陵，知廣文中先後有湯唐二先生之賢，遂作《兩校官傳》，而先生行實尚未詳盡。三十九年，重修學宫，以周忠節祠移建明德堂右，邑之士大夫曾經親炙者，如秦學士劍泉輩，念唐師不置；其後進者亦習聞緒論，稱之不少衰。孝廉梅君釴，偕諸士紳重奉先生主，與湯先生同祔於祠之左楹。袁公嘆先生之殁，幾四十年，其行義炳志乘，教澤掛人口，猶能以一縷香，食報於荒廬苜蓿之塲，洵乎其賢矣。復跋數行於合傳之末，以誌從前之疏略。其流風餘韻，爲士林之追慕者，又如此。先生邃於經學，如《學庸集説》、《詩經正義》，皆有成書，能闡先儒所未發。娶嚴氏、吴氏、陳氏。子二：長方沂，庠生，辟充銅板館纂修，議敘知縣，著有《青藜餘照》、《惘惘》等集；次方淮，今名千頃，入太學，好經術，著書廿種，更通岐黄，嘗活人。孫秉鈞，幼博覧群書，能標卓識，見者莫勿驚奇器重。孫女秉口，賢孝雅儉，妻馮孝壽，中式萬壽庚寅科十五名鄉魁，附書之，亦見先生之遺澤，其裕後昆又如此也。

論曰：漢文帝云：「昔有爲我言李齊之賢，戰於鉅鹿下。今我每飯，未嘗不在鉅鹿也。」思曩先黄門少時，與先生迭主壇坫，最莫逆，重以數世戚好。兹余又秉鐸江寧，承先生之後，而服其德教者猶有存焉，其亦可以知先生之賢矣。余心儀先生，不啻羹墻，猶每飯者之在鉅鹿下也。雖不文，不足以傳先生，然不禁神往濡墨，以略其梗概，庶使後之修志及采風作史者有所考云。年通家眷姻世姪曹錫端。

王鶴溪青藜餘照集序

《漢成帝紀》：河平三年，光禄大夫劉向校中祕書。又《藝文志》：「向與步兵校尉任宏、太史令尹咸、侍醫李國柱分校經傳、諸子、兵書、數術、方技，每一書已，向輒條其篇目，撮其指意，録而奏之。後向子侍中奉車都尉歆，能繼父業，於是總羣書而奏其《七略》。」是則劉向爲修書之始也。我聖祖仁皇帝御宇，命儒臣校修《古今圖書集成》，至五十八年告竣，分門纂類，咸出自上裁，而總裁分修諸臣，亦一時之選，宜其卷帙之多而益善矣。上海唐先生掄三，幼秉異姿，長承家學，以名諸生。遊上庠，徵修是書，所閲卷以萬計。館中有疑難事，輒委之先生，故所成獨多。乃於編纂之餘，撰筆記十卷，名曰《青藜餘照》。蓋取《拾遺記》劉向校書天禄閣，有太乙之精吹藜杖端，爛然光明，與之談《洪範》五行事也。夫太乙事雖近於怪，而以向之博綜天地，自應上通天神，有是奇闢之事矣。且通三才之謂儒，後人蹈儒之名，浸儒之實，不復如劉向之學，亦無復太乙之下止矣，奚得吒王子年爲語怪乎？今先生之以青藜名其書也，意其在館之時，夜以繼日，專精覃思，安知霄漢之表，不有太乙天人者爲之燃藜，以啓其明與？子產曰：「天道遠，人道邇。」予亦安知天道？太乙之叩劉向閣門也，惟向自知之。或先生亦有所遇，不以告人，而僅以名其書乎？先生之幼弟彤淵，博學工著述，精岐黃業，寓疁水上，數與予還往。一日，持此書屬予校定，且命爲序。予讀其書，有可備史策之遺忘，有可資善否之鑒戒，洵有功於名教，不徒取其文詞已也。昔劉氏《説苑》，宋曾南豐校定而傳之。今以是較之《説苑》，固有辨矣，第恨予非南豐也，何以序爲？再辭不獲，因援序以書重之例，爲書其卷首。時乾隆三十五年十二月望，後學王鳴韶頓首拜撰。

道憲韓湘巖經學三書總序

君子窮經以致用，欲爲有用之儒，未有不從事於經者也。經自秦火之餘，漢儒抱殘守匱，各以所知聞教授博士弟子，支繁派衍，堅持師説，如黑白水火之不相能。宋程朱諸儒，起而集其成，芟薙支離，吐棄糟粕，微言著而大義彰矣。顧矯枉或至過正，後之蔑古者，輒藉此爲訾謷。本朝聖聖相承，聰明睿智，日臨月照，纂集羣言，嘉惠海内。《易》有《折中》；《詩》、《書》、《春秋》各有傳説；《三禮》有《義疏》，首以程朱爲準，次列歷代各家異同之説，以備參稽，復製聖裁，增案語於後，用示會歸之極。同中見異，異中見同，上下二千餘年，鐘鳴石奏，聲傳響答，洋洋乎經學之明未有過於今日者也。衆説既陳，是非以判，如星拱北，如車指南，昭昭乎窮經之易，亦未有易於今日者也。雖然，窮經之弊有二：其一辨訓詁，考典實，而不晰於大經大法之精。其一摹口吻，搜翰藻，而不達於化民成俗之大。生聖人之世，讀聖人之書，其束而不觀者無論已，即觀矣而不能記憶，及記憶而矜爲該博者，其不適用則均也。夫日月至光明也，晝夜以之運，歲功以之成，即况而愈下，以至於曝背暄衣之舉，亦可資其用。雨露甚優渥也，禾稼以之灌溉，江河以之通利，即其細已甚，以至於盥手濯足之微，亦可收其用。故曰：「温故知新，可以爲師。」又曰：「君子深造之以道，欲其自得之也。」今直省學政遵功令，每歲科試，摘御纂經解爲問。其原原本本、曲暢旁通者，一邑之中，或百不獲一焉，甚者或虚無人。理不求諸心，則閲而輒忘；言不審其精，則泛而鮮當也。上海唐君桐園，稽古學道，孝友忠信，博雅君子也。於五經俱有纂言，沈歸愚先生爲序而存之。今年夏，余以公事客吴門，唐君先以《易詮義》、《詩粹腋》、《禹貢圖書指掌》見示。語簡而義明，收繁而旨約，上承御定諸經而挹其菁英，次遵程朱之訓而範於軌物，旁採漢唐宋元明諸儒之語而疏以己見，不惟其詞而惟其意，體醞而蜜甘，雲飛而川泳也。懋乎其力學之勤，藹乎其有味之言，卓乎其垂世之書矣。夫歸愚先生，績學，工詩古文辭，晚登仕版，受知於聖天子，厚糈崇階，寵榮備至，安知唐君皓首治經，不將老其才，得步趨歸愚先生之後乎？唐君嘗自言恥爲無用之人，間讀《素問》、《靈樞》，活人疾病無算。語云：「不爲良相，當爲良醫。」此唐君窮經之志也夫。乾隆癸巳冬日，青田韓錫胙書於上海使院之宣問齋。

沈歸愚周易詮義序

練水唐君桐園密於治經，以《禹貢圖書指掌》屬余序矣，兹復示《周易詮義》一書。夫《易》者，古聖人建天地陰陽之情而作也。卦六十四，分而爲上下，象陰陽也。陽故純而奇，上篇三十以象陽；陰故雜而偶，下篇三十四以象陰。通陰陽之變，莫靈於聖人;盡聖人之心,莫深於《易》象。旨遠詞文,言中事隱,固往哲之驪淵,而古今之義之奧藪也。商瞿以來,舛謬多矣,去聖彌遠,衆説騁詞。西漢有丁孟、田京,東漢有荀劉馬鄭,大都互相祖述,而古經變于費氏。以彖象文言,參入卦中,實自費始。而王氏弼傳之孔氏穎達,獨取其學。然弼好老氏,魏晉譚玄,弼實倡之,言理而涉空虛,與言數而入詭異,弊正相埒,俱無當於《易》之義者也。夫義不精則不達,義不晰則終不精。桐園本宋程子之傳,朱子之本義,參考衆説,以折其衷,條分縷析,通幽洞微,于上下經之義,不啻了然於心手間,而該括以出之,殆欲窺陰陽之藴而致《易》義之精者歟?吾嘗怪夫治《易》學者,堅持理數两説,劃爲鴻溝,入主出奴,均無一是,殊不知理外無數,數中有理,二者一而已矣。如《乾》之九二,豈必有學問寬仁之義而孔子言之?《咸》之九四,豈必有日月寒暑之義而孔子言之?可知假借旁通,即數即理。伊川因君子豹變而發自暴自棄之論,因君子得輿而發匪風下泉之論,此物此志也。桐園惟義之是詮,不斷斷於理數之異説,可謂有功于程朱者矣。朱子《易贊》曰:「象陳數列,言盡理得。」學者誠即是編以求理數之合,將先河後海,欲探《易》義,夫復何難?是爲序。己丑夏五,長洲學弟沈德潛題,時年九十有七。

卷八

竹莊文獻考下　雜考

竹莊文獻考下

王西莊禹貢圖書指掌序

古今著述有繁有簡，孰爲難？曰簡者難。夫簡非徒簡而已，凡無用之書不援，不足辨之説不採，如此則簡矣。此非讀破萬卷不能，而無識者漫取繁重部帙，駭汗而推奉之，何也？《禹貢》一篇，解者多矣。最浩博者，莫如胡氏《錐指》，全書共九百葉，予爲竄而縮之，得三百葉，自謂簡矣。乃今讀吾友唐先生桐園所撰《圖書指掌》一編，而服其精要，視予更遠過之也。蓋此篇爲千古地理書之鼻祖，解之者以歷代史志、酈氏《水經注》及《元和郡縣》、《太平寰宇》二志爲證據，以注疏及通志堂所刻諸家經解爲辨論，紛紜聚訟，動輒滿紙。然上下四千年海桑陵谷之變，沿革分合之故，不勝其繁，即質之目驗，亦多未協。苟非識字識古，心知其意而欲以游談無根，胸馳臆斷，從事焉祇見其惑矣。先生精心稽覈，能抉經之房奥而不爲蕪薉之異説所汩。即以其最切近者言之，如揚州之三江，乃吾鄉大古蹟，言人人殊。先生獨以鄭康成南江、北江、中江之説爲宗，而不主蔡傳，其卓然絶識，超出流俗萬萬。即此一條，而全書之確核，從可知矣。先生湛深經術，所著又有《周易詮義》，予于《易》未有所得，不敢妄厝一詞。若《禹貢》，頗嘗盡心焉。所見諸家之書，簡而可傳者，莫如先生此編。爰趣舉其質言，弁諸首簡，且勸亟付剞劂氏以嘉惠來者云。乾隆戊子重五，同學弟王鳴盛頓首拜題於吴閶小山書舍。

沈歸愚禹貢圖書指掌序

《禹貢》一書，名雖曰貢，其文則亦典也。言禹所以治水之事，所底之績，無不甚詳且悉。其每一州之下，各究水之所歸矣。而首尾本末，其脉絡相應處，又見于導山導水之文，若網在綱，源流貫澈。古今解者隨文因義，以就章句，既苦無所發明；若繁稱博引，浩漫無歸，又苦其聚訟而少折衷焉。苟非於山水形勢之大，瞭如指掌，而復參究積卷，疏通證明，有以得其要領，欲求其一二言之當也，難矣。練川唐君桐園著《圖書指掌》二卷，其得《禹貢》之要者乎？《禹貢》釋者不一家，大約宗《山海經》、《爾雅》、歷代史志、《水經注》、《元和志》及《寰宇記》、《輿地記》諸書，唐如顔氏、孔氏，宋如蘇眉山、王臨川、林三山、吕東萊皆有著説，而曾氏彦和考證地理頗有依據，比諸説爲詳，足爲九峰輔翼。至元惟吴草廬《纂言》四卷，程廬山、蔡傳《旁通》六卷，切近簡明，便於學者。余嘗卒業於此，頋未及著有成書。桐園能引經據古，得條理而貫通之，又不附曲説，不逐繁詞，恐致駭目奪心，無益于讀書之要，信嘉惠後來之善本也。夫今日山川形勢固非昔比，如古河自周定王時徙，已失大禹之舊，必博學多識，以古時之文參歷代之志，有依據而後論定之，庶幾不謬耳。不然，如以碣石爲九門，以九江爲尋陽，甚至以礫谿爲砱礫，支離舛錯，不可更僕數，非滋之患耶？桐園寧簡毋詳，仍有所考證，以抒其所得。讀是編者，自不以蕪雜相訴病，更不以簡約而或忽之，則尋繹引申，其有以見作者之苦心矣。乾隆己丑夏五，長洲學弟沈德潛題，時年九十有七。

沈歸愚詩經粹腋序

漢説詩者四家，申、袁、韓、毛是已。三家既絶，毛詩孤行，毛亨作詁訓授毛萇，名其詩曰《毛詩》。《毛詩》引序入經，《後漢·儒林傳》：衛宏作《毛詩序》，是毛與衛遞相祖述。後鄭衆、賈逵、馬融爲作《傳》，鄭元爲作《箋》，世于是稱《毛詩鄭箋》。鄭夾漈之專詆《毛序》也，亦自有説。朱子從之，且專爲之辨。夫序之作，或以爲孔子，爲子夏，爲國史，固無可考，然從來也遠，必有所傳據而專己，抱殘之失則亦有之。此《朱子集傳》更定其説，爲近來學者所宗也。練川唐君桐園究心經學，《易》與《書》俱有著述，更眎余《詩經粹腋》一編，其體以《朱傳》爲指歸，參以己意，疏通而證明之，簡而明，賅而備，是固學人之發矇而研經者之先路也。余嘗讀《三百篇》，參朱子之所爲《傳》，知其兼綜善取，閎意渺思，卓然千載上也。《關雎》則取匡衡，上天甚神則取《國策》，抑戒昊天則取《國語》，何以恤我則取《左傳》，陟降庭止則取《漢書》，如此者不可殫述。知其翼經，具有苦心，即序爲所辨矣。中亦有以爲是而不廢者，雖《鷄鳴》、《子衿》諸什未嘗從序，而《柏舟》一詩後註「孟子以爲仁人不遇」，仍從序説。是説《詩》端在以意逆志，不執成見。桐園之編，一洗聚訟之習，爲之虚衷考義，殆所謂善解經者與？昔朱子論《詩》，嘗質之東萊。及《集傳》成，東萊不及見，集中以爲憾。今桐園治朱子學，于傳、詁、箋、疏、正義而外，思有以集其腋而會其歸，又勤勤辱問，余何以益之哉？惟是毛朱相持處，在參觀證合，無失朱子翼經之苦心，其得矣，爰趣舉鄙言而爲之序。己丑夏五，長洲學弟沈德潛題，時年九十有七。

王西莊子學類要序

唐先生桐園，雲間老名士也。著述等身，業多付剞劂，無脛而走四方矣。一日出所未刻曰《子學類要》者眎予，屬余題其首簡。予展卷讀之，嘆桐園之苦心，可謂善著書。昔劉向校書，定爲《七略》，諸子之屬，有所謂儒家、墨家、名家、法家、道家、從横家、陰陽家，至於雜家、農家、小説家則末矣。然皆兼采而不廢，與六藝並存。班固仍之，列于《志》，自是以下隋、唐、宋、明諸志皆有之。若其薈萃諸子以爲大部，則惟宋人龔士卨之《六子全書》，明人余有丁之《子彙》，此外不多見也。雖然，龔、余二家，不過合刻諸家之成書耳，非有襞績纂組之勞，猶易爲力。桐園此編，割取諸子膏腴，運以己意，絲聯繩貫，鎔成一氣，總爲四十八篇，譬諸集衆腋以爲裘，釀羣花而作蜜，其功視龔、余，不更偉歟？學者得是編而誦之，即一卷書而諸子英華咸總括乎其中，在作者則博觀而約取，在讀者則事半而功倍，洵藝林中探珠之妙手，伐山之鴻寶也。桐園曩嘗有《禹貢解》，余嘗序之，兹編尤爲奇特，蓋學博而心細，故能抽衍妙緒，日出而不窮。吁以桐園之才，老困諸生中，當世名公卿賞識者雖多，要未有能拔而起之者，顧桐園亦恬退，不復有進取意。間或出其餘技，以醫術濟人，人亦競以盧扁、俞柎目之，所至求療者如市。耳食皮相，俗態類然。夫桐園之所藴蓄者甚宏大，即著述亦不過其碎金也，惡得以一技概哉？乾隆庚寅九秋，同學弟王鳴盛序。

朱梅圃跋詩經粹腋後

五經中變其體格音調，相沿成習而極盛者，莫如《詩》。蓋《詩》之爲教，足以勸善懲惡，是人性情事也。人莫不有性情，即莫不有詩，故自《三百篇》後，洎漢、魏、六朝、唐、宋、金、元、明，代有詩人。于今聖天子鴻章鉅製，昺曜兩間，尤爲超前而軼後。凡夫鄉曲里巷之士，以及方外、閨秀、縉紳、大夫登山臨水，弄月吟風，無不感被而成詩。至於應試者，自大吏採風、邑令季考、庠師月課、院長校士外，自縣而府而院，又秋闈而春闈，謹遵功令，經義外分六韻、八韻之五排以試之。至于館閣中，詩尤專尚。此《詩》之一經雖變其體格、音調，獨相沿成習而極盛也。桐園唐先生祖世以經學起家，乃口不言詩而心自有詩。蚤年應試不遇，即輟業文場，獨焚膏繼晷，殫力于經學之中。其聚精會神，所以口不言詩而心自有詩者，乃醖釀於《詩經粹腋》一書。此書之纂述也，悉以朱

《傳》爲鼻祖，雖或旁采他説，似用師心，究不與朱子稍涉騎墻，一以紹祖父之經傳，一以啓子孫之詩學耳。于何見之？蓋余嘗捧讀其先君江寧司訓公《葩經文集》，因題搜義，與此書無不印合源流，故見其能紹父之一經，即可見其能紹祖傳矣。又其令嗣衡鑑世兄嘗出《四書課義》及試卷見眎，無不攟摭詩詞，風雅之氣溢於行間，故見其後人之能用經，即可見其啓後人之詩學矣。所愧者，余自幼習詩，亦自幼好詩，又自幻作詩，充囊盈几，鬱鬱然雖皆由性情流出，而宗旨似於《三百篇》日遠矣。成童後，早倖遊庠，與令坦孝廉、馮君愚亭先後受知於李公。是科與童子試者，作四子書文二篇，尚未頒令作經文與試帖，明秋己卯入闈次場，即作經文與試帖。少年意氣驕奢，自謂首場揣摩四書文得手，經則但求粗明詞意爲無病，詩則但求諧和聲律爲窮工，習其業者，究未導其源，爲諸生幾及二十年矣。「歲聿其逝，蒹葭蒼蒼；我辰安在？經營四方。」隨口集成經語，作一首絶句詩，差可見余之境遇矣。素性不喜藏拙，因與先生歷敘之，不知先生以爲可與言詩否？乾隆乙未年仲冬，兩𦞦三鼓練川朱綿生拜跋。

朱梅圃題心經箋註二絶并跋

三經註就註心經，《易》、《詩》、《書》俱有纂本。儒釋何曾判渭涇？箇裏最多明性語，曉人穿破是西銘。

誦經老去樂年餘，心解晶瑩一鏡虚？底事退之思闢佛，廬其居又火其書。

歲云暮矣，諸務填心，家空而心不能空也。難把一空字以藥之，晨起誦《心經》，空矣；誦家和翁《箋註心經》，更空而明矣。立就二絶，題於卷首，毋笑吾空空如也。晚朱綿生。

王西莊書

昨晚從玉峰回，知曾勞駕，失迎爲罪，承賜名香，銘感不淺。吾哥學富而望重，餘波綺麗，雅韻欲流，乃詩文壇坫中高置一座之人，當與弟輩並驅中原，而盧扁之技，真其餘事也，豈世俗醫家所及乎？拙著詩文集四十卷，本欲呈政，無如卷帙重大而交友頗多，若送一處，則餘人必羣起而責之，所以遲遲。兹值書肆來刷，例繳板頭，特以一部送上，請置案頭正之，耑此不一。桐翁同學長兄先生弟王鳴盛頓首。

又

拙稿一部送上，查收。彙集子書精語，深費苦心，佩服佩服。弁語容得暇題就寄上也。

王鶴溪書

《易詮義》，依古經文，會通程、朱二傳，可以砭俗本之悮解，晰理義如鑑琉璃屏中，毫髮畢露，前人千言不能了，此以數十言了之，豈非快事？《詩傳》近有徐筆峒者，依經解註，似覺簡明，但微有學究氣，文法亦不老净。讀《粹腋》一書，折衷先賢義疏，歸於至當，考據亦詳贍有法，洵可爲朱子功臣矣。至釋《禹貢》尤精審，談義理在空際，講地理是實際。今先生談理既粹然無疵，而九州地志，自虞夏直推至今，瞭如指掌，先生真可謂五經紛綸矣。承教感荷，率此鳴謝。原書六册送上，祈收明，臨池不盡。桐翁太老先生教小弟鳴韶頓首。

顧星橋書

去春接教，旋奉候高齋，緣稍隔東西，未能時聆麈談爲耿。比於沈宫傅師案頭，細切，家嚴命筆請安。桐園老先生詞壇教小弟顧宗泰頓首。

已接到，稍凉即當趨候。快親風雅，率泐佈覆，順請邇禧，對客走書，不罄所言，無任依

讀大著，經術湛深，信千古不朽之盛事。敬佩敬佩。頃荷瑶華，彌紉眷注，朱鳴兄札亦

又

日前奉叩，值台駕公出，不及暢聆麈教爲悵。連旬仗雨闌風，未獲時接清暉。曾於小山書舍見敝友王宸尊兄，仰慕盛名，迫欲請教，緣未識韓，乞西莊先生作札致引，想已晤悉。蒙睞大著諸書，抉經之心，鈎子史之奥，真乃當代作手。向從事有年，今得指南，昭然發矇，惟《毛詩粹腋》一書尚未接到，辱命作序，扣盤窺管，夫何敢當承愛？容讀後勉就。少司馬昨晤令孫玉琴同年，知於秋間始歸，俟歸時轉致也。原稿擬抄存硯北，以志欽佩。昨紀綱來述雅意，姑先奉繳，希爲照收。竹塘先生處，前有寸緘祈寄，想久達練水，近有郵筒否？頗念念。專此肅復，順請邇安，伏楮依切不宣。

又

吴雲燕樹南北暌違，企想之私，與時俱積。令倩馮大哥同年來都，接奉朵雲，彌紉

垂注，兼稔近履臻茂，快慰翹襟。馮大哥雲間碩彦，年少高掇經魁，翔步木天，在彈指間，足徵吾先生大雅扶輪，玉潤冰清，一時推重，叨在同譜，有不忻忭相從、領題襟之樂者耶？大著子學，聞已開鐫，竣工後幸惠一部是荷。謹泐小函，申候台禧，伏惟朗照不宣。

汪岑華書

別來又半月矣。秋風鎩羽，戢景無聊，深負知己屬望，慚恧何似？功名得失，亦有何常？特累堂上屢添白髮，此則寢食不安者也。尊著《禹貢圖書指掌》，他人所數千言不能悉者，先生以一二語了之，是真能抉經之心者。且明白易看，最便塾中課讀。若付梓人，佇見紙貴。至所畫諸州輿圖，敝館中苦無善本參考，然稍加校對，先生之繪註，不虛指掌之名，實無可復贅一詞也。李司馬處近日未知何如？夙承關注，不敢再瀆。他若金閶一帶，此道中人雖少，館塾原未嘗廢，苟有相知可以推薦，正課固不待言，即教詩教字，雖不才亦可兼任。此係爲貧所累，非相好如吾先生，不敢爲此言，亦不可聞此言也。耑此奉候近禧，統惟垂照不宣。桐園學長先生足下汪景龍拜上。

徐存齋札

前遣來人，弟意老哥欲備遠出驅使，故令來謬。接來札，知意在十一二歲童子，爲家庭灑掃傳命之用。上邑亦時有之，但可取得妥者甚難，姑俟緩圖。令郎衡銓世姪，童齡好博，與談竟日，無論天文、地理、經濟、術數以及一切幽僻典故，遂及遂談，源源本本，真不是凡兒也。試之時藝，議論通古今，艷麗動心目，洋洋混混，才滿行間，固非淺陋可望見。然榮世傳世者，定當若是爲之，方表湛深經史。若令郎與小兒，救時急策，以進學爲先，宜令降心斂華，做最利小試之文。若彭學臺所取一路文字，老哥以爲然乎？讀尊纂《禹貢指掌》，考據典核，朗若列眉。昔人稱李龍眠作《山莊圖》，使後來入山者，信足而行，自得道路。今老哥訓釋精當，簡括分明，殆與龍眠之神妙無異，是宜亟付剞劂，以嘉惠來學也。陳師一札，乞爲轉達，現在評選之文，煩先付下，因敝門人可以相助刻資，苟能於出門前辦就，亦可當應酬羔雁之資，特此致懇不一。桐園二哥大人台電，愚弟日華頓首。

應奎山長孔裕堂書

屢枉丈駕具仞至愛，篆感之私，匪言能喻。敬閲手定經子各種，非好學深思，心知其意，彙萃前人之精華，曷能臻此？敬服敬服。原集昨俱一一奉繳，諒已照入，弟愧無能贊一詞耳。聞大手增評何批《文選》，又令昆先生手著《青藜餘照》，倘在案頭，祈檢付來手，旅况清閑，無可遣悶，得捧秘製以消岑寂，不殊痛飲讀《離騷》矣。幸甚禱甚。再此外倘有别種手批大作，亦乞檢一二付示爲望。率此代面，并候不既。桐翁學長先生千古，學弟孔繼元頓首。

朱梅圃札

尊著《詩》、《易》，每部後附以題跋，非敢擅自塗抹，一藉以寫懷質正，一藉以附驥傳遠，請先生裁之。特此奉趙上桐翁著作老先生制晚朱綿生拜手。

通州明府沈錦含書

蘇城把晤，叨教良多。奉别以來，鹿鹿簿書，晝則督理城工，夜則披閲試卷，日無寧刻，心緒茫茫，正圖老先生指示一切，以滌風塵之氣。適敝鄉有一舍親，研窮經籍，而於

《易》理，自問難以探奥入幽，思一通儒相對參稽，渺不可得，鬱鬱成疾，醫藥弗瘳。自北而南，遍訪明經碩彦，上醫國手，渴慕鴻才，兼長美備，急欲瞻仰以請教益。而北人不慣宏濤，且屬病軀，不可航海。是以肅函奉聘，令家人沈二偕頭役相迎，祈念宿契，即爲命駕，俾得叨授經義，即療沉疴，是所禱也。耑此佈懇，順候近安不一。年家眷同學教弟沈雯拜。

曾永齋尺牘

年學長先生望重雲間，名高江左，文章五色，揮來錦綉珠璣；心跡雙清，恰似冰壺秋月。百城坐擁，廿載鑽研，翹企芳型，每爲心折。今歲假歸粤省，暫寓瞫城，得以豐度時親，麈談飫聆，私衷快慰，筆難吐達。令郎衡銓世兄來寓，留談今古，咳唾笙簧；試以詩文，下筆立就。青年學富，奚啻宿儒？真謝氏之芳蘭，房家之國器也。偶抱貴恙，諒定速愈以符鄙懷。特具佛手一桶、生地一匣、程藺一端、羽緞一疋，聊申微意，稍潤文心。又金蹄紹酒、款扇堂聯，偕朱提一函，謹奉先生，以作别敬，希爲莞納。至大著數種，蒐羅博雅，考校精詳，誠爲藝林鴻寶，緬惟古人不朽之業，端在立言，著述名山，照灼千古。弟極欲勉擬數語，仰附青雲，奈簿書數載，學殖荒疏，文硯塵封，殊慚俗陋。且行期在即，諸務紛紜，每一含毫，輒復閣筆，容俟明歲來江呈艸請政矣。肅此達悃，並候時禧，令郎均致不一。年家眷同學弟曾鴻遠拜。

汪少山札

連日少候爲歉，捧讀大著《長生指要》，平易純正，並無靈奇虛渺之語，足徵先生學問之醇，而利濟於世人者無窮也。承屬序言，不敢搦管亂寫，俟稍有暇晷，脱稿呈削。刻下收拾行李，兼之應酬冗雜，未遑趨晤，先將稿本繳上，羈遲疏闊之愆，惟祈格外原之耳。晚汪炤頓首。

雜考

製造印色簡便佳妙法

製造印色，世人俱未得法。如林鶴田所傳及《古今秘苑》等所載，艾絨僅知手搓，蓖麻油不言取法，人以爲所用無幾，何能車榨蓖麻？每以芝麻油或菜油入大口盆中，投白芨、川椒於内，紙封日曬，以俟粘膩。點紙不沸而用，非經歲月不成，市肆每以紙板浸漂代艾，以菜油煎熬，少加蠟以代萞麻，所以色不鮮明。學士書家，咸視印色爲佳者難得。余家素有簡便紗法，不日可成，兹特詳列於斯，以公藝苑。

取艾絨法

蘄艾一斤，揀去硬梗以及沙土，曬令乾燥，連磨五六次，於稀麻布篩中篩去其末，篩中所存者即是艾絨。入瓦罐或銅杓中，加水煎去黑水，捏乾；換清水再煎，再捏去黃色水；頻換水煎，直至水白，以艾置潔白紙上，毫無黄色跡痕爲度。又曬燥，再磨一次，便軟成絨，包貯聽用。

取萞麻油法

萞麻子一升，略炒，杵搥遍碎，以水二升，於小鍋中或大銅杓中煮之。俟滚有沫起，即用杓撇起，置碗中，此即油也。煮待沫盡乃止，將鍋内渣殼及水傾去。若撇起沫中有萞蔴渣殼，則用繒絹濾絞净盡，然後以沫再入鍋熬煎，俟如豬油、鵝油爲度，瓷盞藏貯聽用。不時紙覆曬之，蓋紙覆防塵，曬以防霉也。

製朱砂法

朱砂以如碎下碗片，兩面皆光而明瑩，有似箭鏃而有蕎麥棱起者佳。劈砂、米砂、糠砂、和尚頭砂，色皆不鮮，俱不可用。先以冷水洗過，揀去頑黯夾石者，明瑩箭鏃中，亦無此惡物。入乳鉢内研極細，至無聲。每砂一斤，用河水二十盌，入烏梅肉二兩，煎湯。以廣膠三錢，投入化烊，候冷去滓濾清，用之以飛所研朱硃細末，漸加漸澄，傾去黄水，以湯盡爲度。以紙覆盌面，置日邊熁乾，不可正曬日中，以致色鈍。乾後復研如前。另煎烏梅湯，飛澄面上黄膘全盡，再飛取中間鮮潔朱砂，底下黑脚傾去不用，仍如前熁乾。每研，盡一人之力，約半日爲準，瓶貯聽用。宣和内府印色用珊瑚細末，故鮮如朝日，歷久不變。

配合法

飛過净砂八兩，入蓖麻油四兩，於乳鉢中捶至油不浮上，硃不沈下，然後入艾絨一兩，研十日工，可入印池。乳鉢中所沾油硃，再以艾綿少許，于鉢中研蕩净盡。祕苑與林氏每硃八兩，入白蠟、黄蠟各二錢五分，白礬二錢，則黏膩而色不鮮明，不可從。隨常雜用者，不必純硃砂，只消血標一兩，新紅四錢，硃砂六錢相配，亦可用矣。按血標以煅煉而成，其性膩滯，故銀硃印色，用必黏滯，印之四旁，不能潔净；印下之紋，厚堆紙上，甚至染污別處，所以林氏加蠟加礬也。硃砂乃石類，性爽，望之似厚而實在確薄，毫不黏污，故不必用礬蠟。所以畫家著色用銀硃者，要薄而必不能薄；用硃砂者，不期薄而自薄，且純硃更覺活泛而不呆滯。兩物貴賤，於此分焉。

修理法

用印色，與寫字一理。寫字硯上，乾則醮水，筆頭淡則研墨，研墨必須醮水，添水無不研墨。水與墨雖二物，然必合之以用也。印色之油硃亦然。印池艾乾，必須添油；印章不鮮，必當加硃。然添油亦必加硃，不加硃，色不美艷；加硃亦必添油，不添油，艾不和潤。世之用印色者，經年不爲修理，無怪印章色淡油竭，印出模糊難看。甚有累世不知加添日曬，舂杵撥動，直至印池黏䵒枯堅，甚如磚板而壞，不可修理而竟廢棄也。其添油加硃之法，將印色撥於印池一隅，或另外安置一器，以油及硃入於池中，將撥印色之牙槳拌和，然後以用淡舊印色再拌可也，究之於乳鉢中研和更妙。

印色三池乾濕

能書者，印色必須三池：用大圖章之一池宜乾，於前所定配合方中，增艾二錢，則少乾而圖章不沾印色，印下則字畫明朗；用小圖章之一池宜濕，於前所定配合方中減艾二錢，則少潤而印文筆筆明顯；若中等圖章之一池，則照前原方配合，介於不乾不濕之間可也。

印色宜忌

印色最怕著鐵器，一著鐵則色立變黑，艾立堅硬如磚，遂成廢物，不可重修用矣。即鐵遇印色，鐵即綉而至爛，不可重磨復利。兩物之相畏忌如此。又不可近火、用火烘作氈，故惟日曬。

印章源流

印章者，本諸《周禮》之璽節，鄭氏謂如斗檢封者是已。《漢志》：書凡六體，曰古文、奇字、篆書、隸書、繆篆、蟲書。師古謂「繆篆爲文，屈曲纏擾，所以摹印章也」。三代之制失傳無考，維秦印朱文，漢印徑寸，皆白文。今朱文則追秦，白文是師漢也。魏、晉、唐、宋、元、明官印私印，玉與金、銀之外，大都撥蠟鑄銅爲之，或用花乳、壽山、青田等石。至於鐫刻章法，其文參差雜合，大小粗細，各有源流正變，妙處不同。元松雪居士趙孟頫子昂、貞白先生吾衍子行，善學秦漢，藝林首推。子行著《學古編》，爲後學津梁。有明，筋骨推蘇嘯民，純粹推文壽承，豐姿推汪杲叔，樸實推顧雲美，外及李、蔡、何、歸，莫不宗之，而刀法舍昆吾則無從焉。

摹印發明

摹印之道，有三重焉：首重篆文，次重章法，再次刀法。能於此研精講究，則不失之於好奇而杜撰矣。凡欲奏刀，先須通達六書。蓋以篆入印，改點畫則背六書，泥點畫則無結搆，故點畫悉稽許祭酒《説文》，章法一遵秦漢印。一字中上下兩旁照應，一印中短長肥瘦、大小疏密、斜整參差、邊旁配搭、頓放結搆，極經營調劑之巧，而大書繁簡之體，仍秩然不紊，明斯章法而奏刀有則，游刃於虚，務使直不嫌僵，曲不嫌軟，粗不嫌肥，細不嫌弱，軋不嫌混，離不嫌孤，秀不嫌佻，勁不嫌板，俾篆之神采，奕奕生動，更得一種沉雄卓犖之概，與恬静猶夷之趣，如活虎生龍，鮮花明月，庶爲作手。若輕浮枯寂，滯澀癡肥，重複呆笨，扭揑增損，怪癖穿鑿，不可以登鐵筆之堂矣。明季南屏太初何震精埒文彭，近如上洋張學之、施臨川，或蒼古，或秀勁。練川張紫庭，不假配合，天趣自呈。陳芷洲雕鎪得心，一時名重。宗叔志霄，諱材，號半壑山人，邑諸生，工詩文。宗匠嵩公，名貴，延中洲，分衡文之任，歷幕山左滇黔，篆隸法王若霖先生，摹印則問途於陳芷洲，時多青出於藍之譽。嗣製印譜，直追趙吴興、楊南仲、王元章、文二橋、穆倩，爲世所珍。

合銀硃錠法

血標一兩，加新紅四錢，硃砂七錢，水飛去上面黄標，底下黑脚，曬乾重磨。凡用研净硃一兩，用膠四錢，膠化如鈣漿厚，於磁碗内下膠。或膠四硃六亦可，以畫家口訣云：紅不紅，膠不濃也。但膠太重，用於書上，後多剥落，太輕則沾污他處，其合須照《丹鉛總録》合墨之法。彼云要烟細，此要硃細，膠要新，捶要熟，蒸匀，色不染手，光可射人，方爲得之。然後指頭醮油掀之相和，即取起於手根内，揉揑純熟堅固爲度，揑成硃錠。或刻有印板印之，手根手心上亦須用油，弗使沾硃。印板上或以金箔，或以乾硃著底，則不黏污印板，易於脱出，且顔色鮮明奪目。

製膠法

每廣東黄明牛皮膠一兩，用秦皮梔子、皂角各二分，巴豆二粒去皮，同煎汁，化膠和硃。若合石青、石緑，雌雄黄錠，亦如合硃之法。硃砂形似箭頭者良，石青形似梅花片、石緑蝦蟇背、雄黄通明似鷄冠者佳，銀朱帶黄色之摽硃佳，近日摻入小粉者不堪用。

水飛硃砂等法

取硃砂投乳鉢中研極細，用極清膠水同清滚水傾入盞内，少頃，將上面黄色者撇一處曰摽；中間紅而且細者是好砂，又撇一處；最下色深而粗者，可爲硃箋刷底也。凡欲水飛者，皆如此作三種分撇。石青有一種堅不可碎者，以耳垢少許彈入，便研細如泥。墨多麻者亦用此法。石緑質堅，先以鐵椎擊碎，再入乳鉢。

抳金

先將素盞稍抹膠水，將枯徹金箔，以食指剪去指甲，醮膠，一一粘入，用指團團摩搨，待乾，粘碟上，再將清水滴許，搨開，屢乾屢解，以極細爲度。若膠水略多，則金浮起，不容細捉，只以濕而可粘爲候。再用清水將指上者一一洗浄於碟中，以微火温之。少頃，金沉，將上黑水盡行傾出，曬乾碟内好金。臨用時，稍稍加極清薄膠水調之。不可多，多則金黑無光。又法，將肥皂核内剥出白肉，鎔化作膠，似更輕清。

收藏字畫書册碑帖法

收藏，當於牡丹開之際，或略後，必有燥天。此時正是梅雨未至，而曬取極燥，書入櫝中，畫入橱内，以紙封門縫及周隅小釁隙，令不通風，不入蒸濕之氣。若著色之畫，見日烈曬則易變色，須倒捲放鬆，於無日照處晾之，俾燥風透入，自然乾燥。凡字畫晾過，必須緊捲，庶免壓縐之虞。古人藏書，多用芸香辟蠹，故臺曰芸臺，窗曰芸窗，編曰芸編。夫芸香艸也，俗名七里香。《爾雅翼》謂類豌豆，叢生，其葉極芳，秋後葉間微白如粉，採置席下，能去蚤虱。非楓脂白膠香也，頗難覓，不若樟腦爲便。書櫝若以香樟木造成，可不生蠹。

書櫝

士人出遠，雖淹貫古今，不免携帶書籍，以資查核。凡書大抵皆用箱盛，若西北車馬陸路，顛擊動摇，必致釘浮板裂，擦損遺失，故惟用氊裹袱包，上下板夾，繩綑緊結，方可無虞；若東南水鄉，舟楫可通者，竹木等箱裝，亦無碍，但欲取以觀看，必要直翻箱底，一箱移動，書既難爲，人亦費手，故予以木製書櫝，大小如世用竹箱樣，則便肩挑過載，中用板作兩層，置書於中，取看殊易。櫝門如大概文奩式，或嵌或插，仍可封鎖，此製最妙，即家用書橱，亦如此製。下一口有脚，可以著地；上一口無脚，以疊于下一口之上。目視似乎一口高橱。若欲移置他室，衹須扛橱，書則無事搬翻，殊爲惜書之一法。

書燈

青藜夜照，豈易遭逢？映雪囊螢，亦非常計。升高隨月，鑿壁借光，雖云貧士曾爲，總屬偶然古寔。夫焚膏繼晷，三更燈火，學者所必有事也。故讀書之燈，不可不爲講究。其製亦必須省而無弊爲得。夫用麻油，可無烟而不損目，但價貴而易乾，非寒儒所能常辦，因録價廉物美之法。每香油一斤，入桐油二兩，和之則難乾矣，且可辟鼠免耗。再以鹽少許置燈盞中，油可益省；以生薑擦盞邊，則不生滓暈。燈草用蘇木同煎，曬乾點燈，可無灰燼。昔傳以蔓青、罌粟、紅花作油，每斤入桐油三兩，可以省油，余以爲多事反費，不若此方之便易可爲也。

書窗

讀書之所，若非窗明几净，筆硯精良，何以俾胸襟開朗，文情奮發？然窗欲明亮而必用玻璨、水晶，非富貴華靡豈肯爲此？即插綉紗格，蠣殼雲母，亦僅一時悦目，久則變色沾塵，且又不耐風雨，總不若紙糊之明朗便易也。所以官署中及蓮幕書房，無不用紙，即京都公館客寓，莫不皆然。然紙必須油，方可經雨不破。其造紙訣云：「桐三蔴四不須煎，十五蓽麻去殼研。胡粉一分和合了，太陽一照便光鮮。」其法，揀潔薄綿料紙，灑濕甑蒸過，然後上油，捲於棍上，外又布捲一層，打數百下，則油匀無迹，紙更堅薄，用以糊窗。

呵凍難書

天氣嚴寒，點水即凍，考期遇之，硯上堆冰，如何作文謄卷？即鹽湯燒酒，冷極亦凍；况燒酒性不和墨，書字白色，不堪悦目；鹽湯當時落筆易沸污卷，日後發潮作爛，惟石灰泡湯可以免凍。或預磨墨汁以管裝懸懷中，入場臨用時，再以研細煅黑之鹽，抄少許於硯，然後滴汁，仍以墨錠磨濃用之。然皆壞筆損硯，莫若以栗子一斤煎濃湯，盛注藏懷，用以磨墨，不至即凍，色又光潤，頗佳。供奉内廷及軍機處行走大人，往往用此。

科場煮飯

應試士子，儘有性不喜甜，弗食茶點菓品，必須喫飯者。若帶飯，冷則不可喫；况秋闈八月，天氣尚熱，宿必味變，勢必淅米炊煮，而平素未經習慣，殊爲掣肘。且生米難熟，作文造飯，分心兩顧，每有費時失事之虞，甚或至於忍饑而成病。必當家中預煮精飯，烈日曬燥瓶裝，臨考袋帶入場，於銅杓中加水一燉，頃刻成飯。食量能喫幾許者，其水與飯乾，先在家試煮，較準多少，煮得軟硬恰好，免得塲中乾濕失宜，最爲便法。再不惜小費者，以滴花燒酒一杯，置銅杓下點火煮之，省起風爐扇炭；或用白蠟燒之，更無烟煤。

應試古學要略

凡出賦題，若朝考召試，賦彙上舊題居多。同館課藝，亦云略備。若學院考試，或出本郡山川、形勝、人物、典故、事實以及應時景物；如合通省士子，則出通省山川、人物諸題。

凡出古體詩題，大約在《子史菁華》、《淵鑑齋古文》及《昭明文選》詩賦上句子居多。《騷》之以後，不見出以爲題。凡出今體詩題，則路更廣闊矣。一切唐人詩句，俱以爲題，間亦出宋元明人詩句。學院考古學，大約四題：賦、古體詩、今體詩，共去三題；其一題，或頌或贊或箴或考之類，惟小零碎耳。若題是擬古，必須按定其時事實、其人口吻，一切後代典故，不可用於篇中。四題全做固妙，如風簷寸晷，力有不能，或遇生題，不知題之出處，與其做差，不如寧闕，即做一二題，亦不爲不完卷而犯規也。昔人作賦，貴在典博，今則厭其堆堵板實，惟尚清徹。若近體詩，定制五言排律，或六韻，或八韻；古體詩，主司限韻，自當遵守其命，毋可任意增減。若作賦祇限韻，並不定句多少，故長短可以自由，總之四五百字足矣；長則做費工夫，謄亦費力，况冗雜太長，恐失檢點，或犯忌諱差誤之處。

考古學最須敏捷，交卷宜速，遲則收卷諸官不以爲奇。况在場官吏，俱不耐煩守候，紊催喧擾，自亦怱忙急遽，必致失於檢點，謄寫亦不舒徐，以致錯落不工。殿試卷長大尺二尺五六寸，召試卷長一尺五六寸，上下天地頭去五寸餘，中間紅格約長尺許，紅印直格六行，行約六分，横無格眼，謄每行一十七字，字要不長不扁，體須方正，每字約六分光景，與直格作方樣爲合式，但字不可參差長短，横看有一條布白，方合其式。

啜茶當慎

茶可滌煩療渴、明目益思，見之子史，如陸羽《茶經》、丁謂《茶録》，言之詳矣。然六經無茶字，《丹鉛總録》云：「茶即古荼字，《诗》云『誰謂荼苦，其甘如薺』是也。」郭璞云：「早采爲茶，晚采爲茗，葉老爲荈。」《茶經》云：「其名有五，一茶、二檟、三蔎、四茗、五荈。」今則浙閩江淮皆有，通謂之茶，與古所食殊不同矣。邇年茶價漸昂，贋貨蜂起，蘇州善人橋數百家，采柳葉如做茶法，出汁烘焙而市。《本艸》言：「柳苦寒，無毒，治風濕、瘡疥、肢痛。」陶朱公曾稱：「種柳千樹，可足柴炭，其嫩芽可作飲湯。」則知原可代茶，尚爲無害。無如人性狡黠，貪心無厭，恐人辨識，虎邱石馬衖中數百家，竟以泡過茶葉，重加藥料，做與原茗一色，老少男婦賴以爲生。綱利商儈，每本幾千金，發夥，於各州縣收買泡過茶乾積貯。其做回殘茶之散户，早携做好者交行，仍换茶乾，找餘值以歸度日，如抱布貿絲，年無虚日。所以此時之茶，非實在早春，竟不可飲矣。以早春葉嫩，不可重做故爾。其所用之藥料，乃雌黄、熟石羔、花青、柏枝汁、青魚胆等類是也。其用石黄者，以其性淫，茶葉亦性淫，二淫相合，則晚茶殘片，變若早春。用花青者，亦取其色青艷也。用柏枝汁，取其青香。魚胆水漂，去腥臭而用者，取其味苦也。石黄性毒，經火甚於砒霜，故用石羔以解熱毒，又能使茶有霜頭起而色美也。人常飲之，隱受其禍。若胃虚脾弱，立發嘔吐、作酸、脹滿、腹痛等病。今做回殘茶而漁利之徒，所在多有。凡我烹茶啜茗之士，可不慎而辨之？與其啜殘茶，毋寧飲甘菊、金銀花、蜜炒嫩桑枝、桑葉、五加皮、枸杞嫩芽、蓮鬚、沙蒺藜、梨藕、柿餅、薑棗洋糖、飴糖鍋焦等，各隨性之所宜而飲之爲得也。

日省簿説

太微仙君有功過格，東坡蘇公遵行推廣，遂盛於世。晦庵朱子著《讀書法》，元程敬叔先生輯《讀書功程》，本朝陸稼書先生較訂《讀書分年日程》，歷任撫臺，於紫陽書院立功課簿，皆欲學者去邪從正，明體達用，不至坐失歲月，徒悔遲暮之良法美意也。余伯父掄山公，仿仙儒之制而變通之，立《日省簿》，直書項款，横記事爲。其首天時者，欲知氣運之正變，留心趨避而頤養，且補田家之占候也。次往來者，稽損益之親疏，以覘己之得喪也。次著作者，所以考勤惰、戒無懈也。次居處者，所以謹閑遊、杜淫蕩也。次飲食者，所以謹口腹、甘淡薄，以養神智也。次出入者，所以量出納、節財流，非義不苟取與也。次書信者，所以通神交、相規戒也。至月底用小結，歲終用總結，則一年之舉動行爲，了如指掌。可以自勉，可以告人，有考核而不致荒惰邪僻放縱矣。此省身寡過之良法，存心養性之始基也。

日省簿式

月	日	
天时		
往來		
著作		
居處		
飲食		
出入		
信書		

藝　文　叢　刊

第　四　輯

061	寶章待訪録（外五種）	〔宋〕米　芾
062	昆蟲草木略	〔宋〕鄭　樵
063	味水軒日記（上）	〔明〕李日華
064	味水軒日記（中）	〔明〕李日華
065	味水軒日記（下）	〔明〕李日華
066	寒山帚談	〔明〕趙宧光
067	讀畫録	〔清〕周亮工
068	誠一堂琴談	〔清〕程允基
069	**文房肆考圖説**	**〔清〕唐秉鈞**
070	芳堅館題跋	〔清〕郭尚先
071	花木小志（外二種）	〔清〕謝　堃 〔清〕高士奇 〔清〕翁長祚
072	隨息居飲食譜	〔清〕王士雄
073	嵩洛訪碑日記（外五種）	〔清〕黄　易
074	廣藝舟雙楫	康有爲
075	刻竹瑣言（外四種）	黄高年 周无方 金開藩 張志魚
076	章草考	卓定謀

藝　文　叢　刊

芳堅館題跋

〔清〕郭尚先

浙江人民美術出版社

圖書在版編目(CIP)數據

藝文叢刊. 第四輯 / (宋) 米芾等著 ; 況正兵等點校. -- 杭州 : 浙江人民美術出版社, 2018.1(2023.9重印)
(藝文叢刊)
ISBN 978-7-5340-6222-3

Ⅰ. ①藝… Ⅱ. ①米… ②況… Ⅲ. ①古籍－中國－叢刊 Ⅳ. ①Z121.7

中國版本圖書館CIP數據核字(2017)第243082號

出版説明

《芳堅館題跋》四卷，亦作三卷，清郭尚先撰。郭尚先（一七八五—一八三三），字元開，號蘭石，室名芳堅館、增默庵，莆田（今屬福建省）人。嘉慶十四年（一八〇九）進士，改庶吉士，授編修。先後任侍讀學士、國史館纂修及四川學政等職，累遷至光禄寺卿，詔授大理寺卿，署禮部右侍郎。著有《增默庵詩遺集》《郭大理遺稿》等。

郭氏書畫兼擅其長，精於賞鑒。書以骨勝，小楷尤多勝趣。畫長於山水，時作蘭石小幅亦備雅趣，在當時頗負盛名：「先生以工八法，名嘉、道閒，作字甫脱手，輒爲人持去。片縑寸楮，咸拱璧珍之。書法娟秀，逸宕直入敬客《塼塔銘》之室。行書嗣體平原《論坐帖》。中年以後，幾與董思翁方駕齊驅。」（龔顯曾《芳堅館題跋敘》）

郭氏壯年溘逝，著作未及董理。《芳堅館題跋》乃身後，龔顯曾在郭氏婿許徵甫纂輯基礎上增補而成。除卷四收有若干則題跋自作山水、蘭菊外，全書皆爲郭氏題跋所經眼古今碑帖、墨跡而作。其於題跋金石、翰墨，至爲審慎：「鈎稽真贋，手題掌録，恒矜莊研究，不肯率意下筆，獨得晋唐無諍三昧。」（龔顯曾《芳堅館題跋敘》）因此所論多有可取之處。而在盛行碑版輯録的嘉、道間，亦可謂别樹一幟。

龔氏增補四卷本《芳堅館題跋》，以活字刊於同治十三年（一八七四），嗣後「藏修堂叢書」「述古叢鈔」等多據此翻刻。而光緒十六年（一八九〇）所刊《吉雨山房全集》中，亦收有三卷本《芳堅館題跋》。此三卷本相較於四卷本，在内容上并無明顯不同，僅在序跋分卷、收録多寡以及个别字句存在些許差異外。

此次出版，以流傳較廣、較爲常見的「藏修堂叢書」本爲底本，予以標點整理；同時校以《吉雨山房全集》三卷本，將兩本之間的差異擇要臚列於卷末，以便讀者省覽。

目録

芳堅館題跋卷二

芳堅館題跋卷三

芳堅館題跋卷四

附録

敘

《芳堅館題跋》四卷，乃吾閩莆田郭蘭石先生所著也。先生以工八法名嘉、道間，作字甫脱手，輒爲人持去，片縑寸楮，咸拱璧珍之。書法娟秀逸宕，直入敬客《塼塔銘》之室。行書嗣體平原《論坐帖》。中年以後，幾與董思翁方駕齊驅。在京師時，索書者趾接於户，先生每呼酒飲至醉，方濡染落紙，故生平應酬書，時有不經意處。惟署跋金石，鈎稽真贋，手題掌録，恒矜莊研究，不肯率意下筆，獨得晋唐無諍三昧。余家所藏碑帖，多經先生手跋，或以泥金盡書每册餘紙，凝厚婀娜，並露豪端，良可珤翫。先生在時，不自弆藏，其手蹟隨金石書畫流落人間。同里許徵甫師，爲先生子壻，因輯其題跋評語，凡鬱翰斷墨，俱裒集甄釐，隨得隨録。顯曾與徵甫師衡與相望，筆硯相親，間參讐勘蒐採之役。比吾師已歸道山，顯曾亦宦遊奔走。畱畱十年，歸詢師門所著述，如校定《歐陽四門集》諸書，俱不可得，僅存此册。曾録副本，藏之行篋。今夏用活字版刷印百十部，稍廣其傳。嗟乎，金石之學盛矣！孫氏之《寰宇訪碑録》、王氏之《金石萃編》，以逮金石記録，地有其書，莫不氊蠟之後繼以鉛槧，流傳海内，極爲奧賾。而先生獨從心腕間窮力追摹，瀝其膏液，舉凡授受之變化、傳聞之舛誤、詣力之淺深、鈎拓之先後，一一宣露，就所樵閲，河元洞徹，固不必與集録諸書競其繁博也。校刷既畢，乃爲坿述于目録之後，俾後之學者，臨池弄翰之餘，咸知先生殘膏賸馥沾丐後人，雖容臺《隨筆》、虚舟《題跋》，或未能先。而徵甫師抱遺訂墜之功，亦可並眎於來者云爾。甲戌六月既望，晋江龔顯曾識。

芳堅館題跋卷一

漢少室神道石闕

篆法至唐中葉，始有以匀圓描摹爲能者，古意自此盡失。秦漢人作篆，參差長短，隨筆爲之，正與作真行書等耳。觀《孔宙》《張遷》《尹宙》《韓仁》諸碑額可悟。漢篆傳者《三公山碑》《開母石闕》，並此而三。唯此最佳，猶有秦二十九字碑餘勢。後來《吴封國山碑》，即從此得法者。往見墨卿先生作一硯，背刻伊字，覃谿先生銘之曰「此字四旁一字無，獨爲墨卿銘硯乎」，心頗疑之，見此拓乃悟。

漢裴岑紀功碑

此碑樸古遒爽，其法大似摹印篆，與《鄐君》《楊孟文》《李翕》諸摩厓爲類。漢人分書多短，惟此結體獨長，次則《析里碑》耳。此石尤圓勁瘦削，不易及也。

漢北海相景君碑

碑中假借字，自《隸釋》以來，諸家遞詳之矣。末「宜參鼎鞢」，《金石後録》云當作軷。鄭氏曰山行曰軷，取封土爲山之義。余謂即弼字，轉弼爲拂，又借鞢爲拂耳。

漢韓勑造孔廟禮器碑

六一疑古人無名勑者，《繁陽令楊君碑》有故民程勑字伯嚴。

漢人書，以《韓勑造禮器碑》爲第一，超邁雍雅，若卿雲在空，萬象仰曜，意境尚當在《史晨》《乙瑛》《孔宙》《曹全》諸石上，無論他石也。其碑至今完好，蓋有神物護持之。魯人椎拓草草，畫痕淺細處幾不可辨。此帙揚州汪孟慈同年所贈，拓法精審，三百年前物也。每行少拓一字，蓋石陷於趺耳。

漢碑字多假借，《韓勑碑》尤多瓌字。姑以諸家所已考定者，以意折衷之，書於上。惟「威」「熹」二字，尚未醳然耳。

又

飛動沉實，興會所至，不復可以跡稽。明郭允伯推爲漢碑第一，雖未然，要之當爲神品也。

漢孔宙碑

《孔宙碑》拓本曾見一全文，宋時潢治者，神觀飛動，乃知徐會稽於此碑得力最深也。

《孔謙碣》曾見一明拓，甚精。

《張遷碑》自是魏人風軌，近人每以《豫州從事碑》與此並稱二宙，實則《尹碑》不及遠甚。其結體、運筆已開《受禪》《大饗》二石意矣。

畣當是畣字，舊釋作會，恐非。

明字轉筆，可證顔魯國《臧貞節碑》。

結體寬博而緜密，是貞觀諸大家所祖，褚中令勒筆皆長，亦濫觴於是。

《孔季將碑》弇州頗有異議，其實漢人書，此爲最近人矣。碑陰尤佳，惜不並拓之。

又

同年汪孟慈舍人有所藏《豫州從事尹宙碑》元拓本，精腴圓暢，與此正同，觀之色飛。漢石但得前數十年拓，神觀便勝，況此本是二百餘年物乎！余幸得之，可以自慰。

臨《孔季將碑》，筆下覺有秦篆氣。《尹從事碑》亦然。其神逸固不及《史晨》《韓勑》諸石，而圓到整麗，要非魏人所能仿佛。

漢史晨謁孔廟前後碑

曲阜漢碑，閱二千年，猶多完好。古人用意之精，迥非近代所及。惟魯人椎拓草草。此前百餘年所拓，用墨輕重得宜，鋒穎猶存，善本也。

漢孔彪碑

漢碑字之小者，《孔元上》《曹景完》二石也。《曹景完碑》秀逸，此碑淳雅。學書不學此碑，不知今隸源流相通處。惜存字無多，不及《郃陽碑》之完善耳。

漢白石神君碑

《白石神君碑》，有疑爲漢碑而後人重勒者，然觀程疵書清遒簡遠，則此碑斷非晋人所爲。漢人書原非一體可盡，即此碑結法要自謹嚴也。

漢張遷碑

漢碑嚴重平硬，是碣爲冠。拓法精審，有明拓所不逮者，信佳本也。

安陽新出殘碑

右三石蓋一碑，歲在辛酉，光和四年也。趙渭川攷爲劉公幹之祖劉梁碑，未詳所據。其書清穆有韻，絶似武氏石闕。

《寰宇訪碑録》云存十四行。今按兩石止十行，並年月亦止十一行，無缺迹，《録》誤也。年月大於碑字，漢碑僅見此耳。

又

《訪碑録》云此石八行，今案止七行，《録》誤也。書極雄厲，然意象不似漢人，而與郃陽所得魏黃初殘石爲近，姑存此説，以質精鑒者。

時代之説，有不可强爲者。魯孝王刻石鄐君開道，猶有秦人餘勢。《乙瑛》《西岳》駸駸乎爲大饗封孔羨導先路矣。至魏王基碑，則又下啟唐法，而爲《受禪》之一變。唐至中葉，分隸始有漢意，則明皇之力也。

又

右殘石三行，其書極似《孔元上碑》，最爲雍雅。安陽漢石，以此爲冠，次則《子游碣》也。石經殘字，結體亦爾。此石以意推之，其炎和中刻乎。

又

安陽新出漢殘石，在覃谿先生撰《兩漢金石記》後，故書内未之及。天鳳爲封記，則先生不及見矣。此《子游碑》，結體在《韓勑》《鄭固》之間，東京初年書類如是。觀其古澹，足正魏晋以後矯强之失。

漢武梁祠畫像

武梁祠堂畫象，樸拙如見古尊彝。王右軍從周撫求觀石室畫，正恨未覩此耳。

漢馮緄碑重刻本

右《馮緄碑》，見《隸釋》，石在渠縣，宋大觀中重刻。筆兼有篆意，頗近《夏承碑》。

魏脩孔子廟碑

漢人書雍容，魏人始爲戌削。

張稚圭按圖題此爲梁孟皇書，雖無明據，然此書實有龍威虎震氣象。魏初事，惟此差强人意，書亦出《大饗》《受禪》《勸進》上，固當鄭重存之。

張稚圭所按之圖，不知是何書。其以《乙瑛請置卒史碑》爲鍾元常書，時代不相及，正如《夏承》《劉熊》《范式》諸碑皆稱蔡中郎書，雖《西嶽碑》明著郭香察名，而必曲爲之説，是亦不可以已乎。惟此碑目爲梁鵠，差可信。蓋魏初能書者推梁與鍾，此等大著作，固不當委之他人耳。《吴紀功碑》可信爲皇休明書，亦是説也。

北魏張猛龍碑

趙子函云，《張猛龍碑》結體之妙，不可思議。若歐、虞諸公知此，便可入二王之室。語似稍過。魏齊人書類此者多，第筆力更險峻耳。其書人旁皆多一筆，英字、盪字多一横，則爾時風氣類爾，江式所以請正書體也。此本前二百年所拓，更有神采。

北齊大窮谷造象記

《大窮谷造象記》用筆結體，實爲信本導之先路。信本書得法於三公郎中劉珉，此豈珉書耶，抑爾時風氣如是耶？

隋龍藏寺碑

「鎔金」書作「鏞金」，臨文誤筆。銘内「召滘」二字，恐亦駁文。

張公禮實開貞觀諸公風氣，登善尤近之。

隋鳳泉寺舍利塔銘

此書實開信本之先。

王輔道所刻《姚秦造象記》，正與此同。

唐孔子廟堂碑城武本

少時習《廟堂碑》，聞尊宿言，皆以《王彦超碑》爲可據。然頗疑其神癡者。欲學曹州本，又疑其薾然若新瘥病人。然私心無日不嚮往於伯施，因即《昭仁寺碑》《孔穎達碑》求之，究皆不契。昨李春湖中丞至都，得見其唐石本，爲之駭絶。始知曹州本猶有髣髴，而西安本雖宋拓，亦土木形骸也。向亡友陳玉方侍御嘗言，春湖先生本即君此本耳。其語誠過，然亦可見此本之去唐石本不遠。余今乃知重之，嗟乎晚矣。乙酉仲夏書。

又

《廟堂碑》唐拓本，那可復遇？以此本之疎挺，參陝本之腴暢，伯施意境猶可會之即離間。

少時頗謂西安本勝城武本，今日取兩本對觀，還是城武本勝。蓋氣韻静遠，無復用力之迹。由此而化焉，則右軍矣。

觀城武《廟堂碑》静穆之韻，猶可追想智永以上傳流之緒。西安本極腴暢，然位置每患欹側。王彦超武人，想所擇摹勒之工，未必能如薛嗣昌之於《千文》。余姑摩挲此刻，以意會永興宗旨。

是石恨太淺細，若得元拓稍腴厚者，即作原石觀也可。

陝本極腴潤，而摹手位置草率，遂無字不欹側，令學者無從下手臨摹。此刻正米老所疑爲瘦蔽者，然其清挺處、平淡處，猶是羲、獻遺軌也。

「司宼」，「宼」字陝本作「寇」，殆不成字，固當以此爲正。

「反金册」，「反」字自是「及」字。

是碑宋人無言及者，元季定陶河決始出土，豈固唐刻乎。

顯曾案，此本今藏余家。

又李氏重摹本

伯施書，評者以爲「層臺緩步，高謝風塵」，謂其韻度勝耳。然細觀之，氣力仍極沉厚。蓋與歐、顏同一畫沙印泥，而從容出之，得大自在。此雖重摹本，神觀已掩唐三百年作者。

右軍内擫法，唐人維季海、清臣用之，然皆有迹可尋，惟伯施渾然無迹。觀西安此碑，疑其鈍。觀城武此碑，疑其薄。得此乃知有真伯施，想伯施在地不知如何感激。又歎覃谿老人，結願數十年，不獲覯此盛舉也。後數百年，學者必有以黄金鑄臨川中丞者。

唐立隋皇甫誕碑

曩歲得宋拓此碑，臨摹數月，真書頓進。張瀣山同年見之，愛不釋手，適余奉使嶺外，而瀣山罷歸，請以所藏硯易之，重違其意也。余奉諱後，硯亦他贈。比余再入都，瀣山自秦還朝，過從時每一展觀，情恒眷眷，然亦以雲煙過眼置之。頃獲此帙，頓還舊觀，距躍三百。平生所見宋拓此碑，惟成邸所藏與此相伯仲耳。嗟乎，成邸本余親見其購於吴氏，又親見其入市儈手，以歸琦静庵節侯。物之聚散，難必如此。而余於此帙猶欲題識而長守之也，傎矣。

又

率更書出奇不窮，《化度》之淵穆，《醴泉》之華貴，《虞公》之峻潔，此碑之森秀，各擅勝概，實亦無可軒輊，不必如虛舟持少時〔一〕之説也。六十餘年歲，安得爲少乎？

信本書此碑，最爲驚矯。秦中碑匠，拓法多草草，此紙氈蠟精善，神觀頓增，雖作宋拓觀可也。

唐初人書，皆沿隋舊，專爲清勁方整，若郭儼之《陸讓碑》、殷令名之《裴君倩碑》皆然。率更中令獨能以新意開闢門徑，所以爲大家。若伯施，自是王子𥂕、智永之傳，與北派稍異。率更《化度寺碑》却兼有虞法。

顯曾案，以上兩本，今俱藏余家。

又

舊藏一宋拓未斷本，秀峭絶倫，平生所見宋本以十數，元、明拓本以數十計，皆莫能髣髴也。雲麓此本，是石初斷時拓，用墨清朗，中間自六行至十二行足與余本頡頏。比來此碑佳拓漸少，如此拓之静穆者，尤不易得，雲麓其善藏之。戊子七月既望觀，同觀者達麟、許邦光、諶厚光。

唐等慈寺碑

顏籀此書，猶是北朝遺則，而加之矜雅，遂出《張神冏》上。

唐昭仁寺碑

言是碑爲永興書者，自鄭夾漈始，明趙子函持其説尤堅。按，《唐書》言勅永興與朱子奢共撰各碑，則謂朱文虞書似無不可。然細觀之，此書自清穆，而變化差少。昨見唐拓《夫子廟堂碑》，其勝處不可名狀。以此碑較之，相去遠矣。大致唐初人書，格韻皆有虞、褚風氣。此書在當日固未足稱作者，而由開、天以後觀之，則方之「峨嵋天半雪中看」矣。此書道升降之故，亦非人力所能爲也。道光丙戌十月二十八日，觀於盉孟晋室，因書。

唐九成宫醴泉銘

中令之奇變，顯而易見；以求率更，頗難。試合《温大臨》《皇甫誕碑》參之，當有會。古人書，下筆輒各成體，兩不相入，未有一字萬同，如嚴家之餓隸者也。

廿載京師，得宋拓《醴泉銘》三，以此爲冠，高華渾樸，法方筆圓，此漢之分隸、魏晋之真楷合並醞釀而成者。伯施以外，誰可抗衡。誠懸學之，加以開張，見爲有餘，實乃不足。蓋羽扇綸巾，與縵胡短後，相去難以數計。墨守定法如脱塹者，更不足言。

顯曾案，此本今藏同安蘇氏。

唐裴鏡民碑

朗暢清拔，其不及歐、虞者，差露耳。殷令名書，開爽峭勁，風力當在褚登善、王知敬伯仲間。貞觀時，歐、虞特秀，他家皆爲所掩。然如殷令名、郭儼，亦終不可埋没也。

唐温彦博碑

是碑率更八十一歲書，最爲老筆，故通師專學之。後來裴公美，亦自此得法。

唐伊闕佛龕碑

唐初人書，若《張琮碑》《于孝顯碑》《文安縣主墓志》《段志玄碑》，風格皆與褚公此碑相近。平心論之，褚書自當以晚年《房梁公碑》《聖教序記》爲進境也。

自隸變爲楷，江左習羲、獻之法，專趨圓暢。北朝猶守隸體，不取流麗。然所餘碑碣，訛文誤筆，往往而是，殆無足觀。隨碑如《趙芬》《賀若誼》諸碣，非不方正敦重，然正猶叉手並脚漢耳。登善劑以虚和，便自度越前哲。有善知識，行住坐卧，具四威儀，而其神通不可思議。中令晚歲以幽深超俊勝，此其早歲書，專取古澹，與《孟静素碑》用意正同。蘇子瞻所謂間雜分隸者。登善他書皆似漢隸之《韓勑》《曹全》，此碑則與《孔宙》《魯峻》爲類。書家每作一碑，意之所至，各自爲體，未有守定法者，覬唐人諸碑可悟。曩得拓本，紙墨雖舊，而墨侵字畫，幾不可辨；又少末一行，固知古人不必勝今人也。

褚書初地。

碑額六字，似追皇休明而不能至者。

唐陸讓碑

郭儼書，蓋亦自三公朗中劉珉得法者，故行筆與率更相近。唐初人書類此者多，顯慶以後不復有矣。

風力似在殷令名右。

此碑傳本絶少，《寰宇訪碑》亦只據趙氏拓本存目耳。其書俊拔秀潔，可寶也。王氏《金石萃編跋》云，君歷仕周、隋，入唐復膺顯爵。按碑，君卒於大業六年，未嘗入唐也。其大唐貞觀十七年云云，則葬之年月耳。首行「焕乎由素」，蓋借「由」作「油」；「茅土」「茅」字去一筆，竟成「茅」字，蓋當是臨筆之誤。

郭儼、普昌行筆，皆可與貞觀諸大家抗手，惜所存止此碑，又剥泐過甚耳。

唐文安縣主墓志

此銘風力清迴，以《三龕記》衡之，當是褚中令少作。《汝帖》内所收《東山答表》，亦正如此。蓋以蕭散取靈異，非第清勁也。

此碑近始出於醴泉，著録俱未之見也。字瘦而刻淺，恐難經久，可不珍重存之？元吉名劼，僅見此碑，足補新、舊《唐書》。述其事止二語，甚有味也。稱主之善，最爲知體。《代國長公主碑》言博塞阮箏之長，可謂失詞矣。

褚法本自歐出，而變爲散朗，觀此銘可悟。

「桔」即「拮」字。

「牖」書爲「牗」，北魏、齊、周人皆然。

「簫」從艸，「徒」從人，亦北朝習氣。

「黼」「抑揚」三字亦北朝遺習。

「貌」隋人皆如此書。

意境亦似率更《皇甫誕碑》。

「嬪」字先誤從歹，改筆可驗。

「免」作「菟」，恰是譌字。

「一」字用分法，雖泐可辨。

唐房玄齡碑

靈敏絶倫，不知當下筆時，興寄何許。

觀其運筆，有太阿剸截之意，所以與秦篆漢隸同一遒古。第曰「美女嬋娟，不勝羅綺」，不足知中令書也。

細觀韓叔節《造禮器碑》，知諸公書發源處。中令書，須以沉着會其靈敏也。

顏書出自中令，此處離合須能理會。近來學中令書，只知弱筆取妍，豈知中令書，高處在筆力遒婉，故與魏晋闇合孫吴耶？

學一家便爲一家縛，律苾蒭雖比粥飯僧差勝，然於西來意都無理會也。不知何時遇善知識。

在都時，學中令書以百過計，無甚理會。今夕展覽，頗似眼明，想數日來學顏魯國書故耳。

敬客書《塼塔銘》，書中傾城。此則藐姑射仙人，不食人間煙火矣。褚中令書，其秀得之晋賢；其清勁絶俗，則由其人品高。忠臣義士書，骨氣自是不凡，顏魯國、蘇文忠是也。米襄陽爲蔡京狎客，畢生脱不得一賤字。趙吴興書亦病此耳。

中令書，此最明麗，而骨法却遒峻。「蘭有國香，人服媚之」，如是他家綺靡。正猶剪綵爲花，即稍生動，亦尋常春風紅紫耳。

秀勁處易爲追摹。其生趣在字外剥泐之餘，如隔雲望海上神仙〔二〕，何時飛到也？

超乎象外，却是在人意中。此仙人異乎吞刀吐火者。

又

中令書，早歲尚沿周、隋餘習，專取方整，兼有分、隸法。若《伊闕佛龕記》《孟静素碑》是也。晚歲始自立家，《慈恩聖教序記》及此最其用意書，飛動沉著，看似離紙一寸，實乃入木七分。而此碑構法尤精，熟此方能離法，無智人前莫説也。

舞鶴游天，群鴻戲海。元常、逸、敬以後唐人，惟登善能之。石菴先生評中令書云：「比似右軍曾少骨，秖應飛鳥得人憐。」三復斯語，未敢雷同。「離紙一寸」，「入木七分」，須知不是兩語。「天真爛漫」，「瘦硬通神」，亦是一鼻孔出氣。

瑶臺青瑣，窅映春林。

運筆靈異，如飛花滚雪。

明漪絶底，奇花初胎。

幼學《皇甫誕碑》《醴泉銘》，粗知搆法，苦乏生動之韻，展視正似宋槧之歐體者。後臨中令《聖教序記》，稍知運筆法。至得力之深，則此碑爲最。

昔人言顔自褚出，學顔須知中令法，學褚須知魯國法。余始學兩家書，時茫然不省此語何謂。今歲周歷蜀境，行篋止攜兩家帖自隨，船窗展閲，若有所會。惜日在倥偬中，不能追其所見耳。顔、褚同處，尚易理會；至米老寄兩家籬下處，則非細觀《燕然山銘》不知。

唐慈恩聖教序記

運筆如空中散花，無復滯相。

顯曾案，此本舊藏余家，今歸徐壽蘅師處。

唐薛貞公碑

右碑無書者姓名，以字體論，頗似敬客，皆學褚而得其超俊者。

唐海禪師方墳記

信行《墳記》筆法清勁，頗與王知敬書《天后詩》爲類。

此書足與《王孝寬銘》方駕，不得因其晚出而持異論也。黄閎《李意如志》，當日疑者蜂起，然由今眎之何如？盍姑賞其精妙乎。商年同年示余，余歎爲希有，商年即以歸余，乃重裝之，以志珍重。嘉慶丙子花生日記。

此二十小字，有尋丈之勢，雖褚公何以加。

曩余得此本時，許青士爲余言，此石在吴下某氏，刻者爲某某，余頗疑近人書固鮮能到此者，果能若是，又何事駕言唐人？故前跋以《保母帖》爲況。既乃於吴下得數紙，則固自是本重摹者，都無神明，青士所見蓋是石也。比來重摹，亦已不存，況祖刻乎？因裝一本，與此印證。明歲青士來都，當並出觀之，供一軒渠也。戊寅中秋前二日，識於增默菴。

唐瘞琴銘

唐人學褚者，自以魏栖梧《善才寺碑》爲最似，然以《房梁公碑》衡之，猶有縛律處。敬、顧二君，天分自較勝也。《塼塔銘》逸氣舒卷；此則步趨中令，專取虚和，以氣韻静穆論，尚當勝之。當時所以書名不著者，想爲褚公所壓耳。然《唐書·吕向傳》盛言其善書，今觀所書《述聖頌》，天分學力不及敬、顧二君甚遠，因知名之稱不稱，亦有幸不幸也。

唐李靖碑

王知敬書，傳者如武后詩及《金剛經》，皆結法峻整，頗似于立政、殷令名。惟此碑容夷婉暢，有子敬《洛神》風軌，蓋師其外拓法也。鄭商年同年藏一元拓本，神明焕然，曾借摹月餘，似有微會。今覽此帙，如遇故人。按吉人先生跋，此亦明定陵時拓耳，紙墨精妙，遂視近拓夐絶。陰游師雄書，拓本尤少，行筆奕奕，似蘇子瞻，亦足賞也。當時同人吉人昆季皆親到碑下，故摹拓不苟如此。講泉六兄以球璧視之，宜哉。戊寅秋日，觀于增默菴。同觀者，晋江許邦光、龍溪鄭開禧，皆極欣賞。

唐王居士塼塔銘

信行禪師方墳記，運筆與此一同，惟風趣不及此銘之娟秀，此自關天分也。

學中令書者，以顧升《瘞琴銘》及此銘爲嫡傳。此猶後半全文，可寶也。

學此書，須得其超俊處，方是錢唐家法。若專取穎秀易入，輕綺與中令終隔塵。

顯慶、龍朔間人，無不服膺中令者，然二薛外，唯魏栖梧、敬客足承衣鉢，其天分超絶也。

藐姑射仙人，肌膚若冰雪，綽約若處子，秋菊春蘭，都應却步。

觀其無筆不提，無筆不轉。白雲在空，舒卷自如。唐賢書，備存八法，而能鼓以天倪者也。

舊歲與顧吴羹先生論《塼塔銘》，頗謂其出筆穎秀，無登善古澹如銅箭書意。比來澄慮展觀，乃悟其開合舒卷，一歸自然，天資超絶。如趙千里畫，生氣遠出，不可徒賞其穎秀也。

唐蘭陵公主碑

碑無撰書人姓名，清勁秀逸，自是高手，頗與王知敬相類。爾時逸、敬真蹟，傳世尚多，顔、徐未出，故書家皆守史陵劉珉舊法。觀竇臮《述書賦》，指褚公爲澆漓，後學古今界限之嚴如此。遺山論詩不滿東坡，亦是此意。

《蘭陵公主碑》，清勁秀整，初唐佳書，筆法與王諮議爲近。向來碑匠惜紙，只拓上截，每行二十字，不知下半存字尚多也。此足本，紙墨俱佳，是程甜棠觀察所贈。

又

數字森秀絶倫。碑額。

蘭懷筆意，頗與此近，惜當時未得此碑，使摹仿之。因思少年人，有好天分，而苦於無傳授者，豈少乎哉！

唐碧落碑

陳懷玉書此碑，雜用籀篆古文，頗爲不倫。然剬緝詳審，各有依據，與魏齊人別體字以意創造者異。明郭允伯詆爲凡俗，近孫退谷欲摘存其字，皆似過也。鄭承規釋文，亭林先生正其誤者四，竹汀先生正「柔」「叫」「及」三字，皆極審，今並從之。余又視𣃁駕之𣃁，似是華字，疑不敢定也。

唐張阿難碑

僧普澈在當時自是能手，想與懷仁、大雅同傳智永心印者。

怯於率更，秀於竇懷哲。

《張阿難碑》磨泐且盡，其字存者，清勁婉逸，絶似貞觀中郭儼所書《陸讓碑》。爾時書家，皆師褚中令，此爲不隨風氣轉者，于立政書亦如是，然普澈韻度更勝。

唐懷仁聖教序記

汪孟慈舍人藏《聖教》宋拓本精絶，平生所見，以此爲最。此册無錫公在江左所得，明初拓本也。

唐王徵君口授銘

王紹宗自重其書，謂可方伯施，過矣。

唐二經殘字

唐人書，至開、天以後始有一種俗氣，蘇靈芝最甚，王縉次之，至田穎、韓獻之，不足道矣。蕭散澹遠如此兩殘碣者，譬雲中孤鶴矣。

此書清勁，須觀其不流入薄弱處，韻勝故耳。若《代國公主碑》，便似氣不足；《于大猷碑》尤甚。

右《阿彌陀佛經》。存字中有金輪所製字，故知爲唐初人書。其書氣韻淵穆，邈然有出塵之姿。而古今談金石文字無談及者，豈以僻在深巖故耶？《涅槃經》存字五段，自來談金石者皆未言及，《中州金石記》亦遺之。聞碑匠言，石在汝州，前後漫漶無一字矣。

此書清勁，而取勢甚遠。曩見吴荷屋先生藏《涅槃經》殘字，目爲薛少保書。覃溪先生題云：「吾于此悟嗣通書存者，僅《昇仙太子碑陰》，與此殊不類。此書韻度瀟遠，實足繼武中令，即目爲嗣通，不爲過也。控引王羊之秘，即此石後一段也。」

右二經殘字皆學中令，而出以清迥者。

唐景龍觀鐘銘

以分隸爲真書，魏齊碑碣類然。此用其法，而氣象雍穆勝之。中一字、之字、上字，兼用飛白法，更爲奇偉。山谷評王晉卿書如蕃錦，余于此銘亦云。

唐大雅集王羲之斷碑

懷仁集書，千古絕作。其病在字體銜接太緊，不得縱宕，故香光疑爲懷仁自運。蓋勻圓整潔，止是唐法，晋人無是也。此碑神觀自不及懷仁，而分行稍疎，轉覺古穆。

唐高福墓志銘

《高福墓志》無書者名，清婉獨絶，是出自内史者。在爾時争尚肥厚中，尤不易得也。乾隆初年，石出於世，秋颿撫秦時攜歸吴。畢籍没時，爲元和令唐某取去，傳拓漸稀。此猶秦中拓，可愛也。

唐思恒律師志文

此書清峭有致，文則潦草。

唐端州石室記

北海書如此沉厚，張從申那得髣髴。

《端州石室記》磨泐殆盡，然其結體運筆，可與子敬《十三行》參觀。

校勘記

〔一〕「時」，《吉雨山房全集》本作「作」。

〔二〕「仙」，《吉雨山房全集》本作「山」。

芳堅館題跋卷二

唐道安禪師碑銘

王知微摹官帖，置僧書於秦漢閒，蓋不知其時代也。《大觀帖》仍之，可謂舛矣。宋僧人非粹白，故其書飛揚之意多於沉静意，子瞻所謂竊鐵之見耶？可見學書先貴立品，李北海何等變化，然見者不敢持此論矣。

唐人評宋儋書云，歐、鍾相雜，自是一格。此書縱横跳擲，一洗唐人方整習氣。惟未平澹，稍佻耳。《閣帖》所收一札，遠在此上。儋書傳世者無他碑，是石比亦刓敝，得不珍重視之。

唐麓山寺碑

李北海《岳麓寺碑》，雖宋拓亦漫漶無鋒，惟碑末有江夏黄仙鶴刻字耳。此本是前百餘年所拓，猶可想像北海手意。比來石爲庸人磨治，無復舊觀矣。

唐易州鐵像碑

蘇靈芝學薛最似，其俗則人品爲之。《鐵像碑》雄厚穩密，韻不足而法有餘，學之而加以超邁，則正法眼藏也。

學書固不必持苛論以繩古人，然亦須有分別。蘇靈芝所以爲人所薄者，止因舍利塔結銜與此碑不同，又碑有磨去重刻之跡，疑其曾污安禄山僞命耳。然究無他明證，愛其書而寬其説可也。

唐田仁琬德政碑

蘇靈芝之書，蓋出自薛嗣通，法備而韻不足，當以山谷之評李西臺者評之。傳世碑碣，惟此最勝出。夢真容《鐵像》《道德經》諸刻，上若《閔忠寺塔銘》，則其污僞命後所書，益頹唐不足觀矣。

唐山頂石浮屠後記

《范陽賜經記》，行筆最爲沉健，有王行滿意。

唐竇居士碑

《竇居士碑》雖磨泐殆盡，而存字結體婉雅㞋清。在當時無書名，然北海任文而不任書，意亦推重之者，與張庭珪之隸同也。

唐尊勝幢

張少悌在當日無書名，而所書《李臨淮碑》及此幢皆雄暢有氣，遠勝蘇靈芝、田穎。《臨淮碑》已泐，惜哉！

唐多寶塔碑

顔魯國書此碑時，年四十五，未自立家。然規矩準繩，方圓平直，而氣韻沉毅，一湔輕綺之習，自是書中豪傑之士。

右自「一十九」至「輪奂」，斯爲宋渡江後拓，餘皆北宋拓。

顯曾案，此本今藏余家。

唐三墳記

李監書，須尋其變動飛騰、隨手取勢處，以《峿臺銘》《碧落碑》互觀，便知「斯翁而後，「直至小生」自許，良非誕妄也。

是碑已經重刻，然李監手意猶存在。知鄭文寶所刻《嶧山碑》，直是徐鼎臣一手自運。元末嘗雙鉤填廓也。

唐大證師碑

季海此碑，實勝《不空碑》遠甚。其圓勁渾厚，純用内擫法，右軍正傳也。

唐臧懷恪碑

顔魯國此碑最爲開張，然不易摹習，恐結體疏緩也。

柳諫議學顔，却是由此入手。

《忠義堂帖》内所摹《放生池碑》，運筆結體，與此正同。顔書之最秀逸者。唐季韋縱全學此碑。

唐麻姑仙壇記

山谷言《麻姑記》是宋初一僧所書，蓋傳聞之誤。此書以蠅頭小字，而瓌瑋奇傑，元氣淋漓，天真爛漫，與《中興頌》同一神觀。微特宋人不能到，即中令之《西昇》、會稽之《老子》、河東之《清静》《度人》，皆「一覽衆山小」矣。顔魯國後如更有一人，具此神通，即當與魯國代興，詎屑刻畫形似，爲魯國重臺者？故余不敢附和山谷之説也。是記建昌原石已佚，重摹者了無足觀。明人類帖内所收，或纖或滯，其貌且非，況韻格乎？此紙真唐石宋拓，樂平汪巽泉先生得於陳氏夢禪室，先生陳氏婿也。道光癸未，出以示余，詫爲希有。適余得紹興刻米書二册，先生亦歎爲殊觀，因用米老故事，互易焉。使余數年前得此，書當有進。今視已茫茫，萬事都付懶惰。崎嶇碑碣閒，亦不願作字匠矣。記此三歎。甲申清明，書于盉孟晋室。

學顔魯國書，乃知古人一筆不敢苟下。伊川言「作字甚敬，即此是學」；司馬温公《通鑑》書稿兩屋，無一筆作草，皆是説也。王介甫書如飄風急雨，此所以爲介甫。趙吴興日書萬字，康里子山日書三萬字，難則難矣，今觀其書，畢竟有信筆處。既非傭書，安用吴彩鸞日竟《唐韻》一部爲哉？余書雖拙，然非專溺於遲者。聞余是説，亦可信其非自文也夫。

臨此記二十過，似有會，只是不透徹耳。

昔人評此書，曰秀潁，曰寬綽，曰清穆，曰雍雍超逸。須合觀之方備，所謂天童舍利，五色無定，隨人見性也。

唐八關齋會報德記

唐人評顔魯國書，如荆卿按劍，樊噲擁盾，金剛嗔目，力士揮拳。李重光至目爲叉手並脚田舍漢。米元章服膺顔行草書，而云正書便有俗氣。是三説，皆非真知顔魯國書者。明趙子函評顔書，如登高臨深，巍巍翼翼。董思白臨《八關齋記》，歎其有篆隸氣，無貞觀、顯慶諸家輕綺之習。黄石齋言《新唐書》評顔書曰遒婉，最有識鑒。後來學顔者，但知其遒而不知其婉，所以與魏晋遺法判若鴻溝。苟能觀其會通，原是一家眷屬。斯皆深知顔書，魯國有靈，當拊手稱快，如沈隱侯之賞讀蜺者。趙子固論書，獨推丁道護《啓法寺碑》、顔魯國《離堆記》，得右軍左邊一搭直下法。曩與李春湖侍郎摩挲丁書，恒以不得見顔記爲恨。己丑臘月，余試閬州，始訪得之於新井鎮。刻在巖壁，臨嘉陵江上，存字四十四字，仰視若鳳鸞群翥於煙霄之上，令人色飛。其旁里許，鮮于仲通故居，今爲道士觀，舊有魯公祠，已圮。有碑，宋馬存文、明盧雍重書，尚完好。因募工縛木爲架，拓厓字數十紙，並屬吴梅梁觀察暨郡縣命道士愛護之，且爲之約，官拓者必與貲，冀爲觀益，不爲觀累，庶可以久。郵寄越中，而春湖已下世，度不及見矣。嗟乎，以歐、趙諸家所未得見，而余始得之，豈與魯國有香火緣耶？余訪得《王稚子》《楊侍中》二闕、《漢安題字》及此記，蜀遊爲不虛也。因臨《八關齋記》，憶香光語而類識之如左。壬辰冬至識。

唐改修延陵季子廟碑

此碑今尚完好，不知拓本何以罕傳，且氈蠟潦草也。宋人謂從申書勝北海，未敢雷同。

張樗寮書《金剛經》，勒石焦山者，結體運筆，皆自此發源。然張司直側鋒取勢，漸近自然，温夫則鼓努爲力，此時代爲之也。

蕭梅臣文清便戌削，在爾時亦爲佳製。

竇長源《述書賦》稱從申書云「羲、獻風規，下筆斯在」。歐陽公不喜從申書，後聞李西臺學從申書，始録之。黄伯思言張書似北海《法華寺碑》，皆非言此碑，言黄帝問道崆峒數行耳。此書原石未見，海鹽陳氏刻入《玉煙堂》中。

唐人無不圓鋒，惟此碑是側鋒取態。後來范石湖、陳簡齋皆濫觴於此，張温夫得之最多。

韓方明《授筆要説》第四握筆，謂捻拳握管於掌中，懸腕以肘助力書之。起自諸葛誕，後王僧虔用此法。近張從申郎中拙然而爲之，實爲世笑。竇子全云從申結字緊密，近古所無。恨歷覽不多，聞見遂寡。右軍之外，一步不窺。意多榻書，闕其真跡故也。觀此，則從申書，唐人雅不重之。

唐顔氏家廟碑

顔書此碑至今完好，然近拓便神觀不逮，不省何故。碑匠拓碑，多遺其額，最爲憾事。況此額少温篆，清臣書，而可遺乎！因以近拓補裝於前。

明人言，蘭臺《道因碑》真書之分隸也；魯國《家廟碑》，真書之玉筯篆也，語亦良是。

觀顔書，知其雄健易，知其靈秀難。泰山巖巖，是何等氣象。然春雨初過，翠蒨滿眼，又何娟麗也。評顔書，曰「金剛嗔目，力士揮拳」，正是走馬看山，無有是處。

昔人謂《曹娥碑》有孝子慈孫氣象。今觀魯郡書此碑，端慤睟穆，肅乎若冠裳而對越也。蓋立廟以仁祖考，刊石以誦清芬，臨筆之頃，聚會精神，澄滌思慮，與他書應人之請，固當不同耳。

魯國文筆明贍，微失之黯。惟此作最合體裁，蓋敘述先世以詳備爲宜也。郭太保廟碑鋪張，令公處固無溢美，然頗似傷繁矣。學顏書，須識其性情，不可專翫其體貌之偉。

唐鹽池靈慶公碑

是碑前額爲李少温篆，後額爲魯國記廟之室址。碑匠惜紙，未有拓者。曾屬秦人致一紙，尚完好若新刻也。

唐人學魯國者，此碑最似。然似在形貌閒，以品格論，止可與韓魏國方駕耳。姚燧學顏，則又在此下矣。

唐符璘碑

柳書，香光服其下筆古澹，此非深於此事者不知。好之者以爲開朗，病之者以爲支離，皆皮相也。《馮宿》《符璘》二碑字，較小於《大達和尚碑》，而魄力雄渾一同。此是何等神力？以此觀之，《護命》《常清浄》二經，斷非誠懸真蹟也。

唐玄祕塔碑

「尖如錐，捺如鑿。不得出，只得却。」覩此佳拓，始會斯語。道光四年重陽觀。

誠懸一帖云：「近蒙寄筆，深慰遠情。但出鋒太短，傷於勁硬。所要優柔，出鋒須長，擇豪須細，管不在大，副切須齊。副齊則波掣有憑，管小則運動省力，豪細則點畫無失，鋒長則洪潤自由。」近山舟先生謂柳用羊豪之説本此。

顯曾案，此本舊藏余家，今歸陳樹堂此部處。

唐圭峰碑

裴公美書，是自率更得法，而以整潔勝者。明人評其勝柳，殊未然。柳之圓勁古澹，固不可及也。

又

米襄陽稱公美捲袖書榜，乃有真趣，勝柳書國清寺榜。此書嚴潔之至，如律師具四威儀，雖未能得大神通，要爲勇猛精進。其源亦出自率更，而斂其開張爲遒緊，以此作蠅頭書，尤宜也。

公美書以筆筆堅實勝，不欲以虚鋒取媚。此是秦漢篆隸舊法。學書從此入手，便可無信手之病。熟極之後，渣滓盡而清虚來，依舊可與二王相視而笑。若未知結體，便欲舍法，如金壽門輩，晝夜獨行，全是魔道。

唐殘碑

中言太原郡開國公王宰，以大中四年駐節關亭，紀其轉歷及往復所自。

玉圃前輩以此碑貽余，不能名爲何碑，遍詢收藏家，亦無知者。然自是中唐佳蹟，容更質之談考證者可耳。

新羅國朗空大師塔銘

是碑傳本絶少，自來談金石者皆未之及。書體蕭散，有晋人餘意。吾姑藏之，以傲歐、趙。道光四年花朝，購於破紙肆中。

《金石萃編》載此，自「收領永爲住持如」，至「難測穹蒼」止，於全文不及四之一。評曰文體書體整鍊渾厚，初唐之佳搆也。

宋劉奕墓碣

忠惠真書碑碣，從來著録第知有《萬安橋記》《晝錦堂記》，無知有《劉蒙伯碣》者。自余始拓之，是一快意事。碑文雅密有法，書蒼潤遒暢，絶似顔魯國《清遠道士詩》。忠惠不肯奉詔書碑，曰：「此待詔職也。」而獨欲有効於蒙伯，則蒙伯之人可知也。

元姚天福碑

《姚天福碑》，題道園書，實則松雪筆也。圓暢有韻，極似北海《東林寺碑》，維北海以氣勝，趙以態勝耳。

閣帖

此卷自會稽王道子書以後是泉州本，古香可挹。此卷王珉書，第三帖脱「待。臨出亦遺報既至王家畢，卿可豫檄光公，令作一頓美食，可投其飯也」。王珉敬報凡四行三十一字，祖本失之，未摹補耳。

此卷内張有道、王世將、皇休明三帖，皆無上神品，於此有理會，乃可以衡古今書。

王敦、桓温皆古澹有遠韻，惜其作賊耳。

潘氏祖本，國初藏梁蕉林家，後歸陳伯恭先生。歲甲申，陳氏出以求售，曾留小齋旬日，以直昂不能得。迄今追念，意尚惘惘。《官帖》收子敬書最精，吴應旂摹此册亦最用意。細觀之，筆法墨法髣髴遇之。持此以衡北海、魯國書，皆探源而下矣。

又

《閣帖》内所收率更書不精，所以潘師旦《絳帖》内悉行易之古法帖。内何氏書，乃率更書之佳者。知微又以他屬，可見別書之難。《山河帖》是集《枯樹賦》字，然與今傳本不類，可知今本難信。

「既移屋」二帖，米定爲羊中散書。讀帖末二字，爲「欣白」，玩其筆勢，自近子敬。中散固學子敬者，米固學羊，有重臺之稱，意鑒中散書，當不誤也。

此卷以他本補足者，紙墨雖舊，而神觀差不逮。刻手專趨圓雋，轉成輕稚也。

又

《萬歲通天帖》內有簡穆江郢小郡一牒，神觀飛越。此二表自較沖邈，傳摹數四失真耳。

右軍書真蹟，竟當何如？我輩所見，皆是於影上摹影耳。伯思、元章斷斷分别，僕謂果得鐵石任靖書，正恐以泰和之識，不能辨蕭誠耳。

《官帖》重摹本，《絳》《潭》既不可遇，明人所摹，自以此本爲冠。

先太史從宦江左時，購于雲間。時左仲甫方伯在先無錫幕，歎爲希有。先太史於書習魯國、魏國，然于是帖日必循覽也。展觀手澤，不勝愴然，願子孫知寶。

别本《閣帖》有「臣王著模」四字，元常部内多《戎路》一表，右軍部内時有異同，字畫敦古可喜，以神觀論，與顧本伯仲間耳。又一重刻瘦本，無復神觀，不足觀也。

汝帖

王輔道刻《汝帖》，宋人最譏之。然在今日，亦星鳳矣。

唐摹十七帖

草書《十七帖》，如方圓之有規矩。唐摹本相好具足，尤爲希有，無意中獲此，抑何幸也。

得此卷，臨十餘日，始識草書。

數日内焦墨泉舍人亦得一本，頗佳。其渾雅，猶當駕此本上，而俊邁不及也。余姑享敝帚以千金，有索余贈者，愛不忍割也。

顛、素固曠古奇作，然不可學，以點畫繩之方是。已下疑闕。

近吴中謝氏契蘭堂刻《十七帖》甚用意，曾乞得一卷，以衡此帖，隔幾由旬。

虚舟吏部言「學草書須從規矩入，從規矩出」，此語可爲發風動氣者對癥藥。

《藏真》小字《千文》，便有與内史印合處。文氏刻頗失真。

《官帖》内所收《十七帖》諸則，非直失其神韻也。評書者類砦知微，良不爲苛。

《瞻近》帖真蹟，乾隆中已入大内，刻之《三希堂》中。嘗得謹觀，覺此帖猶有髣髴，宋摹《十七帖》判若河漢也。

諦觀此卷百過，可以學《蘭亭》，可以學《書譜》，可以學《絶交書》，並可通之《争坐》《祭姪》諸帖。

馮伯衡所勒《澄清殘帖》惟妙惟肖，猶足與斯刻相發明。頃見宋拓《大觀帖》，神采動人，内《十七帖》數則，别成結構。米最推《王畧帖》，頃得《寶晋齋》本，意象正與此同，更淵穆耳。

未到廬山，已難一偈。舉似到耆闍，崛定當何如。

《餘清》《鬱岡》所刻《十七帖》皆精，而皆失之輕靡。精神焕發，神趣高華，目中僅見此本。

内史真傳，惟孫虔禮盡得之，然頗失之專謹。永師《千文》亦然。宋人若莆陽之端麗、道祖之清俊，亦總患神明少耳。

天花飛空，翔舞盡致，觀者目不能瞚，遇之此卷。

顔平原《鹿脯帖》，意象與此一同。由此學顔，便無怒張之失。

《法苑珠林》「優婆離爲五百釋子鬀髮師，不輕不重，泯然除浄」此語可會。

頃見子敬《授衣帖》，是自宋本重摹者，筆法之妙，如仙人嘯樹，無復世諦，所謂固當不同者。然觀内史此帖，又若疑彼之未忘情於蹊徑者，則何以故？當訪善知識參之。

定武蘭亭重摹本

馮氏重摹《定武帖》，固未精絶，然却足與陳氏本相證。

黄庭經

《祕閣黄庭》圓渾清穆，遠在博古堂本上。

顯曾案，此本今藏余家。

十三行

余丁卯計偕入都，先大夫授以此帙，且命之曰：「歐、虞並稱，而君子藏器，以虞爲優。今伯施原石拓本不可得，見《十三行》不激不厲，而風規自遠。日摹之可也。豈惟書哉？立身行己，處事接物，皆當若是矣。」言猶在耳，而頽惰無所就，循覽惕然。癸未小除識。

國初漁人於西湖網得一石，所謂「玉本《十三行》」，翁蘿軒得之，楊可師作跋，當時甚重之。宋刻「擢」字作「權」本遠不逮也。此紙當是未墜湖時拓，神觀較蘿軒所拓更勝。

香光論古今小楷，以《十三行》爲第一。蓋唐荊川藏本，涿鹿馮氏所重摹者是也。石菴相國以爲柳誠懸臨，想當然耳。

又一本，前有虞伯施印。馮伯衡摹之，自跋百餘言，震耀殊甚。以余觀之，岑鼎也。運筆頗婉暢，然輕綺無古人淳澹氣象，伯衡爲所紿耳。

《十三行》墨蹟，元時在趙松雪家，故松雪小楷獨有晉韻。然以氣格論之，實不若思白往見。思白書《文賦》，圓暢蕭散，真足與子敬相視而笑，莫逆於心。

四桂堂玉本《十三行》，刻手淺細，無復神觀，不審當時何以得重名。以余觀之，尚在《墨池》《鴻堂》諸刻下遠甚，僅可與《翰香》本伯仲耳。臨池者勿震於其名也。

《玄晏齋》本最爲沉厚，然諦觀之，止是唐人風力，晉人虛婉之度，固當更勝。

臨《十三行》五十過，忽有會於《皇甫誕碑》。又和「舞鶴游天，群鴻戲海」八字，唐人所不能髣髴。米老小字《千文》，亦仍著色相。

觀古人書，只須望其氣韻，便自不同，不待規規論形似也。《玄晏齋》刻信佳，然諦觀頗類顯慶、永徽中人書，知者辨之。

《十三行》章法之妙，斜正映帶，妙出自然。若使全賦具存，更不知若何奇妙。何當默存一至清都境也。張文敏詩：「冢中秃管已盈于，畫被裁蕉廿七年。到此依然書不進，始知王質少仙緣。」文敏天分甚高，猶專勤若此，況余庸駑乎！

世傳草書《洛神賦》，亦稱爲子敬書。以余觀之，運筆尚圓暢，却縛律，正與《景福殿賦》相類，不第非子敬，並非唐人也。《官帖》第九、第十已數經重摹，然展視時，靈俊之氣猶自照耀眉宇。烏有全賦千餘言，而索索無生氣，如曹蜍李志乎？

張文敏臨《十三行》亦殊不肖，結體太方，出筆太重故也。石菴相國則於象外取之，是爲超詣，非看穿牛皮者所知。

晋、唐、宋、元、明諸大家，得力全是箇静字。須知火色純青，大非容易。國朝作者相望，能副是語者，只有石庵先生。張文敏如許神通，畢竟未得無諍三昧，亦緣年華稍促故耳。使其得享大年，固當不啻石菴相國。臨《十三行》不如其臨《黄庭》，願稔知者。

石菴先生云：「香光力追顔、楊。楊姑弗論；魯國書如老枿枯株，穠花嫩葉，一本怒生，萬枝争發。香光未然也，徑趨淳質，則絶少穠華；略涉芳妍，則頓離樸素，古人之難及如此。然此特於香光持此苛論耳，他家何暇及耶！」此論甚精，能理會此語，便是透網鱗。

石菴先生定《力命表》爲永興所臨，不知何據。然筆意實相近，《鼎帖》尤可驗。晋人小楷，最須玩其分行布白處。唐賢雖歐、褚大家，總似爲烏絲闌所窘，《東山帖》便蕭遠有致。

「明漪絶底，奇花初胎。青春鸚䳇，楊柳樓臺。」李將軍畫也，子敬書也。「其形也，翩若驚鴻，婉若游龍。榮曜秋菊，華茂春松。遠而望之，皎若太陽升朝霞，迫而察之，灼若芙渠出渌波。」以評此書當矣，然不如竟目之曰「淩波微步，羅韈生塵」。

黄山谷言子敬《乞解臺職表》，不以法度病其精神。余尋訪廿年，未覩善本，不能印證山谷之説。然摩挲《十三行》，想象其落筆時意象，亦復遇之即離間也。

《黄閟李意如志》固可疑，然宋季無能爲此書者，姑以《鵝群帖》例之。姜白石題識累幅，似可不必。香光跋稱晋拓，亦聊爲是説以自娱耳。其實觀古人書，但論佳否，不必復問真贋。即如《十三行》，傳本甚多，皆有異同，亦各有勝處，幾如游丞相之百二《蘭亭》，畢竟何者爲真大令也？

唐文皇目子敬爲餓隸，當日内府藏子敬書必多，所評諒非無見。今僅石本，則餓隸爲藐姑射神人矣。

六朝人書，惟《張猛龍碑》結體奇變，運筆亦峭厲。然却與魏晋無涉。趙子函言歐、虞知此，便入二王之室，尚非通論。

唐拓《廟堂碑》，余於李春湖少司空處見之，觀其重摹亦甚精審。因用高麗紙臨寫兩過，意若有會，旋取《十三行》觀之，眼界豁然。趙子固過富春江，見其澄碧涵月，大叫曰「是吾水仙出現也」，余亦處處遇《十三行》出現。

虞永興書，自言於道字發筆有悟。蓋其堅厲圓浄，畫沙印泥、折釵股屋漏痕，同是一箇印證。千古書家，不能舍此有他謬巧。但唐人千氣萬力，不能如子敬之超勝。子敬鋒穎太俊，又不能如右軍之虚渾耳。

趙子固《水仙卷》，見之使人有天際真人想。閬中山水之勝，始過富春。僕於此理會《十三行》意，粗得彷彿。只是不能實證，緣天分不高，難言一超便到佛地。且須作粥飯僧，繫墜腰石也。

張長史傳魯國《十二意》，止是唐人法耳，於魏晉相隔尚遠。魏晉人書，非不結構嚴密，然其章法之妙，如絳雲在空，隨風舒卷，有意無意閒，尋繹數四，但覺深遠無際。如子敬此書，疎密斜整，映帶成趣，使得全賦觀之，隨手之變，更不知如何靈異。此莊子之文、青蓮之詩也。唐賢有字法，無章法，所以一覽易盡。宋以後並字法未審，何有章法！其故作離奇者，英雄欺人，孫壽之墜馬妝、齲齒笑耳。

唐人學子敬者，北海最似。

庚寅上巳，余在龍州試院，雨雪，連山皆白，呵凍臨《十三行》，似有微契。遥望圖山招寶子明，亦如黄鶴樓上，親聞純陽仙翁吹玉笛也。

曩歲得唐拓《麻姑仙壇記》，臨摹月餘，始知晉法惟顔魯國得之最多，不第《宋廣平碑側記》可證也。至《東方畫象贊》，世傳以爲展右軍書，乃殊不類。蓋魯國真行皆自子敬出耳。

辛卯人日，借琦静菴節使所藏俞紫芝書《廬山草堂記》，諦觀竟日，始悟鷗波於《十三行》得無諍三昧，所以餘派所衍，各擅勝場。如紫芝之暢逸，恐文、祝二君無此神韻耳。

昨細尋《玄晏齋本》，再觀此本，所見又異。東坡云「不識廬山真面目，正緣身在此山中」，信矣。

書雖小道，古人自有安身立命處。《十三行》，香光之主人翁也。近日石菴相國臨《蘭亭》，臨《洛神》，本不求似，亦遂無一筆似。魯直云「那識洛陽楊風子，下筆便到烏絲闌」，簡齋云「意到不求顏色似，前身相馬九方皋」，所謂「無智人前莫説，打你頭破百裂」者。

李意如墓志

《保母帖》初出黄閍時，疑者蜂起。余謂第以書論，固非宋人所能到也。香光摹入《戲鴻堂帖》，頗失真。此本尚有鋒勢可尋，當以東陽《蘭亭》例寶之。觀此帖，須以《鶴銘》意求之。其格韻自是唐以前人，不必因子瞻《金蟬墓志》别生疑議。

香光有晋搨之説，今無從見。得見重摹之差勝者，亦足以自慰矣。

姜白石跋，規規辨證。余謂可無辨也，王畿不聞能書。宋季人如白石、樗寮者，即爲巨擘，去此尚遠在。以下疑闕

潁上黄庭經

驂鸞駕鶴，飛行絶跡。下士見之大笑。

思古齋《黄庭經》筆法靈峭，自非褚中令不能。

潁上蘭亭敘

董思白最賞潁上本，近覃溪先生又最議之。董論風韻，翁主考證，各明一義。

芳堅館題跋卷三

鵝群蘭亭

褚臨《蘭亭》，以神龍爲正嫡，鵝群館本又勝墨池堂本。須觀其飛動處，仍是沉著。入木七分，離紙一寸，原不是兩語。

神龍《蘭亭》在唐摹中爲差可信者，項氏鵝群館本腴暢飛動，最爲殊觀。諸跋摹勒，却失筆意。

米海嶽蘭亭

香光以此卷質於海昌陳氏，掣去六行，示必贖也。後竟不贖，故陳氏《勃海藏真》所刻遂缺六行，覽者病之。此拓爲延津之合，詎非快事。

褚臨蘭亭米跋

米老極自重小楷，不爲人書，惟跋古帖用之，然亦只是小行書耳。觀其蠅頭分許，而有千巖萬壑、鸞飛鶴舞之勢，唐三百年，恐無具此能事。

遺教經存字

《遺教經》存字相傳爲錢唐書，實則龍朔、麟德間學褚所爲也。

轉折勁利，豪芒備盡，不及魏栖梧、敬客，而出呂秀巖上。

隋及唐初去山陰未遠，石刻往往有其遺意。開、天以後，無此韻味矣。

唐人寫經存字，率類中令。然中令〔一〕超邁處，恰無能及者。

藏真三帖

素之得名在青蓮後，安得作歌贈之？語氣亦殊不類。素師草書，雲花滿眼，正是天真爛然。

觀其煙舒雲卷，一歸自然，乃悟彥脩之妄。

米老云：「懷素稍到平澹，而時代壓之，不能高古。」此評最允。鮮于太常言草至山谷始大壞，不可收拾；楊升菴詆解春雨爲鎮宅符，皆非過當。

素師《苦筍帖》真蹟，曩曾見之，與此正同。

草書先當戒狂怪一路。

藏真比張長史筆力自少怯，然平澹天成，下筆如蟲蝕木，真得子敬正傳而不襲其貌者，當爲草書正宗。後來唯鮮于太常能得其意，解春雨所臨便成鎮宅符矣。

膳部書自佳，然不若蘇子美。

卷端項子京題字殊草草，當是其早年書。

論坐帖

曲阜孔信夫摹入《玉虹鑒真》之祖本，後爲蘇齋所藏，今歸徐星伯。曾借觀數日，與此本紙墨皆同，蓋一時拓也。後來所拓，不能如此圓渾矣。翁本曾落水，微有浥痕，故覃溪先生詩以彝齋《蘭亭》「將」字濕紋爲比，然畢竟是西子之顰，似此完善，尤可寶也。

顯曾案，此本今藏余家。

又

附《祭姪女》《劉太沖敘》《劉中使帖》共一册。

顏魯郡《論坐》《祭姪》二帖，先太史得於吴門，余益以《送劉太沖敘》《劉中使帖》。

曾以宋拓校之，知思白輕陝刻爲傎也。

近曾省齋摹此入《滋蕙堂》，太穉無神采。

顔書出于大令，須以大令意求之。

此魯國書之最流逸者，不可以迅厲鬱怒目之。

《停雲》此本從聶雙江本摹出，頗失真。然《餘清》本亦不能遠勝。

《劉中使帖》開闔變化，如龍如虬，想見忠義之氣盤薄鬱積。

學顔魯國書，知徐會稽是正法眼藏，不能如魯國之大耳。米顛於徐會稽、柳誠懸皆有異議，於顔之真書亦致不滿，蓋胸中横著晋法，於唐人書若登東山而小魯，其實在山外看廬山也。

《馬病》《乞米》《祭伯》都無善本，雖宋拓，亦未爲精審，苦無神觀。

聞廣西猺洞内有藏顔魯國真書《論坐書》，即繕清與郭英文者。倪草衣極贊其妙，然來歷無可考也。滇人周亦園摹《聽雨樓帖》，收魯郡《述張長史筆法十二意》，其僞不疑。時雜一二筆作篆勢，如庸工鑄鼎，補鍋之迹顯然。顔公若生金，一傾便成三十二相莊嚴，那有如許做作！

學顏魯郡行書將千過，都無入處，顏黄門所謂良由無分也。大致縛律不成書，却又不能不從攀蘿附葛入手。極知從門入者非家珍，但參父母未生一語不徹如何。

余自己卯使粤，即日臨《争坐位》一過，始頗有會，百餘過後便如銅牆鐵壁，再透不過。今歲在鷺門，亦臨摹月餘，都無理會。十月入都，至洪山橋，舟次兀坐悶甚，聊以此帖消閒，所見似又差進也。壬午十月十九日。

董香光論書，創「不説定法」四字，實爲千古未發之覆。知此纔可與學顏魯國、楊少師書，而權衡各家高下也。

《劉太沖敘》如龍蛇生動捉不住，然《蔡明遠叙》更爲渾遠。二帖明人所橅皆未精，須以《論坐》意追尋方得。能學二《敘》者，亦獨有董華亭耳。舟泊竹崎，書此。

《祭姪文》吴用卿所摹，視文衡山本自爲差勝。衡山是從聶雙江重摹者。曩歲見揚州汪孟慈同年藏一宋拓本，神采奕奕，借臨旬日，乃知平昔學《祭姪》，都是見影而論妍媸，無有是處。

《劉中使帖》觀其生氣鬱發處，此是興來擲筆到紙，無意於工，更何意〔二〕於奇也。

江山縣小船如葉，人居其內如簸，悶甚，唯與顔魯國展對，差不寂寞耳。壬午年十一月八日，江山船上書。

十一月十一日，舟至章溪口，距三衢僅廿五里許，來往舟將數百，密布江面不容罅。長年攤錢酣睡，僕非與顔魯國作緣，將悶損矣。

米元章、蘇子瞻行書，皆可印證《論坐帖》；蔡、黄自顔出處，便難以迹象求。

壬午十月十四日，登程還朝，小篋中止携此册，適館後稍閒，便閲一過。竊謂顔魯國書，如天童舍利，青黄赤白，隨人見性，都非真相。董思白所以敢訶懷仁集書者，正於此處得法眼耳。

十一月十一日，舟爲前船所阻，奴子於沙磧上得怪石五，僕學東坡供之，內子笑謂余：「此漁父過而不睨者，君如此珍重耶？」凡遭遇榮枯，作如是觀。得石者陳泮、藍福也。

曩不喜王孟津書，尤不喜張二水書。今日澄心細觀，知兩家亦從顔魯國來。虬髯客作夫餘王，雖非隆準，在彼亦自有不群者在。

數日來，皆賴顏魯郡爲我破悶。兩日筆如鐵，硯上甫滴水即成玄冰，僕衹好與紅友作緣矣。歎歎。壬午十二月九日。明日大寒，在吴門小住三日，無稱意事，唯獲宋拓顏魯郡《送蔡明遠前後帖》，天氣未佳，帖差慰耳。

祭季明文

右《祭姪》單行本，清暢圓逸，頗勝《停雲》本。唯末第三行「有知」二字，末筆過直，不若文摹耳。

又

此刻非文非吴，不知石在何處。中間「脅」訛爲「背」，與《停雲》同。「卜」字不可會，與《餘清》同。而圓暢飛動，二本皆不能及。殘珪斷璧，衹須有助臨池，皆可寶也。壬午四月觀。

送蔡明遠序

庚寅十一月十八日，夢有以顏魯國《送蔡明遠序》索跋者，書其左。醒而録之，不知何感也。

蔡明遠、鄒游、夏鎮，不知何許人，既爲魯公所賞，必非無所長者。顧天下如此三人者何限，而三人者竟以魯公傳。三人追從魯公時，豈嘗計及於傳者？而卒以傳，可見傳之不可以意求也。嗟乎，以一從事之微，而魯公勤勤懇懇，至作序送之，肫摯如家人父子，此自足以得三人死力，三人舍魯公復當誰從哉！或曰因人而傳，其傳不足貴。所論固然，然必以是繩趨事左右之人，則吾無取焉。

唐人書蘭亭詩

《蘭亭詩》斷非柳書，然自是唐人筆。若田穎、韓獻之等能事正如此，皆學明皇書而變爲俗滯者。比來論書者或遽詆爲濫惡不堪，則又太過。此書所病乏韻耳，實亦源出子敬，下筆自是堅實。觀香光所臨，尚未能盡得其痛快，知亦自有不凡者在。

博古堂集隸千文

越州集隸《千文》，宋本絶難得。屠維攝提格桼月貳日，購於廟市。汪孟慈舍人見之，詫爲奇絶。

張樗寮金剛經

弇州論書，最不喜樗寮，以爲盡偭規矩。然如此書，清遒蕭遠，全似張從申《吴季子廟碑》，在宋末自當推爲巨手，風力在白石、彝齋上。弇州第見其行草之尖薄偏峭者耳。

趙松雪法華經

右松雪書《蓮華經》殘本，先持至余處，議直不諧，乃爲某公得之。李春湖侍郎爲之上石，摹勒亦佳，然真跡墨光炯炯，如欲射人眸子，非雙鉤所能傳也。

二泉書院摹刻五賢遺像

李西涯篆額

西涯作篆，肥緩而少變化，然終勝趙寒山數籌。

温國文正公像

南薰殿所藏名臣像，温國廣顙鋭下，瘠而寡髭，與此刻異。

李西涯跋

茶陵書品正與其詩文等，固未超絶，要不失爲正宗，真書又當出行、草上。

林待用跋

貞肅書出自魯直，風骨矯勁，可想其正色立朝時。莆田故家閒有藏其書者，然亦火齋木難矣。

王虚舟跋

虚舟行書清氣嘘噏，天骨駿利，猶以太戍削爲憾耳。

韓錫胙跋

此書是簿書倥偬時，屬庸陋幕客爲之者，五賢後復有五賢，是何等語？書更無論。

戲鴻堂帖蘇米書

昔人論叔夜書，如獨鶴歸林，群鳥乍散。今其書不可見，即以題東坡書，似無不可。

東坡海外書，元氣渾淪，如勁柏長松，雪積霜侵，彌形蒼鬱。

元常書，自季海後無津逮者。習書不經此境，終是味淺。東坡書厚而暢，亦是師法高耳。

上下三千年，能爲縱横勢者，子敬、清臣而下，自當歸之子瞻，景度尚遠在。

東坡此帖，生平第一合作。黄文節評語雖似稍過，然實勝景度、得中，惟不及清臣耳。書當興到時，視平日他作自高一層。否則草草，者更有遇處。爲人捉著作字，則索然矣。

筆筆作騰擲之勢難，其渾成所以不及顔魯國者，顔書浩然獨往，如雲鶴在空，不知有人世埃壒；米則千金駿馬，固是萬里一息，恰未能行無地也。

香光書，得力於天中，故摹米極合。

董氏家藏帖

畫禪室隨筆甘草非上藥條

主持國是，而欲聽之五品散局，侵官固不必言，獨不慮其又成積重之勢乎？國是之淆，由鈞軸與臺諫相水火，而人主漫無所可否也。不端主聽而慎擇宰相言官，徒欲調停之，能乎哉！

易戒童牛條

明季清議之淆，自神宗中葉始。香光目擊其事，故有慨乎？其言之所見，遠在申文定上。

獨立不懼條

嚮往玉局，蓋以自況。

前後赤壁詞

東坡集《歸去來辭》爲詞，香光輯兩《赤壁賦》爲詞，慧業文人，偶然游戲，都自韻絕。書亦超騰變化，有「挾飛仙以遨遊」之概。

河朔贈焦右伯詩

類君謨。

送宋獻如邯鄲夜宿二詩

二詩行筆，逼真子敬。

送葉少師歸閩詩

臺山不失爲賢者，去國心事亦甚可哀。詩似送功成身退者，定哀間之微詞耳。

送阮圓海南歸詩

以「調高和寡」稱閹兒，斯言玷矣。豈此時大鋮尚未壞露，而姑奬其風雅耶？

贈陳仲醇山居詩

香光好自書此詩，余所見已數本。蓋以險韻爲巧，如蘇、王之鬬尖叉耳。陳仲醇行誼近于充隱，著作入于稗乘。而當時極重之，石齋先生至登之薦牘，何也？

題畫詩

雲林集中題畫詩皆佳，香光亦然。深於畫而無他嗜好以擾之，筆端天趣，自然益溢。

末卷

香光先生書，自鑒定上石者五：曰書稱，皆平生所臨魏、晋、唐、宋人書；曰家藏，皆自書詩詞，香光於詩非專家，欲以書傳之，故摹刻特精審；曰寶鼎，曰汲古，皆平生合書，以付子孫者；曰研廬，則其門人吴泰所刻，亦經香光指授者。外此則陳氏《玉煙堂》亦佳，以增城與香光厚也。餘則真贋雜陳，不盡合作，亦不無仿書矣。

香光書須觀真蹟。蓋用墨輕若蟬翼，重若頽雲，非摹勒所能傳也。此帖所收，皆擇其不縛律、不離法者，蓋以此觀海昌陳氏所刻《米自書詩》與《蘭亭跋》，知香光得力處。

書種帖

唐人書《陰符經》皆勁實，此却飄飄有仙氣，合書也。然不如吕純陽寶誥安重虚渾，有貴真氣象耳。

王晋卿《煙江圖詩》，運筆皆在空際，靈秀異常，所謂「纖纖乎如初月之出天涯」

者，勒手不稱，可惜。

《北山移文》極意清暢，當是興到時書，恰不十分用意。《煙江圖跋》百餘字，筆筆作提頓逆折之勢，最耐尋味。恨目力已遜，不能細臨一本耳。

董書用墨濃淡備有神化，最難雙鉤。彦京勒此帖時，香光親爲指授。然能事不過爾，況近人乎！

學香光書，不得其真蹟細觀之，專向墨刻求生活，非佻則滑。即天分十分高者，不過到明暢二字，與香光至竟無涉也。

書山谷跋語，渾重有韻。要之，此等書須得墨本觀之，方悟其墨暈輕重之妙。一經摹拓，髣髴耳。

《十九首》超騰變化，奄有泰和、海岳之長，具大神通，亦復得大自在。

褚書《哀册》傳本，取勢取態，大類天中書。香光此書會意，亦似蜀《千文》也。

臨徐會稽《不空和尚碑》，却以徐《道德經》運之，渴驥怒猊，變而爲松風水月矣。

顔魯國《中興頌》縮爲小字，維妙維肖，此實具大神通。《汲古帖》有顔《八關齋功德記》，格力與此正相類。

墨池堂帖

僕得此帖，驚喜如得火齊木難，非知者不與觀也。近吴門謝希曾刻一本，有松泉相國書後者，風力似較勝此本。

成佛作祖，亦須具四威儀，不得概訶爲縛律也。

廣州葉雲谷農部所藏越州石氏本，曾見之，筆勢與此一同，乃歎此刻之精。頃得《廟堂碑》精本，手自潢池，諦觀之，知永興最深得於此帖也。

卞氏所刻《曹娥碑》，云自真蹟摹下，固亦清挺。然神采不遠，正如十月凍蠅，能及此之意象騫騰否？此固重摹本，祖刻又何如也。

頃見李公博宗丞所得越州石氏本，知《曹娥碑》最得鍾法，須以敦重求之也。

此刻已佳，以翁蘿軒本較之，便如虬髯客止好王扶餘也。

永興《破邪論》、愛州《西昇經》，當日倘得善本精摹之，今日晴窗展玩，豈不更快！所謂人心不足，得隴望蜀也。

蕭子雲《出師頌》及《瞻近》二帖，乾隆中皆刻於《三希堂》中，曾得敬觀。此本只十得五六耳。

《快雪堂》馮伯衡所摹，精妙無雙，然頗似過於圓美。此是自石本重摹者，不能不稍失真，而鉤勒精善，正爾別具虛渾之韻。

松雪此跋，馮伯衡刻之精絶。此則十得五六耳。以《閣帖》所刻互衡，非直神趣相懸，即點畫亦時有異同，侍書不應舛戾至此，以爲別據摹本入石者近之。

此帖較之《閣本》及唐摹《十七帖》，用筆時有異同，皆以此本爲勝。

摹右軍行草書，皆極精善。近曲阜孔氏勒《玉虹鑒真》，摹《尊體》《平安》二帖，亦出曹之格本。取以相較，殆若逕庭。蕭子雲《出師頌》、永公《誓墓集》書亦然，大致老重而少腴暢耳。頃得銀錠《閣帖》，以衡肅摹本，頗會此意，益信古人之不可及也。

曾見舊潘師旦帖，中間摹此一段，精善無比。此彷彿得其十之六耳，然已絶倫矣。

右二帖，《淳化》所摹似更豐妍，此固清暢而不能幽深，當爲中駟。子敬此帖，《快雪堂》所摹清渾婉暢，與此抗衡。《玉虹》所刻，便苦鈍置。余幼即好書。洎戊辰在都過夏，凡見佳帖則百計圖之。及通籍後，好益篤，所得益衆，雖日在窮乏中，香爐伏枕，猶手一册不釋。乙亥五月朔，病甚，忽有所會，遂取年來所積若干册，分致知好。獨留此帖及唐碑數事，亦結習未盡也。

覃溪先生言《化度寺》重摹本，以章仲玉所勒爲最。頃見范氏書樓原拓，頗疑章氏所摹安得如許字者，字又似□肥本也。章氏祖本，後歸蘇齋，並泐勢描去，一一皆合。

信本此書，須理會其腴處、澹處。

玄奘於貞觀十八年始譯經，廿二年始内出《心經》命譯。信本安得於九年、十年書此？大致是唐人書，託信本名以爲重耳。庚辰上巳記。

清簡有韻，勝《淳化》，似《大觀》。

飛白傳者只有《昇仙太子碑額》六字，鶱翥可愛。此五字不知誰何書，恰無足取。

但以飛騰震盪論，實不及旭、素。

長公此記，自非平生得意書，趣韻稍減也，運筆亦似微滯，恨不得真蹟一證其離合耳。

宋人書皆不可重摹，坡、谷尤甚，其得意處本不在落紙也。試細觀真蹟，便有理會。

米行書小札，無不佳者。作碑碣，便不逮。

始疑子敬《新埭帖》爲襄陽臨本。摹之百餘過，乃知非米老所及。米能爲其超朗，不及其静穆也。今日摹此，益自信其所見之不謬。米老正苦太作態耳。此帖有顔魯國《乞鹿脯》書意，當以沈痛求之，不得但賞其流麗也。

忠惠此帖最爲名迹，摹手頗似失真，其圓潤仍非他刻所及。

吾里宋氏勒《古香齋蔡帖》，此數札皆收入，都無精神，只是比玉一手書耳。

道祖書，清渾處自出海岳上。此翰置之齊、梁間，殆欲與蕭景喬並駕争先。微似稍束於法耳。

承旨此書，真所謂「美女豐肌，低昂夫容」者，在趙書中亦絶無而僅有者也。

「海」字《樂毅論》，唯《墨池》本最佳。

明季類帖，自以此及《鬱岡》爲最。然尚不及馮伯衡《快雪堂》之精。《墨池堂帖》五卷，乙亥四月廿九日，以三十金購於都門。帖末尚有松雪行書《洛神賦》，裝池時失之，鄙人不恨也。維内史《黄庭經》、率更《化度寺碑》皆失大半，足爲深憾耳。然二帖殘本往往遇之，倘得補完，一段奇事也。

曩歲觀此帖，書稍有進。今日重展，如遇故人。然所見又似少别，不知爲進爲退。雲麓曷以教我？道光乙酉臘月朔日，又書。

又

歲丙子，余得《墨池堂帖》一部，晨夕展觀，盡以泥金書其餘紙，旁行斜上，滿而後止。還里時，鄭雲麓吏部留之未有得齋，余亦不復憶矣。乙酉冬，有以此求售者，購之。臨寫數日，覺所見又異，不知爲退爲進也。

晋法一經重摹，往往病於散緩，惟此刻豪釐不失。類帖内小楷之精，推石氏《博古堂》，次則此帖耳。

《黄庭》驂鸞駕鶴，有貴真氣象。

《秘閣》本「杖」字尚存其波，此訛爲小横。

右自《秘閣》重摹，豪髮畢肖，勝《停雲》遠甚。《停雲》祖本是《博古堂帖》，過於纖細，故覺〔三〕神薾。

黄魯直云：「《樂毅論》勝《遺教經》。」其語誠當。爾時右軍真刻傳世尚多，故可持此論。在今日則得此癡凍蠅，亦自不惡也。

曾見宋拓本，無末一行，知當時原不託名右軍也。不知何人增此十五字，而不考之甚。古人皆繫郡望，初無繫所居之地者。此「山陰」二字，謬也。「旦日」二字，唐以前人從未見有不署日而署旦者，可見後人涉筆便成蛇足。猶之《樂毅論》末登善排類銜名，作僞自首。

薄伽梵具大神通，未嘗不備四威儀，法亦何可廢也。

唐經生書，往往縛律。此其得無諍三昧，最爲第一者。

趙鷗波真書，全自此出。學趙者，當於此尋其源。

結體之妙，不可思議。

顔清臣書此贊，前輩言是展逸少者，然何從繩其離合？《畫贊》既入王脩棺，何以世有傳本？晋人最重家諱，内史又何以書「曠」字？疑不能明也。其書則容夷蕭遠，靈氣往來，正孫虔禮所謂「意涉瓌奇」者。越州石氏本最爲殊觀，此刻亦尚有飄忽飛動之致。

古人書，下筆未有不凝厚，至明人始不知此。

高紳學士家本不可見，《秘閣》本則嘗於葉雲谷家見之，覃谿先生定爲越州石氏本，非也。曾借至盍孟晋室諦觀數日，淵静之氣，如對古尊彝，不知陶通明何以目爲粗健，或梁世别有傳本耶？以此本對觀，一一相合。越州本即《停雲》所自出，視此更爲戍削，雁行間耳。《墨池堂》五册，此其弁冕矣。

清穆渾雅，大類元常。

石氏刻固佳，然「在洽之陽」「在」字訛爲「社」〔四〕字，不可解也。

《曹娥碑》以博古堂所摹爲冠，次則此本。文摹太尖。近孔信夫摹《寳晋》本太枯，卞令之所刻云自墨蹟出者，園囿寒儉，都無神明。

《傳習録》：劉觀問喜怒哀樂未發時氣象如何，先生曰：「啞子喫苦瓜，與爾説不得。爾要知道時，還須你自喫。」

右軍内擫法，唐人惟伯施、季海守之，此其原也。

越州石氏瘦硬通神，此本却極渾重，格力亦相敵，不知何者爲真本，意皆唐人臨仿耳。趙吴興題定武肥本云：「《蘭亭》與《丙舍帖》絶相似。」瘦本却不類《蘭亭》。則鷗波所鑒，亦此肥本也。

《宣示表》腴勁絶倫，曾見《大觀》真本，亦復如是。近吴下謝氏所摹，即自《大觀》出者，猶可省覽。他本，皆孔北海冢中枯骨耳。

《十三行》以玉本爲正，《玄晏齋》本次之。此本與玉本同原，中間「擢」訛爲「權」，則《鼎帖》《甲秀》皆同。

此册所收最精，如懸圃積玉，無非夜光。

「晴」字「青」字第二筆不作帶勢，「陰」字波勢翻卷收縮，皆當以馮伯衡刻爲正。趙跋馮伯衡刻，神觀照曜，遠在此上。《淳化》《大觀》所收，皆不逮此。

虚渾靈異，草書第一義諦。此刻備得其轉折向背之勢。

《瞻近帖》與《十七帖》互校，互有得失，知皆唐摹本。以神采論，此固當勝。《十七帖》所收，大致是唐人摹本，故法勝於韻。此本當亦出自雙鉤，未必逸少手蹟也。

《快雪》《袁生》《瞻近》三帖真蹟，皆入大内。敬觀《三希堂帖》，乃知右軍自有真也。第人間不可多覯，覯此亦粗傳仿佛矣。

右三帖，思白皆摹入《戲鴻堂》，氣韻似較勝，而又似差瘦，不知是同一祖本否。書短意長，大類伯英。

數帖摹勒皆渾逸有神采，曾見静娱室所藏《淳化》初拓，其氣韻正如此。香光最喜子猷書，以爲勝子敬。雖未必然，然此帖結密之中，逸氣卷舒，不圖天壤王郎，有此能事。

右帖以《萬歲通天》爲正。

此等於初刻指何帖矣。

右二帖，以《淳化》爲正。

右二帖，以《萬歲通天》爲正，與子猷帖同。

涪翁言子敬《辭臺職狀》能不以法度病其精神，此刻筆意俱在。《送梨帖》真蹟亦藏大内三希堂，「送」字尚完。末香光行書「家雞野鶩同登俎」一詩。此下疑闕。

右真跡亦藏大内。米敷文定爲隋人書，不附會幼安、景喬也。

真本不可見，此書自佳。

清穆有之，神采未足。

《鵝群》爲僞帖，無可疑者。宋人謂其筆勢如從數丈外擲到紙上，近劉石菴相國謂其結體入俗，二説皆可理會。

右二帖，以《淳化》爲正。

細觀子敬《乞解臺職狀》，悟此帖勝處。

永興《廟堂碑》唐石拓本，數四諦觀，乃知世傳虞書皆非可摹習者，行書亦粗得形象耳。

永興二帖，皆極腴朗〔五〕。

神龍《蘭亭》，向謂此本佳矣。後見悟言室所藏宋拓本，轉摺豪芒備盡，始知中令不可及處。

誠懸此札習氣太重，非其至者。

此詩大似李西臺書。

似釋高閑。

此書好事者爲之，第以書論，自挺健有氣。

《心經》，貞觀廿二年所譯也，信本何從於九年書之？「旦日」之謬，與《遺教》同。

嗣通此帖，《淳化》收之，筆意無復可尋。

馮伯衡所檕，視此爲勝。

賀八草書，當時絶有名。以理推之，當不止此。

飛白傳者惟《紀功頌》《昇仙太子碑》二額。《紀功頌》作水波形，《昇仙碑》作飛鳥形，皆無筆不折，無筆不提，烏有平直如以椶片刷漆者。飛白法久不傳，然余見唐人如彼，知茂漪之決不如此也。

會稽此書，微有俗氣，所謂匀圓如算子，便是吏楷者。山谷評得中書雖可愛，終可厭，終不可棄，此帖亦爾。

此卷所收最爲雜糅，衛鑠飛白、李藥師書、無名氏書，真不知何所取也。《煙江疊嶂圖》由大内歸成邸，不知何緣復落人間。書估攜至余處，留之三日，以議直不諧持去。後間爲鄭邸所物色矣。東坡書全以墨勝，其凝欲隱起，其潤欲蒸濕，其光幽然，其氣盎然，紙墨相得，無復經營之迹。此非雙鉤所能傳也。

陶詩自板本重摹，更爲失真。

山谷書清峭矯厲，雖非當家，然如深山道士，與之晤對，自使意遠。

天中書以鋒距四出，見其迅厲；仲玉乃欲以圓暢矜雅劑之，蓋不相入也。所以米氣甚猛，而此隣于怯；米勢甚急，而此近于緩。其病在雙鉤不盡，由棗木疏理，不便出鋒也。

觀米書，須以大令、魯國繩其離合。知襄陽守法最嚴，如駿馬鳴和鑾舞交衢，而沛艾權奇之姿終不可掩。

君謨三札，皆平生合書。

君謨書，自有魏晋遺則，於行書見之。小楷傳者惟《茶録》，意境類《畫像贊》《破邪論》。大字全法顔平原。較之雙井、天中爲少變化，然鸞飛鳳翥，氣格自貴。

翠微居士此札絶類晋人。

以天分論，薛不若米甚遠。然生平專師魏晋，不涉唐人風氣，正猶東周禮樂，變可至道。米則秦楚大國，强遂稱王。

茅紹之所刻極秀穎，此刻殆可方駕。又有一本僞款爲右軍者，則神癡矣。

鷗波固圓暢，要須以凝[六]厚求之，其勝鮮、鄧、康里處在此。

右章氏原石最初拓本，尚未刻《洛神賦》及《蕪湖學記跋》，其明據也。第二卷少定武《蘭亭》，第三卷少《邕師碑》，第五卷少松雪《小蘭亭》。

章藻仲玉摹《墨池堂》，其勝《停雲》《戲鴻》諸帖，自以第一卷内史小楷爲極意經營之作。曾取《秘閣》《寶晋》《博古》宋拓殘帖對勘，殆無遺憾。次則松雪《道經德》，亦可追蹤茅馴。餘則尚有出入，衛鑠飛白、蘇陶詩、米《蕪湖學記》尤爲失真。

《停雲館》第一卷晋唐小楷，重摹越州石氏本也。亦章簡甫父子所勒，然視《墨池堂帖》相去不可以里數計。劉雨若爲馮伯衡摹《快雪帖》甚精，而自摹《翰香館帖》，纖弱無精神。是皆不可解也。

顯曾案，此本今藏余家。

玉煙堂帖

米顛每詈人草書，爲君謨手脚。平心論之，草自不及行，然在山谷上；行書則葛覃后妃，德容兼茂，自非過譽。

襄陽此記與《蕪湖學記》意象正同，縱横跳盪，雅近北海。而他日論書，又詆北海爲暴富貧兒，禮數生疎，何也？

米老書之有韻者，以此爲冠。《戲鴻堂》刻太粗，近傅忠勇刻又太嫵媚，惟海昌刻存真面目。

襄陽刷筆，虎兒幾於拖埾帚矣。

唐人書《内景經》，元時在松雪家，即《宣和書譜》所收者，有詩存集中。此蓋臨自真蹟者，蕭遠有出塵之韻。

松雪臨王不甚似者，渾穆之氣少耳，非謹之過也。香光拈「不説定法」四字，專爲過謹者除障礙。

松雪臨逸少書，其圓暢處備得之，而出筆稍怯，遂覺姿顔多而骨力少，固須遜米老一籌。

鬱岡齋帖

《季直表》果鍾書否不可知，然方之《戎路》，爲差可信。元常二帖，刻摹皆精。近得來禽《十七帖》，過吴、王二刻遠甚，惜傳世少耳。以來禽所刻校之，此帖摹手尚似微嫩，無蒼勁之趣。

虚舟絶賞唐摹《樂毅論》，未可爲外人道也。摹《内景經》精絶，《鴻堂》不足言，近孔氏、畢氏、亦莫能逮。柔閑蕭散，得意處乃不在字裏行間。

香光得法於《玉潤帖》，此秘可參。

此書謂爲李懷琳書，覈已。顧何以有天監三年進入款也？

此卷真蹟歸於成邸，齋名詒晋，以此。

此書果出中令否不可知，書自佳耳。

《清娱墓志》可與神龍《蘭亭》參觀。

顔魯國《論坐》《祭姪》二稿，皆曾見宋拓，惟《祭伯》未見善本，此粗存髣髴耳。

以《論坐》《季明》二草衡之，似失真，要自清迴。

此書佳甚，然何必託之内史，作唐賢帖觀可也。

唐賢書氣味自殊，以去山陰近也。

唐賢書《月儀帖》，清暢獨絶。

《月儀帖》即不出索征西，然亦唐人能事，徐鼎臣所不能到。

《玉煙堂》《勃海藏真》皆勒司議此帖，眂此遠遜。

《萬歲通天帖》惟宇泰所刻獨精，勝文氏刻。

王宇泰鑒賞自不及香光之審，然摹勒皆用國工，却不至如《鴻堂》之草草。

王季野精於别書，以《絶交書》《萬歲通天帖》觀之，出文、董上。

快雪堂帖

石菴相國以此爲思陵摹本。

右帖出自《萬歲通天》，最真。

敬和二帖圓暢蕭遠，右軍云「弟書遂不減吾」，蓋非虛語。

世將二表，元常正傳。

千載下可想元常仿佛者，獨此數行。《戎路》《季直》恐不可信。

此數行當熟觀，求魏晋轉關處。

右軍行草數經傳摹，已無從追其落筆意象。然頻伽之音，滿十方界，畢竟有佛語在。

此書境界太近，不惟非右軍、非中令，並非唐人。不但貞觀六年中書令是何官職，失之不考也。

石菴相國定此爲柳臨，然實爲古今小楷第一。

此十三行欲取清虛，轉成纖靡，當是買了顏子，董跋亦僞。

葵邱鼎也，標題却真。

率更書須觀其矜腴處。

二《告》余皆臨寫百過，妄有覽言，恐皆宋思陵臨本也。

朱巨川二《告》皆唐人佳書，然不必顏魯國、徐季海也。

顔行書高處，在天真爛漫，不受逸、敬束縛，而自能闇合。孫吴學顔書者，亦須於象外領取。

此帖恐未是素師書，以其色相未忘。

高閑書，行住坐卧，不失戒律，只是參父母未生前句不了。

西臺書尚是唐人繩則，以四家衡之，太縛律耳。

光堯皇帝書，柔閑蕭散，在書家爲正法眼藏。

東坡數帖皆佳，摹勒精審，下真一等。

魯直二帖尚非其極意合作。

觀君謨二帖，乃知宋氏《古香齋帖》都無影響。

雅不喜樗寮書，爲波旬神通也。惟焦山《金剛經》佳，此數行亦有清味。

翠微居士書韻格殆過天中，然米老隨手萬變，道祖不逮也。米如秦楚，薛如衰周。

吴居父學元章，可謂豪釐不失，然以是不能立家。蓋作書始貴能合，終貴能離，離形得似，乃可各各單行。

米老似羊中散，尚誚重臺，又何以處雲壑乎？

《快雪堂》收天中書最富，亦最審，唯《丹青引》非耳。

此書有魏晉意，却不類元章，正似李龍眠書。檢法書爲畫掩耳，其小楷實不在天中下也。

縮陶通明、顔魯公擘窠爲細書，是何神力！

層臺緩步，高謝風塵。緱山夜静，聞吹玉笛。吴興小字，此爲超絶，在《過秦論》上。

承旨天分不高，故少象外遠致。以人功論，却也到十二分。

道光壬午，承竹泉觀察招來鷺門講學，笈中都未攜得金石文字，乃從雲麓司勳借《快云堂帖》以遺長夏。世重此帖，争賞其《樂毅論》，所謂「看牛皮也須穿」也。此帖精華，曰《快雪》《力命》《丙舍》《玉潤》《世將》二表、《敬和》二帖、大令《昨遂》《不奉》《柳跋十三行》，顔魯國《蔡明遠》《過逮》《寒食》三帖而已。此以古今書旨言之，非爲習干禄字者言之也。雲麓解人，定契斯語。

李書樓帖

陳思書，隋煬跋，咄咄怪事。

右軍六帖，神采奕奕。

《曹娥碑》穎秀可喜。

淺露無韻，乃敢託之魯國耶？

此吴用卿本，非真蹟。

君謨此帖，渾暢遒穩。

東坡書，須見真蹟，方知其運筆凝墨法，如雲氣蒸濕，初無滯相。松雪自以圓暢者爲當家，此傳意工嚴整，是其變體，摹手稍滯，不能得其流逸之韻。

停雲小楷，自擅勝場，此跋尤佳。

松雪之學北海，能於子敬探其源，所以氣韻生動，神采照曜。習趙書者，須以遒朗求之，若煙視媚行，便無入處。

鮮于困學此帖，視松雪書《太湖石贊》，雄麗殆欲過之，當爲生平第一書。

漁陽大書精勁，實勝松雪；小行圓暢有之，所乏靈秀之韻，當讓吴興一籌。康里子山書，每病滑。三君子詩，行筆有信本《史事帖》意，合作也。雙江人品本高，書亦清婉有度。

宋景濂小楷最精，行書亦清逸。

枝山天分超邁，故能自出新意。

秋碧堂帖

學顔書，須先細觀月餘，偶有所會，縱筆追之，方能離形得似。若筆筆安頓如宋伯姬之待姆，便無理會處。

顔書意在一洗從前輕媚之習，故用力太過處，頗少自然。李後主叉手並脚田舍漢之喻固非定評，然亦不可謂無見也。米老言顔真書有俗氣，只是以晋人蕭散論之耳。總之，學書不過魯國一關，終身門外漢。

過魯國一關，却大不易，非專意勁厚便可爲魯國法嗣也。

顔平原書，如《家廟》《元次山》《李含光》諸碑，實爲誠懸導之先路，法有餘而韻不足也。《竹山詩》亦然。《自書告》則儼雅遒密，唐人皆出其下。以逸少書求清臣，方知其虚和處，乃得右軍之靈異者。

又

此書自有貴真氣象，與山澤癯不同。

此本亦褚摹之變體，沉著而生動。攬其秀色，令人意遠。書各有真性情，豈必搔頭弄姿，出於一轍乎？以余觀顔公書，轉覺魏鄭公之嫵媚耳。

沉雄之至，亦復虚和。張丑譏其風神不足，謬論也。

顔魯國書，以爲叉手並脚田舍漢者，固非；即以爲金剛瞋目，力士揮拳，亦皮相也。請爲之目，曰深山大澤，龍虎變化。

唐詩人能書者，當以杜紫薇爲冠，運腕靈逸，結體蕭閑，其品格與吾鄉林緯乾相伯仲也。李義山書非不峭快，然長而逾制，正文皇所訶爲餓隸者。温飛卿妍媚有餘，風力不逮。皆不足與牧之抗衡。白傅亦未成就，難言肩隨也。

君謨此書無意於工，而天機動盪，筆墨外别有真趣，所謂瓦注賢於金注者耶？

米老好爲大言，動曰爲蔡君謨手脚。不道子敬之《授衣》、伯施之《積時》，與忠惠正是一家眷屬也。

子瞻書自有六朝風，不僅似王簡穆也。二賦尤其得意之作，想其墨色湛湛，如小兒眼。

東坡最喜靖節此作，集爲詞爲詩，屢書不一書。此本尤爲流麗，興會所到，動乎天也。

文節書出自通明，見其書，如高山深谷中，忽遇異人，令人耳目改觀。此陰長生詩，尤其用意書，勝七佛偈遠甚。

漫士大字，不患不縱横馳驟，所患氣少韻少耳。此書其最專謹者，當是中年未放筆時書，神觀差遜。

揚州汪氏舊藏趙松雪書《急就章》，純用六朝法，清穆絶倫，當是中年極意經營之作。晚歲自立家數，却稍有習氣，未免説定法矣。趙仲穆、郭右之，非不專勤，所惜寄此籬下。

松雪此賦，平生凡三見真蹟，皆佳。然皆不及此本，其清穆渾雅，已入右軍之室矣。

意境曠邈，有驂鸞駕鶴之概。

松雪臨唐人《黄庭經》精絶，余曾見揚州汪氏所藏趙書《急就章》真蹟，意象逼真六朝人。松雪於書無所不臨，臨無不肖如此。今臨松雪書者，專以秀媚求之，不能深探其本，安在其能爲趙書也？

梁玉立摹《秋碧堂帖》，鑒別之精，尚當在馮伯衡上。蓋馮集《快雪帖》中，猶有僞書雜之，不若此之粹然精善也。

又

筆千管，墨萬定，此境未許造也。思白頗輕松雪書，固非定論。

松雪行書，推此最勝，藐姑射仙人，肌膚若冰雪，那有人間煙火氣也？他書如《梅花詩》《桃花行》，妍冶有餘，恬雅不足，與此隔一小劫矣。

松雪《道經》澹雅得韻，尖薄少可恨，然足爲枯柴蒸餅之藥也。

詒晉齋帖

《平復》《苦筍》二札，固是奇蹟。

《黄庭經》云是信本書，細閲之，乃似錢唐，恐是只唐人蹟耳。

《蘭亭》二，大致皆陳緝熙、吴用卿輩雙鉤本。

黄之雄特，米之横厲，皆其得意蹟。文衡山跋，亦清暢可觀。

秦埧上印，是「伯和」二字。

朱子他書，平生所見，皆以古横勝。此「蘭亭脩禊」四字，獨秀偉。

文信國書，曾見《正氣歌卷》，瘦俊似李泰和，與此微異。黄石齋先生行筆幽異，此劄子若合符然，意忠臣義士書類如是。

趙子固善畫水仙，此卷有其風致。

筠溪引首一印，曾於益摹《蘭亭》額上見之。

滋蕙堂帖

吾鄉曾省軒勒《滋蕙堂帖》，頗極用意。省軒固善書，而石工不稱，又多自類帖雙鉤，下者往往失真。余獨愛其《送劉太沖敘》，用意清潤，勝思白所摹遠甚。因獨存此册，以備臨寫。

又

此宋人書《廣惠藏經》殘頁。其時四家未出，故行筆猶有唐人遺意。余所見者，如《三彌底部論》，如《鬱單越經》，皆是。或妄題爲鍾越公，正緣未考耳。

校勘記

〔一〕「然中令」原脱，據《吉雨山房全集》本補。
〔二〕「意」原作「如」，據《吉雨山房全集》本改。
〔三〕「覺」，吉雨山房全集》本作「爾」。
〔四〕「社」，《吉雨山房全集》本作「杜」。
〔五〕「朗」，《吉雨山房全集》本作「潤」。
〔五〕「凝」，《吉雨山房全集》本作「敦」。

芳堅館題跋卷四

程明道墨蹟

咸陽令段君嘉謨，好古君子也。示余明道先生真蹟，以余觀之非也。二程夫子，名從「頁」旁，今書名作「灝」，則從水旁矣。自元以前，書文章皆成篇，無僅録數語者。若隨手作書，則又不必著年月以明鄭重也。宋自真宗命諱「元」「朗」二字以後，「殷」「敬」二字祧則不諱，而「元」「朗」二字則終宋之世諱之。今書「元」字不缺末筆，何也？因其書尚佳，爲之跋。

宋諸大儒書，紫陽傳世最多，司馬文正公、張宣公、楊龜山、真西山書，亦往往遇之。二程先生，則傳者甚少。觀伊川言平生作字甚敬，意其書必精嚴。此卷明道先生書，兼有歐、顔之勝，誠哉其敬也。柳誠懸心正筆正之説，非徒諷諫，理固如是。王介甫書如飄風急雨，其爲人可知。然世又有一生不作草書而終爲壬人者，又何説也？襄亭先生言，曩宰武功時，獲李泰和所書《任令則碑》，其陰勒大觀御製文甚精，惜其爲蔡京書，世莫之顧。夫京書雖精妙而不貴，則襄亭之寶此卷，固不第以其書之精妙論，而況其精妙如是，又可以見游藝亦大儒所不廢也。

邵文莊詩翰真蹟

二泉先生所學，得於茶陵，書亦似之。當其以侍郎致仕，茶陵力疾作信難贈之，遂爲絶筆。其詞以廬陵知眉山，眉山服廬陵爲比，世不以爲過。是時李、何之燄張甚，先生獨守師説，不爲所慴。鍾伯敬曰：「獻吉出，天下無真詩，惟二泉爲真詩。」信矣。先生出處之際，蓋有賢于茶陵者。余尤愛其言曰：「願爲真士大夫，不願爲假道學。」爲吴康齋、王陽明言之也。嗚呼，使高、顧諸先生知此，又何至聚徒講學於國事孔棘之秋，授宵人以口實，而爲後世所惜哉？道光乙酉春分日，書於盍孟晋室。

楊忠愍詩翰

楊子芳先生書，傳者焦山寺所庋手札，似清臣；臨《雲麾將軍碑》，直逼泰和；《十八侯贊》，似龍眠；小楷李太白《遠別離》，似李瓌琳。此詩翰有《十七帖》意，師法既古且博，涉筆輒各成體。有好事者，能聚諸帖礱石刻松筠菴，如忠義堂顔書故事，亦勝舉也。楊介坪師所爲咨嗟而想慕之者，豈固以其書乎哉。

文衡山小楷列仙傳

衡山先生此卷，蠅頭細書，而取勢在尋丈之外。其章法似《十三行》，似《破邪論》，靈秀獨絶，如王子晋騎鶴吹笙，邈然在雲煙之表，不知下士方攀躡而附葛也。是爲化境，是爲仙境。平生見衡山書多矣，此其甲觀。

文衡山行書九歌長卷

衡山翁書，奄有魏晋，而以清健出之，實出希哲之右。此卷數千字，無一滯筆，闔闢變化，頃刻萬狀，當是生平得意筆，視他書之穎秀者，倜乎遠矣。周公瑕引首五字亦佳。壬申除夕前二日，呵凍記。

王雅宜楷書沖虚經

王履吉書意澹筆遠，唯過穎而近薄耳。此其晚年合作，骨法清虚，風神散朗，諦觀之，令人邈然有天際真人想，雖衡山未必能遠過也。道光壬午四月十一日，觀於鷺門寓廬。

左忠毅詩翰

永福鄭氏藏滄嶼先生自書詩長幅，草書奇偉，少時見之，今不復能舉其詞矣。此詩固不經意書，而天趣爛然，人品高故耳。以不經意之詩而能使二百年後觀者肅然動容，此蓋不在區區工拙間也。

董書飛白法二館辨

右香光先生六十歲時書，意澹韻遠，但見靈氣往來，書至此可謂造化在手矣。卷中「館」字、「恭」字皆有刮痕，蓋爲童蒙臨寫，故致慎於偏旁耳。

墨磨濃後俟冷，以羊毫蘸之，紙又滑膩受墨，書成當邈然有天際真人想。此興到時偶有此數行，非能有意爲之也。

董香光臨顔自書告身

香光書，以顔魯國收因結果。此册臨顔，妙有生拙之致，蓋以拙得厚耳。

傅青主行書

公之他先生學問志節，爲國初第一流人物。世争重其分隸，然行草生氣鬱勃，更爲殊觀也。嘗見其論書一帖，云「老董只是一箇秀字」，知先生於書未嘗不自負，特不欲以自名耳。

王覺斯自書詩長卷

京居數載，頻見孟津相國書。此卷最爲合作，蒼鬱雄暢，兼有雙井、天中之勝，亦所遇之，時有以發之。晚歲組佩雍容，轉作纏繞掩抑之狀，無此風力矣。己卯燕九日。

再四觀之，其抑塞磊落之狀，實出顔清臣，不能爲清臣之渾古耳。其得力之深，則非之室友石所能逮也。

觀《擬山園帖》，乃知孟津相國於古法躭玩之功，亦自不少。其詣力與祝希哲正同，如天神波旬，固非正等覺，然不可不謂之具大神通也。

張二水書，恣睢取勢，在書中爲下劣阿脩羅，余雅不喜之，非第薄其人也。徐會稽、鍾越國書，自可重，不以人掩。若蔡元長者，人品豈第下中而已，倘遇其書，又何嘗拉雜摧燒之乎？庚辰花生日，又書。

書貴沉著，專意求沉著，便無餘味。書貴變化，專意求變化，便無真趣。此顔魯國行草書，所以爲正法眼藏，米老之所以僅爲辟支果也。張温夫纔入流，時有魔氣，古怪槎枒，如上帝陰兵，舉世不識者，則墮五百生野狐身矣。因觀覺斯相國書，附識於此。

何屺瞻楷書千文

屺瞻先生書，出自湜盦，得意處遂青於藍。此臨登善《千文》，下筆生鞭，純用《伊闕佛龕》法，當是得意之作。汝文三兄以球璧視之，可云精鑒。

潘劍門畫册

潤堂二兄未始學畫，涉筆轉有雲林、雲西意。屬將開閫豫章，輒檢舊藏白雲外史立軸，沈凡民、潘劍門二册奉贈。清暇時一展覽，當憶及都門商榷筆墨之樂耳。道光四年閏月二十日識。

顯曾案，此本今藏余家。

顧吴羹書大學孝經第七十六本魏笛生藏

吴羹前輩學信本書最深，此帖運筆用意，絶似《舍利塔銘》。而所書乃聖經賢傳，其勝唐人以翰墨爲彼法用者，何可數計。笛生同年寶此，爲無量壽品可也。笛生五十初度，南雅書此册爲壽，故有末句。

顧吴羹書孝經

在都十載，與吴羹學士氣誼最契。丙子典滇試，吴羹適視滇學，榜出，所得士皆顧所獎許，顧所未識僅七人，而明經居其三。次日見過，拊掌大笑，酸鹹同嗜，竟至此耶。庚辰三月，余奉諱歸里，顧爲惘惘。門人羅香巖來閩，出一緘，云吴羹書也。展誦無一字，惟《孝經》一帙。嗚呼，良友期許之意如是，思之能無心動哉！道光元年三月四日，識於守元有居。

李忠毅自書詩册

今海内無不知忠毅公大節炳天壤者，然當其時轉戰大海之内，而么麿小醜東掩西竄，謗書時聞，賴聖主鑒其藎誠，始終倚任，功垂成而身隕，則命也。觀卷中風阻、雨阻諸詩，想見嗔目叱吒而困於無可如何。觀《有感偶成》詩題下注，又知偏校有不能如公意者。嗚呼，使偏校人人致死如公，又少風雨之阻，當事又能與公一心，賊必禽矣，豈至倉皇蹈義哉？公之以節見，公固自知之矣。讀竟此卷時，寒風颯然撼窗外樹，作波濤汩没聲，意公神在天壤間，如水在地中，其領鄙言乎？癸未十二月十二日，附識。

徐淞橋臨塼塔銘

淞橋深於中令書，其靈俊處實出天賦。余曾捉筆效之，乃爲東施之顰，不須對鏡始悟己醜也。顏黄門云「書不能工，良由無分」覽此三歎。癸未正月二十八日，過笛生齋頭，秉燭書。

龔晴皋書畫

龔晴皋大令人品高雅，引年後足跡不至城市，極自重其書畫，作大字縱横有奇氣。當其合作，往往似通明鶴銘，不甚易遇耳。作畫尤横厲，頗得天池生、苦瓜和尚、八大山人之趣，隨筆爲之，無復定法。辛卯四月，余科考重慶，君已没，遺言以一册、一箎、一榲帖見贈，且曰：「作書畫四十年，無能識者，蘭翁當識之。」余烏能知君書畫，顧感君意，附記於此。辛卯六月朔書。

吴香國禮部書屏贈翁竹坡孝廉

吴香國禮部始學率更書，後喜余書，余學登善，香國亦學焉，余萬不能逮也。此四幀其最得意筆，珍重贈余。竹坡大兄好之，因以奉贈，欲與結翰墨緣也。

郎蘇門給諫畫贈竹坡孝廉

蘇門給諫爲余繪此幀，最爲用意合作。竹坡世大兄深愛賞之，輒以奉贈。竊用「玉堂」二字，申期望之私也。丙戌四月。

自書國書孟子

少學國書時，於《孟子》誦之畧皆上口。十餘年來，雖直繙書房，然用心不專，半皆忘却，並描寫數字，亦不能清整，可勝浩歎！

自書題李潤堂秋柯草堂畫册詩

獲交潤堂二兄十餘年，知其工墨蘭耳，不知其山水得知師智也。不能詩，遂以詩爲戒。今爲佳畫破戒，且附諸顔仲與處之贈云。甲申閏月，題於都門之盉孟晋室，時庭樹已有秋意。

方燕石摹五賢遺像横看

明邵文莊公取方正學所敘五賢繪爲圖，李文正取張宣公《武侯祠堂記》、蘇文忠公《進陸宣公奏議劄子》、《温公神道碑銘》、司馬文正公撰《韓魏公祠記》、韓忠獻公撰《范文正奏議敘》，各摭要語，書于左方，刻之無錫二泉書院。先司馬令無錫時得拓本，先太史日置案頭，無日不流覽想像也。畫爲杜謹言符作，暇日屬燕石方生橅之，即以茶陵所摘語繫于左方，懸之座右，竊比趙邠卿晤對古賢之意，又以妄自愳耳。

自臨張長史郎官記

此王弇州兄弟所藏，今歸葉雲谷農部，世無二本。庚辰借來盉孟晋室，臨此奉竹坡老弟。此帖如曇花過眼，不能再見，姑留此影子觀之，於書道不爲無助也。

自書米襄陽書評

襄陽此評，蓋一時佇興語，不盡精當。然别有會心，須細思之。蓋以羲、獻爲圭臬，則歐、顔諸家自不能免春秋，責賢者備也。壬午正月九日。

自書贈吴莕溪

莕溪年兄從余鷺門讀書，慧而篤學，適有惠佳紙者，書以貽之。中有登善書旨在，莫等閒觀。壬午四月九日。

自書説文異字

讀《説文》，苦其難記也，輒疏其異字及有關於經義者，以備遺忘。余曩者嘗日識且數百字，皆古文；今乃筆之於簡，有來質之，則已忘之矣，如是其不可恃也。後生有志於古者，以余爲鑒可也。

自書題姚根山暢山夜課圖詩後

余未識根山姚君，然聞其畫精甚。今歲十月，令弟出《暢山夜課圖》索題，覽畫增歎，恨余將成行，匆遽中不獲作長歌紀之耳。

自畫蘭寄許萊山光禄

一莖數花及一花者，皆蘭也。自山谷道人有一花有餘、數花不足之説，於是人遂以數花者爲蕙。按《楚詞》注：「蕙，今之零陵香。」不言其似蘭數花。丙子歲，余奉使滇中，過沅州，見道旁香草芬郁可愛，葉頗似蓼而小，絶不似蘭，其香以葉不以花。問之輿夫，曰是爲零陵香。問是蕙否，即又不知，第曰亦謂之七里香耳。則信乎其爲蕙矣。乃知士大夫之考訂，有不如世俗〔一〕之審者。詁草木者，類若是矣。至今閩人猶稱數花者爲蘭，一花者爲山蘭，蓋不誤云。未審萊山使楚，見真蕙否也。

自畫蘭贈劉實齋

實齋曾索余作蘭，酒後大詈。今又索余蘭至再，知明日三杯後又有一番笑柄矣。僕姑適意耳，詈聽之。

以劉雲衢書箑贈黄維添内兄并爲畫蘭

劉雲衢比部工漢隸，贈余此箑。輒仿鷗波畫蘭，奉維添内兄。畫不足觀，仍當寶左方分書耳。

自畫蘭與三弟蘭懷

筆勢輕爽，却非微弱以求媚者。凡爲文用筆，亦須如此。此老夫有理會處，願以告蘭懷。

又

英德舟次大熱，寫此遣悶。吴瀹齋殿撰見之，以爲佳。余戲言：「汝爲我小楷千字，此箑便奉贈。」

又

顧吴羹前輩語余：「寫蘭與梅，正是我輩事。外間畫史沾沾形似，那有是處！」余謂此語，正玉局論吴、王畫旨也。

又

坤一先生法，臨寫將百過，去之尚遠。

又

鷗波筆意娟潔，少喜仿之，終不能似也。

又

病裏作蘭，猶有生氣，小奇當未足爲患也。

又

或問道人：「古人畫蘭，有以花勝者，以葉勝者，子以何勝？」道人對言以根勝，其人大笑，如陸士龍落水時。嗟乎，蘭槐之根，是爲芷，其漸之滫，君子弗御，卜人弗服，蘭根顧不重哉！不知蘭之根重，烏足與知蘭，又烏足與知道人畫乎！

又

庚寅五月廿一日，試邛州。適友人爲致鮮荔，棖觸鄉思，寫此遺意。

又

陸叔平寫蘭風神怡懌，不作風露掩抑之態，望之有清氣静氣。以韻論，似尚有子畏所不逮者。

又

在蜀時蓄蘭十數盆，臨行以贈李馥堂觀察，不知今歲花盛否，竟日相[三]思也。

又

此石或可轉，此根終不移。

又

蘇子瞻小幅作於紹聖二年正月者，花影伶俜，墨痕黯淡，蓋寫身世之感，觀者於畫外取之。

又

壬辰夏至前二日，晨詣太歲壇祈雨，歸閲陳白陽畫卷，擬之。

自畫蘭寄李潤堂都督

潤堂二兄大人，詩、書、畫皆入能品，畫蘭尤生動有態。乃於五千里外，馳書索拙畫。余畫何足觀，况敢爲潤堂畫乎？然慮潤堂不諒余之愧，而謂余之恡也，輒以小幀求正，作《春草帖》《韭花帖》觀何如。

又

不圖天地間有此頑石，蘭生其旁，轉見鬱茂。或移之石欄干中，伴以英德仇池巧峰，而花葉反不能如是之舒暢。思其故不可得，願質之潤堂二兄，當有以進我。

自畫瓜茄蘿蔔

士大夫何可不知此味。

自畫山水

「四更山吐月，殘夜水明樓。」昔年在臨淮邸舍，曉行時悟此語之妙，至今猶勞夢想也。

自畫菊花也

使滇時，篋中攜有王司農麓臺畫册一，逐日依樣畫之，爲僮僕匿笑，遂不復爲。

今日適有籐黄青靛，漫畫一箑，見者或曰頗似菊花也。

自書庚辰平羅記石刻拓本

唐人刻石，如萬文韶，如諸葛神力，如邵建初，妙入豪髮。貞觀、顯慶他碑，或不傳刻人名，要其勝處皆非開、天後人所逮也。北海書必自刻，黄鶴仙、伏靈芝皆託名耳。顔書波拂多爲人脩改，所以失真。茅紹之之於趙，可謂工矣，微病太滑。明章簡甫、劉光暘絶有名，然皆患稚甚矣。此事之難也。余固不善書，在都時崎嶇碑碣間，刻者每爲分過，求如月卿之心手相應者，蓋萬不得一焉。月卿勉哉，古人之傳又不第以藝也。

舊歲書此時，意頗不慊。得徐君月卿刻之，豪釐備盡，神明頓爾焕發，乃知模刻之有益于書如此。漢石存者，皆渾然不可尋刻削之迹。唐初刻者，如萬文韶、諸葛神力，皆極精審。北海諸碑若黄鶴仙、伏靈芝，則泰和所託名也。中葉以後，惟邵建初兄弟最精。若王希貞之刻蘇靈芝，則庸矣。不知蘇書自庸耶，抑刻使然也？近世如茅紹之之刻趙、章簡甫之刻文、劉光暘之刻董，皆一時能事。徐君之能不下古人，恨僕非趙、董耳。壬午花朝。

自書硯銘拓本

黄魯直至黔中，始自悟書體輕弱。僕年來亦甚自憎其書，每於顔魯國《論坐位》求進一解。如鑽窗紙蠅，更不出頭，行將椎碎此硯矣。可惜此銘，勞月卿數日作黄鶴仙也。一笑。

校勘記

〔一〕「世」，《吉雨山房全集》本作「里」。

〔二〕「相」，《吉雨山房全集》本作「想」。

附録

吉雨山房全書本跋

余爲諸生居鄉時，有自京師來者，攜蘭石前輩楷法以爲寶，余見而愛之慕之。曾得截裁數行，什襲而藏，每恨不獲親受教焉。咸豐癸丑，余倖成進士，入詞垣，而我蘭石前輩已兜率飛昇廿餘年矣。親炙之願竟虚，私淑之心愈切。不過於厰肆中購得搨本一二焉耳。迨余出守閩疆，由福寧調興化，竊喜此邦爲前輩桑梓之地，或可稍得其真蹟。抵任後，子壽司馬持楹聯條箋以贈，退食餘閒，領會筆妙，知其學之有本而無從窺其涯涘也。兹讀《芳堅館題跋》上下卷，觀其品騭古今以及自書自畫各帙，乃恍然於書畫之至於斯者，如木之有根柢，水之有淵源也。存此可垂後昆於無窮也夫，即可惠後學於無窮也夫！　東萊林慶昭敬跋。

藝文叢刊

第四輯

藝　文　叢　刊

花木小志 外二種

〔清〕謝　堃　等

浙江人民美術出版社

圖書在版編目(CIP)數據

藝文叢刊. 第四輯 / (宋) 米芾等著 ; 況正兵等點校. -- 杭州 : 浙江人民美術出版社, 2018.1(2023.9重印)
(藝文叢刊)
ISBN 978-7-5340-6222-3

Ⅰ. ①藝… Ⅱ. ①米… ②況… Ⅲ. ①古籍－中國－叢刊 Ⅳ. ①Z121.7

中國版本圖書館CIP數據核字(2017)第243082號

點校説明

本書收録古代花木著作三種，分别爲《花木小志》《北墅抱瓮録》以及《花曆百詠》，内容多涉及花木形貌賞鑒品評和蒔植環境探討等。

《花木小志》一卷，清謝堃撰。謝堃（一七八四—一八四四），字佩禾，號春草詞人，揚州（今屬江蘇）人。國子監生。長於書香世家，而值家道中落，遂終身困頓，以遊幕爲生，寄食四方。喜書畫，工詞曲，精鑒賞。著有《春草堂集》三十六卷。謝氏好花木，雖身居陋巷，但性嗜花木，除讀書以外，「必借花木以自娱，祁寒酷暑，亦未嘗以澆灌假它人之手」。因將遊歷四方所見花木一一記載，成《花木小志》一書。全書記載花木一百三十餘種，各就蒔植、賞玩心得著墨，寥寥數筆，而讓人仿佛置身花光馥氣中，流連忘返。此次出版，以道光十年（一八三〇）《春草堂集》所收本爲底本點校整理。

《北墅抱瓮録》一卷，清高士奇撰。高士奇（一六四五—一七〇四），字澹人，號瓶廬、江邨，浙江錢塘（今杭州）人。幼好學能文，貧以監生就順天鄉試，充書寫序班。後爲康熙賞識，供奉内廷。官至詹事府少詹事兼翰林院侍讀學士。晚年又特授詹事府詹事、禮部侍郎。《北墅抱瓮録》乃高氏康熙二十八年（一六八九）冬賦閒鄉居後，於北墅栽植花木以自娱，遂將園中「果樹卉竹、蔬茹藥蔓之類，各疏其形色品狀，以爲此編」。全書共載花木二百二十餘種，詳記其形色、品味及用途等，對於了解花卉知識及莳植環境等皆有參考價值。此次出版，以《續修四庫全書》所影康熙間刊本爲底本，點校整理。

《花曆百詠》一卷，清翁長祚撰。翁長祚，生卒年不詳，字榴庵，福建瑟江（今福州市）人。康熙五十年（一七一八），以徐葆光從客出使琉球，并協助徐氏編有《中山傳信録》一書傳世。本書乃翁氏按月題詠花事之作，所收皆七律。翁氏詩主盛唐，故所作尚有唐人風味。此書於康熙間刊印，傳世極爲稀少，目前所知僅南京圖書館藏有一部。本書所據底本，乃《和刻本中國古逸書叢刊》所影覆刻康熙本。此本前增伊勢津阪等人序引，後補《百花賦備采群芳名目》及《百花賦》花卉和譯名。今删除《百花賦》和譯名，餘仍其舊。

相較於以往側重於花卉養殖經驗總結的文獻，此三部典籍更側重於花卉之賞鑒品評，内容較爲相近，故今彙爲一編，以饗讀者。然而，因點校者水平所限，加之時間倉促，書中訛誤在所不免，懇望讀者批評指正。

目録

花曆百詠……一一一

五　月

六月

七月

花木小志

〔清〕謝　堃　撰

花木小志自序

志者，記也。以記其所記，統之曰志。夫統記一邑之事曰縣志，記一郡之事曰府志，記天下古今之事曰通志。且天文律曆及禮與樂，皆各有志。余所志者，花木耳。余性嗜花木，雖居陋巷，讀書外必借花木以自娱，祁寒酷暑，亦未嘗以澆灌假它人之手。壯而之四方，凡遇花木稍有所異，必購而攜之。其所不能攜者，圖而記之。自依冶山上公喬梓以來，痼猶未能已，惜所居地非衝要，俗尚詩書，其所與言花木者，鮮矣。往往與上公喬梓論詩論文後，偶一言及，並詢及它州外縣所有異於是者，乃以所涉江湘閩粵以及燕趙晋楚所見言之，公悦，復命以筆志之，余因所志非天文、禮樂及府縣有大關系者，故曰小志，故又曰《花木小志》。

花木小志

木棉

此花惟兩粤有之。其樹合抱，其花純赤，花大如盌，開時與餘霞相撩暎，雖張南本亦不能寫其形似也。

陸地蓮

此花出自外洋。挺然一幹，非花非葉，瓣攢如斗，其色紺碧，暎日則光華煥發，帶霧則瑞煙籠罩，真神品也。余得之東粤，攜之山左，以彩色方盎置之案頭，如高僧晤對，有出塵之表。

聚八仙

聚八仙，即唐昌觀玉蘂也。諸書所載極言難得，村農顔四送碧桃來，偶爾言及，顔笑而頷之。明日擔一瓦盆，幹長二尺餘，花開數萼，每萼心攢紅豆十餘粒，週繞粉色小花八朵，素豔寒光，令人心醉。易以瓷盎，移置内室，與群姬酌酒賞之，蘭姬填《八仙慶壽》長調以紀其事。然此花培養頗不易。

桂 水木樨附

桂之花，有赤色者，名硃砂桂；深黄色者，名丹桂；淺黄色者，名金桂；白色者，名銀桂。又有名四季桂者，其花雖四季能開，然色香稍減，蓋齊魯間多以翦背羅本接之故耳。其壯大者，莫如廣西桂林郡及潯州。余嘗見其有數十抱者，花開不落，結實若梧桐子。駱賓王詩云「桂子月中落，天香雲外飄」，蓋指此也。又一種名水木樨者，草本，花色若蜜，其氣味似桂。

蕉

名芭蕉者，葉可製扇。名水蕉者，花香，皙白，實形似肥皂角，可食，根名波羅蜜，亦可食。名孅人蕉者，其葉瘦而長，婉媚可觀。名東蕉者，花片如蘭，色紅而豔，了若明天麻，植不甚高，置几案頗稱雅致。

竹

竹之種類不一，大者如椽，小者似草。譜載六十一種，可謂詳備。然友人從遼東來，遺余一種名脆竹，長尺餘，節葉蕭疏，長養於纍水石上，置石於盆，盆貯净水，供於案頭。每當清風徐來之際，颯颯然有天外真人之想。

蘭 風蘭附

蘭之有譜，舊矣。余於廣西全州見蘭一叢，花色正赤，寄生於古松節穴中。又於齊趙之郊見蘭一叢，花色藍翠，光景可愛，其葉稍勁，亦可謂奇卉矣。然廣東風蘭，不沾水土，縣之簷際，花開甚盛，香氣襲人，不見者難與言矣。

橘 柑、橙、柚、香橼附

橘以福建産者爲佳，所稱福橘是也。又有金橘，圓者，味酸，蜜製之可理氣。長者名羊奶橘，可食皮。橘大而匾者，名之曰柑，洞庭山所産極佳，所稱洞庭柑是也。似柑而肥大者，名之曰橙，産新會縣者佳。余嘗於新會剖一橙，滿室皆香，橙宍若翠皮，即新會皮也。又有鴨蛋橙、縐皮橙，味稍次之。似橙而再大者，名之曰柚，味雖遜於柑、橘，肥脆過之。似柚而圓净者，名之曰橼，香氣永遠，可蜜食，不可生食。余自移家於魯，多方購求，所得橘、柚、柑、橙各數種，約二十餘株，皆舊家數十年物也，環植小院，置身其間，當橙黄橘緑之時，不無有故鄉之慨。

無花果

此果不花而實，能治痢疾。余嘗種一株於巨瓮，果熟後翦去繁枝，僅留數葉相襯，於枇杷同觀，有金碧交煇之雅。

菊

居揚郡時，所種菊花有三百餘種。内有二種尤愛重之：其一黄色者，名黄金如意。花大如盌，大開之後，心分二股，一左旋，一右旋，皆突起相對，若如意然。其一白色者，名玉鉤斜。花攢碎瓣，於中心斜拖一瓣，約長二寸許，若匙若瓢，對之怡人。居魯以來，不復能想像矣。

木槿

花有五色，狀如芍藥。其植似樹，然朝榮莫萎，婦女不甚簪佩。或曰武后醉勅百花齊放，翌日諸花吐豔而木槿獨否，因是貶之苑外，世亦由是賤之。吁，設使實有其事，豈不愧死昌宗、三思輩矣，何貶之有！ 余於空園栽數十株，每當花時，呼鄰里之匹夫匹婦，即以此事講説一遍，使其以忠孝爲本，竟有聽之而發憤者、墮涙者、巇吁再四者。是夕夢丈夫衣冠而揖余，曰：「千載曖昧，一朝爲先生道破，豈不快哉！」語畢而醒。

女官果

此果狀如銀杏，花色純白。然銀杏不可生食，此果生食，其味若新蓮實。産齊魯者佳。

哈密瓜

京師傳聞，此瓜籐蔓甚勁，雙輪碾其上而不見痕跡。花開經月不卸，香聞十里。每一瓜熟，郵遞入都，無位者不可得而問焉。

苦　瓜

藤本易生，俗名癩葡萄，又名錦荔枝。其花磊落，其實高下青黄相間。熟則中裂，吐紅子數枚。當秋風夕吹，與扁豆、絲瓜延緣老圃，蟲聲啾唧，雁影迷離，不由人不動鱸膾之思矣。

倭瓜

花、實皆無可紀。然與蠶豆同煮，食之可療雅片菸癮，故紀之。蠶豆花色紫翠，亦農家野趣也。但瓜忌多食，食多病痢。止痢者莫若雅片，物之生尅若是。

梔子

有河梔，有澥梔，有牡丹梔，皆不若同心梔能結子。其子入藥，能治小兒急慢驚風。花白而香，婦女喜佩之。

葫蘆

蔓生，易於結實。小者難成。嘗見顯者以萬錢購一枚，爲風衣扣，頗有别致。花色潔白可觀。

向日葵

此花園林寺觀、郊野陂塘在在有之。子亦可食。最奇者，余在湖北孝感縣范效順家，見一大石盆，用玲瓏石片堆垛爲山坳狀，種數十幹，長不滿尺，花大如錢，而皆向陽，殆非人工，詎能如是。

松 柏附

松之大者，余於泰山及孔聖陵見之，蒼古極矣，真秦漢間物。松之小者，余於黄山朱子偉家見之，秀潤極矣，真圖畫有所不能到者。居揚時，天台山行僧方智來訪，偶譚松之秀潤蒼古，莫過泰山、孔聖陵及朱子偉家，僧笑曰它日當爲居士置之。越明年，方智果來，攜一松，約長二尺許，旋植於石盆，於傍點綴小石。初亦不甚奇，三五年勢若蟠挐，龍鱗斑剥，陳穆堂見之，呼曰小青虬。未幾，有鬩牆之釁，爲有力者奪之，至今往往形諸夢寐。居魯時，有孫叟嘗爲購一柏，天然五臂，不假人工，原主名之曰五鳳樓。倘使小青虬對峙，真堪匹敵。

老少年 雞冠附

一名秋色，又名雁來紅，又名雁來黄。初生似莧，漸長漸嫩。江南紅色者，初皆絳色；黄色者，初皆緑色。山東初生皆絳，後變紅、黄、緑色，即所謂十樣錦也。然皆以矬而鮮麗爲上，雞冠亦然。近日，以矬者名波斯雞冠，最爲貴重。

金銀藤

即左纏藤。凡蔓本皆右纏，惟此花左纏，故名。花有黄色、白色，故有金銀之稱。性涼微香，有盡白者，入藥甚佳。近又有紅色者，四季皆有花，惜不甚香。

月季

此花無月不開，冬、夏花色稍減，亦不爽信。古人比此花若婦女信水，故又名月月紅。採花入藥，爲婦女調經妙劑。花有紫色、紅色、澹紅色、白而紅邊者、白而有絳色點者、白而帶黄者、白而帶淺緑者。然入藥，當以鮮紅者爲佳。賞翫，當以純黄、純白者爲上。又有水紅色者，花如盌大，名曰寶相，爲最上品。

荼蘼

有黄、白二色，有花大如盤，有蓓藟而叢生者，有有刺者，有無刺者。開時與芍藥不争遲速，故前人詩有「開到荼蘼花事了」。性愛緣牆繞壁，竟不宜於盆。

罌粟

南人於藕花盛開，紅白争豔之際，呼之曰滿池嬌。一日，東魯友人招翫滿池嬌，其時初夏，余欣然同往，所見非藕花，乃罌粟也。此花一名米囊，其殼能治雅片菸癮。畫士張錫嘏幕遊烏魯木齊攜歸其種上聲種之，花大如盤，五色兼備，與芍藥争衡，竟不知鹿死誰手。

佛手

此果來自西域。其形狀似手，人多以佛手呼之。宇内惟福建、山東兩省栽種得宜。福建當年結果當年取，以蜜浸，賈人覓利。山東有數年而不下者，其果有一枚而重數觔者，人争購之以爲翫。余嘗購得舊宦家一白瓷瓮内，所結十數果，每果重二三觔，色若澹金，碧葉扶疏，詢之百年前物，誠巨觀也。

夾竹桃

山東名柳葉桃，蓋其葉似柳而不似竹也。質粗如盌，枝幹婆娑，高出簷際。一花數蕊，百枝齊放，周年不絶，一大觀也。回視江南草本，真傀儡耳。然性畏寒，蓄之不謹則無花矣。

石　竹

花有單瓣、叢瓣，色有紫、白。性喜陰濕，多傍牆坳砌角。自春徂秋，花開數次。又有洋石竹，本質若木，其葉如韭，中抽長莖，莖發數花，其色若丹砂，較草本者有致。

荷包牡丹

葉似牡丹，挺抽數幹，一幹數花，花澹紅婉媚，枝枝下垂。宜於磁盎，爲秋瀨棠之先聲。

繡毬 襄陽紅附

唐詩云「信道陽春真有脚，因風踢上樹梢頭」，蓋詠其木本繡毬也。近有草本名洋繡毬者，其葉稍團，由四月開至八月，花與木本相似，而顏色過之。尤奇者，一月一轉其色，四月純白，五月帶紅，六月淺紅，七月茄紫，八月則藍色矣。山左所呼洋繡毬者，非繡毬也，乃湖廣之襄陽紅也。其葉似秋瀨棠，色尤深碧，花亦非毬狀，若饅首，葳蕤叢綴，紫粉無香，其葉味不可近。或云有黄色、白色，惜未之見。

芙　容

木本者其大如樹，荆南有之。花開爛然，大如盤盌。嘗在寶慶，與譚鐵簫太守對酌花下，余歌玉芙容南曲一闋，太守吹鐵簫和之，今十稔矣。草本者其幹若蒜，花皆單瓣，色亦柔媚可觀。江漵近水處多有之。

五月菊 孩兒菊、僧鞵菊附

《月令》所謂「菊有黄華」者，秋菊也。其五月菊，花葉皆異色，有藍、白、紅三色。其所異者，獨無黄色，此天工之造物也。余愛讀前人詠五月菊云「似嫌陶令醉，來就屈原醒」，真可縣之國門。又有孩兒菊，色黄而小，與漵之茶菊相似。又有僧鞵菊，亦雅觀也。

雒陽金錢

一名日落金錢，蓋午時開，酉時落也。花赤紅色，五出若甌，幹高尺許，假以礬石陪襯，亦可翫。

茄瓜

此茄得之陕州。幹、葉、花、蒂無一不茄，惟結實乃王瓜耳。然種三五本，其瓜青、白、黄相間，别有風趣。又有一種名天茄，形若鴿卵，可醬食。

子午蓮

藤本蔓生。花瓣六出，澹粉绿色，大如酒盞，花鬚周匝，上黄下紫，蠕蠕若動。午開子卸，亦奇品也。

鐵綫蓮

藤本，其梗勁如鐵綫。花與子午相似，惟花鬚不能轉動。開可夾旬，此稍異耳。

夜合

魯人呼紫荆花爲夜合，又呼馬纓爲夜合。嘗讀蔣南沙所繪條幅粉本，花、葉皆似百合，然百合開時絶無香氣，馬纓、紫荆亦不甚香。唐人竇叔向詩云「夜合花開香滿庭」，下一「滿」字，其香可知。且結句似二三月光景，而百合、馬纓、紫荆皆非二三月所開。或曰百合紅紋香濇，夜合色蜜香穠，未知孰是。

榴

余性喜榴，尤喜其矬而壯者，仍要枝葉相當，不假翦札。蓄有大紅者、桃紅者、水紅者、潔白者。一日，有任城花賈攜一株深黄色者，飾以五綵甆盆，略加碎石，較所蓄者愈覺古雅，乃以舊錦琴囊易得之。置諸几案，直可使人忘暑。然皆不能結實，矬而結實者，惟月榴。月榴，乃月月開花之榴。實雖熟而不可食。可食者，其大若樹，開單花。有甜榴，有酸榴，有冰糖榴，有罡榴。剖之，一房僅三十六子者爲最佳。間有雙花結實者，皆酸榴耳。

金盞

狀如萵苣花，有深黄、淺黄二種。江左謂之長春，蓋四季皆有花。近見一種，其花肥大，花開後週遭另生數朵，錯雜而舒，亦奇卉也。

秋瀣棠

一名斷腸花，世傳思婦所化，此齊東語也。花有紅、白二種，丰姿綽約，亦花之妖豔者也。

紫薇

紅花者俗名百日紅，白花者俗名百日粉。其實紅者名紫薇，唐翰苑甚重其花，故詩云「紫薇花對紫薇郎」是也。白者名銀薇。藍色者名翠薇，南方有之。

迎春

近春發花，故得是名。北地園亭多鋪滿地，故不甚重。販花者蓄其壯，隨其形翦紮成林，餙以佳器，與蠟梅、水仙諸品頡頏而列，亦三冬雅翫也。

天竺

譜云其葉似竹，真大謬矣。葉與月季、荼蘼相似。或云闌天竹，别是一種花，無可賞。惟纍纍之實，色若丹砂，頗耐霜雪。至言能避火灾，未知確否。

旱蓮葉翠爵附

俗名大虹橋，蓋養花之家住大虹橋側，初得此花，人争買而未識其名，隨口因地名呼之，至今遂爲花之名矣。其質非藤非蔓，嬝娜柔弱，延緣而生。葉似新荷出水，花若飛來，蒂不由梗。紅、黄二色，四季有花。近見山左有名翠爵者，花色似靛，其勢亦若飛來，惟葉有類蘄蒿耳。花亦惟四月能開。

蘆

此花無可紀説。然於山水之際，登於岑樓，萬頃蕭蕭，冷風斜日，聞嗚嗚角聲，有無限悲涼之感。回憶緑酒紅鐙，凭香肩而觀芍藥，真天遠矣。

蒲萄

余有三株，皆植於盆，春花纂纂，秋實纍纍，風味佳甚。其一碧色而長者，馬乳蒲萄也。其一紫色尖而下垂者，西藏蒲萄也。其一澹緑色細圓無核者，瑣瑣蒲萄也。葉亦小異。

蘋果

樹勁枝繁，花白而香，亦有粉紅花者。果大如盌，甜脆香酥，最耐咀嚼。皮麤色紅、有斑點而微小者，名林檎，其味酸澀，竟不可食。皮色微潤而再小者，名甜果，别有佳境。若再小者，名花紅，可供茶品。

蓼

蓼即水葒，葉大於掌，花攢粟穗。其質亭亭，大者似甘蔗，小者纔如拇指。然山坳水湑之間，不可無此，詩人孅其致云「紅蓼花深水國秋」者是也。北地園林，往往點綴數叢於假山石畔，蜻蜓數枚上下其間，亦堪入畫。

秋葵

一名雞脚葵，蓋葉似雞脚而名之。幹長四五尺許，一箭數花，五出，黃色而豔，心亦五出，紫、黑色間。有白色，甚難得。

槐

槐花皆黃色，獨四季槐開紫花，花且不斷。

牽牛

田頭河畔，五六月開花，形若鐘口，粉蒂翠片，每片有粉稜一綫，梗似藤蔓，而葉有三歧。

梨

梨有白花、有粉紅花者，開時光景，莫名其妙。嘗置石筍一具於其側，銘十六字云：「閉門雨後，月色溶溶。攜罇花下，其樂無窮。」其實有酸、有脆、有香甜者，種種不一。

躑躅

本名杜鵑。譜云，杜鵑以四川産者爲上，吴越産者次之，且衹黄、白二色。躑躅又一種。所論非是。按，杜鵑，鳥也。傳云蜀帝魂魄思鄉，遂化此鳥，夜深啼血。若因鳥血瀝於花上得名，當是紅色，不當又云衹有黄、白二色。或謂詩云「杜鵑枝上月三更」爲證，殊不知「枝」字屬下，方與出句成偶。詩所云杜鵑之鳥歇於枝上，因月而見鳥也。且余於楚北見之滿山遍野，五色兼備，千葉者，單花者，不一而足，牛羊踐踏，旋踐旋生，其名躑躅明矣。土人亦不之惜。所可惜者，今居山左購之甚難，非購之難，水土不宜，奈之何哉。

萬壽菊

魯人名之曰蠍子草，未審取意。花有深黄、淺黄二色，淺黄者中多碎瓣墳起，有似芍藥者佳。其葉、幹味甚惡，使人不可耐。

蜀葵

花最易生枝葉，又麤人不甚惜。然細審之，其色有深紅、桃紅、水紅、穠紫、澹紫、茄皮紫、淺黑、渾白、潔白、深黄、淺藍十餘種，形有千葉、五出、重臺、細瓣、圓瓣、鋸口、重瓣種種不一。五月繁華，賴有此耳。嘗遍種於假山石上，暖風過處，真成錦繡堆矣。

蕙

一花一幹爲之蘭，一幹數花爲之蕙。蘭葉柔媚，蕙葉勁健。楚省多蘭，閩省多蕙。蘭有梅瓣、荷瓣、素心之稱，蕙惟一色花而已矣。近因閩賈所攜勁葉、一幹數花而曰建草者，蕙草也，識者辨之。

龍爪

花如龍爪，而色似丹砂，開時葉盡乾枯，惟挺一幹，頂綴數花，頗似像生。齊魯間呼之爲平地一聲雷者，竟莫詳其說。

枸杞

余蓄二盆，皆老本虬曲，壯而短之，蕭疏枝葉。一盆其色紅若硃砂、瑪瑙，一盆其色黄若澹金、蜜蠟。子實離離，絶可愛。於霜雪之際，群花消歇，渠竟巍然獨存，顔色不少衰。且可浸酒入藥，爲補劑功臣，豈可以易生而忽之耶。

金絲桃

此花易生難壯，余蓄數株，十數年來纔麤如指。其枝葉繁茂，鮮翠欲滴，群芳莫比。莫春作花，色若澹金，臨風綽約，有不可一世之姿。花鬚褭娜，使遊蠭浪蝀往還其間，真呼之欲活。一日，有客從泰安來，攜一株，花色如粉，名銀絲桃者，余不惜重價購之，如獲雙璧。尤其妙者，諸花開後枝葉索寞，惟此葉經霜不脱，而色若渥丹，北地無楓葉，借此而可想像吴江風景矣。

楓

此樹大可合抱，小僅尺餘。其葉三稜，其枝幹盤拏屈曲，生成畫意。好事者以大石盆點綴十數小株，高下成林，霜初葉黃，霜重葉赤，故詩人孅之曰「霜葉紅如二月花」。以余觀之，尚不若纖月西垂之際，一曲清琴，數聲長篴，恐神仙之樂，不能過此。

馬纓 枇杷、櫻桃附

枝葉婆娑，花紫紺色，形若垂鐘，又若絡馬所繫胡纓，故得是名。至如賞翫無甚深趣，因唐人贈伎詩有「當門一樹馬纓花」，它伎争購，價因是貴。又有贈薛濤詩句「枇杷花裏閉門居」，又李長吉《孅人梳頭歌》云「下階自摘櫻桃花」。如櫻桃、枇杷二花，亦無甚賞鑒事，有相類，故附及之。

紫荆

葉肥花碎，色無可觀。然能使田氏分而復合，誼氣如雲，堪配木槿之忠誠，可謂花中之矯矯者也。

紅豆

一名相思子。江澥多有之。花穗纍然下垂，色頗嬌豔。葉較葦荻而瘦。江南風俗，夫婦凡寄書札，必緘封紅豆數枚，以表相思之意。近日優伶倡伎，亦多斆之。

娃娃拳

枝幹横生，葉亦巃嵸。春夏之交，花甚細碎，色有黄、白，每於八月中旬。其葉似癩，漸如蟲積，漸如桂蕊，攢聚葉上，葉色自碧，而所積自黄。婦女簪佩，宛如桂也，賣花人頗獲利焉。

觀音柳

古有陽柳、陰柳，陽柳有花，入水爲萍，陰柳則無花。後人改陽爲楊，復又改楊爲楊，遂有垂楊、青楊、白楊、長楊等號。改柳爲柳，遂有垂柳、水柳、紅柳、巴柳等號。其實皆陽柳也。陰柳因「陰」「音」相混，遂加「觀」字爲觀音柳矣。嘗植一株於盆，枝葉下垂，春碧夏翠，秋亦蕭疏，頗有幽致。且爲小兒痧疹要藥。

朱藤

藤花二色，紫色者名朱藤，白色者名銀藤。其藤鈕轉纏繞，院落橫架，以木任其沿緣，數年之間，可以爲棚矣。花穗下垂，經旬不落。其初舒放之際，摘取調麪拌糖，炸食頗適口。

水仙

此種出自外洋，性不畏寒，浸水而生，愈潔愈佳。根似蒜，葉亦如之。一幹數花，花片潔白，花心深黃，故又名金盞銀臺。

纈香

花色黃，四出，攢開若毬，故以纈名。葉盡始花開，頗耐久，風過則幽香遠遞，誠異品也。

晚香玉

葉與金簪相似，花與玉簪相似。近夕則香，可以辟蚊，故婦女愛以盆種之，而宜近帷榻。

茉　莉

古名抹麗，産東粤。花色白而香，凡近婦人枕席，其香尤甚而易開，淫豔極矣。花有六出、七出者。其名素馨者稍肥。又有草本名茉莉者，其花五出，五色兼備，晚開朝落，砌角籬邊，叢生易長。其實非茉莉，而即俗名晚飯花也。花落結子，剖之可瀝粉。

夜來香

枝葉瑣碎，花開若蔕而色碧。花色碧者，惟夜來香與蘭耳。其香幽雅，真花之逸品也。

珍珠蘭

此花亦産東粤。枝葉與茉莉不甚相遠，花攢一穗，顆顆如珠，色碧香永。北地有名珍珠花者，花叢生，色白，開則蒙茸柔媚，香色豔絶。又名魚子蘭。或云有紫色者，竟未之見。

草珊瑚

藤質而能自直，花穗蒙茸，子粒紅亮，宛若珊瑚。安徽山中多有之。

杏

杏花紅豔，人多知之。宋子京極愛簪之，故稱之曰紅杏尚書。唐人亦重之，詩有之曰「一枝紅杏出牆來」，又曰「一色杏花紅十里」。然余於肥城李掌書家見杏一株，花開似雪，詢之不獨花開白色，而實大如甌，香甜異常，真水杏也。惜移種它處，多不能活，間有活者，花色仍紅，於是互相歎異。余復笑曰：「若使王戎見之，又當鑽核。」主人亦笑。別贈十數枚，歸貽細君，味雖稍敗，較市之所言水杏者迥別矣。

落花生

長條蜿蜒，葉亦葱翠，花黃色，與迎春相似。花鬚脱瓣，着地成實。老圃獲此而養生焉。

棠棣

「花攢雪片，子綴紅英」，詩人孅其韡韡。河南諸郡有之。

棣棠

草本。花色鵝黄，比萬壽菊差小，微有香氣。婦女愛與秋瀨棠並插。

菱

花色白而心黄，瓣凡六出。梁簡文帝愛而重之，親製《採菱歌》，使宫女歌之，並取花式以鑄鏡，親銘其背。

雞頭

浮水而生，花色略似菱，而外包似蝟，剖包取子，名曰芡實。葉盤與菱小異，菱葉重疊，雞頭葉似翦戳而成。

蓮

蓮之大者，見於詩「花開十丈藕如船」；蓮之小者，見於崑山張道士家。嘗以蓮心插於甌泥中，未匝月時，葉大如錢，花開似豆，疑其有術者也。至於池塘之中，紅者、白者、白瓣而紅邊者。又有蓮實高出蓮房者，名八仙蓮，其十八瓣者，顔色尤麗。

芍　藥

揚州芍藥，五色兼備。所佳者，金帶圍也。豐臺有賣芍藥女子者，麗人也，然芍藥稱花婢子者，未嘗不由此也。

仙人掌

無花無葉，無枝無幹，惟一綠片，掌大，掌又斜生一掌，如此疊生數掌，每掌生丁鬚數十枚，霜雪長青，亦異品也。

虎鬚草

無花無葉，挺生數百莖，似虎鬚，故名。色不枯槁，然非水浸根不能活。

萱

散葉挺生，花片五出，色澹黄者萱也。瓣似萱而稍長者，金簪也。四月可食。花片重出而有絳點者，宜男也，婦人佩之生男。無絳點者，忘憂也。色澹而六出者，水葱也。六出而色重者，紫羅欄也。

虎刺

花似素馨而無香，子似紅豆而無色。或以能催生保胎爲貴。

蝴蜨

葉似萱而肥，花亦似萱鋸口。藍色而有血點，鬚長嬝嬝，恍似蝴蜨之鬚，故有是名。

吉祥草

葉似福建蕙草，而根多肥短之葉。花無可觀，然不易開，開則其家吉祥。葉經冬而不枯，真仙品也。

萬年青

葉深碧麤厚，無花有子，色紅而鮮。世取其吉，與吉祥草作移家必用之物。

三七

葉似金盞而圓，花茸茸澹紫色。又一種，枝葉似明天麻，花黄色，有白茸，然皆非真三七。三七在廣西田州，雨過生土中，狀如土茯苓，剖之色紫而香，能療血疾，此之謂田三七也。

金絲荷葉

俗名虎耳草。瘦梗團葉，其紋似荷，而生白毫，垂絲作小紫花。或用小磁盆，置石其中，花鬚下垂，頗有雅致。治耳疾，甚效。

鳳仙

一名指甲桃。其形有名龍爪者，有名頂鳳者，有名飛來鳳者。飛來鳳者，其葉綴而成花。頂鳳者，當頭一朵，大如月季。龍爪者，其枝幹若龍形。花有單瓣，有重臺，有並頭者。色有大紅、桃紅、水紅、澹紫、澹緑、潔白、紅白錯雜者。婦女常以此花染指，故名指甲桃。

牡丹

國色朝酣，唐人可謂善爲寫照。然所謂者，玉樓春耳。其魏紫、姚黄、胡紅、季白，皆見之矣。或有見其黑色、緑色者，色多闇澹，終不若玉樓春鮮豔明麗。余嘗於曹縣舊宦家見玉樓春一株，高齊厦屋，花發百萼，香色奪目，真大觀也。

桃

嘗仿肥城令某入境，聞某貪婪不堪，誅求無厭，乃主李掌書家。晚食一桃，重二十餘兩，汁貯盤七，香甜異常，較之上瀣水蜜桃肥而多穴，較之北地王母桃香而無滓，始知素所食肥桃者，非真肥城之所出也。

蘋

「涉江採白蘋」，柳惲詩也。譜謂花有黄、白二色，余所見者，葉鋪水面，而花皆白色，與菱髣髴。黄色者，乃藻荇之花，恐譜有所訛耳。

茨菇

七八月間，生於淥波止水之中。葉三稜，而花光若靛。唐詩言「茨菇葉爛别西灣，蓮子花開未見還」，蓋傷其有約未踐，即「雨雪霏霏」「楊柳依依」之意。

鐵樹

即鐵力木也，枝幹與鐵無異。當春亦無花葉，然非槁木也。間滋莓苔數叢，頗覺蒼翠，捫之膩滑涼潤，色澤可愛。戊子嘉應州農家鐵樹生花數十枝，紅色五出，宛然似梅。同人邀往觀之，恐王元之所寫鐵幹梅花未能髣髴也。

澥棠

西府澥棠花色澹紅，枝梗峭拔，惲南田常愛寫其形勢。余得生綃條幅，每於酷寒縣之齋壁，竟有回春之雅。其次則貼梗者，花若穠脂，蓓蕾叢生。又有名垂絲者，柔枝長蒂，花色微紅。其名木瓜者，所結之實似木瓜而可食。其名梨花澥棠者，色近白矣。

榑桑

南產也，枝葉叢聚而色深碧，花有白色、黃色，紅色者尤其貴重，形似木槿而豔媚過之。亦名佛桑，或曰佛桑草本也。葉似秋澥棠，花色鮮紅，叢生若穗，中有圓紅子十數枚。

木瓜

余居揚郡時，小園舊有木瓜一株。春氣融和，花放數枝，異香滿院。一名鐵脚梨樹，花澹紅色。

蠟梅

此花有名磬口者，有名五蒂者，有名檀香者，有名九英者。香頗幽永，實若垂鈴。名蠟者，因有蠟蟲，嗅則傷人。

玉蘭

花如白玉，稍含碧色而九出者，玉蘭也。初夏所開，外紫内白，而不能結實，或四季長開，色有黄、紅者，木蘭也。花苞尖長，儼然如筆，而紅焰如蓮者，辛夷也，又名木筆。然花無柔條，皆着木末，葉似菌桂，縱横扶疏，大可合抱。雪色瑩瑩，誠佳植也。

山茶

葉似木樨，硬而有稜。花有數種，交冬始開，延至仲春。其大如蓮，紅如血者，名鶴頂紅。深黄瓣白心紅盤，名瑪瑙茶。攢瓣深紅者，名寶珠茶。單瓣色澹紅者，名楊妃茶。其它如賽官粉、一捻紅、千葉白者，種類不一，不可勝記。

使君子

藤本，繞樹而生。一簇十花，花分五瓣。初舒色似澹紅，久乃深赤。實長寸許，五瓣合成而有稜。初結色黄，熟則紫黑。仁如榧，而味如栗。能治小兒百病。

椶

一名棕櫚。葉大如扇，四散歧裂。其莖三稜，四時不凋。幹直無枝，葉長一層，即爲一節。三月間木端出黄苞數枚，中有細子，謂之椶魚。出苞成穗，花色黄白，結實似豆而堅，根縷即椶。歲必剥之，不剥則死。

翦秋羅

花開六瓣，鋸口平鋪。八月舒放，其色水紅。四月開者，其色深黄。一名翦春羅，一名翦春紗。又有六月開者，其色紅而鮮豔，名夏羅。

梅

余觀梅於庾嶺羅浮、鄧尉香雪瀨以及林逋墓上、閣部祠前，而可謂盛矣。舊有小樓數間，在揚城西北隅，環植緑蕚數株，倩鄧完伯書「莫吹篴」三大字顔之。内設盆盎數十，植冰梅、墨梅、紅緑梅花於案頭几上，參差錯落，香盈滿室。招老蘿、梅叔，飲酒賦詩。轉瞬十餘年間，已成今古，思之慨然。

甘棠

今之棠梨也。樹似梨，葉圓而有三歧。二月白花，結實如小楝子。又有赤花者，實不可食。

巨勝

遊仙詩：「瓊島香舒巨勝花。」巨勝，胡麻也。方莖，葉團而末分三丫，亦有兩尖者。秋花，白色，亦有帶紫豔色者。節節生枝，角長寸許，或四稜，或六稜，或七八稜。一房數百子，子有赤、白、黑三色，黑色者佳，其油能解諸毒。花能生眉，稭能辟惡，葉能烏髮，滓能肥魚，故仙人愛以胡麻作飯、巨勝爲羹者，良有以也。

八丹杏

即巴旦杏，本出回回國。實小宍薄，其核如梅，其仁甘脆，果之佳者。近山左亦有之。

李

一名嘉慶子。葉攢穠緑，花小繁白。實有甘、酸、苦、澀之殊，色有紅、黄、紫、緑、青、白之别，大有如櫻、如彈、如卵、如杯之異。其核又有離者、合者，有無核者。有經霜雪熟而名冬李者，最佳。前明李樹有生王瓜者，不祥。

柿

花無可觀，葉甚繁，索靖嘗積取學書。結實於淮南者，澀不能食，亦如橘不能至淮北，風土之異如此。實乾成餅而生霜，霜能療咽喉口舌肺癥。其葉經霜則赤，與江南楓葉不甚相遠。

山櫨

嘗種山櫨樹於盆，高尺餘，枝柯繁茂，葉有五尖，色青背白，椏杈有刺，花白五出，實頗垂垂，經霜純赤可觀。

楊梅

樹葉形似荔枝。二月有花。結實亦如荔枝，實無皮殼，宍在核上。色有紅，有紫，有白，紅色者勝白，白色者勝紫。然不熟則酸，熟則如蜜，江以南與盧橘並孅。

棗

棗花纂纂，詩人孅之；棗實離離，仙人愛之。余因種數十株於空園。當暖風子赤之時，渾如火齊木難，錯雜於翡翠林中，大可觀也。

菜

葉碧花黄，香清致逸，真吾儒至味也。余生江左，當莫春時，翦菜花一叢，置牡丹花側，大有不移不淫之雅。當秋風細雨之天，命荆釵布帬之婦，以晚香稻作飯，佐以瓢兒菜羹，此中風味，恐富貴者不能諳也。移家山左，所愛者芸薹菜也。京師至孅，黄芽菜也。燕趙之郊，莙薘菜也。楚粤蕹菜，澌閩白菜，江左之地踏烏菜，皆至味也。惟蔓菁花紫味苦，俗名諸葛菜，别有風趣。

椒

花椒，木本，秉五行，葉青，皮赤，花黄，膜白，子黑。四月發花，五月結子，葉對生，有刺，服之堅齒明目，然閉口者亦能殺人。又胡椒，生外洋，蔓本，葉長條細，結子相對，其葉朝舒莫合，合則裹其子於葉中，其味較辣。又番椒，草本，葉大花白，結子下垂，皮色青黄，霜後鮮紅。或有形如羊角者，頗可翫味。

荔支

樹形如蓋，葉似冬青，小白花，結子多雙，實殼有縐紋如羅，宍如肪玉，味甘多汁。其名百種，紅色居多。然以味論，緑色爲佳。譜以閩荔爲上，蜀次之，嶺南又次之。余在嶺南食之，已堪絶孅。後在閩所食，竟不能分其伯仲。

龍眼

枝柯花葉，宛如荔支，惟結子若穗，一穗百餘子，少亦五六十子，子宍薄而有漿，以此稍異。余時入廣州，時在梧州，得嘗斯味，已覺冠頂醍醐。後食荔支，差堪作匹。然荔支性熱，不逮龍眼遠矣。

銀杏

即白果也。世傳白果開花於夜静，旋開旋落，人多不能見，此齊東語也。余購一株，長不滿尺。枝葉扶疏，葉形鴨掌。花濬緑色，傍葉而開，兩三日方落。落後蒂緑豆大，漸大漸垂，色碧可翫。將熟，則帶黄矣。此余朝夕親見，想所傳樹高花小，色與葉混，此故不易見也。

耐冬

此花出山東登、萊間，性不畏寒，於大雪紛紛之際，而花正舒豔。色似牡丹，瓣如山茶，葉似桂，五色炫爛於冰山之側，初疑爲像生也，又疑爲唐花也。天工造化，真令人不可測。

茗

余於山東購得一株，四五月間細花如雪，質如橛柄，條如小指，葉如紫薇，頗可翫賞。

玉簪

草本，叢生。莖似白菜，葉大如掌，葉色頗瑩，而紋若車前子。叢抽數莖，莖生數小葉，每小葉出一花朵，長二三寸，形似玉搔頭。開時四出或五出，花鬚頂尖黄蕊環列，一鬚獨長，香味甚清。子如豌豆。有紫花者，花、葉皆小。名紅玉簪，搗根着牙即墮。

麗春

一名虞孅人。花之形狀，宛似米囊，但枝葉柔媚，花小於米囊而豔麗過之。余嘗以白礬石盆，栽蒨色鮮明者數枝，傍襯太湖小石，置東洋几於書案，選妙伶手指皙白者，吹笙花下，用紅螺杯酌以孅醞，微風輕颸，真可呼之欲活。

山丹

根似百合，莖短葉狹似柳。花有紅、白二色，其瓣六出，開最耐久，亦有四季開者。又有高如人者，花大如盌，瓣皆反捲，有紅黑斑點，葉杈生子。又有長尺許者，花色如硃，當秋盛開，根竟可食。

滴滴金

六月所開之黄菊花也。其千瓣者,瑣碎層層,瓣色輕黄,花心重黄,中有一點微綠。千花無訛,可謂巧矣。

蓍

蓍草能知吉凶,屈軼能指邪佞,誰謂草木之無情耶? 屈軼惜未見,蓍則見於聖陵。花生枝上,形似野菊,色近紅紫,結實如艾子然。

芝

蓍稱神草,芝爲瑞草,然所見圖畫而已。曩見骨董家有枯芝一枝,書之所載,似未可信。余嘗舟泊君山,登岸數武,草色茸茸,矗然一石,傍生數芝,五色煥發,形狀大似骨董家所見。今年甜果樹木貼生三芝,桠生一芝,面皆紫茸色而有寶光,背金黄色,面、背之色日凡數易,觀之者咸以爲瑞。

瑞香

枝幹婆娑,條柔葉厚,長青不敗。開花成簇,狀如丁香,色有黄、紫、白及粉紅者。内有攣枝紫色者，香尤馥郁。葉似枇杷葉者，有子。攣枝者，其節攣曲，如斷折狀。其性畏熱畏寒。香氣能損它花，須另置。

淩霄

其花蔓繞，得木而上，可高數丈。蔓間生軟莖如爪，纏木堅甚。春枝生葉，其葉齒齒生花，一莖十數朵，大如牽牛，花頭五瓣，赭黄色，有紅色點。八月結莢，如豆角狀。婦女嫌其空而易落，不喜插戴。

木香

灌生。長條多刺。花有數種，紫心白花者爲佳，白色者又有大小不等，其紅色、黄色遠不逮也。紫心者，宜搭高架，萬朵齊開，香敷雪積，頗覺怡情。

玫瑰

枝條與木香、薔薇相似。花比薔薇、木香較大，花多紫色、白色，其黄色者爲最。又有碧色者，未及見。

薔薇

莖青多刺。單瓣者香佳，千葉者色孅。赤色者，紫色者，白色、黄色，有深有淺。惟黑色者不易得。余得一本，色若墨水，然亦奇矣。

丁香

有山丁香，可置盆盎。葉似丁香而小，花團穗纍纍。有紫色一盆，白色一盆，相間而開，饒有風味。

纏松

磁盆小景，蔓繞湖石。或置枯樹枝，任其盤旋，亦有佳致。花似丁香，而色硃砂，葉亦柔豔。

洋艾

其本似藤而勁，似木而柔。葉粉緑色，團聚成簇。花似野菊，蓓蕾之際，即時掐去，否則艾死矣。雨過清香，頗覺幽永。

昌蒲

沈存中言，《離騷》所云荃蓀，蓀即今之昌蒲也。東坡昌蒲贊引《本草》注云，生下濕地，大根者乃是昌陽，不可服。按，《本草》：昌蒲，久服輕身延年。一名昌陽，即石上昌蒲紫花者。《抱朴子》云，昌蒲須得石上一寸九節，紫花尤善。陶隱居云，谿側有名谿蓀者，根形氣色極似石上昌蒲。《圖經》云，昌蒲葉長一二尺，中心有脊，狀如劍，無花無實，此與抱朴所云各異。然水中似劍有脊者，昌陽也。一寸九節紫花者，昌蒲也。皆無香，香乃蓀也。蓀之與昌蒲有別，明矣。余嘗以粉定甌栽石昌蒲一叢，置几案，朝夕晤對，寒不改色，春不逞嬌，真吾之益友也。

北墅抱瓮録

〔清〕高士奇 撰

北墅抱瓮録自序

東坡云：「士大夫逢時遇合，跬步至公卿非難，而歸田爲難。」此雖有激之言。至謂歷官釋肩而去，如大熱遠行，雖未到家，得清涼館舍，解衣漱濯，已足樂矣。此非親履其境，意適於中者不能道。歐陽公之切於釋位歸田也，至欲以得罪去，其言發於至性，如飢者之不忘食，益知士非求進之難，而乞身之難也。余以陋劣，謬直禁幄，十有三年，夙夜惴惴，惟負職是慮。顧君恩深重，未敢言歸，每作草堂諸圖以自況。己巳冬日，仰託聖恩，放歸田里。急就北墅，薙荒删穢，修植竹樹，分畦種菜，手自灌溉。雖體有微勞，而心無驚怖。合之東坡大熱遠行，初得解衣漱濯之語，殊是有味。益信歐陽之欲以得罪而去之非藉口也。因疏墅中花竹草木、果蔬藥蔓之屬，爲《抱瓮録》。昔東坡在南海，食蠔而美，貽書叔黨，曰「無令中朝士大夫知，恐争謀南徙以分此味」。余亦不願輦下諸君子見此録，使知退閒之有以樂其樂也。康熙庚午秋七月，江邨高士奇識。

北墅抱瓮録

梅

梅花寒香玉骨，迥出塵表。墅中古幹數百本，構小亭其中。早春破萼，香雪周遮，獨坐長吟，清人心腑。至于水涯籬次、叢竹怪石之畔，間植數株，横斜鬱曲，各具標格。梅種不一，以緑萼爲上品，玉蝶次之，單瓣野梅又次之。紅梅姿韻芳妍，豔而不冶，其開在諸梅之先，寒林點綴，尤不可無也。

桃

桃花有紅、白、粉紅、深粉紅、單瓣大紅、千瓣粉紅、單瓣白、千瓣白諸類，爛漫芳菲，色甚嫵媚。其可供玩者，莫如碧桃、人面桃二種，園中臨水植之，不但取果，二月花時，曉煙初破，宿露未收，早起觀之，大有幽趣。若夫晴陽媚日，與新柳互交遞倚，又是一番佳致。

李

李樹極可久，發花裹枝，縞如積雪，入夜尤明，無月時亦璀璨炫目。與山桃雜種，兩色交錯，遠望芳菲。至其繁香清趣，山桃又在下風。

梨

梨花膩白如玉，綽約有態。江南二月，每多風雨，此花經雨，轉覺姿媚動人，月下亦佳，所謂「梨花院落溶溶月」也。

杏

杏花非紅非白，顔色頗妍，多種成林，極有風致。廣圃荒池，偃仰映帶，宛然郊陌，攜壺藉草，興復不淺。

櫻桃

酣春榭旁有小圃，雜樹參差，櫻桃尤多。仲春發花，嬌冶多態。結實圓匀瑩徹，儼然絳珠。玉液芳津，甘濺齒頰，李義山詩「越鳥誇丹荔，齊名亦未甘」，早已爲之長價矣。

枇杷

園中枇杷樹皆數拱，貫霜雪而愈茂，秋萌冬花，春實夏熟，備四時之氣。果色正黄，昔人稱爲蠟兄。廣州産無核者，曰名焦，一作椒子，其花今多目爲款冬，非也。按《本草圖經》，款冬乃《爾雅》所謂菟奚顆，生冰雪中，枝莖不大。款冬、枇杷皆凌冬而花，故訛爲一耳。

楊梅

江南諸果，以楊梅爲冠。有紅、白、紫三種。河朔蒲萄、瀘南荔子與此差堪鼎足。晚花軒前所種，乃出項里者，陸放翁所謂「項里楊梅鹽可撤」是也。放翁自注：「楊梅酸者，乃薦以鹽，佳品未嘗用。」因謂太白「玉盤楊梅爲君設，吴鹽如花皎白雪」未諳物理，果然。

林檎

林檎花與蘋果相似，開亦同時。園中約及百樹，新花滿隖，佳實出林，俱可耽愛。

右軍帖「青李、來禽子皆囊盛爲佳，函封多不生」，可知古人於此果珍重護惜，不視爲常産也。

荔枝

平湖去海僅三十里，偶有閩客攜鮮荔枝泛海來者，值風利兩日夜達此，色味俱未變。白香山云「殻如紅繒，膜如紫綃。瓤肉潔白如冰雪，漿液酸甘如醴酪」，非妄語也。私幸殊方珍果，得嘗所未經，因取其核埋著土中，發苗一莖，葉似楊柳。初生淡白，數日色漸紅黄，又數日始成緑色。每兩葉相對而發，月餘後已高尺許。雖未必能花實，園中萬卉雜陳，不可少此異品耳。

木瓜

蘭渚左偏木瓜一株最盛，花蘂類海棠而色較紅，實如小瓜，黄潤可愛，香極醲釅，以一二枚置坐隅，清芬滿室，可經數月。

佛手柑

土人遺佛手柑二株，并授培溉之法。枝葉密茂，三四月發花，紫白色，開落相繼，至十月不斷。每樹止留實五六枚,長俱半尺,大可一圍餘。經冬鮮潤,養至次年之夏,異香清馥,迥出物表。意特愛之,令人圖其根葉花實之狀,裝爲小卷,而題詩於後,以紀其盛焉。

香櫞

香櫞四月發花,青蔕白萼,氣味芳烈,過於橙、橘。江邨草堂後一樹,嘗結實百餘枚,星毬月魄,磊落滿枝,殊屬異觀。摘置几案,久而彌香。

橘

果中橘最可珍,香、色、味皆冠絶群品,噉一二顆,可以蠲煩滌悶,沁潤詩脾。有朱橘,有緑橘,有蜜橘,味絶甜美,魏文帝云「南方有橘,其酢正裂人牙」。至謂其品出蒲萄之下,殊非定論。花亦清香,細如點雪,深可愛玩。

橙

橙瓤極酸,皮甘辛而香,宿酲倦困時,得此昏思頓洗,功在茶荈之上。古者嘗取以芼鮮,《七命》所云「和以春梅,燀以秋橙」,今人未有用之者。

牛嬭橘

牛嬭即金橘之長者，以其形而名之。秋深始黄，經冬不落，垂金燦爛，滿樹離離。以盆植之，置深室中，極佳。

金　橘

金橘小於彈丸，酸多於甘，擘之香霧芬烈。齋前一株，每樹皆得斛許。酒渴採嘗，風味殊别。

枳殻花

枳比橘爲小，枝幹沈緑多刺，花極香，過橙橘遠甚，蘂珠圓瑩，儼猶茉莉而其大倍之。野人門巷，藉此以護籬落。

柿

烏椑之柿，從昔稱之。世傳此樹有七絶，一多壽，二多陰，三無鳥巢，四無蟲蠹，五霜葉可玩，六佳實可啖，七落葉可以臨書。秋柯坪左右各有數株，大而多實，亭亭聳拔，鬱然成林。

石榴

南方石榴，佳種不易得。園内亦不多植，惟水傍有大紅臺榴一二株而已。當仲夏之時，新緑初齊，遠近一碧，惟榴花烘晴映日，灼灼欲然，可謂絢爛矣。近又得一鑲邊紅千瓣白松花色者，不異綺綃簇成，尤爲罕有。

銀杏

銀杏花夜開旋没，罕得見。葉最繁密，片有刻缺，如鴨脚形。霜後葉色變黄，映以丹楓，爛若披錦，秋林黯淡，得此改觀。

榧

榧木紋理細緻，製器極雅。其葉類杉，黄花紫實。逃禪閣檐廊之下偶得一本，結子甚多。舊有玉山果之名，殆以堅潤之性，比德於玉耶。

核桃

核桃葉厚而多陰，瀛山館前隔岸土岡隆起，雜樹森立，核桃亦種其中。園多鳥雀，諸果熟時輒被摧啄，惟核桃以味濇得免。蓋外炫者易敗，而中固者不傷，雖小物亦足感耳。

棗

棗樹枝柯勁拔，花細小而香頗幽，輕風飄拂，芬馥如蘭。結實滿枝，青紅相雜。抱瓮陂上有小亭，戲書「棗熟從人打，葵荒欲自鋤」之句，揭之楹間。

瑞香

瑞香枝幹婆娑，葉深緑而邊有白色，繁花成簇，香似簷蔔，極能透遠。一名睡香，相傳廬山僧臥巖石間，夢聞花香，覺而得之，故有此名。早春萬卉未吐，以此花爲梅之先驅。

臘梅

臘梅蜜蘂絳心，香氣濃郁。蘭渚軒一株，磬口種也。雖經盛放，常若半含，花倍大於他種，品格珍絶。

山茶

山茶種有不同,淺爲玉茗,深爲都勝,大爲山茶,小爲海紅。園中特多此樹,淺紅者早開,深紅者遲發,密葉沈緑,間以丹葩萬蘂,繽紛燦如蜀錦。十月即花,檻外更有大紅寶珠一種,外苞六出,内蕚千重,幾同剪簇所成。彌旬不落,射以晴陽,浥以宿雨,倍增絢麗,尤屬奇品。

海棠

海棠同名異種者不一,惟紫緜爲佳,今所稱西府是也。万俟雅言詩云「海棠點點要詩催,日暮紫緜無數開。欲識此花奇絶處,明朝有雨試重來」,正謂此種耳。園中海棠甚多,臥齋前一株乃西川佳種,脂痕淺抹,逸態嫣然,有佳人遺世獨立之意,更不得以無香少之。

貼梗海棠

貼梗海棠枝不能大,叢生單葉,綴枝作花,磬口深紅,若黏絳蠟。雖微乏韻度,而殷麗之色,要足取也。

垂絲海棠

海棠以櫻桃接之，便成垂絲。花瓣叢密，與海棠不同，而色略相似。重英向下，柔蔓迎風，婉孌之姿，如不自勝。

玉蘭

玉蘭喬柯上聳，絶無柔條。花開九瓣，著於木末。其白如玉，其香如蘭。花落後，葉從蔕出，緑蔭陰濃，極娱春晝。余武林舊居樓前玉蘭一本，大可拱抱，花時倚檻吟賞，儼對藐姑冰雪之姿。自浮沈京洛二十餘年，己巳春扈蹕南巡，始得重過舊里，而樹已不存矣。時作懷舊數篇，中有「吟罷翠螺當檻入，妝成香霧卷簾看」之句，蓋意之所耽，不忍忘也。今園中所植，亭亭明豔，不異舊觀。

繡毬

繡毬聚花成朵，團圝如毬。初開色本嫩緑，盛開則褪而成白，鏤瓊琢玉，不涴點塵。飄墜之時，繁朵滿砌，無異落梅，足供幽賞。聞閩中産紅繡毬，尤爲豔異，惜不能移植耳。

辛　夷

辛夷絶似玉蘭，有淺紅及紫二種。含苞未拆，尖鋭有茸，儼然秃筆，江南以木筆呼之。黄鳥試鳴，曉英乍吐，褰簾坐對，春色正在此中。

梔　子

梔子小於玉蘭，而香過之。山館幽僻之所，偶植數本，暑月發花，清芬滿院。

丁　香

丁香有紫花，有白花，緣枝遍發，極爲繁密。南北之種不同：京師丁香，樹高者數丈，葉大如紫荆。江南所産，枝幹不肥，葉細而小，惟花朵相似耳。而春秋發花二次，則勝於北産也。

牡　丹

牡丹雖盛於唐，然謝康樂已言永嘉水際竹間多牡丹，北齊楊子華有畫牡丹，則此花之從來遠矣。其名目至多，宋錢思公作花品，得九十餘種，獨以黄、紫爲貴，今姚黄之種不傳，惟紫者多有。次之莫如玉樓春，以其姿韻酣妍，香氣穠豔也。園中得魏紫一本，玉樓春數十本，下甃白石，旁設朱闌，上張翠幙，花大於盤，重臺高及尺許，絢爛繁華，動盪心目，所謂瑶臺金谷中人，他花縱極明媚，不得不讓一頭地矣。

芍　藥

芍藥之種，古推揚州，今以京師豐臺爲盛。浙中雖無佳，種惟培溉有方，花亦頗大，有紅、白、紫數色，深淺不同。曲院短垣，下疊石砌，排比種之，燦爛滿目。此花宿根在土，十月生芽，至春冒土而出，紅鮮可愛。若花含曉露，嬝娜欹頹，大有美人扶醉之態。

紫　荆

紫荆叢生，花無常處，緣幹附枝，上下遍發，故又名滿條紅。王敬美嘗云，此等花雖非奇卉，而點綴春光，不可無一，可謂知言。

棠　梨

棠梨樹如梨而小，又謂之野棠。花淺紅色，結實如楂，有赤白、二種，白棠子多酸美而滑，赤棠子澀而酢。花亦可食，《丹鉛録》曰尹伯奇採葶花而食，葶即棠梨也。

綬帶

綬帶略同錦帶，花葉斑斕相間，枝條輭曼，隨風披拂，有類於綬，是以得名。北地甚多，南中頗少。

杜鵑

杜鵑，一名山躑躅，唐詩「五渡溪頭躑躅紅」，即此花也。春晚發花，密蘂攢簇，其色深紅，久經風日，猶灼灼可愛玩。蘭渚軒前多古松怪石，植杜鵑兩株於其下，倍有風趣。

紫薇

紫薇皮不頑皺，浄滑可愛。一枝數穎，一穎數蘂，有紅、紫、翠、白諸色，開花可經數月。牆陰石角，隨處栽之，瀛山尤多，日久皆成連理。當殘暑初消，繁英新吐，苧衫葵扇，雜坐花下，啜茗清談，亦勝事也。

桂

桂分紅、黄、白三色，紅者曰丹桂，黄者曰金桂，白者曰銀桂。每秋發花兩度。丹桂有子。凡花之香者，或清或濃，不能兩兼，惟桂花清可絶塵，濃能透遠，一叢盛放，鄰牆别院，莫不聞之。江南好事者多結之作屏。余園中小徑，鱗次種植，左右成行，接葉交枝，上不通日。花時金粟滿望，李義山所謂「桂巷」，殆不過是。

木槿

園中遶塹設籬，編木槿爲之，盤織縱横，茂緑盈望。花不一種，有深紅、淺紅、藕色、白色，至於重臺千瓣者，則似木芙蓉。雖榮謝不常，而鮮妍可愛。

合驩

合驩葉細如槐，比對而生，至暮則兩兩相合，曉則復開。花淡紅色，形類簇絲。秋後結莢，北人呼爲馬纓，取其花之象也。野牆荒塹之側，輒得數株。欲植之草堂前，以本大難遷，遂不復移。採其葉乾之，釀以酒，醇釅益人。

玉蘂

唐人最重玉蘂，種之集賢院中。其後失傳，不知玉蘂爲何物，并有疑即是瓊花者。近得一株，似荼蘼而八出，玲瓏明浄，真冰雪姿也。

金雀

金雀叢生如棘，花生葉傍，長條直上，行列清疎。取其小本，種瓷盆中，下磊奇石一二，似雲林片幅，綽有可觀。

玫瑰

四月百花已闌，玫瑰始發，濃香豔紫，可食可佩。迴廊之外，灌生作叢，與酴醾相映。京師有刺蘼，即玫瑰之黄者，惜大江以南不能致之。

月季

月季花有紅、白、淡紅三色，香甚清越。逐月一開，四時不絶。種之籬落間，晨露未乾，鮮妍有態；臘中映雪，愈覺泥人。

木香

木香灌生，長條易茂，編籬引架，芬芳襲人。白花紫心者，香更清遠。又有黄色一種，香少遜而色頗妍，山栗破房，乳鵝脱㲉，不足方其新豔也。

薔薇

薔薇花有淺紅、深紅、大紅之異。結花成屏，雅宜山墅，連春接夏，蒨豔可人。落紅成堆，每不忍掃園。後有絶大者二本，緣高樹而生，上引下垂，延蔓百尺，花間樹杪，如綴火齊。又有白薔薇、黄薔薇、單瓣野薔薇，分香鬬豔，圍繞籬落，各極勝賞。

酴醿

酴醿香清而微，蔓延高架，露坐最宜。其花青跗紅萼，開時變白。架下可容十餘人，中設石几，與二三同調盤礴其間，共試早茗，洵爲樂事。

棣棠

棣棠，花色金黄，一葉一蘂，生甚蔓延。春深與薔薇同開，可爲屏籬添色。

夾竹桃

夾竹桃本嶺南種，葉類竹而花類桃，姿態娟媚。自初夏著花，經秋乃歇，草卉之最久者。

金絲桃

金絲桃花五出，比山桃較大而色黄，心有長鬚，茸茸作縷，頗具風格，非俗豔所能比也。

天竹

天竹枝葉瀟灑，梅雨中開白花，子結枝梢，殷紅璀璨，纍纍若珠，霜雪不落。樹可久而難長，紅雨山房欄檻之前一叢百餘幹，粗中把握，殊不易得。

虎茨

虎茨枝不高大，葉緑多刺，花白子紅，新花已開，舊實未落，間以密葉，三色互映，植之盆盎中，亦書室佳觀也。

慎火樹

慎火樹葉光澤柔厚，夏開白花，相傳可以辟火，南方人多以盆種之，置瓦屋上。今閒栽石罅磽确處，與其清寒之性相宜，其生尤盛。

紫藤

紫藤緣木而生，久之條蔓糾結，與樹連理，屈曲蜿蜒之狀，不異蛟龍出没。二月花發成穗，色紫而豔，披垂摇曳，一望煜然。採供盤餐，更屬佳品。

葡萄

葡萄以西北所産爲佳，南方不能得其種。然結架牽藤，涼陰覆院，暑夕坐其下，几簟皆有清意。所植紫、緑二種，芳液甘醲，固亦可敵醇醴也。

金銀藤

金銀藤類薜荔，細蔓緣籬。三四月後，開花不絶。長及寸許，一蔕兩蘂，前後繼開，此黄彼白，故得金銀之名。甚有清香，殊於凡卉。

薜荔

蘭渚前繚垣周遭，短僅逾肩，薜荔緣壁上生，縱横縈結，望之碧葉蒼然。山雨欲來，幽響槭槭。

錦荔枝

錦荔枝藤蔓善緣，種薔薇屏下，翠葉滿籬。秋結荔子，青紅斑駁，中有甘液，鮮赤異常。

茅藤果

茅藤宜傍高架。著子最繁，小如桐實。秋霜之後，葉落子存，輭紅作串，積雪中色倍鮮明，又名雪裏紅。

蘭

蘭香最幽，迥出群卉之上，號稱香祖。古人多愛之，羅畸云「朝襲其馨，暮擷其英。攜書就觀，引酒對酌」，可謂愛蘭之癖矣。舊譜春蘭一莖一花，以紫莖青花者爲上品，青莖青花者爲中品，非也。惟莖淡白、花淡緑、心純素者，爲玉根蘭，又名素蘭，格價最高，青與紫皆不及。蘭渚崖涘之間，種之甚多。

建蘭

建蘭極不易養。今得數盆，各抽箭五十餘莖，含風受露，異香茂發。夏秋之際，清韻殊多。當湖蓄花之家，皆無若此之盛者。

蕙

《楚辭》：「既滋蘭之九畹兮，又樹蕙之百畝。」所指爲蘭者乃澤蘭，非春蘭；所指爲蕙者乃零陵香，非蘭類也。今人以九節蘭爲蕙，長莖秀擢，芳萼貫連，與春蘭相伯仲。光風晴日，近傍軒窗，幽情殊愜。

真珠蘭

真珠蘭出自閩粤。木本，狀似山梔。葉叢生枝上，一叢七葉者爲佳，五葉者次之，三葉者又次之。花開成穗，先青後黄，圓細繁密，若綴真珠，是以得名。香芬特茂。余得七葉者二樹，高俱四五尺，亦江南所少。

魚子蘭

魚子蘭花形似真珠，香亦相等，但屬草本。莖蔓上抽，數寸一節，葉生節間。止可盆種，插竹爲闌，以樱縷繫之，莖乃不靡。花類粟顆，初時色青，及變而黄，香氣乃發。採花置竹箔上，以緜紙覆之，上鋪新茶，經一宿後納入瓶中，瀹茗能作蘭香，清供第一。

茉莉

茉莉有藤本、木本兩種。藤本者，叢條並生。木本者，一幹上發。蘂若珠圓，迎晚而放，芬馥絶倫。綃帷竹簟，臥趁微凉，采置枕函旁，足清魂夢。

素馨

素馨似茉莉而小，葉更纖緑，枝弱不能自立，插竹枝扶之，雨過花間，香芬絶世。

蓮

泛渌池中，有紅蓮、白蓮、臺蓮諸種。葉擎波面，夏雨忽來，千點荷聲，乍緩乍急。涼風過處，香芬襲人。花明淨如拭，清露晨流，晴霞晚映，尤覺鮮妍，使人吟賞忘倦。

木芙蓉

木芙蓉瀟灑無俗姿，花色不一，有白，有紅，更有一花而日三變，朝白晚紅，名醉芙蓉者。性本宜水，特於水際植之，緣溪傍渚，密比若林，雜以紅蓼，映以翠荻，花光入波，上下摇漾，猶朝霞散綺，絢爛非常。嘗見宋孝宗書唐人刁光胤木芙蓉畫幅云：「託根不與菊爲雙，歷盡風霜未肯降。本是無心豈有怨，年年清豔照秋江。」善爲此花寫照矣。

觀音蓮

觀音蓮葉形類芋而大，片葉可以蔽人，色最媚緑，中心抽莖，發花白色，瓣若小蓮。土人謂可救毒螫，以此得觀音之名。

芭　蕉

平湖諸家園亭，芭蕉絶少。近從會城移得三四本，種泛淥亭後，密陰冷翠，上襲人衣，晴日對之，亦作風雨之想。幸性本易生，蕉筍駢發，年餘後應可成綠天矣。

美人蕉

美人蕉自粵東來。葉雖不大，而翻風滴雨，自有幽姿。其花開若小蓮，而色正赤。惟中心一朵，曉生甘露，嘗之如飴。

菊

菊花種類甚多。園中栽菊作圃，得數百本，有黄、紫、紅、白、藕、蜜諸色，每色又各有深淺，并有一本兩色者。其朵瓣亦種種不同，或如盤，或如剪翎，或如擘縷，或如松粒，或如柳芽，窮極變態。友人知余嗜菊，多有自遠載送者，環置草堂，清芬連月。而種色之妙，以余圃所栽者爲最盛。

金銀消息

消息菊之小者，有黄、白二種，因色之相似，以金銀名之。菊最難培，此種獨易，籬根遍布，歷歷如星。

秋海棠

秋海棠幽姿冷豔，非塵埃中物。性特喜之，園中陰闃之地，無處不種。曉風涼露，一抹輕紅，不覺我情之欲移也。

水仙

水仙臘蘂春花，能傲冰雪，寒香冷豔，瑩浄不凡。石脚阪陀之處，雜種無次，清疏可玩。性喜得水，離土亦活。嘗以古磁盆滿貯清泉，置花數苗，磊石擁護，花更茂悦，山谷所云「明窗浄几，香氣撩人」也。

朝鲜牡丹

朝鲜牡丹，即《本草》當歸，又名文無。弱枝嫩葉，不勝風日，中心抽細莖，花生莖末，一條十餘朵，罷簌下垂，狀似小囊，俗呼荷包牡丹，亦草花中之豔品也。

戎　葵

葵有數十種，因色之淺深、瓣之單複，各成一類。余前居苑西時，植之最多，自四月至十月，花開不斷。今園居地大，尤得裁蒔。葵愛日而不喜肥，但以清水灌之，一莖百蘂，灼灼照人，諸色間雜，尤極絢爛。

錦葵

錦葵花小如錢，文彩斑斕可愛，高不過一二尺，而蓓蕾攢簇，吐萼盈枝。梅雨淹旬，賴此花點綴，不至寂寞。

秋葵

秋葵黄花緑葉，紫蔕檀心，惟玉人道粧，差可彷彿其風韻耳。與芙蓉前後開放，枝葉亦復相亂，荷池芹岸之上，夾雜種之，雅態可挹。

百合

百合花，一名摩羅春。一莖上抽，四旁出葉，花生莖端，有紅、白二種，白者尤勝，每坼一蘂，滿庭皆香。

胡蝶花

胡蝶花碧白相雜，上有黄斑翠點，翩翾之狀，全類蛺蝶，真野卉之佳種。

長春

長春花色赤黄，類野菊，發蘂極多，花不大放，形似小盞，故又名金盞。將蔫者，旋即摘去，勿令結子，則新蘂旋生，一本可得百餘花，相繼而開，四時不絶。

罌粟

山亭水岸，俱種罌粟。有大紅、淺紅、深紫、淡紫、藕合、蜜合、純白、淡緑諸色，一房千萼，簇若剪綃。相傳中秋夜令女子豔服播種，則來歲發花繁豔絶世。

虞美人

虞美人莖葉花蘂，似罌粟而小。或云此花聞人歌聲，能應節而舞，又有舞草之名。花極娟秀。

山丹

山丹有赤有黄。四月蠶成繭時，此花正放，赤似渥丹，黄猶蒸栗，一莖直上，柔葉護之。與百合相彷彿，但大小異耳。

剪春羅

剪春羅葉緑而濃，開花極盛，每瓣刻缺甚多，有如蜀羅被剪。發莖叢密，足充階砌之觀。

剪秋紗

剪秋紗長莖小朵，弱不勝風，白瓣五出，上有紅絲。命童子削竹作小屏，編花于上，亦殊豔冶。

金錢花

金錢花午開子落，吹墮苔鋪之上，輪郛圓整，宛然赤仄錢也。

萱

萱花可玩可餐，葉色媚緑。花有蜜色、朱色之異，蜜色者有香，朱色者不香，今皆種之。萱本從諼，有忘憂之意。野人無憂可忘，聊娱春興。

鳳　仙

鳳仙雜色善變，而平湖所出，視他處尤佳，紅紫碧白，無所不有，有一本兩三色者，有一花兩三色者，重跗疊萼，莫能名狀。

石　竹

石竹纖柔易生，枝蔓青翠，花具五色，婏娟動人。以時培灌，亦能作木本重臺。

秋牡丹

秋牡丹遍地蔓生，葉似牡丹而小，黄鬚紫萼，豔色鮮妍，可破秋容之蕭瑟。

玉　簪

玉簪即白鶴花，山谷老人題爲江南第一。緑葉環匝，類小甘蕉。花似玉搔頭，內玲瓏而外瑩潤。香芬酷烈，冠於秋花。

紫鶴花

紫鶴莖、葉、花、蘂與玉簪不異，故亦稱紫玉簪。玉簪有香，紫鶴無香，而婏娟靚豔，却自遠勝。五月發花，與朱蘐、山梔同插瓶中，晴窗清晝，風致不淺。

雞冠

雞冠當暑成花，霜後始萎，若扇若篲，若鳳若芝，形狀各殊，色亦有紅、紫、黄、白、碧、緑之異。根生石罅中，不須肥土。其本高卑不齊，有矮不數寸者，蘇子由詩注：「矮雞冠，即玉樹後庭花云。」

草茉莉

草茉莉，有紫、白二種，花形似茉莉而跗較長，中心有鬚。暮開曉謝，殆陰類也。結子初青後黑，内有白粉，可療面斑。

牽牛

牽牛蔓生善緣，葉似楓有三尖，花不作瓣，下小上大，曉露未乾，輕翠悦目，日出即蔫。子名天茄，以糖飣之可食。

西風錦

西風錦，與老少年相似，葉外青中紫，經霜色變，青者爲黄，紫者成赤，階除之下，滿目斑斕。

老少年

老少年莖葉俱紫，秋深雁來之候，葉變而紅，末梢一叢，鮮赤如染，亦號雁來紅。此時草木就衰，而反成麗采，亦屬奇觀。

萬壽菊

萬壽菊莖葉細小，花赤黄多瓣，蒂長寸許，不香而豔。其開耐久，盛於秋深，亦有傲霜之意。

雙鸞菊

雙鸞菊即草烏花，形如僧帽，内藏兩萼，若雙鸞之並肩，尾翼宛然，化工之奇，真有不可揣測者。其色紫豔，繁而且久，秋齋之玩，冠絶一時。

紫鈴

紫鈴莖細葉弱，發花至繁，一莖可得十餘朵，色紫而翠，尖瓣五出，若小鈴，中有黄心，輕風拂之，摇曳多態。

鳳毛

鳳毛引蔓極長，葉細如縷，附莖而生，稠密整齊，有若人巧。花如野茉莉而小，色大紅，頗明豔，宜結小屏。

秦椒

秦椒枝葉盡緑，高一二尺，開白花，結子長二寸許，深秋色紅，磊磊可喜，味之辛烈，過於薑桂。

金燈籠

金燈籠元宫中植之，號爲紅姑娘。其實外裹黄苞，内含紅子，一枝得二十餘枚，苞作六稜微尖，子如彈丸。京師極多，余向有秋花雜詠，此亦與焉。

龍膽草

龍膽莖長數尺，葉相對生，花色豔翠如膽形，以細竹引之，極供静玩。

淡竹葉

淡竹高數寸，花如翠鈿，風露之下，繽紛有姿。細莖多節，葉尖而長，儼然小竹也。《爾雅》以菉竹爲王芻，豈即此種耶。

車前

車前葉厚而澤，長莖多子。王旻《山居録》有種車前剪苗食法，不獨充藥品也。階前雜草，手加鋤薙，此種獨存之。

蒲公英

蒲公英小科布地，四散而生，莖端發黄花若野菊。花殘成緜，風飄著土即生。新苗嫩時可食。

石菖蒲

石菖蒲本名堯韭，産山澗砂磧中，萬卉喜肥，此獨喜瘠，以細砂種之，養以清泉，層冰不凋，烈日不萎，座隅清供，罕有其倫。

半夏

半夏苗一莖一花，葉與茨菰似，但極小，每本不過六七寸。膝籬之下，生發茸茸，初未嘗下種也。園中藥卉，自生者極多，頗有未識其名者，亦不能盡録之也。

紫蘇

紫蘇香氣清越，摘片葉嗅之，倦悶即豁，自昔以蘐、蘇並稱，有以也。背、面俱紫者爲上，面紫背青者次之。八月作花，九月採子。

薄荷

薄荷與紫蘇同形而異色，香亦相等。聞川湖之俗，以薄荷代茶荈。余喜其辛涼之味，夏月輒煮而啜之。

決明

決明本小末尖，似槐葉，秋開深黄花，結角如小指，長二寸。尤喜其苗葉，可作酒麯，餔糟歠醨，與衆同醉，計之最得者也。京師名爲望江南。

麥門冬

麥門冬類石菖蒲，葉更長茂，緣階而生，一名繡墩草。麥冬生土中，根鬚之上，四月抽小莖，開淡紅花，結實圓碧。惟吴越有之。

天門冬

天門冬莖葉森發，花細而白，有清香。方書多謂天冬與松脂同服，可以駐年。余素不講服食養生之訣，但愛其緑縟，聊以娛目而已。

艾

艾雖見斥於《楚騷》，然亦香草之一種。與蕭不同，隙地自生，懶加剪薙，森森林立，風過頗香。

菖蒲

菖蒲生淺渚中，不煩排植。春初出水，茸茸短翠，謂之蒲嘴。當夏盛長，與紅蕖青葭互相掩映，亦自可悦。

鹿葱花

鹿葱花六出，儼然蛺蝶之狀，三大圓瓣，三小尖瓣，外藕花色，中心白地，有紅、黄細點，摇風弄影，姿韻特妍。

翠雲草

翠雲草性喜陰隰，與芭蕉、虎刺、秋海棠相似，而較爲易生。北窗背日之地，偶植數莖，時月既久，鋪翠盈階，漸有入簾之色。

吉祥草

吉祥草不拘水土及石上皆可種，伴以丹芝錦石，清雅特甚。花紫蓓生，頗爲易發。

金絲荷

窗前幽蔭之地，多生金絲荷。其葉大者幾於盈掌，心中抽長鬚，作細白花，根旁時長紅絲，沾土即成根株，最易繁茂。

鳳尾草

鳳尾草喜陰，石罅溪坳，足迹罕至之處，往往而有。幽蘭空谷，斯爲近之。

書帶草

書帶草葉如細韭，性韌而弱，蒙茸四垂，清風拂之，鮮翠足喜。

苔

山居懶慢，庭院經時不埽，過雨之後，滿砌皆長莓苔，色翠而幽，如紺錢散地，稍喜門無剥啄，不爲屐齒所侵，得以成其清勝。

柳

柳性易生，横栽倒插，皆可活。早春時，嫩緑初荑，柔絲鬖髿，非煙非霧，濃媚迎人。又一種，赤幹細枝，葉青如縷，花粉紅色，名三河柳，《爾雅》之所謂檉也。天將雨，檉先起風以應之，故又稱雨師，亦婀娜可愛。

柞

柞樹扶疏多枝，葉細而密，新葉將生，故葉乃落。其質堅韌，可中屋材。

榆

榆樹類枌，春初緣枝生莢，纍纍成串，未熟色青，已熟色白，結子爲榆錢。崔氏《月令》謂榆錢可羹，兼可蒸作糕餌，收至冬可釀酒，瀹過擣羅爲末，調以鹽水，日中曝曬，可作醬。

松

松花可服，松節可釀，松脂可爇，松子可餐，松濤可聽，松陰可坐。霜幹煙姿，亭亭千尺，真山居勝友也。園中有青皮、紫皮、三鬣、五鬣各種，皆黃山、天目所産。對此風標，可爲晚節之助，豈僅添雅興已耶。

柏

有刺柏，有側柏，有瓔珞柏，三種枝葉各異，刺柏圓而上指，側柏扁而側出，瓔珞柏長而下垂，皆貫雪凌霜，不改柯葉。就中瓔珞一種尤佳，堅勁之中別具嫋娜，所謂魏鄭公之嫵媚耳。

梓

梓樹大數十圍，老幹上挺，旁枝交讓。花最繁，形如蛺蝶，色淺紅，上有深點，類灑染所成。中含二鬚，落時一鬚在花，一鬚在蔕。余軒前得十餘株，土人呼爲佛樹，開若紫霞，落如紅雨，真異觀也。

梧桐

梧桐修柯碧葉，紆徑之内，種之成列，緑陰蔚然，曉雨夜月時，幽響滴瀝，清影扶疏，秋聲秋色，盡在於是。

槐

槐木數株，陰蔽一院，夏月就緑蔭之下，解帶披襟，箕踞盤薄，不知時爲炎暑。花細而黄，香亦清發，涼雨乍過，金英滿地，倍覺幽趣可耽。

楠

楠樹童童若幢蓋，枝葉森茂，新陳相換，經歲不凋。葉初發者，其色鮮赤，過於晚楓。

楓

楓葉三脊，霜過色丹，其脂香濃，可爇以辟蠹。與柏、柿、銀杏等樹同栽，秋色滿林，有鋪錦列繡之目。草堂牆角一株，高五六丈，修枝遠引，老葉易酡，獨擅勝致。

柏

烏柏亦稱鴉舅。深秋葉赤，最可耽賞。至冬葉落結子，作十字裂，色白似梅花，纍纍不墜。

樟

樟葉四時不凋，細花小子，扶疏挺特，具干霄之勢。其肌理錯綜有文，足中器用，非散材可伍。

欅

欅似柳非柳，似槐非槐。性本宜水，故緣野塹種之。葉嫩時，鄉人採取其葉作茗，名爲甜茶。秋有實若榆錢狀。其材易大，不減楂林。溪陰十畝，不數年而可得也。

桑

塹池之外，遍植桑木，緑陰被野，雞犬閒閒，甚得田家風趣。春日率婦子編箔棲蠶，以織作爲事，非惟習勞，亦可適興。

偃松

蘭渚前古松七株，皆黄山所産。又得偃松一本，亦自黄山來。蓋百餘年物矣，而高僅三尺許，攫挐夭矯，幹若屈鐵，旁倚怪石，儼然畢宏、韋偃畫本，絶可珍也。

海桐

問花埠有海桐一株，枝葉極茂，斜掩溪門，半臥水面，葉濃緑，髣髴楊梅。三四月開白花，與丁香相似。釣艇晚歸，時繫於此。

橡

橡實似栗而小，圓而有尖蔕，葉與栗同，幹不能如栗之大。親串偶集，取其實以充盤核，聊同古人拾橡之意。

栗

松盤山外，平疇衍迤，皆種栗樹，大者十數圍，結實甚多。新秋剥食，芳鮮莫及，兼有香氣，若桂叢之始拆。八九月時，其房自裂，命小奚掇拾筐中，懸檐壁多風處，俟其少乾，皮易脱而味較勝。

山樝

來禽坳，以種林禽得名，不植別樹，惟山樝十數本，參差林間，亦來禽類也。有黄、赤二色，味兼酸甘，以爲飯餘酒罷之供，所益多矣。

榖

榖皮類桑而粗，葉類桐而多刻缺，初夏結實，類楊梅而不可食。皮絶柔韌，可以取材。古人常擣以爲紙，其妙必勝於竹，惜其法已不傳矣。

冬青

冬青，土人呼爲凍青，以其嚴冬不凋也。漱晚磯旁數株，夾水而植，與烏桕、丹楓高下相間，垂綸偃仰，縱目皆成佳觀。

皂角

皂角密葉如槐，緑陰低亞。秋來結莢，下出葉底，離離可觀。園四周皆水，塹岸之上，灌莽成叢，此樹頗爲秀出。

椶櫚

瀛山蘭渚之地，皆疊亂石爲短垣，不加粉堊。於牆角植椶櫚三四本，高可齊檐，微風乍拂，輕涼自生，極瀟灑之趣。皮有絲縷，錯綜如織，取爲冠屐箒拂等物，大稱山居。三月間莖内生黄苞，狀若魚子，可食，名曰椶筍，亦曰椶魚。蒸熟後，以蜜醋製之，即千里可致也。

漆

漆樹高二三丈，柿幹椿葉，當暑多陰，佳木也。吾浙桐江以上，山居之民，以採漆爲業，利最饒沃。《莊子》云：「桂可食故伐之，漆可採故割之也。」今植於吾園者，止取其蔭而不以爲利，遂得免於斤斧。蓋散人所樹即爲散木，猶愚公所居即爲愚谷也，天下物豈有常哉。

黄楊

黄楊木理細膩，枝葉繁多，性堅而韌。然滋長最難，世傳此木終歲長不盈寸，遇閏月年則頓而不長，蓋物理之至奇者。然攷《爾雅》，桐、茨、菰皆厄閏年，又不獨黄楊也。

平地木

平地木高數寸，葉深緑，子先青後紅，若小棠梨，經年不落。巖洞嵌空處，與幽蘭同種，點綴良佳。

枸杞

枸杞高三五尺，叢生，枝條有刺。夏秋間開細花，隨結小果，色紅味甘，採曝收藏，下酒頗善。

黄連

黄連高止尺許。其生作叢，一莖三葉。花、實之色皆黄，江文通《黄連頌》云黄連上草，丹砂之次。江南所産，不及蜀中爲良。然苦口之味，殆不可不備也。

茶

吾鄉龍井、徑山所産茶，皆屬上品。偶移其種，於圃中栽之，發花極香。春末緑芽新吐，訪得採焙之法，手自製成，封緘白甎中。於評賞書畫時，瀹泉徐啜，芳味絶倫。茶喜山石蔭密，此地無山，故不能多植，然亦足解玉川之癖矣。

竹

竹於草木之外，别爲一類，植物之仙品。方塘曲徑，到處植之。宜月，宜風，宜晴日，宜晚雨，宜殘雪。至於伏暑方炎，石牀蒲几，坐臥密林中，冷翠襲衣，爽籟盈耳，正未知羲皇上人視此若何。

鳳尾竹

巖畊堂外，小院數弓，有白石遶牆下，堆疊有法。上植鳳尾竹一叢，長不盈丈，纖枝婀娜，翠葉森發，晚晴風過，灑然絶塵。

慈竹

慈竹心實而節疏，灌生上挺，鞭不旁行。其筍於八月間發。窗前陰閴，不宜樹木之處，即種之。其下培蒔秋海棠、鳳仙諸卉，甚覺相宜。

毛竹

毛竹大者圍徑二尺許，刳其根爲筆牀、酒盞等器，諸用畢給。林中多野雉、鳴鴝之聲，極其清越，與竹籟相應。昔人謂園居者須是三分水、二分竹、一分屋，庶幾近之矣。

神遠。

斑竹

斑竹碧幹紫紋，娟净莫比。修篁塢中，皆植此種，新梢乍放，殘粉未消，對之令人神遠。

筍

春日發者爲園筍，新苞初迸，嫩美罕匹，真勝於芻牛之腴。焙之作脯，經年可用。夏月竹鞭四行，其穿土而出者，爲鞭筍，作羹特佳。竹忌狂鞭，刨去之，則次年竹更茂。冬日生者爲團筍，伏蟄地中，短而節密，所謂蜩腹蛇蚹者是也。京師惟團筍可以攜致，然亦珍貴，不能飽啖，不若此間之不論錢也。年來千畝在胸，不減饞太守矣。

棉

棉葉若牡丹，花若秋葵，不獨可織，亦可玩也。平湖風俗醇樸，喜服布素，隙地種棉者多。余蔬圃旁，分畦栽插，鬱鬱成叢，因使家人採花紡織，以供被服。

麻

有紫麻、白苧二種。枝葉扶疏，秋夏間發細穗，一朵數十穗，白色。每歲可三刈，取其皮治以爲縷，擇最細者以爲苧衫，當暑之服，莫適於此。

蕨

蕨生野中。春時萌芽拳屈，長而漸展若鳳尾。莖嫩無葉時，取之蒸曝，作蔬絶美。屑之爲粉，製粔籹之類，味甘滑而色微紫，可稱瓊糜。

薇

薇莖葉氣味，皆似豌豆。其藿作蔬入羹皆宜。京洛士大夫爲詩，多念故山薇蕨，手擇口嘗而真知其味者，誰耶？

矮　黄

矮黄，菜中之奇種，惟江浙有之。其生不高，經霜黄熟，因以得名。今人稱呼爲黄芽菜，聲之訛也。肥嫩易爛，食無筋膜，味甜而腴，與北方之甘肅菜，可以争勝。

菾菜

菾菜葉青莖白，狀類白菜，但差小耳。陸放翁云「吴地四時常足菜，一番雨過一番生」，蔬之同類異種者甚多，隨時茁發，足供野人口腹，蓋造物所以厚園居之賜也。

莧菜

莧生初夏，小摘净擇，一瀹即熟，香美勝於衆蔬。有青莧、紫莧二種，紫者羹汁殷紅，以送吴粇，色映匙盌。

灰莧

灰莧，心紅葉緑，煮食甚香。至秋漸老，高六七尺，莖可爲杖，輕而且堅，勝于笻竹，所謂杖藜是也。

芥

青芥、紫芥、白芥、皺葉芥，因類分畦，春秋兩種，老而愈辣，頗有薑桂之性。作齏最宜。收芥子，屑之成末，點和食品，風味亦佳。

諸葛菜

諸葛菜花色紫碧，蒨豔異常，種數本於軒砌之間，饒見幽致，非凡蔬所能比。又四時皆可食，詩人所謂蕪菁，即此種也。

萊菔

萊菔莖不高，而結根甚大，謂之蘿蔔。有白者，有黄者，有紅者，有紫者。紫、白二種葉似蕪菁，黄、紅二種葉似蒿菜。春末抽薹發花。其根辛而微甘，可生可熟，可醬可腊，可醋可糖，蔬品中之極有益者。

菠薐

菠薐根赤色，葉青，北方呼之爲赤根菜。四月起薹尺許，開碎白花。此菜播種時，必過月朔方生。即晦日下種，與十餘日前種者同出。《唐會要》：貞觀中，尼波羅國獻菠薐菜，狀類紅藍。其所從來遠矣。

白菜

白菜莖扁薄而白，大者高三尺許。爛煮作羹，以薑米芼之，雖珍錯不能過也。更有名春不老者，與白菜相類，而脆嫩尤甚，四時可種，醃食甚美。

芸 薹

芸薹單莖圓肥，葉附於莖，嫩時可食。其末發花如蘿蔔。瀹而乾之，製以鹽，禦冬上品也。

薺 菜

薺雖野草而有佳味。採取宜在寒食前，東坡《與徐十三書》云：「今日食薺，甚美，不甘於五味，而有味外之味。其法，取薺一二升淨擇，入淘米三合、冷水三升，生薑不去皮，搥兩指大，同入釜中，澆生油一蜆殼於羹面，不得入鹽、醋。天生此物，以爲山居之禄，輒以奉傳，不可忽也。」食薺之妙，盡此數語矣。

苦 菜

苦菜花肖野菊，春夏皆開，一花結子一叢，若茼蒿然。根、葉皆可食，余取以爲常供。元人詩「盤餐落落對瓜畦，杜撰人間苦蕒齏」，洵先得我心者也。

倍之。

同蒿

同蒿莖肥葉緑，與白蒿同。四月起薹二尺餘，可食。一種小者，爲茵陳蒿，芳嫩

生菜

生菜花如苦蕒，春秋可再種。略點鹽醋生挼，食之甚美，故名。

萵苣

萵苣與生菜類。有尖、圓二種，尖葉者味苦，圓葉者氣如香秔。四月抽薹如筍，謂之萵筍。余長夏三餐啖粥，飽菜根香味，於諸蔬之性，獨得其詳焉。

馬齒莧

馬齒莧柔莖布地，葉對生，比並圓整如馬齒，故名。六七月開細花，本屬草卉，而可以充蔬，亦可入藥。

芹

芹性潔氣芳，根、葉皆堪作葅。圃傍荒澗，遍産香芹。白莖翠苗，郁郁可愛。

薑

薑，五月生苗如嫩蘆，秋社前後新芽若指，名紫芽薑，采食無筋膜。秋分後采者次之。經霜乃老。分湖稻蟹極肥，脂同切玉，搗薑薦之，以佐村釀，誰謂荒寒寂寞之濱，遂無佳味哉？

蒜

北方蒜微甘而辛，可爲常食。南方出者，辛而不甘，然極能制服食之毒。春苗輭美，鹽製爲葅，亦佳。

薤

薤葉似葱而有稜，根似小蒜，一本數顆，相依而生，北人呼爲藠子。《内則》云，切葱薤，實諸醯，以柔之。是古人已有醋浸之法。性能益氣宣滯，於老人尤宜，故少陵有「衰年味熳」之句也。

葱

葱名菜伯，爲種至多。其中絶佳者，爲冬葱。迎寒茂發，香而不葷，輭美可食，入藥亦宜，即所謂大官葱也。

韭

韭以真定産者爲佳。今杭郡之種，肥脆不下真定。其性易生，旋剪旋發，不煩人力。春初雨過，嫩本新抽，噉之神爽。晚菘早韭，並稱山中佳味，信乎不虚。

蠶豆

蠶豆，方莖密葉，紫萼皂心。二月，花開被壟，和風送香，濃而不媚。初夏，其莢與櫻珠並熟。吾鄉風俗，以點新茗。老後，炒食尤佳。長公在黄州，追思與楊宗文諸人，往來瑞草橋，對坐莊門，喫瓜子、炒豆，田園真樂，自不可忘。

扁豆

扁豆花有紫、白二色，狀亦不一。莢生花下，花卸而莢現，纍纍成枝。烹以侑餐，有淡泊之味。

豇　豆

豇豆，作架引之，其生易蕃。莢如衣帶，生必兩兩並垂。有青有紫，斒斕間雜。

刀　豆

刀豆亦喜緣架。須乘嫩采之，老則不佳矣。樂浪有挾劍豆，其莢横斜，如人挾劍者，殆此種也。

西　瓜

西瓜各種，皮有青，有緑；瓤有深紅，有淡紅，有白，有淡黄；子有紅，有黑，有白，迥不相類。炎歊正酷，浸以寒泉，會客剖嘗，涼沁心腑，不啻飲沆瀣、吸石乳也。

甜　瓜

甜瓜，其小如拳，味特甘美。北人多於飯後食之，謂其能消穀氣也。牽蔓被壟，纍纍可摘。

稍瓜

稍瓜粗於黄瓜，色緑而黝，縱有白紋界之，微凹。體光而滑，膚實而韌。製之以醬，足儲一年之供。

南瓜

南瓜愈老愈佳，宜用子瞻煮黄州豬肉之法：少水緩火，蒸令極熟，味甘膩，且極香。田家一飽之需，孰過於此。

香瓜

香瓜皮嬌黄，間有青色，斑駁如畫。漿液香甜，瓤肉細膩。披襟逃暑時，得此以潤吟吻，亦一快也。

王瓜

王瓜葉似木芙蓉，花黄，結實似小兒枕。種暖處則易生，杜少陵云「陽坡可種瓜」，真曲得物情者。瓜質脆嫩，可消酒渴。

絲瓜

絲瓜喜延高架，宜背陰。其實長尺許，嫩時甘滑可餐，老者瓤絲若網，可以滌器。平湖種瓜者，多於菱灣漁港之旁，結爲低架，碧蔓黄花，下俯流水，燦然可觀，不但有落實之益也。

冬瓜

冬瓜附地遍生，瓤白如玉。逢辰日種之，其生必繁，故黄山谷呼爲辰瓜。

蒲蘆

蒲蘆莖長，須架起，則結實圓正。可蜜煎作果，可削條作乾。小者可作盒作盞，長者可作灌花噴壺，亞腰者可盛藥物，苦者可治病。

瓠

瓠子苗、葉、花、蔓俱如葫蘆，江南人呼曰扁蒲。味淡而美，且極輭滑，《豳風》所謂「八月斷壺」即此，固宜以爲常供。

茄

茄大小不一種。煮食甚甜滑，醃製糟醬，無所不宜。色紫而澤，昔人美其名曰崑崙紫瓜。

甘露子

園中密樹之下，輒種甘露子，其性喜陰，得樹蔭更易長茂。大者長一二寸。子生根上如聯珠，色白，味甘脆，生熟皆可食。

芋

蓴溪芹澗之間，多種芋。葉比幺荷，緑净如拭。寒宵擁爐坐話，煨老芋噉之，自謂官廚法饌不敵其美，彼没齒於膏粱者，殆未足與語此也。

香芋

蔬香菴前瓜棚豆架，縱横如織，香芋亦緣蔓其中。冬來斸土取芋，炊食良佳，其甘潤不及山藥，其香則非山藥所能望也。

山藥

山藥引蔓緣籬，葉厚而澤，開細花，淡紅色，實生葉間，形似小棗，煮食頗香，其根有紫、白二種，白者尤細膩，蒸令極熟，糝以蔗霜，以匙抄而啖之，若吸石髓。

蘆

塹河蘆葦，遠近一碧，芙蓉灣、香芹澗、蒪溪諸處尤多。翠葉停煙，白花搖雪，當秋水方盛之時，坐倚釣篷，垂竿其際，飄然有五湖之思。

蓼

向居苑西，於書屋前種紫蓼，極盛。北地絶無池沼，每日遣家僮擔井泉沃之，每株皆高六七尺。秋來紅穗低垂，具有幽意。園中多洲渚，蓼生甚繁，不待灌植。沙禽野鷺，時來出没，蕭疏秋色，在會心者自得之。

茨菰

茨菰生水土之交，每窠抽葶一枝，開花數十，白瓣黄心。其根類芋，甘滑不及，而香乃過之。

茭白

茭白多葉如蔗荻，四五月中抽白薹，大若小兒臂，蒸熟甘美而鮮。秋後有實，所謂彫胡米也，炊之作飯，與香稻髣髴。佐以蓴羹菘本，老饕之腹，屬厭有餘矣。

蓴

蓴菜江南多有，西湖所産尤佳。漁書樓後有陂塘半畝，匯瀦溪流，其中蓴絲密茂，蓋西湖種也。春夏之交，葉底生津，長寸許，白如水晶，蓴羹之妙，正在此日。袁中郎云，蓴菜香脆柔滑，略如魚髓蟹脂，而輕清遠勝，其品無得當者，惟花中之蘭、果中楊梅，可以異類作配，信不虛也。

荇

陂池近岸處，遍産荇菜。葉若荷錢，莖如麥股。五月開小黄花，名曰金蓮。蘭渚下有平池一方，畜金魚百餘尾，每曉皆浮荇葉間，鱗鬣粲然，往來如織，欲作濠濮間想。

萍

面背皆青者，萍也。面青背紫者，薸也。長及指許，面紫而有紋者，麻薸也。小池風定，一望幾成緑茵，飛花點之，斑駁如繡。

藻

水草中惟藻爲雅潔，青絲碧縷，節節連生。每當風水相遭，波紋如縠，縈帶之趣，殊有足觀。

芡

荒灣斷塹，皆種芡實，緑盤鋪水，與荷芰相亂，彌望田田。早秋采實而食，有珠之圓，有玉之膩，水屬諸品，此爲上珍。芡花向日，菱花背日，荷花日舒夜斂，芡花晝斂宵開，閒中消息物理，亦有微會。

菱

平湖菱，出馬瀆者爲上。有大、小二種，與菰、芡等雜種池塘中，秋來自操小槳，采摘滿筐，柴門月上，扣舷浩歌，沙洲宿鳥，磔磔驚起，平生江湖之興，庶可少適矣。

葧薺

溪旁水淺處，葧薺成叢而生，緑苗纖鋭，中通外直。其根大者若栗，冷脆殊常，滌渴破酲，莫出其右。

花曆百詠

〔清〕翁長祚　撰

刻花曆百詠敘

清人翁榴庵《花曆百詠》，四時草木之花，各按信敘候，效月令體，設之標題，詩以歌詠之，以傳化工之神，居然千紅萬紫中，令人爛漫醉芳焉。詩佛道人奇賞不措，便謂獨玩樂不若與衆玩樂，遂翻刻公諸世俗同好之欣賞，屬余爲之序。此真花海珍珠船，使他人獲之，必閟諸秘篋。道人則好與人偕樂，不肯擅占奇福，雅胸之富有餘矣。花品凡百六十種，率皆花譜所載，獨天麻裏挂者，稱爲閩南琪樹，海外瑶葩。蓋閩距我最近，應必吾邦之種，然不詳其爲何物。道人攷之，即我手球花、挂者花之訛也。如注中所稱述，則七變花者耳。西人記我事，轉訛混淆多爾，是宜爲讀者使知之，因併録爲敘。文政紀元戊寅八月，伊勢津阪孝綽撰。

刻花曆百詠序

翁榴菴《花曆百詠》，昔時吾師太醫令丹波藍溪先生所賜也。先生其始得之從何人乎，吾終不審問焉。此書舶儎槧本殆希，乃自珍賞，以爲寶架中之一種。嘗欲刊行，予之口吻不識道詩，是以猶未敢果也。然吾固不欲嶄而與人謀，唯春夏、夏秋之交，時或散袠以防蟫蝕之患，而又怕丙丁之厄，既久矣。曩詩佛飄然而訪來，一頓行酒之際，談及此《花曆》，深愛其清趣，請將刻之。予乃喜而不措，言未盡即速贈之。詩佛欣然而持歸。今茲癸未晚冬，其刻落成，問序於予。乃云海内道詩者，無不知詩佛。雖吾無詩，吾與詩佛相識殆四十年，始終不渝，表裏若一。而此書之爲予之有，詩佛早既知之。乃者寸心談其舊，翻翻忽付木，鏤工精致，印刷鮮明。緑袠爲堆，分布於大方之知交，乃此書遂不乏于世。其速也，吾與詩佛相同，吾因識詩佛。不意存先師之遺物於不朽，顧賴舊識弗空耳。榴菴得詩佛公之于世，蓋有業緣矣。要之，吾則《花曆》之介也。文政六年癸未歲十二月中澣日，占春老人曾槃。

華曆百詠序

詩佛先生刻清翁榴庵《華曆百詠》矣，予聞之，喜曰：「先是先生之家，無有此舉。予以爲缺典。而今而後，無復遺憾。」或詢其説，應之曰，漆園氏曰，中國之在海内，如稊米之在太倉。佛氏亦云，芥子納須彌。夫物固無大小廣狹之别，又惡有輕重上下之異哉？故天子有天子之政令，諸侯有諸侯之法度。等而下之，至於艸澤閭巷之匹夫小人，亦自有家法存焉。況先生當世之高士，騷壇之主盟，扢揚風雅爲己任，豈無其憲章律令之森然備具者乎哉？何以言之？抑幽齋精廬，明窗淨几，砌有華柳蔚茂之觀，而池有鯈魚游泳之樂，故使訪其舍者頓有濠梁閒之想矣，是乃其建都也。鄴架西藏，及法書古畫、搨碑摹本，堆案溢几，是乃其禮樂也。持緝素赫蹏，而乞其詩文書畫者，日夜接踵，所謂王僧虔之鐵門限，殆不須過矣，是乃四方之獻貢也。客至，則不論貴賤，樽酒相屬，擘鮮劈柑，歡然笑語，脱略禮法而坐人於春風和氣之中矣，是乃其制度也。追步李、杜，函泳韓、柳，以爲教化之具焉。宗師羲、獻，血驅歐、褚，以爲維持之術焉。旁及蔡、黄、蘇、米之流，莫不拱揖於几案之閒，日爲尚友焉。則與周公思兼三王、施四事，其意豈異哉？而先生俯仰其閒，居然有南面之樂矣。是豈匪其憲章律令之森然備具者乎哉？然則頒《華曆百詠》于世，固不爲僭越也。吾輩豈可不慎奉其正乎！文政甲申暮春，加藤善菴良白撰，小葭山田革書。

花曆引

花繫以曆，創也而寔非創，義始于堯階之蓂蓂一小草耳。觀其葉之榮落，而知旬朔，帝嘗因之而命羲和作曆焉。乃知天地間，一卉一木，莫不涵造化全理。第察之不精，言之不悉，鮮博物其有矣。同學翁子榴庵，夙擔慧業，加以無書不覽，是故大而天地日月，嘗有《乾坤旋轉辨》及《日月薄蝕辨》。小而昆蟲草木，靡不泛觀而切究之。所著《花曆》，非全豹之一斑乎。標目用《月令》例，第其先後；箋釋用《爾雅》例，辨其異同。詩以詠歌之，賦以包羅之。不假煙雲月露，將百花之精神與色馨並發矣。請執是編，按候以稽，若者宜萼，若者宜華，若者宜實，一循其序而罔有踰越焉。此事豈不喚翁子作天公乎？昔人有云「梅花枝上曆，自識山中春」，又云「梧桐葉落，天下知秋」，以及夫二十四番風雨之説，雖同是解，而未舉其全，猶不足以見元氣之流行，于四時已然。則榴菴於此，正欲于小中見大，顯處明微，創而非創，以洩其無盡藏之玅。豈徒略紀草木之名，僅資人之多識而已哉？因讀《花曆》，作《花曆引》。

時辛卯春王月，同學小弟俞崇頓首拜書。

花曆詩敘

壬午秋，予獲晤襄平蔣明府雙山洎其弟静山世兄，時雙君署建州别駕，適家畏人兄在其幕中，因得以詩酒相過從者年餘。既而雙君旋會城，踰兩稔，復莅建州司馬任，延余課其長君文蔚。未幾，以秩羡喬遷北上，家畏人亦遽旋三山，惟静山獨留，仍館予於建溪官舍。余兩人正深離索之感，會武林滑定庵先生至，亦下榻三徑中，蓋蔣君昆玉受業師也。與余日盤桓于榴桂山房，對案終年，頗稱莫逆，無日不論文，亦無日不言詩。每花晨月夕，輒相賡倡。歲除，各盈帙。二君争奇角險，雅善和詩。遇拈題，必堅予首倡，余固謝不能。顧二君謂予敏于詩，夫以余之不文，而果敏于詩也哉？即或于倉卒時，不無貪急就，從事于赫蹏不律間，有似于愜意疾書者，要皆勿克深維，所致無過信口哇腔，大類滄浪鼓歌，其於詩家微婉旨趣，究未蠡窺。而二君惟以得詩和韻爲樂，不顧也。正用滋愧，不意定庵先生浙旋，余兩人益深離索之感，當長夏無聊，論文之暇，亦復言詩，而苦于無題。一日，偶檢花曆，得四十餘種，皆效《吕覽》體，爰取而損益之，案月得百有六十，每一花賦近體一律，隨興會所至，一日之内或一二題，或五七首，不一而足。此倡彼詠，洵不落莫。然此數年來，静山恒南航北轍，皇皇于舟車間，日無停晷。予一人又懶於枯坐獨吟，因而遂庋高閣。及旋寓，索余詩，則花曆題尚强半未就也。兹迫歲，因其欲挈家北上，促余成之。知衝口巴調，究勿獲辭。于其瀕行，爰走筆應教，亦聊以志數載晦明之好、晨夕不虚之意。倘他日南雁來時，勿吝和章，則即以是集爲嚆矢也可。武林爲公車所必由，敢藉手以求正定庵先生，抵都以就郢雙山明府。邇聞家畏人兄欲北上，必將便道過我，出質之次，或與諸君先後咸畀和歌，得以少申離索之感。則即以是集爲拋引球琳之具，藉以賞心浮白也，亦無不可。若曰是不過少識草木之名，詩之率，題之略，尚多闕如，尤期有以進之，且藉以誨文蔚而迪其明聰也。或亦諸君不以爲小而稱善也夫。時康熙戊子歲嘉平月吉，瑟水翁長祚榴菴氏漫題于若梅精舍。

凡例十則

一,良朋贈答之中,好友留題而外,鮮不及于吟花。然或色香罔别,出處未知,思得肖題佳句,終虞貽笑名花。兹集隨舉一花,靡不鏤花之魂,貌花之魄,洵繪花第一奇書。

一,詳志名花,如王芳處《園亭花木記》、劉杳《離騷草木疏》,似富有矣。然惟論花之品目,而不及詩賦。《群芳譜》雖詩文極富,然皆采自唐、宋、元、明諸家,警句雖多,累句亦復不少,瑕瑜互見,終非全璧。求琬琰出自心裁,群芳無遺賞之歎,尤當浣薔薇露讀之。

一,《花曆》之詩,原爲詠賞百花而作,非爲花譜設也。然《花曆》之花,花譜多所未詳;花譜之花,《花曆》靡所不載。如天麻裹挂、珍珠傘、月下香之類,靡不與筆花争爛。爲百花詩,爲群芳譜,均不可少此一部書也。

一,近今詩人,靡不崇尚宋四名家及有明七子。先生獨主三唐,謂風雅不待言,所貴虛而能逆，淡而能渾，今《花曆》詩聲調雋永，多新警如東坡、劍南暨鳳洲、于鱗諸公者，然細覘其遺詩運字，似無昔賢堆垛之病。全詩具在，識者當不河漢予言。

一，先生雅不欲作應酧詩。謂作應酬詩，必曼聲習調，乃合時宜。不然，須盡脱去應酬窠臼，方能免俗。是集見示，輒自謂應酬詩。夫應酧詩，言有盡而意無窮，出風入雅如是，是亦足矣。初何必强作格格艱深之詞，效《太玄經》借奇字以自文其淺，遽謂古奧始名一家言乎？予謂必欲作應酧詩，不可不亟讀是篇。

一，詩之大旨，莫重于事。君父謂其可以興觀群怨，感發于人；次則必及于鳥獸草木之名，以資博雅。考《三百篇》所載名花，率多闕如。然則欲廣葩經之多識，非是集不足以備輶軒之采。

一，梅爲百花之首，《騷經》備采群芳，而梅反不録；榴爲千紅之冠，《爾雅》盡登衆卉，而榴獨未收；海棠花中神仙，老杜遇名花必詠，偏海棠見遺。因思名花之産于閩粤交貴者，騷雅豈能悉載？兹則隨舉一花，靡不具存，可稱大觀。祚按，《廣雅》云：「榴，柰也。」豈周時榴名柰，猶《爾雅》之梅名柟歟？不然，何以梅之高，靈均之賢，不及采；榴之奇，元公之聖，不及知？疑當日楚地無梅、榴，至漢武始入中國，故皆未登歟。抑或知遇有數，雖以天然富貴之牡丹,必遲至唐則天時始顯。然以元、白、沈、宋之遇花輒吟,亦未見形諸篇什。惟劉夢得有詠魚朝恩宅牡丹詩,但云一叢千朵而已,不言其美且異也。噫,牡丹尚爾,他何論歟! 予不禁于定庵先生之例言拙刻三歎,于樹猶如此也。因附記於此。

一,《花曆》疏題小注,多限定邊幅爲之。或如唐詩短引,如酈道元《水經注》,如郭象之注《莊》,皆與其詩賦相發明。試懸諸國門,知匪直榜花同于《吕覽》也。

一,凡梓詩文,必有凡例。予非能例翁子《花曆》者也,第予門下蔣子静山欲開雕是集,問例于予,因憶在閩時,與榴菴劇談詩賦,頗悉其藴,非敢阿所好也。

一,先生七歲能詩,著述充棟。今方鼓吹休明,英年宿學,自足致名海内,詎俟急爲揚鑣? 然静山能於拮据中,代梓百花詩賦,高誼不惟遠軼于楊敬空言説項,亦較之味道誦梅花一賦,延譽廣平,不啻過之。是集出,吾知洛陽紙貴,由是上達宸聰,行膺召試。如孔紹安之應制。榴花煌煌國豔,詎尚有不及春之歎也乎。虎林弟定庵許枚識。

花曆百詠卷上

正　月

梅占百花魁

瘦骨珊珊託遠方，山中天曆未相忘。試他風雪千分冽，勞汝冰霜一片香。湘竹簾開疏牖外，楚雲寒鎖曉春傍。賞心未得疇應識，秀絕寰區壓衆芳。

迎春放

三陽初轉一枝開，迓得東風草未胎。出色曾經窗下雪，含香不亞嶺頭梅。黄裳蚤合稱元吉，青帝休教落異才。最比群芳名實稱，尤宜唤作百花魁。

優鉢曇香

一名優鉢羅花。層層貝葉千瓣，作榴紅，飽滿如寶相。先春而放，差類蜀茶。花堪佐酒，葉可代箋。每一花可耐三月觀。予嘗於括蒼見之，云種出交南，洵奇卉也。佛家引譬，亦以品之貴而借重之，其實不產自彼方也。

上林春色欲新探，凍蕊初開優鉢曇。貝葉層層懷鞅鞨，琪花片片染黃藍。肯從西國條空色，久頓南窗寫玉函。未審三冬能足用，芭蕉猶種綠天菴。

蘭臭

蜂採百花，俱置雙股間。惟採蘭，則拱負入室，頂獻其王。物亦知貴蘭重王香如此。

未許群芳擬臭如，青陽時至迥然舒。曾因入室求人嗅，肯種當門與世耡。郁郁臨風疇紉佩，寥寥同氣賦匡居。王香不謂知音者，偏是蒲盧愛未虛。《化書》云：「蒲盧，蜂也。」

瑞香烈

花瑞應推第一叢，春王正月異香融。不因夢裏傳佳氣，那識生來負烈風。未到悠颺天桂列，幸先臭味畹蘭同。敵他寒色除將臘，自出廬山頗有功。

二月

桃夭

荏苒春輝晝夜當，臨風灼灼擬新妝。淩晨太液舒菡萏，薄暮沈香睡海棠。迨吉已過之子賦，于歸莫慢美人觴。仙津禹浪教輕點，出處都能熌有章。

李能白

雅淡從看賦落梅，冰清應數此花魁。温如玉樹當風立，寒擬春山帶雪來。新柳緑曾同應候，夭桃紅亦共登臺。恐因際此繁華景，能白尤爲不易哉。

芸香

莪苑天生辟蠹香，春風二月即芬芳。收煙更足資膏馥，注水偏宜灑墨光。但寶六經如拱璧，肯教三蝕入荒唐。千秋欲託名山業，莫使棲遲令一方。

木筆書空

辛夷花放滿園香，紫穎臨風盡日忙。咄咄誰能知雅意，悠悠聊爾寫春光。壁間記雨蝸留跡，塞外排雲雁有章。揮灑疇參無字句，如椽千古託青陽。

櫻桃首薦

最初百果粲朱丸，第一人嘗薦御盤。鳥亦鶯先銜上苑，花奚梅後占春壇。赤瑛得貯增奇賞，素口如開定雅觀。嘉實閩中看濟美，元香還有荔枝丹。

杏燕曲江

一望炎炎曲水傍，輕颸十里馬啼香。曾依壇側經時雨，偶出牆頭試曉妝。濟世有心聊假手，爲仁託志每留方。烘雲絢日多春色，沈醉東風到夕陽。

玉蘭佩

搖搖木筆抹輕紅，一種瓊林趁曉風。晴雪堆花香更烈，寒雲擁樹色皆空。瑰奇似玉洵堪佩，氣味猶蘭迥不同。比德揚芬均絶俗，直應無匹此芳藂。

紫荆繁

燕賞當軒興欲飛，霞蒸相映讀書幃。連根生色薇同紫，到杪流芳棣並輝。佳氣恒凝牆以内，春風漸密苑之稀。晴窗此日多和煦，知是名花麗蚤暉。

梨花溶溶

峽石縣鳳梨絶偉，馨甜脆美，稱諸果王。貞觀初，鳳皇來止，刺史韋堅銘石。

溶溶一望絶纖塵，穠李夭桃不易倫。月落深林猶有影，梅空古樹總無鄰。傳杯左掖春風暖，品曲西園白雪新。得種朝陽宗百果，還應鳳鳥下蒼旻。

細草爲茵

茸毛如織滿長阡，應爲春王散緑氈，拾翠柔爭荑手嫩，踏青輕襯馬蹄儇。落霞掩映遥鋪錦，席地沈酣軟藉綿。自是天工稱絶巧，晴郊雨甸總芊芊。

苔繡青錢

如鑄圜圜匝逕封，巖扃石罅藉彌縫。踟躕萬選誰能擇，散漫千緡自且供。大塊泉流青不斷，春風銖積緑偏丰。周行所在皆增色，布滿窗前生意濃。

三　月

牡丹王

欣欣應候簇群芳，鬭奇争春滿洛陽。金谷園中扶魏后，玉欄杆外擁姚皇。色推京國無雙豔，品冠天都第一香。柳絮梅花才思好，詩成猶遜六宫楊。

芍藥相于階

百寶雕欄甃玉堂，殿春特放廣陵香。帶圍屢晋三公秩，婪尾争傾四座觴。不逐溱流貽士女，遥從洛邑相君王。翻階幾度迎風舞，旖旎仙姿異衆芳。

寶相現

氣骨稜稜百媚生，東風漸暖入春城。荼蘼架白香同遠，芍藥闌紅色與呈。一簇霞輝天正曉，千重玉裹日初晴。明光莫定揺雙睫，不織璿宫詎易成。

海棠賜緋

未花，澆以酎酒即花。既花，澆以醇酒愈豔。紅妝初試，真不啻玉妃春睡時。

斜軃沈香睡未醒，晨看夕對總娉婷。乘時已失梅花聘，釋憾堪教蜀馭停。不可無詩題在壁，更宜有酒滿於缾。春風合得君王寵，獨賜緋衣冠掖庭。海棠絶豔，賈躭目爲神仙，黎舉欲使梅聘。第無香，惟昌州與潼川者獨有，故淵材三恨，或因未見。又老杜母諱，誼子美無詩。

蛾眉織翠

翠蛾眉，即碧竹花也。葉如竹稍，彎類眉花，純碧，絶似飛蛾，有角如鳥嘴，俗名鳳嘴藍。藍花，畫家設色，用代螺青，極妍媚可愛。

得春似覺此無頗，花亦翩然勝抹螺。迥出群芳新集翠，喬争遠岫細描蛾。竹枝比節葱蘢甚，鳳嘴銜香阿那多。不到臙脂微設色，臨風獨染柳衣輕。

十姊妹聯芳

綵服聯翩笑貌均，萬花亭外劇遊春。楊真連臂誇三國，趙燕同心嫉九嬪。旖旎如雲能共架，夭嬌若火肯生嗔。東風試看晨妝竟，淡掃深描相映新。

剪春羅

憑誰一幅砑光羅，細剪東風貼滿柯。似組鳳文勞巧綴，如脂蟬翼倩輕和。成衣天上端無縫，拆縷人間詎有梭。曾到半絲紅女恨，隋宮裂綵漫誇多。

金絲蝶成花

一名金絲桃。其員瓣如梅者，即金梅也。統名金絲蝴蝶。

五出輕颺綴滿林，疑桃疑杏鏤黄金。蘧蘧堪入滕王畫，栩栩如傳蒙叟心。鶯度芳叢歌始覺，蜂迷密蕊隱難尋。移根應自懸藤峽，詎亦仙衣化到今。

玫瑰浣玉露于冰壺

定從香國發根來，沆瀣天邊得溯洄。莫使輕隨荀令往，更休錯畀小韓回。文章欲澡腸如雪，臭味須投質比梅。記取名園承露後，紫羅翠縠認玫瑰。

零陵香

即薰草也。三月采。

誰識零陵一種香，穠華三月稿偏颺。氤氳未許蕕同器，縹緲真宜桂共芳。杜若依依曾不異，江蘺采采得無相。臨風倘結芝蘭社，別有無窮意味長。

薔薇架

春風如酒百花晴，小立西園錦一棚。香比素梅曾不暗，色同紅藥覺尤清。稜稜解宜人骨，粲粲殊深入世情。借使今時教未架，何能心緒亂縱橫。

柳三眠

鶯歌未已困人天，柳嚲晴薰午復然。縹緲長堤昏鎖霧，朦朧深禁曉含煙。纖纖態度藏春月，濯濯風流想少年。眉黛不慵金縷䌷，賞心疇與起三眠。

酴醾香夢

張景脩《十二客圖》，以荼蘼爲雅客。

醲芳滿院暮春天，花事新傳雅客箋。紅萼青跗金谷豔，霜葩品葉藐姑仙。如遊香國浮雲液，儼入華胥覩月娟。幾度臨風看栩栩，莊魂蝶魄想當然。

棣鄂韡韡

雙瓣者即喜梅，樹于庭令人歡。單瓣結子類櫻桃，即郁李也。均名棠棣。

相扶相麗倚雕欄，華萼樓前映日歡。實比含桃推爾雅，名高郁李賦騷壇。怡怡莫盡春光暖，奕奕渾無夜色寒。最是臨風偏反處，誰能矯首不遐觀。

玉筍班于庭

一夜春雷迸玉階，纖纖成列巧安排。銜泥已作琅玕想，抱節都堪霜雪偕。行兩龍過應矯首，朝陽鳳至定縈懷。千尋稚幹摇河漢，幾葉孫枝傍石厓。

石竹有花

單瓣者即洛陽花。

東風蓓蕾歲爲常，三月成花遍洛陽。細織吴綾金谷曉，遥争蜀錦綺園香。輕盈最喜依湖石，雅澹偏宜近竹床。春色未教移上苑，能無少襯六宫妝。

金粟黄

細葉柔枝雅絶倫，臨風婀娜不勝春。廉纖愛結丁香小，團簇驚看籬菊新。地灑祇園休錯認，天生中士久陶甄。離離落落真無價，金粟何疑有夙因。

榧有文章

榧，文木也。其華謂之采。《爾雅翼》云似煔，有美實。煔，杉也。材堅致類柏，光澤有文理，可觀。

三月輕盈榧樹花，春風生采倍繁華。纖纖有實懷中理，落落何人載後車。風度如杉堅且潤，文章比柏秀而葩。南方誰説無奇木，應爲山深路頗賒。

刺桐麗

稜稜矗起萬花臺，亦共青桐應候開。纔盡新絲蠶已老，啼殘寒月鴂猶哀。長林血染晨霞亂，叢碧膏凝凍玉胎。不是先公能補闕，誰知拔出衆芳來。先補闕乾度公，性愛刺桐，環植居第，名所居曰刺桐巷，人號刺桐先生。

杜鵑半入樹爲花

風雨殘春望帝魂，悽悽啼血慘哀猿。依稀化鳥成千古，躑躅爲花又一番。有色有聲當此際，不先不後滿窮原。洛陽他日休饒舌，如錦西川且舉尊。

楊入大水爲萍

柳岸飛飛雪滿空，斜陽無數落江中。青青不復如綿舊，泛泛渾然與鷰同。終歲五湖輕逐浪，一生九子易迎風，浮蹤何日將嘉實，得觸王舟晤聖躬。

四　月

榴賜火

南薰入室滿庭芳，霞舉軒軒四座煌。色應文明占有象，囊儲玓瓅剖難量。無須棗杏鑽長日，自拂條枚麗太陽。尚赤不惟乘火德，還看夏冠萬花場。

蓮浴于池

濯出仙姿脱盡塵，亭亭遊泳立江濱。高張翠蓋傾朝旭，不褪紅衣蕩晚津。數武詎容時褻玩，一方寧易俗相親。當年未入濂溪眼，誰是千秋立説人。

午時蓮出水

午時蓮，一名睡蓮。葉參差如荇菜，花輕盈若水仙。蓮瓣層層，晝夜俱斂伏水中，惟當午舒浮水面，依時不爽，洵海上奇葩，閩中仙品。殆伯仲藕花，而雅飭過之。

品蓮已極不凡材，天賦瓊姿益費猜。荇藻作裳金作靨，芙蓉爲面玉爲胎。知時不厭長天睡，向日偏能正午開。幾度微風吹緑沼，恍疑仙子踏波來。

君子有花

初名使君花，子即使君子，如椢作五六稜。《本草》盛稱其殺蟲之功用，治小兒哺露，已寸白，絶驗。花類丁香，每十數朵，紅白相間若繡毬，絢爛可愛。

無忝花中君子名，瑰奇粹美絶如瓊。芳菲初見薰風轉，爛熳恒當曉日晴。詎只階墀呈五色，尤能心腹已三彭。不知蚤入梁公籠，添得人寰幾許丁。

嬋娟媚

嬋娟，嬋娟榴也，俗謂川鵑。不知杜鵑先花後葉，紅三月；嬋娟先葉後花，紅四月。均名山石榴，形色亦頗同。夏開尤稱實。予得嬋娟爲嬋娟榴。

亦自炎炎入夏開，娉婷知是步蟾來。未嘗紅頰酣天酒，久掃青眉上月臺。不與杜鵑春結社，惟同石醋曉傾罍。懶將出處爲人説，呼馬呼牛任世猜。

玉繡毬成屏

嘗裂竹半竿於窗前，草創一屏，爲四寸之目，高可八九尺，圍亦尋有咫。屏足悉培玉繡毬，開花類粉團，瓣葉之厚，鮮有倫匹。視之如美玉琢就，温潤有加。又如寒水鑿成，晶光欲射。殆所謂冰玉肌膚不是過也。每一簇合數十小朵，每一小朵皆四出，中悉點翠，翠又悉點朱，朱中復起小小黄心，微香可人，望之如繡玉繡毬，所爲名也。春夏之交，蔓延于格眼，自相牽引成屏，屏滿花開，置之草茆地，雖玲瓏玉屏風不與易也。且無所用，爲不可侈然，自謂山中宰相家乎。

一軸屏開別墅空，極奢極儉極中庸。天然錦繡花間取，草創工夫竹内供。絢爛如毬光焕發，輕盈似玉巧玲瓏。不惟不僭還知禮，樹塞真堪君子風。

繡毬當軒

萬簇千團玉琢輕，長天相對午風清。皎如滿月當軒照，潔擬寒梅抱雪晴。不忝蕃釐瓊比德，何慚上苑繡呼名。一尊欲問司花女，幾許神工巧綴成。

攀枝花麗空

即粤中木綿花也。樹高四五丈，開花類蜀茶，極其絢爛。子熟自裂，吐絮如楊花，即木綿也。《圃史》謂其不蠶而綿，不麻而布，洵奇樹也。

明光一片織青山，數仞條枚不易攀。曾有萩麻成布苦，從無執繭覓綿艱。朱霞天半花初放，白雪空中絮盡刪。詎少長材當海外，遥遥高映五雲間。

來禽熟

以味甘，來衆禽也。柰屬，即密林檎，一名花紅。宋李謹嘗進此于高宗，賜職文林郎，故又名文林果。或曰王方言亦獻此得官，榮之，因名文官果。

桃李成蹊匪自今，離離空谷獨來禽。穠華詎晚春園發，仙品庸遲夏圃尋。實結秖應同苦柰，名浮徒爾號文林。那知如許波羅蜜，不及鶯銜御苑深。

摘盡枇杷一樹金

葉名無憂扇，核號定風珠。以篾簪兩核，頂指尖，行能勿墜。

帶露離離滿玉臺，生津一望擬黄梅。酸和不至雙眉皺，甘爽真令兩眼開。樹色漸深春已透，禽聲盡變夏初回。試看庭際無憂扇，引得薰風滿座來。

鳳仙降于庭

緑暗紅稀茌苒間，鳳仙灼灼自分班。六銖衣織青鸞尾，五色雲披金縷鬟。静館堪舒當日興，虚庭頓覺向時閒。倘教月下歌三疊，詎異霓裳列佩環。

鶴頂紅

即百合花之紅者，一名强逑，一名鶴蒜。

露挹風扶茜欲流，南薰初轉滿芳丘。翩翩饒有孤高致，挺挺全無枝蔓留。含笑已非雞髻埒，呈芬絶與鳳冠侔。在陰莫道離披甚，索和還應子是求。

夜合始交

即合歡花，亦名合昏，葉逮暮而合。植庭中，能蠲憤，令人歡好，《圖經》盛稱之。

林埒青桐葉擬槐，枝枝飛舞似歡來。風前如結昏難解，月下相扶曉未開。已入圖經宜好合，詎因連理共徘徊。若知人意當窗緑，細語喁喁佐舉杯。

榆莢散錢

新火條風柳共妍。紅稀猶復散青錢。徬徨欲挽青陽轉，明媚真令洲氣綿。三徑白饒金谷富，一樽從見酒旗懸。倘教得應鮫文使，片買斷春光億萬年。

蕙開九畹

一莖一花曰蘭，香常有餘。一莖數花曰蕙，香常不足。産都梁者，不亞於蘭。

素質幽心楚畹芳，黃磁綺石貯都梁。斯馨不愧如蘭遠，比德真堪紉佩長。永晝揚芬資雅操，清風擒藻絜王香。平添韻事茆堂暇，一枕蘧蘧午夢涼。

麥　秋

百穀咸當絶續秋，南訛初動稔來牟。煙收沃壤黃雲爛，雨足磽田碧浪浮。佳氣漸漸凝欲滴，晴光彧彧藹如流。得教隙地餘他日，不到禽魚花外樓。

罌粟滿

罌粟有二，莖、葉略毛者，曰麗春，即虞美人。俱名千金不移，花以移則槁死，即或千百中有活者亦不花，即花亦變單瓣，不雅觀，天性然也。種必中秋，花始圓滿，月夕尤佳。

麗春開遍實盈盈，與麥同秋粟滿罌。色擬王花真國豔，苞函御米敵青精。團欒八月蟾同孕，珍重千金志不更。詎與群芳宫殿改，隨人到處總敷榮。

木香始升

賦質如蘭弱不勝，牽枝引蔓結青藤。香浮北極真應降，座拂南薰味始升。細鐸摇風花曉放，輕綃綴露葉朝凝。長年藥籠中難少，六氣調和力最弘

椶櫚化爲拂

輪囷直上太虚微，攫雨拏雲數指揮。朝旭丹厓張羽葆，春陰緑野足蓑衣。營營不使蠅聲接，眇眇詎容蠓陣圍。永晝君看三伏裏，婆娑爲拂入重扉。

蒲葵入市爲扇

灌木禽言變夏期，南薰一夕老蒲葵。清風挈帶千門入，溽暑平分百姓麾。袖到山居同雁翅，攜歸客坐擬龍皮。深秋莫共齊紈棄，珍重長年茗話時。

五月

葵傾丹

葵爲百菜王，常倒葉傾心向日，不令照其根，故孔子謂葵之知，猶能自衛其足。

曦輪煦煦育群芳，萬彙承輝獨向陽。自是立根情有在，詎緣衛足識偏影。拳拳出土知朝覲，漸漸升階習拜颺。莫謂處陰花强半，遽疑抱秀老空牆。

雞頭向日

即芡實也。《爾雅》謂芡花向日，菱花背日，荷花日舒夜斂，芡花晝合宵炕。

菡萏成華滿緑池，雞頭蔓衍共漣漪。稜稜向夕昂青霧，矗矗淩晨對赤曦。和氣一團殊可即，清颸幾陣最相宜。閒烹苦茗涼亭午，亦賞鴛鴦亦賦詩。

蔆隨月

三角、四角曰芰，兩角曰蔆，白花，亦有紫者，晝合宵炕，隨月轉移，猶葵之向日也。

岐葉參差與鏡同，分枝晝對帖波中。花如采月江干白，實擬餐霞水際紅。圭角猶存森若概，冰心不改湛然風。可人最是漣漪曲，相賞荷亭倒碧筩。

天麻裹挂

花與粉團無異。初開綠色，既而大放，有白如脂、碧如黛、黤如黄華者，有濃如燕頷、淡如青蓮者，有兩色平分如合璧、五色相間如繡毬者，一樹中光恠陸離，迥異群芳，洵閩南琪樹、海外瑶葩也。近武彝諸名峰，亦常見之。

薰風吹破錦團勻，碧緑青黄滿眼春。晴雪摇空香欲動，晨霞凝紫景偏新。虚誇瀛海三珠異，誰賞虚庭五色真。六六高峰何處覓，一枝光恠隱南閩。

一丈紅見

即丹葵。

悠悠白日黤陽天，花榭芳葵應候妍。奕奕兩行紅靨媚，亭亭一丈彩虹仙。婆娑清吹臨階裊，旖旎晴曛照眼鮮。獨有寸心人未識，傾丹常注五雲邊。

決明開

樹高二三尺，亦名江南豆，花比梅而黄，葉類槐而細。每一花抽雙莢如豇豆，長寸許，若小釵股狀。重湯輕漉，點茶作菜，俱佳。明目清心，配杞佐菊，並玅。幽人庭中，似一日不可無此君也。

孰與幽人韻事加，虚庭盡實決明花。品梅作格神都肖，寫菊爲真色不賒。飲水偏宜炊藿士，垂青尤愛讀書家。高吟永日長林下，嫩莢新烹瀹苦茶。

湘竹斑

同一扶疏耐歲寒，青葱無異碧琅玕。還從有斐猗猗外，添得迴文轉轉瀾。虞帝鑾輿何日覲，湘妃血淚不時彈。未因愁植朝陽晚，三匝奚堪繞樹鸞。

方竹成林

亦自稍雲障碧天，亭亭如簣四稜堅。虚心解籜都由矩，勁節持躬不逐圓。扶老偏宜留作杖，編茆還欲借爲椽。君看他日成龍去，詎與悠悠趁浪旋。

竹醉

五月十三日爲竹生日，故以是日爲竹醉。維時移竹，靡不活者。

解籜新篁五月時，婆娑染黛拂晴曦。金莖合得千杯賜，緑字長揮萬个奇。嶰谷清音疇覓管，淇園高致鮮留詩。可堪如許悠長日，只伴前賢清話宜。

鬱金香

鬱香草也。每一本十二葉。《埤雅》謂爲百草英。花如紅藍，極妍媚；葉香，釀酒絶佳。

迥出名山百草英，春風與鬯共敷榮。葉分十二辰無紊，花比紅藍色絶清。候轉南薰真發越，香升北極達神明。杯中最數蘭陵好，那得青蓮易解酲。

楊梅特薦

匝月薰風北牖斜，楊梅歷落粲丹沙。舌頭甘露漿初溢，裳上紅丸色絶華。遥想麟洲烘火棗，驚看鶴頂爛晨霞。含酸縱少和羹薦，詎必依人認一家。

仙掌舒

凡數種，有青鸞、紫鳶、玉蝶、烏扇、黄射干、紅射干之異，皆以形色，名統呼仙人掌。

纖纖伸出冀誰憐，不異柔荑眩目前。碧落金莖承有日，明光玉簡秉何年。翛翛時作青鸞翥，栩栩真如彩蝶翩。莫道在山同小草，臨風幾度欲擎天。

蕉拂青牋

一葉新舒一葉隨，長供永日佐臨池。裁衣未忍分高士，布簟生憎臥孌姬。鴻雁成行翔碧落，龍蛇作陣走藍漪。晴暉分緑窗紗上，半壁天空補陸離。

蒲劍緑

一名昌陽，以味香。一寸得九節者，真靈蒲也，餌之長生。文王嗜此，孔子亦勉眼。

一寸靈根九節香，漣漪五月拂菖陽。衝波不下青萍鋭，淬露應同紫電光。秉性斶邪宜紉佩，含情脩潔樂滄浪。清風若動寒潭影，夜走蛟蜃恐勿遑。

木四品。

靈芝紅

瑞草也。金、玉二色外,有青、黄、赤、白、黑、紫六種。《韻府》云芝有肉、石、草、木四品。

佳氣雍雍五土和,金莖曄曄萃巖阿。九華屢應千秋頌,三秀長存四皓歌。似日陸離光莫掩,猶蘭風味灼偏多。人間仙品從來罕,未許朝菌較若何。

山丹赤

桂葉欒枝擬瑞香,深山顔色獨陽陽。遲開恰應朱明候,清賞疇飛金谷觴。横黛未經高士品,渥丹空抱美人粧。當年得種沈香北,不羨妖嬈醉海棠。

木蘭分香

鬱鬱葱葱擬鄧林,盤根錯節百花深。如蘭味奪三秋桂,似粟香飄萬角斛。孤聳自能超衆草,幽芳誰與結同心。高枝永日蟬聲度,清吹斜陽太古音。

六　月

大椿蔭于庭

椿，香葉細密；樗，臭葉粗疏。緣《本草》通用，故世亦罕别其材之良楛也。

翳日撑條徑百尋，輪囷前殿影森森。八千日月華初茂，萬六春秋歲未深。質異樗材人孰辯，風高喬木鳥能欽。那堪此際成虚想，知蔭蓬萊第幾岑。

金萱茂

嫩碧柔香沃若蘭，翻風書帶簇花壇。長春奕奕金苞秀，永晝欣欣绿萼丹。最可忘憂千載對，尤宜紉佩四時看。欲知言樹春暉樂，鶴翥晴空鯉躍瀾。

波羅蜜甘

果中之大者，惟此與椰。梵語謂至甘爲波羅蜜，因兹果甘美逾蜜，故名。

希世馨甘逾蜜多，疇從海外認波羅。聊依南粤同番客，畏趁紅塵趕驛騾。蘋果自應雄北固，來禽猶爾列文科。千秋方物何常有，一遇真知便不磨。

椰酒熟

團欒未剖子淵瓢，天賜瓊漿下碧霄。滿樹愁城堅自破，成蹊歡伯恣相招。鸕鶿裘貰仍開燕，鸚鵡螺空漫解貂。海外自來多異植，何時飛渡廣南潮。

夾竹桃開

一名柳葉桃，亦呼俱那衛。

疑竹疑桃五月開，層層相夾巧安排。曾虛幾个淩雲字，詎少千嬌麗日腮。何敢無心留翠在，未因著意倩紅偎。化龍作浪尋常事，偏是遲遲入夏來。

荔枝貢

牡丹，花之絶。荔枝，果之絶。蔡君謨《荔譜》所取陳紫江緑，可匹牡丹之姚黄魏紫。

如火如霞清晝長，閩天薄海荔枝香。臨風謖謖來嘉客，照日離離饜錦囊。白傅片圖千古羨，紅塵一騎至今揚。漫言致遠無佳味，能博須臾沁齒涼。宋儒先荔臺昭文公後圃非時得荔枝，持以白母林大夫人，母曰：「豈有佳客踵門耶？」頃之林艾軒先生至，因名嘉客紅。

茉莉來賓

茉莉有三重臺者，即素馨，名寶珠茉莉。重瓣者，番茉莉，產臺陽，經月猶香。

當年誰引指南航，萬里名花貢越裳。寫照偏宜明月靜，呈芬尤倩晚風涼。江皋神女搖清佩，姑射仙人澡異香。間氣誰知千載後，閩天新挹廣寒粧。

檳榔醉客

賓與郎皆貴客之稱，士人遇客必薦，故名。向陽檳榔，向陰大腹，統名檳門。

赤日行天熇暑煩，交南萬里熟檳門。鏗如竹韻揚清吹，鬱若桐陰散夕暄。禮借代茶隆餉果，客驚中酒熱飛尊。倘因知己遥相致，不畏蠻方瘴霧屯。

薝蔔有香

即梔子。九稜、七稜入藥，絶勝。諸花皆五出，惟此花六出，曾端伯目爲禪友。

玉樹臨風秀可餐，濃香襲體號林蘭。水仙比潔開芳苑，禪友澄心鎖曲闌。六出花飛當夏雪，九稜金煉滿園丹。無窮清趣良宵際，寫照虚庭浸月寒。

窗下雞冠紅

作隊閒庭列兩傍，南薰吹入鳳仙行。離披紫霧盈階擁，卓犖紅冠竟日昂。伏枕聲疑催曉夢，窺窗色借襯秋光。長天惟飲清虚露，不拾人間剩稻粱。

蔦蘿施於喬木

蔦，寄生草也。此物自感造化而生，必須附木而長，故又名寓木。寄生于桑者佳。蘿，莪草也。在木爲女蘿，在草爲菟絲，附于長松者，其下必有伏菟，即茯苓也。蔦、蘿藤均名浮蔓。一種統名蔦羅者，花類胭脂，葉細密如織翠，極柔媚可觀，沐雨尤佳。

青青蘿蔦最相宜，萬彙南薰响長時。浮蔓如膠新甫樹，寄生若漆徂徠枝。各誇顔色真柔媚，亦願風流久陸離。松柏何常難共老，無端霜雪自披靡。

滴滴金黄

即六月菊也。花絶類菊，細如黄棣棠，莖、葉並類覆盆，碎剪千疊，極其雅觀。每葉露所墜其下，即發新蘗，可分栽。或云即千瓣金沸草，大人醫肺，小兒退潮，並有殊功。

爲菊真能不愧名，黄華六月應朱明。中央色合今時見，土德功應此候成。露浥枝頭金滴滴，風生葉底翠盈盈。不知璇至司花女，幾許天工細剪輕。

花曆百詠卷下

七月

梧葉驚秋

梧桐，純陽木也，故三月始花，望秋先零。每枝十二葉，有閏則增一葉，略小。

縹緲虚庭一剪輕，千林萬樹動商聲。春回金井花偏晚，露冷龍門葉早驚。削小青圭能識閏，爨餘緑綺孰留情。未經培植朝陽地，突爾高岡鳳肯鳴。

木芙蓉拒霜日三醉

水芙蓉，蓮是也。木芙蓉，秋華是也，即拒霜，色日三變。

兩岸娟娟百媚生，清秋如錦滿江城。霜飛獨拒還先菊，露冷三酣不解醒。紅葉雲根遥借色，朱霞天半迴生明。和風幾度遊芳渚，錯認桃林二月晴。

金錢夜落

即子午花，午開子落，不爽其時，一名夜落金錢，所謂得花勝得錢，此是也。

誰取煌煌九府泉，高低無算滿林懸。行藏會失銀園寀，子午時來草舍妍。潤筆可能成好夢，得花殊覺勝青錢。秋光莫道渾難買，萬選枝頭朵朵鮮。

剪秋紗

細剪輕綃蟬翼同，涼亭新織雉頭紅。靈沙帶露朝猶濕，麗錦熏晴晚更烘。曾假安排縻歲月，但憑造化付玲瓏。漫言一捻臙脂小，點綴秋心興不窮。

秋棠嬌

曾異昌州佳氣揚，臨風那得憾遺芳。酡顏絶有沈香態，弱質殊慙西府行。避熱尚能迷蜨夢，思春猶恐斷鶯腸。同時欲使芙蓉聘，不聽梅花負晚妝。

稻　香

信步欣乘郭外涼，晴曛滿路稻花香。芃芃南畝情初暢，彧彧西成樂正長。不得四時調玉燭，那能九穗熟金穰。良辰詎少名葩豔，争似嘉禾一色黄。

五色瓜見

牽陌連阡引蔓長，彩雲墜地結青囊。匏尊歷落埋莎徑，石陣縱横散麥場。寒比蔗漿還逞豔，甘踰崖蜜更流香。西風天子金盤裏，親剖東陵五色瓤。

蔦蒲桃

一名草龍珠。

大火西流百卉枯，葡萄新結草龍珠。虬髯密引青雲路顔，馬乳高懸紫塞酥。不定晶光熒旭日，無窮芳味冷冰壺。何當大半爲春酒，沉醉東風天一隅。

淩霄映日

群芳最此喜遷喬，木杪嚶鳴引翠條。不傍長松蟠上苑，便因修竹入重霄。花争金菊搴秋蚤，心比丹葵向日遥。曾似絲絲浮蔓好，微霜初度失前標。

扶桑紅

曈曈扶出萬花臺，點綴秋光佐舉杯。顔若舜英簾外粲，嬌同紅藥檻前開。分根暘谷晴暉足，濯錦咸池曉色回。欲息金烏颺異彩，朝陽高閣好滋培。

薇紫

一名百日紅。春末夏初即有花信，直至秋末冬初始已，七月尤盛，真花中耐久朋也。

屈指群芳耐久朋，名園還數此花能。春交夏已紅光逗，秋到冬猶紫氣凝。南省蒸霞朝雨霽，西軒浸月碧虛澄。莫教頻向閒庭植，珍重層層象有徵。

玉簪搔頭

未放時，與玉簪無異。氣味絶似玉蘭。黄山谷目爲江南第一花，信不誣也。

信是江南第一花，天然白璧美無瑕。化工雅琢搔頭巧，靚女頻添插鬢華。質比玉蘭尤有韻，味同芳芷更增葩。何疑仙子瑶簪墜，幻作盤龍上六珈。

八　月

槐　黄

槐，虚星之精。《周禮》：面三槐，三公位；左九棘，孤卿大夫位；右九棘，公侯伯子男位。先晋國承贊公詩云：「雨中妝點望中黄，勾引蟬聲送夕陽。遥憶當年隨計吏，馬蹄終日爲君忙。」

蓊鬱閒庭翠靄晴，清秋時復度蟬聲。不教種棘邊傍護，虚負同檀變理名。金色曾開飛鳳闕，緑陰長蔭踏沙行。一從晋國先公詠，幾閲勞人蕭馬鳴。

丹桂香飄

紅者爲桂，白者爲樨。黄而結子，類丁香攬者，月中桂，子金粟也，種出閩南。

鬱鬱葱葱竹徑西，婆娑翳日曉雲低。一林霞彩團金粟，萬斛天香播玉犀。鷲嶺夜分曾孕秀，蟾宫秋半合成蹊。肯因流落幽巖久，不與當年六樹齊。先補闕乾度公生六子：處厚、處恭、處易、處朴、處廉、處休。宋初連登進士，俱躋顯秩，世稱六桂翁民。

龍眼圓

金輝玉潤總離奇，風味何能亞荔枝。酒吻春回甘露灑，詩脾夜暢蔗漿滋。長懷白璧三秋剖，肯逐紅塵六月馳。種已是龍高著眼，任教舉世欲奴之。

菴羅迦果見

梵言清净果也。種本西域，果中極品。今佛家所供準提大士，右第五手所執果即是。

稜稜奇品出西方，清净猶多鳳髓香。實向衆中稱上乘，名於海外久堂皇。菴羅詎必當時播，迦果知應終古颺。獨是上林猶不植，春風未免隘朝陽。

吉祥花

知希者貴合猶夷，物理於斯益信之。以漸薰蒸祥自致，不輕含吐吉何疑。纍纍亦覩花初結，嘖嘖都驚草絶奇。幾度臨風開一遍，曾殊三秀玉田芝。

榴吐珠璣

井梧摇落一天秋，笑口初開玳瑁榴。玉唾隨風明月粲，瓠犀帶露水晶浮。庭輝象震文明久，盤走圓驚大小投。無數夜光來海外，千紅萬選拔其尤。

蓮有藕牽絲

莫不交誇玉井蓮，花開十丈藕如船。根依禹浪金鱗粲，葉覆天池彩翼翩。賞識秖知奇卓犖，經綸疇念力周旋。可堪並蒂絲相續，未締仙人太乙緣。

白蘋

露冷蘋花八月秋，參差如雪滿芳洲。葱葱味趁西風遠，采采香隨南澗流。出色偏宜紅蓼間，凌波惟許水仙儔。素心此外尋同調，雅澹還應狎渚鷗。

紅蓼

洗盡芙蓉兩岸秋，明光若織蓼花洲。扶持越國千年霸，辛苦吳江萬古流。掩映汀霞朝未捲，葳蕤河柳冷偏柔。天然如渥霜姿麗，不與楓林寒色猶。

蒹葭蒼蒼

薍也，菼屬，幼曰蒹葭，長曰萑葦，老曰蘆荻。或曰未秀萑葦，既秀蒹葭。

冷霧瀰漫水一方，江楓欲赭獨蒼蒼。莫因萑葦輕秋草，曾共芙蓉拒曉霜。依玉情深疇與致，懷人念切思偏長。簫聲吹徹高樓月，雲斂清溪夜未央。

人面熟

一名人參果。有兩種：一作蘋婆，面、耳、目、口、鼻悉具，熟時開笑口如嬰兒，頻笑則落矣。一種如朱欒，但核如人面，亦耳、目、口、鼻悉具。並釀馥酸甜，極其可口。俱出海南。云食之屏祟，已狂蠱瘴痎，孕婦臨盆，握其核，催生保産，有神功。一云紉佩服餌，並能長生。

南方有果擬還丹，女貌盈盈具五官。笑口頻開深意在，芳心欲託寄言難。傳真核美如其面，沁齒飴香宛若蘭。仙品千秋潛海外，徒高參價比琅玕。

雁來紅

一種碧、紫、紅、黄相間者，名十樣錦，俗呼老少年。每塞雁來賓，老葉轉秀，豔如花。

埋紫岆紅黯未颸，秋高日見焕文章。曾驚霜染楓同醉，得畏風淩柏並黄。熾火三花誇步障，蒸霞十樣鬭明光。每當南雁來賓候，拭葉窗前試曉妝。

豆蔻結

翡翠衾寒秋水清，紫羅衫裏子初成。應含雞舌頤間隱，如剖蠙胎掌上擎。奏對無勞容臭佩，敷宣自有口香呈。天然豆蔻群芳裏，不與新苞嫩蕋爭。

丁香吐

名園佳氣入丁香，兩色齊開並異常。白雪晴空偏粲粲，紫霞零雨倍煌煌。禦寒夜飲通身煖，啟事朝含竟體芳。君子倘能求紉佩，芝蘭爲味久彌彰。

棗露赤心

鋭者名羊角，圓者名雞心。漢武嘗取物，呼方朔來來，命射覆，朔知爲棗。

棗徑秋深冷露漙，離離爲蔟滿林攢。枝摇羊角風初起，日照雞心火欲團。別具成仙存異品，長懷度世有還丹。寰區不少如瓜實，誰引來來到御盤。

栗楔解

栗房中心一子，名栗楔，栗之精英俱萃於此。生採風乾，食之極益人氣力。

如蝟森森隱碧山，與榛同負軼材閒。色矜黄玉華陽麓，品重荔香汝水灣。在樹漸看零欲盡，穿林疇復遠相攀。明禋不撰充籩實，誰説煙波采采難。

九 月

菊有黄華

百卉蕭疏不可當，東籬獨爾殿秋光。松幽長與開三逕，杞熟聊同醉一場。遍地金生寒士色，數枝玉靚美人妝。那知冷落霜前日，瘦影横斜幾夕陽。

金燈麗

一名重陽花，一名忽地笑。葉如薤，根類獨頭蒜。每抽臺，獨莖直上，即吐花，深紅色，一簇五朵。穿山度嶺，重陽前後開，粲若明霞，亦奇花也。白者名銀燈，亦自旖旎可人。

莫謂秋深菊可培，登高作賦有奇材。多人忽地臨風笑，九日漫山帶露開。一簇紅光天共曉，五花香暖日初回。如霞如火應難擬，十里金燈照草來。

霜葉紅於二月花

霜壓東籬萬彙殘，明光如濯一林丹。晴窗雁喜高天暖，夕照桃鶯遠岫寒。朔色盡教銷木末，和風但覺集江干。漫言秋後無佳景，多少風人著意看。

柿　紫

厚地盤根不計程，高天風雨久支撐。三秋在野新浮紫，七絶于時舊有聲。烏桕如花同選色，丹楓題葉共成名。偏餘好景淩冬後，虬彈煌煌賞赤瑛。

鴨脚黄

即白果，一名銀杏。必雙種乃結子，如單種，亦必臨池照影甫成實。葉類鴨脚。

秋山凝紫水雲鄉，點綴如花粲夕陽。葉葉迎風摇鴨脚，枝枝帶露染鵞黄。高懸徒擬金桃熟，不剖那知銀杏香。上苑未教雙種好，臨池幾度照新粧。

落花生結

即長生果，一名萬壽果。度埂穿塍，極易蕃衍。開花類牽牛，金黄色，花落入泥中結實，故名。大如小王瓜，殼作冰裂紋。采其實炒噉，如酪酥胡麻，不啻過之，洵嘉果也。

嘉果難窮福地奇，蘿牽蔦織遍青陂。盈盈布滿黃金鐸，落落都傾白玉脂。深入泥沙修至味，遥從瀨瀣溯中坻。蔓延不盡長生品，誰晋蓬萊萬壽巵。

枸杞紅

蛇幹虬枝古木叢，平林萬點鶴珠紅。蒲桃未許涼州擅，火棗將無海外同。詎異丹砂燒別島，聊隨黃菊醉秋風。漫言采采南窗下，不與蓬萊頂上通。

投木瓜

花妍媚如海棠，實類瓜。善治轉筋疾，煎服立已。如未便，呼名及書水瓜字並驗。

滿室颸芬頗似蘭，最宜清供玉爲盤。贈瑤敢作投桃想，佩玖殊深報李歡。不厭呼名瘳厥疾，何難入籠視猶丹。花容疇昔如西府，誰遣沉香帶醉看。

進香櫞

大而香甜醲郁者號蜜筩，小而氣味略亞者名朱欒。一種類橙者，號蜜羅柑。

一枝青出歲寒叢，不與尋常百果同。蘭若斯馨甘比蜜，黄金爲表玉其中。採來實蚤閩南異，貢去群應冀北空。耐久無勞馳驛道，何愁輕染點塵紅。

貧婆面作美人紅

即蘋果。初名貧婆，以始得於貧婆，因名之。既而訛稱平波，久而遂稱蘋婆果。今則直目爲蘋果矣。實類木桃，作木瓜香，置衣笥中，殆猶蘭焉。肉色作美人紅，極妍媚，都人比女貌之美者曰蘋果面云。北方嘉果也。

莫謂貧婆少不颺，開奩絶勝木瓜香。暈霞粉面輕彈怯，沁露冰肌細嚼芳。風味早知空冀北，滋培何幸近朝陽。時來哈密尤充貢，帝里爲能久未嘗。

相思撒紅豆

即相思木，子即赤小豆，俗呼美人豆，赤黑相半，亦有純紅如黄豆者。

遴材一種比松杉，翳暑淩冬頗不凡。堅紉自應成遠器，文章那得老窮巖。臨風幾度遺紅豆，送客何時上錦帆。采采蹬音徒側耳，相思千古未曾芟。

十月

橙黄

《五雅》云，橙者，登也，爲俎豆必登之果。其美在皮，柑、橘、柚之美在肉。

離離照日滿桑樞，橘櫞材同品絶殊。香霧噴人騰烈氣，寒泉沁齒溢流酥。踰淮未必能爲枳，入楚焉知不號奴。采采勿教登俎用，何難深種上林區。

橘緑

《春秋運斗樞》云，璇璣星散爲橘。

淪精何夕下瓊璣，散入青林結陸離。漳浦白看霜共潔，洞庭紅映日争奇。五更頓釋吟喉燥，三日猶香纖手披。不到蓬萊終未剖，耐他緑過歲寒時。

金相現于庭

即金橘，一名金豆。稍大如棗者，名金棗。均名金相。

歷落江村楓樹寒，皇皇金相露華溥。煙斜紅豆晨霞亂，日轉茆堂晝錦看。實比朱櫻殊已細，香分丹橘詎勝繁。此中應有仙人弈，粟境猶然拓大觀。

文彈香

即柚之美者。種出閩漳，産楚之雲夢者亦佳，食之並能已憒。

森森橘葉裹橙身，金顆寒低煙水濱。已憒自應平日樹，生津莫待渴時詢。氣蒸雲夢千年曉，聲徹霞漳萬里春。嘉味何愁難致遠，九頭同輦出南閩。

楓醉

不異暄和二月天，村陬溪曲總新妍。山山凝紫春非小，樹樹熏晴醉可憐。如火如霞遲夕照，疑桃疑杏傍人煙。曾知此日吟詩興，題遍楓林葉葉箋。

烏柏紅

楓落清溪冷露溥，數株椏柏帶霜寒。未教雪放枝枝蠟，先倩霞燒葉葉丹。生彼空山新景色，增人佳句湧波瀾。奚囊收拾春非小，多少陽和萃筆端。

鐵樹有花

高二三尺，枝幹蒼勁，作鐵色。開紅花，密葉如河柳，極古雅可愛。種出粤中。

錯落殷紅古木椏，詎云鐵樹不開花。疏枝蒼勁梅同瘦，密葉參差柳共斜。數尺虛庭堪入畫，一簾明月對烹茶。芳心匪石應難轉，誰策空山白鼻騧。

十一月

美人蕉紅

類甘蕉而細，樹高三五尺，花如將開蓮，作石榴紅，插缾可耐數月觀。

色並榴紅品並蓮，亭亭直上葉如船。春回北闕開黄卷，涼蔭南窗補綠天。不住颸聲傳遠近，無窮生意視原泉。青箋彼美勞舒捲，日侍先生草太玄。

橄欖纖纖

綠穎纖纖鋭兩頭，雙鋒詎試探囊求。抛梭立見黄金末，掃黛遥争柳葉脩。苦澀不能當乍受，渾淪何恠遽輕投。津回齒頰餘香遠，久嚼方知趣味悠。

菴摩勒餘甘

南方三果樹也。實類朱櫻，味同青果，核作數稜。今名餘甘，點茶絶玅。

離離落落入閩南，風趣於時不易探。蔗境尤長疇領略，攬津同遠孰深含。方言莫辯菴摩勒，梵語如宣優鉢曇。百世詎無知味者，人寰終鮮嚼餘甘。

茶梅放

花類梅，大如鵝眼，銀紅色，極妍媚。仲冬始放。若無此花，則子月虚度矣。

剥落群芳破凍開，一陽初復見茶梅。巡簷獨索佳人笑，傲雪長叨高士陪。晚節彌堅籬菊志，酡顔詎遜海棠腮。北風子月聽淩厲，花逕應虚鸚鵡杯。

虎茨雪裏紅

粲粲勾砂悉九還，離披聯綴虎茨寒。雪窺樓外千林白，霞爛山中一樹丹。子月肯教虚度過，隆冬疇與嘯歌歡。至今賞識多猶是，秋實春華不二看。

十二月

蠟梅澡雪

一名九英梅，以花瓣九出也。員瓣如梅者第一，馨口次之，照水又次之。

群芳索莫冷江城，蜜蠟枝頭綴九英。磬口晨曦紅暈吐，檀心夜月暗香生。十分古雅茶爲色，一味幽癯菊與貞。雪滿千山窗外踱，相逢高士羽衣輕。

茗花破臘

縹緲寒煙空翠間，結根尤喜託名山。雨前擷緑舒雷莢，雪裹尋香破月顔。素質比梅殊雅澹，青眉若柳更幽閒。春風不種文園側，莫恠相如渴未删。

山茶灼

有番、蜀寶珠之異。張籍酷好之，嘗以愛妾易此花。愛妾換花，亦千古奇人韻事。

霞滿虚庭雪滿空，與梅同賦上林紅。誰憐烏道艱難日，獨耐蝸居慘淡風。愛妾千金猶易覓，寶珠萬選詎輕逢。那知彼美當傾國，正此名花賞鑑中。

忍冬放金銀花

即左纏鷺鷥藤，花兼黄白，清香遠聞。煎湯代茶，名獨勝，能已癰。

莫遽遥將古柏誇，當前翻失忍冬花。空餘黄白隨人採，疇破煙嵐逶迤斜。日暖未殊蘭室味，霞燒如煉藥畦芽。先春早入梁公籠，獨勝風淫力豈賒。

水仙負冰

一名金盞銀臺，雅號凌波仙子。

薤葉琳瑯雅澹裝，娉婷扶出水雲鄉。銀臺奕奕臨風皎，金盞盈盈承露香。步月驚看仙子下，凌波恍挹洛神光。何時清賞瑶池雪，一與宫梅鬭曉妝。

山礬凝雪

一名七里香。王荆公欲賦詩，以不知出處而止。山谷取梅與水仙伯仲之。

不後宫梅試曉妝，凌波能亞水仙行。高蹤未許荆公識，名品虚勞山谷揚。已見十分矜雪色，詎惟七里賦天香。君看破臘瑶階裏，迴出先春一種芳。

雪花六出

浹朝維霰搏風沙，萬里同雲釀六花。曲逕倏傳鹽虎匐，疏林驚見玉龍斜。梁園歌舞聲偏永，程第風流迹久賒。不到三冬寒已極，那能瑩徹絶無瑕。

闌天茂

即天竹。四五月開細白花，入秋結子，纍纍如丹砂，冬杪猶然。植庭中，能辟火。

青青如竹號闌天，結子纍纍色絶妍。歷落驚霞深雪裏，離披辟火晚風前。秪應移接高臺露，詎可長埋空谷煙。位置早教華屋下，何須曲突問薪傳。

柑有九頭

即霞漳九瓣柑，今名九頭柑。與荔枝、文彈同爲閩邦進御果，歲以爲常。

金顆纍纍壓翠條，驚霞駭日麗芳丘。虛傳珍重黄羅裹，徒爾殷勤蜜蠟修。春色洞庭曾不異，寒香閩嶠覺偏悠。蓬萊詎少雙柑賜，未必都能似九頭。

佛手見

本名枸櫞，以金黄類手，故易今名。福建瀕海俱有，福清、永福者佳。

朔風吹遍枸櫞黄，萬里閩天駕彩航。潤澤現看生福地，瑰奇浪説自空王。囊拳莫祕旃檀味，伸指殊多金粟香。枝葉扶疏同讓木，賤奴貴佛任當場。

剪綵時行

剥落群芳歲欲瀕，告成萬寶轉鴻鈞。並頭花出蛇皮細，連理枝看蟬翼新。女手纖纖回造化，吴綾灼灼借陶甄。渾無氣候隋宫裹，不管東風總是春。

珍珠傘雪中撑紅

生武彝諸山谷，樹如羽葆盖，高丈餘，亦有尺餘者，並層層直上。發一層新枝，舊枝于初夏即開細白花，如棗花，至季冬。隔年葉盡脱，結子纍纍，如丹砂，周遭密覆于本年新枝。葉底望之，如撑珍珠凉傘，青紅映雪，絶耐歲寒，真奇樹也。

翠蓋婆娑錯落中，周遭無數火齊紅。朝寒雪裹深深見，日暖庭前宛宛籠。瓔珞珠垂冬嶺樹，珊瑚佩響薊門風。不經碧眼番人識，估客從教覿面逢。

閏月

竹苞

青葱如簀久林林，聳壑昂霄徑百尋。暑雨曾誰誇勁節，祈寒徒爾抱貞心。孫枝淇水從龍起，老幹柯亭作鳳吟。不信琅玕如許韻，虚庭寫月静篩金。

松茂

深感皇天后土私，亭亭擢秀邇華池。狂濤夜撼摇牛女，偃蓋朝閒庇鹿麋。敢獨自高霜後節，難他共老歲寒枝。欲知虎珀紅多少，但看龍鱗駁幾時。

翠柏參天

削針浮水指西，猶磁指南定位。梓材視松，猶伯視公，百木之長也。

丸丸不異徂徠松，拔萃洵推百木宗。亳社千秋横黛色，漢臺連抱仰芳蹤。蟠根孔道愁支廈，結實深山頗耐冬。匠石未經還自得，婆娑日下影重重。

黄楊節

黄楊歲惟增一寸，有閏反倒生一寸，謂之厄閏。沈水無煙。晦日伐取，製器不裂。

胡然許久伏塵區，生是黄楊節肯渝。雨露逢年猶局脊，春秋值閏任椰榆。沈潛不至貽中熱，向晦偏能守内腴。寧自倒生枝一寸，曾添片葉與時趨。

梧桐增一葉

梧桐每枝十二葉，有閏則多生一葉，略小。欲占何月閏，自下數，上增在第幾葉中，則知爲何月閏也。

光儀千古擅龍門，金井滋培品獨尊。正閏春秋曾謬悮，安排位次有持論。存他一葉青圭小，衍得三旬景物繁。最是長吟明月下，偏生幾夕好黄昏。

長春月月紅

長春花，即月月紅，名月桂，亦名麗春。有石榴紅、美人紅、金沙紅之别。

無限鉛華節比筠，絶芳絶豔邁群倫。梅生寒色香偏蚤，菊殿秋光晚更新。不後梁園歌白雪，曾開河朔燕嘉賓。長春千古推松柏，争似能花月月春。

花曆百詠附録

百花賦

九閩雲嶠，瀕海之南，福唐平北，翁子榴菴，聊品花以作曆，敢摛藻於花壇。嘗吟芳乎百六，驚匿豔乎窮巖。爰踵詩而駢詞作賦，羅彼美于東西朔南。冠千紅兮厥惟石醋，魁群芳兮用采冰柟。爾乃陽春三月，桃李芳菲。嫁文園之杏，簪梁苑之梨。惟時果有文官文林、崖蜜來禽。移玉蘭于紫府，散玉樞于天星。於是梅宮啟，柳禁張。扶桑丹命，宣詔洛陽。圭裁桐葉，竹剖瀟湘。册魏紫，拜姚黃。主持花事，宜后宜王。既而遍六宮之春色，尋卜相于廣陵。開以婪尾之燕，錫以金帶之榮。賜以天仙之果，撤以金燈之熒。或濡汁於墨梅，若貝葉、秋葉、柿葉、蕉葉，咸供灑翰；或承露于玉甌，如頓遜、椰漿、把姑、嚴樹，均佐浮觴。把姑，謂淡把姑，即今人所吸之煙。初出海南，繼傳霞漳，今隨地有之。時而耀南天燭，分月下香。月下香，花極芳潔，産臺陽。飲玉簪墜露，睹夜落金錢。尋酴醾香夢，看地湧金蓮。靡不颺金絲之蝶，神猶栩栩；注射干之燕，影顧翩翩。於以摇珍珠之佩，衣紫羅之襴。結丁香之勝，入鳳仙之班。以共展菱花，匀笑靨。殊菴羅而平波，更妖嬈而挑達。平波即頻婆果，菴羅即菴羅迦果。又梵言頻婆爲端好，菴羅爲清浄也。剪春羅以被肩，剪秋紗以紉褡。匪緣十姊妹，張八仙之筵；即緣七姊妹，下牽牛之榻。咸珠蘭壓髻，薜荔凝粧。浣薔薇露，挹玫瑰香。捧金盞于銀臺，久矣淩波仙子；綴紫跗于緑萼，洵哉玉蕊宫裝。固知白蘋紅蓼，雪霞掩映；何如紫荆棠棣，金紫輝煌。彼迎春末麗，含笑纓絲。芸香書帶，素馨紫薇。豈無玉簇，豈無粉團。亦有金雀，亦有青鸞。墜金桃如文彈，垂銀杏若朱欒。爲映山，爲躑躅，爲嬋娟，總杜鵑之旖旎；曰貼梗，曰垂絲，曰西府，均妃子之沉酣。乃若陀羅散天女之花，娑羅飄雲外之粟。二至穿柳葉之魚，一林夾桃花之竹。木芙蓉，水芙蓉，真南國之奇葩，菩提樹，波羅蜜，詎西方之異屬。宜晨曦開照殿之紅，條風揚寶相之馥。坐一瓣之蓮，倚闌天之竺。托王母之寶珠，下淩霄之玉局。豈知海棠、海仙，分醉醒而脂白臙紅，結香瑞香，因黄紫而異曲同工。寧第栝之與樅，曲而會，直而從，誠無忝於古柏檜松；邕之與柜，鬱而暢，秀而穠，初何羨于舜英遊龍。至于榴東鬱，柏西指。荔龍悉閩粤之良，棗栗盡燕齊之美。矧乎徵杭子於吴越，爛若丹砂；覓瑣瑣于西涼，員争豆蔻。至蠲渴説梅，緩筋書楙。延齡采杞菊之英，夜讀望江南之豆。望江南即決明豆，花五出，如金梅，可愛。匪惟守晦之黄楊，遇閏而厄；知秋之蒼梧，見閏而增。曁雪藕慈姑，分紀乎月節；御魁赤箭，上感乎天星。詎異帝堦朱草，應月敷榮；王廚緑蓮，迎風挺生。模楷象德于周星，屈軼指佞于堯廷。五花萃文章之草，叢蓍兆占繇之靈。於以知楓天棗地，風雷之精；含煙維柳，舞雨維檉。薐隨月而轉，葵向日而傾。棘槐被乎臺閣，蘭若充乎殿廷。席大椿之遐蔭，懋金蘐之葱菁。佩宜男于繡幄，呈三秀于彤庭。供萬壽菊、西番菊、雙鸞菊於陶令籬邊，雖非菊類，亦不可無；移山石榴、火石榴、番石榴于翁子軒前，即與榴殊，何妨並植。山石榴，即千葉杜鵑。火石榴，即小樹單瓣月榴。每暑天當午，須百沸湯乘熱灌之，則終歲如火如霞，開花不絶。番石榴，即海南所云求子鈹，實如榴，甘酸可口，故名。以至茶梅、蠟梅，詎或赧于羅浮仙侶；山丹、仙丹，庸遽遜于繡球芳躅。況乃含桃、郁李，欲相尚而莫能；晼蘭、汀芷，堪齊芳而並逐。儷丹桂于玉犀，猶夫洛陽石竹；號勝春于月季，猶夫麗春罌粟。虞美人，霸王樹，高臺宜並倚；霸王樹，非草非木，産閩粤，膚色青緑，無枝葉花實，土中突出一片，厚薄與掌無異，掌上生采色細點，鋒芒可畏。每年只生一片，暑偏左右，如今年偏右，則明歲偏左，層累而上，狀特雄挺。能辟火，亦名仙人掌。如種者取一節，切作五片，以肥土擁之，自挨排，生全掌，可愛。亦植類之至爲瑰異者也。羅漢松，觀音竹，浄土可相邀。乃知禁宫花、鐵綫蓮、鳳尾蕉，與夫金絲荷、金綫草、翠雲翹。滴滴金、金蓮，奚翅千兩金之值；千兩金，即續隨，花色類金。月月紅、紅豆，豈秖千日紅之嬌。千年韮，萬年松，同吉祥，殊耐久；千年韮，即萬年青，亦名萬年韭。萬年松，即卷柏。七里香，六月雪，共林蘭，絶丰標。若夫枇杷不是琵琶，蝴蝶真如蝴蝶。鈴兒鼓子，聲臭俱泯；巖茗山茶，色香全別。何如回味諫於南威。味諫、南威均青果別名。無寧嚼餘甘於羅勒。亦知老少年、十様錦、雁來紅，九月秋光絶豔；曾識橙之黄、橘之緑、柑之紅，一年好景偏奢。是以薝蔔開六出之花，信白雪陽春有在；冷金開六出之花，知瑶池絳雪非誇。冷金即冷金丹，奈屬，子號蜜林檎。微論采藍必且盈襜，采緑必且盈匊。檻前之鶴頂殷然以紅，窗下之雞冠丹然以渥。即至琪花瑶草，玉樹瓊林，靡不陸離璀璨，欣欣向榮。由是調萬方之玉燭，鼓八氣之金徽。因而歌兩岐之彧彧，頌九穗之纍纍。爾其搜軼材千萬花之谷，駢四體以成花曆之吟。寧俟三撾于羯鼓，詎遲九奏于黄鐘。有色有香，恍群葩之麗日；無冬無夏，儼百媚之臨風。倘其司花而月旦，果其云誰爲天工。

瑞榴賦

予嘗詠榴詩三百首，復前後繼以二賦。偶閲吾閩通志，至邵武人物，載古郡庠産榴花，每結實，士人視其數，以卜進士登第之名次多寡。宋熙寧三年，結二十四枚，頂二枚特大，是科葉祖洽第一，上官均第二，同登者二十四人，因構軒以瑞榴名之。祖洽作記，有詩云「已分桂葉争雲路，不負榴花結露枝」，蓋指此也。初，上官均廷對第一，以不奉新法降第二，時郡人有一科兩狀元之諺，詎非木末二枚特大之徵歟？逮康成中，附枝雙實共蔕，又兆何與京兄弟同榜，亦一奇也。故邇來上憲觀風，學臺月課，三藝之餘，鮮不擬以試士。矧予之愛榴，誠有如茂叔之於蓮、淵明之於菊、和靖之於梅、子猷之於竹。得是題，不覺文思勃然，亦聊以鳴一偏之志，非敢曰必如瑞榴之云云。然興之所至，詞之工拙，固不暇計也。

御六龍於太灝，回萬象於長嬴。翥陽烏於丹陸，儀彤雀於朱明。爾乃閩南，勝境邵序。高軒萃紅雲於天半，麗赤日于庭前。若軒軒之霞舉，儼熒之火然。非石家之金谷，曾李氏之平泉。既迴絶乎翻階勺藥，亦超然于出水芳蓮。覺有美一人，于城之丘，垂絳帳，燒膏油，蒙猩罽，服雉頭，冠朱纓，樹赤斿，警烽火，焚庭燎，爲宫牆之旌旆焉。若夫溯徽音于曩勝，追奇遇于當日。泛靈槎而至止，隨天使以俱入。爇名香於金荊，歠仙醽於頓孫。遴白馬之一石，真青錢之萬選。剖夜光于千斛，成還丹于九轉。湌勾漏之砂，佩靺鞨之玉。容無膏而燕支，顔如渥而丹若。已三彭以遂挾飛仙，貢六實而崇膺天禄。或航海，西來大夏；或梯山，南指塗林。靡不媚若楚娃，靚若梅之奕奕；嬌同越女，看石醋之盈盈。會粲然而見齒，方咳唾以隨風。宜頓釋乎相如之渴，應倍悦乎西子之容。逗千紅之一點，饒萬緑之如雲。抹絳脣而佳人增嫵，懷列星而宿儒比倫。衣丹縠之蹙蹙，綴緗葉之娟娟。是以肌沁紅玉，膚照晴檐。與牡丹而媲美，荔赤之俱妍。以煌煌國豔，當煦煦長天。視彼及春之夭桃，如花之秋葉，覺佳氣更炎炎耳。乃如耿光甫挹，恍若飲醇。水晶其粒，瑪瑙其員。珊瑚其色，璹瑁其文。同千房而一蒂，匯百子而同懷。賞河陰之三入，品燕上之重臺。放炎州十月之花，懸東魯三秋之果。颺屬玉之毛，吐鷺鷥之火。是殆猶麗空棗杏，澡日明光；燁如商草，焕若天章，以獨揚赤熾於詞場歟。矧乎三山之東，有洞窅然，可以避秦囂、集仙僚；漢陽之南，有塔巍然，可以發潛幽、光闇修。亦詎炫小春之赭栜，酣夕照之霜楓。蒸寒嵐之烏桕，烘濕露之遊龍。與夫尋常之夭夭翹翹，齊視而偕同者乎。至於無徵不信，有感必彰。亦疇則如萃黌宮之秀，兆人文之祥。掇巍科於木末，聯鼎甲於同方。至生輝于棣鄂，均無負于孔陽；想動人之春色，應上感於瑶光。宜吾閩之彬雅，恒英多而在泮；叶明兩之吉占，奏南薫而非晚。能灌溉之有常，自華實而皆燦。分桂葉於蟾宮，拂若枝于日殿。亘雲漢而昭回，合雹雷而輝閃。

百花賦備采群芳名目

二百二十種，與百花詩參看，計名葩三百有奇。

牡丹　勺藥　石醋榴花　冰柟梅花　桃　李　杏　梨　文官果　文林果柰屬　崖蜜枇杷　來禽花紅　玉蘭辛夷、望春。　梅　柳　玉樞雪柳，一名玉屑。西洋雙瓣者，號番雪球。　滿天星潑雪　扶桑千瓣佛桑　桐梓屬　梓文梓，百木王。植園中，衆木皆内拱。　竹非草非木。　金帶錦帶　天仙果　金燈　墨梅楝與冬青接梅，俱成墨梅。　貝葉　柿　芭蕉　秋葉椰　玉甌白木筆，花類杯。　頓孫頓孫國榴花，采置瓮中，數日成美酒。　巖樹西域酒樹。　淡把姑煙酒　南天燭登《真隱訣》，謂木而似草，乃草木之王。結子類丹砂，累累可愛。采莖、葉搗汁，漬粳糯瀌炊，成烏飯，仙家謂之青精飯。若九浸九蒸九曬，視米粒緊黑如瑿珠，袋盛致遠，蓋行仙裹糧，乾石飿也。　月下香　玉簪　夜落金錢即子午花。　金錢金盞　酴醾佛見笑　地湧金蓮葉類芋，花若蓮，瓣中一小黄心，幽香可人。色狀特奇。　金鏈　金絲蝶即金絲桃。　玉燕蝴蝶射干　珍珠佩　紫羅襴紫鳶烏翣　丁香　鳳仙　菱花　笑靨　菴羅勒　蘋婆果　剪春羅　剪秋紗　十姊妹七頭者爲七姊妹。　八仙雪毬瓊花　牽牛　薜荔　珠蘭伊蘭　薔薇　玫瑰金盞銀臺水仙玉蕊唐人最重，所謂唐昌玉蕊花也。　蘋　蓼　紫荊　棠棣　迎春一名腰金帶。先春放淡黃花，如瑞香繁而且韻。對節生枝，一枝三葉。　茉莉鬘華　含笑　纈絲刺牡丹，即刺桐。　芸香　書帶一名秀墩，即束成帶草也。　素馨玉芙蓉　紫薇　玉簇　粉團　金雀葉類槐，有小刺。仲春開黃花，形尖，旁開兩瓣，勢如飛雀，可愛。鹽湯焯乾，點茶絕妙。　青鸞　金桃以柿接桃，則成金桃。　銀杏靈眼　文彈柚屬　朱欒小香橼　映山單葉杜鵑　躑躅黃杜鵑　嬋娟千葉後開杜鵑　貼梗　垂絲　西府三品俱海棠。櫻桃接貼梗，成垂絲；貼梗接棠梨，成西府。　曼陀羅天茄彌陀花，藏經謂天女所散者。俗名鬧陽花。　娑羅　柳穿魚花類魚，葉似柳。即二至花，開於夏至，斂於冬至。　夾竹桃桃花竹葉。　木芙蓉拒霜，秋華。　水芙蓉映日，夏華。　菩提　婆羅蜜　照殿紅　寶相　一瓣蓮觀音芋。秋開白花，只一大瓣，如蓮瓣，中托黃心，遠視之，頗類佛像，故名。　天竺即闌天竹。　王母珠　淩霄　海棠　海仙即白海棠。　瑞香　結香即黃瑞香。一種倒垂者，名倒垂蓮。　胭脂夜香　栝即檜。柏葉松身。　樅松葉柏身。　松　柏　鬱鬯　柜　舜日給水槿　遊龍紅草　栗　榴　荔枝　龍眼　朹《爾雅》謂擊梅，即今之楊梅。　瑣瑣西涼蒲萄，即蘡薁。　楙木瓜、木桃、木李、木梨皆其類也。　豆蔻　枸杞　菊　望江南決明花　黃楊　梧桐　御魁天荷芋。花如一瓣蓮，應月而生，每歲環衛十二子，有閏增一魁。　赤箭

雪藕　慈姑河鳧茨。一科十二子，如慈母之蔭子，故名。亦每歲應月，與赤箭藕節御魁同。　朱草蓂莢　瑞蓮王者不嗜味則生于廚，以扇涼其饌。　屈軼指佞　模　楷《淮南艸木譜》云，模生周公冢上，其葉春青夏赤，秋白冬黑，以色得其正也。楷生孔子冢上，其餘枝踈而不屈，以質得其直也。若正與直可以爲法則，況生周、孔之冢乎？故六書楷模，取義于二木。　蓍生伏羲陵。　檉河柳，一名雨師。羅願《爾雅翼》云，天將雨，檉先知之，起舞以應。負霜雪不凋，乃木之聖者也，故字從聖。狀如人者，名人柳，一日三起三眠，則檉之從聖，又不獨知雨負霜雪而已。俗名仙人柳。亦曰觀音柳，謂觀音用此灑水也。　豔若蓼花。　文章草即五加。仙人稱金鹽五花，故孟綽子、董士固相與語云：「寧得一把五加，不用金銀滿車。」以服此能長生。又譙周《異物志》贊五加注文章之草，可以釀酒，飲之令人腸胃皆香。

葵　棘　槐　杜若　椿　萱忘憂、宜男、青裳、鹿葱。　芝　萬壽菊金黄色，繁而且久。春間下子，不從根。　西番菊茶褐色，西番蓮、藍菊之類，雅淡如菊之月下西施，自春徂秋，相繼不絕。春初壓藤，生根分種。　雙鸞菊花最繁，每朵頭若尼姑帽，折出此帽，内露雙鸞並首，形似無二，外分二翼一尾，天巧之妙，肖生至此。春分秧根。入藥。　山石榴　火榴　番榴　蠟梅　茶梅　山丹　仙丹紅繡毬　繡球　桂木樨　洛陽石竹　含桃　郁李喜梅、唐棣。　九畹蕙蘭　芷蒞　月季長春　勝春　麗春　鸎粟　霸王樹一種方長類鐗者，號霸王鞭。　虞美人千金不移　羅漢松

觀音竹　禁宮剪金　鐵綫蓮　鳳尾蕉即鐵樹。能辟火。狀如青鸞尾，婆娑可愛。又一種粵產，枝柯古勁，色絶類鐵，真鐵樹也。歲丁卯始花，蓋六十年一度也。　金絲荷虎耳　金綫　翠雲翹　滴滴金　千兩金　楓　月月紅　紅豆　千日紅　千年藎　萬年松　棗吉祥　七里香瑒花、山礬。　六月雪　鈴兒。　鼓子。　林蘭薝蔔　巖茗　山茶　味諫南威、橄欖。　餘甘羅勒　老少年　十樣錦　雁來紅　雞冠　鶴頂　冷金丹蜜林檎　柑　橘玉局　橙

稻　麥　藍　緑　琪花　瑤草　玉樹　瓊林

藝　文　叢　刊

第　四　輯

061	寶章待訪録（外五種）	〔宋〕米　芾
062	昆蟲草木略	〔宋〕鄭　樵
063	味水軒日記（上）	〔明〕李日華
064	味水軒日記（中）	〔明〕李日華
065	味水軒日記（下）	〔明〕李日華
066	寒山帚談	〔明〕趙宧光
067	讀畫録	〔清〕周亮工
068	誠一堂琴談	〔清〕程允基
069	文房肆考圖説	〔清〕唐秉鈞
070	芳堅館題跋	〔清〕郭尚先
071	**花木小志（外二種）**	**〔清〕謝　堃** **〔清〕高士奇** **〔清〕翁長祚**
072	隨息居飲食譜	〔清〕王士雄
073	嵩洛訪碑日記（外五種）	〔清〕黄　易
074	廣藝舟雙楫	康有爲
075	刻竹瑣言（外四種）	黄高年 周无方 金開藩 張志魚
076	章草考	卓定謀

藝 文 叢 刊

隨息居飲食譜

〔清〕王士雄

浙江人民美術出版社

圖書在版編目(CIP)數據

藝文叢刊. 第四輯 / (宋) 米芾等著 ; 沉正兵等點校. -- 杭州 : 浙江人民美術出版社, 2018.1(2023.9重印)
(藝文叢刊)
ISBN 978-7-5340-6222-3

Ⅰ. ①藝… Ⅱ. ①米… ②沉… Ⅲ. ①古籍－中國－叢刊 Ⅳ. ①Z121.7

中國版本圖書館CIP數據核字(2017)第243082號

出版説明

《隨息居飲食譜》，王士雄撰。王士雄（一八〇八—一八六三），字孟英，號半癡、隨息子、夢隱、睡鄉散人等，浙江海寧人。王士雄是清代享有盛名的温病學家，另有《温熱經緯》《霍亂論》《王氏醫案》《歸硯録》等醫學著作。《清史稿》有傳，云：「士雄讀書礪行，家貧，仍以醫自給。咸豐中，杭州陷，轉徙上海。時吴越避寇者麕集，疫癘大作，士雄療治多全活。」

王士雄一生經歷多次温熱、霍亂、疫癘流行，晚年遭受太平軍亂，不得不寄食他鄉。他自歎「我生不辰」，在「無事可爲，無路可走，悠悠長夜，枵腹無聊」中，纂成此書，寄託醫人醫國的理想：「國以民爲本，而民失其教，或以亂天下。人以食爲養，而飲食失宜，或以害身命。衛國衛生，理無二致。」

本書收録日常食物三百餘種，分水飲、穀食、調和、蔬食、果食、毛羽、鱗介七類，以中醫角度，詳述食物的性味、醫療用途及食療功效等，并記録了相關食療驗方。

汪曰楨評價本書：「每物必求其實驗，不爲前人臆説所惑，較勝《食物本草》多矣。」《隨息居飲食譜》論述清晰，簡明實用，自問世以來，刊行不斷，版本很多。本次出版以光緒壬辰醉六堂本點校整理，并做了以下處理：一、明顯訛字徑改，不出校勘記；對部分異體字做了統一處理；二、原書標目之小字注文，統一另起一行，以清眉目；三、正文所録汪曰楨、王承烈、周開第題語用楷體標排，以示區分；四、原书序跋、題辭予以保留。當然，由於作者身處的時代環境、當時醫學水平所限，本書難免存在不嚴謹、不科學的觀點與内容，整理過程中一仍其舊，不作删改，望讀者善加擇取。

點校者於上海復旦

目録

穀食類第二 …… 三六

調和類第三

毛羽類第六……一二〇

飲食譜前序

嗚呼，國以民爲本，而民失其教，或以亂天下。人以食爲養，而飲食失宜，或以害身命。衛國衛生，理無二致，故聖人疾與戰并慎，而養與教并重也。《中庸》曰：「人莫不飲食也，鮮能知味也。」夫飲食爲日用之常，味即日用之理。勘進一層，善頤生者，必能善教民也，教民極平易，修其孝弟忠信而已。頤生無玄妙，節其飲食而已。食而不知其味，已爲素餐，若飽食無教，則近于禽獸。余嘗曰：子臣弟友，聖人之道學也。孝弟忠信，王者之干城也。聖賢書具在，小子何敢贅焉。惟飲食乃人之大欲所存，易爲腹負，故大禹菲飲食，而武侯甘澹泊也。今夏，石米八千，斤虀四十，茫茫浩劫，呼籲無門。吕君慎庵，知我將爲餓殍也，招游梅涇，寓廣川之不窺園。無事可爲，無路可走，悠悠長夜，枵腹無聊，丐得枯道人秃筆一枝，畫餅思梅，纂成此稿，題曰《飲食譜》，質諸知味者，或不賤其養小失大，而有以教我也。

咸豐十一年辛酉秋七月睡鄉散人書于隨息居

飲食譜後序

嗚呼,《飲食譜》何爲而作耶? 蓋世味深嘗,不禁有飲水思源之感也。竊謂食毛踐土,二百餘年,歲無奇荒,國無苛政,竟至禽獸食人食而塗有餓殍,豈非亘古未聞之奇事哉! 士雄年十四失怙,賴先慈擔拄門户,而家有七口,廚無宿舂。蒙父執金履思丈念舊憐孤,字余曰「孟英」,命往金華鹺業,佐司會計。舅氏俞公桂庭,誼篤親親,力肩家事,贈余齋名曰「潛」,屬潛心學問,勿以内顧爲憂。乃未十載,金丈、舅氏,相繼謝世,余愧無以仰副二公盛意,而潛修英發也,徒以性情疏邁,遇合多奇。同郡周君光遠,知我最深,挈舍弟季傑,另辟一業,俾資事蓄。而余律身極儉,不善居積,或以癡目之,遂自號「半癡」。迨周君作古,母逝子殤,世景日非,益無意人間事矣。乙卯冬,攜眷回籍,息影窮鄉,賃屋而居,堂名「歸硯」,欲遂首丘之志而終老焉。詎上年春,省垣失事,季傑幸縋城歸。秋仲,渟溪遭難,雖不傷人,而坐食無山,癡將安用? 今旅濮院,麩覈充飢,我生不辰,《兔爰》興歎,華胥學步,神契希夷,因易字曰「夢隱」，併粗述四十年孤露衷情，以志前路悠悠，皆先人所留之餘地，而後路茫茫，惟有不忘溝壑耳。知味者鮮，且藏稿以俟之。

辛酉八月中旬隨息子又題

飲食譜題辭

名教於今賴主持，先生洵不愧人師。匡時念切成憂憤，遯世情高託夢癡。先生一號半癡，近又更字夢隱。生幸同庚憐我弱，學慚無術負公知。還忻兒輩叨恩庇，長荷春風化雨施。

辛酉仲冬同邑教弟周在恩二郊

精心搜輯健揮毫，水始螽日終特見操。例似蟲魚箋爾雅，體參草木注離騷。養生獨抉神符祕，作議翻嫌食憲勞。手筆如君真傑出，何當相賞醉芳醪。

同治元年仲夏錢塘後學吴淦菊潭

《飲食譜》寄託至深，寓意最廣，欽佩欽佩。

壬戌季夏宜春後學袁鳳桐蓮芾

讀書能明理，方許爲良醫。良醫亦多術，開卷每闕疑。王君著作才，手卷不停披。古汲得井綆，學羞傍藩籬。方非秘橘泉，水非飲上池。觀書眼如鏡，大用包無遺。一伎尚如此，何況民牧司。政柄失舉措，兵燹災黔黎。東西兩浙境，百萬生靈糜。速將醫國法，起天下瘡痍。硝黄肆攻伐，滌蕩其垢疵。參苓兼補益，漸漸生氣滋。邪去正可助，明辨無參差。慎勿耽美疢，酖毒長亂機。慎勿畏惡石，苦口是良規。不然飲食人，人得而賤之。君乃明理者，累牘亦何爲。意别有所在，未許以管窺。能事絀游夏，莫爲贊一詞。

壬戌長夏錢塘後學張蔭榘矩卿

薄俗紛紛口腹貪，先生仁術砭愚憨。養修精義農經補，飲食源流上古參。箋注書徵山海富，酸鹹味各性情諳。我慚未解蘭臺祕，快睹新編作指南。

壬戌秋初餘杭姻愚弟褚維培子穎

甘苦深嘗世味餘，閉門且著一編書。青燈風雨西窗下，箋疏功深午夜初。

寒温物性辨分明，例似嵇康論養生。不識先生開卷意，豳風無逸兩含情。

硯已無田可自鉏，浪游槖筆隱華胥。嘗來雋永惟書味，食字成仙脈望如。先生慨硯無歸而遠游，因自號華胥小隱，曩嘗自書楹聯云：「近人情之謂真學問，知書味即是活神仙。」

安得溪山買一區，荷衣芰帶與君俱。君于乙卯冬，忽攜一硯歸鄉。余兄仲和屢欲移家往結鄰，而輒爲事阻，卒罹于難，豈非數耶？且耕且鑿忘年月，静俟河清守我愚。

壬戌仲秋仁和愚弟朱志成萊雲

此書大旨，每物求其實驗，不爲前人臆説所惑，較勝《食物本草》多矣。夢隱以校訂見委，余方避地無聊，藏書已燼，多病善忘，雖妄附數語，未必能爲此書之益也。

壬戌閏月烏程愚弟汪曰楨謝城

《飲食譜》采擷浩博，妙能以簡約出之。少陵云「讀書破萬卷，下筆如有神」，正此之謂。所列單方亦皆精妙，發刊後定當風行海宇，傳之無窮。敬附小詩二首，以識悦服之忱云。

烽火連天急，蕭然獨隱居。不勝憂世念，更著活人書。道可淵泉證，言真菽粟如。勸懲關政教，仁術豈虛譽。君醫案有《仁術志》八卷，周光遠、張柳吟諸君所輯。

萬卷充腸後，名山業始成。立言皆有物，析理必求精。世鮮能知味，人當重養生。一編傳刻遍，利濟及寰瀛。

壬戌季秋桐鄉愚弟陸以湉定圃

一編新著出青箱，濟世仁心術更良。秦客獨傳伊摯法，齊侯請試越人方。食單安用門生議，饌品先宜膳宰嘗。省識延年兼却疾，底須仙府乞瓊漿。

壬戌嘉平烏程愚弟蔣堂海珊

參天地爲人，人莫不飲食。飲食有其經，明者爲之述。息養憑天功，長育資地力。飲水當思源，民以之爲質。穀蔬蓏介鱗，詳辨須博識。燥濕熱温凉，先民程以式。四氣有乘除，五行互生剋。宜臊宜羶殊，用鹽用醬悉。知味者鮮何，用是心怵怵。一篇養生論，洋洋快心得。

著論者嵇康，猶未得其詳。投筆蹶然起，我友瑯琊王。分門更別類，一一提其綱。窮原以竟委，紹遠更搜旁。始知天地間，萬物無盡藏。渡河竄三豕，逾嶺識五羊。循名而責實，棄短以從長。東南正蹂躪，避寇在窮鄉。劬書劇嗜炙，厥義大爲彰。門生食單議，無奈徒彷徨。

韓柳唐通儒，著作一代擅。韓有圬者篇，柳有梓人傳。圬者梓人儔，夫豈邦之彦。韓柳不憚煩，微言寓諷勸。先生此書成，可作韓柳論。始以水開端，終以蟲螽殿。魚子一失水，蟲螽極其變。害稼信有然，得水乃所願。猶之横暴民，撫育迹亦斂。遷善日不知，洗心更革面。許我讀終篇，窺管一斑見。

上海乃海隅一邑也，兹爲蘇省會垣，而江浙之竄難者，率止于此，地狹人稠，難乎駐足。夏間夢隱來游，假榻鎮海周君采山寓中，會陳君春泉之女患證垂危，因采山轉乞援手，乃一劑得生，春泉不勝感佩。而夢隱瀛眷適至，遂以黄歇浦西矮屋三楹，爲先生隨息居。朋輩過從，輒有題贈，虚室生白，人皆羡之。且《飲食譜》一書，聞厲伯符方伯已刻于鄂垣，今陳君又刊于滬上。而《重訂霍亂論》諸稿，同志者亦將梓以壽世。爰再賦二律，藉攄欽悦之懷焉。

一枝聊借類鷦鷯，白板門閒遠市囂。深巷寂寥泥滑滑，隔城棖觸路迢迢。捲簾挹爽過朝雨，倚枕無眠聽夜潮。劫歷紅羊隨處息，先生物外獨逍遥。

朝朝仰屋著書勞，洛下應騰紙價高。爲有安排徐穉榻，更兼持贈吕虔刀。嗟嗟世事猱升木，鬱鬱人情馬嚙槽。縱復此心名利澹，元龍意气總能豪。

壬戌嘉平嘉興愚弟張保衡小尹

片語移時實起予，春申浦上識君初。緣深到處能驅疾，心静無爲日著書。壽物壽人知獨任，醫民醫國有誰如。沿江一折塵囂絶，即是先生隨息居。

超然物外隱華胥，撰述洋洋辨魯魚。撰述各種，多糾正前人之謬。寓意良深託耕鑿，發揮豈僅志含茹。言中有物文章老，先生家向懸一聯云：「精神到處文章老，學問深時意氣平。」聞係禀承先訓，書以自勵者，家風品學即此可徵矣。眼底無塵習俗除。料得鐫成還示我，一編快讀笑談餘。

壬戌嘉平仁和世晚徐嗣元起庵

海上重尋我友王，新編著述富琳瑯。泉源善導皆滋養，頑梗能安即秀良。譜以水始，以蝗終，謂魚子得水，可不爲蝗，猶莠民向化，可不爲盜，寓意深厚，獨具苦心。口用尋常真學問，致知格物大文章。却求韜隱無容隱，一枕酣恬託夢鄉。君字近改夢隱。

静掩雙扉遠俗塵，名言析理務推陳。篋中賸有攜歸硯，已刻之書十餘種。劫後僅《歸硯録》四卷幸存。指下全無不活人。客臘，余久患喘渴腫脹，腹瀉無眠，服君方三劑，諸恙遂減，十劑而霍然，殆今之仲景也。潑甕香醪剛報熟，登盤早韭快嘗新。時將往泰州兼承飲錢。那堪驪唱匆匆別，悵望天涯益愴神。

癸亥春王仁利世晚許之棠培之

人以飲食生，亦以飲食死。飲食有何常，死生亦偶耳。昂藏七尺軀，天地可小視。俯仰適其適，何悲復何喜。藜藿與鼎鐘，吾心只如是。首陽儻無稱，孤竹自脱屣。後車數十乘，永懷子輿氏。一醉方獨醒，誰識其中旨。狂病不可藥，問君奈何爾。王君丈人行，狂言幸無訾。耳名踰十年，亦還知我否。君今隱于醫，我但鑽故紙。不知蠹食靈，聊爲爵飲洗。滌吾腸胃間，有如水清泚。

今天下之病亟矣，元气耗竭而外邪益熾，吾謂縱有醫國手，亦將聽之天命而已，然中外諸公，方且徐徐焉起而圖之。夫飲食之道，貴以需，剥極而復，尚可須臾緩邪。顧及是，而謀所以復元气者，則亦仍求之飲食之道可矣。今有病者于此，原其受病之始，必曰飲食不節，究其養病之端，亦必曰飲食必調。知向者之受病，即可知今日治病之所在。夫治病于今者，培其本，節其流，兩言盡之矣。不見夫病起者之調養得宜，未幾而瘠者肥，弱者强，或且有倍勝于前者。飲食之義大矣哉。頃讀《飲食譜》大略，已覺津津有餘味。竊意此書出，非僅膾炙人口，將使知味者，因是而洗滌腸胃，含茹性情，則先生嘘枯起廢之功，蓋不啻遍飲食之矣。復制蕪詞，以申贊頌。

天一生水，人心之精。仁發于知，鑿通乎耕。飲且食焉，游神太清。道味世味，辨逾淄澠。淡而彌永，元酒太羹。觀象山霄，頤貞則吉。蒙養以需，有孚斯實。不濬其源，其流乃窒。天君泰然，百體受職。身之肥也，肥家肥國。

癸亥孟春秀水教侄張王熙欣木

從來仙佛最多情，名利悠然兩不縈。一片深心惟濟世，教人隨意學生長。

醫國醫人理本同，能因物性即爲功。東南民力瘡痍遍，也在調元贊化中。

餘杭姻家愚弟褚維奎星艖

夢隱先生通儒也，軫念民艱，慨然有救世之志，談窮檐疾苦，耆焉失气，或扼腕而吁，乃遯迹於醫。性耽著書，下筆數千言，近鬢髯半霜雪，猶竭毣毣之思，撰述不倦。作《飲食譜》，自水穀至鱗介，覼縷如列眉，箋注簡當，尤切日用。雖然懸壺末伎也，生人之意靡窮，生人之量有限，出門一望，瘡痍溢目，蓬蒿滿田，痌瘝在抱者，盍起而飲食教誨吾民哉！

餘杭姻家愚弟褚維垕子方

膏粱非所願，丹藥亦有毒。造物養吾生，陽飲陰食足。世人味鮮知，萬錢恣口腹。損形兼損神，酣豢病已伏。葠苓雖美材，元气剥難復。先生懷苦心，方書補未録。治病在病先，物性諳極熟。珍奇既旁搜，尤不遺菽粟。味得味外味，澹然自節欲。固可咬菜根，何妨嘗鼎肉。

癸亥仲春餘杭世侄郎璟子魯

人生何苦縱嗜欲，乃以口腹戕其身。國家晏安滋酖毒，降災勿謂天不仁。上醫醫人先醫國，能挽造化回艱迍。蒸蒸元气務培養，飲和食德何其醇。不然歸去壺中住，杏林一枝著手春。君平隱卜梅福市，同作千秋高蹈人。先生痌瘝夙在抱，惻然疾苦念吾民。鍼膏起廢託奢願，手無斧柯徒風塵。去年大疫東南遍，貔貅十萬聲吟唱。元年夏，浙皖金陵諸營無不病。奈何百戰賸精鋭，竟使沉痾化碧燐。今時安得起陀扁，刀圭一服神乎神。好爲朝廷留猛士，廓清海宇平黄巾。又如流亡滿鄉梓，垢惡所聚疵癘因。老弱踣困壯者病，面黧容槁衣則鶉。問誰大展回春手，蔆苓妙劑調君臣。瘡痍到處盡甦息，仁民之義推親親。嗚呼此願不能遂，一編靈素遥傳薪。飲食之味知者鮮，寓意則遠理則真。可補本草條目闕，可悟爾雅經注新。立言本旨不在此，救時藥石勞諄諄。譬諸草檄愈風疾，警心愓目無其倫。先生之學在經世，先生之書可問津。願刊萬本摹萬紙，獻之彤墀徹蒲輪。行見陰陽調燮沴气泯，肥家肥國澤九垠。

雨后精苗數藥欄，蟲魚草木見聞殫。非關博物誇龍鮓，豈爲談經喻馬肝。春墅煙浮千品活，秋窗葉落一燈殘。别從醫案開生面，莫笑豪華議食單。

秀水愚弟金福曾茗人

顛沛危亡際，先生道不窮。著書多歲月，醫俗煦春風。慧眼人情識，靈心物理通。先生論事論學，總以近人情爲第一義，故能盡人之性，以盡物之性如此也。不才忻附驥，小伎愧雕蟲。

秀水愚侄趙銘桐孫

菽粟疏食生民寶，上古教人有至道。後世貪饕口腹恣，徒自肥腸復滿腦。飲食以生亦以死，先生用是惄焉擣。飲水思源理當然，厥義于人易了了。搜羅殆遍無一

同邑受業周開第少謙

遺，蔬蓏鱗介牲禽鳥。王綱失墜政凌夷，以致中原頻擾擾。飲之食之失其經，頤養殊乖明哲保。爰知其理將毋同，一編窮年閉門草。飲和食德盛世氓，日用爲質游皞皞。及今蹂躪年復年，生民塗炭思逞狡。太和元氣誰爲回，調攝得宜細參考。食之以時王政垂，生養往往關億兆。先生著書格物功，家風志不在温飽。若論斗石才恢恢，不棄菲葑躬藐藐。小子何知大度涵，用敢作歌識傾倒。安得人人如此仁心存，同胞同與痌瘝常在抱。

餘杭姻愚侄褚成亮叔寅

少陵每飯不忘君，飲水思源至理廑。千里膏腴豢豺虎，上三句叔夢中與煃聯句得之，醒而命煃足成一律。萬般波浪痛榆枌。家鄉蹂躪，慘不可言。旨參造化陰陽燮，味倩調和鼎鼐芬。譜以調和列蔬食前，其意深矣。春草偏成竹林句，聯吟從此更殷勤。

等身著作鬼神驚，叔未刻諸稿，不止盈尺。探得源頭物理精。濟世不隨塵世溷，存心秖見道心瑩。生涯淡極詩書潤，德澤深從忠孝成。靖康之難，我安化始祖忠肅王暨子錫京公同殉節，敕建專祠。吾叔嘗重立忠孝流芳，賜額時舉此二字，以訓後人。歸硯咀含曾盥讀，承賜讀《歸硯録》，亦寓木本水源之意。垂青小阮感衷情。難後時蒙存注。

海鹽族侄元熣肖士

復獲追隨杖履前，甲江重聚假天緣。瘡痍遍地心愁絶，鋒鏑餘生意惘然。不倦折肱商舊學，《重訂霍亂論》將次付梓，《重校證治針經》亦已脱稿。又經著手出新編。切于日用斯爲貴，逐物推求邁昔賢。汪謝城先生謂此書遠勝《食物本草》，洵定評也。

湖山美地劫灰揚，猶喜名山著述藏。公昔居杭會，嘗刊醫書十餘種，版未攜歸，諒遭兵燹，幸諸稿皆存。近聞楊素園先生將爲重刻于江西，且欲以《温熱經緯》諸種并付剞劂。樗櫟材庸慚述德，《歸硯録》采先祖論醫一則。淵源學富纘重慶。公之曾大父著，重慶堂隨筆公嘗刊入叢書。繁徵博引偏能盡，遠紹旁搜罔不臧。悟得先生言外意，漫天何至有飛蝗。

同邑姻愚侄戴其濬鶴山

水飲類第一 附淡巴菰、鴉片。

天雨水

《戰國策》名上池水，陶隱居名半天河，俗名天泉水。

甘涼。養陽分之陰，瀹茗清上焦之熱。體輕味淡，煮粥不稠。宿久澄澈者良。

露　水

立秋後五日白露降，夜來不可露身出户，故曰「白露身勿露」。

甘涼。潤燥，滌暑，除煩。若秋前之露，皆自地升，蘇詩「露珠夜上秋禾根」是已。云秋禾者，以禾成于秋也。稻頭上露，養胃生津。菖蒲上露，清心明目。韭葉上露，涼血止噎。荷花上露，清暑怡神。菊花上露，養血息風。餘可類推。

冬雪水

甘寒。清熱，解毒，殺蟲。温疫、熱狂、暑暍、霍亂，徐徐頻灌，勿藥可瘳。淹浸食物，久藏不壞。

溪河湖池水

各處清濁不同，非清而色白味淡者不可飲。凡近地無好水，宜飲天泉。或以其水澄清，煮熟而藏之，即爲好水。

海水鹹濁，蒸取其露，即清淡可飲。

井泉水

甘寒。清下焦之熱，煮飯補陰中之陽。新汲者良，鹹濁勿用。中煤炭毒，灌之即甦。

食井中，每年五月五日午時，入整塊雄黄、整塊明礬各斤許，以辟蛇蟲陰濕之毒。或加整塊硃砂數兩，尤妙。

食水缸中，宜浸降香一二段，菖蒲根養于水面亦良。水不甚清者，稍以礬澄之，并解水毒。

雨雪之水，皆名天泉。其質最輕，其味最淡，杭人呼曰淡水，瀹茗最良，宜煎清肅滌熱諸藥。惟杭人飲之，故人文秀美，甲于天下。杭城皆瓦屋，以竹木，或磚，或銅錫爲承霤，周曰承霤，漢曰銅池，宋曰承落，皆檐溝水筧之稱也，杭人呼爲閣漏。引其水而注諸缸。然必日使人梯而上視，如有鳥惡貓穢之瓦，即以潔瓦易之，再以浄帚頻爲掃除，毋使木葉塵沙之積，則水始潔。若近廚突之屋，必有煤炲之污，勿取其水也。狂風暴雨，必夾塵砂，亦勿取焉。久晴乍雨，亦勿遽取，恐瓦有積垢，濯之未浄也。既注之缸，必待其澄，而後挹其清者，藏諸别缸，藏久彌良。凡藏水之缸，宜身長而口小者，上以缶盆冪之，而置于有風無日之所，日曬久則水易耗而色不白也。置缸之地，甃以磚石，或埋入土中一二尺亦可。先慈嗜茗而取水甚嚴，蓄水甚精，謹詳識之，雖他處亦可仿行，以免水上惡劣之病，不但備烹茶煮藥之用已。

溪澗之水，發源于山，清甘者良。水如惡劣，其山必嶮巇，或爲砒礜毒藥之所產，或爲蟲蛇猛獸之所居。而人之飲食，首重惟水，乍入其鄉者飲之，疾病生焉。生于其地者習之，很戾鍾焉。欲籌斡旋補救之策，以期革獷猂之俗，而康濟斯民者，惟有廣鑿井泉，是爲亟務。爰采泰西掘井法于左，庶無井之地，悉可仿而行焉。

高地作井，未審泉源所在，其求之法有四。

第一氣試　當夜水氣恒上騰，日出即止。今欲知此地水脈安在，宜掘一地窖，于天明辨色時，人入窖以目切地，望地面有氣如煙騰騰上出者，水氣也。氣所出處，水脈在其中。

第二盤試　望氣之法，曠野則可。城邑之中，室居之側，氣不可見。宜掘地深三尺，廣長任意，用銅錫盤一具，清油微微遍擦之。窖底用木高一二寸以擱，盤偃置之，盤上乾草蓋之，草上土蓋之。越一日開視，盤底有水欲滴者，其下則泉也。

第三缶試　近陶家之處，取瓶缶坯子一具，如前銅盤法用之。水氣沁入瓶缶者，其下泉也。無陶之處，以土墼代之，或用羊絨代之。羊絨者不受濕，得水氣必足見也。

第四火試　掘地如前，篝火其底，煙氣上升，蜿蜒曲折者，是水氣所滯，其下則泉也，煙氣直上者否。

鑿井之法有五。

第一擇地　山麓爲上，蒙泉所出，陰陽適宜。園林室屋所在，向陽之地次之，曠野又次之。山腰者居陽則太熱，居陰則太寒爲下。此論泉水之高下等第耳，然山腰山頂亦有甘泉，不可泥也。鑿井者，察泉水之有無，斟酌避就之。

第二量淺深　井與江河地脈通貫，其水淺深、尺度不必等。今問鑿井應深幾何，宜度天時旱潦河水所至，酌量加深幾何而爲之度，去江湖遠者不論。不論者，不論深淺，而以及泉爲度也。泉愈深則水愈美，雖水土惡劣之鄉，深泉必清洌無毒也。

第三避震氣　地中之脈，條理相通，有氣伏行焉。强而密理，中人者九竅俱塞，迷悶而死。俗謂之犯土者是。凡山鄉高亢之地多有之，澤國鮮焉。此地震之所由也，故曰震氣。凡鑿井遇此，覺有氣颯颯侵人，急起避之，俟泄盡，更下鑿之。欲候知氣盡者，縋燈火下視之，火不滅，是氣盡也。

第四察泉脈　凡掘井及泉，視水所從來，而辨其土色。若赤埴土，其水味惡。赤埴，黏土也，中爲甓爲瓦者是。若散沙土，水味稍淡。若黑墳土，其水良。黑墳者，其土色黑稍黏也。若沙中帶細石子者雖赤土、黄土皆佳。其水最良。

第五澄水　凡作井底，用木爲下，磚次之，石次之，鉛爲上。既作底，更加細石子厚一二尺，能令水清而味美。

試水美惡，辨水高下，其法有五。凡江河、井泉、雨雪之水，試法皆同。

第一煮試　取清水置浄器煮熟，傾入白瓷器中，候澄清，下有沙土者，此水質濁也。水之良者無滓。又水之良者，以煮物則易熟。

第二日試　清水置白瓷器中，向日下，令日光正射水，視日光中，若有塵埃絪緼如遊氣者，此水質不浄也。水之良者，其澄澈底。

第三味試　水，元氣也。元氣無味，無味者真水，凡味皆從外合之。故試水以淡爲主，味佳者次之，味惡爲下。天泉最淡，故烹茶獨勝，而煮粥不稠。

第四稱試　有各種水欲辨優劣，以一器更酌而衡之，輕者爲上。

第五紙帛試　用紙或絹帛之類，色瑩白者，以水蘸而乾之，無痕迹者爲上。于文「白」「水」爲「泉」，故水以色白爲上。

人可以一日無穀，不可以一日無水，水之于人，顧不重歟！苟知掘井試水之法，則在在可飲甘泉而免疾病，且藉以備旱災，御兵火，一舉而數善存焉。余性喜鑿井，而力有未逮，惟冀同志者勉爲之。但井欄之口，宜小而多，既免墮溺，仍便引汲也。設無水之地而萬難鑿井者，更列《水庫法》于後。

水庫法

泰西書云：若天府金城，居高乘險，江湖溪澗，境絶路殊，鑿井百尋，盈車載綆。時逢亢旱，涓滴如珠，或絶徼孤懸，恒須遠汲，長圍久困，人馬乏竭，如此之類，世多有之。臨渴爲謀，豈有及哉？計惟恒儲雨雪之水，可以御窮。而人情狃近，未或先慮，及其已至，坐槁而已。亦有依山掘地，造作池塘，以爲旱備。而彌月不雨，已成龜坼，徒傷挹注之易窮，不悟滲漏之實多也。西方諸國，因山爲城者，其人積水如積穀。穀防紅腐，水防漏渫，其爲計慮，亦略同之。以故作爲水庫，率令家有三年之蓄，雖遭大旱，遇强敵，莫我難焉。且土方之水比于地中，陳久之水方于新汲，其蠲煩去疾，益人利物，往往勝之。彼山城之人，遇江河井泉之水，猶鄙不屑嘗矣。天泉宿水，遠勝山泉，此惟杭人知之。名曰水庫者，固之其下，使無受渫也；冪之其上，使無受損也。原注：冪防耗損，亦防不潔，故古人井亦有冪也。四行之性，土爲至乾，土性乾，故勝濕，受水太過，則卑濫而爲濕土。甚于火矣。水居地中，風過損焉，日過損焉，夏之日大旱，金石流，土山焦，而水獨存乎？妄人謂濕熱相合爲暑，真是夢囈。故固之，故冪之。

水庫之事有九。一曰具，具者所以庇其物也。細砂、石灰、烏樟、桐油等物。二曰劑，劑所以爲之和也。三曰鑿，鑿所以爲之容也。在家在野，皆可擇地而爲之，不論方圓，宜下侈上弇爲妙。中底以三分之一爲坎，渟其垢，時以吸筒吸去之，則年久彌清。四曰築，築所以爲之地也。底牆皆須築實，毋使滲漏。五曰塗，塗所以爲之固也。築堅，候至八分乾，再以烏樟或細灰塗之。六曰蓋，蓋所以爲之冪也。七曰注，注所以爲之積也。以承溜引注也。八曰挹，挹所以受其用也。九曰修，修所以爲之彌縫其闕也。凡造壙、造窖、造鹽地，皆須築實，毋使滲漏，其事同也。而各處造法，微有不同。若造水庫之法，亦可各隨其使者。故附載其略于此，智者自能因地制宜。

水倉法

水庫或卒難集辦，更有水倉一法，較易從事。其法創自乾隆間揚州余君觀德。凡水土惡劣之鄉，人煙稠密之地，距河稍遠之處，皆可仿行，以備兵火、旱災、疾病諸患。但置曠地一區，繚以土垣，前設門楹，榜曰水倉，中爲大院，置大缸數百，或百十隻，脚埋入土尺許，滿儲以水，復置水桶百十隻，水龍數具，外鐍以鎖。設有災患，開取甚易。若大家巨刹，凡有空院者，尤易仿行。爲己爲人，公私兩益，故附載之。

煎藥用水歌

何西池《醫碥》云：急流迅速堪通便，宣吐迴瀾水即逆流水最宜。百沸氣騰能取汗，甘瀾勞水流水杓揚萬遍，名甘瀾水，亦名勞水意同之。黄虀水吐痰和食，霍亂陰陽水百沸天泉與新汲井水各半也可醫。治瘧亦妙。新汲無根皆取井，除煩去熱補陰施。地漿解毒兼清暑，亦和中補土。臘雪寒冰瘵疫奇。更有輕靈氣化水，如蒸露法蒸水，以管接取用之，一名氣汗水，亦名水露。雖海水，但蒸取其露，即清淡可飲，以鹹濁不能上升也。奇功千古少人知。善調升降充津液，滋水清金更益脾。肺熱而腎涸，清金則津液下澤，此氣化爲水，天氣下爲雨也。腎涸而肺熱，滋陰則津液上騰，此水化爲氣，地氣上爲雲也。蒸水使水化爲氣，氣復化水，有循環相生之妙。而升降之機，脾爲之主，故兼主中樞不運也。

乳汁

甘平。補血，充液，填精，化氣生肌，安神益智，長筋骨，利機關，壯胃養脾，聰耳明目。本身氣血所化，初生藉以長成强壯，小兒周歲即宜斷乳，必以穀食，始可培植後天。造物之功，不容穿鑿，故大人飲乳，僅能得其滋陰養血，助液濡枯，補胃充肌而已。設脾弱氣虚、膏粱濕盛者飲之，反有滑瀉釀痰、減餐痞悶之虞。且乳無定性，乳母須擇肌膚豐白、情性柔和、别無暗疾、不食葷濁厚味者，其乳汁必醲白甘香。否則清稀腥濁，徒增兒病也。

牛、馬、蛇肉毒，飲人乳解之。

牛　乳

甘平。功同人乳，而無飲食之毒、七情之火。善治血枯便燥、反胃噎膈，老年火盛者宜之。水牛乳良。小兒失乳者，牛、羊乳皆可代也。

馬　乳

甘涼。功同牛乳，而性涼不膩，故補血潤燥之外，善清膽胃之熱，療咽喉口齒諸病，利頭目，止消渴，專治青腿牙疳。白馬者尤勝。

羊　乳

甘平。功同牛乳，專治蜘蛛咬毒。白羜羊者勝。

酪酥醍醐

牛、馬、羊乳所造。酪上一層，凝者爲酥，酥上如油者爲醍醐。并甘涼潤燥，充液滋陰，止渴耐飢，養營清熱。中虚濕盛者均忌之。

茶

微苦微甘而涼。清心神，醒睡除煩；涼肝膽，滌熱消痰；肅肺胃，明目解渴，不渴者勿飲。以春采色青、炒焙得法、收藏不泄氣者良。色紅者已經蒸盦，失其清滌之性，不能解渴，易成停飲也。普洱産者，味重力峻，善吐風痰，消肉食。凡暑穢痧氣、腹痛、乾霍亂、痢疾等證初起，飲之輒愈。

諸露

凡穀菜果蓏、草木花葉諸品，具有水性之物，皆取其新鮮及時者，依法入甑，蒸餾得水，名之爲露。用得其宜，遠勝諸藥。何者？諸藥既乾既久，或失本性，譬用陳米作酒，酒力無多。若不堪久藏之物，尤宜蒸露密儲。如以諸藥煎作湯飲，味故不全，間有因煎失其本性者。惟質重味厚滋補下焦，如地黄、枸杞之類，必須煎汁也。

若作丸散，併其渣滓啖之，殊勞脾運。惟峻厲猛烈之藥，宜丸以緩之；冰、麝忌火諸香，必丸而進之；五苓、六一等劑，須散以行之。凡人飲食，蓋有三化。一曰火化，烹煮熟爛。二曰口化，細嚼緩咽。三曰胃化，蒸變傳運。二化得力，不勞于胃。故食生冷，大嚼急咽，則胃受傷也。胃化既畢，乃傳于脾，傳脾之物，悉成乳糜，次乃分散，達于周身。其上妙者，化氣歸筋；其次妙者，化血歸脈，用能滋益精髓，長養肌體，調和營衛。所云妙者，飲食之精華也，故能宣越流通，無處不到。所存糟粕，乃下于大腸。今世滋補丸劑，皆乾藥合成，精華已耗，又須受變于胃，傳送于脾，所沁入宣布，能有幾何？不過徒勞脾胃，悉成糟粕下墜而已。朝吞暮餌，抑何愚耶！

汪謝城曰：諸露生津解熱，誠爲妙品。但肆中貪多，而蒸之過久，以致味薄，或羼他物以取香，如枇杷葉露，亦羼香物，正與嗽證相反，故必以自蒸爲佳。又中有飲濕者，諸露皆非所宜。

酒

大寒凝海而不冰，其性熱也。甘苦辛酸皆不是，其味異也。合歡成禮，祭祀宴賓，皆所必需。壯膽辟寒，和血養氣，老人所宜。行藥勢，劑諸肴，殺鳥獸鱗介諸腥，陳久者良。多飲必病，故子弟幼時，總不令飲酒，到大來不戒而自不飲矣。凡民日食不過一升，而尋常之量，輒飲斗酒，是一人之飲，足供數人之食。至于盛肴饌，多朋從，其費又不可勝計也。酒之爲物，勤儉多妨，故禁酒可以使民富。貞潔之人以酒亂性，力學之人以酒廢業，盜賊之徒以酒結夥，剛暴之徒以酒行凶，凡世間敗德損行之事，無不由于酒者。此《書》之所以作《酒誥》，漢時所以三人群飲，罰金四兩也。酒之爲物，志氣兩昏，故禁酒可以興民教。富之教之，誠富國坊民之善術。今蕞爾小邑，歲費造酒之米，必以萬石計，不但米價日昂，徑至釀成大劫。此其一端也，可不鑒哉！

解酒毒大醉不醒　枳椇子煎濃汁灌。人乳和熱黃酒服，外以生熟湯浸其身，則湯化爲酒，而人醒矣。

酒釀

甘温。補氣養血，助運化，充痘漿，多飲亦助濕熱。冬製者耐久藏。

燒酒

一名汗酒。

性烈火熱，遇火即燃。消冷積，御風寒，辟陰濕之邪，解魚腥之氣。陰虚火體，切勿沾唇。孕婦飲之，能消胎氣。汾州造者最勝。凡大雨淋身及多行濕路，或久浸水中，皆宜飲此，寒濕自解。如陡患泄瀉而小溲清者，亦寒濕病也，飲之即愈。

風寒入腦，久患頭疼，及飲停寒積，脘腹久疼，或寒濕久痹，四肢痠痛，諸藥不效者，以滴花燒酒，頻摩患處自愈。若三伏時將酒曬熱，搨患處，效更捷。素患凍瘡者，亦于三伏時，曬酒塗患處，至冬不作矣。

霍亂轉筋而肢冷者，以燒酒摩搨患處效。

解燒酒毒　蘆菔汁、青蔗漿，隨灌。緑豆研水灌，或以枳椇子煎濃湯灌。大醉不醒，急以熱豆腐遍體貼之，冷即易，以醒爲度；外用井水浸其髪，併用故帛浸濕，貼于胸膈，仍細細灌之，至甦爲度。凡燒酒醉後吸煙，則酒焰内燃而死。又有醉後内火如焚，而反惡寒者，厚覆衣被，亦能致死。即口渴飲冷，止宜細細飲之，以引毒火外達。若連飲過多，熱毒反爲驟冷所遏，無由外達，亦多閉伏不救也。

愈風酒方　陳海蛇漂净拭乾，晾極燥，十二兩　黑大豆　嫩桑枝　松鍼杵爛，各四兩　陳酒七斤，封浸，煮三炷香。

喇嘛酒方　治半身不遂，風痹麻木。胡桃肉　龍眼肉各四兩　杞子　首烏　熟地各一兩，　白朮　當歸　川芎　牛膝　杜仲　白芍　豨薟草　茯苓　丹皮各五錢　砂仁　烏藥各二錢五分。右十六味，絹袋盛之，入瓷瓶内，浸醇酒五斤，隔水煮濃候冷，加滴花燒酒十五斤，密封七日。

健步酒方　生羊腸一具洗净晾燥　龍眼肉　沙苑蒺藜隔紙微炒　生苡仁淘净曬燥　仙靈脾以銅刀去邊毛　真仙茅各四兩。右六味，用滴花燒酒二十斤，浸三七日，下部虚寒者宜之，華亭董氏方也，見《三岡識略》。

熙春酒方　生豬板油一斤、　甘杞子　龍眼肉　女貞子冬至日采，九蒸九曬　直生地洗净曬乾　仙靈脾去邊毛　生緑豆洗净曬乾，各四兩。右七味，滴花燒酒二十斤，封浸一月。茹素者去豬油，加耿柹餅一斤可也。此酒健步駐顔，培養心腎，衰年飲之甚妙。或但以豬脂白蜜浸之，名玉液酒。温潤補肺，澤肌膚，美毛髮，治老年久嗽極效，隨息自驗。

固春酒方　治風寒濕襲入經絡，四肢痹痛不舒，俗呼風氣病，不論新久，歷治輒效。鮮嫩桑枝　大豆黄卷或用黑大豆亦可　生苡仁　樞木子即十大功勞紅子也，黑者名極木子，亦可用；無則用葉，或用南天燭子亦可。各四兩　金銀花　五加皮　木瓜　蠶砂各二兩　川黄檗　松子仁各一兩。右十味，絹袋盛而縫之，以好燒酒十斤、生白蜜四兩，其裝罎内，將口封固紮緊。水鍋内蒸三炷香取起，放泥地上七日，即可飲矣。每日量飲一二杯。病淺者，一二斤即愈。

定風酒方　天冬　麥冬　生地　熟地　川芎　五加皮　牛膝　秦艽各五錢　川桂枝三錢。右九味，絹袋盛之，以滴花燒酒二十斤，浄白蜜、赤沙糖、陳米醋各一斤，攪匀，浸入瓷罎，豆腐皮封口，壓以巨磚，安水鍋内，蒸三炷香。罎須寬大，則蒸時酒弗溢出也。取起埋土中七日。此内府方也，功能補血息風而健筋骨，且製法甚奇，凡患虚風病者，飲之輒愈。而藥味平和，衰年頻服，極有裨益，并無流弊。按酒性皆熱，而燒酒更烈，韌如羊腸，潤如豬脂，并能消化，故不但耗穀麥，亦最損人，尤宜禁之。然治病養老之功，亦不可没。

世傳藥酒，率以剛燥之品，助其猛烈，方名雖美，而遺患莫知。惟此七方，用藥深有精義，洵屬可傳。但飲貴微醺，不可過恣，始爲合法。虛寒衰老之人，寒宵長夜，苦難酣眠達曉，宜製小銀瓶，略如鼻煙壺式，口用旋蓋，以暖酒灌入，佩于里衣兜肚之間，酒可徹夜不涼。丁夜醒時，飲而再睡，不煩人力，恬適自如，補益之功甚大。若能此外勿飲，更可引年。凡飲酒，并宜隔湯炖温也。

淡巴菰

辛温。辟霧露穢瘴之氣，舒憂思鬱懣之懷，殺諸蟲，禦寒濕。前明軍營中始吸食之，漸至遍行天下，不料其爲鴉片菸之先兆也。然聖祖最惡之，而昧者猶以熙朝瑞草譽之，謬矣。臥房卑濕，以乾菸葉厚鋪席下良，併可以辟臭蟲、蜈蚣、蛇蝎諸蟲也。絞腸痧，煙筒中垢，如豆大一丸，放病人舌下，掬水灌之，垂死可活。

蛇咬及諸毒蟲螫，以煙筒中垢塗之。

鴉片

鴉片入藥，亦始前明，李瀕湖《本草綱目》收之。國朝乾隆間，始有吸其煙者，初則富貴人吸之，不過自速其敗亡，繼則貧賤皆吸之，因而失業破家者衆，而盜賊滿天下。以口腹之欲，致毒流宇內，塗炭生民，洵妖物也，智者遠之。亦有因衰病而誤墮其中者，以吸之入口，直行清道，頃刻而遍一身，壅者能宣，鬱者能舒，陷者能舉，脱者能收，凡他藥所不能治之病，間有一吸而暫效者。人不知其爲刼劑，遂詫以爲神丹，而曰病吸此。尤易成引，迨引既成，臟氣已與相習，嗣後舊疾復作，必較前更劇，而煙亦不能奏效矣。欲罷不能，噬臍莫及，乃致速死。余見實多，敢告世人，毋蹈覆轍。徐松龕云，天竺自六朝後，皆稱印度，今五印度爲英吉利所轄，進口貨物近以鴉片爲主。宇宙浮孽之氣，乃獨鍾于佛國，何其怪也。

戒法　斷引之方，驗者甚少，且用煙或煙灰者居多，似乎煙可少吸，一不服藥，引即如故。惟此方日服，仍可吸煙，旬餘引自漸減，又不傷身。蓋物性相投，此藥專制鴉片之毒，故能斷引，絶無他患也。方用鮮松毛數斤略杵，井水熬稀膏，每晨開水化服一二錢。或每土一斤，用松樹皮半斤，煎湯熬煙，如常吸食，引亦漸斷。或以一味甘草熬爲膏，調入煙內，初且少入，漸以加多，如常吸之，斷引極效。

解毒　肥皂或金魚杵爛，或豬屎，水和，絞汁灌之，吐出即愈。甘草煎濃汁，俟涼，頻灌。生南瓜擣絞汁頻灌。青蔗漿恣飲。凡吸煙而死，雖身冷氣絶，若體未僵硬，宜安放陰處泥地。一經日照，即不可救。撬開牙關，以竹箸横其口中，頻頻灌以金汁、南瓜汁、甘草膏之類，再以冷水在胸前摩擦，仍將頭髮解散，浸在冷水盆内，或可漸活。

穀食類第二

秈米

甘平。宜煮飯食。補中養氣，益血生津，填髓充肌，生人至寶，量腹節受，過飽傷人。凡患病不飢、婦人初産，感證新愈，并勿食之。磨粉蒸糕，鬆而不韌，病人弱體，可作點心。飯露生津，補虚療膈。秈種甚多，有早、中、晚三收，赤、白二色，以晚收色白者良。凡不種秔之處，皆呼秈爲秔。湖州蒸穀或炒穀而藏之，作飯尤香。早收者性温，不耐久藏。

汪謝城曰：凡八穀，一類之中必皆有大小、早晚、黏不黏各種。如稻爲一穀，其黏者爲稬，不黏者爲秔，而秈又秔之别種。呼秈爲秔，猶呼穬爲大麥，未爲大誤。吾鄉蒸穀、炒穀米，用米少而得飯多，不但取其香也。鄭元慶《湖録》論之甚詳。

秔米

亦作粳。

甘平。宜煮粥食，功與秈同。秈亦可粥，而秔較稠；秔亦可飯，而秈耐飢。粥飯爲世間第一補人之物，强食亦能致病戕生。《易》云「節飲食」，《論語》云「食無求飽」，尊生者，能繹其義，不必别求他法也。惟患停飲者，不宜啜粥。痧脹霍亂，雖米湯不可入口，以其性補，能閉塞隧絡也。故貧人患虚證，以濃米飲代參湯，每收奇績。若人衆之家，大鍋煮粥時，俟粥鍋滚起沫團，醲滑如膏者，名曰米油，亦曰粥油。撇取淡服，或加煉過食鹽少許服亦可，大能補液填精，有裨羸老。至病人、産婦，粥養最宜，以其較秈爲柔，而較稬不黏也。亦可磨粉作糕。而嘉興人不善藏穀，收米入囤，蒸罨變紅，名曰冬舂米，精華盡去，糟粕徒存，暴殄天物，莫此爲甚。炒米雖香，性燥助火，非中寒便瀉者忌之。又有一種香秔米，自然有香，亦名香珠米，煮粥時，稍加入之，香美異常，尤能醒胃。凡煮粥宜用井泉水，則味更佳也。

粳米

一名玄米，一名占米。

甘温。補肺氣，充胃津，助痘漿，暖水臟。釀酒熬餳，造作餅餌。若煮粥飯，不可頻餐，以性太黏滯，難化也。小兒、病人尤當忌之。凍米冬月所製性不黏滯，止瀉補脾。炒米香燥助火，多食傷津。

脾虚泄瀉，粳米炒黄磨粉，加白沙糖調服。

虚寒多溺，粳米飯杵爲窨，臥時煮熟，細嚼食之。

諸米泔第二次者，清而可用　清熱止煩渴。

諸禾杆　甘温。煎汁飲，治寒濕發黄，停食腹脹，消牛肉積。作薦禦寒，暖于棉絮。按穰籍韡鞖，暖足去濕。燒灰淋汁冷服，解砒毒。

飴

稀者爲飴，乾者爲餳，諸米皆可熬，以粳米熬者爲勝。

甘温。補中，益氣，養血，能助濕熱，動火生痰。凡中滿、吐逆、疸、瘧疳膨、便秘、牙痛、水腫、目赤等證，皆忌之。

魚臍疔、瘭疽、瘑瘡，并用飴糖塗。

稻芒、魚骨鯁喉，及誤吞竹、木、錢、釵，中天雄、附子、草烏毒，并宜頻食飴糖。

解銀黝毒，日用飴糖四兩，作小丸，不時以麻油吞下，須服過百日外方無慮。

火燒成瘡，餳糖燒灰傅。

粟米

色有青黃，粒有粗細，種類不一，亦名粱，俗呼小米。

功用與秈、杭二米略同，而性較涼，病人食之爲宜。稉者亦名秫。

汪謝城曰：粱之黏者，固可稱秫，而實非治不寐之秫。

黍米

此人呼爲黃米，以其色黃也，然亦有赤者。

功與秈似，厥性較温，南方所無也。

稷米

一名高粱，俗呼蘆穄。

甘涼。清胃，補氣，養脾。稉者名秫，治陽盛陰虛，夜不得寐，及食鵝鴨成癥。凡黍、稷、粟之稉者，皆可釀酒造餳。而南方稷米，但有不黏者耳。

汪謝城曰：前人《本草》分別多誤，惟程氏《九穀考》所辨爲是。《本草綱目》以黏、不黏分黍、稷，是分一穀爲二穀也。

小麥麵

甘溫。補虛乏，實皮膚，厚腸胃，强筋力。北産重羅者良。造爲挂麵，可以致遠，病人食之甚宜。南方地卑，麥性黏滯，能助濕熱，時感及瘧、痢、疳、疸、腫脹、脚氣、痞滿、痧脹、肝胃痛諸病，并忌之。新麥尤甚。惟單酵水造爲蒸餅，較不助病，且可入藥。

跌打挫朒，白麵同梔子擣勻，水調塗。

遠行脚趼成皰，白麵水調塗。

大衄血出，飛羅麵入鹽少許，冷水調服三錢。

大便久瀉，飛羅麵炒熟，每晨加白沙糖或炒鹽調服。

麩

麥皮也。

凡患身體疼痛及瘡瘍潰爛沾漬，或小兒暑月出痘，潰爛不能著席者，并用夾褥裝麩籍臥，性涼而軟，洵妙法也。

麵筋 麵入水中，洗揉而成 性涼解熱，止渴消煩，勞熱人宜煮食之，但不易化，須細嚼之。誤吞錢者，以麵筋放瓦上炙，存性，研末，開水調服，在喉者即吐出，入腹者從大便下。

麥粉 麩洗麵筋，澄出之漿，濾乾成粉，俗呼小粉 甘涼。可爲粢餌、素食、漿衣之用。陳久者炒焦，以醋熬成膏，治一切癰瘍湯火傷。

大麥

一名粺麥，一名穬麥。

種類不一，方土不同，今人罕食。藥肆以之造麥蘖，金華人以之飼豬，故其肉最佳，而造爲蘭熏，甲于天下也。

汪謝城曰：來爲小麥，牟爲大麥。穬麥，一名䅌麥，則大麥之别種。南方無牟，即呼穬爲大麥，實則同類而異種也。大麥鬚有消腫之功，穬麥鬚亦可用。

莜麥

亦作蕎，俗名爲烏麥。

甘温。羅麵煮食，開胃寬腸，益氣力，禦風寒，鍊滓穢，磨積滯。與蘆菔同食良，以性有微毒，而發痼疾，蘆菔能制之也。而易長易收，尤爲救荒極品，各處皆宜廣種爲是。另有一種味苦者，雖不堪食，亦可濟荒。

小兒丹毒、熱瘡，莜麥麵醋調塗。

白濁白帶，脾積久瀉，休息痢，并宜食此麵。痢疾，炒熟莜麥二錢，沙糖湯調下。

絞腸痧痛，莜麥炒焦，開水調服。

湯火傷，莜麵炒黄，水和傅。

玉蜀黍

一名玉高粱，俗名苞蘆，又名紆粟，又名六穀。

嫩時采得，去苞鬚煮食，味甚甜美。老則粒堅如石，舂磨爲糧，亦爲救荒要物。但粗糲性燥，食宜半飽，庶易消化。至東廧穇子，各種雜糧，及黄精、玉竹之類，并可充飢作食，造酒濟荒，兹不備載。

苡　米

甘平。健脾益胃，補肺暖肝，清熱息風，殺蟲勝濕。故治筋急拘攣，風濕痿痹，水腫消渴，肺痿吐膿，咳嗽血溢，肺胃腸癰，疝氣，五淋，乾濕脚氣，便瀉，霍亂，黄疸，蛔蟲諸病，并煮湯飲。亦可蒸食，煮粥煮飯，無不宜之。脾弱便艱，不宜多食。性專達下，孕婦忌之。

黑大豆

甘平。補脾腎，行水，調營，祛風邪，善解諸毒。性滯壅氣，小兒不宜多食。服厚朴者，忌之。服蓖麻子者，犯之必死。小者名穭豆，品較下，僅堪喂馬，故名馬料豆。

俗謂功勝黑大豆，殊失考也。

辟穀救荒　黑豆淘净，蒸極透，曬乾，如是三次，九次更妙。磨細末，柹餅煮爛去蒂核。與豆末等分，擣丸雞子大，每細嚼一丸，津液咽下，勿用湯水，可終日不飢。遠行攜帶甚便，且可任喫諸物，略無所忌。又能滋補脾腎，而治噎食、便瀉等病。

辟疫稀痘，解諸藥毒，黑大豆二合、甘草一錢，煎汁頻飲。

黑大豆皮，入藥止盜汗。

大豆黄卷即黑大豆爲櫱也。治濕痹筋攣膝痛，消水病脹滿，非表散藥也。

黄大豆

甘平。補中解毒，宜煮食，炒食則壅氣。浸罨發芽，摘根爲蔬，味最鮮美。肺癰痧氣，生嚼不腥，疑似之間，試之甚驗。

痘後癰毒，嚼生黄豆塗之即潰。浸胖，擣塗諸癰瘡亦妙。

青大豆

甘平。補肝養胃。嫩時剥而爲肴，味極鮮美。鹽水煮而烘之，可以久藏致遠。

諸豆有早、中、晚三收，以晚收粒大者良。并可作腐、造醬、榨油。惟青豆性較軟，更爲食品所宜，莢闊粒扁者尤佳。

兵荒救飢　豆青黄隨用七斗　芝麻黑白不拘三斗。并淘浄即蒸，蒸過即曬，曬乾去殼，再蒸再曬，凡三次，擣極熟，丸胡桃大，每細嚼一丸，津液咽下，可三日不飢。諸無所忌，所費不多，一料可濟萬人。

白　豆

豆具五色，功用略同。惟白者夏熟早收，故料小而性温，能發病也。

赤　豆

甘平。補心脾，行水消腫，化毒排膿，多食耗液。蛇咬者百日内忌之。以緊小而赤黯色者入藥，其稍大而鮮紅、淡紅色者止爲食用，故《本草》以赤小豆名之。後人以廣産大本，半紅半黑之相思子，亦有紅豆之名，遂致誤用。亦猶黑大豆，有緊小爲雄一言，而昧者謁爲馬料豆也。

水腫脚氣，赤小豆一斗，煮極爛，取汁五升，温漬足膝。兼食小豆，勿雜食。

水鼓腹大，動摇有聲，皮膚黑者，赤小豆三升，白茅根一握，水煮食豆，以消爲度。

乳汁不通，赤小豆煮汁飲，或煮粥食。

諸般癰毒，赤小豆生研，入苧根杵勻，雞子清調傅。

丹毒如火，赤小豆末，雞子清稀調塗之。

綠豆

甘涼。煮食清膽養胃，解暑止渴，潤皮膚，消浮腫，利小便，已瀉痢，析酲弭疫。浸罨發芽，摘根爲蔬，味極清美。生研絞汁服，解一切草木金石諸藥、牛馬肉毒。或急火煎清湯，冷飲亦可。

綠豆皮　入藥，清風熱，去目翳，化斑疹，消腫脹。

綠豆粉　宜作糕餌素饌，食之清積熱，解酒食諸毒。新汲水調服，治霍亂轉筋，解砒石、野菌、燒酒及諸藥毒。

暑月痱瘡，綠豆粉、滑石和勻撲。

打撲損傷，綠豆粉炒紫色，新汲水調傅，以杉木皮縛定。杖瘡疼痛，綠豆粉炒研，雞子清和塗。

一切癰腫初起，綠豆粉炒黃黑色，牙皂一兩同研，米醋調傅，皮破者油調之。

外腎生瘡，綠豆粉、蚓糞等分研塗之。

蠶豆

以其熟于蠶時，故名蠶豆，一名佛豆。

甘平。嫩時剥爲蔬饌，味甚鮮美。老則煮食，可以代糧，炒食可以爲肴。性主健脾快胃。浸以發芽，更不壅滯，亦可煮糜作糕餌。肆中磨細，攙入小粉，亦可盪皮搓索，以混緑豆粉。

豌豆

粒圓如珠，《爾雅》名戎菽，《管子》作荏菽，《本草》名胡豆，《唐史》作畢豆，《遼志》作回回豆，俗呼淮豆，亦曰寒豆。

甘平。煮食和中，生津止渴，下氣，通乳消脹。研末塗癰腫，擦面去皯黯。亦可作醬用。

豇豆

甘平。嫩時采莢爲蔬，可葷可素。老則收子充食，宜餡宜糕。頗似腎形，或有微補。

扁豆

甘平。嫩莢亦可爲蔬，子以白者爲勝。去皮煮食，補肺開胃，下氣止嘔，清暑生津，安胎去濕。治帶濁時痢，解魚酒藥毒。炒熟則温，健脾止瀉。患瘧者忌之。

赤白帶下，白扁豆爲末，米飲下，每服二錢。

毒藥傷胎，腹痛，口噤，手强，頭低，自汗，似乎中風，九死一生，人多不識，若作風治，必死無疑。生白扁豆爲末，米飲服方寸七，或濃煎汁亦可。亦解輕粉毒，宜冷飲。

霍亂轉筋，生白扁豆末，冷水和少入醋服，或以藤葉擣汁服。

砒石、諸鳥獸肉毒，生白扁豆末，冷水和服。

扁豆花　治痢疾，崩帶，解諸藥毒。

刀豆

嫩莢可醬以爲蔬，蜜以爲果。子老入藥，甘平下氣，温中止噦。

薯蕷

一名山藥。

甘平。煮食補脾腎，調二便，强筋骨，豐肌體，辟霧露，清虚熱。既可充糧，亦堪入饌。不勞灌溉，廣種爲宜。子名零餘子，功用相同。腫脹、氣滯諸病均忌。

噤口痢，山藥半生半炒，研末，米飲下二錢。

諸腫毒，山藥擣爛塗，即散。

甘藷

一名番薯，一名地瓜，亦名山薯。

甘温。煮食補脾胃。益氣力，禦風寒，益顔色。種類不一，以皮赤、無筋、味純甘者良。亦可生啖。凡渡海注船者，不論生熟，食少許即安。磽瘠之地，種亦蕃滋，不勞培壅，大可救飢。切而蒸曬，久藏不壞。切碎同米煮粥食，味美益人。惟性大補，凡時疫、瘧痢、腫脹、便秘等證，皆忌之。

調和類第三

胡麻

一名脂麻，俗名油麻。

甘平。補五内，填髓腦，長肌肉，充胃津，明目，息風，催生，化毒。大便滑瀉者勿食。有黑、白二種，白者多脂。相傳謂漢時自大宛來，故名胡麻。生熟皆可食，爲肴爲餌，榨油并良，而不堪作飯。《本草》列爲八穀之麻，誤矣。古人救飢用火麻，即《本經》之大麻，殆即八穀之麻也。

小兒初生，嚼生脂麻，綿包與咂，最下胎毒，頻咂可稀痘。

婦人乳少，脂麻炒研，入鹽少許食之。此方可作小菜，杭人呼爲脂麻鹽，余最喜之，且可治口臭。孕婦乳母，尤宜常食，甚益小兒也。

腰脚疼痛，新脂麻炒香，杵末，日服合許，温酒蜜湯任下，以愈爲度。

溺血，脂麻杵末，東流水浸一宿，平旦絞汁，煎沸服。頭面諸瘡，婦人乳瘡、陰瘡，生脂麻嚼爛傅。穀賊稻芒阻喉也，脂麻炒研，白湯下。湯火傷，諸蟲咬傷，脂麻生研塗。

麻醬

脂麻炒如法，磨爲稀糊，入鹽少許，以冷清茶攪之則漸稠，名對茶麻醬。香能醒胃，潤可澤枯。羸老、孕婦、乳媪、嬰兒、臟燥、瘡家及茹素者，藉以滋濡化毒，不僅爲肴中美味也。

脂麻油

甘涼。潤燥，補液，息風，解毒殺蟲，消諸瘡腫。烹調肴饌，葷素咸宜。諸油惟此可以生食，故爲日用所珍，且與諸病無忌，惟大便滑瀉者禁之。凡方書所載香油，即麻油也。久藏泄氣，則香味全失，故須隨製隨用。渣亦香甘，可爲食料。茍得之，而味美質耎，故麻渣不可以壅竹。

漏胎、難産因血液乾澀也，麻油、白蜜各一兩，同煎數十沸温服。

小兒丹毒、湯火灼傷，生麻油塗浸，併飲之。

小兒發熱，不拘風寒、飲食，時行痘疹，并宜用之。以葱涎入麻油内，手指蘸油，摩擦小兒五心、頭面、項背諸處輒愈。

蠱毒及砒石、河豚毒，多飲生麻油即吐出。

腫毒初起，麻油煎葱黑色，趁熱通手旋塗，自消。雖大毒初起，若内服一二斤，毒氣自不内攻也。猘犬、毒蛇咬者，亦宜先飲生麻油一二盞良。

打撲傷腫，麻油熬熟，和醇酒服。以火燒地令熱，俾臥之，立愈無痕。

茶油

甘涼。潤燥，清熱，息風，解毒殺蟲，上利頭目。烹調肴饌，日用所宜。蒸熟用之，澤髮生光。諸油惟此最爲輕清，故諸病不忌。燃燈最亮，而不損目。澤髮不膩，其渣澣衣去垢，豈他油之濁膩可匹哉。

豆油

甘辛温。潤燥，解毒，殺蟲。熬熟可入烹炮，雖穀食之精華，而肥膩已甚。盛京來者，清徹獨優。燃燈甚亮。

菜油

甘辛温。潤燥，殺蟲，散火丹，消腫毒。熬熟可入烹炮。凡時感、痧脹、目疾、喉證、咳血、瘡瘍、痧痘、瘧疾、産後，并忌之，以有微毒，而能發風動疾也。世俗以其氣香而尚之，罔知其弊，以致疾病纏綿而不察。惟外用塗湯火傷，刮痧，調瘡藥，皆妙。肆中或以花生、蘇子等油羼之。

鹽

鹹涼。補腎，引火下行，潤燥祛風，清熱滲濕，明目，殺蟲，專治脚氣。和羹醃物，民食所需。宿久鹵盡色白，而味帶甘者良。擦牙固齒，洗目去翳，點蒂鍾墜，傅蛇蟲螫，吐乾霍亂，熨諸脹痛。

霍亂轉筋，鹽鹵摩搨患處，或以裹脚布浸鹵束之，併治諸般脚氣。無鹵用極鹹鹽湯亦可。凡無病人濯足湯中常加鹽鹵，永無脚疾。

豉

俗呼豆豉

鹹平。和胃，解魚腥毒。不僅爲素肴佳味也，金華造者勝。淡豉入藥，和中，治濕熱諸病。

醬

純以白麪造者，鹹甘而平，調饌最勝。豆醬以金華蘭谿造者佳，鹹平。篘油則豆醬爲宜，日曬三伏，晴則夜露。深秋第一篘者勝，名秋油，即母油。調和食味，葷素皆宜。痘痂新脱時食之，則瘢黑。嘉興造者鹹寒，以少日曬之功也，油亦質薄味淡，不耐久藏。

猘犬咬及湯火傷，未成瘡者，以醬塗之。

中砒毒，豆醬調水服。

胎氣上沖，及虚逆嘔吐，好醬油開水調服，亦解鴉片毒。

醋

酸温。開胃養肝，强筋暖骨，醒酒消食，下氣辟邪，解魚蟹鱗介諸毒。陳久而味厚氣香者良。性主收斂，風寒咳嗽，外感瘧痢，初病皆忌。《續文獻》云：獅子日食醋、酪各一瓶，故俗謂獅吼爲喫醋云。

産後血運，熱病神昏，驚恐魂飛，客忤中恶，并用鐵器燒紅，更迭淬醋中，就病人之鼻以熏之。

湯火傷，醋淋洗。

諸腫毒，醋調大黄末塗。

糟

甘辛温。醒脾消食，調臟腑，除冷氣，殺魚腥毒。以杭紹白稉米所造，不榨酒而極香者勝。拌鹽糟藏諸食物，味皆美嫩。惟發風動疾、痧痘、産後、咽喉、目疾、血證、瘡、瘧，均忌之。以糟入油料，製爲糟油，調饌香美，然亦發疾，非病人所宜。

撲損打傷及蛇蟲蜂螫，酒糟罨。

蜜

蜜者，密也。味甘質潤，而性主固。密護内，故能補中益氣，養液安神，潤肺和營，殺蟲解毒。生者涼，熟者平。以色白起沙，而作梨花香者爲勝。煉法以器盛置重湯中煮一日，候滴水不散爲熟蜜。或以蜜一斤，入水四兩，放砂石器内，桑柴火慢熬，掠去浮沫，至滴水成珠亦可。但經火煉，其性温也。若果餌肴饌，漬製得宜，味皆甘美，洵神品哉！忌同葱食；痰濕内盛、脹滿嘔吐者亦忌。以之丸藥，須察其宜，顢頇濫用，焉能濟事哉？

湯火、熱油傷，蜜塗。

産後口渴，煉蜜調白湯服。

川椒

一名蜀椒，一名巴椒，一名漢椒。

辛熱。温中下氣，暖腎祛寒，開胃殺蟲，除濕止瀉，滌穢舒鬱，消食辟邪。制魚腥、陰冷諸物毒，辟蠅蚋、蜈蚣、蚊蟻等蟲。多食動火墮胎，陰虛内熱者忌之。閉口者殺人，中其毒者，冷水解之。

漆瘡作癢，川椒煎湯洗。凡入漆所，嚼川椒塗鼻中，不患漆瘡，併辟疫穢邪氣。

婦人禿鬢，川椒四兩酒浸，密室内日日塗之。

花椒

本名秦椒，一名欓。

辛温。調中下氣，除濕殺蟲，止痛行瘀，解魚腥毒。

胡椒

辛熱。温中除濕，化冷積，止冷痛，去寒痰，已寒瀉，殺一切魚肉鱉蕈、陰冷食毒。色白者勝。多食動火爍液，耗氣傷陰，破血墮胎，發瘡損目，故孕婦及陰虚内熱、血證、痔患，或有咽喉、口齒、目疾者，皆忌之。緑豆能制其毒。

發散寒邪，胡椒、丁香各七粒，碾碎，以葱白杵膏，和塗兩手心，合掌握定，夾于人腿内側，温覆取汗。

蜈蚣咬，嚼胡椒封。

辣茄

一名椴，一名櫢，亦名越椒，俗名辣子，亦曰辣椒、辣虎、辣枚子。各處土名不一，其實即古人重九所佩之食茱萸也。

辛苦熱。温中燥濕，禦風寒，殺腥消食，開血閉，快大腸。種類不一，先青後赤，人多嗜之，往往致疾。陰虛内熱，尤宜禁食。

丁香

辛温。暖胃，去濕，散寒，辟惡，殺蟲，消痞，解穢，已冷痢，止冷痛，療虛噦，補虛陽，制酒肉、魚蟹、瓜果諸毒。古人噙之奏事，治口臭也。陰虛内熱人忌之。

辟穢，丁香一兩爲末，川椒六十粒，和之，絹囊盛佩。

過食蟹蚌、瓜果致病，丁香末五分，薑湯下。

乳頭裂破，丁香末傅，併治癰疽惡肉，外以膏藥護之。

陰冷，母丁香爲末，紗裹如指大納入。

反胃，母丁香一兩爲末，鹽梅肉擣丸芡子大，每噙一丸。

胃寒吐瀉，母丁香、橘紅等分研，蜜丸豆大，米湯下一丸。

桂皮

辛温。暖胃，下氣，和營，燥濕，去風，殺蟲，止痛，制鳥獸、鱗介、瓜果諸毒。血虚内熱、濕暑時邪諸病均忌。

桂花

辛温。辟臭，醒胃，化痰。蒸露浸酒，鹽漬糖收，造點作餡，味皆香美悦口。亦可蒸茶油澤髮。

松花

花上黄粉，及時拂取，和白沙糖作糕餌，食之甚美，亦可釀酒。主養血息風，多食亦能助熱。單服治瀉痢，隨證以湯調。

椿芽

香椿嫩葉也。甘辛温。祛風，解毒。入饌甚香，亦可瀹熱醃焙爲脯，耐久藏。多食壅氣動風，有宿疾者勿食。

玫瑰花

甘辛温。調中活血，舒鬱結，辟穢和肝。蒸露熏茶，糖收作餡，浸油澤髮，烘粉悦顔，釀酒亦佳。可消乳癖。

茉莉花

辛甘温。和中下氣，辟穢濁，治下痢腹痛。熏茶、蒸露、入藥皆宜。珍珠蘭更勝。

甜菊花

甘涼。清利頭目，養血息風，消疔腫。點茶、蒸露、釀酒皆佳。苦者勿用。餘如野薔薇、金銀花，功用略同，可類推也。

久患頭風，或目疾時作，甘菊花去蒂裝枕用。

疔腫垂死，甘菊花一握，擣汁飲，冬月取根用。

女人陰腫，甘菊苗杵爛煎湯，先熏後洗。

薄荷葉

辛甘苦温。散風熱，清利頭目、咽喉、口齒諸病，和中下氣，消食化痰，開音聲、舒鬱懣，辟穢惡邪氣，療霍亂癧瘡。釀酒、蒸糕、熬糖、造露均妙。惟虚弱多汗者忌之。

鼻衄，薄荷葉塞。

血痢，薄荷葉煎服。

蛇、蜂、貓傷，薄荷絞汁塗。

汪謝城曰：薄荷多服，耗散真氣，致生百病，余嘗親受其累，不可不知。如浸火酒，拌水煙，人多嗜之，實陰受其害而不覺耳。

紫蘇葉

辛甘温。下氣安胎，活血定痛，和中開胃，止嗽消痰，化食，散風寒。治霍亂、脚氣，制一切魚肉鰕蟹毒。氣弱多汗、脾虚易瀉者忌食。

乾霍亂，紫蘇煎服，併治蛇咬及中蟹毒。

乳癰腫痛，紫蘇湯頻飲，渣滓封患處。

金瘡、跌打出血，紫蘇杵爛傅，併治猘犬咬。

茴香

辛甘温。調中開胃，止痛散寒。治霍亂、蛇傷、癩疝、脚氣。殺蟲辟穢，肴饌所宜，制魚肉腥臊、冷滯諸毒。

小便頻數而色清不渴者，茴香淘淨，鹽炒研末，炙粳米糕蘸食。

蒔蘿

一名小茴。

辛甘温。開胃健脾，散寒止痛，殺蟲消食，調氣止嘔。定腰齒之疼，解魚肉之毒。

蔬食類第四

葱

辛甘平。利肺通陽，散癰腫，祛風達表，安胎止痛，通乳和營。主霍亂轉筋，奔豚脚氣。調二便，殺諸蟲，理跌撲金瘡，制魚肉諸毒。四季不凋、味辛帶甘而不臭者良。氣虛易汗者不可單食，又忌同蜜食。

胎動下血，葱白煎濃汁飲，未死即安，已死即下，未效再飲。

中惡卒死，急取葱心黄，刺入鼻中，男左女右，入七八寸，血出即愈。併以葱刺入耳中五寸，亦治自縊垂死。

小兒無故卒死，以葱白納入下部及兩鼻孔内，氣通或嚏即生。

小兒盤腸内釣腹痛，以葱湯洗兒腹，仍擣葱貼臍上，良久溺出痛止。

小便閉脹，葱白三斤，剉炒，帕包二箇，更互熨小腹。陰囊腫痛，煨葱入鹽杵爛塗。

赤白痢，葱白一握，細切，和米煮粥，日日食之。

一切腫毒，葱白杵爛，和蜜塗；併治跌打杖傷，金瘡挫朒，流注走痛，筋骨痹疼，腦破血流，癰毒初起，均宜厚傅，可取立效。

乳癰初起，葱白煮汁飲；併解金銀毒。

韭

辛甘温。暖胃補腎，下氣調營。主胸腹腰膝諸疼，治噎膈經産諸證，理打撲傷損，療蛇狗蟲傷。秋初韭花，亦堪供饌。韭以肥嫩爲勝，春初早韭尤佳。多食昏神。目證、瘧疾、瘡家、痧痘後均忌。

産後血運，切韭安瓶中，沃以熱醋，令氣入鼻中。

産後怒哭傷肝，嘔青緑水，韭汁入薑汁少許有服。

卒然中惡，韭汁注鼻中。

漏脯、鬱肉諸食物毒，韭汁灌之。

薤

辛温。散結定痛，寬胸止帶，安胎活血，治痢。多食發熱。忌與韭同。

奔豚氣痛，擣薤汁服。

赤白痢、産後痢、小兒疳痢，薤白和米煮粥食。

湯火傷，薤白和蜜杵塗。

蒜

今名小蒜，俗曰夏蒜，相傳此爲中國之蒜。

辛温。下氣、止痛、殺蟲。發風損目、病後忌之。

葫

今名大蒜，漢時自西域來。

生辛熱，熟甘濕。除寒濕，辟陰邪，下氣暖中，消穀化肉，破惡血，攻冷積。治暴瀉腹痛，通關格便秘，辟穢解毒，消痞殺蟲。外炙癰疽，行水止衄，制腥臊鱗介諸毒。入藥以獨子者良。昏目損神，不宜多食。陰虚内熱、胎産、痧痘、時病、瘡瘧、血證、目疾、口、齒、喉、舌諸患，咸忌之。子、苗皆可鹽藏，葉亦可茹，性味相似。

乾、濕霍亂轉筋，噤口痢，鼻淵、鼻衄不止，并擣蒜貼湧泉穴。

水腫溺閉，大蒜、田螺、車前子等分，杵欏臍中。

喉痹腫痛、諸物鯁喉，并以大蒜塞鼻中。

陰疽陰毒，以蒜片安瘡頂，艾炷灸之。

蛇、蝎、蜈蚣咬，杵蒜封之。

心腹冷痛、虛寒瀉痢，陳年醋浸大蒜，食數顆。

蕓薹

辛滑甘溫。烹食可口。散血消腫，破結通腸。子可榨油，故一名油菜。形似菘而本削，莖狹葉鋭，俗呼青菜，以色較深也。發風動氣，凡患腰脚口齒諸病，及産後、痧痘、瘡家、錮疾、目證、時感，皆忌之。

游風丹毒、婦人乳吹，并以油菜擣傅。兼可煎洗諸瘡。

蒝荽

本名胡荽。

辛温。散寒，辟邪，解穢，殺蟲止痛，下氣通腸，殺魚腥，發痘疹。多食損目，凡病忌之。子性味略同。

右七品，二氏以爲葷菜，謂其損性靈也。

痘疹不達，胡荽二兩切碎，以酒二大盞，煎沸沃之。蓋定，勿令泄氣，候冷去滓，微微含噴，從項背至足令遍，勿噀頭面。按《直指方》云：痘疹不快，用此噴之，以辟惡氣。牀帳上下左右，皆宜挂之，以禦天癸、淫佚、寒濕諸氣，一應穢惡所不可無。然惟兒體虚寒，天時陰冷，噴之故妙。若兒壯實，及春夏晴暖，陽氣發越之時，用之助虐，以火益火，胃中熱熾，毒血聚蓄，則必變黑陷也，不可不慎。今人治痘疹，不辨證之寒熱、時之冷暖，輒用蒝荽子入藥者，誤人多矣。

芥

辛甘而温。禦風濕，根味尤美。補元陽，利肺豁痰，和中通竅，醃食更勝。開胃，性平，以冬收細葉無毛，青翠而嫩者良。一名雪裏蕻。晴日刈之，晾至乾癟，洗净，每百斤以燥鹽五斤，壓實醃之。數日後，鬆缸一伏時，俾鹵得浸漬；如鹵少，泡鹽湯候冷加入，仍壓實。一月後開缸，分裝罎瓮，逐罎均以鹵灌滿浸爲法，設鹵不傅，仍以冷鹽湯加之，緊封罎口，久食不壞，生熟皆宜，可爲常饌。若將醃透之菜，于晴燥時，一日曬極乾，密裝乾潔罎內，陳久愈佳，香能開胃，最益病人。用時切食，葷素皆宜，以之燒肉，雖盛暑不壞。或切碎醃裝小罎，毋庸鹵浸，但須築實密封，尤堪藏久。醃芥鹵煮食物，味甚鮮美。若罎盛埋土中，久則清澈如水，爲肺癰、喉證神藥。春芥發風動氣，亦可醃食，病人忌之。

白芥子研末，水調如糊，以紙密封半時，可作食料。辛熱爽胃，殺魚腥、生冷之毒。多食動火，内熱者忌之。入藥治痰在脅下及皮裏膜外者。

菘

一名白菜，以其莖色白也。亦有帶青色者，然本豐莖潤，迥非油菜。

甘平養胃，解渴生津，葷素咸宜，蔬中美品。種類不一，冬末最佳。醃食曬乾，并如上法，諸病不忌。喻氏嘗云：白飯青蔬，養生妙法。肉食者鄙，何可與言？鮮者滑腸，不可冷食。

黃矮菜

一作黃芽菜。

甘平養胃，葷素皆宜，雪後更佳，但宜鮮食。北産更美，味勝珍羞，亦可爲葅，諸病不忌。

蕪菁

即蔓菁，一名九英菘，一名諸葛菜。一種根如蘆菔者，名大頭菜，向産北地，今嘉興亦種之。

醃食鹹甘，下氣開胃，析酲消食，葷素皆宜，肥嫩者勝，諸病無忌。其子入藥，明目養肝。

蘆菔

俗名蘿蔔，一名來服，言來辫之所服也，俗作萊菔。

生者辛甘涼。有去皮即不辛者，有皮味亦不辛，生啖勝于梨者特少耳。潤肺化痰，祛風滌熱。治肺痿吐衄，咳嗽失音，塗打撲、湯火傷，救煙熏欲死，噤口毒痢，二便不通，痰中類風，咽喉諸病。解酒毒、煤毒、麵毒、茄子毒，并擣汁飲。消豆腐積，殺魚腥氣。熟者甘温，下氣和中，補脾運食，生津液，禦風寒，肥健人，已帶濁，澤胎養血，百病皆宜。四季有之，可充糧食。故《膳夫經》云：貧窶之家，與鹽飯偕行，號爲三白，不僅爲蔬中聖品已。種類甚多，以堅實無筋、皮光肉肥者勝。葷肴素饌，無不宜之。亦可醃曬作腊，醬製爲脯。

守山糧　用堅實蘆菔不拘白赤，洗净蒸熟，俟半乾擣爛，再以稉米舂白，浸透蒸飯，擣如糊，二物等分合杵匀，泥竹壁上，待其自乾，愈久愈堅，不蛀不爛。如遇兵荒，鑿下掌大一塊，可煮成稀粥一大鍋，食之耐飢。或做成土坯式砌牆亦可。有心有力者，不可不知之。

反胃噎食、沙石諸淋、噤口痢疾、腸風下血，蜜炙蘆菔，細嚼，任意食之。

肺痿咳血，蘆菔和羊肉或鯽魚，頻煮食。

消渴，蘆菔煮豬肉頻食，或擣汁和米煮粥食亦可。浮腫，及濕熱腹脹，出了子蘆菔，名地骷髏。煎濃飲。

葉，辛苦。瀹過，可鮮茹，可醃食，可曬乾久藏。或生菜挂乾，俟蘆菔罷時洗凈，浸去苦味，切碎，和米煮飯，儉鄉雖有年亦爾，不僅爲救荒之食也。若于立冬日，采而露之，任其雨淋日曬，雪壓風吹，至立春前一日，入瓮封藏。如不燥透，收懸屋内，俟極乾入瓮。一切喉證、時行瘟疫、斑疹、瘧、痢、水土不服、飲食停滯、痞滿、疳、疸、脹瀉、脚氣、痧毒諸病，洗凈濃煎，服之并效。

子，入藥治痰嗽、齁喘、氣鼓、頭風、溺閉，及誤服補劑。

胡蘆菔

皮肉皆紅，亦名紅蘆菔，然有皮肉皆黄者。

辛甘温。下氣寬腸。氣微臊，雖可充食，别無功用。

羊角菜

苦辛甘温。下氣，病人忌食，能動風也。煎湯可洗痔瘡，擣罨風濕痹痛。

菠薐

亦名菠菜。

甘辛温。開胸膈，通腸胃，潤燥活血。大便澀滯及患痔人，宜食之。根味尤美，秋種者良。驚蟄後不宜食，病人忌之。

菾　菜

亦名白甜菜。

甘苦凉。清火祛風，殺蟲解毒，滌垢濁，稀痘瘡，止帶調經，通淋治痢。婦人、小兒尤宜食之。老者良。先用清水，煮去苦味，其湯浣衣，最去油垢。然後再煮食之。或云即古之葵菜也。

莧

甘凉。補氣清熱，明目滑胎，利大小腸。種類不一，以肥而柔嫩者良。痧脹、滑瀉者忌之，尤忌與鼈同食。

蛇、蜂、蜈蚣螫，擣莧汁服，渣傅患處。

徐靈胎云：嘗見一人頭風痛甚，兩目皆盲，遍求良醫不效，有鄉人教用十字路口及人家屋脚邊野莧菜煎湯，注壺内塞住壺嘴，以雙目就壺熏之，日漸見光，竟得復明。愚按《本草》，莧通九竅，其實主青盲明目。而莧字从見，益歎古聖取義之精。

茼蒿 一名蓬蒿，亦呼蒿菜

甘辛涼。清心養胃，利腑化痰。葷素咸宜，大葉者勝。

芹

甘涼。清胃，滌熱，袪風，利口齒、咽喉、頭目，治崩帶、淋濁、諸黃。白嫩者良。煮勿太熟。旱芹味遜，性味略同。

薺

甘平。明目，養胃，和肝。治痢，辟蟲。病人可食。

薑

辛熱。散風寒，温中，去痰濕，止嘔定痛，消脹殺蟲。治陰冷諸疴，殺鳥獸、鱗介、穢惡之毒。可醬漬，可糖醃。多食久食，耗液傷營。病非風寒外感，寒濕内蓄，而内熱陰虛，目疾喉患，血證瘡瘍，嘔瀉有火，暑熱時瘧，熱哮火喘，胎産痧脹，及時病後、痧痘後，均忌之。

閃拗手足、跌打損傷，生薑、蔥白杵爛，和麵炒熱罨。

初伏日，以生薑穿綫，令女子貼身佩之，年久愈佳，治虛陽欲脱之證甚妙，名女佩薑。

萵苣

微辛微苦，微寒微毒。通經脈，利二便，析酲消食，殺蟲蛇毒。可醃爲脯，病人忌之。莖葉性同，薑汁能制其毒。

苦菜

本名荼，一名苦苣，亦名苦蕒，北人甚珍之。

苦寒。清熱明目，補心涼血，除黄殺蟲，解暑，療淋痔，愈疔癰。入饌先瀹去苦味，盛暑以之煨肉猶凝，故脾胃虛寒者忌之。不可共蜜食，或云蠶婦亦不宜食。

血淋、溺血，苦蕒一把，酒水各半煎服。

諸疔，擣苦蕒汁塗，能拔根。或預采青苗陰乾，研末，水調傅亦妙。

蒲公英

一名黄花地丁。

甘平。清肺利膈，化痰散結消癰，養陰涼血，舒筋固齒，通乳益精。嫩可爲蔬，老則入藥，洵爲上品。今人但以治乳患，抑何陋耶？別有紫花地丁，一名如意草。甘涼。清熱補虚，消癰涼血，耐飢益氣，爲救荒仙草。以生嚼無草氣，故可同諸草木葉咀食充飢也。

萱萼

乾而爲葅，名黄花菜，一名金鍼菜。

甘平。利膈，清熱，養心，解憂，釋忿，醒酒，除黄。葷素宜之，與病無忌。

馬蘭

甘辛涼。清血熱，析醒解毒，療痔殺蟲。嫩者可茹可葅可餡，蔬中佳品，諸病可餐。

蒲蒻

即香蒲根，《詩》云「其蔌維何，維筍及蒲」是矣。

甘涼。清熱養血，消癰明目，利咽喉，堅牙，通二便。其花中蕊屑，名蒲黄，細若金粉，當欲開時，便取之，可密收作果食。入藥，涼血消瘀，炒黑又專止血，爲喉舌諸血證妙品。按草木嫩時可茹者，在在有之，惟各處好尚不同，名謂不一。因限於篇幅，繁不勝蒐，姑譜一二如右，以例其餘。

蒓

亦作蓴。

甘涼柔滑，吴越名蔬。下氣止嘔，逐水治疸。柔嫩者勝，時病忌之。一切癰疽，蒓菜擣傅，未成即消，已成即毒散。

海帶

鹹甘涼。軟堅散結，行水化濕，故内而痰飲、帶濁、疳脹、疝瘕、水腫、奔豚、黄疸、脚氣，外而癭瘤、瘰癧、癰腫、瘻瘡，并能治之。解煤火毒，析酲消食，葷素僉宜，短細者良。海藻、昆布，粗不中食，入藥功同。

紫　菜

甘涼。和血養心，清煩滌熱。治不寐，利咽喉，除脚氣、癭瘤，主時行瀉痢，析酲開胃。淡乾者良。

石　華

甘鹹寒滑。專清上焦客熱，久食愈痔，而能發下部虚寒。盛夏煎之，化成膠凍，寒凝已甚。中虚無火者忌食。粗者名麒麟菜，性味略同。

海　粉

甘涼。清膽熱，去濕，化頑痰，消癭瘤，愈瘰癧。

髮　菜

本名龍鬚菜。

與海粉相同，而功遜之。

苔菜

鹹涼。清膽，消瘰癧、瘿瘤，泄脹化痰，治水土不服。

木耳

甘平。補氣，耐飢，活血。治跌仆傷，凡崩淋、血痢、痔患、腸風，常食可瘳。色白者勝。煮宜極爛，葷素皆佳。

香蕈

甘平。開胃，治溲濁不禁。包邊圓嫩者佳。俗名香菰。痧痘後、産後、病後忌之，性能動風故也。

蘑菰

甘涼。味極鮮美，葷素皆宜。開胃化痰。嫩而無砂者勝。多食發風動氣，諸病人皆忌之。

鮮蕈

一名土菌。

甘寒。開胃，蔬中異味。以寒露時，松花落地所生者無毒，最佳。葷素皆宜。病人均忌。或洗净瀝乾，以麻油或茶油沸過，入秋油浸收，久藏不壞。設莫辨良毒，切勿輕嘗。中其毒者，以地漿、金汁解之。

茭白

一名菰筍，一名茭筍。

甘寒。清濕熱，利二便，解酒毒，已癩瘍。止煩渴、熱淋，除鼻皶目黄。以杭州田種肥大純白者良。精滑便瀉者勿食。

茄

一名落蘇。

甘涼。活血，止痛，消癰，殺蟲，已瘧，故一名草鼈甲。消腫，寬腸。治傳尸勞、瘕疝諸病。便滑者忌之。種類不一，以細長深紫、嫩而子少者勝。葷素皆宜，亦可醃曬爲脯。秋後者微毒，病人勿食。

婦人血黄，老茄竹刀切片，陰乾爲末，温酒下二錢。

腸風下血，經霜茄子連蒂燒存性，研，每日空心酒服二錢七。

癀疝、胎疝，雙蒂茄懸房門上，出入視之。茄蔫所患亦蔫，茄乾亦乾矣。又法，雙茄懸門上，每日抱兒視之，二三次釘鍼于上，十餘日消矣。

磕傷青腫，老黄茄極大者，切如指厚，新瓦焙研，温酒服二錢七，臥一寢，了無痕迹。

熱毒瘡腫，生茄一枚，割去二分，去瓤二分，似罐子形，合患處即消。如已出膿，再用取療。

喉痹，糟茄或醬茄，細嚼咽汁。

乳裂，老茄裂開者，陰乾，燒存性，研，水調塗。

瓠　甗

亦作壺盧，俗作葫蘆，一名瓠瓜，俗呼蒲蘆。

甘涼。清熱，行水，通腸。治五淋，消腫脹。其嫩葉亦可茹，故《詩》云「幡幡瓠葉，采之烹之」也。種類不一，味甘者嫩時皆可食。苦者名匏瓜，入藥用。老則皆可爲器。

冬瓜

一名白瓜。

甘平。清熱，養胃，生津，滌穢，除煩，消癰，行水。治脹滿、瀉痢、霍亂，解魚酒等毒。諸病不忌，葷素咸宜，惟冷食則滑腸耳。以搭棚所種，瓜不著地，皮色純青，多毛，味純甘而不酸者良。

諸般渴、痢，煮冬瓜食之，并飲其汁。亦治水腫，消暑濕。若孕婦常食，澤胎化毒，令兒無病。與蘆菔同功。

發背，冬瓜截去頭，合瘡上，瓜爛，截去再合，以愈爲度。已潰者合之，亦能漸斂。

練瓜瓤也　甘平。絞汁服，止消渴，治淋，解熱毒。洗面澡身去䵟黵，令人白皙。

子古方所用瓜子，皆冬瓜子也　甘平。潤肺，化痰濁，治腸癰。

皮　甘平。祛風熱，治皮膚浮腫、跌撲諸傷。

葉　清暑，治瘧、痢、泄瀉，止渴，療蜂螫惡瘡。

藤　秋後齊根截斷，插瓶中，取汁服。治肺熱痰火、內癰諸證良。

絲瓜

一名天羅。

甘涼。清熱解毒，安胎，行乳，調營，補陽，通絡，殺蟲，理疝，消腫，化痰。嫩者爲肴，宜葷宜素。老者入藥，能補能通，化濕除黄，息風止血。

痘瘡不快，初出或未出，多者令少，少者令稀。老絲瓜近蒂三寸，連皮燒存性研，沙糖湯調下。

喉痹，絲瓜擣汁灌之。

癰疽不斂，絲瓜擣汁頻抹。

酒痢，或便血腹痛，或肛門患痔，乾絲瓜煅存性研，酒服二錢。兼治乳汁不通、經阻、氣痛、腰痛、疝痛、酒積、黄疸等病。

化痰止嗽，絲瓜煅存性研末，棗肉丸彈子大，每一丸酒下。
風熱牙痛，絲瓜一條，以鹽擦過，煅存性研，頻擦，兼治顋腫，水調傅。
小兒浮腫，絲瓜、燈薪、葱白等分，煎濃汁服，併洗。

葉　嫩時可茹。絞汁服，治痧穢腹痛。性能消暑解毒，挼貼疔腫甚妙。
蟲癬，侵晨采帶露絲瓜葉七片，逐片擦七下，忌雞魚發物。
睾丸偏墜，絲瓜葉煅存性三錢，雞子殼燒灰二錢，同研，温酒下。
湯火傷，擣絲瓜葉傅。

苦瓜

一名錦荔枝。

青則苦寒，滌熱，明目，清心。可醬可醃，鮮時燒肉，先瀹去苦味，雖盛夏而肉汁能凝，中寒者勿食。熟則色赤，味甘性平，養血滋肝，潤脾補腎。

菜瓜

一名越瓜，一名梢瓜。

生食甘寒，醒酒滌熱。糖醃充果，醯醬爲葅，皆可久藏。病目者忌。

黄　瓜

一名胡瓜，《隨園食單》誤作王瓜。

生食甘寒，清熱利水。可葅可饌，兼蓏蔬之用。而發風動熱，天行病後、疳、瘧、瀉痢、脚氣、瘡疥、産後、痧痘皆忌之。

喉腫，眼痛，老黄瓜一條，上開一小孔去瓤，入芒硝令滿，懸陰處，待硝透出，刮下吹點。

杖瘡、湯火傷，五月五日，掐黄瓜入瓶内，封挂檐下，取水掃之。

南　瓜

早收者嫩，可充饌，甘温。耐飢，同羊肉食則壅氣。晚收者甘涼，補中益氣。蒸食味同番藷，既可代糧救荒，亦可和粉作餅餌。蜜漬充果食。凡時病、疳、瘧、疸、痢、脹滿、脚氣、痞悶、産後、痧痘皆忌之。

解鴉片毒，生南瓜擣汁頻灌。

戒鴉片引，宜用南瓜蒸熟多食，永無後患。

火藥傷人，生南瓜擣傅，并治湯火傷。

槍子入肉，南瓜瓤傅之即出。晚收南瓜，浸鹽鹵中備用，亦良。

胎氣不固，南瓜蒂煅存性研，稉米湯下。

虛勞内熱，秋後將南瓜藤齊根剪斷，插瓶内取汁服。

芋

煮熟甘滑利胎，補虛滌垢，可葷可素，亦可充糧。消渴宜餐，脹滿勿食。生嚼治絞腸痧，擣塗癧瘍初起。丸服散瘰癧，并奏奇功。煮汁洗膩衣，色白如玉。擣葉罨毒箭及蛇蟲傷。

筍

竹萌也。

甘涼。舒鬱，降濁升清，開膈消痰。味冠素食，種類不一，以深泥未出土而肉厚色白，味重耎稉，純甘者良。可入葷肴，亦可鹽煮，烘乾爲腊，久藏致遠。出處甚繁，以天目早園爲勝。小兒勿食，恐其咀嚼不細，最難剋化也。毛竹筍，味尤重，必現掘而肥大極嫩，墮地即碎者佳。葷素皆宜。但能發病，諸病後、産後均忌之。閩人造爲漉筍，以貨遠方，極嫩者勝。煎去劣味，始可入饌。産處州者較優，惟山中盛夏之鞭筍，嚴寒之冬筍，味雖鮮美，與病無妨。

豆腐

一名菽乳。

甘涼。清熱，潤燥生津，解毒補中，寬腸降濁。處處能造，貧富攸宜，洵素食中廣大教主也，亦可入葷饌，冬月凍透者味尤美。以青黄大豆，清泉細磨，生榨取漿，入鍋，點成後，嫩而活者勝。其漿煮熟，未點者爲腐漿。清肺補胃，潤燥化痰。漿面凝結之衣，揭起晾乾爲腐皮，充飢入饌，最宜老人。點成不壓則尤嫩，爲腐花，亦曰腐腦。榨乾所造者，有千層，亦名百葉。有腐乾，皆爲常肴，可葷可素。而腐乾堅者，甚難消化，小兒及老弱、病後，皆不宜食。蘆菔能消其積。由腐乾而再造爲腐乳，陳久愈佳，最宜病人。其用皂礬，都名青腐乳，亦曰臭腐乳。疳、膨、黄病、便瀉者宜之。生榨腐渣，炒食，名雪花菜。熟榨者僅堪飼豬。

豆腐泔水　浣衣去垢。一味熬成膏，治臁瘡甚效。

休息久痢，醋煎豆腐食。杖後青腫，切豆腐片貼之，頻易，或以燒酒煮貼，色紅即易，不紅乃已。

解鹽鹵毒，熟豆腐漿灌之。

果食類第五

梅

酸温。生時宜蘸鹽食，温膽生津，孕婦多嗜之。以小滿前肥脆而不帶苦者佳。食梅齒齼，嚼胡桃肉解之。多食損齒，生痰助熱，凡痰嗽、疳膨、痞積、脹滿、外感未清、女子天癸未行，及婦女汛期前後、痧痘後，并忌之。青者鹽醃，曝乾爲白梅，亦可蜜漬糖收法製，以充方物。半黄者煙熏爲烏梅，入藥及染色用之。極熟者榨汁，曬收爲梅醬，古人用以調饌。故《書》曰「若作和羹，爾惟鹽梅」也。

喉痹乳蛾，青梅二十枚，鹽十二兩，醃五日，取梅汁，入明礬三兩、桔梗、白芷、防風各三兩、牙皂三十條，俱研細末拌汁，和梅入瓶收之，每用一枚噙咽。凡中風痰厥，牙關不開，以此擦之，亦妙。

梅核膈氣，半黄梅子，每箇用鹽一兩，醃一日夜，曬乾，又浸又曬，至水盡乃止。

用青錢三箇，夾二梅，麻綫縛定，通裝瓷罐内，封埋土中，百日取出。每用一枚，含之咽汁，入喉立愈。

刺在肉中，白梅肉嚼傅，亦治刀箭傷出血。

乳癰腫毒，白梅煅存性研，入輕粉少許，麻油和圍，初起、已潰皆可用。

諸瘡胬肉，烏梅肉燒存性研傅。

久崩、久痢、便血日久，烏梅燒存性研，米飲下二錢。

蛔蟲上行，蛔結腹痛，烏梅煎湯飲。

指頭腫痛，烏梅肉和魚鮮擣封。

梅花　半開時收藏，或蜜漬，或點茶，或蒸露，或熬粥，均妙。以緑萼、白梅爲佳。入藥舒肝解鬱，清火稀痘。

梅葉　解水毒，洗葛衣，則去黴點而不脆。

杏

甘酸温。須俟熟透食之，潤肺生津。以大而甜者勝。多食生痰熱，動宿疾。産婦、小兒、病人尤忌之。亦可糖醃蜜漬，收藏致遠，以充方物。其核中仁，味苦，入藥，不堪食。

陰瘡爛痛，杏仁燒黑，研膏傅。

陰户蟲癢，杏仁燒存性，研爛，綿裹納入。

肛䘌癢痛，杏仁杵膏頻傅。

小兒臍爛成風，杏仁去皮研傅。

箭鏑在咽，或刀刃在咽膈諸隱處，杵杏仁傅。

杏葉煎湯，洗眼癬良。

叭噠杏

甘涼。潤肺，補液濡枯。仁味甘平，補肺潤燥，止嗽下氣，養胃化痰。闊扁尖彎如鸚哥嘴者良。去衣，或生或炒，亦可作酥酪。雙仁者有毒，勿用。寒濕痰飲、脾虚腸滑者忌食。

桃

甘酸温。熟透啖之，補心活血，解渴充飢。以晚熟大而甘鮮者勝。多食生熱，發癰瘡、瘧、痢、蟲、疳諸患。可作脯，製醬造醋。凡食桃不消，即以桃梟燒灰，白湯下二錢，吐出即愈。別有一種水蜜桃，熟時吸食，味如甘露，生津滌熱，洵是仙桃。此産者良，深州最勝；太倉、上海亦産，較遜。

桃梟桃實在樹，經冬不落，正月采收，中實者佳煎湯服，止盜汗，已痁瘧。

桃仁治産後陰腫，炒研傅。婦人陰瘡。杵爛綿裹塞。

李

一名嘉慶子。

甘酸涼。熟透食之，清肝滌熱，活血生津。惟檇李爲勝，而不能多得。不論何種，以甘鮮無酸苦之味者佳。多食生痰助濕，發瘧、痢，脾弱者尤忌之。亦可鹽曝、糖收、蜜漬爲脯。

柰

南産實小，名林檎，一名來禽，一名花紅。其青時體鬆不澀者，一名柰果。甘酸温。下氣生津，和中止瀉。瀹湯代茗，味極清芬，均以大者勝。多食澀脈滯氣，發熱生痰。此産實大，名蘋婆，俗呼蘋果。甘涼輕㮕，别有色香，潤肺悦心，生津開胃，耐飢醒酒，辟穀救荒，洵果中仙品也。

栗

甘平。補腎，益氣，厚腸，止瀉，耐飢，最利腰脚，解羊肉毒。辟穀濟荒，生熟皆佳，點肴并用。㨶時嚼之，作桂花香。老者風乾，則甜而㨶。同橄欖食，風味尤美。以錢塘産者良。凡食均須細嚼，連液吞咽則有益。若頓食至飽，反壅氣傷脾。其外感未去，痞滿、疳積、瘧、痢、瘰癧、産後、小兒、病人、不飢、便秘者，并忌之。以生極難化，熟最滯氣也。

棗

鮮者甘涼，利腸胃，助濕熱，多食患脹瀉、熱渴，最不益人，小兒尤忌。乾者甘温，補脾養胃，滋營充液，潤肺安神。食之耐飢，亦可浸酒。取瓤作餡，葷素皆宜。殺烏頭、附子、天雄、川椒毒。臥時口含一枚，可解悶香。以北産大而堅實肉厚者，補力最勝，名膠棗，亦曰黑大棗。色赤者名紅棗，氣香味較清醇，開胃養心，醒脾補血，亦以大而堅實者勝。可取瓤和粉，作糕餌。焚之辟邪穢。歉歲均可充糧。義烏所産南棗，功力遠遜，僅供食品。徽人所製蜜棗，尤爲膩滯。多食皆能生蟲、助熱、損齒、生痰。凡小兒、産後，及温熱、暑濕諸病前後，黄疸、腫脹、疳積、痰滯，并忌之。

梨

甘凉。潤肺，清胃，凉心，滌熱息風，化痰已嗽，養陰濡燥，散結通腸，消癰疽，止煩渴，解丹石、煙煤、炙煿、膏粱、麴蘖諸毒。治中風不語、痰熱、驚狂、温暑等疴。并絞汁服，名天生甘露飲。以皮薄心小，肉細無渣，略無酸味者良，北産尤佳。切片貼湯火傷，止痛不爛。中虚寒瀉、乳婦、金瘡忌之。新産及病後，須蒸熟食之。與蘆菔相間收藏，則不爛。可擣汁熬膏，亦可醬食。

木瓜

酸平。調氣，和胃養肝，消脹舒筋，息風去濕。蜜漬，酒浸。多食患淋，以酸澀太過也。專治轉筋，能健腰脚，故老人宜佩也。

脚氣筋攣，以木瓜切片囊盛，日踐踏之。

霍亂轉筋，木瓜一兩煎服，仍煎湯浸青布，裹其足。

辟臭蟲，木瓜片鋪席下。

反花痔，木瓜末，鱓魚身上涎，調塗。

黴瘡結毒，木瓜一味研末，水法丸，日以土茯苓湯下三錢。

梻

俗作柹。

鮮梻甘寒，養肺胃之陰，宜于火燥津枯之體。以大而無核，熟透不澀者良。或采青梻，以石灰水浸過，則澀味盡去，削皮噉之，甘脆如梨，名曰緑梻。凡中氣虛寒，痰濕内盛，外感風寒，胸腹痞悶，産後，病後，瀉痢，瘧疝，痧、痘後皆忌之。不可與蟹同食。

乾柹　甘平，健脾補胃，潤肺澀腸，止血充飢，殺疳療痔，治反胃，已腸風。老稚咸宜，果中聖品。以北産無核者勝。惟太柔腴，不堪藏久。柹餅、柹花，功用相似，體堅耐久，并可充糧。

反胃、便瀉，并以柹餅飯上蒸熟，日日同飯嚼食，能不飲水更妙。凡小兒初食飯時，亦如是嚼喂甚良。

産後嗽逆，氣亂心煩，柹餅碎切煮汁飲。

痰嗽帶血，大柹餅飯上蒸熟，每用一枚，批開，糝真青黛一錢，臥時食之，薄荷湯下。

痘瘡入目，柹餅日日食之。

解桐油、銀黝毒，多食柹餅。

熱痢、血淋，柹餅細切，同秔米煮粥食。

柹霜　乃柹之精液，甘涼清肺。治吐血咯血，勞嗽上消，咽喉、口舌諸病甚良。

柹蒂　下氣，治咳逆、噎噦、氣衝、不納之證。

柹漆　另有一種小柹，雖熟而色不赤，名曰椑柹，亦曰漆柹。須于小暑前，柹未生核時，采而擣爛，其汁如漆，可以染罾葛、造扇，蓋性能却水也。亦可生啖，性尤冷利。

石榴

甘酸温澀。解渴析酲。多食損肺傷齒，助火生痰，最不益人。但供觀美而已。皮可染皂。

中蠱毒，石榴皮煎濃飲。

腿肚生瘡，初起如粟，搔之漸開，黄水浸淫，癢痛潰爛，遂致繞脛成而錮疾。酸榴皮煎濃汁，冷定頻掃。

花　治吐血。研末吹鼻，止衄血，亦傅金瘡出血。以千葉大紅者良。按諸花忌澆熱水，惟此花可以烈日中灌溉，併宜以葷濁熱湯澆之則益茂，但勿著鹹味耳。正月二十日分枝，則當年即花，物性之難測如此。余幼時見業師王烺中先生，善養此花，而人罕知其法，故附識以傳于世。

橘

甘平。潤肺，析酲，解渴。閩産者名福橘，黄巖所産，皮薄色黄者，名蜜橘，俱無酸味而少核，皆爲佳品。然多食生痰聚飲，風寒咳嗽及有痰飲者，勿食。味酸者，戀膈滯肺，尤不益人。并可糖醃作脯，名曰橘餅。以其連皮造成，故甘辛而温，和中開膈，温肺散寒，治嗽化痰，醒酒消食。

橘皮　解魚蟹毒，化痰下氣。治咳逆、嘔噦、噫噎、脹悶、霍亂、疳瘧、瀉痢、便秘、脚氣諸病皆效。去白者名橘紅，陳久愈良。福橘皮爲勝，或瀹茗時入一片，亦妙。惟化州無橘，俗尚化州橘紅，其色不紅，皆柚皮也。

産後溺閉不通，橘紅二錢爲末，空心温酒下。

乳吹，橘皮一兩，甘草一錢，水煎服。魚骨鯁，橘皮常含咽汁。

嵌甲痛不能行，橘皮煎濃湯，浸良久，甲肉自離，輕手剪去，以虎骨末傅之。

橘核，治疝氣、乳癰。橘葉，消癰腫，治乳癖。

金橘

甘温。醒脾，下氣辟穢，化痰止渴，消食解酲。其美在皮，以黄巖所産，形大而圓，皮肉皆甘，而少核者勝。一名金蛋。亦可糖腌壓餅。

《廣州志》名夏橘，《上林賦》曰盧橘。

橙皮

甘辛。利膈，辟惡化痰，消食析酲，止嘔醒胃，殺魚蟹毒。可以爲葅，可以伴虀，可以爲醬，糖製宜餡，蜜制成膏。嗅之則香，咀之則美，洵佳果也。肉不堪食，惟廣東産者，可與福橘争勝。

香橙餅　橙皮二斤切片，白沙糖四兩，烏梅肉二兩，同研爛，入甘草末一兩，檀香末五錢，擣成小餅，收乾藏之。每噙口中，生津舒鬱，辟臭解酲，化濁痰，禦嵐瘴，調和肝胃，定痛止嘔。湯瀹代茶，亦可供客。

柑

甘寒。清熱，止渴，析酲。以永嘉所産者，名甌柑，核少無滓，最勝，京師呼爲春橘。多食滑腸停飲，傷肺寒中。凡氣虚脾弱，風寒爲病，産婦、小兒及諸病後忌之。種類甚多，大小不一。海紅柑，樹小而結實甚大，皮厚肉紅，可久藏，俗呼文旦。生枝柑，形不圓，色青膚粗，味微酸，留之枝間，大可耐久，俟味變甘，乃帶葉折，故名俗呼蜜羅。

柑皮　辛甘涼。下氣，調中，解酒，殺魚腥氣。可以入茗，或去白焙研末，點湯入鹽飲。亦有用湯瀹過，以之煨肉者。

柚

一名朱欒，一名香欒，俗作香櫞者非。

酸寒。辟臭，消食，解酲。多食之弊，更甚于柑。種類甚繁，大小不一，俗呼大者爲香脬，小者爲香圓。

柚皮，辛苦而甘。消食化痰，散憤懣之氣。陳久者良。

佛手柑

《圖經》名枸櫞，亦名香櫞，今人誤以柚之小者爲香櫞，蓋失考也。

辛温。下氣，醒胃，豁痰，辟惡，解酲，消食，止痛。多食耗氣，虚人忌之。金華産者勝，味不可口，而清香襲人。置之案頭，可供玩賞。置芋片于蒂，而以濕紙圍護，終久不癟。擣蒜罨其蒂，則香更充溢。浸汁浣葛紵最妙。亦可蜜漬收藏。入藥以陳久者良，蒸露尤妙。其花功用略同。

枇杷

甘平。潤肺，滌熱生津，以大而純甘獨核者良。多食助濕生痰，脾虚滑瀉者忌之。蜜餞、糟收，可以藏久。

葉　毛多質韌，味苦氣平，隆冬不凋，盛夏不萎，禀激濁揚清之性，抱忘炎耐冷之姿，静而能宣。凡風温、温熱、暑燥諸邪在肺者，皆可藉以保柔金而肅治節，香而不燥。凡濕温、疫癘、穢毒之邪在胃者，皆可用以澄濁氣而廓中州。《本草》但言其下氣止渴，專治嘔、嗽、噦、噫，何其疏耶？宜以夏前采葉，刷毛洗净、切碎，净鍋炒燥，入瓶密收，用以代茶常飲，可免時氣沾染，真妙法也。亦可蒸露。

山楂

亦作查，一名山裏果，北産者大，亦名棠球，俗名紅果。

酸甘温。醒脾氣，消肉食，破瘀血，散結消脹，解酒化痰，除疳積，已瀉痢。大者去皮核，和糖蜜擣爲糕，名查糕，色味鮮美，可充方物。入藥以義烏産者勝。多食耗氣、損齒、易飢，空腹，及羸弱人或虚病後忌之。

痘疹乾黑危困，山楂爲末，紫草煎，酒調服一錢，輕者白湯下，即時紅活。

食肉不消，山楂四兩，水煮食，併飲其汁。

腸風下血，山楂爲末，艾湯調服。

惡露不行，腹痛，山楂煎湯，調沙糖服。

楊梅

甘酸温。宜蘸鹽少許食，析酲止渴，活血消痰，滌腸胃，除煩濊惡氣。鹽藏、蜜漬、酒浸、糖收，爲脯爲乾，消食止痢。大而純甜者勝。多食動血，酸者尤甚，諸病挾熱者忌之。

樹皮，煎湯洗惡瘡疥癬，漱牙痛。澄冷服，解砒毒。研末燒酒調傅，治遠近攣筋。燒灰油調，傅湯火傷。

櫻桃

甘熱。温中。不宜多食，諸病皆忌，小兒遠之，酸者尤甚。青蔗漿能解其熱。

銀杏

一名白果。

生，苦平澀。消毒殺蟲，滌垢化痰。擦面去皻皰、皯䵳、皴皺及疥癬、疳䘌、陰虱。熟，甘苦温。暖肺益氣，定喘嗽，止帶濁，縮小便。多食壅氣動風，小兒發驚動疳。中其毒者，昏暈如醉，白果殼或白鯗頭煎湯解之。食或太多，甚至不救，慎生者不可不知也。

小便頻數，腸風下血，赤白帶下，并以白果煨熟，去火氣，細嚼，米飲下。

手足皴裂，下疳陰虱，頭面癬瘡，并用生白果杵爛塗擦。

鍼刺入肉，瓷鋒嵌脚，水疔暗疔，并將白果肉浸菜油中，年久愈佳，擣傅患處。

胡桃

一名核桃。

甘温。潤肺，益腎，利腸，化虚痰，止虚痛，健腰脚，散風寒，助痘漿，已勞喘，通血脈，補産虚，澤肌膚，暖水臟，制銅毒，療諸癰，殺羊羶，解齒齼。以殼薄、肉厚、味甘者良。宜餡宜肴，果中能品。惟助火生痰，非虚寒者，勿多食也。

風寒感冒，頭痛身熱，胡桃肉、葱白、細茶、生薑共杵爛，水煎熱服，汗出而痊。內熱者去薑、加白沙糖。

小便頻數，胡桃肉、臥時嚼之，温酒下。

石淋痛楚，胡桃肉一斤，同細米煮漿粥，日日食之。

小腸氣痛便毒初起，并以胡桃煅研温酒下。

背癰、附骨疽，未成膿者，胡桃十箇煨熟，去殼，槐花一兩同研，熱酒調下。

疔瘡、惡瘡，胡桃破開，取肉嚼爛，仍安殼內，合瘡上，頻换。

壓撲損傷，胡桃肉杵爛，温酒頓服。

榛

甘平。補氣，開胃，耐飢，長力，厚腸，虛人宜食。仁粗大而不油者佳。亦可磨點成腐，與杏仁腐皆爲素饌所珍。

梧桐子

甘平。潤肺，清熱，治疝，諸病無忌。鮮更清香。

桑椹

即桑果。

甘平。滋肝腎，充血液，消口渴，利關節，解酒毒，祛風濕，聰耳明目，安魂鎮魄。可生啖宜微鹽拌食，可飲汁，或熬以成膏，或爆乾爲末。設逢歉歲，可充糧食。久久服之，鬚髮不白。以小滿前熟透、色黑而味純甘者良。

熟桑椹，以布濾取汁，瓷器熬成膏收之，每日白湯或醇酒調服一匙。老年服之，長精神，健步履，息虛風，靖虛火，兼治水腫脹滿、瘰癧結核。

櫧子

有甜、苦二種。苦者煮炒令熟，味亦帶甘，并可食。亦可磨粉充糧，耐飢止瀉。氣實腸燥者勿食。患酒膈者，苦櫧煮熟，細嚼頻食，自愈。

橡實

櫟樹子也。其殼可染皂，故一名皂斗。

苦温。須浸透，去其澀味，蒸煮極熟食之。補脾胃，益氣力，止瀉耐飢。性似栗櫧，可禦凶年。杜工部客秦州，嘗采以自給，其嫩葉亦可煎飲代茶。癰堅如石，不作膿，橡斗子用醋于青石上磨汁塗，乾則易自平。

荔枝

甘温而香。通神益智，填精充液，辟臭止疼，滋心營，養肝血。果中美品，鮮者尤佳，以核小肉厚而純甜者勝。多食發熱、動血、損齒，凡上焦有火者忌之。食之而醉者，即以其殼煎湯，或蜜湯解之。

痘瘡不發，荔枝肉浸酒飲，併食之，忌生冷。

諸疔，荔枝肉、白梅肉各三箇，擣餅貼之，根即出。

龍眼

一名桂圓，俗呼圓眼。

甘溫。補心氣，定志安神，益脾陰，滋營充液，果中神品，老弱宜之。以核小肉厚味純甘者良。然不易化，宜煎汁飲。外感未清、內有鬱火、飲停氣滯、脹滿不飢諸候均忌。

王靈膏一名代參膏　自剥好龍眼肉，盛竹筒式瓷碗內，每肉一兩，入白洋糖一錢，素體多火者，再入西洋參片，如糖之數。碗口冪以絲綿一層，日日于飯鍋上蒸之，蒸至百次。凡衰羸老弱，别無痰火、便滑之病者，每以開水瀹服一匙，大補氣血，力勝參、耆。產婦臨盆服之，尤妙。

核　研末，名驪珠散，傅刀刃、跌打諸傷，立能止血定痛，愈後無瘢。

殼　研細，治湯火傷，焚之辟蛇。

橄欖

一名青果。

酸甘平。開胃生津，化痰滌濁，除煩止渴，涼膽息驚，清利咽喉，解魚、酒、野蕈毒。鹽藏藥製，功用良多。點茶亦佳。以香嫩多汁者勝。

河豚、魚鼈諸毒，諸魚骨鯁，橄欖擣汁，或煎濃湯飲。無橄欖，以核研末，或磨汁服。

下疳，橄欖燒存性研，油調傅，兼治耳足凍瘡。

稀痘，橄欖核常磨濃如糊，頻與小兒服之。

欖仁　甘平。潤肺解毒，殺蟲稀痘，制魚腥，塗唇吻燥痛。小兒及病後，宜以爲果餌。

榧

甘温。潤肺，止嗽，化痰，開胃，殺蟲，滑腸，消穀。可生啖，可入素羹。豬脂炒，皮自脱。以細而殼薄者佳。多食助火，熱嗽非宜。

腸胃諸蟲患，每晨食榧肉七枚，以愈爲度。

海松子

甘平。潤燥，補氣充飢，養液息風，耐飢溫胃，通腸辟濁，下氣香身，最益老人。果中仙品，宜肴宜餡，服食所珍。

檳榔

甘苦溫澀。下氣消痰，辟瘴殺蟲，析酲化食，除脹泄滿，宣滯破堅，定痛和中，通腸逐水。制肥甘之毒，膏粱家宜之。尖長質較耎，色紫而香，俗呼棗兒檳榔者良。且能堅齒，解口氣。惟虛弱人及澹泊家忌食。

枳椇 一名雞距子

甘平。潤燥，止渴，除煩，利大小腸，專解酒毒。多食發蛔蟲。

無花果

甘寒。清熱，療痔，潤腸，上利咽喉。中寒忌食。

蒲桃

甘平。補氣，滋腎液，益肝陰，養胃耐飢，禦風寒，强筋骨，通淋逐水，止渴安胎。種類甚多，北産大而多液、味純甜者良，無核者更勝。可乾可釀。枸杞同功。胎上衝心，蒲桃煎湯飲，無則用藤葉亦可。嘔噦，霍亂，溺閉，小腸氣痛，并以蒲桃藤葉煎濃汁飲外，可淋洗腰脚腿痛。

附種蒲桃法　正月末，取蒲桃嫩枝，長四五尺者，捲爲小圈，令緊實。先治地土鬆而沃之，以肥種之，止留二節在外。候春氣透發，衆萌競吐，而土中之節，不能條達，則盡萃于出土之二節，不二年成大棚。其實如棗，且多液也。

落花生

一名長生果。

煮食甘平，潤肺，解毒，化痰。炒食甘温，養胃，調氣，耐飢。入饌頗佳，榨油甚劣。以肥白香甘者良。有火者但宜煮食。

西瓜

甘寒。清肺胃，解暑熱，除煩止渴，醒酒涼營，療喉痹、口瘡，治火毒、時證。雖霍亂、瀉痢，但因暑火爲病者，并可絞汁灌之。以極甜而作梨花香者勝。一名天生白虎湯。多食積寒助濕，每患秋病。中寒多濕、大便滑泄、病後、産後均忌之。食瓜腹脹者，以冬醃乾菜瀹湯飲即消。瓜瓤喂豬，肉味美，色佳而不膩。瓜肉爆乾醃之，亦可醬漬，以作小菜，食之已目赤、口瘡。肉外青皮，以瓷鋒刮下，名西瓜翠衣，入藥，涼驚滌暑。

瓜子　生食化痰滌垢，下氣清營。一味濃煎，治吐血、久嗽皆妙。剥配橙飣，作餡甚美。帶殼炒香佐酒，爲雅俗共賞之。尤大者勝。

甜瓜

甘寒。滌熱，利便，除煩，解渴，療飢，亦治暑痢。種類匪一，以清香甘脆者勝。多食每患瘧痢。凡虚寒多濕、便滑、腹脹、脚氣，及産後、病後皆忌之。其子亦可食。黄疸、鼻瘜、濕家頭痛，并用瓜蒂爲末，吹鼻内，口含冷水，俟鼻出黄水愈。

藕

甘平。生食生津行瘀，止渴除煩，開胃消食，析酲，治霍亂口乾，療産後悶亂。罨金瘡，止血定痛，殺射罔、魚蟹諸毒。熟食補虚，養心生血，開胃舒鬱，止瀉充飢，擣罨凍瘡。亦可入饌，果中靈品，久食休糧。以肥白純甘者良。生食宜鮮嫩，煮食宜壯老，用砂鍋，桑柴緩火煨極爛，入煉白蜜，收乾食之，最補心脾。若陰虚肝旺，内熱血少，及諸失血證，但日熬濃藕湯飲之，久久自愈，不服他藥可也。老藕擣浸澄粉，爲産後、病後、衰老、虚勞妙品。但須自製，市物恐羼雜不真也。市中熟藕，多雜穢物，故易糜爛，最不宜食，諸病皆忌。藕節入藥，功專止血。

藕實

即蓮子。

鮮者甘平，清心養胃。治噤口痢，生熟皆宜。乾者甘温，可生可熟，安神補氣，鎮逆止嘔，固下焦，已崩帶、遺精，厚腸胃，愈二便不禁。可磨以和粉作糕，或同米煮爲粥飯，健脾益腎，頗著奇勳。以紅花所結肉厚而嫩者良。但性澀滯氣，生食須細嚼，熟食須開水泡，剥衣挑心煨極爛。凡外感前後、瘧、疸、疳、痔、氣鬱痞脹、溺赤便秘、食不運化及新産後皆忌之。

汪謝城曰：陳蓮子雖久煮不糜，取蓮根新出嫩芽同煮，則爛矣。

薏蓮子心也 苦涼。斂液止汗，清熱養神，止血固精，所謂能靖君相火邪也。勞心吐血，蓮心七枚，稉米二十一粒爲末，酒下。心動精遺，蓮心一錢研末，入辰砂一分，淡鹽湯下。

蓮鬚 苦濇。治遺精失血。

蓮花 貼天泡瘡。以一瓣書「人」字于上，吞之可催生。研末酒服方寸七，治跌打嘔血。白者蒸露，清心、滌暑、涼營。千葉小瓣者，鮮服壯陽。

蓮房蓮蓬殼也 破血，亦能止血。酒煮服，治胎衣不下。水煎飲，解野蕈毒。

桿 通氣舒筋，升津止渴。霜後采者，清熱止盜汗，行水愈崩淋。

葉 功用與房略同。其色青，其象震，故能升發膽中清氣，以達脾氣。凡脾虚氣陷，而爲便瀉不運者，可佐入培中之劑，如荷米煎之類是也。古方荷葉燒飯，即是此義。蓋燒飯即煮飯，後人拘泥字面，不解方言，入火燒焦，全失清芬氣味矣。凡上焦邪盛，治宜清降者，切不可用。東垣清震湯之謬，章杏雲已力辨其非。試察其能治痘瘡倒陷，則章氏之言益信。《痘疹論》云，痘瘡倒陷，若由風寒外襲，竅閉血凝，漸變黑色，身痛肢厥者，温肌散邪，則氣行而痘自起也。用霜後荷葉，貼水紫背者炙乾，自直僵蠶炒去絲，等分爲末，每服五分，温酒或蒝荽湯調下。蓋荷葉能升發陽氣，散瘀血，留好血，僵蠶能解結滯之氣故也。此藥平和易得，而活人甚多，勝於人牙、龍腦多矣，名南金散。

陽水浮腫，敗荷葉燒存性研，每二錢，米飲下，日三。

諸般癰腫，荷葉蒂不拘多少，煎湯淋洗拭乾，以飛過寒水石，同臘豬脂塗之，能拔毒止痛。

孕婦傷寒，大熱煩渴，恐傷胎氣，嫩捲荷葉焙乾五錢，蚌粉減半，共研，每三錢，新汲水入蜜調服，併塗腹上。名罩胎散。

胎動已見黄水，乾荷蒂一枚，炙研，稉米淘汁一鍾，調下。

赤白痢，荷葉煅研，每二錢，糖湯下。

脱肛，貼水荷葉焙研，酒服三錢，併以荷葉盛末坐之。

赤游火丹，新生荷葉杵爛，入鹽塗。

陰腫痛癢，荷葉、浮萍、蛇牀煎湯日洗。

漆瘡，乾荷葉煎湯洗。

刀斧傷，荷葉煅研傅。

遍身風癘，荷葉三十張，石灰一斗，淋汁合煮漬之，半日乃出，數日一作。

芡實

一名雞頭。

甘平。補氣，益腎，固精，耐飢渴，治二便不禁，强腰膝，止崩淋、帶濁。必蒸煮極熟，枚齒細咀，使津液流通，始爲得法。鮮者鹽水帶殼煮，而剥食亦良。乾者可爲粉作糕，煮粥代糧，亦入藥劑，惟能滯氣，多食難消。禁忌與蓮子同。其莖嫩時可茹，能清虛熱。根可煮食，祲歲濟飢。葉一張須囫圇者，煎湯服，治胞衣不下。

蔆芰

鮮者甘涼，析酲清熱。多食損陽助濕，胃寒脾弱人忌之。老者風乾，肉反轉軟。

熟者甘平，充飢代穀。亦可澄粉，補氣厚腸。多食滯氣，胸腹痞脹者忌之。芰花向日，菱花向月，故芡暖而菱寒。鏡號菱花，謂女人容貌如月也。二角曰菱。

鳬茈

即葧臍，一名烏芋，一名地栗。

甘寒。清熱，消食，析酲，療膈，殺疳，化銅，辟蟲，除黄，泄脹，治痢，調崩。以大而皮赤味甜無渣者良，風乾更美。多食每患腹脹，中氣虛寒者忌之。煮熟性平，可入肴饌，可禦凶年。澄粉點目，去翳如神。味亦甚佳，殊勝他粉。

辟蠱，葧臍曬乾爲末，每白湯下二錢。蠱家知有此物，即不敢下。

血崩，葧臍一歲一枚，煅存性研，酒調下。

便血，擣葧臍汁一鍾，好酒半鍾，和空心温服。

赤白痢，午日午時，取完好葧臍，洗凈拭乾，勿令損破，安瓶内，入好燒酒浸之，黄泥密封收藏。每用二枚細嚼，空心原酒下。

慈姑

俗作茨菰，一名白地栗，一名河鳧茈。

甘苦寒。用灰湯煮熟去皮食，則不麻澀。入肴加生薑以制其寒。功專破血、通淋、滑胎、利竅。多食發瘡、動血、損齒、生風。凡孕婦及癱、瘓、脚氣、失血諸病，尤忌之。

百合

甘平。潤肺，補胃，清心，定魄，息驚，澤膚，通乳，祛風，滌熱，化濕，散癰。治急黄，止虚嗽，殺蠱毒，療悲哀，辟諸邪，利二便，下平脚氣，上理咽喉。以肥大、純白、味甘，而作檀香氣者良。或蒸或煮，而淡食之，專治虚火勞嗽，亦可煮粥煨肉。澄粉食，并補虚羸，不僅充飢也。入藥則以山中野生彌小而味甘者勝。風寒痰嗽、中寒便滑者勿食。

山丹

俗呼紅花百合種類不一，亦有黄花者。

甘苦涼。清營滌暑，潤燥通腸。剥去外一層，水浸去苦味，或蒸或煮，加白洋糖食之耐飢。亦可煮粥、澄粉，補力雖遜，似亦益人。忌同上。按藕粉、百合粉之外，尚有嘉定澄造之天花粉，陰虚内熱及便燥者，服之甚宜。餘者止可充平人之食，不可調養病人。最不堪者，徽州之葛根粉，非風寒未解者，皆不可食。

甘蔗

甘涼。清熱，和胃潤腸，解酒殺蛔，化痰充液。治瘴瘧、暑痢，止熱嗽、虚嘔，利咽喉，强筋骨，息風養血，大補脾陰。榨漿，名天生復脈湯。以皮青圍大節稀而形如竹竿者勝，故一名竹蔗，亦作竿蔗。與榧仁同嚼則渣耎。皮紫者性温，功遜。

蔗飴

蔗汁煎成如飴，色黑，今人呼曰砂糖。

甘温。和中活血，止痛舒筋。越人産後輒服之。然多食助熱，生痰，傷營，滯胃。凡内熱或血不阻者忌之。

赤沙糖

出處不一，品色甚多，有青糖、紅糖、球糖、綿糖等名。

甘温。暖胃緩肝，散寒活血，舒筋止痛。制鴉片煙。吴人産後，用以行瘀。多食損齒生蟲，其弊如右。以上二種，味不帶酸苦者佳。

白沙糖

即白洋糖，亦曰白糖，古名石蜜，此乃竹蔗煎成。堅白如冰者爲冰糖，輕白如霜者爲糖霜。凡霜一瓮，其中品色亦自不同，故有冰花、上白、次白等名也。

甘平。潤肺和中，緩肝生液，化痰止嗽，解渴析酲，殺魚蟹腥，制豬肉毒，辟韭蒜臭，降濁怡神。辛苦潛移，酸寒頓改，調元贊化，燮理功優。冰糖、糖霜，均以最白者爲良。多食久食，亦有損齒生蟲之弊。痞滿嘔吐，濕熱不清，諸糖并忌。

解鹽鹵毒，糖霜多食。

小兒未能穀食、久瘧不瘳，濃煎冰糖湯服。

中虚脘痛、痘不落痂、食魚蟹而不舒、啖蒜韭而口臭，并以糖霜點濃湯飲。

噤口痢，冰糖五錢，烏梅一箇，煎濃頻呷。

汪謝城曰：諸糖，時邪、痧疹、霍亂皆大忌。余見誤服致危者不一其人，即夏月産後用以行瘀，亦宜慎也。

吾叔苦志力學，自垂髫以來，憂勤惕厲，垂四十餘年。雖經世變，身超物外，得以隨處而息焉遊焉。乃飲水思源，譜是書寓意，故以水始。次穀食，而以胡麻冠于調和，抑鹽于油後者，蓋土産百物，天之所以養人，不欲官與其事也。次蔬果，而以蔗糖殿者，將及肉食，豫伏制豬肉毒之糖霜于前也。伏讀至此，不但經論足以濟世，烈且以知叔之晚境如飴，更有甘蔗旁生之兆焉。宗侄承烈拜識于滬寓。

毛羽類第六

豶豬肉

去勢曰豶。

甘鹹平。補腎液，充胃汁，滋肝陰，潤肌膚，利二便，止消渴，起尫羸。以壯嫩花豬，稉而易熟，香而不腥臊者良。烹法甚多，惟整塊洗凈，略抹糖霜，乾蒸極爛者，味全力厚，最爲補益。古人所謂蒸豚也。吴俗尚蹄肘，乃古之豚肩遺意，但須緩火煨化。嘉蘇婦人，不事中饋，而尚市脯，劣廚欲速用硝，不但失飪，亦且暴殄。多食助濕熱，釀痰飲，招外感，昏神智，令人鄙俗。故先王立政，但以爲養老之物。聖人云「勿使勝食氣」，而回回獨謂此肉爲葷也。末俗貪饕，不甘澹泊，厚味腊毒，漫不知省，蔑禮縻財，喪其廉儉，具不得已之苦心者。假神道以設教，創持齋之日期，雖屬不經，良有深意。若幼時勿縱口腹，不但無病，且易成人。至一切外感及哮嗽、瘧、痢疹、疸、霍亂、脹滿、脚氣、時毒、喉痹、痞癥、疔癰諸病，切忌之。其頭肉尤忌。産後食肉，亦勿太早。痧、痘、時病後，須過彌月始可食也。新鮮之肉曰腥《論語》「君賜腥」是矣。方書所云「忌食新鮮之鮮，忌食魚腥之腥」，皆指此言也。醫家、病家，往往顢頇不省，故詳及之。其未經去勢之豭豬肉、婁豬肉皆不堪食。黄瘟豬肉、瘟豬肉并有毒，雖平人亦忌之。中其毒者，芭蕉根擣汁服。

小兒火丹及打傷青腫、破傷風，并用新宰豬肉，乘熱片貼，頻易。液乾難産，津枯血奪，火灼燥渴，乾嗽便秘，并以豬肉煮湯，吹去油飲。

豬皮

杭人以乾肉皮煮熟，刮去油，鉋爲薄片，暴燥以充方物，名曰肉鮓。久藏不壞，用時以涼開水浸耎，麻油鹽料拌食甚佳。按皮即膚也，豬膚甘涼，清虚熱，治下利、心煩、咽痛，今醫罕用此藥矣。若無心煩、咽痛兼證者，是寒滑下利，不宜用此。凡勘病擇藥，先須辨此，庶不貽誤。

千里脯

冬令極冷之時，取熄净好豬肋肉，每塊約二斤餘，勿侵水氣，晾乾後，去其裏面浮油及脊骨肚囊，用糖霜擦透其皮，併抹四圍肥處若用鹽亦可，然藏久易痺也。懸風多無日之所。至夏煮食，或加鹽醬煨，味極香美，且無助濕發風之弊，爲病後、産後、虚火食養之珍。

蘭熏

一名火腿。

甘鹹温。補脾開胃，滋腎生津，益氣血，充精髓。治虚勞怔忡，止虚痢泄瀉，健腰脚，愈漏瘡。以金華之東陽，冬月造者爲勝，浦江、義烏稍遜，他邑不能及也。踰二年，即爲陳腿，味甚香美，甲于珍饈，養志補虚，洵爲極品。取脚骨上第一刀俗名腰封刮垢洗净，整塊置盤中，飯鍋上乾蒸悶透，如是七次，極爛而味全力厚，切食最補。然必上上者，始堪如此蒸食，否則非鹹則韌矣。或老年齒落，或病後脾虚少運，則熬湯，撇去油，但飲其汁可也。外感未清、濕熱内戀、積滯未净、脹悶未消者均忌。時病愈後，食此太早，反不生力，或致浮腫者，皆餘邪未净故耳。

附醃腿法　十一月内，取壯嫩花豬後腿。花豬之蹄甲必白，熖净取下，勿去蹄甲，勿灌氣，勿浸水。用力自爪向上緊捋，有血一股向腿面流出，即拭去，此血不擠出，則至夏必臭。晾一二日待乾，將腿面浮油細細剔净，不可傷膜。若膜破，或去蹄甲，則氣泄而不能香。每腿十斤，用燥鹽五兩鹽不燥透，則滷味入腿而帶苦，竭力擦透其皮，然後落缸，脚上懸牌，記明月日。缸半預做木板爲屜，屜鑿數孔，將擦透之腿，平放版屜之上，餘鹽勾灑腿面，腿多則重重疊之不妨。鹽烊爲鹵，則從屜孔流之缸底，醃腿以此爲要訣，蓋沾鹵則肉霉而必苦也。既醃旬日，將腿翻起，再用鹽如初醃之數，逐腿灑勾，再旬日，再翻起，仍用鹽如初醃，至此匝一月也。將腿起缸，浸溪中半日，刷洗極净，隨懸日中曬之，故起缸必須晴日，若雨雪不妨遲待。如水氣曬乾之後，陰雨則懸當風處，晴霽再曬之，必須水氣乾盡，皮色皆紅，可不曬矣。修圓腿面，入夏起花，以緑色爲上，白次之，黄黑爲下，并以菜油遍抹之，若生蟲有蛀孔，以竹籤挑出，菜油灌之，入伏裝入竹箱盛之。苟知此法，但得佳豬，處處可造。常州造腿未得此法。且後腿之外，餘肉皆可按法醃藏，雖補力較遜，而味亦香美，以爲夏月及忌新鮮者之用。

噤口痢，醃肉脯煨爛食。

中諸肉毒及諸食停滯、惡痢不瘳，并用陳火腿骨煅存性研，開水下。按紀文達公云：油膩得灰即解散。故油膩凝滯之病，即以其物燒灰調服自愈，猶之以灰浣垢耳。余謂尚未盡然，如過食白果、荔枝而醉者，即以其殼煎湯飲之立解。吾杭市脯獨香黏味美者，其煮豬肉或羊肉鍋中之湯，永不輕棄，但日撇浮油，加鹽添水煮之，名曰老汁，故物易化也。即純用秋油、醇酒，煨雞鴨鹿豕等肉之鹵鍋，亦功在老汁，故味美易糜。觀此則食物不消，當以本物消之之義，别有至理存焉。

豬脂

俗呼板油。

甘涼。潤肺，澤槁濡枯，滋液生津，息風化毒，殺蟲清熱，消腫散癰，通腑除黄，滑胎長髮。以白厚而不腥臊者良。臘月煉之，瓷器收藏，每油一斤，入糖霜一錢于内，經久不壞。暑月生豬脂，以糖霜醃之，亦可久藏，此物性之相制也。外感諸病、大便滑瀉者均忌。

胞衣不下、小便不通，并以豬脂一兩、水一盞煎數沸服。

小兒蛔病羸瘦，頻服豬油。

中諸肝毒，豬油一盞，頓服。

痘瘡，便秘四五日，肥豬脂一塊，水煮熟，切如豆大與食，自然臟腑滋潤，痂亦易落，無損于兒。

乳癰、發背諸腫毒，豬脂切片，冷水浸貼，熱即易，以散盡爲度。

誤吞鐵釘，豬脂多食令飽，自然裹出。

豬腦

性能柔物，可以熟皮，塗諸癰腫及手中皸裂皆效。多食損人，患筋耎、陽萎。

豬脏

俗作胰。

甘平。潤燥，滌垢，化痰，運食，清胎，澤顔，止嗽。凡婦人子宫脂滿不受孕及交合不節，而子宫不浄者，皆宜蒸煮爲肴，多食自可受孕。妊婦食之，蠲胎垢，其兒出痘必稀。小兒食之，消積滯，可免疳、黄諸病。且血肉之品，無剋伐之虞，雖頻食亦無害也。所謂澤顔、止嗽者，非用以作面脂而治肺也，食此則痰垢潛消，無穢濁熏蒸之弊，容顔自澤，則欬嗽自平矣。

豬肺

甘平。補肺，止虚嗽。治肺痿、咳血、上消諸證。用須灌洗極浄，煮熟，盡去筋膜，再煮糜化食，或和米作粥，或同苡仁末爲羹，皆可。豬之臟腑，不過爲各病引經之用，平人不必食之。不但腸胃垢穢可憎，而肺多涎沫，心有死血，治浄匪易，烹煮亦難。君子不食豢腴，有以夫。

豬心

甘鹹平。補心。治恍惚、驚悸、顛癇、憂恚諸證。皆取其引入心經，以形補形，而藥得祛病以外出也。煮極難熟。餘病皆忌。

豬肝

甘苦温。補肝，明目。治諸血病，用爲響導。餘病均忌。平人勿食。

打傷青腫，炙豬肝貼之。

一切癰疽初起，新宰牡豬肝，切如瘡大一塊貼之，以布纏定，周時即愈。肝色變黑，狗亦不食。

陰癢，炙豬肝納入，當有蟲出。

豬膽

苦寒。補膽，清熱。治熱痢，通熱秘，殺疳蟲，去目翳，傅惡瘡，治厥顛疾。浴嬰兒，沐髮生光。

小兒初生，豬膽汁入湯浴之，不生瘡疥。

喉痹，臘月朔，取豬膽不拘大小五六枚，用黄連、青黛、薄荷、僵蠶、白礬、朴硝各五錢，裝入膽内，青紙包了，掘一地窟，深方各一尺，以竹横懸此膽于内，用板蓋定，候至立春日取出。待風吹去青紙膽皮，研末密收，每吹少許。

赤白痢，臘月豬膽百枚，俱盛黑豆入内，著麝香少許陰乾，每月五七粒爲末，生薑湯下。

疔瘡惡毒，臘月豬膽風干，和生葱擣傅。湯火傷，豬膽汁調黄蘗末塗。

豬腰子

豬内腎也。

甘鹹平。煮極難熟，俗尚嫩食，實生噉也。腰痛等證，用以行經，殊無補性。或煮三日，俾極熟如泥，以爲老人點食，頗可耐飢。諸病皆忌，小兒尤不可食。癰疽、發背初起，豬腰子一對，同飛麵杵如泥傅。

豬石子

外腎也。

甘鹹温。通腎。治五癃、奔豚、莖痛、陰陽易、小腹急痛、顛癇、驚恐、鬼疰、蠱毒諸證。無是病者勿食。

豬脾

一名聯貼，俗名草鞋底。

甘平。消痞，甚不益人。

豬胃

俗呼豬脂。

甘温。補胃，益氣，充飢，退虚熱，殺勞蟲，止帶濁、遺精，散癥瘕積聚。肉厚者良。須治潔煨糜，頗有補益。外感未清、胸腹痞脹者均忌。

胎氣不足，或屢患半産及娩後虚羸，豬肚煨糜頻食，同火腿煨尤補。

中虚久瀉，豬肚一枚，入蒜煮糜，杵爛丸梧桐子大，每米飲下三十丸。

虚弱遺精，豬肚一枚，入帶心連衣紅蓮子，煮糜，杵丸桐子大，每淡鹽湯下三十丸。

豬腸

甘寒。潤腸，止小便數，去下焦風熱，療痢、痔、便血、脱肛。治净煨糜食。外感不清、脾虚滑瀉者均忌。

腸風臟毒、血痢不已、脱肛出血，并以豬大腸入槐花末令滿縛定，以醋煮爛，擣丸梧子大，每二十丸，米飲下。

豬　脬

甘鹹涼。炙食，治夢中遺溺。

豬脊髓

甘平。補髓養陰。治骨蒸勞熱、帶濁、遺精，宜爲衰老之饌。

豬　血

鹹平。行血殺蟲。餘病皆忌。

豬蹄爪

甘鹹平。填腎精而健腰脚，滋胃液以滑皮膚。長肌肉，可愈漏瘍，助血脈，能充乳汁。較肉尤補，煮化易凝。宜忌與肉同。老母豬者勝。

婦人無乳及乳癰、發背初起，并以母豬蹄一雙，通草同煮食，併飲其汁。

硇砂損陰，豬蹄一隻，浮萍三兩，煮汁漬之，冷即出，以粉傅之。

豬乳

甘鹹涼。初生小兒飲之，無驚、癇、痘、疹之患。大人飲之，可斷酒。

狗肉

廣南名曰地羊。

《本草》云，味酸温。中其毒者，杏仁解之。孕婦食之，令子無聲。時病後食之必死。道家謂之地厭。

羊肉

甘温。暖中，補氣，滋營，禦風寒，生肌健力，利胎産，愈疝，止疼。肥大而嫩、易熟、不羶者良，秋冬尤美。與海參、蘆菔、筍、栗同煨，皆益人。加胡桃煮則不羶。多食動氣生熱。不可同南瓜食，令人壅氣發病。時感前後、瘧、痢、疳、疸、脹滿、顛狂、哮嗽、霍亂諸病，及痧、痘、瘡、疥初愈，均忌。新産後，僅宜飲汁，勿遽食肉。

産後虚羸，腹痛覺冷，自汗，帶下，或乳少，或惡露久不已，均用羊肉切治如常，煮糜食之。兼治虚冷勞傷、虚寒久瘧。

羊脂

甘温。潤燥。治勞痢，澤肌膚，補胃耐飢，禦風寒，療痿痹，殺蟲治癬，利産，舒筋。多食滯濕釀痰。外感不清、痰火内盛者，均忌。

婦人陰脱、赤丹如疥，并煎羊脂塗。

發背初起，羊脂切片，冷水浸貼，熱即易之。

誤吞鍼鐵，多食羊脂則自下。

羊腦

甘温。治風寒入腦，頭疼久不愈者良。多食發風生熱。餘病皆忌。

羊骨髓

甘温。潤五臟，充液，補諸虚，調養營陰，滑利經脈，却風化毒，填髓耐飢。衰老相宜，外感咸忌。

羊血

鹹平。生飲止諸血，解諸毒，治崩衄及死胎不下，産後血悶欲絶，胎衣不落，并誤吞一切金石、草木、蜈蚣、水蛭者，均宜熱服即瘳。熟食但能止血，患腸風、痔血者宜之。

羊脊骨

甘温。補腎，利督，强腰。脛骨磨銅，頭骨消鐵。

羸老胃弱，羊脊骨一具搥碎，熬取濃汁，煮粥常食。

腎虚腰痛，羊脊骨一具搥碎，熬取濃汁，和鹽料食。

膏淋、虚濁、虚利，羊脊骨煅研末，米飲下二錢。

誤吞金銀銅錢，羊脛骨煅研三錢，米飲下。

誤吞鐵物，羊頭骨煅研，調稀粥食。

羊肺

甘平。補肺氣。治肺痿，止咳嗽，行水通小便，亦治小便頻數。病後、産後、虚羸、老弱，皆可以羊之臟腑煮爛食之。外感未清者均忌。

羊心

甘平。補心，舒鬱結，釋憂恚。治勞心膈痛如神。余先慈苦節撫孤，遂患此證，諸藥不應，食此即愈。後屢發，用之輒效，久食竟痊。

羊肝

甘涼。補肝明目，清虛熱，息內風，殺蟲愈癇，消疳蠲忿。諸般目疾，并可食之。

羊膽

苦寒。清膽熱，補膽汁。專療諸般目疾，兼治蟲毒瘡瘍。

目疾，羊膽汁點，或煮熟吞之。

代指，以指刺熱湯中七度，刺冷水中三度，隨以羊膽汁塗之。

羊腰子

羊內腎也。

甘平。補腰腎。治腎虛耳聾，療癥瘕，止遺溺，健腰膝，理勞傷。

羊石子

羊外腎也。

甘温。功同内腎而更優。治下部虚寒、遺精、淋、帶、癥瘕、疝氣、房勞内傷、陰痿陰寒諸般隱疾。并宜煨爛，或熬粥食，亦可入藥用。下部火盛者忌之。

羊脬

甘温。補脬損，攝下焦之氣。凡虚人或産後患遺溺者宜之。

羊胃

俗名羊賭。

甘温。補胃，益氣，生肌，解渴，耐飢，行水，止汗。

羊腸

甘温。補氣，健步，固精，行水，厚腸，便溺有節。故董香光秘傳藥酒方，以之爲君也。搥熟爲線，堅韌絶倫，補力之優，于此可見。

牛肉

章杏雲云：牛爲稼穡之資，天子無故不忍宰，祭祀非天神不敢歆，豈可妄殺乎？及觀《莊子》犧牛、耕牛之喻，知古人宰殺者惟犧牛，而耕牛必不殺也。袁存齋云：天生萬物，大概以有用于人爲貴，律文宰牛馬有禁，宰羊豕無禁，所以然者，羊豕無用于人，而牛馬有用于人也。按此二説，皆通儒之論。余家世不食牛，奉祖訓而守禮法，非有惑于福利之説也，故不譜其性味。中其毒者，杏仁、蘆根汁、稻桿煎濃汁，人乳并可解之。

汪謝城曰：牛肉亦有可食者，其祭祀之胙乎，每見不食牛者，以此胙賜與僮，不免褻越。余有一法，以此牛供祭之後，用合霞天膠、黄明膠諸藥，不褻神，餘又治民病，最爲兩得。

馬肉

辛苦冷，有毒，食杏仁或飲蘆根汁解之。其肝食之殺人。

驢肉

酸平有毒，動風。反荊芥，犯之殺人。

騾肉

辛苦温，有毒。孕婦食之難産。

野豬肉

甘平。補五臟，潤肌膚。治顛癇、腸風、痔血。禁忌與豬肉同。蹄爪補力更勝。一切癰疽不斂，多年漏瘡，煨食即愈。其脂臘月煉過收藏，和酒服，令婦人多乳，服十日後，可給三四兒，素無乳者亦下。亦可塗腫毒、疥癬。

豪豬肉

一名箭豬。

甘寒，有毒。多膏滑腸。能發風虚，不可多食。

虎　肉

酸鹹温。作土氣，味不佳，宜醃食。補脾胃，益氣力，止多唾善嘔，辟精魁鬼瘧，入山則虎見畏之。其脂治反胃，塗白禿、凍瘡、痔瘡、狗咬瘡。

豹　肉

酸温。安五臟，補絶傷，禦風寒，辟鬼魅，壯筋骨，强健人。

熊　肉

甘温。補虛損，殺勞蟲。治風痹、筋骨不仁。有錮疾者忌食。其蹯俗呼熊掌益氣力，禦風寒，極難胹，須用石灰沸湯剥浄，以酒、醋、水三件同封固，微火煮一晝夜，大如皮球，白肉紅絲，色味豔美。其背上脂，惟冬月有之，名熊白。功與肉同，味更美。其膽入藥，治疔疽，去翳息驚，爲珍品。

象　肉

甘平。不益人，多食則體重。煮汁飲，通小便。煅灰服，治溺多。和油傅，愈禿瘡。其皮生肌，爲瘡家收功藥。又治金瘡不合，塗下疳，并煅灰用。其牙，治風癇、驚悸、内熱骨蒸、諸物鯁喉，通小便，療諸瘡、久痔，辟一切邪魅精物，并以生屑調服，外傅鍼刺諸物入肉。

羚羊肉

甘平。治筋骨急强、中風，愈惡瘡，免蛇蟲傷。

山羊肉 野羊也

甘熱。治冷勞、赤白帶下，利産婦，辟嵐瘴，理筋骨急强。時病人忌之。其血破瘀生新，療跌打諸傷、筋骨疼痛、吐衄、瘀停諸病。

鹿肉

甘温。補虚弱，益氣力，强筋骨，調血脈，治産後風虚，辟邪。麋肉同功，但宜冬月炙食。諸外感病忌之。其茸角鞭血，皆主温補下元，惟虚寒之體宜之，若陰虚火動者服之，貽誤匪淺。全鹿丸尤不可信，葉天士嘗闢之，不可不知也。

中風口眼喎邪，生鹿肉同生椒擣貼正即去之。

麂肉

甘平。補氣，暖胃，耐飢，化濕，祛風，能瘳五痔。痞滿氣滯者勿食。

麞肉

一名麕。

甘温。祛風，補五臟，長力，悦容顔。按《食療》云：八月至十一月食之，味美勝羊；十二月至七月食之，動氣。多食發錮疾，患消渴。

貍肉

甘平。補中益氣。治諸疰，去游風，療濕鬼毒氣，皮中如鍼刺，愈腸下血及痔瘻如神。貍類甚多，惟南方有白面而尾似牛者，名牛尾貍，亦曰玉面貍。專上樹食百果，俗呼果子貍。冬月極肥美，亦可糟食。《内則》「食貍去正脊」，若捕而畜之，鼠皆帖服不敢出。别種皆不堪食。

貒肉

一名豬獾。

甘温。補羸瘦，長肌，下氣，平咳逆。勞熱、水脹、久痢，煮食即瘳。野獸中佳品也。

貛肉

一名狗貛。

功與貒相似，兼能殺蛕蟲。黄瘦、疳膨，食之自愈。

狼肉

鹹温。補五臟，禦風寒，暖胃厚腸，壯陽填髓。其脂潤燥，治諸惡瘡。《内則》「食狼去腸」，腹有冷積者最宜，陰虚内熱人忌食。狼肥豺瘦，諺云「體瘦如豺」，故豺肉不堪食也。《食療》云：食豺令人瘦。

兔肉

甘冷。凉血，祛濕，療瘡，解熱毒，利大腸。多食損元陽，令人痿黄。冬至後至秋分，食之傷人神氣。孕婦及陽虚者尤忌。兔死而眼合者，誤食殺人。

水獺肉

甘鹹涼。清血熱，理骨蒸，下水通經，袪毒風，利大小便。多食消男子陽氣。其肝性熱，辟蠱殺蟲，補産虚，已勞嗽。治傳屍鬼疰、魚骨鯁喉、瘧久不瘳、心腹積聚、腸痔下血，寒疝攻疼。其爪搔喉，亦治骨鯁。

猬　肉

俗名刺鼠。

甘平。下氣，殺蟲。治反胃、痔漏。按食此必去骨浄盡，誤食令人瘦劣。其皮煅研服，治遺精甚效。

雞

甘濕。補虚，暖胃，强筋骨，續絶傷，活血調經，拓癰疽，止崩帶，節小便頻數，主娩後虚羸。以騸過細皮肥大而嫩者勝，肥大雌雞亦良，若老雌雞熬汁最佳。烏骨雞滋補功優。多食生熱、動風，凡時感前後、痘疹後、瘡瘍後、瘧、痢、疳、疸、肝氣、目疾、喉證、脚氣、諸風病皆忌之。未騸者，愈老愈毒，諸病均不可食。惟辟邪宜用丹雄雞也。

中惡昏憒，丹雄雞一隻，安放病者心間，以雞頭向病人之面，雞伏而不動，待其飛下，病者亦甦。

雞冠血

老雄雞者力勝。治無故卒死，或寢臥奄忽而絶，皆是中惡，刺取雞冠血塗面上，乾則再上，併滴入口鼻中。卒縊垂死，心中猶温者，勿斷繩，刺雞冠血滴口中。卒然杵死，不能言，刺雞冠血和真珠末，丸小豆大，納三丸入口中。小兒卒驚，似有痛處，不知疾狀，亦刺血滴口中。鬼擊卒死，刺雞冠血瀝口中令咽，仍破此雞搨心下，冷乃棄之道旁。女人交接違禮血出，刺雞冠血頻塗。對口、發背諸毒，刺雞冠血滴疽上，血盡再換，不過五六雞，痛止毒散。浸淫瘡，不早治殺人，宜刺雞冠血塗，日四五次。蜈蚣、蜘蛛咬，馬咬成瘡，燥癬作癢，并刺雞冠血塗。中蜈蚣毒，舌脹出口者是也，刺雞冠血浸舌，併咽之。諸蟲入耳，雞冠血滴耳中。

雞膍胵

一名雞内金。

治喉痹，雞内金勿洗，陰乾煅末，竹管吹之。

切口瘡，雞内金煅灰傅。鵝口，白雞内金爲末，乳服五分。走馬牙疳，雞内金不落水者五枚，枯礬五錢，其研搽。小兒疣目，雞内金擦之，自落。小兒瘧疾，雞内金煅存性，乳服，男用雌，女用雄。噤口痢，雞内金焙研，乳汁服。反胃，雞内金一具，煅存性研，酒下，男用雌，女用雄。發背初起，雞内金不落水者陰乾，用時温水潤開貼之，隨乾隨潤，以愈爲度。發背已潰，雞内金同緜絮焙末搽。瘡口不合，雞内金日貼之。陰頭疳蝕，雞内金不落水，拭浄，新瓦焙脆出火毒，研細，先以米泔洗浄搽之，亦治口疳。穀道生瘡，雞内金燒存性，研傅。

雞腸

治遺濁、淋帶、消渴、遺溺、小便不禁或頻數無火者，并可炙食。

雞卵

一名雞子，亦曰雞蛋。

甘平。補血，安胎，鎮心，清熱，開音，止渴，濡燥，除煩，解毒，息風，潤下，止逆。新下者良。并宜打散，以白湯，或米飲，或豆腐漿，攪熟服。若囫圇煮食，性極難熟，雖可果腹，甚不易消。惟帶殼略煮之，後將殼擊碎，再入瓷罐内，多加粗茶葉，同煨三日，茶汁既入，蛋亦熟透，剥殼食之，色黑而味香美，不甚閉滯也。多食動風、阻氣，諸外感及瘧、疸、疳、痞、腫滿、肝鬱，痰飲、脚氣、痘疹皆不可食。小兒、産婦，氣壯者幸食無恙，弱者多因此成疾，不可不知。

解野葛毒，雖已死者，抉開口，灌生雞子三枚，須臾吐出。

胎動下血，雞子二枚打散，粥湯攪熟服。

産後血暈，身痙直口，目向上不知人，雞子清一枚，調荆芥末二錢灌之。

妊娠下血不止，血盡則子死，多曰胎漏，雞子黄十四枚，以好酒二斤，煮如餳服，未止再服。

鳳皇胎，即雞卵胞，已成雛而未出者，用爲傷科長骨之藥甚妙，其殼名鳳皇衣，煅存性研服，治勞復及小便不通，暨飲停脘痛，外治痘瘡入目、白秃、聤耳、下疳、囊癰，均爲妙品。

鵝

甘温。暖胃，升津。性與葛根相似。能解鉛毒，故造銀粉者，月必一食也。鮮美，補虚益氣，味較雞鶩爲濃。動風發瘡，凡有微恙者，其可嘗試乎？肥嫩者佳，烤食尤美。其肫其掌，性較和平，煨食補虚，宜于病後。其卵補中，滯氣更甚于雞。其血解一切金石毒，熱飲即瘥。其毛于銅鍋内炒焦，研末，豆腐皮包，酒吞服三錢，能内消諸般腫毒。

鴨

本名鶩，名舒鳧。

甘凉。滋五臟之陰，清虚勞之熱，補血行水，養胃生津，止嗽息驚，消螺螄積。雄而肥大極老者良，同火腿、海參煨食，補力尤勝。多食滯氣、滑腸，凡陽虚、脾弱、外感未清、痞脹、脚氣、便瀉、腸風皆忌之。其血熱飲，救中惡、溺死，及服金銀、丹石、砒霜、野葛、鴉片、諸蠱毒，入咽即活，併塗蚯蚓咬瘡。其卵夜下，純陰性寒，難熟。滯氣甚于雞子，諸病皆不可食。惟醃透者，煮食可口，且能愈瀉痢。更有造爲皮蛋、糟蛋者，味雖香美，皆非病人所宜。

雉

一名野雞。

甘温。補中益氣，止泄痢，除蟻瘻。冬月無毒。多食損人發痔，諸病人忌之。勿與荍麥、胡桃、木耳、菌蕈同食。春、夏、秋皆毒，以其善食蟲蟻，而與蛇交也。又諸鳥自死者皆有毒，勿食。

鷓鴣

甘温。利五臟，開胃，益心神，解野葛、菌蕈、生金、蠱毒。南方之鳥也，飛必南翔，集必南首，故一名懷南。性屬火，多食發腦痛、喉癰。蓋天産作陽，本乎天者親上，飛禽之性，無不升發，于鷓鴣何尤？

竹雞

甘平。解野雞、山菌毒，殺腹内諸蟲。

鶉

甘平。和胃，消結熱，利水，化濕，止疳痢，除膨脹，愈久瀉。

鷃

一作鴨。

甘平。清熱，療陰䘌、諸瘡。

鷸

與翡翠同名異物。

甘濕温。暖胃，補虚。

鴿

甘平。清熱，解毒，愈瘡，止渴，息風。孕婦忌食。卵能稀痘，食品珍之。

雀

甘温。壯陽，暖腰膝，縮小便，已崩帶。但宜冬月食之，陰虛内熱及孕婦忌食。其卵利經脈，調衝任，治女子血枯、崩帶、疝瘕諸病。

燕窩

甘平。養胃液，滋肺陰，潤燥澤枯，生津益血，止虛嗽、虛痢，理虛膈、虛痰。病後諸虛，尤爲妙品。力薄性緩，久任斯優。病邪方熾勿投。其根較能達下。

鶬鶊

一名巧婦，俗呼黄脰雀。

甘温。暖胃。

斑鳩

甘平。養老和中，令人不噎。

鳲鳩

即布穀鳥。

甘温。定志安神，令人少睡。

桑鳸一名蠟嘴雀

甘温。補胃。

鸎

《詩》云黄鳥，《左傳》曰青鳥，《爾雅》名商庚，《説文》謂黄鸝，《月令》作倉庚。

甘温。舒鬱和肝，令人不妒。

鴷

啄木鳥也。

甘平。開膈，利噎，平驚，追勞蟲，已痔瘻。牙疳齒䶀，煅末塞之。

鸲鵒

甘平。補虚，已風痹病。

鳧

野鴨也。

甘涼。補脾腎，祛風濕，行水消腫，殺蟲清熱，開胃運食。療諸瘡癇。病後虛人，食之有益。肥而其喙如鴨者良，冬月爲勝。

鸊鷉

一名刁鴨，一名油鴨。

甘平。補中開胃。

鴈

甘平。解毒祛風，多食動氣。君子勿食，以其知陰陽之升降，少長之有序也，道家謂之天厭。

鵠

一名天鵝。

甘平。醃炙食之，利臟腑。

鷺

即鷺鷥。

鹹涼。炙熟食，解魚鰕毒。其卵似鴨卵，稍鋭而色較青，土人混入鴨卵中售之。氣鯹而冷，更不宜人。

鴞

亦作梟，俗呼貓頭鳥。

甘温。補虚勞，殺蟲，辟鬼魅，開胃消食，利噎平驚。治痁瘧、顛癇，愈惡瘡、鼠瘻。炙食味美，古人所珍，莊子見彈而求鴞炙是也。病後及衰弱、勞瘵人最宜，惟孕婦忌之。

鱗介類第七附鼉、蝻、蠡蠃。

鯉魚

甘温。下氣，功專行水，通乳，利小便，滌飲，止咳嗽。治妊娠子腫，傅癰腫、骨疽。可鮮可脯，多食熱中，熱則生風，變生諸病。蓋諸魚在水，無一息之停，發風動疾，不獨鯉也。以鯉脊上有兩筋，故能神變，而飛越江湖，爲諸魚之長。品雖拔萃，性不益人。杭俗以其爲聖子之諱，相戒勿食，最通。其兩筋及黑血皆有毒。天行病後及有宿癥者均忌，醉者尤甚。曩余游婺，見烹此者，必先抽去其筋，而他處不知也。甚以醉鯉爲病人珍味，豈不誤人。

鱮魚

一名鰱魚。

甘温。暖胃，補氣，澤膚。其腹最腴，烹鮮極美，肥大者勝，醃食亦佳。多食熱中、動風、發疥。痘疹、瘧、痢、目疾、瘡家皆忌之。

鱅魚

亦作溶魚，一名鱃魚，俗呼包頭魚，以其頭大也。

甘温。蓋魚之庸，常以供饈食者，故命名如此。其頭最美，以大而色較白者良。

鯇魚

音混，俗作鯶，非。

甘温。暖胃和中。俗名草魚，因其食草也。婺州雲間，以其色青也，誤以青魚呼之。禾人名曰池魚，尤屬可笑，夫池中所蓄之魚，豈獨鯇而已哉。

青魚

甘平。補氣養胃，除煩滿，化濕祛風，治脚氣、脚弱。可鱠可脯可醉，古人所謂五侯鯖即此。其頭尾烹鮮極美，腸臟亦肥鮮可口。而松江人呼爲烏青，金華人呼爲烏鰡，杭人以其善啖螺也，因呼爲螺螄青。其膽臘月收取陰乾，治喉痹、目障、惡瘡、魚骨鯁，皆妙。

右五種，皆購秧而蓄之，故無子。惟鯉魚則溪河亦有，故間有有子者。

鱠，以諸魚之鮮活者，劊切而成。青魚最勝，一名魚生，沃以麻油、椒料，味甚鮮美，開胃析酲。按《食治》云：凡殺物命，既虧仁愛，且肉未停冷，動性猶存，烹飪不熟，食猶害人。況魚鱠肉生，損人尤甚，爲癥瘕，爲錮疾，爲奇病，不可不知。昔有食魚生而成病者，用藥下出，已變魚形，鱠縷尚存；有食鼈成積者，用藥下出，已成動物而能行，可不戒哉。

鮓以鹽糝醞釀而成，俗所謂糟魚、醉鯗是也。惟青魚爲最美，補胃醒脾，温營化食。但既經糟醉，皆能發疥、動風，諸病人均忌。

鱒魚

一名赤眼魚。

甘温。補胃暖中。多食動風生熱。

鯔魚

甘平。補五臟，開胃，肥健人。與百藥無忌。湖池所産，無土氣者良。腹中有肉結，俗呼算盤子，與腸臟皆肥美可口。子亦鮮嫩，異于他魚。江河産者遜之，但宜爲腊。

白魚

一名鱎魚。

甘温。開胃下氣，行水助脾，發痘排膿，可醃可鮓。多食發疥，動氣，生痰。

鱤魚

即鰥魚，一名黄頰魚。

甘温。暖胃，與鱒略同。

石首魚

一名黄魚，亦名江魚。

甘温。開胃，補氣，填精。以大而色黄如金者佳。多食發瘡、助熱，病人忌之。醃而腊之爲白鯗，性即平和，與病無忌。且能消瓜成水，愈腹脹、瀉痢。以之煨肉，味甚美。太平所産，中伏時一日曬成，尾彎色亮，味淡而香者最良，名松門台鯗。密收勿受風濕，可以久藏。煮食，開胃醒脾，補虚活血，爲病人産後養之珍。按古人以乾魚爲鮑魚，《禮記》謂之薨，諸魚皆可爲之。《内經》治血枯用之，後人聚訟紛紛，迄無定指。愚謂台鯗，雖生嚼不醒，性兼通補，入藥宜用此爲是。其鰾甚薄，不爲珍品，但可熬膠耳。

鮸魚

形似石首魚而大，其頭較鋭，其鱗較細。鮮食味遜，但宜爲腊。《正字通》以爲即石首魚者，誤也。鮸，本音免，今人讀如米。其鰾較石首魚者大且厚，乾之以爲海錯，産南洋者佳。古人名爲鮸鮧，煨爛食之，補氣填精，止遺帶，大益虚損。外感未清、痰飲内盛者勿食，以其膩滯也。又治諸血證、療破傷風如神。

勒魚

甘平。開胃，暖臟，補虚。大而産南洋者良。鮮食宜雄，其白甚美，雌者宜鯗，隔歲尤佳。多食發風，醉者更甚。

鯧魚

亦作鯧。

甘平。補胃，益血，充精。骨耎肉腴，别饒風味，小而雄者勝。可脯可鮓，多食發疥、動風。

鰣魚

甘温。開胃，潤臟，補虚。其美在鱗，臨食始去，厥味甚旨，可蒸可糟。諸病忌之，能發錮疾。鱗可爲鈿，亦可拔疔。

鯗魚

亦作鱭。

甘温。補氣。肥大者佳，味美而腴，亦可作鮓。多食發瘡、助火。以温州所産有子者佳。乾以爲腊，用充方物，味甚鮮美，古人所謂子魚是也。大者尤勝，食品珍之，與病無忌。

鱸魚

甘温，微毒。開胃安胎，補腎舒肝。可脯可鮓。多食發瘡、患癖。其肝尤毒，剥人面皮。中其毒者，蘆根汁解之。

鰿魚

其美在脊也，俗作鯽，一名鮒魚。

甘平。開胃，調氣，生津，運食，和營，息風，清熱，殺蟲解毒，散腫愈瘡，止痢止疼，消疳消痔。大而雄者勝。宜蒸煮食之。外感邪盛時勿食，嫌其補也，餘無所忌。煎食則動火。

痔血，鯽魚常作羹食。

酒積下血，酒煮鯽魚常食。

浸淫瘡，生鯽魚切片，鹽擣貼，頻易。

魴魚

一名鯿魚。

甘平。補胃，養脾，去風，運食。功用與鯽相似。産活水中，肥大者勝。

鱖魚

一名鯚魚。

甘平。益脾胃，養血，補虚勞，殺勞蟲，消惡血，運飲食，肥健人。過大者能食蛇，故有毒而發病。

魩魚

一名渡父魚，俗呼土鮒，亦曰菜花魚。

甘温。暖胃，運食，補虚。春日甚肥。與病無忌。

鰷魚

一名白條，小者名鰲魚。

甘温。暖胃。助火發瘡，諸病人勿食。

銀魚

一名鱠殘魚。

甘平。養胃陰，和經脈。小者勝。可作乾。

蠡魚

一名黑鱧，亦名烏鱧，亦曰黑魚，即七星魚。

甘寒。行水，化濕，祛風，稀痘，愈瘡，下大腹水腫、脚氣，通腸，療痔，主妊娠有水膚浮。病後可食之。道家以爲水厭。

稀痘，除夕黄昏，用大黑魚一尾，煮湯浴小兒，七竅俱到，不可嫌鯹，以清水洗去也，甚驗。

水氣垂死，腸痔下血，黑魚一片重者煮汁，和冬瓜、葱白作羹食。

偏正頭風，陳黑魚頭，煎湯熏數次，斷根。

鰣魚

甘温。補胃，活血，通淋。多食發疥、患癥。味佳而性偏劣，作鮓亦無補益。鼻脯味美療虚。了主殺蟲，味亦肥美。

鰉魚

亦作黄，本名鱣，一名蠟魚，亦名玉版魚。

甘温。補虚，令人肥健。多食難化，發疥、生痰。作鮓極珍，亦勿多食。反荆芥。其肚及子，鹽藏頗佳。其脊骨、腮鼻、唇鬐，皆脆耎，以充珍錯。其鰾最良，固精、止帶。

鮠魚

亦名作鮰，一名白鱯。

甘温。行水，調中。多食能動錮疾。

鮫魚

即沙魚。

甘平。補五臟。作鮓甚益人，其皮亦良，解諸魚毒，殺蟲辟蠱，愈傳屍勞。煨肉味佳，滋陰補血。鬣翅以清補勝，煨糜甚利虚勞。

烏鰂

亦作烏賊，一名墨魚。

鹹平。療口鹹，滋肝腎，補血脈，理奇經，愈崩淋，利胎產，調經帶，療疝瘕，最益婦人。可鮮可脯。南洋所產淡乾者佳。骨名海螵蛸，入藥功相似。卒然吐血、小兒痰齁，并以海螵蛸末二錢，米飲下。跌打出血，海螵蛸末傅。

比目魚

本名鰈，一名箬魚。

甘平。補虛。多食動氣。

鮎魚

甘温，微毒。利小便，療水腫。痔血、肛痛，不宜多食，餘病悉忌。反荆芥。口眼咼斜者，活切其尾尖，朝吻貼之。

黄顙魚

俗呼黄刺魚。

甘温，微黄。行水，祛風，發痘瘡。反荆芥。

河豚魚

一名西施乳。

甘温。補虚，去濕，療痔，殺蟲。反荆芥、菊花、桔梗、甘草、附子、烏頭。中其毒者，橄欖、青蔗、蘆根、金汁，或槐花微炒，同乾胭脂等分擣粉，水調灌之。其肝、子與血尤毒。或云去此三物，洗之極浄，食之無害，然衛生者，何必涉險以試耶？

帶魚

甘温。暖胃，補虚，澤膚。産南洋而肥大者良。發疥、動風，病人忌食。作鮝較勝，冬醃者佳。

鱝魚

一名荷魚，俗呼鍋蓋魚。

甘鹹平，尾有毒。主玉莖澀痛、白濁、膏淋。性不益人。亦可作鮝。

海蛇

一名樗蒲魚，即水母也。

鹹平。清熱消痰，行瘀化積，殺蟲止痛，開胃潤腸。治哮喘、疳黄，癥瘕，瀉痢、崩中、帶濁、丹毒、顛癇、痞脹、脚氣等病。諸無所忌。陳久愈佳。

鰕

甘温，微毒。通督壯陽，吐風痰，下乳汁，補胃氣，拓痘瘡，消鼈瘕，傅丹毒。多食發風動疾，生食尤甚。病人忌之。海鰕性味相同，大小不一，産東洋者尤佳。鹽漬暴乾，乃不發病。名式甚夥，厥味皆鮮。開胃化痰，病人可食。其子可醃可暴，味亦鮮美。

海參

鹹温。滋腎，補血，健陽，潤燥，調經，養胎，利産。凡産虚、病後、衰老、尩孱，宜同火腿或豬羊肉煨食之。種類頗多，以肥大肉厚而糯者，膏多力勝。脾弱不運、痰多、便滑、客邪未净者，均不可食。

蟾蜍

甘苦凉。清熱，殺蟲，消疳，化毒，平驚，散癖，行濕，除黄，止痢，療温，愈諸惡瘡及猘犬咬。凡小兒瘡家、疫癘，并宜食之，其肝尤良。其眉間白汁有大毒，名蟾酥，爲外科要藥。

發背腫毒初起，取活蟾蜍一隻，繫放瘡上半日，蟾必昏憒，置水中救其命。再易一隻如前法，蟾必踉蹌。再易一隻，必俟蟾如故，則毒散矣。

田雞

一名水雞。

甘寒。清熱，行水，殺蟲，解毒，愈瘡，消疳，已痔。多食助濕、生熱。且肖人形，而殺之甚慘。孕婦最忌。其骨食之患淋。

鰻鱺

甘温。補虚損，殺勞蟲，療癧瘍、瘻瘡，祛風濕。湖池産者勝，肥大爲佳。蒸食頗益人，亦可和麵。苗亦甚美，名曰鰻綫。然其形似蛇，故功用相近。多食助熱、發病。孕婦及時病忌之。且其性善鑽，能入死人死畜腹中，啖其膏血。不但水行昂首，白點黑斑，四目無腮，尾扁過大者，始爲毒物也，尊生者慎之。産海中者，形大性同，名狗頭鰻，多醃爲腊。瘡、痔家宜食之，餘病并忌。

鱓

俗作鱔，亦呼鱔魚。

甘熱。補虚助力，善去風寒濕痹，通血脈，利筋骨。治産後虚羸，愈臁瘡、痔瘻。肥大腹黄者勝。宜與豬脂同煨。多食動風、發疥，患霍亂損人。時病前後，瘧、疸、脹滿諸病，均大忌。黑者有毒，更有蛇變者，項下有白點，夜以火照之，則通身浮水上，或過大者皆有毒，不可不慎也。其血塗口眼喎斜、赤游風，滴鼻止衄，滴目治疹後生翳。

鰌

俗名泥鰍。

甘平。暖胃，壯陽，殺蟲，收痔。耕牛羸瘦，以一條送入鼻中，立愈。

蚺　蛇

甘温。治諸瘡癘，辟蠱殺蟲，化毒祛風，除疳禦瘴，療猘犬咬。味美勝雞。燒酒浸之，歷久不壞。膽爲傷科聖藥。腹内之油縮陽。雄蛇之如意鉤，尤爲房術妙品。

白花蛇

甘鹹温。祛風濕，治半身不遂，口面喎斜，風癘，癧瘍，骨節疼痛，痘瘡倒陷，搐搦，驚癇，麻痹不仁，黴瘡，疥癬。頭尾甚毒，去盡用之。産蘄州者良，雖乾枯而目光不陷，故一名蘄蛇。凡飲蛇酒，切忌見風。

烏　蛇

甘平。治諸風頑痹，皮膚不仁，熱毒癩瘡，眉髭脱落。功并白蛇，性善無毒。

《朝野僉載》：商州有人患大風，家人惡之，爲起茅屋，有烏蛇墮酒罌，時病人不知，飲酒漸瘥，罌底見有蛇骨，始知其由。

一法，以大烏蛇三條蒸熟，取肉焙末，蒸餅，丸米粒大，以喂烏雞，待盡，殺雞烹熟，取肉焙研末，酒服一錢，或蒸餅丸服，不過三五雞愈。

一法，用大烏蛇一條，打死，盛之待爛，以水二碗，浸七日，去皮骨，入糙米一升，浸一日，曬乾，用白雞一隻，餓一日，以米飼之，待毛羽脱盡，殺而煮食，以酒下之，喫盡，用熱湯一盆，浸洗大半日即愈。

或謂君以限于篇幅，雖穀肉果菜未及遍蒐，顧因鰻鱓而類及于蛇，豈以其形相若耶，然毒物惡可以供饌也？余曰：子但知蛇之毒，不可以供食，而不知腊之以爲餌，可已大風、攣踠、瘻、癘，去死肌，殺三蟲。更有烏蛇之性善無毒，誤飲其酒者，大風遂愈。此非常之士，能立非常之功也。彼鰻鱓者，世以爲尋常食品，竟有食之而即死者。此庸碌之人，往往僨事也。類而譜之，可爲任才者，循名不責實之鑒，豈徒爲飲食之人，費筆墨哉。

龜

四靈之一，變化通神，本非食品，亦與蛇匹。有殺之而得禍者，有食之而即死者，書家所載甚多，茲不具贅，不但爲孕婦所忌也。其殼入藥，但可煎熬，末而服之，能還本質。

鼈

一名團魚，亦名甲魚。

甘平。滋肝腎之陰，清虚勞之熱。主脱肛、崩帶、瘰癧、癥瘕。以湖池所産，背黑而光澤，重約斤許者良。宜蒸煮食之，或但飲其汁則益人。多食滞脾，且鼈之陽，聚于上甲，久嗜令人患發背。孕婦及中虚、寒濕内盛、時邪未浄者切忌之。又忌與莧同食。回回不食鱓、鼈，謂之無鱗魚。凡鼈之三足者、赤腹者、赤足者、獨目者、頭足不縮者、其目四陷者、腹下有「王」字「卜」字者、過大者、在山上者、有蛇文者，并有毒殺人。或云薄荷煮鼈亦害人。其殼入藥，亦不可作丸散服。

人咬指爛久欲脱及陰頭生瘡，諸藥不愈者，鼈甲煅存性研，雞子清調傅。

黿

甘平，有毒。難死通靈，異味損人，勿輕染指。

蟹

甘鹹寒。補骨髓，利肢節，續絶傷，滋肝陰，充胃液，養筋活血。治疸，愈痎，療跌打骨折筋斷諸傷，解鱓魚、莨菪、漆毒。殻主辟邪、破血。爪可催産、墮胎。種類甚繁，名號不一，以吴江、烏程、秀水、嘉興、海昌等處河中所産，霜後大而脂滿者勝。和以薑醋，風味絶倫。多食發風、積冷。孕婦及中氣虚寒、時感未清、痰嗽、便瀉者均忌。别種更寒，尤不益人。中其毒者，紫蘇、冬瓜、蘆根、蒜汁皆可解之。反荆芥，又忌同柹食。誤犯則腹痛、吐利，急以丁香、木香解之。海産者黄堅滿而無膏，不鮮。并可鹽漬、酒浸、糟醬久藏。得皂莢則不沙。

鱟

辛鹹平。殺蟲療痔。多食發嗽及癬瘡。醃以爲鮓，俗呼鱟醬。

蠣黄

甘平。補五臟，調中，解丹毒，析醒止渴，活血充肌。味極鮮腴，海錯珍品，周亮工比爲太真乳。殻名牡蠣，入藥。

蚌

甘鹹寒。清熱滋陰，養肝涼血，息風解酒，明目定狂。崩、帶、痔瘡，并堪煨食。大者爲勝。多食寒中。外感未清、脾虛便滑者皆忌。

蜆

甘鹹寒。清濕熱，治目黄、溺澀、脚氣，洗疔毒、痘、癰諸瘡。殼黄而薄者佳。多食發嗽、積冷。

蛤蜊

甘鹹寒。清熱解酒，止消渴，化癖除癥。多食助濕生熱。

蟶

甘平。清胃，治痢，除煩，補産後虚，解丹石毒。可鮮可腊。時病忌之。

蚶

甘温。補血，潤臟，生津，健胃，暖腰，息風，解毒。治泄痢膿血、痿痹不仁。産奉化者佳，可炙可鮓，多食壅氣。濕熱盛者忌之。殼名瓦楞子，入藥滌飲、消癖、破血、止疼。傅牙疳，皆有效。

鰒魚

甘鹹温。補肝腎，益精，明目，開胃，養營，已帶、濁、崩、淋，愈骨蒸、勞極。體堅難化，脾弱者飲汁爲宜。殼入藥，名石決明，主鎮肝磨障。

淡菜

甘温。補腎，益血，填精。治遺、帶、崩、淋、房勞、産怯、吐血、久痢、膝耎、腰疼、痃癖、癥瘕、臟寒腹痛、陽痿陰冷、消渴、癭瘤。乾即可以咀食，味美不腥。産四明者，肉厚味重而鮮，大者彌勝。

江瑶柱

甘温。補腎，與淡菜同。鮮脆勝之，爲海味冠。乾者咀食，味美不腥，嬌嫩異常，味重易化。周櫟園比之梅妃骨。其殼，色如淡菜，上鋭下平，大者長尺許，肉白而韌，不中食，美惟在柱也。瀕湖以爲海月者，謬已。

磲珐

甘平。開胃，滋液，補虛，化濁，升清，聰耳，明目。按磲珐狀似珠蚌，殼青黑色，長寸許，大者二三寸，生白沙中，不污泥淖，乃物之最潔者也。有兩肉柱，能長短。又有數白蟹子在腹中，狀如榆莢，合體共生，常從其口出，爲之取食。然磲珐清潔不食，但寄其腹于蟹，蟹爲磲珐而食，食在蟹，而飽在磲珐，故一名共命螺，又名月蛄。每冬大雪，則肥瑩如玉，日映如雲母，爲海錯之至珍。至海鏡，即海月也，一名石鏡，亦名蠣鏡，又呼膏藥盤，土人磨其殼以爲明瓦者。一殼相合甚圓，肉亦瑩潔。有紅蟹子居其腹爲取食，名曰蚌奴，與在磲珐腹者白蟹子，各不同也。

西施舌

甘平。開胃，滋液，養心，清熱，息風，涼肝，明目。海錯美品，得此嘉名，實即車蛤也。

海螺

甘冷。明目，治心腹熱痛。靨名甲香，主管領諸香。

田螺

甘寒。清熱，通水，利腸。療目赤、黄疸、脚氣、痔瘡。多食寒中。脾虚者忌。性能澄濁，宜蓄水缸。

小便不通、腹脹如鼓，大田螺，鹽半七，生擣傅臍下一寸三分。亦治水氣浮腫，同大蒜、車前擣貼。

噤口痢，大田螺二枚杵爛，入麝香三分，作餅，烘熱貼臍間半日，即思食矣。

脚氣上衝，大田螺杵爛，傅兩腿上。

疔毒、痔瘡，田螺入冰片，化水點之。

螺螄

甘寒。清熱，功遜田螺。過清明不可食。

海螄

鹹涼。舒鬱，散結熱，消瘰癧。

吐鐵

鹹寒。補腎，明目，析酲。以大而肉嫩無泥，拖脂如凝膏，大如本身者佳。產南洋腌者味勝，更以蔥酒醉食，味益佳。

蠶蛹

甘温。補氣，止渴，殺蟲。治疳積、童癆，助痘漿、乳汁。繅絲後濾乾，曬焙極燥，可以久藏。氣香最引蜈蚣，故須密收。炙食味佳。患脚氣者忌之。猘犬咬者，終身勿犯，誤食必難免也。

𧒒螽

𧒒从阜，言其生息之繁。螽从冬，言其子能歷冬不死，必得大雪則入土也。種類不一，形狀稍殊。《春秋》書之，以其害稼，實即蝗之屬也。若旱年水涸，魚蝦諸子，悉化𧒒螽之類而食禾，人始稱爲蝗矣。故平時之𧒒螽，旱歲之蝗，北人皆炙而食之。辛甘温。暖胃助陽，健脾運食。喂豬最易肥腯。按捕蝗雖有法，必得大雨而始息者，蝗得水而復可爲魚蝦也。嗚呼，猶之民失教以爲盜賊，誅之必不勝誅，得有善教者，何難復化爲民耶？譜飲食，以水始，以蝗終，讀是書者，毋使民之失教，如魚鰕之失水，則蝗飛何至蔽天！庶不徒爲飲食之人矣。

吾師嘗自書楹帖云：「近人情之謂真學問，知書味即是活神仙。」開第謂讀破萬卷者多，識此十六字者鮮，必識此十六字，方許讀是書。受業門人同邑周開第嗣香拜識。

飲食譜董跋

昔汪信民先生曰：「人嘗咬得菜根，則百事可做。」噫，豈爲咬菜根者言耶！國朝湯文正公撫吴時，日給惟菜韭。其公子偶市一雞，公知之，立召公子，跪庭下責之曰：「惡有士不嚼菜根，而能作百事者哉？」即遣去。奈何世之肉食者流，竭人脂膏，供其口腹，豢其妻孥，以爲分所應爾。及當天下事，則碌碌無所措。暴殄天物，莫此爲甚。飲不思源則爲忘本，此夢隱《飲食譜》之所由作也。夢隱名重三江，傳食諸侯數十年。會世有亂徵，歸處窮鄉，布素自甘，粹然儒士。門以内，不佞佛，亦不殺生。蓋儉以養廉，澹以寡欲，安貧之道于是，欲疾之方于是。而其立身養生之有素者，慨然欲與世共，而譜是書。書先水穀。水，食之精也；穀，食之本也。調和爲制宜之具也，蔬果亦日用之常也，故曰飲曰食，而考之實，辨之詳。毛羽、鱗介不言食，以非人人可常食也。至穀食，以番藷終，救荒之功也。至蔬食，以菽乳終，薄海之常饌也。義例謹嚴，意寓懲戒，美不勝書。書所管見者，蘇文忠公云：「屠殺牛羊，刳鱗魚鼈鼉，以爲饍羞，食者甚甘，死者甚苦。」故無故不殺，聞聲不食，古聖賢于斯，三致意焉。則是書之微意，實通古今，而酌其宜。豈若愚人佞佛，持戒殺之説，而終不可行者耶？且夢隱嘗處膏脂而不潤，今食糠秕而充飢，蓋無入而不自得也。是編之纂，直胥天下後世，而飲食之，教誨之，顧可以養生却病，一端視之哉！余敢述其微，以告夫世之肉食者。咸豐辛酉仲冬秀水董燿枯匏。

飲食譜呂跋

春秋戰争七十國，而顔淵、原憲之徒，以陋巷終者，其時天下尚能容隱君子也。夫隱君子者，或高尚其事而隱，或功成身退而隱，或時不可爲而隱，或不堪從政而隱，類皆有地以容其隱者也。否則，託迹于農工樵賈、緇黄末伎之流，以自食其力而隱，其途雖殊，其歸則同。更或力不能爲農工樵賈、緇黄末伎者，如留侯、鄴侯之隱于白雲鄉，劉、阮、陶、李之隱于醉鄉，司馬長卿以温柔鄉隱，希夷先生以睡鄉隱，尤爲隱中之尤著者也。吾友海昌王君，抱有用之才，無功名之志，操活人之術，而隱于布衣。此海豐張雨農司馬以爲奇人，而吾鄉莊芝階中翰稱曰隱君子也。余謂惟奇人斯能隱，王君身雖隱而名望日隆，遨遊公卿數十年，知劫運釀成，莫從挽救，飄然歸籍，貧無立錐，嘗著《歸硯録》以見志。乃不數年，而遍地荆榛，硯田蕪穢，癡無所用，身亦難潛。君號半癡，而顔其室曰潛齋。今夏挈眷來此，米珠薪桂，併日而食，因纂《飲食譜》以攄懷，易字曰夢隱。噫，顧仁術猶不能容于擾攘之世，而欲追步希夷，隱于睡鄉，以待承平之日哉！是譜以水始，以蝗終，寓意深矣。夢隱身嘗世味，如辨淄澠，豈治亂之理，果可徵之人事歟！初省垣以重兵自衛，縻餉年餘，秋杪被圍，至六十餘日。升米三千，斤蔬七百，草根掘盡，餓斃者以數萬計。卒以兵潰城陷，死于鋒鏑及自殉者亦以萬計。其被擄與流轉而死者，又不可以數計。千古名城，遂無噍類，蝗飛蔽天之禍，竟至是耶！嗚呼慘矣！韓子云：「食焉而怠其事，必有天殃。」殃之及也，生民塗炭，可不痛哉！是書言近而旨遠，吾願後之覽者，無負其苦心焉。爰抒聞見，跋諸卷尾。咸豐辛酉嘉平秀水呂大綱慎盦。

藝　文　叢　刊

第　四　輯

藝　文　叢　刊

嵩洛訪碑日記 外五種

〔清〕黄　易

浙江人民美術出版社

圖書在版編目(CIP)數據

藝文叢刊. 第四輯 / (宋) 米芾等著 ; 況正兵等點
校. -- 杭州 : 浙江人民美術出版社, 2018.1(2023.9重印)
(藝文叢刊)
ISBN 978-7-5340-6222-3

Ⅰ. ①藝… Ⅱ. ①米… ②況… Ⅲ. ①古籍－中國－
叢刊 Ⅳ. ①Z121.7

中國版本圖書館CIP數據核字(2017)第243082號

黄易像一(清余集繪,局部)

黄易像二(選自《清代學者象傳》)

點校説明

黄易（一七四四—一八〇二），字大易，號小松、秋盦、秋影盦主、散花灘人，浙江錢塘（今杭州）人。明黄汝亨後裔，清處士黄樹谷子。國子監生，官至山東運河同知。其爲官勤於職事，精究河防事宜，所至輒有令聲。生平事跡見翁方綱《黄秋盦傳》及潘庭筠《山東兖州府運河同知錢唐黄君墓志銘》。

在爲政聲譽之外，黄氏最爲後世所推重的乃是在藝事創作及金石搜討等方面的成就。其素秉家學，工詩文；善書畫，隨意點染，人争寶之；精篆刻，師事名家丁敬，爲「西泠八家」之一。而尤耽於金石之學，「好古金石刻，宦轍所到，嵩高岱嶽，攀蘿剔蘚，無碑不搜。最後於嘉祥得武氏祠堂畫像六十餘石，重修石室藏之。積碑既多，因與諸家考訂，以期羽翼經史」（潘庭筠《山東兖州府運河同知錢唐黄君墓志銘》）。

本書所收六種文獻，皆涉及黄氏的訪碑活動，分别爲《嵩洛訪碑日記》《岱巖訪古日記》《得碑十二圖題記》《嵩洛訪碑圖題記》《岱麓訪碑圖題記》以及《訪古紀游圖題記》。這些日記、題記皆爲黃氏至洛陽、泰山、濟南以及杭州等地訪古探奇之實録，其間内容不無重複，然而正如何紹基所説的：「竹朋世仁兄前輩見示黃小松《嵩岳訪碑廿四圖》，適於梁矩亭同年處見《嵩岳訪碑日記》，互有異同，訪碑月日，《日記》詳之，得碑始末，則圖記縷悉。」將日記與題記彙爲一編，二者參考對讀，更有助於全面而詳盡地了解黃氏的訪碑活動。

此次整理，《嵩洛訪碑日記》據咸豐間《粤雅堂叢書》本标点；《岱巖訪古日記》據民國間西泠印社聚珍本標點；《得碑十二圖題記》《嵩洛訪碑圖題記》《岱麓訪碑圖題記》《訪古紀游圖題記》四種據《蓬萊宿約·故宫藏黃易漢魏碑刻特集》所刊墨蹟整理，并據《虚齋名畫録》等文獻對其内部順序做了調整。而黃氏其他訪碑文字，如《修武氏祠堂記略》《紫雲山探碑圖册題記》等，則據相關文獻蒐輯，歸入附録中。

需要特別交待的是，較早刊刻黃氏訪碑著作的是咸豐元年（一八五一）楊鐸所刊《黃小松先生嵩麓訪碑記》，然而是書開篇爲「嘉慶九年秋，自攜拓工二」云云，實際上小松已於嘉慶七年逝世，此書刊刻質量可見一斑。至於其内容，則鈔綴《嵩洛訪碑圖》卷上之題記以成。因此，本書未予收録。另外，中國嘉德國際拍賣有限公司嘗於二〇〇九年秋季拍賣署名黄氏之《山左訪碑圖》十二開，是圖題記及張祥河跋均抄録《岱麓訪碑圖題記》而成，且筆墨拙滯，疑爲贋本。是故此圖題記，亦不予收録。

因整理者水平有限，加之時間倉促，書中訛誤、疏漏之處在所難免，懇望讀者不吝指正。

目録

嵩洛訪碑圖題記……四三

嵩洛訪碑日記

嵩洛訪碑日記

嵩洛多古刻，每遣工搨致，未得善本。嘗思親歷其間，剔石捫苔，盡力求之。嘉慶改元之秋，攜搨工二人，自蘭陽渡河，驅車徑往。輪蹄小住，輒問貞珉，得即搥搴，篝燈展勘，不減與古賢晤對也。

九月初六日，祥符相國寺搨元祐經幢。市間得漢鏡，文曰「宜君樂，樂未央，大富昌」。余苦肝患，醫者云宜散鬱乃愈，讀此憬然。又購唐鏡一、古幣四、漢印二。

初七日，至鄭州開元寺，殿圮重葺，小構僅蔽風雨。存兩石佛，一天授二年侯文衍造彌勒像，一開元八年王元度造蒲臺像。殿後尊勝經幢，中和五年僧祖愿書經篆額。天成二年重脩。幢上層四面鏤佛，邊闌復刻畫像、題字，有天福五年僧敬璋及上柱國楊璋等名。秋陽曝紙，施搨殊艱。寺傍東里書院，學徒見獵心喜，咸來按紙助力，俄頃搨全。惟浮圖北面窗壁對嵌二石，疑亦古刻，高八九丈，莫能致也。

初八日，午抵滎陽。漢聞喜長韓仁銘，在縣治儀門内，西向露立，頂作垂虹，足半入土，剔至碑座，其下與碑陰兩側俱無字。唐景龍御書賜縣令盧正道勅，陰刻《盧公清德頌》。額作佛像，旁有行書二行。碑側唐天寶八載盧重華、貞元五年劉士陵、貞元十五年關士約、貞□十八年王皋等題字，宋天禧五年王鑒記。各搨一紙。申刻至汜水縣東關，登高阜，至等慈寺。齊武平五年造像碑，在後殿窗壁間。唐高宗紀功之頌、顔思古《等慈寺碑》，在寺外高原。《紀功頌》碑陰之上，有「從官臣勣」等字數行，高不可搨，惟搨得下層開元十三年史敘書御製途次成皋詩及崇寧四年王評題名。滎陽以西，崇崗壁立，車行狹道間，僅容一騎。居人穴土爲室，溝深路峻，俯視悚然。

初九日，五鼓踰虎牢關，高下數里，車陟高危，駭人心目。頂上關帝廟有碑，昏夜莫辨。北趨坦途，望黄河如帶。循芒山而西，過鞏縣，渡洛水。問浄土石窟寺，紆道難達，不及訪碑。行洛岸坡石間，達偃師境。近城見王輔嗣墓，元吴炳八分碑立道旁。晚抵縣署，王大令秋塍歡然道故，言武君虚谷在魯山脩志，約俟余至必歸，馳書趣之。假余竹輿，命役導引，次早赴嵩山。

初十日，出偃師南門，山田多井，轆轤相望，久安耕鑿。童叟熙熙，言今年麥、稻、棉花倍收，數十年所未有也。飯府店鋪，望嵩、少諸峰，愈近愈翠。登崿嶺口，入登封境，即古之轘轅關。峭坡盤曲，數夫縴輿而上，回視鞏、洛山川，歷歷可數。及巔，達縣城，山岡起伏，悉皆坦途，始知此境已在雲霄之上。經行巖谷間，曲澗奇峰，應接不暇。薄暮，至少林寺，登千佛殿，拜達摩血影石，觀緊那羅王藤像，威嚴若生，旁鎔銅、鐵二像不及也。寺當少室之陰，列如屏幛。少頃月上，憶施愚山「翠屏横少室，明月正中峰」句，至此始信詩境之真。篝燈尋碑，搨得天平二年僧洪寶、武平元年馮暉賓二巨碑，永興等四面造像碑，天保八年僧静明造像碑，觀音大士像，大安已巳邵公悦疏，餘碑記明再搨。山僧夜起誦經，誦畢習手搏，山中故事，日以爲常，余心弗好，高卧不問也。

十一日，過邢家鋪，對少室之御砦，數峰攢立如蓮花。捫少室石闕篆書、畫像，雖極剥落，石質堅剛，自然樸古，篆銘「叢林芝□綿」之上列有字，前亦有字。闕側有字三行，「叢林」之下隔石二列，露一「伊」字。東闕題名，「李客」之下有直格，隱隱有字，皆前人所未見。四面多作人物鳥獸，褚峻所圖弗確也。擬遊會善寺，依僧而息；登封趙大令使者來迎，遂館城中書院。

十二日,大風,不能出遊,添募搨工,廣摹少林諸碑。先購得天保八年碑、樓寺碑、齊武平年宋始興碑。

十三日,風定,乘竹兜出城五里,遊嵩陽書院。遥見門外唐天寶碑,高如坊表,雕刻精工,徐季海分書整潔。余藏本少碑額,命工補全。碑側明人題刻,碑陰中間宋熙寧時張琬、宣和間盧漢傑題名二段。進書院,瞻大將軍柏,大七人圍,扶疎古茂。庭南面木理潔白,余題名一行于上,以志欣幸。二將軍柏,大三人圍,亦蒼鬱可觀。庭心紫薇一本,殊秀雅。廊下獲文潞公、張杲、王郅題名三石。東牆得元符二年宋傅小楷書《真武經》,極工。柏下舊有石柱,宋人題名,求之弗獲。行三四里,至崇福宫,殿塑三清像及王天君、趙元壇二像,極雄偉,宋、金時所塑也。殿堦下邱長春《海市詩》及二元碑。壁間□川仙裔題名。爐座宋景祐殘刻。東行數十步,觀啟母闕,西闕簷石小損,畫像亦多,向未盡拓。銘詞「開母廟興」一行之前,有「川郡陽」一行,又「二月」一行,堂谿典《請雨銘》之首「維時」二字,「其言維何」下有「嘉」字,皆向所未見。其上里許,觀啟母石,高三丈,廣如之,絶類吾杭西湖之壽星石,正面平削,西若廣厦。石縫嵌錢,蓋村人好事者所爲。循山行七八里,踰小崿嶺,至中嶽廟。

樓殿輝煌，氣象雄大。太室石闕離廟百步，砌石整齊，畫像亦多。上層錐鑿如新，二千餘年劃痕，猶歷歷可辨，亦一奇也。廟前兩石人，冠冕執殳，比曲阜魯恭王墓前二石人較小，制作皆同。武虛谷疑身間刻字，曾囑余遣工剔土細驗，搨其形以歸，信爲無字矣。兹余親辨，東石人冠頂上一「馬」字深刻，極古，真漢人八分。兩石人之背，有孔八九，鎔鐵尚存，或當時門闌嵌置之故。進西華門，宋、金四巨碑對立。峻極門外東階，見魏寇謙之等碑，已有搨本，惟唐咸通六年脩廟碑并碑側題名未有。大殿前兩鐵獅，金正大年鑄；鐵鑪，元至元年鑄。大門内守庫鐵人四，内二人有治平、熙寧等款四段。

十四日，出南門，過懊來山，陟崇岡，望嵩頂，見太室正峰，形勢厚大，其右少室宛若拱侍。至告成周公廟，觀測景日表，登觀星臺，臺後平鋪石槽，漏水以算日影。東原有斷碑，首曰「大唐洛州告成」等字，漫漶難讀。稍東龍華廢寺，斷石幢二，俱刻佛經，半已漫滅。行數里，循平洛澗至石淙，怪石淩空，面面靈瘦，澗水奔流，深潭澄碧，誠奇觀也。武后遊石淙時，北崖刻詩，南崖刻序。下臨潭水，搨工架木求之。北崖詩刻之上，石穿數孔，昔年架屋之迹也。后嘗避暑於此，當年構造自極工妙，今惟山空水深，奇峰滿壑而已。余至此聽泉捫石，想盧鴻隱居之金碧潭、雲錦淙諸勝，定亦如此。惜徑荒難達，諸勝莫可蹤跡矣。石淙題刻不少，余尋見宋人范忠宣數種，他多近人所題。磴壁危滑，不能駐足遍視，爲可惜也。

十五日，出北門十里，積翠峰下，遊會善寺。門外銀杏大可四圍，古柏亦相等，蒼茂可愛。入寺僅見東廊唐大曆二年會善寺碑、戒壇勅牒。問他碑，山僧導至西原戒壇舊址，見東魏天平二年嵩陽寺倫統碑，造像精工，兩面俱刻。向獲搨本，止下層八分書一段，餘皆未搨。其上篆額與諸佛名刻字，工人弗顧也。戒壇護法石像，碎臥荒草間。唐開元時道安禪師殘碑，半埋土壤。惟淨藏禪師塔銘，尚嵌塔身，巍然西峙。元僧數塔在寺東，碑刻封號，極崇大也。

十六日，再遊中岳廟。古柏廿餘，比曲阜孔廟之柏大而矮，東一柏最大，過於嵩陽書院之二將軍。殿後偃柏二，亦古峭，惜萎其一。搨唐、宋、元諸碑，鐵人、鐵獅、鐵爐諸款。再觀太室闕，題名其上。問盧巖寺及嵩頂，徑窄路荒，前年有顯者欲往，治途半月始達，余無濟勝之具，遥瞻山翠，歎息而已。

十七日，遊老君洞，大風揚沙，至谷口而返。再遊嵩陽書院，移文潞公、張杲、王郅題名三石於東偏小室，囑登封趙大令嵌置壁間。明登封令傅君梅作存古書院，收諸寺殘石置此。今改文昌宮。余往捫索，得宋、金、元石刻九。内横石刻天王神鬼像極工，有吴道子、李龍眠筆致，必宋、金名手之作；趙閑閑題達摩相諸刻，亦佳，亟搨之。景侍郎冬暘説嵩云，戒壇寺石幢有唐、宋人題字，傅君梅初移署中，旋載歸邢臺，故不復存。余思傅君移置諸石，保殘守闕，良費苦心，何嵩境有名石幢，反移歸私第？理或未然。考畿輔志乘，邢境並無此幢，景説未可盡信。余訪詢登邑搨工，言傳聞幢已斷缺，恐官追問，久已埋藏。寺僧云，數十年前重脩諸寺，舊碑大半移埋。此説爲近也。飯趙君官署。趙名時，號及庵，萊陽進士，清勤爲政，登人愛之。幕中胡君赤霞，賢而才。皆乞余書，笑而應之。

十八日，早將行，搨工攜少林諸碑至，琳琅滿目，捆載而歸。趙令、馬尉郭外作別。少室山光清翠可戀，山高風大，登陟良苦，臧獲輩有憂色。望永泰、嵩麓、法王諸寺，不及留覽。下轘轅，至緱嶺，山不高而清曠幽遠。登仙君廟，憑虚四望，二室諸峰環繞當面，昔人謂是仙境，良非虛語。堦東武后《昇仙太子碑》，高大工致，今猶完整。碑側宋盧功裔題名，甚工。堦西宋謝絳脩大殿碑，搨得碑側濟南李格非等題名十一段;碑陰亦有宋人題名,晚不及搨。宿府店鋪。

十九日,至偃師。虚谷已還,飯齋中,縱觀金石搨本及古玉圭、晋劉韜碣石,贈余搨本數十種。同至學宫明倫堂,觀所收魏、齊至宋、元諸石刻,是虚谷數十年所致也。補搨數種。秋塍先至洛陽,書來約余同虚谷往洛。

二十日,虚谷攜子愚溪,約余赴洛。飯義井鋪。稍北,平等寺舊址,齊碑四通並立,半爲土掩。地名四里碑,安邑宋芝山誤聞此是劉寬碑,今乃釋然。煩秋塍遣人剔出搨之。過白馬寺,大門内至順鉅碑書甚工,宋蘇易簡碑已碎。大殿前魏造像幢,後殿唐麟德年蘇寶才造像,壁間晋開運造像、宋摩騰入漢靈異記、元至正詩刻,後殿元貞鐵鐘一,堦上寧遠將軍造像殘石。余與虚谷、喬梓尋金時方塔,前列金碑一,塔間舊多碎碑,今盡失之。望雙碑凹,一是魏王基碑,一是唐狄府君碑。府君梁公父也。虚谷云,昔狄氏後賢訪問祖墓,得洛城道旁一石,題曰唐忠臣狄梁公墓,遂以墓穴在是,封鬣表之,不知雙碑凹爲確也。過二十里鋪,廟中見五代羅周敬碑,道旁神龜二年造像刻石。晚抵洛陽,與秋塍、虚谷翦燭快談。新安鄒大令霞城,能文嗜古,亦來訂交。

二十一日，同秋塍及虛谷、喬梓出南郭，渡洛河，謁關忠義陵，極崇麗。遊龍門賓暘諸洞，觀諸佛像，莊嚴博大，旁多刻字。齊《洛州老人佛碑》、唐岑文本《三龕記》，俱刻洞外石壁。僧言《三龕記》舊有褚遂良款，石片碎落，昔藏寺中，旋失去，老衲謝草猶見之。飯臨河小閣，望香山如圖畫。飯畢，循山而南，石壁鑿洞，不能數計。登老君洞，觀魏、齊諸刻。洞上老翁王樵夫居之，自言年九十有三，或以爲仙，蔣學士獨敬禮之。夕陽已西，不及至香山而返。

二十二日，爲虛谷先人吏部公書神道碑及魯山令董君書巢索書聯額。書畢，偕虛谷步縣學東，看魏大覺寺碑，惜文已磨盡，刻明人修廟記，止存篆額。欲訪董湘涵友漢草堂，聞其孫析居，不果。從其族人購得董氏所藏孔和碑、陳德碑及太和十二年宕昌公造三級浮圖碑、唐張嘉祐墓志、盧杞書其父碑十數種，磚塔銘半幅，石鼓文九紙，皆精本也。

二十三日，秋塍、虛谷先返偃，余宿龍門鎮，視工人廣搨諸刻。佛洞多在山半，虛谷欲登最高之九間殿，看張九齡書牛氏像龕刻，力憊未果，余竟登之。大盧舍那佛像高八丈五尺，石磴宏敞，唐奉先寺基也。大曆十年造盧舍那大像碑、內侍省功德碑、牛氏像龕記、虢國公殘碑、宋丁裕題字，俱刻石壁。

二十四日，渡伊河，遊香山寺。及巔，眺龍門山，石壁危峭，鑿佛如林，盧舍那大像坐半山中，別有景象。寺無古刻，惟唐白少傅栗主，國朝湯西崖少宰右曾配食焉。堂懸西崖書「石樓風月」小額。緣山尋碑，佛屋刻武后時書經，極工；唐人大足等年造像銘；宋王曙詩、真宗龍門銘。歸寓，鄒大令霞城遺蒼頭來，索書楹帖。爲秋塍作《龍門覽古圖》長卷。

二十五日，視工人搨龍門諸刻。山僧古涵精摹搨，亦來助力。僧知伊闕洞頂小龕有開元刻字，猱升而上，得一紙，乃《丘悦贊》，利涉書，向所未見，非此僧莫能致也。

二十六日，欲行雨阻。工人冒雨搨碑，持來紙濕，余爲熨乾，得香山諸刻及唐人党曄、辛祕等題名，惟少大足一刻。龍門石洞内，見頂刻「大唐永隆」等字，圜轉巨書。老君洞頂之刻幾遍，架木高危，不能搨取，歎息而已。住龍門六日，搨碑三百餘種，得漢鏡文曰「九子明鏡，世異寡雙，服者卿公」，又「長宜子孫」鏡一、「位至三公」鏡二。

二十七日，雨止成行。行後望龍門諸山，在雲霧間，荒原翠碧，宛若春郊。伊水灘聲，蕩滌塵俗。午過白馬寺，搨諸造像鏡銘。至義井鋪，尋四齊碑，業田者畚鍤出之，不肯受值，索余書而去。晚至偃師署，秋塍齋中蓺菊四列，與武虚谷叔姪及嵩縣朱大令持螯小酌，劇談風雅。幕中山陰金臨川爲余寫墨梅，甚淡雅，勝童二樹多矣。座中人索書小聯，盡應之。

二十八日，秋塍又招友賞菊。虚谷見贈岳麓寺碑額、碑陰，并唐李吉甫等永興石室題名，超化寺元遺山、王黄華等題名搨本十數種。秋塍惠《昇仙太子碑》及靈巖山人詩、《吴會英才集》等書。

二十九日，别秋塍東歸。出城十里，登芒山，望宋會聖宫碑，南見太室、少室諸峰在層雲之上，北眺太行隔河雄峙，山腰紅黄色，疑秋葉也。上下坡磴，遠於虎牢關。至馬候午飯，相傳是伯夷、叔齊扣馬處。渡孟津黄河，宿孟縣城南。

三十日，早步學宫忠義祠，魏、唐、宋、元諸石刻嵌置工整，欽州馮户部魚山主講此地時所收也。搨補篆額數種。晤孟尉張君葺亭，同訪崔君梅軒，觀所藏范中立脩幅、董香光《盤谷圖》。梅軒新得唐咸亨年司馬興墓志，搨惠二本。飯葺亭處，賞菊看硯,爲書「四硯山房」小額。出城,至花封書院,見魚山八分書碑,絶類《韓勑》,歎吾友詞翰之美,今時何可多得! 望太行山色,竹木漸繁,渠流清潔,始知歷代名園多在此山之陽。晚宿懷慶東郭。

十月初一日,至清化鎮興縣。康孝廉少山,好古嗜學,久思過從。至此問康君住北山,尚隔十里,不及返晤,馳書通問,兼索濟瀆諸碑。夜宿恩村,康君覆書云,諸碑皆有,惟唐玉真公主受戒碑,魚山前訪時已佚。恩村崇恩院有大定二年牒,秉燭搨之。

初二日,至獲嘉。問法雲寺,不得。遇空車百輛,魚貫而東,知征楚之兵過新鄉,獲境之車助力也。

初三日,過新鄉白鶴觀,搨宋政和刻劉海蟾仙跡碑、金皇統碑。晚宿衙郡西郭。直隸兵夜抵城外,星馳赴楚。

初四日,至衛輝府治衙神廟,洗剔晉太公吕望表兩斷石,始見碑側有「諸□□者」,又「□□□□飭表上」八分書一行。後周郭進屏盜碑,碑陰兩側俱有字。尋武定八年太公廟碑,已嵌置北門外新廟,悉搨之。飯别駕畢硯山署,觀孫雪居《雙柏圖》、董香光《懷新堂圖》，甚工妙。硯山之弟静山孝廉，出觀明人尺牘，宋仲温、姚廣孝、于忠肅諸公數十家，皆精美。見題跋，知爲吾友江秋史舊藏，良朋仙去，物亦雲煙，對之憮然。署多奇石，爲硯山作「石供山房」扁。知楚氛稍定，弇山師破當陽，邀賜世職。江南豐縣決河，計日可塞也。

初五日，過衛郡。命工搨城隍廟元時鐵鐘，得張稚恭山水立幅，程穆倩題跋，漳州經幢搨本。宿滑縣老牛店。

初六日，大風。至東明郭外宿，展觀晋刻齊太公斷碑，粘連接縫。

初七日，抵曹郡西郭外，見穹碑，驗是元脩濟瀆廟碑，商琥撰書，攷論濟水源流、歷朝遷徙之故，文極該博，書復清挺。上有明侍郎王永和題跋。命工人搨得一紙。

伍崇曜跋

右《嵩洛訪碑日記》一卷，國朝黄易撰。案，是書爲亡友黄石溪明經鈔存本，無撰人名氏，相傳爲黄小松筆云。考翁覃溪《復初齋文集·黄秋庵得碑十二圖序》稱其「方欲搜討嵩山三闕上下巖洞祕文，雲木蓊鬱，靈境霅然矣，又嘗作《嵩洛訪碑圖》」云云；又《黄秋庵傳》亦有「南游嵩洛」語；又小松筮仕濟寧，而是書末有「初十日，抵濟」語；又覃溪所撰傳稱李銕橋「亦以金石之學世其家，與君最契」，而是書有「以副本分贈銕橋等諸君子」語；傳又稱「鐫諸石者，安邑宋葆淳」，而是書復有「安邑宋芝山誤聞此是《劉寬碑》，今乃釋然」語，芝山，葆淳號也；又小松工書，而是書屢言爲人書碑版聯額；又《墨香居畫識》稱其寫山水得北苑、巨然正法眼藏，而是書自紀爲秋塍作《龍門覽古》長卷；又小松錢唐人，而是書有「絶類吾杭西湖之壽星石」語；又阮文達《小滄浪筆談》稱「小松嘗作《得碑十二圖》及《嵩洛》《泰岱訪碑圖》，以秀逸之筆，傳邃古之情，得未曾有」，則小松果從嵩洛訪碑，且作圖矣，定是書爲所撰，似非臆斷。小松名易，字大易，號秋庵。其父樹穀，號松石，故又號小松。官至兖州府運河同知，護運河兵備道。精於金石、六書之學，著有《小蓬萊閣金石文字》及《小蓬萊閣碑目》等書。《蒲褐山房詩話》稱其官濟寧，凡嘉祥、金鄉、魚臺間漢碑悉搜而出之，而武氏祠堂畫像尤多。所見漢石經及范式三公山諸碑，皆雙鈎以行於世，則其生平嗜古，隨處搜羅，而是書則訪碑嵩洛時所記也。孫淵如《寰宇訪碑録自序》，稱「又值同世通人名士，搜奇好異，郵示所獲，擴其見聞，若今王少寇昶、錢少詹大昕、阮撫部元等」，而小松與焉。又《寰宇訪碑録》所載如在河南洛陽熹平石經《尚書》《論語》殘字，在河南南陽園令趙君等碑，俱注已佚，則非此行所得，而亦謂浙江錢唐黄氏藏本，其搜討諒非旬月矣。是書卷帙無多，殆未經刊刻。余恐其不傳也，亟付梓焉。咸豐甲寅上巳後四日寒食節，南海伍崇曜跋。

岱巖訪古日記

岱巖訪古日記

嘉慶二年正月七日，欲赴兩城山，物色女媧陵。同李壻此山及其姪出濟寧東門十里，路旁石刻佛象，疑其下有字，命搨工顧僕記明再搨。過黑土窯，車泥不前，百計出之，抵袁莊日暮，僅行二十五里。宿壻舅張翁圃中，翁云東南路皆河漫，兩城徑阻，赴兗亦泥濘，道鄒爲便，遂決計改轍自西而東。

初八日，渡泗河，至柳溝。道旁見大德十年吴祥書忠顯周公碑。抵鄒城，宿壻家質庫。晚步城南孟廟，觀諸碑。過斷機堂，見元至正年張銓一碑，面刻「暴書臺」三篆字；元貞年張須一碑；至正四年潘迪分書一碑。南門城樓，得金大安三年鐵鐘，有□威將軍□□張□克、匠人李勍等名。城外橋面殘石，文曰「泰山石，天輔四年」。定北門外崗山、小鐵山、尖山、葛山諸崖壁俱刻佛經，風大不及觀。

初九日，至曲阜，風大，寓西關。謁孔子廟，拓諸碑。余前得南關外熹平二年殘石、何夢華所得永壽元年孔君碑，俱置同文門下。後魏李仲璇碑，側有王長孺書一行，宋大中祥符元年張齊賢祀廟碑，後有河東裴瑀書一行，向未搨取，今補之。

初十日，過孔林，東至洙泗書院，見元碑二。飯歇馬亭泰山廟内，有宋元豐何嵩等造小石幢。過大汶口石橋，長百餘丈，河中灘石崚嶒，勢若潮湧，水流石罅，淙淙可聽。望徂徠諸峰，近逼眉宇。晚宿河東茅店。

十一日，至泰安府。乍看岱色，遊興欲飛。縣尉張君松巖云，岱麓盤路尚積冰雪，未可登陟。遊城中岱廟，見宋、金、元諸碑，甚奇偉。峻極殿前鐵甕二，銘云宋建中靖國元年李諒等造。炳靈殿前漢柏六，延禧殿前唐槐一，甚古。余尤愛大殿西偃柏，勢奇而葉茂。其旁飛來柏、寄生檜各一，亦有奇趣。階下怪石九，尤愛西一石，腹刻大安元年奉符吴術題字。過冥福院，觀後晋天福年石幢四。後殿有元大德九年鐵鐘，命搨之。

十二日，出泰安城，車行犖确間。過大佛嶺，禮銅像。宿張夏，四望皆山，頓忘行役之勞。

十三日，至歷城西關。江秬香遣人來，言泰安太守金素中邀寓省館，遂止焉。

十四日，見權廉使孫公淵如，縱觀嘉石軒所藏吉金款器，命工拓之。

十五日，見攝萊郡吴念湖諸君，晚飯臬署。

十六日，攝歷城令徐刺史招飲小滄浪亭，同秬香、李堉諸子乘小艇泛大明湖，都人士女，登北極閣，喧闐滿路，踏月看燈而還。

十七日，晤伊中丞公子。後孫公招集臬署，與王蓮湖、吴念湖飲嘉石軒。

十八日，至撫署，與高君青士茶話。金陵史兄樸園，三十年舊好也。聞余至，亟出見，言亡兄塞外舊事，聽之黯然。

十九日，孫公與權兖沂觀察金公招遊大明湖，飲浄香齋，畫舫銀燈，緑波紅樹，何減江南風趣。

二十日，孫公奉急符赴鉅野，中丞伊公命酌，談嶗山風景，云地多古松，爲奸人侵削，劉令培守甚力，宜嘉勉示禁之。中丞擅草聖，命刻二巨印。同幕中高青士、史樸園、張碧川諸君觀其真珠泉，縱棹小溪，往還二里，白石清泉，引人入勝。薄暮出署，街鼓報初更矣。

二十一日，同秬香、李堉叔姪馳馬三十餘里，至龍洞，徑轉峰迴，峭壁蒼翠，巖懸古柏，顛峙浮圖，側視横看，奇態萬狀。洞中鑿數巨佛，秉炬可行半里，溪流奔迅，窮源幽遠，歷下奇觀也。方伯康公禱雨獲應，聿新祠廟，增葺亭館。廉使孫公兩弟偕嘉定錢君、陽湖王君來同遊，遍歷洞壑。余憊未從，坐看工人搨碑。洞後得後魏天平四年驃騎大將軍汝陽王叔□造像銘、宋元豐韓鐸祈雨題名及元延祐造像數碑。縣志云，洞後壁間有隋刻及墨書數行。遥望壁上模糊，路險莫能逼視。宿山館，夜起看山，别有景象。

二十二日，同人遊佛峪，僧騎而導，五里拾級登山，至般若寺。寺在懸崖之腹，後築精舍，踞勝淩虛，奇峰欲滴，當面凭窗，遠眺蒼翠，勝於龍洞。崖上刻佛像，塗彩如新。崖間有隋開皇七年比丘尼静元造像，石壁有唐乾元四年遇緣造像、開成二年金剛會碑。山中多雪，陰崖懸冰如匹練，余謂之乾瀑布，同人笑之。寺外翻經臺，勢如石笋，康方伯欲葺小亭其上，亦快事也。午後返城中。顧僕搨佛峪碑後，復至龍洞，盡搨諸碑。

二十三日，辭諸司，同周孝廉曼亭飯王司馬應亭齋中。與鄭柳田、吴南薌訪朱敬數，觀所藏沈石田仿大癡青緑細筆山水，極精，漁洋山人心賞物也；陳道復没骨花大幀，亦佳；禹鴻臚爲朱君之祖子湘先生寫小像及徐易畫山左諸名宦像，甚工妙。余囑柳田摹李文襄、高念康二像，以志景慕。

二十四日，出城五里，遊千佛山。至興國寺，就山鑿大士相，極莊嚴。石崖隋刻佛像，有開皇七年至二十三年題字十餘段，阮學使芸臺搜搨止四段，龕内塗飾處之刻字未盡見也。元人刻唵字咒四行，亦自龕内得之。登高俯瞰城北，湖波清淼，䧿崋二山並峙。昨見偃師王大令秋塍有禹鴻臚摹趙文敏《䧿崋秋色圖》，景象逼真。鳳臺陳明軒與鄭柳田、吴南薌招飲潭西精舍。觀吾友桂明府未谷所書聯額，精甚。中懸余書小額，自媿弗如。陳君又囑書談助亭額。看七十三泉，噴珠響玉，沁人心脾。得《明詩綜》第三函，補余之闕。晚酌金太守齋，與陳二州劇談。

二十五日，訪楊明府杏川，弗值。出西門，遊豹突泉，尋趙文敏題句不得。泉岸巨石玲瓏，有翁閣學題字，知是明殷相國圃中四石之一。過羅園，看水竹文魚，殊有野趣。

二十六日，出門八十里，至長清。五峰山矗立三面，氣象幽遠，宋、金勅建道院，翠柏滿山。盤路直上，山半有靈泉，構亭可坐，銀杏樹大可三人圍，扶踈森茂。三清殿前，元定宗二年刻崔真人像並傳，上元好問、劉祁等題字。《五峰洞真觀碑》，元好庭間。

問撰。又大定元年洞貞觀勑。問蓮花洞隋刻，僧云在山後，晚不及訪。宿新構廣

二十七日，搨蓮花洞隋刻五十餘段，宋嘉祐、元祐張度等題名二種，阮學使僅得其半也。宿張夏。

二十八日，行三十里，至靳莊。折而南行，望明孔山，宛如彌勒側坐。行數里，過靈巖勝境坊，山翠撲人，峰攢萬笏，濃緑間隱隱古寺，辟支塔、功德頂、證明龕踞最勝處。入寺，古碑滿目，不能數計。看摩頂松，憩般若殿，視顧僕與僧人拓碑。江秬香與李壻叔姪衣短後，易輕屩，鼓興登山，直上功德頂狂嘯，爆竹聲震巖壑，余徒仰視歎羨而已。

二十九日，扶杖山行數里，瞻行宫樓閣。至甘露泉坐，朗公石儼然一僧捫鐵袈裟，其上分書三字，下有篆文，剥蝕難辨。或云此鑄鐘未成也，説亦近理。功德頂佛座間之字，段赤亭尚未盡拓。石壁及獅、象身皆刻字，巢鶴巖盤道及觀音洞宋人刻字最多，命工盡拓之。看滴水巖積冰如緑玉。驅車出山，宿長城嶺。

三十日，至泰安郡城。府縣金、蔣二君與少尉周旋，止岱廟雨花道院。覓數竹

輿，次早登山。晚飯金太守齋，肥城程大令與幕中馮、唐、黄三君談宴歡甚。余欲移肥城孝堂山石室内郭巨塑像于外露室後石壁，俾得全搨諸刻，金、程二君欣然許之。果成，亦金石奇緣也。

二月一日，同江秬香、李壻叔姪登岱。磴轉高危，愈上愈妙。至對松山，兩巖濃碧，石勢尤峭。至十八盤，望南天門在雲際，過此始履坦途。拜元君上廟，瞻明皇摩崖，刻計廿四行，行五十一字。其左宋趙德甫題名，下得開元二十年道士董靈寶題名。其右唐東封時從臣諸名及宋、元題名甚多。稍東石壁，拓得乾封元年設醮題名三。登玉皇頂，憩浴日養雲亭，俯視諸山，俱在足下，雲物曠遠，天下奇觀。後石屋巖岫深幽，林樹尤密。遊人忽指山下一狼奔突，攀崖遠眺，隱隱入後石屋而没。看岱頂無字碑，厚大光潤，相傳此石非山所有，余視其質與磴石無異，傳者妄也。右邊得一行書「帝」字，類宋初院體。偃師有宋仁宗書「帝」字刻，此或真宗之筆。晚宿孔子崖下斗室中。

初二日，早至日觀峰，天明後始見旭日初升。道士云，看日出宜秋霽澄空，乃有異趣。今方春仲，雲霧半翳，無甚奇也。遊石屋，冰凝盤道，風殊甚。至蠟燭峰，看古樹而返。午後同江秬香諸子下南天門，坐壺天閣，孫廉使、金太守來敘，噉麪。孫公欲余再登山，余苦登危辭之，秬香復同登焉。余還憇雨花道院。

初三日，孫廉使下山，言高危難達，不可再往。招余在山足暢遊，觀王母池、吕公洞諸勝，捫老君堂唐鴛鴦碑，飲白鶴泉上道院，遍遊岱廟，看漢柏唐槐。晚息岱麓書院，廉使爲余篆題名，刻岱頂。

初四日，孫廉使返署，其甥楊君耘珊小留，同遊天書觀，神宗所範九蓮菩薩，懷宗所範智上菩薩、侍天女，四像極工偉，各爲母后刱造，廟貌崇大，今棟折垣頹，誰復過問。至觀看銅殿，鎏金光耀，目所未覩。至高星山，觀後晋石幢而返。

初五日，同李堉叔姪乘車返濟，秬香贈余李北海麓山寺碑舊拓本，黄仙鶴等字尚在，後有米元章題名，亦作北海體，精妙可愛；唐姜遐斷碑書，亦古秀，割愛可感也。留顧僕在泰安靈巖，盡拓諸碑再還。濟寧此行，所得不少也。

得碑十二圖題記

黄秋盦得碑十二圖序

《得碑十二圖》者，錢塘黄子秋盦自繪其乙未至癸丑十餘年間所，訪古刻事境而作也。予識黄子在歲丁酉，時於都門，初得漢熹平石經殘字三段，予借摹勒石於書室，用洪文惠越州事，題曰「小蓬萊閣」，而黄子先世已有此扁，何其不謀而合也。既而黄子筮仕濟寧，爲漢魏六朝以來金石最富之區，而黄子以政務之暇，窮力搜剔，始感張力臣之言，升起尉氏令鄭季宣碑之下半，鐵橋李君助之，夢華何君又助之。重修武氏石室，剔永壽熹平殘刻，於是舊所云任城五碑者，增而十之。曲阜孔廟同文門下之碑，亦踵而增焉。予既爲四年三至詩，而繼予至者又得詹事阮公有同嗜，蓋自古聚碑之地不皆遇此人，而嗜古之人又不恰逢此會，宜黄子手寫之而傳勿諼也。黄子幹濟之才，其宦遊所至，博訪古刻，必將日有所得，不止於此。而予與黄子共几欣賞之緣，當亦繼此而未有艾也。韓勑後碑，竹垞與谷口皆得之。則如黄子與予者，如夢華者，皆期於必得之。是當作《得韓勑後碑圖》。黄子方欲搜討嵩山三闕上下巖洞秘文,雲木蓊鬱,靈境霅然開矣。又嘗作《嵩岳訪碑圖》。延熹華岳廟碑,今海内有三本,予皆摹得之。嘗擬與黄子共摹勒焉。又嘗作《重勒華碑圖》。其他若梁之舊館壇碑,唐之化度邕師銘、孟法師碑,皆當窮恣奇探而精摹勒石者。繼今以往,黄子將理素縑,調丹緑,日夕作繪之不暇也。晋齋北來,夢華東去,但笑予輩日苦詩債逼人太甚耳。乾隆五十九年歲在甲寅春正月廿有五日,北平翁方綱書於石墨書樓。〔一〕

校勘記

〔一〕此文收入翁氏《復初齋文集》,與墨蹟略有異同,因以二者參互校補而成。

得碑十二圖題記

三公山移碑圖

元氏有封龍、三公、無極、白石諸山漢碑，今惟白石神君一碑尚在。乾隆乙未，余客南宫時，吴興楊鶴洲館元氏，煩其訪碑，得□初四年祀三公山文，書雜篆隸，文復簡古，與《隸釋》所載光和四年三公山碑不同，蓋東漢中葉所刻也。屬縣令王君治岐移置龍化寺，與白石神君碑共存焉。

翁方綱題跋

始自無軒子，傳來上谷書。余家忝桑梓，數畝愧犁鉏。隸釋番陽失，封龍白石餘。斷雲披闕月，識是歲元初。此祀三公山文，余以洌勢審之，定爲元初也。方綱。

詩境軒賞碑圖

乾隆丁酉八月，就選入都。董户部石芝云，曩得漢熹平石經《尚書》《論語》殘字三段,裝爲一頁,置書册間,久尋不得。余屢求弗已,石芝檢出見贈。攜至翁學士覃溪先生詩境軒,與三五同志快觀,莫不羨神物之難遘也。

翁方綱題跋

初疑退谷本,後訂越州盟。詩境重摹處,蓬萊悵望情。至今深辨證,猶愧未專精。一片西江石,何年彙續成。予在江西,以秋盦此本與孫退谷本及錢梅谿所摹徐武子本,合刻於南昌府學尊經閣下。方綱。

肥城孝堂山石室圖 黄易仿南華散仙筆

趙德甫《金石録》云:北齊隴東王感孝頌,在平陰縣小山頂上石室内,刻人物車馬,似後漢人所爲。余遣工搨視,得成王相、胡王等標題,永建四年邵善君題名及永康、永興、延昌、武定、太和、景明、先天等年細刻之字。感孝頌後有唐楊傑,石柱間有唐焦昌、宋楊景略等題字。趙氏見畫象時不知有標題,益信勘碑不可不審也。

翁方綱題跋

作吏山東去,先關寄友懷。岱雲供潑墨,漢畫始名齋。叩謝賢明字,循良孰與儕。濕他合切陰題永建，隸勁古銅釵。秋盦以孝堂山諸漢畫拓本寄予，予因自扁其書室曰漢畫軒。

濟寧學宫升碑圖

漢尉氏令鄭季宣碑，在濟寧學宫戟門之東，下段入土。淮陰張力臣釋碑時無力出之，深以爲恨。乾隆丙午八月，翁宫詹覃溪趣余升碑，因與州刺史别駕成其事，復得下段七十餘字，以石柱夾立焉。

翁方綱題跋

亟齋三歎處，今日一升碑。地底千珠沸，繩長百尺爲。記余江渚櫂，夢爾泮芹池。上巳桃花水，憑欄滌研時。壬子三月三日，題字於此。方綱。

紫雲山探碑圖

乾隆丙午秋，見《嘉祥縣志》紫雲山石室零落古碑有孔，搨視乃漢敦煌長史武斑碑及武梁祠堂畫像，與濟寧李鐵橋、洪洞李梅村、南明高往視，次第搜得前、後、左三石室，祥瑞圖、武氏石闕、孔子見老子畫像諸石，得碑之多，無逾於此，生平至快之事也。同海内好古諸公重立武氏祠堂，置諸碑於内。移孔子見老子畫像一石於濟寧州學明倫堂，垂永久焉。

翁方綱題跋

紫雲山犖确，轣轆想車聲。兩度城隅宿，猶虚石室盟。幅縑曾夙諾，攜手得同行。豈獨完丹約，南池嘯侶情。予在江西初見秋盦，以此幅畫藁見寄，輒思置身其中，欲倩秋盦爲作一幀。及來山東，兩至嘉祥，而以行役有程，不及入山踐此約，爲可憾也。故因題此而附識之。

金鄉剔石室之圖 黄易寫

金鄉城北王廣文塋左石室，相傳是東漢扶溝侯朱鮪之墓。室中人物刻像頗有畫法，孔户部葒谷曾拓數紙。河患室淤，余屬縣令馬君于荃剔出。末幅有朱長舒等字，下有八分，四已磨泐，隱隱似「漢朱氏鮪」等字。

翁方綱題跋

東京侯氏表，每致憾熊方。世系于何補，祠官所未詳。圖如鐫武闕，室獨邇金鄉。近與錢家仲，停車意不忘。嘉定錢晦之近著《後漢書年表》，極爲該洽。方綱。

良友贈碑圖 秋盦仿白雲溪外史

歷城王古愚先贈余涼州刺史魏元丕、廬江太守范式二碑，是泰安趙相公家物，簽題曰「漢碑十」，知不止一册。武功張君蔭堂來刺濟寧，贈余聶氏劍光所收成陽靈臺、幽州刺史朱龜、小黄門譙敏三碑，與魏、范二碑裝潢悉同，延津劍合，亦奇事也。

翁方綱題跋

官居居濟寧，秋影緑交穤。主客俱千古，雲煙萃一廳。重裝仍淡墨，雙眼爲誰青。余亦齋中宿，乘槎眩列星。方綱。

晋陽山題壁圖

濟寧晋陽山慈雲寺，六朝古刹也。就山鑿佛，座旁開皇元年刻字。壁間多漢人畫像。寺後石壁有薛子岫等摩崖大字，並唐晋陽精舍碑、周廣順二年及宋、元諸刻。石壁刻碑形，上作垂虹，尚未勒字。余屢過此山，癸丑四月刻八分四行於上。寺東壁間得宣和甲辰鍾金直、晁決道等題名，山下獲元劉賡書蓋榮妻許氏墓碑，皆奇偉可觀。

翁方綱題跋

君家豫章叟，大字取焦山。似此厓陰筆，寥哉漢以還。垂虹爲誰額，積蘚向來斑。直待秋盦隸，青蒼萬仞間。方綱。

兩城山得碑圖

濟寧兩城山諸蘭若間，往往有漢畫像，惜無一字，疑是地必有古碑。乾隆壬子四月，問水泗濱，因物色之。於道旁得「朱君長」三字石刻，隸書古拙，漢跡無疑。移置州學存之。江侍御秋史以爲東漢初時所書。

翁方綱題跋

遇石如蚰蜒，隨方似賈胡。此朱君長字，孰漢八分摹。碑補任城十，圖來泗水俱。極高蘭若頂，延竚費功夫。方綱。

嘉祥洪福院搨碑圖 黄易學筱飲山人筆

洪氏《隸續》李剛等石室在鉅野諸境，遣工屢訪，得漢人畫像不少，惟嘉祥洪福院佛座下一石有成王、周公、魯公字，與洪氏所載不同，未知何室之石。其旁及戲樓下各有畫象一石，惜無題字。

翁方綱題跋

閟宫封魯事，何處得模型。不獨能工繪，因之可證經。李剛碑在否，洪福院丁寧。字字闕詩史，時時洩地靈。方綱。

禱墓訪碑圖 小松寫於秋影竹盦

濟寧潘恬庵先生癖嗜金石文字，令天長時，同陳恪勤公出焦山《瘞鶴銘》於江中，著《金石文字分省鈔》，刻張力臣《濟寧學宫碑釋》。余生也晚，每恨未見其人。先生爲中丞公次子，附葬冢右，綽楔「山高水長」四大字，何義門書。中丞墓碑，汪退谷書。先生自爲墓志，鄭居實書。塋東元任城郡公扎忽兒解墓，有趙世延碑。乾隆癸丑清明節，余同何夢華攜兒子元長拜先生之墓。余默禱曰：「我輩好碑，與公同志，願公神祐，庶有所獲。」未幾何夢華得漢孔君碣於曲阜，余得漢畫像標題周王、齊王等石刻於嘉祥隨家莊，移置洪福院。先生之靈，可謂昭昭矣。

翁方綱題跋

趙子幾時至，何郎先此偕。最奇永壽碣，特爲孔君揩。韓勑碑終合，仙源蹟未蘿。焚香日稽首，水涘又山厓。因孔君墓碣之出，而卜禮器後碑當出耳。趙晉齋有北來之諾，每與秋盦共賞金石，輒寤寐求之。方綱。是日爲夢華題古楳團墨。

小蓬萊閣賀碑圖 錢唐黃易寫於濟寧官舍

乾隆癸丑十月十有九日，余馬齒五十之辰，戚友咸集，余避喧泗河，遣工拓碑，得熹平二年半碑於曲阜東門外，喜極命酒，邀李鐵橋醉賞，同志者聞之共來作賀。時阮宫詹芸臺按試曲阜，求其移碑顏氏，與竹葉碑共存焉。

嘉慶己未十月，得漢衡方碑陰，十九日又與鐵橋醉賞，亦賀碑也。秋庵題記，時年五十有六。

翁方綱題跋

賀碑兼祝嘏，泗水即洙源。樹芾彌封殖，瀾翻悟角根。尋詩池北庫，移石魯東門。此意何人會，他年對榻論。

秋盦得漢熹平二年殘碑於曲阜，拓其本以寄。予既爲賦長歌，復爲小詩綴此圖後。適又得阮宫詹札，此碑已移入曲阜孔廟矣。此十二圖，惟此一幅是予北歸後之事也。是歲十二月十九日，作坡公生日，與諸君語此。甲寅正月廿有四日，北平翁方綱。

嵩洛訪碑圖題記

嵩洛訪碑圖題記

開元寺

余遊開封相國寺，僅搨得元祐石幢。至鄭州，訪城西開元寺，殿圮重葺，僅蔽風雨。得兩石佛，妙相莊嚴，座間刻銘，一天授二年侯文衍造彌勒像，一開元八年王元度造蒲臺像。殿後「尊勝幢」篆額三字奇偉，中和五年僧祖愿書。天成二年重脩。上層四面鏤佛，邊闌復刻畫像，天福五年僧敬璋、上柱國楊璋等所造。秋陽曝紙，摹拓殊艱。寺傍東里書院，學徒見獵心喜，咸來助力，俄頃拓成。惟浮圖高處二石似古刻，莫能致也。

翁方綱題跋

秋盦拓鄭州開元寺碑，其鄰居學徒有來助拓工者，此內異日儻有成才，能自記其事，則亦佳話也。方綱。

等慈寺

滎陽縣治揭漢聞喜長韓仁銘，唐中宗賜縣令盧正道勅，碑陰《清德頌》，兩側有唐、宋人題字。晚抵汜水，訪等慈寺，在東關二里許高原。寺東，唐高宗《紀功頌》，陰列從官李勣等名，其下開元十三年史敘書明皇途次成皋詩，崇寧四年王評題名。寺西，唐顔思古《等慈寺碑》，側刻元豐乙丑楊某題名。滎陽以西，崇岡壁立，穴土而居，輪蹄經行狹道間，至虎牢關，高下數里，俯視悚然。巔廟有碑，昏夜莫辨也。

翁方綱題跋

唐中宗勅，筆力峻勁，似與明皇《太山銘》後年月一行可以相配，此王虛舟所最稱美者。然楷以中和爲至，自以《太山銘》後大楷爲正也。方綱。

轘轅

轘轅關，一名崿嶺口，在少室北，登嵩境始於此。振衣千仞，盤旋而上，及嶺望鞏洛山川，歷歷可數，有頌宋令馬仲甫治道碑，尋之未見。

翁方綱題跋

此正秋盦身到雲外時也，即不必訪碑，已是妙境。方綱。

少林寺

少林寺在少室五乳峰下，寺前列峰如屏。余日暮抵寺，少頃月上，憶施愚山「翠屏横少室，明月正中峰」句，至此始信詩境之真。秉燭捫碑，得天平二年僧洪寶、武平元年馮暉賓、天保八年僧静明造象，唐高岑書經，碑側有唐人畫像，辛秘題名。廊下有至元二年鐘銘。堦下列唐、宋十數碑。唐太宗教裴漼碑在鐘樓前。還天王獅子碑，王知敬書經，宋、金畫像，俱嵌壁間。蔡京「面壁之塔」四字殊妙，嵌西壁。涪翁達磨頌、蔡卞六字額，在初祖庵。趙、董書二巨碑，並立東院。僧云昔年碑石如林，脩廟時埋大半矣。

翁方綱題跋

董書少林寺道公碑，氣奪吴興，雖非純楷，然世傳董書楷碑，以此爲第一。方綱。

少室石闕

少室雙闕在邢家鋪西荒原。畫象甚多，褚千峰所圖弗確也。西闕北面篆文曰

「少室神道之闕」，南面刻篆銘。余前遣工細拓，「萯林」一行之前有直格，尚露字脚。上層有字。今驗東側五行，亦露字形。「萯林」一行下隔二石，露二「伊」字。東闕八分題名，「李容」驗是「李客」。其後直格，隱隱有字，昔人所未見，命工人搨闕文整幅以歸，張諸四壁，不異遊嵩捫石也。

翁方綱題跋

黄子挾奇氣，神遊邃古初。欲窮最高處，四嶽憑三塗。淩冬發秋杪，襆被脂爾車。只攜氈蠟手，何取黥兩徒。洛陽董金甌，手痕在石膚。褚生經眼録，奚足以表諸。邢鋪西原石，百恠秘精模。庚庚捫星辰，皓魄環蟾蠩。文字耀陰精，寶氣躔金樞。㞳絶開母石，三丈敧厂如。洪荒事難徵，靈休緬山隅。諸峰拱嶽廟，黄蓋峰攸居。兹焉峻極憑，亢氏鶉火墟。土圭景地中，寒暑陰陽孚。四遊三萬里，二儀準圜觚。於此摹隸篆，元氣盎積虚。元初延光間，直溯太始書。簷陰細刻畫，二千載未蕪。想君立其下，感歎以踟躕。諸峰雲往來，一貯於襟裾。褚生閒轍處，奥境云無途。而君振衣往，此册靡弗圖。横我臘雪几，詩境拜大蘇。壁問雙漢柏，風雨來吟呼。

嘉慶元年歲在丙辰冬十二月十九日，賦此詩。至廿日晨起雪晴，呵凍書此，北平翁方綱。

嵩陽書院

嵩陽書院在太室南麓門外。唐天寶三年徐浩分書碑最高大，陰刻熙寧辛亥張琬、宣和乙巳盧漢傑題記。院内牆陰得嘉祐庚子文潞公、大觀庚寅張杲、政和戊戌王鄄等題字。東牆有元符二年宋傅小楷，書《真武經》，最精。舊有宋人石幢《翊聖真君秘誥》，今佚。瞻將軍柏二，大者七人圍，次三人圍，俱森茂可觀。院中有堂有樓，畢師秋帆先生撫豫時所葺也。

翁方綱題跋

漢柏二株，有圖勒於石。昔門人莫績軒，攜其二子讀書於此，其長君今京兆韻亭，屢拓此柏屬題，予前後爲此柏賦長歌者五度矣。丙辰十二月廿日，方綱。

開母石闕

開母闕在崇福宫之東數十步。延光五年篆銘，在西闕北向，餘二行在闕側東向，余昔遣工拓此。「開母廟興」之前，有「川郡陽」一行，今見其前有「二月」一行，疑是造闕年月。精楮細搨，比前人所釋多辨出二十餘字。其下分書《嵩高山請雨銘》，首二字似「維時」，末行「其言惟何」下隱隱有「嘉」字，「自爲主簿」乃「昔爲主簿」，蓋敘述太君歷官之辭。闕北看啟母石，高三丈，廣如之，疑星隕也。崇福宫尋碑，惟景祐殘刻、宣和二年□川仙裔題字、邱長春書海市詩兩元碑而已。

翁方綱題跋

此皆亭林、虚舟、山夫諸君所未及詳者，牛氏《金石圖》尤爲漏略。今得秋盦親加訪剔，於是三闕之文大備矣。然正恐後來踵至訪拓者，又罕其人耳。方綱。

王念孫題跋

秋盦司馬醉心金石，凡蠟屐所經，斷碣殘碑，無不畢出，訪剔之勤，椎榻之精，實前人所未及。嘉慶己未冬，余眡漕泲上，秋盦出鉤勒漢碑數種及此圖見示，千巖萬壑，披榛捫蘿，歷歷在几研閒，足當臥遊一過。啟母石闕，好古家久殫精力矣。今秋盦多考出二十餘字，又補正褚氏誤闕二圖，沙塵千餘載，忽焉顯豁，誠爲一快。余亦校正數字，惜篋中書籍無多，又匆匆北還，未及細與商榷。它日得暇，脱稿郵以就正也。石臞王念孫。

中嶽廟

中嶽廟在嵩山黄蓋峰之陽，居正履中，衆峰環拱。廟前百步，太室神道雙闕，壘石堅完，層層畫象。漢元初五年吕常造闕銘，八分書，在西闕南向。「中嶽泰室陽城」篆額，其下潁川太守銘，八分書，在西闕北向，文雖剥落而簷陰刻鑿如新，二千餘年劃痕歷歷可認，亦一奇也。廟前雙石人，比曲阜漢魯王墓者稍殺，冠冕執殳，制作皆同。久埋土中，武虚谷疑身間刻字，易遣人出之，摹其形以歸，信爲無字矣。兹見東石人冠頂一「馬」字，八分書，真是漢刻，莫詳其義。廟内守庫鐵人四，有治平、熙寧款，兩鐵獅正大二年鑄，鐵鑪元至元十七年鑄。後魏寇天師碑在東隅。尉遲汾狀嵩高靈勝詩及宋、金等碑，舊有揭本。惟唐咸通六年李方郁修廟碑兩側唐、宋人題名，向所未收，亟揭之。

翁方綱題跋

潁川太守一段，極古拙，前人未有著於録者，其文亦前序後頌也。方綱。

石　淙

石淙在城西南四十里平洛澗，怪石淩空，面面靈瘦，深潭澄碧，溪水環流，誠嵩麓奇觀也。昔武后遊時，北崖刻詩，南崖刻序，後有范純仁等題字，下臨深淵，拓工架木求之。北崖有數孔，疑昔年架屋之迹。武后避暑，搆造工妙，今惟山空水深，奇峰滿壑而已。石壁多近人題刻，路滑難登，不能捫視。稍東周公廟，有斷碑，首曰「大唐洛州告成縣」等字。龍華寺斷石幢二，漫漶難讀。問碑樓寺，魏豫州刺，劉碑造象，尚隔數里，日晚不及訪也。

翁方綱題跋

秋盦又自記云，於此間想見盧鴻艸堂之勝。是歲之臘，方綱書。

會善寺

會善寺在積翠峰下，門外銀杏翠柏甚古。大曆二年戒壇勑牒，碑陰刻貞元十一年陸長源戒壇記，在東廊下。僧導至西原戒壇舊址，見天平二年嵩陽寺碑，唐麟德元年移置于此，工人止拓下層八分一段，今見篆額曰「嵩陽寺倫統碑」，其前層層鏤佛，正書佛號，碑制最精。唐淨藏禪師塔巍然西峙，開元十五年道安禪師碑臥菜畦中。寺東元僧數塔，封號極崇大。問元僧溥光書茶牓，已移城中學宫矣。

翁方綱題跋

惜少林之戒壇銘，久不可問矣。即摹本，亦有不同。何時得重爲摹之，一補此石。方綱。

嵩嶽寺

嵩陽觀左逍遥谷，進爲承天宫，有潘尊師碑，聖曆二年司馬承正書，陰有宋祖無擇等題名，碑臥難搨。觀右嵩嶽寺，有唐珪禪師碑、大證禪師碑。余至二處，值大風，及谷口而返。越日，遣工搨諸碑，得潘尊師、大證禪師兩碑篆額，向所未有也。

翁方綱題跋

徐季海大證禪師碑，聞尚斜臥在寺後，想亦艱於拓致。方綱。

白馬寺

偕虚谷、喬梓赴洛陽，至白馬寺，禮方塔。塔前有金時一碑。寺門内至順四年洛京祖庭碑,書甚工。蘇易簡碑,碎爲數段。殿前魏造象石幢,殿後寧遠將軍及天福年造像,麟德元年蘇寶才造象。壁間宋天禧五年摩騰入漢靈異記,元人詩刻,後有元貞二年鐘銘。門外望雙碑凹,是魏王基、唐狄府君二碑也。

翁方綱題跋

王基碑,魏隸之佳者,然其文僅存半,聞是文未刻完者,非石有斷缺也。方綱。

龍門山

龍門在洛陽城東三十里,石壁造佛不可數計。賓暘洞佛寺踞兹山最勝處,洞外造像,惟齊洛州城鄉老人佛碑最古,餘者貞觀至總章居多,岑文□《三龕記》最博大。僧云文内褚遂良款石落,此片舊在寺中,今佚矣。

翁方綱題跋

欲從楷問隸津源,褚系龕銜惜不存。如此蒼厓更奇偉,爲君湅雨洗苔痕。

宋人《寶刻類編》云,褚書此記,字畫奇偉。吾嘗謂是碑是唐楷中之漢隸也。然吾新摹得褚書《孟法師碑》真本,亦以隸法入楷,似更妙於此記耳。方綱并識。

伊闕

洞壁刻經，明人鑿「伊闕」二大字壓其上。余坐洞内，指工人摹搨，望隔河峭壁，皆倪、黄粉本。龍門僧古涵善拓碑，亦來助力，知洞外壁頂有唐開元三年利涉書造像銘，猱升而上，拓得一本，非此僧莫能致也。左洞頂刻「大唐永隆」等大字，圜轉而書，惜難搨耳。

翁方綱題跋

少林諸僧，日以拳技爲常課，竟不及龍門。此僧得秋盦此筆傳之。方綱。

洪範題跋

曩守郿原，得飽看太華山色，繼來山左，又得徧覽岱嶽日觀、雲亭諸勝，所未到者惟嵩洛耳。今讀是册，不惟紫翠丹黄，盡攬轘轅、伊闕之勝，且搜苔剔蘚，得碑四十餘種，發皇幽閟，傳古人未傳之秘，較昌黎投書希夷峽，其韻趣又何如也。惜當日未得與秋盦相隨蠟屐，共爲商確，徒令今日作宗少文臥遊，是可歎耳。嘉慶甲戌九秋廿又五日，跋《岱巖圖》後又識，石農洪範。

奉先寺

老君洞北奉先寺址,俗名九間房。大盧舍那石像,高八丈五尺,坡磴危滑,虛谷欲登,未果,余竟登之。開元十年造象記,宋天聖二年丁裕題名,刻佛座後。張九齡分書牛氏像龕記,内侍省功德碑,號國公殘碑刻。越日遣工拓碑,又得大曆七年党曄等、元和十二年辛秘題名。

翁方綱題跋

如此石像,非秋盦不能畫也。十二月十九日,同人集蘇齋,羅君兩峰贊歎不已。方綱記。

香山

香山寺在伊水之東,自龍門舟渡,沿山而登,壁鑿諸洞,有武后時刻經,楷書工妙,大足年造像銘,宋真宗龍門銘及王曙詩刻,貞祐四年張穀等磨崖題字。寺内有白樂天栗主,吾鄉湯少宰西厓配食焉,小軒懸西厓書「石樓風月」牓。

翁方綱題跋

坡公買竹卜伊川，未必茆軒比樂天。今日秋盦輕策到，石樓風月更翛然。方綱。

何琪題跋

丙辰元旦，余嘗夢遊香山寺。既寤，作文記之，凡四百餘字。今觀此幅，宛然夢境，然終遜秋盦親到，得覩諸石刻爲快耳。始知宗少文之遊，不及向禽遠矣。可慨也。春渚何琪。

邙山

邙山會聖宮址，有元祐元年石中立撰碑，甚高大，數十里外，遥見之。嵩洛歸途，過此。及巓，見黄河如帶，南瞻嵩岳，北眺太行，輿人指宋八陵，隱隱可見也。

翁方綱題跋

秋盦記云：「登此山，南望太室、少室諸峰，在層雲之上；北眺太行，隔河雄峙，山腰丹黄色，疑秋葉也。」是歲歲杪雪後，方綱爲書記於此。

太行秋色

渡河至孟縣，偕縣尉張君葺亭訪崔梅軒，觀所藏諸畫，范中立巨幀、董香光《盤谷圖卷》最妙。梅軒出新獲咸亨元年司馬興志石,兩面刻文,搨贈二本。步學宫忠義祠,見魏、齊、唐、宋諸石刻數十種,嵌置堅牢,牆陰大中經幢,皆馮户部魚山所收者。出城東返,無日不見太行山色,秋樹丹黄,林壑如繡,真畫境也。

翁方綱題跋

紫翠夾丹黄,河津一千里。北連燕趙閒,奇氣概於此。君以金石緣,遂究川嶽理。所得皆精微,翠墨不在紙。笑問君囊馱,癖嗜誰能擬。豈爲事聲利,急若趨朝市。山色如送迎,秋光澹渺瀰。畫就一函中,走訊蘇齋裏。童僕怪何事,臘雪頻驅使。我亦招諸友,開緘色狂喜。太行照研池,霽緑來杯底。拓本雖新致,中有古香起。觀碑復問山,薰檀添棐几。題跋當卧遊,更不煩行李。方綱。

老君洞

老君洞在龍門南,鑿元元皇帝像,極高大。洞頂至足,刻佛像題銘皆遍。王秋塍約虛谷同余往遊,虛谷見洞門高壁陽文刻字,指示喜甚,驗是太和十二年洛州刺史始平公像記。楊大眼、魏靈藏等刻,亦在高處。工人升梯遍拓,僅及二丈餘,洞頂之刻，莫能措手。左有小洞門，刻齊武平六年古驗方，向止搨東壁，今全得之。壁頂佛洞，九十三翁王樵夫居之，升高履險，安若坦途，亦僅見也。

翁方綱題跋

石刻陽文者極少，此其一也。書法亦勁逸，特鐫刻手究不及陰文之工妙耳。方綱。

小石山房

偃師武君虛谷，得晋征東將軍劉韜碣，因搆小石山房貯之。余造詣捫賞，潤如元玉。虛谷又出古玉圭共玩，堪稱二妙。贈余龍門造像百餘，李北海麓山寺碑陰、碑額，李吉甫等永興石室題字，元遺山、王黄華等題名。同至學宫，觀虛谷所收魏、齊迄宋、元諸碑，目不給賞，搨得魏李超、唐周公祠、金溥南老人碑數紙。

翁方綱題跋

虛谷治三《禮》之功，近日未知何如。因讀此畫，心怦怦然。翁方綱。

緱山

緱氏山在偃師城南,一峰隆然,四望平野。巔有仙君廟,登臨縱目,嵩、少諸峰,三面環列,誠仙境也。武后《昇仙太子碑》,石材堅大,今尚完好,側刻宣和二年盧功裔題名。西有明道二年謝絳碑,陰列宋人題名,側有濟南李格非及王鞏等題名十一段,山門外宣和四年盧功裔題記,大書,絶似東坡也。

翁方綱題跋

《昇仙太子碑》題目一行暨碑陰上半,皆薛稷書。世間薛稷惟此而已,真得褚公精華者也。方綱。

平等寺

平等寺址,在義井鋪北洛陽界荒原。齊碑四,半在土中,秋塍王君命役出之,一馮翊王平等寺碑,有篆額;一天統三年韓永義造七佛寶堪碑;一楊懷璨等造像碑;一武平二年比邱僧道略等造象碑。安邑宋芝山疑四碑在上東門,或是劉寬碑,今迺釋然。拓本比舊有者多數百字,虚谷補入縣志。

翁方綱題跋

此四碑，宋芝山蓄疑，寤想有年矣。每爲予言，以爲恐是劉寬碑也。然北齊四碑一時全出，亦是快事。方綱識。

大覺寺

東魏大覺寺碑，韓毅書，見趙氏《金石録》。武虛谷得于洛陽城東四眼井，偕余往觀，僅存篆額，文已磨去，明人刻脩學碑，大可惜也。至道居寺，觀顔書錢唐丞殷君夫人顔氏碑。欲訪董相函友漢草堂，其孫析居，今莫可問。購得董氏藏碑，有後魏三級浮圖碑、張嘉祐、盧府君等碑廿餘種。

翁方綱題跋

洛陽董金甌相函，好古士也，亦工篆隸，即從前手剔少室東闕文者。方綱記。

晉碑

晉太康十年《太公吕望表》，盧無忌文，昔移衛輝府治。余倅衛時，訪得上段，有碑陰，復得下段。魏武定八年穆子容《太公廟碑》，舊在無量庵，余囑太守德君移諸碑置北門外太公新廟。茲過衛郡，始知穆子容碑移至新廟，晋碑尚在府治衙神廟。命工洗搨，其側有字一行，向所未見。廟内立周衛州刺史郭進屏盜碑，四面刻字，盡搨之。

嘉慶元年九月，自開封至嵩洛。十月，經懷慶、衛輝東還。往返四十日，得碑四百餘種。遊屐所經者，成此廿四圖，以志快幸。錢唐黄易。

諸家題跋

孫星衍題跋

「嵩洛訪碑廿四圖」篆書。嘉慶二年三月晦日，偕蓮湖刺史、莪庭都水放舟泲上，直至葦西□畔。秋盦司馬出此圖相示，恍憶嵩洛舊遊，爲題卷端。惜行舟摇漾，不能施捥力也。蘭陵弟孫星衍。

又

嵩洛風光記得真，此中著個向禽身。君才不獨書詩畫，黄絹捫碑過古人。是年四月十四日，題於泲上之南池。星衍。

伊秉綬題跋

嘉慶元年，東坡先生生日，江都羅聘、武進趙褱玉、宣城方楷、吴縣金學蓮同觀於蘇齋。寧化伊秉綬題。

翁方綱題跋

秋盦此圖寄來京師，恰值連日大雪。十二月十九日，作坡公生日之集，諸君於蘇齋共几賞此，數年以來此日同集所未有之快也。廿日晨起寒甚，方綱呵凍書。

董士錫題跋

嘉慶丁丑陽月，武進董士錫敬觀。自龍門以下，皆曾至其竟。

梁同書題跋

小松司馬，性情與古相入，翰墨遂與古相會。其蒼茫盤鬱之態，宋、元以後無此筆也。而狀北地之山川，尤非此筆不足以發之。余生平局縮里閈，足跡所到，不過圖中一二，而展讀岱嵩四十八幀及敘游諸篇，政如八方之在軒庭，又何必巖夫子所云「州有九，游其八」耶。有小松經丘尋壑之勞，而因有吾輩臥遊之逸，何其幸也。册子寄到爲仲冬十日，又贈我楊龍友、宋牧仲、黄俞邰三札，適先一日，文水鄭東侯同年亦遠寄傅公他、壽毛父子，閻百詩各尺牘。連日眼福不淺，遂不禁歡喜贊歎，牽連書之。時爲嘉慶三年戊午臘八前三日，山舟梁同書呵凍記。

奚岡題跋

王疇叟遊華山，作圖四十有二，至今藝林傳爲名跡。吾友小松，醉心金石，刻意好古。近遊岱巖、嵩洛間，每遇古碑摩崖，無不一一搨之。因作圖四十有八，寫其險峻幽奇之趣，記其得古碑摩崖未見之書。且雙鈎十數種，及此册，寄示于余，以余有同癖。三十年貧居里門，不得共遊雲外，展對是册，不覺爲之神往。至所得碑墨，多有證史書之誤，似又過疇叟之作遠矣。戊午嘉平雪窗，蒙泉外史奚岡記。

宋葆淳題跋

秋盦好遊覽，逸志耽林泉。復有金石癖，每結山水緣。驅車過齊魯，直躋泰岱巔。縱轡至鞏洛，經行嵩高前。歸寫夙所歷，一一繪素箋。且爲記所得，一一入新篇。靈境與奥區，尺幅生雲煙。殘石與斷碣，翠墨搨蠨氈。訪碑紀勝遊，列圖追前賢。彙成二巨册，兀突陳几筵。格超馬夏上，妙齊倪黄肩。胸中具粉本，意在筆之先。迥出畦徑外，欲到秋毫顛。况兹行笈中，琳琅墨華鐫。篆隸真行品，漢魏晋唐年。遺蹟歎希有，未登歐趙編。悔不共君遊，從君爲執鞭。今我來浙西，言買北上船。待鬧運河濱，尋君任城邊。賞碑更讀畫，頓覺塵慮蠲。素門客閩海，洛生滯南天。安能招之來，與君相周旋。惟許李鐵橋，時參書畫禪。嘉慶四年二月作，九月廿九日重過濟寧書，陪陬宋葆淳。

徐書受題跋

洞天福地洩光芒，廿四圖成造化藏。登陟費君雙蠟屐，借觀合得東脩羊。丹青碑版古誰兼，字字生金别擇嚴。車服豈關稽古事，歸來一室擁牙籤。丙丁無帖出無車，且讀嫏嬛未見書。海内諒知同調少，南懷宫尹北鴻臚。謂辛楣、覃溪二公。

歲在庚申重九後二日，再過泲上，謁秋盦先生。以此卷屬題，聊以應命。尚之徐書受。

王秉韜題跋

天開奇景在塵寰，中嶽嵩陽奇崛山。一切網羅入畫史，興豪歸去馬蹣跚。健筆淩雲又麓臺，寫生貌與神俱來。收殘補缺足千古，豈僅清詞妙畫推。

琳琅金石重遺傳，我亦嗜痂五十年。四百餘碑增未有，誰能夸富蠡崇先。

含谿韜題。

陳功題跋

道光己亥，余得小松《嵩岳圖》一小册，高僅三寸，寬不及六寸，内畫岑山、西陽山、天塹、浩然亭、房山、玉皇頂，皆此本所未及。小松均有題志，惟覃溪前輩逐幅所撰則非親筆，或後人抄録之。今得此册，展玩移時，不覺神往。敘齋陳功。

何紹基題跋

嘉慶紀元季秋朔，黄子始縱嵩洛轡。孟冬十日返任城，小蓬萊閣騰墨戲。河聲嶽色太行影，名僧古涵勝友王香滕、武虛谷生徒侍東里書院諸生。明窗淡墨鬢須麋，靈境霅然圖廿四。四百餘碑多矣哉，四十餘日千載事。既窮巖壑搜奥曠，廣尋塔廟扶幽懿。偶然風雨有追逐，畢竟山靈難吝祕。計從褚武畢阮翁，石華絢爛乾嘉際。秋庵薄宧足力健，嵩岱之遊最翔恣。閒情兼爲畫山行，古抱原因訪碑至。我生遊迹未至嵩，心嚮往焉中道躓。丁亥，同先弟子毅規遊嵩山，因子毅道病止。中州翠墨獲頗多，薛書信行碑尤異。在汴梁，得薛少保書《信行禪師碑》宋拓本，海内孤本也。陳留走訪嘉祐經，掀出泥塗照爨肆。陳留學嘉祐石經，二石反仆地下，余屬教官扶樹之。蘇門蘇跡湧金亭，福以遺山詩刻麗。蘇門山有坡書「湧金亭」三大字，余所得乃潭溪珍祕物。元遺山詩刻，亦古拓。翁氏合裝爲巨軸，題記滿幅。虎關龍門惜未到，況欲窺探中岳翠。先生粉本昔曾見，曾於楊石卿處見之。披圖更補吾游墜。雲山幽興尤起予，盧鴻艸堂香山寺。秋庵固是不羈人，書律專摹兩京隸。畫理還能越文沈，詩功亦復追朱厲。嵩岱兩游皆有圖，嵩游圖外猶存記。嵩游有日記，岱游亦必有之，但未見傳本耳。精神嫥壹道妙臻，筆墨超遥化工寄。惜哉嵩頂竟未陟，尚任貞珉遁荒翳。記中未得碑尚不少。古人作事與後殊，特鑿奇文錮幽閟。究竟欲傳欲不傳，蒼茫不解當時意。我來春明才幾日，友朋雜沓諏文字。軍書得失頗頻聞，酒杯冷暖煩相計。竹朋藏册經幾年，耆古同心快披視。海王邨後孫公園，更約來朝共譚藝。

竹朋世仁兄前輩見示黄小松《嵩岳訪碑廿四圖》，適於梁矩亭同年處見《嵩岳訪碑日記》，互有異同，訪碑月日，《日記》詳之，得碑始末，則圖記縷悉。聞《岱岳廿四圖》在姜玉溪處，昨在濟南，竟未得寓目，它日當索看也。塵事録録，易作難寫。此詩脱稿將十日矣，今始録於紙。竹朋其教和之。咸豐七年歲在彊梧大荒駱孟夏月壬午朔越五日丙戌，道州何紹基書於京師宣武坊南米市胡同之寓齋。

蘇門山坡書，乃「蘇門山涌金亭」六大字，此注中偶誤作三大字。

又

余所得三石闕最精拓，視小松所拓太室闕多出十餘行，每行末尚存一字。後小篆碑較《中州金石記》所録，亦多識出廿餘字，惜未即果嵩游，繼先生雲外蹤也。秋盦步入雲深處，尚有遺文拓未全。不解山靈呵護意，忍將奇篆祕嵩顛。

竹朋前輩正之。己未坡壽日，重展是册，復記。蝯叟何紹基。

祁寯藻題跋

黄侯嵩洛游，訪碑自開元。杖策氾水東，山勢横蜿蜿。遂敂崈高門，取徑由轘轅。少林倚少室，面壁初無言。石闕何岧嶤，篆刻遺荒原。森森漢時柏，劫火不敢燔。尚疑啟母石，祕簡緘璵璠。岳祠鎮中央，衆峰四屏藩。石淙下無地，上接天池源。黄蓋閒積翠，塔幢連頂蹯。玉笙出緱嶺，鸞鳳鳴且騫。盧君舊艸堂，武子新山軒。千載有同調，幽澗琴潺湲。石交榻頻下，勝彼稺與蕃。洛陽名蹟多，白馬雄祇園。龍門香山間，樂天昔攀援。北邙望太行，丹翠秋陽暄。歸途及冬朔，去時籬菊繁。氊蠟留手痕，一洗沈埋冤。蓬萊老仙吏，畫鹿雙輪轓。岱圖世並傳，墨采騰龍鵷。竹朋得其龍，觀坐闖其樊。謰謱爲題句，幸止廿四番。向禽儻作繪，五岳詞更煩。自嘲復自解，坐客且莫喧。詩境唱先聲，諸老和篪壎。近者何太史，健筆埽詞垣。況從泰華還，飛屐天風掀。峨眉瓦屋吟，口海波瀾翻。周旋壇坫側，其敢屬櫜鞬。操觚且急就，聊以志弗諼。臥游吾老矣，蝯叟真如蝯。

竹朋仁兄先生屬題黄小松《嵩岳訪碑廿四圖》，即書于子貞太史詩後，爲發一咲，并求教之。丁巳歲夏至前六日，館愚弟祁嶲藻。

岱麓訪碑圖題記

岱麓訪碑圖題記

孟子廟

鄒縣孟子廟中翠柏參天，牆外數槐尤奇古，每過此，留連不忍去。脩廟題名諸刻，宋元居多，宣和四年孔端朝碑最工。近出韋子深等造像一碑，在牆外，是齊刻。過斷機堂，見元碑三，篆書「暴書臺」三大字，有李少温法。南門樓上鐵鐘，有大安三年款。八分書一行，曰「皇帝萬歲，重臣千歲」，甚古拙。

翁方綱題跋

「暴書臺」三篆書石刻，無年月姓名，是楊辛泉書也。方綱往來拜謁、摩挲石刻者十度矣。今得題此廿四圖，得讀秋盦記遊，始於此幅，非宿緣耶？

嘉慶三年戊午仲春六日，適孟博士傳棟來京師，與於辟雍之典，方綱亦得叨陪橋門作頌之末，欣幸歡感，載筆記之。

趙懷玉題跋

余生平以未謁孔林爲恨，惟孟子廟則數數經過。過必進謁，林木陰翳，殿庭宏肅。視仲家淺仲子廟規制隘陋，任兒童蹴踏其中者，未可同日語也。題名固多宋、元刻，而達官往來，惡札不免，非秋盦高古之筆，何以稱此。懷玉。

孔　林

出魯東門，望孔林甬道，古柏成行，枝枝有態。林内拜墓，見兩石人，制作甚古。問魯王墓前石人二，阮學使已移置曲阜縣學宫明倫堂，刻款二行於上。余獲畫象有分書「周公」二字，顔運升已移置周公廟内。林内及洙泗書院搨得元碑三通。

翁方綱題跋

方綱每至曲阜，訪問淹中里，而未確得其地。若得稍有攷據，即請吾秋盦以此蒼茫之筆，作《魯淹中圖》。怳若置身徐生蕭奮間，豈非大快。

孔子廟

仁和何夢華步先圣林牆外，得漢永壽元年孔君碣，余爲作《林外得碑圖》。乾隆甲午十月，余得熹平二年斷碑於曲阜東闕外，又作《賀碑圖》。阮學使芸臺移二石于同文門之東，與舊存諸漢碑並列，誠爲盛事。數年來，三過捫碑，盡得善本。見魏李仲璇脩廟碑側有王長儒書一行，宋張齊賢代祀碑後有裴瑀一行，前人未録也。

翁方綱題跋

門欄之外依東阤者，此即永壽、熹平二碑。其欄内舊列漢碑，則不具圖也。讀此一幅，典彝古氣，照耀百代，盡在几案之間矣。

韓勑後碑屢訪求之不得，欲商量如何作《訪韓勑後碑圖》，庶幾精靈感召，此碑復出爾。竹垞、谷口皆常常見之，或寫朱、鄭在幅前，而黄翁步後，可否。

鐵山

鐵山在鄒縣北門外三里許。崖刻八分書佛經，字大徑尺。其上篆額止「石頌」二字，大二尺許。經後字稍殺，徑五六寸，有「漢丞相匡衡苗裔匡喆造經□咸韶書皇周大象元年」等字，崖勢陡滑，搨字良難，余數搨始獲其全，文辭雄麗，與岱麓磨崖刻争勝。而近在城外千餘年，無人過問，余始搨之，亦奇事也。經下石壁刻寧朔將軍孫洽、僧安道壹、齊搜揚好人,平越將軍周任城,郡主簿大都維那閭長嵩等分書。又一石崖刻李巨教等題名,俱奇偉。

王秉韜題跋

人生非金石,孰與千年固。金石未千年,尚復多殘誤。惟人能壽之,收傳苦不足。泰山峻極天,黄河一帶注。名勝古寺多,碑碣迷煙霧。黄子好成僻,書畫高難步。盤磴萬山巔,洞壑曲折赴。冒險事搜剔,岌嶪不迴顧。泲水廟堂前,集碑數十具。翠墨富篋笥,留雲并攜露。廿四繪成圖,卓絶黄倪晤。記録既古拙,而如旦暮遇。我今厚眼福,玩味生奇趣。聊爲志數言,今古志傑作。嘉慶五年嘉平既望,含谿王秉韜漫題。

崗山

崗山距鐵山數里,余自曲阜至鄒境,陟崗山之陰,行頑礓絶壑間,而達山之陽。憩小庵,望山巔石面,刻八分大字佛經,崖壁作大楷,後有大象二年比邱惠暉等名。

翁方綱題跋

予往來鄒縣屢矣，而未能與秋盦攜手彳亍厓石間。想秋盦是日，亦必恨不與予同遊耳。然今日得披讀所寫鐵山、岡山諸幅，亦何減同遊之樂邪。即作是日覃溪、秋盦同來，又何不可？正不必幅幅要倩補畫耳。二月十二日識。

尖山

尖山在崗山之南，崇岡重疊，登陟殊難。搨得崖際八分書佛經，字大尺許；齊武平六年刺史韋興祖、僧安與及尚書晋昌王唐邕、韋平振、韋子深等題名；「大空王佛」四字，大三尺許，六朝人迹，如此之大殊少。又從葛山拓得大象二年八分佛經，亦此類也。

洪範題跋

余向識秋盦司馬於邗江旅次，時余以字行，秋盦爲予作「養泉書屋」印章，甚高古。嗣後秋盦官運河，余亦宦遊秦蜀，嶺雲分岫，迴憶向之載酒題襟，已忽忽四十餘年事矣。比來監司濟上，得讀秋盦金石考據諸書，頃又於東壁孝廉處借觀是册，煙雲滃鬱，與海内文人題詠相輝暎，且一時裒屐風流，令人想見。然圖中所載，皆余二人先後宦遊之地,每一展閲,如置身嶽麓,輒有清風故人之思。秋盦爲東壁外祖,東壁弟白樓,髫年作畫,風趣天成。昔沈約稱王筠酷似外祖袁公,余於白樓亦有王郎風韻之歎云。時嘉慶甲戌九秋,石農洪範並識。

大汶口

汶河自岱東而西,至大汶口,水嚙石露,勢比湧潮。石橋屈曲,驅車往還,望徂來山,咫尺嵐翠,撲人衣裾。曩遣工入山,搨得北齊佛經、映佛巖磨崖佛名,齊梁父令王子椿書,元鹿森篆,貧樂岩演易齋諸刻。

翁方綱題跋

適魯望徂徠,探奇汶口開。前年訪碑處,之子牽車來。空翠有諸嶺,層青無異苔。是春登陟始,水溯道源回。此圖廿有四幅,自孔林孟廟起。

大明湖

遊濟南大明湖,從㟙華橋問渡,橋邊水面亭,王漁洋賦《秋柳》詩處也。權廉使孫公淵如、金太守五峰、徐司馬湘蘅招余與周孝廉曼亭、江秬香、鄭柳田、李此山諸子集小滄浪亭，畫舫銀燈，緑波紅樹，何減江南風景。中丞伊公命遊署中珍珠泉，縱棹小溪，煙波容與，亦足欣賞。城中古碑，惟搨得宋元豐三年「神在」二大字、元刻「大明湖」三大字、《石狻猊贊》及《五龍堂記》。

翁方綱題跋

亭名古歷下，橋接小滄浪。北渚空秋影，南村憶夜涼。勞君題薛研，繪我拜祠堂。凭几馳千里，蒼煙水一方。戊午二月望日，以南村寫明湖卷對看。

昔於此湖上得薛文清所藏浣華艸堂古研，時正屬秋盦爲我作《湖祠拜研圖》，此湖涯有薛文清祠也。予癸丑秋自濟南歸，擬畫湖亭未果。甲寅冬，得高南邨所畫《明湖夜泛卷》，極煙水蒼茫之趣。今日復得讀秋盦此幅，依依宿夢，著我几案，與南卷相印證也。

何琪題跋

是地能教望眼開，鵲華橋上幾徘徊。白頭重到知無日，聊向秋盦畫裏來。

歲甲申，客濟南，愛歷下亭之勝，常一遊之，距今戊午忽忽三十五年。觀秋盦所寫，棖觸予懷矣。因賦此詩，遂書左方。春渚何琪。

龍洞

龍洞在濟南城東南三十里,禹登山之麓,峰迴路轉,削壁崚嶒,宛若屏障。東峰巔建方塔,壁上置石甕,後有龍潭,禱雨輒應。宋元豐二年,封龍洞神爲順應侯,有勑牒碑。壁刻「勑龍洞壽聖院」六大字,傳爲東坡書。洞在西峰絶壁,前搆小亭,秉炬入里許,達後洞,洞内刻佛像,元延祐五年僧普元造。後洞壁間刻魏天平年驃騎大將軍汝陽王□叔造像銘,崖間墨書「開皇三年苟粲虎」及「淳化元年」等字,亭後元豐二年何拱辰篆「誠應巖」三大字及韓鐸、張頡等題名。獨秀峰刻「大乘師演老喦」六大字,并范純仁、高元溥、張勴等題名。康中丞茂園祈雨,葺祠築亭壁下,四面看山,眼界曠朗,謂江南無此勝境也。嘉慶二年正月,偕陽湖孫、王兩君,嘉定錢雨山、同里江秬香,濟寧李婿此山過此信宿,搨取諸碑,曉月晨煙,山光静妙,院後山澗,噴珠瀉玉,莫窮其源。聞春桃乍放,嵐翠尤佳,冀他日花時再遊也。

翁方綱題跋

嘗聞雨窗説,勝絶竹虛圖。疊壁春堆繡,陰厓夜吐珠。誰留書尚濕,不比石堪摹。題墨應編帙，從來著録無。

雨窗運使每遊龍洞，歸爲予談其絶勝，嘗倩吴竹虛圖之也。嘗聞太湖深處石上有姚希孟手書，又聞陝西昭陵孔穎達碑石上有墨書。予見濟寧學宫漢碑石側墨題甚多。今見此幅，秋盦記厓間開皇三年墨書，若彙編爲《題墨志》，亦一韻事也。秋盦前遊嵩、少，於漢柏木理淨白處題字一行，是則又出於題石之外矣。戊午春三月九日，方綱記於松竹雙清書屋。

佛峪

龍洞東五里爲東佛峪，山僧騎而導路，形如之字。山凹間翠柏濃深，崖壁奇峭，巖石如夏屋，般若寺在其下，終古不受風雨。昔人謂泉出廚間，雲生屋下，良然。巖際鏤佛工妙，丹彩塗飾，千載猶新。寺旁方石矗立，名靈臺，俗稱釣臺，中丞康公置亭其上。寺後小閣距最勝處，俯瞰衆山，泉石清美。余遊時春凍未消，巖懸冰溜，顛風忽作，飛雪滿山，俄頃日光滉漾，别有景象。巖半刻隋開皇七年比邱尼静觀造釋迦象記，寺後石壁刻乾元二年遇緣造像銘，開成二年金剛會碑，碑列女弟子淨花林、常歡喜、如蓮花等名殊新麗。

千佛山

濟南城南五里曰千佛山，振衣高磴，見環城煙樹，樓閣萬家，城北陂澤蒼茫，峼華雙峙，是松雪翁畫境。入興國寺，巖間鑿佛蒼古。捫索四壁，得隋開皇七年至十五年鄧景、宋僧海等造像銘十餘種，元刻四。就山形鏤大士相，最莊嚴。後崖有施愚山刻字、阮閣學芸臺《歷山銘》。

翁方綱題跋

山對濟南城，人言帝舜畊。登臨記秋晚，几案與雲平。曾鞏文傳久，開皇像鑿成。歷亭遥望處，寤寐倚欄情。

五　峰

長清五峰山，三面矗立，宋、金時勅建道院，翠柏滿山。盤路直上，山半有靈泉石亭，可憩。余愛其幽勝，題柱曰「露滴仙人掌，雲流玉女盆」，鳳臺陳君明軒命工刻之。亭外銀杏樹大三四圍，扶疎古茂，目所僅見。三清殿前有元定宗時刻崔真人像，元好問、劉祁等題字，西壁有大定年勅。山後蓮花洞，隋刻佛名五十餘，宋嘉祐張慶等題名。

靈巖寺

岱宗北四十餘里爲靈巖，古稱方山，或曰玉符山。晋僧明公所闢。過崇興橋，入靈巖寺。西有唐元裝摩頂松、辟支塔。東爲藏經閣，嵌蔡卞書。寺後奇峰萬笏，密柏濃深。登樓縱目，山翠欲滴，瞻朗公石，宛然一僧。寺中石刻，宋、金、元最多，余息般舟殿，視工人搨碑，與江秬香、李此山題名金大定二十二年僧義暄書開堂疏之左方。

翁方綱題跋

乾隆庚戌三月，方綱扈蹕來此，雨中手搨元遺山題名而去，衣襼盡濕。

甘露泉

靈巖寺東甘露泉，淙淙漱石，清韻滌煩，古木參差，亭軒幽爽，第一勝區也。其上石壁最高處，宋政和間張勱題「靈巖觀音道場」六大字。

鐵袈裟

魏正光時,僧法定住靈巖達磨殿後,有鐵物自地涌出,六尺許,如袈裟披摺之狀。有分書「鐵袈裟」三字,疑金元人筆。後移置崖下,建亭焉。或云鑄鐘未成,其説近理。

功德頂

靈巖高處名功德頂,建石龕,龕座刻唐長慶元年李澧等題名,大中八年牟讜撰《方山證明龕功德記》,清泰二年黄彦暉、靖康二年趙邦美等題字。西爲巢鶴巖,有崇寧二年□陽吉之等題名。觀音洞有元祐年穎叔等題字數十處。

岱廟

岱廟漢柏六,唐槐一,最古。峻極殿階下數柏,亦奇。西一柏虬枝偃曲,尤可愛。寄生檜根枝鬱茂,飛來柏露根倒垂,理不可解。怪石凡九,西一石透瘦有致,刻字曰「大安元年奉符令吴衎同母王氏謹獻」。鐵桶二,有建中靖國元年李諒名。廟内大中祥符二年楊億撰天貺殿碑,六年晁迥撰東嶽天齊仁聖帝碑,韓琦、范仲淹等題種放詩刻，宣和六年宇文粹中及大定□年楊伯仁脩廟碑，元賈魯詩刻。

翁方綱題跋

岱廟環詠亭，种放詩碑二，是宋人題种放詩之墨迹，勒石於此，种放詩則不可見矣。方綱亦題字，刻於石間。

趙懷玉題跋

岱廟在泰安城最高處，殿前有二宋碑，一爲宇文粹中撰，張㴣書；一爲晁迥撰，尹熙古書。乾隆壬寅春，嘗謁廟下，有詩云：「嶽色松濤闕晚晴，靈威殿闕控高城。降升天地惟雲雨，奔走陰陽是死生。四望秩稽周代禮，雙碑文列宋臣名。重來乞與樵風便，成就人間萬里行。」今讀此畫，如與漢柏唐槐復對矣。

王母池

一天門東群玉菴祀王母。宋皇祐間，鍊師龎歸蒙輩居此，有題名石刻。菴臨中溪之深澗，瘦石清幽，瀑流層疊，天然圖畫。跨澗有洞，祀呂仙，仙於宋紹聖、政和間題詩二首，金大定間刻石。西爲白鶴觀，唐高宗以下六帝一后脩醮題名，雙碑趺合而束之，名鴛鴦碑。碑首有皇祐四年李陟、宋禧題名。又西，后土殿壁，宋范致君題名。溪上虬在灣，石厂陰森，《泰山紀勝》謂之小蓬萊，有巡山李元英、孫明叔等分書題名，最妙。權廉使孫公淵如、金太守素中同余與江秬香、楊耘珊登岱後遊此，廉使篆書，刻石紀之。

石經谷

水簾洞上石經峪，危巖飛瀑，勝趣莫窮。石坪廣畝許，遍刻《金剛經》，字大如斗，體甚古拙，必六朝人跡。聶劍光謂徂來山，齊王子椿書，與此如出一手，疑此刻亦子椿書。段赤亭云，李南澗曾見經後有薛宸名，今不可得見。水流石上，剥落漸多，他年恐字跡益少也。其上有高山流水亭，雨後聽泉，四山皆響，誠天下奇觀。

嬰桃源

泰山萬仙樓東，澗水瀠洄，夾岸多櫻桃，北爲桃源峪，又名桃花澗。石上刻「張鍊師、韓補闕、孟大復拜岳，大曆八年」等字，紹聖二年朝奉郎張邦茂、宣德郎張權、道觀主劉子諒、劉太和，政和甲午趙茂實、張友之、李顯之等題字。

對松山

岱麓之松，莫多於對松山，故又名萬松山。松生崖間，沾雲氣而濕，虬枝老幹，倚壁撑天，望之如雲如蓋，天風謖謖，清人肌骨。過此兩山削壁，登十八盤，上南天門，舊有自然碑，元刻天門銘，杜仁傑撰，嚴忠範書，辭雅字工，惜築臺時埋失。聶劍光有拓本，余爲題籤，今在吴門宋觀察汝和家收藏。

翁方綱題跋

千巖與松對，氣勢正相當。蓋自雲而外，曾何樹比量。徂徠魯頌作，岱畎夏書詳。所以該青兖，資生俯大荒。

趙懷玉題跋

秦五大夫松，已不可見，後人强以五案名之，鑿矣。對松山爲松之最勝處，蓋如雲如蓋之外，又如翠雲裘也。記有卞永譽磨厓，筆力殊健。戊午四月廿日，題於小聚沙龕。

開元磨崖碑

東嶽廟後懸崖削壁爲大觀峰，又曰彌高巖。唐開元十四年，明皇分書磨崖碑，字徑五寸，額字徑一尺九寸，凡廿四行，行五十一字。後小字分書諸王從臣名，惜爲明人題字掩之。聶劍光止見開國公李元紘等。余細搨，字多數倍，燕國公張説之名尚在，書體何減漢法。在左壁，得開元廿三年道士董靈寶、宋趙明誠等題名。右壁，得乾封元年設醮題名三段。秦李斯篆二十九字殘碑，舊在嶽廟，乾隆五年失去，今莫可踪跡。宋真宗磨崖碑在巖東，惜唐《東封朝覲頌》不存一字也。

翁方綱題跋

「大唐開元十四年歲在景寅九月乙亥朔十二日景戌建。」

開元磨崖銘，八分書，凡千字。而其後年月楷書一行，實爲有唐大楷之冠，故縮臨於此幅之後，以龕紀其勝蹟。此後有從官姓名，其可見者，約尚存三十餘行，行七十餘字，總計從官姓名可見者，約得二千餘字，每人名皆空一格書之，燕國公説在焉。內有遥知造碑使某，又有登山昇玉册官某，皆寸外隸書。此從官姓名拓者極少。予得此拓本，至展，竟，三椽之屋乃能容之。與銘刻對看，甚妙。而秋盦以此拓本隨其字勢翦裝爲册寄來，細對尤妙也。秋盦適又寄其前秋遊嵩所拓太室、少室、開母三闕全紙巨幅來，挂於予齋，通計凡十丈許。邀諸友同觀，題記其側，實天下金石拓本之巨觀矣。戊午三月廿日記。

岱頂

岱巔爲德星巖，名太平頂，又稱玉皇頂，望衆山皆在足下。無字碑高一丈五尺餘，細辨右邊，有行書「帝」字，類宋人迹。宋仁宗書飛白「帝」字，刻於偃師，此或真宗登山時書，未可知也。稍下振衣岡及避風崖，宋、元人題字最多。余同江秬香、李此山宿廟中，凌晨登日觀峰看初陽出海，雲氣濛濛，汶源如練，誠奇觀也。時嘉慶二年二月二日。

翁方綱題跋

未下北天門，嘗躋岱頂尊。時攜吴子詠，夜共兖城論。傑句驚人否，孤雲片石捫。昨來奇氣訊，潮打越山根。癸丑夏，與吴蘭雪同登岱頂，故及之。適聞蘭雪遊越而氣體稍弱，因題此。寤寐怦怦，蓋異才未易遇也。

趙懷玉題跋

昔登岱頂，擬宿廟中看日出。山人云：「雲氣未清，恐不能見。」悵然而返。頂有數石，赤闌護之，傳爲神所式憑，豈五岳真形耶，抑好事者爲之也？願與吾秋盦質之。味辛居士懷玉。

後石屋

嶽頂北天門下摩雲嶺，望獨足盤、蠟燭峰，翠壁插天，蒼松欹臥。萬曆時始闢此境，林古度大書「黄花棧」三字。石筍杈枒，鍾伯敬謂之筍城。石壁題云：「岱不無松，松至此始濤焉。泉壑映蔚，奇爲幽豁，悦秀戀響，意滿難名，取《水經語》『青松飾崖』四字，示吳康虞、林茂之，遂以勒石。」書學魯公，極工整。

總跋

嘉慶二年正月七日，余攜女夫李此山遊岱，自鄒魯達泰郡，淑氣雖舒，盤道猶雪，不及登山，遂至歷下，與江秬香遍覽諸勝。二月，至泰山，登絶頂，遍拓碑刻，夙願始償。遇勝地自留粉本，成圖二十有四，并記所得金石，以志古緣。七月廿七日，錢唐黄易。

諸家題跋

孫星衍題跋

「岱麓訪碑廿四圖」篆書。嘉慶二年，秋盦司馬挈戚友爲登岱之遊。適予祈雪泰山，會合岱麓，因與訪古石經谷、王母池諸勝迹，留題而返。秋盦並紀所歷爲廿四圖，多予按部時所至，意境獨造，非親涉者不能知其神似。越歲戊午南歸，爲題篆于幀。陽湖孫星衍，記于舟次。

又

憶我曾遊處，開函興不孤。得碑圖十二，搜討費工夫。日觀峰頭海氣，萬仙樓下桃源。記得今年二月，春風直上天門。深林古徑逢良友，白石清泉結比鄰。我輩未能常把臂，風塵又作出山人。

嘉慶二年八月九日，維舟泲上，喜晤秋盦先生，題此志別并政。約領騂。

翁方綱題跋

戊午春，此册寄至蘇齋，午陰曉霽，對客披賞者兩月餘矣。愧題六詩拙劣，不稱此畫耳。三月廿一日，方綱。

董士錫題跋

嘉慶丁丑十月二十又八日，武進董士錫觀於濟寧，并記。

吴人驥題跋

于役河干，奉題小松九兄《岱巖觀古圖册》後，即正：「莽莽河干興欲闌，忽從天外得奇觀。慣經涉險心常坦，話到登高步已艱。萬疊煙巒歸卷帙，半生遊屐阻高寒。蒼蒼未了青齊色，憑仗先生袖底看。」念湖吴人驥呈草。

張祥河題跋

余昨歲從白樓處借觀小松先生寫《丁辛老屋詩意》一册，意境沖澹，減筆爲多。兹觀此册，更具全力，蓋平生得意作也。道光甲午小雪前二日，督漕北行，題於任城舟次，華亭張祥河。

伊秉綬題跋

嘉慶戊午四月朔日，同兩峰、小池、味辛、式亭觀于蘇齋。是日微雨，清氣溢襟。汀州伊秉綬墨卿記。

「子久一枝筆，能將古意傳。官宜訪碑使，杖挂水衡錢。寥落漢唐字，蒼茫齊魯煙。半生夢遊處，讀畫亦前緣。」秉綬借歸次日題詩，增悳無已。

何道生題跋

兩峰圖岱宗，筆力頗雄鷙。卷袤十尺餘，埶欲五嶽冒。我昔曾題辭，束縛困豪暴。至今篋衍臧，過眼塵跡埽。揭來泲水上，持節睎轉漕。江夏夙所欽，握手劇傾倒。示我廿四圖，岱宗昔親造。每當竟絶奇，輒以畫自勞。節節皃厥神，層層抉其奥。軒窗走煙嵐，几研濕飛瀑。巖巒各競秀，松檜森兀傲。我行疏泉源，諸峰擬躬蹈。山靈尚未識，臥遊恍已到。天遣豪翰精，示我以先導。畫筆本所欣，游屐尤夙好。耆竟熊兼魚，喜欲纓絶帽。却念兩峰子，年不躋耋耄。好手讓君獨，中原樹旗纛。餘子走且僵，顛仆那敢娟。他年兩圖傳，合併比圭瑁。上章涒歎孟陬月，題奉小松九兄先生正之，靈石弟何道生。

興廉題跋

咸豐庚申二月，長白興廉拜觀於臺灣郡城。

吴錫麒題跋

背齊襟魯矗孱顔，未了青收元氣間。雲出争爲天下雨，日晴低見海中山。丹梯宛轉樵蹤躡，鐵索鈎連鳥道攀。松吹泉聲堪仿佛，蓬萊鞚鶴有人還。風雷絶頂駭蒼茫，香案何年侍玉皇。人影半空移樹白，天門一綫挂河黄。甘心束筍卑臯嶧，好事剜苔侈漢唐。如練最關歸客意，側身東望已吴閶。

《登岱》二首，録呈小松先生正之，穀人弟吴錫麒。

吴文徵題跋

文徵浪跡齊魯十有八年，於辛酉莫春，始一登岱，隨境留覽，冀圖數勝以志登瞻之幸。今讀小松觀察此册，幾於閣筆矣。嘉慶六年三月廿日，吴文徵由岱來濟，拜觀并記。

訪古紀游圖題記

訪古紀游圖題記

龍泓洞

靈鷲諸洞，龍泓尤奇，蓮菃倒垂，奔雲欲舞。昔賢題刻極多，今年屢遊，意猶未足。同晋齋探幽覓勝，竟日留連，坐合澗橋，尋借秋閣，翻貝葉經，過松靄山房而還。陳潄水惠老蓮便面，詩云：「秋樹不曾看一日，立冬倏忽又三朝。廿年白石清泉友，不坐長橋定短橋。」適與事合，殆爲吾兩人而作，喜甚作此。

水樂洞

水樂洞深達數里，氣暖如春，淙淙不絶。余過此聽響吸甘，悠然自得。傔人忽告洞壁有余名，捫之果然，乃茂苑劉、吴兩君計余必至，先與秦觀察小峴諸公題名合刻，兩君好事而信友，真韻人也。洞旁精舍有淳熙經幢、古菖蒲缸，皆足欣賞。散花灘人黄易。

芠蘆庵

芠蘆庵在秋雪庵之右，植梅甚古，根栽月季，藤枝高絡，聯秀争奇。於時梅惟空幹，而月季作花，點綴霜林，别有風致。作圖記之。

太虚和尚，桐城方南堂先生弟，問亭太保叔也。梵隱西溪，不與世接，以詩爲佛事，未見存稿。乾道戊寅夏，易與夢珠兄月夜過上齋，師出未歸，惟見竹榻蕭然，一瓢一笠而已。辛卯仲冬，同陳曙峰諸君過蘆庵，觀董香光、陳仲醇手跡。壁間得太虚師贈僧六英句，云：「屏跡西山三十年，不如林外有人煙。瓢囊又向蘆庵去，準擬梅花伴晚禪。艫聲欸乃水溶溶，驚起沙鷗落遠松。到岸始知門向處，隔溪七十二芙容。《西溪志》有七十二賢峰。犬吠衡門待客開，山厨煙翠辦中齋。主人笑説無兼味，自到林中掘筍來。克公交契比南金，後代兒孫道誼深。今日我來師不見，滿階黄葉月窺林。」快讀狂喜，手録一通。欲尋張文敏公山莊舊逕，僧梅嶼云，莊廢，僅餘敗壁，顧禺東畫松猶露數筆。復述太虚師《過張莊感舊》句云：「滄桑人事莫須論，雨壞頽垣緑蘚痕。雪徑剪梅供晚竃，風亭芠柳賣貧邨。臨池寧復窺疏影，對月難教覓斷魂。我是山僧本無淚，今朝一掬灑西園。」復爲録出。夕陽在山，無計遍遊，摇艇而返。

石筍峰

石筍峰踞永福庵之巔，挺秀蒼巖，淩虚持立。登臨仰睇，歡喜欲狂。石上昔賢題字，俗吏磨去，施以丹彩，爲石丈不平耳。

石屋洞

石屋洞在南高峰下，虚若廣庭，壁間佛像，五代時作。舊多宋元題名，僧苦索搨之煩，磨削殆盡，惟陳襄、東坡、劉商諸名尚在。泉流自佛肩而下，其西石樓可登，進爲虚谷巔洞，一僧閉關。地固幽秀，喜無登涉之勞，樂此屢遊。題名巖下，他年存否，不足計也。

六和塔

掃先墓排山塢，循錢唐司嶺，過虎跑寺，至江岸，峰迴路折，忽露六合半塔，卅年再見，如遇故人。歸途振衣直上，倚翠臨虚，越山歷歷，比金山浮圖尤爲壯觀。辛卯臘月十五日，渡江雨窗作，秋庵。

吴　山

同晋齋、松泉登吴山，尋閱古泉，觀開成時南嶽道士題名，出重陽庵，登山遠眺，時晚潮捲雪，帆影西飛，無間中遘此奇觀。松泉云：「行年五十，始見是景，何可無圖？」黄易畫於毘陵艤舟亭下。

寄暢園

無錫秦氏寄暢園，池上一峰，亭亭玉立，旁植古藤。翠華臨幸，賜名介如，石根纏絡老檜，披拂有致，江南所希有也。乾隆辛卯十二月二十日，錢唐黄易作於淮安舟次。

惠山寺

惠山寺月臺下，銀杏奇古，根下石床刻「聽松」二篆字，相傳是唐李少温跡，後題政和甲午張回仲等六人同遊，面有嘉熙己亥□止泓趙希衮題字。乾隆辛卯秋八月遊此，手拓一紙。冬十二月，再遇銀杏初苞，老幹尤奇。憩竹爐山房，觀王友石漁隱圖卷、元僧竹爐、邵文莊公温研。至第二泉，啜茗看山，歸作此圖。錢唐散花灘人黄易。

拂水巖

昔在保陽，陸解元筱飲爲余作修幅，題云：「余遊拂水巖，水泉始涸，過劍門奇絶，惜限於邊幅，不能寫盡虞山古檜耳。」今隨觀察歸公梅坡遊此，悉如筱飲畫境，深歎吾友肖物之工。暮歸爲圖，并成一律：「滄瀛結秀勢崚嶒，拂水巖深策杖登。身似層雲盤健鶻，心同大澤踏春冰。捫崖仰拾苔中翠，躡磴遥窺壁上燈。絶頂歸來趨坦道，猶看晚岫興飛騰。」惜筱飲往矣，不及呈政也。乾隆辛卯年十二月，袁浦作，黄易。

金石重盟

唐搨武梁祠堂畫象、宋搨鐘鼎款識，朱太史竹垞作緣，皆歸於花山馬仲安衎齋收藏。祠象今爲余有，款識流轉吴門蔣春皋家。余攜祠象至蘇，陸孝廉謹庭爲借款識，同觀於潘刑部榕皋松風蘿月山房。祠象是唐襄文公舊藏。款識是秦熺物，畢良史、趙文敏題識，康熙年間名人各有跋語。二册離已百年，忽然並几，金石重盟，誠快事也。余爲款識題籤，錢梅谿與同觀諸人題名册後，以紀勝緣。黄易。

松下清齋

過吴門陸謹庭孝廉松下清齋，觀所藏《夏承碑》宋搨本、元人寫坡公像、海嶽庵圖、七姬志搨本。

附録

附録一　黄小松嵩麓訪碑記敘

嵩高維嶽，作鎮中土，帶以孟津。太陽、轘轅、伊闕，却略而羅峙。俯睎周京，鼎邑隆隆。炎精再耀，兩魏繼宅。楊李東都，鑾輅時游。天水西京，耆邁詠集。山川之氣，綿發數千百年。劖石範金，奇文奥字，出没於榛菅砂礫之表。耳目之所接，搜剔爬括，其所不及十常八九，莫得而際也。然終明晦有時，維好之篤，或出矣。不遇珍惜；及珍惜之過，群趨衆騖，反摧壞之者，其有焉。黄君簿領跋涉，遂有嘉想，炳焉箸録。石卿掇其殘蠹，表而章之。天下嗜奇振異之士，瞑默夢想，如造其域，亦各適其適也。日月易得，山川可游。君若歸乎玉女、少室之閒，余將振策蹤其後焉。（清魯一同《通甫類稿·續編上》）

附録二　訪碑文字雜録

修武氏祠堂記略

乾隆丙午秋八月，自豫還東，經嘉祥縣署，見志載「縣南三十里紫雲山西，漢太子墓石享堂三座，久没土中，不盡者三尺，石壁刻伏羲以來祥瑞及古忠孝人物，極纖巧。漢碑一通，文字不可辨」。易訪得搨取，堂乃武梁，碑爲武斑，不禁狂喜。九月，親履其壤，知山名武宅，又曰武翟。歷代河徙填淤，石室零落。次弟剔出武梁祠堂畫像三石，久碎而爲五，八分書四百餘字；孔子見老子畫像一石，八分書八字。雙闕南北對峙，出土三尺，掘深八九尺，始見根脚，各露八分書「武氏祠」三大字。三面俱人物畫像，上層刻鳥獸。南闕有建和元年武氏石闕銘，八分書九十三字。武斑碑作圭形，有穿，横闕北道旁。土人云，數十年前從坑中拽出。此四種，見趙、洪二家著録。武梁石室後東北一石室，計七石，畫像怪異，無題字，惟邊幅隱隱八分書「中平」

等字，旁有斷石柱，正書曰「武家林」。其前又一石室，畫像十四石，八分題字類《曹全碑》，共一百六十餘字。祥瑞圖石一，久卧地上，漫漶殊甚。復于武梁石室北剔得祥瑞圖殘石三，共八分書一百三十餘字。此三種，前人載籍未有，因名之曰武氏前石室畫像、武氏後石室畫像、武氏祠祥瑞圖。又距此一二里，畫像二石，無題字，莫辨爲何室者。漢人碑刻，世存無多，一旦搜得如許，且畫像樸古，八分精妙，可謂生平奇遘。按，漢武氏諸碑，惟武榮碑植立濟學，武斑碑、武梁祠像、武氏石闕銘今已出，止餘武梁碑、武開明碑二種未見，安知不盡在其處？嘉祥，漢任城地。趙氏云，任城有武氏數墓，所指甚明，何縣志訛爲漢太子墓？然土人見雕石工巧，呼爲皇陵，故歷久得不毁失，未始非訛傳之益也。今諸石縱横原野，牧子樵夫豈知愛惜？不急收護，將不可問。古物因易而出，置之不顧，實負古人，是易之責也。武斑碑宜與武榮碑並立濟學，而石材厚大，遠移非便，易惟將孔子見老子畫像一石移至濟寧，與知州劉永銓敬置學宫明倫堂。其諸室之石，大而且多，無能爲役。州人李鐵橋東琪，家風好古，搜碑之功最著。洪洞李梅村克正、南明高正炎，善書嗜碑，勇於成美。與之計畫，宜就其地剏立祠堂，壘石爲墻，第取堅固，不求華飾。分石刻四處，置諸壁間，中立武斑碑，外繚石垣，圍雙闕於内，題門額曰「武氏祠堂」。隙地樹以嘉木，責土人世守。地有古碑，官搨易擾，宜定價，資其利而杜其累。立石存記，爲久遠之圖。是役也，非數百金不辦，易與濟寧數人量力先捐，海内好事者聞而樂從，捐錢交鐵橋、梅村、明高董其役，易與司土諸君成其功。求當代鉅公撰碑垂後，仿漢碑例，曰某人錢萬，某人錢千，詳書碑陰，以紀盛事。漢人造石闕以後，地已淤高，興工時宜平治七八尺，既固屋基，且今埋碑盡出，不留遺憾。有堂蔽覆，椎搨易施，翠墨流傳益多。從此人知愛護，可以壽世無窮，豈止二三同志，飽嗜好于一時也哉！乾隆丁未夏六月，錢塘黄易。

重立武氏祠石記

翁方綱

昔歐陽子《集古録》，以漢、魏已來古刻散棄於山崖墟莽間，未嘗收拾爲足憾。又自謂荒林破冢，神仙鬼物，詭怪所傳，莫不皆有然。而漢武氏祠像之文，則録所未著也。至東武趙氏，始有《武氏石室畫像》五卷，而其録不傳。惟鄱陽洪氏，乃圖且釋之，凡四百餘字而已。當南宋時，已以重刻本爲可珍，而況逮今又六百年乎？錢塘黄子秋盦，既於濟寧州學扶升尉氏令碑，得拓其全石，已而復於嘉祥縣南之紫雲山得敦煌長史武斑碑洎武氏石闕銘，遂盡得武氏石室所刻畫像，又得孔子見老子象及祥瑞圖石刻。視洪氏所著，功蓋倍之矣。於是敬移孔子見老子象一石於濟寧州學，而萃其諸石，即其地爲堂垣，砌而堅之，榜曰「武氏祠堂」，俾土人守焉。往者，予與黄子考訂金石文字，每以斯碑舊本不得賞析爲憾。今吾二人十年以來心營目想之狀，一旦得遇其真，而予適按行鄱陽廬阜間，遠懷文惠洪公，千里關山所悵結而三歎者也。後之摩挲斯石者，當何如護惜之。

武氏祠堂畫象詩

翁方綱

虞書觀象遠莫追，豐侯圖形見者誰。今之正書祖漢隸，畫手曷弗東京規。西川稚子闕已泐，我始訪得射陽碑。西陘頌旁迹或贋，嵩山室閟人罕窺。近年稍出郭巨墓，永建題字非同時。魯峻李剛各何在，水經圖記猶然疑。任城近與鉅野接，鄱陽夢早東武馳。吾友黄子官濟上，鄱陽東武一手爲。范盧江既收舊本，鄭郎中復補闕遺。昨者升高尉氏石，五六百載無此奇。地靈光怪要騰出，我輩嗜好來應之。平生夢想武梁刻，一旦忽慰心調飢。果然雕文騁技巧，行行羅列章委蛇。遷史遠稽大戴禮，白虎通義推皇羲。堯舜垂裳自軒帝，其前艸昧猶衣皮。夏商之王僅略見，牟追章甫詳容儀。次繪古賢首曾閔，丁蘭刻木萊衣嬉。蓋以孝行爲職志，義姑節女相並垂。亦有侯王并卿相，旁暨荆聶兼要離。馬書班表所未悉，賴取軼事留于斯。鄱陽著録凡六石，東武五卷誰曾披。今之拓本幅恰五，兩家孰是增與虧。史家佔畢亦云爾，或系以贊銘非詩。小隸庚庚坼龜兆，一榜一柱森鼎彝。東武之藏吾弗考，已七十字增淳熙。邗江汪君秘殘軸，古光如漆堆隃麋。竹垞初白諸老子，鑒賞往復論心期。我懷此軸非一日，手爲摹本目屢疲。誰知貞珉尚宛具，往者鍥劍寧非癡。丙秋得之春始讀，費我行役日三思。豫章使廨坐晴晝，如入周廟觀器欹。即以車圖桯蓋制，禮書經説祛紛岐。伏羲倉精造工業，手執尺矩勾股施。其他器皿及屋宇，胥驗品式知崇卑。隸圖會當洪氏補，息壤豈敢宋子欺。後人繪事那有此，畫譜惜未窮津涯。聞有建康重勒本，歲久亂真今孰知。隸圖會當洪氏補，息壤豈敢宋子欺。前年子門人宋芝山謀欲重刻是畫，予勸以俟善本。今則可矣。同日又得武氏石，建和刻想同工師。報黄因寄江秋史與桂未谷，精靈會合吾敢私。三漢畫軒不足道，更擬題扁光茆茨。予嘗以小松所貽肥城畫象并孫季逑所貽嵩山畫象、洪稚存所貽射陽畫象同裝，自題其室曰三漢畫齋。

手書雙石闕畫象題字及銘文跋

武氏祠雙石闕，東西對峙，在武梁祠前。河患淤高，僅露其頂。土人見野中方石隆然，不知是闕，呼爲燭臺。當年造祠立闕，自在地面，陵谷變遷若此，良可慨歎。乾隆丙午十月，易遣工剔石室時得之，兩闕三面六七層，俱刻鳥獸人物。東西對面，各刻八分書「武氏祠」大字。趙、洪諸家所未見者。後一面各舒一石，其制稍殺，兩面刻樓閣人物。東闕旁一方石刻一人二獸及朱雀、元武，以頂石墜地。武氏石闕銘在西闕，南面北向，趙氏、金氏録所載銘文相同，惟云石工孟季、季弟卯，今搨是孟李、李弟卯。趙稱云殁乃是芺殁也。兩闕刻「武氏祠」大字壓於畫象之上，體格稍乏淳古。趙晋齋云，恐是魏晋以後之迹，斯論良然。

前後石室畫象跋

右石室畫象，未見前人著釋，惟趙氏《金石録》跋云，漢武氏石室畫象五卷。武氏數墓，在今濟州任城。墓前有石室，四壁刻古聖賢畫象，小字八分書題記、姓名，往往爲贊於上，文詞古雅，字畫遒勁可喜。按，武梁祠室僅三石，搨本未必有五卷。石室之制如肥城之郭巨、金鄉之朱鮪，孤撑一柱，架屋兩間，皆實其後而虚其前。此室比武梁石室稍大，中壁空穴，方廣二尺，雖石片零落，莫知次序，而規制約略可辨。一石柱斷碎，其室必是兩間，與郭、朱二室相同。然室惟三壁，無四壁，趙氏之言，或是石室有四，壁間刻象，文義亦通。武梁室外又有三石室，共計四室，與趙云四室之數雅合。趙云搨本五卷，此種或在其中，惜無從考證。因在武梁之前，姑以武氏前石室名之。嘉祥在東漢隸兗州任城，地近曹州，歷逢河患。洪山石崖，元人題字云，至正四年，昏墊最甚，當時濁浪奔騰，石室盡損，積淤盈丈。今諸石悉自土中求之，所圖文王諸子、孔門弟子及孝子、節婦、刺客，彷彿武梁祠式，題字八分，類《曹全碑》，漢跡精品也。榜題「君車」「此君車馬」「爲督郵時」「君爲都□時」「爲市掾時」，皆指葬者而言。今丞、簿、尉、功曹、賊曹、主記、游徼、亭長、掾吏，皆葬者歷官所部之職。武氏數君官爵，惟武榮最大。此何人之室，莫能辨定。初搨本共一百八十九字，「此亭長」三字、乳母下「聃」字全泐，門下「游徼」二字、市掾下「時」字亦半泐矣。初搨「此丞」下疑爲「相」字，今細審是「卿」字，與第六石「尉卿」之「卿」無異。《隸續》南安長王君平鄉道碑，丞尉稱王卿、楊卿，此刻丞亦稱卿，蓋書者尊之也。今重立武氏祠堂諸石，盡置祠内，惟碎石柱無可位置。其上承欙凹處，刻一獸形，旁有八分一行曰「此□□□金□萬」等字，莫曉其義。琢爲方片，存之。室後剔出畫象十石，作雲雷神怪、鳥獸魚龍之狀，俱無題字，名之曰武氏後石室。初得拓本，第二石邊闌隱有「中平」字，後精拓審視，乃剥泐之紋，非字也。惟一小石柱刻正書曰「武家林」，極古拙，似魏齊人跡。嘉慶元年三月九日書。

左石室畫象跋

右畫象李梅村、劉桂仙得於武梁石室之左。人物車馬，類乎前石室。一横石作五銖錢連綴文，兩頭畫象似施於室。前簷下者小橋横一石，中間鑿孔，探其陰面有畫象、題字，移出搨視，乃顔淑、信陵君、王陵、范贖故實，名之曰武氏左右室。共十石，梅村標題次第，自刻跋語於旁。初拓本「公」字下有「無」字，「獲」字尚全，「陳留外黄」下有「兄」字。今俱缺損。梅村拓計一百六字，易今精拓再勘，計一百十一字。碑中以距爲拒，免即勉，考即拷也。

祥瑞圖跋

武梁石室右一石平露，殘泐最甚。其旁又得殘石三，刻人物鳥獸，有小八分書標題，與武梁石室題字如出一手。其語句，孫氏《瑞應圖》及《宋書·符瑞志》所載約略相同。東漢崇尚圖讖，故圖刻乃爾。背若瓦脊，是爲石室之頂，其内題刻，可以仰觀也。是刻前人著録所未及，《嘉祥縣志》云石室内刻伏戲以來祥瑞，所指即此，因名之曰武氏祠祥瑞圖。

跋漢尉氏令鄭季宣碑

右碑在濟寧州學戟門之東，正面向壁，下半久埋土中。康熙年間，淮陰張力臣作釋文，已稱碑字半没，亟宜出之。乾隆丙午夏，翁覃溪詹事欲易搨致碑額。碑去壁不盈尺，工人伸紙頗難。上方泐深寸許，額字不復見。詹事復趣易升碑甚力，工師見石質鬆裂，不敢移動，易鋭意辦此。裏氈絙密，百指一心，出土無損。作二石柱夾之，嵌置堅牢，兩面皆露。數百年沉埋之蹟，一旦復見，真平生快事也。凡全石高六尺，寬三尺，并鐫跋碑側，以志之。

附碑側新刻字

漢尉氏令鄭季宣碑，正面向壁，其下久埋土中。翁詹事方綱欲顯全文，屬衛河通判黄易升碑向外。乃與知濟寧直隸州事劉永銓、州判王所禮成其事。碑字復全，殊可快也。乾隆五十一年八月十六日，黄易題記。

龍洞訪碑圖軸題記

龍洞在濟南城東南三十里登山之麓，峰迴路轉，削壁崚嶒，宛若屏幛。東峰巔建方塔，壁上置石甕，後有龍潭，禱雨輒應。宋元豐二年，封龍洞神爲順應侯，有勅牒碑，壁刻「勅龍洞壽聖院」六大字，傳爲東坡書。洞在西峰絶壁，前搆小亭，秉炬入里許，達後洞。洞内刻佛像，元延祐五年僧普光造。後洞壁間，刻魏天平年驃騎大將軍汝陽王□叔造像銘崖。

紫雲山探碑圖册題記

乾隆丁未二月十有八日，與李鐵橋、李梅村、南明高至嘉祥捫漢武氏諸碑刻，歡賞竟日而還，爲圖記之。黄易。

「奇文共欣賞」分書引首。乾隆丁未仲春,濟寧李東琪題。

李東琪題跋

翁方綱題跋

武氏祠刻石,賢聖留形模。千年闕原野,一旦貢寶符。碑既棟榱峙,圖復氈蠟俱。黄子寄翁子,樂事不勝書。因緣寫文字,讚説寫勤劬。因碑復生碑,因圖復成圖。新碑我實愧,仍借漢隸摹。新圖君手爲,果見精靈孚。深山風氣厚,星斗琅玕珠。想有紫雲霞,地藏泄牡樞。邑名曰嘉祥,其是之謂乎。黄子官鄒魯,經義日耘鉏。而我役西江,鄱陽涉匡廬。挈提角與根,寤寐淮泗洙。埽除給井宅,壇闕肆觴觚。壁中金絲始,柱下問禮初。豈非金石記,較量洪趙徒。荒荒寒原草,蕭蕭兩馬車。中有萬古懷,碧峰秋雨餘。儻應添畫我,裝軸壓寶蘇。

秋盦先生《紫雲山探碑圖》,寄來南昌閲半歲矣。予自信江試士歸,始爲題此。北望惓惓,不獲與擔石之役,意欲先生再畫一軸,挂之寶蘇室也。丁未仲冬望日,北平翁方綱。

洪亮吉題跋

高平石刻成雲煙，千載復見嘉祥阡。平原武安吾不識，得姓要在西京前。大河南移川變陸，削石崚崚數間屋。不隨巨浪入滄溟，中有聖賢牢置足。四百餘字漢八分，句中樸棟如皇墳。一編持較李剛刻，四壁但少龍鱗文。訪碑客至何瀟灑，度地爲碑營大厦。道旁錯認魯東家，一車兩馬棲棲者。

秋盦先生自濟寧寄《訪圖碑》屬題，時余將從大梁赴楚，怔忪應命。戊申中秋前五日，卷施弟洪亮吉。

何道生題跋

青山一角倚叢祠，終古無人解問奇。兩馬一車三數客，斜陽影裏獨捫碑。

武氏精靈聚一山，探奇筇屐肯空還。祇今石室千年畫，到處流傳滿世間。

快事誰將妙筆傳，大癡落墨總雲煙。歐洪不解丹青法，始信前賢遜後賢。

嘉慶庚申，題於汶上舟次，何道生。

王茂松題跋

武氏祠碑溯漢初，雲霞糾縵護圖書。荒煙蔓草勤搜剔，轆轆疑來問字車。

斷碣荒殘歲月遷，旁搜上下數千年。苔封蘚罯摩挱讀，稽古無煩抱一編。

道光癸巳春,仲鶴亭王茂松。

桂馥題跋

武氏祠堂宿草深,天留畫像紫雲岑。南原指點劉衡墓,踏遍平陵没處尋。顧南原言親至劉衡墓下,手拓其碑。余向平陵城側苦覓不得。己卯上元,在容堂見小松先生《探碑圖》,漫賦。曲阜桂馥。

胡悳林題跋

祠碑溯諸武,遠至元嘉前。虹光閟草野,奚止三千年。黄子風雅吏,夙深翰墨緣。公餘挹心契,税駕紫雲阡。相於剔苔蘚,指認聖與賢。氊推廣新拓,覆蓋謀移遷。留賞比索靖,雅事真可傳。昔我牧亢父,繡壤相毗連。志乘雖採録,探摩竟缺然。披圖感塵俗,凝想心拳拳。書巢胡悳琳稿。

趙懷玉題跋

魯國西鄙今嘉祥,炎劉遺跡多茫茫。紫雲山深草樹荒,傳有太子石享堂。人欲就考或未遑,喜君趙洪相頡頏。二李一南偕益臧,履謫審爬搜忙。碑則武斑祠武梁,畫像恢恑書精良觀者目眩走且僵。佳城千年鬱景光,舊本但詫毘陵唐。一朝大力重表彰，地不愛寶敢久藏。芘以大厦繚以牆，雨淋日炙庸何傷。萬物顯晦詎有常，苟逢其人功煒煌。寫圖索句志弗忘，攜來忽又更星霜。偶然檢得從巾箱，急踐前諸題左方。還因北風遠寄將，命工火速搨硬黄，酬便抵瓈琳琅。

壬子九月，舟過任城，小松先生出《紫雲山探碑圖》屬題。攜來京師，忽忽再逢改歲。頃於行笈檢得，率題一百八十二字奉還。雖遲拙兼之，然久要不忘，或冀故人之垂亮耳。甲寅三月廿一日漏下三鼓，懷玉脱藁於海波寺街之古藤書屋。

蘇繞典題跋

訪古蒼茫百感生，紫雲山色鬱東瀛。苔花一片龜趺隱，回首斜陽問漢京。停鞭三宿擬歐陽，武氏祠前搨硬黄。莫怪斷碑人膾炙，氊椎新墨盡琳琅。石墨年來自討尋，曾停使節訪碑林。周秦遺碣猶堪索，何處天涯覓賞音。時將之任秦中，倚裝率題奉寄。蘇溪羅繞典，書於平河官舍。

北河紀遊圖題記

乾隆戊戌秋日，與耒谷學長兄同遊北河楊椒山先生祠，盤桓數日，時微雨連綿，無以遺興,遂於篋中檢出舊裝素册,略師倪、黄兩家筆寫此。未翁見而心喜,囑余題識,勉力應命,以博一笑耳。秋庵弟黄易。

功德頂訪碑圖題記

靈巖高處名功德頂,建石龕。龕座刻唐長慶元年李澧等題名,大中八年牟讜撰《方山證明龕功德記》,清泰二年黄彦暉、靖康二年趙邦美等題字。西爲巢鶴巖,有崇寧二年□陽吉之等題名,觀音洞有元祐年潁叔等題字數十處。嘉慶五年八月六日,錢唐黄易。

訪碑圖題記

自官山左,恒在濟寧。無論觀海登山,渺不可得。即石交若未谷,亦未得過從。兹當盛暑,想未谷在歷下時,納凉龍洞,放棹明湖,其樂無極。今乃攝篆萊州,恐未必如昔游之盛。他年得暇,定與未谷短笻臘屐,剔蘚捫苔,幽遠必窮,快觀名迹,以遂生平之志。預爲是圖,共堅盟約。乾隆壬子長夏,錢唐黄易寫於濟寧官舍秋影行盦。

附録三　相關資料選輯

題黄小松郡丞得碑十二圖三首

平生未有和嶠癖，作吏偏于孟母鄰。一輛芒鞋一雙眼，天將金石付斯人。

石室遺文甲乙題，紫雲山迴吐虹霓。笑它嗜古洪丞相，足迹何曾到濟西。

奇文每出歐洪外，正史能搜馬范遺。它日續圖知不少，相逢還擬再題詩。

（清錢大昕《潛研堂集·詩續集》卷八）

黄小松得碑十二圖册

丁丁響搨破蒼茫，半在荒祠廢隴旁。一自搜羅歸著録，不煩神物護球瑯。

一綫炎劉蹟易銷，保殘守缺結情遥。朝廷前日哀金石，却恨無人薦鄭樵。余前分纂《金石略》，惜郡邑申送簡略，頗以挂漏爲憾。

烟蘿不許閟精靈，恍似波斯得未經。轉笑傲山樓上客，未將游屐繪丹青。趙子函

有《訪古游記》，所載得碑事頗相似。所居有傲山樓。（清余集《憶漫庵賸稿》）

題黄小松看碑圖

判牘有餘功，訪碑無停晷。尚友到古人，翠墨雲烟委。歐曾趙洪後，立幟江夏子。古物聚所好，不脛走千里。金薤文琳琅，收拾斗室裏。憶昨造高齋，清閟爲我啓。香厨一縱觀，如入五都市。晝手數顧陸，絹素那足恃。何期東京刻，真面歷可指。法服儼冠劍，禮器陳簠簋。銀䤨碧流離，甘露木連理。靈秘不能藏，一朝列棐几。奇怪驟難讀，過眼聊復喜。合并知何年，癖嗜略相似。披圖宛晤對，慚我聞僅咫。想見手摩挲，比鄰招短李。片石如能言，風塵感知己。謂李鐵橋。（清錢大昕《潛研堂集·詩續集》卷六）

題黄小松司馬易看碑圖

黄君愛碑兼愛花，碑版照耀紛天葩。每從凡將爰歷推點晝，快於批紅判白窮根芽。搜索龜趺牛礪角，或山之顛水之涯。譬彼遠梅移健步，古香浮動文横斜。辨隸與科披倒薤，鸞飄鳳泊龍螭拏。有時購買縑繒到斷缺，如霧裏看顔色，慘淡猶含嗟。突過千花墨花艶，雙瞳翦水非麻茶。駐馬率更令，遊仙蔡少霞。展黄庭經趁姿媚，識碧落篆無聱牙。何如晴窗晝静試響搨，絶勝成蹊桃李分畹蘭蕙芍。花耶碑耶是一還是二，讀書牀畔春風奢。君今治河用經術，餘事石墨鐫其華。筆印泥，錐畫沙，論定金石不使豪釐差。看花看碑樂莫樂，得兼魚熊二者夫何加，君本馬塍種花藏書家。（清魏成憲《清愛堂集》卷六）

題黄小松仿古山水册

黄小松司馬邃於金石之學，餘事兼及繪畫，别具古雅之趣，非同時奚鐵生、王椒畦諸公所能及也。所見畫皆墨筆，且多淡遠一派，所謂「意足不求顔色似」者。司馬曾官汴上，故筆墨流傳，吾鄉尚有存者。曾得其《嵩洛訪碑二十四圖册》，意境獨造，迥絶恒畦。此册仿古，亦其用意之作。（清李佐賢《石泉書屋類稿》卷七）

題黄小松畫孟廟古槐

黄小松先生曾官吾省任城司馬，余幼時見其筆墨甚夥。此畫古槐，草草落筆，毫不經意，自饒天趣。寬夫仁兄得諸廠肆，余贈以金昌題名，合裝成幅，俱係孟廟物，從其類也。時余將出守臨汀，寬兄出此索題，并誌數行，以當話别。（清李佐賢《石泉書屋類稿》卷七）

秋盦爲墨卿作少室訪碑圖

少室隸闕銘，下有一字伊。牛渚所未見，黄子剔得之。墨卿以鐫研，覃溪摹已奇。奇思屬作圖，圖作同訪碑。冀擬石闕下，鉛槧相追隨。今春圖寄來，雙闕巉厓巖。一人手拓紙，二客如尋詩。借問黄伊翁，二客其一誰。墨卿讓不有，曰貌覃溪爲。然而此伊字，實與君夙期。君研既勒此，君遊定於斯。此畫歸墨卿，此客黄伊宜。其一拓紙者，覃溪樂忘疲。仰讀延光字，旁捫月圓規。中峯翠屏影，遍滿蘇齋簃。又起一畫稾，諸友題碑時。秋盦盡拓嵩山三闕字畫，上下相連，作十二巨幅，寄來挂於吾齋，請諸君題之，是又當作圖也。（清翁方綱《復初齋詩集》卷五十一）

題黄小松小蓬萊閣看碑圖

我來坐小蓬萊閣，如入米家書畫船。古搨心迷蟲鳥跡，殘詩淚灑鶺鴒篇。圖有閬

峰弟題句。半生性命留金石，垂老功名剩槧鉛。自笑迂疎真好事，數題小字附前賢。（清鐵保《梅庵詩鈔》詩鈔卷五）

清王培荀評一則

濟寧州判黄小松善畫，自繪《登岱圖》。四川李墨莊驤元登泰山，亦倩其畫《登岱圖》，復作雨景寫意一幅。袁子才首爲題詩，繼題者四十餘人。其從兄雨村，名調元，亦題云：「昔年曾共上峨眉，馭氣排空讓爾奇。今日又聞登岱岳，陰昏陽曉獨君知。烟入齊州青未了，收入尺圖天下小。崔顥題詩在上頭，只恐鳳樓亦推倒。」（《鄉園憶舊録》卷五）

清許瀚評一則

黄小松先生有《嵩麓訪碑圖》并記，商城楊石卿鐸得其記初稿，付梓以傳，而圖則久佚，續者憾焉。（節録自《攀古小廬雜著》卷十二《姜玉谿大令岱麓訪碑圖跋》）

清葉昌熾評一則

又至含英閣，觀黄小松《嵩洛訪碑廿四圖》，龍門諸龕佛象皆以淡墨襯染而出，有已上紙者，有持椎者，有架梯氊蠟者，蹊徑之奇，爲從來畫家所未有。蘇齋每幅皆有題字，或古今體詩。引首篆書，則孫淵如筆也。後有梁山舟、祁文端、何子貞諸先輩題字。聞鄭盦尚書許以三百五十金，尚未售也。（《緣督廬日記抄》卷五）

褚德彝評一則

秋盦官山東河防同知，在官日於濟寧州學諸漢刻如鄭固、魯峻等碑，次第整理之。余十年前曾購得《岱麓訪碑圖》粉本十二葉，其中如州學昇碑及良友贈碑等圖，皆寫當時實境。是卷秋盦以急就筆意畫成之，兩岸蘆荻，中流舟舫，雖用筆並不工細，然自能工雅不俗。秋盦畫傳世甚罕，此卷前有孫伯淵之篆書引首、蘇齋之詩歌，皆金石家筆墨之僅存者，殊可寶也。辛巳夏五，褚德彝記。（《跋篷窗雅集》，録自《中國古代書畫圖目》）

附録四　傳記及評論資料選輯

山東兖州府運河同知錢唐黃君墓志銘

潘庭筠

君諱易，字大易，號小松，又號秋盦。世居錢唐之湖墅。七世祖寓林公，諱汝亨，官布政司參議，以儒術傳家，學者稱貞父先生。五傳至君祖景林公，諱兆泰，業醫多活人。考松石公，諱樹穀，稽古力學，工篆隸書，聚群籍，即家立廣仁義學，以惠來學，鄉人稱端孝先生。兩世以君貴遇覃恩，累贈奉政大夫。祖妣吴氏，妣陳氏，皆累贈宜人。繼妣梁氏，累封太宜人。君兄弟四人，長兄庭，仲兄經，季弟童，君其叔也。生而穎異。年八歲，松石公見背，梁太宜人工詩古文，課以經藝。年十五，隨伯兄幕遊楚北。二十一，伯兄緣事謫輪臺，君旋里負米養母。館固安三年，武岡五年，佐直隸方伯鄭公由伍祐場歷清苑者四年。適豫工例開，鄭公遂糾集同志爲君循例報捐，筮仕東河。乾隆四十二年補主簿，自商丘遷陽谷，擢武城丞、東平州判。調築豫工，松石公嘗著《河防私議》，君取其法，悉心講求。四十五年、四十九年兩遇南巡回鑾經運河，辦差無誤，晉秩別駕，由衛糧調捕河，權下南同知。五十四年，升任蘭儀。次年，調運河。六十年閏二月，丁内艱，扶柩歸葬。嘉慶二年服闋，借補捕河。四年，題補運河。六年，護運河道。自三年冬在南旺感寒濕疾，三閱寒暑，未嘗一日在告。至七年春頓劇，將交替而先夕不起，時二月二十三日也。距其生乾隆九年十月十九日，享年五十有九。誥授奉政大夫，配陳氏封宜人，側室項氏以子貴，例封孺人。子二：長元長，南河主簿，娶潘氏，即庭筠女也；次元禮，幼業儒，聘王氏，福山縣典史元浩女。女二：長適濟寧兵部職方司郎中李大峻，次幼未字。皆項孺人出。孫一，珍。君性孝友，迎養母享高年。伯兄遠戍，事嫂謹，撫慰子女有恩，昏嫁以禮。爲伯兄贖罪，甫納鍰而卒於戍所，遣僕迎柩歸，迨嫂歿合葬焉。爲季弟昏娶，聚居官署，怡然十餘年。在任城久，戚友溯流過訪者，必留款盡歡。鄉人流寓無歸者，周恤之。公事之暇，輒究心詩文長短句。宗家學，亦工篆隸，年十三即篆書《雲松巢志》，已上石。生平精刻印，得秦漢之遺；又善畫山水，隨意皴染，人争寶之。好古金石刻，宦轍所到，嵩高岱嶽，攀蘿剔蘚，無碑不搜。最後於嘉祥得武氏祠堂畫像六十餘石，重修石室藏之。積碑既多，因與諸家考訂，以期羽翼經史。四方知交，若申鐵蟾兆定、武虚谷億、錢獻之坫、張芑堂燕昌、趙晋齋魏、江秬香鳳彝諸君，交相印證。而李鐵橋東琪近在任城，過從尤數。其地爲水陸交衝，驛使星軺，户外之履恒滿。如少司寇述庵王公、宫詹辛楣錢公，撫軍秋帆畢公、觀察淵如孫公及覃谿翁學士、芸臺阮大中丞視學山左時，皆旌節頻臨，檢閲儲藏，講論不倦。君嘗自繪《得碑十二圖》，又取所藏唐宋舊搨、漢魏諸碑雙鈎坿跋，刊爲一集，名《小蓬萊閣金石文字》。寓林公舊築室雷峰之東，額題「小蓬萊閣」，用名此編，志不忘也。又録所積碑爲《小蓬萊閣碑目》，藏於家。先是君葬梁太宜人時，屬朱君朗齋曰：「爲我營菟裘必依先壟旁。」既而得佳兆松楸，墓域鬱然，主者殁數十年，後人不克葬，以善價購之。立中道則先壟在望，繪圖寄君，欣然慰素志。嘉慶八年歲在癸亥，孤子元長載柩歸里，卜以十一月朔日壬辰安葬，爲西馬塍上泥橋北東岸之原。庭筠與君交最久，且屬姻親，悉君行事，元長以銘請不得辭。銘曰：

霍山之陰，桃港之潯。港分湖水，縈帶抱襟。西望先壟，松柏森森。天成吉壤，不煩遠尋。君學嗜古，君識通今。防河衛漕，宦績在任。位不副德，遺澤淵深。藏形千禩，永閟幽岑。

黄秋盦傳

翁方綱

君姓黄氏，諱易，字大易，錢塘人。明參議貞父先生七世孫。父樹穀，以篆隸名家，世稱松石先生者也。故君自號小松。其先世居馬塍，即姜白石詩「每聽秋聲憶故鄉」地也。有秋影庵，故君又自號秋盦。君幼承家學，精究河防事宜。初佐治州境，輒有能聲。既而出仕東河，歷縣倅，分刺東平，擢蘭儀同知，前後兩任兖州府運河同知，兩護運河兵備道事。其才足以大受而志未竟，是可哀也。君官河堧二十年，凡堤埝大工，閘口蓄洩，每伏汛秋汛，晝夜殫力捍禦，兑漕、趲運諸務，籌畫備至。丁未之冬，浙江糧艘十餘帮阻凍於七級閘，舵下水手乏食，君力請借帑，活萬餘人。其他督率工員，相機剔弊，皆此類也。君爲人誠信重然諾，伯兄以事遣戍，君措貸爲贖罪。兄喪，數千里遣幹僕扶柩歸葬於杭。及爲幼弟、爲兄子女營婚嫁，以逮族黨推誼肫摯，咸視此。君精於金石六書之學，自歐陽、趙、洪所未見者，皆著於録。嘗手自鈎摹漢魏諸碑，附以題跋，開雕成帙，曰《小蓬萊閣金石文字》。又有《小蓬萊閣碑目》。小蓬萊閣者，其先貞父先生讀書南屏書室名也。丁酉秋，君於都下得漢熹平石經《般庚》《論語》三段，時方綱亦摹此勒石，援洪文惠鐫石經於會稽蓬萊閣故事以名齋，既乃知君家先有此名，洵一異也。君在濟寧升起鄭季宣全碑，於曲阜得熹平二年殘碑，於嘉祥之紫雲山得武斑碑、武梁祠堂石室畫像。適揚州汪氏所藏古搨武梁像册歸君齋，此册自竹垞、衎齋、查田諸老輩往復鑒賞，幾疑世久無此石矣，一旦君乃兼得之。於是敬移孔子見老子像一石於濟寧州學，而萃其諸石，即其地築室砌石，榜曰武氏祠堂，立石以記之。君北抵燕趙，南遊嵩洛，又四方嗜古之士所得奇文古刻無不就正於君，以是所蓄金石甲於一時，皆不及縷數，而述其一二大者於此。君每得一舊蹟，眸色烔溢顴頰間。又多蓄漢印、諸吉金雜器物款識，摩挲終日不去手。畫雖兼效倪、黄，而實自成一格，蒼秀出意表。又精於摹印，談笑之頃，鐵穎剨然，立成數枚，出懷袖以贈友。馳論千古，眉軒尋丈外。嗟乎，黄伯思、米芾而後，世久無此人矣！濟寧李東琪，字鐵橋，亦以金石之學世其家，與君最契。適有《鐵松觀碑圖卷》，方綱題甫就，而君訃音至矣。嗚呼傷哉！今日石墨論交，惟予知君最深者，故不辭而爲之傳。鐫諸石者，安邑宋葆淳也。嘉慶七年六月朔。（清翁方綱

《復初齋文集》卷十三)

題黄小松秋影庵圖

君家西湖濱,身在畫圖住。青山不用買,蒼翠滴高樹。疎疎屋數間,結構陰涼處。地招十弓寬,籬編六枳護。窗明復几浄,文史涉深趣。漱石細泉流,出林幽磬度。楓葉半紅黄,返照衡門暮。入夜聽蕭騷,更續歐陽賦。(清王復作,转録自《兩浙輶軒録》卷三十七)

黄小松見寄所刻漢碑雙鈎本 己未太和作

海内幾人通隸法,眼前萬里到書郵。且拋案牘三行判,静對琳琅半日休。新像自難追舊本,小松搜得武梁祠畫像諸石,較唐榻多殘闕。原文回想玩雙鈎。范式、魏元丕二碑,余及見之,今又十數年矣。祇今影落蠻荒外,猶荷蓬萊念昔游。小松有小蓬萊閣。(清桂馥《未谷詩集》卷四)

中秋有懷諸同人 黄小松上舍

王孫作客逐風塵,幕府雄談獨岸巾。記室豈堪貯國士,高堂無計養慈親。小松青年擅才，同夢珠宦遊幕府，計博升斗，以奉老母甘旨。登樓花萼邀明月，入夢芝顔憶故人。欲藉秋雲詢往事，可憐遥隔漢江濱。（清石卓槐《留劍山莊初稿》卷十六）

山莊無營鍵户獨坐偶憶舊遊風流雲散各賦短章用抒鄙抱

黄小松舍人

竹林涼月坐吹簫，常作縱横十九條。小松工鐵筆，作玉筯篆文，信手揮豪，莫不如意。常以方紙縱横作十九畫，成一碁局，不差分毫，蓋絶技也。又常暑夜無事，於遲春草堂坐竹林中吹簫度曲，丰致飄然，令人可想。一自美人秋水隔，無情深恨浙江潮。（清石卓槐《留劍山莊初稿》卷二十四）

小學篇贈黄小松易

周官教國子，漢法試學僮。古者六書屬小學，今人嫻此誇宏通。祖龍圖籍收六國，出令火急追翔風。下邽再變上蔡法，漸以約易離其宗。陳書北闕有馬援，問奇西蜀惟揚雄。汝南祭酒生苦晚，探賾索隱憂心忡。綱羅凡將並倉頡，博訪賈氏還鄄酆。釐爲五百四十部，九千餘字開洪濛。畢載天地及神鬼，山川草木兼魚蟲。弼成往聖示來喆，與禹治水同膚功。魏晋以來尚文藻，斯道捐棄如秋蓬。陽冰崛起大曆載，獨窺絶學群發蒙。平生宗許復叛許，二徐繼作偏師攻。其間穿鑿亦不免，欲求疵纇紛鬇鬡。國朝碩彦多講説，王錢惠戴王西莊光禄、述菴侍郎兩先生，錢辛楣少詹，鳳之州判，惠定宇徵七，戴東原庶常朱學士竹君先生盧抱經先生江叔澐布衣。後來稱秀更超拔，黄郎江夏應無雙。從一及亥究終始，偏旁部次詳增重。偏搜金石辨奇古，兹謂識字生無窮。篋中多蓄古器物，累累官印炎劉銅。出其緒餘試雕刻，文何顧鄭難爲工。春風楊柳長安陌，五陵意氣歌相逢。論文角藝一樽酒，那惜街鼓鳴鼕鼕。岐陽獵碣至今在，詰朝從子觀辟雍。（清伊秉綬《留春草堂詩鈔》卷一）

觀黄小松遺畫概然題句

湖風吹面柳絲牽，月帶香來正放蓮。四十三年人化鶴，尚留孤影斷橋邊。（清伊秉綬《留春草堂詩鈔》卷六）

題黄小松先生五十歲小像存其曾孫憲之少尉冠縣官署。

嵩華尋碑足已皸，曾見公《嵩華訪碑圖》，惜僅得其摹本。摩厓鐵筆重千斤。公精篆隸，善摹印。乾嘉老輩論風雅，除是覃谿無故人。

小蓬萊閣聚鴻篇，古趣縱横浣筆泉。我亦氈椎求漢畫，題名石室愧前賢。近得其《小蓬萊閣金石文字》並武氏石室畫象。

一縑一字費搜羅，尺幅煙雲歷劫多。難得廬山真面在，人間從此百東坡。正得公所作吴山、西湖、惠泉、秦園諸圖真蹟，而屬題小像適至，因摹入圖册及小蓬萊閣刻本。

（清陳錦《補勤詩存》卷二十四）

藝　文　叢　刊

第　四　輯

061	寶章待訪録（外五種）	〔宋〕米　芾
062	昆蟲草木略	〔宋〕鄭　樵
063	味水軒日記（上）	〔明〕李日華
064	味水軒日記（中）	〔明〕李日華
065	味水軒日記（下）	〔明〕李日華
066	寒山帚談	〔明〕趙宧光
067	讀畫録	〔清〕周亮工
068	誠一堂琴談	〔清〕程允基
069	文房肆考圖説	〔清〕唐秉鈞
070	芳堅館題跋	〔清〕郭尚先
071	花木小志（外二種）	〔清〕謝　堃 〔清〕高士奇 〔清〕翁長祚
072	隨息居飲食譜	〔清〕王士雄
073	**嵩洛訪碑日記（外五種）**	**〔清〕黄　易**
074	廣藝舟雙楫	康有爲
075	刻竹瑣言（外四種）	黄高年 周无方 金開藩 張志魚
076	章草考	卓定謀

藝　文　叢　刊

廣藝舟雙楫

康有爲

浙江人民美術出版社

圖書在版編目(CIP)數據

藝文叢刊. 第四輯 / (宋) 米芾等著 ; 況正兵等點校. -- 杭州 : 浙江人民美術出版社, 2018.1(2023.9重印)
(藝文叢刊)
ISBN 978-7-5340-6222-3

Ⅰ. ①藝… Ⅱ. ①米… ②況… Ⅲ. ①古籍－中國－叢刊 Ⅳ. ①Z121.7

中國版本圖書館CIP數據核字(2017)第243082號

點校説明

康有爲《廣藝舟雙楫》，又名《書鏡》，是清代書學名著。

光緒十四年（一八八八）冬，時年三十一歲的康有爲赴京參加鄉試，不第。目睹時艱的康有爲以布衣身份第一次上書光緒帝，請求變法圖强。這個大膽僭越之舉自然招來壓制，甚至有人聲言要加以陷害。友人沈曾植等人勸他勿談國事。又因海運道梗，康有爲不得歸鄉，只能寄居於京師南海會館「汗漫舫」中，以金石碑版自娱，攤碑論書，撰成《廣藝舟雙楫》一書。這些寫作背景，康有爲《自編年譜》《汗漫舫詩集》，以及本書的《自序》都有清楚明白的交待。

《廣藝舟雙楫》的主要觀點，可用「尊碑抑帖」「尊魏卑唐」來概括。書學上抑帖揚碑之論，阮元《揅經室論書》先發其調，包世臣《藝舟雙楫》繼續推闡，影響尤大。但包世臣的《藝舟雙楫》，其實是文集，文論與書論並重，且文體龐雜，既有文論、書序，也有信札、題跋，甚至還有墓志銘。揚碑抑帖的見識，如金入沙，披而方見。康有爲沿用前賢的書名而「廣」之，所廣的只是其中的書論部分。與《藝舟雙楫》中零碎的論述相比，《廣藝舟雙楫》是當時最全面最系統的一部碑學著作，康有爲的寫作是有計劃、有體系的。《廣藝舟雙楫》全書六卷二十章，敘目一篇。大致説來，卷一、卷二是講書體源流的，卷三、卷四是評論碑品的，卷五、卷六是講用筆技巧、書學經驗和各種書體的書寫要求的。它體例嚴整，論述廣泛，始于書體之肇，詳述歷朝遷變，品評各代名跡，又不忘考證指法、腕法，以資實用。康有爲在這本書中，以可貴的通史眼光，嘗試建立科學嚴密的碑學體系，并獲得了成功。此書的問世，標志着中國書法碑學的正式建立。

康有爲一方面極力宣揚尊碑尊魏，一方面又不遺餘力抑帖卑唐，辭氣未免過重，下語未免過狠。尊碑不免拔高誇大，時有附會牽合之言；抑帖又不免吹毛求疵，難見中正持平之論。以平允的觀點來看，此書幾乎處處是可攻擊的靶子，所以民國以來有許多學者，如劉咸炘、朱大可、丁文雋、沙孟海等，對康有爲的理論都有過質疑與責難，其中以朱大可《論書斥包慎伯康長素》批評最爲激烈，説康有爲是「大言欺人」「書法之厄，世道之尤」，《廣藝舟雙楫》是「謬種流傳，貽誤曷極」。其實康有爲作爲飽學之士，不可能不知道下語專斷的危險，但他有意爲之，其中自有良苦用心。一九一五年，他在寫給朱师晦的書信中説：「至《書鏡》尊碑，乃有爲而發。仆若再續《書鏡》，又當贊帖矣。」文章合爲時而作，從此書刊刻之後洛陽紙貴、應者雲集、碑學得以大成的影響來看，康有爲的快言快語和偏頗之論，最終達到了戰略目的，奠定了從此之後中國書壇碑帖並重的局面。這本成于康有爲人生低潮期的著作，筆端滿溢激憤之情。康有爲身處江湖之遠，心懷廟堂之高，在書中一再表現的求變思想，可以説是其維新變法思想的先聲。「書法與治法，勢變略同。周以前爲一體勢，漢爲一體勢，魏晋至爲一體勢，皆千數百年一變；後之必有變也，可以前驗之也。」故學者陳江將此書視爲體現維新變法思想的早期文本，良有以也。後來維新變法失敗後，清廷通緝康有爲，并下令禁掉此書，主要原因固然是因人廢言，但書中隱然以書法論變法的政治傾向，也是清廷下手的原因之一。後世批評康有爲英雄欺人的研究者，固然持論更平允中正，却忽視了康有爲的良苦用心。

據《萬木草堂叢書目録》記載，本書在一八九一年刻成，先後印了十八次。戊戌政變後，清政府分别在一八九八年八月和一九〇〇年正月下旨毁版，但此書已經風行天下，連日本也有名爲《六朝書道論》的譯本。辛亥革命以後，又有廣藝書局本和萬有文庫本刊行。一九八一年，上海書畫出版社出版了崔爾平先生《廣藝舟雙楫注》，註釋較爲詳細，其中最可寶貴的是收録了不少黄紹箕《廣藝舟雙楫評語》的内容。黄紹箕是鼓勵康有爲撰寫《廣藝舟雙楫》的兩個朋友之一（另一個是沈曾植），在書成之後，又仔細閲讀，寫了評語七十餘則。崔先生的注本是目前爲止本書的最好讀本。

此次整理，以光緒辛卯年萬木草堂刻本爲底本標點，以民國的廣藝書局本和萬有文庫本參校。諸本之間的字句同異，凡底本可通者，皆不改動；不影響文義理解的異體字，改爲通用字形；明顯的錯字根據其他版本改動，不出校記。標點過程中，重點參考了崔爾平先生的注本，在此深致謝忱。

由於整理者水平有限，錯誤定在所難免，敬希方家指正。

目録

卷四……七一

卷五……一〇〇

自敘

可著聖道，可發王制，可洞人理，可窮物變，則刻鏤其精，冥縩其形爲之也。不劬于聖道王制、人理物變，魁儒勿道也。康子戊己之際，旅京師，淵淵然憂，悁悁然思，俛攬萬極，塞鈍勿施，格絀于時，握髮憖，似人而非。厥友告之曰：「大道藏于房，小技鳴于堂，高義伏於牀，巧羿顯於鄉。標枝高則隕風，累石危則墜牆。東海之鱉，不可入于井；龍伯之人，不可釣於塘。汝負畏壘之材，取桀杙，取櫚櫨，安器汝。汝不自克以程於窮，固宜哉！且汝爲人太多，而爲己太少，徇於外有，而不反於内虚，其亦闇于大道哉！夫道無小無大，無有無無，大者小之殷也，小者大之精也。蟭螟之巢蚊睫，蟭螟之睫又有巢者，視虱如輪，輪之中，虱復傅緣焉。三尺之畫，七日遊不能盡其蹊徑也。拳石之山，丘壑巖巒，窈深窅曲，蟣蠓蚋生，蛙蠙之衣，蒙茸茂焉。一滴之水，容四大海，洲島煙立，魚龍波譎，出日没月。方丈之室，有百千億獅子廣座，神鬼神帝，生天生地，反汝虚室，遊心微密，甚多國士，人民豐實，禮樂黼黻，草木蘢鬱，汝神禫其中，弟靡其側，復何鶩哉！盍黔汝志，鋤汝心，息之以陰，藏之無用之地以陸沈。山林之中，鐘鼓陳焉，寂寞之野，時聞雷聲。且無用者，又有用也。不龜手之藥，既以治國矣，殺一物而甚安者，物物皆安焉。蘇援一技而入微者，無所往而不進於道也。」

於是康子翻然捐棄其故，洗心藏密，冥神却埽，攤碑摘書，弄翰飛素，千碑百記，鈎午是富。發先識之覆疑，竅後生之宧奥，是無用于時者以假物以遊歲莫也。國朝多言金石，寡論書者，惟涇縣包氏，鈲之揚之。今則孳之衍之，凡爲二十七篇。篇名如左：原書第一，尊碑第二，購碑第三，體變第四，分變第五，説分第六，本漢第七，傳衛第八，寶南第九，備魏第十，取隋第十一，卑唐第十二，體系第十三，導源第十四，十家第十五，十六宗第十六，碑品第十七，碑評第十八，餘論第十九，執筆第二十，綴法第二十一，學敘第二十二，述學第二十三，榜書第二十四，行草第二十五，干禄第二十六，論書絶句第二十七。

永惟作始於戊子之臘，寔購碑于宣武城南南海館之汗漫舫。老樹僵石，證我古墨焉。歸歟於己丑之臘，迺理舊稿於西樵山北銀塘鄉之澹如樓，長松敗柳，侍我草玄焉。凡十七日，至除夕述書訖，光緒十五年也。述書者，西樵山人康祖詒長素父也。

卷一

原書第一

文字何以生也，生於人之智也。虎豹之强，龍鳳之奇，不能造爲文字，而人獨能創之，何也？以其身峙立，首函清陽，不爲血氣之濁所熏，故智獨靈也。凡物中倒植之身，横立之身，則必大愚，必無文字。以血氣熏其首，故聰明弱也。凡地中之物，峙立之身，積之歲年，必有文字。不獨中國有之，印度有之，歐洲有之，亞非利加洲之黑人，澳大利亞洲之土人，亦必有文字焉。秘魯地裂，其下有古城，得前劫之文字於屋壁，其文字如古蟲篆，不可識别。故謂凡爲峙立之身，曰人體者，必有文字也。以其智首出萬物，自能制造，不能自已也。

文字之始，莫不生於象形。物有無形者，不能窮也，故以指事繼之。理有憑虚，無事可指者，以會意盡之。若諧聲、假借，其後起者也。轉注則劉歆創例，古者無之。倉沮創造科斗蟲篆，文必不多，皆出象形，見於古籀者，不勝僂數。今小篆之日、月、山、川、水、火、草、木、面、首、馬、牛、象、鳥諸文，必倉頡之遺也。匪惟中國然，外國亦莫不然。近年埃及國掘地，得三千年古文字，郭侍郎嵩燾使經其地，購得數十搨本，文字酷類中國科斗蟲篆，率皆象形。以此知文字之始於象形也。

以人之靈而能創爲文字，則不獨一創已也。其靈不能自已，則必數變焉。故由蟲篆而變籀，由籀而變秦分即小篆，由秦分而變漢分，自漢分而變真書，變行草，皆人靈不能自已也。

古文爲劉歆僞造，雜採鐘鼎爲之。余有《新學僞經考》，辨之已詳。《水經注》稱臨淄人有發齊胡公之銅棺，其前和隱起爲文惟三字古文，餘同今書。子思稱今天下書同文，蓋今隸書，即《倉頡篇》中字，蓋齊魯間文字，孔子用之，後學行焉，遂定於一。若鐘鼎所採，自是春秋戰國時各國書體，故詭形奇製，與《倉頡篇》不同也。許慎《說文敘》謂諸侯力政，不統于王，言語異聲，文字異形。今法、德、俄文字皆異，可以推古矣。但以之亂經，則非孔子文字，不能不辨。若論筆墨，則鐘鼎雖僞，自不能廢耳。

王愔敘百二十六種書體，於行草之外，備極殊詭。按《佛本行經》云：尊者闍黎教我何書自下太子廣爲説書，或復梵天所説之書今婆羅門書王有四十音是，佉盧虱吒書隋言驢脣，富沙迦羅仙人説書隋言華果，阿伽羅書隋言節分，瞢迦羅書隋言吉祥，邪寐尼書隋言大秦國書，鴦瞿梨書隋言指言，耶那尼迦書隋言馱書，娑迦羅書隋言牸牛，波羅婆尼書隋言樹葉，波流沙書隋言惡言，父與書毗多茶書隋言起尸，陀毗茶國書隋云南天竺，脂羅低書隋言形人，度其差那婆多書隋言右旋，優波伽書隋言嚴熾，僧佉書隋言等計，阿婆勿陀書隋言覆，阿尧盧摩書隋言順，毗耶寐奢羅書隋言雜，陀羅多書烏場邊山，西瞿耶尼書須彌西，阿沙書疏勒，支那國書即此國也，摩那書科斗，末茶叉羅書中字，毗多悉底書尺，富數波書華，提婆書天，那羅書龍，夜叉書，乾闥婆書天音聲，阿脩羅書不飲酒，迦羅婁書金翅鳥，緊那羅書非人，摩睺羅伽書天地，彌伽遮迦書諸獸音，迦迦婁多書烏音，浮摩提婆書地居天，安多梨叉提婆書虛空天，郁多羅拘盧書須彌北，逋婁婆毗提訶書須彌東，烏差婆書舉，膩差婆書擲，娑伽羅書海，跋闍羅書金剛，梨伽波羅低犁伽書往復，毗棄多書食殘，阿尧浮多書未曾有，奢娑多羅跋多書如伏轉，伽那那跋多書等轉，優差波跋多書舉轉，尼差波跋多書擲轉，波陀梨佉書上句，毗拘多羅波陀那地書從二增上凶，耶婆陀輸多羅書增上句已上，末茶婆哂尼書中流，梨沙邪婆多波恀比多書諸山苦行，陀羅尼卑叉梨書觀地，伽伽那卑麗叉尼書觀虛空，薩蒱沙地尼山陀書一切藥草因，沙羅僧伽何尼書總覽，薩婆韋多書一切種音。《三藏記》云：「先覺説有六十四種書，鹿輪轉眼，神鬼八部，惟梵及佉樓爲勝文。」《酉陽雜俎》所考，有驢肩書，蓮葉書，節分書，大秦書，馱乘書，犎牛書，樹葉書，起尸書，右旋書，覆書，天書，龍書，鳥音書，凡六十四種。然則天竺古始，書體更繁，非獨中土有蟲籀繆填之殊，芝英倒薤之異。其製作紛紜，亦所謂人心之靈，不能自已也。

《隋志》稱婆羅門書，以十四字貫一切音，文省義廣，蓋天竺以聲爲字。《涅槃經》有二十五字母，《華嚴經》有四十字母。今《通志·七音略》所傳天竺三十六字母，所變化各書，猶可見也。唐古忒之書，出於天竺。元世祖中統元年，命國師八思巴製蒙古新字千餘，母四十一，皆相關紐，則採唐古忒與天竺爲之，亦迦盧之變相也。我朝達文成公，又採唐古忒蒙古之字，變化而成國書，至乾隆時，於是製成清篆，亦以聲而演形，并託音爲字者。然印度之先，亦必以象形爲字，未必能遽合聲爲字，其合聲爲字，必其後起也。遼太祖神册五年，增損隸書之半，製契丹大字。金太祖命完顔希尹依仿楷書，因契丹字合本國語爲國書。西夏李元昊命野利仁榮演書，成十二卷，體類八分，此則本原於形，非自然而變者，本無精義自立，故國亡而書隨之也。

歐洲通行之字，亦合聲爲之。英國字母二十六，法國二十五，俄德又各殊，然其始亦非能合聲爲字也。其至古者，有阿拉伯文字，變爲猶太文字焉；有敘利亞文字、巴比倫文字、埃及文字、希利尼文字，變爲拉丁文字焉；又變爲今法、英通行之文字焉。此亦如中國籀、篆、分、隸、行、草之展轉相變也，且彼又有篆分正斜大小草之異，亦其變之不能自已也。

夫變之道有二，不獨出於人心之不容已也，亦由人情之競趨簡易焉。繁難者人所共畏也，簡易者人所共喜也。去其所畏，導其所喜，握其權便，人之趨之若決川于堰水之坡，沛然下行，莫不從之矣。几席易爲牀榻，豆登易爲盤碗，琴瑟易以箏琶，皆古今之變，於人便利。隸草之變而行之獨久者，便易故也。鐘表興則壺漏廢，以鐘表便人，能懸於身，知時者未有舍鐘表之輕小，而佩壺漏之累重也。輪舟行則帆船廢，以輪舟能速致，跨海者未有舍輪舟之疾速，而樂帆船之遲鈍也。故謂變者天也。

梁釋僧祐曰：造書者三人，長曰梵書，右行；次佉樓，左行；少倉頡，下行。其説雖謬，然文字之製，欲資人之用耳，無中行、左右行之分也，人圓讀不便於手，倒讀不便於目，則以中行爲宜，横行亦可爲用。人目本横，則横行收攝爲多，目睛實圓，則以中行直下爲順。以此論之，中行爲優也。安息書革旁行以爲書記，安息即今波斯也。回回字右行，泰西之字左行，而中國之書中行，此亦先聖格物之精也。然每字寫形，必先左後右，數學書亦有横列者，則便於右手之故，蓋中國亦兼左行而有之，但右行實於右手大不順，爲最愚下耳。

中國自有文字以來，皆以形爲主，即假借行草，亦形也，惟諧聲略有聲耳。故中國所重在形，外國文字皆以聲爲主。即分、篆、隸、行、草亦聲也，惟字母略有形耳。中國之字，無義不備，故極繁而條理不可及。外國之字，無聲不備，故極簡而意義亦可得。蓋中國用目，外國貴耳。然聲則地球皆同，義則風俗各異。致遠之道，以聲爲便，然合音爲字，其音不備，牽强爲多，不如中國文字之美備矣。

天竺開國最先，創音爲書亦最先，故戎蠻諸國悉因之。《西域記》稱跋禄迦國字源三十餘，羯霜那國、健馱羅國，有波爾尼仙作爲字書，備有千頌，頌三十言，究極古今，總括文書。《八紘外史》及今四譯館所載，浡泥、文萊、蘇禄、暹羅、吕宋諸國書，皆合聲爲字，體皆右行，并本原於梵書。日本國書字母四十有七，用中國草書爲偏旁，而以音貫之，亦梵之餘裔也。

聲學盛於印度，故佛典曰：我家真教體，清浄在音聞。又以聲聞爲一乘，其操聲爲咒，能治奇鬼異獸，蓋聲音之精也。唐古忒、蒙古及泰西合聲爲字之學，莫不本於印度焉。泰西治教，皆出天竺，予别有論，此變之大者也。

綜而論之，書學與治法，勢變略同。周以前爲一體勢，漢爲一體勢，魏晋至今爲一體勢，皆千數百年一變。後之必有變也，可以前事驗之也。今用真楷，吾言真楷。

或曰：書自結繩以前，民用雖篆草百變，立義皆同。由斯以談，但取成形，令人可識，何事夸鍾、衛，講王、羊，經營點畫之微，研悦筆札之麗，令祁祁學子，玩時日於臨寫之中，敗心志於碑帖之内乎？應之曰：衣以揜體也，則裋褐足蔽，何事采章之觀？食以果腹也，則糗藜足飫，何取珍羞之美？垣牆以蔽風雨，何以有雕粉之璀璨？舟車以越山海，何以有幾組之陸離？詩以言志，何事律則欲諧？文以載道，胡爲辭則欲巧？蓋凡立一義，必有精粗，凡營一室，必有深淺，此天理之自然，匪人爲之好事。揚子雲曰：「斷木爲棋，梡革爲鞠，皆有法焉。」而況書乎？昔唐太宗屈帝王之尊，親定晋史，御撰之文，僅《羲之傳論》，此亦藝林之美談也。況茲《書譜》，講自前修，吾既不爲時用，其他非所宜言，飽食終日，無所用心，因搜書論，略爲引伸。僇子臨池，或爲識途之助。若告達識，則吾豈敢？

尊碑弟二

晋人之書，流傳曰帖，其真蹟至明，猶有存者，故宋元明人之爲帖學宜也。夫紙壽不過千年，流及國朝，則不獨六朝遺墨不可復睹，即唐人鈎本已等鳳毛矣，故今日所傳諸帖，無論何家，無論何帖，大抵宋明人重鈎屢翻之本，名雖羲、獻，面目全非，精神尤不待論。譬如子孫曾玄雖出自某人，而體貌則迥別。國朝之帖學，薈萃于得天石菴，然已遠遜明人，況其他乎？流敗既甚，師帖者絕不見工。物極必反，天理固然。道光之後，碑學中興，蓋事勢推遷不能自已也。

乾隆之世，已厭舊學。冬心、板橋參用隸筆，然失則怪，此欲變而不知變者。汀洲精於八分，以其八分爲真書，師仿《弔比干文》，瘦勁獨絕。懷甯一老，實丁斯會，既以集篆隸之大成，其隸楷專法六朝之碑，古茂渾朴，實與汀洲分分隸之治，而啟碑法之門。開山作祖，允推二子。即論書法，視覃谿老人，終身歐、虞，褊隘淺弱，何啻天壤邪？吾粤吴荷屋中丞，帖學名家，其書爲吾粤冠。然窺其筆法，亦似得自《張黑女碑》。若懷甯，則得于《崔敬邕》也。阮文達亦作舊體者，然其爲《南北書派論》，深通此事，知帖學之大壞，碑學之當法，南北朝碑之可貴，此蓋通人達識，能審時宜，辨輕重也。惜見碑猶少，未暇發撝，猶土鼓蕢桴，椎輪大輅，僅能伐木開道，作之先聲而已。

碑學之興，乘帖學之壞，亦因金石之大盛也。乾嘉之後，小學最盛，談者莫不藉金石以爲考經證史之資，專門搜輯，箸述之人既多，出土之碑亦盛，於是山岩屋壁，荒野窮郊，或拾從耕父之耡，或搜自官厨之石，洗濯而發其光采，摹搨以廣其流傳。若平津孫氏，侯官林氏，偃師武氏，青浦王氏，皆緝成巨帙，遍布海内。其餘爲《金石存》《金石契》《金石圖》《金石志》《金石索》《金石聚》《金石續編》《金石補編》等書，殆難悉數。故今南北諸碑，多嘉道以後新出土者，即吾今所見碑，亦多《金石萃編》所未見者。出土之日，多可證矣。出碑既多，考證亦盛，於是碑學蔚爲大國。適乘帖微，入纘大統，亦其宜也。

涇縣包氏以精敏之資，當金石之盛，傳完白之法，獨得藴奥，大啓秘藏，著爲《安吴論書》，表新碑，宣筆法，於是此學如日中天。迄於咸、同，碑學大播，三尺之童，十室之祉，莫不口北碑，寫魏體，蓋俗尚成矣。

今日欲尊帖學，則翻之已壞，不得不尊碑。欲尚唐碑，則磨之已壞，不得不尊南北朝碑。尊之者非以其古也，筆畫完好，精神流露，易於臨摹，一也；可以考隸楷之變，二也；可以考後世之源流，三也；唐言結構，宋尚意態，六朝碑各體畢備，四也；筆法舒長刻入，雄奇角出，迎接不暇，實爲唐宋之所無有，五也。有是五者，不亦宜於尊乎？

購碑第三

學者欲能書，當得通人以爲師。然通人不可多得，吾爲學者尋師，其莫如多購碑刻乎！揚子雲曰：「能觀千劍而後能劍，能讀千賦而後能賦。」仲尼、子輿論學，必先博學詳説。夫耳目隘陋，無以備其體裁，博其神趣，學烏乎成！若所見博，所臨多，熟古今之體變，通源流之分合，盡得于目，蓋存於心，盡應於手，如蜂採花，醞釀久之，變化縱横，自有成效，斷非枯守一二佳本《蘭亭》《醴泉》所能知也。右軍自言，見李斯、曹喜、梁鵠、蔡邕《石經》、張昶《華岳碑》，遍習之。是其師資甚博，豈師一衛夫人，法一《宣示表》，遂能範圍千古哉！學者若能見千碑而好臨之，而不能書者，未之有也。

千碑不易購，亦不易見。無則如何？曰：握要以圖之，擇精以求之，得百碑亦可成書。然言百碑，其約至矣，不能復更少矣。不知其要，不擇其精，雖見數百碑，猶未足語於斯道也。吾聞人能書者，輒言寫歐寫顔，不則言寫某朝某碑，此真謬説，令天下人終身學書，而無所就者，此説誤之也。至寫歐則專寫一本，寫顔亦專寫一本，欲以終身，此尤謬之尤謬，誤天下學者在此也。

又有謂學書須專學一碑數十字，如是一年數月，臨寫千數百過，然後易一碑，又一年數月，臨寫千數百過，然後易碑亦如是，因舉鍾元常入抱犢山三年學書，永禪師學書四十年不下樓爲例，此説似矣，亦謬説也。夫學者之于文藝，末事也。書之工拙，又藝之至微下者也。學者畜德器，窮學問，其事至繁，安能以有用之歲月，耗之於無用之末藝乎？誠如鍾、永，又安有暇日涉問學哉？此殆古者欺人耳。吾之術，以能執筆多見碑爲先務，然後辨其流派，擇其精奇，惟吾意之所欲，以時臨之，臨碑旬月，遍臨百碑，自能釀成一體，不期其然而自然者。加之熟巧，申之學問，已可成家。雖天才駑下，無不有立，若其淺深高下，則仍視其人耳。

購碑當知握要，以何爲要也？曰：南北朝之碑其要也。南北朝之碑，無體不備，唐人名家，皆從此出，得其本矣，不必復求其末，下至干禄之體，亦無不兼存。故唐碑可以緩購，且唐碑名家之佳者，如率更之《化度》《九成宫》《皇甫君》《虞恭公》，秘書之《廟堂碑》，河南之《聖教序》《孟達法師》，魯公之《家廟》《麻姑壇》《多寶塔》《元結》《郭家廟》《臧懷恪》《殷君》《八關齋》，李北海之《雲麾將軍》《靈巖》《東林寺》《端州石室》，徐季海之《不空和尚》，柳誠懸之《玄秘塔》《馮宿》諸碑，非原石不存，則磨翻壞盡。稍求元明之舊搨，不堪入目，已索百金。豈若以此一本之貲，盡購南北朝諸碑乎？若捨諸名家佳本，而雜求散碑，則又本末倒置，味於源流。且佳碑如《樊府君》《兖公頌》《裴鏡民》者實寡小。唐碑中，頗多六朝體，是其沿用未變法者，原可採擇，惟意態體格，六朝碑皆已備之。唐碑可學者殊少，即學之，體格已卑下也，故唐碑可緩購。

今世所用號稱真楷者，六朝人最工。蓋承漢分之餘，古意未變，質實厚重，宕逸神雋，又下開唐人法度，草情隸韻，無所不有。晉帖吾不得見矣，得盡見六朝佳碑可矣，故六朝碑宜多購。

漢分爲真楷之源，以之考古，固爲學問之事，即論書法，亦當考索源流，宜擇其要購之。若六朝之隸無多，唐隸流傳日卑，但略見之，知深變足矣，可不購。

漢分既擇求，唐隸在所不購，則自晉魏至隋，其碑不多，可以按《金石萃編》《金石補編》《金石索》《金石聚》而求之，可以分各省存碑而求之。然道、咸、同、光，新碑日出，著録者各有不盡，學者或限於見聞，或困于才力，無以知其目而購之。知其目矣，慮碑之繁多，搜之而無盡也。吾爲説曰：六朝碑之雜沓繁冗者，莫如造像記，其文義略同，所足備考古者蓋鮮，陳陳相因，殊爲可厭。此蓋出土之日新，不可究盡者也。造像記中多佳者，然學者未能擇也，姑俟碑銘盡搜之後，乃次擇採之，故造像記亦可緩購。

去唐碑，去散隸，去六朝造像記，則六朝所存碑銘不過百餘，兼以秦、漢分書佳者數十本，通不過二百餘種，必盡求之，會通其源流，浸淫於心目，擇吾所愛好者臨之，厭則去之。臨寫既多，變化無盡，方圓操縱，融冶自成體裁，韻味必可絕俗，學者固可自得之也。秦、漢分目，略見所説《説分》《本漢》篇中，今將南北朝碑目，必當購者録如左。其碑多新出，爲金石諸書所未有者也。造像記佳者亦附目，間下論焉。

碑以朝别，以年敘，其無可考，附於其朝之後。

有年則書，不書者，無年月也。

書人詳之，撰人不詳，重在書也。

石所存地著之，不著者，不知所在也。

其碑顯者書人名，不顯者并官書之，欲人易購也。

吴碑

《葛府君碑額》江蘇句容。

《九真太守谷朗碑》鳳皇元年。

晋　碑

《南鄉太守郛休碑》太始六年。

《保母志》興寧三年，王獻之書。

《枳陽府君碑》隆安三年。

《爨寶子碑》太亨四年。

按：安帝元興元年改元太亨，次年復爲元興，四年已改義熙元年。此碑蓋在偏遠，未知，故仍書太亨四年也。

《孝女曹娥碑》元嘉元年。明人傳爲王羲之書，姑附于此。海山仙館刻石。

宋　碑

《甯州刺史爨龍顔碑》大明二年，雲南陸源，有碑陰。

《始康郡晋豐縣□熊造像》元嘉廿五年山東王氏。

《高勾麗故城刻石》己丑年，長壽王當宋元嘉六年，平壤吴氏。

齊碑

《吴郡造維衛尊佛記》永明六年，浙江會稽。

《保佛弟子蕭衍造像題字》永元二年，四川雲陽。

梁碑

《太祖文皇帝神道東闕》反刻。

《太祖文皇帝神道西闕》

《南康簡王神道東闕》反刻。

《南康簡王神道西闕》

《臨川靖惠王神道東闕》反刻。

《臨川靖惠王神道西闕》

《吴平忠侯蕭公神道東闕》反刻。

《吴平忠侯蕭公神道西闕》

《始興忠武王碑》有額有陰。

《散騎常侍安平王碑》

《天監五年殘碑》

《鄱陽王益州軍府人題記》天監十二年，四川雲陽。

《石井闌題字》天監十五年，江蘇勾容。

《章景爲梁主造佛依碑石像》丁未年即大通元年，四川綿州。

《許善題名》大通三年，四川綿州。

《□□□等造觀世音像》大通三年，四川綿州。

《□道□造像》□□三年，四川綿州。

《劉敬造像》大同三年，山東福山王氏。

《讚觀音》與大通元年石同，四川綿州。

《釋慧影爲父母師僧及身造釋迦佛像題字》中大同元年，浙江石門李氏。

陳碑

《新羅真興大王巡狩管境碑》戊子年，真興王麥宗陳光大二年也，朝鮮咸興。

《趙和造像記》永定三年。

魏碑

《邑主秦從州人造像王銀堂畫像題名》道武天賜三年。

《鞏伏龍造像》大魏國元年，即太武延和元年。

《定州中山趙珂造像》皇興三年。

《中岳嵩高靈廟碑》太安二年，寇謙之書，篆額，陽文，有陰。

《宕昌公暉福寺碑》太和十二年，陝西澄城，有碑陰。

《孝文皇帝弔殷比干墓文》皇構遷中元載，歲御次閹茂望舒。

《孫秋生造像》太和七年。以下爲龍門二十品，故合録之。

《始平公造像》太和十二年，朱義章書，有額。

《北海王元詳造像》太和十八年。

《北海王太妃高爲孫保造像》

《長樂王夫人尉遲造像》太和十九年。

《一弗造像》太和廿年。
《解伯達造像》太和年造。
《楊大眼造像》
《魏靈藏造像》
《鄭長猷造像》景明二年。
《惠感造像》景明三年。
《賀蘭汗造像》景明三年。
《高樹造像》景明三年。
《法生造像》景明四年。
《太妃侯造像》景明四年。
《安定王元燮造像》正始四年。
《平乾虎造像》正始四年。
《道匠造像》無年月。
《齊郡王祐造像》熙平二年。

《慈香造像》神龜三年。

《優填王造像》

《泰山羊祉開復石門銘》永平二年，太原典籤王遠書。

《左授令賈三德開復石門題記》

《司馬元興墓志》永平四年。

《鄭文公碑》永平四年，鄭道昭書，有上下二碑。

附雲峰山石刻四十二種不詳列。

《仙和寺造像》永平四年。

《楊翬碑》延昌元年，直隸唐山，有額。

《司馬景和妻孟敬訓墓志銘》延昌三年，河南孟縣。

《刁遵墓志銘》熙平元年，直隸南皮張氏。

《兖州賈使君碑》神龜二年。

《趙阿歡造像》神龜三年。

《司馬昞墓志銘》正光二年。

《張猛龍清頌碑》正光三年，有額有陰。
《樊可憘碑》正光二年。
《鄭道忠墓志》正光三年。
《馬鳴寺根法師碑》正光四年，有額。
《高貞碑》正光四年，篆額陽文。
《涇州刺史陸希道墓志蓋》正光四年，河南孟縣篆書。
《鞠彦雲墓志》正光四年，有蓋。
《李超墓志銘》正光五年。
《吴高黎墓志》孝昌二年。
《六十人造像》孝昌三年。
《劉玉墓志銘》孝昌三年。
《張玄墓志》普泰元年。
《元匡造泗津橋堰石人題記》
《皇甫驎墓志》

卷二

體變第四

人限於其俗，俗各趨於變，天地江河，無日不變。書其至小者。鐘鼎及籀字，皆在方長之間，形體或正或斜，各盡物形，奇古生動，章法亦復落落，若星辰麗天，皆有奇致（鐘鼎古文，雖爲劉歆僞造，而所採多春秋戰國舊物，故奇古可愛，考據經義則闢之，至於筆畫之工，則不能以人廢也）。秦分（即小篆）裁爲整齊，形體增長，蓋始變古矣。然《琅琊》秦書，茂密蒼深，當爲極則。自此日變，若《趙王上壽》《泮池刻石》《墳壇刻石》，下逮《少室》《開母廟》《建初殘碑》《三公山》《是吾碑》，體皆方扁，筆益茂密。至《褒斜》《郙閣》《裴岑》《尊楗閣》《仙友》等碑，變圓爲方，削繁成簡，遂成漢分，而秦分筆未亡。建初以後，變爲波磔，篆隸迥分。於是《衡方》《乙瑛》《華山》《石經》《曹全》等碑，體扁已極，波磔分背，隸體成矣。夫漢自宣、成而後，下逮明、章，文皆似駢似散，體製難别。明、章而後，筆無不儷，句無不短，駢文以成。散文、篆法之解散，駢文、隸體之成家，皆同時會，可以觀世變矣。

漢末波磔，縱肆極矣，久亦厭之，又稍參篆分之圓，變爲真書。今觀元常諸帖，三國諸碑，皆破觚爲圓，以茂密雄强爲美，復進爲分（《書勢》所稱毛宏之八分增損此也）。此如駢體之極，復尚古文，而駢散之分，經數變之後，自是不可復合矣。

吾謂書莫盛於漢，非獨其氣體之高，亦其變製最多，皋牢百代。杜度作草，蔡邕作飛白，劉德昇作行書，皆漢人也。晚季變真楷，後世莫能外，蓋體製至漢，變已極矣。

南碑絶少，以帖觀之，鍾、王之書，豐强穠麗。宋、齊而後，日即纖弱。梁、陳娟好，無復雄强之氣。

北碑當魏世，隸、楷錯變，無體不有。綜其大致，體莊茂而宕以逸氣，力沈著而出以澀筆，要以茂密爲宗。當漢末至此百年，今古相際，文質斑瓚，當爲今隸之極盛矣。

北齊諸碑，率皆瘦硬，千篇一律，絶少異同。

北周文體好古，其書亦古，多參隸意。至於隋世，率尚整朗，綿密瘦健，清虚之風，一掃而空。豈宙合不分，光岳晴霽，氣運有當爾邪？南北書派，自是遂合。故隋之爲書極盛，以結六朝之局，是亦一大變焉。

唐世書凡三變，唐初歐、虞、褚、薛、王、陸，并轡疊軌，皆尚爽健。開元御宇，天下平樂，明皇極豐肥，故李北海、顔平原、蘇靈芝輩，并趨時主之好，皆宗肥厚。元和後，沈傳師、柳公權出，矯肥厚之病，專尚清勁，然骨存肉削，天下病矣。

夫唐人雖宗二王，而專講結構，則北派爲多，然名家變古，實不盡守六朝法度也。五代楊凝式、李建中，亦重肥厚。宋初仍之，至韓魏公、東坡猶然，則亦承平之氣象邪？宋稱四家，君謨安勁，紹彭和静，黄、米復出，意態更新，而偏斜拖沓，宋亦遂亡。南宋宗四家，筆力則稍弱矣。

遼書樸拙，絶無文采，與其國俗略同。金世碑帖，專學大蘇，蓋趙閒閒、李屏山之學，慕尚東坡，故書法亦相仿效，遂成俗尚也。今京朝士夫，多慕蘇體，豈亦有金之遺俗耶？

元、明兩朝，言書法者日盛，然元人吴興首出，惟伯機實與齊價。文原和雅，伯生渾朴，亦其亞也。惟康里子山，奇崛獨出，自餘揭曼碩、柯敬仲、倪元鎮，雖有遒媚，皆吳興門庭也。自是四百年間，文人才士，縱極馳騁，莫有出吳興之範圍者。故兩朝之書，率姿媚多而剛健少。香光代興，幾奪子昂之席，然在明季，邢（侗，子愿）、張（瑞圖二水）、董、米（萬鐘）四家并名，香光僅在四家之中，未能纘一統緒。又王覺斯飛騰跳擲其間，董實未勝之也。至我朝聖祖，酷愛董書，臣下摹仿，遂成風氣。思白於是祀夏配天，汲汲乎欲祧吳興而尸之矣。香光俊骨逸韻，有足多者，然局束如轅下駒，蹇怯如三日新婦，以之代統，僅能如晉元宋高之偏安江左，不失舊物而已。然明人類能行草，其絕不知名者，亦有可觀，蓋帖學大行故也。

國朝書法，凡有四變。康雍之世，專仿香光；乾隆之代，競講子昂；率更貴盛於嘉、道之間；北碑萌芽於咸、同之際。至於今日，碑學益盛，多出入於北碑率更間，而吳興亦蹀躞伴食焉。吾今判之：書有古學，有今學。古學者，晉帖唐碑也，所得以帖爲多，凡劉石庵、姚姬傳等皆是也。今學者，北碑漢篆也，所得以碑爲主，凡鄧石如、張廉卿等是也。人未有不爲風氣所限者，制度、文章、學術，皆有時焉，以爲之大界。美惡工拙，祇可於本界較之。學者通于古今之變，以是二體者，觀古論時其，致不混焉。若後之變者，則萬年浩蕩，杳杳無涯，不可以耳目之私測之矣。

分變弟五

文字之變流，皆因自然，非有人造之也。南北地隔則音殊，古今時隔則音亦殊，蓋無時不變，無地不變，此天理然。當其時地相接，則轉變之漸可考焉。文字亦然，《漢志》稱《史籀篇》者，周時史官教學童書也，與孔氏壁中古文異體，則非劉歆僞體，爲周時真字也。其體則今《石鼓》及《説文》所存籀文是也。然則孔子之書，《六經》藏之於孔子之堂，分寫于齊、魯之儒皆是。秦之爲篆，不過體勢加長，筆畫略減，如南北朝書體之少異。蓋時地少移，因籀文之轉變，而李斯因其國俗之舊，頒行天下耳。觀《石鼓》文字，與秦篆不同者無幾，王筠所謂其盤災敢棄，知文同籀法是也。今秦篆猶存者，有《琅琊刻石》《泰山刻石》《會稽刻石碣》《石門刻石》，皆李斯所作，以爲正體，體并圓長，而秦權、秦量即變方匾。漢人承之而加少變，體在篆隸間。以石考之，若《趙王上壽刻石》，爲趙王遂廿二年，當文帝後元六年；《魯王泮池刻石》當宣帝五鳳二年，體已變矣，然絕無後漢之隸也。至《厲王中殿刻石》幾於隸體，然無年月，江藩定爲「江都厲王」，尚不足據。左方文字莫辨，《補訪碑録》審爲「元鳳」二字，《金石萃編》疑爲「保歲庶」等字，則「元鳳」固不確也。《金石聚》有《鳳凰畫象題字》，體近隸書，《金石聚》以爲元狩年作，江陰繆荃蓀謂當從《補訪碑録》釋爲元康，則晋武帝時隸也。《麃孝禹碑》爲河平三年，則同治庚午新出土者，亦爲隸，順德李文田以爲僞作無疑也。《葉子侯封田刻石》爲始建國天鳳三年，亦隸書，嘉慶丁丑新出土，前漢無此體，蓋亦僞作。則西漢未有隸體也。降至東漢之初，若《建平郫縣石刻》《永光三處閣道石刻》《開通褒斜道石刻》《裴岑紀功碑》《石門殘刻》《郙閣頌》《戚伯著碑》《楊淮表紀》，皆以篆筆作隸者。《北海相景君銘》，曳脚筆法猶然。若《三公山碑》《是吾碑》，皆由篆變隸，篆多隸少者。吴《天發神讖》，猶有此體。若《三老通碑》《尊楗閣記》，爲建武時碑，則由篆變隸，篆多隸少者。以漢鐘鼎考之，唯《高廟》《都倉》《孝成》《上林》諸鼎，有秦隸意。汾陰、好畤則似秦權。至於《太官鐘》《周楊侯銅》《丞相府漏壺》《慮俿尺》，若《食官鐘銘》《綏和鐘銘》，則體皆扁繆，在篆、隸之間矣。今焦山《陶陵鼎銘》，其體方折，與《啟封鐙》及《王莽嘉量》同爲《天發神讖》之先聲，亦無後漢之隸體者。以瓦當考之，秦瓦如「維天降靈甲天下大萬樂當」「嵬氏冢當」「蘭池宮當」「延年瓦」「方春萌芽」等瓦，爲圓篆。至於漢瓦，若「金」字、「樂」字、「延年」、「上林」、「右空」、「千秋萬歲」、「漢并天下」、「長樂未央」、「上林」、「甘泉」、「延壽萬歲」、「高安萬世」、「萬物咸成」、「狼千萬延」、「宣靈萬有」、「喜萬歲」、「長樂萬歲」、「長生」、「無極」、「千秋長安」、「長生未央」、「永奉無疆」、「平樂阿官」、「億年無疆」、「仁義自成」、「揜衣中庭」、「上林農官」、「延年益壽」，體兼方圓。其「轉嬰柞舍」「六畜蕃息」及「便」字瓦，則方折近《郙閣》矣。蓋西漢以前，無熹平隸體，和帝以前，皆有篆意。其漢磚有竟寧、建平、秦阿房瓦「西凡廿九」、「六月官人」字，純作隸體，恐不足據。蓋自秦篆變漢隸，減省方折，出於風氣遷變之自然。許慎《説文敘》詆今學，謂「諸生競逐説字解經誼，稱秦之隸書爲倉頡時書云，父子相傳，何得改易」，蓋是漢世實事。自倉頡來，雖有省改，要由遷變，非有人改作也。吾子行曰：「崔子玉寫張平子碑，多用隸法，不合《説文》，却可入印，全是漢人篆法故也。」桂未谷曰：「《説文》所無之字，見於繆篆者，不可枚舉。繆篆與隸相通，各爲一體，原不可以《説文》律之。」蓋子玉所寫之隸法，《説文》所無之繆篆，皆今學家師師相傳，舊字舊體，展轉傳變可見也。《志》乃謂秦時始建隸書，起於官獄多事，苟趨省易，施之於徒隸。許慎又謂程邈所作，蓋皆劉歆僞撰古文，欲黜今學，故以徒隸之書比之，以重辱之。其實古無籀、篆、隸之名，但謂之文耳，創名而抑揚之，實自歆始。且孔子《五經》中，無籀、篆、隸三字，唯僞《周官》最多，則用《莊子》《韓非子》者，又卿乘篆車，此亦歆意也。於是篆隸之名，行於二千年中，不可破矣。夫以篆隸之名，承用之久，驟而攻之，鮮有不河漢者。吾爲一證以解之，今人日作真書，興于魏、晋之世，無一人能指爲誰作者，然則風氣所漸移，非關人爲之改作矣。東漢之隸體，亦自然之變。然漢隸中有極近今真楷者，如《高君闕》「故益州舉廉丞貫」等字，「陽」、「都」字之「邑」旁，直是今真書，尤似顔真卿。考《高頤碑》爲建安十四年，此闕雖無年月，當同時也。《張遷表頌》，其筆畫直可置今真楷中，《楊震碑》似褚遂良筆，蓋中平三年者。《子游殘石》《正直殘石》《孔彪碑》，亦與真書近者。至吴《葛府君碑》則純爲真書矣。若吴之《谷朗碑》，晋之《郛休碑》《枳陽府君碑》《爨寶子碑》，北魏之《靈廟碑》《弔比干文》《鞠彦雲志》《惠感》《鄭長猷》《靈藏造像》，皆在隸楷之間，與漢碑之《是吾》《三公山》《尊楗閣》《永光閣道刻石》在篆隸之間者正同，皆轉變之漸至可見也。不能指出作今真書之人，而能指出作漢隸者，豈不妄哉！八分之説，議論紛紜。蔡文姬述父邕語曰：「去隸八分取二分，去小篆二分取八分。」王愔曰：「王次仲始以古書方廣少波勢，建初中，以隸草作楷法，字方八分。」張懷瓘曰：「八分減小篆之半，隸又減八分之半。」又云：「八分則小篆之捷，隸亦八分之捷。」蔡希綜曰：「上谷王次仲以隸書改爲楷法，又以楷法變八分。」王應麟曰：「自唐以前，皆謂楷字爲隸，歐陽公《集古録》始誤以八分爲隸。」東魏《大覺寺碑》題曰「隸書」，蓋今楷字也。洪邁以晚漢之隸書爲八分。吾邱衍以秦權、漢量爲秦隸，未有挑法者爲八分，比漢隸則似篆，以《石經》爲漢隸有挑法者。包慎伯曰：「凡筆近篆而體近真者，皆隸書也。中郎變隸而作八分。八，背也，言其勢左右分布，相背然也。」按王愔、蕭子良謂「上谷王次仲作八分」，衛恒云「上谷王次仲始作楷法」，又敍梁鵠弟子毛宏，始云今八分皆宏法。按梁鵠已在魏時，毛宏更後，若毛宏始作八分，則漢魏有挑法者，《石經》等碑已備之矣。若如包氏説，中郎始變隸作八分，則中郎之前，《王稚子闕》《嵩高銘》《封龍山》《乙瑛》等碑，已有挑法，何待中郎變之？且中郎《勸學篇》云「王次仲初變古形」，則非邕可知也。若如吾邱衍以篆未有挑法者爲八分，則張昶八分碑乃即《華岳碑》，衛覬金針八分書及《受禪表》皆有挑法者。若從王氏之説，以今楷書爲隸書，以漢人書爲八分，斥《集古》謂「漢人書曰隸」爲誤，則《序仙記》稱「王次仲變倉頡書爲今隸書」，則謂八分爲隸亦可，是永叔亦不誤也。王次仲作八分，張懷瓘從《序仙記》，以爲始皇時人，王愔以爲建初時人，蕭子良以爲靈帝時人，雖不能辨，而有挑法之隸，起于安、和之時，亦必爲建初前人，必非靈帝時人也。然建武時《三老》《尊楗》《鄐縣石刻》筆法，已有漢隸體，則次仲之作，亦不可據。張懷瓘《書斷》又云「楷隸初制，大範幾同，後人惑之，學者務益高深，漸若八字分散，又名之爲八分」。高南阜《八分説》：「漢末伯喈始添掠捺，八字左右而分布之，是爲八分。爲分別之分，非分數之分也。」翁方綱《隸八分考》據此兩説，引《説文》八字條：「八，別也。象分別相背之形。」并引「兮」字、「詹」字、「尒」字有「八」分義，以爲必作分別分列解，因攻齊胡公棺有隸爲僞。諸家以八分先於隸爲謬，又謂分劑、分量、分數之分，《玉篇》「扶問切」，在去聲，二十三問。《禮記》：「分無求多，禮達而分定是也。」此字自古無讀平聲之理。杜詩「大小二篆生八分」押平聲。即以分字音義論之，其爲分布分列之分，可無疑惑，其説甚辨。按古音無平仄之分，《離騷》「好蔽美而稱惡」，與「恐導言之不固」「哲王又不寤」爲韻，則以入聲之

「美惡」，讀爲去聲之「好惡」。《急就章》：「萬方來朝，臣妾使令。漢地廣大，無不容盛。」是以「于以盛之」之平聲爲去聲也。則漢人無平去聲之别可知。《玉篇》、杜詩，皆在沈約之後，豈足據乎？

原諸説之極紛，而古今莫能定者，蓋劉歆僞作篆隸之名以亂之也。古者書但曰文，不止無篆隸之名，即籀名亦不見稱于西漢，蓋今學家本無之，惟時時轉變，形體少異，得舊日之八分，因以八分爲名。蓋漢人相傳口説，如秦篆變《石鼓》體而得其八分，西漢人變秦篆長體爲扁體，亦得秦篆之八分。東漢又變西漢而增挑法，且極扁，又得西漢之八分。正書變東漢隸體而爲方形圓筆，又得東漢之八分。八分以度言，本是活稱，伸縮無施不可，猶王次仲作楷法則漢隸也。而今正書亦稱楷。程邈作隸，秦隸也，而東魏大覺寺亦稱隸，八分可爲通稱，亦猶是也。善乎劉督學熙載曰：「漢隸可當小篆之八分，是小篆亦大篆之八分，正書亦漢隸之八分。」真知古今分合轉變之由，其識甚通。以兩漢碑考之，其次敘誠可見也。又如今人以漢文爲散文，以六朝爲駢文，而六朝人又有文筆之異，漢魏之間，駢散莫分，而與西漢六朝少異，既可上列於散文，亦可下次之儷體，隨時所稱，以爲文字。八分之説，殆猶是歟？中郎之説，蓋當時今學家通稱，但文姬述之不詳，而爲古學篆隸所惑，故亂之千載耳。今爲别之。自《石鼓》爲孔子時正文外，秦篆得正文之八分，名曰秦分，吾邱衍説也。西漢無挑法，而在篆隸之間者，名曰西漢分，蔡中郎説也。東漢有挑法者，爲東漢分，總稱之爲漢分，王愔、張懷瓘説也。楷書爲今分，蔡希綜、劉熙載説也。八分之説定，篆、隸僞名，從此可掃除矣。

説分弟六

秦分（即小篆），以李斯爲宗，今琅琊、泰山、會稽、之罘諸山刻石是也。相斯之筆畫如鐵石，體若飛動，爲書家宗法。若《石鼓文》則金鈿落地，芝草團雲，不煩整截，自有奇采，體稍方扁，統觀虫籀，氣體相近。《石鼓》既爲中國弟一古物，亦當爲書家弟一法則也。

李少温以篆名一時，自稱於天地、山川、衣冠、文物，皆有所得。斯翁以後，直至小生。然其筆法出於《嶧山》，僅以瘦勁取勝，若《謙卦銘》，益形怯薄，破壞古法極矣。夫自斯翁以來，漢人隸法，莫不茂密雄厚，崔子玉、許叔重并善小篆，張懷瓘稱其「師模李斯，甚得其妙」，曹喜、蔡邕、邯鄲、韋、衛目覩古文（古文雖劉歆僞作，然此非考經學，但論筆墨，所出既古，亦不能廢），見聞濡染，莫非奇古。少温生後千年，舊跡日湮，古文不復見於世，徒以瘦健一新耳目，如昌黎之古文，陽明之心學，首開家法，斯世無人，驟獲盛名，豈真能過出漢人，空前絶後哉！漢人秦分書存於世者，吾以寡陋，所見尚二十餘種。吴碑二種。

《趙王群臣上壽》

《魯王泮池刻石》

《祝其卿墳壇題字》

《上谷府卿墳壇題字》

《少室神道闕》

《開母廟》

《三公山碑》

《是吾碑》

《建初殘石》

《孔宙碑額》
《衡方碑額》
《惠安西表》
《孔彪碑額》
《韓仁碑額》
《尹宙碑額》
《白石神君碑額》
《婁壽碑額》
《張遷碑額》
《譙敏碑額》
《樊敏碑額》
《魯王墓石人》（太守麃君亭長題字）
《魯王墓石人》（府門卒題字）
《華山碑額》

《馮緄碑額》
《仙人唐公房碑額》
《中平殘石》
《范式碑額》
《上尊號奏額》
《受禪表額》
《天發神讖碑》
《封禪國山碑》（蘇建書）
《大風歌》

諸碑中蒼古則《三公山》，妙麗則《碑額》，奇偉則《天發神讖》，雅健則《封禪國山》，而茂密渾勁，莫如《少室》《開母》。漢人篆碑，祗存二種，可謂希世之鴻寶，篆書之上儀也。《大風歌》傳爲曹喜作，然不類漢人書，以其爲黨懷英所自出，故附於末焉。又州輔石獸膊有「天禄辟邪」四字，體與《谷口銅甬銘》同。凡諸篆雖工拙不同，皆具茂密偉麗之觀，誠《琅琊》之嫡嗣。且體裁近古，亦有《石鼓》之意，必毫鋪紙上，萬毫齊力而後能爲，豈如《謙卦銘》瘦骨柴立，致吾邱衍以爲燒筆尖而作書哉！

又秦漢瓦當文，皆廉勁方折，體亦蟠扁，學者得其筆意，亦足成家。

駘湯萬年瓦，瘦硬絶倫。都司空瓦，微帶尖脚，筆法亦同。嘗見漢《谷口銅筩銘》數十字，瘦渾圓妙極矣。陽冰《城隍》《謙卦》，實祖於是。必師少温者，曷師此邪？宗正官當亦似少温者，八風壽存，綿繆虯糾，幾開唐印之體，然凡瓦當皆繆篆類，應附秦權、漢量、《三公山碑》之後也。

漢鐘鼎文繆篆爲多，《太官鐘》《周陽侯銅》《丞相府漏壺》《慮俿尺》皆扁繆，惟《高廟》《都倉》《孝成》《上林》諸鼎，則有周鼎意。若《汾陰》《好時》則肖秦權，《都倉》則婉麗同碑額矣。余以光緒壬午登焦山，摩娑《瘞鶴銘》，後問《陶陵鼎》，見其篆瘦硬方折，與《啟封鐙》同，心酷愛之。後見王莽《嘉量銘》，轉折方圓，實開《天發神讖》之先，而爲《浯臺銘》之祖者，筆意亦出於此。及悟秦分本圓，而漢人變之以方，漢分本方，而晋字變之以圓。凡書貴有新意妙理，以方作秦分，以圓作漢分，以章程作草，筆筆皆留，以飛動作楷，筆筆皆舞，未有不工者也。

凡漢分爲金、爲石、爲瓦，有方、有圓，而無不扁密者，學者引伸新體異態，生意逸出，不患無家數也。

鐘鼎爲僞文，然劉歆所採甚古。考古則當辨之，學書不妨採之。右軍欲引八分隸書入真書中，吾亦欲採鐘鼎體意入小篆中，則新理獨得矣。

吾以壬午試京兆，中秋丁祭，恭謁文廟，摩抄《石鼓》，仰瞻高宗純皇帝所頒彝尊十器，乃始講識鼎彝。南還游揚州，入焦山，閱周《無專鼎》，闇然渾古，疏落欹斜，若崩雲乍頹，連山忽起，爲之心醉。及戊子再游京師，見潘尚書伯寅、盛祭酒柏羲所藏鐘鼎文，以千計，爛若雲錦，天下之大觀也。此學別爲專門，今言書法，略條一二，以發學者意耳。

鐘鼎亦有扁有長，有肥有瘦，章法有疏落有茂密，與隸無異。擇而採之，亦河海之義也。章法茂密，以商《太己卣》爲最古，至周《寳林鐘》而茂密極矣。疏落之體，乃虫篆之餘，隨舉皆然。闕里孔廟器以商《册父乙卣》爲最古，焦山《無專鼎》亦其體。《楚公鐘》奇古雄深，尤爲傑作矣。長瘦之體，若楚《曾侯鐘》《吴季子逞劍》，字窄而甚長，極婀娜之致。《齊侯鎛鐘銘》，銘詞五百餘字，文既古渾，書亦渾美，《詛楚》之先驅也。《郜季敦》《魚冶妊鼎》，茂密匾美，甚近漢篆。《壽敦》《蘇公敦》體亦相同，皆可用于秦分體者也。《正師戈》字如屈玉，又爲《石經》之祖。若此類不可枚舉，學者善用其意，便可前無古人矣。

自少温既作，定爲一尊，鼎臣兄弟，僅能模範，長脚曳尾，體長益甚，吾無取焉。郭忠恕致有奇思，未完牆壁。黨懷英筆力驚絶，能成家具。自兹以下，等於自鄶。明世分法中絶，懷麓宗師《謙卦》，蚓笛蛙鼓，難移我情。

國初猶守舊法，孫淵如、洪稚存、程春海并自名家，然皆未能出少温範圍者也。完白山人出，盡收古今之長，而結胎成形，於漢篆爲多，遂能上掩千古，下開百禩，後有作者，莫之與京矣。完白山人之得處，在以隸筆爲篆。或者疑其破壞古法，不知商、周用刀簡，故籀法多尖，後用漆書，故頭尾皆圓，漢後用毫，便成方筆，多方矯揉，佐以燒毫，而爲瘦健之少温書，何若從容自在，以隸筆爲漢篆乎？完白山人未出，天下以秦分爲不可作之書，自非好古之士，鮮或能之。完白既出之後，三尺豎僮，僅解操筆，皆能爲篆。吾嘗謂篆法之有鄧石如，猶儒家之有孟子，禪家之有大鑒禪師，皆直指本心，使人自證自悟，皆具廣大神力功德，以爲教化主，天下有識者，當自知之也。吾嘗學《琅琊臺》《嶧山碑》無所得，又學李陽冰《三墳記》《栖先塋記》《城隍廟碑》《庾賁德政碑》《般若臺銘》，無所入。後專學鄧石如，始有入處。後見其篆書，輒復收之，凡百數十種，無體不有，無態不備，深思不能出其外也。於是廢然而返，遂棄筆不復作數年。近乃始有悟入處，但以《石鼓》爲大宗。鐘鼎輔之；《琅琊》爲小宗，西漢分輔之。馳思於萬物之表，結體於八分以上。合篆、隸陶鑄而爲之，奇態異變，雜沓筆端，操之極熟，當有境界，亦不患無立錐地也。吾筆力弱，性復懶，度不能爲之，後有英絶之士，當必於此別開生面也。吾邱衍曰：「篆法扁者最好，謂之螭扁。」徐鉉謂：「非老手不能到《石鼓文》字。」唐篆《美原神泉銘》，結體方匾，大有《石鼓》遺意。李樞、王宥《謁岳祠題記》，吾寧取之。《浯臺銘》《浯溪銘》，參用籀筆，戈戟相向，亦自可人。《碧落碑》筆法亦奇，不獨託體之古，陽冰見之，寢卧數日不去，則過陽冰遠矣。近世吴山子作西漢分，體態樸逸，駸駸欲度驊騮前矣。若加奇思新意，雖筆力稍弱，亦當與頑伯争一席地。

程蘅衫、吴讓之爲鄧之嫡傳，然無完白筆力，又無完白新理，真若孟子門人，無任道統者矣。陳潮思力頗奇，然如深山野番，獷悍未解人理。左文襄筆法如董宣强項，雖爲令長，故自不凡，近人多爲完白之書，然得其姿媚靡靡之態，鮮有學其茂密古樸之神。然則學完白者雖多，能爲完白者其誰哉！

吾粤僻遠海濱，與中原文獻不相接，然藝業精能，其天然勝，工夫備，可與虎卧中原抗衡上國者，亦有其人。吾見先師朱九江先生，出其前明九世祖白岳先生諱完者手書篆隸，結體取態，直與完白無二，始歎古今竟有暗合者，但得名不得名，自視世風所尚耳。捻道人之心無二，徐遵明之指心爲師，亦何異陸子静哉！但風尚不同，尊卑迥絶耳。道光間，香山黄子高篆法茂密雄深，迫真斯相，自唐後碑刻，罕見儔匹，雖博大變化，不逮完白，而專精之至，亦拔戟成隊，此猶史遷之與班固，昌黎之與柳州，一以奇變稱能，一以摹古擅絶，亦未易遽爲優劣。世人貴耳賤目，未嘗考古辨真，雷同一談，何足以知之。番禺陳蘭甫京卿，出於香山，亦自雄駿也。

杜工部不稱陽冰之篆，而稱李潮。吾邱衍謂潮即陽冰，人或疑之。《唐書·宰相世系表》："雍門子，長湜；次澥，字堅冰；次陽冰。"潮之爲名，與湜、澥相類，陽冰與堅冰爲字相類。甫詩曰："况潮小篆逼秦相。"而歐陽《集古》、鄭漁仲《金石略》俱無潮篆，其爲一人，無可疑也。

秦分體之大者，莫如少温《般若臺》《黄帝祠宇》，次則《譙敏碑額》，字大漢寸六寸。若曹喜《大風歌》，字亦尺餘，亦秦分體之極大者，但非漢人書耳。

西漢分體，亦有數種，今舉存於世者別白箸焉。其東漢挑法者，詳《本漢》篇。

《秦權量刻字》

《魯泮池刻石》

《中殿刻石》

《建平郫縣刻石》

《永光三處閣道刻石》

《開通褒斜道刻石》

《裴岑紀功碑》

《石門殘刻》

《鄐閣頌》

《戚伯著碑》

《楊淮表紀》

《會仙友題字》

右以篆筆作隸之西漢分，《食官鐘銘》《綏和鐘銘》亦同，魏太和《石門摩崖》由此體也。《北海相景君銘》曳脚似《天發神讖》，漢鐸有永平二年者，豐茂似《郙閣》，亦可附焉。

《三公山碑》

《是吾碑》

《天發神讖碑》

右以隸筆作繆篆，亦可附於西漢八分，《慮傂尺》同。（王弇州曰：《夏承碑》有四分之篆；《天發神讖碑》，有五分之篆，即所謂八分書是也）。

《三老碑》

《尊楗閣記》

右由篆變隸，隸多篆少之西漢分，建武時之碑僅此。

吾于漢人書酷愛八分，以其在篆、隸之間，樸茂雄逸，古氣未漓。至桓、靈已後，變古已甚，滋味殊薄。吾于正楷不取唐人書，亦以此也。

本漢第七

真書之變，其在魏、漢間乎？漢以前無真書體。真書之傳於今者，自吴碑之《葛府君》及元常《力命》《戎輅》《宣示》《薦季直》諸帖始。至二王則變化殆盡，以迄於今，遂爲大法，莫或小易。上下百年間，傳變之速如此，人事之遷化亦急哉！自唐以後，尊二王者至矣。然二王之不可及，非徒其筆法之雄奇也，蓋所取資，皆漢、魏間瓌奇偉麗之書，故體質古樸，意態奇變。後人取法二王，僅成院體，雖欲稍變，其與幾何，豈能復追踪古人哉？智過其師，始可傳授。今欲抗旌晋、宋，樹壘魏、齊，其道何由？必自本原於漢也。漢隸之始，皆近於篆，所謂八分也。若《趙王上壽》《泮池刻石》，降爲《褒斜》《鄐閣》《裴岑》《會仙友題字》，皆樸茂雄深，得秦相筆意。繆篆則有《三公山碑》《是吾》《戚伯著》之瓌偉。至於隸法，體氣益多，駿爽則有《景君》《封龍山》《馮緄》，疏宕則有《西狹頌》《孔宙》《張壽》，高渾則有《楊孟文》《楊統》《楊著》《夏承》，豐茂則有《東海廟》《孔謙》《校官》，華豔則有《尹宙》《樊敏》《范式》，虚和則有《乙瑛》《史晨》，凝整則有《衡方》《白石神君》《張遷》，秀韻則有《曹全》《元孫》。以今所見真書之妙，諸家皆有之。

蓋漢人極講書法，羊欣稱蕭何題前殿額，覃思三月，觀者如流水。《金壺記》曰：「蕭何用退筆書裳，大工。」此雖未足信，然張安世以善書給事尚書。嚴延年善史書，奏成手中，奄忽如神。史游工散隸。王尊能史書。谷永工筆札。陳遵性善隸書，與人尺牘，主皆藏去以爲榮。此皆著于漢史者，可見前漢風尚，已篤好之。降逮後漢，好書尤盛。曹喜（《大風歌》雖云贋作，然筆勢亦可喜。）、杜度、崔瑗、蔡邕、劉德昇之徒，并擅精能，各創新製。至靈帝好書，開鴻都之觀，善書之人鱗集，萬流仰風，争工筆札。當是時，中郎爲之魁，張芝、師宜官、鍾繇、梁鵠、胡昭、邯鄲淳、衛覬、韋誕、皇象之徒，各以古文、草、隸名家。《石經》精美，爲中郎之筆。而堂谿典之外，《公羊》末則有趙䧕、劉宏、張文、蘇陵、傅楨，《論語》末則有左立、孫表諸人，又《武班碑》爲紀伯允書，《郙閣頌》爲仇子長書，《衡方碑》爲朱登書，《樊敏碑》爲劉懆書，雖非知名人，然已工絶如此。又有皇象《天發神讖》，蘇建《封禪國山碑》，筆力偉健冠古今。邯鄲、衛、韋精于古文，張芝聖於草法，書至漢末，蓋盛極矣。其樸質高韻，新意異態，詭形殊製，融爲一爐而鑄之，故自絶於後世。晉、魏人筆意之高，蓋在本師之偉傑。逸少曰：「夫書先須引八分、章草入隸字中，發人意氣。若直取俗字，則不能生發。」右軍所得，其奇變可想。即如《蘭亭》《聖教》，今習之爛熟，致誚院體者。然其字字不同，點畫各異，後人學《蘭亭》者，平直如算子，不知其結胎得力之由。宜山谷曰：「世人日學《蘭亭》面，欲換凡骨無金丹。不知洛陽楊風子，下筆已到烏絲闌。」右軍惟善學古人，而變其面目。後世師右軍面目而失其神理。楊少師變右軍之面目而神理自得，蓋以分作草，故能奇宕也。楊少師未必悟本漢之理，神思偶合，便已絕世。學者欲學書，當知所從事矣。

右軍曰：「予少學衛夫人書，將謂大能。及渡江，北遊名山，見李斯、曹喜等書，又之許下，見鍾繇、梁鵠書，又之洛下，見蔡邕《石經》三體，又于從兄處見張昶《華岳碑》，遂改本師，於衆碑學習焉。」右軍所採之博，所師之古如此。今人未嘗師右軍之所師，豈能步趨右軍也？

南北朝碑莫不有漢分意，《李仲璇》《曹子建》等碑顯用篆筆者無論，若《谷朗》《郛休》《爨寶子》《靈廟碑》《鞠彦雲》《弔比干》，皆用隸體，《楊大眼》《惠感》《鄭長猷》《魏靈藏》，波磔極意駿厲，猶是隸筆。下逮唐世，《伊闕石龕》《道因碑》，仍存分隸遺意，固由餘風未沫，亦託體宜高，否則易失薄弱也。

後人推平原之書至矣，然平原得力處，世罕知之。吾嘗愛《鄐閣頌》體法茂密，漢末已渺，後世無知之者，惟平原章法結體獨有遺意。又《裴將軍詩》，雄强至矣，其實乃以漢分入草，故多殊形異態。二千年來，善學右軍者，惟清臣、景度耳，以其知師右軍之所師故也。

漢分中有極近今真書者，《高君闕》「故益州舉廉丞貫」等字，「陽」「都」字之「邑」旁，直是今楷，尤似顔清臣書。吾既察平原之所自出，而又以知學者取法之貴上也。《高頤碑》爲建安十四年，此闕無年月，當同時，故宜與今楷近。《張遷表頌》亦可取其筆畫，置於真書。《楊震碑》縹緲如遊絲，古質如虫蝕，尤似楷隸，爲登善之先驅，蓋中平三年所立，亦似近今真書者。若吴《葛府君碑》，直是正書矣。惟《樊敏碑》在熹平時，體格甚高，有《鄐閣》意。《魏元炁》《曹真》亦然，真可貴異也。

《子游殘石》有拙厚之形，而氣態濃深，筆頗而駿，殆《張黑女碑》所從出也。又書法每苦落筆爲難，雖云峻落逆入，此亦言意耳。欲求模範，仍當自漢分中求之。如《正直殘碑》「爲」字「竅」字「辭」字，真《爨龍顔》之祖，可永爲楷則者也。《孔彪碑》亦至近楷書，熟觀漢分自得之。

《孔宙》《曹全》是一家眷屬，皆以風神逸宕勝。《孔宙》用筆旁出逶迤，極其勢而去，如不欲還。《馮君神道》《沈君神道》亦此派也，布白疏礫筆長。

《東海廟碑》體漸匾闊，然筆氣猶豐厚，有《郙閣》之遺，《孔謙》近之。

《尹宙》風華豔逸，與《韓勑》《楊孟文》《曹全碑陰》同家，皆漢分中妙品。《曹全碑陰》逼近《石經》矣。

《楊叔恭》《鄭固》端整古秀，其碑側縱肆，姿意尤遠，皆頑伯所自出也。《成陽》《靈臺》，筆法豐茂渾勁，《楊統》《楊著》似之。

《楊淮表記》潤醳如玉，出於《石門頌》，而又與《石經論語》近，但疏蕩過之，或出中郎之筆，真書之《爨龍顔》《靈廟碑陰》《暉福寺》所師祖也。《孔宙碑陰》筆意深古，昔人以爲如蟄虫盤屈，深冬自衛，真善爲譬者。

帖中《州輔碑》兼雄深茂密之勝，《熹平殘碑》似之，又加峻峭也。《魯峻碑額》渾厚中極其飄逸，與《李翕》、《韓敕》略同。

《婁壽碑》與《禮器》《張遷》豐茂相似，《張壽》與《孔彪》渾古亦相似，《耿勳》與

《郙閣》古茂亦相類。

《楊孟文碑》勁挺有姿，與《開通褒斜道》疏密不齊，皆具深趣。碑中「年」字「升」字「誦」字，垂筆甚長，與李孟初碑「年」字同法。余謂隸中有篆、楷、行三體，如《褒斜》《裴岑》《郙閣》，隸中之篆也；《楊震》《孔彪》《張遷》，隸中之楷也；《馮府君》《沈府君》《楊孟文》《李孟初》，隸中之草也。

《李孟初》《韓仁》皆以疏秀勝，殆蔡有鄰之所祖。然唐隸似出《夏承》爲多。王惲以《夏承》飛動，有芝英、龍鳳之勢，蓋以爲中郎書也。吾謂《夏承》自是別體，若近今冬心、板橋之類，以《論語》核之，必非中郎書也。後人以中郎能書，凡桓、靈間碑必歸之。吾謂中郎筆跡，惟《石經》稍有依據，此外《華山碑》猶不敢信徐浩之説。若《魯峻》《夏承》《譙敏》皆出附會，至《郙閣》明明有書人仇紼，《范式》有「青龍二年」，其非邕書尤顯，益以見説者之妄也。

自桓、靈以後碑，世多附會爲鍾、梁之筆。然衛覬書《受禪表》確出於同時聞人牟準之言，而清臣、季海猶有異談，況張稚圭乎？其《按圖題記》，以《孔羨碑》爲梁鵠書，吾亦以爲不爾。夫《乙瑛》既遠出鍾前，而稚圭題爲元常所書，則《孔羨》亦何足信歟？以李嗣真精博，猶誤《范式》爲蔡體，益見唐人之好附會。故以《韓勑》爲鍾書，吾亦不信也。

《華山碑》後世以季海之故，信爲中郎之筆，推爲絶作。實則漢分佳者絶多，若《華山碑》實爲下乘，淳古之氣已滅，姿制之妙無多，此詩家所薄之武功、四靈、竟陵、公安，不審其何以獲名前代也。

《景君銘》古氣磅礴，曳脚多用籀筆，與《天發神讖》相似。蓋和帝以前書，皆有篆意，若東漢分書，莫古于《王稚子闕》矣。

吾歷考書記，梁鵠之書不傳，《尊號》《受禪》，分屬鍾、衛，然《乙瑛》之圖記既謬，則《孔羨》之圖記亦非。包慎伯盛稱二碑，强分二派，因以《吕望》《孫夫人》二碑分繼二宗，亦附會之談耳。漢碑體裁至多，何止兩體？晉碑亦不止二種，以分領後世之書，未爲確論，今無取焉。

《葉子侯碑》淺薄，前漢時無此體，與《麃孝禹碑》殆是贋作，字體古今，真可一望而知。余嘗見《三公碑》，體近《白石神君》，以爲《三公山神君碑》矣。余意此不類永平時書，既而審之，果光和四年，故字體真可決時代也。夫古今風氣不同，人生其時，輒爲風氣所局，不得以美惡論，而美惡亦繫之。《漢書》所録張敞察昌邑王疏，《文選注》所引劉整婢采音所供，詞皆古樸絶俗，爲韓、柳所無。吾見六朝造像數百種，中間雖野人之所書，筆法亦渾樸奇麗，有異態。以及小唐碑，吾所見數百種，亦復各擅姿製，皆今之士大夫極意臨寫而莫能至者，何論名家哉？張南軒曰：「南海諸番書煞有好者，字畫遒勁。」若古鐘鼎款識，諸國不同。蓋風氣初開，爲之先者，皆有質奇之氣，此不待於學也。

今人日習院體，平生見聞習熟，皆近世人所爲，暗移漸轉，不復自知。且目既見之，心必染之。今人生宋、明後，欲無蘇、董筆意不可得。若唐人書，無一筆宋人者，此何以故？心所本無，故即好古者，抗心希古，終抑挫於大勢，故卑薄不能自由也。譬吾粤人，生長居游於粤，長游京師，效燕語，雖極似矣，而清洌之音，助語之詞，終不可得。燕人小兒，雖間有土語，而清吭百囀，嚦嚦可聽。閩粤之人，雖服官京朝數十年者，莫能如之。爲文者日爲制義，而欲爲秦、漢、六朝之文，其不可爲，亦猶是也。若徒論運筆結體，則近世解事者，何嘗不能之？

卷　三

傳衛弟八

書家之盛，莫如季漢。劉昭、師宜官、張芝、邯鄲淳諸人，并轡齊驅，雖中郎洞達，莫或先焉。於是衛敬侯出，古文實與邯鄲齊名，筆蹟精熟。今《受禪表》遺筆猶存。聞人牟準《衛敬侯碑》以爲覬書，按聞人魏人，致可信據，若真卿以爲鍾繇，劉禹錫、歐陽脩以爲梁鵠者，不足據。鴟視虎顧，雄偉冠時。論者乃謂中郎派别有鍾梁，實非確論。考元常之得蔡法，掘韋誕冢而後得之。韋誕師邯鄲淳，衛敬侯還淳古文，淳不能自别，則衛筆無異誕師，元常後學，豈謂能過？梁鵠得法於宜官，非傳緒于伯喈。《孔羨》一碑，亦豈能逾《受禪》歟？伯玉、巨山，世傳妙筆。伯玉稿書，爲簡札宗；巨山書勢，爲書家法。王侍中論張芝、索靖、韋誕、鍾繇、二衛書，無以辨其優劣，惟見其筆力驚異。斯論致公，袁昂、梁武、肩吾、懷瓘、嗣真、呂總諸品，必欲强爲甲乙，隨意軒輊，滋增妄矣。

夫典午中衰，書家北渡，盧家諶、偃，嗣法元常，崔氏悦、潛，繼音衛氏。以《魏書》考之，盧玄父邈，實傳偃業；崔浩父宏，實纘潛書。北朝書法實分導二派，然崔潛誄兄之草，王遵業得之，寶其書蹟。宏善草隸，自非朝廷文誥，四方書檄，未嘗妄染。魏初重崔、盧之書，而盧後無人，崔宗自浩、簡兄弟外，尚有崔衡、崔光、崔高客、崔亮、崔挺，家業尤盛。宏既爲世模楷，而郭祚、黎廣、黎景熙皆習浩法，于時有江式者，集古今文字，其六世祖瓊，實從衛覬受古文，强兄順并擅八體，蓋亦世傳衛法者。由斯而談，然則鍾派盛于南，衛派盛於北矣。後世之書，皆此二派，只可稱爲鍾、衛，慎伯稱鍾、梁，未當也。按衛覬草體微瘦，瓘得伯英之筋，恒得其骨。然則北宗之書，自當以筋骨爲上，其風韻之遜于南，亦其祖師之法然也。《孝文弔比干文》是崔浩書，亦以筋骨瘦硬爲長。

元常之獲盛名，以二王所師。嗣是王、庾品書，皆主南人，未及北派。唐承隋祚，會合南北，本可發揮北宗，而太宗尊尚右軍，舉世更無異論，故使張、李續品，皆未評及北宗。夫鍾、衛北流，崔、江宏緒，孝文好學，隸、草彌工，家擅銀鉤，人工蠆尾。史傳之名家斯著，碑版之軌蹟可尋，較之南士，夫豈多讓！而諸家書品，無一見傳，竇臮《述書》，乃採萬一，如斯論古，豈爲公歟！《述書》所稱，皆親見筆蹟。晉六十三人，宋二十五人，齊十五人，梁二十一人，陳二十一人，而北朝數百年，崔、盧之後，工書者多，絶無一紙流傳，惟有趙文深兄弟，附見陳人而已，豈北士之筆跡盡湮邪？得無秘閣所藏，用太宗之意，擯北人而不取邪？

唐宋論書，絶無稱及北碑者。惟永叔《集古》乃曰：「南朝士人，氣尚卑弱，率以纖勁清媚爲佳。自隋以前，碑志文辭鄙淺，又多言浮屠，然其字畫往往工妙。」歐公多見北碑，故能作是語，此千年學者所不知也。

北碑《楊大眼》《始平公》《鄭長猷》《魏靈藏》，氣象揮霍，體裁凝重，似《受禪碑》《張猛龍》《楊翬》《賈思伯》《李憲》《張黑女》《高貞》《温泉頌》等碑，皆其法裔。歐師北齊劉珉，顏師穆子容，亦其雲來。《弔比干文》之後，統一齊風，褚、薛揚波，柳、沈繼軌。然則衛氏之法，幾如皇帝子孫，散布海宇於萬千年矣。況右軍本衛猗所傳，後雖改學，師法猶在，故衛家爲書學大宗，直謂之統合南北亦可也。

寶南第九

書以晉人爲最工。蓋姿製散逸，談鋒要妙，風流相扇，其俗然也。夷考其時，去漢不遠，中郎、太傅，筆蹟多傳。《閣帖》王、謝、桓、郗及諸帝書，雖多贋雜，然當時文采，固自異人。蓋隸、楷之新變，分、草之初發，適當其會，加以崇尚清虛，雅工筆札，故冠絶後古，無與抗行。王僧虔之答孝武曰：「陛下書帝王第一，臣書人臣第一。」其君臣相争譽在此。右軍、大令，獨出其間，惟時爲然也。二王真蹟，流傳惟帖，宋明仿效，宜其大盛。方今帖刻日壞，絳汝佳搨，既不可得，且所傳之帖，又率唐宋人鈎臨，展轉失真，蓋不可據雲來爲高曾面目矣。而南朝碑樹立既少，裴世期表言：「碑銘之作，明示後昆，自非殊功異德，無以允應兹典。俗敝僞興，華煩已久，不加禁裁，其弊無已。」《文選》之任彦昇《爲范始興作求立太宰碑表》，卒寢不行。以子良盛德懿親，猶不得立，況其餘哉！夫晉、宋風流，斯文將墜，欲求雅蹟，惟有遺碑。然而南碑又絶難得，其有流傳，最可寶貴。

阮文達《南北書派》專以帖法屬南，以南派有婉麗高渾之筆，寡雄奇方樸之遺，其意以王廙渡江而南，盧諶越河而北，自兹之後，畫若鴻溝。故考論歐、虞，辨原南北，其論至詳。以今考之，北碑中若《鄭文公》之神韻，《靈廟碑陰》《暉福寺》之高簡，《石門銘》之疏逸，《刁遵》《高湛》《法生》《劉懿》《敬顯儁》《龍藏寺》之虚和婉麗，何嘗與南碑有異？南碑所傳絶少，然《始興王碑》戈戟森然，出鋒布勢，爲率更所出，何嘗與《張猛龍》《楊大眼》筆法有異哉！故書可分派，南北不能分派，阮文達之爲是論，蓋見南碑猶少，未能竟其源流，故妄以碑帖爲界，强分南北也。

南碑當溯于吴。吴碑四種，篆、分則有《封禪國山》之渾勁無倫，《天發神讖》之奇偉驚世，《谷朗》古厚，而《葛府君碑》尤爲正書鼻祖。四碑皆爲篆、隸、真、楷之極，抑亦異矣。晋碑如《郛休》《爨寶子》二碑，樸厚古茂，奇姿百出，與魏碑之《靈廟》《鞠彦雲》皆在隸、楷之間，可以考見變體源流。《枳楊府君》茂重，爲元常正脈，亦體出《谷朗》者，誠非常之瓌寶也。宋碑則有《爨龍顔碑》，下畫如昆刀刻玉，但見渾美，布勢如精工畫人，各有意度，當爲隸、楷極則。宋碑《晋豐縣造像》《高句麗故城刻石》，亦高古有異態。齊碑則有《吴郡造維衛尊佛記》。梁碑則《瘞鶴銘》爲貞白之書，最著人間。江寧十八種中，《石闕》之清和樸美，貝義淵書《始興王碑》則長槍大戟，實啟率更。其碑千餘字，完好者三分之二，尤爲異寶。其餘若蕭衍之造像，《慧影造像》《石井闌題字》，皆有奇逸。又雲陽之《鄱陽王益州軍府題記》，下及《綿州造像記》五種。陳碑之《趙和造像記》渾雅絶俗，尤爲難得。又《新羅真興天王巡狩管境碑》，奇逸古厚，乃出自異域，裔夷染被漢風，同文偉製，尤稱瓌異。南碑存於人間者止此。

南碑數十種，隻字片石，皆世希有，既流傳絶少，又書皆神妙，較之魏碑，尚覺高逸過之，况隋唐以下乎！大約得隋人一碑，勝唐人十種；得梁一碑，勝齊、隋百種。宋、元以下，自鄶無譏，此自有至鑒，非以時代論古也。

南碑今所見者，二爨出於滇蠻，造像發於川蜀。若高麗故城之刻，新羅巡狩之碑，啟自遠夷，來從外國，然其高美，已冠古今。夫以蠻夷筆蹟，猶尚如是，而其時裙屐高流，令僕雅望，驎樂、衛之談，擢袁、蕭之秀者，筆札奇麗，當復何如。緬思風流，真有五雲樓閣想像虚無之致，不可企已。

備魏弟十

北碑莫盛于魏，莫備于魏。蓋乘晉、宋之末運，兼齊、梁之流風，享國既永，藝業自興。孝文黼黻，篤好文術，潤色鴻業，故太和之後，碑版尤盛，佳書妙製，率在其時。延昌正光，染被斯暢。考其體裁俊偉，筆氣深厚，恢恢乎有太平之象。晉、宋禁碑，周、齊短祚，故言碑者，必稱魏也。

孝文以前，文學無稱，碑版亦不著。今所見者，惟有三碑，道武時則有《秦從造像》，王銀堂題名，太武時則有《鞏伏龍造像》《趙珣造像》皆新出土者也。雖草昧初構，已有王風矣。

太和之後，諸家角出，奇逸則有若《石門銘》，古樸則有若《靈廟》《鞠彦雲》，古茂則有若《暉福寺》，瘦硬則有若《弔比干文》，高美則有若《靈廟碑陰》《鄭道昭碑》《六十人造像》，峻美則有若《李超》《司馬元興》，奇古則有若《劉玉》《皇甫驎》，精能則有若《張猛龍》《賈思伯》《楊翬》，峻宕則有若《張黑女》《馬鳴寺》，虚和則有若《刁遵》《司馬昇》《高湛》，圓静則有若《法生》《劉懿》《敬使君》，亢夷則有若《李仲璇》，莊茂則有若《孫秋生》《長樂王》《太妃侯》《温泉頌》，豐厚則有若《吕望》，方重則有《楊大眼》《魏靈藏》《始平公》，靡逸則有若《元詳造像》《優填王》。統觀諸碑，若遊群玉之山，若行山陰之道，凡後世所有之體格無不備，凡後世所有之意態亦無不備矣。

凡魏碑，隨取一家，皆足成體，盡合諸家，則爲具美。雖南碑之綿麗，齊碑之逋峭，隋碑之洞達，皆涵蓋渟蓄，藴於其中。故言魏碑，雖無南碑及齊、周、隋碑，亦無不可。

何言有魏碑可無南碑也？南碑奇古之《寶子》，則有《靈廟碑》似之；高美之《爨龍顔》，峻整之《始興王碑》，則有《靈廟碑陰》《張猛龍》《温泉頌》當之；安茂之《枳陽府君》《梁石闕》，則有《暉福寺》當之；奇逸之《瘞鶴銘》，則有《石門銘》當之。自餘魏碑所有，南碑無之，故曰莫備於魏碑。

何言有魏碑可無齊碑也？齊碑之佳者，峻樸莫若《雋修羅》，則《張黑女》《楊大眼》近之；奇逸莫如《朱君山》，則豈若《石門銘》《刁遵》也？瘦硬之《武平五年造像》，豈若《弔比干墓》也？洞達之《報德像》，豈若《李仲璇》也？豐厚之《定國寺》，豈若《暉福寺》也？安雅之《王僧》，豈若《皇甫驎》《高湛》也？

何言有魏碑可無周碑也？古樸之《曹恪》，不如《靈廟》。奇質之《時珍》，不如《皇甫驎》。精美之《强獨樂》，不如《楊翬》。峻整之《賀屯植》，不如《温泉頌》。

何言有魏碑可無隋碑也？瘦美之《豆盧通造像》，則《弔比干》有之；豐莊之《趙芬》，則《温泉頌》有之；洞達之《仲思那》，則《楊大眼》有之；開整之《賀若誼》，則《高貞》有之；秀美之《美人董氏》，則《刁遵》有之；奇古之《臧質》，則《靈廟》有之；樸雅之《宋永貴》《寧贙》，則《李超》有之；莊美之《舍利塔》《蘇慈》，則《賈思伯》《李仲璇》有之；樸雅之《吴儼》《龍華寺》，則不足比數也。

故有魏碑可無齊、周、隋碑。然則三朝碑真無絶出新體者乎？曰：齊碑之《雋修羅》《朱君山》，隋碑之《龍藏寺》《曹子建》，四者皆有古質奇趣，新體異態，乘時獨出，變化生新，承魏開唐，獨標儁異。四碑真可出魏碑之外，建標千古者也。

後世稱碑之盛者莫若有唐，名家傑出，諸體并立。然自吾觀之，未若魏世也。唐人最講結構，然向背往來伸縮之法，唐世之碑，孰能比《楊翬》《賈思伯》《張猛龍》也？其筆氣渾厚，意態跳宕；長短大小，各因其體；分行布白，自妙其致。寓變化于整齊之中，藏奇崛于方平之内，皆極精采。作字工夫，斯爲弟一，可謂人巧極而天工錯矣。以視歐、褚、顏、柳，斷鼎續鶴以爲工，真成可笑。永興登善，頗存古意，然實出於魏。各家皆然，略詳《導源篇》。

取隋弟十一

何朝碑不足取，何獨取于隋？隋碑無絶佳者，隋人無以書名冠世者，又何足取？不知此古今之故也。吾愛古碑，莫如《谷朗》《郛休》《爨寶子》《枳陽府君》《靈廟碑》《鞠彦雲》，以其由隸變楷，足考源流也。愛精麗之碑，莫若《爨龍顏》《靈廟碑陰》《暉福寺》《石門銘》《鄭文公》《張猛龍》，以其爲隸楷之極則也。隋碑内承周、齊峻整之緒，外收梁、陳綿麗之風，故簡要清通，匯成一局，淳樸未除，精能不露。譬之駢文之有彦昇、休文，詩家之有玄暉、蘭成，皆薈萃六朝之美，成其風會者也。

隋碑風神疏朗，體格峻整，大開唐風。唐世歐、虞及王行滿、李懷琳諸家，皆是隋人。今人難免干禄，唐碑未能棄也，而淺薄漓古甚矣，莫如擇隋書之近唐，而古意未盡漓者取之。昔人稱中郎書曰筆勢洞達，通觀古碑，得洞達之意，莫若隋世。蓋中郎承漢之末運，隋世集六朝之餘風也。

統觀《豆盧通造像》《趙芬殘石》《仲思那造像》《翟賓墓志》《賀若誼碑》《惠雲法師墓志》《蘇慈碑》《舍利塔》《宋永貴墓志》《吴儼墓志》《龍華寺》，莫不有洞達之風，即《龍藏寺》安簡渾穆，亦有洞達之意。而快刀斫陣，雄快峻勁者，莫若《曹子建碑》矣。吾收隋世佛經造像記頗多，中有甚肖《曹子建碑》者，蓋當時有此風尚。其餘亦峻爽。造像記太多，不暇别白論之，附敘其概，然愛其峻爽之美，亦嫌其古厚漸失，不能無稍抑之。吾嘗有詩曰：「歐體盛行無魏法，隋人變古有唐風。」猶取其不至如唐之散樸太甚耳。

隋碑漸失古意，體多闓爽，絶少虚和高穆之風。一綫之延，惟有《龍藏》。《龍藏》統合分、隸，并《弔比干文》《鄭文公》《敬使君》《劉懿》《李仲璇》諸派，薈萃爲一，安静渾穆，骨鯁不減曲江，而風度端凝，此六朝集成之碑，非獨爲隋碑弟一也。虞、褚、薛、陸，傳其遺法，唐世惟有此耳。中唐以後，斯派漸泯，後世遂無嗣音者，此則顔、柳醜惡之風敗之歟！觀此碑真足當古今之變者矣。

《蘇慈碑》以光緒十三年出土，初入人間，輒得盛名。以其端整妍美，足爲干禄之資，而筆畫完好，較屢翻之歐碑易學。於是翰林之寫白摺者，舉子之寫大卷者，人購一本，期月而紙貴洛陽，信哉其足取也。然氣勢薄弱，行間亦無雄强茂密之象。沈刑部子培以爲贋作，或者以時人能書者比之，未能迫近，無從作贋。子培曰：「筆法不易贋古，刀法贋古最易，廠肆優爲之。」黄編修仲弢，以其中敘葬處樂邑里數字行氣不接，字體不類，爲後來填上，若贋作必手筆一律，因尊信之。吾觀梁《吴平忠侯》，貞觀時《于孝顯碑》，匀浄相近，蓋梁、隋間有是書體。學者好古從長，臨寫有益，中原采菽，無事苛求，信以傳信可也。《姚辨志》雖爲率更書，以石本不傳，僅有宋人翻本，故不敘焉。

《舍利塔》運筆爽達，結體雍容茂密，而有疏朗之致，誠爲《醴泉》之先聲。上可學古，下可干禄，莫若是碑。《龍華寺》氣體相似，但稍次矣。《賀若誼》峻整略同，雍容不及，然亦致佳者也。《趙芬殘石》字小數分，甚茂重，與魏碑《惠輔造像》同，字小而體畫密厚，可見古人用筆必豐，毫鋪紙上，豈若《温大雅碑》之薄弱乎！

唐人深于隋碑，得洞達之意者，有《裴鏡民》《靈慶池》二碑，清豐端美，筆畫亦完好，當爲佳本。《裴鏡民》匀粹秀整，態度安和。《靈慶池》則有騰擲之勢，略見龍跳虎臥氣象，尤爲妙品。《九成》《皇甫》，佳搨不可得，得二碑可代興矣。

《臧質》古厚而寬博，猶有《龍顔》《暉福》遺風。《甯贙》嚴密而峻拔，猶是《修羅》《定國》餘派。《龍山公》爲虞、顔先聲，《欽江諫議》爲率更前導，其與《龍藏》，皆爲隋世鼎足佳碑也。書至於隋、齊、周，名手若趙文深、李德林，梁、陳雋彦若王褒、庾信，咸集長安，故善書尤衆。永叔跋《丁道護碑》曰：「隋之晚年，書家尤盛，吾家率更與虞世南，皆當時人。餘所集録開皇、仁壽、大業時碑頗多，其筆畫率皆精勁。」蓋隋碑之足賞久矣。

卑唐弟十二

殷、周以前，文字新創，雖有工拙，莫可考稽。南、北朝諸家，則春秋群賢，戰國諸子，當殷、周之末運，極學術之異變，九流并出，萬馬齊鳴，人才之奇，後世無有。自漢以後，皆度内之人，言理不深，言才不肆，進比戰國，倜乎已遠，不足復爲辜較。書有南、北朝，隸、楷、行、草，體變各極，奇偉婉麗，意態斯備，至矣，觀斯止矣！至於有唐，雖設書學，士大夫講之尤甚，然纘承陳、隋之餘，綴其遺緒之一二，不復能變，專講結構，幾若運算子，截鶴續鳧，整齊過甚。歐、虞、褚、薛，筆法雖未盡亡，然澆淳散樸，古意已漓，而顔、柳迭奏，澌滅盡矣。米元章譏魯公書醜怪惡札，未免太過，然出牙布爪，無復古人淵永渾厚之意，譬宣帝用魏相、趙廣漢輩，雖綜核名實，而求文帝、張釋之、東陽侯長者之風，則已渺絶。即求武帝雜用仲舒、相如、衛、霍、嚴、朱之徒，才能并展，亦不可得也。不然，以信本之天才，河南之人巧，而竇臮必貶歐以「不顧偏醜，顣翹縮爽，了臬黝糾」，譏褚「畫虎效顰，澆漓後學」，豈無故哉！唐人解講結構，自賢于宋、明，然以古爲師，以魏、晋繩之，則卑薄已甚。若從唐人入手，則終身淺薄，無復有窺見古人之日。古文家謂畫今之界不嚴，學古之辭不類。學者若欲學書，亦請嚴畫界限，無從唐人入也。

韓昌黎論作古文，謂非三代兩漢之書不敢觀。謝茂秦、李于鱗論詩，謂自天寶、大曆以下可不學。皆斷代爲限，好古過甚，論者誚之。然學以法古爲貴，故古文斷至兩漢，書法限至六朝。若唐後之書，譬之駢文至四傑而下，散文至曾、蘇而後，吾不欲觀之矣。操此而談，雖終身不見一唐碑可也。

唐碑中最有六朝法度者，莫如包文該《衮公頌》，體意質厚，然唐人不甚稱之。

又范的《阿育王碑》，亦有南朝茂密之意，亦不見稱。其見稱諸家，皆最能變古者，當時以此得名，猶之輔嗣之《易》，武功之詩，其得名處，即其下處。彼自成名則可，後人安可爲所欺邪！

唐碑古意未漓者尚不少，《等慈寺》《諸葛丞相新廟碑》，博大渾厚，有《暉福》之遺。《許洛仁碑》，極似《賀若誼》。賈膺福《大雲寺》亦有六朝遺意。《靈琛禪師灰身塔文》，筆畫豐厚古樸，結體亦大小有趣。《郝貴造像》，峻樸是魏法。《馬君起浮圖》，分行結字，變態無盡。《韋利涉造像》，遒媚俊逸。《順陵殘碑》，渾古有法。若《華山精享碑題名》，王紹宗《王徵君臨終口授銘》，《獨孤仁政碑》《張宗碑》《敬善寺碑》《于孝顯碑》《法藏禪師塔銘》，皆步趨隋碑，爲《甯贙》《舍利塔》《蘇慈碑》之嗣法者。至小碑中若《王仲堪墓志》，體裁峻絶。《王留墓志》，精秀無匹。《李夫人》《賈嬪墓志》，勁折在《劉玉》《衮公頌》之間。《常流殘石》，樸茂在《吕望》《敬顯儁》之間。《韋夫人志》，超渾在《王偃》《李仲璇》之間。《一切如來心真言》，神似《刁遵》。《太常寺丞張鋭志》，圓勁在《刁遵》《曹子建》之間。《張氏墓志》，骨血峻秀。《張君浮圖志》，體峻而美。《焦璀墓志》，茂密有魏風。此類甚多，皆工絶，不失六朝矩矱，然皆不見稱于時，亦可見唐時風氣。如今論治然，有守舊開化二黨，然時尚開新，其黨繁盛，守舊黨率爲所滅。蓋天下世變既成，人心趨變，以變爲主，則變者必勝，不變者必敗，而書亦其一端也。夫理無大小，因微知著，一線之點有限，而線之所引，億兆京陔而無窮，豈不然哉！故有宋之世，蘇、米大變唐風，專主意態，此開新黨也。端明篤守唐法，此守舊黨也。而蘇、米盛而蔡亡，此亦開新勝守舊之證也。近世鄧石如、包慎伯、趙撝叔變六朝體，亦開新黨也，阮文達決其必盛，有見夫！

論書不取唐碑，非獨以其淺薄也。平心而論，歐、虞入唐，年已垂莫，此實六朝人也。褚、薛筆法，清虛高簡，若《伊闕石龕銘》《石淙序》《大周封禪壇碑》，亦何所惡？良以世所盛行，歐、虞、顔、柳諸家碑，磨翻已壞，名雖尊唐，實則尊翻變之棗木耳。若欲得舊搨，動需露臺數倍之金，此是藏家之珍玩，豈學子人人可得而臨摹哉！況求宋搨，已若漢高之劍，孔子之履，希世罕有，況宋以上乎！然即得信本墨蹟，不如古人，況六朝搨本，皆完好無恙，出土日新，略如初搨，從此入手，便與歐、虞争道，豈與終身寄唐人籬下，局促無所成哉！識者審時通變，自不以吾説爲妄陳高論，好翻前人也。

自宋、明以來皆尚唐碑，宋、元、明多師兩晉，然千年以來，法唐碑者無人名家。南、北碑興，鄧頑伯、包慎伯、張廉卿即以書雄視千古。故學者適逢世變，推陳出新，業尤易成。舉此爲證，尤易悟也。

唐人名手，誠未能出歐、虞外者，今昭陵二十四種可見也。吾最愛殷令名書《裴鏡民碑》，血肉豐澤。《馬周》《褚亮》二碑次之矣。餘若王知敬之《李衛公碑》，郭儼之《陸讓碑》，趙模之《蘭陵公主碑》，《高士廉塋兆記》《崔敦禮碑》，體皆相近，皆清朗爽勁，與歐、虞近者也。若權懷素《平百濟碑》，間架嚴整，一變六朝之體，已開顏、柳之先。《崔筠》《劉遵禮志》，方勁亦開柳派者。此唐碑之沿革，學唐碑者當知之。中間韋縱《靈慶池》《高元裕碑》，有龍跳虎卧之氣，張顛《郎官石柱題名》有廉直勁正之體，皆唐碑之可學者。必若學唐碑，從事于諸家可也。

卷四

體系第十三

傳曰：人心不同如其面，然山川之形亦有然。余嘗北出長城而臨大塞，東泛滄海而觀之罘，西窺鄂漢，南攬吴越，所見名山洞壑，嶔巇窈窅，無一同者，而雄奇秀美，逋峭淡宕之姿雖不同，各有其類。南洋島族，暨泰西亞非利加之人，碧睛墨面，狀大詭異，與中土人絶殊，而骨相環瑋精緊，清奇肥厚仍相同。夫書則亦有然。

真楷之始，濫觴漢末，若《谷朗》《郛休》《爨寶子》《枳陽府君》《靈廟》《鞠彦雲》《弔比干》《高植》《聳伏龍》《秦從》《趙珝》《鄭長猷造像》，皆上爲漢分之別子，下爲真書之鼻祖者也。太朴之後，必繼以文；封建之後，必更郡縣。五德遞嬗，勢不能已。下逮齊、隋，雖有參用隸筆者，然僅如後世關内侯，徒存爵級，與分地治者絶界殊疆矣。今舉真書諸體之最古者，披枝見本，因流溯源。記曰：禽獸知有母而不知有父。野人曰：父母何算焉。大夫及學士則知有祖。今學士生長于書，亦安可不知厥祖哉？故凡書體之祖，與祖所自出，并著於篇。

《葛府君碑額》，高秀蒼渾，殆中郎正脈，爲真書第一，古石《梁石闕》其法嗣，伯施、清臣其繼統也。同時有蜀漢《景耀八石弩鐖銘》，正書字如黍米大，渾厚蒼整，清臣《麻姑壇》似之，可爲小楷極則。此後正和、太和之弩體亦相近。又有太康五年楊紹瓦，體勢與《瘞鶴銘》同，雜用草、隸，此皆正書之最古者也。

《枳陽府君》體出《谷朗》，豐茂渾重，與今存鍾元常諸帖體意絶似。以石本論，爲元常弟一宗傳，《太祖文皇帝神道》《暉福寺》真其法嗣，《定國寺》《趙芬殘石》《王輝兒造像》其苗裔也。李北海毫鋪紙上，亦源於是，《石室記》可見。後此能用豐筆者寡矣。

《爨龍顔》與《靈廟碑陰》同體，渾金璞玉皆師元常，實承中郎之正統，《梁石闕》所自出。《穆子容》得《暉福》之豐厚，而加以雄渾，自餘《惠輔造像》《齊郡王造像》《温泉頌》《臧質》皆此體。魯公專師《穆子容》，行轉氣勢，毫髮畢肖，誠嫡派也。後世師顔者，亦其遠冑，但奉别宗，忘原籍之初祖矣。

《弔比干文》瘦硬峻峭，其發源絶遠，自《尊楗》《褒斜》來，上與中郎分疆而治，必爲崔浩書，則衛派也。其裔冑大盛于齊，所見齊碑造像百種，無不瘦硬者，幾若陽明之學，占斷晚明矣。惟《雋修羅碑》加雄强之態，《靈塔銘》簡靜腴和，獨饒神韻。則下開《龍藏》而胎褚孕薛者也。《朱君山》超秀，亦其別子。惟《定國寺》《圓照造像》，不失豐肥，猶西魏派，稍軼三尺耳。至隋《賀若誼碑》則其嫡派，《龍華寺》乃弱支也。觀《孟達法師》《伊闕石龕》《石淙序》，瘦硬若屈鐵，猶有高曾矩矱。褚得于《龍藏》爲多，而採虚於《君山》，植幹于《賀若誼》。薛稷得于《賀若誼》而參用《貝義淵》肆恣之意。誠懸雖云出歐，其瘦硬亦出《魏元預》《賀若誼》爲多。唐世小碑，開元以前，習褚、薛者最盛。後世帖學，用虚瘦之書益寡，惟柳、沈之體風行，今習誠懸師《石經》者，乃其雲礽也。

《石門銘》飛逸奇渾，分行疏宕，翩翩欲仙，源出《石門頌》《孔宙》等碑，皆夏、殷舊國，亦與中郎分疆者，非元常所能牢籠也。《六十人造像》《鄭道昭》《瘞鶴銘》乃其法乳，後世寡能傳之。蓋仙人長生，不食人間煙火，可無傳嗣。必不得已，求之宋之山谷，或嘗得大丹學飛升者，但力薄，終未能凌霄漢耳。偶見《端州石室》，有宋人劉起題記，點畫奇逸，真《石門》裔孫也，不圖于宋人見之。

《始興忠武王碑》與《刁遵》同體，茂密出元常，而改用和美，幾與今吴興書無異，而筆法精絶，加有妙理，北朝碑實少此種，惟《美人董氏志》娟娟静好，略近之。至唐人乃多採用，今以吴興故，千載盛行。今日作趙書者，實其苗裔，直可謂之《刁遵》體也。

《始興王碑》意象雄强，其源亦出衛氏。若結體峻密，行筆英鋭，直與率更《皇甫君碑》無二，乃知率更專學此碑。竇泉謂率更師北齊劉珉，豈劉珉亦師此邪？蓋齊書峻整，珉書想亦《雋修羅》之類，而加結構耳。凡後世學歐書者，皆其孫曾也。

《楊大眼》《始平公》《魏靈藏》《鄭長猷》諸碑，雄强厚密，導源《受禪》，殆衛氏嫡派。惟筆力横絶，寡能承其緒者。惟《曹子建碑》《佛在金棺上題記》，洞達痛快，體略近之，但變爲疎朗耳。唐碑雖主雄强，而無人能肖其筆力，惟《道因碑》師《大眼》《靈藏》，《東方朔畫贊》《金天王碑》師《長猷》《始平》，今承其統。韓魏公《北岳碑》，專師《畫贊》，嚴重肖其爲人。帖學盛興，人不能復爲方重之筆，千年來幾於夔之不祀也。

《張猛龍》《賈思伯》《楊翬》亦導源衛氏，而結構精絶，變化無端。朱笥河稱《華山碑》脩短相副，異體同勢，奇姿誕譎，靡有常制者，此碑有之。自有正書數百年，薈萃而集其成，天然功夫，并臻絶頂，當爲碑中極則。信本得其雄强，而失其茂密。殷令名、包文該頗能學《賈思伯》，其或足爲嗣音歟？

《李超碑》體骨峻美，方圓并備，然方筆較多，亦出衛宗。《司馬元興》《孟敬訓》《皇甫驎》《凝禪寺》體皆相近。《解伯達造像》亦有奇趣妙理，兼備方圓，爲北碑上乘。至隋《宋永貴》，唐《于孝顯》《李緯》《圭峰》，亦其裔也。

《高湛》《劉懿》《司馬昇》《法生造像》，穠華麗美，并祖鍾風。《敬顯儁》獨以渾逸開生面，《李仲璇》則以駿爽騁逸足，《凝禪寺》則以峻整暢元風，《龍藏》集成，如青瑣連錢，生香異色，永興傳之，高步風塵矣。唐初小碑，最多此種，若《張興》《王留》《韋利涉》《馬君起浮圖》，并其緒續，流播人間。吴興、香光，亦其餘派也。

《高植》體甚渾勁，殆是鍾法。《王偃》《王僧》，微有相近，然渾古過甚，後世寡傳，惟魯公差有其意耳。

《張黑女碑》雄强無匹，然頗帶質拙，出於漢《子斿殘碑》，《馬鳴寺》略近之，亦是衛派。唐人寡學之，惟東坡獨肖其體態，真其苗裔也。

《吴平忠侯》字大逾寸，亦出元常，而匀净安整，細觀《蘇慈碑》布白著筆，與此無異。以此論之，《蘇慈》亦非僞碑，不得以其少雄强氣象非之。唐貞觀十四年《于孝顯碑》，匀净亦相似，以證《蘇慈》，尤可信與《舍利塔》皆一家眷屬。自唐至今，習干禄者師之，於今爲盛，子孫千億，等於子姬矣。

《慈香造像》體出《夏承》，其爲章也，龍蟠鳳舞，縱横相涉，闔闢相生，真章法之絶軌也。其用筆頓挫沉著，筋血俱露，北碑書無不骨肉停匀，筆峰難驗，惟此碑使轉斫折，酣縱逸宕，其結體飛揚綿密，大開宋、明之體，在魏碑中，可謂奇姿詭態矣。

《優填王》平整薄弱，絶無滋味，大似唐人書，然亦可見魏人書，已無不有矣。

導源第十四

唐、宋名家，爲法於後，既以代興，南、北朝碑遂擯鬱不稱於世。永叔、明誠雖能知之，亦不能大暴著也。然諸家之書，無不導源六朝者，雖世載綿緬，傳碑無多，皆可一一搜出之。信本專仿貝義淵書，結體出鋒，毫髮無異，頗怪唐世六朝碑本猶多。

若信本亦僅能臨仿，豈能名家也。《化度》《九成》，氣象較爲雍容，然《化度》亦出於《暉福寺》及《惠輔造像記》耳。《九成》結構，參于隋世規模，觀于《李仲璇》《高貞》《龍藏寺》《龍華寺》《舍利塔》《仲思那造像》，莫不皆然，實則筋氣疏緩，不及《張猛龍》等遠甚矣。永興《廟堂碑》，出自《敬顯儁》《高湛》《劉懿》，運筆用墨，意象悉同。若更溯其遠源，則上本於《暉福》也。

褚河南《伊闕石龕》出於《弔比干文》《齊武平五年造像》，皆八分之遺法。若《李衛公碑》《昭仁寺碑》，則《刁遵》《法生》《龍藏寺》之嗣音也。薛稷之《石淙序》，其瘦硬亦出於《弔比干文》，其出鋒縱筆，則亦出於貝義淵。顏魯公出于《穆子容》《高植》，其古厚盤礴，精神體格，悉似《穆子容》，又原於《暉福寺》也。清臣渾勁，又出《圓照造像》，鈎法尤可據。敬客《塼塔銘》亦出於《龍藏寺》，而《樊府君志》尤其自出也。誠懸則歐之變格者，然清勁峻拔，與沈傳師、裴休等出於齊碑爲多。《馬鳴寺碑》側筆取姿，已開蘇派，在汶北等字，與坡老無異。兖州金口壩水底石人，筆勢翩翩，直是宋人法度。唐《少林寺》筆長態遠，則黄山谷之祖也。《美人董氏》《開皇八年造像》，娟娟静好，則文衡山之遠祖也。《刁遵志》《王士則》《李寶成碑》，則趙吴興之高曾也。《崔敬邕碑》《楊翬碑》，則鄧懷寧之自出也。《張黜志》則張即之所取，近代梁山舟尤似之。張孚、張軫、張景之，則吴荷屋所螟蛉也。《趙阿歡造像》，雄肆沈著，則米南宫所仿也。古之名家者，能遍臨古碑，皆有一二僻碑，爲其專意模仿，學之既深，亦有不能盡變者，其師法所自來，蹤跡猶可探討。學者因此而推之，讀碑既多，可以盡得書法之派，亦可知古人成就之故矣。

凡説此者，皆以近世人尊唐、宋、元、明書，甚至父兄之教，師友所講，臨摹稱引，皆在於是，故終身盤旋，不能出唐宋人肘下。嘗見好學之士，僻好書法，終日作字，真有如趙壹所誚「五日一筆，十日一墨，領袖若皂，唇齒常黑」者，其勤至矣，意亦欲與古人争道。然用力多而成功少者，何哉？則以師學唐人，入手卑薄故也。夫唐人筆畫氣象，較之六朝，淺倪殊甚，又從而師之，其剽薄固也。雖假以彭、聃之壽，必不能望唐人，況欲追古人哉？昔人云，智過於師，乃可傳授。又云，取法乎上，僅得其中。吾見鄧頑伯學六朝書，而所成乃近永興、登善；張廉卿專學六朝書，而所成乃近率更、誠懸；吾爲《鄭文公》，而人以爲似吴興，吾作魏隋人書，乃反似《九成》《皇甫》《樊府君》，人亦以爲學唐人碑耳。蓋唐人皆師法六朝，鄧、張亦師法六朝，故能與之争道也。爲散文者師法八家，則僅能整潔而已，雄深必不及八家矣。惟師三代，法秦、漢，然後氣格濃厚，自有所成，以吾與八家同師故也。爲駢文者師法六朝，則僅能麗藻而已，氣味必不如六朝矣。惟師秦、漢，法魏、晉，然後氣體高古，自有遒文，以吾與六朝同師故也。故學者有志于古，正宜上法六朝，乃所以善學唐也（與《卑唐》篇參看）。

凡此爲有志成書言之，如志在干禄，則卑之無甚高論矣。六朝之體，亦各有淵源，已詳《體系篇》，遠祖則發源于兩漢，蛛絲馬跡，亦可尋求，詳《本漢篇》，此不具論。

十家第十五

三古能書，不著己名。《石鼓》爲史籀作，乃議擬之辭，《延陵墓石》爲孔子題，乃附會之説，秦諸山石刻，雖史稱相斯所作，亦不著名，蓋風氣渾厚，末藝偏長，不以自誇也。沿及漢、魏，猶存此風。今漢存碑，其書人可考者，惟《武班碑》爲紀伯允書，《郙閣頌》爲仇紼書，《衡方碑》爲朱登書，《樊敏碑》爲劉懆書。《華岳碑》郭香察書，或謂「察」者，察人之書，非人名也。或謂蔡邕書，然後人附會邕書太多，必未即邕也。《石經》書字體不同，自蔡邕、棠谿典外，《公羊》末有臣趙䧘、議郎臣劉宏、郎中臣張文、臣蘇陵、臣傅楨。《論語》末題云詔書與博士臣左立、郎中臣孫表。《上尊號奏》鍾繇書，《受禪表》衛覬書，《魯孔子廟碑》梁鵠書，《天發神讖》皇象書，《封禪國山》蘇建書，此外無考。降逮六朝，書法日工，而噉名未甚，雖《張猛龍》之精能，《爨龍顔》之高渾，猶不自著，即隋世尚不炫能於此。至於唐代，斯風遂墜，片石隻碣，靡不書名，遂爲成例。

南、北朝碑，書人名者，略可指數。今鉤考之，凡得十六人，皆工絶一時，精能各擅者也。又「淇園」二字爲司馬均書，字跡寡少，未成門户。王羲之《曹娥碑》，王獻之《保母志》，陶貞白之《瘞鶴銘》，疑難遽定，不復録。《天柱山銘》爲鄭述祖書，《隴東王感孝頌》爲梁恭之書，《華岳碑》爲趙文淵書，鄭氏世其家風，梁、趙得名前代，以其隸體不周時用，并從略焉。今著正書各成一體者列爲十家，著所書碑述於後。

寇謙之《嵩高靈廟碑》。

蕭顯慶《孫秋生造像》。

朱義章《始平公造像》。

崔浩《孝文皇帝弔比干墓文》。

王遠《石門銘》。

鄭道昭《雲峰山四十二種》。

貝義淵《始興王碑》

王長儒《李仲璇修孔子廟碑》。

穆子容《太公吕望碑》。

釋仙《報德像》。

十家體皆迴異，各有所長，瘦硬莫如崔浩，奇古莫如寇謙之，雄重莫如朱義章，飛逸莫如王遠，峻整莫如貝義淵，神韻莫如鄭道昭，超爽莫如王長儒，渾厚莫如穆子容，雅朴莫如釋仙。

朱義章、貝義淵、蕭顯慶、釋仙皆用方筆，王遠、鄭道昭、王長儒、穆子容則用圓筆，崔浩、寇謙之體兼隸楷，筆互方圓者也。九家皆源本分、隸，崔浩則《褒斜》之遺，寇謙之則《韓勑》之嗣，朱義章則《東海廟》之後，王遠、鄭道昭則《西狹》之遺，尤其易見者也。十家各成流派，崔浩之派爲褚遂良、柳公權、沈傳師，貝義淵之派爲歐陽詢，王長儒之派爲虞世南、王行滿，穆子容之派爲顏真卿，此其顯然者也。

後之學者，體經歷變，而其體意所近，罕能外此十家。十家者，譬道術之有九流，各有門户，皋牢百代，中惟釋仙稍遜，抑可謂書之巨子矣。

十六宗第十六

天有日，國有君，家有主，人有首，木有本。《詩》曰：「君之宗之。」族有大宗小宗，爲學各有宗，如《易》有施、孟、梁邱，《書》有歐陽、大小夏侯，《詩》有齊、魯、韓，《禮》有大小戴、慶氏，各專一家，所謂宗也。詩文亦然，至於書，亦豈有異哉？

書家林立，即以碑法，各擅體裁，互分姿製，何所宗？曰：宗其上者。一宗中何所立？曰：立其一家。雖學識貴博，而裁擇宜精。傳曰：「因不失其親，亦可宗也。」學者因于古碑，亦不失所宗而已。

古今之中，唯南碑與魏爲可宗。可宗爲何？曰：有十美：一曰魄力雄强，二曰氣象渾穆，三曰筆法跳越，四曰點畫峻厚，五曰意態奇逸，六曰精神飛動，七曰興趣酣足，八曰骨法洞達，九曰結構天成，十曰血肉豐美。是十美者，唯魏碑、南碑有之。齊碑惟有瘦硬，隋碑惟有明爽，自《雋修羅》《朱君山》《龍藏寺》《曹子建》外，未有備美者也。故曰魏碑、南碑可宗也。

魏碑無不佳者，雖窮鄉兒女造像，而骨血峻宕，拙厚中皆有異態，構字亦緊密非常，豈與晋世皆當書之會邪？何其工也！譬江漢遊女之風詩，漢魏兒童之謡諺，自能蘊蓄古雅，有後世學士所不能爲者。故能擇魏世造像記學之，已自能書矣。

言造像記之可師，極言魏碑無不可學耳。魏書自有堂堂大碑，通古今，極正變，其詳備於《碑品》。今擇其與南碑最工者條出之。昔朱子與汪尚書論古文，汪玉山問朱子曰：「子之主人翁是誰？」對以曾南豐。曰：「子之主人翁甚體面。」今舉諸家，聽人擇以爲主人翁，亦甚體面矣。

《爨龍顔》爲雄强茂美之宗，《靈廟碑陰》輔之。

《石門銘》爲飛逸渾穆之宗，《鄭文公》《瘞鶴銘》輔之。

《弔比干文》爲瘦硬峻拔之宗，《雋修羅》《靈塔銘》輔之。

右三宗上。

《張猛龍》爲正體變態之宗，《賈思伯》《楊翬》輔之。
《始興王碑》爲峻美嚴整之宗，《李仲璇》輔之。
《敬顯儁》爲静穆茂密之宗，《朱君山》《龍藏寺》輔之。
《暉福寺》爲豐厚茂密之宗，《穆子容》《梁石闕》《温泉頌》輔之。
右四宗中。
《張玄》爲質峻偏宕之宗，《馬鳴寺》輔之。
《高植》爲渾勁質拙之宗，《王偃》《王僧》《臧質》輔之。
《李超》爲體骨峻美之宗，《解伯達》《皇甫驎》輔之。
《楊大眼》爲峻健豐偉之宗，《魏靈藏》《廣川王》《曹子建》輔之。
《刁遵》爲虚和圓静之宗，《高湛》《劉懿》輔之。
《吴平忠侯神道》爲平整匀净之宗，《蘇慈》《舍利塔》輔之。
右六宗下。
既立宗矣，其一切碑相近者，各以此判之。自此觀碑，是非自見，自此論書，亦不至聚訟紛紛矣。

凡所立之宗，奇古者不録，靡弱者不録，怪異者不録，立其所謂備衆美，通古今，極正變，足爲書家極則者耳。

《經石峪》爲榜書之宗，《白駒谷》輔之。

《石鼓》爲篆之宗，《琅琊臺》《開母廟》輔之。

《三公山》爲西漢分書之宗，《裴岑》《郙閣》《天發神讖》輔之。

右外宗三。

漢分亦各體備有，亦各有宗，别詳《本漢篇》，此不録。

碑品第十七

昔庾肩吾爲《書品》，李嗣真、張懷瓘、韋續接其軌武，或師人表之九等，或分神妙精能之四科，包羅古今，不出二類。夫五音之好，人各殊嗜，妍蚩工拙，倫次蓋繁。故昔賢評書，亦多失當；後世品藻，祇紓己懷，輕重等差，豈能免戾？夫書道有天然，有工夫，二者兼美，斯爲冠冕。自餘偏至，亦自稱賢。必如張懷瓘，先其天性，後其習學，是使人惰學也，何勸之爲？必軒舉之工夫爲上，雄深和美，各自擅場。古人論書，皆尚勁險，二者比較，健者居先。古尚質厚，今重文華。文質彬𢂾，乃爲粹美。孔從先進，今取古質。華薄之體，蓋少後焉。若有新理異態，高情逸韻，孤立特峙，常音難緯，睹兹靈變，尤所崇慕。今取南、北朝碑，爲之品列。唐碑太夥，姑從舍旃。

神 品

《爨龍顔碑》
《靈廟碑陰》
《石門銘》

妙品上

《鄭文公四十二種》
《暉福寺》
《梁石闕》

妙品下

《枳陽府君碑》

《梁綿州造像》

《瘞鶴銘》

《泰山經石峪》

《般若經》

《石井闌題字》

《蕭衍造像》

《孝昌六十人造像》

高品上

《谷朗碑》

《葛祚碑額》

《弔比干文》

《嵩高靈廟碑》

高品下

《鞠彦雲墓志》
《高句麗故城刻石》
《新羅真興太王巡狩管境碑》
《高植墓志》
《秦從卅人造像》
《鞏伏龍造像》
《趙㻌造像》
《晋豐縣造像》

精品上

《張猛龍清德頌》
《李超墓志》

《賈思伯碑》

《楊翬碑》

《龍藏寺碑》

《始興王碑》

《解伯達造像》

精品下

《刁遵志》

《惠輔造像記》

《皇甫驎志》

《張黑女碑》

《高湛碑》

《呂望碑》

《慈香造像》

《元寧造像》

《趙阿歡卅五人造像》

逸品上

《朱君山墓志》

《敬顯儁刹前銘》

《李仲璇修孔子廟碑》

逸品下

《武平五年靈塔銘》

《劉玉志》

《臧質碑》

《源磨耶祇桓題記》

《定安王元燮造像》

能品上

《長樂王造像》

《太妃侯造像》

《曹子建碑》

《雋修羅碑》

《温泉頌》

《崔敬邕碑》

《沙門惠詮造像》

《華嚴經菩薩明難品》

《道略三百人造像》

《楊大眼造像》

《凝禪寺碑》

《始平公造像》

能品下

《魏靈藏造像》
《張德壽造像》
《魏元預造像》
《司馬元興碑》
《馬鳴寺碑》
《元詳造像》
《首山舍利塔銘》
《甯贙碑》
《賀若誼碑》
《蘇慈碑》
《報德碑》
《李憲碑》

《王偃碑》

《王僧碑》

《定國寺碑》

碑評第十八

《爨龍顔》若軒轅古聖，端冕垂裳；《石門銘》若瑶島散仙，驂鸞跨鶴。《暉福寺》寬博若賢達之德；《爨寶子碑》端朴若古佛之容。《弔比干文》若陽朔之山，以瘦峭甲天下；《刁遵志》如西湖之水，以秀美名寰中。《楊大眼》若少年偏將，氣雄力健；《道略造像》若束身老儒，節竦行清。《張猛龍》如周公制禮，事事皆美善；《馬君起浮圖》若泰西機器，處處有新意。《李仲璇》如烏衣子弟，神采超俊；《廣川王造像》如白門伎樂，裝束美麗。《劉玉》如荒江僵木，雖經冬槎枒，而生氣内藏；《司馬昇》如三日新婦，雖體態媚麗，而容止羞澀。《靈廟碑陰》如渾金璞玉，寶采難名；《始興王碑》如强弓勁弩，持滿而發。《靈廟碑》如入收藏家，舉目盡奇古之器；《臧質碑》若與古德語，開口無世俗之談。《元燮造像》如長戟脩矛，盤馬自喜；《曹子建碑》如大刀闊斧，斫陣無前。《李超志》如李光弼代郭子儀將，壁壘一新；《六十人造像》如唐明皇隨葉法善遊，《霓裳》入聽。《解伯達造像》雍容文章，踴躍武事；《雋脩羅》長松倚劍，大道卧羆。《雲峰石刻》如阿房宫，樓閣綿密；《四山摩崖》如建章殿，門户萬千。《定國寺》如禄山肥重，行步蹣跚；《凝禪寺》如曲江風度，骨氣峻整。《司馬元興碑》古質鬱紆，精魄超越；《馬鳴寺》若野竹過雨，輕燕側風。《高植碑》若蒼崖巨石，森森古容；《高湛碑》若秋菊春蘭，茸茸豔逸。《温泉頌》如龍髯鶴頸，奮舉雲霄；《敬顯儁》若閒鷗飛鳧，遊戲汀渚。《太祖文皇帝神道》若大廷褒衣，端拱而議；《南康簡王》若芳圃桂樹，凈直有香。《李君𥁃》如閒庭卉木，春來著花；《皇甫驎》如小苑峰巒，雪中露骨。《張黑女碑》如駿馬越澗，偏面驕嘶；《枳陽府君碑》如安車入朝，不尚馳驟。《慈香》如公孫舞劍，瀏亮渾脱；《楊翬》如蘇蕙織錦，綿密回環。《朱君山》如白雲出岫，舒卷窈窕；《龍藏寺》如金花遍地，細碎玲瓏。《舍利塔》如妙年得第，翩翩開朗；《蘇慈碑》如手版聽鼓，戢戢隨班。

餘論第十九

包慎伯以《般若碑》爲西晋人書，此未詳考也。今按此經完好，在薤山映佛岩，經主爲梁父令王子椿，武平元年造，是齊碑也。是碑雖簡穆，然較《龍顔》《暉福》尚遜一籌，今所見岡山、尖山、鐵山摩崖，皆此類，實開隋碑洞達爽闓之體，故《曹子建碑》亦有《般若經》筆意。

六朝人書無露筋者，雍容和厚，禮樂之美，人道之文也。夫人非病疾，未有露筋，惟武夫作氣勢，矜好身手者乃爲之，君子不尚也。季海、清臣，始以筋勝，後世遂有去皮肉而專用筋者，武健之餘，流爲醜怪，宜元章誚之。

張長史謂「大字促令小，小字展令大」，非古法也。《張猛龍碑》結構爲書家之至，而短長俯仰，各隨其體。觀古鐘鼎書，各隨字形，大小活動圓備，故知百物之狀。自小篆興，持三尺法，剪截齊割，已失古意，然隸、楷始興，猶有異態，至唐碑蓋不足觀矣。唐碑惟《馬君起浮圖》，奇姿異態，迥絶常製。吾于行書取《蘭亭》，于正書取《張猛龍》，各極其變化也。

本朝書有四家，皆集古大成以爲楷。集分書之成，伊汀洲也；集隸書之成，鄧頑伯也；集帖學之成，劉石庵也；集碑之成，張廉卿也。

魯公書如《宋開府碑》之高渾絶俗，《八關齋》之氣體雍容，昔人以爲似《瘞鶴銘》者，誠爲絶作。蓋魯公無體不有，即如《離堆記》若無可考，後世豈以爲魯公書乎？然《麻姑壇》握拳透爪，乃是魯公得意之筆，所謂「字外出力中藏棱」，魯公諸碑，當以爲第一也。

《聖教序》，唐僧懷仁所集右軍書，位置天然，章法秩理，可謂異才。此與國朝黄唐亭集唐人詩，剪裁縫紉，皆若己出，可謂無獨有偶矣。然集字不止懷仁，僧大雅所集之《吴文碑》亦用右軍書，尤爲逋峭。古今集右軍書凡十八家，以《開福寺》爲最，不虚也，此猶之劉鳳誥之集杜詩乎？

完白山人計白當黑之論，熟觀魏碑自見，無不極茂密者。若《楊翬》《張猛龍》，尤其顯然。即《石門銘》《鄭文公》《朱君山》之奇逸，亦無不然。乃知「疏處可使走馬，密處不使通風」，真善言魏碑者。至於隋唐疏朗雍容，書乃大變，豈一統之會宜爾邪？柳誠懸《平西王碑》學《伊闕石龕》而無其厚氣，且體格未成，時柳公年已四十餘，書乃如此，可知古之名家，亦不易就。後人或稱此碑，則未解書道者也。

書若人然，須備筋骨血肉，血濃骨老，筋藏肉瑩，加之姿態奇逆，可謂美矣。吾愛米友仁書，殆亦散僧入聖者，求之北碑，《六十人造像》《李超》亦可以當之。

《靈廟碑陰》佳絶，其「將」「軍」「甯」「烏」「洛」「陵」「江」「高」「州」等字，筆墨渾穆，大有《石鼓》《琅琊臺》《石經》筆意，真正書之極則，得其指甲，可無唐、宋人矣。

《惠輔造像記》端豐峻整，峨冠方袍，具官人氣象。字僅三四分，而筆法茂密，大有唐風矣。

《龍門造像》自爲一體，意象相近，皆雄峻偉茂，極意發宕，方筆之極軌也。中惟《法生》用圓筆耳。《北海王元詳》筆雖流美，仍非大異。惟《優填王》則氣體卑薄，可謂非種在必鋤者，故舉《龍門》，皆稱其方筆也。

魏碑大種有三：一曰《龍門造像》，一曰《雲峰石刻》，一曰岡山、尖山、鐵山摩崖，皆數十種同一體者。《龍門》爲方筆之極軌，《雲峰》爲圓筆之極軌，二種争盟，可謂極盛。四山摩崖通隸、楷，備方、圓，高渾簡穆，爲擘窠之極軌也。《龍門二十品》

中，自《法生》《北海》《優填》外，率皆雄拔。然約而分之，亦有數體。《楊大眼》《魏靈藏》《一弗》《惠感》《道匠》《孫秋生》《鄭長猷》沈著勁重爲一體，《長樂王》《廣川王》《太妃侯》《高樹》端方峻整爲一體，《解伯達》《齊郡王祐》峻骨妙氣爲一體，《慈香》《安定王元燮》峻蕩奇偉爲一體。總而名之，皆可謂之龍門體也。

《枳陽府君》筆法之佳，固也。考其體裁，可見隸、楷之變；質其文義，絶無諛墓之詞。體與元常諸帖近，真魏、晉之宗風也。《葛府君》字少，難得佳搨，《寶子》太高，惟此碑字多而搨佳，當爲正書古石弟一本。

六朝筆法，所以過絶後世者，結體之密，用筆之厚，最其顯著。而其筆畫意勢舒長，雖極小字，嚴整之中，無不縱筆勢之宕往。自唐以後，局促褊急，若有不終日之勢，此真古今人之不相及也。約而論之，自唐爲界，唐以前之書密，唐以後之書疎；唐以前之書茂，唐以後之書凋；唐以前之書舒，唐以後之書迫；唐以前之書厚，唐以後之書薄；唐以前之書和，唐以後之書爭；唐以前之書澀，唐以後之書滑；唐以前之書曲，唐以後之書直；唐以前之書縱，唐以後之書斂。學者熟觀北碑，當自得之。

《龍藏寺》秀韻芳情，馨香溢時，然所得自齊碑出。齊碑中《靈塔銘》《百人造像》皆於瘦硬中有清腴氣，《龍藏》變化加以活筆，遂覺青出於藍耳。褚河南則出於《龍藏》，并不能變化之。

卷五

執筆第二十

朱九江先生《執筆法》曰：虚拳實指，平腕豎鋒。吾從之學，苦於腕平則筆不能正，筆正則腕不能平，因日窺先生執筆法，見食指中指名指層累而下，指背圓密，如法爲之，腕平而筆正矣。於是作字體氣豐匀，筋力仍未沈勁。先生曰：腕平，當使杯水置上而不傾；豎鋒，當使大指横撑而出。夫職運筆者腕也，職執筆者指也。如法爲之，大指所執愈下，掌背愈豎，手眼骨反下欲切案，筋皆反紐，抽掣肘及肩臂，抽掣既緊，腕自虚懸，通身之力，奔赴腕指間，筆力自能沈勁，若飢鷹側攫之勢，於是隨意臨古碑，皆有氣力。始知向不能書，皆由不解執筆。以指代運，故筆力靡弱，欲卧紙上也。古人作書，無用指者。《筆陣圖》曰：點畫波撇屈曲，須盡一身之力而送之。夫用指力者，以指撥筆，腕且不動，何所用一身之力哉！欲用一身之力者，必平其腕，豎其鋒，使筋反紐，由腕入臂，然後一身之力得用焉。或者乃謂撥鐙法，始自唐人，六朝無不參指力者，可以《筆陣圖》説證之。遍求六朝，亦無用指運筆之説也。

學者欲執筆，先求腕平，次求掌豎，後以大指與中指，相對擫管，令大指之勢倒而仰，中指之體直而垂。名雖曰執，實則緊夾其管。李後主所云在大指上節下端，中指著指尖，名指在爪甲肉之際也。

大指中指夾管，已自成書，然患其氣浮而不沈，體超而不隱。又患腕平則筆鋒多偃向右，故以名指擫之使左。又患其擫力推之使外也，則以食指擫之使内。四指爭力，勢相蹙迫，鋒自然中正渾全，掌自虚，腕自圓，筋自左紐，而通身之力出矣。

自後漢崔子玉傳筆法，至鍾、王，下逮永禪師，永傳虞世南，世南傳陸柬之，柬之傳其侄彦遠，彦遠傳張長史，長史傳崔邈，邈以授韓方明。方明曰：置筆於大指節前，大指齊中指，相助爲力，指自然實，掌自然虚。盧攜述羲、獻以來相傳筆法曰：大指擫，中指斂，弟二指拒無名指。林韞傳盧肇撥鐙法，亦云以筆管著中指尖，令圓活易轉運。其法與今同，蓋足踏馬鐙，淺則易轉運，「撥鐙」二字，誠爲妙譬，蓋崔、杜之舊軌，鍾、王之正傳也。

以指運筆之説，惟唐人《翰林密論》乃有之。其法曰：「作點向左，以中指斜頓，向右，以大指齊頓。作横畫，皆用大指遣之。作策法，仰指擡筆上。作勒法，用中指鈎筆澀進，覆畫以中指頓筆，然後以大指遣至盡處。」自爾之後，指運之説大盛。韓方明所譏今人置筆當節，礙其轉動，拳指塞掌，絶其力勢。然則唐人之書，固多不善執筆者矣。宋人講意態，無施不可。東坡乃有把筆無定法，要使弱而寬，以永叔指運而腕不知爲妙，蓋愛取姿態故也。夫以數指俯仰運送，其力有幾，運送亦不能出分寸外。苟過寸字，已滯於用，然則又易執筆法乎？則未得國能，失其故步矣。東坡操之至熟，變化生新，其詩曰：「貌妍容有矉，璧美何妨橢？」亦其不足之故。孫壽以齲齒墮馬爲美，已非碩人頎頎模範矣，在東坡猶可，然由此遂遠遜古人，後人勿震于東坡而欲效矉也。夫用指力者，筆力必困弱。欲卧紙上，勢爲之也。包慎伯之論書精細之至，爲後世開山，然以其要歸於運指，謂大指能揭管則鋒自開，引歐蘇之説以爲證，乃謂握之太緊，力止在管，而不在毫端，其書必抛筋露骨，枯而且弱，其説粗謬可笑。蓋慎伯好講墨法，又好言萬毫齊力，不得其故，而思借助於指。不知握筆既緊，腕平掌豎，俾手眼之勢，欲斜切於案，以腕運筆，欲提筆則毫起，欲頓筆則毫鋪，頓挫則生姿，行筆戰掣，血肉滿足，運行如風，雄强逸蕩。安有拋筋露骨，枯弱之病？慎伯自稱其書得于簡牘，頗傷婉麗，則逸少龍威虎震，大令跳宕雄奇，豈非簡牘乎？不自知腕弱之由，敗績在指，而反攻運腕之弱，不其謬乎！此誠智者千慮之失，余慮人惑于慎伯之説，故亟正之。

執筆高下，亦自有法。衛夫人真書，執筆去筆頭二寸，此蓋就漢尺言，漢尺二寸，僅今寸許。然亦以爲衛夫人之説，爲寸外大字言之。大約執筆總以近下爲主。盧攜曰：「執筆淺深，在去紙遠近。遠則浮泛虛薄，近則揾鋒體重。」體驗甚精。包慎伯述黄小仲法曰：布指欲其疏則謬，執筆欲其近則有得之言也。

近人執筆多高，蓋惑于衛夫人之説而不知考，亦由宋、明相傳，多作行、草不能真楷之故。蓋其執筆太高，畫勢虛浮，故不能正書也。近人又矜言執筆欲近之説，以爲不傳之秘，亦爲可笑。吾自解執筆，即已低下，人多疑之，吾亦不能答其揾重之故。閱諸説，頗訝其暗合。後乃知吾腕平，大指横撑，執筆自不得不近下。以此知苟得其本，其末自有不待學而能者矣。

包慎伯又述王瞿言：「管須向左後稍偃，自能逆入平出，卷毫而行。」此法不止矜爲秘傳，且託於神授矣。吾腕欲平而大指撑出，管常微偃右，自學執筆時，即能逆入平出，卷毫而行矣。蓋常人執筆，腕斜欹案上，大指向上，筆管必斜右，毫尖必向左，落筆既順畫，則毫尖向上，竪則毫尖向左，其鋒全在邊線，故未能萬毫齊力。若腕能平，使手眼幾欲切案，則無論如何執法，管自向左，但鋒仍自外耳。惟以中指直擫之，則鋒自向內，又有大指横撑，直出拒之，食指亦横出作橢圓形，以指尖推筆，故管自向左，鋒自迤後向左，名指控禁之，則鋒自定。筆在四指之尖，轉動空活，故類撥鐙。王侍中《書訣》所謂「中控前衝，拇左食右，名禁後從」，皆悉暗合。侍中用「衝」「禁」二字尤精，蓋不用大指食指尖推筆，則不得爲衝，名指在外禁定其筆，只能謂之禁，不能謂之拒也。然吾之暗合古法，亦不出「腕平欲置杯水而不傾，大指横撑而出」二語而已。黄小仲云：「食指須高，如鵝頭昂曲。」欲其如是，大指横撑出拒筆，食指自有是勢。故苟能腕平指横，則王侍中石本之訣，小仲不傳之秘，仲瞿神授之説，慎伯累牘之言，皆已備有無遺，富哉言乎！故學貴有本，小藝亦其理也。

吾爲之語曰：平腕，欲手眼之向下，横撑大指，欲其指平而執低。手眼向下，則腕反而筋紐。大指横平下拒，則掌竪而食指昂。右腕挺開，則鋒正對準。腕懸而肩背力出。左腕挺開貼案，則氣勢停匀，右腕益虚活。如此，則八面完全，險勁雄渾，篆真行草，無不得勢矣。蓋隸書横匾，故勒爲最難，其努次之。腕開則得横勢，順勢行之，則畫平滿有氣。對準則努垂下自有勢，筋紐則險勁自出。自此學書，無施不可。視其學之深淺高低，以爲其書品之高下耳。丞相稱下筆如鷹隼攫拏，中郎筆勢洞達，右軍曰字勢雄强。詳觀索靖、王導、右軍、大令、魯公草書，及《天發神讖》，北碑中若《楊大眼》《魏靈藏》《惠感》諸造像，巨刃揮天，大刀斫陣，無不以險勁爲主，若不得執筆之勢，如何能之？慎伯之論書雖精，其見間及此，然未嘗論及腕平大指横撑之説，想慎伯尚未知之，故用工至深，而終傷婉弱。吾偶得此，又證以古法及慎伯之法，無不吻合。雖用力過淺，未及于古，然欲階古人，舍是則出不由户，莫能致也。吾亦不欲緘秘之，以示子弟，俾繼此而神明之，或有成焉。

綴法弟二十一

書法之妙，全在運筆。該舉其要，盡於方圓。操縱極熟，自有巧妙。方用頓筆，圓用提筆，提筆中含，頓筆外拓。中含者渾勁，外拓者雄强。中含者篆之法也，外拓者隸之法也。提筆婉而通，頓筆精而密。圓筆者蕭散超逸，方筆者凝整沈著。提則筋勁，頓則血融。圓則用抽，方則用絜。圓筆使轉用提，而以頓挫出之。方筆使轉用頓，而以提絜出之。圓筆用絞，方筆用翻。圓筆不絞則痿，方筆不翻則滯。圓筆出以險則得勁，方筆出以頗則得駿。提筆如遊絲裊空，頓筆如獅狻蹲地，妙處在方圓并用，不方不圓，亦方亦圓，或體方而用圓，或用方而體圓，或筆方而章法圓。神而明之，存乎其人矣。

求之古碑，《楊大眼》《魏靈藏》《始平公》《鄭長猷》《靈感》《張猛龍》《始興王》《雋脩羅》《高貞》等碑，方筆也。《石門銘》《鄭文公》《瘞鶴銘》《刁遵》《高湛》《敬顯儁》《龍藏寺》等碑，圓筆也。《爨龍顏》《李超》《李仲璇》《解伯達》等碑，方圓并用之筆也。方圓之分，雖云導源篆、隸，然正書波磔，全出漢分。漢分中實備方圓，如《褒斜》《郙閣》《孔謙》《尹宙》《東海廟》《曹全》《石經》，皆圓筆也。《衡方》《張遷》《白石神君》《上尊號》《受禪》，皆方筆也。蓋方筆便於作正書，圓筆便於作行草。然此言其大較。正書無圓筆，則無宕逸之致，行草無方筆，則無雄强之神。則又交相爲用也。

以腕力作書，便於作圓筆，以作方筆，似稍費力，而尤有矯變飛動之氣，便於自運，而亦可臨仿，便於行草，而尤工分、楷。以指力作書，便於作方筆，不能作圓筆，便於臨仿，而難於自運，可以作分楷，不能作行草，可以臨歐、柳，不能臨《鄭文公》《瘞鶴銘》也。故欲運筆，必先能運腕，而後能方能圓也。然學之之始，又宜先方筆也。

古人筆法至多，然學者不經師授，鮮能用之。但多見碑刻，多臨細驗，自有所得。善乎張長史告裴儆曰：「倍加工學，臨寫書法，當自悟耳。」可見昔人亦無奇特秘訣也。即其告魯公，亦曰：「執筆圓暢，布置合宜，紙筆精佳，變通適懷。」此數語至庸，而書道之精，誠不外此。若言簡而該，有李華之説曰：「用筆在乎虚掌而實指，緩衄而急送，意在筆前，字居筆後，不拙不巧，不今不古，華質相半。」又曰：「有二字神訣：截也，拽也。」所謂截、拽者，謂未可截者截之，可以已者拽之。後有山谷，殆得此訣以名家者也。竇臮論書七十餘字，甚精可玩。

黄小仲論書，以章法爲主，在牝牡相得，不計點畫工拙。包慎伯因爲大九宫之論，然古人實已有之。張懷瓘曰：「偃仰向背，陰陽相應，鱗羽參差，峰巒起伏，遲澀飛動，射空玲瓏，尺寸規度，隨字變轉。」此論小九宫，而施之大九宫尤精妙。故曰一字則功妙盈虚，連行則巧勢起伏。

行筆之法，十遲五急，十曲五直，十藏五出，十起五伏，此已曲盡其妙。然以中郎爲最精，其論貴疾勢澀筆。又曰：「令筆心常在點畫中，筆軟則奇怪生焉。」此法惟平原得之。篆書則李少温，草書則楊少師而已。若能如法行筆，所謂雖無師授，亦能妙合古人也。

古人作書，皆重藏鋒。中郎曰：「藏頭護尾。」右軍曰：「弟一須存筋藏鋒，滅跡隱端。」又曰：「用尖筆須落筆混成，無使豪露。」所謂築鋒下筆，皆令完成也。錐畫沙，印印泥，屋漏痕，皆言無起止，即藏鋒也。

古人論書以勢爲先。中郎曰「九勢」，衛恒曰「書勢」，羲之曰「筆勢」。蓋書，形學也。有形則有勢，兵家重形勢，拳法亦重撲勢，義固相同。得勢便則已操勝算。右軍《筆勢論》曰：「一正脚手，二得形勢，三加遒潤，四兼拗拔。」張懷瓘曰：「作書必先識勢，則務遲澀。遲澀分矣，求無拘繫。拘繫亡矣，求諸變態。變態之旨，在乎奮斫。奮斫之理，資於異狀。異狀之變，無溺荒僻。荒僻去矣，務於神采。」善乎輪扁之言曰：「得于心而應於手。」庖丁之言曰：「以神遇不以目視，官雖止而神自行。」新理異態，變出無窮。如是則血濃骨老，筋藏肉瑩。譬道士服煉既成，神采王長，迥絶常人也。

新理異態，古人所貴。逸少曰：「作一字須數種意。」故先貴存想，馳思造化古今之故，寓情深鬱豪放之間，象物於飛潛動植流峙之奇，以疾澀通八法之則，以陰陽備四時之氣，新理異態，自然佚出。少温自謂於天地山川，日月星辰，雲露草木，文物衣冠，皆有所得，雖文士誇妄之語，然寫《黄庭》則神遊縹緲，書《告誓》則情志沈鬱，能移人情，乃爲書之至極。佛法言聲、色、觸、法、受、想、行、識，以想、觸爲大，書雖小技，其精者亦通於道焉。

側之必收，勒之必澀，啄之必峻，努之必戰，此千古書家之公論，諸家所必同者也。然諸家於八法體勢各異，但熟玩諸碑可得之。

行筆之間，亦無異法，在乎熟之而已。唐太宗曰：「緩則滯而無筋，急則病而無骨，横豪側管，則鈍慢而多肉，豎筆直鋒，則乾枯而露骨。及其悟也，思與神合，同乎自然。」吾謂書法亦猶佛法，始於戒律，精於定慧，證於心源，妙於了悟，至其極也，亦非口手可傳焉。

古人言行草筆法有極詳明者。陳繹曾曰：「字一寸，蹲七釐，提五釐，捺九釐，盡一分，清勁者減三。初學提活，蹲輕則肉圓，老成提緊，蹲重則肉趯趯。」然此只就常法言之，令學者有下手處，然如《始平公》等碑，豈可復泥此邪？唐後人作書，只能用輕筆，不能用肥筆。山谷謂瘦硬易作，肥勁難得。東坡謂李國主不爲瘦硬，便不成書，益以見魏人筆力之不可及也。

夫學書猶學射也。射者，内志正，外體直，持弓注矢，引滿而後發，無遠無近，無左無右，期中的焉。弓不欲强，强則爆，不欲弱，弱則弛。夫書者，正體，執筆，選毫，調墨，使之濃淡得，剛柔中，亦奚以異？古者以射選士，今以書，亦何選哉？

夫書道猶兵也，心意者將軍也，腕指者偏裨也，鋒者先鋒也，副毫者衆隊也，紙墨者器械也。古之書論猶古兵法也，古碑猶古陣圖也，執筆者束伍也，運筆者調卒也，選毫者選鋒也。將軍不熟于古兵法陣圖，則無以爲將軍。偏裨不習熟將軍之意指而致之士卒，不能束伍，或束伍不嚴，則無以爲偏裨。毫不受令，則爲驕兵。受令而衆隊不齊心，則爲偏師，爲散勇。將卒至矣，器械不精良，或精良而不善用，亦無以殺敵致果，有一於此，皆可致敗。名將練兵，豈可使有懈可擊哉！若夫百練之師，熟于古兵法，加以神明變化，武穆曰「運用之妙，則在一心」，此又存乎其人矣。

墨之爲器械也，譬之今日，其猶炮乎？用何鋼質，受藥多少，皆有分度，猶墨之濃淡稠稀也。墨太潰則散，太爆則枯。東坡論墨，謂如小兒眼睛，每起必研墨一斗，供一日之用。蓋古人用墨必濃厚，觀《暉福寺》《温泉頌》《定國寺》，豐厚無比。所以能致此者，萬毫齊力，而用墨漿濃色深，故能黝然作深碧色也。

筆墨之交亦有道，筆之著墨三分，不得深浸至毫，弱無力也。乾研墨則濕點筆，濕研墨則乾點筆，太濃則肉滯，太淡則肉薄，然與其淡也寧濃，有力運之不能滯也。

紙法，古人寡論之，然亦須令與筆墨有相宜之性，始可爲書。若紙剛則用柔筆，紙柔則用剛筆，兩剛如以錐畫石，兩柔如以泥洗泥，既不圓暢，神格亡矣。今人必以羊毫矜能於蠟紙，是必欲制梃以撻秦楚也，豈見其利乎？

昔人謂學者當用惡筆，令後不擇筆，雖則云然，而器械不精，亦不能善其事。故伯喈非流紈體素，不妄下筆。若子邑之紙，研染輝光，仲將之墨，一點如漆。若令思挫於弱毫，數屈於陋墨，言之使人於邑，侍中之歎，豈爲謬歟？

學敘第二十二

今天下人士，學之難成者，非獨其人之惰學，亦教之無其序也。蒙偲就傅，不事小學而讀大學，舍名物訓詁而言性理，故有號稱學人，問以度數之實而瞢如者，其他未學文史而遽爲八股，未臨碑刻而遽寫卷摺，皆顛倒舛戾，失序之尤。即以臨碑刻觀之，則亦昧於本末先後之序，既以用力多而蓄德鮮，久之則懈，畏不敢爲，此所以難成也。

學書有序。必先能執筆，固也。至於作書先從結構入，畫平豎直，先求體方，次講向背、往來、伸縮之勢，字妥貼矣。次講分行布白之章，求之古碑，得各家結體草法，通其疏密遠近之故。求之書法，得各家秘藏驗方，知提頓方圓之用。浸淫久之，習作熟之，骨血、氣肉、精神皆備，然後成體。體既成，然後可言意態也。《記》曰：「體不備，君子謂之不成人。」體不備，亦謂之不成書也。

作書宜從何始？宜從大字始。《筆陣圖》曰：「初學先大書，不得從小。」然亦以二寸一寸爲度，不得過大也。

學書行草宜從何始？宜從方筆始。以其畫平豎直，起收轉落，皆有筆跡可按，將來終身作書寫碑，皆可方整，自不走入奇邪也。

學書宜用九宫格摹之，當長肥加倍，盡其筆勢而縱之。蓋凡書經刻石摹搨，必有瘦損，加倍臨之，乃僅得古人原書之意也。

字在一二寸間而方筆者，以何碑爲美？《張猛龍碑額》《楊翬碑額》，字皆二寸，最爲豐整有勢，可學者也。寸字方筆之碑，以《龍門造像》爲美。《丘穆陵亮夫人尉遲造像》體方筆厚，畫平豎直，宜先學之。次之，《楊大眼》骨力峻拔。遍臨諸品，終之《始平公》。極意峻宕，骨格成，形體定，得其勢雄力厚，一生無靡弱之病。且學之亦易似，吾教十齡小女作書，十二日便有意勢，且有拙厚峻秀之氣矣。

學書必須摹仿。不得古人形質，無自得性情也。六朝人摹仿已盛，《北史》趙文深，周文帝令至江陵影覆寺碑。影覆即唐之嚮搨也。欲臨碑，必先摹仿，摹之數百過，使轉行立筆盡肖，而後可臨焉。

能作《龍門造像》矣，然後學《李仲璇》，以活其氣，旁及《始興王碑》《温泉頌》以成其形，進爲《皇甫驎》《李超》《司馬元興》《張黑女》以博其趣，《六十人造像》《楊暈》以雋其體，書駸駸乎有所入矣。於是專學《張猛龍》《賈思伯》以致其精，得其綿密奇變之意。至是也習之須極熟，寫之須極多，然後可久而不變也。然後縱之《猛龍碑陰》《曹子建》以肆其力，竦之《弔比干文》以肅其骨，疏之《石門銘》《鄭文公》以逸其神，潤之《梁石闕》《瘞鶴銘》《敬顯雋》以豐其肉，沈之《朱君山》《龍藏寺》《呂望碑》以華其血，古之《嵩高》《鞠彦雲》以致其樸，雜學諸造像以盡其態，然後舉之《枳陽府君》《爨龍顔》《靈廟碑陰》《暉福寺》以造其極。學至於是，其幾于成矣。雖然，猶未也。上通篆、分而知其源，中用隸意以厚其氣，旁涉行、草以得其變，下觀諸碑以備其法，流觀漢瓦、晋磚而得其奇，浸而淫之，釀而醞之，神而明之，能如是十年，則可使歐、虞抗行，褚、薛扶轂，鞭笞顔、柳，而狎畜蘇、黄矣，尚何趙、董之足云？吾於此事頗用力，傾囊倒篋而出之，不止金針度與也。若能如是爲學，遍臨諸碑，雖不學一唐人碑，豈患不成？若急於干禄，不能爾許，亦須依此入手，博學數種以植其幹，厚其力，雄其筆，逸其韻，然後學唐碑，若《裴鏡民》《靈慶池》《郭家廟》《張興》《樊府君》《李靖》《唐儉》《臧懷恪》《馮宿》《不空和尚》《雲麾將軍》《馬君起浮圖》《羅周敬》諸碑，則亦可通古通今。若夫入手之敘，則萬不可誤耳。

書體既成，欲爲行書博其態，則學《閣帖》，次及宋人書，以山谷最佳，力肆而態足也，勿頓學蘇、米，以陷於偏頗剽佼之惡習，更勿誤學趙、董，蕩爲軟滑流靡一路。若一入迷津，便墮阿鼻牛犁地獄，無復超度飛昇之日矣。若真書未成，亦勿遽學用筆如飛，習之既慣，則終身不能爲真楷也。

述學弟二十三

吾十一齡，侍先祖教授公諱贊修，字述之于連州官舍，含飴覓棗，暇輒弄筆。先祖始教以臨《樂毅論》及歐、趙書，課之頗嚴。然性懶鈍，家無佳搨，久之不能工也。將冠，學于朱九江先生諱次琦，號子襄。先生爲當世大儒，餘事尤工筆札，其執筆主平腕豎鋒，虚拳實指，蓋得之謝蘭生先生，爲黎山人二樵之傳也。於是始學執筆，手强甚，晝作勢，夜畫被，數月乃少自然。得北宋拓《醴泉銘》臨之銘爲潘木君先生鐸贈九江先生者，潘公時罷晋撫，于役河南，盡以所藏書籍碑版七千卷爲贈，用蔡邕贈王粲例也。前輩風流盛德如此，附記之。始識古人墨氣筆法，少有入處，仍苦凋疏。後見陳蘭甫京卿，謂《醴泉》難學，歐書惟有小歐《道因碑》可步趨耳。習之，果茂密，乃知陳京卿得力在此也。因并取《圭峰》《虞恭公》《玄秘塔》《顔家廟》臨之，乃少解結構，蓋雖小道，非得其法，無由入也。間及行草，取孫過庭《書譜》及閣帖橅之，姜堯章最稱張芝、索靖、皇象章草，以時人罕及，因力學之。自是流觀諸帖，又隳蘇、米窩臼中，稍矯之以太傅《宣示》《戎輅》《薦季直》諸帖，取其拙厚，實皆宋、明鈎刻，不過爲邢侗、王寵奴隸耳。時張延秋編修相謂帖皆翻本，不如學碑，吾引白石氈裘之説難之，蓋溺舊説如此。少讀《説文》，嘗作篆、隸，苦《嶧山》及陽冰之無味，問九江先生，稱近人鄧完白作篆第一，因搜求之粤城，苦難得。壬午入京師，乃大購焉，因并得漢、魏、六朝、唐、宋碑版數百本，從容玩索，下筆頗遠於俗，於是翻然知帖學之非矣。惟吾性好窮理，不能爲無用之學，最懶作字，取大意而已。及久居京師，多遊廠肆，日購碑版，於是盡見秦、漢以來及南北朝諸碑，泛濫唐、宋，乃知隸、楷變化之由，派别分合之故，世代遷流之異。湖州沈刑部子培，當代通人也，謂吾書轉折多圓，六朝轉筆無圓者，吾以《鄭文公》證之。然由此觀六朝碑，悟方筆無筆不斷之法，畫必平長，又有波折，于《朱君山碑》得之。湖北有張孝廉裕釗廉卿，曾文正公弟子也，其書高古渾穆，點畫轉折，皆絶痕跡，而意態逋峭特甚，其神韻皆晋、宋得意處，真能甄晋陶魏，孕宋、梁而育齊、隋，千年以來無與比。其在國朝，譬之東原之經學，稚威之駢文，定庵之散文，皆特立獨出者也。吾得其書，審其落墨運筆，中筆必折，外墨必連，轉必提頓，以方爲圓，落必含蓄，以圓爲方，故爲銳筆而實留，故爲漲墨而實潔，乃大悟筆法。又得鄧頑伯楷法，蒼古質樸，如對商彝漢玉，真《靈廟碑陰》之嗣音。蓋頑伯生平寫《史晨》《禮器》最多，故筆之中鋒最厚，又臨南北碑最夥，故其氣息規模，自然高古。夫藝業惟氣息最難，慎伯僅求之點畫之中，以其畫中滿爲有古法，尚未爲知其深也。趙撝叔學北碑，亦自成家，但氣體靡弱，今天下多言北碑，而盡爲靡靡之音，則趙撝叔之罪也。夫精於篆者能豎，精於隸者能畫，精於行草能點，能使轉，熟極於漢隸及晋、魏之碑者，體裁胎息必古。吾于完白山人得之。完白純乎古體，張君兼唐、宋體裁而鑄冶之，尤爲集大成也，阮文達南北書派論，謂必有英絶之士領袖之者，意在斯人乎？吾執筆用九江先生法，爲黎謝之正傳，臨碑用包慎伯法。慎伯問于頑伯者，通張廉卿之意而知下筆，用墨浸淫於南北朝而知氣韻胎格。惜吾眼有神，吾腕有鬼，不足以副之，若以暇日深至之，或可語於此道乎！夫書小藝耳，本不足述，亦見凡有所學，非深造力追，未易有得，況大道邪？

卷　六

榜書第二十四

榜書古曰署書，蕭何用以題蒼龍、白虎二闕者也，今又稱爲擘窠大字，作之與小字不同，自古爲難。其難有五：一曰執筆不同，二曰運管不習，三曰立身驟變，四曰臨仿難周，五曰筆毫難精。有是五者，雖有能書之人，熟精碑法，驟作榜書，多失故步，蓋其勢也。故能書之後，當復有事，以其別有門户也。

榜書有尺外者，有數寸者，當分習之。先習數寸者，可以摹寫，筆力能拓，起收使轉，筆筆完具。既精熟，可以拓爲大字矣。杜工部曰：「九齡書大字，有作成一囊。」則古人童年先作大字可見矣。

學榜書雖別有堂壁，要亦取古人大字精者臨寫之。六朝大字，猶有數碑，《太祖文皇帝石闕》《泰山經石峪》《淇園白駒谷》，皆佳碑也。尚有尖山、岡山、鐵山摩崖，率大書佛號讚語，大有尺餘，凡數百字，皆渾穆簡静，餘多參隸筆，亦復高絶。

榜書亦分方筆圓筆，亦導源于鍾、衛者也。《經石峪》圓筆也，《白駒谷》方筆也。然自以《經石峪》爲弟一，其筆意略同《鄭文公》，草情篆韻，無所不備，雄渾古穆，得之榜書，較《觀海詩》尤難也。若下視魯公「祖關」「逍遥樓」，李北海「景福」，吴琚「天下弟一江山」等書，不啻兜率天人，視沙塵衆生矣，相去豈有道里計哉！

東坡曰：「大字當使結密而無間。」此非榜書之能品。試觀《經石峪》，正是寬綽有餘耳。

作榜書須筆墨雍容，以安静簡穆爲上，雄深雅健次之。若有意作氣勢，便是傖父。凡不能書人，作榜書未有不作氣勢者，此實不能自揜其短之跡。昌黎所謂「武夫桀頡作氣勢」，正可鄙也。觀《經石峪》及《太祖文皇帝神道》，若有道之士，微妙圓通，有天下而不與，肌膚若冰雪，綽約如處子，氣韻穆穆，低眉合掌，自然高絶，豈暇爲金剛努目邪？

《白駒谷》之體，轉折點畫，皆以數筆成一筆，學者不善學，尤患板滯，更患無氣。此是用方筆者，方筆寫榜書最難，然能寫者，莊雅嚴重，美於觀望，非深於北碑者，寡能爲之而無弊也。

自蕭何題署之後，梁鵠、韋誕、衛覬，盛以此稱，唐時殷仲容「資聖」，王知敬「清禪」，并知名一時。蓋榜書至難，故能書者致爲世重也。

北人工爲署書，其知名者，并著于時。題洛京宫殿門板，則有沈含馨、江式。北京臺殿樓觀宫門題署，則竇遵瑾。周天和時，露寢成，趙文深以題榜之功，除趙興守，每須題榜，輒復追之，其重榜書至矣。故榜書當以六朝爲法。東坡安緻，惜無古逸之趣。米老則傾佻跳蕩，若孫壽墮馬，不足與於斯文。吴興、香光，并傷怯弱，如璇閨静女，拈花鬥草，妍妙可觀，若舉石臼，面不失容，則非其任矣。自元、明來，精榜書者殊尠，以碑學不興也。吾所見寡陋，惟朱九江先生所書朱氏祖祠額，雄深絶倫，不復知有平原矣。吴中丞荷屋，則神采雍容，氣韻絶佳。

數寸大字，莫如《鄭道昭太基仙壇》及《觀海島詩》，高氣秀韻，馨芬溢目。《般若碑》，慎伯盛稱之，以爲古今石本隸楷弟一，謂其雄渾簡静，則誠有之，遽臆定爲西晋人書，則不無嗜痂之癖。考《般若碑》是北齊書也。

梁碑《神道》，淵穆極矣，然各體不同。《簡王》則高渾雍容，《靖王》則豐整酣逸，《忠武王》則茂密美緻，新理異采，《吴平忠侯》匀整安静。《忠武王》酷肖《刁遵》，《吴平忠侯》甚類《蘇慈》。若能展作榜書，固當獨出冠時，然吾未見能之者也。《雲峰山石刻》，體高氣逸，密緻而通理，如仙人嘯樹，海客泛槎，令人想像無盡。若能以作大字，其穠姿逸韻，當如食防風粥，口香三日也。《瘞鶴銘》如瑶島散仙，陽阿晞髮；《般若碑》與《南康簡王》《始興忠武》四碑比肩，真可爲四瀆通流於後世矣。

平原《中興頌》有營平之蒼雄，《東方朔畫贊》似周勃之厚重，蔡君謨《洛陽橋記》體近《中興》，同稱于時，此以雄健勝者。《八關齋》骨肉停匀，絶不矜才使氣，昔人以爲似《鶴銘》，誠爲近之。宋人數寸書，則山谷至佳，如龍蠖蟄啟，伸盤復行，可肩隨《太基》《觀海》諸碑後，正不必以古今論，但嫌太嫵媚耳。

篆書大者，惟有少温《般若臺》體近咫尺，骨氣遒正，精采沖融，允爲楷則。隸之大者，莫若岡山摩崖，其次則唐隸之《泰山銘》、宋隸之《山河堰》，俱可臨寫也。

近西法日精，有顯微鏡大數千倍者，凡有佳碑，悉可作榜書觀，則并不以區區數碑限矣。

榜書操筆，亦與小字異。韓方明所謂「攝筆以五指垂下，捻筆作書」，蓋伸臂代管，易於運用故也。方明又有握筆之法，捻拳握管於掌中。其法起于諸葛誕，後王僧虔用之，此殆施於尺字者邪？

作榜書筆毫當選極長至二寸外，軟美如意者，方能適用。紙必當用涇縣。他書筆略不佳，尚可勉强，惟榜書極難，真所謂非精筆佳紙、晴天爽氣，不能爲書，蓋又過於小楷也。

字過數尺，非筆所能書，持碎布以代毫，伸臂肘以代管，奮身厲氣，濡墨淋漓而已。若拓至尋丈，身手所不能爲，或謂持帚爲之，吾謂不如聚米臨碑，出以雙鉤之易而美觀也。

行草第二十五

近世北碑盛行，帖學漸廢，草法則既滅絶。行書簡易，便於人事，未能遽廢。然見京朝名士，以書負盛名者，披其簡牘，與正書無異，不解使轉頓挫，令人可笑，豈天分有限，兼長難擅邪？抑何鈍拙乃爾！夫所爲軒碑者，爲其古人筆法，猶可考見，勝帖之屢翻失真耳。然簡札以妍麗爲主，奇情妙理，瓌姿媚態，則帖學爲尚也。

碑本皆真書，而亦有兼行書之長，如《張猛龍碑陰》，筆力驚絶，意態逸宕，爲石本行書弟一。若唐碑則懷仁所集之《聖教序》不復論，外此可學，猶有三碑：李北海之《雲麾將軍》寓奇變於規矩之中，顏平原之《裴將軍》藏分法於奮斫之内，《令狐夫人墓志》使轉頓挫，毫芒皆見，可爲學行書石本佳碑，以筆法有入處也。

帖以王著《閣帖》爲鼻祖，佳本難得，然賴此見晋人風格，慰情聊勝無也。續《閣帖》之緒者，有潘師旦之《絳帖》，雖詒羸瘠而清勁可喜。寶月大師之《潭帖》，雖以肉勝，而氣體有餘。蔡京《大觀帖》、劉燾《太清樓帖》、曹士冕《星鳳樓帖》，以及《戲鴻》《快雪》《停雲》《餘清》，各有佳書，雖不逮昔人，亦可一觀。擇其著者師之，惟國朝《玉虹鑒真》雖出張得天之手，而筆鋒毫髮皆見，致可臨學。吾粤諸帖，以葉氏《風滿樓帖》爲佳，過於吴氏《筠清館》也。吴荷屋中丞專精帖學，冠冕海内，箸有《帖鏡》一書，皆論帖本，吾恨未嘗見之。海内好事，必有見者，儻有以引伸之邪？

學草書先寫智永《千文》、過庭《書譜》千百過，盡得其使轉頓挫之法。形質具矣，然後求性情。筆力足矣，然後求變化。乃擇張芝、索靖、皇象之章草，若王導之疏，王珣之韻，謝安之温，鍾繇《雪寒》《丙舍》之雅，右軍《諸賢》《散勢》《鄉里》《苦熱》《奉橘》之雄深，獻之《地黄》《奉對》《蘭草》之沈著，隨性所近而臨仿之，自有高情逸韻，集於筆端。若欲復古，當寫章草，史孝山《出師頌》致足學也。學《蘭亭》但當師其神理奇變，若學面貌，則如美伶候坐，雖面目充悦，而語言無味。若師《争坐位》三表，則爲灌夫駡坐，可永絶之。

王侍中曰：「杜度之書，殺字甚安。」又稱：「鍾、衛、梁、韋之書，莫能優劣，但見其筆力驚絶。」吾謂行草之美，亦在「殺字甚安」「筆力驚絶」二語耳。大令沈酣矯變，當爲弟一。宋人講意態，故行草甚工，米書得之。後世能學之者，惟王覺斯耳。

宋人之書，吾尤愛山谷，雖昂藏鬱拔，而神閒意穠，入門自媚。若其筆法瘦勁婉通，則自篆來。吾以山谷爲行篆，魯公爲行隸，北海爲行分也。山谷書至多，而《玉虹鑒真》所刻《陰長生詩》，有高謝風塵之意，當爲弟一。米友仁書中含，南宮外拓，而南宮佻僄過甚，俊若跳擲則有之，殊失莊若對越之意。若小米書，則深奇穠縟，肌態豐媄矣。

岳忠武書力斫餘地，明太祖書雄强無敵，宋仁宗書骨血峻秀，深似《龍藏》，然則豪偉丈夫，胸次絶人，點畫自異，然其工夫亦正不淺也。

元康里子山、明王覺斯，筆鼓宕而勢峻密，真元、明之後勁。明人無不能行書，倪鴻寶新理異態尤多，乃至海剛峰之强項，其筆法奇矯亦可觀。若董香光雖負盛名，然如休糧道士，神氣寒儉，若遇大將，整軍厲武，壁壘摩天，旌旗變色者，必裹足不敢下山矣。得天專師思白，而加變化，然體頗惡俗。石庵亦出於董，然力厚思沈，筋搖脈聚。近世行草書作渾厚一路，未有能出石庵之範圍者，吾故謂石庵集帖學之成也。吾粵書家，有蘇古儕、張藥房、黎二樵、馮魚山、宋芷灣、吴荷屋、謝蘭生諸家。而吴爲深美，抗衡中原，實無多讓。慎伯《書品》不稱之，可異也。先師朱九江先生于書道用工至深，其書導源于平原，蹀躞于歐、虞，而别出新意。相斯所謂鷹隼攫搏，握拳透爪，超越陷阱，有虎變而百獸跧氣象，魯公以後，無其倫比，非獨劉、姚也。元常曰「多力豐筋者聖」，識者見之，當知非阿好焉。但九江先生不爲人書，世罕見之。吾觀海内能書者，惟翁尚書叔平似之，惟筆力氣魄去之遠矣。

干禄弟二十六

趙壹《非草》曰：「鄉邑不以此較能，朝廷不以此科吏，博士不以此講試，四科不以此求備。」誠如其説，書本末藝，即精良如韋仲將，至書凌雲之臺，亦生晚悔。則下此鍾、王、褚、薛，何工之足云。然北齊張景仁，以善書至司空公，則以書干禄，蓋有自來。唐立書學博士，以身、言、書、判選士，故善書者衆。魯公乃爲箸《干禄字書》，雖講六書，意亦相近。於是鄉邑較能，朝廷科吏，博士講試，皆以書，蓋不可非矣。

國朝列聖宸翰，皆工妙絶倫，而高廟尤精。承平無事，南齋供奉皆争妍筆札，以邀睿賞，故翰林大考、試差、進士朝殿試、散館，皆捨文而論書。其中格者，編檢超授學士，進士殿試得及弟，朝考厠一等，上者魁多士，下者入翰林。其書不工者，編檢罰俸，進士、庶吉士散爲知縣。御史，言官也；軍機，政府也，一以書課試。下至中書教習，皆試以楷法。

内廷筆翰，南齋供之，而諸翰林時分其事，故詞館尤以書爲專業。馬醫之子，苟能工書，雖目不通古今，可起徒步積資取尚、侍，耆老可大學士。昔之以書取司空公，而詫爲異聞者，今皆是也。苟不工書，雖有孔、墨之才，曾、史之德，不能階清顯，況敢問卿相！是故得者若升天，失者若墜地，失墜之由，皆以楷法，榮辱之所關，豈不重哉！此真學者所宜絶學捐書，自竭以致精也。百餘年來，斯風大扇，童子之試，已繫去取，於是負牀之孫，披藝之子，獵纓捉衽，争言書法，提筆伸紙，競講摺策。惜其昧于學古，徒取一二春風得意者，以爲隨時，不知中朝大官，未嘗不老於文藝。歐、趙舊體，晋、魏新裁，所閲已多，豈無通識？何必陳陳相因，塗塗如附，而後得哉。俗間院體，間有高標，實則人數過多，不能盡棄，然見棄者，固已多也。惟考其結構，頗與古異，察其揩抹，更有時宜，雖導源古人，實别開體製，猶唐人絶律，原于古體，而音韻迴異；宋人四六，出於駢儷，而引綴絶殊。其配製均停，調和安協，修短合度，輕重中衡。分行布白，縱横合乎阡陌之經；引筆著墨，濃淡燦乎珠玉之彩。縮率更、魯公於分鳌之間，運龍跳虎卧於格式之内，精能工巧，遏越前載。此一朝之絶詣，先士之化裁，晉、唐以來，無其倫比。班固有言：「蓋禄利之道然也。」於今用之，蔚爲大國。雖卑無高論，聊舉所聞，窮壤新學，或有所助云爾。

今應制之書，約分二種：一曰大卷，應殿試者也；一曰白摺，應朝考者也。試差大考，御史、軍機、中書教習，皆用白摺；歲科生員、童子試，則用薄紙卷。字似摺而略大，則摺派也。優拔朝考，翰林散館，則用厚紙大卷，而字略小，則策派也。二者相較，摺用爲多，風尚時變，略與帖同。蓋以書取士，啟於乾隆之世。當斯時也，盛用吴興，間及清臣，未爲多覯。嘉、道之間，以吴興較弱，兼重信本，故道光季世，郭蘭石、張翰風二家，大盛于時。名流書體相似，其實郭、張二家，方板緩弱，絶無劍戟森森之氣。彼於書道，未窺堂户，然而風流扇蕩，名重一時，蓋便於摺策之體也。自兹以後，雜體并興，歐、顔、趙、柳，諸家揉用，體裁壞甚。其中學古之士，尚或擇精一家，歐、趙之後，繼以清臣，昔嘗見桂林龍殿撰啟瑞大卷，專法魯公，筆筆清勁。自餘購得高第之卷，相承臨仿。坊賈翻變，靡壞益甚，轉相師效，自爲精秘，謬種相傳，涓涓不絶，人習家摹，蕩蕩無涯，院體極壞，良由於此。其有志師古者，未睹佳碑，輒取《九成宫》《皇甫君》《虞恭公》《多寶塔》《閒邪公》《樂毅論》翻刻磨本，奉爲鴻寶，朝暮仿臨，枯瘦而不腴，靡弱而無力，或遂咎臨古之不工，不如承時之爲美，豈不大可笑哉！同光之後，歐、趙相兼，歐欲其整齊也，趙欲其圓潤也，二家之用，歐體尤宜，故歐體吞雲夢者八九矣。然欲其方整，不欲其板滯也；欲其腴潤，不欲其枯瘦也，故當劑所弊而救之。

近代法趙，取其圓美而速成也。然趙體不方，故咸、同後多臨《磚塔銘》，以其輕圓滑利，作字易成。或有學蘇靈芝《真容碑》《道德經》，徐浩《不空和尚》，此二家可上通古碑，實非干禄正體。此不過好事者爲之，非通行法也。吾謂《九成宫》難得佳本，即得佳本，亦疏朗不適於用；《虞恭公》裴揭已不可得，況原揭石乎！《姚辨志》亦僅宋人翻本，此二碑竟可不臨。歐碑通行者，大則《皇甫君》，小則《温大雅》可用耳。率更尚有顯慶二年《化度題記》《黄葉和尚碑》，但頗僻，學者不易購耳。今爲干禄計，方潤整朗者，當以《裴鏡民碑》爲弟一。是碑筆兼方圓，體極匀整，兼《九成》《皇甫》而一之，而又字畫豐滿，此爲殷令名書，《唐書》稱其不減歐、虞者，當爲干禄書無上上品矣。若求副者，厥有《唐儉》。又求參佐，惟《李靖碑》，皆體方用圓，備極圓美者。蓋昭陵二十四種，皆可取也。近有《樊府君碑》，道光新出，其字畫完好，毫芒皆見，虚和娟妙，如蓮花出水，明月開天，當是褚、陸佳作。體近《磚塔銘》而遠出萬里，此與《裴鏡民》皆是完妙新碑，二者合璧聯珠，當爲寫摺二妙，幾不必復他求矣。

大卷彌滿，體尚正方，非筆力雄健不足鎮壓，宜參學顔書以撑柱之。顔碑但取三本，《臧懷恪》之清勁，《多寶塔》之豐整，《郭家廟》之端和，皆可兼收而并用之。先學清勁以美其根，次學豐整以壯其氣。《郭家廟》體方筆圓，又畫有輕重，最合時宜，縮移入卷，美壯可觀，此宜後學者也。但學三碑，已爲大卷絶唱，能專用《臧懷恪》，尤見筆力也。

唐末柳誠懸、沈傳師、裴休，并以遒勁取勝，皆有清勁方整之氣。柳之《馮宿》《魏公先》《高元祐》最可學，直可縮入卷摺。大卷得此，清勁可喜，若能寫之作摺，尤爲遒媚絶倫。裴休《圭峰碑》，無可《安國寺》少變之，乃可入卷，此體人人所共識者也。

小歐《道因碑》遒密峻整，曾假道此碑者，結體必密，運筆必峻，上可臨古，下可應制，此碑有焉。求其副者，《郃國公碑》《張琮碑》《八都壇》《獨孤府君》四碑，又有《于孝顯碑》峻整端美，在《蘇慈》《虞恭公》之間，皆應制之佳碑也。北碑亦有可爲干禄之用者，若能學則樹骨運血，當更精絶。若《刁遵》之和静，《張猛龍》之麗密，《高湛》之遒美，《龍藏寺》之雅潔，《凝禪寺》之峻秀，皆可宗師。至隋碑，體近率更，尤爲可學。《蘇慈》匀净整潔，既已紙貴洛陽，而《栖岩道場舍利塔》整朗豐好，尤爲合作。《鳳泉寺舍利塔銘》匀净近《蘇慈》，《美人董氏志》娟好，亦宜作摺。右八種者，書家之常用，而干禄之鴻寶也，但須微變，便成佳摺。所惡于《九成》《皇甫》《虞恭公》者，非惡之也，以碑石磨壞，不可復學也。必求之唐碑，則小唐碑多完美石本，其中極多佳書，合于時趨者。能購數百種，費貲無多，佳碑不少。今舉所見佳碑，可爲干禄法者，箸之於下：

《張興碑》，秀美絶倫。

《河南思順坊造像記額》，豐美匀浄。

《韋利涉造像》，精美如絳霞絢采。

《南陽張公夫人王氏墓志》，婉美。

《太子舍人翟公夫人墓志》，遒媚。

《王留墓志》，精秀無匹。

《李緯墓志》，體峻而筆圓。

《一切如來心真言》，和密似《刁遵》。

《馬君起浮圖記》，體峻而美。

《崔璀墓志》，茂密。

《羅周敬墓志》，整秀峻爽。

以上隨意舉十數種，各有佳處。《張興碑》之秀美，直逼《唐儉》，而《羅周敬碑》尤爲奇絶，直與時人稍能唐碑者，寫入大卷無異，結體大小，章法方長，皆同大卷，不變少許，直可全置大卷中。不期世隔千祀，乃合時至是。稍縮小爲摺，亦復佳絶，誠干禄第一碑也。

又有一法。唐開元石經皆清勁遒媚，《九經字樣》《五經文字》筆法皆同。學者但購一本，讀而學之，大字幾及寸，小注數分，經文可以備誦讀，字書可以正訛謬，師其字學，清整可以入策摺，一舉而三美備。窮鄉學僮，無師無碑，莫善於是矣。

歷舉諸碑，以爲干禄之用，學者得無眩于目而莫擇乎？吾今撮其機要，導其次弟焉。學者若不爲學書，只爲干禄，欲其精能，則但學數碑，亦可成就。先取《道因碑》鈎出，加大摹寫百過，盡其筆力，至於極肖，以植其體，樹其骨。次學《張猛龍》，得其向背往來之法，峻茂之趣。於是可學《皇甫君》《唐儉》，或兼《蘇慈》《舍利塔》《于孝顯》，隨意臨數月，折衷于《裴鏡民》《樊府君》，而致其潤婉，投之卷摺，無不如意。此體似世之學歐者也，參之《懷恪》《郭廟》，以致其豐勁，雜之《馮宿》《魏公先》，以致其遒媚。若用力深，結作精，全縮諸碑法，擇而爲之，峻拔豐美，自成體裁。

筆性近者，用功一時，餘則旬月。苟有師法者，精勤一年，自可獨出冠時也。此不傳之秘，游京師來，閱千碑而後得之。

《樊府君碑》輕縑素練，宜於時用，寫摺竟可專學此體，虚和婉媚，成字捷速，敏妙無雙。

卷摺所貴者光，所需者速，光則欲華美，不欲沈重，速則欲輕巧，不欲渾厚。此所以與古書相背馳也。

卷摺結體，雖有入時花樣，仍當稍識唐碑某字某字如何結構，始可免俗。

卷摺欲光。吾見梁斗南宫詹大卷，所長無他，一光而已，光則風華穠艷。求此無他，但須多寫，稍能調墨，氣爽筆匀，便已能之。

篆貴婉而通，隸貴精而密。吾謂婉通宜施於摺，精密可施於策。然策雖極密，體中行間，仍須極通；摺雖貴通，體中行間，仍須極密，此又交相爲用也。

摺貴知白，策貴守黑，知白則通甚矣，守黑則密甚矣，故卷摺欲光。然摺貴白光，縹緲有采；策貴黑光，黝然而深。

卷摺筆當極匀，若畫豎有輕重，便是假力，不完美矣。氣體豐匀而舒長，無促迫之態，筆力峻拔而爽健，無靡弱之容，而融之以和，酣之以足，操之以熟，體自能方，畫自能通，貌自能莊，采自能光，神自能王。駑騄駬與騏驥，逝越軼而騰驤。

論書絶句弟二十七

昔嘗續慎伯爲《論書絶句》，擇人間罕稱者發明之。及述此書，論之葢詳，未能割愛，姑附于末。

隸楷誰能溯濫泉，句容片石獨夐然。若從變處搜靈廟，應識昆崙在震《遷》。

句容有《吴葛府君碑額》，爲正書弟一古石，渾厚質穆，亦自絶塵，真隸楷之鼻祖。《靈廟碑》在隸、楷交變之間，意狀奇古，若從欲變之始言之，則《楊震》《張遷》二碑，實開隸、楷之意矣。

受禪應爲衛覬書，邯鄲韋誕比何如？瓘恒世受真傳法，一脈瑜河走傳車。

《受禪碑》，顔真卿以爲鍾繇，劉禹錫、徐浩以爲梁鵠，今從其同時人聞人牟準《衛敬侯碑》文以爲衛覬書。覬與邯鄲淳并以古文名，子瓘孫恒，世傳筆法，恒傳崔悦，至宏浩爲北書之宗，又傳江瓊至式，故北書率衛派也。

元常法乳知誰在，珍重豐碑有枳陽。文質蹣跚開石闕，始知晋法有傳方。

晋《枳陽府君碑》豐厚茂密，在文質之間。今傳元常諸帖，字體猶有其意，真元常嫡嗣也。《太祖文皇帝神道》，稍加姿美，然亦魏晋正傳，善學者當能會之。

鐵石縱横體勢奇，相斯筆法孰傳之？漢經以後音塵絶，惟有龍顔弟一碑。

宋《爨龍顔碑》渾厚生動，兼茂密雄强之勝，爲正書弟一。昔人稱李斯篆畫若鐵石，體若飛動，可以形容之。

餐霞神采絶人煙，古今誰可稱書仙？石門崖下摩遺碣，跨鶴驂鸞欲上天。

《石門銘》體態飛逸，不食人間煙火，書中之仙品也。

琅琊茂密集書成，鄐閣褒斜章法精。能戒熹平變疏匾，僅傳古法彦雲銘。

秦斯《琅琊石刻》茂密極矣，漢隸惟《鄐閣》有此意，《褒斜》異筆而同意。熹平以後，隸法大變，今楷出焉，惟《鞠彦雲墓志》獨有《鄐閣》之法。

褒斜分法知誰繼？瘦硬應推弔比干。風蕩齊碑成一律，修羅雄峻獨爲難。

《弔比干文》瘦硬無匹，出於《褒斜》。齊碑百餘種，皆以瘦硬取勝，然無雄峻秀韻之味，惟《雋修羅碑》獨峻拔耳。

銛利森森耀戟鋋，始興碑法變鍾傳。率更後出書名擅，誰識先師具義淵。

率更書有武庫劍戟森森之氣，竇臮以爲出於北齊劉珉，想以其峻峭處近之。然其實信本南人，南碑《始興王碑》與率更《皇甫君碑》無二，乃知率更所從出。然南碑無不圓渾者，此則先變鍾法矣。

骨遒血瑩態豐穠，懷令青青秀一峰。變化方圓盡奇麗，光芒鱗甲若游龍。

懷令《李超墓志》骨血奇峻，結撰精麗，變化無端，兼備方圓，與《張猛龍》皆爲結體無上上品也。

子建遺碑獨擅場，衛家體質貴雄強。大刀斫陣稱無敵，沈著偏兼痛快長。

昔人稱中郎骨勢洞達，後世惟《曹子建碑》有之。雖體雜篆、隸，致誚百衲衣，然沈著痛快中有渾穆氣象，是《般若》正傳也，是開爽則啟唐人矣。

異態新姿雜筆端，行間妙理合爲難。誰人解作蘭亭意，君起浮圖仔細看。

唐馬君起《浮圖記》，字裏行間，姿態百出，詭製妙理，變化一新，而不失六朝法度，《猛龍》之後未多見。鍾司徒意外巧妙，絶倫多奇，於此有焉。

魯公端合瓣香薰，茂密雄强合衆芬。章法已傳鄐閣理，更開草隸裴將軍。

魯公書舉世稱之，罕知其佳處。其章法筆法全從《鄐閣》出。若《裴將軍詩》，健舉沈追，以隸筆作之，真可謂之草隸矣。

南宮書評妙難量，跳擲偏兼對越莊。《靈慶池》邊遺石在，神鋒峻立獨廻翔。

韋縱書《靈慶池碑》，體格不出唐人，是歐、虞新體，然龍跳虎卧，兼莊若對越、俊若跳擲之長，且筆畫完好，深可寶愛。

山谷行書與篆通，《蘭亭》神理蕩飛紅。層臺緩步翛翛遠，高謝風塵屬此翁。

宋人書以山谷爲最，變化無端，深得《蘭亭》三昧。至其神韵絶俗，出於《鶴銘》而加新理，則以篆筆爲之。吾目之曰行篆，以配顔楊焉。

歐體盛行無魏法，隋人變古有唐風。千年皖楚分張鄧，下筆蒼芒吐白虹。

自隋碑始變疎朗，率更專講結構，後世承風，古法壞矣。鄧完白出，獨鑄篆隸，冶六朝而作書。近人張廉卿起而繼之，用力尤深，兼陶古今，渾灝深古，直接晉、魏之傳，不復溯唐人，何有宋明，尤爲書法中興矣。

藝　文　叢　刊

第　四　輯

061	寶章待訪録（外五種）	〔宋〕米　芾
062	昆蟲草木略	〔宋〕鄭　樵
063	味水軒日記（上）	〔明〕李日華
064	味水軒日記（中）	〔明〕李日華
065	味水軒日記（下）	〔明〕李日華
066	寒山帚談	〔明〕趙宧光
067	讀畫録	〔清〕周亮工
068	誠一堂琴談	〔清〕程允基
069	文房肆考圖説	〔清〕唐秉鈞
070	芳堅館題跋	〔清〕郭尚先
071	花木小志（外二種）	〔清〕謝　堃 〔清〕高士奇 〔清〕翁長祚
072	隨息居飲食譜	〔清〕王士雄
073	嵩洛訪碑日記（外五種）	〔清〕黄　易
074	**廣藝舟雙楫**	**康有爲**
075	刻竹瑣言（外四種）	黄高年 周无方 金開藩 張志魚
076	章草考	卓定謀

藝　文　叢　刊

刻竹瑣言 外四種

黄高年 等

浙江人民美術出版社

圖書在版編目(CIP)數據

藝文叢刊. 第四輯 / (宋) 米芾等著 ; 況正兵等點校. -- 杭州 : 浙江人民美術出版社, 2018.1(2023.9重印)
(藝文叢刊)
ISBN 978-7-5340-6222-3

Ⅰ. ①藝… Ⅱ. ①米… ②況… Ⅲ. ①古籍－中國－叢刊 Ⅳ. ①Z121.7

中國版本圖書館CIP數據核字(2017)第243082號

出版説明

王世襄先生於《出版〈刻竹小言〉後記》中云：「上世紀（二十世紀）中期之前，有關竹刻之書，僅金元鈺《竹人録》、褚德彝《竹人續録》兩種，以記載前朝竹刻家傳記爲主。」實際上二十世紀前半葉之刻竹著作，並未如此寥落。自二十世紀初期以來，有關刻竹品鑒、竹人鈎沉以及刀法研討的文章，不時可見諸報端；而刻竹名家作品拓印結集、刀法經驗纂爲專書，亦非罕見。故今將此期涉及刻竹實際操作的文獻，如《刻竹瑣言》《刻竹瑣談》《刻竹經驗談》及《寄斯盦論刻竹》等五種，彙爲一編，整理出版，俾於讀者有所助益。

《刻竹瑣言》，黄高年撰。黄高年，生卒年未詳，字彭侶，廣東新會人。中年後客居沽上，設肆曰大經商店，售賣文具書籍。兼懸潤例，爲人刻印、治竹。著有《治印管見録》《黄高年印譜》等。《刻竹瑣言》乃附刊於《治印管見録》之後者。黄氏由治印而通於刻竹，全書由刻竹之分類至各種用刀方法之講解，條分縷析，要言不煩。

《刻竹瑣談》及《刻竹經驗談》，均爲周无方撰。周无方(一八七九—一九六三)，名柏年，字詠臺，號无方，後以號行，江蘇揚州人。其興趣極爲廣泛，工詩詞，善山水，復愛刻竹，尤以留青爲世人稱道。所著《刻竹瑣談》，乃其結合自身多年實踐經驗，從雕刻器具、竹刻分類以及創作原則等各方面，對刻竹藝術進行了系統梳理。而《刻竹經驗談》一書，乃因《刻竹瑣談》「自露布之後問難者疊至，其原因由於有遺而未言者，有言之不詳者，有言雖詳而意尚未達者」，故周氏復在是書基礎上補充擴展而成。除文字講解外，書中還配以相應的插圖，因此更爲清晰明白。

《竹刻源流》，金開藩撰。金開藩(一八九五—一九四六)，字潛厂，號蔭湖，浙江吴興人。其父爲清末民初著名畫家金紹城，故幼受家學熏染，長於繪畫書法；而叔父金紹堂、金紹坊皆爲刻竹能手，故於此中甘苦亦頗爲熟稔。金開藩所撰《竹刻源流》雖全文不長，却清晰梳理了自朱松鄰迄金氏昆仲三百餘年刻竹源流，對於了解諸家風格頗有裨益。

《寄斯盦論刻竹》，張志魚撰。張志魚(一八九三—一九六一)，字瘦梅，號通玄，齋號寄斯盦，北京人。早年曾任職政界，復師事青幫大佬袁寒雲。善書畫、治印，精於竹刻，造詣極深，嘗於竹刻扇骨上縮刻名人書畫，不失原作精神，被譽爲北派刻竹第一人。張氏嘗刊有《刻竹治印無師自通》《張志魚刻竹治印》等，又在《新天津畫報》《立言畫刊》等刊物上登載刻竹作品及討論刻竹的文章。故此我們剔除其中的廣告及浮泛無關之文字，編爲《寄斯盦論刻竹》一種，以便讀者更詳盡地了解張氏刻竹藝術造詣。

因整理者水平有限，加之時間倉促，且所據報刊等資料時有手民誤置之處，故書中誤在所難免，懇望讀者指正。

目録

刻竹經驗談……三三

刻竹瑣言

黄高年 撰

刻竹瑣言

余治印之餘，亦刻竹。以爲能刻印者，其於刻竹一藝，但稍分神以研究之，升堂入室不難也。

刻竹，始於唐、宋，盛於明、清。《圖畫見聞志》《輟耕録》《竹刻録》《竹人録》《竹人續録》諸書刊載頗爲詳實。

刻竹法分四種，兹略言之。一曰實雕法，二曰浮雕法，三曰平刻之淺刻法，四曰平刻之深刻法。

實雕法者何？凡物之立體全形是也。

浮雕法者何？如雲岡石佛，背面靠山石而正面凸出者是也。

平刻之淺者何？如吾人執筆作書，書於紙絹之上，其刀痕之細，較藕絲尤甚者是也。但此種刻法祇限於陰文，而不能刻陽文。

平刻之深刻法者何？如鐘鼎彝器之款（陰文）識（陽文）是也。但此種刻法不獨於陰陽文皆能刻之，且留青一種，其刻法亦基於此。

精於實雕法者，有朱三松、潘老桐。

精於浮雕者，有周芷巖、方治庵。

精於平刻之淺刻法者，有濮仲謙、李石鹿。

精於平刻之深刻法者，有朱松隣、吴之璠。

能兼刻留青者，有張希黄、蔡容莊。

平刻之淺刻法，金陵文士多爲之，有稱爲金陵派者。

平刻之深刻法，嘉定文士多爲之，有稱爲嘉定派者。

刻竹派别，以金陵、嘉定兩名詞分之，似未能包括一切，不如以刻法爲派别，較爲恰當也。

各派刻法，功力既到，各有其精湛之處，余獨喜平刻之深刻法一派，故專心致志，孜孜然研究之。

陰文有三種，即尖地、圓地、平地。

陽文有二種，即沙地、平地。

留青一種，以分陰陽層次者用之。

凡刻陰文、陽文及留青，先以刀依照墨迹鈎出，如寫菊花之鈎瓣然。

陰文尖地刻法：以刀向所鈎墨迹中心刻入，逐漸切去。距兩邊鈎痕愈近，刀鋒愈側。刻成視之，猶之三角水槽。

陰文圓地刻法：先用尖地刻法刻之，既成，復以刀向其地之左右兩邊斜刻，去竹少許，則地之圓如瓦矣。

陰文平地刻法：以刀向所鈎之墨迹中心刻下，逐漸切近墨迹之左右兩邊爲止。刀鋒要中正，刀力要勻稱，千百刀如一刀。如地尚未平，則再剷之刮之。

陽文沙地刻法：以刀向所鈎之墨迹邊傍刻入，再以刀將墨迹外之竹青剔去。刀與竹相接時，須有蜻蜓點水之勢。

陽文平地刻法：先用沙地刻法刻之，既成，復以刀向其地剷之刮之，乃平。

留青刻法，簡言之，即花之瓣有前有後，山之石有光有暗，先知畫理，自易瞭然。視竹青之當去者削而去之，當留者留之。

墨迹刻成陰文，其點畫之起止處，應注意其是方是圓，不可令其改觀。

墨迹刻成陽文，其邊與地使成直綫，不斜入，不側出，方是合作。

黄楊性鬆，紫檀性脆，犀角性黏，象牙性堅。竹之性，鬆、脆、黏、堅四者皆微兼而有之。第鬆不受刀，脆不讓刀，黏則夾刀，堅則抗刀。刻竹者知其性而不拂之，則刀入處，反覺適於刀法，趣味横生。

刻竹刀法，一爲切，二爲衝，三爲削，四爲剔，五爲平，六爲劃，七爲剷，八爲刮。何以用之？顧名思義可也。

余因刻竹，特自選鋼製刀爲用。又因其形而美其名，如笏刀(同樣大小四種)、璋刀、鏢刀、鰭刀、蹄刀等。十餘年來，幾經修改，悉合於刀法之用。

竹紋直，先以刀横切而斷之，再順直紋削去，竹皮不致破裂。

刀入竹，最忌用力輕重不匀。輕入淺，重入深，改淺就深。偶一不慎，淺者已深，深者更深，卒至不可收拾，斯成廢物矣。

竹之面，以不見刀路爲妙。竹之地，以潔浄無瑕爲貴。

墨迹刻出，勿失本來。或肥或瘦，或長或短，差之毫釐，謬以千里。

古今書法畫法，各具作者面目。其用筆墨、起止往來、濃淡乾濕，刻竹者極宜仔細審察。否則僅得皮相，而失其精神矣。

刻竹勿心急，急則不利於用刀，甚或有走刀之悔，亦或有過深之病。古人云「欲速則不達」，於刻竹何謂不然。

余刻臂閣、手杖、詩筒、扇骨等，皆相其形如何，委木工爲製床，而置竹於其上，以便於刻，猶刻印之有印床耳。

拓竹與拓印同，清晰明朗，端賴用水用墨之恰當。

拓竹宜用棉連紙，因其質薄，濕後易椎入於刀痕。刀痕隱現紙面，方可加墨。

刻竹點畫，無論多少，其地深淺，略要相等。不相等，則點畫失其氣勢。

刻方筆易，刻圓筆難。刻細筆易，刻大筆難。方圓之難易在切邊，大小之難易在刻地。

天下事皆有不易之準繩，欲循率其準繩，必須審之於始，刻竹亦然。下手處宜先看準點畫，庶可不至失刀。倘失刀而後思所以修改之，恐愈修改而愈惡劣也。

静中尋樂，以書畫、治印、刻竹爲最宜。然刻竹尤宜静，一念不動，作品告成，毫無囂浮之氣，自視亦覺可樂。

刻竹瑣談

周无方 撰

黃序

周子著《刻竹瑣談》脱稿，索序於予，因予亦竹人，或可道其所未道。然周子本科學家而兼藝術者，對於佛經、諸子及一切常識亦多研究，於是彙粹各種學識而成彼之刻竹；予則承吴讓之前輩爲師，輔之以各家書法而已，其取徑大不同。故予刻竹只專淺刻，其他未曾涉獵；而周子捨淺刻外無所不精，其成績亦不同。何敢妄加末議？雖然，絶不同之中有絶相同者，即專心一致是也。予與周子氣味相投，而踪跡又最密，故彼之舉止知之最詳。彼對於自然界觀察力最富，凡一邱一壑，一草一木，鳥之飛翔，獸之奔走，及人之言笑舉止，無不可爲彼刻竹之參考。而予則專工淺刻，注重書法，故臨各家字體，尚能得其神韻，其他則非我所長矣。周子之心得能洋洋數千言，予則於心領神會之頃，尚覺有言語所不能形容者。雖然，於不可説之中而有能説者在，無論何種藝術，皆精神之結晶品，有若干精神造成此物，即有若干精神存於此物之中。語云：「用志不紛，乃凝於神。」予與周子敢云有同情也。因周子有加惠後學之意，亦贅數言以告後學。民國二十年元月八日，江都黃漢侯識。

自序

吾國藝術家，往往守不傳之秘，不肯輕易示人。是以藝術一途，大都今不如古。間有一二知名之士，多出於自修，得諸師承者絶少。如繪畫之學，自《芥子園畫傳》出，學者方有階級可尋。至於雕刻之學，吾國獨無專書以傳其法，致後學無所師承，遂轉而求之歐西，東施效顰，徒增其醜。須知吾國雖無專書，自有學派，歐西學術類皆由整而分，吾國學術類皆由博而約，不能强同。要之，總括與分析，各有其獨到之處，爲其國數千年來文化所薰染而成，不相蒙也。走對於雕刻，程功尚在初步，非敢望國内名手之項背，亦不敢夷視西洋傳流之學派。惟性之所好，於自然界求一途徑，雖一知半解，未敢認爲不易之法。設就所言者加以研究，其缺略者補之，其謬誤者改之，或有成完璧之時。是所望於後之學者。民國十九年，編識者。

刻竹瑣談

原起一

吾揚刻竹，代有傳人，惜未將其法筆之於書，後之學者無從知其門徑，甚可歎也。走學刻之初，欲師陳法，無人能道其所以然者。求之於士夫，則士夫不解。求之於工匠，則工匠習而不察。即有能道其一二者，語言粗率，不易明了。走苦心孤詣，寢食不忘，外而觀察自然，内而研究器械。久之，若有鬼神來告，理能圓滿，手亦應心，凡有出品，見者歎得未曾有。走自知作品不過敷衍成章，未臻佳妙，雖不敢與張希黄、濮仲謙諸前輩媲美，却能自成一家。惟走已年過半百，眼花手梗，其端已現。若繼起無人，不免將數十年心血付諸流水。緣作是編，以告後學。務求淺顯，不尚辭華。至言之不文，貽笑大雅，在所不計也。

説刀二

雕刻之用刀，猶書畫之用毫，毫有剛柔，刀有厚薄。如尺方大字，必用雞毫、羊毫；蠅頭小楷，宜用紫毫、狼毫。用刀亦然，凡遇堅硬物質，宜用厚口；遇柔輭物質，宜用薄口。柔質用厚口，則刀鋒未入而形體已變；堅質用薄口，則刻劃未成而刀鋒已損。此以物質分也。若以作用分，求其深入者口宜薄，防其深陷者口宜厚。刀口固有厚薄之分，亦有平圓斜正之别。凡刻直綫，宜用平口。刀口正確，刻劃方上繩尺。刻曲綫，宜用圓口。刀口圓，方能隨和。

刀口三

刀口者，所磨兩面相交之棱也。口之厚薄，與刀身無涉，刀身厚者，不妨成薄口，刀身薄者，亦能成厚口，只以所磨兩面相交之角度大小而分也。角度大者爲厚口，角度小者爲薄口，無論何種刀口，均以所磨之面光滑而平、兩面相交能成幾何定例之綫者爲良。所磨之面，工藝家名爲瓣子。所磨之面不規則，曰不上瓣。瓣子愈光愈耐用，亦愈光愈鋒利。如瓣子粗，則相交之綫有極細之鋸齒，既有齒則有實有虚，容易損壞。瓣子光，則相交之綫處處皆實，故能耐用。瓣子光則滑而不滞，磨阻力小，故能遊刃有餘。若不上瓣，則用時無標準，難期得手應心。

刀形四

刀無定形，隨人意造，以合手爲佳。如丁鈍丁能以鈍釘鐫章，雖以鈍釘爲刀，亦無不可。兹舉其普通者言之，如兩面角度相等而磨成瓣子者，名對口刀。一面以刀身平臥於石上而磨之，一面有角度者，名鑿口刀。刀身與刀口成垂直者，名平口。不成垂直者，名斜口。兩面均有角度，滚而磨之成圓口者，名雀舌，蓋象形也。一面以刀身平卧於石上，一面有角度滚而磨之者，名螞蝗頭，因此刀闊其頭細其柄，如銀錠式之一端，亦象形也。走所創製之刀：以鑿口磨其兩側，則成五口刀。以刀身平卧於石上，磨其四面，復直立於石上而磨之，成八口刀。用前法改直立爲斜立，成七口刀。因刀口角度不能過九十度，鈍角則不能成口矣。凡立刀於石上而磨成者，均名站口刀，又名刮刀。銅工、錫工多用之。先磨成扁圓柱，後直立磨之，成圓站口刀。又淺刻刀有用四角錐形者，有用三角錐形者。四角錐刀，是用正方柱形鋼條，磨一端之四角而成錐形。吾揚吳讓之前輩創之，宗其法者有金爵三、趙竹賓、耿西池諸先生。吾友黄漢侯等，亦宗之。三角錐刀，吾揚于嘯軒先生等用之。讓之前輩，乃印人大家而兼刻竹者也。石、竹質硬，故用四棱。嘯軒先生精刻牙，牙質較柔，故用三棱。三棱之棱爲六十度，四棱之棱則爲九十度，厚於三棱之口矣。又有形似寶劍頭者，名鯽魚背。又有雀舌刀不用滚瓣而用槽磚磨之者。此二刀淺刻中闊筆劃用之。

磨刀五

走刻竹三月，即知磨刀之要，經三年之久，未得善法。蓋磨大刀易，磨小刀難。如磨小至半密里以内之刀，雖工藝專家，亦無良法。細思其故，不外執持之方向不更，而動路能直，則得矣。欲方向不更，必須有所標準，然指動腕即隨之而動，腕動肘又隨之而動，標準終不可得。久之久之，恍然大悟。其用力必如木工之鉋，鉋立定兩足，死其指腕肘，活其腰，以身送之，一試乃成。然用之於較大之刀則可，用於最小之刀仍不上瓣。蓋動路與方向固其要素，而切於石上之輕重，亦大有關係焉。

以身送之，其力過大，輕重難得其宜。再加研究，又得一法，以肘置於刀石之延長面上，死其指腕而動之，動路雖成弧，而不出平面，至小之刀亦上瓣矣。其磨較大之刀，仍以前法爲宜。

刀石六

刀石種類繁多，凡無韌性之石而不雜砂粒者，均能用。然必就刀之狀況而選擇焉。石有粗細輭硬之别，今言各種刀石之功用：是粗者速，細者遲。輭者速，硬者遲。粗者毛，細者光。輭者石面易凹，硬者石面平正。面凹則瓣凸，面平瓣亦平。磨刀不宜始終只用一石。若用細石，成效甚遲，瓣未成而力已疲，必定改變方向。若用粗石，上瓣雖速，而瓣毛口虚，既不利，且易傷。宜先用粗石磨其大形，後用細石磨之使滑，則成效速而刀口利矣。磨大刀，石宜輭。磨小刀，石宜硬。小刀而用輭石，磨時深陷，而棱角皆圓。大刀而用硬石，則格格不入，而成效難收。選石之粗細輭硬不能合宜時，可以磚輔之。刀磚以帶藍色者爲佳，平時不能離水，緣乾磚之性韌而鬆，濕磚之性脆而緊也。無論磚、石，用久必凹，必用二石互相磋磨，使面成水平，以之磨刀，方能正確。石無韌性，則易出漿，漿者水與石粉之混合物也，有漿則刀與石不密切處有漿補之，切面多而成功速。如遇過堅之石，不易出漿，可以他石之漿輔之。

蘸火七

刀之良否，全視鋼火。鋼固要精，火亦要準。鋼性緩冷則柔，速冷則硬。緩冷者即謂之無火，速冷者即謂之有火。小熱時使其速冷，即謂之火小。大熱時使其速冷，即謂之火大。刀口火小易捲，火大易缺。劣鋼火小則柔而爛，火大則硬而脆。精鋼火小則柔而堅，火大則硬而韌。故劣鋼之刀，火過大與過小均不能用。精鋼之刀，火大火小向可使也。雖然，精鋼之刀，火大難磨，火小易鈍，是以研究蘸火不容緩也。磨光之鋼，其白如銀，以之入火，初則轉茶黃色，繼則蓮青色，繼而紫，繼而紅，繼而白，最高之熱名曰白熱。以之出火，則由白而紅而紫而黑。所謂蘸火者，即趁其熱時蘸水或蘸油也。蘸水較硬，蘸油較柔。趁白熱時蘸水即曰蘸白火，紅熱時蘸水即曰蘸紅火。吾人所用之刀，宜於紅及紅紫之間。體大之物，轉色較緩，蘸火易準。體小之物，轉色甚速，蘸火難準。有一取準法：先蘸白火，擦之使白，然後用小火緩緩燒之，至轉茶黄色時再蘸水，則合用矣。此法如量斛然，先堆尖，後以概去其多者，則斗滿而不盈不虧。是白火如堆尖，茶黄色如概，則火不大不小矣。此法尤有一作用，大體積之物蘸火，大都外大裹小。先蘸大火，然後退去少許，則裹外相等矣。有火之物，入火燒熱，緩緩冷之，曰退火。

奏刀八

奏刀與運筆等。古人運筆之法各立其説，即撥鐙一法，有解鐙爲鐙火之鐙者，有解鐙爲馬鐙之鐙者，無論何説，總不離乎執筆之勢與運筆之力。執筆之勢以各方無所阻滯爲主，運筆之力以進退咸宜、行止由我爲主。故曰「必使我用筆，毋使筆用我」，又曰「筆不死，指不活」云云。今引申其説曰：筆不死，指不活。指不死，腕不活。腕不死，肘不活。凡求活潑，宜用指腕；欲求剛勁，則宜用肘，甚之用肩用腰。走刻皮雕山水中之建築物，如窗櫺、闌干之類，必一手執物，一手緊執刀，死其指、腕、肘，活其腰，以肩頭帶之。否則輭弱無力。執刀無定式，大都用大、食、中三指拈之。向右及右上、右下三方，則三指緊貼刀身，以肘帶之。向左三方，則用大、食兩指緊貼刀身，以中指虛襯於旁，以大、食二指送之。向下若用向右之法，則將肘置於肋側；用向左之法，將肘置於前。向上用向左之法，將肘置於肋側。無論向何方，至深感不便時，亦可將物體之方向稍移。有時可用左手幫助，以左手食、中、無名、小四指著於物體，以大指貼刀，或用左大指推送，或以左大指爲支點，以右手向反對之方向運動。運刀前進，謂之行刀。不行時，由於刀頭深陷。刀身卧下，則刀頭起。雀舌刀反是。以刀直立切之以開路，則行刀不由我使而自行者，曰走。防走刀，以中指尖之肉或手掌之肉貼於物，肉與物不能接觸時，以左手一部分墊於其間。

竹性九

凡治一事一物，必須知事物之性。子孔子曰「述性之謂道」，刻竹雖小道，亦必由述性始。竹之構造，近於草木，而於草木有大不同者。今分析竹版爲三層：竹之裏面光滑而無紋理者，爲竹簧；竹之中層有紋理者，爲竹膚；竹之表面之粉狀凝結物而附於竹膚之外者，爲竹筠，俗名竹皮。竹簧之性，堅度亞於竹膚之外部而堅於

竹膚之裏部,可以離膚獨立。惟無韌性,容易破裂。竹膚之性,裏外不同。然同爲平行綫之紋,稍加以力,往往順紋分裂,刻時必須注意。竹�之性,乾者其堅如石,遇濕則其爛如泥。其體甚薄,不能離膚獨立。且此薄層之竹筠猶有表裏之别,表層尤硬於裏層,易傷鋒刃。

分類十

刻竹可分淺刻、深刻、皮雕、實雕。欲求神妙,其難則一。若談手術,雕繁於刻,深刻難於淺刻,皮雕難於實雕。淺刻一刀經過,只刮竹膚之表面,無竹身破裂之虞。深刻奏刀,有一定之方向,否則順紋破裂,不能隨心所欲。故深刻難於淺刻也。實雕將竹膚雕成若干層,奏刀亦須認定方向,其破裂之弊與深刻等,似較皮雕爲難。然皮雕要將甚薄之竹筠分爲若干層,其奏刀輕重之間,不能有絲毫之不當。且以筠爲花,以膚爲底,底平最難,皮雕之佳者,其底如水磨之平,而實不能用磨,故皮雕難於實雕也。

淺刻十一

淺刻者，刮刻也，以刀刃向下而平拂之也。淺刻，四棱刀必用方柱形，磨一端之四角而成錐形者，因錐與柱相錯，以中指貼柱之一面，刀刃自向下也。刀刃斜卧於物面，輕刮則淺，淺則瘦；重刮則深，深則肥，猶毫之因提與捺而肥瘦成也。肥瘦應心，而波趣出也。淺刻所難者，惟由左上方至右下方之筆畫，奏刀時不成刮而成切也。字之此畫爲捺，是字中最闊之筆。獨不能闊，能成字乎？勢必臨時換刀身之方向，方不受窘。既欲易向，則指尖之肉，勢必不能實著於物面，欲刀不走，是在練習之工。其用三棱、鯽魚背、雀舌等刀，所差者只刀口之厚薄與卧於物面之平側而已，其他無區别也。

深刻十二

深刻分三種，區别在底之形狀。有用雙刀平底者，由筆畫兩側奏刀直下，然後就兩刀間剷去其面，而料平其底，是一種也。其一則對刀圓底，用圓口刀由筆畫兩側斜下，則筆劃成圓形凹槽，曰對刀圓底。又一法，易前法之圓口刀爲方口刀，刻成尖底，曰對刀船底。談手續以平底爲難，論品格以對刀爲尚。至於用刀，方口、圓口亦互有得失，大都用毫者求硬不得硬，用刀者求輭不得輭。圓口刀隨和，若云求輭，則圓口尚矣。然至小處，因圓口無鋒，往往有鑿枘之病，不若方口之無微不至也。深刻之刀，宜用薄口。然竹質甚堅，過薄亦不耐用。大都宜在二十度以外、三十度以内。執刀之勢，以大、食、中三指執刀。刀口之上角向外者曰正刀，上角向裏者曰反刀。如刻字，一横先刻一横上面，由右上角注筆處下刀，先向後切，就筆畫之姿勢旋而剜之，再以刀直進至起筆處爲止。後調轉方向，由起筆下刀，先切，後换刀勢向前，至注筆處與下刀處聯接爲度，一劃乃成。餘可類推。惟刻捺必用反刀，刻一直則刀之反正互用。欲明下刀方向及反正，只刻一「〇」即能了然。因刻一「〇」，必四正刀、四反刀方能成深刻。刻畫刻梅花者，多因刻「〇」，容易見刀法也。走歷世五十年，覺與人處難，與物處易，對物如有動作，先加試驗，不啻對物下問，吾人下問，彼必有答，物之答問，經千百萬遍不改分毫。至於何等筆畫應如何下刀，不必問走，問竹可也。

實雕十三

實雕之佳者，要層次分明，層次愈清，愈覺深遠。其層次分明之法，不外逐層雕之。雕一層，平一層，且平且雕，層次自顯。畫家之作畫也，色有濃淡，色之濃淡，即色之厚薄也，凡近者用厚色，遠者用薄色。雕刻家之雕刻，近者刻劃，遠者含渾，即近者深刻成厚層，遠者淺刻成薄層也。實雕之刀，多用鑿口，因實雕對於物料是去一部分，留一部分，用鑿口之平面以取準，斜面以去料。實雕器具繁多；如圓鑿，形如圓筒之一部，口成弧綫，大小不等。犂頭尖，一面平之寶劍頭也。三角鑿，三角槽之鑿也。螞蝗頭，一面平月牙口之鑿也。是等器具，一器有一器之形，隨形選器，一擊而成，易於簡浄。竊有所不取，用此等手術，雕成之物最易板而匠，無自然之天趣。其中惟螞蝗頭有特別之妙，因其作平口用可，作圓口用亦可。吾人雕刻用器，以簡爲尚。如能始終只用一刀，則品最貴。然勢必有所不能，無已則兼用。一刀而有數用者，則螞蝗頭尚矣。分層之法，參用幻視。每層之面若與物面平行，則逐曾之横斷面必如三卦形。若物料所厚無幾，而分層較多，必致背面相通。必每層稍有頃斜，橫斷面爲彡字形，如紙牌攤於桌上，由面至背，并無多層，視之可推出若干層，雖薄物亦能雕多層矣。雕成形後，難免刀斧痕，必刮而光之。普通工匠皆用刮鑿。刮鑿者，用平口，鑿以鎮子，鎮捲其口刮之，成效雖速，走亦不取。因鎮出之口，每不整齊，鑿口有缺，物即留痕。不若用走所創之五口刀側面刮之，則無留痕之弊。

皮雕十四

皮雕，又名留青，是以外皮之竹筠爲花，以膚爲底之雕刻也。新製者膚與筠之色相差無幾，年久竹膚受酸化而成櫻桃紅，竹筠爲雞油黃。此種雕刻有形有色，格外美觀，是以張希黃之皮雕筆筒能價值千金。走對於此種雕刻之名稱，主用皮雕，不主用留青，因「留青」二字雖與留名青史之「留青」二字相同，較爲典雅，然不若「皮雕」二字之率真。嘗立一界説曰：皮雕者，雕皮不雕膚者也。皮雕者，雕鏤其皮者也。皮雕損其竹膚，固越皮雕之界限。皮雕而無層次亦未盡皮雕之能，只能謂之皮刻，不足稱皮雕也。皮雕之花紋，山水、人物、花卉、翎毛、草蟲、走獸，無一不可，惟雕美人最難，因美人之面必先平整光滑，然後再求風韻。竹筠雖選其平者，究非真平，人面之高低與竹筠之厚薄不能吻合，尺寸小者猶可遷就，徑寸之面則無法奏刀。皮雕之次第，先用刀勾勒以定形，形定而去留定。凡當去者去之，其所留之筠，應厚應薄，再分別去留。須知皮雕與作畫成反比例，作畫是自無而有，自少而多；皮雕是自多而少，自有而無。作畫落筆宜輕，然後逐漸補之；皮雕留筠宜大，逐漸去之。如雕葉點，必一叢留一片，然後分爲攢三聚五。若逐點刻成，易犯點畫狼藉，不能呼應之病。皮雕之最要注意者，即防刀頭深陷也。深陷在花猶易補救，若底上有一點深陷，必將全底去其一層，方無痕跡。宜用厚口刀，從側方鏟之。皮雕之竅，要在利刀輕刮四字。此四字有聯帶關係，因利刀重刮多去，輕刮少去。若不利之刀，輕刮則不去，重刮方能去，而所去必多，故曰利刀輕刮。有客問於走曰：「皮雕以淺爲貴乎，抑以深爲貴乎？」答曰：淺則底上有筠，不能清潔。深則有傷竹膚，去膚外層不生光澤。以筠去盡而不傷其膚爲貴。

落墨十五

雕刻不以落墨與否定優劣，但有人重視不落墨者，以其難也。與其難而陋，何若易而美。吾揚宣古愚先生勸走落墨，曾遵其教，成績未見進步，故仍不落墨。時居多間，遇不常刻之物，形狀不熟，先以墨定其部位，粗具規模，將墨跡洗去，然後雕刻。其所以如是者，因人貴自立，藝術亦貴自立，落墨而後刻，是筆爲主人翁，而刀爲奴隸，刀不自立矣。且走對於運筆，雖有師承，毫無學力，以筆作書畫，反不若用刀作書畫之有致。所以不落墨，是箇人習慣，未足爲定法也。有時落墨而半途洗去者，因墨跡花眼也。亦有以落墨爲便者，深刻是也。有必不能落墨者，方寸之地刻千字也。有落墨無益者，實雕分若干層，落墨只在表面，一經奏刀而墨已去。

去俗十六

俗，不雅也。有以不俗之狀問黄庭堅者，答曰難言也，視其平居無以異於人，臨大節而不奪，此不俗人也。竊以爲物亦如是，視之無異於常物，息心觀察，有不可磨滅之精神，此雅物也。由是觀之，一覽無餘即是俗，耐人尋味即是雅。吾人雕刻，不必於表面矜奇炫異，務必體會入微。走之作品，不敢自詡其雅，凡見走之作品者，必把玩若干時而後釋手，此走所榮幸者也。其所以得臻此境者，有三端。三端者何，含蓄、頓挫、呼應也。含蓄者何，疏中求疏，密中求密也。頓挫者何，曲綫美三字已成裸體之專名辭，其實無美不曲，頓挫者曲也。呼應者何，賓主虛實，陰陽向背，各得其宜也。

騰空十七

作畫必求離紙，離紙者騰空也。雕刻亦必求騰空，雕刻之騰空有二種：其一實雕之近於立體者，其曰騰空，真騰空也；其一實雕之近於西洋浮雕者，以及淺刻、深刻、皮雕，其曰騰空，幻視之騰空也。其理又有二焉：一近物騰空，關係在眼。吾人視物，目内眼膜左右各現一相，大同小異，因二目有距離，則對物之方向各異，所現之相亦因之而異，二相相投，則邊際之相互有出入。《楞嚴經》稱色邊際相者是也。如欲表現前後二物，則前物之色邊際相必遮後物之相，色邊際相不能寫，必留餘地以表之，則二物自然不相聯混而騰空矣。一遠物騰空，關係在地面之蒙氣。蒙氣近地最厚，愈高愈薄。若寫前後二山，後山之麓必不可寫，以其有蒙氣也。若强寫其麓，則必成爲山巔加山矣。總之，雕刻大都表現自然，對於自然息心觀察，即不明其理，亦能寫其相。

讀畫十八

多見名家雕刻物，則獲益必多。然名家作品殊不易見，無已，借助於名家之畫。雕刻家讀畫，萬不可學其筆之來去。凡見一形，必假定彼爲刀刻；如見一點，則必計及此點刀由何方下，向何方行，至何方止，刀口應平應側，一一計之。久之，則見滿紙皆爲刀之來去。至我作品時，則成竹在胸，運刀有則，不期其妙而自妙矣。

取光十九

雕刻所需要者，除器具而外，即光綫也。光不必强，以不費目力爲主。前人不知光學，以爲燈光傷目。須知日光、燈光無所區别，只在射來之方向是否合宜，所來之光是否純一。于嘯軒先生之刻小字，可謂前無古人，方寸之牙，能刻六千字，目不能辯，必用顯微鏡觀之。其刻字之處，窗格盡糊以紙，閉其光，只留小洞，光由洞入，取其純也。大都吾人視綫，與光綫成九十度角，最爲明了。方向以左前方爲尚。然吾友黄漢侯則取上方光，其刻字之處是暗室而有天窗者。走刻竹不若彼等精細，只要在室之一隅，背後無散亂之光射來即得，不必如彼等之必有定所也。

雜問二十

問：方寸之地，以筆寫千字，勢必不能，刀何以能刻？答：雞毫寫大字，紫毫寫小楷，筆愈硬愈準，愈能寫小字。鐵筆極硬，故能極小。

問：刻小字不用目，有諸？答：目管行款，手管點畫，非盡不用目也。猶之寫字之方點、尖點、圓點，目只管方位，其形狀全在乎手。

問：站口刀何用？答：平底用。木工求平用鉋，求光用鎊平聲。鎊之爲物，是集若干站口刀爲一器。走平底根不能用鎊，因地小不能容。於是減鎊之長度用之，減之無可減，至於一刀。走用站口刀，實用鎊也。

問：鎮爲何物？答：小鋼片而安柄者，長僅一握。用時以四指握鎮，置於刀口重壓，而以大指推刀，刀口即捲。

問：七口刀、八口刀，有何分別？答：無大分別，僅斜頭切於物面，較平頭容易密切，餘均相等。

問：皮雕用站口刀，有何益處？答：不易深陷。

問：底有波浪紋，何法去之？答：底有波浪紋，是刀鈍之故，刀鈍則用時不流利，時有停頓，而波紋出。欲去此紋，運刀動路與前次運刀動路相交，刀口能跨兩個浪頭，以利刀反復刮之，浪紋自去。

問：皮雕之底爲何不平？答：不必問底之平不平，先問平底時刀切於竹面是否能平，刀平底自平。

問：匠與不匠之分。答：拘守陳法，只求成形，不求合理，是爲匠；隨時立法，務求合理，是爲不匠。

問：刀石之面宜大宜小？答：面大便取準，磨平不易。小者相反。

問：雕刻深淺達何程度爲宜？答：對待之名辭，皆比較而得。染黑天即所以成白月。在隨時比較而定之。

問：雕刻宜光宜毛？答：無論光毛，以能傳神爲貴。光能傳神，用光；毛能傳神，用毛。設以光刀刻樹木，以毛刀刻美人面，其不能傳神，不待言矣。

刻竹經驗談

周无方 撰

刻竹經驗談

吾國藝術家，往往守不傳之祕，不肯輕易示人。是以藝術一途，大都今不如古；間有一二知名之士，多出於自修，得諸師承者絶少。如繪畫之學，自《芥子園畫傳》出，學者方有階級可尋。至於雕刻之學，吾國獨無專書，論刻竹之法者，尤所罕見。吾揚刻竹，雖代有傳人，惜未將其法筆之於書，後之學者，無從知其門徑，甚可歎也！余學刻之初，欲師陳法，無人能道其所以然者。求之於士夫，則士夫不解。求之於工匠，則工匠習而不察。即有能道其一二者，語言粗率，不易明了。余苦心孤詣，寢食不忘，外而觀察自然，内而研究器械。久之若有鬼神來告，理能圓滿，手亦應心，凡有出品，見者歎得未曾有。余自知作品不過敷衍成章，未臻佳妙，雖不敢與張希黄、濮仲謙比美，却能自成一家。惟余已年過半百，眼花手梗，其端已現。若繼起無人，不免將數十年心血付諸流水。因著《刻竹瑣談》一卷。自露布之後，問難者疊至，其原因由於有遺而未言者，有言之不詳者，有言雖詳而意尚未達者。經難者之問，方知其缺點。今將遺者補之，略者詳之，意有未達者達之，務求明瞭，不避繁複，至言之不文，貽笑大雅，在所不計也。

余之經過

刻竹應如何入手，是一難問題。大都由於性之所近，時常弄刀，偶然成物，興趣遂生，得有進步，興趣更濃，益加精進，而成專家。至於磨刀與用刀，孰應在先，孰應在後；深刻，淺刻，皮雕，實雕，應以何者入手，非可率爾而言也。無已，先述余之經過。余幼年極頑皮，凡父兄給余玩物，遇有機件者，如舟車模型及八音盒、鐘表之類，必拆卸而後裝置，至不能還原而後已。時家人皆呼余爲敗家精，因一物到手，不數日必壞也。其時即喜置斧剉刀鋸各物，因有器具，雕刻於是開始矣。然雖事雕刻，而成物絶少。至民國元年，用青田石雕裸體美人一具，體積約立方寸三分之一，四肢五官，均尚安詳，各部之肌肉骨格，亦均能表現。友人欲出十元購去，余視若珍寶，愛不忍釋，後亦爲人竊去。成物由此始。當時揚州有朱君植之善雕桃核，余亦間或刻之，但終不若朱刻之細，推其原因，刀不良也。其後有楊君石青精刻牙，以于嘯軒等刻陰文，彼則避陰文而刻陽文，余遂技癢，刻小件與之角勝負。請友人評判，衆人皆云：「工候不如彼，其審美有過之無不及也。」余遂避平面而刻立體。初則以檀香製松菌，以紫檀製扁豆，均能亂真，間亦雕佛像及其他各物，尚堪入目。友人勸留款，因而學刻字，遂刻竹扇骨。時畫家吴笠仙有皮雕扇坯兩柄，倩余刻一柄，以另一柄爲酬。余正思學皮雕，苦無材料，有此機會，遂欣然應允。從事皮雕，由此始也。如今日視之，必付之一笑。然當時衆口贊揚，余亦自命得意。後在友人處假得寧仙盤、濮仲謙扇骨各一柄，細爲把玩，於皮雕之優劣，始能鑒别。當學刻款字之時，刀口不能肯切，有時得一二字筆劃潔浄可愛，究其原因，是新磨之刀也。有時刀雖新磨，而所刻之字，仍不潔浄，蓋磨刀未得法也。於是研究磨刀，因磨刀遂研究刀石，同時亦研究蘸火。茲就余所經歷而定研究之次第：刻必用刀，刀之優劣，又關於磨刀之合法與否，是刻之前，必研究磨刀。磨刀必用刀石，磨刀之先，又必先研究刀石。得刀石矣，磨刀合法矣，而刀之鋼火不佳，亦復無益，選鋼蘸火，亦不容少緩也。姑定次序爲選石、選鋼、製石、製刀、磨刀、蘸火等等。語曰：「工欲善其事，必先利其器。」斯之謂也。

選石

余所見之石不多，如白油石，鐘表匠用以磨機件者；緑油石，磨剃頭刀所用之石也；黑油石，普通磨小刀者；大青石，石印店用之磨石上舊紋者；羊肝石，磨舊式剃刀所用者；漁鈎石，漁户用之磨釣鈎者；火石，裝於機軸磨風鋼之類者。此外刀石種類尚多，凡無韌性之石而不雜砂粒者，均能用。然必就刀之狀況而選擇焉。石有粗、細、輭、硬之别，今言各種刀石之功用。大抵爲粗者速，細者遲，輭者速，硬者遲，粗者毛，細者光，輭者石面易凹，硬者石面平正，面凹則瓣凸，面平則瓣平。磨刀不宜始終只用一石：若用細石，成効甚遲，瓣尚未成而力已疲，必定改變方向；若用粗石，上瓣雖速，而瓣毛口虚，既不利且易傷。故宜先用粗石磨其大形，後用細石磨之使滑。則成效速而刀口利矣。磨大刀，石宜輭；磨小刀，石宜硬；小刀而用輭石，磨時深陷，而陵角皆圓。大刀而用硬石，則格格不入，而成效難收。選石之粗細輭硬不能合宜時，可以磚輔之。刀磚以帶藍色者爲佳，平時不能離水，緣乾磚之性韌而鬆，濕磚之性脆而緊也。無論磚、石，用久必凹，必用二石互相磋磨，使面成水平，以之磨刀，方能正確。石無韌性，則易出漿，漿者，水與石粉之混合物也。有漿，則刀與石不密切處有漿補之，切面多而成功速。如遇堅石之不易出漿者，可以他石之漿補之。

選鋼

鋼之種類繁多，非機械專家不易識別。吾人雕刻用鋼，不必如機械家識别之細。前人云以菊花鋼爲最良，然不易購買。舶來品之鋼條，不乏良品，但以難遇難識，終難得之。余本經驗察得：良鋼可製良刌，上品之刌，非上品之鋼，不克製之，故欲求良鋼，求良刌可矣。蓋刌之識别，較鋼條原料爲易多也。刌之優劣，亦分多種。以手牌刌爲最佳，魚牌刌次之，但亦可用，至於其他雜牌刌，鋼質好者絶少。鑑别鋼之優劣，可視其斷口之粗細，斷口愈細者，愈良。以兩鋼各各折斷，比其斷口紋理之粗細，其優劣自分。又有一法：即以兩刌互擊，其傷口之淺深，足徵其優劣。刌之優劣既識矣，則可選良刌以製刀。用刌改刀，不可下爐，蓋刌之鋼固精，而火亦好。下爐重造，蘸火均不若原本之火優良，故不必下爐改造。改造之方，以用洗玉之法爲最善。先將剉洗成鋼條，復洗出刀口。此種刀可刻鋼鐵之類，凡剉所能剉之物，此刀均能刻也。若以之刻竹，必鋒利而耐用必矣。遇皮雕平底時，用力要輕，其刀身可不必過厚，以鐘表所用發條製之可矣。製法極簡，即折其一段，製直磨成刀口，即能用。但不能經火，蓋發條之鋼，并非最精者，惟火之剛柔，合宜也；一經下火，再求其原來之火，不可得矣。有數種刀式，非洗琢所能奏功者，不得已而下爐，未嘗不可，惟刀口之鋒利遜多矣。

製石

刀石有製成者，取來磨刀，自然不須費事。若遇其質可用之石，而形狀崎斜不正者，必製成平面方合用。其形體以長方條爲最宜，其尺寸之長短寬窄，雖無一定，可以石質之種類區别之：凡石質硬而細者，宜磨小刀，其尺寸宜長在三五寸之間，寬在一寸左右；輭而粗者，宜磨大刀，宜長在五七寸之間，寬在二三寸之譜。蓋磨刀之動路，若有二倍之長，磨一次之効力，必等於短者二倍，磨小刀若動路過長，則手力難穩，難期正確，故磨大刀者，石宜長，磨小刀者，石宜短。至於寬窄：寬者，磨刀時動路難出石外，至石面磨凹時，製平不易；是以刀石皆用長形，而不取正方也。其製成平面，初必以鏨子去其凸出者，粗具規模，用砂置於平面上磨之，大都初用粗砂，次用細砂。如磨刀磚，可以缸瓦椎碎，既能用。若磨細油石，必用洗玉者之金鋼沙磨之。

製刀

刀之用廣矣，今所言是雕刻之刀。必明雕刻刀之性質，方能言刀。雕刻之用刀，猶書畫之用毫，毫有剛柔，刀有厚薄，如尺方大字，必用雞毫、羊毫，蠅頭小楷，宜用紫毫狼毫；用刀亦然。凡遇堅硬物質，宜用厚口；遇柔輭物質，宜用薄口。柔質用厚口，則刀鋒未入，而形體已變；堅質用薄口，則刻劃未成，而刀鋒已損。此以物質分也。若以作用分，求其深入者，口宜薄；防其深陷者，口宜厚。刀口固有厚薄之分，亦有平圓斜正之別。凡刻直綫，宜用平口，刀口正確，刻劃方上繩尺；刻曲綫，宜用圓口，刀口圓，方能隨和。刀之性質明矣，吾人雕刻所用之刀，究以若何形式爲宜？蓋刀無定形，隨人意造，以合手爲佳。如丁鈍丁能以鈍釘鐫印章，雖以鈍釘爲

刀形圖式(一)

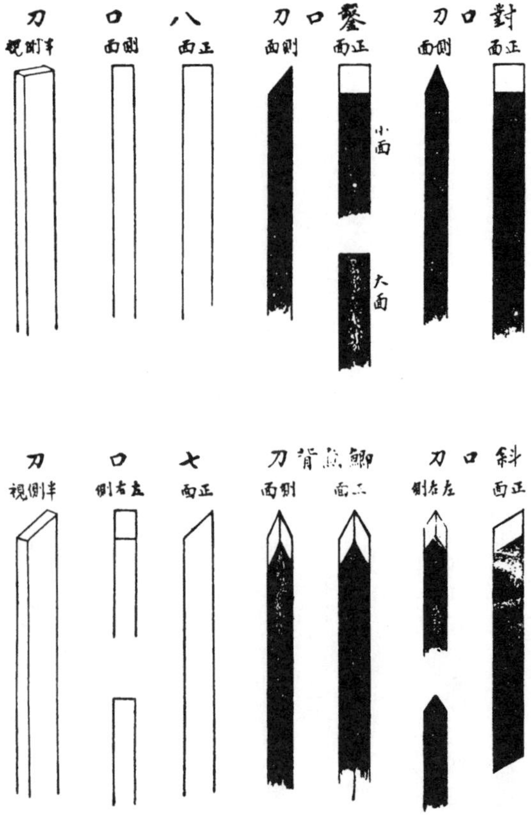

對口刀
正面
側面
鑿口刀
正面
側面
小面
大面
八口刀
正面
側面
半側視
斜口刀
正面
左右側
鯽魚背刀
側面
七口刀
正面
左右側
半側視

刀形圖式（二）

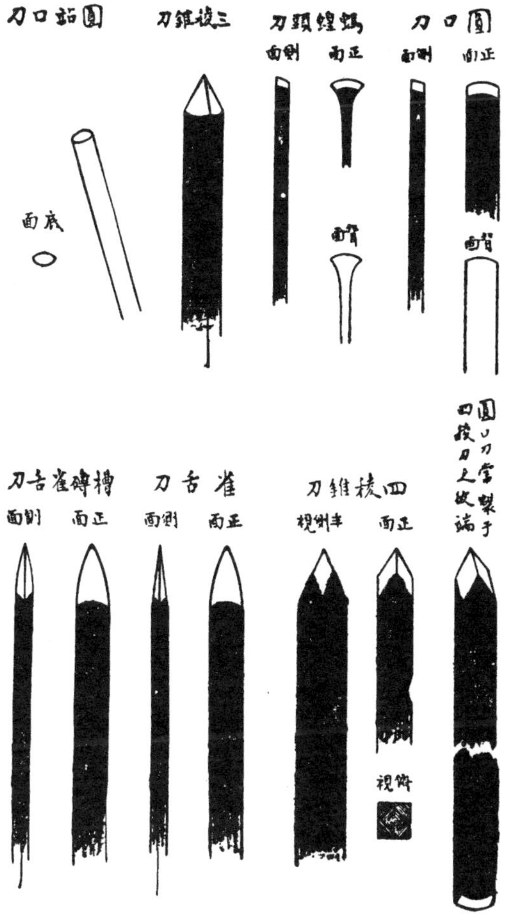
圓口刀
正面
側面
背面
蝙蝠頭刀
正面
側面
背面
三棱錐刀
圓鉆口刀
底面
槽碑雀舌刀
正面
側面
雀舌刀
正面
側面
四棱錐刀
正面
半側視
俯視
圓口刀常製于四棱刀之彼端

刀，亦無不可。兹舉其普通者言之：如兩面角度相等，而磨成瓣子者，名對口刀。一面以刀身平臥於石上而磨之，一面有角度者，名鑿口刀。刀身與刀口能垂直者，名平口。不成垂直者，名斜口。兩面均有角度，滚而磨之，成圓口者，名雀舌；蓋象形也。一面以刀身平臥於石上，一面有角度，滚而磨之者，名螞蝗頭；因此刀闊其頭，細其柄，如銀錠式之一端，亦象形也。余所製之刀，以鑿口磨其兩側，則成五口刀。以刀身平臥於石上，磨其四面，復直立於石上而磨之，成八口刀。用前法，改直立爲斜立，成七口刀；因刀口角度不能過九十度，鈍角則不能成口矣。凡立刀於石上而磨成者，均名站口刀，又名刮刀，銅工、錫工多用之。先磨成扁圓柱，後直立磨之，成圓站口刀。又淺刻刀，有用四角錐形者，有用三角錐形者。四角錐刀，是用正方柱形鋼條，磨一端之四角，而成錐形。吾揚吴讓之前輩創之，宗其法者，有金爵三、趙竹賓、耿西池諸先生，吾友黄漢侯等亦宗之。三角錐刀，吾揚于嘯軒先生等用之，讓之前輩乃印人大家，而兼刻竹者也。石竹質硬，故用四棱。嘯軒先生精刻牙，牙質較柔，故用三棱。三棱之棱近六十度；四棱之棱近九十度，厚於三棱之口矣。又形似寶劍頭者，名鯽魚背，又有雀舌刀，不用滚瓣，而用槽磚磨之者，此二刀，淺刻中闊輩常製此刀於四角錐刀之彼端，亦淺刻中之刻闊筆劃者。又有以方柱形之鋼條斜站於石上，滾而磨之，類似螞蝗頭者，吴讓之前筆劃用之。

磨刀

磨刀者，磨其口也。請言刀口。刀口者，所磨兩面相交之棱也。口之厚薄，與刀身無涉；刀身厚者，不妨成薄口，刀身薄者，亦能成厚口。只以所磨兩面，相交之角度大小而分也。角度大者爲厚口，角度小者爲薄口，無論何種刀口，均以所磨之面光滑而平、兩面相交能成幾何定例之綫者爲良。所磨之面，工藝家名爲瓣子，所磨之面不規則，曰不上瓣。瓣子愈光愈耐用，亦愈光愈鋒利。如瓣子粗，則相交之綫有極細之鋸齒。既有齒，則有實有虚，容易損壞。瓣子光，則相交之綫，處處皆實，故能耐用。瓣子光，則滑而不滯，磨阻力小，故能遊刃有餘。若不上瓣，則用時無標準，難期得手應心。余刻竹三月，即知磨刀之要，經三年之久，未得善法。蓋磨大刀易，磨小刀難。如磨小至半密里以内之刀，雖工藝專家，亦無良法。細思其故，不外執持之方向不更，而動路能直，則得矣。欲方向不更，必須有所標準。然指動腕即能隨之而動，腕動肘又隨之而動，標準終不可得。久之，恍然大悟，其用力必如木工之鉋鉋，立定兩足，死其指腕肘，活其腰，以身送之。一試乃成。然用之於較大之刀則可，用之於最小之刀，仍不上瓣。蓋動路與方向固其要素，而切於石上之輕重，亦大有關係焉。以身送之，其力過大，輕重難得其宜。再加研究，又得一法，以肘置於刀石之延長面上，死其指腕而動之，動路雖成弧，而不出平面，至小之刀，亦上瓣矣。其磨較大之刀，仍以前法爲宜。

蘸火

蘸火之法有專書，非余淺識所敢言也。蓋鋼雖不精而蘸火得法，能代精鋼之用。吾人事雕刻，無暇及此，粗言之可也。刀之良否，全視鋼火。鋼固要精，火亦要準。鋼性緩冷則柔，速冷則硬。緩冷者，即謂之無火；速冷者，即謂之有火。小熱時使其速冷，即謂之火小。大熱時使其速冷，即謂之火大。刀口火小易捲，火大易缺。劣鋼火小則柔而爛，火大則硬而脆。精鋼火小則柔而堅，火大則硬而韌。故劣鋼之刀，火過大與過小，均不能用。精鋼之刀，火大火小，尚可使也。雖然，精鋼之刀火大難磨，火小易鈍，是以研究蘸火，不容緩也。磨光之鋼，其白如銀，以之入火，初則轉茶黃色，繼則蓮青色，繼而紫，而紅，而白。最高之熱名曰白熱。以之出火，則由白而紅，而紫，而黑。所謂蘸火者，即趁其熱時，蘸水或蘸油也。蘸水較硬，蘸油較柔。趁白熱時蘸水，即曰蘸白火。紅熱時蘸水，即曰蘸紅火。吾人所用之刀，宜蘸火於紅及紅紫之間。體大之物轉色較緩，蘸火易準。體小之物，轉色甚速。蘸火難準。有一取準法：先蘸白火，擦之使白；然後用小火緩緩燒之，至轉茶黃色時，再蘸水，則合用矣。此法如量斛然，先堆尖，後以概去其多者，則斗滿而不盈不虧。白火如堆尖，茶黃色如概，則火不大不小矣。此法猶有一作用，大體積之物蘸火，大都外大裏小，先蘸大火，然後退去少許，則裏外相等矣。有火之物，入火燒熱，緩緩冷之，曰退火。

奏刀

奏刀之法，因雕刻之種類而異。雖有時能通，而淺刻可另立一派，今姑捨淺刻而談奏刀。奏刀與運筆等。古人運筆之法，各立其說，即撥鐙一法，有解鐙爲鐙火之鐙者，有解鐙爲馬鐙之鐙者。無論何説，總不離乎執筆之勢與運筆之力。執筆之勢，以各方無所阻滯爲主；運筆之力，以進退咸宜、行止由我爲主。故曰「必使我用筆，毋使筆用我」，又曰「筆不死，指不活」云云。今引申其説曰：「筆不死，指不活；指不死，腕不活；腕不死，肘不活。」凡求活潑，宜用指、腕。欲求剛勁，則宜用肘，甚之用肩用腰。余刻皮雕山水中之建築物，如窗櫺欄干之類，必一手執物，一手緊執刀，死其指、腕、肘，活其腰，以肩頭帶之，否則輭弱無力。執刀無定式。大都用大、食、中三指拈之，向右及右上、右下三方，則三指緊貼刀身，以肘帶之。向左三方，則用大、食兩指緊貼刀身，以中指虛襯於旁，以大、食二指送之向下。若用向右之法，則將肘置於肋側；用向左之法，將肘置於前。向上，用向左之法，將肘置於肋側。無論向何方，至深感不便時，亦可將物體之方向稍移。有時可用左手幫助，以左手、食、中、無名、小四指著於物體。以大指貼刀，或用左大指推送，或以左大指爲支點，以右手向反對之方向運動。運刀前進謂之「行」。刀不行時，由於刀頭深陷，刀身臥下則刀頭起。雀舌刀反是：以刀直立切之以開路則行。刀不由我使而自行者曰「走」。防走刀以中指尖之肉或手掌之肉貼於物，肉與物不能接觸時，以左手一部墊於其間。至於淺刻之用刀，近於用鉛筆寫字，其用刀之法，則完全用刮，大都用大、食二指執刀，以中指虛襯於其旁。其用刀之法，變換甚微，不易言說，多在心領神會之間。運刀前進之時，既然用刮，必有一個瓣子向前；不若深刻之瓣子分左右也。向前之瓣子，時時使其直立，行刀時自少下壓之力，易於流走。至用刀之術語，若無界說，不易明了，茲定一界說於右，或曰：「一字有一字之訓詁，何用贅言。」不知古今學術，代有變更。且一字又有數訓，雖深通小學之人，尚有不能指實之時，何況未研究小學者，更難明用意之所在矣。茲略舉數字，立爲界說。知我罪我不計也。

切　刀口向下斷之也。

行　刀前進也。

刻　切而行也。

刮　刀口與動路相交而平拂也。

剜　用刀隨時易向，行而取之也。

削　刀斜進，分去留也。

剷　刀口與物面平行，與動路相交，取直綫之動路而行也。

平　輕刮也。

修　改刀之誤也。

劃　以刀鋒劃界也。

雕　用劃、刻、剜、削、剷、平，使物體爲層次也。

説鎊與鎮 鎊讀平聲。

以上所言均能明瞭，則研究雕刻，無難事矣。所欠者，工候耳。然有鎊、鎮二器，雕刻雖不用，而製器之理，大有可取，今并言之。鎊之爲物，是集若干站口刀平行列於木柄上如梯：木工、牙工用之鎊光者。木工製物，求平用刨，求光用鎊。蓋二器均於刀口之前後有標準，不容深入於料者也。觀於鎊之構造，任取一刀，皆得爲隣刀之標準。在理想上，似不當去料，但凡擊之能成聲之物，必有彈力，加力，必陳凹凸。受壓之處必凹，不受壓之處必凸。同時加壓力於各部分，則每部所受之力必小，而所陳之凹凸亦必微，故鎊去之料必爲極薄之片。若料本有凹凸，則凹處鎊必不能達，所去者必爲凸處，凸處盡去自然平正。平之極，自然光。鎊不利時，則用鎮鎮其口。鎮者，重壓也。鎮之形狀，長僅一握，一端裝小鋼片，用時以食、中、無名、小四指握其柄，以鋼片壓刀口，以大指推刀，則刀口即生飛邊。站口刀用久則口陳圓滑之形，不能鋒利，用鎮鎮其一面，則邊現棱角，可用矣。余用硬石磨站口刀，雖同一是磨，實有用鎮之意。其别於鎮者，鎮對於刀口各部，是次第相壓，各部有輕重之差；直立磨之，是同時相壓，無此輕彼重之弊。此二物雕刻中不用，然其理可取。余用站口刀平底，即取法於鎊，鎊之爲物，其體甚大，皮雕花紋之空隙必不能容，於是減其長度用之，減之無可減，至於一刀，故余之用站口刀，實用鎊也。或曰：「用刀與用鎊何異，何必取法於鎊？」蓋刀之傾斜由我，鎊之各部皆時時直立，傾斜刮之，則隨物面高低，若直立刮之，刀之後面即爲前面之標準。雖求其不平，不可得矣。故余用站口刀，必取法於鎊也。

選竹

江蘇産竹甚少，而質亦不良，大都皆用安徽、浙江兩省所産者。竹質以緊密爲良。竹面以無凹槽者爲尚。有凹槽之竹，製成之物，即有白筋，槽愈深則筋愈顯，故必選其竹面平滑者。至於皮雕，既須選其形，尤須選其皮色。必皮色潔白而無斑紋者，方能合用。市上稱皮雕扇骨曰玉皮者，因此也。但皮色潔白者，多係嫩竹，其質多鬆，且竹膚之色與皮色無大分別。若老竹，膚呈深黄色，且質亦緊密。膚色深，則顔色顯明。質緊密，則花紋纖細，不致損壞。但過老之竹，膚上往往有黑紋，最爲刺目。故必選老而無黑紋者爲佳。然膚在皮裏，未去皮之前，目不能穿皮透視。至見黑紋之時，其工程已有十之八九，留之無用，棄之可惜，事前必須慎重。扇骨以用刮過下端者爲宜，蓋可以下端測上端也。又竹之黑紋在近節處一寸左右爲多。若雕山水，其地位多在天空，絶非留皮之處，遇有可疑者，先將此處竹皮刮去，以免功敗垂成。

竹性

凡治一事一物，必須知事物之性。刻竹雖小道，亦必由知性始。竹之構造，分爲三層：竹之裏面光滑而無紋理者爲竹簧，竹之中層有紋理者爲竹膚，竹之表面之粉狀凝結物而附於竹膚之外者爲竹筠，俗名竹皮。竹簧之性：堅度亞於竹膚之外部，而堅於竹膚之裏部，可以離膚獨立，惟無韌性，容易破裂。竹膚之性：裏外不同，然同爲平行綫之紋，稍加以力，往往順紋分裂，刻時必須注意。竹筠之性：乾時其堅如石，濕時其爛如泥。其體甚薄，不能離膚獨立。且此薄層之竹筠，猶有表裏之別，表層尤硬於裏層，易傷鋒刃。物體通性，遇熱則漲，遇冷則縮。植物之漲縮與燥濕有關係焉。大都植物感受燥濕，就位置言，則表速裏遲；就體質言，則密難疏易。竹之組織：實在裏而質密，膚在外而質疏，其漲縮之差，有倍於其他植物者。竹遇硝酸則變紅色，遇雨水則生黑苔。以鹽水煮之，可保其不朽不黑。凡物均有微隙，竹之隙直而粗，其易於裂，宜也。

防製

竹器之難保存者，裂也。裂之原因，由於各部之漲縮不等。一部分縮，其他部分不容其縮，則一部分裂。一部分漲，其他部分不能隨之漲，則其他部分裂。如玻璃，因冷熱而有漲縮，又因其傳熱之速率甚遲，故全體之冷熱常不均，故常裂。竹因燥濕而有漲縮，而膚與簧之漲縮不同，膚之漲縮多，而簧之漲縮少，漲縮不均，故裂。

何所據而云哉?凡竹器之易裂者,多係圓筒,竹版罕見其裂。蓋竹之膚簧漲縮不均,可以改變其弧度。若圓筒,四週聯接,無改變形狀之可能,欲變其形,惟有裂。更有一端,可以證明漲縮不均之故。圓筒固易裂矣,裂處又多在節。因竹節處處皆實,而收縮更難,竹膚遇燥而縮,簧不易縮,故裂。節更不易縮,故更易裂。既明致裂之由在漲縮不均,去其漲縮不均者,自不裂矣。若謂竹筒去簧去節不美觀,可另取較小之竹,去其膚而存其簧與節,以爲膽。使不密切,復以粗鬆有彈力不能阻膚收縮之質,襯於表裏之間,既不害其美觀,又可免破裂之虞矣。余以爲製作有則,即能美觀,即不另用竹簧爲膽,亦未爲不可也。

分類

刻竹可分淺刻、深刻、皮雕、實雕。實雕又分平面、立體兩種。欲求神妙,其難則一。若談手術,雕繁於刻,深刻難於淺刻,皮雕難於實雕。淺刻一刀經過,只刮皮膚之表面,無竹身破裂之虞。深刻奏刀,有一定方向,否則,順紋破裂,不能隨心所欲,故深刻難於淺刻也。實雕,將竹膚雕成若干層,奏刀亦須認定方向,其破裂之弊,與深刻等，似較皮雕爲難。然皮雕要將甚薄之竹筠，分爲若干層，其奏刀輕重之間，不能有絲毫之不當。且以筠爲花，以膚爲底，底平最難。皮雕之佳者，其底如水磨之平，而非磨所能奏效，故皮雕難於實雕也。

淺刻

淺刻者，刮刻也，以刀刃向下而平拂之也。淺刻四棱刀，必用方柱形磨一端之四角而成錐形者。因錐與柱相錯，以中指貼柱之一面，刀刃自向下也。刀刃斜臥於物面，輕刮則淺，淺則瘦；重刮則深，深則肥，猶毫之因提捺而肥瘦成也。肥瘦應心，而波趣出也。淺刻所難者，惟由左上方至右下方之筆畫，奏刀時不成刮而成切也。字之此畫爲捺，是字中最闊之筆。獨不能闊，能成字乎，惟有一法，即捻刀也。刀刃與刀身不成直綫，若捻轉刀身，刀刃必然易向，因此刃與筆畫可以相交，而無直切之弊。雖然能相交，而不能成正交。求捺之筆畫闊，仍不若其他筆畫之易闊也。則以輕重救之。其用三棱、鯽魚背、雀舌所差者，只刀口之厚薄，與臥於物面之平側而已，其他無區別也。惟用變形螞蝗頭，刀口不在兩側而在當頭，可無撇粗捺細之弊。

然圓口無鋒，不便作字；只知前人以之刻畫，未聞以之刻字者。余友何其愚於淺刻書畫，均有心得，欲以淺刻之法，著書行世，欲知淺刻之奧妙者，其拭目待之。余涉獵最淺，所言者，皮毛耳。

深刻

深刻分三種，區別在底之行狀。有用雙刀平底者，由筆畫兩側奏刀直下，然後就兩刀間剷去其面，而平其底，此一種也。有用對刀圓底者，用圓口刀，由筆畫兩側斜下，則筆畫成圓形凹槽，曰對刀圓底，此又一種也。又一法，易前法之圓口刀爲方口刀，刻成尖底，曰對刀船底。談手續，以平底爲難；論品格，以對刀爲尚。至於用刀，方口圓口，互有得失。大都用毫者，求硬不得硬，用刀者，求輭不得輭。圓口刀隨和，若云求輭，則圓口尚矣；然至小處，因圓口無鋒，往往有鑿枘之病，不若方口之無微不至也。深刻之刀，宜用薄口，然竹質甚堅，過薄亦不耐用，大都宜在二十度以外，三十度以内。執刀之勢，以大、食、中三指執刀，刀口之上角向外者曰正刀，上角向裏者曰反刀。如刻字一橫，先刻一橫上面，由右上角注筆處下刀，先向後切，就筆畫之姿勢，旋而剜之，再以刀直進，至起筆處爲止。然後轉換方向，由起筆下刀，先切，後換刀勢向前，至注筆處，與下刀處聯接爲度，一劃乃成，餘可類推。惟刻捺必用反刀，刻一直則刀之反正互用。欲明下刀方向及反正，只刻一「〇」，即能了然。因刻一「〇」，必四正刀四反刀方能成。深刻刻畫，刻梅花者多，因刻「〇」容易見刀法也。余歷世五十年，覺與人處難，與物處易；對物如有動作，先加試驗，不啻對物下問，吾人下問，彼必有答，物之答問，經千萬遍，不改分毫。至於何等筆畫，應如何下刀，不必問余，問竹可也。

實雕

實雕之佳者，要層次分明，層次愈清，愈覺深遠。其層次分明之法，不外逐層雕之。雕一層，平一層，且平且雕，層次自顯。畫家之作畫也，色有濃淡，色之濃淡，即色之厚薄也，凡近者用厚色，遠者用薄色。雕刻家之雕刻，近者刻劃，遠者含渾，即近者深刻成厚層，遠者淺刻成薄層也。實雕之刀，多用鑿口，因實雕對於物料，是去一部分，留一部分。用鑿口之平面以取準，斜面以去料。實雕器具繁多；如圓鑿，形如圓筒之一部，口成弧綫，大小不等；犂頭尖，一面平之寶劍頭也；三角鑿，三角槽之鑿也；螞蝗頭，一面平月牙口之鑿也。是等器具，一器有一器之形，隨形選器，一擊而成，易於簡净。竊有所不取，用此等手術雕成之物，最易板而匠，無自然之天趣。其中惟有螞蝗頭，有特别之妙，因其作平口用可，作圓口角亦可。吾人雕刻器具，以簡爲尚，如能始終只用一刀，則品最貴。然勢必有所不能，無已，則用一刀而兼有數用者，則螞蝗頭尚矣。分層之法，參用幻視，每層之面，若與物面平行，則逐層之横斷面，必如☰卦形。若物料所厚無幾，而分層較多，必致背、面相通，必每層稍有傾斜，横斷面爲彡字形，如紙牌攤於桌上，由面至背，并無多層，視之可推出若干層，雖薄物，亦能雕多層矣。雕成形後，難免刀斧痕，必刮而光之。普通工匠，皆用刮鑿。刮鑿者，用平口鑿，以鎮子鎮捲其口刮之。成効雖速，亦不足取。因鎮出之口，每不整齊，鑿口有缺，物即留痕，不若用余所創之五口刀側面刮之，則無留痕之弊。或問：「實雕之深淺，達何程度爲宜？」答曰：凡對待之名辭，皆比較而得。染黑天，即所以成白月。在隨時比較而得之，無定則也。

立體

雕立體有兩種：（一）就料之天然形雕之。事前必須相料之形，只要將料往復省視，總能有相似之物。要平時遇物留神，胸中印象多，自然能比擬。費斧鑿不多者，必省視精確也。（二）用整料雕者，事前要觀想一形，觀想透澈，將料看成透明體，中間隱隱有一形在，料轉動時，形即隨之轉動，其形已定，可以奏刀矣。奏刀之時，要守定「留」字訣。如雕一人或一獸，何處留爲頭，何處留爲足，初雕不必求奇，四肢不可交叉。將尺寸長短、大小比例雕熟，然後交一肢，交一肢雕熟，再交二肢三肢，至四肢能交叉而不背理，則佈局之能事盡矣。至於各部分形狀有不能肖者，皆「留」之不當也。大都所留之料，不在部位，至用時而無料，勢必遷就，不能肖矣。最好先雕成臃腫之形，然後省視而逐漸去之，其不肖者幾希矣。昔有一匠教徒雕人面曰：「鼻宜大，眼宜小。」即「留」字訣也。因鼻大可以改小，眼小可改大，皆留料有餘也。

皮雕

皮雕又名留青，是以外皮之竹筠爲花，以膚爲底之雕刻也。新製者，膚與筠之色，相差無幾；年久，竹膚受酸化而成櫻桃紅，竹筠爲雞油黃。此種雕刻，有形有色，格外美觀，是以張希黃之皮雕筆筒，能價值千金。余對於此種雕刻之名稱，主用皮雕，不主用留青。因留青二字，雖與留名青史之留青二字相同，較爲典雅，然不若皮雕二字之率真。嘗立一界説曰：「皮雕者，雕皮不雕膚者也。皮雕者，雕鏤其皮者也。」皮雕損其竹膚，固越皮雕之界限，皮雕而無層次，亦未盡皮雕之能。只能謂之皮刻，不足稱皮雕也。皮雕之花紋，山水、人物、花卉、翎毛、草蟲、走獸無一不可。惟雕美人最難，因美人之面，必先平整光滑，然後再求風韻；竹筠雖選其平者，究非真平，人面之高低，與竹筠之厚薄，不能吻合，尺寸小者，猶可遷就，徑寸之面，則無法奏刀。皮雕之次第，先用刀勾勒以定形，形定而去留定，凡當去者去之，其所留之筠，應厚應薄，再分別去留。須知皮雕與作畫成反比例：作畫，是自無而有，自少而多；皮雕，是自多而少，自有而無。作畫落筆宜輕，然後逐漸補之；皮雕留筠宜大，逐漸去之。如雕葉點，必一叢留一片，然後分爲攢三聚五。若逐點刻成，易犯點畫狼藉，不能呼應之病。皮雕之最要注意者，即防刀頭深陷也。深陷在花，猶易補救。若底上有一點深陷，必將全底去其一層，方無痕跡；宜用厚口刀，從側方鏟之。皮雕之竅要，在「利刀輕刮」四字。此四字有聯帶關係，因利刀，重刮多去，輕刮少去；若不利之刀，輕刮則不去，重刮方能去，而所去必多，故曰「利刀輕刮」。有客問於余曰：「皮雕以淺爲貴乎？抑以深爲貴乎？」答曰：「淺則底上有篘，不能清潔，深則有傷竹膚，去膚外層，不生光澤，以篘去盡，而不傷其膚爲貴。」

平底

平底，爲刻陽文者不可少之手術；尤爲皮雕中最要之事。前代皮雕名家，花紋能分爲若干層，其底均能平滑光亮。具此能力者，方能成爲名家；無此能力者，不能稱名家也。蓋平而不光，微有高底，尚不顯露；一經磨光，稍有不平，即不能隱。工匠之製平面也：目見其平，未必是平；以手摸之，覺其平，則真平矣。研究皮雕，手摸之平，仿不能謂之平；必顯光，斜視而無波浪紋，方能謂之平。去波浪紋之法有二：一則平底時，刀口稍鈍則另易利刀，蓋刀鈍則易停頓，刀停頓則波浪紋生。若用利刀，則運刀流利，刀不停頓，波浪紋自不易生矣。二則已有波浪紋而欲去之，則將刀口與浪紋相交跨兩個浪頭，以利刀往復刮之，浪紋自去。又竹爲圓柱形，其底之平,必非幾何學之平,所謂平者,不過還竹之原形,無或出或入耳。刀口與竹紋相交,則成圓直相遇,所切只有一點。平底時,各點之淺深能一致乎?未可必也。今有一法,可以取準,即看竹之白筋:淺則筋粗,深則筋細,兩端之竹筋無或粗或細之現象,則底近平矣。再以刀口與竹筋平行刮之,則底可平矣。竹之所以有紋者,以其質有疏密也,刀口亦能隨之起伏。必擦之使亮,再以刀口與竹筋相交刮之。初刮,刀所過者,則失其光,刀所未能達者,其光如故,是表明未平之證。至亮紋完全刮去,即知其平矣。復擦之使亮,顯光斜視,自無波浪紋。皮雕花紋之空隙,雖大小不等,凡一空隙,必經過上述之手續,不可因其小而忽之也。所最要注意者,即花紋之邊。邊與底成垂直,如牆之根脚然,即以根脚名之。根脚要清,惟刀可達。刀至此處,不能過頭,不能不及,過頭則損花紋,不及則留階級,必確到好處方可。

磨光

難者曰:「前云皮雕平底,非磨所能奏效。今言磨光,非自相矛盾乎?」則應之曰:所謂不能奏效者,是刀之能事未盡而用磨也。若刀之能事已盡,磨非不可用也。

蓋磨能濟刀之窮，刀爲硬體，無論若何平，其紋終不可去。如紙，可謂平矣，紙上之紋，人目可見，有此痕跡，究不雅觀，必磨而去之。但磨之效用，只在往來數次之間，若往來數十次，則不能收其効，而反陳其病矣。無論何物，花紋之根脚，均不能達到，往來數次，可去刀之痕跡。若往來數十次，則空隙必成鍋形，近根脚處高，其中央深陷，底不平矣。磨分大空隙與小空隙兩種：大空隙宜用硬質，用硬質磨，不能隨底之高低，所磨皆是高處，即微有不平，而高處盡去，亦成平矣。小空隙用輭質，硬質如石條，其細如筆，已達極點。而空隙之小者，且不能容，何能再在其中往返，故必用輭質，用竹節草（即木賊）太糙，不若用稻草，稻草質輭，深處何能達到。用竹蔑削成鑿口，襯於稻草之後。其竹蔑名曰䉶子，猶蛇䉶，能達不易達之處也。

分刀

初事雕刻，大都功敗垂成，於是明欲速不達之理，然雖存不速之心，終敗於燥進，余息心體會得一法，即分刀法也。凡一刀可成者，分爲兩刀三刀，蓋去料少，則用力不多，可有餘力，而所去之料，亦無去過頭之病，因此而得經驗曰「愈慢愈快」。凡工作之難者，不在造作，而在補救，造作有一定之程序，積時累日，終有成功之期。有錯誤而事補救，則無一定之程序，且易因救病而生病。若預備慢，不輕率下刀，則生病自少；一刀分爲數刀，則行有餘力，自無走刀失手諸病，如是做去，不求速成，不知不覺已成功矣。

留刀

行刀之時，要守「留」字訣。且行且留，寧可行不動，不可留不住。行不動，可以再行；留不住，不能再留矣。故未行刀之先，即須預備留刀。留者，留有餘也。力，要留有餘力；料，要留有餘料。如内家之拳，伸肘必帶微曲，則伸縮方得迅速自由。若極力伸足，必能伸不能收回，是謂死着；刀能行而不能留，是爲死刀。死刀，十刀走九。蓋留有餘力，方能遊刃有餘；若力用過頭，則氣壹動志，不能自主，欲求其不走，何可得也？假定十分力用九分，則處處自然，刀刀有力；若用十分力用至十二分，隨處均不自然，反不見刀力。學者不可不注意也。

聽勁

聽勁二字，本拳術家之名詞。勁而曰聽，是不易解也，請先談聽。六入（眼、耳、鼻、舌、身、意爲六根，與色、聲、香、味、觸、法六塵相接，謂之六入）之中，惟聽最靜，而又最善。凡人聽聲，必沈思靜慮，一念不動，則聲音方能覺察。且欲聽聲音，不限方向，高下左右前後均可。若氣浮於外，則聽而不聞。故拳術家欲試探對方之力，而以聽比喻之。吾人雕刻，用力在我，何用聽爲？須知原動在我，其抵抗非無力也；吾人所欲聽者，即其抵抗之力也。今舉例焉：若談深刻，刀之深淺，以目視之，殊爲不易，若能聽其抵抗力之大小，則深淺自分，是聽之一也。又如刮平，刀所經過，其抵抗力是否相同，若有大小，則知其不平矣，是聽之二也。又如皮雕剷底，至刀跡處，則抵抗力間斷，聽其力，即可知應止之處，是聽之三也。雕刻時聽勁，其心必靜，靜中作品，自無浮囂之氣。聽勁，固便於製作，而於作品之品格，亦大有關係。或曰「雕刻不用眼」，於此可以見矣。雖然，所謂不用眼者，是一端之事，不可泥於詞而害意也。

落墨

雕刻不以落墨與否定優劣。但有人重視不落墨者,以其難也。與其難而陋,何若易而美。吾揚宣古愚先生勸余落墨,曾遵其教,成績未見進步,故仍不落墨時居多。間遇不常刻之物,形狀不熟,先以墨定其部位,粗具規模,將墨跡洗去,然後雕刻。其所以如是者,因人貴自立,藝術亦貴自立,落墨而後刻,是筆爲主人翁而刀爲奴隸,刀不自立矣。且余對於運筆,雖有師承,毫無學力,以筆作書畫,反不若用刀作書畫之有致,所以不落墨。是個人習慣,未足爲定法也。有時落墨而半途洗去者,因墨跡花眼也。亦有以落墨爲便者,深刻是也。有必不能落墨者,方寸之地刻千字也。有落墨無益者,實雕分若干層也,落墨只在表面,一經奏刀,而墨已去。總之,不可以不落墨驕人,不可必落墨而依賴,雕刻之落墨,猶畫家之用柳炭,亦幫助之一法也。

去俗

雅俗之分,人人能言之。若問其雅俗之界說,能答者不多也。有以不俗之狀問黄庭堅者，答曰：「難言也。視其平居，無以異於人，臨大節而不奪，此不俗人也。」竊以爲物亦如是，視之無異於常物，息心觀察，有不可磨滅之精神，此雅物也。由是觀之，一覽無餘即是俗，耐人尋味即是雅。吾人雕刻，不必於表面矜奇炫異，務必體會入微。余之作品，不敢自詡其雅，凡見余之作品者，必把玩若干時，而後釋手，此余所榮幸者也。其所以得臻此境者，有三端。三端者何？含蓄，頓挫，呼應也。含蓄者何？疏中求疏，密中求密也。頓挫者何？曲綫美三字，已成裸體之專名辭，其實無美不曲，頓挫者曲也。呼應者何？賓主，虛實，陰陽，向背，各得其宜也。或問：「匠即俗耶？」答曰：匠又不止於俗，雖能手有未能免俗者。所謂匠者，拘守陳法，只求成形，不求合理。若能隨時立法，務求合理，得免於匠矣，然能否免俗，尚未可必也。

騰空

作畫必求離紙，離紙者，騰空也。雕刻亦必求騰空。雕刻之騰空有二種：其一，實雕之近於立體者，其曰騰空，真騰空也。其一，實雕之近於西洋浮雕者，以及淺刻、深刻、皮雕，其曰騰空，幻視之騰空也。其理又有二焉。一近物騰空。關係在眼,吾人視物,目内眼膜,左右各現一相,大同小異,因二目有距離,所現之相,亦因之而異。二相相投,則邊際之相,互有出入,《楞嚴經》稱色邊際相者是也。如欲表現前後二物,則前物之色邊際相,必遮後物之相,色邊際相不能寫,必留餘地以表之,則二物自然不相聯混而騰空矣。一遠物騰空,關係在地面之蒙氣,蒙氣近地最厚,愈高愈薄。若寫前後二山,後山之麓,必不可寫,以其有蒙氣也。若强寫其麓,則必成爲山巔加山矣。總之,雕刻大都表現自然,對於自然息心觀察,即不明其理,亦能寫其相。

毛刀

中國書畫,以生紙本者貴,熟紙本者賤,因生紙毛,熟紙光也。人之二目,視物體各現一相,左右不同,二相相投,則邊際互有出入。若視平面,則左右相同,二相相投,而邊際一致矣。互有出入則毛,一致則光。以生紙作書畫,其入目之相,雖平面而近於立體,故覺其厚。熟紙則覺其薄矣。故余創毛刀之説,又碑以剥蝕而古,鐫章以不修得神,皆毛之故也。刀之宜毛,已言之矣。然則刀何由而毛乎?刀之用薄口直下則光，開厚口旁推則毛。例如刻一劃，刀口與劃平行，若用厚口深入時，則兩旁因刀身占其位置而崩，於是亦毛，如鐫章是也。若刻竹用薄口刀，竹有彈性，位置可以相讓，絶無分崩之事，則不能毛矣。以刀與動路成垂直刻之，則近於刮，其去與不去之界，輕刮，則出入微，重刮，則出入多，而筆劃毛矣。已説毛刀，再言用途。刻竹非盡用毛刀也。如以筆作畫然，有寫，有描，有皴，有染，是謂筆法。毛刀亦刀法之一種也。大都用於樹石，最爲合宜。而欲求精細明瞭者，則忌用之。然則刻竹亦能不明瞭否？凡事必有賓主，如抑揚、疏密、詳略等，皆賓主也。若隨處皆明求瞭，無賓主矣。

刀趣

書畫要有筆趣，雕刻要有刀趣。趣者，來去之勢也。名家書畫，人見之儼然見有筆在紙上來去者，謂之活。所謂剛勁、柔媚、凝重、流走，均於此見之。用刀亦然，能見其來去者，謂之活，活則生趣，呆則無趣矣。刀有以不見形跡爲尚者，有何來去之可言？蓋畫中有染，雕中有平，一也。渲染之趣，在無痕跡，刮平之趣，亦在無痕跡也。無論書畫雕刻，凡能表現我之意志者，皆能成趣，欲現則現，欲隱則隱，隱現隨心，其趣自在。蓋志壹則動氣，氣壹則動志。當未下刀之先，必具有表現何者之志，其志專壹，氣隨我動，我自有趣，人見我之作品，亦必趣味横生矣。若刀不由我使，是氣動志也，刀來用我，隨在乖戾，我無趣矣。我既無趣，人見我之作品，有何趣之可言？

讀畫

多見名家雕刻物，則獲益必多。然名家作品，殊不易見，即能多見而仿效之，亦不過亦步亦趨耳。無已，借助於名家之畫。雕刻家讀畫，萬不可學其筆之來去。凡見一形，必假定彼爲刀刻，如見一點，則必計及刻此點時，刀由何方下，向何方行，至何方止；刀口應平應側，一一計之。久之，則見滿紙皆爲刀之來去。至我作品時，則成竹在胸，運刀有則，不期其妙而自妙矣。今設一譬，近代書家重碑而不重帖，其實帖亦碑也。漢、魏之碑或因其年遠，若唐碑尤在二王諸帖之後，而亦重之，何也？蓋帖乃刻工之精者，能將書者之原神，絲毫不走，不露刀錐之氣。學者是以筆學筆，難脱前人窠臼。碑乃刻工之粗者，不能將書者原神完全表現，而刀錐之氣滿紙。北魏之碑，多出工人之手，更無筆法之可言，學者是以筆學刀，能别生奇趣。故寫帖者，多依草附木；寫碑者，能自成一家。雕刻若仿前人雕刻品，是以刀學刀，猶書家之臨帖；雕刻而讀畫，是以刀學筆，猶書家之寫碑。故欲求自成一家者，不可不讀畫也。

取光

雕刻所需要者，除器具外，即光綫也。光不必强，以不費目力爲主。前人不知光學，以爲燈光傷目，須知日光燈光，無所區别，只在射來之方向是否合宜、所來之光是否純一、其强弱是否合度耳。于嘯軒先生之刻小字，可謂前無古人，方寸之牙，能刻六千字，目不能辨，必用顯微鏡觀之。其刻字之處，窗格盡糊以紙，閉其光，只留小洞，光由洞入，取其純也。大都吾人視綫與光綫，成九十度角，最爲明瞭，方向以左前方爲尚。然吾友黄漢侯，則取上方光，其刻字之處，是暗室而有天窗者。余刻竹不若彼等精細，只要在室之一隅，背後無散亂之光射來，即得，不必如彼等之必有定所也。

格理

語云：「致知在格物。」余嘗爲兒童，戲解格字曰：「格者，表格也。」凡遇一物用表格録其各點，再遇一物，再録之。於是就其各點而比較其差異，則物理自明。余曾雕一馬，神彩英武，見者愛之。故友包夢花屬豬，欲余雕一豬爲圖章之鈕首，又曰：「吾恐雕成不似豬而似象。」余曰：「豬與象之相同者，只耳與尾，其他不同也。鼻之長短，一也；腿之粗細曲直，二也；腹之大小，三也；身之圓扁，四也。有此四端，何能相渾？」又曰：「恐無精神。」予曰：「馬以有精神爲精神，豬以無精神爲精神。」友人首肯。雕成後，果然畢肖。又虎極似貓，只在大小，雕刻之有佈景者，可以其他各物比其大小，若僅雕一虎，其別於貓安在哉？蓋虎之頸短而前山高，貓之頸短而前山低也。余爲黃漢侯雕一虎，人望而知爲虎也。又友人刻佛，初刻一佛，容貌高古，一望而知爲佛；又刻一佛，其章法同前，貌亦彷彿，惟不相佛。求其故不可得，而質于余。余曰：「菩薩低眉，汝刻之佛眉高。」遂易之，果儼然一佛矣。無他，就各物而比較之，求其相差之點耳。如划船者，身宜向前。拔荷者，身宜向後。立者之身直立，行者身微傾，奔者必俯其身。若是，自然得神。蓋遇事留神，隨時注意，自然處處合理矣。

養度

凡治一事，其學識必有逾於一事之外者，方能處之裕如。若就一事而研究之，雖盡畢生之力，只能成爲能手，欲求其高雅，未可得也。前有畫家，仿《詩品》而作《畫品》若干首，中有二句曰：「讀書萬卷，幾度心會。」余初不解，後歷世較深，縱觀各藝術家，其胸襟與作品，大有關係，歷驗不爽。有工候甚深，而不能達佳境者，比比然也。亦有并非專家，其作品有非他人所能及者。如經生之字，書生之畫，别有風趣，蓋胸襟不同也。有欲從余學刻者，余必曰：欲學吾技，必預備窮，否則銅臭薰心，技縱能成，不過一匠材耳。凡百學術，必求無我，惟藝術必求有我。蓋藝術皆爲個人寫照者也。昔金聖歎批《西廂記》曰：「古人在千百年前，我不能知，而我執筆曲曲寫之，所寫者，非他，即寫執筆曲曲寫之之我也。」斯言也，蓋得藝術三昧者也。吾人雕刻，雕一仙一佛，則仙佛是我，雕一山一水、一樹一木、一花一草、一蟲一魚、一鳥一獸，則山水、樹木、花草、蟲魚、鳥獸無一而非我也。欲求我之作品完善，則必先求我無瑕疵，既欲我無瑕疵，則養度安可忽哉。

取捨

藝術皆爲自然寫照，凡自然皆能取爲資料。但藝術亦曰美術，必取自然之美者而表現之。若以不美者而表現之，又何取乎？自然界有令人愛不忍捨而不容不捨者，如山色湖光有令人流連忘返者，然不能老死於此，不能不去，故執筆以記之，或詩歌以詠之，或丹青以寫之，或雕刻以形之，使人身雖離而精神猶能流連於其中。推之花鳥蟲魚，其姿態不能常留，而欲留之者惟有借藝術以留之。若自然界爲人所惡者，人見之，去之惟恐不速，更無留之之必要矣。若用藝術以留之，吾恐見此藝術者，將望望然去矣。此指整個而言，若一物一景可以取矣，則必省察其部分之關係與時間之關係。同一花也，必多寫正面，若全寫反面，殊少趣致。此與部分有關係者也。花之悦人者，以半開爲最，盛開已稍遜矣，未開之前，既開之後，只能偶一爲之。若捨其半開、盛開，而單表現其未開之前、盛開之後，則趣致縱有，不足爲法。此與時間有關係者也。推之草木蟲魚，亦如是也。又對於作品之形式有關係者，或方或圓，均易佈局，橫長直長，均須斟酌。如條山之章法，必異於册頁：册頁能寫之物，往往條山不能容，條山所寫之物，册頁不能滿。其實裁册頁之一部，亦可爲條山。但必須取其可取者，否則不成章法。刻竹之形式雖多，而以扇骨爲夥。扇骨之形，近於條山，而上端寬下端窄。如刻花鳥，礙難尚少。只有游禽涉禽宜在下部，扇骨下窄，多難展佈。至於鳴禽猛禽，則無礙難之處。若山水，主樹均在下部。主樹之外若無副樹，未免單薄。既主樹而又副樹，地小實不能容，其法只有將樹根一部分置於體外，僅刻樹稍可矣。其點綴之物，要設法位於中上部，方覺美觀。今有一法，即將成幅之畫之位置，用紙畫成，或取陳畫，用與扇骨形式相似之匡（即陰文扇骨形），加於畫上，逐處移動，而定取捨，比憑空構思，較爲容易。然刻久後，佈局自不難矣。如鳥獸宜取其正面背面，或取其掉頭者，占地不多，容易寬展。其他或置物體之半於物外，或偏於一偶，以免壅塞之弊，是在心領神會之。總之，要密而不塞，疏而不空，佈局之能事盡矣。扇骨之佈局能事既盡，則其他竹件之佈局，更無難事，是在取捨之合宜也。

脱稿後，倩友校讎，友人提出問題若干則，蓋假設爲無普通智識者。余僅遵其教，一一加以解釋，不免爲識者齒冷。然爲普及計，亦不得不爾，幸閲者諒焉。

雜問

問：何爲刀口之角度？

答：角度者，計兩綫交角之大小也。如切圓餅，其角之大小不能以尺寸量，因餅有大小也。大餅與小餅，只要用同一切法，其角之尖大小皆同，故必以度計之。圓週分爲三百六十度，將餅切之爲四等分，則餅邊之大小相等，即四塊餅邊均分三百六十度，每塊之邊必爲九十度，則中心之四角，亦每角必爲九十度。若分圓餅爲六等分，則每塊餅邊必爲六十度，蓋六塊餅邊均分圓週三百六十度也。邊爲六十度，則中心之六角，每角亦必爲六十度。再將六等分之餅由角剖而爲二，每角則成爲三十度。再以三十度之餅，由角剖而爲二，每角則成十五度。由此類推，可知一切角度，均非以尺寸計也。以刀口側面之角，比餅之中心角，其形相似，故以角度形容刀口之厚薄也。

問：不出窠臼何解？

答：窠臼二字近於規模、方法等字，但規模、方法是好字面，窠臼是壞字面。有乳燕學飛，只能舉翅，而不能出窠臼之意。

問：觀想何解？

答：觀字讀去聲，佛教浄土宗有作觀法門，載在《十六觀經》。初觀日，次觀水，終觀極樂世界。是以己意懸想一相，至開眼合眼，均見此相。雕立體，必先要有相。相何由來？故必要觀，去聲之觀，別於平聲之觀者，平聲之觀，是觀實相，去聲之觀，是觀虛相也，故觀字下贅一想字。

問：何爲幾何定例之綫？

答：幾何學即形學，幾何定例之綫，是有規則者，如直綫、弧綫、橢圓綫、抛物綫等是也。

問：何爲肯切？

答：肯切二字，兼整齊清楚深刻而言。

問：二石互磨，石面能保其必平否？

答：二石互磨，必如磨墨狀，要旋而磨之；若以平石磨凹石，直綫往復，其動路終必成爲擺動狀，不能平矣。蓋以石磨石，必定互夷，平凹相遇，所切只在兩端，平石之兩端夷，則不平矣。

問：何爲幾何之平？

答：幾何平面，以直綫置於面上，任何方向，有兩點切時，全綫必切，則謂幾何之平。否則有不全切時，則非幾何之平矣。

問：平底之刀，宜大宜小？

答：平底之刀，愈大愈好，然必空隙能容。故平底之刀雖宜大，必須備極小者，爲容於小空隙也。

問：鋒刃二字有區別否？

答：有區別，鋒指刀角，刃指刀口。

問：刀之利鈍與厚薄有關係否？

答：利鈍與厚薄無關係，本來角之小者曰鋭，角之大者曰鈍，本篇避鋭字而言利，恐人誤會到厚薄。本篇所謂利者是鋒利，不鋒利曰鈍。大都刀口滯手者曰利，不滯手者曰鈍。薄口刀不能以手試，試則傷手。以目對刀口觀之，見有白綫，則鈍，白綫愈粗愈鈍，無白綫則利。蓋瓣子相交處，無圓棱則利，有圓棱則鈍。若將刀口側面之形放大，則新磨之口刀，其形如英文字母正楷之L或V；用過之刀口，其形則變爲U字矣。

問：磨刀時，刀切石上宜輕宜重？

答：以切而不壓爲準。蓋石之輭者，壓則深陷，刀在石上來去，時時皆起剷石之作用，既傷石，刀不得利。切而不壓，刀瓣因磨擦而夷，則成口矣。大刀切於石上，稍加壓力，不起剷之作用，蓋因面大力分，不易深陷，切得實，磨成反易。故大刀小刀，不可一概論也。

問：何爲油石？

答：用油磨刀之石也，若用水磨則滯。余因用刀磚，是用水磨，既用水又用油，殊覺麻煩。間亦用羊肝石蘸水，在石上磨漿，以此漿磨刀，亦覺便利。若磨多數之刀，則仍用油磨。

竹刻源流

金開藩 撰

竹刻源流

竹刻之始，創於明之正、嘉時朱氏松鄰。朱乃江蘇疁城人也。其橅宋元人小景，以刀錄書畫於竹，而不藉於徒，殆爲古人用削用竹之遺意歟。凡於文藝中書畫，自行、草、隸、篆，以及丹青中之人物、山水、禽鳥、花木，以刀劃竹，化剛爲柔，而能意匠自然，物物逼真，若有畫家之獨具造化，精妙之奇，堪稱絶無僅有者也。自此以後，刀之書寫，刀之繪素，用刀代筆，代亦有人。以迄於今，仍不見絶。是則朱氏之手澤。朱氏有遺業，亘代遞嬗，不過近今而欲求高手，殊不易得。可知竹刻雖屬小道，而其用心處，非俱有切磋琢磨之功，不足以臻入妙境；非熟諳克己省察之力，不能奏心手相印。攻之錯之，斐然有文，亦何異於君子之用心乎。磋以鑢鐊，磨以沙石，治物以使其滑澤也。切以刀鋸，琢以椎鑿，裁物之使成形質也。既切復磋，既琢復磨，治玉石與骨角然，而刻竹亦何獨不然。功用既精密，治業自切深。以之例子剛治玉，抱雲治銅，非具有鄭虔三絶之妙，恐不能奏其一刀一劃之能。於諸藝術中，亦列高尚之品格也。金陵濮仲謙，與朱同時并立，當時有濮派、朱派之議。就其二派比較論之，則濮派之雕竹，其功夫淺劣草率，不耐尋味。朱則渾厚古雅，刻畫精工。人物也，書法也，山水樹木，茅舍草亭，橋梁漁樵，禽鳥蟲類，無不確切逼真，情景畢露，無一毫之苟率。其用刀之精妙，純然以柔克剛，可謂之書刀。濮派則淺陋粗劣，相去竟有霄壤之别。我將就我對於疁城朱派竹刻所知所聞，略爲記述。然淺見寡聞，不免有挂一漏萬之失，尚希高明者以補我闕，是企予及之。

夫竹刻由來，自朱松鄰創始，迄今已逾三百年，其餘藝之流傳，雖代有其人，不見荒廢，惟前人構製雕刻雅度渾樸，今則新奇自好，樸雅漸離，已失古意。攷之松鄰，名鶴，字子鳴，松鄰其號也。能文工詩，韻語風雅，爲人孤潔，不同乎俗。對於雕縷圖繪之技，尤精妙絶倫。當時所製作品，世人寶之貴之，竟將其所製之物，不以器名，直名之曰朱松鄰云。由此推想，當時之人，對於朱松鄰之手製，貴重可知矣。其子名纓，字清父，號小松，性嗜酒，貌古神清。於行、草、隸、篆、詩、畫之外，猶善刻竹木。其工之精細，酷肖及父。所刻竹器，山川、雲樹、人物，或古仙佛像，鑒者恒以吴道子繪法爲比。因其嗜酒，故遺刻之品，大都爲酒家得之。他人或仰求者，應者甚屬不易，即應亦遲遲不遽刻。有人勸之節飲，以養生養性，彼即對人曰，管輅頓傾三斗，揚雄酒不離口，世間殤子，豈盡時嗜酒之人哉。天性耿介，絶無阿此意，不矯衿，不諂諛，對於顯宦猶睥睨不肯與。樂天知命，於世於俗，爲無町畦。雖子孫，亦不能悉數其生平，故其藝事，獨不可得而招，亦不可得而懾。閒居時如有可喜或可愕之事，輒寓之於酒。自常謂「一與之，同得適；一與之，分其途」，以是樂之，終身不厭。其能事者多而且博，琱鏤特其涉有餘力耳。其仲子雅征，號三松，祖、父、孫三世，品格高尚，名聞鄉里。松鄰暨小松皆以竹刻名家稱，至三松技尤妙而工愈精，較之祖、若父有過之無不及。性簡樸沉默，淡泊致静，與人往來周旋，尤坦蕩無各鏗色。善畫遠山澹石、叢竹枯木，尤精於畫驢。雕刻一門，簡明精雅，用刀蒼老異常，自是不凡。故其不用刀則已，用刀則絶無一刀一劃苟下草率，以了其事。興未至則萬鍾千蒼不爲也，興至則雖日以繼夜，毫無倦容。情愜時，則任人所好，聽人攜去，絶無吝惜不肯與之意。有不屬意者，雖遺以金銀玉帛，亦弗顧也。所刻筆筒、人物、秘閣、香筒，或蟹或蟾蜍之類，無不活形其真，以刀代筆，簡老樸茂，逸趣横生，得神自之然。總之，朱氏擅名竹刻，比之山陰文字，雖羲、獻自有分别，然源流自出一轍。

有沈氏名大生，字仲旭，又字禹川，亦在朱氏之後，工竹刻，頗得朱氏之遺意。業醫，尤精於婦女幼科。詩畫一門，大有古意。其人品雅度灑脱，落落不凡。凡與其兄漢川同從業於朱三松之門，學步竹刻，深造淵源。漢川子兩之，由其父漢川、叔禹川二人手中，探索雕刻之奥妙，殫精竭慮，悉心攻錯，盡情摹擬，將竹刻中之精工秘傳，實獲其心。亦曾題其叔禹川小照有云：「溪流數曲竹千竿，清映鬚眉畫亦寒。心事不隨時世改，百年猶見舊衣冠。」禹川之人品，自可知其不同凡俗也。而兩之之詩才，其筆意輕清而超脱，亦可想而知其品性，非可以等閒目之也。夫沈氏世習幼科，至兩之而其理愈深，其術益精。少小時即精心篆隸，雖斜陽古道，猶復矩步訪碑，或舊雨聯吟，雖月落烏啼，酒闌燈殘，仍孜孜不倦。朱氏雕鏤法，雖由其父與叔轉相授受，對於竹刻一事，造詣功深，直堪上追於朱氏。生平以介行重於鄉，一領布袍，無論暑往寒來，恒不改易，所謂「不戚戚於貧賤，不汲汲於富貴」，忘懷得失，不慕榮利，落落不羈，大有五柳先生清流自矢一派人物也。然性尤好潔，常於虚室中空懸一榻，離地二三尺許，高臥其上，酣聲常達户外。曾避兵變於荒圃中，不食有三日之久，適天霪雨不晴，伯兄貽糧至，彼蹙然不悦，曰：「百里負米，仲由氏之所以奉其親。

反其道而行之，可乎？」卒不食，然仍得生不死。後三十餘年卒，卒之日有鄰人某婦病，求其診視，其時庭中置盆，中老樹一幹，幹雖矮小，而蒼勃鬱森之景，直與古樹相并，蓋其數十年手自剪裁者也。病者對此有留戀不舍狀，請行不拒。及診視病脈，則曰病莫能救，然藥之當得兩載生。鄰返，旋回乞藥，則坐藤床目瞑已羽化自若矣。然手持宣德御窯杯，掌執不舍，而指陳方藥，縷縷數百言，依然在案也。其德性超乎塵俗，亦奇僻之至矣。鄰婦之病，服其藥延至兩載而死。其醫理既熟諳，其探識病源亦云透矣。乃弟名爾望，亦善奏刀，當時對於伊之兄若弟，亦有稱沈氏伯仲之刻竹云。

殷永清，字介特，居新涇里。久以硯田爲餬口計，旋棄去，從事於雕鏤爲生活，浪迹江湖。性耽山水，爲人瀟灑自若，落拓不羈。惟於白下、武林間，往來如織，足跡恒多。而江浙間，殷生名氏流播殆遍歟。

夫清虛節直，切切磋磋，君子是所矜式。自朱松麟以迄於今，將近三百年。此三百年中，竹刻界高人名手，有不勝舉者。而凡竹刻著名者，所製名器，或神仙，或人物，或爲蟹爲蟾蜍，不論其酒瓢、詩筒、書尺，方圓長短之面積，僅僅在尺寸之間者，手指刀筆之下，其工用莫不顯其玲瓏，有巧奪造化，而逼其真切者，膾炙人口，由來已久。今則渾樸雕飾，精奇之妙，較勝古人，神明於規矩之中，變化於規矩之外。畫則淺深濃淡，刀筆入神；書則筆劃圓潤，勝於書寫。爲書爲畫，用刀無不神氣内涵，生意遠出。渾厚而露秀色，瀟灑而無拘滯。手術之敏妙，雕鏤之奇絶，甚有爲古人之所未盡。且足啓迪後人，以宏斯這道之墜。鐵筆一枝，豪翰自如。彷彿竹即是我，我即是竹。我心雖匪竹，而竹可爲我心。竹爲我用，我爲竹體。我藉竹表我心之清虚，竹憑我得有彰之斐猗。而竹刻之能者，其品性之純潔，其志行之高尚，自不同乎俗可知矣。考之《竹人傳》，凡能用刀代筆，刻劃書畫於竹者，皆是隱逸君子，其品德高出尋常萬萬，視富貴功名，鄙若浮雲。但前人製度以渾厚樸實勝，其後仿照前人之渾樸逐漸如藻飾，至於今則加以精密之心思，參透前人之遺意，變加精奇之技能，故心思才力運用之精妙，愈趨愈奇，愈奇愈精，以補古人所未逮者。故竹刻一藝，至今日精益求精，可謂有千變萬化萬明之手段也。世運遞嬗，竹刻之餘風流韻，斯道有賴以不墜。且喜步武朱氏之後塵，而益顯其竹刻之精奇者，推盡古人之意，神而入化，進而益精，非淺嘗一二弄刀者，所能比擬於萬一也。秘閣、詩筒、箑邊扇骨，所刻花卉、禽走、山水、漁隱之圖，或正、草、隸、篆之書法，其用刀也，不若尋常淺劣功薄者，徒摹具形式耳。工夫之純粹，功用之奇勝，仿之古人，有過之無不及者，殆即現在吳興金氏東溪、西厓昆仲二公，竹刻手術之精妙無匹歟。金氏紹堂，字仲廉，號東溪，即畫家已過先輩拱北先生之二弟也；西厓，即紹坊，字季言，西厓其號也，亦拱北先生之四弟。二公均善刻竹，能發竹刻界前人未盡其精能者。平素讀書治事之餘，游藝於竹刻一門，將嘐城、金陵朱、濮二派之手流，略變其門牆，擇取其精美者，而陶融之，鎔化之，運用爲一冶，所以金氏二公之所刻梅竹、蝴蝶諸箑邊，不論鳥獸、花卉、山水及書法等，無不精美絶倫，幽勝宜人。即本刊（《湖社日刊》）所揭二公近時手刻竹箑扇骨，其精雅古致，情景逼真，筆墨有不能及者。直有駕於古人而上之，此非虛爲過譽也。亦爲竹刻界之别開生面，并可稱爲竹刻界繼往開來之獨一無二藝事之精能者也。由此益信金氏一門，書畫、金石、竹刻等諸藝之高才雅品咸集，其所謂人才薈萃，群美畢具，家學熾而昌者非耶。風雅可人，玩物適性，高尚之藝學，豈俚俗之人所能竊獲一二哉？

寄斯盦論刻竹

張志魚 撰

寄斯盦論刻竹

刻竹之原起

志魚原不諳刻竹，因民國元年買到南來刻竹扇一柄，其邊所刻花卉有不合理處，遂用治印之刀補成之，蓋志魚前三歲即知治印故也。是時有張蔭庭先生者，適來舍下，見我補扇，遂慫恿之云：「刻竹由唐、宋起，直至清初，統是南方之人，北方無一人善此道者。倘能刻好，一定居爲北派刻竹之祖。」名利雙收，可爲預卜。於是嚮壁虛造，終日研求，三年之工，稍有進步。至民國七年，魚供職參戰處辦公之暇，乃懸潤問世，此售刻件之始。是時即知刻陽雕泉刀之法。張希黄所刻蘭花兩面一樣，一面正花，一面反花，平地。魚改沙地。民國十三年，再供職執政府武官處，仍懸潤單。前一年，在楊敬記扇莊定製素皮邊扇骨百柄，北方有皮雕扇骨由此始。民國十四年，竹蘭軒由南寄來湘妃竹扇骨，因釘子尖滑，傷竹面，減價兩元一柄，魚購四柄，改補梅花，湘妃補花由此始。其後逐年均有仿效者。十五年，段芝老下野，魚遂舍去政途，終日除授徒外，專以刻竹治印爲生活矣。十六年，去天津開設寄斯盦（古庵字），得交鄭蘇戡老先生。前兩年，拜袁師上寒下雲之門。是年八月十七，去濟南，得觀諸泉。廿一日，游泰山，在山巔住一宿。廿二早，觀日出。十九年，鄭蘇老贈魚一文，内有「他日增編《竹人傳》時，瘦梅必爲北派之祖矣，吾惡能測其所致」等語。袁師贈魚之文有「張生能爲人所不能爲，爲人所不敢爲，他日增編北方《竹人録》時，當以志魚始」。民國十九年四月，游滬，得友數十人。張丹斧贈魚廿字，文曰「印人既燕昌，竹人又希黄。書家則二水，三張并一張」，款云「此二十字，惟吾宗見足以當之」。鄭探花等均有贈語。由滬再過蘇州，中秋後返京。廿五年夏月，傷右腿，於是學畫白菜，趙松聲戲以張白菜呼之。寓南溪，再詠以詩。厥後復繪松、梅等。廿六年游津，每年二三次。三十年辛巳春二月，游大同、雲崗、豐鎮、綏遠（更名厚和）、包頭，回時至張垣。秋季，再游煙臺、威海衛。數次出游，頗與藝術有益。古人云「行千里路，讀萬卷書」，誠非虛語。魚更以修德二字爲最要，果能如此，默默中實有鬼神暗助。是藝術能臻妙處與否，統視其德行何如耳。

刻竹計分四種

刻竹起於唐、宋，盛於清初，以嘉定爲最，傳至南京而止，北方向無是藝。魚自民初研求，今已三十餘年，箇人所製過者，分述於後：（一）淺刻。（二）深刻。（三）雕鏤。（四）留青，即皮雕。留青者，留其竹面上之青皮耳。

刻竹有文人匠人之區別

文、匠之法不但刻印分之，寫畫刻竹均有文、匠之分別也。書家作畫有入筆行筆，世人咸知。墻壁所懸紗燈及財神、竈君、門神等，一望而知匠人所畫也。治印亦然，刻竹何能例外？文人刻竹，外表觀之，所刻花似鮮花，所刻之鳥似活鳥，此以外表言。至其内容，係看用刀之法。文人刻之，有深淺之不同；匠人則否。若觀其刻字，更屬易易。文人刻字不但不走原神，并能將寫不出之意思刻出。匠人刻之，乃大相徑庭矣。其最大之病，凸者能給刻肥，凹者能給刻瘦，此普通之例也。

刻竹之法

刻竹有四種刻法，前已分言之矣。兹但述其刻法：（一）深刻以平口刀刻之，每一筆須上下左右四刀。其刀與治印之刀同，惟口宜薄耳。（二）淺刻以四楞針形刀子刻之，刻法照寫字用筆一樣。（三）雕鏤用刀，繁於以上兩種用刀，計分三種：一平口刀，與深刻之刀一樣。二四楞針形刀，與淺刻之刀同。三坡刃刀。以平口刀刻外廓，以四楞刀起淺處，以坡刃刀起深處之底。（四）刻皮雕法（即留青），用刀兩種：一平口刀，二坡刃刀。平口刀刻外廓，與鏤同。起地以坡刃刀爲之，此指浄地而言。若要沙地，須平地起浄以後，再以平口刀兩旁之尖端一刀連一刀刻之，即成矣。

拓片及用具

文人刻竹，拓出墨片，完全可當帖臨。匠人則否。既有若是之重要，倘不拓出，何以觀其技能耶？至存成績起見，亦不容不拓也。因是之故，特將用具、拓法，詳述於此。用具：（一）刷子一把。在硬鬃的，可用之捶潮紙，作凹形。（二）羊毫筆一枝。爲刷白芨水用。（三）拓墨綢包一個。此包内容是棉花少許。總好成鬮形。（四）拓時，以此包沾口内津涎，再沾墨，在磁版上研之，不濕不乾時，再往紙面凹形上拓之。著墨十五層，即成法帖式矣。拓印上邊跋，同此。

刻竹須知

刻竹既爲藝術家之心血，并爲流傳之品，必須具有生動之妙訣。生動者，即是刻鳥須似活鳥，刻花須似鮮花，刻字必須保其原神。倘書家不能將其原神寫出，刻時須將其達不到處刻出，方合生動二字。并須時時存一種予後人觀摩之法，否則不足稱爲藝術家也。古人云「争千古」者在此，萬不可潦草了事，遺笑于後人。存心既如此重要，尤其對於選竹子，必須留心。竹子原與木質不同，木質有紋，粗細不等。竹子亦不能例外。最佳者以蘇、杭産爲第一，南京第二，他處紋粗，不宜于刻。蘇、杭之竹，紋亦有粗細之不同，最妙之竹曰玉竹，面上無立行紋。有立行紋而較細者爲次品，有粗糙之紋或上下歪斜者爲下品，均不可刻也。竹子扇骨，買來先置通風處，待過三年至六七年再刻方好。早刻有水分在内，不立刀口。過十五年之後，又變爲木質，亦不好刻。惟留青一種，則反之。因竹子有青皮之保護，過十五年至廿年，反倒更好。因外皮愈久愈白，刻出地子愈顯出紫紅色，實增賞鑑家之美感。明朝皮雕，每柄價三四百元。果時人若刻出已逾二十年之舊皮雕，動輒亦須百金，以難得故耳。

歷代刻竹人之小傳

魚前二十年,得到《竹人録》一册,所載由宋詹成起,至清乾隆止,約百餘人。該書不知何人執去,現追憶録之,挂一漏萬,當不免耳。順序書之,爲是省紙省工,讀者幸原諒焉。詹成。吴嶠菴,宋高宗時安徽人。能于竹片上鎸刻山水、人物、宫殿,纖毫俱備,細巧若鏤,各以幽秀見長。此刻竹之皖派也。明朝能手崛起,有金陵李文甫、濮中謙,均善刻竹,惟性質稍異,一喜刻扇骨(即箑邊),一喜鎸香筒。其所刻率多花鳥蟲獸之類,皆精絶雋逸之作。此刻竹之金陵派也。厥後嘉興張希黄、錢開嘉、周夢坡改創陽文留青,傳其法者甚多。此刻竹之浙派也。又蕭山蔡容莊創留青人物、山水,極得希黄諸家之秘,而别樹一幟,不落恒蹊,遂稱蕭山派。明崇禎時,朱松鄰改變濮仲謙法,而于其所刻喜用深雕,又擅書畫,善摹吴道子,朝畫一稿,夕刻於竹,遂名振一時。其子小松,其孫三松,均繼其業。此刻竹之嘉定派也。雲亭嚴子煜,字敬安,江蘇嘉定人。從周芝巖學刻竹,盡得其秘,饒有朱三松、李長蘅之妙。

逮後候峭曾、吴之璠創刻薄地陽文人物，封錫禄則以竹根雕鏤佛像，施天章能傳封技，其藝不在封下。清乾隆時阮芸臺、湘中孫鶴詔，鄂中鄒邦藩，江都潘老桐名西鳳、其子小桐，鄭文伯；嘉慶時方契齋、唐學川，杭州陳源均；道光時贛中湯頌年、嘉興張受之、吴江楊龍石、閩中吴玉田、海鹽胡衣谷、金壇趙成祖，此見於《竹人録》《印人傳》者。魚所知，光緒十六年于子安名士俊，曾來北京，住北火扇客店，張蔭庭煩其刻扇骨兩行字，潤計紋銀八錢，陽文一兩六錢，五六行字二兩。此南方竹人來北京之第一次也。迨民國三年，沈小莊住楊梅竹斜街蕴和店北房，陰文刻扇八元，陽雕泉刀十六元。只見其刻成之扇，未見其刻及用具。由是之後，魚去琉璃廠，時就便訪之。其門總是由内上鎖，開門時其用具早又藏之久矣。後小莊遷至後青廠，仍是如此。計與魚爲友前後廿年，至其歸道山止，總未見其刻及所有刀。魚則反之，不論何人來訪，均是對客奏刀。小莊每次來訪，由午至夜，并在舍下小酌，觀魚刻竹，前後不下數十次。再于嘯軒，名碩，江都人。民國初元寓津，在文美齋翰墨齋懸挂潤單，刻象牙小字及山水、人物。民國五年，即來北京三陽金店。所售象牙煙咀，刻《赤壁賦》，鑲金口，定價七元。魚即訪之，亦是照小莊步驟，刻及用刀永不使人觀看。來訪鄙人時,亦是觀我刻竹。魚時以刻法公開,藉引後進,無須自秘之語説嘯軒,于君答以各種藝術不同,有宜公開有宜不公開者。後嘯軒哲嗣養澄君命志魚治印,看我刻小字邊款,魚即問其尊人刻小字是否與我相同,養澄云一樣。似此何須秘密耶? 嘯軒今年七十矣,去歲患半身不仁。病前三年,刻小字每方寸刻六千字,潤兩千四百元,刻小字之佳,天下無有出其右者,潤資亦爲天下第一矣。民國六年,江都吴南愚繼其父夢蘭在勸業場設縹緗館,除名人字畫外,以刻小字稱于一時,兼能治印。已于去年故于江都之故鄉,年只四十有八,惜哉! 今世上流傳淺刻扇骨一種,款書松亭者,魯瞻云吴姓。朱竹樓名雲,價亦頗昂。民國廿年,竹齋、竹樓、子安六行小字,價至六七十元,張希黄皮雕價三百餘元,可謂最昂者。竹齋係松竹齋定件,因竹齋款下有松字小圓圖章故也。金西厓、金東溪弟兄係金北樓之弟。余仲嘉,粤人,病啞。浙江王杰人。又有胡三橋、朱昂之、金之駿、李劍南、支慈庵、黄山泉、林介候、薛佛影、徐寒光、山堂、虚谷、少峰、嘯北諸人。近有白鐸齋、潘叔威、馬琴舫、高容之、黄大廈、陳漱石。天津周與九。均有佳作。復有湯岱山,刻亦很好,每字刻法統遵漢朝刻碑之例,底子很平,聞亦故去,惜哉! 志魚刻竹始于民國元年，至民國十二年八月廿七日，始收北京王宏耀爲徒，教其刻竹治印，以竹盦二字予之。民國十七年，再收竇坻郭慶華爲第二門徒，又以竺盦二字予之。以後所有門徒，均以竹字頭之字冠之：北京范長華節厂、高陽張樹芳篁盦、鐵嶺孫紹先笏盦、北京蕭乃謙笠盦、北京顧振發笣庵、天津鮑景惠笑厂、北京伊林祥筝厂，其他籩厂、筵厂等容再續之。

——以上録自《刻竹治印無師自通》，民國三十年寄斯盦排印本

刻竹之流派與區別

查刻竹起於唐朝，惜是時刻者，統不書名，無法考據。因見其器，而知起自唐朝耳。逮趙宋之季，有詹成者，始以刻竹補。高宗時又有吴崤菴，刻竹亦稱獨步。若以詹、吴二公爲刻竹之祖，謂無不可。宋以前雖有刻竹，而無其名，權假此以立刻竹之名稱耳。譬如我國文字，先孔夫子已有，然無專責之人，至吾夫子，集其大成，删詩書，定禮儀，有益於人者留之，無益於人者去之，因是之功，吾夫子居爲萬世之師

表。刻竹亦師是例。嗣後代有傳人又分數派，明朝金陵李文甫、濮中謙，均善刻竹，惟性質稍異，一喜鐫香筒，一喜刻箑邊（即扇骨别名），此刻竹金陵派也。厥後嘉興張希黄、周夢坡，改創陽文留青，傳其法者甚衆，此刻竹浙江派也。又蕭山蔡容莊，再創留青人物，别樹一幟，不落恒蹊，遂稱蕭山派。明末崇禎時，朱松鄰改濮仲謙法，創爲陰刻，名振一時，傳其子小松、其孫三松，此爲嘉定派也。其他竹人很多，派别亦異，略舉數端，以爲佐證而已。志魚著有《刻竹治印無師自通》，曾列刻竹前賢數百人。迨清乾隆之際，爲刻竹最盛之時，并以嘉定爲最，傳至南京而止，從未越過長江一步。鄙人在民國元年於無意中，創成此藝，實僥倖耳。其初也，得到南方刻扇一柄，因其所刻之花大欠完善，於是以刻印之刀就勢補成之。適值張蔭庭先生者，年老而博學，駕臨寒舍，急從旁慫恿之云：「速研究之，倘能刻到佳處，必居北派刻竹之祖。因愚所知，北方向無是技。再考諸書，及《畫史彙傳》《竹人録》《印人傳》等，北方實無一人能此道者。嗣後果能將其心得，傳諸後進，則不令南方竹人專美於前也。」并云光緒十六年，南人于子安，名士俊，曾來北京一次等語。於是向壁虚造，至民國七年志魚即懸潤單問世。民國十年，再供職航空署，仍兼理刻竹事務。民國十二年、民國十三年，再供職執政府，及後充藝術學院刻竹治印教授，總未拋却刻竹之技。至民國十六年以後，始與政途脱離關係，一意以刻竹爲主體。現著此文，本歷來之經驗，述刻竹之區别，既本公開之旨，論之當不厭其詳也。故分而述之，或給研求斯藝者，稍有裨益焉。

（一）深刻。深刻者每一筆須分上下左右四刀，刻出之痕跡，若凹形，名曰人字底，倘遵刻碑法之名，嗣曰唐刻，唐朝之碑，底下爲人字形耳。若底子很平者，名曰漢刻，漢刻係簡稱，即漢朝所刻碑，底子均平故也。

（二）淺刻。淺刻者，係用四楞之刀，刻時照寫字之法，一筆即成，無須上下左右四刀耳。

（三）補花。補花者，就其勢而補成之。譬如湘妃竹，天然生成圓形之紅花，補上枝幹，即成枝花，此曰補刻。

（四）雕鏤。雕鏤者，係將平地之花，或山水、人物刻成三四層，如立體式，三面玲瓏，下邊連地，如同一朵花，頭一層平起，二層凹下，三層再凹下，以此類推，此名曰雕鏤。

（五）留青，亦曰皮雕。留青者留其青皮，皮雕者刻其浮面上之竹皮耳。此種刻法，以多留青皮爲主。名曰青皮，實非青皮，此留青係一種名目耳。年老之扇骨，上面之皮愈老愈顯白色，下邊之竹質年愈老愈顯紅色，倘能刻到佳處，好像將純白之紙，粘在紅色竹面之上一樣，實增一種美觀也。

——録自《新民報》，一九四二年第四卷第十期

刻竹宜公開不應自秘論

吾國藝術，位於全球各國之上者，有事實在，非狂言矜誇，聳世聽聞者也。茲先擇其與藝術有關者，列舉數端，因享閱者。茲先論吾國之字，因吾國之字，亦屬藝術之一，每字均有造字之始原，并各字均有各字之意義，非他英、美各國之字，純屬記號文式，可同日語也。（一）中字，《説文》内也，從口從丨，直爲全字之基礎，中間加口，取上下左右平匀之勢，篆字如中式，取不偏不倚之義，（二）國字，從口從或，口爲上下左右之形，或字爲聲，因或字而得國字之音，此爲六書之形聲字。若再將或

字詳加解釋，先須由或字中之口字爲起點，口字爲人之代表，口字下之一横，爲地形。旁豎一戈，言人立於地上，持此武器以守東西南北四隅也。（三）仁字，仁從人從二，此二横者上爲天，下爲地，旁立一人者，言上不愧於天，下不媿於地，方够一個仁字。（四）義字，上從羊，即善字之省文，下從我字，言善惡由我自爲，能爲善方够義字也。（五）東字，從木從日，木居東方，又爲甲乙之代表，暗含東字之義，甲乙屬天干，位居東方，故曰東方甲乙木也。日又出於東方，萬物非日之光而不能發生，此日字貴於木字之中，木借日光而復生，故東字由此而起也。（六）西字，爲象形字。若以楷字觀之，無絲毫之象形處，倘以篆字證之，則西字象形大顯矣。篆字如式，上端爲一鳥形，下部爲一巢形，其意曰落西方，鳥則還巢，因日未落，鳥踞巢上，未入窠之形也。此西字所含之義，果太陽已落，鳥入夜境，焉能看見其鳥其巢乎？栖字完全由西字而化出也。（七）春字，爲形聲字，篆如式，上端之草，與下部之日字爲形，中間屯字，爲聲，因屯字之音，而得春字之音耳。若詳解之，先須由屯字一横爲起點，一横當爲地皮上之代表字，一横下，爲地下生根之形，上邊之草者，已現萌芽之勢，不如此則不足以形容春字之意也。屯字既有音矣，何用下邊之曰字耶？殊不知無論何種植物，舍去日光而不能生也，故賴日光而生者甚衆，故曰萬物發生於春，即此義也。右引數端，爲字之證，無論何字均不能逃出六法外。六法者，一曰指事，二曰象形，三曰形聲，四曰會意，五曰轉注，六曰假借。摹寫物之形者，統曰象形，如日、月是也。形不可象，則指其事，上、下是也。事不可該，則會諸意，武、信是也。意不可盡，再諧諸聲，江、河是也。聲不可窮，則因形體而轉注焉，考、老是也。因音義而假借者，令、長是也。書之六義如此，萬物無不備矣。此六法之詳解，凡我國講小學者，統以六法爲規。倘以此法範諸他國之文字，有是義乎，有斯法乎？故我國文字駕於一切之上者，有實在之佐證，非虛言欺世也。因字亦爲藝術之一，故借此用作一種比例耳。其他書畫亦然，一筆能畫出陰陽、向、背四種顔色，亦爲吾國獨有之藝術，他國實望塵莫及者。揆其原因，吾國之筆及紙，亦爲輔助之品焉。兹論刻竹，特假此條，用作引端。不多與者，恐惹論字之議。倘不説字，而字又居百藝之祖，因是略舉數字爲證耳。魚每次刻竹也，治印也，弗論何人來訪，均係對客揮刀，客果研求是藝者，正好當時領會。或有專心研究者，倩人介紹來拜門牆，即開誠相予，總不使其失望。對於問詢者，務期詳盡而後止。故鄙人門徒最多，未始非此故也。志魚又有一種思想，稍與他人異，嘗對門人云，譬如我去遠方，不知何時還，或永久不還，拜門者已有是名，而無一藝，他日談到此點，是否教導不誠，抑或無教導能力，人云亦云，名譽攸關，兩無益也。魚以是語傳予門徒，遇藝術家，亦曾開誠相告，務期除去自私自秘之心。再查吾國因自秘之心所趨使，因而絶響者以不知凡幾。嘗見夫有負一種絶技者，永不出諸口，亦永不行諸筆，後進欲學而無由。數十年之後，其人作古，其藝隨之而絶矣。如此之人，實在有負所生，并負國家栽培之力。反復相導，聽者固不乏人，自秘者仍大有人在。或有人説：「我以數十年之心血，不易得來，那能輕輕傳去？果爾，於心實有不甘。」并有「教會弟子，餓壞傳人」之謡。志魚對此，亦曾百般解釋，并譬如晋朝王羲之，爲吾國寫字之祖，傳至唐宋，復出顔、柳、歐、趙四家。歷代臨其字者，何止數百萬人。王及四家從不聞受其影響。再譬如一江之中，只有尊駕一舟，何能濟衆？殊不知船多，渡者亦多，故諺有曰「船多不碍江也」，果如只有一舟，征客反捨舟而陸，欲想自秘，反遭其絶，人□天理，從不一樣也。再有一説，筒人之修咎不同，有德者天假以禄，公開藝術，傳予後人，即是有德，暗禄已增，何用秘焉。再如傳徒若干，群力輔湊，終無窮塗；，自秘者一人爲之，旁無假力，終久必敗，此不待明者而後知。魚嘗云，欲求藝術之高尚，首需培德，德行充沛，實有鬼神暗助之機，書不云乎，鬼斧神工，即此意也。若以人論，天自生我，則我不負所生，不負所生，首須作人事，作人事第一愛國，第二愛衆。既有愛國之心，凡我國所有之技能，吾知者盡傳予後人；愛衆者，凡人均是我同胞，同胞無衣無食，如同己飢己溺，務要使其得到一種技能。除替國家發揚文化之外，藉此可得衣食住之資，果能每人均有一種技能，國無冗員，其國之强必矣。追溯其源，是否公言開術，亦爲强國之一助。至輔助國家聲譽，藝術家亦有責焉。此而藝術宜公開，不應自私自秘者此也。倘自私自秘，又有何人出藝干涉耶？然自秘者終必蒙其害也。淺言之，自懷絶技不令人知，遇君子則恕之，遇小人則忌妒心生，恐其害將無底止矣。

——録自《新民聲》，一九四四年第一卷第四期

雅與俗

藝術之道，難雅而易俗。若行舟然，逆流而上，需數人之力，未必如我期望；順流而下，一人摇槳則立就。俗雅由此分也。兹以治竹言：雅者，似逆水行舟，用力多，運用智慧，變化刀法亦多，成物始雅。其雅處，難言也。雅人者，不異於常人，臨大節而不奪，方知其雅也。刻亦如是，有不可磨滅之精神在，百讀不厭，耐人尋味者，爲雅；一覽無餘，再觀惡心者，失雅。以難易言，刀勁而難柔，柔者爲雅；反之則俗。筆軟而難硬，硬者爲雅。雙刀（又曰對刀）易深，而淺者爲雅。單刀易淺，而深者爲雅。猶詩之拗句爲佳，難能可貴也。

——録自《北洋畫報》，一九三二年第十八卷第八七五期

附録

附録　生平資料及諸家評論

治印管見録跋

李善芬

外子彭侣，治印刻竹，人多稱之。同學者，有朱懷青、蘇組香、馬燦文、石盛齋、劉碧山諸子，馬、石、劉諸子固皆聰穎，而朱、蘇二子尤孜孜不倦，取益甚宏。余於操持饘粥之餘，亦復從事篆刻，覺朱、蘇之造詣，實有堪歎服者。近且彙鈔彭侣《治印管見録》，附《刻竹瑣言》，付諸梓人，而任校刊。感謝其盛誼，綴數語焉。乙亥冬，台山女子李善芬德馨氏跋。

黄高年刻竹治印

娱堪老人

粵人黄高年，字彭侣，能刻竹，并善治印。其精警之作，時有過人處。從李龠庵游，治印之學，益有進境。嘗設肆沽上，曰大經商店，售賣文具書籍。兼懸潤例，爲人治印，蔡公湛盛稱之。近歲他去，不得見其所作矣。彭侣所作之印有學者風，無匠人習,時人或未能解,而彭侶無愠色,塵海擾擾中,誰謂無高士耶？高年之高,於此益信。所訂潤例,爲一小册子,儼然一卷小印譜也。識者珍之。

江都兩枝鐵筆

舍予

揚州固人才薈萃之區。近時以藝術自鳴者,周无方、黄漢侯二人而已。无方邗之世族,曾服務軍政學界有年。辛亥之役,充陸軍第二軍副官長。爲學深於佛老,并工刻竹,無師承,精擅皮雕、實雕深刻,藝術之高,海内僅見。作物曾數見於國中各大展覽會,比更集其經驗,彙成《刻竹瑣談》,載于本報者即是。《東方雜志》已索其稿。君所發明刻竹之具,俱運用物理、幾何原理。嘗謂書畫生紙本者貴,熟紙次之。因生紙毛而熟紙光,人視物體,左右眼各現一象,其邊際不能一致,視平面則兩眼之印象,左右皆同;若邊際毛,則平面便似立體,故覺其厚。因創用毛刀,(刀法詳見《刻竹瑣談續編》。)一則似生紙之書畫可以增厚,一則可免雕刻板滯之病。其事其言,皆前人未曾有也。黄君漢侯,與无方道不同,而齊名於時。工淺刻,師吴讓之之法,而更進焉。巧善臨摹,縮臨碑帖以及名人法書,雖小至方寸之地,能作千餘字，而神韻不奪分毫。兩君皆有志問世，今黄君來滬，于今日起在寧波同鄉會陳列作品，公開展覽。技術之佳，足當鬼斧神工之譽，必使人驚詫。兹印黄君玉照，并爲介紹，愛藝術者，盍往往欣賞焉。

讀周无方先生刻竹瑣談

丹　翁

刻竹周无方先生，瑣談雋雅殊移情。此種文字世希有，寧我讀之矜眼明。善運柔毫似刀口，瓣瓣落紙磨何平。豈惟外行道不出，内行古幾雙成名。鈍丁算有士夫氣，竹人多待他賢評。希黄仲謙美則美，猶怪傳祕不肯輕。无方與我交總角，年少讀書才最清。吐辭似訥而扼要，筆能達義如此精。相得益彰與絶藝，附驥題詩豫訂盟。

蘇堪評張志魚刻竹一則

鄭孝胥

刻竹之技，始於江浙，北方無能爲者。宛平張瘦梅君獨擅此藝，而又自出新意，創爲留青淺㻛及湘竹補花諸品，精妙絶倫，殆爲南派所不逮。他日有增編《竹人録》者，瘦梅必爲北派之祖矣。刻印亦師秦漢。性有巧思，日進未已，伍惡能測其所至耶？庚午二月，孝胥。

刻竹自述及游歷

張志魚

刻竹之技，始于唐宋，盛于明清。以浙江嘉定爲最。長江以北，向無聞焉。鄙人所觀《竹人録》《印人傳》等書，非常羨慕，于清宣統紀元，以刀剜刻石章，不知何者爲佳善，至于韻味，更屢缺然。民國元年，見南刻之竹欠佳，即以治印之刀改正之。後遇張蔭庭老先生，云刻竹北方從無此藝，令弟努力爲之，他日必爲北方刻竹之發明者。于是向壁虛造，三年有成。是時以梅花館主懸潤問世，用求知者進而教焉。民國七年，供職參戰處，與同人治印刻竹。經秀文齋李佩吾之請，改爲志魚之名，正式懸潤。緣鄙人名志，愈恐招笑柄，故以是名問世。不料二十年後，虛名反爲實名也。民國八年，創刻沙地留青法。十年，再就航空署差，又創湘妃補花。是時金北樓、陳師曾二先生提倡書畫，書畫、箑邊、手枕，命鄙人刻之。彼時有北平三絶之話，三絶者鄙人刻竹、張籌丞刻銅、朱友麟刻磁耳。民國十三年，段執政委以武官處荐任職。至十二年，張大元帥組政府，段下野，鄙人即去津開寄斯庵藝術社。二十一年，任藝術學院篆刻教授。其後專以游歷各省風景，到處開展覽得潤補助開銷，藉此提倡藝術。民十九年，雖來申江一游，居四月餘，每隔一日上海畫報即有鄙人刻件披露，頗得滬上名士獎語。張丹斧云「印人既燕昌，竹人又希黄。書家則二水，三張并一張」，跋云「此廿字惟吾宗兄足以當之」，款署丹斧。最妙是統通姓張，文中不望張字。先師袁寒雲跋云：「張生工治竹，尤善刻印，能爲人所不能爲，爲人所不敢爲。他日有作竹人傳者，當以志魚始。」二十四年，赴濟南，看珍珠、金綫、豹突、黑虎等泉。翊年，即袖珍印痕問世，并游泰山，住其峰巔看日初，真是特别奇景，比輪船上看日初不同，各有佳妙。廿八年，著《無師自通》一書，專講刻竹治印各法，知無不言。後去張家口觀賜兒山風洞冰洞奇景。再西至大同，看曹福廟，上下華嚴寺。城西三十里雲崗，該處遍山皆佛，高者五六丈，小者數寸，刀法奇古，統爲北魏雕刻。再西豐鎮，綏遠（又名歸化城），日人改名厚和，舊城有七十二召（召即譯音廟也），有馬蹄泉等古跡。再西至包頭，西爲黄河岸，南有昭君塚。包頭以東門外一石得名，在轉輪藏前。三十年游煙臺，觀張裕製白蘭地酒場。南游牟平、威海衛，看劉公島炮臺。三十二年，再游濟南大明湖。三十五年，游瀋陽。今則重游歇浦，惜老友半歸道山，未免有今昔之感。總之，到處以藝術訪友，藉資觀摹耳。丁亥重陽，書于申江安商旅社。

張志魚簡介一則

佚名

張志魚先生是藝術界頗負盛名的成功者，張先生是中國文化之都的北京人，現年五十二歲，刻竹、繪畫、書法，都有深刻的研究，其中當以刻竹最聞於世。

按張先生幼年就讀於私塾，所學者皆屬經詩子集之類，但此時即頗愛好繪畫及書法，於課餘時即致力於書畫間，故張先生對書畫、治印、刻竹皆爲所長。

刻竹中之淺刻、深刻、雕鏤、皮雕，印章中之古璽秦璽、漢印，先賢的一切印法皆有精深之研究，書法以篆、隸、行書、章草無所不能，畫事則以白菜、松、梅最著，以前畫梅時即署名瘦梅，現在以畫白菜更名噪藝壇，并有名畫家趙松聲題稱爲張白菜，可謂藝林佳話。由此可知，張先生誠爲一全才之藝術家。

張先生對刻竹之研究多爲自悟，并未師何人，而能將寫畫刻薈製一起，完成傳遍北方之刻竹。

張先生雖亦曾供職政界，但對藝術從未放棄，日日研究，而成今日之終生愛好。民國十八年時在天津成立寄斯盦，專注重於刻竹治印，時歷三年之久。二十一年職教國立北京藝術專科學校，專教刻竹治印之程，一年辭去。現專效力於刻竹治印，以慰終生。

張先生游歷之地。於民十六年游山東泰山；十九年游於滬上，展覽藝術；三十年曾游過包頭、威海衛、煙臺等地，所到地請教益者頗多，而在京、津兩處門徒更夥，皆以竹字頭帶庵字者排之。

張先生之著作，有最近出版之《刻竹治印無師自通》一書。其他關於治印之印痕，《辛巳印痕》等多數。

張先生心志頗爲寬大，爲藝術而努力，凡自己所知者絶不秘密，盡傳世人，誠爲藝術家之態度。而交游更廣，并不分貧賤，故上至達官貴人，下至販夫走卒，莫不時有過從也。

張先生的家庭頗爲簡單，除其夫人外，只有一女公子，很適於從事藝術之努力。

藝　文　叢　刊

第　四　輯

藝　文　叢　刊

章草考

卓定謀

浙江人民美術出版社

圖書在版編目(CIP)數據

藝文叢刊. 第四輯 / (宋) 米芾等著 ; 況正兵等點校. -- 杭州 : 浙江人民美術出版社, 2018.1(2023.9重印)
(藝文叢刊)
ISBN 978-7-5340-6222-3

Ⅰ. ①藝… Ⅱ. ①米… ②況… Ⅲ. ①古籍－中國－叢刊 Ⅳ. ①Z121.7

中國版本圖書館CIP數據核字(2017)第243082號

藝文叢刊 · 第四輯
〔宋〕米芾等 著　況正兵等 點校

責任編輯: 霍西勝
文字編輯: 余雅汝　張金輝　羅仕通
整體設計: 傅笛揚
責任印製: 陳柏榮

出版發行　浙江人民美術出版社
(杭州市體育場路347號)
經　　銷　全國各地新華書店
製　　版　浙江時代出版服務有限公司
印　　刷　浙江海虹彩色印務有限公司
版　　次　2018年1月第1版
印　　次　2023年9月第3次印刷
開　　本　787mm × 1092mm　1/32
印　　張　91.5
字　　數　1476千字
書　　號　ISBN 978-7-5340-6222-3
定　　價　498.00圓

如有印裝質量問題，影響閱讀，
請與出版社營銷部聯繫調換。

點校説明

《章草考》，卓定謀編撰。卓定謀（一八八四—一九六五），字君庸，福建福州人。早年負笈日本，獲商學士學位。歸國後，曾任職於北平大學、中法大學、輔仁大學及中國實業銀行等機構，一九四九年赴臺。卓氏爲晚清名士巴園老人卓孝復之子，幼即濡染家學；後復與鄭孝胥、梁啟超及林志鈞等人交游，討論學識書藝，是故得善書法，尤精章草。編有《自青榭叢書》等。

二十世紀早期，曾興起過一場帶有濃重民族情緒的漢字改革運動。激進者主張廢除漢字，全盤西化，將漢字拼音化。保守者則痛斥改動，以至聯合權閥名流「爲漢字存亡請命」。在兩者之間出現了不少調和改良派，例如于右任三十年代初於上海創建標準草書社，主張以書寫迅捷的草書來替代筆畫繁複的真書。而卓定謀則推行章草，認爲章草這種法度畢具、便於日用的字體，隨著時代而衰微是極爲可惜的：「考章草字數，今所得見者，可三千字，不免有欠缺之憾。爲今之計，當詳爲釐訂，并旁搜博採而增益之。其偏旁字體，亦宜精考，組合成字，更以簡易字體，不背章草之原則者以補之，務使字數足用，俾節省時間，便於人事。豈不善哉，豈不善哉！」爲此他曾搜羅歷代章草作品予以刊印，并在當時的北平大學設立講席，以資推廣。

《章草考》是卓氏推行章草而作的文獻梳理，所謂「今將近歲所得關於章草之材料，特分章節以歸納之，使研究斯學者，便於參考焉」。全書共分緒論、名稱、字體及歷代收藏等九個部分，從名誼考辨，到書家書作輯録，結構極爲嚴謹。全書共網羅自漢迄清一百五十餘家，卓氏用力之勤可見一斑。此書於一九三〇年刊印，在當時的學術文化界産生了很大影響，「被譽爲研究書體史的傑構」。

本次出版，以天津市古籍書店所影民國初刊本爲底本，予以標點整理。原書不少内容爲輯録歷代文獻而成，因間核原書，對部分差錯予以改正。因點校者水平有限，加之時間倉促，書中訛誤在所難免，懇望讀者批評教正。

目録

林序

自皇象、鍾繇、衛夫人、王羲之，皆有章草《急就章》傳世，俗每以「急就」與「章草」并舉，甚有以《急就章》爲章草者。明郁逢慶《書畫題跋記》載鄧文原《臨急就章小遊仙詩》，應作《章草小遊仙詩》也。又明徐兼山《暖姝由筆》：「世有《急就章》刻本，真行二行，要是解釋其字耳。説者遂謂真字章草。寧復有真篆字，真隸字耶？」書名、字體，二者之相混，由來久矣。其致誤之由，亦有可言者。考《急就》本不稱章，《漢書·藝文志》但稱《急就》一篇，亦作《急就篇》。《隋·志》乃作《急就章》。實則《急就》之名，與《蒼頡》《凡將》諸篇同。聞稱「蒼頡篇」「凡將篇」矣，未聞稱「蒼頡章」「凡將章」者，則「急就章」本屬不詞。六朝以還，既漸習用「急就章」名，而《急就》之作，又與創章草者同出於史遊之一人，蕭子良及梁武皆謂章草出自杜度，非是。遂致訛雜莫辨耳。即以章草一辭，亦多誤解。張芝變草法，歐陽詢謂王逸少、王洽始變章草爲今草，亦非。世以張草爲今草，遂呼史游草爲章。張懷瓘説。《東觀餘論》謂章草原無章名，因漢建初中，杜操按即杜度善此書，帝章帝也稱之，故後世目焉。此又一説也。是知章名後起，初但名草，又曰隸草，亦稱草隸。張懷瓘《書斷》謂章草即隸草之捷。《魏志·衛覬傳》「覬善隸草」，王僧虔答録古來能書人名則作「衛覬善章草」，是知二者名稱雖殊，字體非異。其通稱皆曰草，即起草義，故又稱稿草，《宣和書譜》所謂今世猶以起草爲稿者是也。趙宧光《金石林緒論》以章帝「辰宿列張」帖、索靖《出師表》等爲章草，顔平原《坐位帖》《祭姪帖》爲稿草，不知章草、隸草皆可作稿也。章草以通章奏，草之應用最廣者也，故論書者多稱焉。顧謂章草爲漢章帝書，則又非是。章帝令杜度草書上事；又作「辰宿列張」章草帖，此帖實非章帝書，不知者，遂合二事而謂章草以章帝得名。又或以章草爲張草，謂即張伯英書者，此則以章張音近致誤，尤無足論耳。顧亭林論漢魏以後，童子皆讀史遊《急就篇》。而章草即爲當時通俗之字，所謂解散隸體，赴俗急就是已。乃昔人所童而習者，後世老師宿儒有不能舉其名者矣。徐兼山謂章草在世無人學，故無人知。蓋言之有餘慨焉。余嘗謂章草有數美：筆下有來歷，而結體變化，皆具法度，一美也。向背分明，起止易辨，使轉隨意而不傷狂蔓，二美也。爲隸楷蜕化之中樞，而筆畫視隸與楷皆簡，平正流速，兼而有之，三美也。吾友君庸擅長此書，復富收藏，凡章草石刻墨蹟、拓本影片，雖零縑斷楮，搜拔無遺。近更著書曰《章草考》，都九章二萬六千餘字，兼採群言，網羅閎富，源流省變，言之綦詳。其於能書人名，徵舉尤備。《宣和書譜》載漢晋至宋，以草書名者，才六十五人。君庸所舉，則元、明至清季，凡六十餘人，自漢以來，共得百五十三人焉。其有湮埋沉晦於舉世相忘之中者，皆賴《章草考》而獲傳，此豈其人所及料者哉！君庸之爲此書，於章草之當加釐正，并宜考訂偏旁，組合成字，俾得應用於今後簡筆字體者，尤致意焉。精識宏願，非專講書法、守古不變者所能及。自有章草以來，千九百餘年，始覩此作。嗚呼，豈不爲難能也哉！余三年前跋君庸所藏《草訣歌》，謂默察時會，章草必將再興無疑。今日則海内知章草者日益衆，北平大學且專設講座，資傳習焉，此非君庸專志提倡之力不及此。於其書之成也，故樂而爲之序。時民國十九年三月二十二日，林志鈞識。

凡例

一、本編關於採輯之材料，專主裒録原書，不加己意論斷。

二、本編所採原著，悉標明書名於各條之下。有時但舉書中篇名，以其切於標題，較爲醒目。稍欠畫一，閱者諒之。

三、原書有一段數義，本可分别歸入各節。惟文句不易截斷。兹概仍原文，不爲割裂。

四、本編纂輯，不無疏漏之處，尚希海内明達指正。

第一章 緒論

漢元帝時，黄門令史游作《急就篇》，都三十二章。舉凡姓氏、品類、官府、市里之名，莫不備具。法用稿書，以赴速就急，便於繕寫，爲草書之權輿，即世所稱章草也。蓋推本《倉頡》《爰歷》《博學》《凡將》等篇而廣之。其爲體，出於分隸，參以古籀篆文，爲古小學家所必講。其爲用，使轉流速，較篆隸爲省便，實爲最簡易之字體焉。當漢之時，閭里書師嘗合《倉頡》《爰歷》《博學》各篇以爲課，每章以六十字爲斷。其考試制度，童子十七歲以上，試字九千，乃得爲吏。雖無試草之規定，牋啓章奏，咸奉爲通行之字體。故其時朝野上下，無不研習而精通之者。徒以時代屢變，幾經喪亂，傳寫錯訛，避諱更易，又無善本良師以釐正之，而章草之學，遂漸形晦滯矣。夫章承隸體，實開楷法，故章在楷先。而自古鴻生鉅儒，於《急就》一篇，無論正書稿法，罔不留心而深究之，鄭康成、孔穎達之注經，李賢之注史，《漢書》之引用，韻書之收集，潘岳、王禹玉、宋祁之皇皇大著，莫不取材於是。至於郭璞、張華、陸機、陸贄輩，皆號稱古之善章草者。而顏之推、顏師古、王應麟、李燾、朱熹、黃庭堅諸氏，更有《急就》注本、刻本，其重視之也如此。而後之談字學者，但數篆、隸、楷、草，孰知由篆而隸而章，由章而楷而今草？蓋隸與楷之間，尚有章草之階級存焉。以古日常使用之字，而今之學者兀兀窮年，有未及聞見者，斯學之失墮，亦可概見耳。竊以章草字字有區別，字字不牽連，定體有則，省變有源，草體而楷寫，非如今草之信手揮灑，想象意造者比。嗟呼，吾國固所稱爲文化最古者，如此法度畢具、便於日用之字體，竟隨時代而衰微，誠可慨也。夫文字之發生也，因時運而變遷。上古俗樸事簡，其用字也約，故其造字也亦略。其後人事漸繁，世故日紛，古字之數，勢不能曲盡情意以供使用，故歐美時有造字之舉。考章草字數，今所得見者，可三千字，不免有欠缺之憾。爲今之計，當詳爲釐訂，并旁搜博採而增益之。其偏旁字體，亦宜精考，組合成字，更以簡易字體，不背章草之原則者以補之，務使字數足用，俾節省時間，便於人事。豈不善哉，豈不善哉！今將近歲所得關於章草之材料，特分章節以歸納之，使研究斯學者，便於參考焉。

第二章　章草之名稱

章草之名稱，頗有數説：一曰因漢章帝好之，遂以得名。二曰得用於章奏。三曰「急就章」乃其本名，世人省略「急就」二字，但呼爲章。綜以上三説觀之，當以第二説爲是。今將歷代各家關於章草名稱諸説，詳列於後。

建初中，杜度善草，見稱於章帝，上貴其跡，詔使草書上事。魏文帝亦令劉廣通草書上事。蓋因章奏，後世謂之章草。《書斷》

漢章帝始有章草名。唐徐浩《古跡記》

魏晉之時，概呼爲草，惟知音者乃能辨焉。章草即隸書之捷，草亦章草之捷。《書斷》

章草書，齊相杜伯度援稿所作，因章帝所好，名焉。唐韋續《纂五十六種書》

章草當在草書先，然本無章名，因漢建初中杜操伯度善此書，帝稱之，故後世目焉。《東觀餘論》

章草，言可以通章奏耳。宋黄涪翁《跋諸帖》

始東漢人，以用稿法寫此章，故又號章草。明袁華《跋鄧文原臨急就章》

章草名，當即由託始急就章耳。張懷瓘謂章奏中用之，亦一説。《書畫跋跋》

章草書，章者奏也，謂可入奏章也。評者謂皇象如奇峰怪石，骨力有餘；索靖如金華翠葉，精研莫比；蕭子雲如晴雲點空，輕圓自得。此三家者，章草之聖品也。《法書本象》

《千文》曰「杜稿鍾隸」。杜名度，一作操，齊相。善草書，掣波循利，創盾蓄怒。章帝貴其跡，詔上章表用，故號章草。《淵鑒類函》

黄魯直跋《草千字文》曰：「章草，言可以通章奏耳。非章帝書也。」《日知録》

《魏志·劉廙傳》：「轉五官將文學，文帝器之，令廙通草書。」則漢魏之間，箋啓之文，有用草書者矣。《晋書·郗鑒傳》：帝以鑒有器望，萬機動静輒問之，迺詔特草上表疏，以從簡易。 故草書之可通於章奏者，謂之章草。《日知録》

米元章帖，言章草迺章奏之章。今考之既用於檄，則理容概施於章奏。蓋小學家流，自古以降，日趨於簡便，故大篆變小篆，小篆變隸。比其久也，復以隸爲繁，則

章奏文移，悉以章草從事，亦自然之勢。故雖曰草，而隸筆仍在，良繇去隸未遠故也。《日知録》

章草，傳自漢章帝。或以爲杜操、崔瑗、崔寔工草書，章帝令上章亦作草字，故曰章草。或曰黄門令史游作也，今史游傳有《急就章》，其法固此。《秦中學台石刻急就章跋語》

所謂章草者，正因游作是書，以所變草法書之。後人以其出於《急就章》，遂名章草耳。今本每節之首，俱有章第幾字，知《急就章》乃其本名。或稱《急就篇》，或但稱《急就》，乃偶然異文也。《四庫全書總目·小學類》

第三章　章草之字體

今摘印漢史游《急就章》，晋王羲之章草《豹奴帖》二種，并附釋文，俾資參照。

釋文一

史游

第一急就奇觚與衆異羅列/諸物名姓字分別部居不雜/廁用日約□□□□勉力務/之必有憙請道其章宋延

釋文二

羲之頓首昨得書問所疾尚綴既/不能眠食深憂慮懸吾情至不能/不委婹故不差豹奴晚不歸家隨/彼弟向州也前書云至三月間到

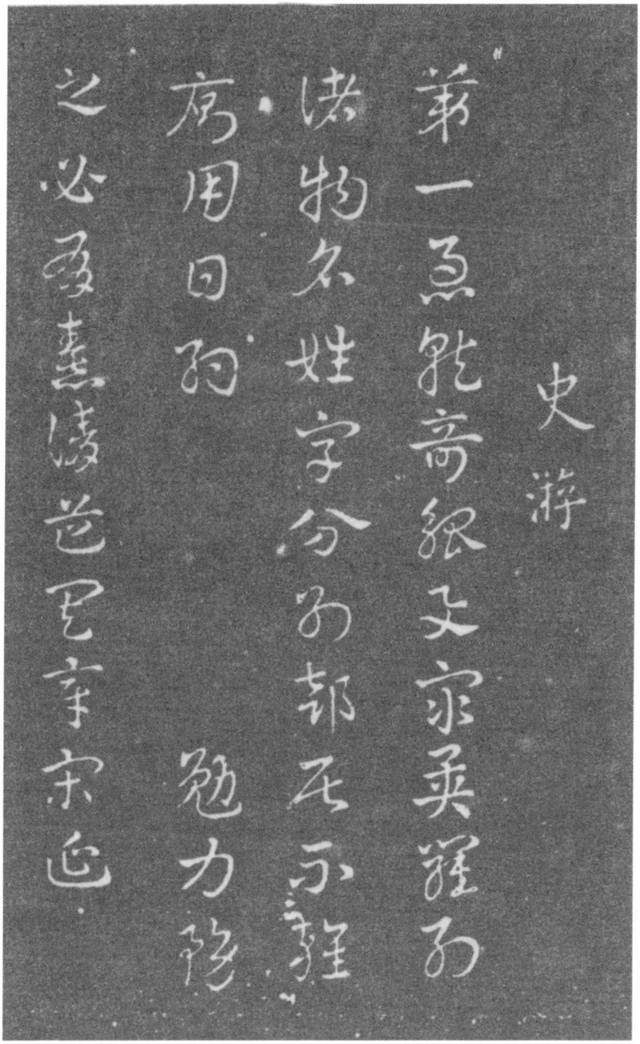

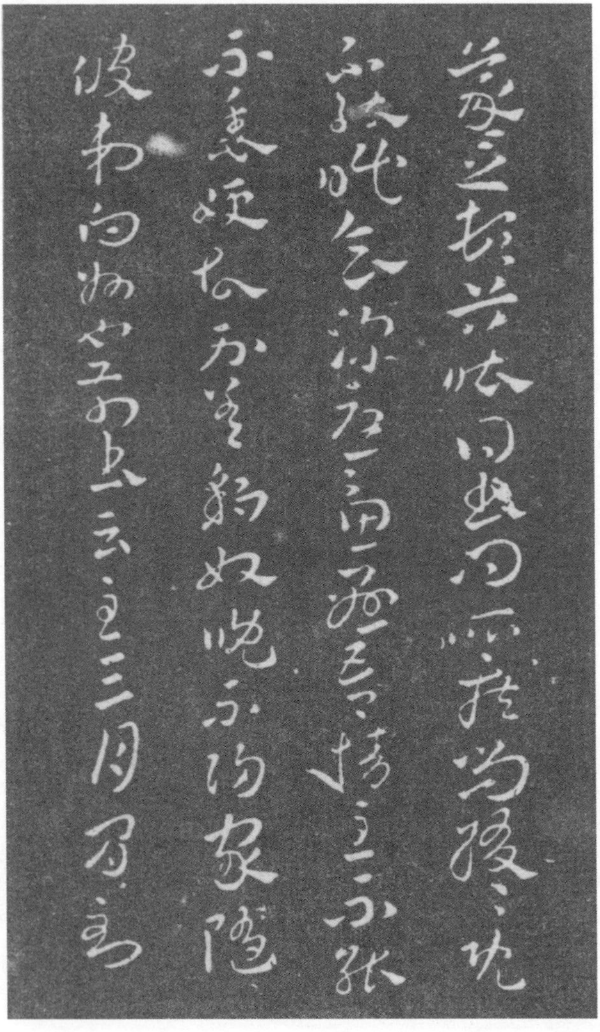

第四章　章草之源流

草書之興，肇自秦漢。史游作《急就篇》，法始大備，故章草當首推史游爲鼻祖。今將章草源流，詳之於下。

漢興而有草書，不知作者姓名。至章帝時，齊相杜伯度，號稱善作。後有崔寔，亦皆稱工。晉衛恒《四體書勢》

聖皇御世，隨時之宜。倉頡既生，書契是爲。科斗鳥篆，類物象形。叡哲變通，意巧滋生。損之隸草，以崇簡易。晉索靖《敘草書勢》

漢興有草書，莫知誰始。考其形畫，雖無厥誼，亦是一時之變通也。後魏江式《論書表》

昔秦之時，諸侯爭長，簡檄相傳，望烽走驛。以篆隸之難，不能救速，遂作赴急之書，蓋今草書是也。梁武帝《草書狀》

史游制於《急就》，創立草稿。唐虞世南《書旨述》

章草者，漢黄門令史游所作也。衛恒、李誕并云漢初而有草法，不知其誰。蕭子良云章草者，漢齊相杜操，始變稿法，非也。王愔云，漢元帝時，史游作《急就章》，解散隸體，麤書之，漢俗簡墮，漸以行之，是也。此乃存字之梗概，損隸之規矩。縱任奔逸，赴速急就，因草創之義，謂之草書。惟君長告令臣下則可。後漢北海敬王劉睦善草書，光武器之。明帝爲太子，尤見親幸，甚愛其法。及睦臨病，明帝令爲草書尺牘十餘首。此其創開草書之先也。《書斷》

案，杜度在史游後一百餘年，即解散隸體，明是史游創焉，史游即章草之祖也。《書斷》

史游製草，始務急就。婉若迴鸞，攫如搏獸。遲迴縑簡，勢欲飛透。敷華垂實，尺牘尤奇。并功惜日，學者爲宜。《書斷》

草書之先，因於起草。自杜度妙於章草，崔瑗、崔寔父子繼能，羅暉、趙襲亦法此藝，與張芝相善。芝自云，上比崔、杜不足，下方羅、趙有餘。然伯英學崔、杜之法度，温故知新，因而變之，以成今草，轉精其妙。唐張懷瓘《論草書》

《急就篇》者，其源出於小學家。昔在周宣，粤有史籀，演暢古文，初著大篆。秦兼天下，罷黜異書。丞相李斯又撰《倉頡》，中車府令趙高繼造《爰歷》，太史令胡毋敬作《博學篇》，皆所以啟導青衿，垂法錦帶也。逮至炎漢，司馬相如作《凡將篇》，俾效書寫，多所載述，務適時要。史游景慕，擬而廣之，元、成之間，列於祕府。雖復文非清靡，義闕經綸，至於包括品類，錯綜古今，詳其意趣，實有可觀者焉。唐顏師古《急就篇注敘》

自伏羲畫八卦，史籀造籀文，李斯作篆書，程邈起隸法，王次仲爲八分體，漢章帝始有章草名。厥後流傳，工能間出。唐徐浩《古蹟記》

章草興於漢章帝。唐蔡希綜《法書論》

草分章體，肇起伯度。時君重而立名，自我行而作故。掣波循利，創質畜怒。《述書賦》

字有五易，倉頡變古文，史籀製大篆，李斯作小篆，程邈作隸書，漢代作草，是也。唐韋續《纂五十六種書》

真、行、草書之法，其源出於蟲篆、八分、飛白、章草等。圓勁古澹，則出於蟲篆。點畫波發，則出於八分。轉換向背，則出於飛白。簡便痛快，則出於章草。宋姜白石

草，出於章。行，出於真。宋姜白石《續書譜》

《續書譜》

古者保氏教六書，外史達書名，漢猶有課試舉劾之法，故馬尾之書必謹。自篆而隸，自隸而稿。鍾、王之後，以意行書，先漢遺文古事，寖以晻昧。宋王應麟《跋急就篇》

自秦同書文，丞相斯作《倉頡篇》，中車府令趙高作《爰歷篇》，太史敬作《博學篇》，至文園令相如作《凡將篇》，黄門令游作《急就篇》，皆書林之文苑，欲識字者，不可不知。惜哉，《凡將》已上不可復見，特《急就》存焉者，以昔賢多喜書之故也。其文雖出小學家，而亦西京文氣未衰之際，詞致雅馴，故顔籀賞其清靡。宋黄長睿《跋章草急就補亡後》

草書起於列國，天下有事，急就爲之，或起草他簡，然後正書，皆不暇致詳而作。漢人遂以名家，杜度、鍾、張飛揚俊逸。其圜轉得於篆籀，其波折得於分隸，簡而有合，不大相離。上古結繩而治，刻契而與，拄識而别，剖竹而官，麤跡之於文故無足重，奚以草之去古爲異乎。故文以達詞，詞以達志，草書雖云古，而可達古文。乃至

翻草書以成俗體，無以下筆，豈草之皋乎。明趙宧光論《九體書》

《急就篇》，漢黄門令史游作。蓋推本《倉頡》《爰歷》《博學》《凡將》等篇，而廣之也。明袁華跋《鄧文原臨急就章》

余嘗謂漢魏時，隸乃正書，鍾、王小楷，乃隸之行。章草，則隸之草也。若楷書，則斷自歐陽始，點點畫畫，皆具法度，無一筆遷就從便，意正與隸同，法正與行草相配也。若云换行草在先，則章草亦在鍾、王楷先，蓋各自創爲法耳。《書畫跋跋》

褚先生補《史記》三王世家，曰：「至其次序分絶、文字之上下、簡之參差長短皆有意，人莫之能知。謹論次其真草詔書，編於左方。」是則褚先生親見簡策之文。而孝武時，詔即已用草書也。《日知録》

後漢北海王睦善史書，及寢病，帝驛馬令作草書尺牘十首，尤可爲漢魏箋啟用草書之證。清黄汝成《日知録集釋》

章草，古隸之變也。《潛確類書》

《急就章》，漢史游所作，蓋草書之權輿，謂之章草。其文比篆隸爲流速，故名急就。清孫星衍《急就章考異序》

漢時小學書，有《倉頡》《爰歷》《凡將》《勸學》諸篇，皆軼不存，惟《藝文志》所載《急就》有完本，又可仿佛史游筆法。中多古字古音，皆《倉頡》中正字，先於許氏《説文》，其羅列名姓諸物五官者，姓不與名連屬，名取嘉名，諸物五官，舉其大略，備世引用。不獨初學於此究心，亦通人所宜實事求是。清孫星衍《急就章考異序并注》

先漢小學家言，自《説文》興，而《三倉》衆家廢，獨《急就章》以文辭古雋，事類同條，書家喜作之，得垂久遠。然其本特多紛歧，因漢晋相沿，慣用藁草，世罕真書，筆跡疑似，致生乖剌。亦由作者非一，數寫而後，聲譌誼近，偶相牽混者有之。清鄭知同《序青浦莊世驥撰急就章考異》

繩契既遠，篆隸斯興。中古變通，趨於簡易，繇是草書出矣。溯其體式，昉自史游，章草之名，擅長漢代。《草韻辨體序》

第五章　章草之省變方法

章草字體，雖尚簡易，義仍謹嚴，省變之例，各有法度。考章草畫數，自四畫至八畫者最多，而十畫以外則屬寥寥，較諸楷體字畫，則自八畫以後十畫至十五畫者爲最多，而十七八畫者則次之。畫數最繁之字，竟有五十二畫，實與章草成反比例。今略取章草若干字，以證簡省筆畫，并説明其省變之法。例如：

與，《説文解字》作，從舁從与，古文與，章草作，從古文省与爲乙，省二屮形爲一屮，易篆筆圓折而徑直之，故成乂形。本字在楷爲十三畫，章只三畫耳。

賢，《説文解字》作，從貝，臤聲。漢隸《孔宙碑》作。章草作。上左旁臣省作，右又省作，貝省作大。本字在楷爲十五畫，章只五畫。

彊，《説文解字》作。從弓，畺聲。漢隸《張遷碑》作。章草作。左旁弓例省作，右旁承碑一豎穿下。章草省變之法，凡田字在丨兩旁者，例均省作兩點，重

田亦然，故成□形。本字在楷爲十六畫，章只九畫。

龜，《說文解字》□，從它，龜頭與它頭同。漢隸《尹宙碑》作□。《桐柏廟碑》作龜。章參篆隸作□。□省作□，目省作□。本字在楷爲十八畫，章只六畫。

竇，《說文解字》□，從穴，賣聲。漢隸《羊竇道碑》作□。章作□。上旁從穴無異；下賣字，土仍舊，四字略去，貝省作□。土豎穿下作撇成□形。本字在楷爲十九畫，章只八畫。

護，《說文解字》作□。從言，蒦聲。漢隸《魏上尊號奏》作□。章草作□。言旁例變作□。蒦旁上草頭無異，中隹本作□，茲復省去兩橫，而籍下又字成□形。本字在楷爲二十一畫，章只四畫。

第六章　歷代章草之盛衰

自史游製《急就》，而章草之法以立，顧時勢遷易，其間有盛有衰，試晰言之：

章草興於漢元、成之間，列於秘府，彼時朝野上下，莫不争習之。東漢杜操善章草，章帝雅愛其跡，詔使上書言事，人多法之，時稱章草之聖。而徐幹、崔瑗、崔寔、張芝、張超、蔡邕相繼而作，是章草在後漢尚復稱盛云。雖然，世徒賞其書法之工，而略其應用之便，自張芝學崔、杜之法，因而變之，以成今草，章草之派遂歧，然其本來效能，猶未爲所掩也。漢魏以後，士大夫善書者輩出，如魏武、鍾繇、鍾會、曹植、孫皓、皇象，其最著者也。而皇象尤擅名於時。至羌胡劉曜亦以此見稱，則其盛從可知矣。自晋至南北朝，能者接踵，若衛瓘、衛恒，郄鑒、郄愔父子，陸機、陸雲，王羲之、王洽兄弟，莫不精通斯學。此所謂章草大盛時也。後魏太宗敕崔浩解《急就篇》，劉芳更《續注音義證》三卷，陸暐擬《急就篇》爲《悟蒙章》，皆有意於提倡者也。《儒林傳》：劉蘭始入小學，書《急就篇》，人覺其聰敏。《北齊書》：李繪六歲未入學，伺伯姊筆牘之間輒竊用，未幾遂通《急就章》。李鉉九歲入學，書《急就篇》，月餘便通。以是觀之，則《急就篇》爲訓蒙之書，審矣。而南朝如裴松之、蕭子雲、釋智永等，亦皆稱能入妙。朱長文曰：「隸草始於秦，行於漢魏，而特盛於江左。觀其君臣所以撰録論議，辯稱今古，可謂勤矣。是時名流，皆謂之勝事，以不能爲恥，故其盛如此。」或曰：「隸草即章草之别名。」孫月峰亦曰：「章草，隸之草也。」則隸草謂即章草，當無不可。迨隋、唐以下，其學漸微，然歐陽詢、褚遂良、陸柬之、柳子厚猶相承勿替也。昔者唐玄宗嘗有意夫此矣，記曰：「明皇工翰墨，初見翰苑書體，狃於世尚，鋭意作章草，擺脱舊習。」蓋斯時字學中衰，因欲起而振之也。第楷法朋興，俗書委牘，而章草之學弗講，蓋自是衰矣。五代逮宋，工者已寥，宣和所藏，雖號豐富，然祇供考古玩賞之資而已。而徐鉉、黄長睿時特悉心倡導，徐鉉則工於章法，黄長睿則富於著述。金、元、明、清四朝，以明爲較盛，清爲極衰。元則趙子昂可稱獨到。而明可謂章草復興時代。故武官誥敕以二十八宿編號，永樂中特取漢《急就章》字用之。而當世善書者，咸兼工章草，曾有「三宋」之稱。「三宋」以仲温爲最，學者宗焉。其後祝允明繼起，對於斯學，多所發明，亦難能可貴也。有清一代，取士以制科，專重楷法，號爲館閣體。四方奏牘及場屋文字，凡所謂破體者，擯弗敢用。鄉會試、覆試，特設磨勘官以糾正之。以故塾師課文，以破體帖字，視爲禁例，學子勿敢犯也。章草一綫之傳，幾於掃地以盡，故起而問津者寥寥焉。此歷代盛衰之大略也。

第七章　歷代書家之小傳

自漢至清，得能書者百五十三人。或尚有遺漏，容有所得，當續補之。其無傳者，只得闕焉。

漢

史　游

史游，漢元帝時黄門令，作《急就章》，解散隸體，麤書之。南朝宋王愔《文字志》

此乃存字之梗概，損隸之規矩，縱任奔逸，赴俗急就，因草創之義，謂之草書。後世謂之章草。《書斷》

後漢

章帝

章草，本漢帝書也。今《淳化官帖》有「海鹹河淡」。其書爲後世章草宗。唐張彦遠《法書要録》

杜度

杜度，蕭子良云：本名操，爲魏武帝諱，改爲度。字伯度，京兆杜陵人。御史大夫延年曾孫。章帝時，爲齊相，善章草。《書斷》

建初中，杜度善章草，見稱於章帝，上貴其跡，詔使草書上事。蓋因章奏，後世謂之章草。《法書要録》

杜伯度章草，時稱聖字。《金壺記》

杜操，京兆人，終後漢齊相。章帝貴其跡，詔上章表，故號章草。今見章草書五行。《述書賦注》

徐幹

徐幹，字伯章，扶風平陵人。爲班超軍司馬，善章草。班固與弟超書曰：「得伯章書，藁勢殊工，知識讀之，莫不歎息，實亦藝由己立，名自人成。」《班蘭臺集》

崔瑗

崔瑗，字子玉，涿郡安平人。駰之中子也。早孤好學，能傳其父業，諸儒宗之。舉茂才，後遷濟北相。著《草書勢》。《後漢書》本傳

瑗善章草，師於杜度，點畫之間，莫不調暢，王隱謂之草賢。有《平子碑》。子玉，章草入神，小篆入妙。《書斷》

崔寔

崔寔，字子真，一名台，字元始，瑗之子也。桓帝初，舉至孝獨行，後爲五原太守，召拜尚書。《後漢書》本傳

崔寔章草，雅有父風，張茂先甚稱之。《書斷》

張芝

張芝，字伯英，燉煌酒泉人，徙屬弘農華陰。芝及弟昶并善草書，至今稱傳之。《後漢書·張奂傳》

伯英好書，凡家之衣帛，皆書而後練。尤善章草書，出諸杜度。崔瑗云：「龍驤豹變，青出於藍。」《書斷》

張芝學崔、杜之法，因而變之，以成今草。唐張彦遠《歷代名畫記》

伯英章草入神，隸書入妙。《書斷》

張昶

張昶，字文舒，善草書。《後漢書·張奂傳》

文舒，伯英季弟。爲黄門侍郎。尤善章草，家風不墜，奕葉清華，書類伯英，時人謂之亞聖。至於筋骨天姿，實所未逮。若華實兼美，可以繼之。《書斷》

衛恒云：姜孟穎、梁孔達、田彦和及韋仲將之徒，皆張芝弟子，各有名於世，并不及文舒。《書斷》

文舒章草、八分入妙，隸入能。《書斷》

羅暉

羅暉，字叔景，京兆杜陵人。官至羽林監。善草，著聞三輔。《書斷》

杜度妙於章草，崔瑗、崔寔父子繼能，羅暉、趙襲亦法此藝。襲與張芝相善，芝自云：「上比崔、杜不足，下方羅、趙有餘。」《書斷》

趙襲

趙襲，字元嗣，京兆長安人。爲燉煌太守。與羅暉并以能草見重關西。《書斷》

張超

張超，字子并，河間鄚人。有文才。靈帝時，從征，爲別部司馬。超善於草書，妙絶時人，世共傳之。《後漢書》本傳

超工章草，字勢甚峻，吴人以皇象方之。《書斷》

毛弘

毛弘，字大雅，河南武陽人。服膺梁鵠，研精八分，亦成一家法。獻帝時，爲郎

中，教於秘書。《書斷》

弘善古文、隸書、章草。《書史會要》

蔡　琰

蔡琰，字文姬，蔡邕之女也。博學有才辨，又妙於音律。《後漢書·列女傳》

蔡琰《胡笳引》，自書十八章，極可觀。《黄山谷集》

按，文姬善章草，見附録自青樹藏章草。

魏

武　帝

漢世安平崔瑗、瑗子寔，弘農張芝、芝弟昶，并善草書。而武帝亞之。《魏志》本紀注

武帝尤工章草，雄逸絶倫。《書斷》

陳思王

陳思王植，字子建，武帝子也。善屬文。建安十九年，徙封臨淄侯。明帝太和三年，徙封東阿。六年，以陳四縣封爲陳王。謚曰思。《魏志》本傳

陳思王胸中磊落，發於筆墨，以章草書《鷂雀賦》，今爲御府所藏。《宣和書譜》

鍾 繇

鍾繇，字元常，潁川長社人也。封定陵侯，遷太傅，謚成侯。《魏志》本傳

鍾繇草書，衛、索之下。《書斷》

顔籀注《急就》，嘗得皇象、鍾繇、衛夫人、王會稽等篇本，備加詳覆。宋黄長睿《跋章草急就補亡後》

鍾 會

鍾會，字士季，繇之少子也。少敏慧夙成，及壯有才數技藝。景元三年，爲征西將軍。《魏志》本傳

鍾會書有父風，稍備筋骨，兼美行、草，尤工隸書。嘗詐爲荀勗書，就勗母鍾夫人

取寶劍。《書斷》

會隸、行、章草，入妙。《書斷》

衛覬

衛覬，字伯儒，河東安邑人也。少夙成，以才學稱。明帝即位，進封閿鄉侯，謚敬侯。好古文、鳥篆、隸草，無所不善。《魏志》本傳

覬善章草及古文，略盡其妙，草體微瘦，而筆跡精熟。南齊王僧虔《答録古來能書人名》

伯儒古文、小篆、隸書、章草，并入能。子孫皆妙於書。《書斷》

韋誕

韋誕，字仲將，京兆人。太僕端子。有文才，善屬辭章。建安中拜郎中，稍遷侍中中書監，以光禄大夫遜位。邯鄲淳、衛覬及誕并善書有名。《文章敘録》

誕及姜詡、梁宣、田彦和皆伯英弟子，并善草書。誕書最優，又善楷書。南朝宋羊欣《能書人名》

仲將八分、隸、章、飛白，入妙，小篆入能。《書斷》

吴

孫　皓

孫皓，字元宗，權孫，和子也。一名彭祖，字皓宗。孫休立，封皓爲烏程侯。降晉，賜號爲歸命侯。《吴志》本傳

孫皓上晉武表，章草書，字畫高古。《東觀餘論》

皓，善小篆、飛白。《書史會要》

皇　象

皇象，字休明，廣陵江都人。幼工書，時有張子并、陳梁甫并稱能書，陳恨瘦，張恨峻，象斟酌其間，甚得其妙，中國善書者不能及也。與嚴武等稱絶云。《吴志·趙達傳注》

象官至侍中，工章草，師於杜度。右軍隸書萬字皆别，休明章草萬字皆同，各造

其極。《書斷》

章草入神，八分亞於蔡邕，小篆入能。《書斷》

吴人皇象能草，世稱沉着痛快，名重海内。南朝宋羊欣《敘古書家姓名》

皇象，廣陵人。終吴侍郎，青州刺史。今見帶名章草帖一表七行，并寫《春秋·哀公上》第二十九卷首元年，餘自二年至十三年盡尾足其紙，每一大幅有一縫綫聯合之。陸元凱押尾云，此是蜀紙，緊薄有脈，似樺皮，以諸蜀比類，殊有異者也。《述書賦注》

賀邵

賀邵，字興伯，會稽山陰人也。《吴書》曰：賀齊之孫，景之子。孫皓時中書令，領太子太傅。《吴志》本傳

邵善章草，與皇象同時異體。《述書賦》

賀邵，吴興人。終吴太子太傅。見章草書帶名一帖五行。《述書賦注》

晋

衛瓘

衛瓘，字伯玉，河東安邑人也。覬子。仕魏，至鎮東將軍，進爵爲公，領太子少傅，謚曰成。瓘學問深博，明習文藝，與索靖俱善章草書，時人號爲一臺二妙。漢末張芝善草書，論者謂瓘得伯英筋，靖得伯英肉。《晋書》本傳

伯玉章草入神，小篆、隸、行、草入妙。《書斷》

衛恒

衛恒，字巨山，瓘之仲子，官至黄門侍郎。瓘嘗云：「我得伯英之筋，恒得其骨。」《書斷》

巨山章草入妙，隸入能。弟宣善篆及草，名亞父兄。宣弟庭亦工書。子仲寶、叔寶俱以書名。四世家風不墜也。《書斷》

杜預

杜預，字元凱，京兆杜陵人也。拜鎮南大將軍，以功進爵當陽縣侯。《晉書》本傳

預祖畿、父恕并善行草，三世善草書。《書斷》

按，張懷瓘《書斷》章草能品十五人，杜預列焉。

張華

張華，字茂先，范陽方城人也。封壯武郡公，爲司空領著作。《晉書》本傳

華善章草書，體勢尤古，嵇叔夜之倫也。《書斷》

華作字尤工草書，不在模仿，其規矩氣度，似其人物。見索靖，遂雅相厚善，深與結納。《宣和書譜》

索靖

索靖，字幼安，燉煌人也。靖、尚書令衛瓘，俱以善草書知名，瓘筆勝靖，然有楷法，遠不能及靖。爲始平内史，加散騎常侍，遷後將軍，贈司空，進封安樂亭侯，謚曰莊。作《草書狀》。《晉書》本傳

靖，張伯英之姊孫。善章草書，出於韋誕，峻險過之。又善八分，韋、鍾之亞。《毌丘興碑》是其遺跡也。《書斷》

靖傳芝草而形異，甚矜其書，名其字勢曰銀鈎蠆尾。《南史·王僧虔傳》

幼安章草入神，八分、草入妙。《書斷》

陸機

陸機，字士衡，吴郡人也。太康末，與弟雲俱入洛，爲平原内史。《晋書》本傳

機能章草，以才長見掩耳。《宣和書譜》

陸雲

陸雲，字士龍，機之弟，號曰二陸。吴平，入洛爲大將軍右司馬。《晋書》本傳

陸雲善書。《書史會要》

按，士龍善章草，見附録自青樹藏章草。

王洽

王洽，字敬和，導諸子中最知名。歷官至吴郡内史，徵拜中書令，苦讓不受。《晋

書》本傳

洽衆書通善，尤能隸、行。從兄羲之云：「弟書遂不減吾。」南朝宋羊欣《能書人名》

洽書兼諸法，於草尤工，落簡揮豪，有郢匠乘風之勢。《書斷》

逸少與從弟洽，變章草爲今草，韻媚宛轉，大行於世。《書斷》

郗鑒

郗鑒，字道徽，高平金鄉人。博覽經籍，以儒雅著名。明帝以其有器望，動静輒問之，乃詔鑒特草上表疏，以從簡易。後封南昌縣公，進位太尉，謚文成。《晉書》本傳

太尉草書卓絶，古而且勁。《書斷》

鑒作草字，下筆剛決，略無留滯，厚實深沉，豐茂宏麗，而不乏風神。《宣和書譜》

郗愔

郗愔，字方回，鑒之長子也。爲冠軍將軍，會稽内史，就加鎮軍，徵拜司空，謚文穆。《晉書》本傳

愔善衆書，齊名庾翼。其法遵衛氏，尤長於章草，纖濃得中，意態無窮，筋骨亦

勝。王僧虔云：「郗愔章草，亞於右軍。」《書斷》

愔善章草，亦能隸。南齊王僧虔《答録古來能書人名》

方回章草入妙，草隸入能。《書斷》

應詹

應詹，字思遠，汝南南頓人。魏侍中璩之孫也。《晋書》本傳

思遠亦善章草。《宣和書譜》

思遠作章草，字肥，整整斜斜，直有晋人風度。《宣和書譜》

按，思遠善章草，見宣和御府藏章草法帖。

又按，《佩文齋書畫譜》謂《宣和書譜》誤作詹思遠。

郭璞

郭璞，字景純，河東聞喜人也。璞好古文奇字，妙於陰陽算曆。王敦起爲記室參軍，被收，敦平，贈弘農太守。《晋書》本傳

按，景純善章草，宋仲温筆法多宗之。有《游仙詩》，見附録自青榭藏章草。

庾翼

庾翼，字稚恭，亮之弟。仕至征西將軍，領南蠻校尉，謚曰肅。《晋書》本傳

翼善草、隸，書名亞右軍。兄亮常就右軍求書，逸少答云：「稚恭在彼，豈復假此？」《書斷》

庾翼有芝英章草十紙。《玉洵》

按，張懷瓘《書斷》章草能品十五人，庾翼列焉。

王廙

王廙，字世將，導之從弟，而元帝姨弟也。少能屬文，工書畫，封武陵縣侯。敦以廙爲平南將軍，贈侍中，驃騎將軍，謚曰康。《晋書》本傳

琅邪王廙能章、楷，傳鍾法。南朝宋羊欣《能書人名》

廙工於草、隸、飛白，祖述張衛遺法，其飛白志氣極古。時人云：「王廙飛白，右軍之亞。」《書斷》

按，世將善章草，見附録自青榭藏章草。

王羲之

王羲之，字逸少，司徒導之從子也。善隸書，爲古今之冠。爲右軍將軍，會稽内史。每自稱：「我書比鍾繇當抗行，比張芝草猶當雁行也。」《晉書》本傳

逸少尤善書，草、隸、八分、飛白、章、行，備精諸體，自成一家法，千變萬化，得之神功，自非造化發靈，定能登峰造極。隸、行、草書、章草、飛白俱入神，八分入妙。《書斷》

王獻之

王獻之，字子敬，羲之第七子。工草、隸，七八歲時學書，羲之從後掣其筆不得，歎曰：「此兒後當復有大名。」嘗書壁爲方丈大字，羲之甚以爲能，觀者數百人。徵拜中書令，贈侍中，特進光禄大夫，謚曰憲。《晉書》本傳

按，張懷瓘《書斷》章草神品八人，王獻之列焉。

衛夫人

衛夫人，名鑠，字茂猗，廷尉展之女弟，恒之從女，汝陰太守李矩之妻也。隸書尤

善規矩。鍾公云：「碎玉壺之冰，爛瑤臺之月。婉然芳樹，穆若清風。」右軍少常師之。《書斷》

衛夫人與師書，謂「近奉勑寫《急就章》，遂不得與師書耳」。《淳化閣法帖》

王濛

王濛，字仲祖，小字阿奴。哀靖皇后父，太原晋陽人。善隸書。轉司徒左長史，贈光禄大夫，封晋陽侯。《晋書》本傳

濛隸書法於鍾氏。隸、章草入能，衛臻、陶侃亞也。《書斷》

濛論章草作人字法，趯之欲利，按之欲輕。世以濛爲知言。世所存者多行書。《宣和書譜》

許穆

許穆，一名謐。字思玄，邁第五弟，丹陽句容人。官至護軍長史，散騎侍郎。《雲笈七籤》

長史章草，正書古拙。梁陶隱居《論三仙君真跡》

趙

劉　曜

劉曜，字永明，元海之族子也。善屬文，工草隸。《晋書》載記

劉曜，人但知其獰凶，而不知其章草之工。《墨池瑣録》

南朝宋

裴松之

裴松之，字世期，河東聞喜人也。博覽墳集，立身簡素。上使注陳壽《三國志》，後爲南琅邪太守，致仕進大中大夫。《南史》本傳

世期參方回之章法，得敬元之草意，按羊欣字敬元。今見章草書《慰勞文》一卷，二十四條。《述書賦注》

賀道力

賀道力，會稽山陰人。善三《禮》，有盛名。仕宋爲尚書三公郎，建康令。《南史·賀瑒傳》

道力草雄圓轉不窮。注今見章草二紙。《述書賦注》

南朝梁

蕭子雲

蕭子雲，字景喬，齊豫章文獻王嶷之子也。善草隸，爲時楷法。自云善效鍾元常、王逸少，而微變字體。其書跡，雅爲武帝所重，帝嘗論書曰：「筆力勁駿，心手相應。巧逾杜度，美過崔寔。當與元常，并驅争先。」《南史》本傳

子雲隸書、飛白入妙，草、章入能，諸體兼備，而創造小篆、飛白，意趣飄然。《書斷》

北齊

李鉉

李鉉，字寶鼎，渤海南皮人也。九歲入學，書《急就篇》，月餘便通。齊神武，妙簡碩學，以教諸子。與工書人韓毅等同在東館，鉉以文字多乖謬，遂覽《説文》《倉雅》，删正謬字，名曰《字辯》。特贈廷尉少卿。《北史》本傳

隋

煬帝

煬皇帝，姓楊氏諱廣，一名英，高祖第二子也。上美姿儀，少敏慧，好學，善屬文。《隋書》本紀

張天錫《草書韻會》有煬帝草書。《墨池瑣録》

按，煬帝工章草，見附録自青樹藏章草。

釋智永

釋智永，右軍七世孫，徽之之後也。與兄孝賓俱舍家入道，俗號永禪師。常居永欣寺閣上臨書。何延之《蘭亭記》

智永遠祖逸少，歷紀專精，微尚有道之風，半得右軍之肉，兼能諸體，於草最優，草章、草書入妙，隸書入能。《書斷》

唐

玄宗

唐明皇，工八分、章草，豐茂英特。宋周越《古今法書苑》

唐明皇留心翰墨。初見翰苑書體，狃於世習。鋭意作章草、八分，遂擺脱舊習。《宣和書譜》

明皇在御，以行書、八分、章草書爲時矜式。《宣和書譜》

武則天

則天皇后初得晉王導十世孫方慶家藏書跡，摹搨把翫，自此筆力益進。其行書有丈夫氣。《宣和書譜》

按，武則天有章草《夜宴詩》，見附録自青樹藏章草。

歐陽詢

歐陽詢，字信本，潭州臨湘人。紇之子。敏悟絶人，博貫經史。仕隋爲太平博士。高祖微時，數與游，即位，累擢給事中。詢初效王羲之書，後險勁過之。《唐書》本傳

詢八體盡能，篆體尤精，飛白冠絶，峻於古人，真行之書，於大令别成一體，草書迭蕩流通，視之二王，可爲動色。《書斷》

詢飛白、隸、行、草入妙，大小篆、章草入能。《書斷》

褚遂良

褚遂良，字登善，杭州錢塘人。散騎常侍亮之子也。博涉文史，尤工隸書，父友歐陽詢甚重之。太宗嘗謂侍中魏徵曰：「虞世南死後，無人可以論書。」徵曰：「遂良

下筆遒勁，甚得王逸少體。」太宗即日召令侍書。太宗嘗出御府金帛，購求王羲之書跡，天下争齎古書詣闕以獻，當時莫能辨其真僞，遂良備論所出，一無舛誤。《唐書》本傳

遂良書多法，或斅鍾公之體，而古雅絶俗；或師逸少之法，而瘦硬有餘。至於章草之間，婉美華麗，皆妙品之尤者也。《墨池編》

謝道士

謝道士，姓謝，名道士。能爲藺紙。嘗書大《急就》兩本各十紙，持以質錢。貞觀中，勅頻搜尋，彼之錢主，封以詣闕，太宗殊喜，賜縑二百疋。《述書賦注》

陸柬之

陸柬之，蘇州吴人，元方伯父。善書名家。官太子司議郎。《唐書・陸元方傳》

柬之，世南之甥，少學舅氏。《書斷》

柬之以書專家，與歐、褚齊名，隸、行入妙，章、草入能，隸、行於今殆絶遺跡。嘗觀其草書，意古筆老，信乎名不虚得也。《墨池編》

束之書《頭陀寺碑》《急就章》《龍華寺額》《武丘東山碑》，最聞於時。《宣和書譜》

裴行儉

裴行儉，字守約，絳州聞喜人。貞觀中，舉明經。儀鳳二年，拜吏部尚書，兼檢校，右衛大將軍，封聞喜縣公，贈幽州都督，謚曰獻。中宗即位，再贈揚州大都督。行儉工草、隸名家，帝嘗以絹素詔寫《文選》，覽之秘愛其法，賚物良厚，行儉每曰：「褚遂良非精筆佳墨，未嘗輒書。不擇筆墨而姸捷者，余與虞世南耳。」所撰《選譜》草字雜體數萬言。《唐書》本傳

行儉工草書，行及章草并入能。有若縉紳之士，其貌偉然，華衮金章，從容省闥。《書斷》

孫過庭

孫過庭，字虔禮，富陽人。右衛冑曹參軍。《述書賦注》

書家評孫過庭章草，用筆雋拔，如月崖絶壑，筆勢堅勁。宋曾肇《跋孫過庭書景福殿賦》

王知敬

王知敬，懷州河內人。善書隸。武后時，仕爲麟臺少監。《唐書·王友貞傳》

知敬工草及行，尤善章草。膚骨兼有，戈戟足以自衛，毛翮足以飛翻。若冀大略宏圖，摩霄殄寇，則未奇也。《書斷》

知敬善隸、草、行，評者謂爲「麒麟將騰，鸞鳳欲翥」。《墨池編》

王紹宗

王紹宗，字承烈，江都人。修禮子。少貧狹，嗜學，工草、隸。客居僧坊，寫書取庸自給，凡三十年。庸足給一月即止，不取贏。武后召擢太子文學，累進秘書少監。紹宗雅修飾，當時公卿莫不慕悅其風。《唐書》本傳

紹宗中年，小真書體象尤異，行草及章草次於真，曾謂所親曰：「自恨不能專有功，褚雖已過，陸猶未及。」《書斷》

承烈行、草、章入能。《書斷》

吕向

吕向，字子回，章草、隸峻巧。嘗詁解《文選》，世號《五臣注》者是也。卒工部侍郎。《續書斷》

張懷瓘

張懷瓘，開元中翰林院供奉。海陵人，鄂州司馬。著《書斷》三卷，《評書藥石論》一卷。《唐書·藝文志》

懷瓘高自矜飾，謂真、行可比虞、褚，草欲獨步於數百年間。《墨池編》

懷瓘善真、行、小篆、八分。《書史會要》

張懷瓘書，繼以章草，新意頗多。唐遺名子《吕總續書評》

張旭

張旭，字伯高，蘇州吴人。嗜酒，每大醉呼叫狂走乃下筆，或以頭濡墨而書，既醒自視以爲神，不可復得也。世呼張顛。《唐書》本傳

喬仲山家藏張長史章草《王粲評詩》。《式古堂書畫彙考》

韓　滉

韓滉，字太沖，京兆長安人。太子少師休之子，以蔭補左威衛騎曹參軍。貞元元年，歷檢校，左僕射，同中書門下平章事，封晋國公，贈太傅，謚曰忠肅。滉書得張旭筆法，嘗自言不能定筆，不可論書畫。以非急務，故自晦不傳於人。《唐書》本傳

滉工隸書、章草。《書史會要》

陸　贄

陸贄，字敬輿，蘇州嘉興人。十八第進士，中博學弘辭。德宗立，爲翰林學士。貞元中，歷拜中書侍郎，同中書門下平章事，謚曰宣。《唐書》本傳

陸宣公書陸士衡《文賦》，乃小字章草。明汪砢玉《珊瑚網》

柳宗元

柳宗元，字子厚，河東人。少精敏絶倫，爲文章卓偉精緻，一時輩行推仰。《唐書》本傳

宗元嘗作《筆精賦》，盡書法之妙。《書史會要》

子厚長章草，爲時所寶，湖湘以南，童稚悉學其書，頗有能者。唐趙璘《因話録》

王　建

王建，字仲和。大曆十年進士，歷官昭應縣丞。太和中，爲陝州司馬。宋晁公武《郡齋讀書志》

楊元誠家所藏有王建宮體小書《宮詞》一百二十首，極其宛轉妖麗，今人罕能及。《珊瑚網》

王建書《宮詞》小詩，其字皆章草。元湯允謨《雲煙過眼續録》

釋空海

釋空海，號弘法大師，日本僧。書《急就章》都十有四枚，合爲一軸。日本釋隆光《跋弘法大師急就章帖》

後梁

李愚

李愚，無棣人。性疏曠不羈，嘗曰：「予夙夜在公，不得爛游華胥國，欲作蝶菴，以莊周爲第一。」《尚友録統編》

按，李愚善章草，見附録自青樹藏章草。

宋

太宗

太宗諱炅，初名匡乂，改賜光義，宣祖第三子。性嗜學，工文業，多藝能。《宋史本紀》

端拱二年，以御書《急就章》藏於秘閣，刻石賜近臣。《山堂考索》

高　宗

高宗即位十九年，干戈之日居多，乃能親御翰墨，作小楷以書《周易》《尚書》《毛詩》《春秋左傳》全帙，又節《禮記·中庸》《儒行》《大學》《經解》《學記》五篇，章草《語》《孟》，悉送成均。曾惇《石刻鋪敘》

徐　鉉

徐鉉，字鼎臣，揚州廣陵人。十歲能屬文，仕南唐李昪父子，隨李煜入覲，太祖命爲率更令。太平興國初，直學士院，從征太原軍中，書詔填委，鉉援筆無滯，遷左散騎常侍。鉉精小學，好李氏小篆，臻其妙，隸書亦工。嘗受詔與句中正、葛湍、王惟恭等同校《説文》。《宋史》本傳

鉉與弟鍇皆能八分、小篆，在江南以文翰知名，號二徐。《歐陽文忠公集》

徐鉉精於字學，蓋自陽冰之後，篆法中絶，而鉉於危亂之間，能存其法。歸遇真主，字學復興，其爲功豈淺哉。《墨池編》

按，鼎臣善章草，曾書《急就章》，見附録自青榭藏章草。

蔡襄

蔡襄，字君謨，興化軍人也。官至端明殿學士。博古尚氣節，工字學，科斗、篆籀、正、隸、飛白、行草、章草、顛草，靡不臻妙，而尤長於行，在前輩中自有一種風味。《宣和書譜》

黄伯思

黄伯思，字長睿，邵武人。元符三年進士。好古文奇字，洛下公卿家，商周秦漢彝器款識，研究字畫體製，悉能辨正是非，道其本末，遂以古文名家。初淳化中，博求古法書，命待詔王著續正法帖，伯思病其乖謬龐雜，作《刊誤》二卷。篆、隸、正、行、草、章草、飛白，皆至妙絶。《宋史》本傳

薛紹彭

薛紹彭，字道祖，恭敏公向子。《弇州稿》云，累官秘閣修撰，知梓潼路漕。有翰墨名。《宋史》本傳

米元章、薛紹彭、黄長睿方知古法。長睿書不逮，惟紹彭最佳。元虞集《道園學古

錄》

按，道祖善章草，見附録自青樹藏章草。

杜杲

杜杲，字子昕，邵武人。淳祐中，爲敷文閣學士，兼吏部尚書。淹貫多能，爲文麗密清嚴。善行、草、急就章。《宋史》本傳

釋寂照

釋寂照，號圓通大師，日本僧。不通華言，習王右軍書，頗得其筆法。章草特妙，中土能書者亦鮮及，紙墨尤精。景德三年入貢，上召見，賜紫衣束帛。楊文公《談苑》

元

陳深

陳深，字子微，宋末吴人。以字學知名。《甫田集》

深書法追魏晋。天曆間以能書薦，不赴。學者稱寧極先生。《姑蘇志》

深，平江人，字子微。宋亡，棄舉子業，閉門著書。天曆間，或以能書薦之者，潛匿不出。所居曰寧極齋，别號清全。有詩一卷，又有《讀易編》《讀詩編》《讀春秋編》等書。《中國人名大辭典》

按，子微善章草，見附録自青樹藏章草。

許衡

許衡，河内人，字仲平。幼有異質，七歲入學，授章句，問其師曰，讀書何爲，師曰取科第耳，曰如斯而已乎，師大奇之。稍長，嗜學如飢渴。官國子祭酒。《中國人名大辭典》

按，仲平善章草，見附録自青樹藏章草。

趙孟頫

趙孟頫，字子昂，宋太祖子秦王德芳之後也。《元史》本傳

孟頫篆、籀、分、隸、真、行、草書，無不冠絶古今，遂以書名天下，天竺有僧數萬里來求其書歸，國中寶之。《元史》本傳

按，子昂善章草。曾書《急就章》及《六體千字文》，見附録自青樹藏章草。

鄧文原

鄧文原，字善之，一字匪石，陶宗儀云，稱素履先生。綿州人。至元二十七年，辟爲杭州路儒學正。至治二年，召爲集賢直學士，兼國子監祭酒，贈江浙行省參知政事，謚文肅。《元史》本傳

文原正、行、草書，早法二王，後法李北海。虞文靖云，大德、延祐間，漁陽、吴興、巴西翰墨擅一代。黄文獻奉勅撰公神道碑云，工於筆劄，與趙魏公齊名。《書史會要》

檇李項子京藏有元鄧文原臨急就章《小游仙詩》。明郁逢慶《書畫題跋記》

陳繹曾

陳繹曾，字伯敷，胡雲峰集作伯孚。處州人。諸經注疏，多能成誦，文辭汪洋浩博。官至國子助教。《元史·陳旅傳》

按，伯敷善章草，見附録自青樹藏章草。

吴志淳

吴志淳，字主一，曹南人。古隸學《孫叔敖碑》。《書史會要》淳歷官靖安、都昌二尉，簿除待制翰林。《列朝詩集》按，主一善章草，宗陸士衡體，見附録自青梂藏章草。

甘　立

甘立，字允從，河西人。官至中書檢校。才具秀拔，亦善筆札。《書史會要》按，允從善章草，見附録自青梂藏章草。

楊維楨

楊維楨，字廉夫，號鐵崖，會稽人。擢進士第，署天台尹，陞江西儒學提舉。避地富春山，徙錢塘。張士誠累招之，不往。行草書雖未合格，然自清勁可喜。明劉璋《書畫史》

鐵崖不以書名，而矯傑横發，稱其爲人。《懷麓堂集》

按，鐵崖通章草，所書《張氏通波阡表》，多用章草結體。

饒介

饒介，字介之，臨川人。自翰林應奉出僉江浙廉訪司事。張氏入吴，慕其名，以爲淮南行省參知政事。家采蓮涇上，日以觴詠爲事，自號華蓋山樵，亦曰醉翁。《列朝詩集》

饒介草書亦飄逸。《書史會要》

饒介書，圓勁暢朗，神追大令。《六研齋筆記》

饒介之四體書卷第二段，書諸葛武侯《隆中對》，係章草。《書畫彙考》

介之號醉樵，當時宋仲温、宋昌裔，皆出其門。《東里續集》

方從義

道士方從義，字無隅，號方壺，見《畫家傳》。貴溪人。工詩文，善古隸、章草。《書史會要》

明

神宗

神廟初年，先習趙孟頫字，其後乃好章草。明吴江史玄弱翁《舊京遺事》

宋克

宋克，字仲温，吴人。《名山藏》云，洪武初爲鳳翔同知。博涉書傳，少任俠，久之稍厭事，闔門寡將迎。素工草隸，逼鍾、王，患求者衆，遂自閟希。家南宫里，故自號南宫生。明高啟《南宫生傳》

宋克書出魏晋，深得鍾、王之法，故筆精墨妙，而風度翩翩可愛。或者反以纖巧病之，可謂知書者乎？《匏翁家藏集》

克書學急就章，得古人之妙。明王穉登《丹青志》

宋璲

宋璲，字仲珩，宋濂次子。官中書舍人。精篆、隸、真、草書。嘗見梁草堂法師墓篆及吴天璽中皇象書三段石刻，觀之至忘寢食，遂悟筆法。小篆之工，爲國朝第一。濂每見佳處，便曰：「寫老夫名，足可傳世矣。」《名山藏》

仲珩筆法沉頓雄快，兼篆、籀、急就之能，不獨步驟旭、素也。《六研齋筆記》

宋　廣

宋廣，字昌裔，陶宗儀云南陽人。仕沔陽同知。善草書。《名山藏》

昌裔擅行草，體兼晋唐，筆勢翩翩，而謫辰州後，乃大有造詣。明楊士奇《東里續集》

廣草書宗張旭、懷素，章草入神。《書史會要》

廣與宋克、宋璲俱以善書擅名，人稱三宋。然評者謂，廣書較之二宋不逮，以其筆之聯續不斷，非古法也。《寓意編》

俞　和

俞和，字子中，杭人，號紫芝。解縉云桐江人，寓居錢塘。沖澹安恬，隱居不仕。能詩，喜書翰，早年得見趙文敏運筆之法，臨晋唐諸帖甚夥。行草逼真文敏，好事者得其書，每用趙款識，倉卒莫能辨。陳善《杭州志》

俞和以書鳴洪武初，後進猶及見之。明解縉《書學傳授》

按，紫芝善章草，見附録自青樹藏章草。

金鉉

金鉉，字文鼎，别字尚素，華亭人。自幼嗜學，致孝其母。洪武中徵至京師，有欲薦其才者，懇以母老辭。爲人蕭灑絶俗，喜吟詠，有古詩人風。作書畫，皆極造詣。《東里續集》

鉉工章草。《書史會要》

金純

金純，字汝礪，鉉子。官至中書舍人。精楷書、章草。《書史會要》

鎦怤

鎦怤，字如心。洪武間爲福建某驛丞，歸隱越山之西。喜爲古文及篆、隸、章草。《列朝詩集》

黄卓

黄卓，江夏人。永樂辛丑進士，官翰林學士。善草書，亦善章草。《書史會要》

田致平

田致平，字叔衡，奉化人。爲詩累千百言，字用章草、篆、隸書帖，應答無倦。初爲鄉里童子師，比老不出方丈之室，號夢覺關。明張時徹《寧波志》

沈洪

沈洪，字雄仲，其先世爲中吴富室，萬三公中衰。嘗游京師，從陳登習篆，時程雲南亦有書名，洪又從之學，凡漢隸、八分、真、行、章草，皆能書。但拘於繩墨，殊乏風韻，偃蹇老於江湖。明皇甫汸《長洲志》

俞行之

俞行之，字文輔，清江人。善草書及章草，俱工妙。《皇明書畫史》

黄　翰

黄翰，字汝申，華亭人。永樂壬辰進士，宣德中爲山東按察使。詩文豪健敏捷，字畫亦遒勁，行草題署得名。明顧清《松江志》

曹　泰

翰善隸書，尤工章草，筆力雄健而有則，與宋仲温相髣髴。《書史會要》

曹泰，字時和，號九峰，華亭人。《松江志》云，景泰甲戌進士。工行書，亦善章草。《書史會要》

陸　鑪

陸鑪，字國馨，號筠臺，嘉定人。書宗鍾、王，小楷遒勁沈著，八法俱備，人争愛重；行草、章草，亦入矩度。《書史會要》

張　弼

張弼，字汝弼，晚號東海翁。成化丙戌進士，授兵部主事，進員外郎，出守南安。爲文自立一家言，詩多警句，往往爲人傳誦。其草書尤多自得，酒酣興發，頃刻數十

紙，疾如風雨，矯如龍蛇，攲如墮石，瘦如枯藤，狂書醉墨，流落人間，雖海外之國，皆購其跡，世以爲顛張復出也。《震澤集》

張東海草書名一世，詩亦清健有風致，嘗自評其書不如詩，詩不如文。予戲之曰：「英雄欺人每如此，不足信也。」明李西涯《詩話》

東海張先生守南安時，各郡收兵議賞，武夫悍卒乃惟願得侯墨妙，而過客亦往往以是罷誅求焉。歲以筆劄佐郡費類此。明張鼐《先進舊聞》

東海在當時以氣節重，其書學懷素，名動四夷。自是吴中書家輩出，聲價少減，然行押書尤佳，今見者少耳。《容臺集》

弼，松江華亭人。有《鶴城》《東海》諸稿。《中國人名大辭典》

按，汝弼善章草，見附録自青榭藏章草。

趙子禧

趙子禧，字慶夫，鶴慶府人。成化十四年由舉人爲建水州儒學訓導。有文學，習章草，字清勁可愛。《臨安府志》

祝允明

祝允明，字希哲，號枝山，長洲人。徐有貞外孫也。生而右手指枝，因自號枝指生。以舉人授興寧令，稍遷應天府通判，亡何乞歸。其書出入晋魏，晚益奇縱，爲國朝第一。《名山藏》

希哲書學精工，自急就以逮虞、趙，上下數千年變體，罔不得其結構，若羲、獻真行，懷素狂草，尤臻筆妙。明顧璘《國寶新編》

文　彭

文彭，字壽承，號三橋，待詔徵明子也。少承家學，善真、行、草書，尤工草隸，咄咄逼其父。以諸生久次貢授秀水訓導，擢國子助教於南京。明王世貞《吴中往哲像贊》

文彭篆、分、真、行、草并佳，體體有法，并自成家，不蹈父跡，才似勝之，工力遠不及父。《詹氏小辨》

按，壽承善章草，見附録自青槲藏章草。

王　寵

王寵，字履仁，後字履吉，別號雅宜山人。爲邑諸生，累試輒不利，貢入太學。詩好建安三謝及盛唐，文學遷、固甚似之。書始摹永興、大令，晚節稍稍出己意，以拙取巧，婉麗遒逸，爲時所趣，幾奪京兆價。明王世貞《吴中往哲像贊》

按，履仁通章草，書法多用章草結體。

陳　宣

陳宣，字以昭，號桂軒，嘉定人。善章草，宗宋仲温。《書史會要》

許宗魯

許宗魯，陝西咸寧人，字東侯。正德進士，嘉靖初視湖廣學政，以義倡士，楚風益振。後以僉都御史，巡撫保定。又撫遼東，遼人賴之。致仕歸，構草堂，積圖書，置酒賦詩。書法尤工。有《少華》《遼海》《歸田》諸集。《中國人名大辭典》

按，東侯善章草，見附録自青榭藏章草。

周思兼

周思兼，字叔夜，號萊峰，華亭人。嘉靖丁未進士，授平度知州，超拜廣西提學副使，私謚貞靖先生。善行草。《松江志》

章草晋魏以下，無復佳者，張廩、陸雲所存不多，時人唯雲間周思兼備臻妙詣。明黄石齋《書品論》

朱致槻

朱致槻，益陽王寵淄季子也。封鎮國將軍。覽涉書史，善爲章草。明李維楨《大泌山房集》

陳芹

陳芹，字子野，家金陵。弱冠舉於鄉，與盛仲交諸人結青溪社，謁選知奉新縣，調寧鄉。《列朝詩集》

陳芹寫章草亦斐然。《詹氏小辨》

湯　煥

湯焕，字堯文，號鄰初，仁和人。隆慶庚午舉人，爲江陰教諭。工翰墨，持縑素索者，應之無倦色，獨不可以金帛致。後徵爲翰林待詔，轉郡丞，吴越間比之文待詔焉。《江陰志》

焕書，楷學虞，行學趙，草學懷素，并入能品。《詹氏小辨》

按，堯文善章草，見附録自青樹藏章草。

王世貞

王世貞，字元美，號鳳洲，太倉人。嘉靖進士，授刑部主事。萬曆中，爲南京刑部尚書。贈太子少保。《名山藏》

元美雖不以字名，顧吴中諸書家，唯元美一人知法古人。《詹氏小辨》

按，元美善章草，見附録自青樹藏章草。

邢　侗

邢侗，臨清人，字子愿。萬曆進士，官終陜西行太僕卿。善畫，能詩文，書爲海内所珍，與董其昌、米萬鍾、張瑞圖稱邢張米董。琉球使者入貢，願小留買侗書去。家資鉅萬，築來禽館於古犁丘，減産奉客，遂致中落。有《來禽館集》。墨蹟刻石，曰《來禽館帖》。《中國人名大辭典》

侗書法鍾、王、虞、褚、顛米、禿素，而深得右軍神體，極爲海内所珍。内豎以字扇進覽，上欣賞，命女史學其書。邢司馬平倭至高句麗，有李狀元妻，託致意子愿，願爲弟子。朱宗伯出使，從人適攜其字二幅，購之黄金同價。琉球使者入貢，願小留買邢書去。明李維楨《大泌山房集》

按，子愿善章草，見附録自青樹藏章草。

卜履吉

卜履吉，字中立，號訥齋。登萬曆戊戌進士，官兵憲。《存徵録》

卜中立行書師章草，簡勁無媚骨，望之肅然，類其爲人。《客座贅語》

蔣如奇

蔣如奇，字一先，號盤初，宜興人。萬曆丙辰進士，官湖西大參。書法瀟灑絶俗，

董思白稱其天骨超逸，功力復深。所鎸有晋、唐、宋諸大家帖行世。《書史會要》

按，一先善章草，見附録自青樹藏章草。

楊嘉祚

楊嘉祚，字邦隆，號寨雲，江西太和人。文貞公之後也。中萬曆丙辰進士，官至廣西副使。書法清古，與王雅宜筆法相類。《書史會要》

按，邦隆善章草，見附録自青樹藏章草。

羅文瑞

羅文瑞，歙人。王世貞題其所書《醫無閭碑》後云：「萬曆甲戌，少司馬梁公夢龍奉命犒師，勒績於醫無閭山，而歙士羅文瑞書之。」《弇州續稿》

按，文瑞善章草，見附録自青樹藏章草。

程福生

程福生，字孟孺，江西玉山人，號六嶽山人。萬曆初官中書。篆法壽承，隸法徵仲，小楷法《麻姑仙壇》，又法《黄庭》，草法章草。《詹氏小辨》

周履靖

周履靖，字逸之，嘉興人。去經生業，專力爲古文詩詞，編茅引流，雜植梅竹，讀書其中，自號梅癲道人。工篆、隸、章、草、行、楷，與文休承、王元美相友善。《嘉興縣志》

按，逸之善章草，見附録自青榭藏章草。

馬元震

馬元震，字伯起，南海諸生。隸書與朱完争名，用筆雖古，體勢多怪。《書史會要》

按，伯起善章草，見附録自青榭藏章草。

黄叔遁

黄叔遁，行書法章草，而清勁特甚。《江寧府志》

黄道周

黄道周，字幼玄，一字螭若，號石齋，漳州人。博搜廣覽，書無不通，詩文隸草，皆自成一家。天啟壬戌進士，選庶吉士，授編修。歷官禮部尚書。《黄石齋行狀》

按，石齋善章草，見附録自青樹藏章草。

陸元厚

陸元厚家貧，爲童子師，性方嚴，行止舉舉，喜蓄異書，書摹急就，婉逸有態。《紫桃軒雜綴》

范文光

范文光，内江人。天啟舉人，崇禎中歷官南京户部員外郎，告歸。張獻忠亂蜀，文光偕劉道貞等舉義兵，永明王命爲右僉都御史，巡撫川南，總督李乾德殺楊展，文光惡之，遂入山不視事。清兵克嘉定，文光仰藥死。《中國人名大辭典》

按，文光通章草，見附録自青樹藏章草。

朱南雍

朱南雍，浙江山陰人。隆慶進士，萬曆初爲太僕卿。畫山水木石，法沈周、倪瓚，清勁絶俗。《中國人名大辭典》

按，南雍善章草，見附録自青樹藏章草。

王象春

王象春，象乾從弟，字季木。萬曆進士，官至南吏部考功郎中。能詩，負氣疾惡，抗論士大夫邪正，黨論異同，雖在郎署，咸指目之，用是敗歸，遂不起。《中國人名大辭典》

按，季木善章草，見附録自青樹藏章草。

倪元璐

倪元璐，上虞人，字玉汝，號鴻寶。天啟進士，授編修，謚文正，清謚文貞。元璐善行草，工畫山水竹石，又有《兒易内外儀》《倪文貞集》。《中國人名大辭典》

按，玉汝通章草，書法時用章草結體。

成基命

成基命，明大名人，字靖之。萬曆進士，崇禎時累拜禮部尚書，東閣大學士。性寬厚，每事持大體，日夜籌邊事，奏疏數十上，咸中機宜，以疾乞歸，卒謚文穆。《中國人名大辭典》

按，靖之善章草，見附録自青榭藏章草。

方以智

方以智，字昌公，號鹿起，又號密之，安徽桐城人。崇禎庚辰進士，授檢討。字作章草，亦工二王。清陳維崧《婦人集》

沈宗騫

沈宗騫，字熙遠，號芥舟，又號研灣老圃，浙江烏程人。早歲能書畫，補弟子員，後益肆力焉。其畫山水、人物、傳神，無不精妙。小楷、章草及盈丈大字，皆具古人神致魄力。嘗見賞於曹地山、錢辛楣諸巨公。《墨林今話》

王　鐸

王鐸，字覺斯，河南孟津人。明天啟壬戌進士，入翰林；國朝官至大學士，謚文安。書宗魏晋，名重當代，與董文敏并稱。有《擬山園帖》行世。《昭代尺牘小傳》

按，覺斯通章草，見附録自青榭藏章草。

靳滋昂

靳滋昂，明之處士。

按，滋昂善章草，見附録自青榭藏章草。

清

高宗

高宗通章草，見附録自青榭藏章草。

王澍

王澍，字篛林，號虚舟，江南金壇人，居無錫。康熙壬辰進士，官吏部員外郎。書入率更之室，金壇良常山館最擅名，款署良常王某，世遂稱王良常云。篆書法李斯，爲一代作手，晚歲眇左目，鑒定古碑刻最精。有《竹雲題跋》《虚舟題跋》。《昭代尺牘小傳》

按，篛林通章草，見附録自青榭藏章草。

姚鼐

姚鼐，字姬傳，學者稱惜抱先生。安徽桐城人。乾隆癸未進士，官刑部郎中，嘉慶庚午重宴鹿鳴。工書，長於古文。《昭代尺牘小傳》

晚而工書，專精大令，爲方寸行草，宕逸而不空怯，時出華亭之外，其半寸以内真書，潔浄而能恣肆，多所自得。《藝舟雙楫》

按，姬傳通章草，書法時用章草結體。有致友人書，章法甚佳。

温純

温純，字一齋，浙江烏程人。篆、隸、真、草、飛白各體，有原有委。詩、古文、詞、山水亦善。喜搜尋秘籍，如《金石史》《五經算術》《谷雲雜記》諸書，俱手校梓行。《墨香居畫識》

按，一齋善章草，見附録自青榭藏章草。

常執桓

常執桓，字友伯，江蘇揚州人。書法《聖教序》。《揚州畫舫録》

按，友伯善章草，見附録自青樹藏章草。

葛　柱

葛柱，字二峰，江蘇甘泉人。善章草，好飲。《揚州畫舫録》

陳景元

陳景元，字石間，漢軍正紅旗人。工詩，有《居白詩集》。《中國人名大辭典》

按，石間善章草，見附録自青樹藏章草。

李　濱

李濱，字古餘，上元人。著有《玉煙堂急就章草法考》《偏旁表》《偏旁歌》《草説》等書。

按，古餘通章草，見附録自青樹藏章草。

李薛慧餘

李薛慧餘，號古慧雙餘室，爲李濱之妻，著有《草書編類》。

按，慧餘亦通章草，見附録自青樹藏章草。

王世鏜

王世鏜，號積鐵室主，湖北人。

按，世鏜通章草，見附録自青樹藏章草。

沈曾植

沈曾植，字子培，晚號寐叟，嘉興人。

按，寐叟通章草，晚年書法，多用章草結體。

汪國瑞

汪國瑞。未詳。

按，國瑞善章草，見附録自青樹藏章草。

第八章　章草參考材料

關於章草參考材料，茲分爲書法、品評、紀述、摹刻、著作、辨誤，各節録之。

第一節　書法

書契之興，始自頡皇。寫彼鳥跡，以定文章。章草之法，蓋又簡略。應時諭指，周旋卒迫。兼功并用，愛日省力。絶險之變，豈必古式。觀其法象，俯仰有儀。方不副矩，圓不中規。抑左揚右，望之若崎。鸞企鳥峙，志意飛移。狡獸暴駭，將奔未馳。狀似連珠，絶而不離。畜怒怫鬱，放逸生奇。騰蛇赴穴，頭没尾垂。機要微妙，臨時從宜。後漢崔瑗《草書勢》

作草書，亦須象篆勢。八分、古隸相離，亦不得急，令墨不入紙。若急作，意思淺薄，筆即直過。惟有章草，及章程行押等，不用此勢。但用擊石波而已，其擊石波者，缺波也。晋王逸少《筆陣圖》

飄揚灑落如章草，凶險可畏如八分，窈窕出入如飛白，耿介崎立如鶴頭，鬱拔縱橫如古隸書。心存委曲，每爲字各一象其形。斯道妙矣，書道畢矣。晋王逸少《書論》

休明章草，雖相衆而形一，萬字皆同。《書斷》

子玉善章草，師於杜度，點畫之間，莫不調暢。伯英祖述之，其骨力精熟過之也。索靖乃越制特立，風神凜然，其雄勇勁健過之也。唐張懷瓘《神品》

韋誕云，崔氏之肉，張氏之骨。其章草《金人銘》，可謂精熟至極。其草書《急就章》，字皆一筆而成，合於自然，可謂變化至極。《書斷・張芝傳》

用筆法，有按鋒，囊鋒虛闊，章草磔法用之。唐張懷瓘《用筆法》

二，此名章草、草書之勢。法以險勁飛動。鍾、張、二王章草、草書，常用此法也。唐張懷瓘《玉堂禁經》

人，此名章草之法。法以潛按而微進，輕揭而暗收，趯之欲利，按之欲輕。輕則滑勁而神清，肥乃質滯而俗鈍。王濛草善於此法。唐張懷瓘《玉堂禁經》

宀，此章草書之法。其於險側，務在露鋒。其於勾裹，忌於緩滯。人不得法，則失之忽微耳。切慎之。唐張懷瓘《玉堂禁經》

篆、隸、草、章，工用多變。濟成厥美，各有攸宜。篆尚婉而通，隸欲精而密，草貴流而暢，章務險而便。唐孫過庭《書譜》

大凡學草書，先當取法張芝、皇象、索靖等章草，則結體平正，下筆有源。然後仿王右軍，申之以變化，鼓之以奇崛。若泛學諸家，則字有工拙，筆多失誤。當聯者反斷，當斷者反續。不識向背，不知起止，不悟轉換。隨意用筆，任筆賦形，失誤顛錯，反爲新奇。自大令以來，已如此矣，況今世哉！宋姜白石《續書譜》

郗愔作章草尤工，下筆若冰釋泉湧，雲奔龍騰。態度既多，而筋骨有餘。《宣和書譜》

詹思遠作章草字肥，整整斜斜，直有晋人風度。世之論字者，多病肥瘦。而不知肥之病在於剩肉，而瘦之病在於露骨。肥不剩肉，瘦不露骨，則於佳處自初不相妨也。若以俗子爲之，則肥亦病，瘦亦病，此深不知書者。所以昔人於師資形容之際，或得其骨，或得其肉，而不聞偏勝者，良有以耳。如思遠者，字雖肥而氣古，書雖章而法完，所謂得其肉而善學者也。雖然語古作者，亦幾何哉。《宣和書譜》

以草爲楷，以求正筆，可臨章草。超凡入聖，盡棄畦町，飛動鼓舞，不知其所以

然。元郝經《論書》

宋仲温在勝國時，以書名雲間，其源出章草。《王奉常集》

索征西筆短意長。今人作字，大概筆多而意不足。觀《秘閣續帖》中《月儀帖》可見。《墨池瑣録》

今之笑學書者，曰：「君學羲、獻，羲、獻當年學誰？」予詰之曰：「爲此言者，非惟不知書，亦不知古今矣。羲、獻學鍾、索，鍾、索學章草，章草本分隸，分隸本篆籀，篆籀本科斗，遞相祖述，豈謂無師邪？」《墨池瑣録》

孫過庭論書，必傍通二篆，俯貫八分，包括章草，涵泳飛白。嗚呼，必如是而後爲精藝也！不然，則刻鵠圖龍，竟慚真體；得魚獲兔，猶悋筌蹄，未免凡近耳。《升菴外集》

余嘗謂皇象《文武》、索靖《載妖帖》，章草中鳥跡筆者。《弇州山人藁》

學草書者，先習章草，知偏旁來歷，然後變化爲草聖。明豐道生《學書法》

右軍《禊飲序章》用退筆書，故字未免賊毫直出。幼安《出師頌》是退筆之尤者，結構奇偉可愛。昔人謂能書不擇筆，殆非浪説耳。《書畫舫》

祝枝山云，章草須有古意乃佳。下筆要重，亦如真書，點畫明浄，有牆壁，有間架。學者當以索靖、張芝、皇象、韋誕、《月儀》、《八月帖》、《急就章》爲模範也。《離鈎》

自唐以來，能得晋人心法者，道祖一人而已。曩於京師，見其《千文》真跡，全法蕭子雲。意其時子雲書跡尚未泯滅，故得悉意爲之。今子雲之書不可見，見道祖此卷，猶是中郎虎賁。清王澍《跋薛道祖章草千文》

後世字體與小學屢變，而失其初。章草則字字區别，一變爲今草，再變爲懷素、張旭書，而上下牽連矣。清孫星衍《急就章考異序并注》

《般若碑》渾穆簡静，自在滿足，與《郙閣頌析里橋》同法，用意逼近章草。《藝舟雙楫》

草承隸後，開楷之先。其爲體也，有正有變，有通有獨，有斷有連，有穿有逆，有藉有移。正、變、通、獨、斷、連、穿、逆、藉、移者，亦所以申删損之由，蓋益達解散隸體之旨而已。清李濱《自跋玉煙堂帖本急就章偏旁表》

第二節　品評

杜氏結字甚安，而書體微瘦。崔氏得其筆勢，而結字小疏。弘農張伯英者，因而轉精其巧。晋衛恒《四體書勢》

崔子玉擅名北中，跡罕南度。世有得其摹書者，王子獻見而稱美，以爲功類伯英。梁庾肩吾《書品》并《略論》

章草神品八人，張芝、杜度、崔瑗、索靖、衛瓘、王羲之、王獻之皇象。章草妙品八人，張昶、鍾會、韋誕、衛恒、郗愔、張華、魏武帝、釋智永。章草能品十五人，羅暉、趙襲、徐幹、庾翼、張超、王濛、衛覬、崔寔、蕭子雲、杜預、陸柬之、歐陽詢、王承烈、王知敬、裴行儉。《書斷》

若章草古逸，極致高深，則伯度第一。若章，則勁骨天縱；草，則變化無方，則伯英第一。《書斷》

伯英損益伯度章草，亦猶逸少增減元常真書。雖潤色精於斷割，意則美矣。至若高深之意、質素之風，俱不及其師也。然各爲今古之獨步。《書斷》

幼安善章草書，出於韋誕，峻險過之。有若山形中裂，水勢懸流，雪嶺孤松，冰河危石，其堅則古今不逮。《書斷》

仲將草跡之妙，亞於索靖。《書斷》

子敬之不逮真，亦劣章草。然觀其行草之會，則神勇蓋世。《書斷》

袁昂云，崔子玉章草，如危峰阻日，孤松一枝。王隱謂之草賢。晋平苻堅得摹子玉書。王子敬云，張英極似之，其遺跡絶少。唐張懷瓘《神品》

韋誕云，杜氏傑有骨力，而字筆畫微瘦。崔氏法之，書體甚濃，結字工巧有不及。張芝喜而學焉，轉精其巧，可謂草聖，超前絶後，獨步無雙。唐張懷瓘《神品》

張芝自謂上比崔、杜不足，下方羅、趙有餘。誠則尊師之辭，亦其心肺間語。唐張懷瓘《神品》

子敬年十五六時，嘗白逸少云：「章草未能宏逸，頓異真體。今窮僞略之理，極草縱之致，不若稿行之間，於往法固殊，大人宜改體。」逸少笑而不答。及其業成之後，神用獨超，天姿特秀，流傳簡易，志在驚奇，峻嶮高深，起自此子。然時有敗累，不顧疵瑕，故減於右軍。唐張懷瓘《書估》

歐陽率更云，蕭書出於章草，頗爲知言。唐徐浩《論書》

史籀《石鼓文》，崔子玉篆《吕望》《張衡碑》，李斯《嶧山》《會稽山碑》，蔡邕《鴻都三體石經》，八分《西嶽》《光和》《殷華》《馮敦》等數碑，并伯喈章草，并爲曠絶。及張芝章草，鍾繇正楷，時莫其先。衛瓘、索靖章草，王羲之真、行、章草，恒玄草，謝安、王獻之、羊欣、王僧虔、孔琳之、薄紹之真、行、草，永禪師、蕭子雲真、草，虞世南、歐陽詢、褚遂良、果師述師真、行、草，陸柬之臨書，臣先祖、故益州九隴縣尉、贈吏部侍郎師道，臣先考、故名州刺史、贈左常侍郎嶠之真、行、草，皆名冠古今，無與爲比。唐徐浩《古跡記》

張芝章草，鍾繇正書，王羲之三體及飛白，獻之草行書、半草行書。四賢之跡，揚庭効伎，策勳底績，神合契匠，寔運天矩，皆可稱曠代絶作也。唐李嗣真《書後品》

陸柬之學虞草體，用筆則青出於藍。唐李嗣真《書後品》

崔、衛素負高名，王、庾舊稱拔萃。崔章草甚妙，衛正體尤絶。世將楷則，遠類羲之，猶有古制。稚恭章草，頗推筆力，不謝子真。郄、李超邁，過於羊欣。唐李嗣真《書後品》

伯英章草，似春虹飲澗，落霞浮浦。又似沃霧沾濡，繁霜摇落。唐李嗣真《書後品》

張伯英尤善章草書，出諸杜度。故崔瑗云，龍驤豹變，青出於藍也。《法書要録》

章草，子玉第一，伯英第二，幼安第三，伯玉第四，逸少第五，士季第六，子敬第七，休明第八。唐張懷瓘《書議》

右軍真、行、章、草、稿，無不曲當其妙處。往時書家置論，以爲右軍真、行皆入神品，稿書乃入能品。不知憑何，便作此語。山谷《評諸名家書》

逸少於書，自謂真出鍾，草出張。《廣川書跋》

率更飛白、篆書，世不復傳。今收真、行、章草，可見知略無勁敵，非虛語也。《廣川書跋》

書家評孫過庭章草，用筆雋拔，如月崖絶壑，筆勢堅勁，予不能無疑。觀此帖，用筆稽古，有漢魏之風，終卷結字無點畫差謬。《書賦》云『千紙一類，一字萬同』，蓋知非虛談也。建中靖國元年春三月曾肇題。宋曾肇《跋孫過庭書景福殿賦帖》

草書之法，昔人用以趨急速而務簡易，删難省繁，損複爲單，誠非蒼、史之跡。但習書之餘，以精神之運，識思超妙，使點畫不失真爲上。故梁武謂赴急書，不失倉公

鳥跡之意，顧豈皂隸所能爲也？《思陵翰墨志》

章草，惟漢、魏、西晋人最妙。至逸少變索靖法，稍以華勝。世傳書，「諸葛武侯對蜀昭烈語」及《豹奴》等章帖，皆逸少書也。蕭景喬《出師頌》，雖不逮魏晋人，然高古尚有遺風。自其書中觀之，過正隸遠矣。隋智永又變此法。至唐人絶罕爲之，近世遂窅然無聞。蓋去古既遠，妙指弗傳，幾至於泯絶邪？然世豈無兹人，顧俗未之識耳。宋黄伯思《評書》

唐人更不作章草書。近來有濟及洪府人，强學之，所謂不堪位置，舉止羞澀，終不似真。俗人未嘗知古人用筆處，見其人書者，隨衆稱善，皆曰鍾索復出矣。宋黄伯思《論草書》

張懷瓘云，子敬草書，幼師父，而後法張芝僕謂獻之行草亦然，模矩雖出於逸少，而筆氣飄飄，已而元常庭域矣。故自謂與尊故當不同，人那得知非誇辭也。觀此帖縱軼若此而唐文皇目以拘攣餓隸，無乃太貶乎。《東觀餘論》

蕭子雲有章草《史孝山出師頌》一章，甚古雅，與此卷正書《列子》遠矣。宋黄伯思《跋梁陳唐人書》

索將軍章草，下筆妙古今。《七月二十六日帖》《月儀》《急就篇》，此著名書也。春蘭秋菊各不同，而花花自有佳趣。《東觀餘論》

隸法又變，而真、行、章草之説興。言楷法，則王次仲、師宜官、梁鵠、邯鄲淳、毛宏。行書，則劉德昇、鍾氏、胡氏。草，崔瑗、崔寔、張芝、張文舒、姜孟穎、梁孔達、田彦和、韋仲將、張超之徒，咸精其能，至晋而大盛。元趙孟頫《論書體》

鄉先生宋仲温氏，書法師鍾元常，後竟以是妙絶天下。其書今人間往往有之，余所閲殆不止此。獨元常書，世遠罕傳，并刻石者亦不多見。曩成化間，嘗觀元常《薦焦季直表》真跡，始知仲温之誠有得於元常，而今豈易得哉。《寓意編》

右詩七首，故南安守張公汝弼書，以遺濮武庫者。張公草書師宋昌裔，昌裔名廣，洪武初與宋克仲温、宋璲仲珩，俱以善書擅名，人稱「三宋」。然評者謂昌裔書，較之二宋不逮，以其筆聯續不斷，非古法也。《寓意編》

宋克書此詩及後一帖，皆合作者。其精巧更勝古章法，乃所以終不及耳。《弇州山人藁》

錢唐俞和子中，頗得趙魏公三昧。此帖以宋經箋紙，用章法，書《急就章》，覺古色藹然，令人不忍釋手。按章法自皇象、索靖後，惟右軍父子《豹奴》《孫權》二帖。至唐蕩盡。黄長睿始振之，然往往筆下不逮意。子中獨能尋考遺則於斷墨殘楮，遂與仲温并驅。昔孔北海思蔡中郎，見虎賁貌類者，輒引與同飲，曰：「雖無老成人，尚有典刑。」俞此紙，覽之能不興北海之賞乎？《弇州山人藁》

先太師公學蕭子雲《出師頌》，李文正公嘗云，石齋書真是簡遠，但急疾時所書無乃太簡乎。先公笑曰，夫何遠之有。翰苑相傳，以爲善謔。《墨池瑣録》

章草，晋魏以下，無復佳者。張廙、陸雲所存不多。時人唯有雲間周思兼，備臻妙詣，今久不可得。吾鄉謝公嶼章草亦足名家。晋江黄大司馬時亦爲之。明漳浦黄石齋《書品論》

山谷云，帖中有張芝書狀二十許行、索靖《急就章》數行，清絶瘦勁，雖王氏父子，當斂手者也。《墨池瑣録》

《法帖神品目》有杜度章草文八十五字，又王獻之書明□語章草，極工。《升庵外集》

長洲宋克工章草，日費千紙，用筆精妙。祝允明謂其書，如初筵見三代卣彝，蓋

有天授，非人工也。明朱國楨《開國臣傳》

祝希哲京兆書法入神，真草皆絶。四方餅金收購，聲價不減松雪翁，或云過之。向見王氏小楷《黄庭經》袖卷，筆意全斆鍾繇。後作蠅頭章草跋語，殆百餘字，尤爲佳絶。《書畫舫》

李本甯集中答范生一詩，細述士衡《平復帖》顛末甚詳，其爲雅士推重若此。《書畫舫》

宋克書如鵬摶九萬，須仗扶摇。《春雨齋續書評》

靖經史之暇喜作字，遂以章草名重一時。故論者以爲「飄風忽舉，鷙鳥乍飛」，以狀其遒勁。或以爲「雲嶺孤松，冰河危石」，以狀其峻險。或以爲精熟至極，索靖不及張芝。妙有餘姿，張芝不及索靖。或以八分亞韋、鍾，隸法過韋瓘。其得譽有至於此。宜乎書名與羲、獻相先後也。《書史會要》

書法晋以下業有定評，蓋爛然舉也。國朝頗遜於古，所稱建幟藝林者：篆，李長沙、喬太原。署書，詹孟舉。行、草，宋仲珩、端木孝思、祝希哲。章草，宋仲温。八分，龔聖與文徵仲。明范欽《評書天一閣集》

孔明對玄德語，章草法甚妙。不知與王中令書先後。要皆爲妙墨。蓋融會張芝、索靖兩家，骨肉豐殺，略相宜爾。《離鈎》

宋克仲温，正體頗秀健，出《宣示》《戎輅》，而失之佻。章草是當家，健筆縱橫。《離鈎》

宋克《前》《後出塞詩》，此刻在關中。今每以裝於懷素《千文》後，不知何説，豈石相連耶？字亦小有致，然無古意，祇以章草法助佻勢，未爲甚工。《書畫跋跋》

索征西銀鈎超妙入神，前一帖古勁謹密，痕跡莫窺。後一帖稍縱，然古意不失，神采燁燁照人。徐文長曰：「吾學索靖書久，雖梗概亦不得。人并以章草視之，不知章稍逸而近分，索則精而仿篆。」非深於書學者，無此解也。《書畫跋跋》

張南安徑四五寸草書，有絶佳者。去其狂而可矣。此小行，未展厥技，何反謂以小故佳？末尾章草三行，似亦不讓仲温。《書畫跋跋》

京兆評國初至弘正名筆，差許仲温、民則，而惡汝弼，其所揚扢皆當。味其微託，固欲與吴興狎主齊盟矣。書法仿章草，不能造幽，亦自不俗。《書畫跋跋》

此皇象《急就章》，但存章草形體耳。無論是皇象筆與否，古意總已全失。《書畫

跋跋》

史孝山《出師頌》，係古章草法，在宋時有兩本。《天府志》索幼安所謂銀鈎之敏，而人間則甚推蕭子雲。余舊於文壽承所見一卷，上有祐陵泥金御題「征西司馬索靖書」與宣和瓢印，蓋天府本也。第黯黮不甚可別。細玩其行筆處，亦似微蹇澀，往往有楓落吴江之恨。今年秋，家弟敬美購得一卷，其大小形模相仿佛，而結法特加詳密古雅，墨氣如新。又有太平公主胡書、王涯僕射「永存珍秘」二印，越國公鍾紹京半印。楮尾米友仁敷文鑒定，以爲隋賢書，遂入紹興内府。余竊謂二跡皆自幼安臨出，特紹興之所入者佳，而宣和之所藏者小次耳。小米不能别所以，而概以隋賢目之。余良幸，獲再睹此希世之珍，所小不滿者，子雲奇跡，遂以永絶。《王氏書畫跋》

章草，不難學，難精，第亦人所難識。去篆、隸殆不遠，征誅之後，獲覩揖讓良幸。然魏文不云乎，舜、禹之事，我知之矣，看皇、索兩帖，是何等筆法。《書畫跋跋》

宋仲温生平作章草極多，然微涉佻而尖。此書畫帖遂能藏穎，古法藹然，大抵經意乃佳耳。《王氏書畫跋》

仲温作字，僅能不俗耳，無晋唐筆意。弇州每推許之，殆所不解。《書畫跋》

紫芝急就，以存古章法則可。王跋引皇、索、右軍父子爲論，過矣。虎賁似中郎，却是切論。《書畫跋跋》

余南北宦游，得見趙文敏真跡，真、草、隸、篆《千文》二本，真、草二體者五本。今復何幸，獲觀此《六體千文》乎？真、草悉仿智永師，端莊縝密；鐘鼎、小篆、章草、八分，體兼衆善，俱入神品。與先時所見諸本，不可比倫。昔人評趙書，上下五百年，縱横一萬里。此書真足以當之，信爲趙書天下第一，誠希代之寶也。明韓逢禧《跋趙子昂六體千文真跡》

元人稱子昂日能書一萬字，康里子山日能書三萬字，皆在理外。觀此六體，只二十四、二十五兩日書竟，又有鐘鼎、分、篆、章草，其功力深於萬字多矣。明董其昌《跋趙子昂六體千文真跡》

昔人有得蕭子雲一字，乃命其齋曰蕭齋。索靖至一百九十八字，非世之至寶而何。重三字，脱一字，漫滅三字，止存一百九十一字。明文彭《跋索靖書出師頌》

索征西筆短意長，誠不可及。此古帖中，有《急就章》數十字，劣於此帖。今人

作字，大概筆多而意不足。《書系》

章草峭若危峰。《事類統編》

王右軍《眠食帖》真跡。世之博古之家所收王帖，僕亦略見之。如此帖章草，奇古雄强，精神逼人，指不可再屈也。至元丙戌十一月朔，大梁趙孟頫跋。《書畫彙考》

右軍《眠食帖》章草，誠與衛、索争衡矣。西溪老人書，至元戊子人日。《書畫彙考》

王右將軍《眠食帖》字數雖不多，而古意具在。觀於此者，自應作貞觀太平時千金之購，共看具眼，則山陰《自誓》之文不孤矣。海粟馮子振。《書畫彙考》

明初書家稱三宋二沈，三宋者璲、克、廣，二沈者度、粲也。璲字仲珩，能草、篆。克字仲温，能行、楷，而章草尤佳。廣字昌裔，能正、行。度字民則，粲字民望，皆工行、楷。然傳於今者克爲最，璲次之，餘皆不傳。豈工力固有間耶，抑傳亦有幸不幸耶？余舊有仲温《前出塞詩》及與俞仲幾書搨本，似非他人所可及。而弇州尚有不足之詞，何哉？《大瓢偶筆》

分韻云，章草去分隸未遠，故點畫皆有矩矱，後世信手印心，自號能書，蔑古程而

不準。《秦中學台石刻急就章跋語》

古文不得不變爲大篆，大篆不得不變爲小篆，小篆不得不變爲隸書，隸書不得不變爲草書，人心之日趨於簡易，此亦古今之勢然也。而學者每以其上非天象所垂，下非河洛所吐，中非聖人所造議之。推其意，不至盡廢一時之制，而返於結繩之世不止，必非通儒之所許也。清沈德潛《序草韻彙編》

何義門先輩嘗言，章草於今不可書，恐其字體不備，不免率臆撰寫，取戾大方。道祖此書，上援鍾、索，下開二宋，信是子雲適嗣。究其源流，何嘗一筆無來歷乎？清王澍跋薛道祖《章草千文》

皇象，吴人，字休明。前一帖乃寫後漢東觀校書郎高彪，送幽州督軍第五永箴，其文曰「文武將墜，乃俾俊臣。整我皇綱，董此不虔。古之君子，即戍亡身。明其果毅，尚其桓桓。吕尚七十，氣冠三軍。詩人作歌，如鷹如鸇。天有泰一，五將三門。地有九變，丘陵山川。人有計策，六奇五間」云云。蔡邕等甚美其文，以爲莫尚也。此以明爲昭，以吕爲師，蓋范曄作史，因晋代舊書，避晋諱耳，當以此爲正。第五句欠一之字，忘誤作從，或是傳訛。然書跡妙絶，遂爲章草之冠。《南邨帖考》

索靖帖，字皆作古體。山谷云，此字筆端意長，誠不可及。長沙古帖中，有《急就章》數十字，劣於此帖。《南邨帖考》

此《月儀帖》，高古奇宕，具雲鶴游翔之勢，結字用筆，迥異常蹊。而字跡完好，搨手亦精，其爲宋拓本無疑，殆墨林之寶乎。清王夢樓《跋索靖月儀帖》

章草者，《淳化》數帖之外，唯此與史孝山《出師頌》。即出唐人，亦無上奇跡也。清楊守敬《跋索靖月儀帖》

若欲復古，當寫章草。史孝山《出師頌》，致足學也。《廣藝舟雙楫》

第三節　紀述

獻之始學父書，正體乃不相似，至於絶筆。章草殊相擬類，筆跡流澤，宛轉妍媚，乃欲過之。梁虞和《敘二王書事》

王廙得索靖書《七月二十六日帖》一紙，每寶玩之。永嘉中，乃四疊綴衣中以渡江。今疊跡猶在。《國史異纂》

案，章草之書，字字區別。張芝變爲今草，上下牽連。呼史游草爲章，因張伯英

草而謂也。《書斷》

歐陽詢與楊駙馬章草《千字文》批後云，張芝草聖，皇象八絶，并是章草。四晋悉然。迨乎東晋，王逸少與從弟洽變章草爲今草，韻媚宛轉，大行於世。章草幾將絶矣。唐張懷瓘《論草書》

後漢崔子玉歷鍾、王以下，傳授至於永禪師，而至張旭，始弘八法，次演五勢，更備九用。唐韓方明《授筆要説》

吴越國王錢佐有子曰昱，字就之，尤善筆札。太宗嘗閲其書，甚稱善，賜以御金花扇《急就章》。《續書斷》

宋孝武學書，或真、行、章草，雜在一紙。《廣川書跋》

朱長文曰，隸草始於秦，行於漢魏，而特盛於江左。觀其君臣所以撰録論議，辯析今古，可謂勤矣。是時名流皆謂之勝事，以不能爲耻，故其盛如此。《墨池編》

《急就篇》，隋唐《志》始謂《急就章》。宋王應麟《跋急就篇》

近歲關右人發地得古甕，中有東漢時竹簡甚多，往往散亂不可考，獨永初二年討羌符，文字尚完，皆章草，書跡古雅可喜。其詞云：「永初二年六月丁未朔二十日丙寅，得車騎將軍莫府文書，上郡屬國都中二千石守，此五字古本缺。丞廷義縣令三水十月丁未到府，受印綬，發夫討畔羌，急急如律令。」宋黄伯思《漢簡辨》

張子昭弟雅善法書，以此卷蘄僕諸體書，聊書頃所爲歌詩數詞，爲作正、行、草、章字四種。屬疾小佳，殊乏劣，深愧大令之合作也。然筆勢頗傳魏晋餘韻，庶幾真賞之擊節云。子昭復欲漢碑字及鐘鼎古文二種，因附卷末，蓋曲終奏雅之義也。宋黄伯思《跋所書詩軸後》

「紹聖疆圉赤奮若歲春三月，東府草書《急就章》」，書此倏十二年，其中可興慨者多矣。大觀二年二月二十四日夜，長睿題。宋黄伯思《跋東府所書急就章後》

《急就篇》，前代能書者多以草書寫之，今惟有一本相傳，是皇象寫。《金壺記》

晋陸士衡《平復帖》，章草奇古。吴興陳繹曾獲攬。元陳繹曾《跋平復帖》

鄭杓學書，以二十一歲應學《急就章》。元鄭杓《學書次第圖》

此書不傳久矣，非深於書者，未易語也。又《急就章》文字最奇古，得柏梁體製，尤爲可寶。至元辛卯，濟南周密公謹、漁陽鮮于樞伯幾同觀於困學齋之東軒。三希堂趙子昂書《急就章法帖跋語》

科斗久廢篆隸存，章草一變啟字源。鍾張史索法愈尊，後百千年世罕論。章語藁夥分部門，指陳諸事及蟲鯤。風氣朴古理不煩，姓窗展玩開蒙昏，書法一一手可捫。和今學之自有元，要與此書繼後昆。庶使學者知本根，慎勿輕視保爾琨。三希堂趙子昂書《急就章法帖跋語》

章草，如章帝《辰宿列張帖》，索靖《出師表》，二王帖中章草法帖，皆是也。明趙宧光《論真草隸篆書》

今石刻，相傳爲吴皇象書。比顔師古所著者，無「焦滅胡」以下六十三字，又頗有訛脱。明袁華《跋鄧文原臨急就章》

嘗論《急就篇》，此小學家之説，漢史游效《凡將》爲之也。末敘「長安涇渭街術」，後或增以「齊國」「山陽」二章。漢人以藁法書之，故曰章草。此草書之祖也。近世多尚草，真、行未始學而先習草，如人未能立而欲走，蓋可笑也。況章草之來，作於科斗籀篆，觀其運筆圓轉，用意深妙，焉有不通籀篆而學者哉？苟有聰明之人，雖不通籀篆，能髣髴其形猶可，奈刻鵠不成者邪！自東漢以降，臻乎妙者，惟皇象、鍾繇、王右軍而已。唐、宋間人，臨鍾、王所書，亦不多見，欲習之者，不通籀篆，

誠難乎哉。洪武二十七年秋七月，獨菴道衍跋巴西鄧文原臨《急就章》。《珊瑚網》

國初書家稱三宋，謂璲、克、廣也。克字仲温，號南宫生，其書出魏晋，深得鍾、王之法，故筆墨精妙，而風度翩翩可愛。或者反以纖巧病之，可謂知書者乎？仲温爲吴人，其墨蹟在吴中者頗少。開化徐君惇夫乃有此巨册，而真、行、草、章草皆具，信可寶也。《匏翁家藏集》

熊朋來云，周公之時未改籀，已有六書之教。孔子之時已改籀，尚存科斗之書。事固有用於一時，而廢於後世，久復蹈襲，乃與古符者，多矣。世有小篆，謂李斯所作。然黄帝布刀，其文已作小篆。隸書謂王次仲所創，而葛天氏之弊文，與今隸無異。臨淄人得齊胡公之銅棺，前龢隱起，皆作今篆。後漢《急就章》，方有波磔挑踢，而錢譜所載尊盧太昊至帝嚳金幣之文，及近世掘得周時鏡銘，皆古篆，而有鈎踢。乃知今世所用者，上古已有之。今人特以所見爲始耳，非至論也。《墨池瑣録》

宋太宗刻《淳化帖》，命侍書王著擇取，著於章草諸帖形近篆籀者皆去之，識者已笑其俗。其所載索靖二帖，「脈土虔農姬棄掌稷」一，一猶有古意。「及計來東言展有期」一，則但行草而已。《東書堂帖》又去其前而存其後，所謂至言不出，俗言勝耶？

《升菴外集》

蕭子雲書《月儀帖》，在江西臨江府學。《金石林時地考》

庚戌九月，僕來雲間，寓於徐彦明氏。彦明素慕僕書，因僕盤桓甚久，遂裝此卷徵書。乃以真、行、章、草書四體，録陶詩以爲贈。東吴宋克。明宋仲温《詩帖跋》

余昔家居，見族伯□道先生，凡作詩文，多以章草書之。因問其字之源，迺以《急就章》帖授與，曰：「漢元帝時，俗尚簡愷。黄門令史游，解散隷體，作草書急就法，以便簡牘。後杜伯度善宗之，章帝喜之，詔令表奏亦用草書，遂號爲章草。此帖吴皇象休明師伯度書，遒麗沉著，真草并列，優入神妙，誠探奇振古，字學之宗源也。惜前後缺落三百餘字，無别本仿補。他日仕游，博採善本完之，俾古帖復顯於時，名教中之美事也。」明楊政《跋石刻急就章》

《出師頌》，舊傳惟蕭子雲書，所謂「紙中王濛，筆下徐偃」是已。然長睿亦指石刻爲言耳。況索靖在三百年又爲真跡，其勝當何如哉！但不知此卷何據，定爲索靖。蓋當時相傳必有所本，特不爲米、劉諸賢所賞，故爾寂寂。宣政收購印章，豈漫然者哉？其筆法高古，似非東晋以後人所及，不能不歸之靖耳。自靖康之亂，流落人間，如思陵之懸購，韓平原、賈秋壑之篤好，皆不之出。乃爲方方壺所得。而勝國諸大老，亦都未見。蓋必有畸人奇士，如北燕張氏，寶愛過於頭目，不輕以示人，亦無藉於題識耳。大抵古人書畫之絶佳者，多無題識，凡以此也。明文彭《跋索靖書出師頌》

《出師頌》相傳蕭子雲書，索靖更出子雲上，世所傳《月儀帖》，刻在《秘閣續帖》，今亦不可得已，況真跡乎？明文彭《跋索靖書出師頌》

□氏藏《急就章》三，子昂、仲温皆章草，俞和小楷。舊所裝本，俞與趙每幅相間，溷爲一，今二之矣。蓋紫芝患章草難讀，故爲之釋文，剪趙書爲數幅，而以己書間入，以便觀者，匪欲齊驅前輩，涉妄境也。分裝爲二，使各成一家，書勿溷觀，此意亦自可佳。明周鼎《跋俞和書小楷急就章》

祝希哲《懷知詩帖》，乃急就小行草書。《書畫彙考》

梁蕭子雲《出師頌》，章草書。在福建福州府學。《玉煙堂》有翻本。《大瓢偶筆》

明初，武官誥勅用二十八宿編號。永樂中字盡，奉旨用漢《急就章》字。清顧炎武《日知録》

趙彦衛《雲麓漫鈔》言：宣和中，陝右人發地得木簡，字皆章草，迺永初二年發夫討畔羌檄。《日知録》

右軍作草，猶是典刑，故不勝爲冗筆。逮張旭、懷素輩出，則此法埽地矣。《日知録》

長洲祝允明，五歲作徑尺字，長學書，自《急就》以逮虞、趙，上下數千年，罔不得其結構。海内索書者，贄幣踵門，輒辭弗見。伺其狎游，使女伎掩之，皆稛載以去。《列朝詩集》小傳

《玉海》：《太宗實録》，端拱二年十月丙戌，以御書《急就章》，藏於秘閣。羅願記云：「國朝至道中，太宗皇帝，嘗親書此篇，又於顔本外多『齊國給獻』以下百二十八字，凡爲章三十四，此兩章蓋起於後漢。」清孫星衍《急就章考異序注》

或疑史游以元帝時爲《急就章》，而史稱元帝善史書，即謂見其書而善之。是帝能爲章草，亦或然也。清孫星衍《急就章考異序并注》

陶弘景上武帝書云，馮澄云右軍《急就篇》二卷，古法緊細。近脱憶此語，當是零落，已不復存。清孫星衍《急就章考異序注》

漢黄門令史游《急就》之作，體從詩出，義以字傳。緣蕭何草律，字尚徒隸，吏民上書，頗有劾其不正者。至元帝時，游因帝喜史書，爰采《倉頡》《爰歷》《博學》古體，編集成文，句仿荀卿説相，詞成曼倩滑稽，冀帝感觸奮發，斥不正而用正，是以風人譎諫之一端也。清陳本禮《急就章探奇自序》

夫《急就章》者，後漢史游所作，而我弘法大師所臨也。嵯峨帝弘仁三年七月奉進，都十有四枚，合爲一軸。相傳在贊州盡田郡，可謂稀有珍奇也。予幸拜見之。日本僧隆光《跋弘法大師急就章》

高野大師真跡，本爲贊州善通寺所藏，凡三十三章，有齊國一章。小島知足《仿唐石經體寫本急就篇跋語》

大抵右軍以前書法，真自真，行自行，章自章，草自草。《南邨帖考》

項子京《蕉窗九録》帖目，唐人類中有《月儀》，注云自正月至十二月止，凡二碑，皆章草，石在臨江府學。按，此則《續帖》以外，尚有單行本。《寐叟題跋》

《急就章》自松江本外，世間遂無第二刻本。松江石在，而搨本亦至艱得，余求之有年，僅江寧陳氏獨抱廬重刻書册本耳。集帖自《玉煙》外，亦無摹《急就》者。思

元、明書家，盛習章草，取資以爲模範者，未必别無傳刻也。况《玉煙》蒐羅舊刻以成，因明見香光敘文中無庸疑也。《寐叟題跋》

古字書自《史籀》《倉頡》《凡將》三書既佚，存者以《急就》爲最古。自顔注行，而魏晋以來舊本廢。王氏補注出，而唐宋舊本亦廢。顔監所見，有鍾繇、皇象、衛夫人、王羲之所書，崔浩及劉芳所注。然宋代存者，惟鍾、皇、索靖三本。元初，王深寧所見，則惟皇象碑本而已。明正統初，吉水楊政得葉石林所摹皇象章草本，刊石於松江。又以宋仲温所摹者，補其闕字，明季類帖亦翻刊之。顧三百年來，小學家都未之見。乾隆中，内府始以趙子昂章草本及俞紫芝釋文刊於《三希堂法帖》。嘉慶初，孫伯淵得類帖本，刊之《岱南閣叢書》中。道光中葉，金陵陳雪峰復刊葉本，摹寫不工，但具形似而已。光緒中葉，遵義黎蒓齋星使，刊日本舊寫本於《古佚叢書》中。嗣是，元和江建霞學使，得鈕非石所録趙子昂正書本，刊於湘中。於是學者始知顔、王二注外，尚有他本。歲在甲寅，上虞羅叔言參事，刊行敦煌所出木簡，中有漢人隸書《急就》百餘字。去歲復景印舊拓松江本於《吉石盦叢書》，予亦輾轉拓得之。己未秋，復見日本遺唐僧空海臨晋人本，於是所見《急就》遂踰十本。綜此十本，實分四類。明季類帖與三山陳氏本同出松江石本。岱南閣本，雖號出索靖，然孫氏所舉存字之數，與明刊葉本正合，趙氏真草二本，存字較多，然亦與葉本同源。惟顏本及宋太宗本、空海本，與葉本大異。即三本亦自相異。嘗細考之，則葉本實出皇象，宋太宗本出於鍾繇，空海本出於衛夫人或王羲之，而顏本則兼綜諸本者也。葉跋稱《急就》二千二十三字，摹張鄧公家本，相傳爲吴皇象書，其章數文字，亦多與王氏所引皇象碑本合，是葉本出皇象，殆屬可信。宋太宗本雖不著所出，然王氏引《太宗實録》云「先是垂拱二年下詔求先賢墨蹟，有以鍾繇書《急就章》爲獻，字多踳駁，上親草書一本，仍刻石分賜近臣」云云，是太宗所書本出鍾繇，特易其踳駁之字耳。其本比皇象本多第七、第卅三、卅四三章，末二章王深甯定爲後漢人作，別出於後，今檢有「飲馬漳鄴及清河」「遼東濱西上平岡」二語，乃紀魏武平冀州、破烏桓事，當作於建武十二年之後，末又云「漢土興隆中國康」，則又在魏代漢之前。此二章足證其出於繇書，蓋即繇所續也。空海本首章「馮漢彊」作「馮晋彊」，爲崔浩改「漢彊」爲「代彊」之所本，而有「齊國給獻」以下一章，與宋太宗本同，其他字亦多同宋太宗本，蓋亦出於鍾元常，而爲晋人所書者，顏監所稱衛夫人及王羲之本當居其一矣。顏注自序稱「舊得皇象、鍾繇、衛夫人、王羲之等篇本，備加詳覈，足以審定，凡三十二章，究其真實」云云，是顔氏偏校諸家定著三十二章。其每章之首，不冠以「第一」「第二」等字，同於晋人本；其無第卅三、卅四兩章，蓋從皇本；而第七章則取諸鍾本。然此章有「續增紀，遺失餘」二語，明謂此章遺失，而自續增之，蓋亦出後漢人手。敦煌所出殘簡「銅鍾鼎鈃鋗匜銚」章，上署第十二，與皇本章次正同，知史游原本固無此章也。就此三本互勘，則顔本章數與文字，實居鍾、皇二本間。顔本異於皇本者一百六十六字，宋太宗本異於皇本者至二百六十七字。知顔氏詳覈諸本之説不誣。要其所歸，與鍾本爲近。故以章論，皇本尚存先漢之舊，鍾、顔則有竄入之章。以文字言，則皇本屢經傳摹，自不能無譌，鍾、顔二本亦有改字之失，各有優劣，不能偏廢也。敦煌漢簡，不過百餘字。皇本雖已變隸爲草，尚爲最古之本。兹以葉摹皇本爲主，合諸本以較之，并略定其得失，雖不敢視爲定本，庶幾有所折衷焉。清王國維《自敘急就篇校正》

第四節 摹刻

崔浩寫以百數。劉蘭入小學書之。李鉉九歲入學書之，月餘即通。李繪六歲亦

通此章。是以其學至唐猶傳。宋王應麟《跋急就篇》

政和丁酉歲五月二十一日，於丹陽城南第暴舊書，得此雞林小紙一卷。已爲人以鄭衛辭，書盈軸矣。竊矜其遠物，而所書未稱。顧紙背尚可作字，因以索靖體，書章草《急就》一卷，藏於家。運筆結字，頗合作，庶幾顔文忠牒背書稿舊事川本無此二字云。紙凡十二枚，共二千一百五十字。武陽黄某長睿父書。宋黄伯思《跋章草雞林紙卷後》

蘇顯道以此紙求僕章草《急就篇》，既爲之書，并書《出師頌》等三篇。及於紙尾論書數條，以盡此卷。字勢筆跡，雖媿昔人，然不知魏晋以先書法者，願勿示之。大觀四年六月庚寅，黄某長睿書。宋黄伯思《跋蘇顯道求章草卷後》

章草法絶久矣。予師友鍾、索、王、蕭於千歲，或冀彷彿。徐君求予書仙真詩，予所欲書，詞旨皆高紗玄邈，超然出陔紘之外，不應以世俗書書之，遂爲作章草。自靈山造太霞而下，凡十有二篇云。大觀四年十月六日。宋黄伯思《跋章草仙真詩後》

端拱二年七月丙戌，以御書《急就章》藏於秘閣。《急就章》者，漢元帝時，黄門令史游所作也。帝留心字學，先是下詔，求先賢墨蹟，有以鍾繇書《急就章》爲獻，字

多踳駁。上親草書一本，仍刻石分賜近臣。宋惟幹獻《御書急就章賦》，以一軸賜之。《宋太宗實録》

右章草，漢黄門令史游《急就》二千二十三字。相傳爲吴皇象書，摹張鄧公家本。按《石林集》鄧作郡，象書惟官本法帖所載「文武將墜」四帖，其餘不復多見。而章草自唐以來，無能工者，其法蓋僅存。世傳獨吴越錢氏所藏蕭子雲《出師頌》，最爲近古。他如索靖《月儀》等，未必盡真。此書規模簡古，氣象沉遠，猶有蔡邕、鍾繇用筆意。雖不可定爲象書，決非近世所能僞爲者。自李斯作《倉頡》，其後《爰歷》《博學》《凡將》《元尚》與《急就》，五家繼作，皆爲小學所宗，故字書略備。今《倉頡》而下皆亡，獨此書有顔師古注本尚在，乃相與參校，以正書并列中間，臨搨轉寫多，不無失實，好事者能因其遺法，以意自求於刻畫之外，庶幾絶學可復續也。宣和二年上巳日，知潁昌軍府事，縉雲葉夢得題。宋葉《跋皇象急就章》

皇象《急就》，唐橅，奇絶。宋米芾《寶章待訪録》

此卷《急就章》前元鄧文肅公所臨，觀其運筆若神蝓出海，飛翔自如。洪武十二年三月，袁華書於鼇峰精舍。《珊瑚網》

此卷《急就章》，巴西鄧文肅公所臨。公在元時，獨以文章名世，而以能書名，世號稱三大家，公與焉。觀公運筆用意，甚合古人之妙。此卷實希世之寶也。亮上人出示乞余題，余故以草書之難習，併録於卷末，非但以警於人，而有以自警也。洪武二十七年秋七月，獨菴道衍寫於海雲東軒。《珊瑚網》

高埜大師真跡《急就章》，余以王、毛本校，多與碑本合，自是一本。日本栗國貫名苞《跋弘法大師急就章》

余典松江刑獄，始獲覩宋仲温之墨蹟於翰林歸省編修楊廷端處，字體略小，格法亦少變，而筆筆皆有古意，亦仲温平生心畫自然之妙者也。將欲摹附帖後，訟冗未遑。不四三月，其書竟爲好事者竊秘，蓋亦不知余有斯帖然也。今年冬，以之著石，與四方學者共之。而福建前參政任公勉之，以摹仲温之本出示，遂臨仿其缺者、落者以補其後，與其别書二幅，俱著於石。雖轉摹再四，脱真者多，然點畫波磔之間，梗概尚在。好古者能因其可法者法之，觸類而進，則伯度、休明未必得專美於前矣。觀於仲温，不其然耶。明楊政《跋石刻急就章》

《魏書·崔浩傳》：浩既工書，人多託寫《急就章》，從少至老，初不憚勞，所書蓋以百數。《儒林傳》：劉蘭始入小學，書《急就篇》，家人覺其聰敏。《北齊書》：李繪六歲未入學，伺伯姊筆牘之間輒竊用，未幾遂通《急就章》。李鉉九歲入學，書《急就篇》，月餘便通。自唐以下，其學漸微。清黄汝成《日知録集釋》

歷代傳摹《急就》，漢有張芝、崔瑗。魏有鍾繇。吴有皇象。晋有衛夫人、王羲之、索靖。後魏有崔浩。唐有陸柬之，時人又多臨本。宋有太宗御書。元有鄧文原。明有宋克、俞和。清孫星衍《急就章考異序》

今所見法帖，有紹聖三年勒石本，與《玉海》所載碑本文字異同皆合，則即王應麟所引碑本也。所存注解，惟顔師古及王應麟本，餘無存焉。清孫星衍《急就章考異序》

葉夢得《石林集》云，史游《急就章》二千二十三字，相傳爲吴皇象書，摹張郡公家本。又云索靖章草《急就篇》一千四百五十字，闕七百五十九字。余聞世有唐人硬黄臨本舊矣。紹興甲子，偶得祕書郎黄長睿雙鈎所摹於福唐。按，今紹聖本纔一千三百九十九字，前題史游名，知即索靖本。故大學士梁國治有臨本，字小於紹聖本，缺字較少，不言據何本，而相國書脱誤亦多。清孫星衍《急就章考異序并注》

帖本即紹聖摹勒皇象本。即《玉海》碑本。又梁相國國治臨本。清孫星衍《急就章考

異》

靖所書乃有三之二，其闕者自「毋縛」而下纔七百五十字，此本是已。蓋後人摹而未填者。清孫星衍《急就章考異序注》

曩讀王伯厚補注《急就篇》所引皇象碑本，遠出顔本上，求之多年而不可得。嘉慶辛未，薄游廣陵，見汪氏家藏趙文敏手書小楷《急就章》，余爲之審定出皇象本，亟假録一通，藏諸行篋。後又獲前明正統間吉水楊君摹宋仲温合刻石本，以之參校，無不吻合，蓋其本并出休明也。清鈕樹玉《急就章考證自敘》

古小學家，如《倉頡》《凡將》之類皆不傳，今可見者，唯《急就》一篇耳。朕幾暇臨池，愛章草有分隸遺法，最爲近古。爰臨仿數過，以寄雅尚，此其一也。戊辰秋閏，御筆。清高宗《跋自臨急就章石刻并附釋文本》

《急就》三十二章，大德三年三月十日，爲理仲雍書於大都慶壽寺僧房，巴西鄧文原。清高宗臨鄧文原《急就章石刻本》。按，此本無釋文。

書法古籀、篆、隸而降，唯草作於漢章帝時，史游《急就》是也。唐以後其學寖微，故其文罕傳。余素苦近代草書，率以意爲之，非復古法。陽湖孫伯淵觀察，據玉海碑本所稱紹聖摹皇象本，暨顔師古注、王應麟補注、黄魯直本、李仁甫本、朱文公浙東刊本、梁相國國治臨本，爲《考異》一書，諸本優劣，校如列眉。唯但録正文，學者仍苦不明草法。訪求碑本，數年不一見。九月游邗上，從元和顧君千里得一通，乃明正統間，楊政據宣和葉夢得題殘本，補以宋仲温小字，刻於松江者。歸來急録出，重刊版以傳。葉跋謂，好事者因其遺法，以意自求於刻畫之外，庶幾絶學可復續也。今余是刻，於小學或有取爾焉。清陳宗彝《跋重刊楊政本急就章》

第五節　著作

《急就章》三卷，周豆盧氏撰。《隋書·經籍志》

劉芳，字伯文，《魏書》：伯文。彭城叢亭里人。篤志文典，傭書自資，常爲諸僧傭寫經論。筆跡稱善，卷直一縑，歲中能入百餘匹。芳博聞强記，兼覽《蒼雅》。漢世造三字石經於太學，學者文字不正，多往質焉，時號劉石經。官至太常卿。撰《急就篇續注音義證》三卷。《北史》本傳

顔師古父思魯，常欲注釋《急就》，以貽後學。唐顔師古《急就篇注敘》

舊得皇象、鍾繇、衛夫人、王羲之等所書篇本，備加詳覈，足以審定，凡三十二章，究其真實。又見崔浩及劉芳所注，後魏太宗元年，敕崔浩解劉芳《續注音義證》三卷。人心不同，未云善也。遂因暇日，爲之解訓。皆據經籍遺文、先達舊旨，非率愚管，斐然妄作。字有難識，隨而音之，別理兼通，亦即并載。可以祛發未寤，矯正前失，振幽翳之學，攄制述之意。唐顏師古《急就篇注敘》

每標章首，以字數爲斷者，蓋取其程課學僮簡牘爲便也。是以前之卒章，或與後句相躡。唐顏師古注《急就篇》

顔之推注《急就章》一卷。又《筆墨法》一卷。《唐書·藝文志》

《急就章》一卷，曹壽解。《唐書·藝文志》

《急就章》一卷，史游撰，曹壽解。《舊唐書·經籍志》

右《急就》一篇，漢黄門令史游作，唐祕書監顔師古爲之解訓。此書舊分三十二章，前代能書者，多以草書寫之。今世有一本，相傳是吴皇象寫，比顔解本無「焦滅胡」以下六十三字，又頗有訛脱。顔本不分章，象所寫三十一章而已。國朝至道中，太宗皇帝嘗親書此篇，又於顔本外多「齊國給獻」以下百二十八字，凡爲章三十有四，此兩章蓋起於後漢。按舊篇末説「長安中涇渭街術」，故此章亦言洛陽人物之盛，以相當，而郡縣以世祖即位之地，升其名爲高邑，與先漢所改真定常山并列，此爲後漢人所續不疑。近時豫章黄太史手校本，出於太和縣人家，亦有此兩章，黄於篇中時小小箋釋，而顔解本亦自有詳略不同。會户部郎總六道賦天水趙公汝誼欲是正傳廣之，乃録至道御書三十四章，登於卷首，且用今禮部侍郎眉山李公燾所藏顔解本，校鄂州通守臨江劉子澄清之家本寫之，次於御書正文之後，益考驗同異，附以黄太史所箋，升注爲大字，以便觀者可傳後。宋羅願《跋急就篇》

《急就章》，顔師古祖之推嘗爲之注，淵源有自來矣。蓋君子恥一物之不知，倫類不通，不足謂善學。宋王應麟《跋急就篇》

《急就》雖存，而曹壽、劉芳、豆盧氏、顔之推注解，軼而不傳。昔以是爲童蒙之學，今有皓首未覩者。俗書溢於簡牘，訛音流於諷誦，襲浮踵陋，視名物數度若弁髦，而大學之基不立。迺因顔注補其遺闕，擇象本之善，訂正寫之差，以經、史、諸子探其原，以《爾雅》《方言》《本草》辯其物，以《詩傳》《楚辭》叶聲韻，以《説文》《廣韻》正音詁。若閎閣之相混，得於釋文。揃榐之所出，取於《莊子》。稽極之誤，因

《說文通釋》而知。利親勝客之類，因《史記・漢表》而見。簧當作簂，輟作操，壘當作坐。實事求是，不敢以臆説參焉。疑者闕之，以俟後之君子。宋王應麟《跋急就篇》

籀注此書，嘗得皇象、鍾繇、衛夫人、王會稽等篇本，備加詳覈。今世所傳，惟張芝、索靖二家爲真，皆章草書。宋黃長睿《跋章草急就補亡後》

漢魏以後，童子皆讀史游《急就篇》。晉夏侯湛《抵疑》「鄉曲之徒，一介之士，曾諷《急就》，習甲子」。《魏書》崔浩表言，太宗即位元年，勑臣解《急就章》，劉芳譔《急就篇續注音義證》三卷。陸暐擬《急就篇》爲《悟蒙章》。又書家亦多寫《急就篇》。晁氏《讀書記》曰：自昔善小學者，多書《急就章》，故有鍾繇、皇象、衛夫人、王羲之所書傳於世。清黃汝成《日知録集釋》

顔本顔師古注，黃本黃魯直，李本李仁甫，越本朱文公刊於浙東，玉海本王應麟補注。清孫星衍《急就章考異》

自三《蒼》既亡，而漢人小學書之存於今者，莫古於《急就篇》。其書盛行於魏、晉、六朝，衍於唐、宋，今惟有顔、王二家注本存。近陽湖孫氏撰是書考異，據《玉海》碑本爲主，參以梁相國臨本，復古三十一章之舊。字從碑本，略存章草遺意，誠爲盡

善。清王祖源《急就篇序》

聞小島知足又作《急就篇文字考》，稿既成未上梓。好古之士，直傳鈔藏之也。日本小島知足《仿唐石經體寫本急就章跋語》

右《急就篇》一卷，可觀古史書之舊者，獨存此篇。而吴皇象又有章草書，古意超凡，宋時存石刻，猶爲完本。日本小島知足《仿唐石經體寫本急就章跋語》

《急就章》四卷，漢史游撰。有明刊本、玉海本、汲古閣本、學津討原本、天壤閣本、古逸叢書本、小學彙函本。《八千卷樓書目》

舊有曹壽、崔浩、劉芳、顔之推注，今皆不傳，惟顔師古注一卷存。王應麟又補注之，釐爲四卷。師古本，比皇象碑多六十三字，而少「齊國」「山陽」兩章，止三十二章。應麟《藝文志考證》標「真定常山至高邑」句，以爲此二章起於東漢，最爲精確。其注亦考證典核，足補師古之闕。别有黄庭堅本、李燾本、朱子越中本，字句小有異同。應麟所注，多從顔本，蓋以其考證精深，較他家爲可據焉。《四庫全書總目·小學類》

《急就篇》，漢史游撰，有格致叢書本、津逮祕書本、《玉海》附刊本、元本、學津本、岱南閣巾箱本、明刊顔氏傳書本、天壤閣本、古逸叢書本、小學彙函本。清楊立誠

《四庫目略》

《急就篇》，有漢人隸書本，光緒末出敦煌塞上，歸英國倫敦博物館，共存六簡一百二十七字，皆隸書，非出一手。上虞羅氏印入《流沙墜簡》中。松江石刻本，吉水楊政刊。類帖本，重摹葉本，嘉興沈氏所藏。陳氏獨抱廬覆刊松江本，重刊松江本。趙文敏章草本，趙文敏正書本，岱南閣本，孫伯淵本。顏本，《玉海》附刊王伯厚補注本。古佚叢書本，日本小島知足寫本。宋太宗御書本，《玉海》附刊本。日本僧空海臨本。清王國維《急就篇校正》

《急就章音略》一卷，《音略考證》一卷，王紹蘭著。《清史稿·藝文志》

第六節　辨誤

章草《千字文》，集書家定爲漢章帝書，繆矣。章草，言可以通章奏耳。乃周興嗣取右軍帖中所有字，作韻語，章帝時那得有之？疑只是蕭子雲最得意者。宋黄涪翁《跋諸帖》

世傳謂羲之書，初不勝庾翼、郗愔，及其暮年方妙。嘗以章草答亮，而翼遺書曰：「昔有張伯英章草十紙，過江顛狽，遂乃亡失，常歎妙跡永絶。忽見足下答家兄書，焕若神明，頓還舊觀。」羲之書法，正自然功勝，豈待積學而至哉！議者不知書有天機，自是性中一事，而學習特求法度規矩爾。至於離方遁圓，不守繩墨，自作勝概，謂非天德不可也。但見庾翼此語，便謂初不若翼、愔，不知此語何所憑藉，而知其昔不逮二子邪？《廣川書跋》

近世惟《淳化官帖》中有靖書。其後購書四方，得《月儀》十一章，今入《續帖》中。其筆畫勁密，顧他人不能睥睨其間。然與前帖中書亦異，不知誰定之。李嗣真曰，靖有《月儀》三章，觀其趣尚，大爲遒竦，無愧珪璋，猶夫聶政、相如千載凜凜爲不已。今《月儀》三章，或謂昔人離析，然書無斷裂，固自完善。殆唐人臨寫近似，故其書剞劂逕出法度外，有可貴者。《廣川書跋》

世有持逸少《出師頌》，作硬黄紙，漬以靈脾水，久之色如茅屋漏汁，紙色盡變，以此爲紫紙所書也。林子中以兼金購之。一日持來京師，客疑其僞，子中不信也。《廣川書跋》

《要録》謂章草本漢章帝書也。今《官帖》有「海鹹河淡」，其書爲後世章草宗，其取名如此，以書考之，非也。《廣川書跋》

福州福清縣民家，舊有板刻《絳閣》《急就章》《雁塔》題名四帖，按，即福清本。其刻稍精。賣碑家得之，往往駕名《官帖》以惑人。但彼中匠者，不善用蠟，每每有砑光痕，可以證驗。宋曹士冕《譜系》

朱長文曰：「所謂五十六種書者，何其紛紛多説邪？彼皆得於傳聞，因於曲説，或重複，或虚誕，未可盡信也。學者惟工大小篆、八分、楷、章、行、草，爲法足矣，不必究心於諸體爾。」《墨池編》

凡草書分波磔者，名章草。非此者，但謂之草。猶古隸之生今正書。故章草當在草書先，然本無章名，因漢建初中，杜操伯度善此書，章帝稱之，故後世目焉。今此卷首帖偶章草，便以爲章帝書，誤矣。然此書亦前代作，但録書者集成《千字》中語耳。米徑以此辯之，未中其病。《東觀餘論》

皇象後章草一表，蓋唐人僞作，其體正與世傳曹植書《鷂雀賦》同，皆非真跡。至若孫皓《上晉武表》，亦章草書，字畫高古，與此有間矣。《東觀餘論》

「孤不度德量力」與「亮白董卓以來」二帖，皆諸葛傳中與昭烈問答語。有一段，自「孫權據有江東」以下，與此文相接，誤寘第十卷王大令部中。皆章草書，雖字畫大小微異，而筆勢若一，大是全寫亮傳。首語此文雖出亮言，亦史家潤色之。又中云「亮曰」，亦史家所記。米遂謂亮書，差千里矣。僕謂此帖當是逸少書，蓋與此公章草《豹奴帖》筆法同。《東觀餘論》

「七月二日獻之白」七字，人僞作也。下章草云「孫權據有江東，以歷三世」，亦《蜀志》中語，與第五卷章草「不可争鋒也」語相接。字雖大小異，乃一人書，語已見本章。此段「世」字闕中畫，蓋唐人臨摹時去之以避諱。猶今集法帖時，「殷」「敬」二字多省其波也。但「東連吴會」，與「用武之國」，「連」「武」二字，章草體差相亂，摹者謬互置之。《東觀餘論》

劉憲御史燾無言來，予與論書，劉因言政和初，人於陝西發地得木竹簡一甕，皆漢世討羌戎馳檄文書，若今吏案行遣，皆章草書。然斷續不綴屬，惟鄧騭永初二年六月一篇成文爾。今宗室仲忽及梁師成家，尚多得之。石本乃就簡上摹得者。予因言見漢魏間人章表，亦多用章草書，今猶有存者，如司馬孚孫皓表奏，世或傳之。疑所謂章草，上章用之，不因漢章帝好之，因謂之章草也。蓋此雖草書，而有波磔，若正書之有分隸，既不顛放易曉，又可赴急，宜漢人以作檄書也。《東觀餘論》

今世有蕭子雲章草書《出師頌》甚古雅，與子雲他書全不類，疑亦放漢人書也。蓋東漢人喜作分隸與章草，他書傳世者鮮矣。《東觀餘論》

頃傳長安人，有得思王真跡《鷃雀賦》者。及得張芸叟侍郎所刻本觀之，乃近代僞帖也。按，草法亦如真、行，孳乳寖多，故後代草字，有唐以前所無者，如「於」字、「必」字之類，魏晉六朝人草此字，止如行書「」「」，如此作。至隋、唐以來，始省爲「」「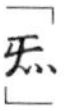」如此作。故前輩云「於」字、「必」字無草書，是也。今僞書《鷃雀賦》，三字皆如唐人草法。此一妄。又賦之首，既書賦目，復冠以「曰」字，此殆妄人録類書中子建此賦書之，故妄去去字未詳，何本以妄爲志曰字，其陋如此。今《藝文類聚》亦有此賦。此二妄。末有武攸暨題字，乃作今市井人所作俗古篆，仍云以永其傳，此近人語，唐世未之有也。此三妄。又數印章，云唐人印，乃與今市肆所作印篆形模字畫無異，及末有「静華」二字，乃摹法帖子敬字中「動静」及「華新婦」字。此四妄。其末又有子建畫象，神氣甚俗，衣冠筆勢，亦若今畫院畫史所爲，前人畫不如此也。此五妄。既作僞帖，又畫其像，而僞章題署甚多，汲汲然恐人之不信也，其陋至此而不悟，以爲筆法在二王上，使人駭歎，是知非書之難，知者亦難。此與俗傳石本王摩詰

所畫四時山水，上有摩詰、薛邕等印同科，蓋以今淺俗所爲，見之令人鄙吝生，而士大夫或收藏，甚者張於牆壁，是可歎也。《東觀餘論》

篆法之壞肇李監，草法之弊肇張長史，八分之俗肇韓擇木。此諸人書，非不工也，而闕古人之闕一字，恐是淵字原，教俗士之升木，於書家爲患最深。夫篆之方穩，草之顛放，八分之纖麗，學便可至，而天一作大勢失矣。彼觀鐘彝文識，漢世諸碑，王、索遺跡，寧不少損乎？此可爲知者道。宋黄伯思《論書》

余往與徐獻忠先生論書法，歎章草自二王後，僅一蕭子雲。即顔、柳、蘇、米以至趙吴興，負當代能聲而不一及之。黄長睿刻意其學，而無其法。國初宋南宫仲温可備述者，然波險太過，筋距溢出，遂成佻卞。先生笑謂余家藏仲温《急就章》二百年矣，差不露筋距。舉以乞余賻池，零落若追蠡，而絹墨幸不敗，結意純美，余欣然重表飾之，以爲征誅之後，獲覩揖讓。而後偶取葉少藴刻皇象石本閲之，大小行模及前後缺處若一，惟波撇小異耳。此豈亦仲温手臨象本邪？然一二傍釋小字，圓穩有藏蓄，與仲温他書不類，而仲温别自補《急就》闕文與張夢辰，則小而勁，此恐或非仲温筆也。然因是得覩皇象渥窪之種，遠出仲温蹀躞上。語曰「買王得羊，不失所

望」，夫寧啻不失而已。《弇州山人稿》

《孔廟祀碑》，不出鍾手，楷法初帶八分，以章草《急就》中端的者爲準。《曹孝女碑》有一二處似《急就》。明漳浦黄石齋《書品論》

韓存良太史家，陸士衡《平復帖》計九行，墨色有緑意，紙亦不雜碎。其前有宋徽宗泥金標題。雲間陳仲醇，謂其書極似索靖筆法，始知《閣帖》所刻陸雲書，亦後人爲之，陸更古也。《書畫舫》

《平復帖》最奇古，與索幼安《出師頌》齊名。惜剥蝕太甚，不入俗子眼。然筆法圓渾，正如太羹玄酒，斷非中古人所能下手。昔賢稱羲、獻爲變體書，良是。或云《平復》乃張芝書，豈此紙出蔡倫手耶？《書畫舫》

索靖《出師頌》，上有宣和記識，考《書譜》良合。然宋時諸公極豔稱蕭子雲《出師頌》，而祕殿不收，蓋是唐人臨得蕭子云頌，因見《閣帖》内靖數行相類，遂鑒定以爲靖《出師頌》耳。自永嘉南渡，靖真跡已鮮。梁武、湘東鳩集之繁，貞觀、開元購求之篤，何於兹時寥寥也！《藝苑卮言》

漢章帝殘闕《千文》，謂是集古章草，如《聖教序》類，良是。字稍存體式，殊乏古趣。大約唐人所爲，字形大小，正與石刻《急就章》相似，疑即集《急就》爲之，第未及字字細證對耳。卷首想標曰漢章草，因訛傳爲章帝書，亦不知誤自何人，未必係王著妄署。章草名，當即由託始《急就章》耳。張懷瓘謂章奏中用之，亦一説。其云呼史游草爲章，因伯英草而謂，則是耳。長睿謂杜伯度善此書，章帝稱之，故後世目焉，或未確。東書堂遂改爲杜操書，尤無據。《書畫跋跋》

「八月九日」章草，古勁中含逸趣，或是晋人臨筆。《書畫跋跋》

此《急就章》稱皇象書，無可據，惟米元章《書史》云象有《急就章》，唐楺，奇絶，在故相張齊賢孫山陽簿直清處，此豈即其物耶？《王氏書畫跋》

文壽承晚年，於燕市無意中購得索幼安《出師頌》，價三鐶耳。好事者多往索觀，云字已昏暗不可識，就明處定睛視久之，乃稍可辨點畫，若筆法則在影響間。壽承後摹入石，余曾見榻本，亦頗饒古趣，第不見所謂銀鈎之敏，又多滲跡，似若曾經水漬者。然壽承時已七十餘，昏昏默默，若何摹出，目力可謂强，亦可謂妙手矣。敬美此本，不知得自何人，未曾與余言。司寇謂勝文本，當由墨色鮮明耳。小米概目以隋賢，并司寇謂自幼安臨出，恐皆屬懸斷。但果係宣和、紹興真物，亦即是書林至

寶矣。以此觀之，世間神物，沉埋舊家敝篋者，尚不乏也。《書畫跋跋》

今所見《急就篇》，以後人楷書録之。若僅録其文以便讀者，則後人之蒙求，亦惟其文，不惟其字，非《急就》《凡將》之本義矣。即以今所及見，如宋洪文惠之《續急就草》，亦以其隸爲主也。《蘇齋筆記》

晋王右軍書魏鍾繇《千文》帖，觀者必有宋板《大明律》之疑。不知《閣帖》之首，已有章草《千文》，雖未必是漢章帝書，亦可證《千文》不始於梁人矣。損菴老人書。《書畫彙考》

《淳化帖》有漢章帝書百餘字，皆周興嗣《千字文》中語。《東觀餘論》曰，此書非章帝，然亦前代人作，但録書者，集成《千字》中語耳。歐陽公疑以爲漢時學書者，多爲此語。而後村劉氏，遂謂《千字文》非梁人作，誤矣。《日知録》

王右軍《眠食帖》，此即右軍《豹奴帖》之半耳。後人見有「眠食」二字，遂題。若趙若馮皆一代偉人，不知何以亦有此誤耶？此帖今藏南橋范氏，予親見之，絹上書也。《孫氏法書抄》

草書之始，蓋出於篆。或以爲解散隸體，麤書之，非也。清孫星衍《急就章考異序》

後世既不識草書，故各本所釋《急就》，亦有歧舛。清孫星衍《急就章考異序》

真出於草。故芘誤則爲花，脩誤則爲翛，嫋誤則爲⿰女朋，疊誤則爲叠。一隅可以反之。清孫星衍《急就章考異序》

《急就章》四卷，漢史游撰。《漢書·藝文志》注稱，游爲元帝時黃門令，蓋宦官也，其始末則不可考矣。是書，《漢志》但作《急就》一篇，而小學類末之敘録，則稱史游作《急就篇》，故晉夏侯湛《抵疑》稱「鄉曲之徒，一介之士，曾諷《急就》，通甲子」。《北齊書》稱，李鉉九歲入學，書《急就篇》。或有篇字，或無篇字，初無一定。《隋志》作《急就章》一卷，《魏書·崔浩傳》亦稱人多託寫《急就章》，是改篇爲章，在魏以後。《四庫全書總目·小學類》

《玉臺新詠》載梁蕭子顯《烏棲曲》，有「帬邊雜佩琥珀龍」句。馮氏校本，改龍爲紅。今檢此書，有「繫臂琅玕虎魄龍」句，乃知子顯實用此語，馮氏不知而誤改之。則遺文瑣事，亦頗賴以有徵，不僅爲童蒙識字之用矣。《四庫全書總目·小學類》

蜀昭烈與諸葛亮問答，其半在居字卷大令書中。米云亮書固非，山谷以爲兼張芝、索靖之美。黃云此逸少書，似《豹奴帖》。余按，二帖雖章草，未爲精密。又數經

臨摹，大小不等。且妄增損史文，殊無義理。與《豹奴帖》，皆非逸少筆法矣。逸少學皇象章草，當不止此。《南邨帖考》

山谷云，琰自書十八章極可觀，不謂流落僅餘兩句，亦似斯人身世。即以余觀之，與皇象後一帖，一手僞作耳。《南邨帖考》

《石刻鋪敘》：《續閣帖》第七卷爲索靖所書《月儀》。此取後四章，割裂顛倒，不成章句。《南邨帖考》

《淳化》所載伯英狂章，皆俗手僞書。唯《秋涼》一帖，筆法淳古，爲出伯英手耳。余以右軍《豹奴帖》筆意臨之，亦略同其趣。清王澍《跋臨伯英章草》

按東漢明帝愛北海王睦書，驛馬令作草書尺牘十首，此豫擬與人尺牘，《月儀》之權輿矣。弟王世將以索靖書七紙，綴衣中渡江，其稀有可知。乃至宋哲、徽之世而存此《月儀》，顧完好逾千字乎？觀此章草，誠以精熟，然用筆圓媚，恐只是唐人。六朝人寫先集，遇名輒避作君字。今效之曰君白，晋時殆無此體。夢樓跋此，譽之太過，鄙意正謂其簡古之韻不足耳。夢樓往矣，安得見而論之哉！清姚鼐《跋索靖月儀帖》

《月儀》二月章，𠄎時贊宜，舊釋作及時。竊疑當釋作与時，《急就》与字兩見，均作乂，省變所由不可識。爲傳刻舛誤無疑。若依此作𠄎，則於八分与相近，而後來草家与作ス，亦可得其所出矣。ス、於、与亦不相似，又從子省耳。七月章，与子少舊可證。《寐叟題跋》

《月儀》筆勢，頗有足與《夏承碑》相發者，中如卞莊作卞壯，璣運作機運，信李、信理，皆漢隸假借之遺，疑出季漢人手。書詞伉爽，亦其時習尚然也。《寐叟題跋》

第九章　歷代章草之收藏家

宣和御府藏

漢張芝《消息帖》《宣和書譜》章草
魏曹植《鶡雀賦》《宣和書譜》章草
吴皇象《急就章》《宣和書譜》章草
晋陸機《平復帖》《宣和書譜》章草
晋索靖《急就章》《宣和書譜》章草
晋索靖《月儀》《宣和書譜》章草
晋索靖《出師頌》《宣和書譜》章草
晋索靖《七月帖》《宣和書譜》章草
晋王羲之《豹奴帖》《宣和書譜》章草

晋王獻之《七月帖》《宣和書譜》章草
晋王獻之《豹奴帖》《宣和書譜》章草
晋王獻之《量力帖》《宣和書譜》章草
晋詹思遠《清佳帖》《宣和書譜》章草
晋郗愔《諒弟帖》《宣和書譜》章草
晋王廙《鄭夫人帖》《宣和書譜》章草
隋釋智永《月儀》《宣和書譜》章草
隋釋智永《月儀》《獻歲帖》《宣和書譜》章草
隋釋智永《千文》《宣和書譜》章草
隋釋智永《小千字文》《宣和書譜》章草
唐則天皇后《夜宴詩》《宣和書譜》章草
唐陸柬之《急就章》《宣和書譜》章草

賈似道藏

後漢崔瑗《臨史游急就章》《悦生堂别録》

終南太平宫藏

宋太宗《急就卷》一卷《東坡集》

張齊賢藏

吴皇象《急就章》宋米芾《寶章待訪録》

郝清浦清臣藏

梁蕭子雲《出師頌》真跡宋周密《雲煙過眼録》

蘭坡趙都承與懃藏

晉索靖《出師頌》《式古堂書畫彙考》

梁蕭子雲《急就章》《式古堂書畫彙考》

鮮于伯機樞藏

晋索靖章草《月儀帖》一短卷，有希世小印及永興節度使印。晋武帝真跡，宣和御府物，有唐人跋。宋周密《雲煙過眼録》

明昌御府藏

隋僧智永《月儀》墨蹟，草書，黄麻紙本，小楷釋文。《墨緣彙觀》

楊元誠家藏

唐王建書《宫詞》小詩，後有錢武肅王印；押龍，蓋宣和内物也。其字皆章草。元湯允謨《雲煙過眼續録》

南京梁中書藏

唐陸宣公書陸士衡《文賦》，小字章草。明都穆《寓意編》

嚴氏藏

晋索靖《出師頌》宋内府本，副有高宗書簽。《嚴氏書紀》

明宋仲温書陶詩嚴氏書畫記

王世貞爾雅樓藏

吴皇象書《急就章》《佩文齋書畫譜》

晋索靖幼安《月儀帖》《佩文齋書畫譜》

隋賢書《出師頌》史孝山《古章草法》，《式古堂書畫彙考》

明宋克書《急就章》《佩文齋書畫譜》

明宋克《前後出塞詩》《佩文齋書畫譜》

明祝京兆《六體書》《佩文齋書畫譜》

霍清夫藏

晋索靖章草《出師頌》真跡明張丑《清河書畫舫》

錢緦藏

晋索靖章草《出師頌》真跡明張丑《清河書畫舫》

檇李項子京藏

晉索靖《出師頌》明董其昌《畫禪室隨筆》

元鄧文原《臨急就章小游仙詩》明郁逢慶《書畫題跋記》

濟南張與可藏

吴皇象《急就章》原注：甚佳，當是第一本。《式古堂書畫彙考》

喬仲山藏

唐張長史章草《王粲評詩》《式古堂書畫彙考》

韓存良太史藏

晉陸士衡《平復帖》《書畫舫》

南橋范氏藏

晉王右軍章草《眠食帖》《孫氏法書抄》

松江顧氏藏

元趙子昂《六體千文》古文、真草、篆、隸，并章草六體。《嚴氏書紀》

附自青樹藏章草

章草古法帖

漢史游《急就章》

漢章帝章草帖

漢車騎將軍鄧騭章草帖

漢張芝章草帖

漢蔡琰章草帖

漢章草墨蹟一《流沙墜簡》內，有漢人書墨蹟章草百餘字。

漢章草墨蹟二瑞典人蘇文海汀氏，在樓蘭所發現中國書牘及其他瑣屑古物，中有章草百餘字。

○影印本鄞縣馬裕藻幼漁見贈。

魏曹植《鷂雀賦帖》

魏曹植《贈王粲詩帖》
吴皇象《急就章》
吴皇象章草帖
晋衛瓘章草帖
晋衛恒章草帖
晋索靖《月儀帖》
晋索靖章草帖
晋杜預章草帖
晋陸機《平復帖》
晋郭璞《游仙詩》行書，雜以章草。
晋王廙章草帖
晋陸雲章草帖
晋王羲之《豹奴帖》
晋王獻之《七月帖》

晉王獻之《洛神賦》真書，雜以章草。
梁蕭子雲《出師頌》
隋釋智永章草《千文》
隋煬帝章草帖
唐武則天《夜宴詩帖》
唐歐陽詢章草《千文》結體多用章草法。
唐褚遂良章草帖一
唐褚遂良章草帖二
唐釋空海《急就章》日本僧。
後梁李愚章草
宋徐鉉《急就章》
宋薛紹彭章草《千文》
宋無名氏章草帖
元陳深章草

元許衡章草

元趙孟頫《急就章》

元趙孟頫六體《千字文》内有章草一體。

元陳繹曾章草

元吴志淳章草

元甘立章草

明宋克《急就章》墨蹟已印。

明宋克書四體《用筆十法》墨蹟已印。○四體即章楷行草。

明宋克章草《詩帖》

明宋克章草書啟

明俞和章草

明張弼章草

明祝允明章草書述

明祝允明章草《閒情賦》

明祝允明章草一

明祝允明章草二

明祝允明章草三

明文彭章草

明許宗魯章草

明王世貞章草

明邢佩章章立軸

明蔣如奇章草

明楊嘉祚章草

明羅文瑞章草

明周履靖章草

明湯煥章草

明馬元震章草

明黄道周章草

明范文光章草

明朱南雍章草

明王象春章草

明成基命章草影印本，仁和沈家彝季讓見贈。

明靳滋昂章草詩帖

明陸元厚章草墨蹟

明王鐸章草

明□鳳儀章草原帖姓氏漶滅不可辨。

明楊政石刻《急就章》即松江本。

清高宗臨鄧文原《急就章》

清高宗臨《急就章》附釋文

清高宗書章草詩帖

清常執桓章草墨蹟

清温純飛白章草

清汪國瑞小字章草

清陳景元章草

清陳宗彝《重刊松江本急就章》東莞容庚希白見贈。

清王澍臨章草《千文》

清王澍臨章草

清王世鏜章草墨蹟

清李濱章草

清李薜慧餘章草

未詳年代及闕名章草

殘石《急就章》附釋文，鄞縣馬衡叔平見贈。

殘石《章草千文》附釋文，馬叔平見贈。

章草《草訣歌》已印。

《佛遺教經》結體多用章草法。

章草《列子》墨蹟
石刻小字《出師頌》
《秦中石刻急就章》附釋文。
秋水道人大字章草
研田農人章草墨蹟
章草寫經
章美章草《婁壽碑跋》
彭文煒章草
吴尚端章草
無名氏臨明周履靖章草
章草殘本五種
以上共一百又六種

藝 文 叢 刊

第 四 輯